Wechselkursschwankungen, Außenhandel und Arbeitsmärkte

Wirtschaftswissenschaftliche Beiträge

Informationen über die Bände 1–110 sendet Ihnen auf Anfrage gerne der Verlag.

Band 111: G. Georgi, Job Shop Scheduling in der Produktion, 1995. ISBN 3-7908-0833-4

Band 112: V. Kaltefleiter, Die Entwicklungshilfe der Europäischen Union, 1995. ISBN 3-7908-0838-5

Band 113: B. Wieland, Telekommunikation und vertikale Integration, 1995. ISBN 3-7908-0849-0

Band 114: D. Lucke, Monetäre Strategien zur Stabilisierung der Weltwirtschaft, 1995. ISBN 3-7908-0856-3

Band 115: F. Merz, DAX-Future-Arbitrage, 1995. ISBN 3-7908-0859-8

Band 116: T. Köpke, Die Optionsbewertung an der Deutschen Terminbörse, 1995. ISBN 3-7908-0870-9

Band 117: F. Heinemann, Rationalisierbare Erwartungen, 1995. ISBN 3-7908-0888-1

Band 118: J. Windsperger, Transaktionskostenansatz der Entstehung der Unternehmensorganisation, 1996. ISBN 3-7908-0891-1

Band 119: M. Carlberg, Deutsche Vereinigung, Kapitalbildung und Beschäftigung, 1996. ISBN 3-7908-0896-2

Band 120: U. Rolf, Fiskalpolitik in der Europäischen Währungsunion, 1996. ISBN 3-7908-0898-9

Band 121: M. Pfaffermayr, Direktinvestitionen im Ausland, 1996. ISBN 3-7908-0908-X

Band 122: A. Lindner, Ausbildungsinvestitionen in einfachen gesamtwirtschaftlichen Modellen, 1996. ISBN 3-7908-0912-8

Band 123: H. Behrendt, Wirkungsanalyse von Technologie- und Gründerzentren in Westdeutschland, 1996. ISBN 3-7908-0918-7

Band 124: R. Neck (Hrsg.) Wirtschaftswissenschaftliche Forschung für die neunziger Jahre, 1996. ISBN 3-7908-0919-5

Band 125: G. Bol, G. Nakhaeizadeh/ K.-H. Vollmer (Hrsg.) Finanzmarktanalyse und -prognose mit innovativen quantitativen Verfahren, 1996. ISBN 3-7908-0925-X

Band 126: R. Eisenberger, Ein Kapitalmarktmodell unter Ambiguität, 1996. ISBN 3-7908-0937-3

Band 127: M.J. Theurillat, Der Schweizer Aktienmarkt, 1996. ISBN 3-7908-0941-1

Band 128: T. Lauer, Die Dynamik von Konsumgütermärkten, 1996. ISBN 3-7908-0948-9

Band 129: M. Wendel, Spieler oder Spekulanten, 1996. ISBN 3-7908-0950-0

Band 130: R. Olliges, Abbildung von Diffusionsprozessen, 1996. ISBN 3-7908-0954-3

Band 131: B. Wilmes, Deutschland und Japan im globalen Wettbewerb, 1996. ISBN 3-7908-0961-6

Band 132: A. Sell, Finanzwirtschaftliche Aspekte der Inflation, 1997. ISBN 3-7908-0973-X

Band 133: M. Streich, Internationale Werbeplanung, 1997. ISBN-3-7908-0980-2

Band 134: K. Edel, K.-A. Schäffer, W. Stier (Hrsg.) Analyse saisonaler Zeitreihen, 1997. ISBN 3-7908-0981-0

Band 135: B. Heer, Umwelt, Bevölkerungsdruck und Wirtschaftswachstum in den Entwicklungsländern, 1997. ISBN 3-7908-0987-X

Band 136: Th. Christiaans, Learning by Doing in offenen Volkswirtschaften, 1997. ISBN 3-7908-0990-X

Band 137: A. Wagener, Internationaler Steuerwettbewerb mit Kapitalsteuern, 1997. ISBN 3-7908-0993-4

Band 138: P. Zweifel et al., Elektrizitätstarife und Stromverbrauch im Haushalt, 1997. ISBN 3-7908-0994-2

Band 139: M. Wildi, Schätzung, Diagnose und Prognose nicht-linearer SETAR-Modelle, 1997. ISBN 3-7908-1006-1

Band 140: M. Braun, Bid-Ask-Spreads von Aktienoptionen, 1997. ISBN 3-7908-1008-8

Band 141: M. Snelting, Übergangsgerechtigkeit beim Abbau von Steuervergünstigungen und Subventionen, 1997. ISBN 3-7908-1013-4

Band 142: Ph. C. Rother, Geldnachfragetheoretische Implikationen der Europäischen Währungsunion, 1997. ISBN 3-7908-1014-2

Band 143: E. Steurer, Ökonometrische Methoden und maschinelle Lernverfahren zur Wechselkursprognose, 1997. ISBN 3-7908-1016-9

Band 144: A. Groebel, Strukturelle Entwicklungsmuster in Markt- und Planwirtschaften, 1997. ISBN 3-7908-1017-7

Band 145: Th. Trauth, Innovation und Außenhandel, 1997. ISBN 3-7908-1019-3

Fortsetzung auf Seite 773

Ansgar Belke

Wechselkursschwankungen, Außenhandel und Arbeitsmärkte

Neue theoretische und empirische Analysen im Lichte der Europäischen Währungsunion

Mit 42 Abbildungen und 63 Tabellen

Physica-Verlag

Ein Unternehmen
des Springer-Verlags

Reihenherausgeber
Werner A. Müller

Autor
Professor Dr. Ansgar Belke
Universität Wien
Fakultät für Wirtschaftswissenschaften
und Informatik
Hohenstaufengasse 9
1010 Wien
Österreich
E-mail: ansgar.belke@univie.ac.at

Als Habilitationsschrift auf Empfehlung der wirtschaftswissenschaftlichen Fakultät Bochum gedruckt mit Unterstützung der Deutschen Forschungsgemeinschaft

ISSN 1431-2034
ISBN 3-7908-1386-9 Physica-Verlag Heidelberg

Die Deutsche Bibliothek – CIP-Einheitsaufnahme
Belke, Ansgar: Wechselkursschwankungen, Außenhandel udn Arbeitsmärkte: neue theoretische und empirische Analysen im Lichte der Europäischen Währungsunion / Ansgar Belke. – Heidelberg: Physica-Verl., 2001
(Wirtschaftswissenschaftliche Beiträge; Bd. 183)
ISBN 3-7908-1386-9

Physica-Verlag Heidelberg
ein Unternehmen der BertelsmannSpringer Science+Business Media GmbH

Umschlaggestaltung: Erich Kirchner, Heidelberg

SPIN 10797853 88/2202-5 4 3 2 1 0 – Gedruckt auf säurefreiem und alterungsbeständigem Papier

Vorwort

Die vorliegende Studie befasst sich aus theoretischer und empirischer Perspektive mit dem Zusammenhang von Wechselkursänderungen, Außenhandel und Beschäftigung. Die Untersuchung bezieht sich auf die realwirtschaftlichen Effekte der Europäischen Währungsunion. Die Idee und Konzeption der vorliegenden Arbeit wurden im wesentlichen im Rahmen meiner Forschungsaufenthalte am Center for Economic Research (CentER), Tilburg/Niederlande, und am Centre for European Policy Studies (CEPS), Brüssel, geboren und weiter entwickelt. Prägend für den Blickwinkel der Arbeit waren die wissenschaftliche Zusammenarbeit einerseits mit Wim Kösters, einem Mitinitiator des Manifests von deutschen Hochschullehrern der Volkswirtschaftslehre gegen eine zu frühe Einführung des Euro sowie andererseits mit Daniel Gros, dem Mitverfasser der klassischen Studie ‚Ein Markt, eine Währung'. Letztere strich bereits Anfang der neunziger Jahre realwirtschaftliche Vorteile einer relativ raschen Einführung des Euro für eine gewisse Auswahl an europäischen Volkswirtschaften heraus. Die weitere Motivation ergab sich angesichts der Tatsache, dass die faktische Einführung des Euro als Gemeinschaftswährung am zum 1. Januar 1999 genau in die Zeit der Anfertigung der Arbeit fiel, fast wie von selbst. Ähnlich stimulierend wirkten die schon damals heftigen und bis heute nicht verstummenden Diskussionen um die Vor- und Nachteile einer Europäischen Währungsunion und die Ursachen der anhaltend hohen Arbeitslosigkeit.

Einzelne Teile der Arbeit wurden auf internationalen Konferenzen vorgestellt und profitierten (hoffentlich) von zahlreichen kritischen Anmerkungen der Zuhörer. Zu den Tagungen zählten unter anderem der 'Annual European Economic Association Congress', das 'Annual Econometric Society European Meeting', die 'European Association of Labor Economists Annual Conference', das 'European Public Choice Society Annual Meeting', die 'International Conference of the Society for Computational Economics' und insbesondere das 'International Seminar on Macroeconomics (EEA und NBER)' in Gerzensee/Schweiz. Darüber hinaus wurden Inhalte der Studie auf der internationalen Konferenz ‚The Open Economy Macromodel - Past, Present and Future' an den Universitäten Bar Ilan und Ben Gurion (beide Israel) sowie auf dem Workshop 'Designing EU-US Monetary Relations' des 'Institute for International Economics' (IIE) in Washington/DC präsentiert. Gleichzeitig stießen Bestandteile der Argumentation auch in der Politik auf Interesse, wie beispielsweise im Rahmen eines Hearings im Ausschuß für

Wirtschaft, Währung und Industriepolitik des Europa-Parlamentes in Brüssel zum Thema 'Adjustment Mechanisms in the Case of Asymmetric Shocks'.

Die Studie wurde gedruckt mit Unterstützung der Deutschen Forschungsgemeinschaft, der ich deshalb zu Dank verpflichtet bin. Für kritische Kommentare danke ich Daniel Gros, meinem akademischen Betreuer Wim Kösters sowie Dieter Bender und Manfred Lösch. Großer Dank gebührt Matthias Göcke für die enge und fruchtbare Zusammenarbeit bei der Entwicklung eines theoretischen Instrumentarium zur Analyse der Beschäftigungseffekte von Wechselkursunsicherheit bei Zeitpfadabhängigkeiten auf Arbeitsmärkten sowie Martina Kamp für die enge Forschungskooperation im Bereich ‚EWU und Arbeitsmarktreformen'. Martin Hebler danke ich für kritische Hinweise zu den Teilen 3 und 6 der vorliegenden Arbeit. Dank gebührt darüber hinaus Ulrich Reuter, Christian Einhaus sowie Sonja Kisselmann und für ihre unermüdliche und sorgfältige redaktionelle Unterstützung bei der Erstellung der Endfassung der Arbeit. Schließlich und vor allem danke ich meiner Frau Claudia für Ihre Geduld und Unterstützung in den letzten Jahren.

Ansgar Belke

Wien, November 2000

Inhaltsverzeichnis

Abkürzungsverzeichnis

Abb. : Abbildung

AIC : Akaike-Informationskriterium

ARCH : "autoregressive conditional heteroscedasticity"

ARDL : "autoregressive distributed lag"

Aufl. : Auflage

ausgen.: ausgenommen

Bd. : Band

BSP : Bruttosozialprodukt

BIP : Bruttoinlandsprodukt

Bd. : Band

BLUE : "best linear unbiased estimator"

CentER: CentER for Economic Research, Tilburg (Niederlande)

CEPR : Center for Economic Policy Research, London

CEPS : Centre for European Policy Studies, Brüssel

c.p. : ceteris paribus

dens. : denselben

ders. : derselbe

dies. : dieselbe oder dieselben

Diff : Differential

DIW : Deutsches Institut für Wirtschaftsforschung

DGP : datengenerierender Prozeß

DSP : differenzstationärer Prozeß

Erg. : Ergebnis

ERM : "European Exchange Rate Mechanism"

EWS : Europäisches Währungssystem

EWU : Europäische Währungsunion

EZB : Europäische Zentralbank

f. : folgende

Fed : Federal Reserve System

ff. : fortfolgende

FGLS : "feasible generalized least squares"

GARCH: "generalized autoregressive conditional heteroscedasticity"

GBR : Großbritannien

gdl : "general distributed lag"

GIVE : "generalized instrumental variables estimator"

GLS : "generalized least squares"

H1 : Hypothese 1 (H2 = Hypothese 2 usw.)

Hrsg. : Herausgeber

i.i.d. : "independent and identically distributed"

IMF : Internationaler Währungsfonds

IOT : Insider-Outsider-Theorie (der Arbeitslosigkeit)

IV : Instrumentvariable (-nverfahren)

IVE : "instrumental variables estimator"

i.V.m. : in Verbindung mit

Jg. : Jahrgang

Kap. : Kapitel

KQ... : Kleinste Quadrate...

log. : logarithmiert

LR... : Likelihood Ratio...

Mass. : Massachusetts

MDS : "martingale difference sequence"

ML... : "maximum likelihood"...

NAIRU: "non-accelerating inflation rate of unemployment"

NAWRU: "non-accelerating wage inflation rate of unemployment"

NBER : National Bureau of Economic Research

NLS : "nonlinear least squares"

o.ä. : oder ähnliches

OCA : 'optimum currency area'

OECD : Organisation for Economic Co-Operation and Development

OLS : "ordinary least squares"

PDL : "polynomial distributed lag"

PPP : "purchasing power parity", Kaufkraftparität

q.e.d. : quod erat demonstrandum

RE : rationale Erwartungen

RLS : "recursive least squares"

RWI : Rheinisch-Westfälisches Institut für Wirtschaftsforschung

S. : Seite

SCH : Schwarz-Informationskriterium

SUR : "seemingly unrelated regression"

Tab. : Tabelle

TSLS : "two-stage least squares"

3SLS : "three-stage least squares"

TSP : trendstationärer Prozeß

v.a. : vor allem

VAR : "vector autoregressive" oder Vektorautoregression

Vol. : "volume"

WiSt : Wirtschaftswissenschaftliches Studium (Zeitschrift)

WISU : Wirtschaftsstudium (Zeitschrift)

Die Erläuterung der Symbole und der Variablen erfolgt direkt im Text oder im Anhang, um die für die ökonomische Theorie sowie die Zeitreihenanalyse jeweils übliche Nomenklatur beibehalten zu können. Eine Vereinheitlichung über alle Kapitel hinweg wird strikt vermieden, da gleiche Symbole und Variablen in diesen Bereichen häufig unterschiedlich belegt sind (Beispiel: u = Arbeitslosenrate sowie Störvariable).

1 Einleitung

Die vorliegende Arbeit befaßt sich mit dem Zusammenhang zwischen Wechselkursschwankungen, Außenhandel und der Performance von Arbeitsmärkten. Aus Gründen der Aktualität und eines deutlichen Mangels an einschlägiger Literatur (Belke, Göcke (1999)) werden *neue* theoretische und empirische Analysen zu dieser Thematik hauptsächlich *im Lichte der Europäischen Währungsunion* (EWU) durchgeführt. Die hier abgeleiteten Ergebnisse haben jedoch auch *allgemeine* theoretische, empirische und wirtschaftspolitische Implikationen, die erheblich über den Anwendungsbereich der EWU hinausgehen.

Die Erörterung möglicher lohnpolitischer Konsequenzen und möglicher Beschäftigungseffekte der EWU ist in der öffentlichen Diskussion gegenüber anderen Aspekten bisher stark in den Hintergrund getreten (Belke (1996c, 1998a)). Erst in letzter Zeit, etwa seit der Tagung des Europäischen Rates auf dem Amsterdamer Gipfel zum Ende der Regierungskonferenz, stellen die EWU und die hohe Arbeitslosigkeit zwei aktuelle und zentrale Aspekte in der europäischen wirtschaftspolitischen Debatte dar. Verschiedentlich wird sogar die These vertreten, daß das Schicksal der EWU in hohem Ausmaß gerade von ihrer Auswirkung auf die Arbeitsmärkte abhängen wird (Belke, Kösters (1998, 1998a, 1998b, 1998c)). In der bisherigen akademischen Diskussion um die Nutzen und Kosten einer Europäischen Währungsunion wurden im wesentlichen mikroökonomisch fundierte Effizienzgewinne gegen mögliche stabilisierungspolitische Verluste einzelner Volkswirtschaften, die bei asymmetrischen Schocks in der EWU keine eigenständige Geldpolitik mehr verfolgen können, abgewogen. *Unabhängig davon* kommt die Arbeitsmarktforschung seit geraumer Zeit zu dem Ergebnis, daß die Arbeitslosigkeit in der EU zu großen Teilen *ein strukturelles* und nur in einem sehr geringen Umfang ein zyklisches Phänomen ist. Die Mitgliedsländer der EWU weisen mehrheitlich eine permanent hohe, größtenteils *strukturell verfestigte Arbeitslosigkeit* auf. In der EWU stehen zukünftig jedoch weder die Geldpolitik noch flexible Wechselkurse zur Verfügung, um Anpassungen an länderspezifische asymmetrische *Schocks der Arbeitsnachfrage* zu gewährleisten.

Da im Status-quo ante keine völlig flexiblen, sondern allenfalls stufenflexible Wechselkurse vorliegen, wird in der vorliegenden Arbeit hauptsächlich auf die Beschäftigungsrelevanz des Wegfalls des nominalen Wechselkurses *als Anpassungsinstrument* -die am häufigsten betonte Komponente potentieller Kosten der EWU für EU-Arbeitsmärkte- abgestellt. Für die Höhe der hieraus resultierenden Kosten werden neben der (in dieser Arbeit betonten externen) Natur und der Wahrscheinlichkeit asymmetrischer Schocks, dem Grad internationaler Faktormobilität sowie dem Ausmaß der Stabilitätsorientierung der Geld- und Fiskalpolitik *vor allem der Grad der Lohn- und Preisflexibilität* der an der EWU teilnehmenden Volkswirtschaften als bedeutsam erachtet. Es wurde bisher jedoch mit Ausnahme der in den Abschnitten 6.5 und 6.6 dargestellten Studien (vgl. auch Belke, Gros (1998b)) erstaunlicherweise nicht berücksichtigt, daß der Wegfall der kurzfristig variablen nominalen Intra-EWS-Wechselkurse per se auch eine beschäftigungspolitische Nutzenkomponente der EWU darstellen könnte. Dies ist unter anderem nach Ansicht von Müller, Buscher (1999), die als erste Autoren die vom Verfasser in Abschnitt 6.6 erzielten empirischen Resultate auf der Grundlage von ausführlichen Robustheitstests bestätigen können, ein schwerwiegendes Versäumnis.

Hinsichtlich einer dringend gebotenen Rückführung der hohen Arbeitslosigkeit in der EU ergeben sich unter diesen Voraussetzungen *zwei zentrale Fragenkomplexe*: 1) Sorgt die EWU wegen eines tendenziell zunehmenden Wettbewerbs der nationalen Arbeitsmarktsysteme für die notwendigen Anreize in der nationalen Lohn- bzw. Reformpolitik? 2) Erweist sich die EWU in beschäftigungspolitischer Hinsicht als sinnvoll, wenn ohne sie Änderungen nominaler Wechselkurse bei negativen asymmetrischen Schocks und nominalen Rigiditäten einen weniger kostenintensiven Anpassungsmechanismus darstellen als die Verringerung nominaler Löhne und Preise innerhalb der EWU? Oder führen ohne EWU eine systematische Nutzung des Wechselkursinstrumentes sowie eine hohe Abhängigkeit des Wechselkurses von Finanzmarktdaten zu einer höheren kurzfristigen Variabilität, welche das Beschäftigungswachstum sogar beeinträchtigt? Über welchen Transmissionskanal beeinflußt die Wechselkursvariabilität die Arbeitsmärkte: wie zumeist a priori vermutet über den Außenhandel oder eher über die Investitionstätigkeit?

Dem ersten Aspekt wurde in der Literatur bisher mit einem deutlichen Schwerpunkt auf einer Analyse der Arbeitsmarktwirkungen der durch das Maastrichter Vertragswerks gesetzten Anreize für die Geld-, Fiskal-, Lohn- und Sozialpolitik Rechnung getragen (Belke (1996a, 1996c, 1998a)). Die vorliegende Arbeit ergänzt diese Literatur um eine public-choice-theoretische Erklärung der bestehenden Rigiditäten auf EU-Arbeitsmärkten (Kapitel 3) und um einen Vorschlag zur theoretischen Modellierung der Reformanreize zur Beseitigung dieser Rigiditäten innerhalb und außerhalb der EWU (Kapitel 4). Der zweite Fragenkomplex, der gegenüber rein währungs- und finanzpolitischen Aspekten (Belke (1998a)) der EWU lange stark in den Hintergrund getreten ist, wird im Rahmen dieser Arbeit besonders betont. Ihm wird in den Kapiteln 2, 5 und 6 nachgegangen. Die Kapitel 7 bis 9 entwickeln und verfeinern die Analyse durch den Entwurf neuer Modelle und die Anwendung neuer empirischer Verfahren.

Der Hauptteil der Arbeit beginnt mit Kapitel 2. In ihm wird gefragt, ob nominale Abwertungen außerhalb der EWU im Falle nominaler Rigiditäten einen weniger kostenintensiven Anpassungsmechanismus an negative asymmetrische Schocks darstellen als die Verringerung nominaler Löhne und Preise innerhalb der EWU? Erweist sich eine EWU im Fall einer Bejahung der ersten Frage in beschäftigungspolitischer Hinsicht überhaupt als sinnvoll? Bei der Beantwortung dieser Frage wird wie folgt vorgegangen. In Abschnitt 2.2 wird zur Beantwortung dieser Frage die Rolle nominaler und realer Rigiditäten für Arbeitsmarktanpassungen in offenen Volkswirtschaften modelltheoretisch herausgearbeitet und simuliert. Hierauf aufbauend wird untersucht, ob die EWU im Vergleich zu Phasen nicht fixierter Wechselkurse bei mindestens temporären Lohn- und/oder Preisrigiditäten die realen Effekte negativer Schocks vergrößert. Denn nur dann wäre das Wechselkursargument zur Evaluierung von Beschäftigungseffekten der EWU einschlägig. In Abschnitt 2.3 wird empirisches Anschauungsmaterial zur Klärung dieser Frage diskutiert. Dabei wird die makroökonomische Performance Frankreichs im Gefolge der EWS-Krise 1992 mit derjenigen Großbritanniens und Italiens, die das EWS am 17.09.1992 verließen, verglichen. Im Rahmen einer zeitreihenanalytischen Studie wird in Abschnitt 2.4 die zuvor modellierte Hypothese, Italien und Großbritannien hätten dem durch die deutsche Vereinigung bedingten realen Abwertungsbedarf schneller und signifikanter als Frankreich entsprochen, empirisch getestet.

In Abschnitt 2.5 wird dann kritisch gewürdigt, ob die fehlende Wechselkursflexibilität in der EWU -wie es die in Abschnitt 2.4 erzielten Ergebnisse andeuten- wirklich kein beschäftigungspolitisches Argument gegen eine EWU darstellt. Zu diesem Zweck werden einleitend in Abschnitt 2.5.1 einige zentrale Überlegungen zur Sinnhaftigkeit eines Einsatzes der Wechselkurs- und damit implizit auch der Geldpolitik zur Kompensation länderspezifischer Schocks angestellt. In Abschnitt 2.5.2 wird der gängige Einwand gegen die EWU, daß letztere besonders die durch nominale Rigiditäten bedingten realwirtschaftlichen Effekte von Schocks noch verstärke, herausgegriffen und analysiert. In Abschnitt 2.5.3 werden die für die Nützlichkeit von Wechselkursanpassungen (und damit der Wechselkursvariabilität) als entscheidend angesehenen nominalen Rigiditäten auf europäischen Arbeitsmärkten als *endogen* betrachtet. Es wird gefragt, ob die Einführung der EWU selbst eine wichtige Determinante hierfür darstellt. Schließlich wird in Abschnitt 2.6 zusammenfassend analysiert, unter welchen Bedingungen außerhalb der EWU überhaupt ein beschäftigungspolitischer Spielraum der Geld- und Währungspolitik besteht und wie groß dieser ist. Da die Ergebnisse dieses Kapitels die Ansicht nicht uneingeschränkt stützen, daß nominale Abwertungen außerhalb der EWU im Falle nominaler Rigiditäten einen weniger kostenintensiven Anpassungsmechanismus an negative asymmetrische Schocks darstellen als die Verringerung nominaler Löhne und Preise innerhalb der EWU, verändert die vorliegende Arbeit im weiteren Verlauf ihre Stoßrichtung deutlich. Es wurde bereits angedeutet, daß sich die Überlegungen in den Kapiteln 6 bis 9 schließlich sogar auf die theoretische und empirische Beantwortung der *umgekehrten* Fragestellung fokussieren: Zieht eine regelmäßige und systematische Nutzung des Wechselkursinstrumentes eine höhere Wechselkursvariabilität nach sich, die im Falle der Nichtrealisierung der EWU das Beschäftigungswachstum beeinträchtigen würde?

Das Kapitel 3 versteht sich als *Bindeglied* zwischen den Kapiteln 2 und 4. Während in Kapitel 2 neben anderen Aspekten auch die *Bedeutung nominaler und realer Rigiditäten* auf Arbeitsmärkten für die Effektivität von Wechselkursen als Mittel der Pufferung von Schocks untersucht wird, analysiert das Kapitel 4, ob die Implementierung einer geldpolitischen Regel in Gestalt einer Währungsunion die Rahmenbedingungen für die Möglichkeit und Effektivität von Reformen und das Ausmaß der für Wechselkurswirkungen relevanten realen (und nominalen) *Rigiditäten* verändert. Um den inhaltlichen Übergang von Kapitel 2 zu Kapitel 4 vorzubereiten, wird in Kapitel 3 das *vor* der Durchführung von Arbeitsmarktreformen vorhandene Ausmaß der für die Arbeitsmarktwirkungen von Wechselkursänderungen relevanten Rigiditäten im Rahmen einer *positiven Analyse* erklärt. Dabei werden Implementierungshemmnisse für Arbeitsmarktreformen, welche die jeweiligen (vor allem realen) Rigiditäten verringern, erläutert. Der Fokus liegt dabei auf einem Vergleich der U.S.A. mit '*Kontinentaleuropa*'. Darüber hinaus werden im Rahmen des Kapitels 3 die theoretisch orientierten Kapitel 6 bis 8 inhaltlich vorbereitet, in denen Einstellungs- und Kündigungskosten auf Arbeitsmärkten eine zentrale Rolle spielen. Denn diese Kosten lassen sich erfahrungsgemäß vor allem durch Arbeitsmarktrigiditäten erklären. Schließlich liefert die im folgenden vorzunehmende positive Analyse des

Status-quo den 'aktuellen Rand' für Prognosen der Arbeitsmarkteffekte der EWU aus der Eliminierung der intra-europäischen Wechselkursunsicherheit (Kapitel 6).

Um die Situation auf EU-Arbeitsmärkten zum Start der EWU aus der Sicht der Politischen Ökonomie näher zu beleuchten, wird in Kapitel 3 sowohl auf Mancur Olsons 'Logik kollektiven Handelns' als auch auf die Insider-Outsider-Theorie zurückgegriffen. Aus einer Synthese der beiden Ansätze wird eine *Politische Ökonomie der Arbeitsmarktreformen* abgeleitet. In Abschnitt 3.1 wird zunächst die Problemstellung motiviert. In der traditionellen Makroökonomik wurde lange Zeit die Frage vernachlässigt, ob Arbeitslosigkeit als ein *Nicht-Zustandekommen wechselseitig vorteilhafter* Tauschverträge zwischen Arbeitsanbietern und Arbeitsnachfragern ein -wegen der hohen Folgekosten- eher *unbeabsichtigtes* Ergebnis *intentionaler* Handlungen ökonomischer Akteure darstellt. Wem könnte bei gegebenen Anreizen eine Neigung zu einem Verhalten zuzuschreiben sein, das in vielen westeuropäischen und/oder EWU-Volkswirtschaften eine Situation anhaltend hoher Arbeitslosigkeit als unbeabsichtigtes *Nebenprodukt* mit erheblichen langfristigen Kosten auch für die Begünstigten entstehen läßt? Eine Beantwortung dieser Frage wurde in jüngerer Zeit unabhängig voneinander von *Mancur Olson* und von Vertretern der mittlerweile mehrheitlich akzeptierten *Insider-Outsider-Theorie* der Arbeitslosigkeit (IOT) versucht. Beide Ansätze werden in Abschnitt 3.2 in ihren wesentlichen Eigenschaften beschrieben (Abschnitte 3.2.1 und 3.2.2). In Abschnitt 3.2.3 wird schließlich herausgearbeitet, inwieweit beide Ansätze die Arbeitslosigkeit jeweils als *eine Folge polit-ökonomischer Anreize* interpretieren.

Ein weiterer Anlaß für einen Vergleich beider Ansätze in Abschnitt 3.3 und eine anschließende Synthese beider Ansätze in den Abschnitten 3.4 und 3.5 besteht darin, daß Olsons *Begründung überhöhter, nach unten starrer Löhne* ähnlich anmutet wie diejenige der Insider-Outsider-Theorie (IOT). In beiden Fällen wird die *Interaktion der Spezialinteressengruppen der Arbeitnehmer und Arbeitgeber* als der bedeutendste Einflußfaktor hierfür hervorgehoben. Darüber hinaus sind beide Ansätze mit dem *positiven Trend* bzw. der Zeitpfadabhängigkeit der (strukturellen) Arbeitslosigkeit in Westeuropa kompatibel. Dann aber liegt die Vermutung nahe, daß sich auch die *Politikempfehlungen* beider Ansätze *ähneln.* Die somit große Übereinstimmung hinsichtlich der Problemstellung beider Ansätze wird in diesem Kapitel zum Anlaß genommen zu untersuchen, *ob und inwieweit* der IO-Ansatz Gemeinsamkeiten mit dem Olsonschen Ansatz zur Erklärung unfreiwilliger Arbeitslosigkeit aufweist und als Formalisierung eines Teilbereichs der weiter gefaßten Olsonschen Theorie interpretiert werden kann (Abschnitt 3.3). Im Mittelpunkt stehen dabei bisher nicht oder nur am Rande behandelte Gemeinsamkeiten (Abschnitt 3.3.1) und Unterschiede (Abschnitt 3.3.2) beider Ansätze in bezug *auf ihre theoretischen und empirischen Implikationen*. In dem Abschnitt 3.3.3 erfolgen schließlich einige Anmerkungen zur empirischen Validität beider Ansätze.

Diese Kompatibilitätsüberprüfung beider Ansätze dient dann als Grundlage für eine anschließende *Synthese* beider Ansätze zur Ableitung wirtschaftspolitischer Schlußfolgerungen (Abschnitt 3.4). Es werden im weiteren Verlauf Elemente einer *Politischen Ökonomie der Beschäftigungspolitik* abgeleitet, die gleichermaßen auf Elementen der Olsonschen Theorie und der IOT fußen (Abschnitt 3.5). Dabei wird argumentiert, daß eine *Kombination* des polit-ökonomischen Theoriegerüstes Olsons und des IOT-Ansatzes einen vielversprechenden Beitrag zur Beantwortung der derzeit *dringendsten arbeitsmarktrelevanten Fragestellungen* leisten kann (vgl. auch Kapitel 4): Warum ließ eine Durchführung geeigneter und mittlerweile wohldefinierter Beschäftigungspolitiken bisher so lange auf sich warten? Welcher strategischen Anreize bedarf die Implementierung arbeitsmarktflexibilisierender Politiken? (Abschnitt 3.5.1). Ist das polit-ökonomische Regulierungsgleichgewicht auf Arbeitsmärkten zeitpfadabhängig (Abschnitt 3.5.2)? Welche strategischen Optionen ergeben sich aus den vorhergehenden Abschnitten für die Beschäftigungspolitik (Abschnitt 3.5.3)? Bei der Beantwortung der letzten Frage spielen Timing-Aspekte, Aspekte des Reform-Designs sowie Ideologieaspekte eine Rolle. Insbesondere wird in Abschnitt 3.5.3 (als Grundlage für Kapitel 4) einführend untersucht, ob die EWU ein entscheidender Auslöser für Arbeitsmarktreformen sein kann und ob bei der Beantwortung dieser Fragen möglicherweise ein *integrativer* Ansatz weiterhilft. Die Ausführungen in Abschnitt 3.6 beschließen die Ausführungen dieses Kapitels.

Um die Bedeutung des Kapitels 4 im Rahmen dieser Arbeit erschließen zu können, ist ein kurzer Rekurs auf Kapitel 2 sinnvoll. Dort wird -wie zuvor schon erläutert- die Rolle nominaler und realer Rigiditäten auf Arbeits- und den hiermit verbundenen Märkten für die Bedeutung der Wechselkurse als Instrument einer realwirtschaftlichen Anpassung an Schocks hervorgehoben und analysiert. In Kapitel 4 wird hierauf aufbauend in den Vordergrund gerückt, daß die Implementierung einer geldpolitischen Regel die Rahmenbedingungen für die Möglichkeit und Effektivität von Strukturreformen und somit das Ausmaß der in der jeweiligen Region vorliegenden realen (und nominalen) *Rigiditäten* verändert. Aufbauend auf den in Kapitel 3 erarbeiteten Teilelementen wird auch in diesem Kapitel versucht, das vorhandene Ausmaß dieser Rigiditäten polit-ökonomisch zu erklären (positive Analyse). Zusätzlich werden jedoch Leitlinien für eine bedingte *Prognose des Ausmaßes an Strukturreformen* in der EWU entwickelt. Die Ausführungen greifen dabei die Interpretation einiger Autoren auf, die EWU entspreche aus der Sicht eines einzelnen Mitgliedslandes einer geldpolitischen Regel. Zum einen hängt die beschäftigungspolitische Beurteilung einer geldpolitischen Regel davon ab, ob sie ein Auslöser für die Implementierung von Arbeitsmarktreformen sein kann. Zum anderen ist entscheidend, ob eine diskretionäre Geldpolitik in der Lage ist, die in Kapitel 3 beschriebenen Verteilungskonflikte zwischen Interessengruppen auf Arbeitsmärkten zu schlichten und die Effektivität von Strukturreformen positiv zu beeinflussen.

Bei der Analyse der Zusammenhänge zwischen der EWU, der Geldpolitik und der Reform der europäischen Arbeitsmärkte wird in Kapitel 4 so vorgegangen, daß nach einer Einführung in Abschnitt 4.1 in Abschnitt 4.2 zunächst das dem Kapitel 4 zugrunde liegende Problem motiviert wird. Dies besteht in einer bis heute fehlenden analytischen Grundlage zur Beantwortung der politisch zentralen Frage, ob die EWU im Sinne eines Olson-Schocks die Möglichkeit einer Implementierung von Strukturreformen auf Arbeitsmärkten erhöhen wird. In Abschnitt 4.3 wird als Ansatzpunkt für eine Lösung des aufgezeigten Problems ein einfaches Basismodell in der Tradition von Barro, Gordon (1983) und Kydland, Prescott (1977) entwickelt und vorgestellt. In diesem lassen sich die Geldpolitik und das Ausmaß von Arbeitsmarktreformen gleichzeitig endogen bestimmen. In Abschnitt 4.4 werden die analytischen Ergebnisse im Hinblick auf die Fragestellung systematisiert und auch graphisch dargestellt. Ein analytischer Vergleich der Gesamtwohlfahrt unter unterschiedlichen geldpolitischen Strategien ergänzt um einige illustrierende Simulationen wird in Abschnitt 4.5 durchgeführt. Der Abschnitt 4.6 faßt die in Kapitel 4 erzielten Ergebnisse unter Berücksichtigung verschiedener Modellerweiterungen, welche dazu geeignet sind, die relative Vorteilhaftigkeit der jeweiligen geldpolitischen Strategie potentiell zu beeinflussen, zusammen. Dabei werden beispielsweise die Implikationen einer Nominallohnrigidität im Bereich niedriger Inflationsraten und die Auswirkungen der Berücksichtigung der Persistenz der Arbeitslosigkeit analysiert. Auch wird der Koordinierungsbedarf bei der Implementierung von Reformen diskutiert. Der Abschnitt 4.7 schließt mit einem kurzen Fazit.

Das Kapitel 5 nimmt zum Ausgangspunkt, daß die Diskussionen über die beschäftigungspolitischen Kosten und Nutzen der EWU üblicherweise auf der Theorie optimaler Währungsräume ('optimum currency areas', OCAs) basieren. Dieser Ansatz geht von der Annahme aus, daß es im Falle einer plötzlichen *externen* Datenänderung in der Gestalt eines externen Schocks für eine Volkswirtschaft einfacher ist, den Wechselkurs als die kurzfristig relativ trägen heimischen Löhne und Preise anzupassen. Viele Ökonomen akzeptieren die allgemeine Idee, die diesem Ansatz zugrunde liegt. Da nominale Löhne und Preise im allgemeinen in der kurzen Frist als 'sticky' anzusehen sind, könnten die notwendige Veränderung des realen Wechselkurses bzw. der Terms-of-Trade durch eine Änderung des nominalen Wechselkurses schneller herbeigeführt und Anpassungshärten für Arbeitsmärkte infolge asymmetrischer Schocks vermieden werden. In Kapitel 5 wird herausgearbeitet, daß Mundell (1961) in seinem klassischen Beitrag die Auswirkungen *externer* Ungleichgewichte auf *Arbeitsmärkte* betonte. Deshalb wird es als unzureichend und verbesserungswürdig angesehen, daß die gängigen empirischen Analysen der realwirtschaftlichen Kosten asymmetrischer Schocks in der EWU die externe Komponente vernachlässigen und sich zumeist auf vergangenheitsbezogene Korrelationen der Entwicklung des BIP in den EWU-Mitgliedsländern beziehen.

Es herrscht in der Literatur aufgrund dieses verzerrten Blickwinkels bisher Uneinigkeit darüber, *wie wichtig diese externen Schocks* für die Beschäftigung in der europäischen Realität *wirklich sind.* Führt der Verlust des Wechselkursinstruments in der EWU zu massiver zusätzlicher Arbeitslosigkeit, weil bedeutende negative externe Schocks wahrscheinlich sind? Oder spielen externe Schocks bisher und damit bis auf weiteres auch in der EWU (Belke, Gros (1998)) nur eine marginale Rolle für die Entwicklung der Arbeitslosigkeit? Die Annahme der meisten Ökonomen ist wohl, daß externe Schocks zumindest für die Arbeitsmärkte kleinerer Länder mit höherem Offenheitsgrad einen signifikanten Einfluß haben. Daher lautet eine Schlüsselfrage bei der beschäftigungspolitischen Bewertung der EWU aus ökonomischer Sicht: Haben externe Schocks (d.h. Schocks der Exporte und/oder der Wechselkurse) einen starken Einfluß auf die (Unter-) Beschäftigung in den Mitgliedsländern? Dies ist eine wichtige empirische Problemstellung, die in der Literatur bisher nicht behandelt wurde. In diesem Kapitel wird deshalb versucht, die Bedeutung *externer Schocks* für die Arbeitsmarkt-Performance (Arbeitslosigkeit und Beschäftigung in der verarbeitenden Industrie) in der EU genauer zu quantifizieren. Um die aus theoretischer Sicht exponierte Position des Außenhandels bei der Transmission von Wechselkursschwankungen auf Arbeitsmärkte zu betonen, wurde der Außenhandel in den Titel der vorliegenden Arbeit aufgenommen.

Das hauptsächlich empirisch orientierte Kapitel 5 ist wie folgt aufgebaut. Nach der Motivation der Untersuchung in Abschnitt 5.1 gibt der Abschnitt 5.2 einen kurzen Überblick über die empirische Literatur zum OCA-Ansatz. Der Abschnitt 5.3 beginnt mit einer Untersuchung des Einflusses externer Schocks auf die Beschäftigung und die Unterbeschäftigung in den EU-Mitgliedsländern auf der Grundlage einiger einfacher zeitreihenanalytischer 'Kausalitätstests'. Der Abschnitt 5.4 erweitert diesen Testansatz, indem er Robustheitstests der zuvor erzielten Ergebnisse besondere Bedeutung beimißt. Es wird empirisch getestet, ob die Abwesenheit einer klaren Beziehung zwischen der (Unter-) Beschäftigung und Exportschocks auf eine konsistente Politik zurückzuführen ist, die im Durchschnitt den Einfluß der Exportschocks durch den optimalen Einsatz eines Politikinstrumentes (z.B. des Wechselkurses, der Finanzpolitik, der Geldpolitik) ausgeglichen hat. In Abschnitt 5.5 werden einige Implikationen dieser neuartigen Ergebnisse diskutiert. Darüber hinaus wird die empirische Evidenz mit Resultaten, die aus einer Anwendung derselben Methode auf Investitionsschocks resultieren, verglichen. Der Abschnitt 5.6 beschließt die Ausführungen des Kapitels 5.

Das Kapitel 6 nimmt im Rahmen der vorliegenden Arbeit eine zentrale Stellung ein. Es greift ein wichtiges Zwischenergebnis der in Kapitel 2 und 5 durchgeführten empirischen Studien auf. Dieses besteht darin, daß die *Aufgabe des nominalen Wechselkurses* im Rahmen der EWU als ein Anpassungsinstrument an externe Schocks per se *nicht zu gravierenden Implikationen für EU-Arbeitsmärkte* führen sollte. Angeregt durch diese relativ robusten und konsistenten Zwischenergebnisse wird in Kapitel 6 über die in den vorhergehenden Kapiteln defensive Problemstellung hinausgegangen und eher offensiv gefragt, ob die Fixierung innereuropäischer Wechselkurse in der EWU durch die Eliminierung kurzfristiger Wechselkursvolatilität sogar einen *realwirtschaftlichen Nutzen* für die EU-Arbeitsmärkte stiftet. Dabei wird die implizite Annahme der Kapitel 2 bis 5 aufgegeben, die Alternative zur EWU sei eine *ideale* Welt, in der Wechselkurse auf asymmetrische Schocks rechtzeitig und in der gewünschten Weise reagieren. Statt dessen wird der Status-quo ante (stufenflexible Wechselkurse) als viel realistischere Alternative zur EWU berücksichtigt. In diesem kann der tatsächliche Grad an *kurzfristiger* Wechselkursvariabilität -zumindest für Volkswirtschaften, die in der Vergangenheit dem EWS-Kern angehörten- nicht auf fundamental begründbare Schocks zurückgeführt werden.

Die in Kapitel 6 durchgeführten Untersuchungen zum Einfluß des *zweiten* statistischen Momentes der intra-europäischen Wechselkurszeitreihen und den EU-Arbeitsmärkten knüpfen inhaltlich an den im Vorfeld der EWU zu beobachtenden *Widerspruch* zwischen den immer wiederholten Statements aus der Wirtschaftspraxis zu den beschäftigungsschädlichen Effekten nicht prognostizierbarer Wechselkursschwankungen und der Negierung dieses Effektes durch die Wissenschaft an. Das Ziel (und das Resultat) dieses zentralen Kapitels wird insbesondere durch die wachsende Zahl an Beiträgen motiviert, welche die Lücke zwischen gängigen Alltagsbeobachtungen und wissenschaftlichen Untersuchungen zu schließen begonnen haben. Es scheint, als ob ein *Konsens* in bezug auf die Relevanz von Änderungen realer effektiver Wechselkurse (des *ersten* statistischen Momentes der Wechselkurszeitreihe) für die Höhe der binnenländischen Investitionstätigkeit als auch für die Höhe der Beschäftigung in der Entstehung begriffen ist. Leider beschränken sich diese Untersuchungen hauptsächlich auf die U.S.A. Es wird wenig auf andere Länder eingegangen und kaum auf einer ländervergleichenden Basis argumentiert. Untersuchungen zum Einfluß des zweiten statistischen Momentes der Wechselkurszeitreihen auf Arbeitsmärkte fehlen vollständig. Diese Aspekte lassen die neuen theoretischen und empirischen Untersuchungen in Kapitel 6 um so dringlicher erscheinen.

Die Erwartung mikroökonomischer Effizienzgewinne durch die Reduktion der Wechselkursvariabilität gründet sich im allgemeinen auf die Idee, daß eine geringere Variabilität *den Außenhandel* weniger riskant macht. Aus dieser Sicht sollte eine Stabilisierung der Wechselkurse das Niveau des Außenhandels standardmäßig erhöhen. Diese Idee wird seit einiger Zeit in einer umfangreichen theoretischen und empirischen Literatur verfolgt. Sie analysiert die Effekte der Wechselkursunsicherheit auf den Außenhandel und (hierzu existieren nur wenige empirische Studien!) auf die Investitionen. Die Hauptströmungen der auf den Außenhandel bezogenen Literatur werden in Abschnitt 6.1 skizziert und ihre wichtigsten empirischen Resultate zusammengefaßt. Dies geschieht ausschließlich zur inhaltlichen Vorbereitung einer bisher in der Literatur *noch nicht durchgeführten* Analyse zu den Auswirkungen der Wechselkursvariabilität (also des *zweiten* statistischen Momentes der Zeitreihe der Wechselkurse) *auf Arbeitsmärkte* und ergänzend - wegen des engen Zusammenhangs mit der Arbeitsmarktentwicklung- auch auf das Ausmaß der binnenländischen Investitionstätigkeit.

Diesbezüglich findet sich bislang in der Literatur nur die im Rahmen dieser Arbeit als zu undifferenziert angesehene implizite Annahme, daß eine Fixierung von Wechselkursen im Durchschnitt die Arbeitslosigkeit erhöhe und die Beschäftigung senke, da die Anpassung an Schocks schwieriger werde (vgl. Kapitel 2). Darüber hinaus wird aus den uneinheitlichen Ergebnissen der in Abschnitt 6.1 dargestellten Außenhandelsstudien zum Teil ebenso undifferenziert geschlossen, daß eine 'überschüssige' Volatilität intraeuropäischer Wechselkurse *die EU-Arbeitsmärkte erst recht* unbeeinflußt lasse. Denn viele Ökonomen würden wegen des schwachen empirischen Zusammenhangs zwischen der Wechselkursvolatilität und dem Außenhandel a priori mutmaßen, daß eine negative Korrelation von Wechselkursvariabilität und Beschäftigung erst recht unwahrscheinlich ist. Denn der Außenhandel sei der offensichtlichste Transmissionskanal, über den Wechselkursschwankungen den realwirtschaftlichen Sektor beeinflussen. Umgekehrt wirkten Produktions-, Beschäftigungs- und Investitionsentscheidungen auch auf die Handelsströme ein. Auch aus dieser Sicht rechtfertigt sich die Aufnahme des Außenhandels als ein (häufig vermutetes) zentrales Element bei der Transmission von Wechselkursschwankungen auf Arbeitsmärkte in den Titel der vorliegenden Arbeit.

Beide Annahmen werden im folgenden ausführlich theoretisch und empirisch für EU-Volkswirtschaften analysiert und letztlich *verworfen*. Die empirischen Resultate zeigen, daß es selbst für Skeptiker schwierig sein dürfte, die Hypothese beizubehalten, daß die intra-europäische Wechselkursvariabilität vor Beginn der EWU keinen Einfluß auf die Arbeitslosigkeit, die Beschäftigung und die Investitionen in Westdeutschland und in anderen EU-Volkswirtschaften hatte. Die empirischen Ergebnisse werden in Kapitel 6 theoretisch vor allem dadurch begründet, daß in der kurzen Frist in der EU wegen der überwiegend bereits geleisteten 'versunkenen Kosten' für Distributionsnetze lediglich ein geringer Einfluß der Wechselkursvolatilität auf Außenhandelsströme zu erwarten ist. Denn Unternehmen reagieren nämlich auf einen Anstieg der Wechselkurs- (und wegen des 'pricing-to-market' damit auch der Gewinn-) Variabilität in einem ersten Schritt vor allem durch reduzierte Investitionen in außenhandelsgerichtete Aktivitäten. Es sollte sich ein (in den empirischen Untersuchungen auch identifizierter) signifikanter kurzfristiger negativer Einfluß auf Investitionen einstellen. *Trotz* der fehlenden empirischen Evidenz für einen Einfluß der Wechselkursunsicherheit *auf den Außenhandel* ist nun ein gleichgerichteter Einfluß auf die Arbeitslosigkeit bzw. die Beschäftigung nicht ausgeschlossen, da Investitionen eine wichtige Komponente gesamtwirtschaftlicher Nachfrage sowie der Produktionskapazität darstellen. Darüber hinaus stellt die *Einstellung neuer Arbeitskräfte* in den meisten kontinentalen EU-Volkswirtschaften *ebenfalls eine Investition* dar, da typischerweise hohe (Desinvestitions-) Kosten eingegangen werden müssen, um diese Entscheidung zu revidieren.

Für die Betonung des Investitionskanals sprechen auch die Ergebnisse des Kapitels 5, daß nämlich externe Schocks einen geringeren als a priori erwarteten Einfluß auf EU-Arbeitsmärkte haben. Auch dieses Ergebnis deutet die untergeordnete Bedeutung des Außenhandels für die Transmission der Intra-ERM-Wechselkursunsicherheit auf EU-Arbeitsmärkte an. Die im Rahmen des Kapitels 6 erzielten empirischen Ergebnisse, die einen negativen Einfluß der Intra-ERM-Wechselkursvolatilität (über den Investitionskanal) auf EU-Arbeitsmärkte andeuten, stellen interessanterweise den *Ausgangspunkt für weitere Studien* dar. Beispielsweise kann eine erste Überprüfung der in Abschnitt 6.6 erzielten Ergebnisse durch das Zentrum für Europäische Wirtschaftsforschung (ZEW, Mannheim, Müller, Buscher (1999)) diese auf der Grundlage verschiedener Robustheitstests und Erweiterungen nicht ablehnen.

Der Aufbau des Kapitels 6 gliedert sich wie folgt. In Abschnitt 6.1 wird einleitend untersucht, welche Anhaltspunkte die Literatur zum Einfluß der Wechselkursunsicherheit auf den Außenhandel bietet. Zu diesem Zweck wird in Abschnitt 6.1.1 zunächst kurz auf die stilisierten Fakten der in der Literatur üblichen theoretischen Modellierung des Einflusses der Wechselkursunsicherheit auf den Außenhandel eingegangen. Anschließend werden in Abschnitt 6.1.2 die zahlreichen empirischen Studien hierzu präzise systematisiert und ausgewertet. Dies geschieht streng nach Gesichtspunkten, die für die anschließenden eigenständigen Studien zum Einfluß der Wechselkursunsicherheit auf EU-Arbeitsmärkte von großer Bedeutung sind (Abschnitt 6.1.2.3). In Abschnitt 6.2 wird vor dem Hintergrund der uneindeutigen empirischen Ergebnisse für den Einfluß der Wechselkursunsicherheit auf den Außenhandel die Motivation für eine erstmals durchzuführende gesonderte Analyse der Bedeutung der Wechselkursunsicherheit für EU-Arbeitsmärkte erläutert. Der Abschnitt 6.3 präsentiert ein einfaches theoretisches Modell von Investitionen (u.a. in die Beschäftigung) unter Unsicherheit. Dieses verdeutlicht einen möglichen Transmissionskanal, welcher einer negativen (positiven) Beziehung zwischen der Unsicherheit und der Beschäftigung (Arbeitslosigkeit) Rechnung tragen könnte. Der Abschnitt 6.4 stellt dem 'Optionswert des Wartens' den 'Wert der Optionsschaffung' gegenüber. Dabei werden Bedingungen abgeleitet, unter denen das in Abschnitt 6.3 formal hergeleitete negative Vorzeichen der betrachteten Beziehungen weiter gültig ist.

Der Abschnitt 6.5 befaßt sich mit der empirischen Evidenz der zuvor abgeleiteten Modelle für Westdeutschland. Zu diesem Zweck werden ausführliche empirische Untersuchungen unternommen. In Abschnitt 6.5.1 werden einfache zeitreihenanalytische Kausalitätstests (VARs) in Differenzen der betrachteten Variablen durchgeführt. In Abschnitt 6.5.2 wird die Beziehung zwischen der Intra-ERM-Wechselkursvolatilität und dem deutschen Arbeitsmarkt unter der Berücksichtigung von 'Common Long-Term Trends' sowie von Strukturbrüchen und unter der Verwendung neuerer Kointegrationstechniken empirisch evaluiert. In dem Abschnitt 6.6 werden umfangreiche empirische Tests des in Abschnitt 6.3 entwickelten Modells für alle EU-Mitglieder (Stand 1994, ohne Luxemburg) vorbereitet, durchgeführt und ausgewertet. Der Abschnitt 6.6.1 erläutert und begründet das im folgenden verwendete Maß der Wechselkursvariabilität vor dem Hintergrund der in Abschnitt 6.1 bereits systematisierten Probleme bei der Auswahl eines geeigneten Indikators der Wechselkursunsicherheit. Der Abschnitt 6.6.2 erörtert die Resultate einfacher zeitreihenanalytischer Kausalitätstests. In Abschnitt 6.6.3 wird kontrolliert, ob diese Resultate robust gegenüber einigen alternativen Erklärungen und gegenüber einer alternativen Schätzprozedur sind. Es wird empirisch getestet, ob die Ergebnisse unter der expliziten Berücksichtigung von Politikinstrumenten (z.B. des Zinssatzes) und von zyklischen Variablen (z.B. des BIP-Wachstums), die ebenfalls einen Einfluß auf die Variabilität von Wechselkursen haben können, bestehen bleiben. Der Abschnitt 6.7 beinhaltet einige Schlußfolgerungen aus den zuvor in Kapitel 6 erzielten Ergebnissen. Er befaßt sich auch mit den Implikationen der im Rahmen dieser Arbeit zentralen Resultate für die Debatte um die Funktionsfähigkeit der EWU.

Das Kapitel 7 greift die in Abschnitt 6.1.2.3 gewonnene Erkenntnis auf, daß die wenig eindeutigen Resultate in bezug auf die Verbindung zwischen der Wechselkursunsicherheit und dem Außenhandel außer durch die in den jeweiligen Studien verwendeten spezifischen Stichprobengrößen und Schätzverfahren häufig auch durch den Rückgriff auf verschiedene beziehungsweise *unangemessene Modellkomponenten* verursacht wurden. Das aus Gründen einer besseren Anschaulichkeit zunächst relativ einfach gehaltene Modell des 'Optionswerts des Wartens' in Abschnitt 6.3 legt nahe, daß sogar kurzfristige Ausschläge der Volatilität einen starken negativen Einfluß auf Investitionen und die Beschäftigung haben können. Dieses Modell ist hinsichtlich seiner Aussagefähigkeit in bezug auf die makroökonomische Beschäftigung und seine Persistenzeigenschaften jedoch noch formal unterentwickelt. An diesen wichtigen Forschungsbedarf knüpfen die Überlegungen der Kapitel 7 und 8 an. Dort wird eine theoretische Methode zur *Aggregation* der identifizierten mikroökonomischen Effekte der Wechselkursvolatilität herausgearbeitet, um anschließend die hieraus resultierende makroökonomische Arbeitsmarktdynamik beziehungsweise die Persistenzeigenschaften genauer als in Abschnitt 6.3 beschreiben zu können.

In diesen Kapiteln 7 und 8 wird argumentiert, daß die Abwesenheit von Evidenz für einen starken Einfluß der Wechselkursunsicherheit auf das Volumen des Außenhandels möglicherweise auch auf die Vernachlässigung eines auf versunkenen Kosten beruhenden 'Inaktivitäts-Bands' *der Exportaktivität* zurückzuführen ist. Dessen Einfluß wird durch Unsicherheit, die durch Wechselkursvolatilität induziert wird, noch verstärkt. Sollte dies korrekt sein, so läßt diese Überlegung (neben dem in Kapitel 6 betonten Investitionskanal) auch eine Transmission der Wechselkursvolatilität *über den Außenhandel* auf Arbeitsmärkte zu. Dieser Transmissionskanal erlaubt gleichzeitig einen Transfer der Idee des oben erwähnten Inaktivitätsbandes auf Arbeitsmärkte, welche zu ausgeprägterer Persistenz der (Unter-) Beschäftigung führt. Aus dieser Sicht könnte ein Teil des *empirischen 'Puzzle'* einer empirischen Evidenz für Volatilitätseffekte auf Arbeitsmärkte trotz fehlender Evidenz für derartige Effekte auf den Außenhandel auf die *Fehlspezifikation der* in Abschnitt 6.1.2 gründlich systematisierten *empirischen Tests* zurückzuführen sein. Denn diese Tests berücksichtigen weder 'Bänder der Inaktivität' noch die Einflüsse der Wechselkursvolatilität auf diese Inaktivitätsbänder.

Die Vorgehensweise des stark modelltheoretisch ausgerichteten Kapitels 7 stellt sich wie folgt dar. Nach einer kurzen Einordnung des siebten Kapitels in die Argumentationsfolge der gesamten Arbeit (Abschnitt 7.1) gibt der Abschnitt 7.2 eine Einführung in die Hauptmerkmale des zu entwickelnden Modells. In Abschnitt 7.3 wird dieses Modell angewendet, um Beschäftigungs-Hysteresis, die auf versunkene Einstellungs- und Entlassungskosten zurückzuführen ist, unter Sicherheit über die künftige Wechselkursentwicklung abzuleiten. Es wird ein auf einem 'Inaktivitäts-Band' basierender Mechanismus abgeleitet, der möglicherweise einen 'schwächeren' Zusammenhang zwischen der Beschäftigung und ihren Determinanten erklären kann. Dieses Modell wird in Abschnitt 7.4 um eine einmalig auftretende Wechselkursunsicherheit (d.h. eine einmalige stochastische Änderung in einer Periode) erweitert. Als Ergebnis von Optionspreiseffekten wird das Inaktivitäts-Band ausgedehnt. Somit werden die Hysteresis-Effekte durch Unsicherheit verstärkt. Als eine Modellerweiterung wird in Abschnitt 7.5

auch eine permanentere Unsicherheit, d.h. eine stochastische Änderung in zwei Perioden, betrachtet. Um das Ausmaß der Hysteresiseffekte bei Sicherheit und Unsicherheit zu illustrieren, werden in Abschnitt 7.6 einige numerische Beispiele berechnet. In Abschnitt 7.7 wird ein Zwischenfazit gezogen.

Um das in Kapitel 6.1 aufgedeckte empirische 'Puzzle' aufzulösen und die in den Abschnitten 6.5 und 6.6 erzielten empirischen Ergebnisse an einem elaborierteren modelltheoretischen Hintergrund messen zu können, wird dieser mikroökonomische Ansatz in Kapitel 8 auf die *makroökonomische* Ebene transformiert. In diesem Kapitel wird davon ausgegangen, daß die Aggregation der Mikro-Hysteresis und der Wirkungen der Unsicherheit auf 'Investitions'-Entscheidungen nicht auf eine einfache, in der Literatur schon allgemein akzeptierte, Methode erfolgen kann. Denn ein wesentliches Problem besteht darin, daß verschiedene Unternehmen unterschiedliche 'Investitions'-Schwellen aufweisen. Aus diesem Grund widmet dieses Kapitel dem *Problem der Aggregation* der volatilitätsinduzierten Dynamik besondere Aufmerksamkeit. Die Untersuchung persistenter Effekte lediglich temporärer Wechselkursschocks auf das Beschäftigungsverhalten einzelner Unternehmen und auf die gesamtwirtschaftliche Beschäftigung wird auf der Grundlage eines eigens hergeleiteten Aggregationsansatzes vollzogen. Der Ausgangspunkt dabei ist ein elementarer Mikro-Operator, der eine Besonderheit in der Beziehung zwischen dem Systeminput und dem Systemoutput aufweist, die 'Multibranch'-Nichtlinearität. In Abhängigkeit von den vergangenen Werten des Input-Pfades bezieht sich ein gegenwärtiger Input auf verschiedene Outputwerte, d.h. bei Output-Werten auf verschiedenen 'branches'. Dieser Ansatz betont die Unterschiede zwischen Hysteresis-Effekten auf der Mikro- und auf der Makroebene und die Konsequenzen der Aggregation (*bei Sicherheit*): während auf der Mikroebene bestimmte Schwellenwerte der Inputvariable überschritten werden müssen, um 'branch-to-branch'-Übergänge zu produzieren (d.h. Änderungen in der Input-Output-Beziehung), können auf der Makroebene schon sehr geringe Änderungen der Inputvariable lange andauernde Effekte erzeugen. *Wie* die Einführung von *Unsicherheit* den Übergang vom Mikro- zum Makroverhalten beeinflußt, wird in der bisherigen Literatur hingegen wenig behandelt. In Kapitel 8 wird erstmals theoretisch gezeigt, daß bei Unsicherheit bestimmte Bereiche der Nichtreaktion -im Rahmen der Theorie des mechanischen 'Spiels' korrespondieren diese mit den sogenannten 'Spiel'-Bereichen- sogar *auch auf der makroökonomischen Ebene* beachtet werden müssen. Folglich werden *Ähnlichkeiten* der Makrorelationen ('Play') zum Mikroverhalten ('band of inaction') durch Wechselkurs-Unsicherheit verstärkt.

Das Kapitel 8 gliedert sich in zwei inhaltlich abgrenzbare Hauptteile. Der erste stark modelltheoretisch ausgerichtete Hauptteil umfaßt die Abschnitte 8.1 bis 8.4 In Abschnitt 8.1 erfolgen zunächst einleitende Bemerkungen. Der Abschnitt 8.2 befaßt sich zunächst, anknüpfend an das in den Abschnitten 7.2 und 7.3 hergeleitete Basismodell der Beschäftigungs-Hysteresis unter Sicherheit, mit der Herleitung eines Aggregationsansatzes unter Sicherheit. Eine Lösung für das Aggregationsproblem für die gesamtwirtschaftliche Arbeitslosigkeit *unter Unsicherheit* wird anschließend in Abschnitt 8.3 abgeleitet. Der Abschnitt 8.4 faßt die wichtigsten theoretischen Implikationen der Aggregation und die hieraus resultierenden möglichen makroökonomischen Arbeitsmarkteffekte der EWU zusammen. Der zweite Hauptteil ist sowohl modelltheoretisch als auch ökonometrisch ausgerichtet und entspricht dem Abschnitt 8.5. In Abschnitt 8.5 wird die zuvor detailliert abgeleitete makroökonomische nichtlineare Dynamik nach einigen einleitenden Bemerkungen (Abschnitt 8.5.1) in linearer Weise vereinfacht erfaßt. Es wird dann zunächst in Abschnitt 8.5.2 eine lineare Approximation der makroökonomischen Einflüsse der Unsicherheit auf die Beschäftigung vorgenommen. Hieran anknüpfend wird in Abschnitt 8.5.3 ein neuer Algorithmus entwikkelt, welcher die lineare 'Play'-Hysteresis beschreibt. Anschließend wird dieser Algorithmus in Abschnitt 8.5.4 zu Schätz- und Testzwecken in einen Regressionsrahmen eingebettet. Auch werden die Eigenschaften dieses Regressionsmodells erläutert. In Abschnitt 8.5.5 findet sich ein Beispiel einer empirischen Anwendung. Der Abschnitt 8.6 beschließt die Ausführungen des Kapitels 8 mit einigen Anmerkungen zur Relevanz der hier erzielten neuartigen Modellergebnisse.

In Kapitel 9 werden die in Kapitel 6 bis 8 in bezug auf den Einfluß der Wechselkursunsicherheit auf Arbeitsmärkte erzielten Ergebnisse empirisch weiter verdichtet. Dabei werden neuere Techniken der Zeitreihenanalyse genutzt und stellvertretend auf den westdeutschen Arbeitsmarkt angewendet. Im ersten Hauptteil dieses Kapitels (Abschnitt 9.3) wird die von Pesaran, Shin, Smith (1996) vorgeschlagene Grenztestprozedur auf die Schätzung der Auswirkungen der Wechselkursunsicherheit auf Arbeitsmärkte angewendet. Die Existenz einer Langfristbeziehung zwischen der westdeutschen Beschäftigung und den relevanten erklärenden Variablen wird hier aus der Perspektive einer *offenen* Volkswirtschaft untersucht. Besondere Aufmerksamkeit wird dabei der Rolle der Wechselkursvolatilität geschenkt, indem dem Einfluß dieser Variablen verschiedene zu testende *kurzfristige oder langfristige Restriktionen* auferlegt werden. In dem zweiten Hauptteil dieses Kapitels werden die betreffende Langfristbeziehung und die einschlägige Kurzfristdynamik für den westdeutschen Arbeitsmarkt empirisch geschätzt (Abschnitt 9.4). Dabei werden einige neue zeitreihenanalytische Techniken, die von Pesaran, Shin (1998) entwickelt wurden, angewendet, um im Hinblick auf einige *kritische Punkte* der in Kapitel 6 vorgenommenen empirischen Analysen zum Einfluß der Wechselkursunsicherheit auf Arbeitsmärkte mögliche *Verbesserungen* zu entwickeln.

Der in Kapitel 6 in Übereinstimmung mit der Literatur genutzte Indikator der Wechselkursunsicherheit, die jährliche Standardabweichung der monatlichen Änderungen (jeweils zum Vormonat) des Wechselkurses, führt allein schon durch seine Konstruktion im allgemeinen zu *geringen Umfängen der zugrunde liegenden Stichproben*. Denn es wird die Verwendung von Jahresdaten der abhängigen realwirtschaftlichen Variablen erforderlich. Ein möglicher Standardeinwand gegen eine derartige Vorgehensweise manifestiert sich darin, daß diese zu einer stark beschränkten Zahl an Freiheitsgraden führe. Die Verteilung der einschlägigen Teststatistiken sei jedoch eher für den Fall großer Stichproben bekannt. Als eine Konsequenz hieraus liege möglicherweise *keine hinreichende Information über die Integrations- und Kointegrationseigenschaften der interessierenden Zeitreihen* vor. Aus der Sicht dieses potentiellen Einwands bleibt es im Prinzip trotz Einheitswurzeltests u.ä. fraglich, ob die betreffenden Variablen in Differenzenform oder unverändert als Niveauwerte in die Analyse eingeführt werden sollen.

Eine neue empirische Prozedur, welche diese Schwierigkeiten vermeidet und hervorragend für das vorliegende Problem geeignet zu sein scheint, basiert auf Pesaran, Shin, Smith (1996) und Pesaran, Shin (1998). Sie ist im Fall *kleiner Stichproben so effizient wie möglich*. Darüber hinaus bietet sie eine geeignete Grundlage dafür, mit dem oft kontrovers diskutierten Thema der *(fehlenden) Exogenität* der Volatilitätsvariable umzugehen (Kapitel 6). Dieses Verfahren wird in diesem Kapitel auch deshalb gewählt, da es den zusätzlichen Vorteil aufweist, *konsistente* Schätzer der Langfristkoeffizienten zu generieren, die asymptotisch *normalverteilt* sind. Dies gilt *unabhängig davon, ob die zugrunde liegenden Regressoren von der Ordnung 0 (I(0)) oder von der Ordnung 1 (I(1)) integriert sind.* Es handelt sich hierbei um eine Schlüsseleigenschaft. Denn ein zweiter in der Literatur häufig geäußerter Einwand besteht darin, daß die Wechselkursunsicherheit trotz der jeweils unterschiedlichen dynamischen Implikationen empirisch nicht eindeutig als ein I(0)- oder als ein I(1)-Prozeß klassifiziert werden könne. Ein dritter möglicher Einwand gegen die in den Kapiteln 6.5.1 und 6.6 verwendete Vorgehensweise besteht darin, daß es die dort verwendete Prozedur (eine

Schätzung von Vektorautoregressionen (VARs) *in ersten Differenzen*) nicht erlaube, klar zwischen langfristigen und kurzfristigen Beziehungen zu unterscheiden. Das in diesem Kapitel verwendete Analyseverfahren gestattet es jedoch prinzipiell, die *korrekte dynamische Struktur* des empirischen Modells zu identifizieren.

Die von Pesaran, Shin, Smith (1996) entwickelte Prozedur wird auf *Quartalsdaten* für Deutschland angewendet. Der Ansatz involviert *zwei Schritte*. In einem *ersten Schritt* wird auf der Basis der Grenztestprozedur von Pesaran, Shin, Smith (1998) die Nullhypothese getestet, daß keine Langfristbeziehung zwischen den Niveaus der untersuchten Variablen existiert. Dabei wird nur dann die nächste Stufe der empirischen Untersuchung beschritten, falls die Nullhypothese keiner Langfristbeziehung abgelehnt werden kann. Der Test basiert auf der standardmäßigen Wald-Statistik oder der F-Statistik für Tests der Signifikanz der verzögerten *Niveaus* der Variablen in einer in ersten Differenzen formulierten 'Autoregressive Distributed Lag'-Regression ((ARDL-Regression). Diese Statistiken weisen jedoch unter der Nullhypothese eine nicht standardmäßige Verteilung auf. Falls eine Signifikanz der verzögerten Niveauterme resultieren sollte, wird der *zweite Schritt* der Analyse eingeleitet. Dieser besteht in einer Schätzung der *Langfristkoeffizienten* und der korrespondierenden *Fehlerkorrekturmodelle* ('error-correction models', ECMs) unter Verwendung der bei Pesaran, Shin (1998) beschriebenen Prozedur. Die Verwendung von Fehlerkorrekturmodellen ist gemäß Kapitel 6.1 erst in allerjüngster Zeit im Rahmen der Analyse des Einflusses der Wechselkursunsicherheit *auf den Außenhandel* vereinzelt eingeführt worden. Bislang wurden Fehlerkorrekturmodelle jedoch *in keinem Fall* auf die Beziehung zwischen der Wechselkursunsicherheit und dem *Arbeitsmarkt* angewendet. Dies geschieht *erstmalig* in Kapitel 9, das sich somit auch aus dieser Sicht als eine Innovation versteht.

Dabei wird so vorgegangen, daß nach einer kurzen Einführung (Abschnitt 9.1) die in den vorhergehenden Kapiteln abgeleiteten konkurrierenden Modelle zum Einfluß der Wechselkursbewegungen (erstes und zweites statistisches Moment) in Abschnitt 9.2 kurz vergleichend systematisiert werden. Diese konkurrierenden Modelle werden in zu testende Hypothesen transformiert, indem sie als spezifische Restriktionen des empirischen Arbeitsnachfragemodells formuliert werden. Im verbleibenden Teil des Kapitels 9 folgen empirische Tests dieser Hypothesen am Beispiel des westdeutschen Arbeitsmarktes. In Abschnitt 9.3 wird zunächst die Existenz von langfristigen Beziehungen in Abhängigkeit von den verschiedenen Restriktionen empirisch getestet. Dabei kommen sowohl der Pesaran, Shin, Smith (1996)-Ansatz (Abschnitt 9.3.1) als auch der Johansen-Systemansatz einschließlich der mit dem zweiten Verfahren notwendigerweise verbundenen Einheitswurzeltests (Abschnitte 9.3.2 und 9.3.3) zur Anwendung.

In Abschnitt 9.4 erfolgt schließlich eine empirische Anwendung des ARDL-Ansatzes auf die Kointegrationsanalyse. Zu diesem Zweck werden *Schätzungen der Langfristkoeffizienten* und des assoziierten *Fehlerkorrekturmodells* für den westdeutschen Arbeitsmarkt durchgeführt. Dieser Teil der Analyse kann als eine wichtige Ergänzung der in Kapitel 6 durchgeführten Analyse interpretiert werden. Dort wird der Einfluß der Wechselkursunsicherheit auf Arbeitsmärkte durch Schätzungen von Vektorautorgeressionen in ersten Differenzen basierend auf Jahresdaten analysiert. In Abschnitt 9.4 hingegen werden die Existenz einer *langfristigen* Arbeitsmarktbeziehung für eine offene Volkswirtschaft und die Relevanz *kurzfristiger Abweichungen hiervon* als treibender Kräfte von kurzfristigen Bewegungen der Beschäftigungszeitreihe explizit berücksichtigt. Durch diese Verfahrensweise werden a priori kurz- und langfristige (und hierdurch wiederum zusätzliche kurzfristige) Einflüsse der Wechselkursunsicherheit auf die Beschäftigung zugelassen. Eine weitere Verbesserung liegt in der Verwendung von Quartalsdaten und einer als ein gleitender Durchschnitt ('moving average') formulierten Proxyvariable für die *Wechselkursunsicherheit*. In Abschnitt 9.5 wird die dynamische Prognosegüte der geschätzten ARDL-Modelle für die Wachstumsrate der westdeutschen Beschäftigung überprüft. Der Abschnitt 9.6 beinhaltet Schlußfolgerungen und Implikationen für die Debatte um die Arbeitsmarktwirkungen der Wechselkursunsicherheit.

Die vorliegende Arbeit endet in Kapitel 10 mit einer Zusammenfassung der Ergebnisse und einem kurzen Ausblick über mögliche Weiterentwicklungen sowie über mögliche Anwendungen auf wirtschaftspolitische Fragestellungen.

2 Nominale Rigiditäten und der Beitrag flexibler Wechselkurse zu Arbeitsmarktanpassungen in offenen Volkswirtschaften

2.1 Motivation des Problems

Die aktuellen (und auch einige der potentiellen späteren) Mitgliedsländer der Europäischen Währungsunion (EWU) weisen mehrheitlich eine permanent hohe, größtenteils *strukturell verfestigte Arbeitslosigkeit* auf. In der EWU stehen jedoch zukünftig weder die Geldpolitik noch flexible Wechselkurse zur Verfügung, um Anpassungen an länderspezifische, asymmetrische *Schocks der Arbeitsnachfrage* zu gewährleisten (Blanchard, Muet (1993), S. 41 ff., Erkel-Rousse, Mélitz (1995), S. 1 ff., Jackman (1996), S. 10 f., Mélitz (1995), S. 494, Pauer (1996), S. 19 ff., Pissarides (1996), S. 13 ff., Viñals (1994), S. 9, Viñals, Jimeno (1996), S. 30 ff.).[1] Da bereits im Status-quo ante allenfalls stufenflexible Wechselkurse vorliegen, wird im vorliegenden Kapitel hauptsächlich auf die Beschäftigungsrelevanz des Wegfalls des nominalen Wechselkurses *als Anpassungsinstrument* -die am häufigsten betonte Komponente potentieller Kosten der EWU- abgestellt. Für die Höhe dieser realwirtschaftlichen Kosten werden neben der Natur und der Wahrscheinlichkeit relevanter Schocks, dem Grad internationaler Faktormobilität sowie dem Ausmaß der Stabilitätsorientierung der Geld- und Fiskalpolitik *vor allem der Grad der Lohn- und Preisflexibilität* der Volkswirtschaften als bedeutsam erachtet (Erkel-Rousse, Mélitz (1995), S. 3, Gros (1996), S. 8 f., Pissarides (1996), S. 1 ff.).

Hinsichtlich einer dringend gebotenen Rückführung der hohen Arbeitslosigkeit in der EU ergeben sich unter diesen Voraussetzungen *zwei zentrale Fragenkomplexe*: 1) Sorgt die EWU mit einem nach dem Maastrichter Vertragswerk ausgestalteten institutionellen Rahmen für die hierzu notwendigen Anreize für die nationale Lohnpolitik (Belke (1996f), S. 3 ff.)?[2] 2) Erweist sich die EWU in beschäftigungspolitischer Hinsicht als sinnvoll, wenn Änderungen nominaler Wechselkurse außerhalb der EWU bei negati-

---

1 Für wertvolle Hinweise zu diesem Kapitel danke ich den Teilnehmern an dem Symposium 'Die Kern-EWU in ihren währungs- und handelspolitischen Beziehungen nach außen', 22.11.1996, Universität der Bundeswehr und Europa Kolleg Hamburg, in dessen Rahmen Teile des vorliegenden Kapitels vorgetragen wurden, sowie Norbert Berthold, Daniel Gros, Karlhans Sauernheimer und Roland Vaubel.

2 Hiermit eng verbunden ist die Frage nach Beschäftigungswirkungen einer Sozialunion als *endogenem Effekt der EWU*. Vgl. Berthold (1995).

ven asymmetrischen Schocks und nominalen Rigiditäten einen weniger kostenintensiven Anpassungsmechanismus darstellen als die Verringerung nominaler Löhne und Preise innerhalb der EWU? Führen demgegenüber eine systematische Nutzung des Wechselkursinstrumentes sowie eine hohe Abhängigkeit von Finanzmarktdaten zu einer höheren Wechselkursvariabilität außerhalb der EWU, die das Beschäftigungswachstum beeinträchtigt? Dem zweiten, gegenüber rein währungs- und finanzpolitischen Aspekten der EWU bis kurz vor dem Beginn der EWU *stark in den Hintergrund getretenen Aspekt* wird in dieser Arbeit nachgegangen (Belke (1996a), S. 331 f.). Die implizite Vermutung einer *Nichtneutralität des Geldes* bzw. *unterschiedlicher Meßeinheiten* des Geldes ist erstaunlich, insofern als akzeptiert wird, daß Arbeitsmarkt(un-)gleichgewichte in Westeuropa Ergebnis eines Zusammenwirkens *realer* Faktoren wie Haushaltspräferenzen und -ausstattungen, der Technologie und des Kapitalstocks der Unternehmen sowie *politischer und institutioneller* Faktoren (Steuern, Tarifverhandlungssysteme, Soziale Sicherung) darstellen und die Arbeitslosigkeit überwiegend *struktureller* und *regionenspezifischer* Natur ist (Baldwin (1991), S. 21 f., Demertzis, Hughes Hallett (1996), Jackman (1996), S. 2, 12 ff.).

Der Hypothese einer beschäftigungsfördernden Wirkung der EWU wird häufig entgegengehalten, durch den *Verzicht auf eine länderspezifische Wechselkurspolitik* entfalle ein Instrument *zur Verhinderung von Pfadabhängigkeiten* der Arbeitslosigkeit (Hysteresis) im Falle *realwirtschaftlicher* Schocks. *Realwirtschaftliche* Schocks werden dabei auch zukünftig in der EWU für bedeutsamer gehalten als monetäre und Finanzmarktschocks und bilden so den Referenzpunkt der Argumentation. Empirisch könne nämlich gezeigt werden, daß in der Vergangenheit vor allem reale (Angebots- und Nachfrage-) Schocks für Unterschiede in der Entwicklung von Beschäftigung und Output verantwortlich gewesen seien (Canzoneri, Vallés, Viñals (1996), Gros (1996), S. 3).[3] Die Wechselkursflexibilität stelle einen Mechanismus dar, mit dem die verzögernde Wirkung *nominaler Rigiditäten* auf Anpassungsprozesse auf Arbeitsmärkten kompensiert werden können (Bayoumi (1994), S. 539 ff., de Grauwe (1992), S. 37, Gordon (1996), S. 10, McDonald, Taylor (1992), S. 539 ff., Viñals, Jimeno (1996), S. 29). Für die Nützlichkeit flexibler Wechselkurse spreche auch, daß ein System fester Wechselkurse bei '*anspruchsvolleren*' Verfahren der Geldpolitik seinen Vorteil bei der Absorption *monetärer* Schocks verliere. Die EWU habe dann wegen der fixierten Wechselkurse tendenziell *negative* Beschäftigungswir-

---

3 Für eine kritische Würdigung dieser Sichtweise vgl. Kapitel 5 der vorliegenden Arbeit.

kungen (Canzoneri, Vallés, Viñals (1996), S. 3, Jackman (1996), S. 10 f., Pissarides (1996), S. 2 f.).

In diesem Kapitel wird gefragt, ob nominale Abwertungen außerhalb einer Europäischen Währungsunion (EWU) im Falle nominaler Rigiditäten einen weniger kostenintensiven Anpassungsmechanismus an negative asymmetrische Schocks dar als die Verringerung nominaler Löhne und Preise innerhalb einer EWU darstellen? Falls ja, erweist sich eine EWU dann in beschäftigungspolitischer Hinsicht überhaupt als sinnvoll?[4] Bei der Beantwortung dieser Frage wird hier wie folgt vorgegangen. In Abschnitt 2.2 wird zur Beantwortung dieser Frage die Rolle nominaler und realer Rigiditäten für Arbeitsmarktanpassungen in offenen Volkswirtschaften modelltheoretisch herausgearbeitet und simuliert. Hierauf aufbauend wird gefragt, ob eine EWU im Vergleich zu Phasen nicht fixierter Wechselkurse bei mindestens temporären Lohn- und/oder Preisrigiditäten die realen Effekte negativer Schocks vergrößert. Denn nur dann wäre das Wechselkursargument zur Evaluierung von Beschäftigungseffekten einer EWU einschlägig. In Abschnitt 2.3 wird vermeintliches empirisches Anschauungsmaterial zur Klärung dieser Frage geliefert. Dabei wird die Makro-Performance Frankreichs im Gefolge der Krise des Europäischen Währungssystems im Jahr 1992 mit derjenigen Großbritanniens und Italiens, die das EWS am 17.09.1992 verließen, verglichen. Im Rahmen einer zeitreihenanalytischen Studie wird in Abschnitt 2.4 die zuvor modellierte Hypothese, Italien und Großbritannien hätten dem wiedervereinigungsbedingten realen Abwertungsbedarf schneller und signifikanter als Frankreich entsprochen, empirisch getestet. In Abschnitt 2.5 wird gewürdigt, ob die fehlende Wechselkursflexibilität in der EWU wirklich -wie es die in Abschnitt 2.4 erzielten Ergebnisse andeuten- kein beschäftigungspolitisches Argument gegen eine EWU darstellt. Zu diesem Zweck werden einleitend in Abschnitt 2.5.1 einige zentrale Überlegungen zur Sinnhaftigkeit eines Einsatzes der Wechselkurs- und damit implizit auch der Geldpolitik zur Kompensation länderspezifischer Schocks angestellt. In Abschnitt 2.5.2 wird der gängige Einwand gegen die EWU, daß letztere besonders die durch nominale Rigiditäten bedingten realwirtschaft-

---

[4] Die vorliegende Arbeit verändert im weiteren Verlauf wegen der Verneinung der oben angeführten Frage ihre Stoßrichtung deutlich. Die Kapitel 6 bis 9 fokussieren ihre Überlegungen auf die theoretische und empirische Beantwortung der umgekehrten Frage: Zieht eine regelmäßige und systematische Nutzung des Wechselkursinstrumentes eine höhere Wechselkursvariabilität nach sich, die im Falle der Nichtrealisierung einer EWU das Beschäftigungswachstum beeinträchtigt? Vgl. die Zusammenfassung zu Belke (1996d).

lichen Effekte von Schocks noch verstärke, herausgegriffen und analysiert. In Abschnitt 2.5.3 werden die für die Nützlichkeit von Wechselkursanpassungen als entscheidend angesehenen nominalen Rigiditäten auf europäischen Arbeitsmärkten als endogen betrachtet. Es wird gefragt, ob die Einführung der EWU eine wichtige Determinante hierfür darstellt. Schließlich wird in Abschnitt 2.6 zusammenfassend analysiert, unter welchen Bedingungen außerhalb der EWU überhaupt ein beschäftigungspolitischer Spielraum der Geld- und Währungspolitik besteht und wie groß dieser ist.

Im folgenden Abschnitt wird zunächst ein Basismodell zur Verdeutlichung des Beitrags flexibler Wechselkurse zu Arbeitsmarktanpassungen in offenen Volkswirtschaften hergeleitet.

2.2 Ein einfaches Basismodell: Darstellung und numerische Simulation

Die Mechanismen, mit denen asymmetrische Schocks bei einem gegebenen Grad an Arbeitsmarktflexibilität in einem System fester Wechselkurse bzw. sogar in einer Währungsunion bei entfallendem Wechselkursinstrument verarbeitet werden, lassen sich im Rahmen einer Synthese der dynamischen Zwei-Länder-Modelle von Blanchard, Muet (1993), Gordon (1996) und Jackman (1996) verdeutlichen (Blanchard, Muet (1993), S. 14 ff., Gordon (1996), S. 13 ff., Jackman (1996), S. 15, Muet (1996), S. 11 ff.). Dabei werden die Modellbestandteile in der gebotenen Kürze erst dargestellt und dann durch eigene *Simulationen* zum besseren Verständnis illustriert (Abb. 1).

Die *statische Angebotsseite* wird modelliert, indem die internationale Wettbewerbsfähigkeit bzw. der reale Wechselkurs (p*-p) positiv von der Höhe der Arbeitslosigkeit (u) abhängt. Dabei bezeichnen p* und p die (Logarithmen der) Preise der inländischen und ausländischen Güter in heimischer Währung. Arbeitslosigkeit führt zu sinkenden Löhnen (und parallel auch zu sinkender Profitabilität (p-w), falls Auslandspreise das Inlandspreisniveau beeinflussen), niedrigeren Preisen und so zu erhöhter Wettbewerbsfähigkeit:

(1) $(p^* - p) = \mu \cdot u,$

wobei μ positiv von der Elastizität der Nominallöhne in bezug auf die Arbeitslosigkeit und vom Ausmaß der Überwälzung der Nominallöhne auf die Preise der inländischen Güter beeinflußt wird. Auf der *statischen Nachfrageseite* des Modells hängt die Arbeitslosigkeit negativ von der internationalen Wettbewerbsfähigkeit (p*-p) ab. Eine höhere Wettbewerbsfähigkeit erhöht die Nachfrage nach heimischen Gütern und den Output und senkt so die Arbeitslosigkeit:

(2) $u = -\theta \cdot (p^* - p)$

Da Auswirkungen verschiedener Wechselkursregimes auf reale Anpassungsvorgänge untersucht werden sollen, ist jedoch nicht die Modellstatik, sondern die entsprechende *Dynamik* von Interesse. Zur Analyse dynamischer Aspekte -wie der Beschäftigungswirkungen nominaler und realer Rigiditäten- werden *Fehlerkorrekturmodelldarstellungen* der Angebots- und Nachfrageseite gewählt (vgl. auch Abschnitt 6.5.2 und Kapitel 9). Auf der *Nachfrageseite* wird berücksichtigt, daß die Wettbewerbsfähigkeit die Höhe der Arbeitslosigkeit nur mit Zeitverzögerungen (proportional zu σ) beeinflußt. Die Anpassung an die gleichgewichtige Nachfragerelation (2) hängt somit direkt davon ab, wie weit die modellierte Volkswirtschaft von dieser Relation entfernt ist und wie groß σ ($0 \le \sigma \le 1$) ausfällt:

(3) $\Delta u = (1-\sigma)(-\theta \cdot (p_{-1}^* - p_{-1}) - u_{-1})$,

Auf der *Angebotsseite* wird zusätzlich berücksichtigt, daß Arbeitnehmer ihre Reallohnforderungen im Zeitablauf veränderter Arbeitslosigkeit nur schrittweise (und dies umso schneller, je kleiner λ) oder im Extremfall gar nicht (λ=1) anpassen. Diese Form *realer Rigidität* wird in der Lohngleichung modelliert, indem die Wachstumsrate der Nominallöhne von der *un*verzögerten Inflationsrate (Konsumentenpreisindex) perfekt abhängig gemacht wird:

(4) $\Delta w = \Delta p_c - (1-\lambda)(w_{-1} - p_{c-1} - \gamma u_{-1})$

Das entsprechende Fehlerkorrekturmodell lautet:

(5) $\Delta(p^* - p) = (1-\lambda) \cdot (\mu \cdot u_{-1} - (p_{-1}^* - p_{-1}))$,

wobei $0 \le \lambda \le 1$. Auch hier ist die Anpassungsgeschwindigkeit an die statische Angebotsrelation eine positive Funktion in der Entfernung von der Gleichgewichtsbeziehung und eine negative Funktion in der Höhe des Parameters λ (Abb. 1). Entscheidend für die weitere Argumentation ist: *ohne* zusätzlich auftretende *nominale Rigiditäten* kann die Anpassung der Arbeitslosigkeit an ihr gleichgewichtiges Niveau *nicht durch eine Paritätsänderung*, die dem Preisdifferential entgegen gerichtet ist, beschleunigt werden. Die Dynamik internationaler Wettbewerbsfähigkeit hängt lediglich von der Differenz des aktuellen und des gleichgewichtigen Verhältnisses Arbeitslosigkeit-Wettbewerbsfähigkeit, nicht aber von vergangenen Werten des Inflationsdifferentials ab. Preise und Nominallöhne würden sich bei vollständiger nominaler Flexibilität *und hohem Offenheitsgrad sofort* im Ausmaß der Abwertung verändern. Die anfängliche Deflation wäre unabhängig von einer Abwertung 'kurz und schmerzlos'. Somit ergeben sich bis hierhin trotz des entfallenden Wechselkursinstrumentes *keine zusätzlichen Kosten* des Eintritts in die EWU (Blanchard, Muet (1993), S. 40 und 53 ff., Muet (1996), S. 12, Viñals (1994), S. 12 f.). Potentielle Beschäftigungskosten aus dem Verlust des Wechselkursinstrumentes werden auf Basis des vorliegenden Modells demgegenüber beklagt, wenn *Lohninflexibilitäten* oder zusätzlich auch ein '*slow adjustment*' oder sogar *Hysteresis* in der Beschäftigung beziehungsweise -mit ähnlicher Wirkung- in der Kapitalbildung vorliegen. Die EWU wird aus Sicht des hier gewählten Modellrahmens somit erst dann für Beschäftigungsprognosen in Westeuropa relevant, *wenn* man auf der Angebotsseite -zusätzlich zu realen Rigiditäten- von der Existenz *nominaler* Rigiditäten ausgeht (Pissarides (1996), S. 5 f.). Diese werden in der Lohngleichung exemplarisch modelliert, indem die Wachstumsrate der Nominallöhne von der um eine Periode *verzögerten* Inflationsrate (Konsumentenpreisindex) abhängig gemacht wird:

(6) $\Delta w = \Delta p_{c-1} - (1-\lambda)(w_{-1} - p_{c-1} - \gamma u_{-1})$.

Hieraus folgt nach einigen Vereinfachungen (u.a. konstante ausländische Inflationsrate):

(7) $\Delta(p^* - p) = \alpha \cdot (\Delta p_{-1}^* - \Delta p_{-1}) + (1-\lambda) \cdot (\mu \cdot u_{-1} - (p_{-1}^* - p_{-1}))$.

Vergleicht man die Gleichungen (7) und (5), wird deutlich, daß die Dynamik des Prozesses zusätzlich *von dem anfänglichen Inflationsdifferential* bzw. der anfänglichen Wettbewerbsfähigkeitseinbuße abhängt. Einerseits ist die disinflationäre Ausgangsphase ausgeprägter, da spätere Inflationsdifferentiale deutliche Spuren des anfänglich negativen Inflationsdifferentials aufweisen (Abb. 1). Andererseits aber eröffnet diese Zeitpfadabhängigkeit der Dynamik der Wettbewerbsfähigkeit Spielräume dafür, daß nominale Abwertungen -zumindest über signifikante Zeiträume- zu *realen* Abwertungen führen können. Wie Abb. 1 zeigt, kann durch nominale Abwertungen eine Beschleunigung des Anpassungsprozesses ('smoothing') gewährleistet werden. Nach Implementierung des Abwertungsinstrumentes (nomdev) in das Modell lautet die Formulierung der Angebotsseite:

$$\Delta(p^*-p) = \text{nomdev} + \alpha \cdot (\Delta p_{-1}^* - \Delta p_{-1}) + (1-\lambda) \cdot (\mu \cdot u_{-1} - (p_{-1}^* - p_{-1})) \tag{8}$$

Allerdings ist spätestens seit McKinnon (1963) bekannt, daß die Effizienz des nominalen Wechselkurses als makroökonomisches Anpassungsinstrument entscheidend *vom Offenheitsgrad* der von einem asymmetrischen Schock betroffenen Volkswirtschaften abhängt. Je *offener* EU-Volkswirtschaften in bezug auf den Intra-EU-Handel sind und je größer die Substituierbarkeit ihrer handelbaren Güter ist, desto schneller verläuft der 'pass-through' und desto *geringer* fällt die induzierte *Änderung des realen Wechselkurses* aus. Darüber hinaus haben nominale Wechselkursbewegungen bekanntlich selbst bei geringem Offenheitsgrad der betroffenen Volkswirtschaften einen *umso geringeren* Einfluß auf den realen Wechselkurs, *je höher* die *Reallohnrigidität* λ ist (Burgess, Knetter (1996), S. 12 f., Frankel, Rose (1996a), S. 14 f., Viñals (1994), S. 12 f. und Viñals, Jimeno (1996), S. 8 ff. und 34).[5] Nominale Wechselkursvariationen sind nach Gordon (1996) besonders effiziente Anpassungsinstrumente, wenn auf den betreffenden Arbeitsmärkten das *Hysteresis-Phänomen* einschlägig ist. Denn bei Hysteresis sind permanente Beschäftigungsgewinne bei *nur temporär ansteigender* Inflation, deren Höhe entscheidend von der Steigung der kurzfristigen Phillipskurve abhängt, erzielbar.[6] Spezifiziert man mit Gordon (1996) Hysteresis-Effekte als eine Substitution von u durch Δu in der statischen Angebotsfunktion (1) und implementiert diese in (8), folgt für die Angebotsseite:

$$\Delta(p^*-p) = \alpha \cdot (\Delta p_{-1}^* - \Delta p_{-1}) + (1-\lambda) \cdot (\mu \cdot \Delta u_{-1} - (p_{-1}^* - p_{-1})). \tag{9}$$

Die Einbeziehung von *Hysteresis-Effekten* führt zu einem *längeren Anpassungsprozeß* der Wettbewerbsfähigkeit und der Arbeitslosigkeit. Eine nominale Abwertung *erleichtert* bei Hysteresis-Effekten Anpassungen internationaler Wettbewerbsfähigkeit und der Arbeitslosigkeit (Abb. 1):

$$\Delta(p^*-p) = \text{nomdev} + \alpha \cdot (\Delta p_{-1}^* - \Delta p_{-1}) + (1-\lambda) \cdot (\mu \cdot \Delta u_{-1} - (p_{-1}^* - p_{-1})) \tag{10}$$

---

[5] Dies verdeutlichen auch zusätzliche, hier nicht präsentierte, Simulationen mit λ=HIGH und λ=LOW (Abb. 1 ad (9)).

[6] Für 'hysteresis in wage setting' vgl. Gordon (1996), S. 22, und Layard, Nickell, Jackman (1991), S. 372, 417 ff. und 553, sowie Belke, Göcke (1994, 1996) und Belke, Kösters (1992, 1996).

Abb. 1 - *Zeitpfade von Arbeitslosigkeit (U) und internationaler Wettbewerbsfähigkeit (COMP)*

ad (5) bei realer Rigidität (HIGH: λ=0,75, MEDIUM: λ=0,5, LOW: λ=0,25)

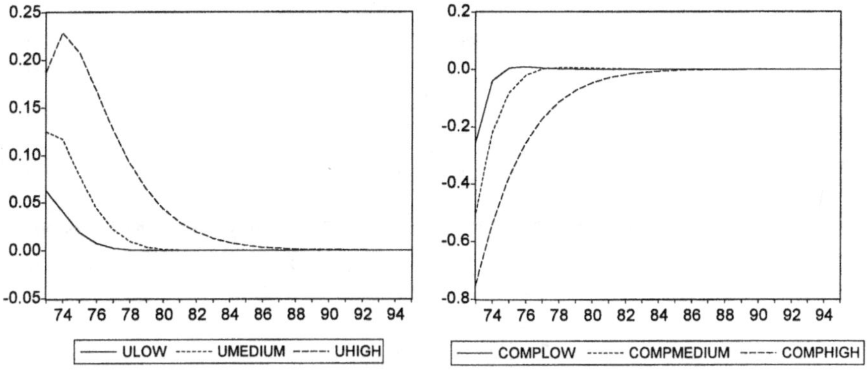

ad (7) bei realer und nominaler Rigidität

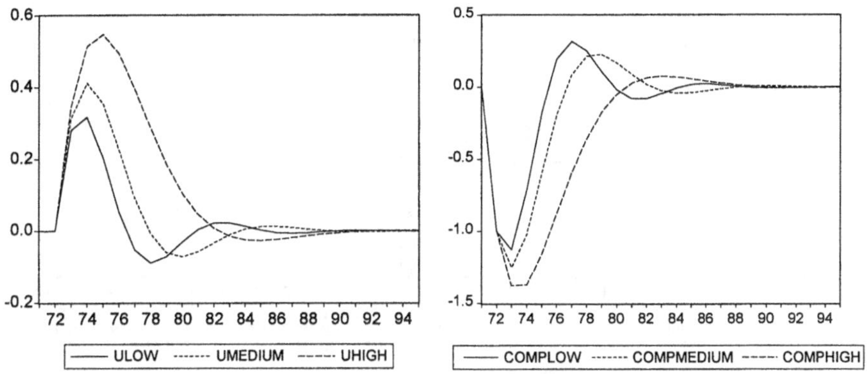

ad (8) bei realer und nominaler Rigidität sowie einer zusätzlichen Abwertung

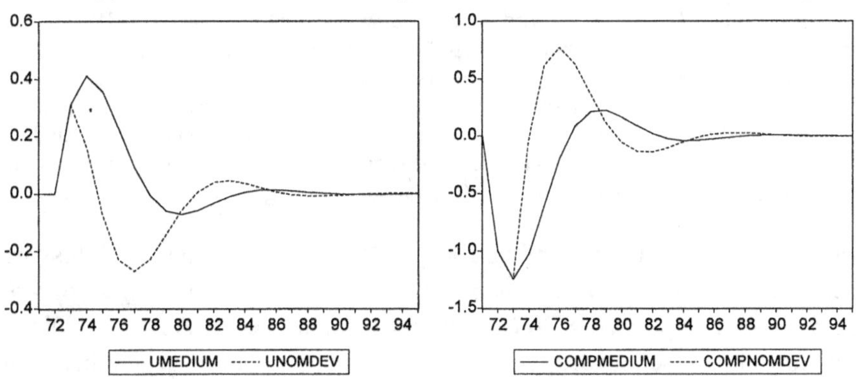

ad (9) bei realer und nominaler Rigidität sowie zusätzlich Hysteresis

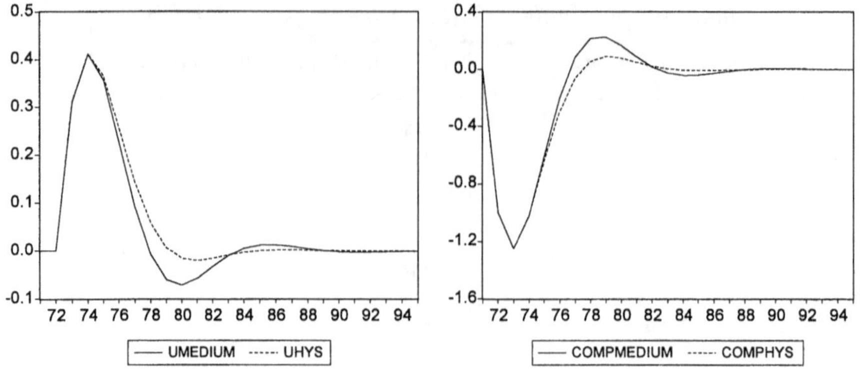

ad (10) bei realer und nominaler Rigidität sowie Hysteresis und einer zusätzlichen Abwertung

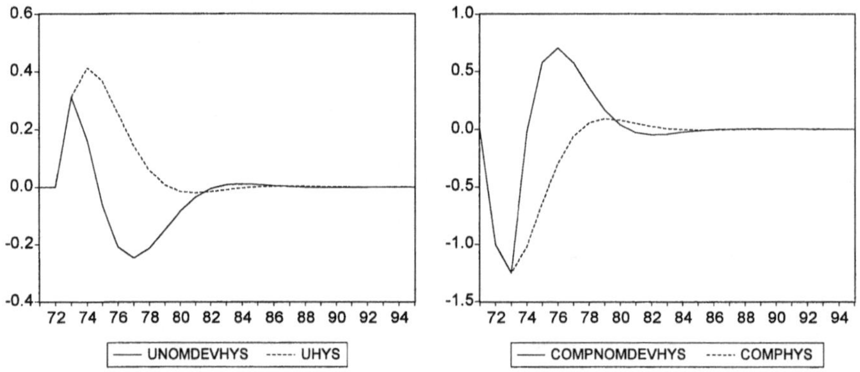

Anmerkung: Ausgangspunkt der Simulationen mit dem *Simultangleichungsmodell* (Gleichung (3) jeweils kombiniert mit den Gleichungen (5), (7), (8), (9) und (10)) ist ein Steady-State mit U=COMP=0. Es wird jeweils die Wirkung eines einmalig in 1972 auftretenden Wettbewerbsfähigkeitsschocks von $\Delta(p^*\text{-}p) = \Delta COMP = -1$ Prozentpunkt betrachtet. NOMDEV ist eine Punktdummy (mit 1 für 1974, sonst 0). Da die Abhängige in einem Fehlerkorrekturmodell eine Änderung bezeichnet, wird eine *permanente* Abwertung kodifiziert. Mit Ausnahme der ersten beiden Graphiken wird ein mittlerer Grad an realer Rigidität (jeweils ausgedrückt durch den Zusatz MEDIUM) zugrunde gelegt. Auf der Angebotsseite gelten ansonsten die mittleren Werte $\alpha=\mu=0{,}5$, auf der Nachfrageseite $\sigma=\theta=0{,}5$.

Zusammenfassend haben nominale Rigiditäten in einer offenen Volkswirtschaft *drei wichtige Implikationen* für Arbeitsmärkte. Der *Ausgangspunkt* sei ein anfänglich *positives Preisdifferential* (Inland versus Ausland). Dieses kann auf einem schockartigen realen Abwertungsbedarf gegenüber dem Ausland beruhen. Zum einen verläuft der Anpassungsprozeß nach einem

Schock *um so langsamer*, je ausgeprägter nominale Rigiditäten sind. Zum anderen können bei nominalen Rigiditäten *Anpassungsprozesse* durch eine nominale *Abwertung* der heimischen Währung *beschleunigt* werden, indem temporär eine reale Abwertung erzeugt wird. Diese stimuliert zunächst zunehmend Exporte und drosselt Importe. Sie bringt so die Arbeitslosigkeit schneller wieder an ihr Ausgangsniveau heran. Später versuchen Lohn- und Preissetzer die übergangsweise höhere Inflation zu antizipieren, was im späteren Verlauf zu einer relativ schlechteren Arbeitsmarktperformance auf allerdings gemäßigtem Niveau führt (Blanchard, Muet (1993), S. 53 ff., Muet (1996), S. 12 f.). Da Tarifverhandlungssysteme und andere für Arbeitsmärkte bedeutsame Institutionen auch in Westeuropa -wenn auch im Vergleich zu den U.S.A. relativ geringe- nominale Rigiditäten förderten (vgl. Kap. 4), seien *Änderungen nominaler Wechselkurse* bei negativen asymmetrischen Schocks ein real *weniger kostenintensiver* Anpassungsmechanismus als die Verringerung nominaler Löhne und Preise (Jackman (1996), S. 7, Joyeux, Lombard (1995), S. 9). Da die *Beschränkungen* durch die EWU *nominalen* Charakter tragen, seien die hier für eine Beurteilung der EWU-Beschäftigungswirkungen einschlägigen *Rigiditäten* ebenfalls *nominaler* Art. Das Schlüsselproblem liege somit in der Beurteilung der *Flexibilität von Nominallöhnen und Preisen.*[7] Allerdings zeigt bereits das zuvor dargestellte Modell neokeynesianischer Prägung, daß besonders auch die *Reallohn*flexibilität λ und die Flexibilität von Arbeitsnachfrage (σ) und -angebot für jeweils gegebene Preis- und Nominallohnflexibilität relevant sind. Denn wenn die marktliche Anpassungskapazität wie bei Reallohnrigidität (hohes λ) nur gering ist, werden die arbeitslosigkeitsverfestigenden Wirkungen *nominaler* Rigiditäten noch deutlich *verstärkt* (Pissarides (1996), S. 6). Um bei nominalen Rigiditäten in der EWU dieselbe Anpassungsgeschwindigkeit wie außerhalb zu gewährleisten, müssen also in der EWU Preise und Nominallöhne *flexibler* sein als außerhalb. Ein Argument gegen die EWU läßt sich widerlegen, wenn empirisch unbestätigt bleibt, daß notwendige Anpassungen der internationalen Wettbewerbsfähigkeit (COMP) durch flexible Wechselkurse beschleunigt werden können (Andersson, Annenkov (1995),

---

7 Eine durch die Lucas-Kritik aufgeworfene Frage ist, ob der Grad der 'nominal inertia' und speziell der *Nominallohnflexibilität* selbst durch die EWU beeinflußt wird. Dann könnte man Beschäftigungswirkungen der EWU *nicht* auf Basis eines *bisher* vorherrschenden Grades an nominaler Rigidität prognostizieren. Vgl. Belke (1996d), S. 10 ff. und Abschnitt 2.5.3.

S. 27 f., de Grauwe (1992), S. 37 ff., Frankel, Rose (1996a), S. 12 f., Pissarides (1996), S. 7 ff.).[8]

2.3 Können die EWS-Krisen 1992/1993 als ein 'kontrolliertes' Experiment bezeichnet werden?

Die Erfahrung mit bedeutenden Wechselkursanpassungen während der Währungskrisen 1992/1993 führte zur Wiederentdeckung der alten Frage, wie potent der Wechselkurs als Anpassungsinstrument ist. Eine gängige Perzeption der Ereignisse bestand darin, daß Großbritannien durch eine die kompetitive Abwertung seiner Währung einen Mini-Boom habe erzeugen können. Dies sei eine Strategie, die Vorbildcharakter für andere Länder haben könne. Als eine Konsequenz dieser weitläufigen Interpretation wurde 1993 der britische Ansatz auch für Frankreich erwogen. Die Krise im Sommer 1993 war in der Folge darauf zurückzuführen, daß sich die Märkte nicht sicher waren, daß Frankreich die zentrale FF/DM-Parität weiter einhalten würde. Auch zukünftig könnten Politiker der EMU-Outs möglicherweise der Versuchung zu kompetitiver Abwertung unterliegen, solange sie davon ausgehen, daß nominale Wechselkursänderungen ein effektives Mittel zur kurzfristigen Beeinflussung realer Wechselkurse, des Outputwachstums und der Beschäftigung darstellen (Gros (1996a), S. 20 f., Gros, Thygesen (1998), S. 223). Aber entspricht diese (tendenziell wohl französisch geprägte) Wahrnehmung der Realität?

Empirisches Anschauungsmaterial zur Klärung der Frage, ob ein gegebenes 'wage and price setting' unter *verschiedenen* Wechselkursregimes *signifikant unterschiedliche* Anpassungen der Wettbewerbsfähigkeit (p*-p) und der Arbeitslosigkeit (u) induziert, wird somit durch das *Ausscheiden Italiens und Großbritanniens* mit Wirkung zum 17.09.1992 *aus dem EWS* und dessen Wechselkursmechanismus geliefert. Durch diese faktische Abkoppelung vom DM-Anker fiel der Außenwert der Währungen dieser Länder im Durchschnitt um 30% im Vergleich zu den verbleibenden EWS-Mitgliedern. Als ursächlich hierfür wurde zumeist die *deutsche Vereinigung*, insbesondere der deutsche Policy-Mix (die Hochzinspolitik der deutschen Bundesbank als Reaktion auf eine expansive Fiskalpolitik), als *asymmetrischer Nachfra-*

---

[8] Vorstehend wurde ein Zwei-Länder-Modell für *ein* homogenes gehandeltes Gut zugrunde gelegt. Aber auch für Zwei-Güter-Modelle ergibt sich, daß bei idiosynkratischen, auf die betreffenden Länder strukturell verzerrend wirkenden Schocks der Anpassungspfad *in der EWU im Durchschnitt gravierender* vom Gleichgewichtspfad abweicht als außerhalb der EWU. Vgl. Canzoneri, Diba, Eudey (1996), Pissarides (1996), S. 10 ff., und Viñals (1994), S. 11 f.

geschock angesehen; die relative Verteuerung von nicht-handelbaren Gütern verlangte eine reale Aufwertung der DM (Andersson, Annenkov (1995), S. 28, Gros (1996), S. 17, Gros (1996a), S. 19). Unter Ökonomen herrscht weitgehend Übereinstimmung darüber, daß die EWS-Krisen 1992/1993 wohl nicht durch asymmetrische Schocks der Technologie oder der Präferenzen ausgelöst wurden, die sonst im Mittelpunkt der Literatur zur Theorie der optimalen Währungsräume stehen. Vielmehr können wirtschafts*politische* Schocks durchweg als die wichtigsten länderspezifischen Auslöser angesehen werden (Belke, Gros (1998)). Dies ist für die weitere Argumentation in dieser Arbeit ein wichtiger Aspekt. Denn die Währungskrisen können somit *nicht* als Argument dafür angeführt werden, daß die an der EWU teilnehmenden Länder in der Zukunft unausweichlich asymmetrischen Schocks ausgesetzt sein werden. Falls Politikschocks für derartige Währungskrisen ursächlich sind, muß zu einer realwirtschaftlichen Beurteilung der EWU vielmehr gefragt werden: Sind ähnliche Politikschocks auch in der EWU wahrscheinlich? Wie hoch wären die realwirtschaftlichen Kosten der deutschen Vereinigung ausgefallen, wenn die EWU zu diesem Zeitpunkt bereits installiert gewesen wäre (Gros (1996a), S. 18 ff., Portes (1993) Sievert (1995))?

Gleichzeitig lasse sich hierdurch wegen der innerhalb und außerhalb des EWS unterschiedlichen Nutzung expansiver Nachfragepolitiken (Wechselkursinstrument) ein *kontrolliertes Experiment* der Beschäftigungs- und Wachstumskonsequenzen expansiver Nachfragepolitiken durchführen (Gordon (1996), S. 3, Viñals (1994), S. 5 f.). Nach 1992 sei *kein positiver Strukturbruch in der Lohn- und Preisinflation* in diesen Ländern festzustellen gewesen. Im Gegenteil, die *Inflation* in diesen Ländern sei *stärker gefallen* als in den im EWS verbliebenen Ländern (Tab. 1). Empirische Evidenz deute somit an, daß sich Nominallöhne und Preise in den betroffenen Ländern außerhalb des EWS nach einer Übergangsphase (1-2 Jahre) konstanter realer Wechselkurse *nicht anders* entwickeln *als innerhalb*.[9] Darüber hinaus haben sowohl die abwertenden als auch die aufwertenden Volkswirtschaften im Zeitraum 1992-1995 eine Beschleunigung des nominalen BIP-Wachstums, und wegen der jeweils dezelerierenden Inflation, auch ein steigendes reales BIP-Wachstum verzeichnen können. Dabei sei das nominale

---

9 Dieses Muster bedeutet einen *Bruch mit vergangenen Erfahrungen*. Während den siebziger und achtziger Jahren vermochten selbst starke Abwertungen die internationale Wettbewerbsfähigkeit der abwertenden Länder nicht zu verbessern, da die Preise schnell anstiegen und einen Großteil der Abwertung wieder neutralisierten. Vgl. Emerson u.a. (1990) und Gros (1996b), S. 21.

und das reale BIP-Wachstum in den abwertenden Ländern um 1,3 bzw. 1,7 Prozentpunkte mehr als in den aufwertenden Ländern gestiegen (Tab. 1). Die Aufteilung des zusätzlichen BIP-Wachstums in Outputwachstum und Inflation (kurzfristiger *Phillips-Tradeoff*) erweise sich trotz Abhängigkeit vom Zeitpfad vergangener Politiken (Abwertungen) als *günstiger* für die 1992 *abwertenden* Länder (Gordon (1996), S. 33 f., Gros (1996), S. 21, Jackman (1996), S. 4 f., Pissarides (1996), S. 19 ff.).[10]

Tab. 1 - *Durchschnittliche Änderungen makroökonomischer Indikatoren (1995 zu 1992): Fünf aufwertende und fünf abwertende Volkswirtschaften*

Indikator	*Aufwertungsländer*	*Abwertungsländer*	*Differenz*
Effektiver nominaler Wechselkurs	10,2	-22,2	-32,4
Nominales BIP	0,4	1,7	1,3
Reales BIP	1,0	2,7	1,7
BIP-Deflator	-0,6	-1,0	-0,4

Abwertungsländer: Großbritannien, Italien, Portugal, Spanien, Schweden; Aufwertungsländer: Österreich, Belgien, Frankreich, Niederlande, Schweiz, jeweils Änderung in Prozentpunkten.

Quelle: Gordon (1996), S. 44.

Schließlich gestalteten sich auch die realen Kosten in Form eines Anstiegs bzw. einer *versäumten Reduktion der Arbeitslosigkeit* der wegen der deutschen Wiedervereinigung notwendigen realen Abwertungen *in Frankreich gravierender* als in Italien oder besonders Großbritannien. Erkennbar werde dies an unterschiedlich hohen '*unemployment gaps*', d.h. Abweichungen der tatsächlichen von der hypothetisch erreichbaren natürlichen Arbeitslosigkeit. Für Frankreich ergebe sich eine Lücke von immerhin 3,1 Prozentpunkten, während Großbritannien und Italien mit 1,1 und 1,4 Prozentpunkten deutlich besser abschnitten. Daß sich gleichzeitig in den letzten beiden Ländern wegen Überschußkapazitäten die Inflationsperformance besser darstelle, spreche dort für ein *Fallen der natürlichen Arbeitslosigkeit* und somit für *persistente* Effekte einer *temporären* Abwertung. Es werde an diesen Länderbeispielen offensichtlich, daß durch (stufenweise) flexible Wechselkurse und -speziell für Großbritannien- durch den stimulierenden Einfluß einer gelokkerten Geldpolitik nach dem Austritt aus dem EWS eine notwendige perma-

---

[10] Für Befürchtungen einer Verfehlung des Inflationsziels in Großbritannien vgl. de Grauwe (1995) und Bank of England (1996).

nente reale Abwertung *zu relativ geringen realen Kosten* gewährleistet werden könne. Die abwertenden Länder hätten sich eines *'macroeconomic free lunch'*, d.h. einer Erhöhung internationaler Wettbewerbsfähigkeit bei inflationsfreier makroökonomischer Expansion, bedient. Somit bestehe substantieller Raum und eine günstige Ausgangslage für europäische Volkswirtschaften, ihre *'unemployment gaps'* durch expansive Geldpolitiken noch weiter zu reduzieren. Da auf westeuropäischen Arbeitsmärkten signifikante Spuren von Hysteresis-Effekten nachgewiesen werden könnten, seien permanente Beschäftigungsgewinne bei *nur temporär ansteigender* Inflation erzielbar. Eine EWU mit strikter Orientierung an der Preisniveaustabilität sei dann nicht wünschenswert, da expansive Geldpolitiken Wechselkursabwertungen und einen (wenn auch bei Hysteresis geringen) Inflationsanstieg bedingten (Gordon (1996), S. 10, 30 ff., 34 f. und 37 ff.).[11] Eine Einschätzung der Hypothese, ob das Ausscheiden aus dem EWS Italien und Großbritannien *eher als Frankreich* zu dauerhaft gesunkenen realen Wechselkursen und zu nachhaltig erhöhter Wettbewerbsfähigkeit verholfen hat, kann somit letztlich nur *empirisch* erfolgen. Läßt sich diese Hypothese empirisch nicht bestätigen, so ist bereits unter anderem eine notwendige Bedingung der Argumentation von Gordon (1996) nicht erfüllt (Gordon (1996), S. 12 f., 35, 38, 48, Jackman (1996), S. 5 und 7, Pissarides (1996), S. 19). Wie die vorstehenden Ausführungen unmittelbar zeigen, empfiehlt sich hierfür ein *Test auf Strukturbrüche* in den realen DM-Wechselkursen als Gegenstück der natürlichen Arbeitslosigkeit dieser Länder. Dieser empirische Test wird im folgenden durchgeführt.

2.4 Realer vereinigungsbedingter Aufwertungsbedarf der DM: Gelang Italien und Großbritannien die Anpassung tatsächlich schneller als Frankreich?

2.4.1 Operationalisierung der Reihen und Spezifikation der Tests

Um die Hypothese eines 'kontrollierten Experimentes' zu testen, werden die drei relevanten realen Wechselkurse (p*-p) auf ihre *Stationarität* getestet. Dabei wird auf *Augmented Dickey-Fuller (ADF)-Tests* zurückgegriffen, da

---

[11] Gordon nutzt hierbei ein älteres Argument von Corden (1972); falls Phillipskurvenzusammenhänge gelten, existieren möglicherweise voneinander abweichende nationale geldpolitische Interessen bezüglich des Phillips-Tradeoffs. Vgl. auch Frankel, Rose (1996a), S. 15 f., und Mélitz (1995), S. 494. Zudem ergeben sich dynamische Vorteile eines *'payoffs'* in Gestalt einer höheren Wahrscheinlichkeit *flexibilisierender Arbeitsmarktreformen* und damit eines günstigeren Phillips-Tradeoffs.

hierdurch die Spezifikation ökonomisch gehaltvoller Alternativhypothesen (z.B. der Grad an 'mean reversion') möglich wird:

$$(11)\quad \Delta(p^*-p)= c(1)+c(3)\cdot(p_{-1}^*-p_{-1})+c(4)\cdot(\Delta p_{-1}^*-\Delta p_{-1})+\ldots \\ +c(q)\cdot(\Delta p_{-q+3}^*-\Delta p_{-q+3}),$$

wobei q die empirisch zu bestimmende optimale Laglange darstellt.[12] Implizit wird dabei der Frage nachgegangen, *ob die relative Kaufkraftparitätentheorie* (PPP) im Verhältnis Westdeutschlands zu Frankreich, Italien und Großbritannien unter Berücksichtigung der jüngsten Ereignisse (realer Aufwertungsbedarf der DM nach der deutsch-deutschen Wirtschafts- und Währungsunion, Austritt Großbritanniens und Italiens aus dem EWS) *gültig ist*. Denn wenn Fluktuationen des realen Wechselkurses zwischen zwei Ländern stationär sind ($c(3) < 0$), haben Schocks, die auf diese Beziehung einwirken, nur temporäre Wirkungen. Wenn jedoch eine reale Wechselkursreihe durch eine *Einheitswurzel* (Unit Root) gekennzeichnet ist ($c(3) = 0$), haben Schocks *permanente* Effekte. Es besteht dann keine Tendenz mehr zu einer Rückkehr zu einer eindeutigen Relation. Dies *widerspricht* der Aussage der *relativen PPP*, die im Falle einer Unit Root im realen Wechselkurs *nicht* mehr gilt. Neben den üblichen Begründungen (unvollkommener Weltmarkt etc.) sprechen auch praktische Gründe für die Verwendung der *relativen* PPP-Version. Erstens stehen statt Preisniveaus nur Preis*indizes* zur Verfügung. Zweitens sind angesichts des stochastischen Rahmens der Weltwirtschaft selbst bei Gültigkeit der PPP über die Zeit erhebliche Abweichungen vom Gleichgewichtsverhältnis Wechselkurs-Relativer Preis vorstellbar (Frankel, Rose (1996b), S. 211 ff., Lothian, Taylor (1996), S. 489 ff., Perron, Vogelsang (1992), S. 301 ff. sowie 314 ff.). In Anlehnung an eine Vielzahl empirischer Untersuchungen zur PPP werden im folgenden zur Konstruktion bilateraler realer DM-Wechselkurse *Verbraucherpreisindizes* verwendet (Deutsche Bundesbank (1989), S. 47 ff., Frankel, Rose (1996b), S. 213, Perron, Vogelsang (1992)). Erhöhungen der realen Wechselkurse als logarithmierte Wechselkurs-Relativpreis-Verhältnisse entsprechen dabei realen Abwertungen der DM.

Im folgenden wird so vorgegangen, daß *zwei zentrale Implikationen* der Ausführungen in Abschnitt 2.4.2 empirisch getestet werden. Die modelltheoretische Fundierung der zu testenden Hypothese entspricht dabei den Ausführungen in Abschnitt 2.2 Demzufolge wird unter der Annahme nomi-

---

12 Die Bezeichnung (Numerierung) der Koeffizienten ist programmtechnisch bedingt. Vgl. hierzu die Beschreibung des Algorithmus in Anhang A1 zu diesem Kapitel.

naler Rigiditäten die *Geschwindigkeit* der Anpassung an die PPP vom jeweiligen *Wechselkursregime* mitbestimmt (Frankel, Rose (1996b), S. 210). Erstens -dies ist eine *stärkere* Folgerung- müßten wiedervereinigungsbedingte Strukturbrüche in ADF-Testgleichungen zumindest für Italien und Großbritannien hochsignifikant sein und ein negatives Vorzeichen aufweisen, um die *Permanenz* der durch die nominale Abwertung bedingten *realen Wechselkursabwertung* zum Ausdruck zu bringen. Die reale Wechselkursabwertung entspricht gemäß Abschnitt 2.2 den positiven bzw. vermiedenen negativen Beschäftigungseffekten. In Abschnitt 2.3 wurde ein Fallen der Natural Rate und ein *permanenter* Effekt einer *temporären* Abwertung in Italien und Großbritannien vermutet. Um dies zu testen, wird ein *Test auf Strukturbrüche* in den (gleichgewichtigen) realen DM-Wechselkursen als Gegenstück der natürlichen Arbeitslosigkeit dieser Länder durchgeführt (Abschnitt 2.2, Devereux, Purvis (1990), S. 1203). Zweitens, als *schwächere* Implikation, müßte die *Anpassung* an einen neuen niedrigeren gleichgewichtigen realen Wechselkurs *für Frankreich* wegen der fehlenden Abwertung gegenüber der DM *langsamer* verlaufen als für Italien oder Großbritannien.

2.4.2 Empirische Überprüfung durch strukturbrucherweiterte ADF-Tests

Erste empirische Eindrücke zur Evaluierung der Hypothesen vermittelt Abb. 2. Diese verdeutlicht den Verlauf der unlogarithmierten realen DM/FF-, DM/Lira- und DM/£-Wechselkurse in den letzten zweieinhalb Jahrzehnten. Auffällig ist bereits bei graphischer Inspektion *je Reihe ein* möglicher (negativer) *Strukturbruch* ab Anfang der neunziger Jahre. Der Zeitbereich ab Juli 1990, dem Zeitpunkt der deutsch-deutschen Wirtschafts- und Währungsunion, bzw. ab September 1992, dem Zeitpunkt des Austritts Italiens und Großbritanniens aus dem EWS, wird zur Verdeutlichung möglicher Strukturbrüche schattiert. Eine graphische Inspektion allein kann jedoch noch nicht hinreichend klären, welches Land nun aber dem (hier *empirisch* als Bruch im Gleichgewichtsniveau zu bestimmenden) realen Abwertungsbedarf gegenüber der DM *am schnellsten, mit geringsten realen Anpassungshärten* entsprochen hat.

Abb. 2 - *Reale Wechselkurse gegenüber der DM im Zeitablauf (französischer Franc, italienische Lira und britisches Pfund)*

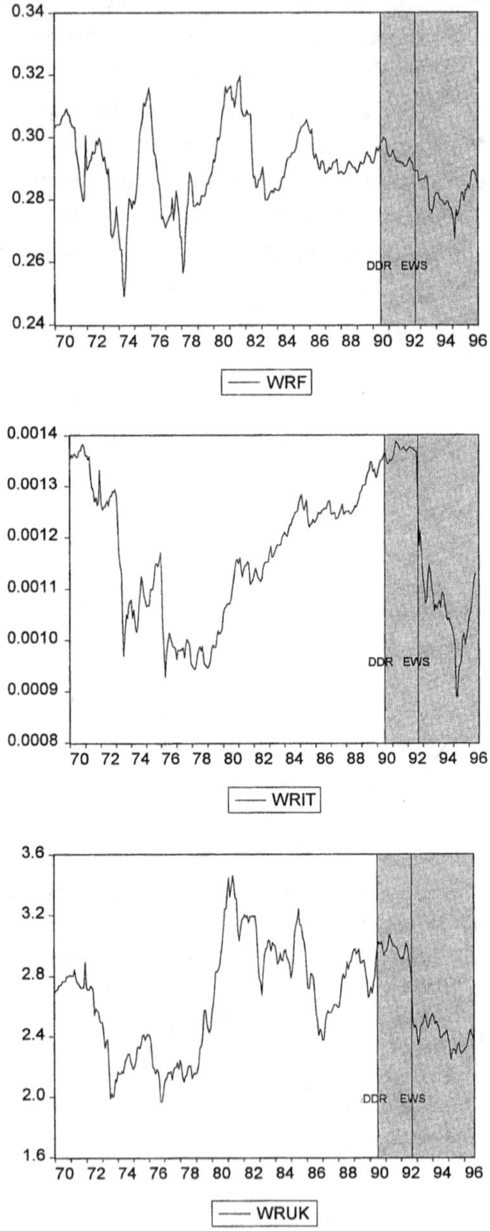

DDR: Deutsch-deutsche Wirtschafts- und Währungsunion (1990.07); EWS: Austritt Großbritanniens und Italiens aus dem EWS (1992.09). Die Reihen haben die Dimension DM/Fremdwährung.

Abb. 3 - *Lokalisierung von Strukturbrüchen in der relativen Kaufkraftparität (Frankreich, Italien, Großbritannien)*

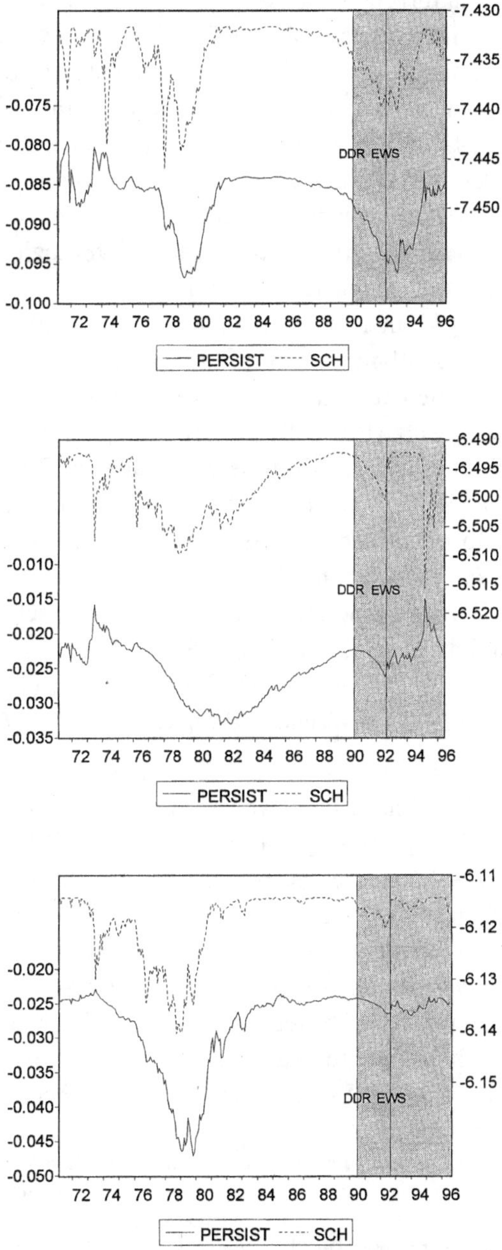

PERSIST entspricht dem Koeffizientenschätzer der verzögerten Endogenen im ADF-Testansatz. Vgl. das Batch-Programm im Anhang.

Um Strukturbrüche in den drei logarithmierten bilateralen realen Wechselkursreihen zu identifizieren, wird ein bewährtes *sequentielles* Verfahren angewendet.[13] Ein Strukturbruch wird dabei auf einfache Weise modelliert. Es wird zunächst eine Dummyvariable ORD 2 konstruiert, um einen Ordinatenshift zu approximieren. Zu Beginn der Beobachtungsperiode hat sie den Wert Null; zu einem bestimmten Monat ändert sie ihren Wert auf 1. Der Zeitpunkt des (0,1)-Switches wird für jeden möglichen Zeitpunkt definiert. Die korrespondierende ADF-Testgleichung wird jeweils unter Ausweis der gängigen Diagnosekriterien, insbesondere des *Schwarz-Kriteriums (SCH)*, geschätzt. Nach diesem Kriterium ist das Modell vorzuziehen, das bei gleicher Erklärungsgüte die geringste Anzahl an Erklärenden benötigt und dessen SCH-Wert somit kleiner ist als für die übrigen Modelle (Belke (1996), S. 434 f.). Abb. 3 verdeutlicht die Ausprägungen des Informationskriteriums SCH und des Koeffizientenschätzers der verzögerten endogenen Variablen (c(3)) im ADF-Testansatz (PERSIST) in Abhängigkeit von dem jeweils zugrunde liegenden und auf der Abszisse abgetragenen Zeitpunkt des Strukturbruches. Liegt PERSIST bei -1, so impliziert dies eine *vollständige* 'mean reversion' innerhalb einer Periode. Beträgt die Ausprägung von PERSIST Null, existiert *bleibt eine* 'mean reversion' *aus*. Werte von PERSIST zwischen -1 und 0 korrespondieren hingegen mit unterschiedlichen Anpassungsgeschwindigkeiten an ein Gleichgewicht. Diese Zusammenhänge lassen sich auch mit dem hier modifizierten Persistenzmaß (1/(-PERSIST)) von Campbell, Mankiw (1987) ausdrücken (Frankel, Rose (1996b), S. 212 f.).

Die Verläufe der SCH- und PERSIST-Kurven weisen einige interessante Systematiken auf. In Abhängigkeit vom Zeitpunkt der modellierten Strukturbrüche wird der Informationsgehalt des geschätzten Modells in der Regel umso höher eingeschätzt, je betragsmäßig größer (und signifikanter) PERSIST wird. Durch diesen sequentiellen Prozeß können Strukturbruchzeitpunkte selektiert werden, die zu einem maximalen Informationsgehalt führen *und gleichzeitig* zu einem neuen Gravitationszentrum für die Wechselkursentwicklung werden (Hysteresis in realen Wechselkursen). Die auf diese Weise gewählten Strukturbruchzeitpunkte werden in der Fußnote zu Tab. 2 definiert. Für jedes Land lassen sich typischerweise *zwei Brüche*

---

13 Vgl. Belke, Göcke (1997) für die Anwendung eines ähnlichen Verfahrens auf ein Fehlerkorrekturmodell für die binnenwirtschaftlichen Determinanten der deutschen Beschäftigung und Abschnitt 6.5.2 der vorliegenden Arbeit für eine Anwendung auf außenwirtschaftliche Bestimmungsgrößen der deutschen Beschäftigung. Durch die Implementierung von Brüchen wird gleichzeitig die hohe 'Verschmutzung' der Wechselkursdaten wegen unterschiedlicher enthaltener Wechselkursregimes berücksichtigt.

identifizieren. Die Implementierung der identifizierten Strukturbrüche ORD2 in die ursprünglichen ADF-Testgleichungen (11) führt zu der Modellspezifikation:

$$(12)\quad \Delta(p^*-p) = c(1) + c(2)\cdot ORD2 + c(3)\cdot(p_{-1}^*-p_{-1}) + \ldots$$
$$+\,c(q)\times(\Delta p_{-q+3}^* - \Delta p_{-q+3})$$

Die Schätzresultate dieser *modifizierten* ADF-Testregressionen werden in Tab. 2 den Regressionen *ohne* implementierte Brüche gegenüber gestellt. Wie erwartet, offenbaren die Koeffizientenschätzer für DUM1 jeweils ein positives und für DUM2 ein negatives Vorzeichen.

Tab. 2 - *Augmented Dickey-Fuller-Tests: Reale DM-Wechselkurse*

Reihe	ADF-Teststatistik c(3) (ohne Strukturbrüche, Gl. (11))	SCH	ADF-Teststatistik c(3) (Strukturbrüche, Gl. (12))	DUM1	DUM2	SCH
WKRF	-4,06***	-8,70	-5,13**	0,00***	-0,006***	-8,88
WKRIT	-2,28	-7,75	-3,92	0,01***	-0,013***	-7,84
WKRUK	-2,34	-7,38	-5,27**	0,02***	-0,016***	-7,44

Basis: ADF-Testregressionen mit Konstante, aber (wegen des nicht trendbehafteten Zeitreihenverlaufs) ohne deterministischen Trend; 12 'augmentation lags'. Sample: (F, UK) 1972.03-1996.08, (IT) 1972.03-1996.06, DUM1F=1 ab 1979.07, sonst 0, DUM2F=1 ab 1993.07, sonst 0, DUM1IT=1 ab 1979.02, sonst 0, DUM2IT=1 ab 1992.09, sonst 0, DUM1UK=1 ab 1979.03, sonst 0, DUM2UK=1 ab 1992.09, sonst 0. Für kritische Werte der ADF-t-Statistik bei zwei Strukturbrüchen vgl. Rappoport, Reichlin (1989), S. 171, Tab. 1, Spalte (f). ADF-Tests für erste Differenzen der WKRi zum Lag 12 führen durchweg zur Ablehnung der Nichtstationaritätshypothese.

Die der Tab. 2 zugrunde liegenden geschätzten ADF-Testgleichungen erfüllen die gängigen Diagnosekriterien. Ermittelt man auf der Basis der strukturbrucherweiterten ADF-Testregressionen (12) die gleichgewichtigen realen Wechselkurse, so ergeben sich realitätsnahe Ergebnisse; für Frankreich: $WKRF_{GG} = -1.26969 \Rightarrow WRF_{GG} = e^{-1.26969} = 0{,}2809$ DM/FF; für Italien: 0,00097 DM/Lira und für Großbritannien: 2,38 DM/£). Dies spricht ebenfalls für die Korrektheit der Schätzungen. Gemäß den ADF-Tests der realen DM-Wechselkurse *ohne Strukturbrüche* läßt sich die Nichtstationaritätshypothese lediglich für Frankreich ablehnen (α=0,01). Dies impliziert, daß die PPP im bilateralen Verhältnis WD-FR vorläufig empirisch bestätigt wird. Für Italien und Großbritannien hingegen läßt sich die *Un*gültigkeit der PPP-Hypothese empirisch *nicht verwerfen*. Die jeweiligen realen DM-Wechselkurse erscheinen nichtstationär, d.h. integriert vom Grade 1. Wie Abb. 3 zeigt, sind der SCH- und der PERSIST-Wert für Italien und Großbritannien betragsmäßig geringer und somit die *Persistenz* des realen Wechselkurses deutlich *höher* als für Frankreich. Eine notwendige Bedingung für die Korrektheit der Behauptungen in Abschnitt 2.3 scheint somit erfüllt, da eine schockartige reale Wechselkursabwertung in Italien und Großbritannien ceteris paribus *länger* nachwirkt als in Frankreich oder sogar permanent anhält (Hysteresis im realen Wechselkurs). Die Ausgangsfrage zum 'kontrollierten Experiment' ist jedoch gemäß Abschnitt 2.3 eine fundamental andere; sie muß berücksichtigen, daß der *auslösende* Schock *nicht* in der *Abwertung 1992*, sondern im realen Abwertungsbedarf der betrachteten Währungen besteht. Aufbauend auf der sequentiellen Strukturbruchidentifikation werden Strukturbruch-Dummies spezifiziert, von denen DUM2 bedeutsam für die Aussagefähigkeit des 'kontrollierten Experimentes' ist.[14] Die Dummy-Implementierung führt zu deutlichen Ergebnis*veränderungen* der Stationaritätstests:

- Für die Reihen der (log.) realen Wechselkurse kann die Stationaritätshypothese auf Basis der üblichen kritischen Werte durchweg nicht mehr abgelehnt werden (α=0,01). Dies gilt für WKRF und WKRUK sogar unter Berücksichtigung (um Brüche) korrigierter, betragsmäßig erhöhter kritischer ADF-t-Werte (α=0,05). Die Gültigkeit der relativen PPP ist unter der Berücksichtigung von Strukturbrüchen wiederhergestellt.

- Die identifizierten Strukturbrüche sind hochsignifikant (α=0,01). Der höchste Informationsgehalt des Modells (SCH-Kriterium) konnte immer dann erzielt werden, wenn auch die Stationarität des Prozesses am signifikantesten wurde (betragsmäßig größter Koeffizientenschätzer der verzögerten Endogenen). Die Dummies DUM2i sind nur signifikant, wenn auch die Dummies DUM1i gleichzeitig implementiert werden (i=F, IT, UK). Die Auswirkungen von Wechselkursregimes (EWS) werden also statistisch mit berücksichtigt.

- Die Persistenz der Reihen sinkt bei Implementierung der Brüche, gemessen am Schätzer der verzögerten Endogenen PERSIST (WKRF: -0,1224 statt -0,0837, WKRIT: -0,0452 statt -0,0226, WKRUK: -0,0851 statt

---

[14] Für die Methodik und die Wahl kritischer Werte vgl. Belke (1996), S. 364 ff., und ders. (1996b).

-0,0245) und am Persistenzmaß (1/(-PERSIST)) nach Campbell, Mankiw (1987).

Die *Indeterminiertheit* des gleichgewichtigen realen DM-Wechselkurses der Lira und des britischen Pfundes wird somit durch die Berücksichtigung von Strukturbrüchen *beseitigt* (Hysteresis). Dies Ergebnis erscheint um so *bemerkenswerter*, als mehrheitlich akzeptiert wird, daß die Nichtstationarität der realen Wechselkurse nur schwer empirisch abzulehnen ist (Frankel, Rose (1996b), S. 221, McDonald, Taylor (1992), S. 36 ff.). Es läßt sich somit für alle drei betrachteten Währungen unter anderem die Hypothese nicht ablehnen (DUM2i), daß im Gefolge der deutsch-deutschen Wiedervereinigung, spätestens aber nach den EWS-Turbulenzen 1992/93 ein *niedrigerer gleichgewichtiger realer Wechselkurs* (DM/Fremdwährung) vorliegt. Eine wichtige Implikation der Ausführungen aus Abschnitt 2.3. kann hier somit *nicht* vollständig empirisch bestätigt werden: Italien und Großbritannien hätten eine reale Abwertung gegenüber der DM schneller und andauernder zuwege gebracht als das im EWS verbliebene Frankreich. Zwar ist für Italien und Großbritannien eine *permanente* Abwertung des realen Wechselkurses zum DM-Raum signifikant. Preiserhöhungen eliminieren somit scheinbar auch längerfristig nicht die realen Effekte einer einmaligen Abwertung. Jedoch stellt sich auch für Frankreich eine signifikante gleichgewichtige reale Abwertung ein. *Für* die Gültigkeit der zuvor genannten Implikation spricht lediglich auf den ersten Blick, daß der Strukturbruch für Frankreich erst *zehn Monate später* lokalisiert werden kann. Hiermit wäre nämlich kompatibel, daß eine Anpassung realer Wechselkurse an neue Gleichgewichte langsamer verläuft, wenn sie wie im Fall Frankreichs vorwiegend durch Preisvariationen zu bewerkstelligen ist. Darüber hinaus könnte bezüglich Frankreichs zusätzlich zu fallender Inlandsinflation (bis etwa Mitte 1995) auch eine nominale Wechselkursabwertung zu einer signifikanten Anpassung beigetragen haben. Der FF geriet Anfang 1995 unter Druck und fiel auf ein Niveau von etwa 6% unterhalb des Leitkurses gegenüber den stärksten Währungen im EWS.

Nachdem die Hypothese nicht verworfen wurde, daß Strukturbrüche vorliegen, bleibt fraglich, ob die Anpassung an den jeweils lokalisierten Strukturbruch in Frankreich *langsamer* verläuft als in Italien und Großbritannien. Nur in diesem Fall ließe sich die in Abschnitt 2.3. getroffene Interpretation des 'kontrollierten Experimentes' bestätigen. Da der *Koeffizientenschätzer* der verzögerten Endogenen der ADF-Testgleichung für Frankreich (-0,1224) betragsmäßig deutlich *höher* ausfällt als für Italien (-0,0452) und Großbritannien (-0,0851), ist die implizite Summe der autoregressiven Koeffizienten der logarithmierten realen Wechselkurse und damit die *Persistenz geringer*. Dies wird auch am Persistenzmaß von Campbell, Mankiw (1987) deutlich (F: 8,17, IT: 22,12, UK: 11,75). Da die geschätzten Vorzeichen von DUM2 negativ sind (Tab. 2), bedeutet dies, daß die Anpassung an ein neues niedrigeres wiedervereinigungsinduziertes Gleichgewicht für Frankreich *schneller verlaufen ist*. Dann aber ist die Hypothese *zu verwerfen*, die Anpassung des französischen realen DM-Wechselkurses an einen Schock, wie die deutsche Wiedervereinigung, verlaufe *langsamer* als in Italien oder Großbritannien. Simulationen mit den Schätzgleichungen (Tab. 2) zeigen jedoch selbst für Frankreich, daß sich reale Wechselkursanpassungen an die strukturbruchmodifizierte relative Kaufkraftparität ceteris paribus über mehrere *Jahre* erstrecken. Darüber hinaus führen Schocks anfänglich zu einem *volatilen* Verlauf (incl. eines 'overshooting') des realen Wechselkurses. In Abb. 4 wird graphisch ein Eindruck von der Gestalt und der Dauer des Anpassungspfades realer Wechselkurse an einen 30%-igen realen Abwertungsschock (fiktiv 1973.02) vermittelt. Es wird deutlich, daß die Anpassung an Strukturbrüche (z.B. DUM2=1) in Frankreich schneller verläuft.

Abb. 4 - *Anpassungspfade (logarithmierter) realer Wechselkurse*

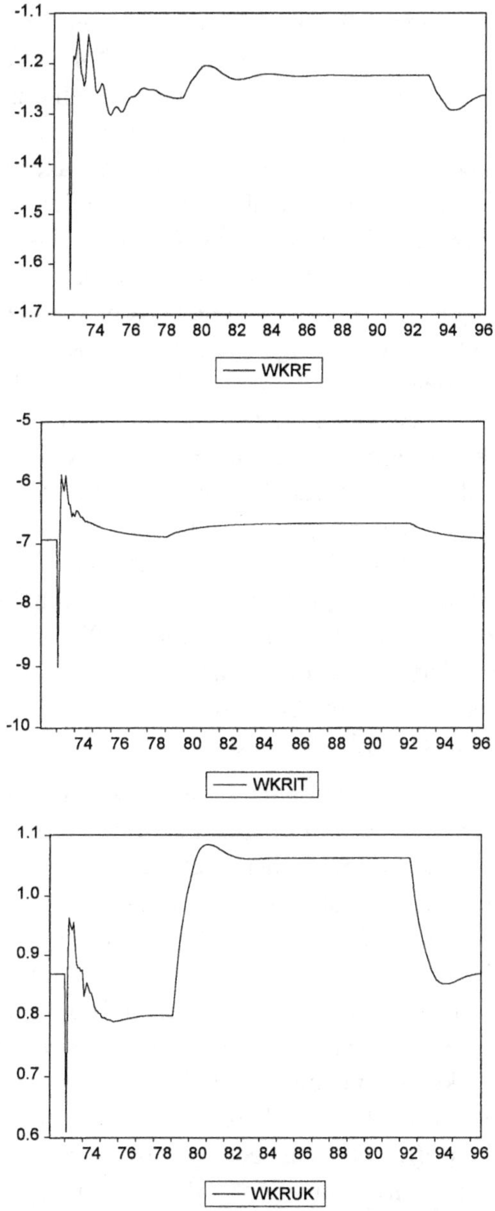

Es werden, ausgehend von einer Gleichgewichtslage des Systems, Anpassungspfade an eine (zu Beginn des jeweiligen Stützzeitraums erfolgende) 30%-ige Senkung der logarithmierten Wettbewerbsfähigkeit (wie beim EWS-Austritt Italiens und Großbritanniens 1992.09) simuliert. Grundlage sind die ADF-Schätzgleichungen aus Tab. 2 und das hieraus ermittelte Gleichgewichtsniveau am aktuellen Rand (also inklusive Strukturbruch-Dummies).

2.4.3 Beurteilung der Schätzergebnisse

Es ergibt sich *keine Evidenz* für die im 'kontrollierten Experiment' formulierte Hypothese, daß die realen DM/Lira- und DM/£-Wechselkurse sich dem neuen niedrigeren Gleichgewichtsniveau durch eine nominale Abwertung *schnell anpassen* konnten, während der reale DM/FF-Kurs begleitet von realen Anpassungshärten nicht schnell genug gesunken sei. Vielmehr ist der *Charakter* der hohen Arbeitslosigkeit in Frankreich offensichtlich ein *anderer* als in Italien und Großbritannien. Die Ergebnisse stützen gerade *nicht* die Hypothese Gordons (1996), daß die französische Arbeitslosigkeit höhere Abweichungen der konjunkturellen Komponente vom NAIRU-Niveau aufweise. Die raschere signifikantere Anpassung an den neuen gleichgewichtigen realen Wechselkurs bei hoher verbleibender Sockelarbeitslosigkeit deutet auf einen *höheren Grad struktureller* bzw. sogar *Hysteresis-Arbeitslosigkeit* in Frankreich hin. Hysteresis-Effekte spiegeln sich wieder, indem sich die französische Arbeitslosigkeit *trotz einer Umkehrung* des realen Aufwertungsschocks gegenüber Italien und Großbritannien *nicht* wieder dem Gleichgewichtsverhältnis gegenüber diesen Ländern *angepaßt* hat (Sunk cost-Hysteresis statt 'hysteresis in wage setting' (Abschnitt 2.2.) (Belke, Göcke (1994, 1996), Burgess, Knetter (1996), Kulatilaka, Kogut (1996)). Das 'kontrollierte Experiment' kann statistisch *nicht* exakt *kontrolliert* werden, da *Unterschiede* im *Charakter* der Arbeitslosigkeit der verglichenen Länder nicht ausgeschlossen sind.

Darüber hinaus ist die einseitige Betonung nominaler Rigiditäten zur Erklärung eines hohen 'sacrifice ratio' *unangemessen*, da vorwiegend *reale* Rigiditäten zur Erklärung permanent hoher Sockelarbeitslosigkeit relevant sind (Gros, Thygesen (1992), S. 108, Jackman (1996), S. 7, Layard, Nickell, Jackman (1991), S. 15 f., 56 ff., dies. (1994), S. 83 ff., Viñals, Jimeno (1996), S. 34 f.). Denn je ausgeprägter die Reallohnrigidität ist, desto höher fällt die NAIRU aus und desto geringer ist der Einfluß der Geld- und Wechselkurspolitik auf reale Variablen wie die Beschäftigung. Im Falle Italiens und Großbritanniens kann man dann möglicherweise substantielle *Real*lohnrigiditäten dafür verantwortlich machen, daß "nominal exchange rate movements may be less effective than believed by some in moving the real exchange rate in the desired direction" (Viñals, Jimeno (1996), S. 34).[15] Ausschlaggebend hierfür dürfte sein, daß nominale Wechselkursbewegungen selbst bei geringem Offenheitsgrad den realen Wechselkurs um so weniger in die gewünschte Richtung beeinflussen können, *je ausgeprägter Re-*

---

[15] Vgl. auch Bean (1992), S. 34 ff.

allohnrigiditäten im Vergleich zu Nominallohnrigiditäten ausfallen (Abschnitt 2.2.). Im Gegensatz zu Layard, Jackman, Nickell (1991), die von Zeitreihenanalytikern stark kritisierte Strukturgleichungs-Verfahren anwenden, können Viñals, Jimeno (1996) den naheliegenden Zusammenhang auch empirisch mit VAR-Schätzungen bestätigen: das geschätzte *Ausmaß der Reallohnrigidität* ist in Frankreich unabhängig von der genauen Spezifikation der Schätzgleichungen durchgehend höher als in Großbritannien sowie in Italien und dort wiederum deutlich höher als außerhalb der EU. Für Frankreich läßt sich also kein entscheidender Nachteil ausmachen, da eine Wechselkursfreigabe offensichtlich real nur wenig genutzt hätte. Allerdings empfiehlt sich eine sehr vorsichtige Argumentation, denn die Unterschiede der Reallohnrigidität zwischen den Ländern sind zum einen nicht durch Konfidenzintervalle abgesichert. Zum anderen ist möglicherweise Viñals (1994) zuzustimmen: "... while real wage rigidities are certainly a lot higher in Europe than in the US, they are not so high as to prevent the nominal exchange rate from playing a role in facilitating the adjustment of real exchange rates" (Viñals (1994), S. 13).[16] Schließlich eignet sich das Modell aus Abschnitt 2.2 nicht zur Analyse struktureller Arbeitslosigkeit. Es ist als Ein-Gut-Modell diesbezüglich unterbestimmt.

Da sich trotz nach '92 anfänglich faktisch fixierter Wechselkurse und hoher Reallohnrigidität der reale Wechselkurs relativ rascher an ein niedrigeres Gleichgewichtsniveau angepaßt hat, muß anfänglich ein relativ stärkerer Zuwachs an preislicher Wettbewerbsfähigkeit als in den beiden Vergleichsländern eingetreten sein. Beispielsweise könnten vergleichsweise geringere strukturelle Rigiditäten auf dem französischen Markt für nicht-handelbare Güter hierfür gesorgt haben (Viñals (1994), S. 12). Ein weiterer Grund für die hier erzielten Ergebnisse könnte aber auch sein, daß die französischen Unternehmen in letzter Zeit stark *an nichtpreislicher Wettbewerbsfähigkeit gewonnen* haben. Dies hat möglicherweise zu einem recht frühen Zeitpunkt nach dem Wiedervereinigungsschock zu einer Trendumkehr des zunächst fallenden realen DM/FF-Wechselkurses geführt. Statistisch schlägt sich dies dann in einem signifikanteren Anpassungsparameter an das neue Gleichgewicht nieder.[17] Schließlich könnten auch *spezifische Offenheitsgrade* der betrachteten Volkswirtschaften für das oben erzielte Ergebnis eine Rolle

---

16 Vgl. auch Layard, Jackman, Nickell (1991), S. 407, und Viñals, Jimeno (1996), S. 13 f.

17 Diesen Hinweis verdankt der Verfasser Philippe Moutot, zum damaligen Zeitpunkt 'Head of Stage Three Division', Monetary, Economic and Statistics Department, E.M.I., dem Vorläuferinstitut der EZB, Frankfurt. Dies Argument wäre jedoch noch durch eine genauere Betrachtung entsprechender Produktivitätskennziffern zu erhärten.

spielen. Denn, wie bereits in Abschnitt 2.2 verdeutlicht, " ... the weight of imports conditions the short-run impact of the exchange rate on nominal wages" (Mélitz (1995), S. 498).[18] Wenn man den Offenheitsgrad eines EU-Landes durch den Anteil von Intra-EU-Exporten am jeweiligen BIP mißt (Stand: 1994), ist Frankreich der mittleren Gruppe mit Werten zwischen 11 und 20% zuzuordnen, während Großbritannien und Italien der unteren Gruppe mit 7 bis 10% zugehören. Die größere relative Offenheit der französischen Volkswirtschaft reduziert die Bedeutung der Intra-EU-Wechselkursflexibilität für makroökonomische Anpassungen somit signifikant. Aus dieser Sicht ist nicht überraschend, daß sich für Frankreich kein Nachteil in Form einer langsameren Anpassung des realen Wechselkurses ausmachen läßt. In dieselbe Richtung weist, daß die Schocks, die in der EU nationale Ungleichgewichte verursachen, d.h. realwirtschaftliche Schocks, aus empirischer Sicht nicht diejenigen sind, welche nominale Wechselkursänderungen auslösen. Da nominale Wechselkursänderungen vermutlich durch Finanzmarktschocks dominiert werden, können sie faktisch weder für Großbritannien und Italien, noch für Frankreich die ihnen zugedachte Rolle eines “shock absorbers” spielen.[19] Insgesamt gesehen, erscheint die Erklärung mit einer *Sunk cost-Hysteresis* (Kapitel 7 und 8) am plausibelsten, da diese am ehesten mit den stilisierten Fakten -hohe Sockelarbeitslosigkeit bei gleichzeitig wieder gleichgewichtigem realen Wechselkurs- übereinstimmt.

Die Ergebnisse sind unter anderem wegen des hoch aggregativen Charakters der Untersuchung, der Vernachlässigung weiterer fundamentaler (insbesondere realwirtschaftlicher und politischer) Wechselkursdeterminanten wie dem realen Weltzins und der $-Variabilität, den inhärenten Schwächen der verwendeten Unit Root-Tests, den Mängeln des hier verwendeten nichtstochastischen, nichtsimultanen Verfahrens zur Strukturbruchidentifikation, der Länge des Stützzeitraums, der Datenvariabilität *sehr vorsichtig* zu interpretieren. Bisherige Erfahrungen mit den hier verwendeten Verfahren lassen jedoch erwarten, daß sie tendenziell nicht in die falsche Richtung

---

18 Vgl. auch Frankel, Rose (1996a), S. 14 f., und Viñals (1994), S. 8, 13.

19 Vgl. Erkel-Rousse, Mélitz (1995), S. 1 und 18 f., und mit ähnlichen Ergebnissen Canzoneri, Vallés, Viñals (1996), S. 11 ff., 18, und Belke, Gros (1997). Für eine weniger zuversichtliche Einschätzung der EWU auf Basis eines strukturellen Modells vgl. Minford, Rastogi, Hughes Hallett (1993). Die Ergebnisse für Frankreich und Großbritannien, nicht aber für Italien entsprechen somit der in Kap. 3 vorgebrachten Hypothese des 'kontrollierten Experiments'. Für weitere Argumente gegen die theoretische Sinnhaftigkeit des Einsatzes der Wechselkurspolitik in der Euro-Region vgl. Belke (1996a), S. 341 f.

weisen (Belke (1996), ders. (1996b), Belke, Göcke (1997)). Weiterführende VAR-Untersuchungen müßten klären, *welchen Komponenten* der realen Wechselkurse die Strukturbrüche zuzurechnen sind: den nominalen Wechselkursen oder den relativen Preisindizes. Ein in Abschnitt 2.3 vorgebrachtes Argument zur Verteidigung flexibler Wechselkurse lautete nämlich, in Italien und Großbritannien seien trotz Abwertung nach 1992 *keine Strukturbrüche in den Inflationsraten* zu verzeichnen. Auch wäre zu prüfen, ob die von Gordon (1996), Jackman (1996) und Pissarides (1996) auf die EWS-Krise 1992 fokussierte Sichtweise nicht um die Möglichkeit erweitert werden müßte, daß zur Beurteilung der Erfüllung des realen Abwertungsbedarfs gegenüber der DM nicht die reale Abwertung des Pfundes und der Lira seit der nominalen Abwertung 1992, sondern bereits die reale Abwertung *gegenüber dem letzten EWS-Realignment 1987* als Ausgangspunkt zu verwenden ist. Legt man in Abb. 2 eine Regressionsgerade durch die beobachteten realen Wechselkurse, so ergibt sich für Frankreich eine Parallele zur Abszisse und für Italien bzw. Großbritannien eine Gerade mit negativer Steigung. Durch diese einfache graphische Inspektion ergibt sich dann in keinem Fall ein Hinweis auf Strukturbrüche. Gegen diese Interpretation sprechen jedoch die eindeutige Lokalisierung der Strukturbrüche *nach 1992* durch das oben gewählte sequentielle Verfahren und deren hohe Signifikanz.

Schließlich lassen sich noch andere handfeste Argumente für die Insignifikanz der Hypothese des 'kontrollierten Experiments' anführen. Erstens ist die Eindeutigkeit der Aussagen der Tab. 1 ist möglicherweise bereits aus statistischer Sicht anzuzweifeln, denn dort werden keine Wachstumsraten, sondern *Änderungen von Wachstumsraten* miteinander verglichen. Werden wie von Gordon (1996) (als strategischer Schachzug?) *Basiseffekte nicht berücksichtigt*, so wird die Performance der abwertenden Volkswirtschaften möglicherweise *positiv überzeichnet*. Beispielsweise müßte der Teil der Änderung der Inflationsrate statistisch von der Gesamtänderung in Abzug gebracht werden, der auf höheren Anfangsniveaus der Inflationsraten 1992 beruht. Im Falle Frankreichs als nicht abwertender Volkswirtschaft bedeutet eine Inflationsverringerung um einen Prozentpunkt auf etwa 1,5% seit 1992 immerhin eine Senkung der Inflation um 40%. Darüber hinaus erweist es sich als kritisch, daß Gordon Länder*gruppen* statt einzelner Länder zugrunde legt. Betrachtet man beispielsweise die Inflationsperformance einzelner 1992 abwertender Länder relativ zu Deutschland, ergibt sich ein anderes

Bild (de Grauwe (1995), S. 9, Gros (1996a), S. 94 ff.).[20] Zweitens ist der Stützzeitraum angesichts langer Anpassungsvorgänge (Halbwertszeit von 4 Jahren) vielleicht noch zu gering, um die Hypothese eines Strukturbruchs in der Kaufkraftparität testen zu können.

Drittens wurden die für Großbritannien und Italien im 'kontrollierten Experiment' identifizierten positiven Beschäftigungs- und ausbleibenden Inflationseffekte möglicherweise durch *Politikmaßnahmen* induziert, die *parallel* zum Ausscheiden Italiens und Großbritanniens aus dem EWS *wirkten*. Dabei handelt es sich um exogene (weil früher wirksam werdende) Faktoren, die nicht auf die Abwertungen selbst zurückzuführen sind. Im Falle Großbritanniens sind hierfür die Thatcher-Reformen, für Italien beispielsweise die Abschaffung der Lohnindexierung (Scala mobile) einschlägig (Gordon (1996), S. 37, Gros, Thygesen (1998), S. 231, Jackman (1996), S. 5).[21] Auch läßt sich hierzu korrespondierend auf der Basis von OECD-Daten zeigen, daß der Nettobeitrag der Änderungen der Exporte zum BIP-Wachstum in Großbritannien von 1992 bis 1994 durchgehend *unterhalb* des Nettobeitrags der Exportänderungen in Frankreich lag. Dieses überraschende Ergebnis läßt sich damit begründen, daß britische Exporteure ihre Exportpreise (relativ zu Deutschland) um mehr als die Abwertung des Pfund Sterling (relativ zu Deutschland) erhöhten. Dies unterstreicht nochmals die statistische Beliebigkeit der Tab. 1 (hier hinsichtlich der Wahl des Deflators) und führt rechnerisch zu einer realen *Auf*wertung des Pfund Sterling in der Periode 1992 bis 1996. Auch im Falle Italiens wurde die sogar noch stärkere Abwertung durch eine überproportionale Erhöhung der Exportpreise aufgefangen. Dies bedeutet, daß sich die relativen Export- und Importpreise relativ wenig in die Richtung bewegt haben, die eine nominale Abwertung erst effektiv macht (Gros, Thygesen (1998), S. 223 ff.). Dies korrespondiert auch mit den empirischen Ergebnissen aus Abschnitt 2.4.2.

Viele Ökonomen würden jedoch erwarten, daß eine kompetitive Abwertung deshalb eine bessere Arbeitsmarkt-Performance erzeugt, weil die internationale Wettbewerbsfähigkeit und die Exportzunahme in der Folge wachsen.

---

[20] Gordon (1996), S. 33, argumentiert jedoch, ein Vergleich mit Deutschland allein sei nicht adäquat, da die deutsche Deflation 1994/95 eine Spätfolge des Sondereinflusses 'Wiedervereinigung' sei und so die Inflationsperformance der abwertenden Länder unverhältnismäßig schlecht darstelle.

[21] Vgl. ähnlich auch Pauer (1996), S. 44 f., in bezug auf positive Outputwirkungen der 8,5%-igen Abwertung des Belgischen Franc 1982 und der 30%-igen Abwertung der Finnischen Markka 1991 bis 1993. Nicht immer jedoch können Reformen als exogen in bezug auf die Währungspolitik angesehen werden. Vgl. ausführlich Kapitel 4.

Da der niedrigere Pfundkurs somit die Exporte nicht wie erwartet stimulierte, muß *nach anderen Ursachen* für die unterschiedliche Arbeitsmarkt-Performance von Frankreich und Großbritannien gesucht werden. Nach Ansicht vieler Marktbeobachter bestand das Hauptmotiv Großbritanniens für den Ausstieg aus dem Europäischen Wechselkursmechansimus ('ERM') darin, daß die britische Regierung nicht bereit war, die *hohen kurzfristigen Zinsen* im Fahrwasser der DM mitzutragen. Der Ausstieg erlaubte es Großbritannien, seine nominalen kuzfristigen Zinssätze deutlich zu senken. Die britische *Zinsstrukturkurve* wies eine *steile positive Steigung* auf und stellte einen wesentlichen Beitrag zu der kurzfristig verbesserten Arbeitsmarktentwicklung nach dem Austritt aus dem 'ERM' dar. Frankreich profitierte ebenfalls von einer gelockerten Geldpolitik, jedoch erst später, als die Bundesbank diesen Kurs ein Jahr später vorgab (Gros (1996a), S. 96, Gros, Thygesen (1998), S. 230 ff.).[22] Dieses Resultat ist kompatibel mit dem von der Europäischen Kommission (1995) und Locarno, Rossi (1995) (letztere für Italien) erzielten empirischen Evidenz, daß Wechselkursbewegungen bei gegebenen Zinsniveaus überraschend geringe realwirtschaftliche Effekte haben.

Im Rahmen der vorstehenden Analyse konnte empirisch *nicht* bestätigt werden, daß Italien und Großbritannien die *Anpassung der realen Wechselkurse* im Verhältnis zur DM durch ihr 1992 erfolgtes Ausscheiden aus dem EWS *schneller* als dem im EWS verbliebenen Frankreich gelang. Folglich erscheint ein wichtiges Element der im Rahmen der in Abschnitt 2.2 modellhaft analysierten Wirkungskette, die zu potentiellen Beschäftigungskosten aus dem Verlust des Wechselkursinstrumentes führt, nicht ohne weiteres brauchbar zu sein. Im folgenden wird die empirische Validität weiterer Teile dieser Argumentationslinie auf der Grundlage der vorliegenden Literatur kritisch hinterfragt. Dabei steht weiterhin die Frage im Vordergrund, ob die in der EWU zukünftig entfallende intra-europäische Wechselkursvariabilität zu zusätzlichen Kosten oder Nutzen für die Arbeitsmärkte der Mitgliedsländer der EWU führt.

2.5 Invariable Wechselkurse: Beschäftigungspolitische Kosten oder Nutzen der EWU?

Gegen die Hypothese einer beschäftigungsfördernden Wirkung der EWU wurde bereits in Abschnitt 2.2 eingewendet, durch den *Verzicht auf eine*

---

22 Für den Einfluß der Steigung der Zinsstrukturkurve auf das Ausmaß der realwirtschaftlichen Aktivität vgl. Estrella, Mishkin (1995).

länderspezifische Wechselkurspolitik entfalle ein kurz- bis mittelfristig erfolgreiches wirtschaftspolitisches Instrument *zur Verhinderung von Pfadabhängigkeiten* der Arbeitslosigkeit (Hysteresis) im Falle nominaler und realer Schocks. Die Wechselkursflexibilität stelle einen Mechanismus dar, mit dem die schockverstärkenden Effekte nominaler Rigiditäten und die Intensität des Anpassungspfades auf Arbeitsmärkten gemildert werden könnten. Die Länder außerhalb der EWU (die 'Outs') erlangten durch die Möglichkeit von Währungsabwertungen in einem (reformierten) EWS-System einen ungerechtfertigten komparativen Vorteil (Coen (1992), S. 2068, Feldstein (1992), S. 20, (1992a), S. 56 ff., Tichy (1993), S. 6 f.). Als Begründung hierfür wird angeführt, Probleme internationaler Wettbewerbsfähigkeit ließen sich in vielen EU-Staaten angesichts kartellierter Arbeitsmärkte leichter eliminieren, wenn die gesamtwirtschaftliche Anpassung über den Wechselkurs statt über die Löhne erfolge (Belke (1996a), S. 332 ff., ders. (1998), Abschnitt 4.2.2.).

2.5.1 Wie sinnvoll ist der Einsatz der Wechselkurspolitik zur Kompensation länderspezifischer Schocks?

Der Sinnhaftigkeit eines Einsatzes der Wechselkurs- und damit implizit auch der Geldpolitik zur Kompensation länderspezifischer Schocks können begründete Zweifel an der kurzfristigen Kontrollierbarkeit der Wechselkursentwicklung durch die Träger der Wirtschaftspolitik und an positiven Beschäftigungswirkungen eines wechselkurspolitischen Fine-Tuning entgegenhalten werden. Darüber hinaus ist zu berücksichtigen, daß Tarifverhandlungsparteien *indirekten* Verminderungen des Reallohnniveaus durch Abwertungen erfahrungsgemäß *nicht eher* beipflichten als direkten Nominallohnsenkungen. Empirische Erfahrungen u.a. für Westeuropa deuten darauf hin, daß die hiermit verbundene implizite Annahme einer *Wechselkursillusion* der Tarifverhandlungsparteien mittel- bis langfristig *unhaltbar* ist. Nominale Wechselkursänderungen führen langfristig nicht zu Veränderungen des realen Wechselkurses (Fröhlich u.a. (1994), S. 12, Jackman (1996), S. 1). Auch *nimmt* die *Relevanz* verzerrter Lohnrelationen *zwischen EU-Ländern* für die Beschäftigung in Europa tendenziell *ab*. Auf der anderen Seite wächst die Bedeutung europaweiter Lohnrelationen *zwischen verschiedenen länderinternen Regionen und Sektoren*; diese kann aber prinzipiell nicht durch Wechselkursvariationen verringert werden. Insofern ist der Verlust autonomer Wechselkurspolitik vertretbar (Belke (1999), Belke, Gros (1998)). Weiterhin kann man gemäß Textbuchvorstellung monetären und Finanzmarktschocks am besten im Rahmen fester Wechselkurse oder einer

Währungsunion begegnen. Dies gilt selbst bei nominalen Rigiditäten, so daß eine Flexibilität nominaler Wechselkurse nicht notwendigerweise hilfreich erscheint (Busch (1994), S. 102 ff., Jackman (1996), S. 3 und S. 9 ff., Pohl (1992), S. 757). Zu beachten ist schließlich, daß Wechselkursänderungen *gegenüber Drittwährungen weiterhin prinzipiell möglich* sind. Selbst wenn die Beschäftigungswirksamkeit flexibler Wechselkurse trotz geringer hierfür sprechender Evidenz anerkannt würde, käme es somit in der EWU zu keiner Einschränkung der beschäftigungspolitischen Handlungsfähigkeit.

Ob aber durch Abwertungen des Euro gegenüber Drittwährungen als Alternative zur Lohnzurückhaltung in Europa positive Beschäftigungswirkungen erzeugt werden können, ist unklar. *Dagegen* spricht die Gefahr importierter Inflation, eines Abwertungswettlaufes und ansteigender europäischer Kapitalmarktzinsen, die in einem abwertungsbedingten Vertrauensverlust der Kapitalmärkte begründet liegen. Zudem führt die mit der Abwertung einhergehende Verschlechterung der Terms-of-Trade zu einem geringeren lohnpolitischen Spielraum in den EWU-Ländern. Wenn nun aber importierte Inflationstendenzen wie in der Vergangenheit zu höheren Lohnforderungen führen, steigt die Arbeitslosigkeitsgefahr. Schließlich ist die reale Wirksamkeit von Wechselkursanpassungen schon von ihrer Logik her auf regional begrenzte Schocks beschränkt, so daß Wechselkursvariationen des Euro nicht zwingend die geeignete Reaktion auf Arbeitsmarktschocks in einzelnen Subregionen des Euroraums darstellen (Emerson u.a. (1990), S. 152, Gros (1996a), S. 23 f., Pohl (1992), S. 756, Sievert (1993), S. 22 f.). *Für positive Beschäftigungseffekte von Abwertungen* wird oft das Argument angeführt, die Gefahr importierter Inflation sei wegen der geringen Importquote der EWU-Länder (bezogen auf Drittländer) nur klein. Darüber hinaus reiche die empirische Erkenntnis aus, daß die Kaufkraftparitätentheorie zwar langfristig, nicht immer aber in der beschäftigungspolitisch relevanten kurzen und mittleren Frist gelte. Ökonomische Erklärungen hierfür seien *inflexible Löhne und Preise* sowie eine herausragende Bedeutung der *Stellung in der Lohnhierarchie* für die Arbeitnehmer. Somit seien durch die Beeinflussung realer Wechselkurse auch Beschäftigungseffekte nominaler Wechselkursvariationen nicht per se ausgeschlossen (Berthold (1993), S. 160, Jackman (1996), S. 4 ff., Tichy (1993), S. 6). Für die Nützlichkeit flexibler Wechselkurse spreche auch, daß sich monetäre und Finanzmarktschocks nur dann am besten im Rahmen fester Wechselkurse oder einer Währungsunion begegnen läßt, wenn ein *einfaches* Geldmengenziel verfolgt werde. Es lasse sich jedoch zeigen, daß ein festes Wechselkurssystem im Falle *'anspruchsvollerer'* Verfahren der Geldpolitik seinen Vorteil bei der Absorption monetärer Schocks verliere (Jackman (1996), S. 10 f.). Flexible Wechselkurse seien dann zur Kompensation realer *und* monetärer Schocks besser geeignet. Die EWU hätte dann negative Beschäftigungswirkungen.

Die vorstehenden Ausführungen deuten trotz ihres eher skizzenhaften Charakters bereits die *enorme Problematik* einer beschäftigungspolitischen Beurteilung einer endgültigen Fixierung der Wechselkurse in der EWU an. Hierdurch wird die Rechtfertigung der Themenstellung der vorliegenden Arbeit besonders deutlich. In den folgenden Kapiteln dieser Arbeit wird versucht, sich den angedeuteten vielseitigen Facetten dieses Problems in systematischer und größtenteils innovativer Weise zu nähern. Zu diesem Zweck werden in Kapitel 3 zunächst die für das in Abschnitt 2.2 analysierte Modell zentralen nominalen und realen Rigiditäten sowie die Evidenz für einen Reformstau polit-ökonomisch erklärt. In Kapitel 4 wird an diese Erkenntnisse angeknüpft und untersucht, ob die EWU das Ausmaß dieser Rigiditäten beeinflussen beziehungsweise den zuvor identifizierten Reformstau beseitigen kann. Anschließend wird in Kapitel 5 gefragt, wie bedeutsam diejenigen asymmetrischen Schocks in der europäischen Realität denn sind, auf welche die intra-europäischen Wechselkurse systematisch reagieren müßten. Diese Schocks wurden in Abschnitt 2.2 ebenfalls als ein bedeutender argumentativer Baustein für die Ableitung beschäftigungspolitischer Kosten der endgültigen Fixierung der Wechselkurse in der EWU angesehen. Schließlich wird in den Kapiteln 6 bis 9 offensiver und erstmalig in der Literatur theoretisch und empirisch analysiert, ob die Eliminerung der kurzfristigen Wechselkursvolatilität nicht sogar einen beschäftigungspolitischen Nutzen verspricht. Dieser Aspekt wurde in dem Modell in Abschnitt 2.2 nicht berücksichtigt.

2.5.2 Verstärkt die EWU die durch nominale Rigiditäten bedingten realwirtschaftlichen Effekte von Schocks?

Eine zunehmende Rolle in der aktuellen Diskussion nimmt der Standpunkt ein, daß die EWU durch einen Verzicht auf nominale Wechselkursflexibilität beschäftigungsrelevant werde, wenn man die *herausragende Bedeutung nominaler Rigiditäten* berücksichtige. Da Tarifverhandlungssysteme auch in Westeuropa in mehr oder minder starkem Umfang nominale Rigiditäten förderten, seien *Änderungen nominaler Wechselkurse* im Falle negativer Schocks im Hinblick auf Beschäftigungsverluste ein *weniger kostenintensiver* Anpassungsmechanismus als die Verringerung nominaler Löhne

(Jackman (1996), S. 7).[23] Für eine Quantifizierung dieser Rigiditäten sei aber nicht nur von Bedeutung, wie stark Lohnänderungen auf Preisänderungen reagieren et vice versa. Beschränke man sich auf diesen Aspekt, komme man, wie etwa Branson, Rotemberg (1980), unter anderem wegen der im Durchschnitt kürzeren Tarifvertragslaufzeiten und der *in der Vergangenheit* höheren Inflationsvolatilität zu dem Ergebnis, daß nominale Variablen in Westeuropa im Vergleich zu den USA flexibler seien. Ausschlaggebend sei *zusätzlich*, wie groß in Lohn- und Preisgleichungen die Koeffizienten der Arbeitslosigkeit (1/Koeffizientensumme = 'real wage rigidity') und von (ex post) Preiserwartungsfehlern (Koeffizientensumme = 'nominal inertia') ausfielen. Wenn im folgenden von nominalen Rigiditäten die Rede ist, sind 'nominal inertia', die durch ein 'staggered wage- and price setting' und/oder Kosten von Lohn- und Preisänderungen hervorgerufen werden, gemeint. Erst durch die *Interaktion* dieser Koeffizienten ('real wage rigidity'*'nominal inertia') wird das Verhältnis von Jahresprozentpunkten Arbeitslosigkeitsreduktion zu einem Anstieg der Inflationsrate um einen Prozentpunkt ('nominal wage rigidity' bzw. '*sacrifice ratio*') determiniert. Letztere wird positiv von nominalen Rigiditäten beeinflußt.

Reagiere Inflation, wie in einigen EU-Ländern nur langsam auf eine Veränderung der Arbeitslosigkeit, führe eine Abwertung zu einer langsameren Anpassungsreaktion der Inflation. Dadurch hielten die Beschäftigungsgewinne einer Abwertung trotz eines geringen Lohn-Preis-Lags relativ lange an (Jackman (1996), S. 7, Layard, Nickell, Jackman (1991), S. 15 f., 56 ff., und dies. (1994), S. 83 ff.). Lege man die von Alogoskoufis u.a. (1995) ermittelte Schätzung eines 'sacrifice ratio' von 5,74 Jahresprozentpunkten der zyklischen Komponente der Arbeitslosenrate (bzw. eines zunächst recht hoch erscheinenden Phillipskurvenkoeffizienten von -0,87) für europäische Länder zugrunde, lasse sich die *Ersparnis realwirtschaftlicher Kosten* einer nominale Abwertung durch eine Alternativrechnung erst richtig ermessen. Hätte die Verringerung relativer Kosten durch die Abwertungen 1992 (etwa 30%) durch eine entsprechende Reduktion der Inflationsrate um 5% p.a. über 6 Jahre erbracht werden müssen, wäre es nötig geworden, die Arbeitslosenrate zu Beginn des Anpassungsprozesses um massive 5,74 Prozentpunkte zu erhöhen (Alogoskoufis u.a. (1995), S. 133, Jackman (1996), S. 7). Berücksichtige man zusätzlich den *Anstieg der NAIRU* seit Mitte der siebzi-

---

[23] Entsprechend schätzen Blanchard, Muet (1993), daß es einer 30%-igen Verbesserung der Wettbewerbsfähigkeit Frankreichs bedarf, um die Arbeitslosigkeit anfänglich um 3 Prozentpunkte zu senken. Vgl. auch Joyeux, Lombard (1995), S. 9.

ger Jahre, falle dieses Verhältnis vermutlich *noch ungünstiger* aus, da sich die Inflation selbst bei hoher Arbeitslosigkeit nur langsam abbaute. Zusätzlich erhöhten die permanent *niedrigen Inflationsraten* und die damit empirisch einhergehende *geringe Inflationsvariabilität* im Fahrwasser der Verfolgung von Inflationszielen in Europa die Bedeutung nominaler Rigiditäten für die Erzeugung von Beschäftigungseffekten durch Nachfragepolitiken. Es sei denn, diese Effekte würden durch flexible Wechselkurse kompensiert. Anders gewendet: bei Aufgabe flexibler Wechselkurse in der EWU könne somit bei negativen Schocks die Verstärkerfunktion nominaler Rigiditäten nicht mehr aufgefangen werden. Beschäftigungseffekte, die durch Preis- und Nominallohnrigiditäten induziert worden seien, würden *vervielfacht* und die *Anpassungsprozesse verlängert*. Dies erscheine angesichts der in Westeuropa beobachtbaren Persistenz oder sogar Hysteresis der Arbeitslosigkeit gravierend, da hierdurch kurzfristige negative Beschäftigungseffekte mit hoher Wahrscheinlichkeit perpetuiert werden (Alogoskoufis u.a. (1995), de Grauwe (1992), S. 37 ff., Jackman (1996), S. 5 ff., Belke, Kösters (1996), Pissarides (1996), S. 16).

Unterstellt man zunächst ein Modell für *ein* homogenes gehandeltes Gut, läßt sich eine kleine, offene Volkswirtschaft, die *nicht* Mitglied der EWU ist, annähernd gemäß dem 'sticky price monetary model' von Dornbusch (1976) analysieren. Im Gegensatz hierzu ist aus der Sicht eines kleinen, offenen EWU-Mitgliedslandes der Wechselkurs fixiert und der monetäre Sektor wird durch internationale Kapitalbewegungen ins Gleichgewicht gebracht. Zwar wirken reale aggregierte *Nachfrage*schocks *anders* als reale aggregierte *Angebots*schocks. Aber unabhängig von der Art der Schocks läßt sich im jeweiligen Modellrahmen trotz unterschiedlicher Endgleichgewichte und einem unterschiedlichen Ausmaß benötigter Preisanpassungen unter plausiblen Annahmen zeigen, daß die Anpassung *in der EWU* jeweils *langsamer* verläuft. Um bei nominalen Rigiditäten in der EWU dieselbe Anpassungsgeschwindigkeit wie außerhalb zu gewährleisten, müssen also in der EWU Preise und Nominallöhne *flexibler* sein als außerhalb.[24] Darüber hinaus läßt sich der Frage, ob die EWU realwirtschaftliche Effekte von Schocks -*wenn* nominale Rigiditäten vorliegen- verstärkt, realitätsnäher unter der Annahme der Existenz eines *tradable-* und eines *non-tradable-*Gütersektors nachgehen. Aber auch hier ergibt sich, daß bei idiosynkratischen, auf die

[24] Vgl. ausführlich Andersson, Annenkov (1995), S. 27 f., de Grauwe (1992), S. 37 ff., und Pissarides (1996), S. 7 ff. Wird hier wie häufig die Finanzpolitik gefordert, ergeben sich die bereits angedeuteten 'disincentives' für Tarifparteien. Vgl. Andersson, Annenkov (1995), S. 28, und Belke (1996c), S. 26 ff.

betreffenden Länder strukturell verzerrend wirkenden, Schocks der Anpassungspfad *in der EWU später* auf den Gleichgewichtspfad einschwingt als für Länder außerhalb der EWU. Um dies zu verhindern, müssen die negativen Auswirkungen nominaler Rigiditäten durch flexiblere relative Preise und Löhne oder eine größere Arbeitsmobilität kompensiert werden. Falls eine Reallokation von Arbeit z.B. aufgrund von Matching-Problemen in Westeuropa nicht möglich ist, könnten Beschäftigungseinbußen in der EWU *erheblich* sein und *lange* andauern (Pissarides (1996), S. 10 ff., Canzoneri, Diba, Eudey (1996)).[25]

Schließlich schaffen nominale Rigiditäten Anreize für Politiker, die Arbeitslosigkeit kurz- bis mittelfristig, ideologischen und/oder opportunistischen Interessen folgend, zu manipulieren. Selbst bei rationalen Erwartungen können so angesichts unsicherer Wahlausgänge nach Wahlen kurze oder im Falle von Persistenzeffekten auch längerfristige ideologiespezifische Ausschläge der Beschäftigung bzw. Arbeitslosigkeit entstehen (Politische Zyklen vom Partisan-Typ). Geringe, aber signifikante Erklärungsbeiträge zum Niveau und zur Variation der Arbeitslosigkeit werden durch empirische Evidenz für westliche Industrieländer eindrucksvoll bestätigt. Auf Basis einer ähnlichen Argumentation treten kurzfristige *positive* Beschäftigungseffekte nach Schaffung der EWU auf, wenn inflationsgeneigtere Länder -politisch gewollt- überraschend in die EWU integriert werden und sich deshalb das Reallohnwachstum in der EWU unerwartet erhöht.[26]

Eine *empirische* Einschätzung, ob die EWU Beschäftigungseffekte nominaler Rigiditäten *verstärkt*, fällt trotz der vorstehenden Überlegungen *nicht leicht*. Obwohl alleine schon die Schätzung nominaler Rigiditäten an sich ein anspruchsvolles Vorhaben darstellt, ergeben sich *zusätzliche Probleme*, wenn man berücksichtigt, daß die zugrunde liegende Preis- oder Lohngleichung bei einer veränderten Anreizkonstellation wahrscheinlich *nicht* in ihren Parametern *stabil* bleibt. Nominale Rigiditäten, die für ein Land vor Beginn der EWU geschätzt wurden, erscheinen möglicherweise nach Eintritt dieses Landes in die EWU nicht mehr statistisch gesichert. Bereits aus der Konstruktion der hier verwendeten Maßgröße für 'nominal inertia' geht her-

---

[25] Matching-Probleme entstehen u.a., wenn die Produktionsstruktur der in der EWU vereinten Volkswirtschaften stark unterschiedlich ist.

[26] Für Modellierungen und empirische Evidenz politischer Zyklen für Industrieländer vgl. Belke (1996). Für politisch duldend hingenommene Arbeitslosigkeit in festen Wechselkurssystemen bzw. in der EWU vgl. Belke (1996), S. 217 ff. sowie 554 f., und Vaubel (1993), S. 69.

vor, daß sich geschätzte Rigiditäten *nicht* notwendigerweise als *strukturelle* Koeffizienten interpretieren lassen, die über verschiedene Stützzeiträume *konstant* bleiben. Da sie *von Erwartungen* abhängen, sollte der Erwartungsmechanismus, der direkt vom jeweiligen geldpolitischen Regime determiniert wird, die geschätzten nominalen Rigiditäten beeinflussen (Lucas-Kritik). Falls Marktteilnehmer nun antizipieren, daß die EWU das geldpolitische Regime ändert, eignen sich Schätzgleichungen, die auf Stützzeiträumen *vor* Eintritt in die EWU basieren, *nicht* zur Prognose des Ausmaßes dieser Rigiditäten *innerhalb der EWU* (Gros (1996a), S. 20, Pissarides (1996), S. 16 f.). Dieser Aspekt wird im Rahmen der vorliegenden Arbeit im Rahmen einer Beurteilung der Arbeitsmarkteffekte der EWU für so bedeutsam gehalten, daß ihm ein ganzes Kapitel gewidmet wird (Kapitel 4). Lassen sich trotzdem bereits an dieser Stelle aus theoretischer Sicht erste Tendenzaussagen über die Entwicklung nominaler Rigiditäten in der EWU ableiten?

2.5.3 Beeinflußt die EWU das Ausmaß nominaler Rigiditäten?

Eine durch die Lucas-Kritik aufgeworfene Frage ist, ob der Grad der 'nominal inertia' und speziell der *Nominallohnflexibilität* selbst durch die EWU beeinflußt wird. Wäre dies der Fall, könnte man Beschäftigungswirkungen der EWU *nicht* auf der Grundlage eines *bisher* in der EU vorherrschenden Grades an nominaler Rigidität prognostizieren. Die Lucas-Kritik im engeren Sinne impliziert sogar, daß eine Prognose der Entwicklung nominaler Rigiditäten im Grunde *vergeblich* bleiben muß, da die EWU eine *bisher nicht dagewesene* Anreizkonstellation bedeutet. Deshalb werden in diesem Kapitel lediglich einige *Tendenzaussagen* abgeleitet. Erst in Kapitel 4 erfolgt diesbezüglich eine strikt modellbasierte Analyse. Zunächst werden Argumente für eine Zunahme, anschließend Argumente für eine Abnahme nominaler Rigiditäten mit den jeweiligen Konsequenzen für die Beschäftigung in Europa kursorisch dargestellt (Belke (1996d), S. 7 ff., und Pissarides (1996), S. 25).

Für eine Zunahme der nominalen Rigiditäten spricht, daß die in der EWU *zunehmende Lohntransparenz* (Belke (1996a), S. 339 f., Belke (1998), S. 210 ff.) die Wahl der bei Lohnverhandlungen hinzugezogenen *Vergleichsgruppe* determinieren könnte. Hierbei ist zu unterscheiden zwischen der Lohnflexibilität für *gleiche* Arbeitskategorien (Fall 1) *innerhalb* eines Landes und derjenigen *in verschiedenen* Ländern (Fall 2). Im ersten Fall ist bedeutsam, daß die Einheitlichkeit der Löhne innerhalb eines Landes und damit auch die Beschäftigungs-Performance erfahrungsgemäß noch stark von *länderspezifischen* 'wage-setting'-Arrangements abhängt. Beispielsweise streben Gewerkschaften *eher innerhalb* ihres Heimatlandes nach 'gleichem Lohn für gleiche Arbeit' (Belke (1996a), S. 339) als für andere Länder, in denen sie keine Mitglieder haben. Die nationale Lohnelastizität ist dann zu gering, um die Entstehung erheblicher regionaler und sektoraler Arbeitslosigkeitsdifferentiale *innerhalb* einer Nation verhindern zu können. Letztere fallen sogar oft *größer* aus als Arbeitslosigkeitsunterschiede *zwischen europäischen Ländern*. Produktivitätsunterschiede zwischen Ländern, *nicht aber zwischen Regionen* innerhalb von Ländern werden durch ausreichende Lohndifferenzen ausgeglichen (Belke (1999), Belke, Gros (1998), Layard, Nickell, Jackman (1991), S. 289 ff., und Pissarides (1996), S. 12 f.). Im zweiten Fall ist z.B. in der EWU wegen des Wegfalls der Landeswährungen die Arbeiterschaft in gleichen Arbeitskategorien *in anderen Ländern* die Vergleichsgruppe für Tarifparteien, so daß in der EWU wahrscheinlich zunehmend auch die Produktivitätsdifferenzen *zwischen* Ländern *nicht ausreichend durch eine Lohndifferenzierung berücksichtigt* werden. Durch die zunehmende internationale nominale Rigidität steigen je nach Mitgliederstruktur der EWU tendenziell auch die Arbeitslosigkeitsdifferentiale zwischen Teilnehmerstaaten.

Zur Stützung dieser Hypothese lassen sich zahlreiche Argumente anführen. Erstens wurde im Vorfeld der EWU häufig auf die eingeschränkte Selektionsfunktion des Maastrichter Vertragswerks hingewiesen, so daß im Zweifel die *Lohnnivellierung zwischen Ländern* und die *negativen Beschäftigungswirkungen* der EWU eher *größer* sein werden (Belke (1996a, 1998)). Zweitens kann argumentiert werden, daß auf Basis des Vertragswerks und als endogene Folge der EWU die Bedeutung länderspezifischer Lohnfindungsarrangements zugunsten zentralerer Verfahren zur Festlegung der Löhne tendenziell abnimmt. Dann aber steigen auch die Anreize *zur Harmonisierung der Nichtlohnnebenkosten und Sozialstandards*. Drittens kann es in der EWU notwendig werden, Ländern mit einer höheren relativen Produktivitätsentwicklung (wie Belgien, Italien oder Spanien) und/oder geringeren Nachfragezuwächsen bei handelbaren im Vergleich zu nicht-handelbaren Gütern relativ *höhere regionale Inflationsraten* zur Verwirklichung einer realen Aufwertung zuzugestehen. Eine mögliche Implikation hieraus ist, daß die Differenz zwischen EWU-weiter Inflation und regionaler Inflation in Deutschland von der Größe der realisierten EWU abhängt. Aufgrund der Mitgliedschaft von unter anderem Italien und Spanien in der EWU müßte Deutschland möglicherweise ein Inflationsziel in der EWU tolerieren, das um etwa 1% über seinem (im Vorfeld der EWU) gegenwärtigen impliziten Ziel liegt. Dann aber wären unweigerlich negative Beschäftigungseffekte der EWU die Folge, sollten sich die Tarifparteien bei der Lohnfindung an gleichen Arbeitskategorien *in anderen EWU-Ländern* orientieren und so zu einer erhöhten Lohnrigidität beitragen (Canzoneri, Diba, Eudey (1996), Lesch (1994), S. 81 ff.). Falls jedoch die internationale Mobilität des Faktors Arbeit durch die EWU erhöht würde, könnten die zu befürchtenden Arbeitsmarktungleichgewichte durch innereuropäische Migration korrigiert werden (Belke (1996c), S. 19 ff., ders. (1996f), Jackman (1996), S. 3 f. und S. 12 f., Pissarides (1996), S. 13, Teague (1995), S. 43 f.).

Als weitere Argumente für eine *Zunahme* nominaler Rigiditäten in der EWU lassen sich empirische Ergebnisse von Layard, Nickell, Jackman (1991) anführen. Erstens können diese Autoren die Hypothese nicht ablehnen, daß sich nominale Rigiditäten (hier: 'wage stickiness') in OECD-Ländern *invers zur Varianz nominaler Schocks* verhalten. Geht man davon aus, daß flexible Wechselkurse die Varianz nominaler Schocks erhöhen (vgl. Kapitel 6), steigt in der EWU das Ausmaß nominaler Rigiditäten (Layard, Nickell, Jackman (1991), S. 424 ff.). Dies ist jedoch allenfalls ein Zwischenergebnis, da es für die Beurteilung von Beschäftigungseffekten darauf ankommt, wie groß die realwirtschaftlichen Effekte der Rigiditäten tatsächlich sind. Betrachtet man die geringe Korrelation des BIP mit nominalen Rigiditäten, läßt sich schließen, daß realwirtschaftliche Effekte nominaler Schocks auch bei geringer Rigidität ausgeprägt sein können, nämlich dann, wenn die Varianz der nominalen Schocks hoch ist. Zweitens wurde oben bereits angedeutet, daß das Ausmaß nominaler Rigiditäten *negativ* mit der *Höhe* und der *Variabilität* der *Inflationsrate* korreliert. Unter dieser Voraussetzung aber läßt sich für die EWU eine höhere Rigidität prognostizieren, falls wegen des Wegfalls autonomer Geldpolitiken und der anti-inflationären Ausrichtung der EZB niedrigere und weniger variable Inflationsraten antizipiert werden. Diese Aussage wird durch die Sichtweise pointiert, daß weitere Inflationsverringerungen in einigen westeuropäischen Ländern theoretisch nur noch durch schwer durchsetzbare Lohnkürzungen erreichbar seien (Jackman (1996), S. 1 und 7 f., Layard, Nickell, Jackman (1991), S. 424, Pissarides (1996), S. 17 f. und 20).[27] Drittens ließe sich anführen, daß 'nominal inertia' bei der Preisbildung in *höher konzentrierten* Industrien ausgeprägter sind.

---

[27] Auch die Persistenz der Arbeitslosigkeit bei fallenden Preisen in der Weltwirtschaftskrise 1929-1931 wurde durch die Abwärtsrigidität von Nominallöhnen entscheidend mitbeeinflußt. Vgl. Blanchard, Summers (1986) und Jackman (1996), S. 8.

Führt eine Währungsunion wegen des entfallenden Wechselkursrisikos über Ländergrenzen hinweg zu einer *höheren sektoralen Unternehmenskonzentration*, erhöhen sich auch nominale Rigiditäten in der EWU (Pauer (1996), S. 33 f.).[28] Viertens läßt sich zeigen, daß nominale Rigiditäten bei der Preissetzung umso größer sind und es zu Hysteresis-Effekten in der Preissetzung kommt, *je höher Kosten der Beschäftigungsanpassung* sind. Da die Gefahr einer Erhöhung dieser Kosten in der EWU nicht von der Hand zu weisen ist, läßt sich auch aus dieser Sicht eine Erhöhung nominaler Rigiditäten in der EWU vermuten (Belke (1996c,f), Berthold (1995), Layard, Nickell, Jackman (1991), S. 424 ff.). Fünftens wird eine, politisch gewollte, umfangreiche EWU durch eine *geringere Importquote* gekennzeichnet sein als die nationalen Volkswirtschaften. Gleichzeitig stellt eine Analyse und Prognose der europäischen Geldpolitik komplexere Anforderungen an die Akteure. Deshalb ist zu erwarten, daß inflationäre Folgen einer nichtantizipierten Geldpolitik und die damit einhergehende Abwertung des Euro später eintreten als ohne die EWU. Die *langsamere Reaktion des Preisniveaus* führt dann zu höheren nominalen Rigiditäten und zu größeren Mengeneffekten (Erkel-Rousse, Mélitz (1995), S. 4, Vaubel (1993), S. 69).

Für eine *Abnahme* nominaler Rigiditäten in der EWU spricht, daß in empirischen Untersuchungen für die Zeit *vor* der EWU nur deshalb substantielle Rigiditäten in Form längerfristiger Kontrakte identifiziert werden könnten, weil Tarifparteien auf die Anpassungskapazität flexibler Wechselkurse vertraut und deshalb nur in geringem Umfang die Notwendigkeit preislicher Anpassungen erkannt hätten. Demgegenüber realisierten sie in der EWU, daß den Anpassungen nominaler Löhne und Preise eine größere Bedeutung zukomme. Der Abschluß *längerfristiger* Kontrakte werde in diesem Fall als *nicht rational* empfunden, da diese den Anpassungsprozeß verlängerten und zu Beschäftigungsproblemen führten (Pissarides (1996), S. 17). Einerseits deuten empirische Untersuchungen (zumindest für 'nominal inertia in wage setting') an, daß nominale Rigiditäten in Ländern mit *zentralisierten* Lohnverhandlungen am ausgeprägtesten sind (Calmfors, Driffill (1988), Layard, Nickell, Jackman (1991), S. 427 ff.). Wenn sich zeigen läßt, daß dieser hohe Zentralisierungsgrad auf der EWU-Ebene aus der Sicht einzelner Teilnehmerländer voraussichtlich zunächst nicht beibehalten werden kann, spricht dies zunächst für eine Abnahme nominaler Rigiditäten. Andererseits wird in

---

[28] Empirisch läßt sich der Konnex 'nominal inertia' und Industriekonzentration von Layard, Nickell, Jackman (1991), S. 424 ff., jedoch nicht bestätigen. Gegen die oben dargestellte Hypothese spricht auch die bei entfallendem Wechselkursrisiko vorteilhaftere Nutzung von Sub-Unternehmen.

Tab. 3 durch die ausgeprägte Korrelation der ersten und der vierten bzw. fünften Spalte deutlich, daß *zusätzlich* auch bei einem *dezentralen* 'wage setting' nominale Rigiditäten relativ ausgeprägter zu sein scheinen. Prognostiziert man in der EWU hingegen aufgrund des wachsenden Institutionenwettbewerbs eine vollständige Dezentralisierung, spricht dies wiederum *gegen* die Abnahme nominaler Rigiditäten in der EWU.

Tab. 3 - *Nominale Rigiditäten und mögliche Einflußfaktoren in OECD-Ländern: Ein Überblick*

Zentralisationsrang (bereinigter Korporatismusindex)	Zentralisationsrang (Lohnverhandlungen)	Land	Geschätzte nominale Rigidität	LM (bereinigter Zentralisationsindex)
1	1	Österreich	4,09	1
2	4	Dänemark	0,13	3
/	2	Norwegen	4,78	1
3	3	Schweden	5,18	1
4	17	Kanada	4,28	2
5	16	USA	3,18	2
6	15	Schweiz	3,19	2
8	5	Finnland	3,49	3
9	6	Deutschland	0,78	3
10	14	Japan	0,81	2
11	13	Italien	2,23	4
12	12	Irland	1,15	4
/	12	Großbritannien	0,91	3
13	7	Niederlande	0,94	4
14	8	Belgien	0,14	4
15	9	Neuseeland	0,96	4
16	11	Frankreich	0,87	4
/	11	Spanien	1,07	/
17	10	Australien	0,09	4

Quelle: Eigene Zusammenstellung auf der Grundlage von Pissarides (1996), Anhang, Tabelle 4, und Bleaney (1996), S. 29. *1. Spalte*: bereinigter Korporatismusindex nach Calmfors, Driffill (1988) mit geringem Rang für hoch zentralisierte und vollständig dezentralisiertes 'wage setting'. *2. Spalte*: Zentralisationsrang von Lohnverhandlungen nach Calmfors, Driffill (1988). *4. Spalte*: Schätzungen der 'nominal inertia' (in der Definition nach Abschnitt 2.5.2.) von Layard, Nickell, Jackman (1991), S. 406. *5. Spalte*: wie Spalte 1 ('hump shaped' in bezug auf Zentralisationsgrad), aber modifiziert um einen Korporatismusindex, nach Bleaney (1996), S. 28 f.

In der EU finden Tarifverhandlungen bereits vorwiegend auf Branchenebene statt (Deutschland, Luxemburg, Frankreich und mit Einschränkungen Großbritannien).[29] Falls sich die Zentralisationsgrade tendenziell auf diesem Niveau angleichen, werden sich bei Gültigkeit der 'hump shape'-Hypothese wegen des hieraus resultierenden *mittleren* Zentralisierungsgrades in der EWU *geringere* nominale Rigiditäten ergeben. Ob diese Angleichung ursächlich mit der EWU oder bereits mit dem Binnenmarkt zusammenhängt und ob sie wegen der veränderten Anreizkonstellation überhaupt stattfinden wird und nicht durch eine Zentralisierung auf EU-Ebene ersetzt wird, läßt sich aber noch nicht hinreichend sicher prognostizieren.

Es ergibt sich aber noch eine weitere Einschränkung bei der Interpretation der Tab. 3. Wenn der eigentliche Grund für eine hohe nominale Rigidität bei starker Zentralisierung ist, daß zentralisierte Tarifparteien den Konnex von Preis- und Lohninflation antizipieren und deshalb durch Lohnzurückhaltung eine Lohn-Preis-Spirale verhindern, kann nicht argumentiert werden, daß Länder mit zentralisierten Lohnverhandlungen in der EWU generell von längeren Anpassungsvorgängen betroffen seien als weniger zentralisierte Länder. Im Gegenteil: überträgt man die Argumentation von Calmfors, Driffill (1988) und anderen auf die EWU, wären Länder mit zentralisierten Tarifverhandlungen eher in der Lage, länderspezifische Angebotsschocks abzufangen, indem sie die benötigten *Änderungen des realen Wechselkurses* durch rasche Preis- und Lohnanpassungen gewährleisten (Alogoskoufis, Manning (1988), Layard, Nickell, Jackman (1991), S. 428, Pissarides (1996), S. 18 und 25).[30] Hierdurch würde gleichzeitig wieder in Frage gestellt, daß ein sich abzeichnender mittlerer Zentralisierungsgrad in der EWU zu abnehmender nominaler Rigidität und weniger gravierenden realwirtschaftlichen Anpassungsvorgängen führt. Dieser Mechanismus bleibt jedoch zunächst *reine Spekulation*. In Anlehnung an die Lucas-Kritik liegen keine sicheren Erkenntnisse darüber vor, ob Nominallöhne in Ländern mit zentralisierten Lohnverhandlungen in der EWU angesichts von Lohndemonstrationseffekten wirklich flexibler werden, falls Preise in der EWU rigider werden sollten. Diese ersten Überlegungen zeigen, wie schwierig angesichts der Relevanz der Lucas-Kritik (Kapitel 4) und der uneindeutigen Auswirkungen der EWU auf die zentrale Organisierbarkeit von Interessengruppen (Kapitel

---

29 Vgl. Belke (1996c), S. 25, ders. (1996c) und die dort jeweils genannten Quellen.

30 Vgl. auch Abschnitt 6.7. Die Schätzungen der 'nominal inertia' in Tab. 3 beruhen auf Stützzeiträumen, in denen *Angebots*schocks auf Preise dominierten. In den siebziger und frühen achtziger Jahren erwiesen sich nominale Lohnrigiditäten als hilfreich für die Absorption *dieser* Schocks durch Abwertungen.

3) eine Prognose der Entwicklung von 'nominal inertia' in der EWU ist (Pissarides (1996), S. 25, Belke (1996e)).

Wenn man beurteilen möchte, ob die EWU nominale Rigiditäten beeinflußt, und man dabei auf die Rolle von Arbeitsmarktinstitutionen *als fundamentale Weichenstellungen* für einen Währungsraum abstellt, darf ein zentraler Aspekt der EWU nicht außer Acht gelassen werden: die vertraglich niedergelegte *Unabhängigkeit und strikte Preisniveaustabilitätsorientierung* der EZB und des ESZB (Belke (1996c), S. 7 ff.).[31] Die Höhe der Inflationsrate, der (auf antizipierten Inflationsraten basierenden) Nominallohnwachstumsrate und damit zugleich deren Variabilität läßt sich nach Bleaney (1996) als Ergebnis eines strategischen Spiels zwischen Zentralbank und Gewerkschaften auffassen. Inwieweit beeinflussen unter dieser Voraussetzung *Arbeitsmarktinstitutionen* ('wage-bargaining structures': Regelungen zur Nominallohnfindung, aktive und passive Arbeitsmarktpolitik) das Marktergebnis einer zentralisierten Geldpolitik in der EWU? Empirische Untersuchungen Bleaneys für 17 OECD-Länder bestätigen die Hypothese, daß die Unabhängigkeit der Notenbank negativ mit der Inflationsrate korreliert, aber die Beschäftigung nicht beeinflußt. Demgegenüber determiniert die Ausgestaltung von Tarifverhandlungssystemen (wenn man gleichzeitig die strategische Interaktion mit der Geldpolitik berücksichtigt) die Beschäftigung *und* möglicherweise auch die Inflation. Da sich hieraus *Wechselwirkungen zwischen lohnpolitischem und geldpolitischem Regime* ergeben, hat die EWU wahrscheinlich auch Effekte auf nominale Rigiditäten. Geht man davon aus, daß die Unabhängigkeit der EZB im Vergleich zur Bundesbank längerfristig geringer ausfällt (Belke (1996a), S. 334 ff., ders. (1998)), entsteht eine Verzerrung zu höheren variableren Inflationsraten und damit tendenziell *geringeren* gemessenen nominalen Rigiditäten.[32]

In welche Richtung aber *filtern* länderspezifische Arbeitsmarktinstitutionen diese Verzerrung? Schelkle (1996) untersucht unter Verwendung eines Goodwin-Modells, wie sich unterschiedliche Arbeitsmarktinstitutionen auf die Stabilisierungsbedingungen, also implizit auch auf nominale Rigiditäten,

---

31 Zusätzlich kann auch die Höhe arbeitsmarktpolitischer Ausgaben die Nominallohnrigidität fördern. Vgl. auch Schelkle (1996), S. 10.

32 Ein anderes Beispiel für eine unglaubwürdige Selbstverpflichtung liefert eine empirische Studie von Egebo, Englander (1992). Danach führte die Teilnahme am EWS trotz (impliziter) politischer Zielvorgaben für die zukünftige Inflationsrate nicht zu abwärtsgerichteten Inflationserwartungen und einer Änderung des Verhaltens der Tarifparteien. Vgl. auch Belke (1996c), S. 13 f., und Belke (1998), S. 208 f. Vgl. anders aber Artis, Ormerod (1991).

in der EWU auswirken. Sie kommt zu dem Ergebnis, daß eine einheitliche Geldpolitik je nach ihrer Ausgestaltung (antizyklisch oder potentialorientiert) bei unterschiedlichen 'einkommenspolitischen Regimes' zu größerer Konvergenz oder Divergenz der Beschäftigung, der relativen Einkommensentwicklung, und somit implizit auch zu mehr oder weniger (räumlicher) nominaler Rigidität führen kann. Beispielsweise entsteht ceteris paribus eine größere Divergenz der relativen Einkommensentwicklung und somit eine geringere (räumliche) nominale Rigidität, wenn die Geldpolitik der EZB entgegen den Überlegungen in Kap. 2 nach deutschem Vorbild potentialorientiert ausgestaltet wird. Wegen der hohen Aggregation des Modells und des angesichts fehlender empirischer Schätzungen teils spekulativen Charakters der Untersuchung soll hierauf jedoch nicht weiter im Detail eingegangen werden.

Wenn sich *Arbeitsmarktinstitutionen* selbst unter den Bedingungen der EWU *ändern* sollten, bekommt das Problem, ob die EWU das Ausmaß nominaler Rigiditäten fördert, noch eine zusätzliche Facette. Oben wurde bereits angedeutet, daß die durch die EWU zunehmende Lohntransparenz zwischen Ländern *zentralisierte* Lohnverhandlungen *innerhalb* einzelner Länder *erschweren* wird. Dies zeigen bereits die Erfahrungen Schwedens in jüngerer Zeit (Bertola, Ichino (1995), Freeman, Gibbons (1993), Jackman (1996), S. 4 und 13). Denn die üblichen Referenzpunkte für Lohnverhandlungen, unter anderem die nationalen Arbeitslosen- und Inflationsraten sowie Zahlungsbilanzkennziffern, verlieren durch die Schaffung der EWU ihre genauen länderspezifischen Konturen. Nach Ansicht einiger Ökonomen hätten nationale Notenbanken früher exzessiven Lohnforderungen regelmäßig durch glaubwürdige Androhungen von Aufwertungen Einhalt geboten, würden aber durch die EWU entmachtet. Gleichzeitig erleichterten europäische Transfermechanismen es Tarifparteien, Anpassungslasten auf Dritte zu übertragen. Hierdurch entfielen zudem nationale Instrumente zur Disziplinierung von Tarifparteien. Die EWU entfalte dann *negative Beschäftigungswirkungen* (Belke (1996a), S. 336, ders. (1996f, 1996g, 1998)). Somit *ändere* die EWU den *ökonomischen Kontext*, in dem kollektive Lohnverhandlungen stattfänden. Um den Verlust oder die Schwächung nationaler Tarifverhandlungssysteme zu kompensieren, könnten die EU-Kommission, die europäischen Gewerkschaften und Arbeitgeberverbände versucht sein, ähnliche Arrangements auf europäischer Ebene zu installieren. Ob ein europäisches System des 'collective bargaining' für die nähere Zukunft realistisch ist, bleibt eine zunächst umstrittene Frage. Lassen sich Tendenzen hierzu ausmachen, so ist zu befürchten, daß die EWU 'sacrifice ratios' erhöht

(Belke (1996c), S. 21 ff., ders. (1996c), Schmitter, Streeck (1992), Teague (1995), S. 44).

Zusammenfassend gesehen, deutet die empirische Evidenz nicht zwingend an, daß sich das 'wage and price setting' unter verschiedenen Wechselkursregimes signifikant voneinander unterscheidet. Genauere Aussagen über die Kosten und die Nutzen einer entfallenden Wechselkurspolitik bei nominalen Rigiditäten können offensichtlich nur *weitere empirische Untersuchungen* liefern (Kapitel 5 und 6). Diese sollten *potentielle EMU-Staaten* betreffen und angesichts der Lucas-Kritik auf Stützzeiträumen basieren, die von der *Anreizkonstellation* her der heutigen Übergangssituation in Europa *ähnlich* sind (Gordon (1996), Jackman (1996), Pissarides (1996)).[33] Allerdings ist wegen der mangelnden Quantifizierbarkeit und Prognostizierbarkeit a) des Zentralisierungsgrades, b) des Ausmaßes der 'nominal inertia' und c) des neuen Verhältnisses zwischen den beiden Größen die Betrachtung der Erfahrungen von Ländern innerhalb und außerhalb des EWS wenig hilfreich, um Hypothesen über Zusammenhänge zwischen Nominallöhnen und Wechselkursregime zu testen. Eine empirische Evaluierung der Beschäftigungskosten einer entfallenden Wechselkurspolitik kann somit nominale Rigiditäten wie beispielsweise in Abschnitt 2.4 *nur implizit* berücksichtigen. Gleichzeitig muß sie unterstellen, daß nominale Rigiditäten auch in einer Währungsunion eine Rolle spielen werden. Einerseits werden derartige Untersuchungen hierdurch angreifbar. Andererseits wurde vorstehend hinreichend Evidenz dafür herausgearbeitet, daß nominale Rigiditäten in der EWU wahrscheinlich *nicht abnehmen* werden.

2.6 Fehlende Wechselkursflexibilität: ein starkes Argument gegen die EWU?

Zusammenfassend gesehen kann das Argument einer entfallenden Wechselkurspolitik gemäß den Abschnitten 2.2 bis 2.5 anders als vielleicht andere Argumente *nicht* ohne weiteres zur Begründung *zusätzlicher* negativer Beschäftigungswirkungen der EWU herangezogen werden (Belke (1996a, 1996f, 1998), Belke, Gros (1997)). Vielmehr ist der Fortfall der Wechselkurspolitik auf der Grundlage der zuvor vorgebrachten Argumente möglicherweise sogar als *ordnungspolitisch positiv* zu bewerten, da eine Option zur Verlagerung negativer Effekte überzogener und zu undifferenzierter

[33] Für die folgenden Argumente vgl. Belke (1996d) und Pauer (1996).

Lohnforderungen auf Dritte entfällt.[34] Interessanter erscheint jedoch noch ein bisher in der Literatur nicht untersuchter Aspekt. Möglicherweise ergeben sich nämlich sogar per se positive Beschäftigungseffekte aus der *entfallenden intra-europäischen Wechselkursunsicherheit* (Kapitel 6 bis 9, Belke (1996b), Gros (1996b)).

In welchem Ausmaß wird die Anwendbarkeit der Wechselkurspolitik und damit implizit auch der Geldpolitik als 'shock absorber' nun aber tatsächlich in der EWU reduziert? Bei der Debatte um Kosten fixierter Wechselkurse in der EWU sind *zwei Kanäle* deutlich zu trennen, die unter flexiblen Wechselkursen etwaige Arbeitsmarkt-Ungleichgewichte, die durch asymmetrische Schocks entstanden sind, verringern. Zum einen wird der nominale Wechselkurs *automatisch* variieren, um relative Preise zu verändern (Variante 1). In diesem empirisch zum großen Teil bestätigten Ausmaß ist er *kein eigentliches Politikinstrument*. Im Rahmen der vorliegenden Arbeit wird dieser Automatismus genauer betrachtet. Es wird unter anderem analysiert, auf *welche Arten* von Schocks die Wechselkurse *in welcher Frist wie stark* automatisch reagieren. Zum anderen besteht bei nicht fixierten Wechselkursen *diskretionärer* Spielraum für eine antizyklische Geldpolitik mit entsprechenden Auswirkungen auf den nominalen Wechselkurs (Variante 2). Die in der vorliegenden Arbeit erzielten Ergebnisse sprechen für die immer häufiger vertretene Hypothese, daß nominale Wechselkurse in der EU in der Vegangenheit erst mittelfristig auf derartige Veränderungen der Geldpolitik und sogar erst langfristig auf Änderungen realwirtschaftlicher Größen reagierten. Diese zweite Interpretation stand bei der Bewertung des 'kontrollierten Experiments' im Vordergrund. Da in den Lohn- und Preisgleichungen potentieller EWU-Mitgliedsländer nominale Rigiditäten identifiziert werden könnten, die zwar nicht allzu groß erschienen, aber durch eine Subsample-Stabilität der Gleichungen zwingend bestätigt würden, sei ein Spielraum für die Nutzung des Wechselkursinstrumentes gegeben (Blanchard, Muet (1993), S. 41). Da länderspezifische Geld- und Wechselkurspolitiken bei flexiblen Wechselkursen und vollständiger internationaler Kapitalmobilität nicht unabhängig voneinander sind, bergen die Abschnitte 2.3 und 2.4 die

---

[34] Vgl. hierfür die ausführliche Diskussion in Abschnitt 4.2.2. Wenn dies jedoch mit einer *Härtung der Reputation* nationaler Wirtschaftspolitiken begründet wird (d.h. die Mitgliedsländer hätten vor Eintritt in die EWU glaubwürdig machen müssen, daß sie auf Wechselkursanpassungen nicht mehr angewiesen sind) bleibt jedoch fraglich, ob diese Glaubwürdigkeit angesichts der 15%-igen EWS-Bandbreite und eines entsprechend weit ausgelegten Maastricht-Kriteriums wirklich erzielt werden konnte. Vgl. Belke (1996a), S. 343 f., und Belke (1998), S. 214.

provokante Hypothese, daß *Geldpolitiken* gerade in Italien und Großbritannien einen *erheblichen Spielraum* zur Abfederung länderspezifischer Schocks d.h. zur Vermeidung negativer Beschäftigungseffekte hatten. Denn bei flexiblen Wechselkursen kann die Geldpolitik beispielsweise durch Änderungen offizieller Zinssätze Kapitalströme beeinflussen und hierdurch Wechselkursänderungen induzieren.[35] Die Einschätzung, in welchem Ausmaß die Beschäftigung durch die Abstinenz der Geld- und Währungspolitik als 'shock absorber' in der EWU erhöht wird, hängt somit davon ab, welche Position man " ... in the eternal debate between those who believe in the healing properties of the market and those who see a clear role for policy" (Blanchard, Muet (1993), S. 14) einnimmt. Dies zeigen die in der Literatur hierzu vorgebrachten Argumente deutlich.[36] Einige Aspekte, die sich direkt aus den bisherigen Ausführungen ergeben, erscheinen jedoch noch nicht hinreichend betont. Sie werden deshalb im folgenden noch ausführlicher erörtert.

Die Länder der *Kern*-EWU werden von der Frage nach *zusätzlichen* Einbußen eines verringerten geld- und währungspolitischen politischen Spielraums in der EWU wohl nur wenig berührt, da sie ihre geldpolitische Autonomie schon faktisch aufgegeben haben. Wieviel beschäftigungspolitischen Spielraum hat die Geldpolitik nun aber gegenwärtig in Ländern, die in der Vergangenheit von Zeit zu Zeit ihr Wechselkursinstrument systematisch eingesetzt haben?

Der beschäftigungspolitische Spielraum hängt erstens von der *Dauerhaftigkeit* des Effektes einer nominalen Abwertung auf den *realen Wechselkurs* einer Volkswirtschaft ab. Wenn Wechselkursanpassungen reale Wechselkurse nicht permanent verändern, so werden auch diese Länder durch die EWU in dieser Hinsicht nicht viel transitorische Vorteile aus zeitlicher Optimierung von Anpassungen verlieren. Die in Kap. 2.4 erzielten Schätzergebnisse deuten nicht darauf hin, daß Abwertungen von Währungen außerhalb des EWS länger anhaltendere Veränderungen realer Wechselkurse nach sich ziehen als innerhalb. Darüber hinaus ist der von Gordon (1996) gewählte und von Jackman (1996) und Pissarides (1996) referierte Stützzeitraum wie oben schon erwähnt möglicherweise noch *nicht groß genug*, um

---

35 Dieser Zusammenhang ist beispielsweise ein Kennzeichen von 'flexible-price monetary models' und 'sticky-price and real interest differential monetary models'. Vgl. Canzoneri, Vallés, Viñals (1996), S. 1, Jackman (1996), S. 9 f., und McDonald, Taylor (1992), S. 2 ff.

36 Für eine Übersicht vgl. Belke (1996a), S. 341 f. und 344 ff.

ihre (implizite) Hypothese eines Strukturbruchs in der Kaufkraftparität der 'Outs' gegenüber den 'Ins' einer Kern-EWU empirisch erhärten zu können. Empirische Untersuchungen zur Kaufkraftparität auf Fehlerkorrekturbasis auf Basis langer Reihen und auch die Ergebnisse aus Kap. 2.4 zeigen, daß der *Anpassungsprozeß* zum ursprünglichen Gleichgewicht *signifikant länger* (Halbwertzeit von mindestens 4 Jahren) als die seit dem Ausscheiden Großbritanniens und Italiens aus dem EWS bis zur Erstellung der empirischen Studie aus Abschnitt 2.4 verstrichene Zeit dauern kann.

Zweitens hängt die Gestalt des Anpassungspfades zudem von dem *Grad der Offenheit* der Volkswirtschaft und von der (erfahrungsgemäß fehlendenen) *Akzeptanz von Kaufkraftverlusten* durch die Tarifparteien ab (Frankel, Rose (1996b), S. 222 f., Mélitz (1995), S. 498, Viñals (1994), S. 8).

Drittens besteht ein weiterer Mangel des von den Verfechtern eines aktiven Einsatzes der Geld- und Wechselkurspolitik verwendeten Modells (Abschnitt 2.2) in der *Vernachlässigung von Drittlandeffekten*. Im Hinblick auf eine höhere modelltheoretische Stringenz ist möglicherweise ein Drei-Länder-Modell vorzuziehen, in dem zwischen zwei Ländern der bilaterale Wechselkurs entfällt, aber der Wechselkurs dieser Union gegenüber der Währung eines Drittlands flexibel ist. Denn in dem Ausmaß, wie die benötigte relativen Preisvariationen im Verhältnis zum Unionspartnerland und dem Drittland voneinander abweichen, geben die Mitglieder einer Währungsunion weniger Vorteile von Wechselkursänderungen auf. Ein Teil der in einer Währungsunion entstehenden Arbeitslosigkeit würde dann auch bei flexiblen Wechselkursen auftreten (Mélitz (1995), S. 494).

Viertens wird die Effizienz der Geld- und Währungspolitik bei der Glättung des Anpassungspfades an Schocks aber auch durch die Vertreter *rationaler Erwartungen* in Frage gestellt. Abwertungen seien *kein* Instrument, welches *häufig und systematisch* benutzt werden könne, um Störungen in Volkswirtschaften wirksam zu bekämpfen. Bei rationalen Erwartungen oder auch Lernverhalten der relevanten Akteure setzt eine fortgesetzte Periode der Preisniveaustabilität *glaubwürdige und stetige Geldpolitiken* voraus. Falls geldpolitische Instanzen ihr Preisniveaustabilitätsorientierungs-'commitment' durch systematische Interventionen brechen, werden die Akteure sofort ihre Erwartungen ändern. Ihre Glaubwürdigkeit wäre zerstört und könnte nur unter erheblichen Output- und Beschäftigungskosten wiederhergestellt werden. Falls die Geldpolitik einmal systematisch im Dienste einer Abwertung genutzt wurde, wird die Möglichkeit eines wiederholten Rückgriffs hierauf durch die Antizipation derartiger Interventionen z.B. in

Tarifverträgen eingeschränkt. Die tarifpolitische Disziplin der Lohnverhandlungsparteien schwächt sich tendenziell ab, wenn sie in Zeiten sinkender preislicher Wettbewerbsfähigkeit regelmäßig mit einem 'bailout' durch eine Abwertung rechnen könnten (Belke (1996a), S. 334 ff., und Belke (1998), S. 201 ff.). Wegen der bekannten Einwände gegen solche diskretionäre Politiken hinsichtlich einer Kenntnis der Lags, einer genauen Dosierung der Maßnahmen etc. läuft eine monetäre Stabilisierungspolitik Gefahr, selbst *destabilisierende* reale Effekte auszulösen und die Funktionsweise und Dynamik makroökonomischer Systeme zu ändern.[37] Dann aber muß ein makroökonomischer Erfolg der italienischen und britischen Abwertungen - wenn er denn überhaupt vorliegt- nicht bedeuten, daß dieser wegen der veränderten Systemdynamik in der EWU noch eine relevante Alternative darstellt.

Fünftens können geldpolitisch induzierte Abwertungen notwendige *strukturelle* Anpassungen *verhindern oder verzögern*, so daß " ... even large exchange rate movements cannot solve deep-seated problems" (Gros (1996a), S. 22). Eine massive Abwertung beispielsweise verbessert zwar anfänglich die Preiswettbewerbsfähigkeit deutlich und macht unter anderem Produktinnovationen weniger dringlich. Auch werden Strukturanpassungen auf Arbeits- und Produktmärkten nicht genügend forciert, obwohl die Arbeitslosigkeit in Westeuropa im wesentlichen ein *strukturelles* Problem darstellt ('hard currency option' als 'structural whip'). Gerade bei negativen Angebotsschocks in Form eines 'wage push' sollte deshalb von akkomodierenden Abwertungen abgesehen werden. In dieselbe Richtung weist, daß bei einem Vergleich der Währungsunion mit dem Status-quo ante nicht feste mit flexiblen, sondern feste mit *stufenflexiblen* Wechselkursen konfrontiert werden sollten. Erfahrungen zeigen aber, daß gerade stufenflexible Kurse nur *unzureichend flexibel* sind und selbst zu *realen Verzerrungen* auf Arbeitsmärkten führen können (Viñals (1994), S. 5 f., und Abschnitt 6.2).

Sechstens schließlich wurde bereits kritisch angemerkt, daß die für Großbritannien und Italien empirisch identifizierten positiven Beschäftigungs- und ausbleibenden Inflationseffekte möglicherweise durch *Politikreformen* induziert wurden, die parallel zum Ausscheiden aus dem EWS *wirkten*. In empirischen Untersuchungen zur beschäftigungspolitischen Effektivität von Wechselkursbewegungen muß also der Reformumfang gleichzeitig als er-

---

[37] Die Persistenz der Arbeitslosigkeit erscheint in den europäischen Ländern am ausgeprägtesten, in denen am meisten von systematischen Abwertungen Gebrauch gemacht worden ist.

klärende und in bezug auf das Währungssystem endogene Variable exakt modelliert werden (Kapitel 4). Siebtens gilt tendenziell, daß der Verlust des nominalen Wechselkurses als Anpassungsinstrument in der EWU umso weniger bedeutsam für die reale makroökonomische Performance beziehungsweise für das 'sacrifice ratio' in den Mitgliedsländern ist, je höher die *Rigidität der Reallöhne* in den Teilnehmerstaaten ausfällt. Empirische Ergebnisse einer höheren Reallohnrigidität in EU-Ländern als in Japan oder in den USA deuten darauf hin, daß der Versuch westeuropäischer Regierungen, nominale Wechselkursflexibilität in makroökonomisch flexibilisierender Weise zu nutzen, mit hoher Wahrscheinlichkeit ineffektiv sein würde. Ausschlaggebend hierfür ist, daß nominale Wechselkursbewegungen in der Gegenwart ausgeprägter Reallohnrigidität den realen Wechselkurs kaum in die gewünschte Richtung beeinflussen können (Layard, Nickell, Jackman (1991), S. 407, Viñals, Jimeno (1996), S. 8 ff. und S. 34).

Achtens müßte die Hypothese, daß ein Land die Kosten asymmetrischer Schocks durch eine unabhängige Geldpolitik *außerhalb* einer Währungsunion *eher* reduzieren kann, erst noch noch *empirisch validiert* werden. Erste Anhaltspunkte hierzu gewährt eine Vektorautoregressions-Studie von Erkel-Rousse, Mélitz (1995) für Deutschland, Frankreich, Italien, Großbritannien, Spanien und die Niederlande (1970.1-1992.4). In einem ersten Schritt identifizieren sie als Auslöser kurzfristiger Wechselkurssprünge -neben anderen Störungen- auch einen *Schock in der relativen inländischen Umlaufgeschwindigkeit des Geldes*. Dieser umfaßt auch unerwartete Geldpolitiken. In einem zweiten Schritt versuchen sie das Ausmaß zu determinieren, in dem derartige Wechselkurssprünge kurzfristige reale Effekte auslösen (Erkel-Rousse, Mélitz (1995), S. 14 ff., Canzoneri, Vallés, Viñals (1996), S. 3). Auf der Basis eines vektorautoregressiven Strukturmodells können sie für Spanien, Frankreich (!), Italien (!) und die Niederlande die Hypothese nicht ablehnen, daß Umlaufgeschwindigkeitsschocks keinen signifikanten Erklärungsbeitrag zu (unerwarteten) kurzfristigen Outputveränderungen, wohl aber zu überraschender Inflation leisten. Lediglich für Deutschland (und möglicherweise Großbritannien (!)) können diese Schocks maximal sechs Quartale andauernde überraschende Outputänderungen statistisch erklären. Geldpolitisch induzierte Wechselkursänderungen haben somit außerhalb der EWU einen geringen *bis keinen Spielraum*, länderspezifischen Schocks zu begegnen. Wenn sich an diesen Zusammenhängen in der EWU nichts ändert (Lucas-Kritik!), zieht folglich eine Teilnahme an der EWU und die Aufgabe nationaler geldpolitischer Autonomie *geringe Zusatzkosten* in Form steigender Arbeitslosigkeit für die Länder nach sich, die *bereits früher* auf Wechselkursänderungen als Anpassungsinstrument vertrauten. Lediglich Großbritannien verkörpert eine mögliche Ausnahme. Die EU-Länder hingegen, die ihre Währungen faktisch über längere Zeit an die DM gekoppelt haben, würden lediglich ein Instrument aufgeben, was sie bereits länger nicht mehr genutzt haben (Erkel-Rousse, Mélitz (1995), S. 1 und 18 f.).[38]

Neuntens erscheint die Nachfrage nach EU-Exporten und die Größe der länderspezifischen Marktanteile relativ *wechselkursunelastisch.* Genauere Angaben hierzu finden sich in Kapitel 5.4.1 dieser Arbeit. Da somit die Auswirkungen der Bewegungen von Wechselkursen auf den Außenhandel eher gering sind, ist auch der *Nutzen* der Wechselkursschwankungen, die in der EWU entfallen, für die an die Exporte gekoppelte Beschäftigung möglicherweise ebenfalls *klein.* Falls Wechselkursbewegungen *nicht besonders groß* sind, ist es *unwahrscheinlich*, daß sie einen *starken* Einfluß auf die Arbeitslosigkeit haben. Dies gilt insbesondere dann, wenn der Einfluß von Exportnachfrageschocks auf EU-Arbeitsmärkte -wie in Kapitel 5 noch gezeigt wird- gering ist. Auch wäre statt des in Kap. 2.2 verwendeten Zwei-Länder-Modells möglicherweise auf ein Drei-Länder-Modell zurückzugreifen, in dem mindestens ein Drittland außerhalb der EWU liegt. Je größer dann der Handel der Unionsmitglieder untereinander ausfällt, desto mehr Beschäftigungsnutzen aus der Wechselkursflexibilität wird in der EWU potentiell aufgegeben. Ein Auftreten unkoordinierter kompetitiver Währungsabwertungen in der EU würde real jedoch nur wenig erreichen, denn der Anteil des Außenhandels am EU-BIP mit dem 'Rest der Welt' ist gering (Gros (1996a), S. 24, Gros, Thygesen (1998), S. 231 f.).[39]

Gros (1996a) vertritt die Ansicht, daß alle die unter dem neunten Punkt genannten Überlegungen darauf hindeuteten, daß die Faktoren, welche die heimische Nachfrage (in der EU fast 80% des BIP) determinieren, für die Beschäftigung viel *wichtiger als die Wechselkursentwicklung* seien (Belke, Gros (1998)). Jüngere Forschungen signalisieren, daß die Zinsstruktur als ein geldpolitischer Indikator einen starken kurz- bis mittelfristigen Einfluß auf die realwirtschaftliche Aktivität habe. Dies habe auch während der Krise

---

[38] Für eine weniger zuversichtliche Einschätzung der EWU auf Basis eines strukturellen Modells vgl. Minford, Rastogi, Hughes Hallett (1993). Die Ergebnisse für Frankreich und Großbritannien, nicht aber für Italien entsprechen somit der in Abschnitt 2.3. vorgebrachten Hypothese des 'kontrollierten Experiments'. Für weitere Argumente gegen die theoretische Sinnhaftigkeit des potentiellen Einsatzes der Wechselkurspolitik in der Euro-Region vgl. Belke (1996a), S. 341 f.

[39] Auch der Vorteil einer Ausschaltung des Wechselkursrisikos gilt nur für den Handel innerhalb der EWU. Vgl. auch Mélitz (1995), S. 493.

von 1992 gegolten. Großbritannien, dessen Währung einem weniger offensichtlichen Misalignment' als dem Italiens oder Spaniens unterlag, habe den 'European Exchange Rate Mechanism' verlassen, da es der deutschen Zinspolitik nicht folgen wollte. Das *Niveau des Wechselkurses* sei für Großbritannien nur von *sekundärer* Bedeutung gewesen.[40]

Die Entwicklungen seit 1992 hätten gezeigt, daß in der kurzen Frist zwar eine Verbindung zwischen der Zinspolitik und dem Wechselkurs bestehe. Die Art dieser Verbindung jedoch variiere von Land zu Land und manchmal selbst für eine spezifische Volkswirtschaft im Zeitablauf. Ein Rückführung des Zinssatzes durch die Zentralbank werde von den Märkten manchmal als ein Zeichen der Stärke (was zu einer Aufwertung der heimischen Währung führt) und manchmal als ein Zeichen der Schwäche (Abwertung) interpretiert. Der erste Fall sei für Frankreich, der zweite für Italien typisch gewesen. Kurzfristig gesehen könne man die Wechselkurs- und die Zinspolitik nicht mehr als zwei Seiten derselben Medaille betrachten. Die wichtigste Einsicht aus den Währungskrisen 1992/93 bestehe darin, daß einzelne Länder zu gewissen Zeiten einer autonomen Zinspolitik einen hohen Wert beimessen. Diese Freiheit sei natürlich mit einem fixierten Wechselkurs inkompatibel. Das *Ausmaß und die Zeitverzögerung der Wechselkursanpassung*, welche der Änderung der Geldpolitik folge, sei -wenn man von Lagen eines eindeutigen 'Misalignment' absehe- lediglich von *sekundärer* Bedeutung. Dieses Resultat impliziert, daß die Hauptgefahren für die Nachhaltigkeit der EWU nicht so sehr in asymmetrischen Schocks auf den Außenhandel, sondern vielmehr in *unterschiedlichen Vorstellungen über die Kurzfristorientierung der Geldpolitik* liegen. Die Betonung liegt dabei nicht so sehr auf der Hypothese, daß Wechselkurse nur geringe Effekte auf Arbeitsmärkte haben (deshalb wurden diese in diesem Kapitel auch nicht direkt empirisch getestet!). Vielmehr wird hier und auch später in Kapitel 5 betont, daß es *umfangreicher* Wechselkursanpassungen (20 - 40 %) bedarf, um dem Arbeitslosigkeitsproblem (bei struktureller Arbeitslosigkeit unsachgemäß) durch kompetitive Abwertungen beseitigen zu wollen. Diese Anpassungen haben

---

[40] Diese Argumentation wird im Rahmen der Formulierung von Robustheitstests in Kapitel 6.6.3.1. später noch eine Rolle spielen. In vielen makroökonomischen Modellen tritt nur dann eine Abwertung der heimischen Währung ein, wenn die inländische Geldpolitik gelockert wird. In diesen Modellen ist es aber schwierig, den Zinseffekt von dem Wechselkurseffekt zu trennen. Folglich verwundert es nicht, daß empirische Untersuchungen gerade auf der Basis dieser Modelle oft substantielle kurzfristige realwirtschaftliche Effekte einer Abwertung andeuten. Vgl. ausführlich Gros, Thygesen (1998), S. 231.

aber möglicherweise unerwünschte Nebeneffekte und führen in anderen Volkswirtschaften zu zusätzlichen Kosten (vgl. Kapitel 5) (Gros, Thygesen (1998), S. 232).

Nominale Rigiditäten mögen zwar bei flexiblen Wechselkursen eine Flexibilität der Reallöhne herbeiführen, die bei fixen Wechselkursen nicht erreichbar ist. Dies kann jedoch nur dann potentiell als beschäftigungspolitischer Vorteil interpretiert werden, wenn die Wechselkursänderung im Rahmen *vollständig flexibler* Wechselkurse die *Folge einer Störung* am Arbeitsmarkt ist und diese als 'corrective device' *abfedert.* Falls nun aber Wechselkursänderungen *unabhängig* vom Arbeitsmarkt eintreten oder sogar erst auf politischem Wege veranlaßt werden, *verursachen* sie erfahrungsgemäß reale Probleme erst und tragen selten zu einer Lösung des Beschäftigungsproblems bei (Belke (1998a), Viñals (1994), S. 12 f.). Dies gilt *trotz* der weiter oben getroffenen Schlußfolgerung, daß Wechselkurse kein potentes makroökonomischens Anpassungsinstrument für asymmetrische Arbeitsmarktschocks darstellen. Die hierin implizite Hypothese einer negativen Beschäftigungswirkung variabler Wechselkurse wird in Kapitel 6 für Westdeutschland und andere EU-Volkswirtschaften empirisch getestet. Dies erscheint im Hinblick auf die Themenstellung sehr wichtig, denn der Nutzen niedrigerer Transaktionskosten in einem größeren Währungsgebiet stellt eine *permanente Stromgröße* dar: "Is there a permanent-flow equivalent ... of, say, a major fraction of one percent of GDP (or unemployment, d. Verf.) that can be attributed to the reduced exchange rate flexibility which would follow from monetary union in Europe? That is the question" (Mélitz (1995), S. 496).[41] Darüber hinaus kam es genau in den Ländern, die am stärksten durch den komparativen Vorteil der 1992/93 abwertenden Länder negativ betroffen waren, nämlich Deutschland und Frankreich, zu politischen Reaktionen, die zeitweise sogar das Binnenmarkt-Konzept in Frage stellten. Die stärkste Besorgnis über die Konsequenzen der Wechselkursvariabilität in Europa wurden entsprechend auch von Vertretern der deutschen und französischen Automobilindustrien geäußert (Gros (1996a), S. 24, Gros, Thygesen (1998), S. 232, Werner (1995)).[42]

Das Ergebnis, daß Wechselkurse nur einen kleinen makroökonomischen Einfluß auf die Beschäftigung und den Außenhandel haben, bedeutet *keinen Widerspruch* zu den Warnungen der Industrievertreter vor kompetitiven

---

[41] Vgl. auch Canzoneri, Vallés, Viñals (1996), S. 1.

[42] Vgl. auch den in Kapitel 6.6.3.1 beschriebenen Aufbau der Robustheitstests für den Schock-'Absorber' realer Wechselkurs.

Abwertungen. Denn Unternehmen in den aufwertenden Ländern haben den größten Teil der Wechselkursänderungen in ihren Gewinnspannen abgefangen, um ihre Exportmarktanteile konstant zu halten ('pricing-to-market'). Dies verdeutlicht, warum selbst die Unternehmen, die ihre Marktposition behaupten konnten, ein starkes Interesse am Wechselkurs behalten. Es ist folglich möglich, daß flexible Wechselkurse nur einen *geringen* sichtbaren Einfluß auf die gesellschaftliche Wohlfahrt (hier: die Beschäftigung und die 'trade balances') haben, aber gleichzeitig die Spezialinteressen wirtschaftlicher Akteure zu *substantiellem politischem Druck* führen können (Gros, Thygesen (1998), S. 223 ff.).[43]

Schließlich wird auch die Position wichtiger Interessengruppen, wie der Gewerkschaften und der Insider auf Arbeitsmärkten, in der Frage der Vorteilhaftigkeit der EWU aus Gründen der Überschaubarkeit und politischen Verkäuflichkeit eher von den *direkt ermittelten* Arbeitsmarktimplikationen der EWU beeinflußt (Eichbauer (1995), S. 107 ff., Gros (1996b), S. 236 f., ders. (1996a), S. 19, Jung (1996), S. 281, Viñals (1994), S. 6 ff.). Indirekt über die Handels- bzw. Investitionswirkungen prognostizierte und bisher empirisch überwiegend als unsicher eingeschätzte Arbeitsmarktwirkungen der EWU eignen sich hierzu nicht. Letztere wurden bisher in einigen wenigen empirischen Studien untersucht, die sogar zu dem Ergebnis kommen, daß z.B. Schocks der Exportnachfrage nur einen geringeren als erwarteten Einfluß auf die Beschäftigung in EU-Volkswirtschaften haben und insofern das Standardargument, der Wechselkurs sei ein wichtiges Anpassungsinstrument bei externen Schocks, in bezug auf die EWU als irrelevant kennzeichnen (Fragestellung Kapitel 5). Es finden sich bisher jedoch kaum Untersuchungen zum -theoretisch anders zu begründenden- direkten Zusammenhang von Wechselkursvariabilität und Beschäftigung (Fragestellung Kapitel 6) (Belke, Göcke (1999), Frankel, Rose (1996a), S. 10 f., Gros (1996b), S. 236 f., ders. (1996a), S. 19, Jung (1996), S. 281, Viaene, de Vries (1992), Viñals (1994), S. 6 ff.). In dem folgenden Kapitel 3 wird das *vor* der Durchführung von Arbeitsmarktreformen vorhandene Ausmaß der für die Arbeitsmarktwirkungen von Wechselkursänderungen relevanten Rigiditäten im Rahmen einer *positiven Analyse* erklärt. Dabei werden auch Implementierungshemmnisse für Arbeitsmarktreformen genauer erläutert, welche die jeweiligen (v.a. realen) Rigiditäten verringern würden.

---

[43] Diese Argumentationskette ist gerade im Rahmen des Kapitel 6 von besonderer Relevanz. Dort wird komplementär argumentiert, daß Wechselkursbewegungen in der EU zwar das Niveau des Außenhandels, nicht aber die Investitionstätigkeit und den Arbeitsmarkt unbeeinflußt ließen.

3 Zur Politischen Ökonomie der Situation auf EU-Arbeitsmärkten zum Start der EWU: Mancur Olson versus Insider-Outsider-Theorie

In Kapitel 2 wurde neben anderen Aspekten auch die *Bedeutung nominaler und realer Rigiditäten* auf Arbeits- und den hiermit verbundenen Märkten für die Effektivität von Wechselkursen bei der Pufferung von Schocks untersucht. Im anschließenden Kapitel 4 wird geschlußfolgert, daß die Implementierung einer geldpolitischen Regel in Gestalt einer Währungsunion die Rahmenbedingungen für die Möglichkeit und Effektivität von Reformen und das Ausmaß der für Wechselkurswirkungen relevanten realen (und nominalen) *Rigiditäten* verändert. Das vorliegende Kapitel 3 versteht sich als *Bindeglied* zwischen den Kapiteln 2 und 4. Es wird im folgenden versucht, das *vor* der Durchführung von Arbeitsmarktreformen vorhandene Ausmaß der für die Arbeitsmarktwirkungen von Wechselkursänderungen relevanten Rigiditäten im Rahmen einer *positiven Analyse* zu erklären. Dabei werden beispielsweise Implementierungshemmnisse für Arbeitsmarktreformen erläutert, welche die jeweiligen (vor allem realen) Rigiditäten verringern. Der Fokus liegt dabei in Anlehnung an die einschlägigen Arbeitsmarktstudien auf einem Vergleich der USA mit '*Kontinentaleuropa*' (Belke, Kösters (1992, 1996)). Darüber hinaus werden im Rahmen dieses Kapitels 3 die Kapitel 6 bis 8 inhaltlich vorbereitet, in denen Einstellungs- und Kündigungskosten ('sunk costs') auf Arbeitsmärkten eine zentrale Rolle spielen. Diese Kosten lassen sich erfahrungsgemäß vor allem auch durch Arbeitsmarktrigiditäten erklären. Schließlich liefert die im folgenden vorzunehmende positive Analyse des Status-quo den 'aktuellen Rand' für Prognosen der Arbeitsmarkteffekte der EWU aus der Eliminierung der intra-europäischen Wechselkursunsicherheit (Kapitel 6).

Um die Situation auf EU-Arbeitsmärkten zum Start der EWU aus der Sicht der Politischen Ökonomie näher zu beleuchten, wird im folgenden sowohl auf Mancur Olsons 'Logik kollektiven Handelns' als auch auf den Insider-Outsider-Ansatz zurückgegriffen. Im Rahmen eines Erklärungsversuchs anhaltend hoher Arbeitslosigkeit, fokussieren beide Ansätze ihre Argumentation auf ähnliche Anreizstrukturen von Interessengruppen. In dem vorliegenden Kapitel wird die erstaunlicherweise in der Literatur *bisher unbehandelte* Hypothese untersucht, daß beide Ansätze miteinander kompatibel sind und eine breitere und weiter akzeptierte Basis zur Implementierung lange benötigter Arbeitsmarktreformen abgeben. Darüber hinaus wird aus einer

Synthese der beiden Ansätze eine *Politische Ökonomie der Arbeitsmarktreformen* abgeleitet. Der im folgenden vorzunehmende detaillierte Vergleich beider Ansätze wird jedoch gleichzeitig enthüllen, daß beide Modellvorstellungen auch eine *wichtige Schwäche* teilen. Sie berücksichtigen beide *weder* diejenigen Interessen, die Insidern und Outsidern *gemeinsam* sind, noch die Existenz *selbstkorrigierender Mechanismen* im Fahrwasser ständig steigender Kosten anhaltend hoher Arbeitslosigkeit. Beide Aspekte werden jedoch aufgrund ihrer hohen Bedeutung implizit in Kapitel 4 berücksichtigt. Dort wird versucht, genau diese im folgenden genauer zu charakterisierende Schwäche zu eliminieren, indem die Kosten einer anhaltend hohen inflationären Verzerrung der Geldpolitik bei der Bestimmung des optimalen Reformgrades explizit zusätzlich modelliert werden. Die inflationäre Verzerrung resultiert indirekt aus einer anhaltend überhöhten strukturellen Arbeitslosigkeit. Die Geldpolitik gerät immer wieder in Versuchung, dieses politisch als zu hoch angesehene Niveau der Arbeitslosigkeit mit monetären Mitteln zu senken. Entscheidend wird sein, daß die strukturelle Arbeitslosigkeit selbst vom Grad der Arbeitsmarktreformen abhängt. Im folgenden Abschnitt wird zunächst die Problemstellung dieses Kapitels herausgearbeitet und motiviert.[1]

3.1 Problemstellung

In der traditionellen Makroökonomik wurde lange Zeit die Frage vernachlässigt, ob Arbeitslosigkeit als ein *Nicht-Zustandekommen wechselseitig vorteilhafter* Tauschverträge zwischen Arbeitsanbietern und Arbeitsnachfragern ein -wegen der hohen Folgekosten- eher *unbeabsichtigtes* Ergebnis *intentionaler* Handlungen ökonomischer Akteure darstellt. Wem könnte bei gegebenen Anreizen eine Neigung zu einem Verhalten zuzuschreiben sein, das in vielen westeuropäischen und/oder EWU-Volkswirtschaften eine Situation anhaltend hoher Arbeitslosigkeit als unbeabsichtigtes *Nebenprodukt* mit erheblichen langfristigen Kosten auch für die Begünstigten entstehen läßt? Eine Beantwortung dieser, angesichts der überwältigenden empirischen Evidenz offensichtlich zu Recht erhobenen, Frage wurde in jüngerer

[1] Für hilfreiche Diskussionen zu diesem Kapitel sei Matthias Erlei, Ingo Pies, Martin Hebler sowie Teilnehmern an dem Forschungsseminar des CentER for Economic Research, Tilburg/Niederlande (1997), an der Konferenz 'Mancur Olsons Logik Kollektiven Handelns', Gummersbach (1996), und der Konferenz 'Konstitutionelle Politische Ökonomie' (Arbeitskreis 'Politische Ökonomie'), Bad Boll (1997), gedankt. Für die folgenden Ausführungen vgl. auch Belke (1996c, 1997).

Zeit unabhängig voneinander von *Mancur Olson* und von Vertretern der mittlerweile mehrheitlich akzeptierten *Insider-Outsider-Theorie* der Arbeitslosigkeit (IOT) versucht. Beide Ansätze werden in Abschnitt 3.2. in ihren wesentlichen Eigenschaften beschrieben. Dabei stellt sich heraus, daß Olson eine Überwindung der Trennung von Mikro- und Makroökonomik und eine semiformale Vereinheitlichung ökonomischer, sozialer und politischer Phänomene anstrebt (Abschnitt 3.2.1.). Die Repräsentanten der IOT vertreten eine eher ökonomische Sichtweise und erheben einen eher formalen, weniger weitreichenden Geltungsanspruch (Olson (1989), S. 378, Erlei (1996), S. 27, Pies (1996), S. 1 und 8) (Abschnitt 3.2.2.). Die (im Prinzip) unnötige Isoliertheit beider Ansätze im Verhältnis zueinander wird dadurch deutlich, daß es in der Literatur nicht zu Zitationen Olsons durch die Vertreter der IOT kommt, obwohl Olson mehrfach die Verwandtschaft seiner Überlegungen mit denen der Vertreter der IOT andeutet.[2] In Abschnitt 3.2.3. wird schließlich herausgearbeitet, inwieweit beide Ansätze die Arbeitslosigkeit jeweils *als eine Folge polit-ökonomischer Anreize* interpretieren.

Ein weiterer Anlaß für einen Vergleich beider Ansätze in Abschnitt 3.3. und eine anschließende Synthese beider Ansätze in den Abschnitten 3.4. und 3.5. könnte sein, daß Olsons *Begründung überhöhter, nach unten starrer Löhne* ähnlich anmutet wie diejenige der IOT. In beiden Fällen wird die *Interaktion der Spezialinteressengruppen der Arbeitnehmer und Arbeitgeber* als der bedeutendste Einflußfaktor hierfür hervorgehoben (Kirchgässner (1995), S. 20, Olson (1982), S. 201 f., und für die IOT Belke (1996c), S. 22 f., Belke, Kösters (1996), S. 114 ff.). Darüber hinaus sind beide Ansätze mit dem *positiven Trend* bzw. der Zeitpfadabhängigkeit *der* hauptsächlich als strukturell zu interpretierenden *Arbeitslosigkeit* in Westeuropa kompatibel. Dann aber liegt die Vermutung nahe, daß sich auch die *Politikempfehlungen* beider Ansätze *ähneln.*

Die somit große Übereinstimmung hinsichtlich der Problemstellung beider Ansätze wird in diesem Kapitel zum Anlaß genommen, die erstaunlicherweise fast unbehandelte Frage zu untersuchen, *ob und inwieweit* der IO-Ansatz Gemeinsamkeiten mit dem Olsonschen Ansatz zur Erklärung unfreiwilliger Arbeitslosigkeit aufweist und vielleicht sogar als Formalisierung eines Teilbereichs der weiter gefaßten Olsonschen Theorie interpretiert wer-

---

2 Für erstere vgl. Olson (1988), S. 67, ders. (1989), S. 377, und ders. (1995), S. 599. Die Ignoranz des Olsonschen Programmes durch die IOT überrascht nicht, denn durch Rückgriff auf Phelps (1972), S. xxiii und S. 78, und andere noch frühere Vertreter des Hysteresis-Ansatzes sind letztere nicht auf Olson angewiesen.

den kann (Abschnitt 3.3.). Im Mittelpunkt stehen dabei bisher nicht oder nur am Rande behandelte Gemeinsamkeiten (Abschnitt 3.3.1.) und Unterschiede (Abschnitt 3.3.2.) beider Ansätze in bezug *auf ihre theoretischen und empirischen Implikationen.* Anknüpfend an die Erkenntnisse der Neuen Keynesianischen Makroökonomik- wird dabei Wert auf die wechselseitigen Spillover-Effekte kollektiven Handelns auf verschiedenen Märkten gelegt.[3] In dem Abschnitt 3.3.3. erfolgen schließlich einige Anmerkungen zur empirischen Validität beider Ansätze.

Diese Kompatibilitätsüberprüfung beider Ansätze dient als Grundlage für eine anschließende *Synthese* beider Ansätze zur Ableitung wirtschaftspolitischer Schlußfolgerungen (Abschnitt 3.4.). Es werden Elemente einer *Politischen Ökonomie der Beschäftigungspolitik* abgeleitet, die gleichermaßen auf Komponenten der Olsonschen und der IOT fußen (Abschnitt 3.5.). Dabei wird argumentiert, daß eine *Kombination* des polit-ökonomischen Theoriegerüstes Olsons und des IOT-Ansatzes einen vielversprechenden Beitrag zur Beantwortung der derzeit *dringendsten arbeitsmarktrelevanten Fragestellungen* leisten kann (vgl. auch Kapitel 4): Warum ließ eine Durchführung geeigneter und mittlerweile wohldefinierter Beschäftigungspolitiken bisher so lange auf sich warten? Welcher strategischen Anreize bedarf die Implementierung arbeitsmarktflexibilisierender Politiken? (Strategische Implementierungshemmnisse, Abschnitt 3.5.1.). Ist das polit-ökonomische Regulierungsgleichgewicht auf Arbeitsmärkten zeitpfadabhängig (Abschnitt 3.5.2.)? Welche strategischen Optionen ergeben sich aus den vorhergehenden Abschnitten für die Beschäftigungspolitik (Abschnitt 3.5.3.)? Bei der Beantwortung der letzten Frage spielen Timing-Aspekte, Aspekte des Reform-Designs sowie Ideologieaspekte eine Rolle. Insbesondere wird in Abschnitt 3.5.3. untersucht, ob die EWU ein entscheidender Auslöser für Arbeitsmarktreformen sein kann und ob bei der Beantwortung dieser Fragen möglicherweise ein *integrativer* Ansatz weiterhilft. Die Ausführungen in Abschnitt 3.6. beschließen die Ausführungen dieses Kapitels.

Die in diesem Kapitel praktizierte Form einer *theoretischen Integration* beider Ansätze -wobei der Olson-Ansatz an sich schon gruppen-, gesellschafts-

---

3 Vgl. Olson (1993) und in Anlehnung hieran Erlei (1996). Letzterer führt erstmals einen Vergleich beider Ansätze durch, konzentriert sich aber auf eine Analyse der internen Konsistenz beider Ansätze auf Basis der Neuen Keynesianischen Makroökonomik. Der Fokus des vorliegenden Kapitels wird hierdurch jedoch nicht berührt. Da er die Blanchard, Summers (1986)-Variante des IO-Ansatzes weniger betont, erscheinen die Unterschiede beider Ansätze bei ihm etwas größer als in diesem Kapitel.

und staatstheoretische Aspekte in sich vereint- kann dabei zum einen zu *demokratischer Aufklärung* über die Ursachen des Beschäftigungsproblems beitragen. Die *theoretische Integration* beider Ansätze kann somit ein Ausweg aus einem suboptimalen polit-ökonomisch bedingten Unterbeschäftigungsgleichgewicht sein, wenn sie *per se* durch die *umfassendere* Argumentationsbasis den entscheidenden Anstoß zur Überwindung strategischer Hemmnisse und zur Implementierung geeigneter Beschäftigungspolitiken gibt.[4] Zum anderen läßt sich vor diesem innovativen Hintergrund besser als auf der Basis etablierter Ansätze (die auf die NPÖ-Perspektive verzichten) evaluieren, ob die EWU nach Maastrichter Muster die Bedingungen eines substantiellen 'cleaning the slate' erfüllt und ob der Wegfall autonomer Geld- und Wechselkurspolitiken wirklich zu lohndisziplinierenden und beschäftigungsfördernden Effekten führt. Dieser Aspekt wird auf absehbare Zeit im Zentrum zukünftiger Diskussionen um die Beschäftigungseffekte einer mit einer Sozialunion als 'package deal' versehenen EWU stehen und deshalb in Kapitel 4 noch genauer analysiert. Im folgenden werden zunächst die Olson-Hypothesen und die Aussagen des Insider-Outsider-Ansatzes systematisch herausgearbeitet, um die Frage zu klären, ob die Arbeitslosigkeit in Westeuropa eine Folge des Verhaltens von Interessengruppen im politökonomischen Kräftefeld darstellt.

3.2 Zur Ausgangslage: Ist die Arbeitslosigkeit in Westeuropa eine Folge des Verhaltens von Interessengruppen im polit-ökonomischen Kräftefeld?

3.2.1 Die Olson-Hypothesen

Im Vordergrund steht bei Olson die Entwicklung einer Theorie *unfreiwilliger* Arbeitslosigkeit, mit der u.a. die Stagflation der siebziger Jahre erklärt werden kann. Dabei strebt Olson eine *mikroökonomische* Fundierung eines

4 Vgl. Pies (1996), S. 17: "Gesellschaftliche Lernprozesse können also durch theoretische Lernprozesse angeleitet werden. Aber damit die Sozialwissenschaften ... diese öffentliche Aufgabe in der Demokratie (besser) wahrnehmen können, bedarf es theoretischer Integration".

makroökonomischen Phänomens an.[5] Die im Rahmen der Themenstellung relevanten Thesen Olsons und ihre empirischen Implikationen lassen sich überblicksartig wie folgt zusammenfassen.

H1: Kleine latente Interessengruppen organisieren kollektives Handeln wegen ihrer höheren Homogenität generell früher und leichter als große. Große Gruppen benötigen selektive Anreize und Zwang, um Trittbrettfahrertendenzen bei der Bereitstellung des öffentlichen Gutes 'Resultat des kollektiven Handelns' zu verhindern und latente Interessengruppen in aktive Verteilungskoalitionen umzuwandeln. Die Hypothese H1 läßt sich im wesentlichen aus Olson (1965) ableiten.

H2: Anpassungen von Interessengruppen in Form einer Bereitstellung selektiver Anreize und/oder geeigneter Zwangsmittel und Verhandlungen über die Verteilung von Lobbykosten benötigen Zeit (Olson (1993), S. 220) und einen mehr oder weniger konstanten institutionellen Rahmen ('social order').[6] Stabile Gesellschaften in unveränderten Grenzen neigen also dazu, im Laufe der Zeit immer mehr Verteilungskoalitionen (Kollusionen und Organisationen zur 'collective action') zu akkumulieren. Dies hat zur Folge, daß die Arbeitslosigkeit einem positiven und das reale Wachstum einer Volkswirtschaft einem negativen Zeittrend unterliegt, also zeitpfadabhängig ist. Bei längerfristiger Perspektive gilt zudem, daß für eine gegebene Demokratie im Zeitablauf die restriktiven realen Outputeffekte eines (nicht antizipierten) Rückgangs der nominalen aggregierten Nachfrage zunehmen. Die Hypothese H2 steht wegen der Ähnlichkeit ihrer Implikationen zu denjenigen der IOT im vorliegenden Kapitel im Vordergrund.

H3: Verteilungskoalitionen wirken in statischer und in dynamischer Hinsicht effizienzmindernd. Hierfür nennt Olson mehrere Gründe. Verteilungskoali-

---

5 Olson (1982) erwähnt dies zum ersten Mal auf S. 7 f. Unfreiwillige Arbeitslosigkeit wird bei Olson (1982), S. 202, und Olson (1993), S. 214, definiert. Eine ausführliche Diskussion um eine geeignete Definition aus Sicht der IOT findet sich bei Lindbeck (1993), S. 49 ff. Letzterer differenziert zwischen mehreren Definitionen. In jedem Fall jedoch läßt sich von unfreiwilliger Arbeitslosigkeit sprechen, wenn Insider in Lohnverhandlungen Einsteigerlöhne verhandeln, die *sowohl über dem Akzeptanzlohn* als auch über dem marginalen Produkt der Neubeschäftigten (korrigiert um "hiring costs") liegen.

6 Im Rahmen der vorliegenden Arbeit (insbesondere Kapitel 3 und 4) wird die Funktion der EWU als ein 'shock to the social order' geprüft, da sich der institutionelle Rahmen (u.a. der Einflußbereich der Geldpolitik im Vergleich zu demjenigen der Tarifparteien, Belke (1996a, 1998a)) und die Grenzen einheitlicher Währungsräume entscheidend verändern.

tionen treffen Entscheidungen nur langsam und sind vornehmlich Preissetzer, sie streben egalitäre Ziele an. Ihr Ziel sind Preisverzerrungen zugunsten der eigenen Mitgliedschaft (als öffenliches Gut für die Begünstigten und als Wohlfahrtseinbuße für die gesamte Volkswirtschaft). Sie verringern die Anpassungskapazität einer Volkswirtschaft an Technologie- und sonstige Schocks. Darüber hinaus favorisieren sie extensive Regulierungen und Regierungsinterventionen und bieten marktkonformen Reformen (vgl. Kapitel 4), die auf eine Erhöhung der marktlichen Anpassungsfähigkeit abzielen, effektiven Widerstand.

H4: Wenn die Wirtschaftspolitik durch umfassende Interessen determiniert wird, werden relativ effiziente Politiken gewählt. Diese führen zu einer besseren ökonomischen Performance als bei kleinen Interessengruppen mit spezifischen Interessen. Je kleiner eine Gruppe ist, desto höher ist das Verhältnis des Verteilungsgewinns zum Anteil am resultierenden Wachstumsverlust und desto größer sind die Anreize für Interessengruppen, negative Externalitäten zu verursachen.

H5: Staaten mit umfassenden Interessenorganisationen gehen schrittweise in Staaten mit einem dichten Netzwerk von 'engen' Spezialinteressenorganisationen über. Die Entwicklung folgt ähnlichen Gesetzmäßigkeiten wie in Staaten, die nach einem Schock ohne Netzwerk starten. Ein symmetrisches 'countervailing power'-Prinzip ist nicht realisierbar, da latente Gruppen, die ihre Interessen aufgrund von Trittbrettfahrerproblemen nicht organisieren können, von Verhandlungen ausgeschlossen werden.

H6: Schocks, wie Revolutionen und Fremdbesatzung, führen zu langfristigen Benefits, d.h. zu einem höheren Pro-Kopf-Einkommen und einer geringeren Arbeitslosigkeit ('strong version'); oder schwächer ausgedrückt: die o.g. Schocks führen zu höheren Pro-Kopf-Einkommen und einer geringeren Arbeitslosigkeit in der langen Frist. Diese Benefits übertreffen die übergangsweise auftretenden Kosten eines geringeren Pro-Kopf-Einkommens und einer höheren Arbeitslosigkeit ('weak version').[7] Diese Hypothese nimmt im Rahmen dieser Arbeit eine *zentrale Position* ein. Vor ihrem Hintergrund wird in Abschnitt 4.2. gefragt werden, ob die EWU als ein Olson-Schock für sklerotisierte EU-Arbeitsmärkte interpretiert werden kann.

---

[7] Für die Formulierung der Hypothesen vgl. Maddison (1988), S. 25 f., Quiggin (1992), S. 262 ff., Olson (1982), S. 36 ff. und S. 216, ders. (1995a), S. 23 ff., Paqué (1993), S. 1 f., und Weede (1986), S. 222 ff.

Olson interpretiert die in den Hypothesen H1 bis H3 beschriebenen Zusammenhänge als *die* fundamentalen Bestimmungsfaktoren von Wachstum und Beschäftigung. Weithin anerkannte Erkenntnisfortschritte der Neueren Wachstumstheorie lehnt er deshalb ab (Maddison (1988), S. 25, Olson (1996), S. 20 f., Paqué (1993), S. 2).[8] Die makroökonomische Performance, insbesondere auch diejenige der Arbeitslosigkeit, ist vom jeweiligen Anreizmuster der Akteure, den Institutionen, welche die 'social order' darstellen, und dem Ausmaß des durch Interessengruppen ausgelösten soziopolitischen Konfliktes abhängig (Olson (1993), S. 212 f.).

Aus den Hypothesen H1 bis H6 lassen sich bestimmte Implikationen für den Zeitpfad bestimmter makroökonomischer Reihen, wie der Arbeitslosenquote, ableiten. Im Vordergrund steht bei empirischen Tests meistens die Hypothese H2, wonach die Interessengruppen um so mehr Einfluß auf den politischen Prozeß erreichen und die (unfreiwillige) Arbeitslosigkeit um so höher ausfällt, je länger eine demokratische Gesellschaft bei unveränderten Grenzen
existiert, also stabile politische Verhältnisse herrschen. Olson selbst spezifiziert die Hypothesen mit Ausnahme von Olson (1983) nicht explizit in testbarer Form. Statt dessen beruft er sich auf vielfache *fallweise Evidenz*. Diese beruht hauptsächlich auf Vergleichen der wirtschaftlichen Entwicklung *zwischen den entwickelten Industriestaaten* und *zwischen den einzelnen Teilstaaten der USA*. Es handelt sich dabei durchgehend um *gepoolte Längs-Querschnittsbetrachtungen*.

Olson sieht seine Hypothese für heute entwickelte Demokratien, ausgehend von einem durch den 2. Weltkrieg ausgelösten institutionellen 'Strukturbruch', empirisch bestätigt. Die Verliererstaaten Deutschland, Japan und Italien hätten danach ihre Infrastruktur neu aufbauen müssen und wiesen seit dieser Zeit eine deutlich höhere Wachstumsrate auf als die Gewinnerstaaten, hier insbesondere Großbritannien und andere langfristig politisch stabile Staaten. Vermutlich habe dies an der 'clean institutional slate'[9] gelegen, die diese Länder aufgrund des verlorenen zweiten Weltkrieges und der anschließenden Besatzung durch die Alliierten ausgezeichnet habe (Olson

8 Darüber hinaus ignoriert er Rückwirkungen der Institutionen und des Grades soziopolitischer Konflikte auf den technischen Fortschritt.

9 Die 'clean institutional slate' habe die Empfänglichkeit für Keynes'sches Gedankengut in Deutschland im Vergleich zu den USA und Großbritannien negativ beeinflußt. Da kein dichtes Netzwerk spezieller Interessengruppen zu überwinden gewesen sei, falle bei Deflationen die Vorteilhaftigkeit expansiver Nachfragepolitiken geringer aus. Vgl. Olson (1982), S. 228 f.

(1982), S. 225, ders. (1995a), S. 24). Die traditionellen Netzwerke der Verteilungskoalitionen seien hierdurch zerstört worden. Dies habe der westdeutschen Wirtschaft den Raum gegeben, über ungefähr ein Jahrzehnt unbeeinflußt von der korporatistischen Sklerose zu wachsen, die sonst stabile Demokratien auszeichneten (Giersch, Paqué, Schmieding (1992), S. 73, Maddison (1988), S. 26, Olson (1982), S. 75 f.).

Auffallend sei zudem, daß die Arbeitslosenquote in Japan und, wenn auch in geringerem Ausmaß, in Westdeutschland während der Stagflationsphase in den siebziger Jahren geringer ausgefallen sei als als in den USA und vor allem Großbritannien. Schließlich weist Olson auf die hervorragende Wachstums-Performance der sechs Gründungsmitglieder der EG hin, die sich deutlich von der in den übrigen Industriestaaten abgehoben habe (Olson (1982), S. 5 ff., insbesondere Tab. 1.1.). Zudem habe nach dem zweiten Weltkrieg in Schweden, Österreich und Norwegen und in geringerem Umfang auch in Westdeutschland eine *umfassende Organisation von Interessengruppen*, d.h. Arbeitgeberverbände und Gewerkschaften von hohem Zentralisierungsgrad, vorgeherrscht. Dies habe in diesen Volkswirtschaften zu anfänglichen Wachstums- und Beschäftigungserfolgen geführt (Olson (1995a), S. 23 ff.). Zudem findet er auf der Basis langer Reihen für die USA und Großbritannien die Hypothese bestätigt, daß bei stabilen politischen Verhältnissen die restriktiven realen Outputeffekte eines (nicht antizipierten) Rückgangs der nominalen aggregierten Nachfrage im Zeitablauf zunehmen (Olson (1982), S. 220 ff., ders. (1995), S. 599).

Eine nicht zu vernachlässigende Besonderheit des Olsonschen Erklärungsanspruches ist es, neben dem positiven Wachstums- und Beschäftigungstrend in der Nachkriegsperiode *gleichzeitig* auch den säkularen Anstieg der Arbeitslosigkeit und die schlechtere Wachstums-Performance seit Mitte der siebziger Jahre zu erläutern (Giersch, Paqué, Schmieding (1992), Olson (1993), S. 212, ders. (1995), S. 598, (1995a), S. 26, Quiggin (1992), S. 261). Ebenso wie Giersch et al. (1992) sieht er das Ende des 'economic miracle' in Deutschland, Italien und Japan gekommen. Abweichend von ersteren begründet er dies jedoch mit der Akkumulation von Organisationen mit Spezialinteressen. Darüber hinaus seien ähnliche Entwicklungen -wenn auch in etwas geringerer Intensität- auch für die ehemals von den Achsenmächten besetzten Länder zu verzeichnen. Schließlich hätten sich in der Zwischenzeit *innerhalb der EU* auch *multinationale Koalitionen und Organisationen* mit Lobby- und Kartellierungsinteresse herausgebildet ('Eurosclerosis'). Auch sei Evidenz für seine Theorie, daß in Ländern wie

Norwegen und Schweden umfassende Interessenorganisationen zusammengebrochen und durch enger orientierte Spezialinteressengruppen ersetzt worden seien ('Suedo-sclerosis'). Zusammenfassend werde seine Hypothese über das Zeitprofil der Wachstums- und Arbeitslosenraten überzeugend bestätigt, da die Länder Kontinentaleuropas, unabhängig davon, ob sie nach dem Krieg nur mit wenigen oder sehr umfassendenOrganisationen zur 'collective action' begonnen hätten, eindeutig von der 'institutional sclerosis' befallen seien, die Großbritannien und andere englischsprachige Länder schon länger betroffen habe. Der Wachstumsraten- und der Arbeitslosigkeitsverlauf seien in letzter Zeit unzufriedenstellender als in Großbritannien und anderen englischsprachigen Ländern gewesen (Maddison (1988), S. 26, Olson (1995), S. 598, und ders. (1995a), S. 26). Die vorliegende Arbeit entwickelt diese Gedankengänge weiter. Im verbleibenden Teil dieses Kapitels und im Folgekapitel wird gefragt, ob die EWU als institutioneller Schock die 'Eurosclerosis' verringern kann.

3.2.2 Die Insider-Outsider-Theorie

Ein möglicher Erklärungsansatz persistenter oder sogar hysteretischer Arbeitslosigkeit, die IOT, unterstellt Arbeitnehmern Marktmacht bei der Aushandlung von Löhnen. Dabei wird zwischen den beschäftigten Arbeitnehmern, *den Insidern*, und den Arbeitslosen, *den Outsidern*, unterschieden. Für die Outsider fällt die Wahrscheinlichkeit einer Wiedereinstellung äußerst gering aus. Die Insider nehmen nämlich im Lohnverhandlungsprozeß auf Arbeitnehmerseite eine Monopolstellung ein und maximieren ihre Lohnforderungen unter Sicherstellung ihrer eigenen Wiederbeschäftigung. Der tendenziell lohnsenkende Einfluß der Outsider kommt nicht zur Geltung, da die Zusammensetzung der Lohnverhandlungsgruppe durch das beschriebene 'wage-setting'-Verhalten selbsterhaltend ist. Es ergibt sich ein Reallohnniveau, das eine Rückkehr zum Vollbeschäftigungsgleichgewicht am Arbeitsmarkt dauerhaft verhindert. Die Aussagekraft der IO-Modelle hängt entscheidend davon ab, *wie* das Insider-Lohnverhandlungsmonopol begründet wird. Dabei sind *zwei grundlegende* Ansätze zu unterscheiden.

Erstens existiert mit dem *Blanchard-Summers-Modell* eine Theorie, die sich auf die Ausgestaltung der Mitgliedschaftsrechte in Gewerkschaften bezieht. Gewerkschaften werden hier -wie bei Olson auch- *explizit als Interessengruppen* betrachtet. In einer Version dieses Modells erlischt mit eintretender Arbeitslosigkeit (oder kurze Zeit später) die Zugehörigkeit zur Lohnverhandlungsgruppe und der damit einhergehende Insider-Status. Die Arbeitslosen werden so zu tarifpolitisch abgekoppelten und damit einflußlosen Outsidern. Nach einem beschäftigungsniveausenkenden negativen und nicht antizipierten Arbeitsnachfrageschock verlieren die entlassenen Arbeitnehmer ihren Insider-Status und damit die Möglichkeit, in ihrem Interesse über Löhne zu verhandeln. Darüber hinaus verhindern die verbleibenden Insider eine Lohnanpassung, die eine Reintegration der Outsider ermöglichen würde. Das Bestreben der Insider, lediglich ihre eigene Wiederbeschäftigung zu sichern, wird im Modell von Blanchard und Summers in einem mit sinkendem Beschäftigungsniveau abnehmenden Lohndruck deutlich (vgl. auch den Verlauf der Wage-Setting-Kurven in Abb. 2, Abschnitt 4.4.3.). Auch die Koexistenz eines Gewerkschaftssektors und eines Bereiches wettbewerblich organisierter Arbeitsmärkte schränkt nach Blanchard und Summers den Erklärungswert der IOT nur unwesentlich ein. Die Lohnabschlüsse im Gewerkschaftssektor seien auch für Unternehmen in anderen Bereichen bindend, da diesen sonst eine Vergewerkschaftung drohe und ein zu niedriges Lohnangebot wahrscheinlich den Anspruchslohn der Arbeitnehmer unterschreiten würde. Auch die Gründung neuer outsider-absorbierender Unternehmen in Rezessionszeiten, in denen die meisten Arbeitskräfte freigesetzt werden, sei unwahrscheinlich.

Das zweite *Modell nach Lindbeck und Snower* verweist zusätzlich auf die Bedeutung der Kosten, die einem Unternehmen durch einen Austausch von Insidern gegen Outsider entstehen. Auch unter Abwesenheit kollektiv ausgehandelter Löhne gestatten diese den Insidern, sich einen Teil der Unternehmensrente in Form höherer Löhne anzueignen, ohne dabei die Beschäftigungsinteressen der Outsider zu berücksichtigen. Lindbeck und Snower verlassen sich im wesentlichen lediglich auf ein simples 'sunk cost'-Argument. Dieses wird im übrigen in den Kapiteln 7 und 8 dieser Arbeit noch eine herausragende Rolle spielen.[10]

3.2.3 Arbeitslosigkeit als Folge polit-ökonomischer Anreize

Dem Olson-Ansatz und dem IO-Ansatz ist gemeinsam, daß sie rein ökonomische Theorien der Erklärung unfreiwilliger Arbeitslosigkeit *um Erklärungsansätze der Neuen Politischen Ökonomie erweitern.* Die Arbeitslosigkeit wird somit erstens auch als *endogene* Größe des polit-ökonomischen Kräftefeldes angesehen. Auch dürfen zweitens -zugegebenerweise sublim angelegtere- *politische Aspekte* der beiden zu diskutierenden Ansätze, d.h. die Auswirkungen unfreiwilliger Arbeitslosigkeit über den Interessengrup-

---

[10] Für die vorstehenden Ausführungen vgl. Belke, Göcke (1994, 1997) und Belke, Kösters (1992, 1996).

penkanal auf Wahlergebnisse und umgekehrt der Einfluß von Regierungsverhalten über denselben Kanal auf den Verlauf unfreiwilliger Arbeitslosigkeit, nicht vernachlässigt werden. *Beides* sind Aspekte, die von Olson und den Vertretern der IOT zumindest berührt werden und für die Anreizstruktur der relevanten Akteure eine bedeutende Rolle spielen. Sie werden deshalb auch im Rahmen einer polit-ökonomischen Analyse der Auswirkungen der EWU auf Arbeitsmarktreformen (Kap. 4) explizit wieder aufgegriffen. Obwohl Olson auf die engen Zusammenhänge zwischen Regierungsverhalten und Macht der Interessengruppen hinweist, fokussiert er seinen Ansatz deutlich auf die Rolle der Verteilungskoalitionen: "His objections are similar to Hayek's, but for Olson the state is a piece of scenery" (Maddison (1988), S. 29).[11] Gleichzeitig grenzt er seine Erklärung unfreiwilliger Arbeitslosigkeit vom Ansatz der Theorien politischer Konjunkturzyklen ab: "Who in the government or the central bank has an incentive ... to bring about a depression or recession?" (Olson (1993), S. 211).

Weiterhin fragt Olson, ob etwa im demokratischen Parteienwettbewerb Anreize angelegt sind, beiderseitig vorteilhafte Transaktionen von Anbietern und Nachfragern u.a. auf Arbeitsmärkten zu verhindern und so Arbeitslosigkeit zu erzeugen oder duldend hinzunehmen (Olson (1993), S. 215 f.). Indem er diese Frage verneint, vernachlässigt er Varianten Politischer Konjunkturzyklen, die durchaus mit seinen Hypothesen kompatibel sind. Letztere können interessengruppenorientierte Wirtschaftspolitiken und die Entstehung unfreiwilliger Arbeitslosigkeit (ähnlich wie bei Olson) *als Nebenprodukt einer wahlorientierten Änderung relativer Preise* aus einem Wiederwahlinteresse der Regierungen erklären (Olson (1993), S. 216). Es handelt sich hierbei um Varianten ideologisch-politischer Konjunkturzyklen (wie bei Olson mit rationalen Erwartungen der Akteure) mit und ohne explizite Gewerkschaftsbeteiligung, mit und ohne Berücksichtigung der IOT sowie unter expliziter Berücksichtigung von Umverteilungsaspekten der Geldpolitik (Belke (1996, 1997a, 1999b)).

Dabei ist es unter anderem die IO-bedingte Zeitpfadabhängigkeit der Arbeitslosigkeit, welche die Anreize der beteiligten Interessengruppen und der Regierungen zur Duldung unfreiwilliger Arbeitslosigkeit verändert. Empfehlungen geeigneter Beschäftigungspolitiken sowie Prognosen der Beschäftigungsentwicklung innerhalb der EWU müssen demnach berücksichtigen, daß Regierungen oft *nicht im öffentlichen Interesse* handeln, sondern

---

[11] Vgl. auch Olson (1982), S. 50 ff., 71, 75 und 148 f.

bei der Verfolgung ihres Wiederwahlziels starkem Einfluß von Interessengruppen ausgesetzt sind.[12] Eine Folge hieraus ist, daß die (unfreiwillige) Arbeitslosigkeit als wahlrelevante Variable zu bestimmten Teilen *politisch determiniert* erscheint und möglicherweise *polit-zyklischen* Verhaltensmustern unterliegt. Auf Westeuropa gemünzt impliziert dies, daß die nationale Komponente der in der Euro-Region auftretenden asymmetrischen Schocks politischer Natur sein wird (Belke (1999), Belke, Gros (1998) und Kapitel 5). Beschäftigungswirkungen der EWU und des damit entfallenden Wechselkursinstrumentes hängen dann davon ab, inwieweit die EWU beispielsweise durch eine induzierte Harmonisierung der Wahltermine länderspezifische politische Konjunkturzyklen in der Arbeitslosigkeit reduziert (Belke (1996)).

Darüber hinaus läßt sich theoretisch und empirisch u.a. für Deutschland zeigen, daß bei Relevanz der IOT auch die in einigen westeuropäischen Volkswirtschaften häufig beobachteten *permanente* Arbeitslosigkeitsveränderungen durch die Art der *ideologischen Ausrichtung* der Regierungen und deren *unterschiedliches strategisches Verhältnis zu Gewerkschaften* erklärt werden können (Belke (1996), S. 158 ff., Belke (1997a, 1999b)). Arbeitslosigkeit wird aus dieser Sicht entweder mit Absicht durch nicht-antizipierte Politikänderungen verringert, *zusätzlich erzeugt* oder *passiv hingenommen.* Arbeitslosigkeit ist wie bei Olson (H1-H6) und der IOT aus Sicht des Verhaltens der Interessengruppen und der Regierung eine *endogene* Variable (Kirchgässner (1995), S. 3).

Die Theorien politischer Konjunkturzyklen betrachten als organisierte Interessengruppen höchstens Tarifparteien, und hier insbesondere Gewerkschaften. Da sich der relevante Horizont der beteiligten Spieler jedoch oft nur auf die Länge (eines Vielfachen) einer Legislaturperiode bezieht, läßt sich aus diesen Theorien *keine Erklärung säkularer positiver Trends der Arbeitslosigkeit* ableiten. Es sei denn, es werden Zeitpfadabhängigkeiten der Arbeitslosigkeit (wie z.B. bei Gültigkeit der IOT) modelliert, durch die eine Abfolge von Legislaturperioden spielstrategisch miteinander verbunden wird (Belke (1996), S. 158, Belke (1997a, 1999b) und Abschnitt 4.6.5. *Dynamische* Ansätze des 'rent seeking', die wie Olson zur Erklärung des 'Rise and Decline of Nations' auf ökonomische Theorien des Verhaltens von Interessengruppen zurückgreifen, beanspruchen hingegen, auch *säkulare* Tendenzen nachzeichnen zu können. Rent-seeking-Aktivitäten sind dabei oft so

12 Vgl. Grossman, Helpman (1994), S. 9, mit explizitem Bezug auf Olson (1965), und Kapitel 4.

gestaltet, daß sie nicht nur im Interesse der jeweiligen Gruppenmitglieder, sondern auch der Regierung und/oder allgemein der Bürokratie liegen. Umgekehrt bestimmen die staatlicherseits gesetzten Rahmenbedingungen und Mikropolitiken den Spielraum der Interessengruppen (Kirchgässner (1995), S. 19, Olson (1989), S. 381). Im folgenden werden die Gemeinsamkeiten und die Unterschiede beider Ansätze analysiert.

3.3 Gemeinsamkeiten und Unterschiede des Olson-Ansatzes und der Insider-Outsider-Theorie

Trotz des jeweils unterschiedlichen Anspruchs und Schwerpunktes lassen sich augenfällige Gemeinsamkeiten der Ansätze herausarbeiten. Diese lassen eine *Synthese* erhoffen, mit der im weiteren Verlauf dieses Kapitels eine dringend benötigte Politische Ökonomie der Implementierung flexibilisierender Beschäftigungspolitiken entwickelt wird. Auf der Basis dieser Politischen Ökonomie des 'Reformstaus' wird dann im weiteren Verlauf der Arbeit eine analytische Beurteilung der Wirkungen der EWU auf die strukturelle Arbeitslosigkeit in einem potentiellen EWU-Mitgliedsland vorgenommen.

3.3.1 Gemeinsamkeiten

Vor dem Hintergrund des Abschnitts 3.2. ergeben sich die folgenden Gemeinsamkeiten beider Denkansätze:

(1) Olson teilt mit den Vertretern der IOT die Interpretation, daß ein Ergebnis des 'rent-seeking' auf Arbeitsmärkten *Hysteresis- oder zumindest Persistenzeffekte* sein können. Die natürliche Rate der Arbeitslosigkeit sei 'unnatürlich hoch'. Selbst geringste nicht-antizipierte Änderungen der nominalen aggregierten Nachfrage könnten zu *substantiellen* negativen realen Effekten führen. Anders als Vertreter der IOT, die von 'multiple equilibria' sprechen, bezeichnet Olson diese treffender als 'disequilibria' (Olson (1983), S. 233, ders. (1993), S. 213 und 223, ders. (1995), S. 599).

(2) Es wird ein *ähnliches Erklärungsvakuum* identifiziert, aus dem beide Ansätze ihre Legitimation beziehen. Der IO-Ansatz knüpft an die Beobachtung an, daß sich die stilisierten Fakten der Entwicklung der Arbeitslosigkeit in vielen westeuropäischen Staaten, hier insbesondere die Rechtsverschiebung der NAIRU ('non-accelerating inflation rate of unemployment') und die Beobachtung moderater Lohnentwicklungen nur in Phasen starker Zunah-

men der Arbeitslosigkeit, offensichtlich nur schwerlich durch gängige ökonomische Paradigmen erklären lassen. Der IO-Ansatz erhebt den Anspruch, dem asymmetrischen Verlauf der westeuropäischen Arbeitslosenraten in bezug auf die auslösenden Schocks, dem mangelnden Druck, der von der anhaltend hohen Arbeitslosigkeit auf Preise und Löhne ausgeht, sowie den Implikationen des steigenden Anteils der Langzeitarbeitslosen für die 'stikkiness' der Löhne und Preise gleichzeitig Rechnung zu tragen (Belke, Kösters (1992), S. 13 f.). Ähnlich argumentiert Olson, indem er in bezug auf den säkularen Anstieg der Arbeitslosigkeit zum einen darauf verweist, daß über den Stützzeitraum seit dem zweiten Weltkrieg kein chronischer Mangel an aggregierter Nachfrage geherrscht habe und insofern keynesianische Ansätze wenig einschlägig seien. Zum anderen könnten die 'real business cycle'-Theorie und neuklassische Theorien *keine permanenten* unfreiwilligen Arbeitslosigkeitsungleichgewichte erklären. Als letztere müsse man einen Großteil der permanenten Arbeitslosigkeit vor dem Hintergrund der Hypothesen H1 bis H6 aber wohl interpretieren (Olson (1982), S. 184 ff., ders. (1995), S. 593 f.). Da der Anreiz, nichtwettbewerbliche Preise und Löhne durchzusetzen, nicht durch Inflation eliminiert werde, sei sein Ansatz mit gestiegener Inflation kompatibel (Olson (1993), S. 219). Beide Theorieausrichtungen " ... need supplementary theory or assumptions to show why unemployment rates in the 1980s and 90s, especially in Europe, are so much higher than they were in the 1950s and 1960s" (Olson (1995), S. 594).

(3) Renten eines durch Blockade von Transaktionen erreichten ungleichgewichtigen Preises als öffentliche Güter sind nach Olson nur dann internalisierbar, wenn sich die betreffende Interessengruppe durch eine *geringe Zahl* an Akteuren auszeichnet und/oder *selektive Anreize* existieren. Die betroffenen Idividuen müssen hierzu *häufig miteinander in Interaktion treten* und/oder *an wenigen Orten konzentriert* sein. Olson selbst deutet diesbezüglich explizit die Kompatibilität seiner Überlegungen mit der IOT an. Da Gewerkschaften eine Politik des 'closed shop' verfolgten sowie über Streikposten mit Verfügungsgewalt ('coercive picket lines') verfügten und die Insider am Arbeitsplatz innerhalb ihrer Berufsgruppe häufig kommunizierten und sich in Großunternehmen oder Bergwerken konzentrierten, seien der Einsatz selektiver Anreize ('harassment') und die Möglichkeit der Internalisierung der Renten für die Insider gegeben (Olson (1989), S. 379 ff., ders. (1993), S. 218 f., und ders. (1995), S. 595 f.). "Neither do unemployed workers (satisfy the conditions for collective action, Anm. d. Verf.), since in contrast to their *insider* (Hervorh. d. Verf.) brethren they do not regularly interact with each other. It is mainly only ... already-employed workers that

have the possibility of organizing for collective action and thus the possibility of obtaining the gains from prices that do not clear markets" (Olson (1995), S. 596).

(4) Die Hypothese Olsons, die Anreize von Interessengruppen, bilateral vorteilhaften Tausch zu blockieren, *steigen mit schrumpfender Gruppengröße*, scheint *auf die IOT übertragbar* zu sein. Denn in der Vergangenheit kam es in Westeuropa nur bei akuten Beschäftigungseinbrüchen zu moderaten Lohnabschlüssen: Lediglich die *Veränderung* der Arbeitslosenrate, *nicht* aber ihr seit Mitte der siebziger Jahre ständig steigendes *Niveau* beeinflußte die Lohnverhandlungen signifikant. Berücksichtigt man zusätzlich, daß Lohnabschlüsse angesichts der enormen endogenen und strukturwandelbedingt exogenen Humankapitalabwertung von Outsidern und der geringeren Produktivität der Outsider einen ständig steigenden Produktivitätsabschlag und Grad an Differenzierung verlangen, so geht eine sinkende Insider-Zahl mit einer zunehmend vollbeschäftigungsinkompatiblen Lohnstruktur einher (Belke, Kösters (1992, 1996)).

(5) H4 und die mit der IOT kompatible *'hump shape'-Hypothese* sind miteinander eng verwandt (Belke, Kösters (1996), S. 117 f.). Letztere bildet eine nichtlineare, konkave Relation von Reallohn bzw. Arbeitslosigkeit und Zentralisationsgrad der Lohnverhandlungen ab. Eine Analogie zu H4 liegt darin, daß mit steigendem Zentralisationsgrad der Lohnverhandlungen ein *Internalisierungseffekt* einen zunächst auftretenden *Monopolisierungseffekt* immer mehr *dominiert*, da der Konsumreallohn mit steigendem Zentralisationsgrad immer mehr durch die von den Tarifparteien verursachten pekuniären externen Effekte selbst berührt wird. Da umfassende Interessengruppen bei Olson über deren Anreize, die sozialen Kosten ihrer Entscheidungen zu antizipieren (da diese sie zum großen Teil selbst treffen) und damit Wohlfahrtsverluste für die Gesamtheit zu verringern, definiert werden, ist der Internalisierungseffekt mit dem Olson-Ansatz kompatibel (Olson (1982), S. 47 ff., ders. (1995), S. 595). Zudem bleiben in beiden Ansätzen *latente Guppen*, zu denen nach der Definition Olsons auch die *Outsider* 'ohne Stimme am Markt' gehören, selbst bei umfassenden Lohnverhandlungen unberücksichtigt. Ein Konzept der 'countervailing power' als einer symmetrischen Interessenberücksichtigung ist unter der derzeitigen Anreizstruktur in Industrieländern sowohl gemäß Olson (H5) als auch der IOT nicht vollständig realisierbar. Es läßt sich jedoch empirisch zeigen, daß eine korporatistischere Ausrichtung der Lohnverhandlungen tendenziell zu einer lohnpo-

litischen Disziplinierung der Insider und zu einer stärkeren Berücksichtigung der Interessen von Outsidern geführt hat.[13]

(6) Beide Ansätze charakterisieren die jeweils entstehende unfreiwillige Arbeitslosigkeit als *Such*arbeitslosigkeit. Ein wesentliches Kennzeichen der Olsonschen Erklärung ist es, daß mit zunehmendem Anteil nichtmarkträumender Preise (H2, H5) aus der Sicht der Arbeitssuchenden die Varianz der Erträge gleichqualifizierter Arbeit steige und es sich deshalb immer stärker lohne, nach den relativ höheren Erträgen *zu suchen.* Diese zusätzliche Sucharbeitslosigkeit und die entstehende 'Warteschlange' sei aus Sicht einer optimalen Informationsbeschaffung insofern ineffizient, als die höhere Varianz lediglich auf ein *'lobbying' von Interessengruppen* zurückzuführen sei (Olson (1982), S. 202). Hier eröffnen sich *deutliche Parallelen* zur IOT (Belke, Kösters (1992), S. 20, dies. (1996), S. 115). IO-Theorien werden durch Untersuchungen empirisch untermauert, in denen eine Abhängigkeit der Abgangswahrscheinlichkeit bestimmter Gruppen aus dem Arbeitslosenpool von der Dauer der bisherigen Arbeitslosigkeit festgestellt wird. Dieser 'state-dependence'-Effekt läßt die Schlußfolgerung zu, daß der Langzeitarbeitslosenanteil eine sinkende Intensität der Arbeitsplatzsuche auf Arbeitnehmerseite *begründet.* Eine mit zunehmender Dauer der Arbeitslosigkeit *abnehmende Intensität der Arbeitsplatzsuche* entspricht seitens des Arbeitnehmers ceteris paribus einer (gezwungenermaßen) zunehmenden Präferenz von Freizeit gegenüber der Arbeit. Diese verstärkte Freizeitpräferenz ist erstens als Folge einer *Demoralisierung* nach erfolgloser Arbeitsplatzsuche vorstellbar. Ein zweites, hierzu komplementäres Argument schließt die Höhe der im Arbeitslosigkeitsfall empfangenen *Unterstützungszahlungen* im Verhältnis zum Arbeitseinkommen mit ein. Steigt dieser Quotient, so ergeben sich höhere Opportunitätskosten der Arbeit, und die Suchintensität nimmt ab. Analog hierzu geht Olson explizit auf 'psychic costs' eines Wechsels der Arbeitslosen in den Flexpreissektor und den Wettbewerb der Arbeitslosen um 'monopoly rents and govermental subsidies' ein (Olson (1982), S. 211, ders. (1993), S. 223).

Drittens kann es für Langzeitarbeitslose *mit hohen sektorspezifischen Fähigkeiten* sinnvoll sein, auf eine Wiedereinstellung im ursprünglichen Sektor zu hoffen und die Suchintensität einzuschränken. Aus der Sicht Olsons ist dies z.B. dann wahrscheinlich, wenn Insider als Interessengruppen auf strukturerhaltende Branchensubventionen hinwirken, um *gezielt* die Mobilität der

---

13 Vgl. für Australien Kenyon (1992), und Maddison (1988), S. 26. Vgl. auch Abschnitt 4.2.2.

Outsider einzuschränken und hierdurch ihre Marktmacht in Lohnverhandlungen auszubauen.[14] Als *Ergebnis* bleibt festzuhalten, daß das langzeitarbeitslose Arbeitskräftepotential aufgrund eingeschränkter Suchintensität und hoher Stigmatisierung wie bei Olson *keinen marktwirksamen Konkurrenzdruck* mehr entfaltet und keinen Lohndruck mehr ausübt (Belke, Kösters (1992), S. 19 ff.).

(7) Olson und die IOT-Vertreter beurteilen die Existenz *systemimmanenter Korrekturmechanismen* als unwahrscheinlich. Beide sind *skeptisch* bezüglich der Frage, ob die im Fahrwasser ansteigender Arbeitslosigkeit zu beobachtende *Zunahme der Zahl der Outsider* auf Kosten der Zahl der Insider *letztlich beschäftigungsfördernd* ist. Als Argument für eine Trendumkehr läßt sich anführen, daß ein monotoner Anstieg der Arbeitslosigkeit in alternden Demokratien vor allem aufgrund der Finanzierbarkeitsgrenzen nicht unbegrenzt vorstellbar ist. Insider als ein *bedeutender Teil* des Arbeitskräftepotentials repräsentieren *Wähler*, die möglicherweise die Deregulierungsneigung von Regierungen entscheidend beeinflussen. Wenn die strategische Position der Insider mit zunehmender Dauer hoher Arbeitslosigkeit schwächer wird (Anzeichen: keine dauerhafte Finanzierbarkeit der Arbeitslosenversicherung, wie neuerdings in Ostdeutschland zu beobachten: Unternehmen wehren sich gegen Tarifabschlüsse, die ihre Gewinnmargen zu stark verringern, Mitgliederzahl der Gewerkschaften nimmt stark ab), ist möglicherweise mit einer allmählichen Angleichung der europäischen Arbeitsmarkt- und Sozialsysteme an die US-amerikanischen Verhältnisse zu rechnen.

Weiterhin werden die europäischen Arbeitsmarkt- und Sozialsysteme mit ihren strategischen Einstiegsbarrieren für Outsider nur dann weiter Bestand haben können, wenn Insider *lernen*, daß es zur Erhaltung ihrer Arbeitsplätze rational ist, auch bei zyklischen *Rückgängen* der Arbeitslosigkeit *moderate* Lohnabschlüsse zu tätigen. Die Erfahrung zeigt nämlich, daß beschäftigte Arbeitnehmer, die bei guter Wirtschaftslage ihre Lohnzurückhaltung aufgaben, in den hierdurch eingeleiteten schweren Rezessionen vielfach ihren Arbeitsplatz verloren und hierdurch langfristig zu Outsidern wurden. Für einen derartigen Lernprozeß bestünden insbesondere seitens der Gewerkschaftsführungen Anreize, da sie ansonsten durch die "Amerikanisierung"

[14] Diese Interpretation ist durch empirische Untersuchungen von Saint-Paul (1996) wohlfundiert. Er findet für eine Reihe westeuropäischer Volkswirtschaften die Hypothese bestätigt, daß für eine Erklärung der Höhe von Lohnersatzleistungen 'wage bargaining'-Motive bedeutsamer als sonst generell angenommene 'insurance'-Motive sind.

der Arbeitsmärkte an Einfluß verlören. Diese Inkonsistenz beider Ansätze, den Insidern auch in der langen Frist bedeutende Anreize zu 'kollektiver Selbstschädigung' zu unterstellen, deutet darauf hin, daß die gegenwärtige Beschäftigungsmisere in Westeuropa bzw. in der Euro-Region zu einem gewissen Teil auch auf Diagnoseproblemen beruht. Offensichtlich eignen sich beide Modelle nicht ohne eine Änderung bei der Modellierung der Anreize der Interessengruppen zur Ableitung beschäftigungspolitischer Therapien. Eine derartige Änderung wird in Kapitel 4 vorgenommen, indem das Ausmaß *kollektiver Selbstschädigung* in Form des Grades einer *inflationären Verzerrung* der Geldpolitik (auch interpretierbar als Steuersatz zur Finanzierung der anhaltend hohen Arbeitslosigkeit) modelliert wird. Die Verringerung des Ausmaßes an kollektiver Selbstschädigung wird die 'zweite Dividende' einer Arbeitsmarktreform (neben dem direkten Effekt einer Rückführung der strukturellen Arbeitslosigkeit) genannt werden.

Unabhängig davon, *ob* die Insider *lernen*, besteht also eine Tendenz zum Abbau des IO-Mechanismus (in der Terminologie des Kapitels 4, zu mehr Deregulierung auf Arbeitsmärkten). Die Begründungen für die Ablehnung dieser Sichtweise fallen bei Olson und den Vertretern der IOT unterschiedlich aus. Während es bei Olson die *sinkende Gruppengröße* der Insider ist, die den Anreiz erhöht, vorteilhafte Transaktionen zu blockieren (H1, H5), ist es bei den IO-Modellen die inhärente Tendenz der Lohnverhandlungsgruppen, *selbsterhaltend zu verhandeln* (Modelle vom Blanchard-Summers-Typ) bzw. die Existenz einstellungshemmender 'sunk costs' (Modelle vom Lindbeck-Snower-Typ). Olsons Theorieansatz (H2, H5) ist vorstehenden Überlegungen *diametral entgegengesetzt*, indem er unterstellt, daß "[s]ince the organizational power of insiders increases over time but that of outsiders does not, insider-outsider problems become increasingly serious" (Olson (1995), S. 599). So bleibt es bei der vagen Hoffnung, der Einfluß der Sonderinteressen werde in dem Maße *begrenzt*, wie sich durch die Lektüre seines Werkes eine *Einsicht* in die Vorteilhaftigkeit seiner Therapievorschläge einstelle. Dann aber werde deren politische Durchsetzbarkeit auch leichter (Kirchgässner (1995), S. 23, Olson (1982), S. 236 f., Weede (1986a), S. 149).

(8) Beide Ansätze berücksichtigen, wenn sich auch die Betrachtung hauptsächlich auf die Bedeutung der Verteilungskoalitionen absolut und relativ zur umfassendsten Interessengruppe, der Regierung, fokussiert, auch die Anreizwirkungen möglicher *staatlicher Interventionen*. Die Bezüge zur staatlichen Aktivität sind vielfältig. Indem die Interessengruppen versuchen,

die Durchsetzung ihrer Spezialinteressen durch den Staat sanktionieren zu lassen, tritt der Staat bei Olson als zusätzlicher Akteur im polit-ökonomischen Kräftefeld auf. Olson sieht in der anfänglichen Effizienz der skandinavischen Volkswirtschaften seine Hypothese der Überlegenheit umfassender gegenüber speziellen Interessengruppen bestätigt. Er betont aber gleichzeitig die politische Stärke und die *enge Bindung zu den Regierungen*, welche die Volkswirtschaften letztlich mit einer schweren institutionellen Sklerose zurückgelassen habe (Kirchgässner (1995), S. 20, Olson (1983), S. 23, ders. (1995a), S. 26). Wenn die Verschiedenheit der Organisationen und Koalitionen im Dienste kollektiver Aktion so groß sei, daß der überwiegende Teil der Wirtschaft durch diese abgedeckt wird, komme es zu gravierender unfreiwilliger Arbeitslosigkeit und zu einem 'queing and searching for positions in the organized sector'. Letzteres sei keine optimale Investition in Information, wie es Suchtheorien der Arbeitslosigkeit nahelegen, sondern ein Wettbewerb um Monopolrenten und *Regierungssubventionen* (Olson (1982), S. 211, ders. (1993), S. 222 f.).

Die *Bedeutung des Staates bzw. der Regierung* als relevanter Akteur im polit-ökonomischen Kräftefeld wird bei Olson noch deutlicher, indem er Monopole, die auf kollusiver Aktion beruhen, in ihrer Wirkung mit Monopolen gleichsetzt, die auf kollektive Aktion mit der Zielrichtung "to lobby the government to establish arrangements that are functionally similar to cartels" (Olson (1993), S. 208) zurückzuführen sind. Aus Sicht der IOT bezieht sich das Lobbybestreben in Analogie hierzu auf die rentenbezogenen Fluktuationskosten. Derlei Bezüge auf die Regierung sind im Rahmen der IOT weithin bekannt und werden unter dem Oberpunkt 'Reallohnelastizität der Arbeitsnachfrage' diskutiert. Beispielsweise läßt sich in bezug auf die *Europäische Währungsunion* argumentieren, daß die Antizipation staatlicher Beschäftigungsprogramme oder einer akkomodierenden Geldpolitik die Arbeitsnachfragekurve steiler werden läßt und so die Spielräume der Insider zur Erzielung von Renten erhöht (Lindbeck (1993), S. 64 f., Belke (1996a), S. 17). Da sich zeigen läßt, daß durch diskretionäre Politik die Funktionsweise und Dynamik makroökonomischer Systeme geändert werden können (Lucas-Kritik), wäre es interessant der Frage nachzugehen, inwieweit die keynesianisch orientierte Wirtschaftspolitik v.a. seit den sechziger Jahren zur Entstehung der -sowohl aus der Olsonschen Axiomatik als auch aus der IOT ableitbaren- 'Eurosclerosis' beigetragen haben könnte (Belke, Kösters (1992), S. 31).[15]

---

15 Zur Relevanz der Lucas-Kritik vgl. Belke, Vollmer (1995).

(9) Bei Olson ist eine 'price stickiness' nicht notwendig, um unfreiwillige Arbeitslosigkeit zu erklären. Aber auch die IOT betrachtet 'sticky prices' als ein zufälliges Nebenprodukt von Lohnverhandlungen. Die ausgehandelte Lohnhöhe richtet sich auch nach der für die Weiterbeschäftigung der Insider bedeutsamen konjunkturellen Lage. Reallöhne schwanken dann ohne Beschäftigungsänderung mindestens in einem 'sunk cost'-bestimmten Intervall ('schwache Hysteresis').[16]

(10) Wie bei Olson spielt auch im Rahmen der IO-Ansätze die *Interdependenz* der Arbeitsmärkte und der Produktmärkte sowie der Kapitalmärkte eine entscheidende Rolle und wurde auch explizit modelliert.[17] Lindbeck und Snower vertreten in vielen Publikationen ein Modell, dessen qualitativen Schlußfolgerungen auch bei monopolistischer Konkurrenz sowie Cournot- und Bertrand-Oligopolen auf Gütermärkten gültig sind.[18] Unterschiedliche Monopolisierungsgrade wirken sich auf die Elastizität der Arbeitnachfragekurve aus. Diese bestimmt das Ausmaß der durch die Insider ausbeutbaren Renten (Lindbeck (1993), S. 102 ff., und Belke (1996c), S. 16 f.).[19]

(11) In der Literatur werden oft *Humankapitalansätze komplementär* zur Erklärung von IO-Phänomenen herangezogen. Die Abwertung des Humankapitals der Outsider in Phasen der Arbeitslosigkeit stellt die Kehrseite der -durch IO-Mechanismen verursachten- Mindestlohnarbeitslosigkeit dar. Sie ist aus Sicht der Insider ebenfalls ein strategisches Mittel, das Arbeitsangebot künstlich zu verknappen. Es ergeben sich Analogien zu Olson, da letzterer darauf verweist, daß Arbeitnehmer ein Interesse daran haben, in ihrer Branche das Arbeitsangebot zu restringieren und mit Hilfe von Gewerkschaften über dem Wettbewerbspreis liegende Erträge für Arbeit durchzusetzen. Bei dauerhafter Humankapitalabwertung der Outsider (Arbeitslosigkeits-Hysteresis) steigt die Wahrscheinlichkeit hierfür (Belke, Kösters (1992, 1996)).[20]

---

16 Vgl. Belke, Göcke (1994) und in bezug auf das Verhältnis zwischen Wechselkursen und der Beschäftigung die Kapitel 7 und 8. Für den ersten Aspekt vgl. Olson (1993), S. 211 ff., und Erlei (1996).

17 Für diesen Vorwurf an die Vertreter der IOT vgl. indirekt Olson (1995), S. 599.

18 Vgl. die Literaturhinweise bei Lindbeck (1993), S. 195. Vgl. auch Lindbeck, Snower (1994), S. 6.

19 Olson (1995), S. 594 f., betont die negativen Beschäftigungswirkungen von Monopolpreisen, die *zusätzlich* durch kollektive Interessen geprägt sind.

20 Für die Relevanz von Humankapitalverlusten in Zeiten unfreiwilliger Arbeitslosigkeit im Olson-Modell vgl. Quiggin (1992), S. 265.

(12) Oben wurde angedeutet, daß die Koexistenz eines Gewerkschaftssektors und eines Bereichs wettbewerblicher Arbeitsmärkte den Erklärungswert der IOT nur unwesentlich einschränke. Wie bei Olson reiche es zur Erklärung suboptimaler Arbeitslosigkeits- und Wachstumsverläufe aus, *nur für einen Teil* der Märkte kollektive Interessen und 'sticky wages' zu unterstellen. Zum einen seien die Lohnabschlüsse im Gewerkschaftssektor auch für Unternehmen anderer Bereiche bindend. Zum anderen werde die Entstehung neuer outsiderabsorbierender Unternehmen verhindert (Blanchard, Summers (1986), S. 332 f., Olson (1995), S. 596).[21]

(13) Eine weitere Parallele zum Olson-Ansatz besteht also darin, daß die von Verteilungskoalitionen, hier den Tarifparteien (Arbeitgeberverbände und Gewerkschaften), durchgesetzten Verzerrungen relativer Preise, hier: der Reallöhne, *Zugangsschranken* für Outsider und Newcomer-Unternehmen darstellen. Diese tragen zu unfreiwilliger Arbeitslosigkeit bei. Die neuere Diskussion um die Anwendbarkeit der IO-Ansätze zur Erklärung der anhaltend hohen Arbeitslosigkeit in Ostdeutschland nach der Wiedervereinigung und zur Prognose möglicher negativer Beschäftigungswirkungen der Europäischen Währungsunion macht deutlich, daß nicht nur Gewerkschaften, sondern *auch Arbeitgeberverbände* ein profundes Interesse daran haben können, über zu hohe und undifferenzierte Löhne Zugangsschranken für Newcomer-Unternehmen zu errichten (Belke (1996a), S. 23 und 29). Aber auch eine positive Beeinflussung des *Ausmaßes* und der *Dauer* des Empfangs von Lohnersatzleistungen ist sowohl bei Olson als auch im Rahmen der IOT für die Tarifparteien von strategischem Interesse, da sie den Reservationslohn der Outsider hierdurch erhöhen und so ebenfalls das Arbeitsangebot verknappen können ('System kommunizierender Röhren'). Arbeitmarktreformen lassen sich in entsprechenden Modellen (siehe Kapitel 4 dieser Arbeit) somit außer durch eine erhöhte Lohnspreizung beispielsweise auch durch eine verringerte Dauer des Bezugs von Lohnersatzleistungen operationalisieren.[22] Weitere indirekte Einflußmöglichkeiten der Interessengruppen ergeben sich durch die 'institutional propagation mechanisms' des IO-Zusammenhangs, die von Olson ebenfalls angedeutet werden (Belke, Kösters (1996), S. 115 ff.).

---

21 Darüber hinaus richten Blanchard, Summers (1986) wie Olson ihr Hauptaugenmerk auf eine empirische Analyse der europäischen Depression, beginnend gegen Mitte der 70er Jahre, und der US-amerikanischen Depression in den dreißiger Jahren aus dem Blickwinkel der IOT. Vgl. Olson (1982), S. 190.

22 Vgl. Olson (1993), S. 222 f. Für die IOT vgl. Belke, Kösters (1996), S. 115 f.

3.3.2 Unterschiede

Gegen die Hypothese einer 'großen inhaltlichen 'Schnittmenge' beider Forschungsprogramme sprechen die folgenden *Unterschiede* beider Ansätze.

(1) Die enorm gute deutsche Wachstumsperformance in der Nachkriegszeit und das 'Beschäftigungswunder' läßt sich *nicht (hauptsächlich) als Folge schwacher Koalitionen* im Olsonschen Sinn interpretieren. Zwar lassen sich Interessengruppen nicht als irrelevant abtun. Jedoch lassen sich die Triebkräfte eher auf der Angebotsseite und der *Art der Spezialisierung* der deutschen Wirtschaft ansiedeln. Aus dieser Sicht wurden die Effektivität von Interessengruppen durch eine Reihe von *nicht antizipierten positiven Produktivitäts- und Terms of Trade-Schocks schlicht ausgehebelt.* Da letztere systematisch unterschätzt wurden, erwiesen sich alle Kollektivverhandlungsstrategien -so aggressiv sie auch zunächst beabsichtigt waren- in der Rückschau als extrem moderat. Diese Schocks, die zuallererst auf der Reintegration Westdeutschlands in die Weltwirtschaft beruhten, hatten persistente positive Output- und Beschäftigungseffekte im Sinne von Lindbeck, Snower und Blanchard, Summers zur Folge. Insider spielten zwar nach wie vor ihre Rolle. Hysteretische Trägheiten waren nicht ausgeschaltet, wurden jedoch aufgrund vorteilhafter Umstände irrelevant. Analog hierzu führte das sukzessive Schrumpfen der Industrie in der Mitte der siebziger Jahre, den frühen achtziger und den neunziger Jahren zu negativen Persistenzeffekten.

In einem *relativ stabilen institutionellen Anreizsystem* lagen somit -in auffälligem Widerspruch zu Olsons Hypothesen- überaus *unterschiedliche* Wachstumsverläufe sowie *verschiedene* Grade von Arbeitslosigkeitspersistenz (bis hin zu Hysteresis) und Beschäftigungswachstum vor. Bei der Analyse der wirtschaftlichen Entwicklung seit der Mitte der siebziger Jahre zeigt sich einer der *gravierendsten Unterschiede* des Olsonschen Ansatzes und der IOT. Olson schreibt negativen fundamentalen exogenen Systemschocks, zu denen aber zweifellos auch der Zusammenbruch des Bretton Woods-Systems und die beiden Ölpreisschocks gehören (Maddison (1988), S. 27), durch die 'cleaning the slate'-Effekte prinzipiell *positive Beschäftigungseffekte* zu, da das Anreizsystem auf eine neue 'günstigere' Trajektorie gelange (H6). Bei Olson fehlt dann aber eine Erklärung dafür, warum nicht in allen Industrieländern, die zumindest durch die Ölpreisschocks in ähnlicher Intensität getroffen wurden, eine *gleichgerichtete Verbesserung* der ökonomischen Performance zu beobachten war. Die Vertreter der IOT hingegen sehen in den überzogenen Lohnforderungen (also einer intensivierten Durchsetzung spezieller Interessen) im Fahrwasser dieser Schocks die Ursache dafür, daß sich die Arbeitslosigkeit auf ein höheres Niveau einpendelte und sich (im Extremfall hysteretische) *negative Beschäftigungseffekte* einstellten (Maddison (1988), S. 27, Paqué (1993), S. 15 und 21 f., Belke (1996e)).[23]

(2) Bei der Interpretation des *Charakters* und der *Implikationen* der gerade angesprochenen Schocks *für den Zeitpfad* der Arbeitslosigkeit bzw. der Beschäftigung liegen *gravierende Interpretationsunterschiede* vor. Die herausragende Bedeutung von Schocks im Olsonschen Theoriegebäude wird schon daran deutlich, daß die überwiegende Zahl der Tests der Hypothese H2 auf Vergleichen von Wachstumsraten von zwei Ländergruppen beruhen. Die eine war in der Vergangenheit Schocks ausgesetzt, die andere aber nicht.[24] Um mit Quiggin (1992) zu sprechen: "Some of the most striking features of the [Olson, Einf. d. Verf.] model arise with the notion of shocks" (Quiggin (1992), S. 265). Der erste Interpretationsunterschied betrifft den *Betrag* der für eine Trendumkehr der Arbeitslosigkeit bzw. Beschäftigung notwendigen Schocks. Bei Olson müssen Schocks, die notwendigerweise "shocks to the social order"[25] darstellen, *hinreichend groß* sein, damit ein Netzwerk von Interessengruppen zerstört werden kann oder dieses zumindest andere Systemeigenschaften annimmt. Bildlich gesprochen muß erst ein bestimmtes Energiepotential überwunden werden, damit ein Schock persistente Wirkungen entfalten kann. Dieser Schock muß zwar nicht auf eine *andere Trajektorie* der Arbeitslosigkeits- bzw. Beschäftigungsentwicklung führen (wie bei 'starker' Hysteresis). Er sollte aber zumindest dafür sorgen, daß der notwendigerweise durch positive Zuwachsraten gekennzeichnete Zeitpfad, ausgehend von einem neuen niedrigen Startwert, erneut durchlaufen werden kann. Bei der weiter oben angesprochenen 'sunk cost'-Hysteresis, die auf IO-Mechanismen beruht, hingegen genügen im Gegensatz zur Olsonschen Theorie schon *geringe Schocks*, um das Beschäftigungssystem bzw. die Anreize der beteiligten Akteure dauerhaft zu verändern (starke Hysteresis, Kapitel 7 und 8)).

---

23 Es fällt auf, daß Olson kaum auf Ursachen für den Rückgang der realen Aktivität seit 1973 eingeht. Im Prinzip hätte er in bezug auf diese Schocks die Relevanz seiner Hypothese H4 diskutieren können. Denn, um diesen Schocks zu begegnen, wäre eine Anpassung der realen Arbeitskosten notwendig gewesen. Es wird lediglich erwähnt, daß die "price stickiness" in allen Industrieländern zugenommen habe. Vgl. Maddison (1988), S. 28.

24 Vgl. Olson (1982) und die empirischen Beiträge in Mueller (1983).

25 Quiggin (1992), S. 261. Vgl. auch Maddison (1988), S. 26.

Empirischen Untersuchungen zufolge haben die meisten 'high-frequency policy shocks' jedoch nur transitorische Auswirkungen auf die Höhe der (gleichgewichtigen) Arbeitslosigkeit. Ähnlich wie bei Olson sind nur *gravierende exogene Schocks* dazu in der Lage, die Arbeitslosigkeit *permanent* zu beeinflussen.[26] Ein zweiter Interpretationsunterschied betrifft das prognostizierte *Verhältnis zwischen Vorzeichen der Schocks und Vorzeichen der Arbeitslosigkeits- bzw. Beschäftigungseffekte*. Bei Olson haben *'destructive shocks'*, die Koalitionen aufbrechen, *positive* Auswirkungen auf die Entwicklung der Arbeitslosigkeit. In Analogie zu Schumpeter (1961) interpretiert er gravierende negative Schocks wie Revolutionen und Kriegsniederlagen als 'creative destruction'. Olson stellt insofern eine *Übertragung der Schumpeter-Sicht* von der ökonomischen ('role of ideas') in die politökonomische Sphäre ('interest groups') dar, als bei Schumpeter Depressionen zu einer Zerstörung ineffizienter und überbürokratisierter Unternehmen führen (Quiggin (1992), S. 262).

Die IOT impliziert in Fällen *säkularer negativer* Schocks, wie z.B. der beiden Ölpreisschocks, eher das *genaue Gegenteil*, eine nur unzureichende Lohnzurückhaltung, die zu einer weiteren Verkleinerung der Insider-Gruppe führt, und so das erreichte höhere Arbeitslosigkeitsniveau im Zuge der anschließenden Schockumkehrung und Konjunkturerholung perpetuiert. Sie sagen somit im Falle *negativer* Schocks ceteris paribus in keynesianischer Manier einen zumindest *persistenten Anstieg der Arbeitslosigkeit* voraus. Damit die Olson-Hypothese zu ähnlichen Schlußfolgerungen wie die IO-Ansätze führt, ist aus der Sicht Olsons somit zusätzlich zu fordern, daß die negativen Schocks so groß sein müssen, daß sie nicht das *bestehende* Anreizsystem vom IO-Typ weiter arbeitslosigkeitserhöhend wirken lassen, sondern das *Anreizsystem* in beschäftigungsbegünstigender Weise *verändern* (z.B. durch Reformen, Kapitel 4).

(3) Hinsichtlich der Beschäftigungswirkungen *positiver*, also expansiver, Schocks scheinen beide Theorieansätze auf den ersten Blick *zu ähnlichen Schlußfolgerungen* zu gelangen. Zwar erwähnt Olson im Gegensatz hierzu einen Fall, in dem positive Schocks zu negativen Wirkungen auf die Beschäftigung führen ('prices stuck too low'). Er verwirft ihn jedoch wiederum mit der Begründung, daß diese Konstellation nicht mit einer im Konjunkturverlauf beobachtbaren Prozyklik der Preise vereinbar erscheint (Olson (1993), S. 204 ff.). Wirtschaftliche Integration und Freihandel jedoch, in der

[26] Für eine empirische Untersuchung der Auswirkungen von 'great crashes' auf deutsche und U.S.-Arbeitslosigkeitszeitreihen vgl. Belke (1996b).

Lesart Olsons Arten einer '*jurisdictional integration*', führen nach Olson zu erheblichen Benefits, da Interessengruppen, die vorher auf der Ebene individueller Staaten gewirkt hätten, weniger effektiv werden und auf Gemeinschaftsebene erhebliche Zeit beanspruchen, sich zu organisieren. Somit fallen die erheblichen Übergangskosten von 'destructive shocks' nicht an. Allerdings bauen sich die positiven Wachstums- und Beschäftigungseffekte im Zeitablauf aufgrund zunehmender Sklerose wieder allmählich ab (Olson (1982), S. 119 ff., S. 125 ff. und S. 141 f., ders. (1995), S. 598, und Quiggin (1992), S. 263). Als Grund hierfür nennt Olson die Anreize und die Fähigkeit von Verteilungskoalitionen, sich gegen institutionelle Veränderungen zu stellen, die ihren Anteil am Produkt schmälern würden. Der Widerstand nationaler Gewerkschaften und Arbeitgeberverbände gegen den Zustrom von (billigerer) Arbeit aus dem Ausland und die Niederlassungsfreiheit (mit günstigeren Lohnstückkosten produzierender) ausländischer Unternehmen sei nur ein wohlbegründetes Beispiel unter vielen (Olson (1982), S. 142 ff.). Diese Argumentationskette geht auch mit IO-Ansätzen konform und wird gegenwärtig im Hinblick auf die Beschäftigungswirkungen der Europäischen Währungsunion diskutiert (z.B. die europäische Entsenderichtlinie, die am 23.09.1996 im Sozialministerrat der Union beschlossen wurde, Belke (1996a, 1998a, 1998b)). Wenn aber auch eine 'jurisdictional integration' letztlich nicht zu sinkender Arbeitslosigkeit führt, können Phasen *fallender* Arbeitslosigkeit, wie sie in letzter Zeit für Deutschland (1982-1990) und Großbritannien (1983-1990 und seit 1992) auftraten, *im Gegensatz zur IOT* im Rahmen der Olsonschen Axiomatik *nicht erklärt* werden. Positive Beschäftigungseffekte expansiver Schocks werden von Olson zwar auch im Falle von monolithischen Monopolen abgeleitet (Fall eines 'prices stuck too high'). Diese Konstellation sei einerseits mit der zu beobachtenden Prozyklik der Preise vereinbar, jedoch komme andererseits der Rationierungscharakter (im Falle kontraktiver Schocks) hier noch nicht genügend zum Ausdruck (Olson (1993), S. 207 ff.).

3.3.3 Zur empirischen Validität beider Ansätze

Im folgenden wird exemplarisch auf empirische Tests der Olson-Hypothese H2 eingegangen. Zum einen ist letztere in dynamischer Version der IO-Hypothese im Hinblick auf den implizierten Arbeitslosigkeitsverlauf phänotypisch ähnlich, da sie einen (monoton) steigenden Trend unterstellt. Dabei ist aber zu beachten, daß letztere voraussetzt, daß im Zeitablauf negative

Schocks die Richtung des Verlaufs der Arbeitslosigkeit geprägt haben.[27] Zum anderen wurde sie bisher mit Abstand am häufigsten empirisch getestet. Im Anschluß daran werden empirische Testverfahren der IOT dargestellt und hinsichtlich der Schätzgüte mit denen des Olson-Ansatzes verglichen.

Weiter oben wurde bereits angedeutet, daß in den bisherigen empirischen Studien zur Olson-Hypothese H2 die Entwicklung der realen Aktivität in Abhängigkeit vom Alter der Demokratie und/oder dem Korporatismusgrad H2 meistens zugleich aus einer Längsschnitts- und einer Querschnittsperspektive betrachtet ('pooling of cross-sectional and time series data') und empirisch analysiert wurde. Wie Schumpeter (1961) im Hinblick auf seine 'creative destruction'-Hypothese, stellt auch Olson seine Argumente *nicht vollständig formal* dar. Deshalb ist nicht unmittelbar ersichtlich, *wie* seine Hypothesen zu testen sind. Dies erscheint gravierend, da oben ein Problem der 'observational equivalence' von IOT und Olson-Ansatz identifiziert wurde. Olson (1982) immunisiert sich jedoch prinzipiell gegen Falsifizierungsversuche (Olson (1982), S. 11). Zwar testet er seine Hypothesen im Gegensatz zu Lindbeck, Snower, aber genau wie Blanchard, Summers (1986) selbst. Olsons eigene Untersuchungen lassen sich jedoch *nicht als Kausalanalyse* verstehen und unterliegen daher der Gefahr dritte, ebenfalls relevante Faktoren zu vernachlässigen. Beispielsweise vermögen die empirischen Untersuchungen Olsons in bezug auf die unmittelbare Nachkriegsgeschichte nicht zwischen einer (Olsonschen) schrittweisen Ausdehnung der 'collective action' vom (Nicht-Olsonschen) Wachstum der 'collective interests' an sich zu separieren (Paqué (1993), S. 3 f., ders. (1996)). Olson selbst nennt als Problem einer Querschnittsbetrachtung, daß unterschiedliche Länder oder historische Zeitabschnitte durch verschiedene geld- und fiskalpolitische Regimes und eine unterschiedliche Schockfrequenz gekennzeichnet seien (Olson (1982), S. 217). Darüber hinaus läßt sich aus theoretischer Sicht gegen die Resultate Olsons einwenden, daß zur Erklärung des westdeutschen Wirtschaftswunders weder eine pauschale Vernichtung verteilungspolitisch orientierter Koalitionen nach dem zweiten Weltkrieg noch eine Olsonsche Sklerose im Anschluß daran ausgemacht werden könne.[28] Um mit Blanchard, Summers (1986) zu sprechen: "labour market institutions were similar in the two periods but the pattern of shocks was very diffe-

---

27 Tests von H2 in der statischen Version entsprechen Querschnittstests der 'hump shape'-Hypothese.

28 Vgl. vor allem Paqué (1993) und ders. (1996).

rent" (Blanchard, Summers (1986), S. 347). Auch lasse sich für die Zeit nach dem zweiten Weltkrieg *keine Olsonsche Diskontinuität* ausmachen, die durch einen 'shift' von aggressiven Lohnforderungen, basierend auf engen Gruppeninteressen, hin zu 'encompassing' Gewerkschaften, die im Interesse der gesamten Wirtschaft moderat agieren, gekennzeichnet ist (Paqué (1993), S. 11 f.).

Bisherige empirische Studien zu H2 liefern für die OECD-Staaten nach dem zweiten Weltkrieg ein gemischtes Bild in bezug auf die Wachstumsrate des Sozial- oder Inlandsproduktes und/oder auf die Arbeitslosenquote.[29] *Positive* Ergebnisse werden u.a. von Bernholz (1986), Choi (1983) und Weede (1986, 1986a), *negative* Resultate u.a. von Pryor (1983, 1987) und Quiggin (1992) erzielt. Die positiven Resultate sind jedoch kritisch zu bewerten. Die Resultate von Weede zur Relation von Alter der Demokratie und Arbeitslosigkeit stellen "ziemlich enttäuschende Ergebnisse" (Weede (1986), S. 149) dar, da sie stark von der Zusammensetzung des Ländersamples abhängen. Darüber hinaus schneiden bei ihm die *gepoolten* Ergebnisse regelmäßig *besser* ab als die *Querschnitts*analysen, was darauf hin deutet, daß möglicherweise in der gepoolten Analyse der allen Ländern gemeinsame *Zeittrend* des Wachstums bzw. der Arbeitslosenrate die anderen Einflußgrößen *dominiert*. Schließlich werden in den genannten empirischen Studien mit Ausnahme des Bestimmtheitsmaßes keine Teststatistiken angegeben, die auch nur annähernd etwas über die Qualität der Schätzungen aussagen könnten. Dies ist um so gravierender, als viele der traditionellen Teststatistiken im Hinblick auf Zeitreihen *mit stochastischem Trend* bei der üblichen Spezifikation der Olson-Tests -wenn diese überhaupt als Testgleichungen spezifiziert werden und nicht nur wie viele empirische Untersuchungen zu H2 in Mueller (1983) als beschreibende Darstellungen konzipiert sind- keine Aussagekraft besitzen. Da beschreibende Untersuchungen keine Aussage über Sicherheitswahrscheinlichkeiten zulassen, stellen diese erst recht keinen Ersatz für formale empirische Tests dar (Kirchgässner (1995), S. 21 ff.).

Empirischen Untersuchungen zufolge lassen sich nämlich die von Olson betrachteten BSP- bzw. BIP-Wachstums- und -mit gewissen Einschränkungen- auch die Arbeitslosigkeitszeitreihen als Reihen mit *stochastischem*

---

[29] Die Ergebnisse empirischer Tests der Olson-Hypothese für das reale Wachstum sind auch in bezug auf die Gültigkeit dieser Hypothese für die Arbeitslosigkeit relevant, sofern man ausschließt, daß die Beschäftigungsschwelle im Zeitablauf nicht sinkt. Letzteres läßt sich für die westeuropäischen Volkswirtschaften empirisch bestätigen. Vgl. Belke, Kösters (1996), S. 110.

Trend interpretieren. Die Hypothese der Nichtstationarität ist für diese in bezug auf westliche Industrieländer überwiegend nicht abzulehnen (Belke (1996b)). Dann aber ergeben sich *erhebliche Probleme der statistischen Inferenz*, wenn wie von oben genannten Autoren ein gemeinsamer (deterministischer) Trend in den einzelnen Ländergleichungen spezifiziert wird.[30] Diese Probleme erfordern ein weitaus fortgeschritteneres zeitreihenanalytisches Instrumentarium, als es von den genannten Autoren, einschließlich Olson selbst, verwendet wird. Da dieses Instrumentarium mittlerweile in Gestalt von Verfahren der *(Ko-)Integration* und/oder adäquater *Schätzverfahren für gepoolte Zeitreihen* in den gängigen Software-Paketen zur Verfügung steht, ist zu hoffen, daß die *Unterrepräsentation* korrekt durchgeführter *empirischer Untersuchungen* der Olson-Hypothesen im Vergleich zu fundierten *theoretischen* Olson-Abhandlungen demnächst ausgeglichen wird. Ein weiteres Problem der Stochastizität der bei Olson relevanten Zeitreihen besteht darin, daß arbeitslosigkeitserhöhende Interventionen, die nach Olson *permanent* auftreten, zu anhaltend positiven Zuwächsen der Arbeitslosigkeit führen. Letztere sind für westeuropäische Volkswirtschaften in der Vergangenheit nicht zu beobachten gewesen und für die Zukunft auch nicht plausibel, weil sie irgendwann einmal an Akzeptanz- und Finanzierbarkeitsgrenzen stoßen. Es zählt vielmehr mittlerweile zu den stilisierten Fakten der westeuropäischen Konjunkturentwicklung, daß die Arbeitslosigkeit durch mehrere Schocks als *transitorische* Inputs schrittweise erhöht wurde, wonach hysteretische Prozesse oder zumindest ein 'slow adjustment' eine Rückkehr auf das alte niedrige Niveau verringerten (Belke, Kösters (1996), Weede (1986a), S. 149, Kapitel 7 und 8).

Als weitere Kritik an der empirischen Vorgehensweise wird geübt, daß die Testansätze prinzipiell *fehlspezifiziert* seien. Ein *Fehler in den Variablen* entstehe dadurch, daß *nicht* das *Alter der Demokratie an sich* von Olson als entscheidend für den Niedergang der makroökonomischen Performance angesehen werde. Es sei vielmehr der *Einfluß der Interessengruppen*, der indirekt durch das Alter der Demokratie bestimmt werde. Mehrdeutigkeiten ergäben sich z.B. dadurch, daß junge Demokratien mit relativ umfassenden Interessengruppen (wie Deutschland nach dem 2. Weltkrieg) oder befreit von Interessengruppen ihre Entwicklung beginnen könnten. Gemäß H4 und H5 kommt es dann aber zu unterschiedlichen Zeitpfaden der Arbeitslosig-

---

[30] Diese betreffen im Falle eines deterministischen Trends die Existenz von "spurious trends" und das Auftreten von "cross-sectional autocorrelations". Vgl. Belke (1996), S. 228 ff.

keit. Vorzuziehen sei es, die *Stärke der Interessengruppen* z.B. in Gestalt von Dummy-Variablen direkt *als Erklärende* mit in die Schätzgleichung aufzunehmen. Pryor (1983) greift hierzu auf die Erklärenden 'Bevölkerung der betreffenden Nation', 'ethnische und religiöse Heterogenität' (als negative Korrelate umfassender Interessengruppen), 'vormalige politische Dominanz kommunistischer Parteien' (als positives Korrelat umfassender Interessengruppen) zurück. Diese erweisen sich jedoch als nicht signifikant (Kirchgässner (1995), S. 22 f., Pryor (1983), S. 94 f., Pryor (1987), S. 225).[31]

Schließlich werde oft die konkurrierende 'catch up'-Hypothese unterschlagen, d.h. nicht explizit als Alternative zu H2 formuliert oder als Bereinigungsfaktor des Einflusses der Interessengruppen berücksichtigt. Die 'catch up'-Hypothese besagt, daß das Wirtschaftswachstum um so höher ausfällt, je weiter eine Volkswirtschaft unter dem Einkommens- und Produktivitätsniveau der führenden Nation liegt. Der Grund hierfür liegt in der Möglichkeit der aufholenden Länder, neue Technologien und Institutionen ohne erheblichen F&E-Aufwand vom führenden Land zu adaptieren. Faktormobilität vorausgesetzt, werden Volkswirtschaften mit einem niedrigen Ausgangsniveau des Pro-Kopf-Einkommens hinsichtlich diesem *konvergieren* und bis dahin relativ schneller wachsen.[32] Dann aber seien in die H2-Testgleichungen auch Maßgrößen für das Ausgangsproduktivitätsniveau zu implementieren, da sonst das relativ langsame Wachstum von Nationen, die relativ früh den Industrialisierungsprozeß durchlaufen hätten, ungerechtfertigt dem Einfluß von Interessengruppen zugeschrieben werde (Quiggin (1992), S. 266, Maddison (1988), S. 27, Nardinelli, Wallace, Warner (1987), S. 204 f., Kirchgässner (1995), S. 22 f., Weede (1986), S. 233 f.). Es fehlt mit anderen Worten eine konkrete Nullhypothese, die auf einem alternativen Erklärungsansatz beruht. Eine entscheidende Schwäche der bisher durchgeführten Tests der Olson-Hypothese, wie z.B. Choi (1983) und Pryor (1983), ist es, die Nullhypothese derart zu spezifizieren, daß weder das Olson-Modell noch alternative Erklärungsansätze hiermit konsistent sind: die ökonomische Wachstumsrate und damit auch die Beschäftigung bleiben nach einem Schock unverändert (Quiggin (1992), S. 266). In gängigen H2-

---

31 Weitere Korrelate werden von Quiggin (1992), S. 274, entwickelt und zur Formulierung testbarer Hypothesen vorgeschlagen.

32 Für Evidenz vgl. Pryor (1983), S. 96 ff., und empirische Untersuchungen zur Neuen Wachstumstheorie.

Testansätzen seien somit konkurrierende Hypothesen nicht -wie erforderlich- in einem Ansatz 'geschachtelt'.

Insgesamt gesehen, erscheint die Evidenz für einen positiven Einfluß des Alters einer Demokratie auf das Wachstum und die Arbeitslosigkeit vor allem wegen der unvollkommenen Verfahren bislang eher unzureichend. Dies schließt aber nicht aus, daß signifikante Wirkungen von Interessengruppen auf die makroökonomische und hierbei insbesondere auf die Arbeitsmarkt-Performance in Industrieländern bestehen. Ein Verdienst der genannten Untersuchungen ist es, die -bisher eher weniger empirisch getestete- Hypothese untersucht zu haben, *ob* Gewerkschaften durch Machtmittel überhöhte Löhne erzielen *und* dadurch Arbeitslosigkeit erzeugen können.[33] Für einen überzeugenden empirischen Nachweis bedarf es jedoch einer hinreichend feinen Operationalisierung des Einflusses von Interessengruppen, einer stringenteren Formulierung der Hypothesen Olsons und einer Testprozedur, die dem stochastischen Trend der relevanten Zeitreihen Rechnung trägt. Auf diesem Gebiet existiert weiterer Forschungsbedarf.

Wenn hingegen die empirische Evidenz der IOT getestet wird, werden vorwiegend *fünf verschiedene Testprozeduren* angewendet. *Erstens* werden Lohn- bzw. Phillipskurvengleichungen als Basis verwendet. Die Relevanz des IO-Ansatzes kann dann nicht abgelehnt werden, wenn die Lohnwachstumsrate zwar von Änderungen der Arbeitslosigkeit, nicht aber von ihrem Niveau abhängig ist. Ebenfalls liegt eine empirische Bestätigung nahe, wenn die Lohnwachstumsrate von kurzfristiger, nicht aber von langfristiger Arbeitslosigkeit determiniert wird. Beide Spezifikationen reflektieren den verschwindenden Einfluß der Arbeitslosen auf die Lohnverhandlungen mit zunehmender Dauer der Arbeitslosigkeit. Empirische Untersuchungen zur 'hump shape'-Hypothese greifen zusätzlich den Zentralisationsgrad von Tarifverhandlungen auf und operationalisieren diesen in Lohngleichungen. Insofern als Lohngleichungen um den Einfluß der zusätzlichen ökonomischen oder polit-ökonomischen Erklärenden bereinigt werden, wird ein *Fehler in den Variablen,* eine daraus resultierende Fehlspezifikation *wie bei Tests der Olson-Hypothesen* und der Vorwurf einer *atheoretischen,* rein statistisch orientierten Vorgehensweise *vermieden.*

Zweitens werden für Tests der IOT Techniken zur Analyse der Zeitreiheneigenschaften der Arbeitslosigkeit angewendet. Dies empfiehlt sich deshalb,

---

[33] Erheblichen Forschungsbedarf in dieser Richtung sehen Blanchflower, Millward, Oswald (1991), S. 815.

weil die empirisch in begrenzten Stichproben schwer unterscheidbaren Ansätze 'langsame Anpassung an eine Natürliche Rate vom Friedman-Phelps-Typ' und 'IO-Hysteresis' in einem Ansatz zu schachteln sind. Während ersterer eine 'Stationarität' der Arbeitslosigkeit um eine zeitpfadunabhängige Natural Rate impliziert, führt letzterer zu einem fundamental anderen testbaren Gleichgewichtskonzept: einer lokal instabilen, nicht-stationären Arbeitslosenrate mit einer Gleichgewichtslage, die durch vergangene Schocks determiniert wird. Obwohl sich die meisten Studien auf univariate Einheitswurzel-Tests beschränken, kann gezeigt werden, daß ein multivariater Ansatz in einem Fehlerkorrekturmodell einfachen Einheitswurzel-Tests überlegen ist.[34] Einheitswurzeln ('Unit Roots') beziehen sich auf die Degeneration der Anpassungsdynamik in einer einzelnen Zeitreihe oder einem Gleichungssystem. Somit *vermeiden* gängige zeitreihenanalytisch orientierte Tests der IOT den *Fehler der Untersuchungen des Olson-Ansatzes*, bei der Spezifikation der Testgleichungen und der Inferenz die *Nichtstationarität* der Zeitreihen *zu mißachten*. Im Gegenteil, die mögliche Nichtstationarität als Ausfluß der Theorie selbst rückt in den *Mittelpunkt* der Betrachtung und wird selbst getestet.

Eine *dritte* Möglichkeit, die IOT empirisch zu testen, basiert auf Beveridgekurvengleichungen, in die zusätzlich eine Langzeitarbeitslosigkeitsvariable implementiert wird. *Viertens* werden Lohnquoten berechnet, um die mit IO-Hysteresis kompatible Hypothese zu testen, daß das durchschnittliche Reallohnwachstum nicht unter die aggregierte Arbeitsproduktivität fällt. *Fünftens* wird auf eine positive Korrelation der Volatilität von Reallöhnen und der Höhe der Arbeitslosigkeit getestet (Belke, Kösters (1996), S. 120 f.).

Belke, Kösters (1992) geben einen Überblick über empirische Anwendungen für die ersten drei Testverfahren auf westeuropäische Industrieländer. Im Gegensatz zu Tests der Olson-Hypothesen liegt hier ein breiter Fundus an Untersuchungen vor. Die Ergebnisse weisen für Stützzeiträume ab 1970 auf die potentielle Relevanz des IO-Phänomens für einige kontinentaleuropäische Länder wie Deutschland, Frankreich, Spanien, Italien, Dänemark und die Niederlande hin. Eine tiefere Analyse deutet zudem *Abstufungen zwischen Ländern* in bezug auf den Grad der Persistenz in Fällen an, in denen die Hysteresis-Hypothese abgelehnt wird. Beide Beobachtungen sind *mit den empirischen Beobachtungen Olsons*, insbesondere dem 'Eurosclerosis'-Phänomen, *kompatibel*. Wie zuvor angeführt, sieht Olson für Deutsch-

---

[34] Vgl. Belke, Göcke (1994, 1997) für ein Insider-Outsider-Modell mit 'versunkenen' Kosten.

land und Italien als Gewinner aus der 'clean institutional slate' nach dem zweiten Weltkrieg, sowie Frankreich, Dänemark und die Niederlande als von den Achsenmächten ehemals besetzte Länder das Ende des 'economic miracle' aufgrund der Akkumulation von Organisationen mit Spezialinteressen gekommen. Spanien stellt mit seinen seit längerer Zeit exorbitant hohen und erst in jüngster Zeit sinkenden Arbeitslosenraten aus Sicht Olsons einen Ausreißer dar, da nach lange politisch stabilen Verhältnissen unter dem Franco-Regime erst vor relativ kurzer Zeit ein Wechsel zur Demokratie stattgefunden hat. Für Großbritannien zeigen jüngere Tests der IOT eine abnehmende Arbeitslosigkeitspersistenz an. Dies ist angesichts der gravierenden, am Arbeitsmarkt deutlich greifenden Thatcher-Reformen wiederum mit Olsons Perspektive vereinbar. Unterschiedliche Persistenzgrade unfreiwilliger Arbeitslosigkeit innerhalb Europas können nach Olson aus unterschiedlichen Zentralisationsgraden von Lohnverhandlungen, Ausgestaltungen wohlfahrtsstaatlicher Regelungen etc. resultieren. Gemeinsam ist beiden Ansätzen weiterhin, daß jeweils auf einen vermuteten *Trend* in der Arbeitslosigkeitszeitreihe getestet wird. Bei Olson ist dieser *deterministisch*, bei den Vertretern der IOT *stochastisch.* Darüber hinaus scheint eine *'self-exciting threshold autoregressive'*-Modellierung (SETAR) des Arbeitslosigkeitsverlaufs gleichzeitig zur Darstellung von IO-Hysteresis und von 'Overshooting'-Effekten der Arbeitslosigkeit in Wohlfahrtsstaaten, die nach Olson durch überbordende Kollektivinteressen verursacht sind, geeignet zu sein. Diese Modellierung impliziert, daß die Wahrscheinlichkeit eines Überschießens der Arbeitslosigkeit über ihr bisheriges Maximum negativ mit ihrem bisher erreichten Niveau korreliert (Olson (1995a), S. 24, Belke (1996), S. 460 ff.).

Zu klären bleibt, warum Olson auch noch in jüngeren Publikationen gerade den Ländern mit der *besten Performance* in bezug auf die Arbeitslosigkeitspersistenz und den *besten institutionellen Voraussetzungen* gegen die Wirksamkeit von IO-Ansätzen, Großbritannien und den USA, vernichtende Aussichten für die Lösung ihrer Beschäftigungsprobleme unterstellt. Die Dichte der Organisationen kollektiver Aktion und der mikroökonomischen Politiken, die sie der Regierung durch Lobby-Aktivitäten abgetrotzt hätten, sei so hoch, daß diese Länder selbst dann ernsthafte Probleme hätten, Vollbeschäftigung und eine Vollauslastung der Kapazitäten zu erlangen, wenn sie sich in einer *Gleichgewichtslage* befänden. Zudem gerieten sie in ernsthafte Probleme, selbst wenn es sich um *überaus geringe* disinflationäre Schocks handelte. Olson diagnostiziert somit für Großbritannien und die USA *starke Hysteresis* in der Beschäftigung, da selbst kleine Schocks signifikant andere

Charakteristika der Gleichgewichtslage implizieren (Olson (1993), S. 223, und Belke, Göcke (1994, 1997)). Hier liegt ein Widerspruch zu einer Beurteilung auf Basis der IOT vor. Diese führt unter Bezugnahme auf institutionelle Charakteristika zu *genau gegenteiligen Aussagen.* Analysiert man die für die Wirksamkeit von IO-Mechanismen relevanten Faktoren wie die Lohnhöhe und -differenzierung sowie die Ausgestaltung wohlfahrtsstaatlicher und arbeitsrechtlicher Regelungen, wird deutlich, daß die institutionellen Anreize in den USA und auch in Großbritannien nach der Thatcher-Deregulierung im Vergleich zu Westeuropa die Insider im Verhältnis zu den Outsidern strenger disziplinieren (Belke, Kösters (1992, 1996)). Aus diesem Grund sind die Ausführungen der folgenden Abschnitte dieses Kapitels und des Kapitels 4 auch hauptsächlich auf Volkswirtschaften *Kontinentaleuropas* zu beziehen. In Abschnitt 3.4. werden einige Implikationen der bisherigen Ausführungen für eine Beschäftigungspolitik und -gemäß der Themenstellung der vorliegenden Arbeit- auch für Prognosen der Arbeitsmarktentwicklung in der EWU abgeleitet.

3.4 Implikationen für die Beschäftigungspolitik und für Prognosen der Beschäftigungsentwicklung in der Europäischen Währungsunion

Im folgenden wird ausgehend von den herausgearbeiteten deutlichen Gemeinsamkeiten beider Ansätze untersucht, ob sich eine normative und eine polit-ökonomische Analyse der Beschäftigungspolitik auf einer breiten und konsensfördernden Basis der Olsonschen Axiomatik *und* der IOT durchführen läßt. Hierzu werden zunächst die wichtigsten Politikimplikationen des Olsonschen Ansatzes dargestellt.

Olsons Politikempfehlungen orientieren sich an seinen Annahmen bzw. seinen Zwischenergebnissen, daß unbeschränkter Wettbewerb "staggering powerful" (Maddison (1988), S. 26, Olson (1982), S. 59) sei und daß makroökonomische Probleme erst gar nicht aufträten, wenn die mikroökonomischen Grundlagen vollbeschäftigungskonform ausfielen. In den meisten Fällen resultierten größere Ungleichheiten, wenn Regierungen zugunsten größerer Gleichheit intervenierten. Seine Empfehlungen weisen bemerkenswerte Analogien zum 'two-handed approach' auf, der in den achtziger Jahren auf Basis des IO-Ansatzes vom Brüsseler 'Centre for European Policy Studies' konzipiert wurde (vgl. hierfür auch die Abschnitte 4.6.3. und 4.6.4.).

Wie auf der Basis des IO-Ansatzes erscheint ein *'boost to demand'* in *bestimmten* Situationen sinnvoll, um den Einfluß der Interessengruppen überzukompensieren. Ein Erfolg in Form einer Verringerung unfreiwilliger Arbeitslosigkeit sei besonders wahrscheinlich, wenn es den Entscheidungsträgern gelinge, ihre Politik *schneller* zu variieren, als die Verteilungskoalitionen die Kartellpreise verändern können. Eine *permanente* Lösung sei eine derartige Verfahrensweise aber *nicht*, da nicht-antizipierte Politiken anderweitige Kosten mit sich bringen (Olson (1982), S. 228 ff.). Olson betont "... the level of aggregate demand is at best a secondary and temporary influence on the level of involuntary unemployment" (Olson (1982), S. 229). Ein kontinuierliches Fine-Tuning mache keinen Sinn, da zum einen das Wissen der wirtschaftspolitischen Entscheidungsträger hierzu nicht ausreiche und zum anderen die Interessengruppen systematische expansive Wirtschaftspolitiken durch höhere Preise antizipieren (Maddison (1988), S. 26, Olson (1982), S. 230). Seine Politikempfehlungen lauten im einzelnen:

1) "The most important macroeconomic policy implication is that the best macroeconomic policy is a good microeconomic policy" (Olson (1982), S. 223). "If the coalitional structure and microeconomic policies are bad enough, there is no macroeconomic or monetary policy that can put things right" (Olson (1993), S. 223). Diese Empfehlungen beinhalten einige wichtige und bisher von der Literatur ignorierte Implikationen für die Arbeitsmarktwirkungen der EWU. Angewendet auf eine beschäftigungspolitische Beurteilung der EWU lassen sich diese Empfehlungen nämlich beispielsweise wie folgt lesen. Damit die EWU überhaupt zu positiven Arbeitsmarkteffekten führen kann, sollte sie notwendigerweise *mikroökonomische Effizienzgewinne* bewirken. Mikroökonomische Effizienzgewinne aus der *Elimination der intra-europäischen Wechselkursvolatilität* werden folglich unter anderem in Kapitel 6 dieser Arbeit analysiert. Falls auf der mikroökonomischen Ebene keine Effizienz der Arbeits- und der hiermit verbundenen Gütermärkte erreicht werden kann (negative Effekte der Wechselkursunsicherheit können nicht signifikant verringert werden, da die unterdrückte intraeuropäische Wechselkursvolatilität als zusätzliche Volatilität des Euro gegenüber dem Dollar woanders wieder auftritt, vgl. Abschnitt 6.7.), hat eine makroökonomische Politik notwendigerweise lediglich schwache Effekte auf die Arbeitsmarktlage. Letzteres wird in den Kapiteln 7 und 8 auf einen 'Play'-Bereich schwacher Reaktion der Beschäftigungsnachfrage auf Variablen wie den Reallohn und die Wirtschaftspolitik zurückgeführt. Auf der Basis eines explizit *mikrofundierten* Makromodells wird gezeigt, daß dieser

'Play'-Bereich positiv vom herrschenden Maß der Wechselkursunsicherheit abhängig ist.

2) Beschäftigungspolitik muß glaubwürdig sein: " ...steady and gradual policies, as well as resolute and believable ones". Olson zweifelt die Effektivität kurzer drastischer Kontraktionen zur Deflationierung an. Beschäftigungspolitische Effizienz sei hier nur zu erwarten, wenn *wenige* Verteilungskoalitionen existieren. Deren langsame Entscheidungsfindung verhindere eine schnelle Preisanpassung, egal wie sehr sie der Politikbindung vertrauen und wie extrem der kurzfristige negative Schock ausfalle (Olson (1982), S. 233). In Abschnitt 4.6.6. wird vor dem Hintergrund eines zuvor entwickelten Modells analysiert, ob genau diese Politikempfehlung Olsons im Hinblick auf die Erleichterung von länderübergreifender Koordination von Arbeitsmarktreformen als ein Argument für die EWU genutzt werden kann. Hierfür ist die Interpretation der EWU als ein Schock zentral, der a) die Internalisierung der Effekte nationaler Arbeitsmarktreformen auf die EWU-weite inflationäre Verzerrung erzwingt und b) die nationalen Gewerkschaften aus ihrem (Gefangenen-) Dilemma befreit, eine Verbesserung ihrer eigenen nationalen Reallohnposition anzustreben, ohne das Verhalten der Gewerkschaften in den übrigen EWU-Teilnehmerländern zu beachten.

3) Die Einführung von Sondersteuern (Subventionen) für Unternehmen, deren Höhe positiv (negativ) an das Ausmaß der gewährten Lohnerhöhung zu koppeln ist. Die Beschäftigungseffekte seien jedoch nur temporärer Natur und träten nur dann ein, wenn sie von 'guten' Geld- und Fiskalpolitiken begleitet würden. Beachtenswert, weil dies auch von Vertretern der IOT vorgeschlagen wird, erscheint der Vorschlag Olsons, *Insider* für Rentenverluste zu *entschädigen* (Olson (1982), S. 234).[35] Diese Politikempfehlung Olsons kann zur Interpretation des in Kapitel 4 thematisierten Reformgrades auf Arbeitsmärkten beitragen. Da Outsider erfahrungsgemäß durch generöse wohlfahrtsstaatliche Regelungen und aktive Arbeitsmarktpolitiken ruhig gestellt werden, wird die Aufnahme des Reformgrades in die Zielfunktion in Abschnitt 4.3. gleichwertig auch als (in Form des Kehrwertes) explizite Berücksichtigung der zusätzlich zur Finanzierung derartiger Programme erforderlichen 'Steuerbelastung' interpretiert. Die *Entschädigung für Insider* besteht aus dieser Sicht in einer *Senkung ihrer Steuerbelastung.*

---

[35] Ein Vorbild hierfür könnte beispielsweise die Einführung von Direktzahlungen an die Landwirtschaft sein, wie sie seit 1992 in der Schweiz existieren. Vgl. Kirchgässner (1995), S. 24.

4) Auf Basis der Hypothese H6 läßt sich die Vorteilhaftigkeit *frontaler Angriffe auf die Macht der Interessengruppen* im Stile der Thatcher-Reformen Anfang der achtziger Jahre ableiten. Danach sind jegliche Regulierungen und Gesetzgebungen, die Sonderinteressen dienen, außer Kraft zu setzen. Hierzu zählen auch wegen des 'Systems der kommunizierenden Röhren' von Arbeitsmarkt und Wohlfahrtsstaat Subventionen und Sozialunterstützungszahlungen. Gleichzeitig ist eine rigorose Antikartellgesetzgebung auf alle Kartelle und sonstige Formen von Kollusion, die Preise und/oder Löhne vom wettbewerblichen Niveau fernhalten, anzuwenden (Maddison (1988), S. 26, Olson (1982), S. 236 und S. 172 ff., Quiggin (1992), S. 275). Generell ist für flexible Preise zu sorgen (Maddison (1988), S. 26, Olson (1982), S. 224). Einerseits wurden diese flexibilisierenden Effekte im Vorfeld der Währungsunion gerade von politischer Seite einerseits *als automatische Folge* der EWU reklamiert. Es wurden signifikant positive Beschäftigungswirkungen der EWU geschlußfolgert. Andererseits wurde ebenfalls zumeist von politischer Seite das genaue Gegenteil der Olsonschen Politikempfehlungen (d.h. zunehmende Inflexibilitäten) als automatische Konsequenz der EWU prognostiziert. Hieraus wurde die Gefahr massiver negativer Arbeitsmarktwirkungen der EWU abgeleitet (Abschnitt 4.2.). In Kapitel 4 wird verdeutlicht, daß die Flexibilisierungswirkungen der EWU systematischer als bisher zu analysieren sind und daß die Ergebnisse keineswegs so eindeutig ausfallen, wie die beiden dargestellten Positionen der Politik suggerieren.

5) Die Hypothese H4 legt -wie auch die IOT-kompatible 'hump shape'-Hypothese (Kap. 2 und Abschnitt 3.3.1.)- nahe, daß es *statt eines frontalen* Angriffs auf die Interessengruppen vorteilhafter sein könnte, die Interessengruppen auf eine Weise in die relevanten Entscheidungsprozesse zu integrieren, die sie 'umfassender' ausgerichtet werden läßt (Quiggin (1992), S. 275). In bezug auf die EWU wird hier sowohl die Bedeutung der Zentralisierung der Tarifparteien in der EWU für die Arbeitsmarkt-Performance (Abschnitte 2.5. und 6.7.) als auch der Zusammenhang zwischen der EWU und einer Koordinierung von Arbeitsmarktreformen (Abschnitt 4.6.6.) angesprochen.

6) Die Macht von Verteilungskoalitionen ist durch *Förderung von Freihandel*, einen *freien Zutritt* für ausländische und multinationale *Investoren* (auch durch Abbau von Mindestlohnbestimmungen) sowie ungehinderte Migration zu verringern (Maddison (1988), S. 26, und Olson (1982), S. 141 ff. sowie S. 174 ff.). Auch diese wichtige Olsonsche Politikempfehlung wird zu einem zentralen Untersuchungsgegenstand der vorliegenden Arbeit gemacht. Ein wesentliches Ergebnis hieraus wird das folgende sein. Auf der

Basis eines in den Kapiteln 7 und 8 aufgedeckten Mechanismus wird der Strukturwandel in der Euroregion durch den Abbau der intra-europäischen Wechselkursunsicherheit forciert. Extrapoliert man die in Kapitel 7 erzielten mikroökonomischen Modellergebnisse gemäß den Ergebnissen des Kapitels 8 auf die Makroebene, dürften Länder mit gegenwärtiger Tendenz zu weiteren Rückgängen der Beschäftigung in der EWU ceteris paribus mit einem Anstieg der Beschäftigungsreduktion konfrontiert werden. Auf der anderen Seite dürften Volkswirtschaften mit sich bereits erholenden Arbeitsmärkten in der EWU ceteris paribus weitere Beschäftigungszuwächse erwarten (Abschnitt 8.4.). Durch diese Effekte der EWU wird die Macht von Verteilungskoalitionen durch die Verringerung von 'slack' in der Anpassungsfähigkeit von Arbeitsmärkten an Schocks und eines beschleunigten Strukturwandels deutlich verringert.

In der Vergangenheit wurden in Westeuropa, vorwiegend wenn die Arbeitslosigkeit *anstieg*, *mannigfaltige* Politikempfehlungen zur Bekämpfung des Arbeitslosigkeitsproblems gegeben. Dabei dominierte zunehmend der mit der vorstehenden Konzeption Olsons kompatible Vorschlag, Arbeitsmärkte flexibler zu gestalten und wohlfahrtsstaatliche Regelungen anreizkonform umzugestalten, um die Rentenaneignung einflußreicher Interessengruppen (Insider und Kapitaleigner) auf Kosten der Gesellschaft bzw. Dritter (Staat, Steuerzahler, Outsider) zu eliminieren.[36] Diese Empfehlungen decken sich größtenteils mit denen, die aus der IOT abgeleitet werden können. Letztere lassen sich zweckmäßig in 'outsider enfranchizing policies', 'insider power-reducing policies' und auch auf Kapital- und Gütermärkte abstellende 'employment promoting policies' untergliedern (Belke, Kösters (1996), Lindbeck (1992), S. 232 ff., (1993), S. 157 ff., Lindbeck, Snower (1990), S. 292 ff.). Viele der zuvor gegebenen Politikempfehlungen, insbesondere die Vorschläge zur Mobilisierung der Güter und Produktionsfaktoren, sind *nicht neu* und entsprechen weitgehend gängigen *ordnungspolitischen* Vorstellungen (CEPR (1996), S. 5, Kirchgässner (1995), S. 19, Maddison (1988), S. 26, und Quiggin (1992), S. 275). Trotz dieses Konsenses, der durch den relativen 'Erfolg' Großbritanniens und dem Kollaps der Vollbeschäftigungspolitiken in Schweden noch deutlich verstärkt wurde, *unterblieb* jedoch trotz zwei Dekaden permanent hoher Arbeitslosigkeit bisher eine *weitreichende* Deregulierung der Arbeitsmärkte in Westeuropa. Um die *Ursachen* für dieses Mißverhältnis und günstige Implementierungszeitpunkte aufzudecken, lohnt ein Blick auf den politischen Entscheidungspro-

---

36 Für einen Überblick vgl. Belke, Kösters (1995, 1996).

zeß in den westeuropäischen Demokratien. Durch einen polit-ökonomischen Ansatz zur Erklärung der (Abwesenheit einer effizienten) Beschäftigungspolitik wird gleichzeitig einem *dringenden Bedarf* der polit-ökonomischen Forschung entsprochen, dem durch Vertreter liberaler Ordnungspolitik bisher nicht hinreichend Rechnung getragen wurde (Funk (1996), S. 1 und S. 13, Kirchgässner (1995), S. 26). Da die EWU jedoch hauptsächlich die *monetären* Rahmenbedingungen für Tarifverhandlungen *und* Reformbeschlüsse verändert, wird im Verlauf der Arbeit die Interdependenz zwischen dem *geldpolitischen Regime* und dem Grad der Arbeitsmarktreform noch explizit zu modellieren sein. In diesem Kapitel wird zunächst der hierfür notwendige erste und *vorbereitende* Schritt unternommen. Im folgenden wird nämlich gezeigt, daß Olsons Theorie -ebenso wie der IO-Ansatz- Substantielles zur Erklärung polit-ökonomischer Beschränkungen der Beschäftigungspolitik ('Reformstau') beizutragen hat.

3.5 Implikationen für eine Politische Ökonomie der Beschäftigungspolitik

3.5.1 Strategische Implementierungshemmnisse geeigneter Politiken

Politikempfehlungen müssen -wie zuvor bereits angedeutet- berücksichtigen, daß Regierungen oft *nicht im öffentlichen Interesse* handeln, sondern bei der Verfolgung ihres Wiederwahlziels starkem Einfluß von Interessengruppen ausgesetzt sind. Eine erste Folge hieraus ist, daß der Grad an Reformen und deshalb auch die Arbeitslosigkeit ebenso wie bei Olson (H1-H6) aus Sicht des Verhaltens der Interessengruppen eine *endogene* Variable darstellt. Eine zweite hier relevantere Konsequenz ist, daß *Arbeitsmarktreformen* (in Abwesenheit zusätzlicher hiermit verbundener Nutzen wie einer verringerten inflationären Verzerrung, vgl. Kapitel 4) *politisch nur schwer durchsetzbar* sind, wenn Politiker sich nach dem Medianwähler richten und wenn dieser mit hoher Wahrscheinlichkeit ein Insider mit zwar geringem Humankapital (vorwiegend diese Arbeitsmärkte sind stark überreguliert), aber einem regulären Arbeitsplatz und einem nicht vollbeschäftigungskonform überhöhten Reallohn ist. Daß die ausgeschlossenen Outsider, die ebenfalls über geringes Humankapital verfügen, aber durch überhöhte Lohnstückkosten für gering qualifiziertere Arbeitnehmer und durch diverse wohlfahrtsstaatliche Regelungen vom Arbeitsmarkt abgekoppelt sind, politischen Gegendruck erzeugen, ist angesichts des geringen Organisationsgrades der Arbeitslosen in Westeuropa und angesichts der Überlegungen Olsons (H1) unwahrscheinlich. Da die beschäftigten Insider immer noch eine deutliche Mehrheit aller Arbeitnehmer vertreten, sind sie demokratisch legitimiert, ihre Interessen zu vertreten. Diese große Gruppe repräsentiert Wähler, die möglicherweise das Regierungsverhalten bzgl. deren Deregulierungsvorhaben entscheidend beeinflussen (Belke, Kösters (1996), S. 117, Wyplosz (1994), p. 29). Spätestens seit Olson wird thematisiert, daß Insider häufig in Gewerkschaften organisiert sind und sich typischerweise als rentensuchende Einheiten verhalten. Zusätzlich verfügen viele Unternehmen oder Arbeitgeberverbände ihrerseits über Monopolmacht auf Gütermärkten und unterliegen Anreizen, stillschweigend Arbeitnehmerorganisationen zu unterstützen, mit denen sie ihre Monopolrenten teilen. Hier kommen die Olsonschen *strategischen Spillovers* von Rationierungen auf Gütermärkten auf Arbeitsmärkte deutlich zum Ausdruck.

Um die Ineffizienzen abzubauen, die einem Großteil des westeuropäischen Arbeitslosigkeitsproblems zugrunde liegen, sind diese *Renten* (u.a. durch die in Kapitel 4 thematisierten Reformen) *zu eliminieren.* In dem Ausmaß, wie die Gruppenrationalität sowohl der Gewerkschaften als auch der Arbeitgeberverbände die Langzeitarbeitslosen davon abhält, einen signifikanten Einfluß auf den Lohnverhandlungsprozeß auszuüben, kann die Langzeitarbeitslosigkeit in Westeuropa prinzipiell *nicht* durch *makroökonomische* Politiken wirksam bekämpft werden.[37] Da jede der relevanten Ineffizienzen Vorteile einzelner Interessengruppen widerspiegelt und so das öffentliche Gut 'Vollbeschäftigung' *Opfer* bestimmter, bisher bevorteilter Gruppen, z.B. der Insider, verlangt, muß eine erfolgreiche angebotsseitige Beschäftigungspolitik auch und gerade in der EWU mit *erheblichem Widerstand* dieser Interessengruppen rechnen (H3). Dies läßt sich an den Beispielen von zwei EWU-Mitgliedsländern und einem EWU-Out verdeutlichen. 1994 führte ein Versuch der französischen Regierung, Mindestlöhne für junge Arbeitnehmer zu verringern, zu gewaltsamen Demonstrationen und zu einem Rückzug des Reformvorschlags. Falls zusätzlich *opportunistische* Regierungen permanent hohe Arbeitslosigkeit einer Verärgerung ihrer Wählerschaft, die zu großen Teilen aus Insidern besteht, vorziehen, sinkt die Wahrscheinlichkeit,

---

[37] Es existieren keine offensichtlichen Anreize für Gewerkschaften, Langzeitarbeitslosigkeit entschieden zu bekämpfen, da die Erträge einer marginalisierten Gruppe der Gesellschaft, den Outsidern, zukommen. Zudem fallen die Erträge in Form höherer Beschäftigung erst nach einem langen Anpassungsprozeß an, der die kausale Verbindung zwischen dem 'goodwill' der Gewerkschaften und den Beschäftigungsgewinnen in den Augen der Öffentlichkeit verwischt. Vgl. Funk (1996), S. 9, Belke, Kösters (1996), S. 117, und Paqué (1994), S. 21.

die auf Lobbyeinflüssen beruhenden Renten der Insider zu verringern, weiter. 1995 beispielsweise propagierte ein französischer Präsidentschaftskandidat einen Anstieg der Mindestlöhne, um seine Wahlchancen zu erhöhen. In dieselbe Richtung weist, daß die deutsche Regierung nach der Wiedervereinigung dem Druck westdeutscher Gewerkschaften nachgab, Ostlöhne trotz erheblicher Produktivitätsdifferenzen und des Umstrukturierungsbedarfs der ostdeutschen Wirtschaft rasch an das Westniveau heranzuführen. Gleichzeitig verlor die schwedische Regierung 1994 die Wahl, da sie das Verhältnis von Lohnersatzleistungen zu Arbeitseinkommen von 90% auf 80% reduzierte (CEPR (1996), S. 5, Saint-Paul (1996), S. 265 f.). Wer aber sind die hierbei perzeptierten Verlierer und Gewinner aus Arbeitsmarktreformen?

Zuvor wurde analysiert, wie verschiedene Arbeitsmarktinstitutionen die Wohlfahrt der Insider und insbesondere des darin eingeschlossenen Medianwählers erhöhen. Solange Rigiditäten an sich nicht wohlfahrtserhöhend sind (ein Punkt, der in Kapitel 4 separat diskutiert wird) müssen dabei zwangsläufig andere Akteure verlieren. Wer bei Reformen verliert und gewinnt, hängt von den besonderen Transmissionsmechanismen und Institutionen ab. Dabei ist es sinnvoll, zwischen fünf beteiligten Gruppen zu differenzieren: 1. qualifizierte Arbeitnehmer (hohe Position in der Lohneinkommensverteilung, 2. un- und halbqualifizierte Arbeitnehmer (niedrige Position in der Lohneinkommensverteilung), 3. kurzfristig Arbeitslose, 4. langfristig Arbeitslose und 5. Kapitaleigner. Sehr wahrscheinlich ist der entscheidende (Median-) Wähler ein Mitglied der Gruppe 2, die in Westeuropa mehr als 70% der Erwerbspersonen umfaßt. Diese Gruppe ist tendenziell am stärksten vergewerkschaftet, profitiert am meisten von wohlfahrtsstaatlichen Regulierungen der Arbeitsmärkte und wird i.d.R. als 'Insidergruppe' bezeichnet. Somit besteht eine gängige Lesart darin, das Haupthindernis für eine politische Durchsetzbarkeit flexibilisierender Arbeitsmarktreformen darin zu sehen, daß *ökonomisch effiziente* Politiken auf den ersten Blick die *Interessen der Insider* als einflußreicher Spezialinteressengruppe (H1 und H4) *angreifen* (Belke (1997), S. 262).

Insider werden eine bestehende Arbeitsmarktverfassung politisch unterstützen oder für diese Lobbyaktivitäten betreiben, solange diese ihnen zu einer Monopolstellung bei Lohnverhandlungen auf Unternehmensebene verhilft ('political insider-outsider model' nach Saint-Paul). Beispielsweise machen hohe und lange währende Lohnersatzleistungen die Drohung abzuwandern glaubwürdig. Politische Implementierungshemmnisse treten selbst dann auf, wenn man unterstellt, daß Kapitaleigner prinzipiell und Outsider generell an einer Flexibilisierung der Arbeitsmärkte interessiert sind (Berthold, Fehn (1996), S. 19, CEPR (1996), S. 5).[38] Denn Arbeitsmarktrigiditäten, wie z.B. Mindestlöhne, führen zwar einerseits zu einer nicht marktkonformen geringeren Lohndispersion und erhöhen die Arbeitslosigkeit. Andererseits aber kommt es hierdurch zu einer Verminderung der Einkommensunterschiede zwischen Insidern und Kapitaleignern, da die Mitglieder der unteren Lohngruppen, die ihren Arbeitsplatz trotzdem behalten, reicher werden. Mindestlöhne drosseln dann tendenziell das Verlangen der Insider nach Umverteilung, führen so zu einer Interessenkollusion von Insidern und Kapitaleignern und tragen schließlich zu einer *politischen Stabilisierung* der Gesellschaft im Olsonschen Sinne bei, "[i]f the poor who is made richer is the politically decisive group ..." (Alogoskoufis u.a. (1995), S. 86, CEPR (1996), S. 5 f., Saint-Paul (1995b), S. 3 f., und ders. (1995a)). Letztere wiederum begünstigt sklerotische Entwicklungen und verstärkt die Relevanz der Olson-Hypothese H2.

Arbeitsmarktrigiditäten wirken aber nur deshalb entpolarisierend, weil erstens die Insider den Outsidern und Kapitaleignern, Kleinunternehmern und Facharbeitern zusammengenommen *zahlenmäßig überlegen* sind und wegen ihrer *höheren Homogenität* und *geringerer Organisationskosten* eine wesentlich effektivere Lobby darstellen (H1). Zweitens ist die aufgrund unterschiedlicher Produktivitäten *heterogene* Gruppe der Outsider oft politisch uninformierter, unorganisierbarer und deshalb als Lobby eher ineffektiv (H1). Sie werden im Vergleich zu den beiden anderen Gruppen *politisch marginalisiert*, was sich auch in einer systematisch niedrigeren Wahlbeteiligung ausdrückt. Die (kontinental-) europäische Arbeitsmarktregulierung zielt somit nicht auf den Ausgleich von Einkommensunterschieden ('Einkommensumverteilung von den Arbeitslosen auf die Beschäftigten'), sondern primär auf den Erhalt politischer Stabilität ab.[39] Letztere wiederum begünstigt eine weitere Sklerose der Arbeitsmärkte (H2). Es wird an diesem polit-ökonomischen IO-Modell aber gleichzeitig nochmals deutlich, "that the periphery [die Outsiderzahl, Anm. d. Verf.] cannot be allowed to grow above some bounds without threatening the viability of the model" (Saint-

---

[38] Streng genommen teilen auch viele der auf der Arbeitgeberseite organisierten Unternehmen die Anreize der Insider (Ausschaltung von Niedriglohnkonkurrenz etc.). Es wird so eine Interessenspaltung zwischen Kapitaleignern und Unternehmensführungen offensichtlich.

[39] Passivitätsverstärkend wirkt hier auch das hohe Niveau der Lohnersatzleistungen in Westeuropa. Vgl. Alogoskoufis u.a. (1995), S. 87, Berthold, Fehn (1996), S. 16 ff., Funk (1996), S. 11, und Saint-Paul (1995b), S. 4 ff.

Paul (1995b), S. 4). Bevor jedoch im folgenden Abschnitt 3.5.2. die zuvor aufgezeigte Tendenz zu einenem Status-quo im Regulierungsniveau genauer analysiert wird, scheint jedoch eine genauere Analyse der Gewinner und Verlierer einer flexibilisierenden Arbeitsmarktreform notwendig zu sein (Saint-Paul (1996), S. 275 f.).

Erstens läßt sich zeigen, daß Institutionen, welche die Beschäftigung unqualifizierter Arbeit einschränken, deren Löhne *auf Kosten komplementärer Produktionsfaktoren* erhöhen. Somit gewinnen sowohl die qualifizierte Arbeit als auch, abgesehen von hoher Kapitalmobilität, die Kapitaleigner durch (gemäß Kapitel 4) flexibilisierende Reformen.

Zweitens können Institutionen, wie die Arbeitslosigkeitsunterstützung, durch eine sogenannte 'outside option' einen Einfluß ausüben. Dies ist sowohl für die große Gruppe unqualifizierter Arbeit als auch für die kurzfristig Arbeitslosen vorteilhaft. Denn es ist genau die höhere Wohlfahrt der kurzfristig Arbeitslosen, welche es den Beschäftigten erlaubt, ihre Löhne hochzutreiben (vgl. Abschnitt 4.4.3.). Die langfristig Arbeitslosen verlieren hierbei jedoch, da sich die Wahrscheinlichkeit ihrer Wiederbeschäftigung verringert. Reformen begünstigen hier die langfristig Arbeitslosen und schädigen die unqualifizierte Arbeit und die kurzfristig Arbeitslosen.

Drittens begünstigen Institutionen wie 'firing costs', die in den Barwertkalkül der Unternehmen eingehen, tendenziell die Beschäftigten und schädigen die Arbeitslosen (Belke, Göcke (1994)). Insofern begünstigen flexibilisierende Arbeitsmarktreformen die Arbeitslosen und benachteiligen die Beschäftigten. Daß die Arbeitslosen durch 'firing costs' geschädigt werden, bedeutet jedoch noch nicht, daß sie letztendlich auch für die entstehende Arbeitslosigkeit in Form eines Ressourcentransfers zahlen. Hauptzahler bleiben weiterhin die qualifizierte Arbeit und die Kapitaleigner. Insofern begünstigen Reformen neben den Arbeitslosen auch die qualifizierte Arbeit und das Kapital (eine andere Art einer 'doppelten Dividende' von Reformen als in Kapitel 4 thematisiert).

Viertens gehen die durch den IO-Mechanismus bedingten Umverteilungen hin zu unqualifizierter Arbeit oft auch auf Kosten der Arbeitslosen, wenn diese die Unternehmen zu einer geringeren Einstellungsneigung veranlassen. Die Ressourcen, die nun nicht mehr für 'recruitment' aufgewendet werden, werden in höhere Insiderlöhne investiert. Reformen begünstigen aus dieser Sicht die Arbeitslosen (Belke (1997), S. 263).

3.5.2 Zeitpfadabhängigkeit der Beschäftigungspolitik

Nachdem Erklärungsansätze dafür geliefert wurden, *warum* flexibilitätsfördernde Arbeitsmarktreformen politisch nur *schwer durchsetzbar* erscheinen, bleibt zu klären, warum der *Flexibilisierungsgrad* der Arbeitsmärkte im Vergleich der Industrieländer *so unterschiedlich* ausfällt. Dies wird in letzter Zeit mit den Argumenten aus Abschnitt 5.1. häufig auf die Existenz *multipler polit-ökonomischer Gleichgewichte* zurückgeführt.[40] Vertreter dieses Ansatzes argumentieren, daß innerhalb bestimmter Bandbreiten des Flexibilisierungsgrades die Wahrscheinlichkeit einer Arbeitsmarktregulierung ein erhebliches Beharrungsvermögen aufweist ('Politik der kleinen Schritte') und von den Ausgangsbedingungen, insbesondere einem hohen oder niedrigen Regulierungsgrad, abhängt (H4, H5). Es läßt sich durch eine politökonomische Argumentation zeigen, daß erst bestimmte *Anreizpotentiale überwunden* werden bzw. ein '*angemessener Auslöser*' gefunden werden müssen, um zu einer vollständigen Deregulierung der Arbeitsmärkte zu gelangen.[41] Bertola, Ichino (1995) vergleichen für Italien eine Arbeitsmarktderegulierung normativ mit einer Flußüberquerung mit dem Ziel, das andere Ufer zu erreichen, ohne auf halber Strecke stehenzubleiben. Auf ähnlicher Ebene ist die 'hump shape'-Hypothese anzusiedeln, nach der die Schlechteste aller Welten, d.h. die höchste Reallohnrigidität, dann realisiert ist, wenn der Zentralisationsgrad der Lohnverhandlungen ein mittlerer ist (vgl. auch Abschnitt 6.7.). Auch hier gibt es zur Verbesserung der Beschäftigungslage prinzipiell nur eine Entweder-Oder-Entscheidung.[42] In Kapitel 4 wird in enger Anlehung an diese Argumentation geprüft, ob die EWU als eine Art geldpolitischer Regelbindung einen derartigen 'angemessenen Auslöser für Reformen darstellt.

Nun gilt es, die offensichtliche *Abhängigkeit des* polit-ökonomischen *Regulierungsgleichgewichtes vom Regulierungszeitpfad* zu erläutern. Flexibilisierungsbegünstigend wirkt *erstens* ein geringes Ausgangsregulierungsniveau (H6, 'cleaning the slate').[43] Bei anfänglich hohem Regulierungsniveau ist das Risiko für Insider, entlassen zu werden, gering; diese sind nicht an einer

---

40 Für eine formale Darstellung vgl. Saint-Paul (1993).

41 Vgl. Funk (1996), S. 21. Austritte aus Interessengruppen wie in letzter Zeit aus Arbeitgeberverbänden und Gewerkschaften bzw. die Nichtbeachtung von Tarifverträgen, die *ohne Sanktionen* zugelassen werden, könnten derartige Auslöser darstellen.

42 Für eine Analyse von Entweder-Oder-Entscheidungen auf der mikroökonomischen Ebene vgl. Kapitel 7.

43 In Abschnitt 4.2. wird explizit gefragt, ob die EWU als Mittel für ein '*cleaning the slate*' taugt.

Verbesserung ihrer Beschäftigungschancen durch eine Flexibilisierung der Arbeitsmärkte interessiert. *Zweitens* hängt die politische Unterstützung der Flexibilisierungsbemühungen von der Dynamik der Arbeitslosigkeitsentwicklung ab. Unterstützung ist nur dann von Seiten der Insider zu erwarten, wenn sich das Entlassungsrisiko in Zeiten steigender Arbeitslosigkeit *erhöht*.

Ist jedoch in der EWU mit einer zunächst steigenden Arbeitslosigkeit zu rechnen, welche die Durchsetzung von Reformen begünstigt? Die in Kapitel 6 erzielten empirischen Ergebnisse zu den 'Impact'-Effekten der EWU stellen einen gegenteiligen Partialeffekt heraus. In bezug auf Beschäftigungsprognosen in der EWU ergibt sich unter diesen Voraussetzungen eine interessante und bisher in der Literatur ignorierte Implikation. Für den Fall von unter der EWU zunächst unveränderten Arbeitsmarktinstitutionen werden die Insider potentielle Verbesserungen der Arbeitsmarktlage durch die Eliminierung der intra-europäischen Wechselkursunsicherheit direkt in höhere Lohnabschlüsse transformieren. Sie werden auf diese Weise die Beschäftigungslage eher stabilisieren, statt sie im Fahrwasser des in Kapitel 6 identifizierten positiven Beschäftigungseffekts entfallender Wechselkursunsicherheit (u.a. durch eine Zustimmung zu Reformen) zu verbessern. Für diese Interpretation spricht, daß genau diese Zusammenhänge bereits kurz nach dem Start der EWU für Deutschland beobachtet werden können. Moderate Lohnforderungen gehörten der Vergangenheit an, sobald das geldpolitische Regime von der Bundesbank auf die Europäische Zentralbank überging. Dies entspricht einer empirischen Bestätigung der Hypothese einer Flexibilisierungsaversion der Insider in Zeiten (andernfalls) sinkender Arbeitslosigkeit.

Das Arbeitslosigkeitsproblem wird erfahrungsgemäß nur dann in der öffentlichen Debatte thematisiert, wenn die Arbeitslosigkeit steigt, *nicht* aber, wenn sie auf *hohem* Niveau *verharrt* (Belke (1996), S. 123 ff., Bertola, Ichino (1995), S. 414, Funk (1996), S. 9 ff., und Saint-Paul (1995b), S. 5). Hieraus folgt, daß beispielsweise gravierende exogene Schocks zur Überwindung der oben genannten Anreizpotentiale geeignet sind, wenn diese zu einem starken Anstieg der Arbeitslosigkeit führen. In bezug auf die EWU wird in Abschnitt 4.6.2. ganz analog argumentiert, daß im Falle gravierender exogener Schocks und möglicherweise fehlenden Anpassungsinstrumenten das Vorsichtsmotiv zu vergleichsweise mehr Reformen in der EWU führe. Darüber hinaus scheint der schockbedingte Anstieg der Arbeitslosigkeit die Grundlage für die erfolgreiche Durchsetzung von Arbeitsmarktreformen in

Großbritannien und in Schweden gewesen zu sein. Hier eröffnen sich erstaunliche Parallelen zu Olsons 'cleaning the slate'-Hypothese (H6). *Drittens* existiert ein *'status quo bias'* in der politischen Ökonomie von Arbeitsmarktreformen, da die verteilungspolitischen Auswirkungen von Reformen für Individuen, insbesondere für Outsider, kaum überschaubar sind. Informationsasymmetrien -Insider antizipieren zumindest kurzfristige Verluste, Kapitaleigner hingegen Gewinne- können dann selbst bei Risikoneutralität aus Sicht polit-ökonomischer Überlegungen ein starkes Beharrungsvermögen sowohl inflexibler als auch flexibler Arbeitsmärkte bewirken.[44] Im Gegensatz zum Status-quo kann der Medianwähler die Verlierer einer Reform (z.B. die unteren Lohngruppen bei Mindestlöhnen) ex ante nicht identifizieren. Wegen der geringeren 'exposure to unemployment' bei gegebenem überhöhten Insider-Reallohn wird er dann eine Institution eher unterstützen, wenn es sich um den Status-quo handelt als um die Arbeitsmarktreform (*'political hysteresis'*) (Saint-Paul (1996), S. 278).

Viertens lassen sich insofern Politikkomplementaritäten ausmachen, als Arbeitsmarktrigiditäten sich wechselseitig verstärken. Die Existenz *einer* Rigidität macht nämlich die politische Unterstützung *einer anderen* durch die Insider *wahrscheinlicher*. Beispielsweise führt eine Gesetzgebung zum Arbeitsplatzschutz wegen des verringerten Arbeitsplatzrisikos tendenziell zu einer zunehmenden politischen Unterstützung von Institutionen, die eine Schaffung zusätzlicher Arbeitsplätze verhindern ('policy complementarities') (CEPR (1996), Coe, Snower (1997)). Im folgenden Kapitel 4 wird *andere* hiermit durchaus verwandte Art der *Komplementarität* von Arbeitsmarktreformen und einer zweiten Größe analysiert. Jeder Reformschritt wird wahrscheinlicher, wenn er durch gleichgerichtete Maßnahmen (z.B. stabilitätsorientierte Geldpolitiken) und/oder positive Rückkoppelungseffekte (z.B. die Beseitigung einer inflationären Verzerrung) begleitet wird.

Fünftens -und dies ist vielleicht der entscheidende Aspekt- existiert ein *schwerwiegendes Glaubwürdigkeitsproblem* bei der Durchsetzung einer Arbeitsmarktflexibilisierung. Da die kürzerfristigen Kosten derartiger Reformen (vermehrte Entlassungen, reduzierte Insider-Einkommen) in der Regel eher auftreten als die längerfristigen Erträge (vermehrte Einstellungen und Investitionen in Sach- und Humankapital), ist mit *starkem politischen Widerstand* der Interessengruppen zu rechnen. Dann aber antizipieren die privaten Akteure möglicherweise, daß das angekündigte und vielleicht

---

[44] Für eine entsprechende Argumentation in bezug auf Mindestlöhne vgl. Saint-Paul (1996), S. 272.

schon begonnene Reformprogramm gerade wegen der Wiederwahlinteressen der Regierung mit hoher Wahrscheinlichkeit nicht durchgehalten wird (Fidrmuc (1996)). Ähnlich wie im Fall der dynamischen Inkonsistenz einer optimalen Geldpolitik, ergibt sich dann ohne glaubwürdige Bindungen der Regierungen ein 'third best'-Erwartungsgleichgewicht ohne signifikante Deregulierungen. In diesem ergäben sich stark vermehrte Kündigungen bei nur gering wachsenden Neueinstellungen (aus Furcht vor nachträglich wieder erhöhten Entlassungskosten) und geringen zusätzlichen Investitionen. Dieser Fall erscheint insbesondere dann wahrscheinlich, wenn die *Regierungsmehrheit* im Parlament *knapp* ist, wenn eine *komplizierte Regierungskoalition* existiert oder *Wahlen* anstehen. Hierfür ist wieder entscheidend, daß die Insider (noch) den Großteil der 'Wählerplattform' von Regierungen darstellen und diese vermehrt Lobbyaktivitäten ergreifen (Widerspruch zu H2, politische Instabilität). Kapitaleigner ändern in derartigen Situationen ihre Investitionsdispositionen kaum, da eine Fortführung der Reformen unsicher erscheint.

Insgesamt gesehen, sprechen die aufgezeigten polit-ökonomischen Anreize dafür, daß es aus Sicht der Regierungen vorteilhafter ist, zur Bekämpfung der Arbeitslosigkeit auf Lobbydruck der Insider hin interventionistische Politiken einzusetzen (extensive Beschäftigungsprogramme, Subventionierung schrumpfender Industrien) (H3). Darüber hinaus ergeben sich auch für Outsider, die vormals in schrumpfenden Branchen beschäftigt waren, Anreize, Regierungen zu wählen, die diese subventionieren, da hohe Arbeitslosigkeit ihre Chancen schmälert, eine Beschäftigung in einem wachsenden Sektor zu finden (Alogoskoufis u.a. (1995), S. 88 ff., Funk (1996), S. 3 ff. und 22 f., Saint-Paul (1993) und ders. (1996), S. 282). Diese Überlegungen werden in Abschnitt 4.6.2. in einem expliziten Modellrahmen wieder aufgegriffen. Bestehen *zwei Zeitinkonsistenzprobleme* simultan, erstens das traditionelle bezüglich der Inflationsrate und zweitens der gerade beschriebene Anreiz der Regierung, von einem vor der Lohnsetzung angekündigten Reformgrad abzuweichen, bewirkt die EWU als eine geldpolitische Regelbindung für ein EWU-Mitgliedsland gemäß Abschnitt 4.6.2. einen höheren Reformgrad als eine diskretionäre Geldpolitik.

3.5.3 Strategische Optionen einer geeigneten Beschäftigungspolitik

Welche Optionen ergeben sich aus den vorstehenden Ausführungen für die künftige Beschäftigungspolitik? Mit Priorität sollte aus theoretischer Sicht eine Unterstützung des OECD-weiten Trends zu einer *geringeren Gewerkschaftsdichte* und *dezentralisierterer Lohnverhandlungen* (allerdings konsequent bis auf Unternehmensebene) verfolgt werden (H5, H6). Dieser begünstigt die Gründung neuer Unternehmen, die geringere Löhne zahlen, und führt zur Erosion von Insider-Macht. Darüber hinaus sollte eine *Globalisierung der Güter- und Faktormärkte* im Vordergrund stehen. Die Politikaufgabe besteht dann in einer *Förderung des Freihandels* und des institutionellen *Wettbewerbs von Staaten um mobile Produktionsfaktoren* (hierüber besteht über alle Denkschulen hinweg ein Konsens, Olson-Vorschlag 6). Die höhere Mobilität von Produktionsfaktoren und die steigende Konkurrenz auf Gütermärkten führen zu einem *Anstieg der Reallohnelastizität der Arbeitsnachfrage* und beschleunigen den Strukturwandel. Unternehmensneugründungen und eine hierdurch induzierte Neigung der Insider, Deregulierungen zuzustimmen, werden gefördert. Beide Richtungen zielen auf eine '*automatische Auflösung der Arbeits- und Gütermarktsklerose*'. Sie werden in Abschnitt als naive 'first-best'-Lösungen bezeichnet. Wie zuvor schon erwähnt, wurde in der Literatur vor allem darüber gestritten, ob die EWU in bezug auf beide Optionen zu *automatischen* Arbeitsmarkteffekten führt (Belke (1996a, 1996c, 1998, 1998a, 1998b)).

3.5.3.1 Timing-Aspekte

Wenn jedoch Arbeitsmarktreformen *aktiv* durch die wirtschaftspolitischen Entscheidungsträger begleitet werden sollen -dies kann einerseits durch im Zeitablauf ständig steigende gesellschaftliche Kosten von Hysteresis-Effekten, andererseits zusätzliche durch reforminduzierte Benefits (wie zum Beispiel eine zusätzliche 'Dividende' von Reformen durch Verringerung der inflationären Verzerrung, vgl. Kapitel 4) begründet sein-, ist zu beachten, daß die Politikmaßnahmen nach vorstehender Analyse zum großen Teil eine *Frage des geschickten Timings* darstellen. Ein Zeitpunkt direkt *nach einer Wahl* wäre hierfür vorteilhaft, da hier die Wahrscheinlichkeit für die Regierung steigt, von der Reform auch selbst zu profitieren. Investitionen in die Durchsetzung von Arbeitsmarktreformen, also die Vermittlung wirtschaftspolitischer Kompetenz, lohnen sich dann aus der Sicht der Regierung noch am ehesten. Zudem ist der Spielraum für die Durchsetzung nicht-opportunistischer Politiken am größten.

Darüber hinaus erscheint es aus der Sicht des Olsonschen 'cleaning the slate'-Argumentes sinnvoll, Reformen in Phasen *massiven Strukturwandels*, bei einer *'Krise öffentlicher Kassen'* oder zu Beginn einer scharfen Rezession und eines rasanten Arbeitslosigkeitsanstiegs -wegen eines steigenden Problemdrucks und zunehmend kurzfristigen Politikerdenkens nicht aber später- durchzuführen. Das in derartigen Phasen steigende Arbeitsplatzrisiko erhöht die Wahrscheinlichkeit einer politischen Unterstützung beschäftigungsschaffender Deregulierungen durch die Insider. Denn in Zeiten sinkender Beschäftigung steigt die 'exposure to unemployment' der Insider, selbst wenn das absolute Niveau der Arbeitslosigkeit noch relativ gering ist. Gleichzeitig neigen Regierungen erfahrungsgemäß dazu, ein Problem anzugehen und der Öffentlichkeit diesbezüglich den Eindruck der Kompetenz vermitteln zu wollen, wenn ein wirtschaftspolitisches Problem als ein 'issue' aufgefaßt wird. Arbeitslosigkeit ist erfahrungsgemäß dann ein 'issue', *wenn sie ansteigt*, aber weniger, wenn sie anhaltend hoch bleibt. Der Zusatznutzen einer Regierung aus Arbeitsmarktreformen kann dabei so hoch sein, daß auch unpopuläre Maßnahmen in einer Übergangsphase in Kauf genommen werden (Saint-Paul (1996), S. 276 ff.). Ein Beispiel für ein derartiges Timing ist das EWU-Mitgliedsland Spanien, wo Arbeitsmarktreformen während eines durch das Ende der langen Franco-Ära induzierten Strukturwandels durchgeführt wurden. Aber auch in den EWU-Mitgliedsländern Frankreich und Deutschland versuchte man in den achtziger Jahren durch Abbau der 'firing costs' -jedoch vornehmlich bei *neuen* Kontrakten- Beschäftigungszuwächse zu erzielen (Alogoskoufis u.a. (1995), S. 95, CEPR (1996), S. 6, Funk (1996), S. 17 ff., Saint-Paul (1995b), S. 9 f., (1996), S. 278 f.).

Wie bereits in Abschnitt 3.4. angedeutet, wird im weiteren Verlauf der Arbeit durch ein mikrofundiertes makroökonomisches Modell formal nachgewiesen, daß die EWU aufgrund der Eliminierung von Wechselkursrisiken den Strukturwandel möglicherweise beschleunigt. Einerseits erhöht das hierdurch steigende Arbeitsplatzrisiko der Insider die Wahrscheinlichkeit einer politischen Unterstützung beschäftigungsschaffender Deregulierungen durch die Insider. Andererseits steigt gemäß der Kapitel 7 und 8 auch die Wiederbeschäftigungsmöglichkeit der Arbeitslosen. Dies spricht tendenziell eher gegen eine Unterstützung weiterer Reformen durch die Insider. Das in den Kapiteln 7 und 8 hergeleitete Modell kann somit möglicherweise erklären, warum beispielsweise in Deutschland nach dem Beginn der EWU die Reformneigung bisher nicht gestiegen ist.

Die Kehrseite des Arguments einer 'political hysteresis' führt zu folgender Politikempfehlung: Führe eine Abstimmung über eine flexibilisierende Reform *nie nach* einer Rezession, wenn das Niveau der aktuellen Arbeitslosigkeit seinen relativen *Höchststand* erreicht hat, durch! Denn zu diesem Zeitpunkt wird sogar eine kontraproduktive Unterstützung arbeitslosigkeitserhöhender Politiken wahrscheinlich, da der Medianwähler die Verlierer bereits in der vorausgehenden Rezession identifizieren konnte. Auch spricht für einen nur *geringen* Einfluß des *Niveaus* der Arbeitslosigkeit auf die Reformneigung des Medianwählers, daß die Arbeitslosigkeit in Westeuropa hauptsächlich die 'least-skilled and exposed' Arbeitnehmer betrifft. Schließlich geht eine höhere Arbeitslosigkeit mit weniger Insidern einher, so daß der 'bid up' der Löhne bei gegebener Arbeitsnachfrage und gleichzeitiger Sicherstellung der Insiderbeschäftigung ansteigt und die Reformbereitschaft des Medianwählers abnimmt (Aghion, Blanchard (1994), Burda (1993), Saint-Paul (1996), S. 277 f., Rodrik (1995)). Verstärkereffekte ergeben sich, wenn Arbeitnehmer im öffentlichen Sektor und Arbeitslose schnelle Reformen zwar zu Beginn unterstützen, da diese ihre Beschäftigungschancen im privaten Sektor erhöhen, später aber dazu neigen, das Reformtempo abzuschwächen, da positive Effekte wachsender Regierungsausgaben auf ihr zukünftiges Einkommen zusehends dominieren (in Kapitel 4 der Kehrwert des Reformgrades). Zudem existieren empirische Hinweise auf eine signifikant negative Beziehung zwischen der Höhe der Arbeitslosigkeit und der Wahlunterstützung von Pro-Reform-Parteien (Fidrmuc (1996)).

In Staaten mit Mehrheitswahlrecht (wie Neuseeland und Großbritannien während der jüngsten Reformen) scheinen *schnelle* Reformen zur Eliminierung von Partikularinteressen vorteilhaft zu sein. Im deutschen parlamentarischen System erscheint es vorzugswürdig, weitreichende Reformen auf anfänglich kleinere erfolgreiche Reformen aufzubauen (Funk (1996), S. 14). Von Gordon (1996) wird vorgeschlagen, die Wahrscheinlichkeit einer Arbeitsmarktreform und deren Umfang zu erhöhen und die Kosten des Übergangs zu senken, indem den opponierenden Interessengruppen ein *politischer Deal* 'expansive Nachfragepolitik gegen Einwilligung zu Strukturreformen' angeboten wird. Die Kosten expansiver Nachfragepolitiken fielen gering aus, da sich der kurzfristige Inflations-Arbeitslosigkeits-Tradeoff durch flexiblere Arbeitsmärkte verbessere (Gordon (1996), S. 30 ff., Abschnitte 4.6.3. und 4.6.4.). Damit diese Neuauflage des in der achtziger Jahren vom Centre for European Policy Studies (CEPS) propagierten 'two-handed approach' erfolgreich sein kann, ist zu verhindern, daß dieser systematische Politikeinsatz von Tarifparteien antizipiert wird und zu einer Rechtsverschiebung der NAIRU führt.

3.5.3.2 Reform-Design

Die bisherigen Ausführungen deuteten die polit-ökonomischen Hindernisse für eine Durchsetzung effizienzfördernder Arbeitsmarktreformen, aber zugleich auch Möglichkeiten zu deren Überwindung an. Als Politikempfehlungen werden von Alogoskoufis u.a. (1995) und Saint-Paul (1993, 1995,

1996) in Anlehnung an das typische Design der Arbeitsmarktreformversuche europäischer Regierungen in den achtziger Jahren, das auf den 'Kauf' politischer Reformunterstützung von den beschäftigten Insidern abzielte, angeführt: 1) eine Umverteilung von Eigentumsrechten -Insiderrechte gegen Eigentumsrechte, um die Akzeptanz der Reformen bei den Insidern zu erhöhen (Olson-Vorschlag 3), 2) die Einführung von 'two-tier systems' (zeitlich befristete Einsteigerverträge), um die Drohung der Outsider, die Insider zu ersetzen, unglaubwürdig zu machen (Olson-Vorschlag 5), 3) eine Erhöhung der Glaubwürdigkeit von Arbeitsmarktreformen durch Selbstbindungen der Regierung und/oder ein optimales Timing der Reformen (Olson-Vorschlag 2), 4) an die Akzeptanz der Reformen gekoppelte Kompensationszahlungen an Insider ('lump-sum taxes' und 'side transfers')[45], da die arbeitsmarktflexibilisierenden Maßnahmen offensichtlich nicht pareto-verbessernd sind (Olson-Vorschlag 3) und 5) die Förderung eines 'skill-biased technological progress' zur Erhöhung der Heterogenität der Arbeitskräfte und Spreizung der Einkommensverteilung (H1, Olson-Vorschlag 1) und die Setzung effizienter Rahmenbedingungen für Erziehung und Ausbildung qualifizierter Arbeit (Olson-Vorschlag 1) (Berthold, Fehn (1996), S. 23 ff., CEPR (1996), S. 6, Saint-Paul (1993, 1995), S. 8 ff., ders. (1996)). In Kapitel 4 wird eine sechste Design-Variante in der Gestalt einer *Mischung aus der Reformempfehlungen 1) und 4)* in einem Modell analysiert. Statt möglicher Kompensationszahlungen wird den Insidern dabei jedoch eine geringere Inflation für die Zustimmung zu mehr Reformen 'gewährt'.

Am Beispiel der 'two-tier systems' lassen sich einige typische Eigenschaften zunächst scheinbar erfolgreicher Reformen verdeutlichen (Spanien 1997: niedrigste Arbeitslosenrate seit 14 Jahren). Derartige Reformen 'act at the margin', d.h. sie setzen nicht an den bereits beschäftigten Erwerbspersonen an und sind auf spezifische Gruppen zugeschnitten. Politische Unterstützung wird den Arbeitsplatzbesitzern 'abgekauft', indem ihr gegenwärtiger Status unberührt bleibt, sie aber im Fall eines Arbeitsplatzverlustes von einem hö-

---

[45] Vgl. Lindbeck (1992), S. 233, Lindbeck, Snower (1990), S. 296 f. und 299 f., Paqué (1994), S. 20 f., und Wyplosz (1994), S. 29 ff. Allerdings ergäbe sich möglicherweise für Insider aus dem Abbau der Arbeitslosigkeit ein Vorteil durch eine Senkung der Steuer- und Abgabensätze, der jedoch eher bei zentralen Lohnverhandlungen internalisiert wird. Um der oft geführten Debatte um den 'Schuldigen' für Arbeitslosigkeit zu entgehen und einen *Ausweg aus dem Gefangenendilemma* zu bieten, in dem sich beide Tarifparteien offensichtlich befinden, wären ebenfalls Kompensationszahlungen an Outsider denkbar, damit diese nicht mehr mit Insidern konkurrieren. Vgl. Funk (1996), S. 20.

heren Ausmaß an geschaffenen Arbeitsplätzen profitieren. Ansonsten wären 'two-tier systems' für Insider inakzeptabel, da diese dynamisch inkonsistent erscheinen. Die Unternehmen haben nämlich Anreize, 'senior workers' durch 'junior workers' zu substituieren, sobald die letzteren sich die relevanten Fähigkeiten angeeignet haben (Lindbeck, Snower (1990), S. 298). Dies ist jedoch noch nicht das Ende der Argumentation. Da 'two-tier systems' die Zusammensetzung der Gesellschaft hinsichtlich konfligierender Interessengruppen beeinflussen, müssen *Maßnahmen zur Eindämmung des politischen Einflusses des 'second tier'* getroffen werden. Beispielsweise könnte das deregulierte System auf spezifische Zielgruppen zugeschnitten oder hinsichtlich seiner Anwendung sachlich und/oder zeitlich beschränkt werden (Saint-Paul (1996), S. 280). Problematisch jedoch ist, daß diese Maßnahme Politikkomplementaritäten nicht berücksichtigt. Als isolierter Reformschritt führt sie letztendlich wieder zu einer Stärkung der strategischen Position der 'true insider', der Inhaber permanenter Arbeitsplätze, und verhindert einen durchschlagenden Erfolg der Arbeitsmarktreform (Coe, Snower (1997), Lindbeck (1996), S. 631).

3.5.3.3 Ideologie-Aspekte

Legt man die Parteigänger- bzw. *Partisan-Theorie* in reiner Form zugrunde, so ist man zunächst geneigt, Rechts-Parteien eine größere ideologische Distanz zum Faktor Arbeit und somit eine höhere Neigung zu flexibilisierenden Arbeitsmarktreformen zuzuschreiben (Belke (1996, 1997a, 1999b), Fidrmuc (1996)). Bei betont starker ideologischer Ausrichtung (Thatcher-Deregulierung in Großbritannien) verlieren dann sogar strategische Überlegungen zum Reform-Design an Bedeutung. Weiterhin erscheint die Gelegenheit für Reformen *nach einem Wechsel von Links- zu Rechts-Regierungen* wegen deren unterschiedlicher Bindungen zu Gewerkschaften günstig zu sein. Erfolgreiche Beispiele diesbezüglich sind Schweden und Großbritannien. In Deutschland wurden günstige Gelegenheiten hierzu, wie nach der Wende 1982 sowie nach der Wiedervereinigung, weitestgehend vertan. Reformchancen stehen ebenfalls tendenziell günstiger in Ländern und Perioden, in denen eine gemischt opportunistisch-ideologische Ausrichtung von Regierungen empirisch nachweisbar ist und eine Mehrheit einer Rechts-Regierung sicher erscheint (Belke (1996), S. 19 ff., Funk (1996), S. 21 f., Saint-Paul (1996), S. 276). Bei näherer Betrachtung scheinen jedoch einige Qualifizierungen dieser Lesart angebracht.

Erstens ist eine Links-Regierung wahrscheinlich eher in der Lage, die Öffentlichkeit vom gesellschaftlichen Nutzen einer 'konservativen' Reform als

Lösung für ein gravierendes gesellschaftliches Problem zu überzeugen. Zweitens müssen Rechts-Regierungen, um an die Macht zu kommen, außer dem Faktor Kapital zwangsläufig auch die Interessen der Arbeitnehmer, wahrscheinlich der qualifizierten Arbeitnehmer, vertreten. Dies impliziert, daß Rechts-Parteien zwar nicht zu Regulierungen neigen, welche die unqualifizierte auf Kosten der qualifizierten Arbeit begünstigen. Jedoch ist ausgeschlossen, daß sie Regulierungen fördern, welche den Beschäftigten auf Kosten der Arbeitslosen einen Zusatznutzen verschaffen.

Drittens ist unklar, welche Partei Individuen am unteren Ende des Einkommensspektrums repräsentiert. In den Fällen, in denen Regulierungen wie z.B. im Bereich der 'firing costs' die große Gruppe der unqualifizierten auf Kosten der qualifizierten Arbeit und der Arbeitslosen begünstigen, ergibt sich tendenziell eine extreme Koalition der beiden Enden des Spektrums der Einkommensverteilung. Regierungen mit betont starker ideologischer Ausrichtung, die strategischen Überlegungen zum Reform-Design und zur geeigneten makroökonomischen Umgebung keine Bedeutung beimessen und eine flexibilisierende Reform in jedem Fall durchsetzen, werden aber nur dann gewählt, wenn eine Vielzahl an Komplementaritäten zwischen ineffizienten Arbeitsmarktinstitutionen besteht (Saint-Paul (1996), S. 281 f., Belke (1996)).

3.6 Zusammenfassung und Ausblick

Die vorstehende theoretische Analyse deutet an, daß die eher interdisziplinär gefärbten Olson-Hypothesen und die IOT mit ihrem ökonomischen Fokus in *komplementärem* Verhältnis zueinander stehen. Zwar ist die empirische Evidenz für den Olson-Ansatz schwächer ausgeprägt und erscheint weniger fundiert. Auch ist weder eine Theorie auf eine andere angewiesen, noch kann eine Theorie als Vorläufer der anderen angesehen werden.[46] Jedoch *überwiegen* die theoretischen *Gemeinsamkeiten* bei weitem die Unterschiede. Eine aus *beiden* Ansätzen hergeleitete Politische Ökonomie der Beschäftigungspolitik zeichnet sich somit durch interne Konsistenz aus und erscheint zur Erklärung der Situation auf EU-Arbeitsmärkten zum Start der EWU plausibel. Sie liefert zum einen ein wesentlich *breiteres* Fundament demokratischer Aufklärung zur Überwindung strategischer Hemmnisse ('kritische Masse') einer dringend notwendigen Implementierung geeigneter

---

[46] Zu einem ähnlichen Ergebnis gelangt mit anderen Argumenten Erlei (1996), S. 3 und 29. Für einen Vergleich der empirischen Evidenz beider Ansätze vgl. Belke (1996e).

Beschäftigungspolitiken in Kontinentaleuropa. Denn obwohl es jedoch noch eingehenderer empirischer Tests bedarf, um die Olson-Argumente noch stärker zu validieren, läßt sich durch letztere bzw. durch eine Kombination beider Ansätze, eher als durch die IOT alleine, eine 'interdisziplinäre demokratische Aufklärung durch theoretische Integration' leisten (Pies (1996), S. 15 ff.). Wenn es richtig ist, daß gesellschaftliche Lernprozesse durch theoretische Lernprozesse befördert werden, stellt eine unter diesen Voraussetzungen entwickelte Politische Ökonomie der Beschäftigungspolitik vielleicht einen 'angemessenen Auslöser' für geeignete Beschäftigungspolitiken dar. Zum anderen bildet eine aus *beiden* Ansätzen hergeleitete Politische Ökonomie der Beschäftigungspolitik eine wesentlich *sicherere Basis* für eine in Kapitel 4 vorzunehmende Beurteilung der Rolle, welche die EWU bei der Überwindung strategischer Hemmnisse einer dringend notwendigen Implementierung geeigneter Reformen und bei der Rückführung der hohen strukturellen Arbeitslosigkeit in den kontinentaleuropäischen EWU-Mitgliedstaaten letztlich spielen kann.

Eine *hinreichende Basis* für derartige Analysen kann aber nur eine explizite Modellierung der Interaktion auf Arbeitsmärkten bzw. der Interaktion von Arbeitsmärkten mit anderen hiermit verbundenen Märkten (Geldmarkt, Gütermarkt) bieten, die *auch die langfristig anfallenden Kosten* eines Insider-Outsider-Dualismus für die scheinbar Begünstigten intentionaler Handlungen auf Arbeitsmärkten, die Insider, adäquat in das Anreizsystem einbettet (Punkt (7) in Abschnitt 3.3.). Eine derartige Modellierung zu entwickeln und empirisch zu validieren, ist eine der zukünftigen Hauptanforderungen an eine Theorie der Wirtschaftspolitik. Es ist zu klären, warum beispielsweise in den Transformationsökonomien "... the voters vote against the reformers - yet they (even the insiders, Anm. d. Verf.) clearly have benefitted from the reforms a good deal" (Fidrmuc (1996), S. 2). Im folgenden Kapitel 4 wird versucht, in bezug auf die Interaktion von währungspolitischem Regime und Arbeitsmarktreformen einen fundamentalen Beitrag entlang der gerade skizzierten Linien zu liefern. Dabei werden die langfristig anfallenden Kosten eines Insider-Outsider-Dualismus in innovativer Weise als *hohe inflationäre Verzerrung* aufgrund hoher struktureller Arbeitslosigkeit modelliert.

Für die Beschäftigungsaussichten vieler *osteuropäischer* Volkswirtschaften ergeben sich aus Sicht der hier diskutierten Ansätze nach der Wende positive Prognosen, *falls* diese Länder ohne marktwirtschaftliche Erfahrung in der Zwischenkriegszeit keiner 'institutionellen Hysteresis', sondern vielmehr einem substantiellen 'cleaning the slate', ähnlich wie im Nachkriegsdeutschland, unterliegen. Auch darf die Fortführung einmal begonnener Reformvorhaben nicht durch eine wachsende Arbeitslosigkeit in Frage gestellt werden (Aghion, Blanchard (1994), Burda (1993), Fidrmuc (1996), Rodrik (1995)). Fraglich ist jedoch angesichts unvollkommener politischer Märkte, ob auch die EWU nach Maastrichter Muster die Bedingungen eines substantiellen 'cleaning the slate' in den kontinentaleuropäischen EWU-Mitgliedsländern erfüllt. Darüber hinaus bleibt zu fragen, ob der Wegfall autonomer Geld- und Wechselkurspolitiken in der EWU zu lohndisziplinierenden und beschäftigungsfördernden Effekten aufgrund von durchschlagenden Arbeitsmarktreformen und reduzierten Rigiditäten führt. Da dieser Aspekt zukünftig noch lange im Zentrum von Diskussionen um die Beschäftigungseffekte der EWU stehen wird (Belke (1996a, 1996c, 1998a)), erscheint es lohnenswert, dieser zentralen Frage im folgenden Kapitel 4 auf eine neuartige analytische Weise nachzugehen. Dabei wird eine *Synthese der IOT und des Olsonschen Ansatzes* verwendet. Die diesbezüglich vorhandenen vielfältigen Anknüpfungspunkte wurden bereits an verschiedenen Stellen der Ausführungen dieses Kapitels angedeutet.

4 EWU, Geldpolitik und Reform der europäischen Arbeitsmärkte: Ein neues Modell zur währungspolitischen Endogenisierung von Rigiditäten

4.1 Einführung

Die Europäische Währungsunion (EWU) und die anhaltend hohen Arbeitslosenraten stellen zwei aktuelle und zentrale Aspekte in der europäischen wirtschaftspolitischen Debatte dar.[1] In der akademischen Diskussion um die Nutzen und Kosten einer EWU wurden bisher im wesentlichen mikroökonomisch fundierte Effizienzgewinne gegen mögliche bereits in Kapitel 2 analysierte stabilisierungspolitische Verluste einzelner Volkswirtschaften, die bei asymmetrischen Schocks in der EWU keine unabhängige Geldpolitik mehr verfolgen können, abgewogen. *Unabhängig hiervon* kommt die Arbeitsmarktforschung seit geraumer Zeit für die vergangenen zweieinhalb Jahrzehnte zu dem Ergebnis, daß die europäische Arbeitslosigkeit eher ein strukturelles als ein zyklisches Phänomen ist ('Eurosklerose'). Der Preismechanismus auf Arbeitsmärkten reagierte offensichtlich nur unzureichend auf die beiden Ölpreisschocks, den 'skill-biased technological progress' und die ansteigende Globalisierung von Güter- und Faktormärkten. Hieraus wird seit längerem tendenziell abgeleitet, daß eine dauerhafte Verringerung der Arbeitslosigkeit gravierende und zueinander komplementäre *Reformen* auf Arbeits- und den hiermit verbundenen Märkten bedinge, welche die gleichgewichtige Arbeitslosigkeit senken. Diese Reformen sollen vor allem zu einer Liberalisierung des Arbeitsmarktes führen und den Preismechanismus wieder funktionsfähig machen. Beschäftigte Insider müßten zu geringeren und differenzierteren Lohnforderungen veranlaßt ('power-reducing policies') und die Wettbewerbsfähigkeit der unbeschäftigten Outsider durch eine Reform des Sozialsystems gestärkt werden ('enfranchising policies'). Ein gravierendes Diagnoseproblem existiert somit nicht (Belke (1997), Belke, Kösters (1996) und Kapitel 3). Trotz der Klarheit dieser Ergebnisse kam es bisher auf wichtigen kontinentaleuropäischen Arbeitsmärkten nicht zu durchschlagenden Reformen (Implementierungsproblem). Mittlerweile ist es

[1] Für wertvolle Hinweise sei insbesondere den Teilnehmern an dem 31. Radeiner Forschungsseminar im Februar 1998 in Südtirol, am Seminar 'Geld und Währung' der Universität Kiel (5. Dezember 1998) und an der 'Labour Markets' Session im Rahmen des 'Annual Meeting of the European Public Choice Society' (EPCS) in Lissabon (6. bis 10. April 1999) gedankt.

deshalb ein zentrales Anliegen der Neuen Politischen Ökonomie geworden, die zugrunde liegenden Anreizhemmnisse genauer zu analysieren (Belke (1997), Berthold, Fehn (1996) und Kapitel 3).

Die folgenden Überlegungen knüpfen an die vorbereitende Analyse in Kapitel 3 an und nehmen die Literatur zur Problematik der dynamischen Inkonsistenz (optimaler Geldpolitiken) zum Ausgangpunkt. Letztere sieht die Hauptursache für eine hohe Inflationsrate mehrheitlich in einer hohen natürlichen *strukturellen* Arbeitslosenrate. Die Rückführung der gleichgewichtigen Arbeitslosigkeit und der hiermit verbundenen inflationären Verzerrung (‚inflation bias') erfordert aber fundamentale Reformen auf dem Arbeitsmarkt und den hiermit verbundenen Märkten. Obwohl sich die politische Ökonomie verstärkt mit den Hemmnisfaktoren bei der Implementierung solcher Reformen beschäftigt, wurden den Anreizwirkungen verschiedener geldpolitischer Regimes auf die Durchsetzung von Reformen bisher wenig Aufmerksamkeit geschenkt. Deshalb wird in diesem Kapitel ein erweitertes Modell nach Barro, Gordon (1983, 1983a) und Kydland, Prescott (1977) entwickelt, in dem die Ausrichtung der Geldpolitik und der Grad der Reformen *simultan* bestimmt werden.

Im folgenden wird argumentiert, daß der Einfluß verschiedener geldpolitischer Regimes -wie zum Beispiel der EWU als geldpolitischer Regel im Vergleich zu diskretionärer Geldpolitik außerhalb der EWU- auf den Arbeitsmarkt entscheidend vom 'inflation bias' und vom Ausmaß seiner Internalisierung durch die Regierung abhängt. Arbeitsmarktreformen werden bei diskretionärer Geldpolitik tendenziell höher ausfallen als bei Regelbindung. Denn von Arbeitsmarkt-reformen geht nicht nur eine positive Wirkung auf die Beschäftigung, sondern auch eine *Reduktion des 'inflation bias'* aus. Gegen eine geldpolitische Regel, die ebenfalls die inflationäre Verzerrung verringert, ließe sich aus dieser Perspektive einwenden, sie stelle ein Substitut für Arbeitsmarktreformen dar. Eine geldpolitische Regel führe daher neben einer höheren Arbeitslosigkeit auch zu einer geringeren Gesamtwohlfahrt. Diese Argumentation kann von dem im folgenden darzustellenden Modell nicht uneingeschränkt gestützt werden. Fügt man nämlich die als optimal errechneten Arbeitsmarktreformen in die Verlustfunktion der Regierung ein, so führt eine geldpolitische Regelbindung immer zu einer höheren Gesamtwohlfahrt als eine diskretionäre Geldpolitik.

In Kapitel 2 wurde bereits die Rolle nominaler und realer Rigiditäten auf Arbeits- und den hiermit verbundenen Märkten für die Bedeutung der Wechselkurse als Instrument einer realwirtschaftlichen Anpassung an

Schocks hervorgehoben und analysiert. In diesem Kapitel wird hierauf aufbauend in Anlehnung an Belke (1997g) und Calmfors (1997, 1998a) in den Vordergrund gerückt, daß die Implementierung einer geldpolitischen Regel die Rahmenbedingungen für die Möglichkeit und Effektivität von Strukturreformen und somit das Ausmaß der in der jeweiligen Region vorliegenden realen (und nominalen) *Rigiditäten* verändert. Ähnlich wie in Kapitel 3 wird folglich auch in diesem Kapitel versucht, das vorhandene Ausmaß dieser Rigiditäten zu erklären (positive Analyse). Zusätzlich werden jedoch Leitlinien für eine bedingte Prognose über das Ausmaß an Strukturreformen in der EWU entwickelt. Die Ausführungen greifen dabei die Interpretation einiger Autoren auf, die EWU entspreche aus der Sicht eines einzelnen Mitgliedslandes einer geldpolitische Regel.

Zum einen hängt die beschäftigungspolitische Beurteilung einer geldpolitischen Regel davon ab, ob sie Auslöser für die Implementierung von Arbeitsmarktreformen sein kann. Zum anderen ist entscheidend, ob eine diskretionäre Geldpolitik in der Lage ist, die in Kapitel 3 beschriebenen Verteilungskonflikte zwischen Interessengruppen u.a. auf Arbeitsmärkten zu schlichten und die Effektivität von Strukturreformen positiv zu beeinflussen. Bei der Analyse der Zusammenhänge zwischen der EWU, der Geldpolitik und der Reform der europäischen Arbeitsmärkte wird im folgenden so vorgegangen, daß in Abschnitt 4.2 zunächst das dem Beitrag zugrunde liegende Problem erörtert wird. Dies besteht in einer bis heute fehlenden analytischen Grundlage zur Beantwortung der politisch zentralen Frage, ob die EWU die Wahrscheinlichkeit einer Implementierung von Strukturreformen auf Arbeitsmärkten erhöhen wird. In Abschnitt 4.3 wird als Ansatzpunkt für eine Lösung des aufgezeigten Problems ein Basismodell in der Tradition von Barro, Gordon (1983, 1983a) und Kydland, Prescott (1977) entwickelt und vorgestellt. In diesem lassen sich die Geldpolitik und das Ausmaß von Arbeitsmarktreformen gleichzeitig endogen bestimmen. In Abschnitt 4.4. werden die analytischen Ergebnisse im Hinblick auf die Fragestellung systematisiert und auch graphisch dargestellt. Ein Wohlfahrtsvergleich unterschiedlicher geldpolitischer Strategien wird anhand einer Simulation in Abschnitt 4.5 angeschlossen. Der Abschnitt 4.6 faßt die hierbei erzielten Ergebnisse unter Berücksichtigung verschiedener Erweiterungen zusammen. Dabei werden auch Erweiterungen des Basismodells, wie zum Beispiel die jüngst von Akerlof, Dickens, Perry (1996) betonte Nominallohnrigidität nach unten im Bereich niedriger Inflationsraten, die Persistenz der Arbeitslosigkeit sowie auch der Koordinierungsbedarf bei der Implementierung von Reformen diskutiert. Der Abschnitt 4.7 schließt mit einem kurzen Fazit.

4.2 Die EWU als ein Olson-Schock für sklerotisierte Arbeitsmärkte?

Ob die EWU (als eine Form geldpolitischer Kooperation mehrerer Volkswirtschaften und gleichzeitig als eine Form einer geldpolitischen Regel aus der Sicht eines Teilnehmerlandes) die anhaltend hohe Arbeitslosigkeit in Europa mildern oder noch intensivieren wird, steht nicht nur in akademischen, sondern auch in politischen Kreisen im Zentrum intensiver Diskussionen. Denn das Schicksal des gesamten EWU-Projekts hängt nicht zuletzt von dessen Arbeitsmarktwirkungen ab. Im vorliegenden Beitrag wird in Anlehnung an Belke (1998a) in den Vordergrund gerückt, daß die Implementierung der EWU die Rahmenbedingungen für die *Möglichkeit* und *Effektivität* von *Strukturreformen verändert*. Die beschäftigungspolitische Beurteilung der EWU hängt entscheidend davon ab, ob die Einführung einer EWU ein entscheidender Auslöser für einen Ausweg aus dem Implementierungsproblem sein kann. Es ließe sich mit Olson ('cleaning the slate', 'shocks to the social order', vgl. Kapitel 3) argumentieren, daß die EWU als gravierender Schock für bestehende Lohnverhandlungssysteme in der Startphase 'rent-seeking'-Aktivitäten auf Arbeitsmärkten zunächst reduzieren dürfte. Das Timing-Problem von Arbeitsmarktreformen, das in Demokratien wegen des zeitlichen Auseinanderfallens der marginalen Kosten und Erträge entsteht, wäre somit reduziert. Die Gegenposition hierzu wurde jüngst von Gordon (1996) aufgebaut. Expansive Makropolitiken *außerhalb einer EWU* seien in der Lage, Verteilungskonflikte zwischen Interessengruppen zu schlichten und beeinflussen die Effektivität von Strukturreformen positiv und vice versa. Wahrscheinlich wird die Perspektive einer *Politischen Ökonomie der Beschäftigungspolitik* bzw. einer Politischen Ökonomie der Implementierung von Arbeitsmarktreformen die Debatte um Beschäftigungseffekte der EWU neben einer Diskussion um die *Neuorientierung der Lohnverhandlungssysteme* weiter bestimmen (Gordon (1996), S. 30 ff., Olson (1982), S. 225).

4.2.1 Separierende Analyse der EWU und der europäischen Arbeitslosigkeit

Erstaunlicherweise sind die Kosten und Nutzen der EWU und die andauernde Problematik der europäischen Arbeitslosigkeit bisher weitestgehend *getrennt* analysiert worden. Eine Verbindung beider Problembereiche wurde bisher nur in bezug auf die Frage hergestellt, ob und inwieweit eine gestiegene Geldlohnflexibilität in der EWU die Wechselkurspolitik als Anpassungsmechanismus an länderspezifische Schocks ersetzen und so die Beschäftigung stabilisieren kann.[2] Entscheidendere Fragen knüpfen an die zentralen Ergebnisse des Kapitels 3 an und lauten: Wie beeinflußt die Teilnahme an der EWU die Anreize zu strukturellen Arbeitsmarkt-reformen? Wirkt die Teilnahme an der EWU wie ein Olson-Schock? Selbst wenn sich die Anreize zu Geldlohnflexibilität in einer EWU erhöhen sollten, neigen Ökonomen mehrheitlich dazu, hoher gleichgewichtiger Arbeitslosigkeit und rigiden Geldlöhnen *unterschiedliche* Ursachen zuzuschreiben. Mit anderen Worten: selbst wenn das Problem rigider Nominallöhne gelöst würde, bliebe die gleichgewichtige Arbeitslosigkeit möglicherweise unverändert hoch. Trotzdem gab es die dringend benötigten Forschungsansätze zu dem *Einfluß der EWU auf Arbeitsmarktinstitutionen* bisher nicht. Ausschlaggebend für die Präferenz für den Status-quo ist wohl das häufig vorgebrachte Argument, es könne sich bei derartigen Analysen notwendigerweise nur um Spekulationen handeln.

4.2.2 Inhaltliche Zusammenführung von Teilaspekten als Forschungsziel

Eine inhaltliche Zusammenführung beider Themen auf der Ebene der volkswirtschaftlichen Analyse erscheint dennoch dringend. Denn die Einführung der Europäischen Währungsunion sowie der Kampf gegen die permanent hohe Arbeitslosigkeit wurden *in der politischen Debatte* in der Vergangenheit häufig miteinander vermischt. Ein hervorragendes Beispiel hierfür ist das Ergebnis des EU-Gipfels in Amsterdam im Juni 1997 ('Resolution of the European Council on Growth and Employment'). Auch scheint sich vor allem unter praxisnah arbeitenden Ökonomen und Politikern besonders in Deutschland und in den nordeuropäischen Staaten, aber auch unter einigen liberalen Ökonomen, die Ansicht zu verbreiten, daß eine Mitgliedschaft in der EWU aufgrund des *zunehmenden institutionellen Wettbewerbs* die Rückführung der Arbeitslosigkeit durch Deregulierungen erleichtere. In der schwedischen Debatte um die EWU beispielsweise wurde von Seiten der Arbeitgeber- und Industrieverbände argumentiert, einer der Hauptvorteile einer Mitgliedschaft in der EWU liege in stärkeren Anreizen für Arbeitsmarktreformen.[3] Der Kernpunkt dieser Argumentation ist, daß eine unab-

---

2 Vgl. Martin (1997), für eine kritische Würdigung dieser Fragestellung.

3 Für Schweden vgl. Calmfors (1997, S. 2 f.). Für Deutschland vgl. Fels (1997) und Sievert (1993, (1997)), sowie die aktuelle durch Wahltaktik geprägte politische Debatte im Anschluß an die Stellungnahmen der EU-Kommission, des EWI und der Bundesbank zum EWU-Teilnehmerkreis.

hängige Geldpolitik das entscheidende Hindernis für eine Beseitigung von Rigiditäten auf Arbeits- und hiermit verbundenen Märkten sei. Solange eine expansive Geldpolitik (und damit auf der Grundlage finanzmarkttheoretischer Standardmodelle zur Wechselkursbestimmung auch die Wechselkurspolitik) als eine einfachste Lösung zur Beseitigung des Arbeitslosigkeitsproblems angesehen werde, seien die Anreize für weitreichende Reformen gering.

Die EWU als eine Variante einer Regelbindung der Geldpolitik hat deshalb in der gängigen Argumentation eine disziplinierende Wirkung auf die nationalen Arbeitsmärkte. Eine größere Glaubwürdigkeit der auf Preisniveaustabilität ausgerichteten Geldpolitik sei zu erwarten. Inflationserwartungen würden abgebaut. Negative Beschäftigungseffekte überzogenener Lohnforderungen könnten nicht mehr durch diskretionäre Geldpolitik akkomodiert werden. Da es bei Reallohnverhandlungen effektiv um Reallohnzuwächse gehe, wachse die Verantwortung der Tarifverhandlungsparteien für die beschäftigungspolitische Wirksamkeit der Lohnpolitik. Die Zuordnung der Verantwortlichkeit für entstehende Arbeitslosigkeit zu denjenigen, die den relativen Preis der Arbeit aushandeln, werde transparenter. Diskretionäre Geldpolitik hingegen hemme die Beseitigung von Rigiditäten auf den Arbeitsmärkten, da die Möglichkeit bestehe, durch eine expansive Geldpolitik das Arbeitslosigkeitsproblem zu lösen oder zumindest zu verschieben, und die Anreize zu weitreichenden Reformen schwinden. Sobald jedoch die geldpolitische Unabhängigkeit in der EWU aufgehoben werde, steigen diese Anreize, da *keine alternative Option* mehr verfügbar sei (Alogoskoufis (1994), Calmfors u.a. (1997), Eichengreen (1996), Mélitz (1997), Sibert, Sutherland (1997) und Abschnitt 2.5.1). Diese Argumentationskette "has almost obtained the character of a *folk theorem* in the EMU discussion. It can be seen as a version of Mrs. Thatcher's There-Is-No-Alternative (TINA) strategy: if demand policy is immobilised, the policy maker has little option but to undertake reform" (Calmfors (1998), S. 28, vgl. auch Gros, Thygesen (1998), S. 278). Die Hypothese einer lohndisziplinierenden Wirkung geldpolitischer Regeln wurde aber längst nicht nur im Hinblick auf die EWU diskutiert. Auch die Wirkung nationalstaatlicher Geldpolitik auf die Lohnsetzung wurde in der Literatur bereits thematisiert: " ... in Germany labour understands the limited inflation tolerance of the Buba and, as a result, practices wage restraints so as to avoid unemployment" (Dornbusch, Favero (1998), S. 38).

Das Ergebnis einer reformbegünstigenden Wirkung einer geldpolitischen Regel ist aber keineswegs zwingend und allgemeingültig. Erstens argumentieren Calmfors (1997) und Sibert, Sutherland (1997), daß man von einer allenfalls kurzfristig wirkenden Geldpolitik zuviel erwarte, wenn man von ihr erhoffe, eine strukturell verhärtete Arbeitslosigkeit signifikant verringern zu können. Hierfür sprechen auch empirische Untersuchungen zur (eher geringen) Fähigkeit und Notwendigkeit intra-Europäischer Wechselkurse zur Absorption asymmetrischer Arbeitsmarktschocks in der EU (Belke (1998), S. 259 ff., und Belke, Gros (1999b, 1998b). Zweitens stützen verschiedene Studien die Hypothese, daß eine Regelbindung gerade keinen disziplinierenden Effekt auf den Prozeß der Lohnfindung habe, sondern vielmehr den Anreiz zu hohen Lohnforderungen seitens der Gewerkschaften verstärke.

So untersuchen Cukierman, Lippi (1997, 1998) spieltheoretisch die Interaktion zwischen der Unabhängigkeit der Zentralbank und dem Zentralisierungsgrad von Lohnverhandlungen und deren Wirkung auf die Inflationsrate und die Beschäftigung. Im Gegensatz zur traditionellen Zeitinkonsistenzliteratur wird angenommen, daß Gewerkschaften, abhängig von ihrem Zentralisierungsgrad, die Wirkungen ihrer Entscheidungen auf das Entscheidungskalkül der Zentralbanker und damit auf die Inflationsrate internalisieren. Verringert sich der Zentralisierungsgrad, reduziert sich das Ausmaß, in dem jede einzelne Gewerkschaft die strategischen Effekte ihrer eigenen Handlungen auf die Inflationsrate berücksichtigt. Hoch zentralisierte Tarifparteien erzeugen dann aber vergleichsweise niedrige Reallöhne und eine niedrigere gleichgewichtige Arbeitslosigkeit, falls die betrachtete Notenbank eine diskretionäre Politik betreibt. Die Begründung ist, daß Gewerkschaften bei einer geldpolitischen Regelbindung nicht befürchten müssen, daß überhöhte Lohnforderungen durch eine erhöhte Inflationsrate kompensiert werden.

Aus den vorstehenden Ausführungen wurde hinreichend deutlich, daß dieses Ergebnis einer reformbegünstigenden Wirkung der EWU zu optimistisch und keinesfalls zwingend sei. Von der Geldpolitik (ebenso übrigens wie von der Wechselkurspolitik im Status-quo ante der EWU) erwartet man deutlich zuviel, wenn man von ihr erhofft, eine strukturell verhärtetete Arbeitslosigkeit signifikant verringern zu können. Eine expansive Geldpolitik hat allenfalls kurzfristige reale Effekte, führt jedoch zu einem Anstieg der gleichgewichtigen Inflationsrate. Insofern ergibt sich in der EWU keine ganz neue Situation, denn auch in der Phase vor der EWU sind die *Geldpolitik* und die hierdurch induzierten *Wechselkursbewegungen kein probates Mittel gegen die in der EU dominierende strukturelle Arbeitslosigkeit* gewesen.[4] Diese Einsicht, daß die gängigen Argumente für die Auffassung, geldpolitische Regeln wirken durch ihre Disziplinierungsfunktion für Tarifparteien reformbeschleunigend, nicht ohne weiteres weiterverfolgt werden sollten, wird sowohl in der Öffentlichkeit, als auch unter Politikern mittlerweile weitgehend geteilt. Deshalb können weiterführende neue Argumente gegen die Auffassung, die EWU wirke durch Institutionenwettbewerb reformbeschleunigend, nur in einem Modellrahmen abgeleitet werden, der auf einer Endogenisierung dieser Einsicht beruht. Dieser Beitrag nähert sich diesem Thema folgerichtig aus der Perspektive *rationaler Erwartungen* der Akteure.

4.2.2.1 Theoretische und empirische Eckpunkte für eine Synthese

Einer rationalen Debatte steht gemäß den vorstehenden Ausführungen entgegen, daß *in der öffentlichen Diskussion* die Aspekte der Einführung der EWU und der permanent hohen Arbeitslosigkeit zwar miteinander in einen *kausalen* Zusammenhang gebracht werden. Gleichzeitig versäumte es die volkswirtschafts*theoretische* Modellbildung bisher, ein rationales Argumentationsmuster für eine derartige Debatte zu liefern. Die Struktur des Arbeitsmarktes wurde in den bisherigen Debatten um die Nutzen und Kosten verschiedener Wechselkursregimes zumeist als *gegeben* angenommen (Sibert, Sutherland (1997), S. 3 f.). Insbesondere blieben Änderungen der Reformanreize politischer Entscheidungsträger durch die EWU selbst vollständig unberücksichtigt. Dies bedeutet einen deutlichen Verstoß gegen die zentrale Implikation der Lucas-Kritik und kann getrost als eine *wichtige Lücke* in der einschlägigen Literatur bezeichnet werden (vgl. bereits Belke (1998a)). Es liegt nämlich empirische Evidenz dafür vor, daß die Ausgestaltung des Währungssystems in der Vergangenheit den Grad an Arbeitsmarktreformen determinierte und und daß sich letzterer möglicherweise endogen ergeben könnte. So finden Alogoskoufis, Smith (1991) sowie Eichengreen (1993) Evidenz dafür, daß die Arbeitslosigkeits-Reagibilität des Lohns vom Wechselkurssystem abhängt; in 'managed-exchange-rate systems' komme es tendenziell zu höheren Lohnabschlüssen, da eine Akkomodierung relativer Preisänderungen zwischen Volkswirtschaften durch die Geld- und Wechselkurspolitik eine zukünftig niedrigere Arbeitslosigkeit

---

4 Die Sichtweise dieser Autoren läßt sich auch durch ergänzende empirische Untersuchungen zur Fähigkeit intra-europäischer Wechselkurse, asymmetrische Arbeitsmarktschocks in der EU zu absorbieren, konsistent belegen. Vgl. Belke (1998), S. 259 ff., Belke, Gros (1998b).

antizipiert werde. Anderton, Barrell (1993) sehen für Italien während dessen Mitgliedschaft im Europäischen Wechselkursmechanismus die Hypothese einer steigenden Lohnflexibilität tendenziell bestätigt: "However, the necessary institutional change for reforming wage behaviour may not have been possible without membership of the ERM" (Anderton, Barrell (1993), S. 19 f.). Muet (1996) schließlich vertritt die These, daß Frankreichs Politik eines 'franc fort' seit 1983 zu erheblichen Änderungen der Arbeitsmarktpolitik geführt habe.[5] Es wurde aber bisher nicht berücksichtigt, daß zwei in der Literatur in anderem Zusammenhang etablierte *theoretische* Denkansätze zu einer fundierteren Prognose der Effekte der EWU auf die Wahrscheinlichkeit von Arbeitsmarktreformen beitragen könnten. Es handelt sich dabei zum einen um die 'positive Ökonomik der dynamischen Inkonsistenz' optimaler Geldpolitiken und zum anderen um die 'positive Ökonomik rigider Arbeitsmärkte'.

4.2.2.2 Die positive Ökonomik dynamischer Inkonsistenz

In der Literatur wird die Vorteilhaftigkeit der Wahl verschiedener geldpolitischer Strategien standardmäßig anhand der Modelle von Barro, Gordon (1983, 1983a) sowie Kydland, Prescott (1977) untersucht. Diese stellen das Problem der dynamischen Inkonsistenz diskretionärer Geldpolitik in den Vordergrund. Als ein Zeitinkonsistenzproblem wird die *inflationäre Verzerrung* der Geldpolitik ('inflation bias') thematisiert, die in westlichen Demokratien in einem diskretionären Politikumfeld bei rationalen Erwartungen entsteht. Dabei wird unterstellt, daß Politiker ein Beschäftigungsziel oberhalb der gleichgewichtigen Beschäftigung verfolgen. Dies bewirkt Anreize für Politiker, kurzfristige nominale Rigiditäten durch überraschende Inflation zu nutzen. Politiker sehen sich somit trotz ex-post fehlender langfristiger realwirtschaftlicher Effekte einem *Glaubwürdigkeitsproblem* gegenüber. Obwohl Überraschungsinflation kurzfristig den Reallohn senken mag und hierdurch temporäre reale Effekte ausgelöst werden, existiert *kein langfristiger Trade-off* zwischen Inflation und Arbeitslosigkeit. Sobald die Tarifparteien die wahren relativen Präferenzen der Regierung in bezug auf Arbeits-

---

5 Weitere Vertreter der Ansicht, daß sich die Volkswirtschaften, welche ihre Währung faktisch an die DM koppelten, durch wesentliche Änderungen des heimischen Lohnsetzungsverhaltens auszeichneten, sind Hochreiter, Winckler (1995) für Österreich, Kremers (1990) für Irland, Gressani, Guiso, Visco (1998) für Italien und Blanchard, Muet (1995) für Frankreich. Diese positive Evidenz blieb jedoch nicht unbestritten. Vgl. Viñals, Jimeno (1998) und Calmfors (1998). Zudem wurde sie in einigen Fällen von großen Anpassungslasten begleitet. Vgl. Ball (1996).

losigkeit und Inflation erkannt haben, antizipieren sie die Inflationsanreize der Regierung korrekt. Da sie die Nominallöhne entsprechend setzen, verbleibt für die Regierung bei der nun höheren gleichgewichtigen Inflation kein Anreiz mehr, zusätzlich zu inflationieren. Denn in diesem Punkt würden zusätzlich entstehende permanente Inflationskosten den Nutzen temporärer Beschäftigungszuwächse übertreffen. Die entstehende *inflationäre Verzerrung* ('inflation bias') ist um so höher, je größer die natürliche Rate der Unterbeschäftigung ausfällt und desto mehr diese von der Zielarbeitslosenrate abweicht.

In Rahmen dieser Literatur werden Effizienzgewinne verschiedener geldpolitischer Regeln und mögliche stabilitätspolitische Kosten bei exogenen Schocks, bedingt durch die relative Inflexibilität einer Regel im Vergleich zu diskretionärer Geldpolitik, einander gegenübergestellt. Als eine Lösungsmöglichkeit des Trade-offs zwischen der Notwendigkeit einer flexiblen Geldpolitik bei unvorhergesehenen exogenen Schocks und der Notwendigkeit einer Regelbindung werden verschiedene flexible Regeln vorgeschlagen (Walsh (1995), Persson, Tabellini (1993), Svensson (1997)). Hierzu zählen "feedback-rules" in Verbindung mit unterschiedlichen "commitment technologies", wie die Unabhängigkeit der Zentralbank oder Sanktions- und Anreizmechanismen (‚incentive schemes') für Zentralbanker. Die ‚first-best' Lösung besteht jedoch darin, die Arbeitsmarktrigiditäten zu beseitigen, die der hohen gleichgewichtigen Arbeitslosigkeit zugrunde liegen (Svensson (1997), S. 104 und 109, und Abschnitt 3.5.3). Dabei wird aber übersehen, daß -wie im Folgeabschnitt erörtert- auch die Gestalt und die Regulierung der Arbeitsmärkte als ‚rational political choice' in die Zielfunktionen der Politiker eingehen. Im vorliegenden Beitrag wird deshalb argumentiert, daß auch das gegenwärtige Design der arbeitsmarktrelevanten Institutionen das Resultat eines eigennutzorientierten Optimierungsprozesses von Politikern darstellt. Deshalb wird die Notwendigkeit gesehen, den Modellrahmen der Zeitinkonsistenz-Literatur um die Möglichkeit der Bestimmung eines gleichgewichtigen Reformgrades zu erweitern (vgl. auch Belke (1998a)). Aber auch der erweiterte Rahmen impliziert nicht zwingend, daß im Erwartungsgleichgewicht (Wohlfahrtsoptimum) die Rigiditäten vollständig eliminiert werden.

4.2.2.3 Die positive Ökonomik rigider Arbeitsmärkte

Neben einer Analyse der Bestimmungsgrößen der Geldpolitik auf der Basis der positiven Ökonomik dynamischer Inkonsistenz werden seit einiger Zeit aus *polit-ökonomischer* Perspektive die *Determinanten von Arbeitsmarktin-*

stitutionen untersucht (Belke (1997), Berthold, Fehn (1996), Saint-Paul (1995, 1996)). Hiermit wird dem in Abschnitt 3.2.3 entwickelten Gedanken der Charakterisierung der Arbeitslosigkeit als Folge polit-ökonomischer Anreize erneut Rechnung getragen. Die zu testende Hypothese dabei ist, daß Arbeitsmarktinstitutionen nicht durch Effizienzüberlegungen, sondern *durch Interessen politischer Mehrheiten*, wie der Insider auf Arbeitsmärkten und stimmenmaximierender Regierungen, bestimmt werden. Aus dieser Sicht sind Arbeitsmarktreformen bereits dann nicht durchsetzbar, wenn sie nur kurzfristig die Wohlfahrt der Mehrheit der beschäftigten Arbeitnehmer verringern oder, allgemeiner, die Mehrheit der Wähler und einflußreiche Interessengruppen beeinträchtigen. Denn Wahlempfehlungen sowie die Parteienfinanzierung durch einflußreiche Interessengruppen haben sich schon oft als ein entscheidender Beitrag zu Wahlerfolgen erwiesen. In diesen Modellen wird untersucht, warum es auf den europäischen Arbeitsmärkten nicht zu durchschlagenden Reformen kommt, obwohl es inzwischen gemeinhin anerkannt ist und als hinreichend belegt gilt, daß die Arbeitslosigkeit in Westeuropa eher ein strukturelles als ein zyklisches Phänomen ist (Calmfors (1998, 1998a), Nickell (1997)) und dies gravierende Reformen auf den Arbeits- und den hiermit verbunden Märkten bedingt.

In Kapitel 3 wurde gezeigt, daß rigide Arbeitsmärkte gegenwärtig beschäftigte Insider im Zeitablauf auf Kosten der nicht beschäftigten Outsider tendenziell profitieren lassen. Es entsteht so eine umfangreiche gesellschaftliche Gruppe, die daran interessiert ist, durch eine *Annäherung des Einkommensdifferentials* nicht nur zwischen Arbeitsplatzbesitzern und nicht beschäftigten Arbeitsanbietern, sondern auch zwischen Arbeitsplatzinhabern und Unternehmens-Eigentümern *politische Stabilität* (im Sinne eines Reformstaus) zu erreichen. Aktive Arbeitsmarktprogramme und generöse sozialstaatliche Transfers werden dabei gezielt eingesetzt, um eine mögliche Opposition der Outsider gegen den Reformstau im Keim zu ersticken. Diese Literatur basiert jedoch auf *realwirtschaftlichen* Modellen, in denen Geldpolitik und Inflation keine Rolle spielen. Eine *direkte* Beziehung zwischen Nachfragepolitik, hier speziell der Geldpolitik, und Arbeitsmarktrigiditäten wird hingegen *nicht* berücksichtigt.

Es werden somit bei *isolierter* Betrachtung *theoretische Schwächen* der einzigen beiden Ansätze ersichtlich, die am ehesten Anhaltspunkte für die Erfolgschancen eines geldpolitischen Regimewechsels durch die EWU bei der Senkung der gleichgewichtigen Arbeitslosenrate in Westeuropa vermitteln könnten. Wie gezeigt hat, läßt sich der Reformstau prinzipiell beseitigen, da

Arbeitsmarktreformen durch multiple polit-ökonomische Gleichgewichte gekennzeichnet sind (Saint-Paul (1996), Belke (1997) und Kapitel 3). Reformen sind unter bestimmten Konstellationen wie in Zeiten rapide ansteigender Arbeitslosigkeit, direkt nach einem Regierungswechsel und in Zeiten globalisierungsbedingt steigender Reallohnelastizität der Arbeitsnachfrage wahrscheinlicher. In diesem Kapitel wird untersucht, ob die spezifische Ausgestaltung des geldpolitischen Regimes für die Wahrscheinlichkeit der Durchsetzung von Arbeitsmarktreformen ebenfalls bedeutsam ist.

Eine explizierte Modellierung des Problems durch eine *Synthese* beider Literaturstränge wird erforderlich, da auch ein *Ländervergleich* bei der Suche nach 'benchmarks' nur *wenig* weiterhilft.[6] Ein Ländervergleich ersetzt die in diesem Kapitel vorzunehmende Analyse deshalb keinesfalls. Auf der einen Seite scheinen die USA ein Beispiel für eine Währungsunion mit Arbeitsmarktinstitutionen zu sein, die eine niedrige gleichgewichtige Arbeitslosigkeit begünstigen. Auf der anderen Seite haben die starken EWS-Bindungen ('Hartwährungspolitiken') Belgien und Frankreich -im Gegensatz zu den Niederlanden und vielleicht Dänemark- nicht geholfen, umfassende Reformprogramme auf den Weg zu bringen. Schließlich sind Großbritannien und Neuseeland Beispiele dafür, daß weitreichende Reformen ohne die Einbindung in internationale Wechselkurs-Arrangements aber innerhalb eines strikt antiinflationären Regimes erreicht werden können (Belke (1998a), Calmfors (1997, 1998a), OECD (1997)).

4.3 Ein neues Basismodell

Im folgenden wird versucht, mit einem formalen Modell der häufig geäußerten These *entgegenzutreten*, die Effekte der EWU auf die Realisierungschancen von Arbeitsmarktreformen seien aufgrund der Lucas-Kritik *nicht abschätzbar* und deshalb *rein spekulativ*. Zu diesem Zweck wird das Ausmaß von Arbeitsmarktreformen im Rahmen des Modells der dynamischen Inkonsistenz optimaler Geldpolitiken *endogenisiert*. Neben seiner analytischen Anschaulichkeit (die gemäß Kapitel 3 für eine Realisierung erfolgreicher Politikberatung notwendig ist) empfiehlt sich dieser Modellrahmen vor allem aus Gründen der Konsistenz, weil er in der politischen Debatte um die

---

[6] Für die Begründung integrativer Ansätze in der Politikberatung vgl. Belke (1997) und Kapitel 3.

Inflationswirkungen der EWU so häufig betont und (spielstrategisch) entscheidungsrelevant wurde.[7]

Alternativ könnten in einem modifizierten Modellrahmen auch die Interdependenzen zwischen *der Fiskalpolitik* und dem Grad an Arbeitsmarktreformen thematisiert werden, wenn man sich -anders als der vorliegende Beitrag- vorwiegend auf Deutschland und zudem nur auf die jüngere Vergangenheit konzentrieren würde. Unter diesen Einschränkungen liegt die Vermutung nahe, daß die Fiskalpolitik eher als die Geldpolitik von den Tarifparteien für die von ihnen zu verantwortende Arbeitslosigkeit 'in Geiselhaft genommen' wurde und deshalb im hier behandelten Modell statt der Geldpolitik abzubilden wäre. Gleichzeitig müßte jedoch auch ein direkt fühlbarer Einfluß der Fiskalpolitik oder sogar durch eine akkomodierende Geldpolitik selbst auf die Inflationsrate unterstellt werden. Dies dürfte angesichts der gegenwärtigen Inflationsprognosen und dem Status der EZB unter dem Regime der EWU nicht leicht fallen. Falls man diese Annahme jedoch trifft, führt die Fiskalpolitik jedoch möglicherweise zu einer weniger reallohnelastischen Arbeitsnachfrage (Belke (1998, 1998a)) und über den Weg der Staatsverschuldung tendenziell zu einer Lastverschiebung in die Zukunft. Hierfür spricht auch, daß eine monetäre Akkomodierung schneller und für rationale Arbeitsmarktakteure direkter fühlbar als die Fiskalpolitik zu inflationären Effekten führt. Die Geldpolitik wird zudem in der EWU nicht mehr zur Verfügung stehen, um exzessive Lohnforderungen zu akkomodieren. *Falls die Fiskalpolitik geringere Inflationseffekte nach sich zieht*, entfällt bei diskretionärer Geldpolitik ein Teil des Reformanreizes. Letzterer wird ja gerade durch die inflationären Folgen einer strukturell begründbaren Abweichung der gleichgewichtigen von der politisch gewünschten Arbeitslosenrate begründet.

Neben der Inflations- und der Arbeitslosenrate wird im folgenden Modell zusätzlich auch der *Grad der Reformen auf Arbeitsmärkten* (und implizit auch in anderen arbeitsmarktrelevanten Bereichen, wie den Gütermärkten und dem Sozialsystem) zunächst als ein Ungut in die als Zielgröße dienende Verlustfunktion aufgenommen. Denn es ist offensichtlich, daß die faktische Implementierung weitreichender Arbeitsmarktreformen *aus politischer Per-*

---

[7] Diese Modellspezifikation, d.h. der Verzicht auf z.B. evolutionstheoretische Betrachtungen, legitimiert sich somit unter der Annahme rationaler Erwartungen. Für den analytischen Rahmen vgl. Barro, Gordon (1983), dies. (1983a), Kydland, Prescott (1977), Sibert, Sutherland (1997) und Svensson (1997). Die folgenden Darstellungen orientieren sich schwerpunktmäßig am Modell von Belke (1997g, 1998d) und Calmfors (1997).

spektive nicht immer erwünscht ist. Politiker können nämlich auf unterschiedliche Weisen *Nutzeneinbußen* aus der Implementierung von Arbeitsmarktreformen erleiden.

Zum einen reduzieren Reformen oft zumindest kurzfristig die Reallöhne der beschäftigten Insider, einer häufig in einflußreichen Interessengruppen (Gewerkschaften) organisierten und so für die *Wiederwahl* relevanten politischen Mehrheit. Rigide, d.h. nicht reformierte, Arbeitsmärkte führen dabei zu einem Wohlfahrtsgewinn der Insider auf Kosten der Outsider. Da letztere erfahrungsgemäß durch generöse wohlfahrtsstaatliche Regelungen und aktive Arbeitsmarktpolitiken 'ruhig gestellt' werden (Belke (1997)), läßt sich die Aufnahme des Reformgrades in die Zielfunktion gleichwertig auch als (in Form des Kehrwertes) explizite Berücksichtigung der zusätzlich zur Finanzierung derartiger Programme erforderlichen 'Steuerbelastung' interpretieren.[8] Bereits aus dieser polit-ökonomisch geprägten Sicht werden Politiker wenig geneigt sein, harte Deregulierungsabsichten in bezug auf Arbeitsmärkte zu äußern. Dies gilt unabhängig von der Validität des Medianwählertheorems. Denn keine der politischen Parteien Kontinentaleuropas hat sich ideologisch explizit Reformen der Arbeitsmärkte verschrieben. Es deutet vielmehr einiges auf einen breiten christdemokratisch-sozialdemokratischen Konsens hin, daß Arbeitsmärkte -soweit möglich- von Marktkräften abzuschotten sind (Belke (1997)).

Zum anderen wird bestehenden Arbeitsmarktregulierungen oft ebenfalls aus Wiederwahlgesichtspunkten ein *Eigenwert* beigemessen, da sie die Empfänglichkeit der Erwerbspersonen für Schocks reduzieren (gesetzlicher Kündigungsschutz) oder Versicherungscharakter (Lohnersatzleistungen) haben (Belke (1997), Berthold, Fehn (1996), Saint-Paul (1996)). Gleichzeitig wird -neben der Arbeitslosigkeitsbestimmungsgleichung vom Lucas-Typ und der explizit formulierten Hypothese rationaler Erwartungen- eine zusätzliche Nebenbedingung eingeführt, in der die gleichgewichtige Arbeitslosigkeit *linear* vom gewählten Grad der Arbeitsmarktreform abhängt.

Die im folgendenden anzustellenden Überlegungen unterscheiden zwischen *zwei Szenarien* für eine repräsentative kleine, offene Volkswirtschaft: den Fall einer diskretionären Geldpolitik und den Fall einer geldpolitischen Regelbindung (hier die EWU). Das optimale Ausmaß einer Arbeitsmarktre-

---

[8] Vgl. auch Abschnitt 3.4. Diese Überlegungen stimmen mit der Beobachtung für Kontinentaleuropa überein, daß keine der politischen Parteien bei näherem Hinsehen ein ideologisches 'Commitment' zur Durchsetzung von Reformen aufweist. Vgl. Belke (1997) und Berthold, Fehn (1996).

form *im Falle der Nichtteilnahme an der EWU und damit einer diskretionären Geldpolitik* wird durch den Grad gegeben, der den Erwartungswert der erweiterten Verlustfunktion unter den vorstehend genannten Nebenbedingungen minimiert. Im Rahmen der Bestimmung des optimalen Grades der Arbeitsmarktreform *im Fall der Teilnahme an der EWU* als geldpolitischer Regelbindung wird der Optimierungskalkül hingegen verändert. Da Arbeitsmarktinstitutionen in diesen Volkswirtschaften einen vergleichsweise geringen Einfluß auf die Höhe der unionsweiten gleichgewichtigen Arbeitslosenrate (da z.B. Tarifverhandlungen nicht EWU-weit zentralisiert sind) und so auch auf die unionsweite Inflationsrate haben, wird letztere bei der Optimierung des Reformumfangs als *exogen* angesehen.[9] Der hier gewählte Analyserahmen vermittelt einen Eindruck davon, wie *komplex* die Effekte der EWU auf Strukturreformen trotz oft anderslautender vereinfachender Äußerungen in der Tagespolitik sein können. Einige *Tendenzaussagen* lassen sich dennoch ableiten. Dies zeigen die folgenden modellbasierten Ausführungen (nach Belke (1997g, 1998a)).

Um den Grad der Arbeitsmarktreform auch formal als 'rational political choice' von Politikern interpretieren zu können, läßt sich die im Barro-Gordon-Modell üblicherweise verwendete quadratische Verlustfunktion der Politiker wie folgt erweitern:

(1) $$L = 1/2\left[(u-\hat{u})^2 + \lambda(\pi-\hat{\pi})^2 + \gamma r^2\right].$$

Dabei entsprechen u der aktuellen Arbeitslosigkeit, $\hat{u}$ dem Arbeitslosigkeitsziel, π der aktuellen Inflationsrate, $\hat{\pi}$ dem Inflationsziel der Politiker und r dem gewählten Ausmaß bzw. Grad der Arbeitsmarktreform ($r \geq 0$). Aus Vereinfachungsgründen wird die *Separierbarkeit* der Verlustfunktion in bezug auf die Variablen unterstellt, obwohl es auch Fälle gibt, in denen der marginale Nutzen einer Reform durchaus von der Höhe der Arbeitslosigkeit abhängen kann (vgl. etwa Saint-Paul (1996)).

Als Arbeitslosigkeitsfunktion wird, wie in Modellen vom Barro-Gordon-Typ üblich, die folgende 'Angebots-'Funktion ("expectation augmented Phillips-curve") verwendet:

(2) $$u = u^* - \beta(\pi - \pi^e) + \varepsilon \text{ mit}$$

---

[9] Für eine Relativierung dieser Annahmen für eine 'große' Volkswirtschaft wie beispielsweise Deutschland vgl. die Überlegungen in Abschnitt 6.7.

$$(3) \qquad \pi^e = E(\pi),$$

wobei u* als gleichgewichtige Arbeitslosigkeit, π^e als (rational) erwartete Inflationsrate und ε als stochastischer 'i.i.d.'-Schock betrachtet werden. Der Parameter β bezeichnet das Ausmaß der Nominallohnrigidität, d.h. die Intensität, mit der Reallöhne auf nicht-antizipierte Änderungen des Preisniveaus reagieren. Wenn die hier betrachtete Volkswirtschaft die Inflation um einen Prozentpunkt pro Jahr reduzieren möchte, so muß sie in dem Jahr β zusätzliche Prozentpunkte Arbeitslosigkeit in Kauf nehmen. Aus dieser Perspektive heraus kann man β auch als 'sacrifice ratio' bezeichnen (Layard, Jackman, Nickell 1994, S. 84 f. und Kapitel 2).

Eine weitere entscheidende Abweichung zum Standard-Barro-Gordon-Modell ergibt sich, wenn man realistischerweise berücksichtigt, daß die Höhe der gleichgewichtigen Arbeitslosigkeit linear vom gewählten Grad r der strukturellen Reform auf Arbeitsmärkten abhängt:

$$(4) \qquad u^* = \tilde{u} - \delta r,$$

wobei $\tilde{u}$ die Ausprägung der gleichgewichtigen Arbeitslosenrate in der Abwesenheit jeglicher Arbeitsmarktreform ($r = 0$) und δ die Grenzeffektivität von Strukturreformen bei der Verringerung struktureller Arbeitslosigkeit beschreibt. Hierbei wird in Anlehnung an Belke (1997g, 1998a) und Calmfors (1998a) die implizite Annahme getroffen, daß Arbeitsmarktreformen unter beiden nachfolgend analysierten geldpolitischen Regimes (Geldmengenregel versus geldpolitische Diskretion) *identisch effektiv* sind.[10]

---

[10] Alternativ oder zusätzlich könnten Arbeitsmarktreformen Auswirkungen auf den Phillipskurvenparameter beziehungsweise auf die Maßgröße für Nominallohnrigidität β zugeschrieben werden. Diese Möglichkeit wird später noch problematisiert. Dabei wäre etwa eine Verringerung von β plausibel, da Arbeitsmarktreformen die Reaktion der Arbeitslosigkeit auf Inflationsüberraschungen tendenziell verringern. Dabei sollte jedoch berücksichtigt werden, daß die Flexibilität der Nominallöhne mit der *zyklischen* Sensitivität der Arbeitslosigkeit verbunden ist. Sie ist jedoch für das Niveau der in diesem Kapitel betonten *strukturellen* Arbeitslosigkeit von geringerer Bedeutung. Letztere wird hauptsächlich durch das durchschnittliche Niveau der Reallöhne und deren Verteilung determiniert. Vgl. Belke, Kamp (1998, 1999).
Über die Annahme einer identischen Effektivität der Reformen unter beiden -in bezug auf die politischen Institutionen- wohl grundverschiedenen Regimes ließe sich diskutieren. Hier bieten sich weitere Forschungsarbeiten auf der Basis von Modellen, in denen diese Annahme gelockert wird, an.

Im folgenden wird -sowohl für den Fall der Mitgliedschaft als auch für den Fall der Nichtmitgliedschaft in einer Europäischen Währungsunion (EWU)- zunächst *ein Einperiodenspiel* betrachtet, in dem die Politiker sowohl die Arbeitsmarktinstitutionen als auch die Geldpolitik determinieren. Allerdings müssen Entscheidungen über die Ausgestaltung der Arbeitsmarktinstitutionen *vor* der Realisierung exogener Schocks und unter Berücksichtigung des Inflations-Reaktionsmusters getroffen werden. Die einmal gewählte Ausgestaltung ist für die betrachtete Periode *irreversibel* (Pfadabhängigkeit von Institutionen).[11] Höhere Freiheitsgrade werden jedoch -wie in derartigen Modellen üblich- der Geldpolitik zugestanden. Sie kann innerhalb der Periode auf die eingetretenen Schocks reagieren und diese stabilisieren.

Abb. 1 - *Die Spielstruktur*

Schritt 1:	Politiker determinieren Arbeitsmarktinstitutionen (unter Berücksichtigung des Inflations-Reaktionsmusters). Die einmal gewählte Ausgestaltung ist für die Spieldauer irreversibel.
Schritt 2:	Private bilden Inflationserwartungen. Abschluß von Lohnkontrakten.
Schritt 3:	Realisierung zufälliger exogener Schocks.
Schritt 4:	Politiker determinieren Geldpolitik. Stabilisierung von Schocks (bei Regel und Diskretion). Bei Diskretion Glaubwürdigkeitsproblem. Bei Regel Einperiodenspiel.

4.4 Modellergebnisse

4.4.1 Glaubwürdige Verpflichtung auf eine Geldmengenregel als Referenzfall

Um ein Referenzszenario zu entwickeln, sei zunächst unterstellt, nationale Politiker könnten glaubwürdig auf eine wohlfahrtsoptimale nationale geldpolitische Regel verpflichtet werden. Dies wäre beispielsweise durch die

[11] Trotzdem wird hier in bezug auf den Umfang und das Timing von Reformen kein Optionswert des Wartens berücksichtigt, obwohl letzteres bei Unsicherheit über die Reformkonsequenzen in Anlehnung an die mikroökonomische Investitionstheorie (hier: Realoptionen) vorteilhaft sein könnte. Vgl. hierfür die Kapitel 7 und 8.

Mitgliedschaft in der Europäischen Währungsunion erreichbar, in der die Europäische Zentralbank weniger inflationsgeneigt ist als die einzelnen Länder (Calmfors (1998), S. 29).[12] Das Optimierungsproblem der Politiker besteht dann darin, eine geldpolitische Regel (hier ausgedrückt in einer Bildungsvorschrift für die Inflationsrate) und gleichzeitig das Ausmaß der Reform zu identifizieren, mit denen die in Gleichung (1) formulierte Verlustfunktion minimiert wird.[13] Hinsichtlich der formalen Vorgehensweise lassen sich bei gleichen Modellergebnissen nun zwei Varianten unterscheiden. Im folgenden wird zunächst der von Belke (1998a, 1999a) und Belke, Kamp (1998, 1999) vorgeschlagene Rechenweg vorgestellt. Anschließend wird eine *alternative* formale Vorgehensweise beschritten, mit der eine *größere Vergleichbarkeit* der beiden Rechenwege bei einer Geldmengenregel und bei geldpolitischer Diskretion erreicht wird. Während die erste Variante einem eher ökonomischen Fokus folgt, betont die zweite Variante eher die mathematische Formallogik.

In formaler Hinsicht müssen entsprechend der Modellierung von Belke (1998a, 1999a) und Belke, Kamp (1998, 1999) die Ausprägungen von π, π^e und r gefunden werden, die Gleichung (1) unter den Nebenbedingungen (2) und (4) und der Annahme rationaler Erwartungen ($\pi^e = E(\pi)$) minimiert.

Der entsprechende Lagrange-Ansatz (Lag) lautet:

$$\text{Lag} = 1/2\left[(u-\hat{u})^2 + \lambda(\pi-\hat{\pi})^2 + \gamma r^2\right] - m_1\left[u - u^* + \beta(\pi-\pi^e) - \varepsilon\right] - m_2\left[u^* - \tilde{u} + \delta r\right] \quad ,$$

wobei die Variablen m_1 und m_2 die Lagrange-Multiplikatoren bezeichnen.

---

12 McCallum (1995) sowie Jensen (1997) verweisen darauf, die Kombination aus 'delegation and proper incentive schemes' die inflationäre Verzerrung der Geldpolitik nicht vollständig beseitigen können, solange (wie auch im hier vorgestellten Modell) eine diskretionäre nationale Stabilisierungspolitik beibehalten wird. Vgl. ausführlicher Abschnitt 4.6.2. des vorliegenden Beitrags.

13 Angesichts der gewählten Spielstruktur kann es sich nur um den *Erwartungswert* der Verlustfunktion handeln. Auch ist gemäß Abb. 1 der Erwartungswert der für die Arbeitslosigkeitsgleichung relevanten stochastischen Schocks zugrunde zu legen. Entsprechende Zusätze entfallen jedoch im folgenden aus Gründen der Übersichtlichkeit.

Nach Optimierung ergeben sich folgende Bedingungen erster Ordnung:

(Opt 1) δLag/δu: $u - \hat{u} - m_1 = 0$,

(Opt 2) δLag/δπ: $\lambda(\pi - \hat{\pi}) - m_1\beta = 0$,

(Opt 3) δLag/δr: $\gamma r - m_2\delta = 0$,

(Opt 4) δLag/δm_1: $-u + u^* - \beta(\pi - \pi^e) + \varepsilon = 0$,

(Opt 5) δLag/δm_2: $-u^* + \tilde{u} - \delta r = 0$ und

(Opt 6) δLag/δu*: $m_1 - m_2 = 0$.

Zu beachten ist dabei, daß aufgrund der eingeführten Modellstruktur auch die natürliche Arbeitslosigkeit u* aus Sicht der Politiker eine *endogene*, durch den Grad an Reformen r beeinflußbare Größe ist. Aus der Substitution von (Opt 1) in (Opt 2) sowie aus (Opt 4) folgt das für die Lösung relevante Gleichungssystem x:

$$u = \hat{u} + \lambda\pi / \beta - \lambda\hat{\pi} / \beta \text{ und}$$

$$u = u^* - \beta(\pi - \pi^e) + \varepsilon.$$

Ein wesentliches Ergebnis der Literatur zum Barro-Gordon-Modell ist, daß die dynamische Inkonsistenz optimaler Geldpolitiken, d.h. ein 'inflation bias' auf einer negativen Abweichung der Zielarbeitslosigkeit vom gleichgewichtigen Niveau der Arbeitslosigkeit beruht. Unter den oben gesetzten Annahmen muß eine gemäß Gleichung (1) optimale geldpolitische Regel demnach zu derselben Inflationsrate führen, die im Falle der Gleichheit des angestrebten und des natürlichen Niveaus der Arbeitslosigkeit (d.h. $u^* = \hat{u}$) von der geldpolitischen Instanz gewählt würde (Barro, Gordon (1983a), S. 597 f., Svensson (1997), S. 101 ff.). Reformen tragen im Falle einer Abweichung dann gemäß der Gleichung (4) und dem von Barro-Gordon postulierten Wirkungszusammenhang dazu bei, die natürliche Arbeitslosigkeit und den hieraus resultierenden 'inflation bias' ebenfalls zu reduzieren. Die Optimierung, d.h. die Lösung des Gleichungssystems x, ($u = \hat{u} + \lambda\pi / \beta - \lambda\hat{\pi} / \beta$ und $u = u^* - \beta(\pi - \pi^e) + \varepsilon$) muß deshalb unter der *zusätzlichen Nebenbedingung* $u^* = \hat{u}$ erfolgen. Auflösen des erweiterten Systems nach π in Abhängigkeit von π^e ergibt schließlich:

$$\pi = (\lambda / (\lambda + \beta^2))\hat{\pi} + (\beta^2 / (\lambda + \beta^2))\pi^e + (\beta / (\lambda + \beta^2))\varepsilon.$$

Unter Berücksichtung rationaler Erwartungen, die wegen $\pi^e = E(\pi)$ den systematischen Teil der vorstehenden Gleichung erfassen, resultiert nach Substitution von π^e die folgende *optimale geldpolitische Regel*:

(5) $\pi = \hat{\pi} + (\beta / (\lambda + \beta^2))\varepsilon$.

Im Optimum wird ein konstantes Inflationsziel verfolgt ('inflation targeting'). Exogene Schocks werden jedoch im Einzelfall durch Abweichungen vom Inflationsziel stabilisiert ('inflation targeting' mit 'feedback'-Komponente). Wegen der hier angenommenen perfekten Steuerbarkeit der Inflationsrate durch die Geldpolitik ist dies jedoch mit einer Geldmengenregel identisch. Wie wird unter Berücksichtigung dieser Regel und $E(\varepsilon) = 0$ (vgl. Abb. 1) der Reformgrad bestimmt? Mit $u=u^*$ und Opt 1 gilt $m_1=u^*-\hat{u}$. In Verbindung mit Opt 3 und Opt 6 folgt hieraus:

(6) $-\delta(u^* - \hat{u}) + \gamma r = 0$.

Unter Berücksichtigung von Opt 5 läßt sich dieser Ausdruck auch schreiben als:

(6a) $r^* = \delta(\tilde{u} - \hat{u}) / (\gamma + \delta^2)$.

Das Ausmaß der Arbeitsmarktreform r wird demnach so gewählt, daß die Grenznutzen einer niedrigeren gleichgewichtigen Arbeitslosigkeit (in Gestalt einer mit der Grenzeffektivität von Strukturreformen δ gewichteten niedrigeren Abweichung von der Zielarbeitslosigkeit $-\delta(u^* - \hat{u})$) den Grenzkosten der Reformen (γr) genau entsprechen. Grenzkosten einer Arbeitsmarktreform können aus der Sicht der Politiker darin bestehen, daß sie zu einer Verringerung des Reallohns einer politischen Mehrheit, der beschäftigten Insider führen, daß sie die Empfänglichkeit der Erwerbspersonen für Schocks erhöhen oder daß sie bei sinkenden Lohnersatzleistungen den Versicherungsschutz verringern (vgl. Kap. 3). Das Ausmaß der Reform hängt positiv von der Höhe der strukturellen Arbeitslosigkeit bzw. der Differenz von struktureller und politisch gewünschter Arbeitslosigkeit ab ($\delta r^*/\delta \tilde{u} > 0$). Eine negative Abhängigkeit ergibt sich natürlich in bezug auf die Grenzkosten der Reformen ($\delta r^*/\delta\gamma < 0$). Gleichzeitig bleibt das Reformausmaß aber unberührt von der Höhe nominaler Rigiditäten ($\delta r^*/\delta\beta = 0$). Diese Ergebnisse beruhen auf der *ersten Variante* einer formalen Vorgehensweise nach Belke (1998a, 1999a) und Belke, Kamp (1998, 1999).

Eine *zweite Variante* formaler Vorgehensweise verfährt bei der Implementierung der Nebenbedingungen konsequenter, indem die zuvor im Rahmen der ersten Variante erst *nach der Optimierung* berücksichtigten Nebenbedingungen 'realwirtschaftliche Ineffektivität der Geldpolitik bei rationalen Erwartungen' (u = u*) und 'Einhaltung einer angekündigten geldpolitischen Regel' ($\pi = \hat{\pi}$) nun *explizit* als Nebenbedingungen in den Lagrange-Ansatz mit aufgenommen werden.[14] Trotzdem führt diese Vorgehensweise zu identischen Ergebnissen. In formaler Hinsicht sind im Rahmen der zweiten Variante die Ausprägungen von u, π, r und u* zu identifizieren, welche die Gleichung (1) unter den Nebenbedingungen (u = u*), Gleichung (4) und ($\pi = \hat{\pi}$) minimieren. Aus Gründen der in Abb. 1 beschriebenen Spielstruktur wird dabei von den zufällig um Null verteilten Schocks der Arbeitslosigkeitsfunktion (Gleichung (2)) abstrahiert; der Parameter ε entfällt aus dem Kalkül.

Der Lagrange-Ansatz (Lag) lautet nun im Rahmen der zweiten Variante:

$$\text{Lag} = 1/2\left[(u-\hat{u})^2 + \lambda(\pi-\hat{\pi})^2 + \gamma r^2\right] -$$

$$m_1[u - u^*] - m_2[u^* - \tilde{u} + \delta r] - m_3[\pi - \hat{\pi}] \quad ,$$

wobei die Variablen m_1, m_2 und m_3 die Lagrange-Multiplikatoren bezeichnen.

---

[14] Dies erscheint aus mathematischer Sicht adäquater, denn die zuvor im Rahmen der ersten Variante zur Bestimmung der optimalen Geldmengenregel (Barro, Gordon (1983a) und Svensson (1997) folgend) extern herangeführte und genutzte 'Als ob'-Bedingung (u* = û) kann auch direkt mit einem Lagrange-Multiplikator von m_3 in die Nebenbedingungen des Lagrange-Ansatzes eingeordnet werden. Zum anderen könnte die Gleichung (u = u*) streng genommen ebenfalls als Nebenbedingung und *nicht* (wie zuvor im Rahmen der ersten Variante) als genutztes Modell*ergebnis* aufgefaßt werden. Dann aber müßte sie mit einem Lagrange-Multiplikator m_4 als vierte Nebenbedingung in den Lagrange-Optimierungsansatz aufgenommen werden. Unter diesen Voraussetzungen läßt sich zeigen, daß sich die Optimalbedingungen (Opt 1) und (Opt 6) zu (Opt 1): $\delta Lag/\delta u$: $u^* - \hat{u} - m_1 - m_4 = 0$, und (Opt 6): $\delta Lag/\delta u^*$: $m_1 - m_2 - m_3 + m_4$, verändern.

Nach Optimierung resultieren die folgenden Bedingungen erster Ordnung:

(Opt 1') δLag/δu: $u - \hat{u} - m_1 = 0$,

(Opt 2') δLag/δπ: $\lambda(\pi - \hat{\pi}) - m_3\hat{\pi} = 0$,

(Opt 3') δLag/δr: $\gamma r - m_2\delta = 0$,

(Opt 4') δLag/δu*: $m_1 - m_2 = 0$,

(Opt 5') δLag/δm_1: $-u + u^* = 0$,

(Opt 6') δLag/δm_2: $-u^* + \tilde{u} - \delta r = 0$ und

(Opt 7) δLag/δm_3: $-\pi + \hat{\pi} = 0$.

Aus (Opt 1'), (Opt 4') und (Opt 5') folgt $u^* - \hat{u} - m_2 = 0$. Aus (Opt 2') und (Opt 7') resultiert $m_3 \cdot \hat{\pi} = 0$. In Verbindung mit (Opt 3') ergibt sich aus dem Zusammenhang $u^* - \hat{u} - m_2 = 0$ wie zuvor schon im Rahmen von Variante Eins die Gleichung:

(6) $$-\delta(u^* - \hat{u}) + \gamma r = 0.$$

Unter Berücksichtigung von Opt (6') läßt sich dieser Ausdruck ebenfalls wieder schreiben als:

(6a) $$r^* = \delta(\tilde{u} - \hat{u}) / (\gamma + \delta^2).$$

Das *Ausmaß der Arbeitsmarktreform* r wird demnach *genau so* gewählt wie im Rahmen der Variante Eins. Diese Übereinstimmung kann als ein zusätzlicher Beleg für Robustheit der hier erzielten formalen Ergebnisse interpretiert werden.

Die bisherige Analyse setzte voraus, daß die Geldpolitik und die *Inflationsrate* in einem Land *autonom* determiniert werden. Sie deckte somit den Fall der *Nichtmitgliedschaft* der betrachteten Volkswirtschaft in der EWU ab. Betrachtet man nun den Fall der Mitgliedschaft in der EWU, so ist zu berücksichtigen, daß die Geldpolitik und die Inflationsrate aus der Sicht der einzelnen betrachteten Volkswirtschaft -insbesondere wenn sie klein ist- als *exogen* anzusehen sind. Sie werde im hier vorgestellten Referenzfall durch die Europäische Zentralbank (EZB) realistischerweise nach einem ähnlichen Muster wie in Gleichung (5) vorgegeben. Da jedoch Arbeitsmarktinstitutionen bis auf weiteres auch in der EWU *national determiniert* bleiben, besteht auch in einer EWU ein *nationaler* Freiheitsgrad bei der Wahl von r. Durch die Exogenitätsannahme bezüglich π ändern sich jedoch die Optimalbedingungen, die für die Bestimmung von r^{opt} relevant sind, nicht. Denn das inländische Entscheidungsproblem der Politiker besteht nun nach wie vor darin, das Reformniveau r zu finden, das den Erwartungswert der der Zielfunktion (1) unter der ökonomischen Nebenbedingung (4) und der durch (5) gegebenen Inflations-Reaktionsfunktion minimiert. Die Wahl des geldpolitischen Regimes -EWU oder Nicht-EWU- beeinflußt die Reformneigung einer einzelnen Volkswirtschaft demnach nicht. In beiden Fällen wird *derselbe Reformgrad* gewählt. Die EWU kann nach der zuvor angestellten Analyse *nicht* das Mittel der Wahl sein, mit dem das dringende Problem der strukturellen Arbeitslosigkeit in Westeuropa schlagartig verringert werden kann.

4.4.2 Diskretionäre Geldpolitik: Dynamische Inkonsistenz optimaler Politiken

Aus der empirisch orientierten Literatur zur dynamischen Inkonsistenz optimaler Geldpolitiken ist hinlänglich bekannt, daß es der Realität wohl am nächsten kommt, den wirtschaftspolitischen Entscheidungsprozeß in einer Volkswirtschaft außerhalb der EWU bei diskretionärer Geldpolitik als *zweistufiges Spiel* zu modellieren. Zunächst werden Lohnkontrakte (auf Basis der erwarteten Inflation) und in dem hier erweiterten Modell der Grad an Arbeitsmarktreformen bestimmt sowie exogene Schocks realisiert, ehe die Geldpolitik in der zweiten Runde *auf diskretionäre Weise* ihren Kurs festlegt. Anhaltspunkte für die Annahme eines diskretionären Charakters des Spiels liegen in der *geringen Wahrscheinlichkeit* einer *erfolgreichen* Implementierung *glaubwürdiger* Verpflichtungen der geldpolitischen Instanzen. Zum Beispiel verhindern einflußreiche Gewerkschaften oft eine politische Implementierung eines Beschäftigungsziels in Höhe der natürlichen Rate. Auch die Uneindeutigkeit bisheriger Schätzungen der Natural Rate verhindert dies tendenziell (Svensson (1997), S. 100).

Auch in diesem Abschnitt werden aus Gründen einer *besseren Vergleichbarkeit* der beiden Rechenwege bei einer Geldmengenregel und bei geldpolitischer Diskretion wieder zwei Varianten hinsichtlich der formalen Vorgehensweise verfolgt. Aber auch hier bleiben die Modellergebnisse hiervon unberührt. Im folgenden wird zunächst wieder der von Belke (1998a, 1999a) und Belke, Kamp (1998, 1999) eher aus einem ökonomischen Blickwinkel gewählte Rechenweg vorgestellt. Anschließend wird wieder eine *alternative* -eher an mathematischer Effizienz ausgerichtete- Vorgehensweise beschritten. Während die erste Variante einem eher ökonomischen Fokus folgt, betont die zweite Variante eher die mathematische Formallogik. Im folgenden werden die Modellergebnisse im Fall eines diskretionären geldpolitischen Regimes zunächst nach der ersten Variante berechnet.

Entscheidend für die weitere Vorgehensweise im Rahmen der ersten Variante ist, daß die Politiker bereits im ersten Schritt bei der Festlegung des Reformgrades das typische geldpolitische Reaktionsmuster, d.h. die Abhängigkeit der gesetzten Inflationsrate von der natürlichen Rate der Unterbeschäftigung, berücksichtigen. Der Lagrange-Ansatz und das hierin implizite Minimierungskalkül bleiben dabei im Grunde *dieselben wie im Verpflichtungsfall.* Daher kann auch das der Bestimmung von π^{opt} zugrunde liegende Gleichungssystem als unverändert angesehen werden:

$$u = \hat{u} + \lambda\pi / \beta - \lambda\hat{\pi} / \beta \text{ und}$$

$$u = u^* - \beta(\pi - \pi^e) + \varepsilon .$$

Allerdings verkompliziert sich die Lösung, da im diskretionären Fall nicht mehr vorauszusetzen ist, daß $u^* = \hat{u}$ gilt. Lösen des Systems nach π in Abhängigkeit von der erwarteten Inflationsrate π^e ergibt nach einigen Umformungen:

$$\pi = (\beta / (\lambda + \beta^2))(u^* - \hat{u}) + (\lambda / (\lambda + \beta^2))\hat{\pi} + (\beta^2 / (\lambda + \beta^2))\pi^e + (\beta / (\lambda + \beta^2))\varepsilon .$$

Im Vergleich zum Verpflichtungsfall erscheint in der Lösung für π ein *zusätzlicher* Term $(\beta / (\lambda + \beta^2)) * (u^* - \hat{u})$. Unter Berücksichtigung rationaler Erwartungen, die wegen $\pi^e = E(\pi)$ den systematischen Teil der vorstehenden Gleichung erfassen, resultiert nach Substitution von π^e die folgende *optimale geldpolitische Regel*:

$$\pi = \left[\frac{\beta}{(\lambda + \beta^2)} + \frac{\beta^2}{(\lambda + \beta^2)}\frac{\beta}{\lambda}\right](u^* - \hat{u}) + \left[\frac{\lambda}{(\lambda + \beta^2)} + \frac{\beta^2}{(\lambda + \beta^2)}\right]\hat{\pi} + (\beta / (\lambda + \beta^2))\varepsilon ,$$

bzw. nach einigen Vereinfachungen:

$$(7) \qquad \pi = \hat{\pi} + (\beta / \lambda)(u^* - \hat{u}) + (\beta / (\lambda + \beta^2))\varepsilon .$$

Der im Vergleich zum Verpflichtungsfall zusätzlich auftretende Term $(\beta / \lambda)(u^* - \hat{u})$ steht für die *inflationäre Verzerrung* ('inflation bias'). Diese wird in dem hier skizzierten Szenario relevant, wenn die Politiker auf eine

Zielarbeitslosigkeit abzielen, die von dem gleichgewichtigen Niveau abweicht, und dies von rationalen Akteuren antizipiert wird. Im Hinblick auf den Zusammenhang von unterschiedlichen geldpolitischen Regimes (hier: EWU oder Nicht-EWU) und Arbeitsmarktreformen ist bedeutsam, daß das Ausmaß der inflationären Verzerrung außer von λ auch von *Parametern* beeinflußt wird, *die direkt oder indirekt mit Arbeitsmarktreformen zusammenhängen.* Zum einen ergibt sich eine Abhängigkeit von der natürlichen Unterbeschäftigung u*, die gemäß Gleichung (4) direkt durch Arbeitsmarktreformen negativ beeinflußt wird. Zum anderen ist die Elastizität der Arbeitslosigkeit in bezug auf nicht-antizipierte Inflation (β) für die Höhe des 'inflation bias' bedeutsam. Aber auch diese Determinante kann durch Arbeitsmarktreformen und eine hieraus resultierende höhere Lohnflexibilität beeinflußt werden.

Entscheiden Politiker nun in der ersten Stufe des Spiels über den Reformgrad r, müssen sie die gerade abgeleitete Inflationsfunktion -und dabei insbesondere die Abhängigkeit von π^{opt} von u* und β- berücksichtigen. Die Politiker wählen r so, daß der Erwartungswert der Verlustfunktion (1) unter den Nebenbedingungen (2), (4) und (7) minimiert wird. Formal entspricht dies der Optimierung eines Lagrange-Ansatzes wie in Abschnitt 4.4.1. Die einzige Ausnahme ist, daß die Bestimmungsgleichung der zuvor ermittelten optimalen Inflationsrate statt als zusätzliche Nebenbedingung *direkt in die Zielfunktion* implementiert wird. Die Berechtigung hierfür liegt in der *Zweistufigkeit des Spiels* bei diskretionärer Geldpolitik. Wie zuvor schon erörtert, müssen Politiker gemäß ihrem Optimierungskalkül bei der Festlegung des Reformgrades r die Abhängigkeit der gleichgewichtigen Inflationsrate von der Höhe der natürlichen Arbeitslosigkeit berücksichtigen. Da jedoch die Realisation der Schocks erst nach der Setzung des ex ante optimalen Reformgrades bekannt wird, wird dabei *nur der nicht-stochastische Teil* der Gleichung (7), also $(\hat{\pi} + (\beta / \lambda)(u^* - \hat{u}))$ verwendet. Der im diskretionären Fall zu verwendende Lagrange-Ansatz lautet dann:

$$\text{Lag} = 1/2\left[(u - \hat{u})^2 + \lambda((\beta / \lambda)(u^* - \hat{u}))^2 + \gamma r^2\right]$$

$$- m_1\left[u - u^* + \beta(\pi - \pi^e) - \varepsilon\right] - m_2[u^* - \tilde{u} + \delta r] \quad .$$

Nach Optimierung resultieren folgende Bedingungen erster Ordnung:

(Opt 1) δLag/δu: $u - \hat{u} - m_1 = 0$,

(Opt 3) δLag/δr: $\gamma r - m_2\delta = 0$,

(Opt 5) δLag/δm_2: $-u^* + \tilde{u} - \delta r = 0$,

(Opt 6) δLag/δu*: $\frac{\beta^2(u^* - \hat{u})}{\lambda} + m_1 - m_2 = 0$ (verändert).

Wie wird unter Berücksichtigung dieser Optimalbedingungen erster Ordnung der aus der Sicht der diskretionär handelnden Politiker gleichgewichtige optimale Reformgrad abgeleitet?

Mit $u = u^*$ und Opt 1 gilt $m_1 = u^* - \hat{u}$. In Verbindung mit Opt 6 folgt hieraus:

$$m_2 = (u^* - \hat{u}) + \frac{\beta^2}{\lambda}(u^* - \hat{u}).$$

Unter Berücksichtigung von Opt 3 läßt sich dieser Ausdruck auch schreiben als:

$$\gamma r - \left[(u^* - \hat{u}) + \frac{\beta^2}{\lambda}(u^* - \hat{u})\right]\delta = 0 \text{ bzw.}$$

(6b) $$\gamma r - \delta(u^* - \hat{u}) - \frac{\beta^2\delta}{\lambda}(u^* - \hat{u}) = 0.$$

Substituieren von Opt 5 in (6b) ergibt lediglich eine andere Schreibweise dieser Optimalbedingung erster Ordnung für das Ausmaß der Reform:

(6c) $$r^* = \frac{\delta(\beta^2 + \lambda)}{\delta^2(\beta^2 + \lambda) + \gamma\lambda}(\tilde{u} - \hat{u}).$$

Das Ausmaß der Arbeitsmarktreform r wird nach (6b) so gewählt, daß sich die Grenznutzen einer niedrigeren gleichgewichtigen Arbeitslosigkeit $-\delta(u^* - \hat{u}) - \frac{\beta^2\delta}{\lambda}(u^* - \hat{u})$ und die Grenzkosten der Reformen (γr) genau entsprechen. Im Vergleich zum 'Commitment'-Fall ist somit eine zusätzliche

Grenznutzenkomponente $-\frac{\beta^2\delta}{\lambda}(u^*-\hat{u})$ enthalten. Diese ist direkt auf den Nutzenzuwachs durch die reformbedingte Rückführung des 'inflation bias' $(\beta/\lambda)(u^*-\hat{u})$, der selbst mit λ abnimmt, zurückzuführen.

Das Ausmaß der Reform hängt

- *positiv* von struktureller AL ($\delta r^*/\delta\tilde{u} > 0$, betragsmäßig größer als im 'commitment'-Fall: $\tilde{u}\uparrow$ erhöht wegen der höheren inflationären Verzerrung $r\uparrow$),
- *negativ* von den GK der Reformen $\delta r^*/\delta\gamma = -\frac{\delta\cdot\lambda\cdot(\beta^2+\lambda)(\tilde{u}-\hat{u})}{\left(\delta^2(\beta^2+\lambda)+\gamma\cdot\lambda\right)^2}$ und
- *positiv* von der Nominallohnrigidität β $\delta r^*/\delta\beta = \frac{2\cdot\delta\cdot\beta\cdot\gamma\cdot\lambda\cdot(\tilde{u}-\hat{u})}{\left(\delta^2(\beta^2+\lambda)+\gamma\cdot\lambda\right)^2}$

  ab.

Die *positive* erste Ableitung dieses Terms *nach der Nominallohnrigidität* β bringt zum Ausdruck, daß das Glaubwürdigkeitsproblem der Geldpolitik ansteigt, wenn Nominallohnrigiditäten bedeutsamer werden, und daß sich Reformbemühungen mit dem Ziel einer Verringerung der inflationären Verzerrung als Reaktion hierauf verstärken. Auch die erste Ableitung nach $\tilde{u}$ ist positiv und betragsmäßig größer als im 'commitment'-Fall, denn eine ohne Reformen höhere strukturelle Arbeitslosigkeit erhöht wegen der höheren inflationären Verzerrung selbstverständlich den Anreiz zu Reformen.

Es läßt sich nun auf zwei Weisen zeigen, daß das *Ausmaß der Reform* im 'commitment'-Fall *geringer* ausfällt als im 'discretion'-Fall. Erstens läßt sich der Wert der linken Seite der Gleichung (6b) berechnen, indem für den Reformgrad r der optimale 'commitment'-Wert (Gl. (6a)) eingesetzt wird:

$$\gamma((\delta/(\gamma+\delta^2))(u^*-\hat{u})-\delta(u^*-\hat{u})-\frac{\beta^2\delta}{\lambda}(u^*-\hat{u}) =$$

$$\frac{-\delta^3\lambda-\beta^2\delta\gamma-\beta^2\delta^3}{(\gamma+\delta^2)\lambda}(u^*-\hat{u})<0,$$

da $(u^*-\hat{u})>0$.

Per saldo überwiegen also (noch) die Grenznutzen des gewählten Reformgrades. Da die Minimierung der Lagrange-Funktion nach r die Einhaltung der Bedingung $\frac{\delta^2 Lag}{\delta r^2} > 0$ verlangt, muß der Reformgrad größer als im 'commitment'-Fall werden, um im 'discretion'-Fall zur Gleichheit von Grenzkosten und Grenznutzen der Reform zu gelangen.

Zweitens lassen sich die Größenordnungen des Reformgrades im 'commitment'- und im 'discretion'-Fall *direkt* miteinander vergleichen. Dabei wird gefragt, ob die Rechthandseite von (6c), d.h. der Reformgrad unter Diskretion, abzüglich der Rechthandseite von (6a), d.h. dem Reformgrad unter 'commitment', größer als 0 ist:

$$\frac{\delta(\beta^2+\lambda)}{\delta^2(\beta^2+\lambda)+\gamma\lambda}(\tilde{u}-\hat{u}) - \frac{\delta}{(\gamma+\delta^2)}(\tilde{u}-\hat{u}) =$$

$$\left[\frac{\delta(\beta^2+\lambda)}{\delta^2(\beta^2+\lambda)+\gamma\lambda} - \frac{\delta(\beta^2+\lambda)}{\delta^2(\beta^2+\lambda)+\gamma(\beta^2+\lambda)}\right](\tilde{u}-\hat{u}) > 0\ ?$$

Offensichtlich ist diese Ungleichung erfüllt, denn $\gamma(\beta^2+\lambda)$ im Nenner des zweiten Bruches ist größer als $\gamma\lambda$ im Nenner des ersten Bruches. Beide Brüche unterscheiden sich nur um diese Terme. Nach *beiden* Berechnungsmethoden ist der Reformgrad r bei 'policy discretion' *größer* als bei 'policy commitment'. Arbeitsmarktreformen fallen unter einem diskretionären geldpolitischen Regime deutlicher aus als bei einer Regelbindung der geldpolitischen Instanz.

Welchen Wert nimmt nun der gewählte Reformgrad r im Fall der *Mitgliedschaft in der EWU* bei 'policy discretion' an? Intuitiv plausibel erscheint es, zur Inflationsbestimmung weiterhin eine Gleichung vom Typ (7) zugrunde zu legen. Allerdings haben die Variablen nicht mehr eine nationale, sondern eine *unionsweite Dimension* (Kürzel EWU). Es sei darüber hinaus aus Vereinfachungsgründen angenommen, daß für die Währungsunion dasselbe Inflationsziel, dasselbe Arbeitslosigkeitsziel und dieselbe Inflationsaversion gilt wie für eine nationale Volkswirtschaft. Da die EWU mehrere z.T. kleine offene Volkswirtschaften umfaßt, bezeichnet der Parameter ε sowohl asymmetrische als auch symmetrische Schocks. Eine plausible Inflationsgleichung für die EWU lautet unter diesen Voraussetzungen:

(7a) $\pi = \hat{\pi} + (\beta^{EWU}/\lambda)(u^{*EWU} - \hat{u}) + (\beta^{EWU}/(\lambda + \beta^{EWU2}))\varepsilon$.

Diese *Inflationsgleichung* stellt für eine an der EWU teilnehmende Volkswirtschaft bei der Wahl eines optimalen nationalen Reformgrades r eine *exogene bindende Restriktion* dar. Die Inflationsrate wird unionsweit durch die Europäische Zentralbank vorgegeben. Das Optimierungskalkül in bezug auf den Reformgrad r basiert somit auf einer Minimierung des Erwartungswertes von Gleichung (1) unter den Nebenbedingungen (4) und (7a). Da Arbeitsmarktinstitutionen in *einem* Mitgliedsland der EWU nur einen vergleichsweise geringen Einfluß auf die Höhe der unionsweiten gleichgewichtigen Arbeitslosigkeit u^{*EWU} und die unionsweite Inflationsrate ausüben, kann durch eine reforminduzierte Annäherung der natürlichen Unterbeschäftigung an ein (vergleichsweise niedriges) Arbeitslosigkeitsziel im Grenzfall kein Grenznutzen in Gestalt eines kleineren 'inflation bias' mehr erzielt werden. Der Term $-\left[(\beta^2\delta/\lambda)(u^*-\hat{u})\right]$ entfällt somit im Grenznutzen-Grenzkostenkalkül (Gleichung (6b)).

Wählten nationale Politiker nun weiterhin den (höheren) Reformgrad r wie oben im 'discretion'-Fall außerhalb der EWU, so befänden sie sich bereits im aufsteigenden Ast der Verlustfunktion (1). Da das Verlustminimum bereits bei einem geringeren Wert von r erreicht wird, fällt *innerhalb* der EWU der Reformgrad r *geringer* aus als außerhalb der EWU. Auch die Größenordnung des von den Politikern gewählten Reformgrades läßt sich exakt bestimmen. Gemäß den Gleichungen (6) und (6b) entspricht der Wert r^{opt} in der Währungsunion genau dem Wert r^{opt} im 'commitment'-Fall. Hieraus folgt erstens ein weiteres Argument dafür, *daß die Geldpolitik für ein einzelnes Land in der EWU als durch eine Regel begrenzt angesehen werden* kann.[15] Aus dieser Gleichheit folgt zweitens, daß der beschäftigungspolitische Nachteil der EWU in dem Ausmaß schwindet, wie es gelingt, den 'inflation bias' z.B. durch eine Erhöhung der Inflationsaversion λ zu reduzieren. Die Wahl 'konservativer', d.h. inflationsaverser, Regierungen sowie die Ernennung 'konservativer' Zentralbanker wären Instrumente, die den Reformanreiz außerhalb der EWU und den beschäftigungspolitischen Nachteil der EWU tendenziell verringern könnten (Rogoff (1985), Alesina (1989)). Da derartige 'commitments' jedoch bekanntlich gleichzeitig das Potential zu einer Akkomodierung negativer Schocks reduzieren, wird der komparative

[15] Diese Interpretation liegt auch der Gliederung der Argumentationsfolge dieses Kapitels und die implizite Gleichsetzung der EWU mit einer geldpolitischen Regel zugrunde. Für den auf das hier vorgestellte Modell bezogenen Einwand, daß auch die Geldpolitik in der EWU für ein einzelnes Land nicht als Regel betrachtet werden und die Inflationsgefahr in der EWU zunehmen könne, vgl. aber Belke (1998d), S. 46 f.

Nachteil der EWU in bezug auf Arbeitsmarktreformen dabei immer nur partiell eliminiert ('second-best'-Charakter).

Der Kern der oben erzielten Ergebnisse bestand darin, daß Strukturreformen bei diskretionärer Geldpolitik im Hinblick auf die Zielfunktion (1) eine (vermeintliche) *doppelte Dividende* erzielen. Zum einen *reduzieren sie* -wie zuvor schon unter der geldpolitischen Regel- *die Kosten struktureller Arbeitslosigkeit*. Zum anderen bewirken sie eine *Rückführung der gleichgewichtigen Inflation*, da sie das Glaubwürdigkeitsproblem der Geldpolitik reduzieren. Der zweite Effekt entfällt bei der geldpolitischen Regelbindung, da die Geldpolitik hier ex definitione kein Glaubwürdigkeitsproblem aufweist. Um diese neuen Ergebnisse auf die EWU-Debatte zu übertragen, ist jedoch zu fragen, wie relevant der Fall diskretionärer Geldpolitik und damit die zweite Teildividende in der westeuropäischen Realität in Zeiten historisch niedriger Tiefststände der Inflation heute noch ist.

Kann man davon ausgehen, daß nationale Geldpolitiken außerhalb der EWU (als Sphäre einer einheitlichen geldpolitischen Regel) weiterhin einer inflationären Verzerrung unterliegen, obwohl sie -wenigstens in einigen Fällen- an eine unabhängige Notenbank delegiert wurden (Bean (1998), Belke, Kamp (1998, 1999))? Hiergegen spricht, daß die augenblickliche Konvergenz der Inflationsraten auf niedrigem Niveau den Großteil der gesamten EU-Region betrifft. Darüber hinaus wurden bereits in der Einleitung zu diesem Beitrag auf theoretische Modelle verwiesen, die Methoden zur Eliminierung der inflationären Verzerrung aufzeigen. Bei diesen wird auf ‚incentive schemes' zurückgegriffen, die optimalen Stabilisierungsbemühungen der Geldpolitik nicht entgegenwirken.

Für die oben genannte These sprechen jedoch einige Argumente von McCallum (1995) sowie Jensen (1997). Sie verweisen darauf, daß die Kombination aus Delegation und 'proper incentive schemes' die inflationäre Verzerrung der Geldpolitik nicht vollständig beseitigen können. Dies gelte solange, wie (wie auch im hier vorgestellten Modell) eine diskretionäre nationale Stabilisierungspolitik beibehalten werde. Denn die Annahme, eine Regierung, welche die Geldpolitik aus Anreizgründen bereits delegiert hat, setze einen zu einer optimalen Politik führenden Kontrakt mit der Notenbank durch, da sie diese Politik nicht selbst bereitstellen kann, führt zu einem *internen Widerspruch*. Auch ließe sich fragen, wie denn ein politisches System, das sich in bezug auf die Geldpolitik nicht glaubwürdig an eine Regel binden kann, Glaubwürdigkeit für angekündigte Arbeitsmarktreformen aufbauen soll. Aus dieser Sicht könnte sich hier sogar *ein zweites In-*

konsistenzproblem ergeben, wie auch in Abschnitt 4.6.2. explizit eingeräumt wird (Belke, Kamp (1998, 1999)).

Darüber hinaus kann begründet werden, daß die in der jüngeren Vergangenheit zu beobachtende Rückführung der Inflationsraten und möglicherweise auch die zunehmende Unabhängigkeit der nationalen Notenbanken eher als temporäre Phänomene anzusehen sind (Belke, Kamp (1999)). Diese gingen nämlich möglicherweise lediglich mit der Absicht einher, sich für die EWU-Mitgliedschaft zu qualifizieren oder sich zumindest die Möglichkeit hierzu offen zu lassen (Ozkan, Sibert, Sutherland (1997)). Aus dieser Sicht ist die zweite Teildividende diskretionärer Geldpolitik -zusätzliche Arbeitsmarktreformen aus dem Anreiz heraus, die inflationäre Verzerrung zu verringern- in der westeuropäischen Realität auch heute kurz nach dem Beginn der EWU unter anderem für die EWU-Outs weiter relevant. Ob sie jedoch zu einem Vorteil geldpolitischer Diskretion hinsichtlich der *Gesamt*wohlfahrt führt und somit als Argument gegen eine geldpolitische Regel beispielsweise in Gestalt einer EWU (Calmfors (1997, 1998a)) angeführt werden kann, muß einer zusätzlichen Überprüfung überlassen werden. Diese erfolgt in der gebotenen Ausführlichkeit in Abschnitt 4.5. Vorher muß jedoch noch geprüft werden, ob die weiter oben beschriebene *zweite Variante* formaler Vorgehensweise, die bei der Implementierung der Nebenbedingungen mathematisch konsequenter verfährt, zu identischen Modellösungen führt. Auch werden die formalen Ergebnisse bezüglich der Teildividenden verschiedener geldpolitischer Regimes zwecks besserer Intuition in Abschnitt 4.4.3 noch graphisch veranschaulicht.

Der im diskretionären Fall zu verwendende Lagrange-Ansatz lautet gemäß der zweiten Variante:

$$\text{Lag} = \begin{array}{l} 1/2\left[(u-\hat{u})^2 + \lambda(\pi-\hat{\pi})^2 + \gamma r^2\right] \\ - m_1[u - u^*] - m_2[u^* - \tilde{u} + \delta r] - m_3\left[\pi - \hat{\pi} - (\beta/\lambda)(u^* - \hat{u})\right] \end{array}$$

Im Unterschied zum Optimierungsansatz bei einer Geldmengenregel wird nun auch eine Abweichung (gemäß Gleichung (7) in Höhe von $(\beta/\lambda)(u^*-\hat{u})$) von der als optimal angesehenen Inflationsrate $\hat{\pi}$ zugelassen. Diese Veränderung betrifft im Lagrange-Ansatz ausschließlich die dritte Nebenbedingung.

Nach Optimierung resultieren unter diesen Voraussetzungen die folgenden Bedingungen erster Ordnung:

(Opt 1") δLag/δu: $u - \hat{u} - m_1 = 0$,

(Opt 2") δLag/δπ: $\lambda(\pi - \hat{\pi}) - m_3 = 0$,

(Opt 3") δLag/δr: $\gamma r - m_2\delta = 0$,

(Opt 4") δLag/δu*: $m_1 - m_2 + m_3(\beta / \gamma) = 0$,

(Opt 5") δLag/δm1: $-u + u^* = 0$,

(Opt 6") δLag/δm2: $-u^* + \tilde{u} - \delta r = 0$ und

(Opt 7') δLag/δm3: $-\pi + \hat{\pi} + (\beta / \lambda)(u^* - \hat{u}) = 0$.

Wie läßt sich nun der aus der Sicht der diskretionär handelnden Politiker gleichgewichtige optimale Reformgrad unter Berücksichtigung dieser Optimalbedingungen erster Ordnung ableiten? Mit (Opt 1") und (Opt 5") gilt $m_1 = u^* - \hat{u}$. In Verbindung mit (Opt 2"), (Opt 4") und (Opt 7") folgt hieraus:

$$m_2 = (u^* - \hat{u}) + \frac{\beta^2}{\lambda}(u^* - \hat{u}).$$

Unter Berücksichtigung von (Opt 3") läßt sich dieser Ausdruck auch schreiben als:

$$\gamma r - \left[(u^* - \hat{u}) + \frac{\beta^2}{\lambda}(u^* - \hat{u})\right]\delta = 0 \text{ bzw.}$$

(6b) $$\gamma r - \delta(u^* - \hat{u}) - \frac{\beta^2\delta}{\lambda}(u^* - \hat{u}) = 0.$$

Substituieren von (Opt 6") in (6b) bewirkt wieder lediglich eine andere Schreibweise dieser Optimalbedingung erster Ordnung für das Ausmaß der Reform:

(6c) $$r^* = \frac{\delta(\beta^2 + \lambda)}{\delta^2(\beta^2 + \lambda) + \gamma\lambda}(\tilde{u} - \hat{u}).$$

Ähnlich wie schon bei der Analyse der Reformwirkungen einer Geldmengenregel wird somit auch im Rahmen der Analyse eines diskretionären geldpolitischen Regimes deutlich, daß das *Ausmaß der Arbeitsmarktreform* r exakt so gewählt wird wie im Rahmen der Variante Eins. Diese formale Übereinstimmung kann auch hier wieder als ein zusätzlicher Beleg für Robustheit der hier erzielten formalen Ergebnisse gewertet werden. Im folgenden werden die Modellergebnisse noch weitergehend ökonomisch interpretiert.

4.4.3 Graphische Darstellung der Modellergebnisse

Die aufgezeigte robuste formale Beziehung zwischen Arbeitsmarktreformen und dem Glaubwürdigkeitsproblem diskretionärer Geldpolitik läßt sich anhand einer Graphik in Anlehnung an die heute als Standard zu bezeichnende Methodologie von Layard, Jackman, Nickell (1991, 1994), sowie Lindbeck (1992) systematisch verdeutlichen.[16]

---

16 Für eine Legitimation der Anwendung dieser Methodologie auf den Zusammenhang zwischen Arbeitsmarktreformen und geldpolitischen Regimes vgl. Calmfors (1998), S. 31. "Nowadays, this general type of organizational framework for macroeconomic analysis of the labor market is shared by adherents of different theories of wage setting behaviour ..." (Lindbeck (1992), S. 216). Vgl. Belke, Kamp (1998, 1999).

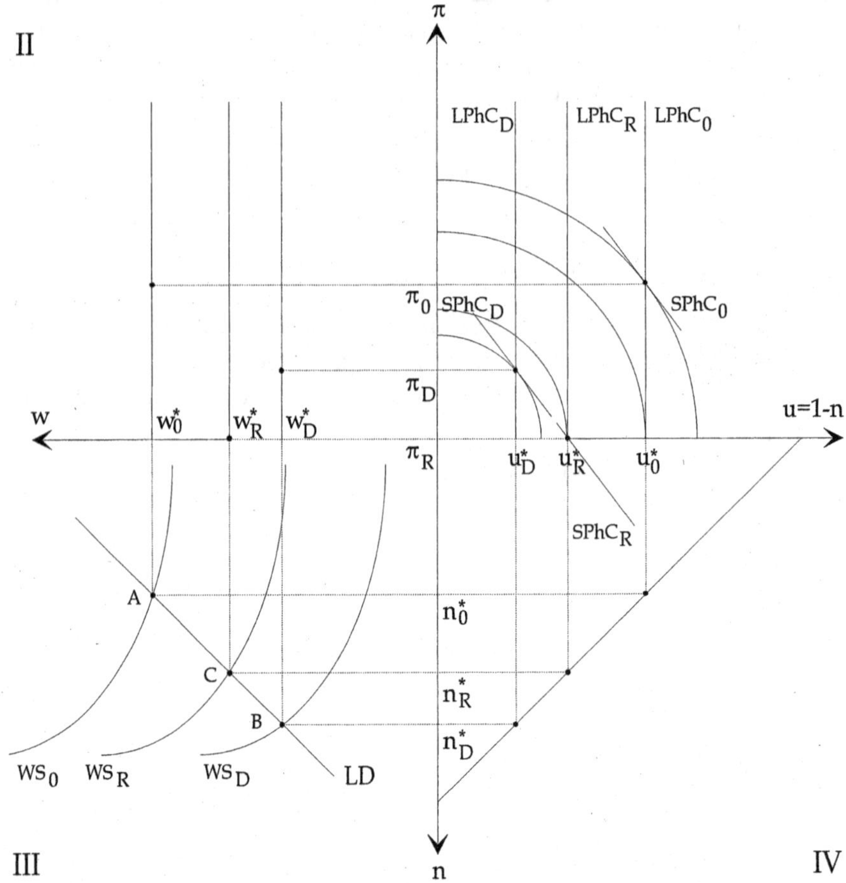

Abb. 2 besteht aus vier Quadranten. Die strukturelle oder gleichgewichtige Rate der Unterbeschäftigung wird auf dem im Quadranten III beschriebenen Arbeitsmarkt determiniert. Die Arbeitsnachfrage LD ist negativ von der Höhe des Reallohns w abhängig. Die Lohnsetzungskurve (Arbeitsangebotskurve) ist hingegen positiv geneigt. Dies kann mit Effizienzlohn- oder Insider-Outsider-Überlegungen hinreichend begründet werden (Layard, Nickell, Jackman (1994), S. 34 ff.).

Im Fall der Insider-Outsider-Theorie beispielsweise sind die ausgehandelten Reallöhne um so höher, je günstiger sich die 'outside opportunities' darstellen. Denn bei höheren Reallöhnen müssen die Gewerkschaften einerseits damit rechnen, daß ihr Entlassungsrisiko steigt und sie selbst die 'outside opportunities' wahrnehmen müssen. Andererseits schränken günstige 'outside opportunities' die Konkurrenz für die Arbeitsplatzbesitzer durch die Arbeitslosen ein. Der bremsende Effekt von (Weiter-) Beschäftigungszielen auf 'wage-push'-Faktoren entspricht rationalem Verhalten, da die Schocks im vorliegenden Modell zufällig und daher nicht antizipierbar sind. Reallöhne sind somit positiv mit der Höhe der Arbeitslosigkeit und positiv mit der Höhe und der Dauer der Gewährung von Lohnersatzleistungen korreliert. Aus diesen Überlegungen folgt, daß eine höhere Beschäftigung n die 'bargaining'-Macht der Insider stärkt, so daß sie einen höheren Reallohn w durchsetzen können. Darüber hinaus können ausgehandelte Reallöhne nicht unterhalb des realen Anspruchslohns ('reservation wage') w_0^r liegen. Letzterer wird -wie zuvor schon angeführt- insbesondere von der Dauer der Gewährung von (staatlichen) Lohnersatzleistungen determiniert. Aus Gründen der Übersichtlichkeit werden die realen Anspruchslöhne ohne Berücksichtigung von Reformen w_0^r, bei Diskretion w_D^r und bei Regelbindung w_R^r im Abb. 2 nicht explizit dargestellt. Sie sind jedoch vorstellbar als (Untergrenzen der) Schnittpunkte der gedachten Verlängerungen der ‚wage setting'-Kurven WS_0, WS_R und WS_D mit der Reallohn-Achse w.

Der *Schnittpunkt* A zwischen der Arbeitsnachfrage und der 'wage setting'-Kurve bestimmt gleichzeitig die *gleichgewichtige Rate der Beschäftigung* n_0^*, (unter der Annahme einer konstanten Arbeitskräftepotentials) die gleichgewichtige Rate der Unterbeschäftigung $u_0^* = 1 - n_0^*$ und den *gleichgewichtigen Reallohn* w_0^*. Gemäß der Zielfunktion (1) sind Politiker sowohl in bezug auf Inflation als auch in bezug auf Arbeitslosigkeit avers. Ihre Präferenzen lassen sich durch einen Satz negativ geneigter, konkav zum Ursprung verlaufender Indifferenzkurven beschreiben. Je näher die Kurven zum Ursprung liegen, desto geringer ist das mit ihnen verbundene Verlustniveau.

Nominale Rigiditäten (β in Gleichung (2)) befähigen die Regierung, durch überraschende Inflation entlang der negativ geneigten kurzfristigen Phillipskurve temporäre Beschäftigungsgewinne zu erzielen. Wenn jedoch die Lohnsetzer die Präferenzen der Regierung kennen, werden sie Nominallöhne gerade so setzen, daß sich daraus kein Anreiz für die Regierung mehr ergibt, Überraschungsinflation zu verursachen. Der Tangentialpunkt A von kurzfristiger und langfristiger Phillipskurve mit den Indifferenzlinien der Regierung bezeichnet die gleichgewichtige Inflation bei diskretionärer Geldpolitik ohne die Möglichkeit von Reformen (π_0). In diesem Gleichgewicht bei rationalen Erwartungen werden Reallöhne ausschließlich auf dem Arbeitsmarkt bestimmt. Reallöhne sind gleichzeitig unabhängig von der tatsächlichen Inflation. Diese funktionale Beziehung wird im Quadranten I durch die vertikalen Linien gekennzeichnet.

Folgt man der bisherigen Argumentation, insbesondere der auf der Insider-Outsider-Theorie fußenden Begründung des Verlaufs der 'wage setting'-Kurven, lassen sich Arbeitsmarktreformen r treffend durch eine reformbedingte *Verschiebung der 'wage-setting'-Kurve* in Richtung der Beschäftigungs-Achse n ausdrücken. Beispielsweise könnte eine Reform die *Dauer des Bezugs von Lohnersatzleistungen*, eine der signifikantesten Determinanten von Unterschieden der Arbeitslosenrate in OECD-Ländern (Calmfors (1998, 1998a), Belke, Kösters (1996), Nickell (1997)), verringern. Der reale Anspruchslohn der Arbeitsuchenden, würde als Folge hiervon je nach Ausmaß der Reformen auf w_R * bzw. w_D * sinken.[17] w_R * ist der gleichgewichtige Reallohn bei geldpolitischer Regelbindung. Die Variable w_D * bezeichnet den gleichgewichtigen Reallohn bei geldpolitischer Diskretion.

Die reformbedingte Verschiebung der 'wage-setting'-Kurve fällt bei geldpolitischer Regelbindung gemäß der Berechnungen in Abschnitt 4.4.2. geringer aus. Die Verhandlungsmacht der Insider würde für jede gegebene Beschäftigung sinken. Das Gleichgewicht auf dem Arbeitsmarkt in Punkt C determiniert die Höhe der gleichgewichtigen Beschäftigung n_R *, des gleichgewichtigen Reallohns w_R * und der gleichgewichtigen Unterbeschäftigung u_R *. Die langfristige Phillips-Kurve bewegt sich folglich nach links auf $LPhC_R$.

Eine ähnliche Argumentation gilt nun auch für den Fall der Diskretion. Durch die reformbedingte Verschiebung der ‚wage-setting'-Kurve, die im Fall der Diskretion größer ausfällt, resultiert ein neues Gleichgewicht auf dem Arbeitsmarkt in Punkt B, mit einem geringeren gleichgewichtigen Reallohn und einer höheren gleichgewichtigen Beschäftigung n_D *. Wegen u=1-n reduziert sich die natürliche Unterbeschäftigung auf u_D *. Die langfristige Phillips-Kurve bewegt sich nunmehr auf $LPhC_D$. Die inflationäre Verzerrung wird sowohl im Fall der Diskretion (durch Reformen) als auch

17 Alternativ könnten Arbeitsmarktreformen auch die Verringerung des Umfangs der Lohnersatzleistungen, den Anstieg der Effektivität von Arbeitsmarktpolitiken, die Substitution kollektiver durch individuelle Tarifverhandlungen, geringere Mindestlöhne für junge Erwerbspersonen, die Änderung des Gesetzesrahmens für Tarifverhandlungen (Steigerung der Verhandlungsmacht der Arbeitgeber) sowie die Rückführung von Arbeitnehmerschutz und Steuern umfassen. Obwohl in der Literatur um die quantitative Bedeutung der genannten Faktoren gestritten wird, herrscht eine überraschend hohe Einigkeit über die Auswahl der Reformkomponenten, die die strukturelle Arbeitslosigkeit verringern könnten. Vgl. Calmfors (1998), S. 26 f.

im Fall der Regelbindung (durch die Bindung an sich) reduziert. Bei Diskretion senkt eine geringere strukturelle (und damit eine geringere Abweichung von der politisch gewünschten) Arbeitslosigkeit den Anreiz der Politik, durch Überraschungsinflation temporäre Beschäftigungseffekte zu erzielen. Es kann daher im Vergleich zur Ausgangssituation mit der kurzfristigen Phillips-Kurve eine näher am Ursprung liegende Indifferenzkurve tangiert werden. Das Glaubwürdigkeitsproblem der Geldpolitik wird durch die Reformen reduziert, verbunden mit einer geringeren gleichgewichtigen Inflationsrate und Unterbeschäftigung und einer höheren Wohlfahrt.

Im Fall der Regelbindung wird die inflationäre Verzerrung alleine durch die glaubwürdige Bindung an ein zuvor angekündigtes Inflationsziel eliminiert. Als Konsequenz ergibt sich ein geringerer Reformgrad. Denn Reformen stiften nur durch die Verringerung der gleichgewichtigen Arbeitslosigkeit einen Nutzen. Sie haben aber keinen zusätzlichen Einfluß auf den ‚inflation bias'. Die gleichgewichtige Unterbeschäftigung fällt daher höher aus als im Fall der Diskretion. Die langfristige Phillips-Kurve $LPhC_R$ bei Regelbindung liegt folglich rechts von der langfristigen Phillips-Kurve bei Diskretion. Da ein Gleichgewicht bei Regelbindung durch die Zielinflationsrate bestimmt wird, die hier vereinfachend in Anlehnung an die Literatur als Null angenommen wurde, ergibt sich ein Gleichgewicht (π_R, u_R *). Dieses ist durch den Schnittpunkt (Randlösung) einer Indifferenzkurve mit der langfristigen Phillips-Kurve $LPhC_R$ gekennzeichnet, die oberhalb der Indifferenzkurve bei Diskretion liegt. Oberflächlich betrachtet beinhaltet dieses Ergebnis nicht nur, daß bei Diskretion stärkere Reformbemühungen und eine geringere Unterbeschäftigung erreicht werden, sondern auch, daß dieses Ergebnis eine höhere Wohlfahrt des diskretionären geldpolitischen Regimes im Vergleich zu dem regelgebundenen impliziert.

Nicht umsonst wurde ein Teil der Debatte um die beschäftigungspolitische Vorteilhaftigkeit der EWU (als impliziter geldpolitischer Regelbindung) einerseits mit dem Argument geführt, außerhalb der EWU komme es wegen tendenziell diskretionärerer Geldpolitiken und der Deckungsgleichheit nationaler Geld- und Tarifpolitik zu mehr Arbeitsmarktreformen (zweite Teildividende). Andererseits wurde argumentiert, wegen der Einsparung von Transaktionskosten u.ä. käme es in einer EWU zwar zu einem Rückgang der strukturellen Arbeitslosigkeit. Dieser führe aber zu einer Angleichung an die politisch gewünschte Arbeitslosigkeit und somit ebenfalls zu weniger Reformen innerhalb der EWU (erste Teildividende, für einen Überblick über diese Debatte vgl. Belke (1997g, 1998a), Calmfors (1997, 1998, 1998a)).

Diese Debatten vernachlässigen jedoch einen entscheidenden, in der bisherigen Literatur zu wenig beachteten Aspekt. Bevor man über die Vorteilhaftigkeit eines geldpolitischen Regimes entscheidet, sollte man berücksichtigen, daß in Abb. 2 *nur zwei* Komponenten der Nutzenfunktion betrachtet werden, nämlich die Inflationsrate und die Beschäftigung. Die Höhe des Reformgrades, der ebenfalls als Kostenkomponente in die Verlustfunktion eingeht, findet im ersten Quadranten nur indirekt Beachtung. Diese zweidimensionale Graphik kann daher *nicht* ohne weitere Kommentierung für die Beurteilung der Gesamtwohlfahrt verschiedener geldpolitischer Regimes herangezogen werden. Vielmehr ist die Betrachtung einer Wohlfahrts*ebene*, aufgespannt durch die *drei* Koordinaten Inflation, Unterbeschäftigung und Reformgrad, angezeigt (Belke, Kamp (1999)). Um diesbezüglich voreilige Schlüsse zu vermeiden und die *Mehrdimensionalität* des Problems ins Blickfeld zu rücken, wird im nächsten Abschnitt ein Wohlfahrtsvergleich verschiedener geldpolitischer Regimes durchgeführt. Denn schließlich liegt dem hier verwendeten Modell eine dreidimensionale Zielfunktion zugrunde.

4.5 Vergleich der Gesamtwohlfahrt unterschiedlicher geldpolitischer Regimes

Bevor auf der Basis der Resultate des dritten Kapitels möglicherweise vorschnell geschlossen wird, daß ein diskretionäres geldpolitisches Politik-Regime mit höherer gleichgewichtiger Inflation und einem höheren Reformgrad wegen einer vergleichsweise niedrigeren Arbeitslosigkeit generell einer Regelbindung überlegen ist, ist ein Wohlfahrtsvergleich beider Alternativen auf Basis der Verlustfunktion (1) für die jeweils gleichgewichtigen Güterbündel (Arbeitslosigkeit, Reformgrad, Inflation) anzustellen. Einsetzen der Optimalbedingungen in (1) und Ermittlung des Reformvorteils der diskretionären Geldpolitik (L(R)-L(D)) unter Vernachlässung von Schocks ergibt:

$$(8) \qquad L(R)-L(D)=\frac{1}{2}(\tilde{u}-\hat{u})^2\left[\frac{\delta^2(\beta^2+\lambda)^2}{\delta^2(\beta^2+\lambda)\lambda+\gamma\lambda^2}-\frac{\delta^2}{\gamma+\delta^2}-\frac{\beta^2}{\lambda}\right]\leq 0,$$

bzw. nach einigen Vereinfachungen:

$$(9) \qquad L(R)-L(D)=\frac{1}{2}(\tilde{u}-\hat{u})^2\left[-\frac{\beta^2\gamma^2}{(\delta^2(\beta^2+\lambda)+\gamma\lambda)(\gamma+\delta^2)}\right]\leq 0.$$

Es zeigt sich nun, daß die hier vorgestellte geldpolitische Regel einer diskretionären Geldpolitik hinsichtlich der Gesamtwohlfahrt generell überlegen ist. Denn die Wohlfahrtsdifferenz zwischen Regelbindung und Diskretion erweist sich wegen des negativen Klammerterms als eindeutig negativ. Dieses Ergebnis auf der Grundlage einer dreidimensionalen Betrachtung der Wohlfahrtseffekte *kehrt* die bis einschließlich Abschnitt 4.4. auf zweidimensionaler Basis gewonnene Evidenz *genau um.*

Der *Grad* der Überlegenheit der geldpolitischen Regel (hier aus der Perspektive einer kleinen offenen Volkswirtschaft die EWU) ist jedoch von den einzelnen Parameterwerten abhängig, so daß in Grenzfällen der Verlust bei Regelbindung dem Verlust bei Diskretion entsprechen kann. Zur Verdeutlichung der Zusammenhänge wird das Modell mit für Westeuropa plausiblen Parameterwerten kalibriert. Der für β gewählte Wert von 0,5 entspricht ungefähr der Schätzung der Nominallohnrigidität für Deutschland von Layard, Jackman, Nickell (1994, S. 86). Der hier verwendete Wert von 8 Prozentpunkten für $\tilde{u}$ entspricht gängigen Vorstellungen und konkreten Schätzungen der NAIRU bzw. NAWRU ('Non-Accelerating Wage Rate of Unemployment') für die Phase des Reformstaus (Ausnahme Großbritannien) in Westeuropa (Belke, Kösters (1996), S. 111 ff., Layard, Jackman, Nickell (1991), S. 436).

Die Parameter für die Inflationsaversion λ und für die Abneigung gegen Reformen γ wurden auf 1 restringiert, um gleiche relative Gewichte der Argumente der Verlustfunktion (1) herbeizuführen (das Gewicht von $(u-\hat{u})$ war bereits implizit auf Eins restringiert). Die Höhe der politisch gewünschten Arbeitslosigkeit $\hat{u}$ sowie die Grenzeffizienz der Strukturreformen δ wurden schließlich über Gleichung (4) $u^* = \tilde{u} - \delta r$ (mit $\tilde{u}=8$ und $0 \leq r \leq 1$ und der Evidenz über die Höhe des 'Bodensatzes' an Arbeitslosigkeit (Sucharbeitslosigkeit u.ä.) bei flexiblen Arbeitsmärkten im Friedman'schen Sinne) ermittelt. Im folgenden werden die Ergebnisse numerischer Simulationen für die Gesamtwohlfahrt (hier: die Verlustdifferenz zwischen Regelbindung und Diskretion) zusammenfassend dargestellt. In diesen Simulationen wird schrittweise jeweils ein Parameter unter Konstanthalten aller übrigen Parameterausprägungen gemäß Tab. 1 variiert.

Tab. 1 - *Parameterwerte für Simulationen*

Parameter	β	γ	δ	λ	$\tilde{u}$	$\hat{u}$
Wert	0,5	1	4	1	8	4

Quellen: Layard, Jackman, Nickell (1991, 1994), Belke, Kamp (1998, 1999), Belke, Kösters (1996).

Variation der Inflationsaversion (Lambda)

- Je höher die Inflationsaversion λ, desto geringer fällt der relative Verlust bei geldpolitischer Diskretion aus (Abb. 3).
- Je höher die Inflationsaversion, desto eher verhält sich der Zentralbanker, unter Vernachlässigung der Schocks, wie bei einer Regelbindung der Geldpolitik. Eine höhere Inflationsaversion bedeutet daher bei diskretionärer Geldpolitik, daß im Gleichgewicht die Inflationsrate (vgl. Gleichung (7)) und der Reformgrad (vgl. Gleichung (6c)) sinken und die strukturelle Arbeitslosigkeit steigt.
- Mit steigender Inflationsaversion verringert sich bei geldpolitischer Diskretion der gesamtwirtschaftliche Verlust, da zwei Kostenkomponenten der Verlustfunktion (Inflation und Reformgrad) sinken und die Kosten aus der wachsenden Arbeitslosigkeit diesen Nutzen nicht ganz kompensieren.
- Für λ gegen unendlich sind die Verluste aus einer geldpolitischen Regelbindung und aus geldpolitischer Diskretion bei Vernachlässigung der Schocks gleich.

Die Vernachlässigung der Schocks vereinfacht die Analyse insofern, als der betrachtete Grenzfall ($\lambda \to \infty$) mit einer starren Regel ohne Öffnungsklauseln korrespondiert. Bei einer Berücksichtigung der Schocks (in den vorstehenden Lagrange-Ansätzen zur Bestimmung des optimalen Reformgrades wurden diese nicht berücksichtigt) entspricht dieser Grenzfall einer Feedback-Regel.

Abb. 3 - *Relativer Vorteil geldpolitischer Diskretion bei Variation der Inflationsaversion λ*

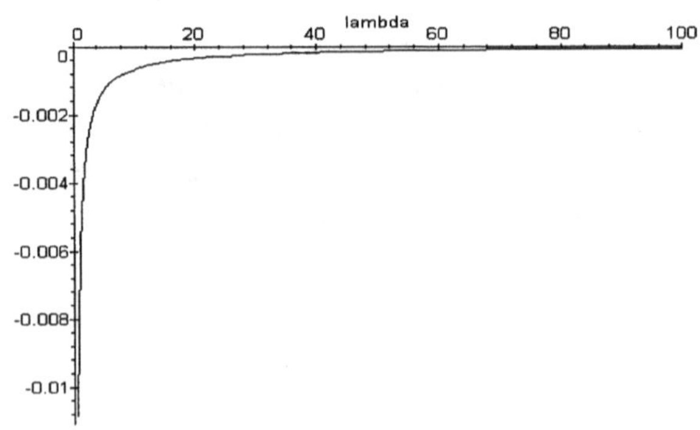

Variation der Abneigung gegen Reformen (Gamma)

- Je höher die politischen Grenzkosten der Reform γ sind, desto größer fällt der relative Vorteil der Regel aus (Abb. 4).
- Mit steigenden Grenzkosten der Reform sinkt bei geldpolitischer Diskretion und bei Regelbindung im Gleichgewicht das Ausmaß der Reformen (vgl. Gleichung (6a) und (6c)). Damit steigt die strukturelle Arbeitslosigkeit.
- Mit steigenden Grenzkosten der Reform steigen die gesamtwirtschaftlichen Kosten bei geldpolitischer Diskretion stärker als bei geldpolitischer Regelbindung, weil sich bei Regelbindung erhöhte Reformkosten nur auf den Reformgrad auswirken, bei Diskretion aber auch auf den ‚inflation bias'.
- Mit wachsenden Grenzkosten der Reform steigt bei geldpolitischer Diskretion der ‚inflation bias' (vgl. Gleichung (7)). Bei einer Regelbindung hingegen wird die Inflationsrate gemäß der Regel konstant bleiben.

Abb. 4 - *Relativer Vorteil geldpolitischer Diskretion bei Variation der Reformaversion γ*

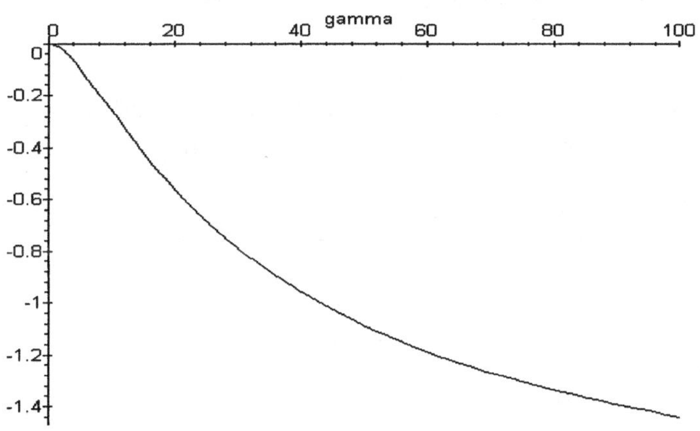

Variation der Nominallohnrigidität (Beta)

- Je größer sich das Ausmaß der Nominallohn-Rigidäten β darstellt, desto größer ist der relative Verlust bei geldpolitischer Diskretion (Abb. 5).
- Steigt das Ausmaß der Nominallohnrigiditäten, wird sich im Gleichgewicht bei einer geldpolitischen Regelbindung weder der Reformgrad noch die durchschnittliche Inflationsrate ändern (vgl. Gleichungen (5) und (6a)), da sich ex definitione kein Glaubwürdigkeitsproblem ergibt. Die Politiker werden unabhängig vom Ausmaß der nominalen Rigiditäten nicht versuchen, durch Geldpolitik eine Überraschungsinflation zu erzeugen.
- Bei geldpolitischer Diskretion führt eine Erhöhung des "sacrifice ratios" zu einer erhöhten durchschnittlichen Inflationsrate (Gleichung (7)) und damit auch zu einem erhöhten Reformgrad (Gleichung (6c)) und verringerter Arbeitslosigkeit. Duch die Erhöhung der nominalen Rigidäten wird das Glaubwürdigkeitsproblem der geldpolitischen Instanz noch verschärft. Es erhöht sich daher der Anreiz für nationale Politiker, die Vergrößerung des Glaubwürdigkeitsproblem durch ein Mehr an Arbeitsmarktreformen zu konterkarieren. Die Kosten der erhöhten durchschnittlichen Inflationsrate und des erhöhten Reformgrades übersteigen allerdings den Nutzen aus der verringerten strukturellen Arbeitslosigkeit.

Abb. 5 - *Relativer Vorteil geldpolitischer Diskretion bei Variation der Nominallohnrigidität β*

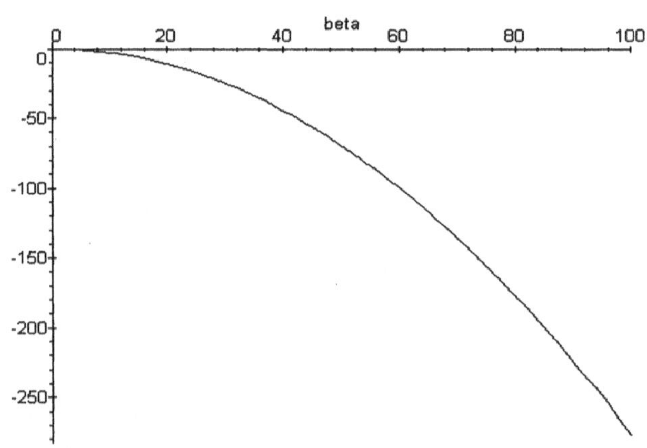

Variation der Grenzeffektivität der Arbeitsmarktreform (Delta)

- Je höher δ, die Grenzeffektivität der Strukturreform, ist, desto geringer fällt der relative Verlust bei Diskretion aus (Abb. 6).
- Erhöht man die Grenzeffektivität der Strukturreformen, wird bei geldpolitischer Diskretion und bei einer Regelbindung im Gleichgewicht ein höherer Reformgrad realisiert (vgl. Gleichungen (6a) und (6c)) und damit eine geringere strukturelle Arbeitslosigkeit erreicht.
- Im Fall der geldpolitischen Diskretion führt eine Erhöhung der Grenzeffektivität zusätzlich zu einer Reduktion des ‚inflation bias' (vgl. Gleichung (7)). Im Fall der Regelbindung ändert sich im Gleichgewicht die Inflationsrate allerdings nicht.
- Bei steigendem δ sinkt der Verlust bei Diskretion daher stärker als bei einer geldpolitischen Regelbindung.

Abb. 6 - *Relativer Vorteil geldpolitischer Diskretion bei Variation der Grenzeffektivität der Reformen δ*

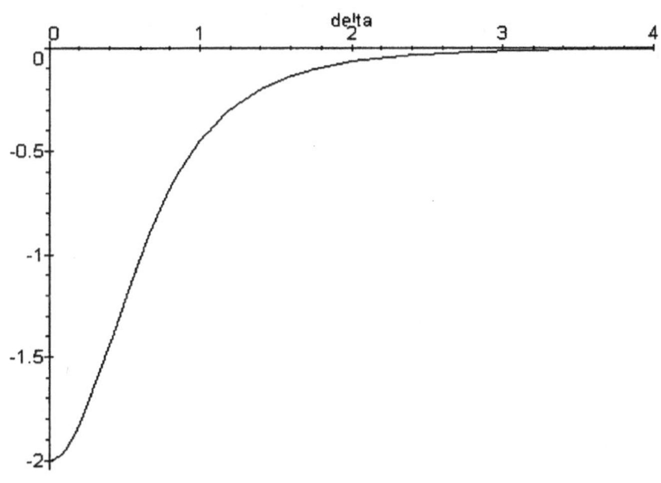

Variation der Zielarbeitslosenrate (U-Dach)

- Je höher $\hat{u}$, d.h. je mehr 'hard-nosed' bzw. 'konservativer' eine Regierung ist, desto geringer ist der relative Nachteil der Diskretion (Abb. 7).
- Mit steigender 'Konservativität' der Regierung sinkt bei Regelbindung der Reformgrad. Die Inflationsrate bleibt gleich (vgl. Gleichungen (5) und (6a)).
- Bei geldpolitischer Diskretion sinkt mit steigender Konservativität ebenfalls das Ausmaß der Reformen, zusätzlich sinkt aber auch die Inflationsrate (vgl. Gleichungen (6c) und (7)). Der Nutzenzuwachs aus geringeren Reformkosten und einer geringeren Inflationsrate ist daher höher als der Nutzenzuwachs bei einer geldpolitischen Regel.

Abb. 7 - *Relativer Vorteil geldpolitischer Diskretion bei Variation der politisch gewünschten Arbeitslosenrate û*

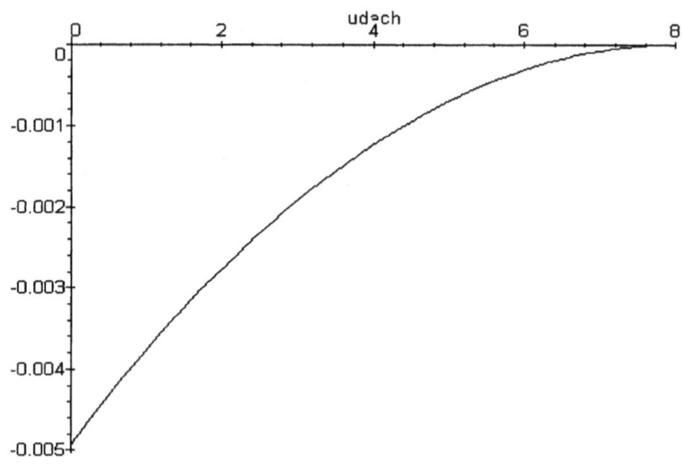

Variation der gleichgewichtigen Arbeitslosenrate ohne Reformen (U-Tilde)

- Der für unsere Zwecke relevante Ast der Kurve ist derjenige rechts vom Maximum (Abb. 8).[18]
- Je höher $\tilde{u}$ ausgehend von einem Wert von 4 (entspricht der politisch gewünschten Arbeitslosigkeit), desto größer wird der relative Nachteil der Diskretion.
- Je höher die gleichgewichtige Arbeitslosenrate in der Abwesenheit jeglicher Reformen ist, desto größer ist bei geldpolitischer Diskretion der Anreiz zu inflationieren. Die Inflation wird daher mit wachsendem $\tilde{u}$ ansteigen und der Reformgrad wird sich erhöhen (Gleichungen (6c) und (7)).
- Eine höhere gleichgewichtige Arbeitslosenrate in Abwesenheit von Reformen wird bei einer Regelbindung allerdings nicht zu einer Erhöhung der Inflationsrate, sondern nur zu einer Erhöhung des Reformgrades führen.
- Der Verlust bei wachsender gleichgewichtiger Arbeitslosigkeit in Abwesenheit jeglicher Reformen steigt daher bei Diskretion stärker als bei Regelbindung.

Abb. 8 - *Relativer Vorteil geldpolitischer Diskretion bei Variation der strukturellen Arbeitslosenrate $\hat{u}$*

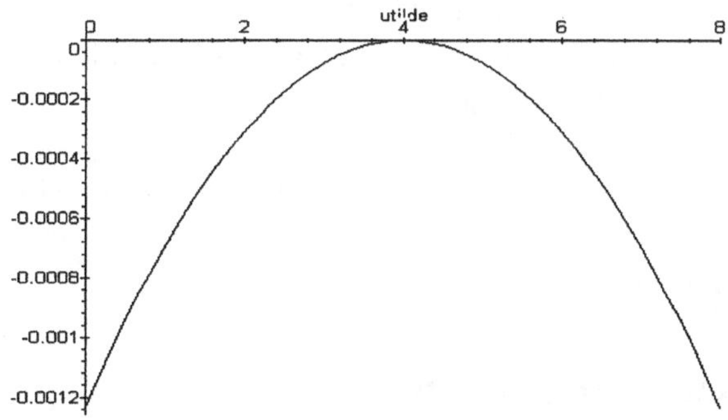

[18] Der links vom Maximum gelegene Bereich bezeichnet Konstellationen, in denen die politisch gewünschte Arbeitslosigkeit die strukturelle Arbeitslosigkeit ohne Reformen übertrifft. Wegen der hiermit verbundenen Deflationierungsanreize wird die diskretionäre Geldpolitik zunehmend suboptimaler.

Es zeigte sich, daß die geldpolitische Regel (hier: die EWU) einer diskretionären Geldpolitik hinsichtlich der Gesamtwohlfahrt generell überlegen ist. Denn die Wohlfahrtsdifferenz zwischen Regelbindung und Diskretion erweist sich durchgehend als negativ. Es sei nochmals betont, daß die erweiterte dreidimensionale Perspektive die zuvor gewonnene Evidenz *genau umkehrt*. Eine Überlegenheit der diskretionären Geldpolitik wird trotz umfangreicher Variation der Parameter (Abb. 3 bis Abb. 8) nie erreicht. Lediglich in Grenzfällen entspricht der Verlust bei Regelbindung dem Verlust bei Diskretion.

Die vorstehenden Überlegungen stellen im Vergleich zu den in Abschnitt 4.4 erzielten formalen Resultaten ein *neues Forschungsergebnis* dar. Sie lassen das Vorgehen, von einer doppelten *Dividende* struktureller Arbeitsmarktreformen unter einer diskretionären Geldpolitik (und damit hier gleichbedeutend auch: außerhalb der Europäischen Währungsunion) zu sprechen und die diskretionäre Geldpolitik (bzw. die Alternative zur EWU) deshalb als generell überlegen zu bezeichnen, als durchaus problematisch erscheinen. Es stellt sich heraus, daß Arbeitsmarktreformen bei diskretionärer Geldpolitik nur eine doppelte *Funktion* -die Senkung der strukturellen Arbeitslosigkeit und die Dämpfung der effektiven *inflationären Verzerrung*- haben. Eine geldpolitische Regel macht die zweite Funktion jedoch von vorneherein überflüssig. Die Ergebnisse des Abschnitts 4.4. lassen sich demnach auch wie folgt lesen. Bei diskretionärer Geldpolitik fallen die Arbeitsmarktreformen stärker aus und sind, gemessen an der Senkung der strukturell bedingten Arbeitslosenquote, aus diesem Grund auch erfolgreicher, einfach weil sie dringender benötigt werden. Insoweit als für die parallel dazu bewirkte Rückführung der gleichgewichtigen Inflationsrate jedoch ein überlegenes (im Idealfall sogar perfektes) Instrument zur Verfügung steht, nämlich eine strikte geldpolitische Regelbindung, signalisiert der höhere Grad der Arbeitsmarktreformen ein *Overshooting* (Belke, Kamp (1999a)), wie sich am zuvor durchgeführten Vergleich der Gesamtwohlfahrt unter beiden geldpolitischen Regimes zeigt.

4.6 Zusammenfassung und Interpretation der Ergebnisse

4.6.1 Reformnachteil der EWU

Solange das Problem der inflationären Verzerrung der Geldpolitik in europäischen Volkswirtschaften als gravierend und ein adäquates Design sowie die glaubwürdige Implementierung von antiinflationären Selbstbindungen der geldpolitischen Instanzen als unwahrscheinlich betrachtet werden, fallen die *Anreize zu (nationalen) Strukturreformen außerhalb* einer EWU möglicherweise *größer* aus als innerhalb. Denn eine niedrigere gleichgewichtige Arbeitslosenrate nach einer Reform reduziert die inflationäre Verzerrung. Entscheidend ist: substitutional zu geldpolitischer Regelbindung kann das Problem der inflationären Verzerrung langfristig auch durch Arbeitsmarktreformen verringert werden. Ein Vorteil der Arbeitsmarktreformen ist in diesem Szenario, daß deren Kosten nur einmal auftreten, während die Kosten geldpolitischer Regelbindung, die hauptsächlich in einem Verlust der Flexibilität der Geldpolitik liegen, in jeder Periode erneut anfallen. Falls Arbeitsmarktinstitutionen auch nach dem Start der EWU *national* bestimmt bleiben (dies ist eine der Kernannahmen dieser Arbeit, vgl. auch Belke, Gros (1998)), kommt dieser verlustreduzierende Effekt (als zweiter Teil der doppelten 'Dividende') dem reformierenden Land *nur außerhalb*, wegen der vergemeinschafteten Geldpolitik nicht aber innerhalb einer EWU *voll zugute*. Abhilfe könnte vielleicht nur eine *internationale Koordination* der Reformbemühungen schaffen. Diese ist aber in der politischen Realität wegen der starken Unterschiede der arbeitsmarktrelevanten Institutionen der EU-Staaten bisher noch unwahrscheinlich.

Der 'inflation bias'-Effekt kann sich auf verschiedene Weise *verstärken*. Falls Schwankungen der Inflation bei höheren Inflationsniveaus als kostenträchtiger angesehen werden, läßt sich die Neigung zu Arbeitsmarktreformen erstens auch durch ein *Vorsichtsmotiv* erklären.[19] Der Ertrag einer Senkung der Inflationsrate erhöht sich außerhalb der EWU, da sie dort als Folge der Stabilisierung inländischer Schocks durch die nationale geldpolitische Instanz tendenziell variabler ist. Außerhalb der EWU existiert dann ein zusätzlicher Anreiz, die gleichgewichtige Arbeitslosigkeit und hierdurch auch die durchschnittliche Inflationsrate zu senken. Zweitens reduzieren Arbeitsmarktreformen *nicht nur direkt* die gleichgewichtige Arbeitslosigkeit (Gleichung (4)), sondern typischerweise auch Nominallohnrigiditäten (Laufzeiten von Tarifverträgen) und (bei niedrigen Inflationsraten wirken hierfür flexible Nominallöhne begünstigend, aber nicht immer realisierbar) auch Reallohnrigiditäten. Sie verringern hierdurch das Ausmaß der Beschäftigungsreaktion auf nicht-antizipierte Geldpolitik bzw. Inflation, die

---

[19] Die sonst oft unterstellte Unabhängigkeit der Kosten der Variabilität von Inflation und Arbeitslosigkeit von ihrem Gleichgewichtsniveau beruht in gängigen Verlustfunktionen lediglich auf der quadratischen Formulierung der Argumente. Vgl. Calmfors (1997), S. 13, und Friedman (1977).

gleichgewichtige Arbeitslosenrate und letztlich auch den 'inflation bias' (Heylen (1993), OECD (1994)). Berücksichtigt man den Effekt von Arbeitsmarktreformen auf das Ausmaß der Nominallohnrigiditäten, so wird der positive Effekt von diskretionärer Geldpolitik auf die Umsetzung von Arbeitsmarktreformen noch unterstrichen, da zusätzlich der Anreiz der Politik, von einer zuvor angekündigten Geldpolitik abzuweichen, sinkt, wenn die Wirkung von Überraschungsinflation auf die Beschäftigung geringer wird. Auch im Rahmen dieser Wirkungskette ergeben sich (wie oben schon formal aus $\delta r^*/\delta\beta > 0$ (Gl. 6c) hervorging) außerhalb der EWU Anreize, das Problem der inflationären Verzerrung der Geldpolitik durch (weitere) Arbeitsmarktreformen zu verringern.

Drittens fiel in der Vergangenheit die Inflation in westlichen Demokratien nicht nur aus nationaler, sondern auch aus *globaler* Perspektive tendenziell zu hoch aus (dieser *außenwirtschaftliche* Zusammenhang wird bei Calmfors nur unzureichend beleuchtet). Denn binnenländische Inflation ist über verschiedene Transmissionskanäle auch im Ausland wohlfahrtsmindernd. Erstens kann Inflation die relativen Preise handelbarer Güter verzerren, wenn überlappende nominale Kontrakte vorliegen. Zweitens können Risiken von Fremdwährungs-'assets' oft nur unvollständig versichert werden (Belke, Gros (1999b), Sibert, Sutherland (1997), S. 6). Die EWU -eine Form geldpolitischer Kooperation- kann als ein 'commitment' zur Internalisierung dieser externen Effekte interpretiert werden. Ohne Kooperation könnten einzelne Länder Geldpolitiken in der Absicht durchführen, auf Kosten der Nachbarländer reale Gewinne zu erzielen. Beispielsweise unterliegt ein Land, das durch einen negativen Schock getroffen wird, dem Anreiz zu inflationieren, um seine Reallöhne relativ zum Ausland zu verringern und Arbeitslosigkeit zu exportieren (Buiter, Sibert (1997), S. 14). Die Anreize zu 'beggar-thy-neighbour policies' *entstehen* aufgrund der teilweisen Externalisierbarkeit der realen Inflationskosten und *wachsen* -wie oben gezeigt- mit steigenden Verzerrungen auf Arbeitsmärkten. *Ohne Kooperation* entstehen *Anreize, Reformen durchzuführen*, da diese die nationale Inflationsrate reduzieren. In der EWU (als Ausdruck geldpolitischer Kooperation) hingegen sind Reformanreize geringer, da keine Neigung mehr besteht, auf Kosten anderer Länder zu inflationieren. Diese Kosten werden in der EWU internalisiert (Sibert, Sutherland (1997), S. 4 ff.). Demgegenüber werden bei geldpolitischer Diskretion Erträge von Reformen externalisiert.

Viertens läßt sich durch spieltheoretische Überlegungen zeigen, daß die Einhaltung der Maastrichter *Konvergenzkriterien* als 'EMU entry condition'

-auf den ersten Blick paradoxerweise- eher zu einer Verringerung des Reformumfangs führt (Buiter, Sibert (1997), Ozkan, Sibert, Sutherland (1997)). Die Intuition hinter diesem Ergebnis ist, daß eine 'entry condition' u.a. in Gestalt eines 'inflation target' den Zentralbanken der EWU-Kandidaten eine höhere Glaubwürdigkeit verleiht und zunächst zu geringeren Inflationserwartungen führt. Letztere führen zu niedriger tatsächlicher Inflation ohne zusätzlichen Bedarf an gesellschaftlich ebenfalls nicht kostenfreien (man beachte Gleichung (1)!) Arbeitsmarktreformen. Die wahrgenommenen Benefits einer Reform sind demnach geringer und das potentielle Beitrittsland wählt einen geringeren Reformgrad. Die durch ein 'inflation target' induzierte zusätzliche *Glaubwürdigkeit der Zentralbanken* stellt unter diesen Voraussetzungen gleichsam ein *Substitut für Arbeitsmarktreformen* dar. Eine geldpolitische Kooperationsform wie die EWU stellt aus dieser Sicht wegen der vergleichsweise höheren Arbeitslosigkeit und des hiermit verbundenen Glaubwürdigkeitsproblems der Geldpolitik allenfalls eine 'second-best'-Lösung dar.

4.6.2 Reformvorteil der EWU

Das vorstehend entwickelte Modell erlaubt nun allerdings auch Szenarien, unter denen die *Anreize* für Strukturreformen *innerhalb* einer EWU *stärker* als außerhalb ausfallen. Wenn erstens Beschäftigungs*schwankungen* als um so schwerwiegender eingeschätzt werden, *je höher* die *durchschnittliche Rate* der Arbeitslosigkeit ausfällt, ergibt sich ein *Vorsichtsmotiv* für ein Mehr an Arbeitsmarktreformen. Denn der Grenznutzen einer Rückführung der Arbeitslosigkeit steigt. Der marginale Nutzen ist daher nur dann bei einer geldpolitischen Regelbindung größer als bei Diskretion, wenn die Variabilität der Beschäftigung im Fall der Befolgung einer geldpolitischen Regel (hinreichend) höher liegt als im Fall der Diskretion (Belke (1998a), Calmfors (1998), S. 34 ff.).[20] Gemünzt auf die Fragestellung dieses Kapitels bedeutet dies, daß der marginale Nutzen einer Arbeitsmarktreform nur dann in der EWU höher als außerhalb ausfällt, wenn die Variabilität der Beschäfti-

---

[20] Für die oben angeführte Einschätzung sprechen mehrere Gründe. Erstens erhöht sich bei höherer Sockelarbeitslosigkeit die Wahrscheinlichkeit einer -wenn auch nur zyklischen- Arbeitslosigkeit des wiederwahlrelevanten Medianwählers. Zweitens verstetigt sich bei Hysteresis eine zunächst konjunkturelle zu einer strukturellen Arbeitslosigkeit. Dies ist für die Wiederwahlchancen von Regierungen entscheidender, da möglicherweise die Grenzen der finanziellen Belastung der beschäftigten Wähler erreicht werden. Drittens handelt es sich dabei um ein in der politischen Debatte häufig vorgebrachtes Werturteil.

gung im Fall der Mitgliedschaft in der EWU (hinreichend) *höher* liegt als im Fall der Nichtmitgliedschaft.

Zweitens führen Arbeitsmarktreformen tendenziell dazu, daß Reallöhne stärker auf exogene Schocks reagieren. Hierdurch werden die *Netto*schocks reduziert, auf welche die Geldpolitik als 'shock-absorber' reagieren müßte. Da bei einer geldpolitischen Regel die Geldpolitik im allgemeinen aufgrund des Lohmann-Tradeoffs[21] nicht mehr uneingeschränkt *und in der EWU gar nicht mehr* zur Stabilisierung asymmetrischer Schocks zur Verfügung steht, erhöht dieser Effekt den Grenznutzen und damit den Anreiz zu Arbeitsmarktreformen im Vergleich zu einem diskretionären geldpolitischen Regime außerhalb der EWU (vgl. etwa Layard, Jackman, Nickell (1991) und Calmfors (1997, 1998a)). In der EWU als einer strikten Regelbindung der Geldpolitik (wie sie in den Lagrange-Ansätzen dieses Kapitels auch letztlich unterstellt wurde) schließlich kann und darf die einheitliche Geldpolitik asymmetrische Schocks nicht mehr stabilisieren (Belke, Gros (1998b)). Also könnte ein erster Grund für eine variablere Arbeitslosenrate innerhalb der EWU sein, daß *inländische* asymmetrische Schocks in einer EWU nicht in gleichem Umfang wie außerhalb durch Variationen der Inflationsrate stabilisiert werden können. Ein zweiter möglicher Grund ist, daß *im Ausland* versursachte asymmetrische Schocks zu geldpolitischen Störungen in Gestalt importierter nicht-antizipierter Inflation führen, falls die EZB versuchen sollte, die aggregierte Beschäftigung in der EWU zu stabilisieren (vgl. etwa Layard, Jackman, Nickell (1991), S. 384 ff., Calmfors (1998), S. 17 ff.). Die importierte nicht-antizipierte Inflation wiederum übersetzt sich in zusätzliche Schwankungen der heimischen Beschäftigung. Drittens könnte sich die Wahrscheinlichkeit asymmetrischer Schocks als endogener Effekt der EWU erhöhen (Calmfors (1997), S. 16 f., Fatás (1997), Krugman (1993)). Wenn diese Annahme aber nicht erfüllt ist -asymmetrische Schocks sind zu bedeutenden Teilen politikinduziert und die EWU diszipliniert die Wirtschaftspolitiken- kehrt sich das Vorsichtsmotiv *zuungunsten der EWU* um. Ein höheres Risiko von Schwankungen der Arbeitslosigkeit und eine stärkere Neigung zu Arbeitsmarktreformen ergeben sich nun *außerhalb* der EWU (Belke, Gros (1998)). Eine Abschwächung des Reformvorteils der EWU ergibt sich ebenfalls, wenn sich zeigen läßt (Belke, Gros (1999b)), daß die

---

[21] Vgl. Lohmann (1992). Der Trade-off nach Lohmann beschreibt die Austauschbeziehung zwischen dem Nutzen einer geldpolitischen Regel durch Selbstbindung und den Kosten durch den Verlust der Flexibilität. Wenn die geldpolitische Instanz im oben verwendeten Modell auf jeden Schock reagieren würde, träte möglicherweise ein Verlust an Glaubwürdigkeit auf.

von der Theorie optimaler Währungsräume betonten asymmetrischen Exportnachfrageschocks nur einen geringen Einfluß auf europäische Arbeitsmärkte haben. Als ein entscheidendes neues Ergebnis der vorstehenden Abwägung bleibt jedoch festzuhalten: man kann *nicht* zwei Vorteile der EWU *gleichzeitig* reklamieren: sie steigere die Anreize zu Arbeitsmarktreformen *und* reduziere das Risiko makroökonomischer Schocks (Calmfors (1997), S. 17).

Drittens hängt die Intensität der Reformen in der EWU positiv vom Ausmaß der aus der EWU direkt resultierenden Effekte auf die strukturelle Arbeitslosigkeit ab ($\delta r^*/\delta \tilde{u} > 0$ in Abschnitt 4.4.1, Gleichung (6a)). Hierunter fallen vor allem die Beschäftigungseffekte unwiderruflich fixierter Wechselkurse, aber auch Effekte eines durch die EWU beschleunigten Strukturwandels und die Effekte der EWU als einer glaubwürdigen geldpolitischen Regel auf das Lohnsetzungsverhalten (Belke (1998), Belke (1998a), Belke, Gros (1999b), dies. (1998), Berthold, Fehn (1998)). Wirken diese erhöhend auf die binnenländische strukturelle Arbeitslosigkeit, so steigt das nationale Reformausmaß et vice versa; der Gesamteffekt bleibt somit offen.

Man kann sich zusätzlich vorstellen, daß die Regierung auch eine angekündigte Reform wieder rückgängig machen bzw. erst gar nicht realisieren kann (Belke (1997), S. 265 ff., und ausführlich Abschnitt 3.5.2). Bestehen *zwei Zeitinkonsistenzprobleme* simultan, erstens das traditionelle bezüglich der Inflationsrate und zweitens der Anreiz der Regierung, von einem vor der Lohnsetzung angekündigten Reformgrad abzuweichen, führt eine Regelbindung zu einem höheren Reformgrad als eine diskretionäre Geldpolitik. *Regelbindung* bedeutet in dieser Modellierung, daß sich die Regierung auf eine bestimmte Inflationsrate *und* einen Reformgrad verpflichten kann. *Diskretion* bedeutet, daß sie sich weder an eine angekündigte Inflationsrate noch an einen angekündigten Reformgrad (vollständig) binden kann. Der Anreiz, bei Diskretion einen zuvor angekündigten hohen Reformgrad auch tatsächlich zu realisieren, ist gering. Denn eine Reduktion der Reformen würde über den (aus der Sicht der *Regierung*) verlustsenkenden Effekt direkt zu einer Wohlfahrtssteigerung führen, ohne Druck auf die Löhne auszuüben.[22] Der Grund hierfür ist, daß sich die Tarifparteien bereits vertraglich gebunden haben. Private Wirtschaftssubjekte antizipieren diesen Mechanismus tendenziell und werden daher erfahrungsgemäß im Lohnfindungsprozeß keine Lohnzurückhaltung üben. Bei Diskretion wird daher ein Gleichgewicht mit

---

[22] Hier wird der Bezug zu dem in Abschnitt 4.5 geprägten Begriff des 'Overshooting' deutlich.

zu hohen Löhnen, einer zu geringen Beschäftigung und einem zu geringen Reformgrad erreicht (Johansson (1998) und Abschnitt 3.5.2).

Die Realität zeigt durchaus, daß bei der Durchsetzung einer Arbeitsmarktflexibilisierung tatsächlich ein *schwerwiegendes Glaubwürdigkeitsproblem* existiert. Da die kürzerfristigen Kosten derartiger Reformen (vermehrte Entlassungen, reduzierte Insider-Einkommen) in der Regel eher auftreten als die längerfristigen Erträge (vermehrte Einstellungen und Investitionen in Sach- und Humankapital), ist mit *starkem politischen Widerstand* der Interessengruppen zu rechnen. Dann aber antizipieren die privaten Akteure möglicherweise, daß das angekündigte und vielleicht schon begonnene Reformprogramm gerade wegen der Wiederwahlinteressen der Regierung mit hoher Wahrscheinlichkeit nicht durchgehalten wird. Ähnlich wie im Fall der dynamischen Inkonsistenz einer optimalen Geldpolitik ergibt sich dann ohne glaubwürdige Bindungen der Regierungen ein 'third best'-Erwartungsgleichgewicht ohne signifikante Deregulierungen. In diesem ergäben sich stark vermehrte Kündigungen bei nur gering wachsenden Neueinstellungen (aus Furcht vor nachträglich wieder erhöhten Entlassungskosten) und geringen zusätzlichen Investitionen. Dieser Fall erscheint insbesondere dann wahrscheinlich, wenn die *Regierungsmehrheit* im Parlament *knapp* ist, wenn eine *komplizierte Regierungskoalition* existiert oder *Wahlen* anstehen. Hierfür ist wieder entscheidend, daß die Insider (noch) den Großteil der 'Wählerplattform' von Regierungen darstellen und diese vermehrt Lobbyaktivitäten ergreifen. Kapitaleigner ändern in derartigen Situationen ihre Investitionsdispositionen kaum, da eine Fortführung der Reformen unsicher erscheint. Insgesamt gesehen, sprechen die aufgezeigten politökonomischen Anreize dafür, daß es aus Sicht der Regierungen vorteilhafter ist, zur Bekämpfung der Arbeitslosigkeit auf Lobbydruck der Insider hin interventionistische Politiken einzusetzen (extensive Beschäftigungsprogramme, Subventionierung schrumpfender Industrien). Darüber hinaus ergeben sich auch für Outsider, die vormals in schrumpfenden Branchen beschäftigt waren, Anreize, Regierungen zu wählen, die diese subventionieren, da hohe Arbeitslosigkeit ihre Chancen schmälert, eine Beschäftigung in einem wachsenden Sektor zu finden.[23]

---

[23] Vgl. Alogoskoufis u.a. (1995), S. 88 ff., Funk (1996), S. 3 ff. und 22 f., und Saint-Paul (1993).

4.6.3 Geldlohnrigidität und Arbeitsmarktreformen

Der positive Effekt diskretionärer Geldpolitik auf das Gleichgewichtsniveau von Arbeitsmarktreformen wird durch die Berücksichtigung von Nominallohnrigiditäten (β) noch verstärkt. Die Dauer kollektiver Nominallohnkontrakte ist bekanntlich deren wichtigste Bestimmungsgröße (Layard, Jackman, Nickell (1994), S. 85). Je rigider Nominallöhne sind (also je größer β und je flacher der Verlauf der kurzfristigen Phillips-Kurven), desto größer sind die Anreize der Politiker, Überraschungsinflation zu induzieren, um die gegenwärtige Arbeitslosigkeit zumindest temporär unter ihr Gleichgewichtsniveau zu drücken. Im folgenden wird die Bedeutung der Höhe der nominalen Rigiditäten für die Bestimmung des Reformgrades für beide geldpolitischen Regimes analysiert.

Im Fall der strikten *Geldmengenregel* ergibt sich ex definitione kein Glaubwürdigkeitsproblem. Die Geldpolitik wird *unabhängig vom Ausmaß nominaler Rigiditäten nicht* versuchen, Überraschungssinflation zu erzeugen. Aus diesem Grund lassen höhere nominale Rigiditäten das optimale Ausmaß an Reformen unberührt. Dies wurde in Abschnitt 4.1 formal daran deutlich, daß $\delta r^*/\delta\beta$ gleich 0 war. Betrachtet man nun den Fall einer *diskretionären Geldpolitik*, so wird deutlich, daß höhere Nominallohnrigiditäten das Glaubwürdigkeitsproblem der geldpolitischen Instanz noch verschärfen. Hierdurch erhöht sich c.p. der Anreiz für nationale Politiker, die Vergrößerung des Glaubwürdigkeitsproblems mit einem Mehr an Arbeitsmarktreformen zu konterkarieren. Formal kam dies in Abschnitt 4.4.2 darin zum Ausdruck, daß $\delta r^*/\delta\beta$ größer als Null war. Vergleicht man schließlich die Reformanreize für beide geldpolitische Regimes, so verstärken steigende nominale Rigiditäten das Argument, daß Reformanreize bei diskretionärer Geldpolitik außerhalb der EWU vergleichsweise größer ausfallen.

Es existiert in bezug auf die Beziehung zwischen der Nominallohnrigidität und Reformanreizen bei diskretionärer Geldpolitik außerhalb der EWU sogar noch ein zusätzliches Argument. Bisher wurde implizit davon ausgegangen, daß Arbeitsmarktreformen zu einer Senkung der gleichgewichtigen Arbeitslosigkeit beitragen, indem sie *Reallohnsenkungen* herbeiführen. Diese Schlußfolgerung basierte auf den Annahmen des Barro-Gordon-Modells, in dem Geldlohnrigiditäten temporär sind und nur dann relevant werden, wenn Lohnkontrakte auf der Basis unzutreffender Erwartungen getroffen werden. Wenn jedoch -wie dies empirisch deutlich wird- Rigiditäten der Nominallöhne nach unten ('resistance to money wage cuts in general', d.h. ein nach unten beschränktes β in Gleichung (2)) vorliegen und gleichzeitig

-wie gegenwärtig in den meisten Ländern der EU- das generelle Inflationsniveau niedrig ist, sind Reallohnsenkungen, die durch Arbeitsmarktreformen und deren Wirkung auf die gleichgewichtige Arbeitslosigkeit herbeigeführt werden, nur sehr langsam zu erreichen. Bis sich als Folge gelungener Arbeitsmarktreformen positive Beschäftigungseffekte einstellen, wird dann viel Zeit vergehen (Akerlof, Dickens, Perry (1996), Carey (1997), Gordon (1996)). Bei niedrigen Inflationsraten stellt sich dann ein *negativer Zusammenhang von Inflation und gleichgewichtiger Arbeitslosigkeit* ein. Dies führt -über alle Inflationsniveaus hinweg- zu einer nichtlinearen (im Bereich niedriger Inflationsraten flach verlaufenden) langfristigen Phillipskurve. Je geringer das Inflationsniveau ist, desto stärker sind die Anreize zu inflationieren, denn die Grenzerträge der Inflation in Gestalt einer Rückführung der natürlichen Rate der Unterbeschäftigung steigen mit fallender Inflation (Calmfors (1997), S. 24).

Worin besteht nun aber die Implikation für den hier untersuchten Zusammenhang von EWU und Arbeitsmarktreformen? Der Reformvorteil bei diskretionärer Geldpolitik (Abschnitt 4.4.2) schwächt sich wieder deutlich ab, wenn neben den Anreiz zur Verringerung des 'inflation bias' *ein zusätzlicher Anreiz* tritt. Bei diskretionärer Geldpolitik entstehen nämlich 'disincentives' in bezug auf Arbeitsmarktreformen, da letztere die Inflationsneigung reduzieren und hierdurch im relevanten Bereich niedriger Inflationsraten zu einer Erhöhung der gleichgewichtigen Arbeitslosigkeit beitragen. Damit eine geldpolitische Regel für eine nationale Regierung die Anreize zu Arbeitsmarktreformen im Vergleich zu einem diskretionären geldpolitischen Regime erhöht, muß der letzte Effekt dominieren. Dieses Argument eines *langfristig negativen Inflations-Arbeitslosigkeits-Trade-offs* ist aber wohl für diejenigen *alles andere als attraktiv*, die geldpolitische Regeln und damit auch die EWU mit dem Argument befürworten, diese führten zu mehr Arbeitsmarktderegulierung und zu einem kompetitiveren Arbeitsmarkt. Denn diese Autoren werden wohl nicht an einen langfristigen Phillipskurven-Tradeoff glauben (es sei denn, sie stünden auf dem Standpunkt, die Wählerschaft glaube gleichzeitig nicht daran (Calmfors (1997), S. 25).[24]

---

[24] Aus dieser Sicht führt eine geldpolitische Regel nur dann zu mehr Reformen, wenn sie eine höhere Inflation, eine hierdurch verringerte Nominallohnrigidität und somit mehr Spielraum für den 'two-handed approach' verursacht. Gegen diese Interpretation spricht, daß eine geldpolitische Regel per se Nominallohnrigiditäten tendenziell erhöhen könnte, da plötzliche Inflationsänderungen entfallen. Vgl. Belke (1996d, 1998).

4.6.4 Abfederung von Strukturreformen durch die Geldpolitik?

Das Argument, daß die Anreize für Arbeitsmarktreformen außerhalb der EWU stärker ausfallen als innerhalb, legt die Annahme zugrunde, daß es ohne weiteres *keine eindeutige Lösung* für das Zeitinkonsistenz-Problem der Geldpolitik gibt. Nun läßt sich aber mit Argumenten von Calmfors (1997, 1998a), Gordon (1996), Sibert (1997) und Sibert, Sutherland (1997) verdeutlichen, daß die EWU nicht uneingeschränkt als vorteilhaft für Arbeitsmarktreformen angesehen werden kann, sobald die an der EWU nicht teilnehmenden Volkswirtschaften ('Outs') das *Problem der inflationären Verzerrung* ihrer Geldpolitiken durch eine geeignete Institutionenwahl *eliminieren* könnten.

Ein Grund liegt darin, daß der *Übergang* von einem Arbeitsmarkt-Institutionenset zu einem anderen ganz wesentlich *durch das geld- bzw. währungspolitische Regime* beeinflußt wird. Innerhalb der EWU sorgt eine Arbeitsmarktreform möglicherweise dafür, daß das nationale Inflationsziel unterschritten wird, da Wechselkurse unwiderruflich fixiert sind. Wenn nun Geldlöhne nach unten rigide sind (dem Fokus des Abschnitts 4.6.3.), kommt es zumindest kurzfristig nicht zu den für den Abbau der hohen gleichgewichtigen Arbeitslosigkeit und für die Bewältigung des Strukturwandels nötigen Reallohnsenkungen. Gleichzeitig steigt aber der *Widerstand* der betroffenen Interessengruppen gegen die bereits implementierten Reformen. Deren Durchhaltbarkeit wird ohne eine akkomodierende Geldpolitik (im Kontrast zu der vergleichsweise inflexibleren Fiskalpolitik) *immer weniger glaubwürdig* (Belke (1998a, 1998d)). Unsicherheiten über das Ausmaß der reformbedingt eintretenden Reallohnsenkungen und damit über die Rendite von Investitionen würden bei akkomodierender Nachfragepolitik wegen eines Optionswert des Wartens zu einem geringeren Barwert des 'Wait-and-See‘ führen (Kapitel 7 und 8 der vorliegenden Arbeit).[25] Investitionen und Neueinstellungen gewinnen bei Reformunsicherheit nicht an Schwung (Bean (1998), Belke, Gros (1998b)). Folglich lassen sich durchschlagende Reformen auf Arbeitsmärkten eher durchhalten, wenn sie von einer expansiven Nachfragepolitik -deren realen Grenzerträge wie zuvor gezeigt bei dem zur Zeit in vielen westeuropäischen Volkswirtschaften vorherrschenden ge-

---

[25] Das in Kapitel 8 entwickelte neuartige Modell makroökonomischer Dynamik bei Unsicherheit ließe sich gut auf die Fragestellung dieses Kapitels anwenden. Dabei könnte u.a. die Wirkung von Reformunsicherheit auf das Einstellungsverhalten einzelner Unternehmen sowie der Gesamtheit der Unternehmen in einer Volkswirtschaft analysieren. Aus Platzgründen sei dies jedoch weiteren Forschungsbemühungen vorbehalten.

ringen Inflationsniveau sowieso hoch ausfallen- begleitet werden. Positive Beschäftigungseffekte einer derartigen komplementären Strategie stellen sich -zeitlich gesehen- wesentlich eher ein als Reformen ohne eine monetäre Akkomodierung. Denn es droht keine Lohn-Preis-Spirale, solange die Reformen zuerst implementiert werden und für einen kompetitiveren Arbeitsmarkt sorgen (Calmfors (1997), (1998d), Gordon (1996)). Dieses Timing kann durch die schnell fühlbaren positiven Beschäftigungseffekte den politischen Widerstand gegen Reformen entscheidend reduzieren (Insider können in der Übergangsphase ihren Arbeitsplatz nicht verlieren etc.).

Die Geldpolitik könnte aber nur ohne feste geldpolitische Regel, d.h. *nur bei diskretionärer Geldpolitik außerhalb der EWU*, eingesetzt werden, um eine Verfehlung des Inflationsziels bei Nominallohnrigidität zu vermeiden ('two-handed approach' nach Blanchard u.a. (1986), vgl. Belke, Kösters (1996)). Bei einem richtigen Timing kann dann durch die schnell fühlbaren positiven Beschäftigungseffekte der politische Widerstand gegen Reformen reduziert werden. Da bei den hier angenommenen zentralisierten Lohnverhandlungen in der repräsentativen, kleinen offenen Volkswirtschaft über die Geldpolitik und das Ausmaß der Reformen auf derselben Ebene bestimmt werden, sind Arbeitsmarktreformen im Falle diskretionärer Geldpolitik *politisch leichter durchsetzbar* und im Zeitablauf glaubwürdiger ('dynamisch konsistent') als im Falle einer geldpolitischen Regelbindung. Auch aus dieser Sicht resultiert also ein *Reformvorteil diskretionärer Geldpolitik*, der mit steigender Nominallohnrigidität (hier: nach unten) sogar noch wächst. Unterstützend läßt sich anführen, daß zum Beispiel unter einem Regime des ‚inflation targeting‘ eine akkomodierende Geldpolitik die geeignete Antwort auf den Typ eines Angebotsschocks ist, den eine Reduktion der gleichgewichtigen Arbeitslosigkeit repräsentiert. Denn wenn Reformen zu einem Rückgang des Nominallohnwachstums führen, ergibt sich eine negative Abweichung der Entwicklung des heimischen Konsumentenpreisindex vom Inflationsziel (Calmfors (1998), S. 32 ff.). Wenn allerdings das 'inflation targeting‘ eine Form des ‚two-handed approach‘ darstellt, kann dieses Argument nicht mehr als Reformnachteil einer geldpolitischen Regel interpretiert werden. Eine schock-akkomodierende regelgebundene Geldpolitik würde vielmehr die Kosten einer diskretionären Geldpolitik vermeiden und trotzdem nicht die Implementierung von Reformen hemmen.

4.6.5 Die Bedeutung der Persistenz der Arbeitslosigkeit

In die Richtung eines geringeren Reformgrades innerhalb der EWU wirkt eine erhöhte *Persistenz der Arbeitslosigkeit.* In diesem Fall ist der durchschnittliche 'inflation bias' größer (und zeitpfadabhängig), denn eine Senkung der gegenwärtigen Arbeitslosigkeit führt zu einer Verringerung der zukünftigen Arbeitslosigkeit und zu einer erhöhten Attraktivität von Inflation für die Politiker. Die Einführung der um eine Periode verzögerten Arbeitslosenrate in die Phillipskurvenbeziehung (2) führt zu einem *dynamischen Spiel mit einer Zustandsvariablen* in der Inflationsfunktion, der verzögerten Arbeitslosigkeit. Die Berücksichtigung von Persistenz verändert die dem zuvor dargestellten Basismodell zugrunde liegende Anreizstruktur sowie die daraus abzuleitenden Modellergebnisse in *intertemporaler* Hinsicht. Denn wenn Arbeitslosenraten miteinander zeitlich hoch korreliert sind, führt ihre einmalige Senkung nicht nur zu gegenwärtigen, sondern auch zu zukünftigen Verlustminderungen aus Sicht der jeweils regierenden Politiker. Dadurch *steigt* dann aber die Neigung der Regierungspartei, *zu Beginn* der Legislaturperiode eine *höhere* Überraschungsinflation zu induzieren. Darüber hinaus hängt die Ausprägung der makroökonomischen Variablen *nicht* mehr wie im Basismodell allein von der *gegenwärtigen* Regierungspolitik und den Erwartungen der Privaten ab. Es wird statt dessen ein 'carryover from past policies' in Gestalt der von der Vorperiode 'geerbten' Zustandsvariable 'Arbeitslosigkeit' eingeführt. Die bisherigen Kernaussagen des Basismodells werden dabei tendenziell noch pointiert, denn der 'inflation bias' im Fall der Nichtteilnahme an der EWU wird jetzt noch ausgeprägter. Es erscheint daher lohnenswert, die Persistenz der Arbeitslosigkeit demnächst in das vorgestellte Basismodell zu integrieren, ebenso wie sie erst *in jüngerer Zeit* in die 'commitment-discretion' Literatur eingeführt wurde (Alesina, Rosenthal (1989), S. 375, Belke (1996), S. 158 f., Jonsson (1997), S. 304, Svensson (1997), S. 104).

4.6.6 EWU: verstärkte Anreize zur Koordinierung von Reformen?

Die EWU könnte aus verschiedenen Gründen die Anreize zu einer Koordinierung struktureller Arbeitsmarktpolitiken verstärken. *Erstens* könnte diese die Effekte nationaler Arbeitsmarktreformen auf den EWU-weiten 'inflation bias' internalisieren. *Zweitens* könnte sie nationale Gewerkschaften aus ihrem in der EWU auftretenden Gefangenendilemma befreien. Letzteres besteht darin, daß nationale Gewerkschaften ihre eigene relative Reallohnposition zu verbessern trachten, ohne dabei das Verhalten der Gewerkschaften der übrigen EWU-Länder zu beachten. Denn die EZB wird, solange sie -wie im hier verwendeten Modell- auch ein implizites Beschäftigungsziel verfolgt, auf 'free-rider'-Lohnforderungen einer nationalen Gewerkschaft mit einer Erhöhung der *unionsweiten* Inflationsrate reagieren. Da letztere auch zurückhaltendere Ländergewerkschaften trifft, findet eine *teilweise Externalisierung* aggressiver Lohnforderungen statt. Gelingt es nun, durch *koordinierte* Arbeitsmarktreformen die Position der Insider zu stärken und dem Beschäftigungsziel bei den Gewerkschaften stärkeres Gehör zu verschaffen, so entstehen auch innerhalb der EWU positive Beschäftigungseffekte (Buiter, Sibert (1997), Grüner, Hefeker (1996)). *Drittens* könnte die *gemeinschaftliche* Geldpolitik die Durchsetzung von Reformen erleichtern, wenn sie unter den Mitgliedsstaaten der EWU koordiniert würde (Gordon (1996)). *Viertens* stellen EWU-weit getroffene Vereinbarungen über unpopuläre, aber notwendige Reformschritte eine glaubwürdige 'Commitment'-Technologie dar, da sie die Kosten einer Nichtverwirklichung der Reformen für eine einzelne Volkswirtschaft deutlich erhöhen. Ein Vorbild hierfür könnte etwa die Teilnahme einiger EU-Länder am Europäischen Wechselkursmechanismus in den 80er Jahren sein, die de facto eine 'Commitment'-Technologie für die Geldpolitik darstellte.

Insgesamt gesehen lassen sich jedoch in der politischen Realität *keine Hinweise* dafür ausmachen, daß eine EU-weite Koordination von Arbeitsmarktreformen in absehbarer Zeit verwirklicht wird (Belke (1998b,d)). Da die *Bestimmungsgründe* der Arbeitslosigkeit trotz eines ähnlich hohen strukturellen Anteils in europäischen Staaten *unterschiedlich* sind, erscheint es vorzugswürdig, jeden EWU-Mitgliedstaat seinen *eigenen Weg* zu Arbeitsmarktreformen gehen zu lassen. Eine *Koordination nationaler Beschäftigungspolitiken* erscheint notwendig, wenn andere Länder potentielle 'free-rider' einer Politik des implementierenden Landes sind und/oder diese Politiken anderen EWU-Ländern zusätzliche Kosten aufbürden (Subsidiaritätsprinzip) (Belke (1998, 1998d), Buiter, Sibert (1997), S. 15, Pissarides (1996)). Gerade im Bereich *aktiver Arbeitsmarktpolitiken*, die auf eine Verringerung des 'Mismatch' von Arbeitsangebot und -nachfrage abzielen, ergeben sich in einer EWU aber *keine zusätzlichen länderübergreifenden Spillovers*. Arbeitsmärkte in Westeuropa sind hierfür zu unterschiedlich, von nationalen Institutionen bestimmt und (anders als Finanzmärkte) regional beschränkt. Versuche einer Koordination oder der Schaffung eines Kapitels zu einer 'Beschäftigungsunion' in einer revidierten Fassung des Maastrichter Vertrags wirken dann in der Übergangsphase zu einer EWU sogar *kontraproduktiv*, weil sie notwendige strukturelle Anpassungen in lokalen Arbeitsmärkten verhindern und Informationsvorsprünge lokaler Märkte vernachlässigen. Koordinationsgewinne wären allenfalls im Bereich der Arbeitsmarktforschung und -statistik erzielbar, wenn hierdurch eine größere Transparenz der Ländererfahrungen durch mehr Klarheit und Effizienz nationaler Beschäftigungspolitiken erzielt werden könnte (u.a. Harmonisierung nationaler Arbeitslosigkeitsdefinitionen, vgl. Pissarides (1996), S. 22 f.).

4.7 Schlußbemerkungen und Ausblick

Während in Kapitel 2 bereits die Rolle von Rigiditäten auf Arbeits- und verbundenen Märkten für die Bedeutung der Wechselkurse als Anpassungsinstrument an Schocks hervorgehoben und analysiert wurde, beleuchtete dieses Kapitel, ob die Implementierung einer geldpolitischen Regel (hier aus der Sicht einer kleinen offenen Volkswirtschaft die EWU) das Ausmaß der in der jeweiligen Region vorliegenden Rigiditäten verändert. Ähnlich wie Kapitel 3 versuchte somit auch dieses Kapitel, das zu beobachtende Ausmaß dieser Rigiditäten zu erklären. Die Ausführungen basierten jedoch nicht ausschließlich auf den Instrumenten der Theorie der positiven Ökonomik der Arbeitsmärkte. Vielmehr wurde zusätzlich die Theorie dynamischer Inkonsistenz optimaler Geldpolitiken hinzugezogen und simultan in das Modell integriert.

Zu der Beseitigung der Arbeitslosigkeit in Westeuropa, die überwiegend strukturellen Charakter trägt, ist eine Reform von Institutionen vorzunehmen, um ein adäquates Funktionieren von Güter- und Arbeitsmärkten zu gewährleisten. Allerdings sind weder feste geldpolitische Regeln noch diskretionäre Geldpolitiken alleine für die bisher eingeschränkte Funktionsfähigkeit verantwortlich, noch können sie diese alleine beseitigen. Von der Ausgestaltung der geldpolitischen Strategien wird zwar nicht nur die Elimination von Inflationsrisiken tangiert. Sondern es werden auch die Anreize für eine Implementierung von Arbeitsmarktreformen von ihr beeinflußt. Sie kann allerdings trotzdem nicht für das bisherige Implementierungsproblem fundamentaler Reformen auf EU-Arbeitsmärkten verantwortlich gemacht werden.

Eine geldpolitische Regelbindung kann nach der vorliegenden Analyse die Wahrscheinlichkeit einer Durchsetzung von Strukturreformen nicht zweifelsfrei und wesentlich erhöhen. Insofern wird das gegenwärtig vor allem in Politikzirkeln im Hinblick auf die EWU vertretene Argument, die Eliminierung der Wechselkursoption stärke die Anreize für schmerzhaftere Anpassungen auf Arbeitsmärkten, aus der Sicht der ökonomischen Theorie nicht bestätigt. Eine geldpolitische Regelbindung ist jedoch vor allem auf der Grundlage eines Vergleichs der Gesamtwohlfahrt von Regelbindung und Diskretion, aber auch aus verschiedenen anderen Gründen, wie der Elimination nicht versicherbarer Inflationsrisiken, der Einsparung von Transaktionskosten und der Vermeidung der oft thematisierten Lag-Problematik, beschäftigungspolitisch positiver als eine diskretionäre Geldpolitik zu bewerten. Für eine diskretionäre Geldpolitik spricht hingegen tendenziell, daß sie *unter bestimmten Umständen* die Anreize für die Implementierung von Arbeitsmarktreformen erhöhen kann. Hieraus darf jedoch kein bei diskretionärer Geldpolitik auftretender gesamtwirtschaftlicher Wohlfahrtsgewinn abgeleitet werden, denn in diesem Fall würde die 'Overshooting'-Interpretation aus Abschnitt 4.5 nicht beachtet. Letztere argumentierte, daß die Einhaltung einer geldpolitischen Regel ein geeigneteres Instrument zur Beseitigung einer inflationären Verzerrung darstelle als Arbeitsmarktreformen.

Hieraus folgt direkt, daß die Nicht-Existenz der EWU nicht für die bisher eingeschränkte Funktionsfähigkeit der Arbeitsmärkte verantwortlich gemacht werden kann. Darüber hinaus wird die EWU diese nicht (alleine) beseitigen können. Wie unter anderem auch die übrigen Kapitel dieser Arbeit zeigen, tangiert die EWU zwar mehr Aspekte als die Elimination von Wechselkursrisiken, kann aber voraussichtlich *nicht* als *Ersatz* oder *Beschleuniger* für fundamentale *Strukturreformen* auf europäischen Arbeitsmärkten herhalten. Eine Währungsunion mag zwar aus verschiedenen Gründen (Eliminierung nicht versicherbarer Wechselkursrisiken, Einsparung von Transaktionskosten etc.) beschäftigungspolitisch positiv zu bewerten sein. Die Erhöhung der Wahrscheinlichkeit einer Durchsetzung von Strukturreformen auf Arbeitsmärkten sollte dabei jedoch *kein wichtiges* Motiv sein. Paradoxerweise erhöht jedoch gerade diese Einsicht möglicherweise die politische Unterstützung der EWU durch die Wählerschaft, die immer noch mehrheitlich aus beschäftigten Insidern und Kapitaleignern besteht und zum Teil nicht an durchgreifenden Strukturreformen interessiert ist. Darüber hinaus impliziert das in diesem Beitrag entwickelte Modell, daß die EWU nur dann die Anreize zu Arbeitsmarktreformen erhöht, wenn die Inflationsneigung der Europäischen Zentralbank ohne Reformen durch die EWU größer wird und/oder das Risiko makroökonomischer Schocks ohne Reformen durch die EWU steigt. Folglich eignet es sich noch *nicht* zu einer *Beurteilung der Wohlfahrtswirkungen der EWU.* Hierfür müßte erst ein Maßstab entwickelt werden, um den Beschäftigungszuwachs aus Reformen (Beschäftigungsverlust aus unterlassenen Reformen) und die Gefahr einer hohen Inflationsneigung und gravierender makroökonomischer Schocks (Nutzen einer niedrigen Inflationsneigung und wenig gravierender makroökonomischer Schocks) gegeneinander abzuwägen (Alogoskoufis (1994), S. 196). Darüber hinaus läßt sich auf der Basis des vorgestellten

Modells nicht exakt ableiten, wie groß der Reformvorteil unter einem diskretionären geldpolitischen Regime wirklich ist. Lassen sich *hinreichend große* Anreize zu durchschlagenden Reformen erwarten? Schließlich müßte begründet werden, warum zukünftig in bezug auf die Inflationsrate ein Glaubwürdigkeitsproblem der EZB bestehen sollte, welches von den Finanzmärkten in der mittleren Frist momentan nicht gesehen wird.

Zentrale Beachtung verdient der wohlfahrtstheoretische Gesamtvergleich der beiden interessierenden geldpolitischen Regimes; eine diskretionäre Geldpolitik führt trotz des höheren Partialanreizes zu Arbeitsmarktreformen zu einer geringeren Gesamtwohlfahrt als bei Regelbindung. Ein Hauptanliegen dieses Kapitels war es, den Trade-off zwischen einem größeren Partialanreiz zu Arbeitsmarktreformen und einer geringeren Gesamtwohlfahrt bei geldpolitischer Diskretion einerseits und einem geringeren Partialanreiz zu Arbeitsmarktreformen und einer größeren Gesamtwohlfahrt bei geldpolitischer Regelbindung andererseits herauszuarbeiten und zu problematisieren. Für die EWU-Debatte bedeutet dies, daß die Wohlfahrtswirkungen der EWU nicht nur auf der Basis einer partiellen Nutzeneinbuße wegen eines geringeren Reformgrads auf Arbeits- und hiermit verbundenen Märkten beurteilt werden dürfen.

Die in den Abschnitten 4.6.3 und 4.6.4 aufgezeigten Zusammenhänge von Arbeitsmarktreformen, Geldpolitik und Geldlohnrigiditäten erinnern an das bereits in Kapitel 3 angeführte *Prinzip der Komplementarität von Beschäftigungspolitiken* (Coe, Snower (1997), Lindbeck (1996)). Jeder Reformschritt wird wahrscheinlicher, wenn er durch gleichgerichtete Maßnahmen (z.B. stabilitätsorientierte Geldpolitiken) und/oder positive Rückkoppelungseffekte (z.B. die Beseitigung einer inflationären Verzerrung) begleitet wird, so daß eine *kritische Masse* marginaler Nutzen überschritten wird. Gleichzeitig sind die in diesem Beitrag beschriebenen Zusammenhänge mit Überlegungen von Cukierman, Lippi (1997, 1998) kompatibel, nach denen *stark zentralisierte* Gewerkschaften dazu neigen, in einer EWU eine höhere gleichgewichtige Arbeitslosigkeit zu erzeugen als außerhalb. Falls Lohnverhandlungen in einer individuellen Volkswirtschaft relativ zentralisiert seien, habe die Lohnfestlegung (die inhaltlich im Cukierman/Lippi-Modell eine Analogie zur Bestimmung des Reformgrades darstellt) einen nicht vernachlässigbaren Effekt auf die Höhe der nationalen gleichgewichtigen Arbeitslosigkeit (dies entspricht in Gleichung (4) einem großen δ) und so auch auf den 'inflation bias'. Um diesen zu reduzieren, zahle sich für die zentralisierte Gewerkschaft (dies entspricht im vorliegenden Modell einem hohen Reformgrad) auf nationaler Ebene eine Reallohnzurückhaltung aus. Gewerkschaften als 'wage setter' erzeugen dann aber aus der zuvor ausführlich erläuterten Logik heraus eine vergleichsweise niedrigere gleichgewichtige Arbeitslosigkeit, falls die betrachtete Volkswirtschaft kein Mitglied der EWU ist.[26] Wie auch aus den beiden zuletzt angeführten Analogien hervorgeht, scheint das hier vorgestellte Modell -nicht zuletzt wegen seiner Einfachheit und klaren Anreizstruktur- für eine breitere Anwendung geeignet und gleich in mehrere Richtungen erweiterbar zu sein. Weitere Forschungsarbeiten wären beispielsweise in den folgenden Bereichen denkbar: a) Modellierung der Koordinierungs-Incentives bei der Durchführung von Reformen, b) Modellierung unterschiedlicher Reformneigungen von Links- und Rechts-Regierungen unter Rückgriff auf den Parteigänger (Partisan)-Ansatz (Belke (1996, 1999b))[27], c) Einbeziehung des Optionswertes des Wartens *mit* Reformen (seitens der Regierung) oder *auf* Reformen (seitens der Unternehmen) unter Nutzung der in den Kapiteln 7 und 8 neu entwickelten Modellierungstechniken. Es ist zu hoffen, daß das hier vorgestellte Modell zu einer Versachlichung und logischen Strukturierung der emotional und politisch geprägten Diskussion um die Bedeutung der EWU für Arbeitsmarktreformen beitragen kann.

---

[26] Diese Schlußfolgerung gilt nur für einen *hohen* Zentralisationsgrad. Bei starker Dezentralisierung selbst auf nationaler Ebene wäre der Einfluß der Tarifparteien auf den 'inflation bias', die Reallohnbeschränkung und die gleichgewichtige Arbeitslosigkeit sowohl innerhalb *als auch außerhalb* der EWU vernachlässigbar gering. Der vorherrschende OECD-weite Trend zu mehr Dezentralisierung spricht aus dieser Perspektive sogar eher *für die EWU* als 'Mittel' zur Senkung der gleichgewichtigen Arbeitslosigkeit (Abschnitt 4.2.2.).

[27] Vgl. hierfür auch den jüngst erschienen Beitrag von Herrendorf, Neumann (1998). Dieser untersucht einen verwandten Bereich, nämlich die politische Ökonomie des Zusammenhangs zwischen der Inflation, den Arbeitsmarktverzerrungen und der Unabhängigkeit der Zentralbank. Der hierbei verwendete Modelltyp unterscheidet sich jedoch stark von dem in diesem Kapitel verwendeten formalen Rahmen.

5 Der Einfluß externer Schocks auf EU-Arbeitsmärkte

5.1 Motivation der Untersuchung: Warum sollte die Bedeutung externer Schocks erstmals gesondert analysiert werden?

Diskussionen über die ökonomischen und insbesondere über die beschäftigungspolitischen Kosten und Nutzen der EWU basieren üblicherweise auf der Theorie optimaler Währungsräume ('optimum currency area approach', OCA). Der von Mundell (1961) entscheidend geprägte OCA-Ansatz geht von der Annahme aus, daß es im Falle einer plötzlichen externen Datenänderung in der Gestalt eines externen Schocks für eine Volkswirtschaft einfacher sei, den Wechselkurs als die kurzfristig relativ trägen heimischen Löhne und Preise anzupassen. In den Worten Mundells (1961) liest sich dies wie folgt: "A system of flexible exchange rates is usually presented, by its proponents, as a device whereby depreciation can take the place of unemployment when the external balance is in deficit, and appreciation can replace inflation when it is in surplus" (Mundell (1961), S. 657).

Viele Ökonomen akzeptieren die allgemeine Idee, die diesem Ansatz zugrunde liegt (vgl. hierzu ausführlich Belke (1998b)). Da nominale Löhne und Preise im allgemeinen in der kurzen Frist rigide ('sticky') sind, können die notwendige Veränderung des realen Wechselkurses bzw. der Terms-of-Trade durch eine Änderung des nominalen Wechselkurses schneller herbeigeführt und Anpassungshärten infolge externer Schocks vermieden werden. Mundell (1961) betonte in seinem klassischen Beitrag *externe Ungleichgewichte*, da die internationale Kapitalmobilität zu der damaligen Zeit beschränkt war (Gros, Thygesen (1998), S. 268 ff., Belke (1997f, 1998, 1998a, 1998b, 1998c), Belke, Kösters (1999)). Dies führte regelmäßig zu Schwierigkeiten bei der Finanzierung bedeutender externer Defizite. Der von ihm problematisierte Schock für bestimmte Einheiten ('entities', Regionen oder Länder) ist ein " ... shift of demand from the goods of entity B to the goods of entity A" (Mundell (1961), S. 658).

Es herrscht in der Literatur bisher jedoch Uneinigkeit darüber, *wie wichtig diese externen Schocks* für die Beschäftigung in der europäischen Realität *tatsächlich sind.*[1] Wird der Verlust des Wechselkursinstruments zu massiver zusätzlicher Arbeitslosigkeit führen, weil bedeutende negative externe Schocks wahrscheinlich sind? Oder spielen externe Schocks nur eine marginale Rolle für die Entwicklung der Arbeitslosigkeit? Die Annahme der meisten Ökonomen ist wohl, daß externe Schocks zumindest für die Arbeitsmärkte kleinerer Länder mit höherem Offenheitsgrad einen signifikanten Einfluß haben (stellvertretend Belke, Gros (1998), S. 282). Daher lautet eine Schlüsselfrage bei der Bewertung EWU aus ökonomischer Sicht: Haben externe Schocks (d.h. Schocks der Exporte und/oder der Wechselkurse) einen starken Einfluß auf die (Unter-) Beschäftigung in den Mitgliedsländern? Dies ist eine wichtige empirische Problemstellung, die in der Literatur bisher nicht behandelt wurde (Belke, Gros (1999b), Gros, Thygesen (1998), S. 269).

In diesem Kapitel wird deshalb versucht, die Bedeutung externer Schocks für die Arbeitsmarkt-Performance (Arbeitslosigkeit und Beschäftigung) in der EU zu quantifizieren. Dies ist eine wesentliche Voraussetzung dafür, daß auf der Basis des OCA-Ansatzes überhaupt beschäftigungspolitische (Nutzen und) Kosten abgeleitet werden können. In den folgenden Untersuchungen wird sich herausstellen, daß externe Schocks bisher lediglich einen geringen Einfluß auf die gesamtwirtschaftliche Arbeitslosigkeit in EU-Volkswirtschaften hatten. Sie erweisen sich jedoch als bedeutsamer für die Entwicklung der Beschäftigung in der verarbeitenden Industrie. Die Resultate differieren stark von Land zu Land. Für immerhin etwa die Hälfte der EU-Mitgliedsländer läßt sich keine signifikante Beziehung finden. Berücksichtigt man zusätzlich verschiedene potentielle Schock-'Absorber' (Wechselkursbewegungen, Fiskal- und Geldpolitik), bleiben die Ergebnisse überwiegend unverändert. Dagegen beeinflussen *interne* Schocks die Arbeitslosigkeit und die Beschäftigung erheblich. Deshalb wird in diesem Kapitel geschlußfolgert, daß der Verlust des Instruments der Wechselkurse in der EWU aufgrund von externen Schocks ceteris paribus nicht zu massiver zu-

---

[1] Es sei nochmals hervorgehoben, daß der OCA-Ansatz außer externen Schocks die *Arbeitslosigkeit* betont.

sätzlicher Arbeitslosigkeit bzw. zu einem massiven Beschäftigungsabbau in der verarbeitenden Industrie führen wird.[2]

Wie bereits oben angedeutet, stellt der OCA-Ansatz üblicherweise die Frage: Welchen realwirtschaftlichen Verlust erleidet eine Volkswirtschaft durch die Aufgabe des Wechselkurses als Anpassungsinstrument? Diesem Ansatz liegt implizit die Sichtweise zugrunde, daß die Alternative zu der Teilnahme an einer Währungsunion eine Welt ist, in der sich Wechselkurse nur als Reaktion auf Schocks bewegen und dabei letztere automatisch neutralisieren. Dies könnte jedoch nicht die einzige Alternative darstellen, die sich in der Realität einstellt. Politiker haben in der Vergangenheit oft beklagt, daß Wechselkurse nicht gemäß den ihnen zugeordneten Fundamentaldaten schwanken und daß die Variabilität der Wechselkurse selbst realwirtschaftliche Kosten impliziert. Auch hat die wissenschaftliche Forschung in jüngerer Zeit verstärkt Evidenz dafür gefunden, daß die auf den Devisenmärkten zu beobachtende Variabilität nicht konsistent durch das Verhalten der Fundamentaldaten erklärt werden kann (Baxter, Stockman (1989), Flood, Rose (1995) und Rose (1995)). Falls man das Ergebnis akzeptiert, daß die tatsächliche Variabilität von Wechselkursen -wenigstens in gewissem Umfang- *exzessiv* ist, sollte man weiter fragen, ob die Variabilität nur ein allgemein störender Faktor ist oder sogar realwirtschaftliche Auswirkungen hat (Belke, Gros (1997), Kapitel 6). Diesem Problemkomplex wird ab Kapitel 6 weiter nachgegangen. In den weiteren Ausführungen dieses Kapitels wird von diesen Fragen abstrahiert. Es wird lediglich in einer vorbereitenden Stufe versucht, den Einfluß externer Schocks auf zwei Schlüsselindikatoren der Arbeitsmarkt-Performance, nämlich die (gesamtwirtschaftliche) Arbeitslosigkeit und die Beschäftigung in der verarbeitenden Industrie zu identifizieren. Dabei wird in Anknüpfung an einen bedeutenden Teil der Debatte um die Nutzen und Kosten der EWU implizit angenommen, daß die *Alternative* zu einer unwiderruflichen Fixierung der Wechselkurse eine *ideale Welt* ist, in der Wechselkurse effizient als 'Absorber' asymmetrischer Schocks fungieren (Belke (1997f), S. 396 f., Belke, Gros (1998), S. 283 f., Belke, Kösters

---

[2] Der Verfasser ist dem CentER for Economic Research, Tilburg/Niederlande, für die gewährte Gastfreundschaft zu Dank verpflichtet. Wesentliche Teile dieses Kapitels wurden vorbereitet, als der Verfasser von März bis Mai 1997 Gastwissenschaftler am CentER war. Darüber hinaus sei den Teilnehmern am '1997 International Seminar on Macroeconomics' (ISOM, 'National Bureau of Economic Research' und 'European Economic Association') in Gerzensee/Schweiz, am 'Macro Seminar' der Universität von Antwerpen an der Jahreskonferenz der 'European Association of Labour Economists (EALE)', 1998 in Blankenberge/Belgien, sowie an der Jahrestagung des Wirtschaftspolitischen Ausschusses 1999 in Bayreuth für wertvolle Kommentare gedankt.

(1999), Gros (1996a), S. 28).[3] Es wird mithin eine *notwendige* Bedingung dafür getestet, daß die Aufgabe des Wechselkursinstrumentes in der EWU zu realwirtschaftlichen Kosten in Gestalt höherer Arbeitslosigkeit und niedrigerer Beschäftigung führt.

Wie bei empirischen Untersuchungen üblich, muß dabei zunächst eine Reihe praktischer Probleme unter anderem bezüglich des Stützzeitraums und der Schätzprozedur gelöst werden. Es werden in der in diesem Kapitel durchgeführten Studie durchweg *Jahresdaten* verwendet, da fundamentale Schocks der Exportnachfrage bekanntlich nicht auf Quartalsbasis, sondern mit wesentlich niedrigerer Frequenz auftreten (Belke, Gros (1998)). Der Länder-Sample wird auf die zwölf EU-Länder (Stand 1994) beschränkt, für die konsistente Daten aus *einer* Quelle (AMECO-File (EU-Kommission), vgl. Anhang) zur Verfügung stehen. Finnland wird zusätzlich betrachtet, denn dieses Land repräsentierte zumindest bis zu seiner Banken- und Exportkrise zu Beginn der neunziger Jahre den einzigen Fall einer 'Einprodukt'-Volkswirtschaft (Holz und Holzprodukte wie Papier) und sollte somit aus theoretischer Sicht dasjenige EU-Mitgliedsland sein, das am meisten von externen Schocks betroffen ist. Gleichzeitig liefert die Literatur verschiedene Hinweise darauf, daß die Abwertungen des nominalen Wechselkurses zu Anfang der neunziger Jahre gerade für Finnland im Gefolge der drastisch sinkenden Weltmarktpreise für Holz und Papier, der weltweiten Rezession und vor allem der Auflösung der Sowjetunion besonders hilfreich waren. Denn der Output- und Beschäftigungsrückgang konnten auf diese Weise durch ein erhöhtes Wachstum des finnischen Exportsektors verringert werden (Belke, Gros (1998), S. 285, Dornbusch (1996)).

Dieses Kapitel ist wie folgt aufgebaut. Der Abschnitt 5.2. gibt einen kurzen Überblick über die empirische Literatur zum OCA-Ansatz. Abschnitt 5.3. beginnt mit einer Untersuchung des Einflusses externer Schocks auf die Beschäftigung und die Unterbeschäftigung in den EU-Mitgliedsländern auf der

---

3 Im politischen und ökonomischen Kontext bestanden die realen Alternativen zur EWU bis 1992 in dem Europäischen Wechselkursmechanismus ('ERM') und nach 1992 -bis auf einen eng definierten DM-Block- in stärker z.T. erratisch schwankenden Währungen. Daher könnte sogar diskutiert werden, ob letzterer anstelle einer fiktiven idealen Welt mit flexiblen Wechselkursen als Schock-'Absorber' funktionierte. In dem Ausmaß, in dem dies nicht der Fall ist, entsteht durch die EWU auch kein realer Verlust. Auf dieses Argument wird im Verlauf der Arbeit mehrfach explizit eingegangen. In diesem Kapitel soll jedoch aus Gründen der Anschaulichkeit und Objektivität (kein präjudizierendes Urteil über die Vorteile einer EWU) implizit von der Alternative flexibler Wechselkurse ausgegangen werden.

Grundlage einiger einfacher zeitreihenanalytischer 'Kausalitätstests'. Der Abschnitt 5.4. erweitert diesen Testansatz, indem er besondere Bedeutung auf Robustheitstests der zuvor erzielten Ergebnisse legt. Es wird empirisch getestet, ob die Abwesenheit einer klaren Beziehung zwischen der (Unter-) Beschäftigung und Exportschocks auf eine konsistente Politik zurückzuführen ist, die im Durchschnitt den Einfluß der Exportschocks durch den optimalen Einsatz eines Politikinstrumentes (z.B. des Wechselkurses, der Fiskalpolitik und der Geldpolitik) ausglich. In Abschnitt 5.5. werden einige Implikationen der Ergebnisse diskutiert. Zusätzlich wird die hier erzielte empirische Evidenz mit den Resultaten, die aus einer Anwendung derselben Methode auf Investitionsschocks resultieren, verglichen. Der Abschnitt 5.6. beschließt die Ausführungen.

5.2. Die Theorie optimaler Währungsräume im Lichte der empirischen Literatur

Das Standardargument zur Stützung der Vorteilhaftigkeit der Wechselkursflexibilität für Arbeitsmärkte lautet wie folgt. Falls ein Schock die Nachfrage nach Exporten eines Landes reduziere, werde eine reale Abwertung benötigt, um wieder eine Vollbeschäftigung und ein externes Gleichgewicht zu erlangen. Die hierfür benötigte reale Abwertung könne zwar prinzipiell auch durch eine Verringerung der nominalen (Geld-)Löhne erreicht werden. Letztere benötige jedoch Zeit und verlange vermutlich die Inkaufnahme einer Periode substantieller zusätzlicher Arbeitslosigkeit. Eine Rückführung der Reallöhne sei um so schwieriger zu erreichen, je ausgeprägter abwärtsgerichtete Geldlohnrigiditäten ausgerichtet und je niedriger die erreichte Inflationsrate bereits seien (vgl. auch Kapitel 4). Eine angemessene Wechselkurspolitik könne folglich die aus 'asymmetrischen' Schocks resultierenden Arbeitslosigkeitsprobleme reduzieren und möglicherweise sogar eliminieren. Diese Argumentationsfolge ist mittlerweile zum Standardargument gegen die EWU geworden. Asymmetrische Schocks, so wurde häufig argumentiert, fühen in der EWU unweigerlich zu einem permanenten Anstieg ('ratchet up') der Unterbeschäftigung (Bean (1994), Belke (1998a), Gordon (1996), Gros, Thygesen (1998), S. 268). Diesem oft erstaunlich eindeutig formulierten theoretischen Argument steht jedoch nur wenig Evidenz zur Seite.

In bezug auf die quantitative Bedeutung dieses Effekts existieren bisher keine publizierten Studien, welche die Validität dieser Argumentationslinie empirisch direkt zu testen versuchen (Belke (1998), Gros (1996)). Einschlägige Studien analysieren üblicherweise lediglich das Ausmaß, in dem verschiedene makroökonomische Indikatoren (wie z.B. das gesamtwirtschaftliche Outputwachstum, der reale Wechselkurs sowie die Arbeitslosigkeit) über verschiedene Länder hinweg korreliert sind. Ein Befund, daß diese Korrelationen niedrig sind, wird gängigerweise als Evidenz dafür interpretiert, daß die betreffenden Länder bedeutenden asymmetrischen Schocks ausgesetzt sind und hohe ökonomische Kosten eingehen, falls sie eine Währungsunion konstituieren.[4] Diese Schlußfolgerung wird häufig ohne weitere Begründung auf realwirtschaftliche Kosten der EWU in Gestalt höherer Arbeitslosigkeit übertragen.

Es ist jedoch *schwierig, a priori* zu entscheiden, welcher Korrelationsgrad hohe Kosten einer Fixierung der Wechselkurse impliziert. Denn es gibt wohl keinen theoretischen Grund dafür, einen Korrelationskoeffizienten von beispielsweise 90% für das BIP-Wachstum oder die Arbeitslosigkeit zwischen zwei Beitrittskandidaten zur EWU als hinreichend hoch für einen Beitritt beider Länder zur EWU zu klassifizieren und dabei gleichzeitig jeden Korrelationsgrad unterhalb dieses Wertes als zu diesem Zweck unzureichend zu bezeichnen. Als impliziter oder expliziter Vergleichsfall ('benchmark') werden meistens die U.S.A. herangezogen. Dabei wird standardmäßig argumentiert, daß die EWU keine besonderen realwirtschaftlichen Anpassungsprobleme aufwerfen sollte, falls die EU-Volkswirtschaften einen ähnlichen Korrelationsgrad aufweisen wie Staaten und/oder Regionen innerhalb der U.S.A.

Viele Studien haben den gerade skizzierten Ansatz verfolgt. Es erscheint hier deshalb ausreichend, ein prominentes Beispiel herauszugreifen, das für den überwiegenden Teil dieser Literatur repräsentativ ist. Bayoumi, Eichengreen (1994) vergleichen die Korrelation bestimmter Schocks auf den Output zwischen acht Regionen innerhalb der Vereinigten Staaten und zwischen elf Mitgliedstaaten der EU.[5] Sie unterscheiden zwischen Schocks mit *transitorischen* Effekten, von denen sie annehmen, es handele sich um

---

4 Für einen Überblick vgl. Belke, Gros (1998), S. 277 ff., und Gros, Thygesen (1998), S. 270 f.

5 Ein etwas anderer Ansatz kann bei de Grauwe, Vanhaverbeke (1993), S. 114 ff., gefunden werden. Sie analysieren die Variabilität realer Wechselkurse über Regionen und Länder hinweg. Ihr Befund, daß reale Wechselkurse signifikanter über Länder als über verschiede Regionen innerhalb eines Landes variieren, ist schwierig zu interpretieren. Ist dies auf eine exzessive Volatilität von Wechselkursen zurückzuführen oder sind große asymmetrische Schocks (politische oder andere Schocks) relevant, welche zu dieser Wechselkursvariabilität führen? Vgl. auch Gros, Thygesen (1998), S. 267 ff.

Nachfrageschocks, und Schocks mit *permanenten* Effekten, die sie mit Angebotsschocks gleichsetzen. Ihr Hauptresultat besteht darin, daß die entsprechend definierten *Angebotsschocks* in Europa vom Ausmaß her *größer* und über verschiedene Regionen *weniger korreliert* sind als in den U.S.A. Ein umgekehrtes Ergebnis resultiert für Nachfrageschocks, d.h. transitorische Schocks. Darüber hinaus stellen die Autoren heraus, daß der *Kern* der EU (hier Belgien, Deutschland, Frankreich, die Niederlande und Dänemark) eine vergleichsweise homogenere Untereinheit darstellt. Denn in bezug auf diese beschränkte Ländergruppe weisen Angebotsschocks (d.h. permanente Schocks) etwa dieselbe Größenordnung und Korrelation auf wie in den U.S.A. Ihre Schlußfolgerung besteht darin, daß eine Kern-EWU, nicht aber eine weiter gefaßte EWU, ökonomisch ratsam sei.[6]

Die Studie von Bayoumi und Eichengreen illustriert ein Schlüsselproblem, das für die empirische Literatur zum OCA-Ansatz typisch ist. Korrelationen zwischen den Zeitreihen makroökonomischer Variablen, die für die Vergangenheit gefunden werden, reflektieren nicht nur die Auswirkungen 'wahrer' Schocks (d.h. das Wirken 'intrinsischer' Faktoren wie der Präferenzen und der Technologien), sondern ebenfalls -und vielleicht sogar hauptsächlich- das Ausmaß, in dem die *Geld- und die Fiskalpolitiken* in der Vergangenheit für verschiedene Wechselkursregimes über Länder hinweg korreliert waren (Grad der *Politikkonvergenz*).[7] Bayoumi und Eichengreen versuchen, diesen Umstand zu berücksichtigen, indem sie zwischen Angebotsschocks, die annahmegemäß unabhängig von der Politik sind, und Nachfrageschocks, die potentiell durch die Geld- und/oder die Fiskalpolitik induziert werden können, differenzieren. Sie lassen jedoch -wie viele andere Autoren auf diesem Gebiet- unberücksichtigt, daß die regionale Abgrenzung eines optimalen Währungsraums auf der Notwendigkeit basiert, den realen Wechselkurs als Reaktion auf *externe* Schocks anzupassen. In *keiner* der existierenden empirischen Analysen der EWU wird eine *Unterscheidung zwischen externen*

---

6 Vgl. auch Gros (1996), S. 4. Für weitere Studien zur Beurteilung der U.S.A. und der EU als optimale Währungsräume vgl. Bini-Smaghi, Vori (1993) und Eichengreen (1990, 1991).

7 Man könnte folglich sogar argumentieren, daß hohen Korrelationen, die für die Kernländer gefunden werden, noch eine Unterschätzung der Korrelationen in der EWU (d.h. bei einer vereinheitlichten Geldpolitik) darstellen. Es kann ebenfalls nicht ausgeschlossen werden, daß einige der Länder, die in der Vergangenheit geringere Korrelationen aufweisen, tatsächlich auch zum Kern gehören, sobald sie Mitglieder der EWU sind. Vgl. hierzu die Debatte um die Endogenität einiger OCA-Kriterien. Vgl. Belke (1997f), Belke, Gros (1998), Belke, Kösters (1998b), Frankel, Rose (1996), und Gros, Thygesen (1998), S. 304 ff.

und heimischen Schocks getroffen. Wie im folgenden argumentiert wird, handelt es sich dabei um eine durchaus *schwerwiegende* Vernachlässigung.

Eine andere Methode, das Potential für asymmetrische Schocks zu identifizieren, beruht auf einer Analyse der *Unterschiede hinsichtlich der ökonomischen Strukturen* der betreffenden Länder, beispielsweise der Unterschiede im Outputanteil verschiedener Industriezweige oder der Produktzusammensetzung der Exporte. Die hiermit korrespondierende Hypothese ist, daß Länder mit unterschiedlichen ökonomischen Strukturen wahrscheinlicher asymmetrische Schocks erfahren. Gros (1996a) verweist zu diesem Zweck auf eine Reihe von Indikatoren und zeigt, daß diese zu relativ unterschiedlichen Resultaten in bezug auf diese Hypothese führen können (Gros (1996a), S. 12 ff.). Dieser Ansatz kann prinzipiell zwar einige Informationen über die wahrscheinlichen Quellen der Schocks vermitteln. Er liefert jedoch keine Evidenz über das in der Realität zu erwartende Ausmaß an asymmetrischen Schocks. Zum Beispiel impliziert das Resultat, daß zwei Länder verschiedene Paletten an Gütern (im Gegensatz zu zwei verschiedenen Gütern) exportieren, wenig in bezug auf die Wahrscheinlichkeit asymmetrischer Schocks auf aggregierte Exporte. Falls die Angebots- oder Nachfrageschocks, welche die individuellen Exportindustrien oder Exportgüter beeinflussen, unkorreliert sind, wird die Größe des Korrelationskoeffizienten zwischen den Summen eines jeden Landes nicht durch die Verteilung der Anteile innerhalb dieser Summen determiniert.[8]

Die verfügbare empirische Literatur zum OCA-Ansatz analysiert somit lediglich das *Potential* für asymmetrische Schocks oder Maße des 'comovement' makrökonomischer Variablen. Dabei wird jedoch nicht gezeigt, *wie* externe Schocks denn überhaupt zu (mehr) Arbeitslosigkeit führen. Die grundlegende Frage, der sich die Literatur bisher nicht zuwendete, lautet: Sind die 'klassischen', von Mundell (1961) betonten, asymmetrischen Schocks, d.h. Schocks der Exportnachfrage tatsächlich eine wichtige Determinante der (Unter-) Beschäftigung? Eine untergeordnete Frage, die überhaupt nur bei einer Bejahung der ersten Frage relevant wird, betrifft die Rolle der Wechselkursanpassungen bei der Rückführung der Arbeitslosigkeit, die durch Exportnachfrageschocks bewirkt wurde. Beide sind Schlüsselfragen bei jeder ökonomischen Bewertung der EWU im Hinblick auf deren

[8] Vgl. auch Gros (1996), S. 5, Gros (1996c), S. 18, und für den Grundgedanken Kenen (1969). Dabei handelt es sich um Forschung, die für die CEPS Policy Group (Jeffrey Frieden, Alberto Giovannini, Daniel Gros, Andrew Hughes-Hallett, Jean Pisani-Ferry und Niels Thygesen) durchgeführt wurde.

Arbeitsmarkteffekte. Falls die erste Frage positiv beschieden würde (d.h. externe Schocks und der Wechselkurs sind wichtig für die Unterbeschäftigung), könnte geschlußfolgert werden, daß die Kosten der EWU möglicherweise hoch sind (Belke, Gros (1999b), Gros, Thygesen (1998), S. 270 f.). Ein hinreichendes Kriterium hierfür besteht jedoch erst in der empirischen Bestätigung des Befundes, daß Wechselkurse systematisch auf externe Schocks reagieren *und* auch systematisch in der gewünschten Weise und in der erforderlichen zeitlichen Frist auf Arbeitsmärkte einwirken (zweite Schlüsselfrage).

Bevor hier mit der eigenen zeitreihenanalytischen Studie begonnen wird, könnte es nützlich sein, die zu erwartende Größenordnung der realwirtschaftlichen Effekte externer Schocks überschlagsweise zu kalkulieren. Diese wird im folgenden kurz berechnet. Exporte von Gütern und Dienstleistungen belaufen sich für die EU15 im Durchschnitt auf ungefähr 30 % des BIP.[9] Dieses ist etwas mehr als der durchschnittliche Anteil der Investitionen am BIP, der für die EU15 in den achtziger Jahren etwa 20 % betrug. Investitionsschocks werden gewöhnlicherweise als eine Hauptdeterminante des Konjunkturzyklus und der Beschäftigung angesehen. Der geringfügig kleinere Anteil der Investitionen am BIP impliziert, daß Exportschocks mindestens ebenso bedeutsam wie diese sein sollten.[10] Die folgende Studie wird jedoch zu einem gegenteiligen Ergebnis kommen. Die Beziehung zwischen den Investitionen und der Arbeitslosigkeit wird sich als viel stärker und signifikanter erweisen.

Der OCA-Ansatz (und folglich auch dieses Kapitel) fokussiert seine Betrachtungen auf den Einfluß externer Schocks auf die (Unter-) Beschäftigung statt auf deren Auswirkungen auf den gesamtwirtschaftlichen Output. Die beiden gerade genannten realwirtschaftlichen Variablen sind jedoch eng miteinander verbunden. Für die meisten Länder transformiert eine standardmäßige Okunkurven-Beziehung eine Verringerung des BIP von 1 % in

---

9 Ungefähr zwei Drittel des gesamten internationalen Handels der EU-Mitgliedsländer findet innerhalb der EU statt. Setzt man ein durchschnittliches Verhältnis des Außenhandels zum BIP von 30 % voraus, impliziert dies, daß sich die intra-EU-Exporte für ein typisches Mitgliedsland auf ungefähr 20 % des BIP belaufen (etwas weniger für die größeren und etwas mehr für die kleineren Volkswirtschaften). Daten über die Aufteilung (intra-EU versus extra-EU) des Außenhandels in Dienstleistungen werden jedoch nicht publiziert. Dies ist der Grund dafür, daß das Ausmaß ökonomischer Interdependenz üblicherweise mit Daten zum Verhältnis des Intra-EU-Handels in Gütern zum EU-BIP illustriert wird. Dieses Verhältnis liegt nur bei ca. 15 %.

10 Für eine Auflistung von historischen Beispielen für asymmetrische Exportschocks in der EU vgl. Belke, Gros (1998) und Gros, Thygesen (1998), S. 274.

einen Anstieg der Arbeitslosigkeit von ungefähr 0,3 %. Unter der Voraussetzung eines Verhältnisses der Exporte zum BIP von ungefähr 30 % würde ein einfaches Rechenbeispiel nahelegen, daß der partielle Effekt einer Änderung der Exporte auf die Arbeitslosigkeit ungefähr das 0,3-fache des Okun-Koeffizienten ausmacht. Dies wiederum impliziert, daß der Effekt eines Anstiegs der Exporte um 1% zu einer Verringerung der Arbeitslosenrate um ungefähr 0,09 Prozentpunkte führen sollte.

Die Kombination aus dem oben quantifizierten Okun-Koeffizienten und dem Faktum, daß Exporte etwa ein Drittel der gesamtwirtschaftlichen Nachfrage ausmachen, bedeutet, daß *Exportschocks 'groß' sein müssen*, um einen ansehnlichen Einfluß auf die gesamtwirtschaftliche Arbeitslosigkeit haben zu können. Dies kann jedoch a priori nicht ausgeschlossen werden. Für die größeren EU-Mitgliedsländer beträgt die Standardabweichung der Wachstumsrate des (Volumens) der Exporte ungefähr 5 % p.a. Hieraus folgt, daß ein negativer Exportschock in der Höhe von zwei Standardabweichungen die Arbeitslosigkeit um etwa einen vollen Prozentpunkt erhöhen dürfte. Diese Extrapolation kann mit der Standardabweichung der Änderungen[11] von (nationalen) Arbeitslosenraten verglichen werden. Diese fallen in ein Intervall zwischen 0,5 bis 0,7 Prozentpunkten (p.a.) für Länder wie Frankreich, Westdeutschland und Italien und 1,4 Prozentpunkten für Spanien (gemessen über die letzten dreißig Jahre). Externen Schocks kann somit a priori durchaus ein *potentiell* großer Einfluß relativ zur historischen Variabilität der Arbeitslosigkeit zugemessen werden. Legt man -anders als hier- keynesianische Multiplikatoren zugrunde, könnte der Einfluß noch größer sein als gerade grob geschätzt.[12]

Diese einfachen ersten Berechnungen legen eine *konkrete Größenordnung* für den potentiellen Einfluß von Exportschocks auf die Arbeitslosigkeit nahe. Diskutiert man die potentiellen realwirtswchaftlichen Kosten der EWU, muß man jedoch auch die *Alternative* definieren. In einer idealen Welt könnten Mitgliedsländer auf ihren Wechselkurs zurückgreifen, um den Einfluß externer Schocks auf die heimischen Arbeitsmärkte abzumildern.[13] Das entscheidende Problem hierbei besteht darin, daß es *unmöglich* ist, a priori zu

---

11 Es werden *Änderungen* verwendet, da viele der EU-Arbeitslosenraten als nicht-stationär angesehen werden. Vgl. Belke, Kösters (1992, 1996).

12 Für die vorstehenden Berechnungen vgl. Belke, Gros (1999b). Für die detaillierte beschreibende Statistik vgl. Anhang 2.

13 Dies impliziert nicht, daß die Leistungsbilanz und Exporte konstant sein müssen; sie würden lediglich nicht von den Niveaus abweichen, die mit einem vollständigen Gleichgewicht kompatibel wären.

bestimmen, *welcher Anteil* der durch einen Exportschock verursachten makroökonomischen Kosten *durch eine Wechselkursanpassung vermieden* werden könnte. Falls die Beschäftigung das einzige Politik-'Target' darstellt und keine weiteren Schocks vorliegen, könnte ein flexibler Wechselkurs 100% der potentiellen Kosten externer Schocks eliminieren. In einer allgemeineren Modellumgebung mit mehreren Schocks, unvollständiger Information über diese Schocks und multiplen Politik-'Targets' und Politikinstrumenten garantieren flexible Wechselkurse nicht mehr ein kontinuierliches Gleichgewicht auf dem Arbeitsmarkt. Ohne das zugrunde liegende Modell näher zu spezifizieren, ist es unmöglich einzuschätzen, wie groß die Kosten einer unwiderruflichen Fixierung der Wechselkurse ausfallen. Die unten angeführten Modellsimulationen legen aus empirischer Sicht nahe, daß etwa die Hälfte des Effekts eines externen Schocks durch flexible Wechselkurse vermieden werden könnte. Diese Größenordnung erscheint in dem Fall einer Modellumgebung mit zwei Quellen von Schocks, die jeweils eine ähnliche Varianz aufweisen (Exporte und Investitionen), und zwei Politikinstrumenten (Fiskal- und Geldpolitik) realistisch zu sein (Belke, Gros (1999b)).

Darüber hinaus ist bei der Diskussion der potentiellen realwirtschaftlichen Kosten der EWU von Belang, daß der Wechselkurs *vis-à-vis dem 'Rest' der Welt flexibel* bleiben wird. Die Europäische Zentralbank (EZB) könnte prinzipiell den gemeinsamen ('common') Schocks begegnen. Für die Mitgliedsländer hingegen sollten nur die *idiosynkratischen* Schocks bedeutsam sein. In diesem Kapitel werden derartige Schocks wie üblich als die Differenz zwischen der nationalen Ausprägung der Variablen und dem korrespondierenden EU-Durchschnitt definiert. Auf deren Grundlage erweist sich die gemessene Variabilität der Exportschocks natürlich als geringer. Die Standardabweichung der Differenz zwischen den nationalen und dem EU-Durchschnitt der Wachstumsraten der realen Exporte beträgt für die meisten EU-Mitgliedsländer ungefähr 3 % (pro Jahr). Die Variabilität idiosynkratischer Exportschocks ist somit etwa um ein Drittel geringer als die Variabilität der absoluten Exporte.[14]

Der in diesem Kapitel verfolgte Ansatz läßt sich als *astrukturell* bezeichnen. Eine andere (jedoch nicht in einem einzigen Kapitel behandelbare) Strategie

---

[14] Die Standardabweichung der Differenz zwischen der nationalen Arbeitslosenrate und dem EU-Durchschnitt der (ersten Differenzen der) Arbeitslosenraten ist ebenfalls etwa um ein Drittel niedriger als die rein nationalen Werte. Für Frankreich und Deutschland beträgt dieses Maß idiosynkratischer Schocks der Arbeitslosigkeit 0,29 bzw. 0,45 %. Vgl. Anhang 2.

hätte darin bestanden, den empirischen Untersuchungen soviel Struktur wie möglich aufzuerlegen. Es hätte ein 'large econometric model' Verwendung finden können, das eine exakte Berechnung des Einflusses eines Exportnachfrageschocks auf den Output und andere realwirtschaftliche Variablen erlaubt hätte. Ein Beispiel für einen derartigen Ansatz findet sich bei Emerson u.a. (1990a), die ein umfangreiches ökonometrisches Modell der (damaligen) EG (als 'Quest' bezeichnet) verwenden.[15] Dieses Modell beinhaltet als wesentlichen Bestandteil die 'short-term wage rigidity', die dem Kern des OCA-Ansatzes zugrunde liegt. Simulationen mit diesem Modell legen nahe, daß ein 5%-Schock der französischen Exportnachfrage zu einer substantiellen Verringerung des Outputs (und der Preise) in Frankreich führt. Falls Wechselkurse fixiert werden, fällt der französische Output im ersten Jahr um etwa 1,3 % und kehrt im siebten Jahr zu seiner 'baseline' zurück. Unter flexiblen Wechselkursen jedoch beträgt die anfängliche Verringerung des Outputs immerhin noch 0,6 %. Die sich anschließende konjunkturelle Erholung ist sogar langsamer, so daß der Unterschied der Gegenwartswerte (bezogen auf den Beginn der Untersuchungsperiode) des BIP-Verlustes zwischen festen und flexiblen Wechselkursen nur 1,3 % beträgt. Aktuellere Simulationen mit dem MultiMod-Modell des IMF bestätigen dieses Resultat, insofern als die Verringerung des Outputs als Folge eines exogenen Rückgangs der Exporte um 5 % unter festen Wechselkursen nur um einen halben Prozentpunkt des BIP höher als unter flexiblen Wechselkursen ausfällt (private Kommunikation, Belke, Gros (1999b), Gros (1996), S. 16, und Gros, Thygesen (1998), S. 273 f.). Diese Differenz führt nach Anwendung von 'Okun's Law' nur zu geringen ('Impact'-) Differenzen in bezug auf die Arbeitslosenraten unter beiden währungspolitischen Regimes. Es ist daher bereits auf der Basis der Simulationen mit gängigen ökonometrischen Makromodellen -im Gegensatz zu den zuvor angestellten überschlagsmäßigen Kalkulationen- zu erwarten, daß externe Schocks in der EWU *außergewöhnlich groß* ausfallen müssen, um überhaupt einen substantiellen Effekt auf die Arbeitslosigkeit ausüben zu können.

---

[15] Im Rahmen der vorliegenden Arbeit wird immer dann das Kürzel 'EG' statt 'EU' verwendet, wenn sich die betreffende Analyse tatsächlich auf die europäische Gemeinschaft in der EG-Abgenzung bezieht.

5.3 Ein neuer direkter Test der Theorie optimaler Währungsräume

Wie läßt sich quantifizieren, *in welchem Ausmaß* externe Schocks die (Unter-) Beschäftigung in EU-Volkswirtschaften beeinflussen? Im Prinzip lassen sich zu diesem Zweck zwei Wege beschreiten: i) Man könnte ein *umfangreiches makroökonomisches Modell* verwenden, welches unter verschiedenen Annahmen über die Flexibilität der Löhne und des Wechselkurses die Transmission des Einflusses solcher Schocks (d.h. Schocks der Exportnachfrage) durch die gesamte Volkswirtschaft verfolgt, oder ii) auf der Basis der Zeitreihenanalyse 'lediglich' das Ausmaß der Kausalität messen, in dem (Änderungen der) Exporte in der Vergangenheit zu Veränderungen der (Unter-) Beschäftigung geführt haben (Belke, Gros (1999b), Gros, Thygesen (1998), S. 271).

Einige der Resultate, die auf der ersten Methode beruhen, sind bereits im vorhergehenden Abschnitt beschrieben worden. In diesem Abschnitt wird die zweite Methode, basierend auf standardmäßigen 'Kausalitätstests', verwendet. Die zugrunde liegende Hypothese in diesem Fall ist, daß das Exportangebot relativ stabil ist, so daß man *tatsächliche* kurzfristige Änderungen (Innovationen) der Exporte mit Änderungen *der Exportnachfrage gleichsetzen* kann. Alle hier präsentierten Resultate basieren implizit auf einem Vergleich von zwei Regressionsgleichungen. Die folgenden Notationen werden aus Konsistenzgründen gewählt:

a) $$DUE_t = \alpha_0 + \sum_{i=0}^{N} \alpha_i \cdot DUE_{t-i} + u_t, \text{ und}$$

b) $$DUE_t = \alpha_0 + \sum_{i=0}^{N} \alpha_i \cdot DUE_{t-i} + \sum_{i=0}^{N} \beta_i \cdot DEXP_{t-i} + u_t,$$

wobei DUE_t für die (Änderung der) Arbeitslosigkeit (zwischen Periode t und t-1) steht, α_0 die Regressionskonstante und die α_i die Koeffizienten der verzögerten Endogenen bezeichnen, $DEXP_{t-i}$ die Änderung der Exporte zwischen Periode t-i und Periode t-i-1 spezifiziert, u_t den üblichen 'i.i.d.'-Fehlerterm repräsentiert und N die maximale Zahl der gewählten Verzögerungen darstellt. Exporte (gemessen durch verschiedene weiter unten erläuterte Indikatoren) stellen genau dann eine 'Verursachende' der Arbeitslosigkeit dar, wenn die ß's, d.h. die Koeffizienten der vergangenen und aktuellen Exporte, zusammen signifikant von Null verschieden sind. Mit anderen Worten: diese Tests quantifizieren den Einfluß der (Änderungen von verschiedenen Maßen der) Export-Performance auf Änderungen der nationalen

Arbeitslosenraten. Autonomen Bewegungen der Arbeitslosigkeit wird dabei Rechnung getragen, indem verzögerte Arbeitslosenraten als erklärende Variablen in den Ansatz aufgenommen werden. Somit impliziert ein signifikanter Effekt (welchen Vorzeichens auch immer), daß man die Hypothese 'Exporte beeinflussen die Arbeitslosigkeit nicht' bei Verwendung der gängigen Signifikanzniveaus ablehnen kann. Um die Anwendbarkeit der standardmäßigen t- und F-Verteilungen zum Zweck der Modellselektion sicherzustellen, ist auf *erste Differenzen* der Variablen zurückzugreifen, da sich für die Niveaus beider Variablen die Hypothese der Nichtstationarität deutlich nicht ablehnen läßt (vgl. Anhang 3). Substituiert man in dem vorstehend beschriebenen Szenario 'DE' für 'DUE', wird das weitere analoge Vorgehen in bezug auf die Variable 'Beschäftigung' beschrieben.[16] Die Untersuchungen beginnen mit empirischen Tests des Einflusses der Exportnachfrageschocks auf die gesamtwirtschaftliche Arbeitslosigkeit in einzelnen EU-Volkswirtschaften. Die Schätzungen in diesem Kapitel wurden mit dem Programm Eviews 3.0 (Quantitative Micro Software (1997)) durchgeführt.

5.3.1. Arbeitslosigkeit

Die Tabellen 1a und 1b fassen die Resultate von Kausalitätstests für die *Unter*beschäftigung unter Verwendung von *Jahres*daten zusammen.[17] Die Tabellen geben im Grunde die Resultate eines 'fishing trip' wieder. Die Ergebnisse sind jedoch nicht in dem üblichen Sinn interessant, daß sie einen 'good catch' signifikanter Beziehungen darstellen. Im Gegenteil, ihre Hauptqualität liegt in der Enthüllung der statistischen *Abwesenheit* einer starken und signifikanten Verbindung zwischen der Arbeitslosigkeit und (vergangenen Änderungen) der Exporte. Dies bedeutet jedoch *nicht*, daß die Suche auf *unsystematische* Weise durchgeführt wird. Die Spezifikationen der in diesem Kapitel verwendeten Regressionsgleichungen basieren auf den üblichen diagnostischen Tests, insbesondere dem LM-Autokorrelationstest. Diese Tests werden mit dem '*Schwarz Bayesian Information Criterion (SCH)*' kombiniert. Die Regressionsgleichung, die den niedrigsten SCH-Wert (unter der Voraussetzung einer gleichen Zahl an Beobachtungen für die alternativen Spezifikationen) aufweist und gleichzeitig die üblichen diagnostischen Kriterien für die Residuen erfüllt, wird ausgewählt. Das SCH-Kriterium wird hier

---

[16] Die im folgenden durchgeführten Kausalitätstests orientieren sich eng an der von Gros, Thygesen (1998), S. 173, in einem anderen inhaltlichen Zusammenhang vorgeschlagenen Vorgehensweise. Für eine weitere Anwendung vgl. auch Gros (1996), S. 5 ff.

[17] Für eine detailliertere Beschreibung des hier gewählten Vorgehens vgl. auch Gros (1996), S. 5 f., und Gros, Jones (1995).

dem Akaike-Informationskriterium (AIC) vorgezogen, da gezeigt werden kann, daß das SCH- im Gegensatz zum AIC-Kriterium unter bestimmten Bedingungen asymptotisch das wahre Modell determiniert (Konsistenz) (Banerjee u.a. (1993), S. 286, Mills (1990), S. 139, Schwarz (1978), Kapitel 9). In diesem Kapitel wird durchgehend dieselbe Strategie verwendet.

In den folgenden Tabellen 1a, 1b, 2a und 2b erfolgt eine Belegung der Tabellenfelder, wenn die am Kopf der jeweiligen Spalte genannte Variable für das betreffende Land einen signifikanten Einfluß auf die Höhe der Arbeitslosigkeit hat. Die sechs Spalten geben die Ergebnisse von Tests der Hypothese wieder, daß Änderungen der nationalen Arbeitslosenraten nicht von Schocks der folgenden Variablen beeinflußt werden:

i) Änderungen (Wachstumsraten) der Exporte in konstanten 1990 Ecus (D(EXPECU)),

ii) Änderungen der intra-europäischen Exporte in Prozent des BIP (D(EXPGDPEU)),

iii) Änderungen der gesamten Exporte in Prozent des BIP (D(EXPGDP)),

iv) Beitrag der Exporte zum Wachstum des Endverbrauchs (EXPCONTR),

v) unerwartete Änderungen der Exporte in konstanten 1990 Ecus (RESEXPECUF), und

vi) unerwartete Änderungen der intra-europäischen Exporte in Prozent des BIP (RESEXPGDPEUF).

Die *unerwarteten* Variablenausprägungen v) und vi) werden verwendet, um de facto *Schocks* statt tatsächlicher Änderungen zu identifizieren. Durch diese methodische Erweiterung können die in diesem Kapitel vorgebrachten Argumente auf eine breitere Basis gestellt werden. Man könnte argumentieren, daß die Exportnachfrageschocks i) bis iv) fehlspezifiziert seien, da sie Exportänderungen einschließen, die von rationalen Akteuren -wenigstens im Prinzip- auf der Basis von Exportnachfragefunktionen leicht antizipiert und neutralisiert werden können, darstellen. Daher werden hier die Exportnachfrageschocks i) und ii) neu definiert, indem jeweils der durch Änderungen der ausländischen EU-Nachfrage determinierte Teil von der Originalzeitreihe subtrahiert wird. Zu diesem Zweck wird eine *zweistufige Prozedur* angewendet. In einem ersten Schritt werden für jedes Land Exportnachfragegleichungen

chungen (D(EXPECU) und D(EXPGDPEU)) geschätzt. Dabei wird die Änderung des betreffenden Exportindikators jeweils auf seine eigenen Verzögerungen, auf die Änderung des EU-BIP und, falls nötig, auch auf entsprechend spezifizierte Strukturbruch-Dummies regressiert.[18] In einem zweiten Schritt wird der geschätzte Einfluß der Dummies nachträglich wieder aus den Residuen der 'first-step'-Regression eliminiert. Die hieraus resultierenden Zeitreihen werden mit RESEXPECUF beziehungsweise RESEXPGDPEUF bezeichnet und in Anhang 1b für jede der betrachteten EU-Volkswirtschaften graphisch abgebildet. Die implizite Annahme dabei ist, daß die durch die Dummies approximierten Schocks nicht antizipiert werden können. Da jedoch die Koeffizienten der 'first-step'-Regression und somit auch die Residuen durch die 'first-step'-Dummies beeinflußt bleiben, scheint die verwendete Prozedur einen fairen Kompromiß darzustellen.

Aber sogar die Interpretation der Variablen i bis iv) als nicht vollständig antizipierte Größen läßt sich deutlich legitimieren. Denn Exporte sind erfahrungsgemäß variabel und daher schwierig vorherzusagen.[19] Beispielsweise beträgt für Deutschland die über die Periode 1960 bis 1996 ermittelte Standardabweichung der ersten und operational in den hier durchgeführten Untersuchungen am besten abschneidenden Variable, der Änderung der realen Ecu-Exporte D(EXPECU) 4,18 Prozentpunkte (bei einem Durchschnitt von 5,78 Prozent, vgl. Anhang 2). Der Grund für die allgemein hohe Variabilität der Exporte ist, daß der Außenhandel zu ungefähr 60 bis 70 % aus intermediären oder Investitionsgütern besteht, deren Nachfrage notorisch instabil ist (Baxter (1995), Belke, Gros (1999b)).

---

18 Die für D(EXPECU) geschätzten Gleichungen werden in Anhang 1 dargestellt. Die geschätzten Gleichungen für D(EXPGDPEU) sind auf Anfrage verfügbar. Eine Rechtfertigung dieser Spezifikation findet sich unter anderem bei Bailey, Tavlas (1988), S. 435, und Sekkat (1998), S. 48.

19 Der Anhang 2 liefert eine Berechnung des Durchschnitts und der Standardabweichung der hier verwendeten Variablen.

Tab. 1a - *Zusammenfassung der Ergebnisse für Änderungen der Arbeitslosigkeit als eine Funktion der Export-Performance (OLS)*

	D(EXPECU)	*D(EXPGDPEU)*	*D(EXPGDP)*	*EXPCONTR*	*RESEXPECUF*	*RESEXPGDPEUF*
BE	(0) -0.040*	(0) -0.083*	(0) -0.068**	(0) -0.082**		
DK						(-1) 0.368*
ES						
FIN	(-1) -0.06***				(-2) -0.06**	
FR	(0) -0.034** (-2) 0.033*	(0) -0.514*** (-1) -0.245*	(-2) 0.160*	(-1) -0.273***		(-2) 0.292*
GR						
IR		(-1) -0.125*	(-1) -0.096**			
IT	(0) 0.028*	(0) 0.393***	(0) 0.215***		(0) 0.0428*** (-2) -0.044***	(0) 0.036*** (-2) -0.029**
NL				(0) -0.081*		
PO						
UK	(0) -0.101***	(-1) 0.353**	(-1) 0.193**	(0) -0.339**	(0) -0.072*	(-1) 0.568*** (-2) 0.294*
WD	(0) -0.062*** (-1) 0.050***			(0) -0.175** (-1) 0.1872**	(0) -0.055***	(-2) -0.172**

Anmerkungen: Schlüssel zur Liste der unabhängigen Variablen: D(EXPECU) = Änderung der Exporte in konstanten Ecus; D(EXPGDPEU) = Änderung der intra-europäischen Exporte in Prozent des BIP; D(EXPGDP) = Änderung der gesamten Exporte in Prozent des BIP; EXPCONTR = Beitrag der Exporte zum Wachstum des Endverbrauchs; RESEXPECUF, RESEXPGDPEUF = Exportschocks, wie im Text definiert. Datenquelle: Europäische Kommission. Die Tabelle faßt die Ergebnisse von Regressionen auf der Basis von Jahresdaten zusammen (1960-1996); */**/*** zeigt Signifikanz für α=0,1/0,05/0,01 an. Zusätzliche länderspezifische Dummies werden, falls nötig, mit berücksichtigt. Zahl der Verzögerungen der Exportvariable in Klammern. n.v. = nicht verfügbar.

Um unnötige Unübersichtlichkeiten strikt zu minimieren, weisen die Tabellen 1a, 1b, 2a und 2b *keinen* Zugang in einer Zelle auf, falls man die Nullhypothese keiner systematischen Beziehung für die üblichen Signifikanzniveaus *nicht* ablehnen kann. Ein negatives Vorzeichen impliziert, daß man diese Nullhypothese ablehnen kann und daß ein Anstieg einer der Proxygrößen für die Export-Performance zu einer Reduktion der Arbeitslosigkeit führt (wie man als Prä erwarten würde). Ein positives Vorzeichen bedeutet das Gegenteil und ist schwierig zu erklären (Gros (1996), S. 8). Die Koeffizientenschätzer werden einschließlich ihrer Signifikanzniveaus und der Lagordnung der Exportschocks explizit tabelliert. Die Tabellen 1a und 1b fassen die Resultate der Schätzungen für die gesamtwirtschaftliche Arbeitslosigkeit in EU-Volkswirtschaften zusammen.

Eine visuelle Inspektion der Tabelle 1a deckt auf, daß weniger als die Hälfte aller Zellen Zugänge aufweist. Wenn man die gebräuchliche 5% Schwelle für das Signifikanzniveau akzeptiert, fällt die Zahl der Zellen mit wenigstens einem signifikanten Effekt auf 21 von 72 (12 Länder mal 6 Maße externer Schocks). Darüber hinaus kommt es dabei zu einer großen Zahl an signifikanten positiven Koeffizienten. Diese würden implizieren, daß ein Anstieg der Exporte zu einem Anstieg der Arbeitslosigkeit führt. Es stellt sich sogar ein bestimmtes *Ländermuster* heraus. Belgien, Großbritannien und Westdeutschland weisen meistens signifikante Zugänge auf, davon alle mit dem erwarteten Vorzeichen. Genau für diese Länder ergeben sich -wie im weiteren Verlauf dieses Kapitels dokumentiert- auch auf der Basis fortgeschrittener Regressionstechniken die signifikantesten theoriekonformen Resultate. Die durchgehend 'falschen' Vorzeichen für Italien sind hingegen schwierig zu erklären.[20]

Die fünf Spalten in Tab. 1b greifen auf zwei verschiedene Maße der (relativen) Arbeitslosigkeits-Performance zurück: i) in den letzten beiden Spalten auf die *Differenz zwischen nationalen und EU-durchschnittlichen Arbeitslosenraten* (um einen gemeinsamen EU-Konjunkturzyklus herauszurechnen und um sich auf länderspezifische asymmetrische Schocks zu konzentrieren) und ii) in den ersten drei Spalten auf die *Änderung* derselben Variable, da die Hypothese der Nicht-Stationarität der Differenz zwischen der nationalen Ausprägung und dem EU-Durchschnitt auf der Basis von Einheitswurzel-

---

[20] Für eine ähnliche Argumentation vgl. Belke, Gros (1999b).

Tests nicht durchgehend abgelehnt werden kann.[21] Diese Variablen werden im folgenden verwendet, da es für ein Land, das die realwirtschaftlichen Kosten seines Beitritts zur EWU quantifizieren möchte, ein entscheidendes Kriterium dürfte, ob sich seine eigenen Exporte *anders als der E(W)U-Durchschnitt* entwickeln. Die Verwendung von Differenzenvariablen (nationale minus EU-durchschnittliche Realisation der Arbeitslosenrate) führt also wiederum zur Diskussion der Stationarität der abhängigen Variable. Im Vergleich zu den nationalen Arbeitslosenraten ist die Evidenz gegen die Nicht-Stationarität viel schwächer. Es ist aus modelltheoretischen Gründen und angesichts der bekannten Schwächen der Einheitswurzeltests (Kapitel 9) a priori schwierig zu entscheiden, ob man in Niveaus arbeiten oder die ersten Differenzen dieser Variablen verwenden sollte. Im folgenden werden die Resultate für beide Fälle dargestellt. In den weiteren Ausführungen werden jedoch die Ergebnisse auf der Basis der *ersten Differenzen* betont, da sie mit den Resultaten unter Verwendung der rein nationalen Variablen in Tab. 1a vergleichbarer sind.

Der Schlüssel zur Liste der unabhängigen Variablen liest sich wie folgt: EXPCONTRDIFF = Beitrag der Exporte zum Wachstum des Endverbrauchs, Differenz zum europäischen Durchschnitt (E8EXPCONTR); D(EXPGDPDIFF) = Änderung der Differenz der gesamten Exporte ain Prozent des BIP zum europäischen Durchschnitt; D(EXPECUDIFF) = Änderung der Differenz der Exporte in konstanten Ecus zum europäischen Durchschnitt (EXPECUAV)[22]; EXPGDPDIFF = gesamte Exporte in Prozent des BIP, Differenz zum europäischen Durchschnitt (E5EXPGDP). Die EU-durchschnittliche Arbeitslosenrate wird mit EU15UE bezeichnet (für detailliertere Informationen vgl. den Variablenschlüssel im Anhang zu diesem Kapitel). In der folgenden Tabelle 1b werden die Schätzresultate für die beiden gerade erläuterten Maße der relativen Arbeitsmarkt-Performance systematisch dargestellt.

---

[21] Die für diese abhängigen Variablen verwendeten Maße für die Export-Performance unterscheiden sich ebenfalls leicht von denjenigen, die im Schlüssel zu Tab. 1b erläutert werden.

[22] Diese Variable wird eingeführt, um den unterschiedlichen Offenheitsgraden der im Sample vertretenen Volkswirtschaften Rechnung zu tragen.

Tab. 1b - *Zusammenfassung der Ergebnisse für Abweichungen der Arbeitslosigkeit vom europäischen Durchschnitt als eine Funktion der Export-Performance (OLS)*

Abh. Var.	**Änderungen der Abweichungen der nationalen Arbeitslosenraten vom EU-Durchschnitt**			**Abweichungen der nationalen Arbeits-losenraten vom EU-Durchschnitt**	
Unabh. Var.	EXPCONTRDIFF	D(EXPGDPDIFF)	D(EXPECUDIFF)	EXPCONTRDIFF	EXPGDPDIFF
BE	(-1) -0.049*	(-2) -0.053*		(-1) -0.073**	(-1) -0.016*
DK					(-2) -0.153***
ES				(0) 0.325*	(-1) -0.163**
FIN	(-1) -0.24** (-2) -0.30**	(-1) -0.21* (-2) -0.19*	(-1) -0.13**	(-2) -0.31*	(-1) -0.24**
FR					
GR					(-2) 0.233***
IR		(-1) -0.090*			
IT		(-1) 0.360***	(-1) 0.045*	(-1) 0.240**	(0) 0.178*** (-2) -0.291***
NL					(-2) -0.116***
PO	(-2) -0.123***	(-2) -0.114*	(-2) -0.024**	(-1) -0.090* (-2) -0.114**	(-1) -0.064*
UK	(-2) -0.294*	(-2) -0.231**	(-2) -0.082**	(-2) -0.330**	
WD		(-1) 0.220***		(0) -0.175*	(-1) 0.206** (-2) -0.242***

Anmerkungen: Datenquelle: Europäische Kommission. Die Tabelle faßt die Resultate aus Regressionen auf der Basis von Jahresdaten zusammen (1960-1996); */**/*** zeigt Signifikanz für α=0,1/0,05/0,01 an. Zusätzliche länderspezifische Dummies werden, falls nötig, mit berücksichtigt. Lagordnung der Exportvariable in Klammern.

Eine erste Betrachtung der Tabelle 1b zeigt, daß -zumindest in den ersten drei Spalten mit den ersten Differenzen- sogar *weniger signifikante Zugänge* als in Tab. 1a (und weiterhin eine gewisse Zahl an nicht theoriekonformen Vorzeichen) zu verzeichnen sind. Folglich läßt die Änderung der Definition der abhängigen Variablen die Schlußfolgerung unberührt, daß der Einfluß der Exporte auf die Arbeitslosigkeit als *eher gering* zu veranschlagen ist.[23]

In Tab. 1a weisen alle Variablen in etwa dieselbe Zahl an Tabellenzugängen auf (etwa 5). Aber selbst wenn man sich auf die Variablen konzentriert, die die 'beste' Performance aufweisen, bleibt es weiterhin richtig, daß Exportschocks für fast die Hälfte aller Mitgliedsländer in der Vergangenheit für die Höhe der Arbeitslosigkeit *keine signifikante* Rolle spielten. Dies hätte man aus der Perspektive des OCA-Ansatzes erwarten können, wenn man die EWU nicht als einen optimalen Währungsraum einstuft. Dieses Ergebnis wird für eine mittelgroße und relativ geschlossene Volkswirtschaft wie Spanien sowie für ein kleines Land wie Dänemark, für 'arme' Länder wie Griechenland und Portugal sowie für 'reiche' Länder wie, nochmals, Dänemark oder die Niederlande erzielt. Es impliziert aus der Sicht des OCA-Ansatzes, daß Länder *mit (hinsichtlich der Exporte) unterschiedlichen ökonomischen Strukturen* trotz dieser Unterschiede ceteris paribus keine schwerwiegenden realwirtschaftlichen Konsequenzen einer unwiderruflichen Fixierung der Wechselkurse befürchten müssen (Gros (1996a), S. 18).

Im Falle der anderen EU-Mitgliedsländer läßt sich die Hypothese nicht ablehnen, daß Exportschocks einen gewissen Einfluß auf die Entwicklung der Arbeitslosigkeit haben. Eine genauere Betrachtung der einzelnen Regressionen (die in der Tabelle aus Platzgründen nicht angegeben werden) zeigt jedoch, daß dieser Einfluß in sämtlichen Fällen von *geringerem Ausmaß* ist. Exportschocks können lediglich einen *kleinen Teil* der Fluktuationen der Arbeitslosenrate im Zeitablauf erklären. Man hätte a priori insbesondere erwartet, daß Exportschocks gerade für den finnischen Arbeitsmarkt besonders bedeutsam sind (Abschnitt 5.1.). Selbst dies wird in Tabelle 1b nur zum

---

23 In einigen Fällen der Tab. 1a und 1b reduziert (erhöht) ein Anstieg der Exporte die Arbeitslosigkeit zunächst und erhöht (reduziert) sie anschließend wieder. Der Nettoeffekt geht dabei gegen Null. Diese Fälle eines signifikanten nicht theoriekonformen Vorzeichens sollten zusammen mit einigen der schwächeren Koeffizienten mit dem 'korrekten' Vorzeichen einfach vernachlässigt werden. Denn angesichts der großen Zahl an Regressionen, die den Tabellen zugrunde liegen (12 Länder und 9 Proxv-Variablen für die Exportnachfrage), ist es überraschend, daß nicht noch mehr Fälle einer 'spurious correlation' gefunden werden.

Teil bestätigt, da Finnland zwar signifikante Zugänge für alle Maße externer Schocks aufweist, die Punktschätzer jedoch nicht die größten sind.

In bezug auf die erste Spalte in Tabelle 1a läßt sich der stärkste Einfluß der Exporte auf die Arbeitslosigkeit für Großbritannien nachweisen. Dieser ist stärker als in jedem EWU-Land. Aber selbst im Fall Großbritanniens stellt sich der Einfluß der Exporte als lediglich *marginal* heraus. Dies wird an den Regressionsergebnissen deutlich, die im folgenden als illustrierendes Beispiel der Schätzungen angeführt werden (Signifikanzniveaus in Klammern).

Die erste Regression auf Jahresdatenbasis für Großbritannien (1960-96) führt zu den folgenden Ergebnissen:

$$DUE_t = \underset{(0{,}55)}{0{,}07} + \underset{(0{,}00)}{0{,}65}*DUE_{t-1} - \underset{(0{,}01)}{0{,}38}*DUE_{t-2}$$

mit einem Standardfehler der Regression von 0,664.

Die zweite geschätzte Regressionsgleichung lautet:

$$DUE_t = \underset{0{,}00)}{0{,}57} + \underset{(0{,}00)}{0{,}56}*DUE_{t-1} - \underset{(0{,}01)}{0{,}31}*DUE_{t-2} - \underset{(0{,}00)}{0{,}10}*DEXP_t$$

mit einem Standardfehler der Regression von 0,527.

Eine Methode, den Einfluß der Exporte auf EU-Arbeitsmärkte zu testen, besteht darin, denjenigen Teil der Variabilität der Arbeitslosigkeit zu betrachten, welcher durch die Exportschocks erklärt werden kann. Die vorstehenden Resultate belegen, daß die Standardabweichung der Arbeitslosenrate (nachdem der eigenen Vergangenheit Rechnung getragen wird) 0,664 Prozentpunkte beträgt. Führt man das Maß der Export-Performance mit der besten Schätzgüte zusätzlich ein (die Änderung der realen Exporte), fällt diese Standardabweichung auf 0,527 Prozentpunkte bzw. um ungefähr 21 %. Diese Ergebnisveränderung bedeutet für den Fall Großbritanniens, daß Exportschocks zwar einen nicht vernachlässigbaren, aber immer noch *recht geringen* Effekt auf die Höhe der Arbeitslosigkeit haben. Der Koeffizient der kontemporären Änderung der Exporte impliziert, daß ein einprozentiger Anstieg der Wachstumsrate der Exporte (beispielsweise von 9 auf 10%) mit einer Verringerung der britischen Arbeitslosenrate um 0,1 Prozentpunkte verbunden ist (z.B. von 10 auf 9,9 %). Da die Standardabweichung der Variablen D(EXPECU) für Großbritannien 3,35 Prozentpunkte beträgt (vgl.

Anhang 2), würde ein positiver Schock in Höhe einer Standardabweichung zu einer Verringerung der Arbeitslosenrate um 0,335 Prozentpunkte führen. Hierbei handelt es sich jedoch um eine *kontemporäre* Korrelation. Es ist daher schwierig zu sagen, ob dieses Schätzergebnis eine kausale Beziehung anzeigt (mit fühlbaren Effekten innerhalb eines Jahres) oder ob es sich lediglich um eine Scheinkorrelation handelt. Denn es kann möglicherweise auch auf innerhalb der EU *hoch korrelierte Konjunkturzyklen* zurückzuführen sein.

Im folgenden wird der zweiten Interpretation der Vorzug gegeben. Denn während dem überwiegenden Teil des Schätzzeitraums war auch der britische Arbeitsmarkt nicht flexibel. Darüber hinaus ist es -in bezug auf die Ergebnisse für die übrigen Länder- für Unternehmen ebenso wie in den kontinentalen EU-Ländern durchweg sehr kosten- und zeitintensiv, Arbeitnehmer als Reaktion auf negative Exportschocks zu entlassen (Belke, Gros (1997, 1998)). Die in Tabelle 1b für die relativen Arbeitslosenraten dargestellten Resultate bestätigen tendenziell, daß den Ergebnissen in Tab. 1a ein ausgeprägter *europäischer Konjunkturzyklus* zugrunde liegt. Wird die relative Arbeitslosenrate in ersten Differenzen spezifiziert, läßt sich *nur für zwei Länder* ein signifikanter Einfluß ($\alpha = 0{,}05$) der Variablen EXPCONTRDIFF feststellen. Diese Zahl steigt für die Variable D(EXPGDPDIFF) auf die immer noch geringe Zahl von *drei Ländern*. Werden die relativen Arbeitslosenraten hingegen in Niveaus formuliert, kommt es zu substantiell signifikanteren Zugängen in den Tabellenfeldern.

Bei dem gerade betrachteten geschätzten Einfluß der britischen Exporte handelt es sich um einen der stärksten Effekte im gesamten hier untersuchten Sample überhaupt. In bezug auf die übrigen Länder stellt sich der Erklärungsbeitrag der Exportschocks für die Entwicklung der Arbeitslosigkeit als noch *geringer* heraus. Im Fall Italiens, jedoch manchmal auch für andere Länder, weist die in einigen Fällen auftretende schwache Korrelation das 'falsche' Vorzeichen auf; d.h. es werden Zuwächse der Exportnachfrage mit einem Anstieg der Arbeitslosigkeit assoziiert. Hierbei handelt es sich möglicherweise nur um Scheinkorrelationen.

Die Tabellen 1a und 1b legen für einige der Kernländer (Belgien, Deutschland, Frankreich) die Gültigkeit der Hypothese nahe, daß der Außenhandel einen signifikanten Einfluß auf die Arbeitslosigkeit hat. Dies gilt zumindest dann, wenn man sich in Tab. 1a auf die Inspektion der ersten vier Spalten beschränkt. Auf den ersten Blick mag dies der mehrheitlich vertretenen Einschätzung widersprechen, daß genau diese Kernländer am besten für die

EWU geeignet sind (vgl. ähnlich Gros (1996), S. 10). Eine genauere Betrachtung der individuellen Regressionsergebnisse enthüllt jedoch, daß viele Fälle aus Tab. 1a zu ähnlichen Resultaten wie die für Großbritannien durchgeführten und gerade dargestellten Regressionen führen. Nur der Koeffizient der kontemporären Änderung der Exporte ($ß_0$) ist signifikant. Hingegen haben Änderungen der ein Jahr eher erfolgenden Exporte keinen signifikanten Einfluß auf die Arbeitslosigkeit. Diese kontemporäre Korrelation reflektiert möglicherweise einfach den *ausgeprägteren Konjunkturzusammenhang* innerhalb dieser Ländergruppe. Ergänzende Berechnungen, die von Gros (1996) im Rahmen analog konzipierter Tests auf der Basis von Quartalsdaten durchgeführt werden, bestätigen diese Interpretation. Eine weitere Bestätigung ergibt sich aus der Tatsache, daß fast alle der signifikanten *kontemporären* Koeffizienten, die in Tabelle 1a aufgeführt werden, in der Tabelle 1b nicht mehr auftreten. Diese eliminiert den gemeinsamen europäischen Konjunkturzyklus durch die Verwendung der Differenzen zum EU-Durchschnitt eliminiert.

Die Verwendung der Residuen aus den Exportnachfragegleichungen zur Operationalisierung der Exportnachfrageschocks (RESEXPECUF und RESEXPGDPF) berührt die wesentlichen zuvor getroffenen Schlußfolgerungen nicht. Der Einfluß der Exportnachfrageschocks bleibt auch in diesen Fällen schwach und in mehr als der Hälfte der Fälle sogar insignifikant (Tab. 1a).

5.3.2 Beschäftigung in der verarbeitenden Industrie

Um die Robustheit der zuvor erzielten Resultate zu testen, wird dieselbe Methodologie wie oben nun auf die *Beschäftigung in der verarbeitenden Industrie* in verschiedenen EU-Ländern angewendet. Hierdurch wird der wohlbekannten Schwäche der amtlichen Arbeitslosenrate, das Überschußangebot auf Arbeitsmärkten angemessen zu berücksichtigen, Rechnung getragen (Belke (1996), S. 379 f.). Darüber hinaus wird durch diese Vorgehensweise die von Decressin and Fatás (1995) vorgebrachte Hypothese, daß in der EU (im Gegensatz zu den U.S.A.) asymmetrische externe Schocks, welche die Nachfrage nach Arbeit beeinflussen, eher zu Änderungen der 'labour force participation' als zu einer Migration des Faktors Arbeit zumindest auf der regionalen Ebene führt, getestet. Falls die Beschäftigung in größerem Umfang durch Exportnachfrageschocks beeinflußt werden sollte als die Arbeitslosenrate, könnte dies einen bedeutenden empirischen Hinweis auf die Gültigkeit dieser Hypothese darstellen. Im folgenden wird auf die verarbeitende Industrie abgestellt, da diese den Großteil der *handelbaren*

Güter bereitstellt und deshalb ceteris paribus stärker auf externe Schocks reagieren sollte (Gros (1996), S. 11). Um wieder die standardmäßigen t- und F-Verteilungen anwenden zu können, müssen die *Änderungen* der Beschäftigung in der verarbeitenden Industrie (D(EMPLMAN)) verwendet werden. Denn für die *Niveaus* dieser Variablen kann die Hypothese der *Nicht-Stationarität* deutlich nicht abgelehnt werden (vgl. Anhang 3). Die entsprechenden Schätzergebnisse werden in den Tabellen 2a und 2b aufgeführt.

Tab. 2a - *Zusammenfassung der Ergebnisse für das Wachstum der Beschäftigung in der verarbeitenden Industrie als eine Funktion der Export-Performance (OLS)*

	D(EXPECU)	D(EXPGDPEU)	D(EXPGDP)	EXPCONTR	RESEXPECUF	RESEXPGDPEUF
BE	(0) 0.174**	(0) 0.330** (-1) 0.244**	(0) 0.206** (-1) 0.257**	(0) 0.297**		(-1) 0.300**
DK		(-1) -0.886**	(0) -0.855***		(0) -0.357**	(-1) -0.849**
ES					(-1) -0.391**	
FIN	(0) 0.26***	(0) 1.30*** (-1) 0.66**	(0) 0.38*		(0) 0.21*** (-2) 0.22***	(-2) 0.51*
FR		(0) 1.544***		(0) 0.656**	(-1) 0.197**	(-1) 1.127**
GR						
IR			(-1) 0.260**	(-2) 0.321**		(-2) 0.437**
IT	(-1) 0.185***	(-1) 2.000***	(-1) 0.588*	(-1) 1.20***	(-1) 0.175**	(-1) 1.948***
NL	(-1) 0.251***	(-2) -0.266*	(-2) -0.210*	(0) 0.349** (-1) 0.452***		(-2) -0.238*
PO	(0) 0.097**	(0) 0.665***	(0) 0.467***	(0) 0.293**		(-1) 0.957***
UK	(0) 0.719***		(0) 0.648*	(0) 1.591*** (-1) 1.043*	(0) 0.4247*	
WD	(0) 0.244***	(0) 0.605** (-2) 0.684**	(0) 0.376* (-2) 0.383		(0) 0.240***	(0) 0.662* (-2) 0.656**

Für Anmerkungen vgl. Tab. 1a.

Tab. 2b - *Zusammenfassung der Ergebnisse für Abweichungen der Beschäftigung in der verarbeitenden Industrie vom europäischen Durchschnitt als eine Funktion der Export-Performance (OLS)*

Abh. Var.	**Änderungen der Abweichungen der nationalen Beschäftigung vom EU-Durchschnitt**			**Abweichungen der nationalen Beschäftigung vom EU-Durchschnitt**	
Unabh. Var.	EXPCONTRDIFF	DEXPGDPDIFF	DEXPECUDIFF	EXPCONTRDIFF	EXPGDPDIFF
BE	(-2) 0.326***	(-1) 0.170**	(-2) 0.204**	(0) 0.323***	(0) 0.382*** (-1) -0.149*
DK	(0) -1.196*** (-2) -1.316***	(0) -0.478*	(0) -0.330**	(-1) 0.910**	(0) -0.489** (-1) 1.3025***
ES	(0) -1.097**	(0) -2.102*** (-2) -2.095***	(0) -0.326**		(-1) -1.313** (-2) 1.814**
FIN	(0) 0.79***	(-1) 0.64***	(-1) 0.40**	(-2) 0.82***	(-2) 1.01***
FR	(0) 0.757**	(-1) -0.458*		(0) 0.710** (-1) 0.955***	
GR			n.v.		
IR	(-2) 0.571***	(-1) 0.213** (-2) 0.194*	(-2) 0.190**	(-2) 0.904***	(0) -0.266** (-1) 0.542***
IT	(-1) 0.652***	(0) -0.377* (-1) 0.391*	(-1) 0.141**	(-1) 0.414**	(-1) 0.285***
NL	(0) -0.358***	(-2) 0.254***		(0) -0.348*** (-2) 0.422***	
PO	(-2) -0.495**	(-2) -0.571***		(-2) 0.345**	(-2) -0.177*
UK		(0) 0.838**			(0) 0.448*
WD	(0) 0.553** (-2) -0.542**	(-1) 0.555**	(0) 0.205**	(0) 0.794***	(-2) 0.551***

Anmerkungen: Für Anmerkungen vgl. Tab. 1b. Aufgrund beschränkter Datenverfügbarkeit deckt der Stützzeitraum nicht in allen Fällen den gesamten Zeitraum von 1960 bis 1996 ab.

Die Tabellen 2a und 2b weisen deutlich *mehr signifikante* Zugänge auf als die Tabellen 1a und 1b. Unglücklicherweise haben in der Tabelle 2b 20 der signifikanten Zugänge ein nicht theoriekonformes negatives Vorzeichen, gegenüber 32 Zugängen mit dem 'korrekten' positiven Vorzeichen. Die Länder jedoch, die bereits in den Tabellen 1a und 1b in konsistenter Weise signifikante Koeffizientenschätzer für den Einfluß der Exporte aufwiesen, sind im allgemeinen auch in den Tabellen 2a und 2b durch ein korrektes Vorzeichen gekennzeichnet. Für Finnland, von dem man gemäß Abschnitt 5.1 auch den stärksten Einfluß der Exportschocks erwartet hätte, ergibt sich einer der höchsten Punktschätzer. Die Ergebnisse *unterscheiden* sich jedoch qualitativ *nicht* von denjenigen für Westdeutschland und Großbritannien.

Die Koeffizienten, die in den Tabellen 2a und 2b angegeben werden, sind im allgemeinen absolut gesehen *größer* als diejenigen in den Tabellen 1a und 1b. Dies war a priori durchaus auch zu erwarten, denn der Sektor der verarbeitenden Industrie produziert hauptsächlich handelbare Güter. Berücksichtigt man jedoch, daß das verarbeitende Gewerbe im Durchschnitt hier der betrachteten EU-Volkswirtschaften nur etwa 20 % der gesamtwirtschaftlichen Beschäftigung abdeckt, werden die Koeffizienten in den Tabellen 1 und 2 unter der Hypothese vergleichbar, daß externe Schocks hauptsächlich auf die Beschäftigung in der verarbeitenden Industrie durchschlägt und daß das Arbeitsangebot in der kurzen Frist konstant bleibt. Dieser Einfluß übersetzt sich im Verhältnis Fünf zu Eins in die Höhe der gesamtwirtschaftlichen Arbeitslosenraten, wenn man annimmt, daß die Beschäftigung in den anderen Sektoren der Volkswirtschaft nicht beeinflußt wird und das Arbeitskräfteangebot konstant bleibt.[24]

---

24 Für eine mögliche Relativierung dieser Annahme vgl. Kapitel 8.5. Wie kann man die Koeffizienten der Änderung der Arbeitslosenrate (einer Rate) mit denen für das Beschäftigungswachstum vergleichen? Man nehme an, die gesamte Beschäftigung, N, sei durch die Summe der Beschäftigung im verarbeitenden Gewerbe, N_m, und der Beschäftigung im Dienstleistungssektor, N_s, gegeben. Die Arbeitslosenrate UE ergibt sich dann als: $UE \equiv [L-(N_s+N_m)]/L$.

Falls das Arbeitskräftepotential, L, konstant ist und externe Schocks nur die Beschäftigung in der verarbeitenden Industrie betreffen, läßt sich die Änderung der Arbeitslosenrate, DUE, als die proportionale Änderung der Beschäftigung in der verarbeitenden Industrie, DN_s multipliziert mit dem Anteil der Beschäftigung in der verarbeitenden Industrie am Arbeitskräftepotential $DUE = -(DN_m)(N_m/L)$ ermitteln.

Die Schätzergebnisse werden wiederum zum besseren Verständnis an einem Beispiel illustriert. In bezug auf beispielsweise die erste Spalte in der Tabelle 2a läßt sich der *stärkste* Einfluß der Exporte auf die Beschäftigung in der verarbeitenden Industrie wiederum *für Großbritannien* finden. Die erste Regression auf Jahresdatenbasis für Großbritannien (1960-96) führt zu dem folgenden Ergebnis (Signifikanzniveaus in Klammern):

$$DE_t = \underset{(0,03)}{1,92} + \underset{(0,03)}{0,41} * DE_{t-1} \underset{(0,29),}{-0,19} * DE_{t-2}$$

mit einem Standardfehler der Regression von 2,71.

Die zweite Regression gibt das folgende Ergebnis:

$$DE_t = \underset{(0,00)}{-4,73} + \underset{(0,00)}{0,42} * DE_{t-1} \underset{(0,15)}{-0,14} * DE_{t-2} \underset{(0,00),}{+0,72} * DEXP_t$$

mit einem Standardfehler der Regression von 1,54.

Ein Weg, den Einfluß der Exporte zu quantifizieren, besteht wiederum darin, den Teil der Variabilität der Beschäftigung in der verarbeitenden Industrie zu betrachten, der durch die Exportschocks erklärt werden kann. Die Ergebnisse zeigen, daß die Standardabweichung des Index der Beschäftigung in der verarbeitenden Industrie (nachdem der eigenen Vergangenheit Rechnung getragen wird) 2,708 Prozentpunkte beträgt. Implementiert man das Maß der Export-Performance mit dem 'besten' Fit (die Änderung realer Exporte) zusätzlich in die Regressionsgleichung, reduziert sich diese Standardabweichung um etwa 43 % auf 1,538 Prozentpunkte. Dies bedeutet für Großbritannien, daß Exportschocks einen substantiellen Effekt auf die Beschäftigung in der verarbeitenden Industrie bzw. im Bereich der handelbaren Güter haben. Inanderen EU-Ländern jedoch erscheint der Teil der Variabilität der Beschäftigung in der verarbeitenden Industrie, der durch externe Schocks erklärt werden kann, viel geringer.

Der Koeffizient der kontemporären Änderung der Exporte impliziert, daß ein einprozentiger Anstieg in der Wachstumsrate der Exporte (beispielswei-

---

Gegeben, daß der Anteil der Beschäftigung in der verarbeitenden Industrie an der gesamten Beschäftigung knapp über 20 % liegt, erscheint ein Wert von 0,2 für N_m/L angemessen. Der Unterschied zwischen $N_m/(N_m+N_s)$ und (N_m/L) fällt bei normalen Arbeitslosenraten gering aus. Dies würde implizieren, daß der Koeffizient für die Beschäftigung in der verarbeitenden Industrie ungefähr 5 mal größer sein sollte als derjenige für die Arbeitslosenrate.

se von 9 auf 10 %) zu einem Anstieg der britischen Beschäftigung in der verarbeitenden Industrie um 0,72 Prozentpunkte führt (d.h. der Index würde sich von 100 auf 100,72 Prozentpunkte erhöhen). Für viele der verbleibenden EU-Länder scheint der durch den Koeffizienten der Exportschocks gemessene Einfluß jedoch deutlich geringer zu sein.

5.4 Robustheit der Testergebnisse

5.4.1 Robustheit I: Der Einfluß des Wechselkurses

Die schwache Beziehung zwischen Exporten und der Arbeitslosigkeit kann theoretisch auf verschiedene Weisen erklärt werden.[25] Ein erster möglicher Einwand gegen die hier verfolgte Argumentation besteht darin, daß die tatsächlichen Exportschocks außer durch Exportnachfrageschocks auch durch *Angebotsschocks* determiniert werden (*Identifikationsproblem*). Es dürfte jedoch schwer fallen zu begründen, warum das Exportangebot großen Schocks ausgesetzt sein sollte, die innerhalb eines Jahres oder sogar innerhalb eines Quartals (Gros (1996)) wirksam sind. Der Kapitalstock und sogar die Arbeitsinputs verändern sich erfahrungsgemäß nur langsam und auch die Technologie 'macht keine großen Sprünge'. Es fällt im Gegenteil viel leichter, Gründe für die Instabilität der Export*nachfrage* anzuführen: ausländische Konjunkturbewegungen können raschen Schwankungen unterliegen oder die Nachfrage nach bestimmten Arten von Investitionsgütern (Präferenzen) kann sich plötzlich ändern (Belke, Gros (1999b)).

Ein anderes Argument könnte sein, daß die Abwesenheit einer klaren und eindeutigen Beziehung zwischen Arbeitslosigkeit und Exportschocks auf *eine konsistente Politik* zurückzuführen ist, die im Durchschnitt den Einfluß der Exportschocks durch die optimale Nutzung eines Politikinstruments wie zum Beispiel des Wechselkurses (oder der Fiskal- bzw. der Geldpolitik, vgl. die weiter unten erzielten Schätzergebnisse) *absorbiert* (Gros (1996), S. 13 f.).

Der letzte Aspekt wird hier vom Prinzip her akzeptiert und sogar berücksichtigt, obwohl das Ausmaß, in dem der Wechselkurs in der Vergangenheit als Anpassungsinstrument genutzt wurde, innerhalb der letzten dreißig Jahre enorm variierte. Ähnlich könnte wie schon in Kapitel 4 argumentiert werden, daß das Ausmaß der Wechselkursvariabilität auch die (nominale oder reale) Lohnflexibilität beeinflußt habe. Dieses Argument sollte aber in die-

[25] Vgl. auch Belke, Gros (1999b), Gros (1996), S. 13, und Gros, Thygesen (1998), S. 273.

sem Zusammenhang eher skeptisch betrachtet werden. Das Ausmaß der Lohnflexibilität mag sich zwar ebenfalls über diesen Zeitraum in beträchtlichem Ausmaß verändert haben. Trotzdem dürfte es schwer fallen, ein prägnantes Maß für die letztgenannte Variable zu finden. Darüber hinaus ist es sowieso *unwahrscheinlich*, daß dieses Maß *von Jahr zu Jahr* stark variierte (vgl. Kapitel 2, Belke, Gros (1999b) und Gros (1996), S. 14). Schließlich wurde in Kapitel 4 lediglich eine *komparativ-statische* Analyse des Zusammenhangs zwischen der Wechselkursflexibilität und dem Ausmaß der Lohnrigidität durchgeführt, in der *zwei Gleichgewichtszustände*, nicht aber (Übergangs-) Zustände Jahr für Jahr miteinander verglichen wurden.

Wechselkursanpassungen sollten somit in die Analyse integriert werden. Andernfalls könnte man argumentieren, die Abwesenheit eines über alle EU-Länder hinweg konsistenten signifikanten Effektes von Exportschocks auf die Arbeitslosigkeit sei darauf zurückzuführen, daß Wechselkurse zumindest während einer Unterperiode des in dieser Studie zugrunde gelegten Stützzeitraums (1960-96) *flexibel* waren. Ein Weg, diese Vermutung explizit empirisch zu testen, besteht darin, den Determinanten der Beschäftigung die (Änderungen der) realen Wechselkurse hinzuzufügen. Die Hypothese einer Anpassungsfunktion des Wechselkurses ließe sich genau dann ablehnen, falls sich sowohl die Exporte als auch die realen effektiven Wechselkurse als hochsignifikant erweisen, sobald sie simultan implementiert werden. Die Tabelle 3a stellt die Ergebnisse auf der Grundlage von Jahresdaten, die durch einen ähnlichen Ansatz wie oben zur Quantifizierung des Einflusses von Exportschocks angewendet erzielt werden, dar. Die Änderung des realen Wechselkurses wird in die Reihe an Variablen aufgenommen, welche die Änderungen der Arbeitslosenrate erklären. In Tabelle 3a ist das erwartete Vorzeichen der *Exportvariable negativ* und dasjenige des *realen effektiven Wechselkurses positiv*.[26] Im folgenden werden reale effektive Wechelkurse verwendet, die auf der Basis relativer Lohnstückkosten *gegenüber den übrigen 14 EU-Volkswirtschaften* ermittelt werden. Alternative Schätzungen mit

---

[26] Die Testergebnisse sind auf Anfrage verfügbar, falls sie nicht in Anhang 3 angeführt werden. Die Spezifikation der zugrunde liegenden Gleichungen basiert wiederum auf den üblichen diagnostischen Tests in Kombination mit dem Schwarz-Kriterium. Die Regression, die zu dem geringsten SCH-Wert führt (unter der Voraussetzung einer jeweils gleichen Zahl an Beobachtungen) und gleichzeitig die üblichen Diagnosekriterien erfüllt, wird als Referenzmaßstab ausgewählt. Ob Niveaus oder erste Differenzen der betreffenden Zeitreihe verwendet werden, hängt von den Ergebnissen der jeweiligen Stationaritätstests ab (McKinnon (1991), Phillips, Perron (1988)). Diese Prozedur wird auch auf die in den Tabellen 3c to 3f dokumentierten Regressionen angewendet.

dem realen effektiven Wechselkurs *gegenüber 21 Industrieländern* führen zu denselben Ergebnissen.

Die tabellierten Ergebnisse decken auf, daß Änderungen des (realen) Wechselkurses die Arbeitslosigkeit *nicht* durchgehend signifikant beeinflussen. Der reale Wechselkurs hat lediglich für Deutschland, die Niederlande und Portugal einen signifikanten und eindeutigen positiven Einfluß auf die Arbeitslosigkeit (sobald man -wie durchgehend in diesem Kapitel- die vergangene Arbeitslosigkeit ebenfalls berücksichtigt). Die beiden negativen signifikanten Koeffizienten treten nicht allzu überraschend auf, wenn man die zahlreiche Literatur zum deflationären Einfluß von Währungsabwertungen berücksichtigt (Belke (1997f), S. 412, Kamin, Klau (1997)). In *keinem* Fall außer Deutschland sind *sowohl* die Änderungen der realen Exporte als auch die Änderungen der realen Wechselkurse signifikant. Gleichzeitig erhöht sich die Signifikanz der Exportänderungs-Variablen durch die zusätzliche Aufnahme des realen Wechselkurses nicht systematisch, wie man an der mittleren Spalte ablesen kann. In dieser weist je etwa die Hälfte der (in den Anmerkungen zu den Tabellen genauer bezeichneten) Pfeile nach oben und nach unten.[27]

[27] Auch insignifikante Koeffizientenschätzer werden aufgeführt. Denn es ist beispielsweise nicht auszuschließen, daß diese vorher ohne Hinzunahme des Robustheitsindikators signifikant waren.

Tab. 3a - *Die Änderung der Arbeitslosigkeit als eine Funktion ihrer eigenen Vergangenheit, der Änderung realer Exporte und der Änderung realer effektiver Wechselkurse (OLS)*

Land	Änderung der Arbeitslosenrate (Lags)	Änderung des realen Exports (ECU 1990) (Lags)	Änderung des realen effektiven Wechselkurses (Lags)
BE	(-1)***	(0) -0.04* (↑)	(0) 0.01
DK	(-1)***	(-1) -0.06 (↑)	(0) -0.06**
ES	(-1)*** (-2)***	(0) -0.04 (↓)	(-1) -0.01
FIN	(-1)***	(-1) -0.09 (↑)	(0) -0.08***
FR	(-1)	(0) -0.03* (↓)	(-1) -0.01
GR	(-1)*** (-2)**	(-1) -0.00 (↓)	(-1) 0.02
IR	(-1)***	(-1) -0.02 (↑)	(0) 0.00
IT		(-1) -0.03* (↑)	(0) -0.06***
NL	(-1)**	(0) -0.02 (↑)	(-1) 0.04*
PO	(-1)***	(0) 0.01 (↓)	(-2) 0.02***
UK	(-1)*** (-2)***	(0) -0.08** (↓)	(0) 0.03
WD	(-1)*** (-2)***	(0) -0.06*** (-1) 0.05*** (→)	(0) 0.02**

Anmerkungen: Die Tabelle faßt Ergebnisse von Regressionen auf der Basis von Jahresdaten zusammen (1960-1996); */**/*** zeigt Signifikanz für α=0,1/0,05/0,01 an. ↑ (↓) bedeutet, daß der Koeffizient signifikante (weniger signifikant) als in der betreffenden Gleichung ohne den realen effektiven Wechselkurs (Tab. 1a) wird. Zusätzliche länderspezifische Dummies werden, falls nötig, mit berücksichtigt.

Diese Ergebnisse erhält man durch die zusätzliche Berücksichtigung der *tatsächlichen* Änderungen des realen Wechselkurses als einer möglichen Determinante der Arbeitslosigkeit. Der Rückgriff auf *tatsächliche* historische Wechselkursänderungen impliziert jedoch, daß man *nicht nur* die Relevanz des Wechselkurses als Politik*instrument* mißt. Unter einem Regime flexibler Kurse werden Wechselkurse auch durch viele andere Faktoren bestimmt und bewegen sich nicht immer in die von Politikern intendierte Richtung. Die bereits in Kapitel 2 analysierten Fluktuationen der italienischen Lira, die 1992 begannen, sind ein aktuelleres Beispiel hierfür. Die in Tabelle 3a zusammengefaßten Ergebnisse deuten somit an, daß Wechselkurse im Schätzzeitraum entweder *kein bedeutendes Politikinstrument* waren oder daß sie, falls sie aus anderen Gründen schwankten, *keinen bedeutenden Einfluß auf die Arbeitslosigkeit* hatten (Belke (1998), Gros (1996), S. 14).

Das Argument, daß das Wechselkursinstrument in der EU im betrachteten Zeitraum bisher zu einer Neutralisierung von Exportnachfrageschocks (die andernfalls zu Arbeitslosigkeit geführt hätten) genutzt wurde, wird somit durch die empirische Evidenz *nicht gestützt*.

Die vorstehend tabellierten Ergebnisse enthüllen -in derselben Weise wie in bezug auf den Einfluß der Exportnachfrageschocks in den Tabellen 1a and 1b- einen *relativ geringen* Einfluß der Wechselkurse auf die Arbeitslosigkeit. Dies Ergebnis, das ausgezeichnet mit den in Kapitel 2 erzielten Ergebnissen zur (häufig fehlenden) realwirtschaftlichen Effektivität realer Abwertungen vereinbart werden kann, läßt sich quantitativ nachvollziehen, wenn man berücksichtigt, daß sich das Verhältnis der Exporte zum BIP in den größeren EU-Volkswirtschaften ungefähr auf 25 bis 30 % beläuft und daß die internationale Preiselastizität der Exportnachfrage selbst langfristig nur einen Wert von etwa 0,5 annimmt (OECD (1995)).[28] Diese beiden Anteilswerte implizieren, daß eine 10%-ige Abwertung (in realen Größen) das heimische BIP um etwa 1,25 bis 1,5 % erhöhen sollte. Darüber hinaus läßt sich 'Okun's Law' heranziehen, das etwa ein 3 %-iges Wachstum des Realeinkommens verlangt, um die Arbeitslosigkeit um einen Prozentpunkt zu verringern. Die Reduktion der Arbeitslosigkeit, die durch eine 10 %-ige Abwertung erreicht werden könnte, beträgt dann lediglich 0,4 bis 0,5 Prozentpunkte. Falls Wechselkursbewegungen *nicht besonders groß* sind, ist es unter diesen quantitativen Voraussetzungen *unwahrscheinlich*, daß sie einen *starken* Einfluß auf die Arbeitslosigkeit haben (Belke, Gros (1999b), Gros (1996a), S. 22, und Gros, Thygesen (1998), S. 273).[29]

Substituiert man in den vorstehenden Regressionsgleichungen einfach die *Beschäftigung in der verarbeitenden Industrie* für die Arbeitslosenrate, ist das erwartete Vorzeichen der *Exportvariable positiv* und dasjenige für den

---

[28] Darüber hinaus bestätigt ein neuerer Bericht der Europäischen Kommission (1995), daß selbst sehr große Wechselkursänderungen in der Vergangenheit nicht zu großen Änderungen der Marktanteile geführt haben. Dieser Aspekt wird im Folgekapitel der vorliegenden Arbeit noch eine zentrale Rolle spielen. Vgl. zu diesem Punkt auch Gros (1996c), S. 22.

[29] Zwar ergibt sich von der Importseite her tendenziell ein ähnlicher Effekt, der zu einer Erhöhung des Beschäftigungseffektes führen könnte. In der Realität haben Währungsabwertungen jedoch andere Seiteneffekte, welche die Reduktion der Arbeitslosigkeit zum Teil wieder zunichte machen. Bereits in Kapitel 2 wurde verdeutlicht, daß die internationale Wettbewerbsfähigkeit durch steigende Preise und Löhne mittelfristig wieder sinken kann. Darüber hinaus kann ein mangelndes Vertrauen der Märkte in die geldpolitisches Instanzen, diesem inflationären Prozeß entgegenzuwirken, zu einer Risikoprämie auf heimische Zinssätze führen. Vgl. ähnlich auch Gros (1996c), S. 22.

realen effektiven Wechselkurs negativ. Die entsprechenden Schätzergebnisse werden in Tab. 3b zusammengefaßt.

Tab. 3b - *Die Änderung der Beschäftigung in der verarbeitenden Industrie als eine Funktion ihrer eigenen Vergangenheit, der Änderung realer Exporte und der Änderung der realen effektiven Wechselkurse (OLS)*

Land	Änderung der Beschäftigung (Lags)	Änderung des realen Exports (ECU 1990) (Lags)	Änderung des realen effektiven Wechselkurses (Lags)
BE	(-1)***	(0) 0.18** (↑)	(-1) -0.11
DK	(-1)	(-2) -0.24* (↑)	(0) 0.21**
ES	(-1)	(-1) -0.15 (↓)	(0) 0.46**
FIN	(-1)***	(0) 0.26*** (↑)	(0) 0.24*** (-1) -0.19***
FR	(-1)***	(0) 0.10 (↓)	(0) 0.03
GR	n.v.	n.v.	n.v.
IR	(-1)***	(-2) 0.11 (↑)	(-1) -0.14
IT	(-1)***	(-1) 0.14** (↓)	(-1) -0.13*
NL	(-1)***	(-1) 0.28*** (↑)	(-2) -0.02
PO	(-1)***	(-1) 0.04 (↓)	(-1) -0.14***
UK	(-1)*** (-2)	(0) 0.74*** (↓)	(-1) -0.02
WD	(-1)*** (-2)***	(0) 0.24*** (↓)	(0) 0.01

Anmerkungen: Die Tabelle faßt die Ergebnisse von Regressionen auf der Basis von Jahresdaten zusammen (1960-1996); */**/*** zeigt Signifikanz für α=0,1/0,05/0,01 an. ↑ (↓) bedeutet, daß der Koeffizient signifikanter (weniger signifikant) als in der betreffenden Gleichung ohne den realen effektiven Wechselkurs (Tab. 2a) wird. Zusätzliche länderspezifische Dummies werden, falls nötig, mit berücksichtigt.

Auf der Basis der Tabelle 3b ergibt sich ein im Vergleich zu Tab. 3a ähnliches Ergebnismuster. Die geschätzten Einflüsse der Exporte auf die Beschäftigung werden durch den Einschluß des realen effektiven Wechselkurses nicht bedeutend gegenüber der Tabelle 2a verändert. Die Größenordnung der Koeffizientenschätzer variiert ebenfalls kaum. In nur einem Fall (Dänemark) führt der Einschluß des realen effektiven Wechselkurses zu einem Anstieg der Zahl der *-Symbole, d.h. zu einem schrittweisen Anstieg des

Signifikanzniveaus. In zwei anderen Fällen jedoch (Italien und Portugal) sinkt die Zahl der *-Symbole, d.h. die Höhe des Signifikanzniveaus, sogar. Darüber hinaus führen die Schätzungen für Dänemark zu nicht mit der Theorie konformen Vorzeichen für die Exportvariable und für den realen effektiven Wechselkurs. Wiederum wird das Argument, daß das Wechselkursinstrument zur Neutralisierung von Exportnachfrageschocks genutzt wurde, die andernfalls zu einer geringeren Beschäftigung in der verarbeitenden Industrie geführt hätten, (oder daß sich Wechselkurse als Schock-'Absorber' in Reaktion auf Störungen auf Arbeitsmärkten ändern) durch die empirische Evidenz *nicht gestützt*.

Ein weiteres Argument für die Abwesenheit einer signifikanten Beziehung zwischen der (Unter-) Beschäftigung und Exportschocks könnte eine konsistente *Fiskal- oder Geldpolitik* sein, die im Durchschnitt auf Exportnachfrageschocks reagiert und diese auch erfolgreich stabilisiert hat. Diese Hypothese wird in den folgenden Unterabschnitten 5.4.2 und 5.4.3 empirisch separat getestet. Da diese empirischen Tests entlang der bereits zuvor in diesem Kapitel verwendeten Systematik erfolgen, wird die Kommentierung nur relativ knapp ausfallen.

5.4.2 Robustheit II: Der Einfluß der Fiskalpolitik

Der zuvor spezifizierten Hypothese folgend wird in bezug auf die Arbeitslosigkeitsregression ein negatives Vorzeichen der Exportvariable und ein positives Vorzeichen des 'government deficit' (Variable GOVDEF, Defizite weisen ein negatives und Überschüsse ein positives Vorzeichen auf) erwartet. Die entsprechenden Schätzresultate werden in der Tabelle 3c aufgeführt. Im Hinblick auf die Beschäftigungsregressionen werden für die Exportvariable ein positives und für das 'government deficit' ein negatives Vorzeichen als theoriekonform unterstellt (Tabelle 3d).

Tab. 3c - *Die Änderung der Arbeitslosigkeit als eine Funktion ihrer eigenen Vergangenheit, der Änderung realer Exporte und der Änderung der Fiskalpolitik (OLS)*

Land	Änderung der Arbeitslosenrate (Lags)	Änderungen des realen Exports (ECU 1990) (Lags)	Änderung des 'government deficit' (Lags)
BE	(-1)***	(0) -0.05** (↑)	(0) -0.14** (-1) -0.09**
DK	(-1)*	(-1)-0.05 (↑)	(0) -0.20*** (-1) -0.09*
ES	(-1)*** (-2)***	(-1) -0.03 (↓)	(0) -0.42*** (-2) -0.89***
FIN	(-1)***	(-1) -0.08*** (↑)	(0) -0.37***
FR	(-1)***	(0) -0.01 (↓)	(0) -0.28***
GR	n.v.	n.v.	n.v.
IR	(-1)***	(-1) -0.02 (↑)	(-1) -0.14**
IT	(-1)*	(-2) -0.03** (↑)	(0) -0.08
NL	(-1)***	(-1) 0.02 (↑)	(0) -0.19**
PO	(-1)***	(-1) -0.01 (↓)	(0) 0.02
UK	(-1)*** (-2)***	(0) -0.10*** (→)	(-2) -0.09
WD	(-1)*** (-2)***	(0) -0.06*** (-1) 0.05*** (→)	(-2) -0.05

Anmerkungen: Die Tabelle faßt die Ergebnisse von Regressionen auf der Basis von Jahresdaten zusammen (1960-1996); */**/*** zeigt Signifikanz für α=0,1/0,05/0,01 an. ↑ (↓) bedeutet, daß der Koeffizient signifikanter (weniger signifikant) als in der betreffenden Gleichung ohne die Proxy für die Fiskalpolitik wird. Zusätzliche länderspezifische Dummies werden, soweit nötig, mit berücksichtigt. n.v. = nicht verfügbar.

Die mittleren Spalten der Tabellen 3c und 3d verdeutlichen, daß die Addition der Fiskalpolitik zu den Determinanten der (Unter-) Beschäftigung die Schätzungen des partiellen Einflusses der Exportvariable *nicht* systematisch beeinflußt. Die Pfeile zeigen in weniger als der Hälfte aller EU-Volkswirtschaften einen Anstieg der Signifikanz des Koeffizienten der Exportvariable an.

Tab. 3d - *Die Änderung der Beschäftigung in der verarbeitenden Industrie als eine Funktion ihrer eigenen Vergangenheit, der Änderung realer Exporte und der Änderung der Fiskalpolitik (OLS)*

Land	Änderung der Beschäftigung (Lags)	Änderung des realen Exports (ECU 1990) (Lags)	Änderung des 'government deficit' (Lags)
BE	(-1)***	(0) 0.15** (↑)	(0) 0.82***
DK	(-1)	(-2) -0.19* (↑)	(0) 0.79***
ES	(-1)**	(0) -0.11 (↓)	(0) 0.85**
FIN	(-1)***	(0) 0.21*** (↓)	(0) 0.49**
FR	(-1)***	(-1) 0.11 (↑)	(0) 0.80***
GR	n.v.	n.v.	n.v.
IR	(-1) 0.48***	(-2) 0.09 (↓)	(-1) 0.32
IT	(-1)***	(-1) 0.16*** (→)	(0) 0.84***
NL	(-1)***	(-1) 0.27*** (→)	(-2) 0.27
PO	(-1)***	(0) 0.10** (→)	(-1) 0.15
UK	(-1)*** (-2)	(0) 0.68*** (→)	(0) 0.28
WD	(-1)*** (-2)***	(0) 0.25*** (→)	(-1) 0.17

Anmerkungen: Die Tabelle faßt Ergebnisse aus Regressionen auf der Basis von Jahresdaten (1960-1996) zusammen; */**/*** zeigt Signifikanz für α=0,1/0,05/0,01 an. ↑ (↓)bedeutet, daß der Koeffizient signifikanter (weniger signifikant) als in der betreffenden Gleichung ohne die Proxy für die Fiskalpolitik wird. Zusätzliche länderspezifische Dummies werden, falls nötig, mit berücksichtigt. n.v. = nicht verfügbar.

In bezug auf Tabelle 3c gewinnt die Exportvariable nur in den Fällen Belgiens und Italiens zusätzliche Signifikanz. Jedoch weist der Koeffizientenschätzer für die Fiskalpolitik im Falle Belgiens nicht das theoretisch erwartete Vorzeichen auf. Für Italien ist er sogar insignifikant. Gemäß Tabelle 3d erhöht sich die Signifikanz der Exportvariable lediglich für Dänemark, jedoch mit dem 'falschen' Vorzeichen.

In den Tabellen 3c und 3d weist der Koeffizient für GOVDEF (ein + bedeutet ein 'net lending', ein - bezeichnet ein 'net borrowing') durchgehend *nicht* das Vorzeichen auf, das man erwarten könnte, wenn die Fiskalpolitik mit dem Ziel der Stabilisierung der jeweiligen Volkswirtschaft in *antizyklischer* Weise eingesetzt worden wäre. Diese Ergebnisse deuten möglicherweise an, daß die Fiskalpolitik *kein Politikinstrument* darstellt, das in der Vergangenheit aktiv genutzt wurde. Dieser Aspekt wird im folgenden jedoch nicht weiter verfolgt. Denn die einzige Absicht der empirischen Untersuchungen besteht darin zu überprüfen, ob ein aktiver Gebrauch der Fiskalpolitik *den*

Einfluß externer Schocks auf die (Unter-) Beschäftigung *verdeckt* haben könnte.

Zusammenfassend kann die Hypothese, daß die *Fiskalpolitik* in der Vergangenheit eingesetzt wurde, um *Exportnachfrageschocks zu stabilisieren*, die andernfalls zu Arbeitslosigkeit und/oder Beschäftigungsverlusten geführt hätten, durch die verfügbaren Daten *nicht* bestätigt werden. Der dritte mögliche Faktor für die Nichtidentifizierbarkeit eines systematischen Einflusses von Exportnachfrageschocks auf Arbeitsmärkte, die Geldpolitik, blieb bisher noch unberücksichtigt. Die folgenden Ausführungen wenden sich deshalb empirischen Tests der Relevanz des letztgenannten potentiellen Schock-'Absorbers', der *Geldpolitik*, zu. Zu diesem Zweck wird wiederum dieselbe Prozedur wie schon im Hinblick auf die realen Wechselkurse und die Fiskalpolitik angewendet.

5.4.3 Robustheit III: Der Einfluß der Geldpolitik

Die korrespondierenden Ergebnisse für die *Arbeitslosigkeit* werden in der Tabelle 3e, diejenigen für die *Beschäftigung* in der Tabelle 3f angeführt. In der Tabelle 3e ist das a priori erwartete Vorzeichen des Indikators der Ausrichtung der Geldpolitik, des Zins-Spread, negativ, in der Tabelle 3f hingegen wird ein positives Vorzeichen erwartet.

Tab. 3e - *Die Änderung der Arbeitslosigkeit als eine Funktion ihrer eigenen Vergangenheit, der Änderung realer Exporte und der Änderung der Geldpolitik (OLS)*

Land	Änderung der Arbeitslosenrate (Lags)	Änderung des realen Exports (ECU 1990) (Lags)	Zins-Spread (Lags)
BE	(-1)***	(0) -0.03 (↓)	(-1) -0.05
DK	(-1)	(-1) -0.04 (↑)	(0) -0.04
ES	(-1)*** (-2)**	(-2) 0.14 (↑)	(-1) -0.71***
FIN	(-1)***	(-1) -0.05** (↓)	(-1) -0.25**
FR	(-1)	(0) -0.04** (↑)	(-1) -0.10*
GR	n.v.	n.v.	n.v.
IR	(-1)***	(0) -0.03 (↑)	(-2) -0.31***
IT	(-1)* (-2)**	(0) 0.04*** (↑)	(-1) -0.09***
NL	(-1)***	(0) -0.09*** (↑)	(0) 0.24*** (-1) -0.16*
PO	(-1)***	(0) -0.05 (↓)	(0) -0.13**
UK	(-1)*** (-2)**	(0) -0.10*** (→)	(-1) -0.04
WD	(-1)***	(0) -0.05*** (→) (-1) 0.02*	(-1) -0.19***

Anmerkungen: Die Tabelle faßt die Ergebnisse von Regressionen auf Jahresdatenbasis zusammen (1960-1996); */**/*** zeigt Signifikanz für α=0,1/0,05/0,01 an. ↑ (↓) bedeutet, daß der Koeffizient signifikanter (weniger signifikant) als in der betreffenden Gleichung ohne die Proxy für die Geldpolitik wird. Zusätzliche länderspezifische Dummies werden, falls nötig, mit berücksichtigt. Diese Anmerkungen beziehen sich auch auf Tab. 3e.

Das Untersuchungsinteresse richtet sich wiederum hauptsächlich auf die Koeffizientenschätzer für die Exportvariable, die *ähnlich* wie ohne die Implementierung einer Proxy-Variablen für die Geldpolitik ausfallen. In Tabelle 3e erhöht sich nur für Italien und die Niederlande die Zahl der *-Symbole. Folglich führt der Einschluß der Geldpolitik nur für diese Länder zu einer besseren Anpassungsgüte der Exportvariable in den Arbeitslosigkeits-Regressionen. Das Gegenteil ist hingegen für Finnland der Fall.

Tab. 3f - *Die Änderung der Beschäftigung in der verarbeitenden Industrie als eine Funktion ihrer eigenen Vergangenheit, der Änderung realer Exporte und der Änderung der Geldpolitik (OLS)*

Land	Änderung der Beschäftigung (Lags)	Änderung des realen Exports (ECU 1990) (Lags)	Zins-Spread (Lags)
BE	(-1)***	(-1) 0.15* (↓)	(-1) 0.75***
DK	(-1)*	(-2) -0.16 (↓)	(0) 0.39*
ES	(-1)***	(-1) -0.37* (↑)	(0) 0.34
FIN	(-1)***	(0) 0.13* (↓)	(-1) 0.73***
FR	(-1)***	(0) 0.14* (↑)	(-1) 0.33*
GR	n.v.	n.v.	n.v.
IR	(-1)***	(-2) 0.32*** (↑)	(0) 0.37
IT	(-1)***	(-1) 0.25*** (→) (-2) 0.15**	(0) -0.44***
NL	(-1)***	(0) 0.13* (↓)	(-2) 0.56***
PO	(-1)	(0) 0.23** (↑)	(-2) 0.88***
UK	(-1)***	(0) 0.74*** (→)	(-1) 0.35***
WD	(-1)*** (-2)***	(0) 0.21*** (→)	(-1) 0.48**

Der Tabelle 3f zufolge, die sich auf die Beschäftigung in der verarbeitenden Industrie bezieht, bleiben die Koeffizientenschätzer für die Exportvariable ungefähr *dieselben* wie ohne die Implementierung der geldpolitischen Variable. Darüber hinaus steigt nur für Spanien, Frankreich und Irland die Zahl der *. Dies bedeutet, daß die explizite Berücksichtigung der Geldpolitik nur in bezug auf diese Länder zu einer besseren Anpassungsgüte der Exporte in der Arbeitslosigkeits-Regression führt. Demgegenüber sinkt das Signifikanzniveau deutlich für Belgien, Dänemark und die Niederlande. Gemäß den beiden Tabellen 3e und 3f entsprechen die Ergebnisse für den Zins-Spread in den meisten Fällen den theoretischen Erwartungen. Hierdurch wird ein weit verbreitetes Prä -die Signifikanz der Zinsspanne in Prognosegleichungen für die realwirtschaftliche Aktivität- durch die hier vorgenommenen Schätzungen empirisch bestätigt. Überraschenderweise stellt sich für Finnland heraus, daß die Signifikanz der Exporte sogar um zwei **-Zeichen unter die 0,05 %-Signifikanzschwelle fällt, wenn man die geldpolitische Ausrichtung zusätzlich berücksichtigt.

Das Argument, daß die Geldpolitik in der Vergangenheit auf Exportnachfrageschocks, die alternativ zu Arbeitslosigkeit und/oder Beschäftigungsverlusten in der verarbeitenden Industrie geführt hätten, reagiert und diese auch stabilisiert hat, wird somit durch die empirische Evidenz *nicht überzeugend gestützt*. Anders ausgedrückt mag es einerseits in der EU nationale Exportschocks gegeben haben, auf welche die Geldpolitik von Zeit zu Zeit reagiert hat; andererseits treten diese Exportschocks wohl weder häufig genug auf noch weisen sie durchweg einen signifikanten Einfluß auf die (Unter-) Beschäftigung auf.[30]

5.4.4 Robustheit IV: Der simultane Einfluß potentieller 'Shock Absorber'

Die Tests auf Robustheit der (Nicht-) Beziehung zwischen der (Unter-) Beschäftigung und Exportnachfrageschocks in den Abschnitten 5.4.1 bis 5.4.3 könnten prinzipiell aus verschiedenen Gründen kritisiert werden. Zum Beispiel werden der Datensatz und deshalb auch die Ergebnisse möglicherweise von *Multikollinearitäts*problemen beeinträchtigt. Die betreffenden *zwei gleichzeitig implementierten* erklärenden Variablen -(Änderungen der) Exporte und jeweils eine der drei (jeweils in ersten Differenzen formulierten) Variablen 'realer effektiver Wechselkurs', 'government deficits' oder der 'Zins-Spread'- könnten aus theoretischer Sicht einen *simultanen Einfluß* aufeinander haben.[31] Einerseits ändert sich der Wechselkurs möglicherweise in systematischer Weise z.B. als Reaktion auf Exportschocks. Andererseits könnten Wechselkursänderungen umgekehrt die Exportnachfrage beeinflussen. Dieses Argument wurde zunächst auf eine nicht formale Weise durch eine Inspektion der jeweiligen 'cross-correlations' überprüft. Die dabei gefundenen geringen Realisationen dieser 'cross-correlations' implizieren mit sehr wenigen Ausnahmen, daß fast keine signifikante Relation zwischen diesen Variablen besteht. Dies kann natürlich nur als ein erster allgemeiner Hinweis interpretiert werden. Denn im Fall der Multikollinearität deutet die Insignifikanz der 'cross-correlations' nicht notwendigerweise das Fehlen von Multikollinearität an.

Für die in den Abschnitten 5.4.1 bis 5.4.3 verfolgte Prozedur sprechen jedoch gleich mehrere Gründe, selbst wenn (wie fast immer in ähnlichen Untersuchungen) ein gewisser Grad an Multikollinearität vorliegen sollte. Erstens behalten die OLS-Schätzer der Koeffizienten weiterhin ihre Eigenschaft

---

30 *Alle Gleichungen* in den Tabellen 3a bis 3f wurden komplementär unter Rückgriff auf die *geringst mögliche* Zahl an berücksichtigten Dummy-Variablen, die zur Erfüllung der üblichen residualen Diagnostik nötig sind, geschätzt. Während das SCH-Kriterium in diesem Fall ignoriert wird, das in diesem Fall die Implementierung von mehr hochsignifikanten Dummies empfiehlt, bleiben die Resultate qualitativ dieselben.

31 Für eine ähnliche Argumentation für den Außenhandel und die Wechselkursvariabilität als Erklärende für 'foreign direct investment' vgl. Molle, Morsink (1991), S. 38.

der 'best linear unbiased estimators' (BLUES). Zweitens werden die gemeinsamen Trends ('common trends') in den Variablen, die hauptsächlich für die Multikollinearität verantwortlich sind, überwiegend eliminiert, da in den Schätzgleichungen Änderungen der Variablen auf Änderungen der endogenen und anderer Variablen regressiert werden. Drittens behalten auch Gruppen an Regressoren -auf die im Rahmen der Robustheitstests hauptsächlich abgestellt wurde, ihre Standardverteilungen. Folglich kann ihre Signifikanz auch trotz des 'Einwands der Multikollinearität wie vorher aus dem üblichen OLS-Regressionsoutput abgelesen werden (vgl. stellvertretend Gujarati (1992), S. 289 ff.).

Ein anderer möglicher Einwand scheint jedoch schwerer zu wiegen. Da die (Unter-) Beschäftigung auf die Exportnachfrage, Wechselkurse, Fiskalpolitik und die Geldpolitik regressiert wird, entstehen potentielle *Simultanitätsprobleme*. Auf der einen Seite könnte eine Änderung der Wechselkurse (indirekt) oder der Exporte (direkt) Auswirkungen auf die (Unter-) Beschäftigung haben. Auf der anderen Seite prognostizieren einige theoretische Modelle eine Wechselkursanpassung bei Änderungen der (Unter-) Beschäftigung und -durch den Wechselkurskanal- eine Änderung der Exporte. Falls man für einen Moment die überwiegend vergeblichen Bemühungen vieler empirischer Studien, dominierende kurz- oder mittelfristige realwirtschaftliche Einflüsse auf Wechselkursbewegungen zu finden (Canzoneri, Vallés, Viñals (1996), Gros, Thygesen (1998), S. 268, Rose (1995)), vernachlässigt, könnten einige der Rechthandvariablen in den Tabellen 3a bis 3f *endogen* und *mit dem Fehlerterm korreliert* sein. Dies würde bedeuten, daß das OLS-Verfahren zu *verzerrten* Schätzern führt. Um die tatsächliche Relevanz dieser Einwände zu testen, wird im folgenden das Zweistufige-Kleinste-Quadrate-Verfahren (TSLS) angewendet (vgl. stellvertretend Pindyck, Rubinfeld (1991), S. 298 ff.). Dabei wird derselbe Satz an Variablen wie in den Tabellen 3a and 3f zugrunde gelegt. Um Platz zu sparen, wird die Prozedur nur für ein Schlüsselland der EWU, nämlich Deutschland, *in extenso* dargestellt. Die Resultate für die übrigen EU-Volkswirtschaften für denselben Stützzeitraum werden nur überblicksartig in entsprechenden Tabellen dargestellt.

Es wird zunächst versucht, Variablen ('Instrumente') zu definieren, die nicht mit den Residuen korreliert sind und gleichzeitig dazu dienen, die Komponente der potentiell endogenen Variablen Wechselkurs, Fiskalpolitik und Geldpolitik zu finden, die auf das jeweilige Instrument zurückzuführen ist. Als Instrumente finden neben den prädeterminierten exogenen Variablen eine EWS-Dummy EWS, die Änderung des U.S.-amerikanischen nominalen kurzfristigen Zinssatzes D(USINTS), die Änderung der Intra-EU-Importe von Gütern zu laufenden Preisen D(IMPEU) und die Änderung der 'general government structural balance' D(WDGOVDEFC) Verwendung. Wie aus den folgenden Tabellen hervorgeht, erfüllen diese Instrumente in jedem der Fälle die 'order condition' und die 'rank condition' zur Identifikation (Pindyck, Rubinfeld (1991), S. 318 ff.). Die Instrumente schließen die verzögerten endogenen (und exogenen) Variablen ein, um konsistente Schätzer zu erlangen. In bezug auf die Arbeitslosenrate *und* die Beschäftigung in der verarbeitenden Industrie wird wie folgt vorgegangen. In einem ersten Schritt werden TSLS-Regressionen wie in den Tabellen 3a bis 3f separat für jedes Variablen-Paar, jeweils bestehend aus einem Exportschock und einem potentiellen Schock-'Absorber' (Wechselkurs, Fiskalpolitik oder Geldpolitik) durchgeführt. In einem zweiten Schritt wird das TSLS-Verfahren bei simultaner Einbeziehung aller drei Schock-'Absorber' angewendet.

Die entsprechenden Schätzresultate *für die Arbeitslosigkeit werden* in den Tabellen 4a bis 4d, diejenigen *für die Beschäftigung* in den Tabellen 5a bis 5d aufgeführt. Die Resultate decken eine geringe Bedeutung der Exportnachfrageschocks auf (Insignifikanz für die Arbeitslosigkeit und/oder ein kleiner signifikanter Koeffizient für die Beschäftigung). Nur in zwei Fällen (5c und 5d) sind der Koeffizient der Exportvariable und derjenige eines Schock-'Absorbers' (hier: SPREADWD) simultan signifikant, beide mit dem theoretisch erwarteten Vorzeichen. Im allgemeinen scheint die explizite Berücksichtigung des Simultanitätsproblems durch die Anwendung der TSLS-Prozedur sogar noch zu einem *niedrigeren geschätzten Einfluß externer Schocks* zu führen als in den einfachen zuvor präsentierten OLS-Regressionen. Ein ähnliches Resultat wird in einem analogen Zusammenhang ebenfalls von de Bruyne gefunden (de Bruyne (1997), S. 67 ff.). Der einzige mehr oder weniger signifikante Schock-'Absorber' ist der Zins-Spread, d.h. die Geldpolitik. Die TSLS-Schätzungen legen deshalb nahe, daß die hier untersuchten potentiellen Schock-'Absorber' (mit der möglichen Ausnahme der Geldpolitik und der Beschäftigung) für die bisher erzielten Ergebnisse nicht 'verantwortlich' gemacht werden können. Wie jedoch schon in den vorhergehenden Untersuchungen in Abschnitt 5.4, scheinen Exportnachfrageschocks im Hinblick auf die *Beschäftigung* in der verarbeitenden Industrie *signifikanter* als für die Arbeitslosenrate zu sein. Insgesamt gesehen wurden die in den Abschnitten 5.5.1 bis 5.5.3 erzielten Ergebnisse in diesem Abschnitt eindrucksvoll bestätigt.

Tab. 4a - *Die Änderung der westdeutschen Arbeitslosenrate als eine Funktion ihrer eigenen Vergangenheit, der Änderung realer Exporte und der Änderung realer effektiver Wechselkurse (TSLS)*

TSLS // Dependent Variable is DWDUE
Sample(adjusted): 1963 1994
Included observations: 32 after adjusting endpoints
Instrument list: C DWDUE(-1) DWDUE(-2) DWDEXPECU(-1) DDEREER(-1) EMS D(IMPEU) D(USINTS)

Variable	Coefficient	Std. Error	t-Statistic	Prob.
C	-0.031131	0.251154	-0.123953	0.9023
DWDUE(-1)	0.841791	0.260643	3.229671	0.0035
DWDUE(-2)	-0.362019	0.185521	-1.951365	0.0623
DWDEXPECU	-0.028410	0.026677	-1.064985	0.2971
DWDEXPECU(-1)	0.050336	0.023833	2.112052	**0.0448**
DDEREER	-0.016294	0.085983	-0.189501	0.8512
DDEREER(-1)	0.020765	0.024382	0.851670	**0.4025**

R-squared	0.582742	Mean dependent var	0.194184
Adjusted R-squared	0.482601	S.D. dependent var	0.681623
S.E. of regressio	0.490295	Akaike info criterion	-1.234857
Sum squared resid	6.009724	Schwarz criterion	-0.914227
F-statistic	5.204842	Durbin-Watson stat	1.927098
Prob(F-statistic)	0.001352		

Tab. 4b - *Die Änderung der westdeutschen Arbeitslosenrate als eine Funktion ihrer eigenen Vergangenheit, der Änderung realer Exporte und der Änderung der Fiskalpolitik (TSLS)*

TSLS // Dependent Variable is DWDUE
Sample(adjusted): 1963 1994
Included observations: 32 after adjusting endpoints
Instrument list: C DWDUE(-1) DWDUE(-2) DWDEXPECU(-1) D(WDGOVDEF(-1)) D(WDGOVDEFC) D(IMPEU)

Variable	Coefficient	Std. Error	t-Statistic	Prob.
C	0.154993	0.282352	0.548935	0.5879
DWDUE(-1)	0.914581	0.213573	4.282290	0.0002
DWDUE(-2)	-0.595783	0.229778	-2.592858	0.0157
DWDEXPECU	-0.057101	0.035061	-1.628632	0.1159
DWDEXPECU(-1)	0.056125	0.029467	1.904687	**0.0684**
D(WDGOVDEF)	0.155552	0.121176	1.283681	**0.2110**
D(WDGOVDEF(-1))	0.079663	0.086567	0.920253	0.3662

R-squared	0.462950	Mean dependent var	0.194184
Adjusted R-squared	0.334058	S.D. dependent var	0.681623
S.E. of regression	0.556240	Akaike info criterion	-0.982469
Sum squared resid	7.735085	Schwarz criterion	-0.661840
F-statistic	4.334800	Durbin-Watson stat	2.054864
Prob(F-statistic)	0.003942		

Tab. 4c - *Die Änderung der westdeutschen Arbeitslosenrate als eine Funktion ihrer eigenen Vergangenheit, der Änderung realer Exporte und der Änderung der Geldpolitik (TSLS)*

TSLS // Dependent Variable is DWDUE
Sample(adjusted): 1963 1994
Included observations: 32 after adjusting endpoints
Instrument list: C DWDUE(-1) DWDUE(-2) DWDEXPECU(-1) SPREADWD(-1) D(WDGOVDEF) D(IMPEU) D(USINTS)

Variable	Coefficient	Std. Error	t-Statistic	Prob.
C	0.384724	0.233207	1.649708	0.1115
DWDUE(-1)	0.625819	0.190317	3.288291	0.0030
DWDUE(-2)	-0.097999	0.166769	-0.587634	0.5620
DWDEXPECU	-0.034797	0.025546	-1.362103	**0.1853**
DWDEXPECU(-1)	0.024122	0.020369	1.184236	0.2475
SPREADWD	-0.028964	0.097831	-0.296058	0.7696
SPREADWD(-1)	-0.184280	0.076665	-2.403693	**0.0240**

R-squared	0.696809	Mean dependent var	0.194184
Adjusted R-squared	0.624044	S.D. dependent var	0.681623
S.E. of regression	0.417939	Akaike info criterion	-1.554199
Sum squared resid	4.366827	Schwarz criterion	-1.233569
F-statistic	9.040921	Durbin-Watson stat	1.932187
Prob(F-statistic)	0.000027		

Tab. 4d - *Die Änderung der westdeutschen Arbeitslosenrate als eine Funktion ihrer eigenen Vergangenheit, der Änderung realer Exporte und der Änderung sämtlicher Schock-'Absorber' (TSLS)*

TSLS // Dependent Variable is DWDUE
Sample(adjusted): 1963 1994
Included observations: 32 after adjusting endpoints
Instrument list: C DWDUE(-1) DWDUE(-2) DWDEXPECU(-1) DDEREER(-1) D(WDGOVDEF(-1)) SPREADWD(-1) EMS D(IMPEU) D(USINTS) D(WDGOVDEFC)

Variable	Coefficient	Std. Error	t-Statistic	Prob.
C	0.569848	0.245416	2.321962	0.0283
DWDUE(-1)	0.948452	0.225555	4.204977	0.0003
DWDEXPECU	-0.037448	0.031871	-1.175009	**0.2506**
DDEREER	0.019096	0.037367	0.511031	0.6136
D(WDGOVDEF)	-0.149834	0.098806	-1.516449	0.1415
SPREADWD	-0.337551	0.096531	-3.496833	**0.0017**

R-squared	0.465899	Mean dependent var	0.194184
Adjusted R-squared	0.363187	S.D. dependent var	0.681623
S.E. of regression	0.543939	Akaike info criterion	-1.050475
Sum squared resid	7.692614	Schwarz criterion	-0.775650
F-statistic	6.255275	Durbin-Watson stat	2.143991
Prob(F-statistic)	0.000619		

Tab. 5a - *Die Änderung der westdeutschen Beschäftigung in der verarbeitenden Industrie als eine Funktion ihrer eigenen Vergangenheit, der Änderung realer Exporte und der Änderung realer effektiver Wechselkurse (TSLS)*

TSLS // Dependent Variable is D(EMPLMANWD)
Sample(adjusted): 1963 1994
Included observations: 32 after adjusting endpoints
Instrument list: C D(EMPLMANWD(-1)) D(EMPLMANWD(-2)) DWDEXPECU(-1) DDEREER(-1) EMS D(IMPEU) D(USINTS)

Variable	Coefficient	Std. Error	t-Statistic	Prob.
C	-0.850998	1.310993	-0.649125	0.5222
D(EMPLMANWD(-1))	0.918393	0.422922	2.171544	0.0396
D(EMPLMANWD(-2))	-0.579406	0.283849	-2.041246	0.0519
DWDEXPECU	0.197383	0.143995	1.370761	0.1826
DWDEXPECU(-1)	-0.100891	0.127833	-0.789243	0.4374
DDEREER	-0.243914	0.614459	-0.396958	0.6948
DDEREER(-1)	-0.058501	0.140920	-0.415137	0.6816

R-squared	0.220425	Mean dependent var	-0.701426
Adjusted R-squared	0.033328	S.D. dependent var	2.640198
S.E. of regression	2.595829	Akaike info criterion	2.098452
Sum squared resid	168.4582	Schwarz criterion	2.419082
F-statistic	3.005442	Durbin-Watson stat	1.909820
Prob(F-statistic)	0.023720		

Tab. 5b - *Die Änderung der westdeutschen Beschäftigung in der verarbeitenden Industrie als eine Funktion ihrer eigenen Vergangenheit, der Änderung realer Exporte und der Änderung der Fiskalpolitik (TSLS)*

TSLS // Dependent Variable is D(EMPLMANWD)
Sample(adjusted): 1963 1994
Included observations: 32 after adjusting endpoints
Instrument list: C D(EMPLMANWD(-1)) D(EMPLMANWD(-2)) DWDEXPECU(-1) D(WDGOVDEF(-1)) D(IMPEU) D(WDGOVDEFC)

Variable	Coefficient	Std. Error	t-Statistic	Prob.
C	-1.395831	1.049449	-1.330061	0.1955
D(EMPLMANWD(-1))	0.741224	0.209581	3.536700	0.0016
D(EMPLMANWD(-2))	-0.656548	0.235851	-2.783746	0.0101
DWDEXPECU	0.267895	0.134706	1.988735	**0.0578**
DWDEXPECU(-1)	-0.127802	0.115580	-1.105747	0.2794
D(WDGOVDEF)	-0.404327	0.474146	-0.852749	0.4019
D(WDGOVDEF(-1))	-0.164562	0.359862	-0.457293	0.6514

R-squared	0.476974	Mean dependent var	-0.701426
Adjusted R-squared	0.351448	S.D. dependent var	2.640198
S.E. of regression	2.126223	Akaike info criterion	1.699334
Sum squared resid	113.0206	Schwarz criterion	2.019964
F-statistic	4.272476	Durbin-Watson stat	1.867949
Prob(F-statistic)	0.004269		

Tab. 5c - *Die Änderung der westdeutschen Beschäftigung in der verarbeitenden Industrie als eine Funktion ihrer eigenen Vergangenheit, der Änderung realer Exporte und der Änderung der Geldpolitik (TSLS)*

TSLS // Dependent Variable is D(EMPLMANWD)
Sample(adjusted): 1963 1994
Included observations: 32 after adjusting endpoints
Instrument list: C D(EMPLMANWD(-1)) D(EMPLMANWD(-2)) DWDEXPECU(-1) SPREADWD(-1) D(WDGOVDEF) D(IMPEU) D(USINTS)

Variable	Coefficient	Std. Error	t-Statistic	Prob.
C	-1.895826	0.872212	-2.173583	0.0394
D(EMPLMANWD(-1))	0.643553	0.158885	4.050430	0.0004
D(EMPLMANWD(-2))	-0.358624	0.141847	-2.528249	0.0182
DWDEXPECU	0.195071	0.100583	1.939404	**0.0638**
DWDEXPECU(-1)	-0.037806	0.077361	-0.488699	0.6293
SPREADWD	-0.232137	0.330427	-0.702536	0.4888
SPREADWD(-1)	0.729043	0.244198	2.985454	**0.0063**

R-squared	0.708627	Mean dependent var	-0.701426
Adjusted R-squared	0.638697	S.D. dependent var	2.640198
S.E. of regression	1.586982	Akaike info criterion	1.114309
Sum squared resid	62.96283	Schwarz criterion	1.434938
F-statistic	9.538972	Durbin-Watson stat	1.847064
Prob(F-statistic)	0.000017		

Tab. 5d - *Die Änderung der westdeutschen Beschäftigung in der verarbeitenden Industrie als eine Funktion ihrer eigenen Vergangenheit, der Änderung realer Exporte und der Änderung sämtlicher Schock-'Absorber' (TSLS)*

TSLS // Dependent Variable is D(EMPLMANWD)
Sample(adjusted): 1963 1994
Included observations: 32 after adjusting endpoints
Instrument list: C D(EMPLMANWD(-1)) D(EMPLMANWD(-2)) DWDEXPECU(-1) DDEREER(-1) D(WDGOVDEF(-1)) SPREADWD(-1) D(WDGOVDEFC) D(IMPEU)EMS D(USINTS)

Variable	Coefficient	Std. Error	t-Statistic	Prob.
C	-2.344141	0.697381	-3.361350	0.0025
D(EMPLMANWD(-1))	0.672837	0.139118	4.836451	0.0001
D(EMPLMANWD(-2))	-0.359497	0.150123	-2.394688	0.0245
DWDEXPECU	0.206699	0.095040	2.174858	**0.0393**
DDEREER(-1)	-0.050774	0.067070	-0.757029	0.4561
D(WDGOVDEF)	-0.169493	0.333393	-0.508390	0.6156
SPREADWD(-1)	0.673775	0.228095	2.953916	**0.0067**

R-squared	0.666881	Mean dependent var	-0.701426
Adjusted R-squared	0.586932	S.D. dependent var	2.640198
S.E. of regression	1.696864	Akaike info criterion	1.248203
Sum squared resid	71.98367	Schwarz criterion	1.568833
F-statistic	8.425235	Durbin-Watson stat	1.660067
Prob(F-statistic)	0.000047		

Die TSLS-Ergebnisse *für die anderen Länder* werden in kondensierter Form in den Tabellen 6 und 7 dargestellt. Die Regressionen, die den Tabellen zugrunde liegen, werden entlang der Kriterien spezifiziert, die in diesem Kapitel durchweg verwendet werden und schon in Abschnitt 5.4.1 beschrieben wurden. Die Menge der Instrumente für die jeweils betrachteten Länder korrespondiert stark mit denjenigen Instrumentvariablen, die in Tab. 4a bis 4d beziehungsweise in Tab. 5a bis 5d für Westdeutschland ausgewählt wurden. Abweichungen von dieser Referenzliste der Instrumente werden lediglich in den Fällen zugelassen, in denen sich zusätzliche exogene Variablen (d.h. zusätzliche Verzögerungen von bereits implementierten Variablen) in den Regressionsgleichungen als signifikant erweisen. Der Grund hierfür ist, daß alle exogenen Variablen, die in die Regression eingeschlossen werden, auch in der Instrumentenliste enthalten sein sollten.

Tab. 6 - *Änderung der Arbeitslosenrate als eine Funktion ihrer eigenen Vergangenheit, der Änderung realer Exporte und der Änderung von Schock-'Absorbern':Ein Überblick für EU-Länder (TSLS)*

Schock-'Absorber'/ Land	Änderung des realen effektiven Wechselkurses (Lags)	Änderung des 'government deficit' (Lags)	Änderung der Geldpolitik (Lags)	Änderung sämtlicher Schock-'Absorber' (Lags)
BE	(0) -0.08**/	(0) -0.14*/^-	(0) -0.04/	(0)-0.07*/(0) 0.12*/
	(0) 0.04	(-1) -0.30***	(-1) -0.17	(-1) -0.24/-0.31
DK	(-1) 0.044/	(-1) 0.10/(0) -0.18	(-1) 0.08/(0) 0.18	(0) -0.11/(0) -0.43/
	(0) -0.14			(0) -0.15/(0) 0.14
ES	(0) -0.19/	(-1) -0.02/(-2) -	(-2) 0.01/	(0) 0.26/(0) -0.19*/
	(-1)-0.07	1.43*	(-1) -0.34	(0) -0.61*/(0) -0.48
FIN	(-1) -0.33/	(-1) -0.51**/	(-1) -0.37*/	(-1) -0.05/
	(0) -0.21**	(0) -0.10	(-1) -0.34*	(0) -0.24***/
				(0) 0.19/(-1) -0.58**
FR	(0) -0.06*/	(0) -0.06/(0) -0.07	(0) -0.06*/	(0) -0.21/(0) 0.09/
	(-1) -0.01		(-1) -0.06	(-1) -0.06/(0) -0.11
GR	(-1) -0.01/	n.v.	n.v.	n.v.
	(-1) 0.01			
IR	(-1) -0.06/	(-1) -0.05/(-1) -	(0) -0.16/	(-1) -0.03/(-2) 0.04/
	(0) -0.10	0.22*	(-2) -0.20	(-1) -0.23**/(-2) -0.19*
IT	(-1) -0.03/	(-2) -0.24/(0) -0.11	(0) 0.01/	(0) -0.05/(0) -0.09**/
	(0) -0.12**		(-1) -0.07	(0) -0.05/(-1) -0.07
NL	(0) -0.04/	(-1) 0.01/(0) -0.20	(0)-0.08/	(-1) 0.01/(-1) -0.06/
	(-1) -0.05		(-1) -0.13	(0) -0.15/(-1) -0.20
PO	(0) -0.06/	(-1) -0.03***/	(0) -0.00/	(-1) -0.06/(0) 0.04/
	(-2) 0.02	(0) -0.01	(0) -0.26*	(-1) 0.21/(0) -0.20*
UK	(0) -0.10/	(0) -0.10/	(0) -0.05/	(0) -0.13*/(0) 0.04/
	(0) 0.07	(-2) -0.23	(-1) -0.09	(-1) -0.05/(-1) -0.11

Anmerkungen: Variablen wie im Text definiert. Die Tabelle faßt die Koeffizientenschätzer aus TSLS-Regressionen auf der Basis von Jahresdaten zusammen (1960-1996); signifikante Schätzer werden fett gedruckt; in jeder Zelle der ersten drei Spalten bezieht sich der erste Wert auf den Koeffizienten der Exportvariable DEXPECU; der zweite Wert bezieht sich auf den betreffenden einzelnen Schock-'Absorber'; in der vierten Spalte bezieht sich der erste Wert wiederum auf DEXPECU, der zweite, dritte und vierte Wert bezeichnen die Koeffizienten der Schock-'Absorber' DREER, DGOVDEF und SPREAD; */**/*** zeigt Signifikanz für α=0,1/0,05/0,01 an. Lagordnung der Exportvariable und der Schock-'Absorber'-Variablen in Klammern.

Tab. 7 - *Änderung der Beschäftigung in der verarbeitenden Industrie als eine Funktion ihrer eigenen Vergangenheit, der Änderung realer Exporte und der Änderung von Schock-'Absorbern': Ein Überblick für EU-Länder (TSLS)*

Schock-'Absorber'/ Land	Änderung des realen effektiven Wechselkurses (Lags)	Änderung des 'government deficit' (Lags)	Änderung der Geldpolitik (Lags)	Änderung sämtlicher Schock-'Absorber' (Lags)
BE	(0) 0.45***/	(0) 0.43***/	(-1) 0.22**/	(0) 0.38***/
	(-1) -0.10	(0) 0.67***	(-1) 0.99***	(-1) -0.20***/
				(0) 0.82***/(-2) 0.34
DK	(-2) -0.25/	(-2) -0.71/	(-2) -1.14**/	(0) 0.59**/(0) -0.24/
	(0) 0.19	(0) 0.65*	(0) -0.07	(0) 1.33***/(-1) 0.20
ES	(-1) -0.28/	(0) 0.50/	(-1) -0.66/	(-1) -0.60/(-2) -0.23/
	(0) 0.34*	(0) 0.67	(0) 1.38	(0) -0.70/(0) 0.82
FIN	(0) 1.08/	(0) 2.04**/	(-1) 0.66/	(0) 0.28/(-1) -0.25**/
	(0) 0.42*	(0) -0.12	(-1) 0.75*	(-1) 0.51*/(-1) 0.90***
FR	(0) 0.30**/	(-1) 0.17**/	(0) 0.38***/	(-1) 0.19**/(0) -0.13/
	(0) -0.17	(0) 0.80***	(-1) 0.08	(0) 0.55*/(-1) 0.17
GR	n.v.	n.v.	n.v.	n.v.
IR	(-2) -0.19/	(-2) -0.20/	(-2) -0.32/	(-1) 0.08/(-1) -0.06/
	(-1) -0.12	(-1) 0.63*	(0) 1.20	(-1) 0.51/(-1) 0.36
IT	(-1) 0.17**/	(-1) 0.22***/	(-1) 0.34***/	(-1) 0.26***/
	(-1) -0.14*	(0) 0.54*	(0) -0.91***	(-1) -0.15*/(-1) -0.37/
				(0) -0.50*
NL	(-1) 0.13/	(-1) 0.22***/	(0) 0.27/	(-1) 0.20**/(0) -0.17/
	(-2) -0.10	(-2) 0.23	(-2) -0.49	(-1) 0.30/(-1) 0.09
PO	(-1) -0.00/	(0) 0.05/	(0) 0.20*/	(-2) 0.05/(-1) -0.31***/
	(-1) -0.14	(-1) 0.24	(-2) 0.39**	(-1) 0.29**/(-2) 0.21**
UK	(0) 0.70**/	(0) 0.87***/	(0) 0.76**/	(0) 0.70**/(-1) -0.14/
	(-1) -0.09	(0) 0.09	(-1) 0.34	(-1) 0.49/(-1) 0.21)

Anmerkungen: Vgl. Tab. 6.

Die Tabelle 6 faßt die Ergebnisse in bezug auf die Arbeitslosenrate in vier Spalten zusammen. Die ersten drei Spalten enthalten die Resultate der TSLS-Schätzungen mit nur jeweils einem der drei potentiellen Schock-'Absorber' (dem realen effektiven Wechselkurs, der Fiskalpolitik und der Geldpolitik). Die letzte Spalte gibt die Ergebnisse der TSLS-Schätzungen für den Fall einer gleichzeitigen Einbeziehung aller drei Schock-'Absorber' wieder. Die signifikanten Koeffizienten werden durch Fettdruck hervorgehoben. Der Koeffizient der Exportschocks wird in jeder Zelle als Erstes angegeben, gefolgt von den Koeffizienten der Politikvariablen. Bereits aus einer ersten Inspektion der Ergebnistabelle geht hervor, daß das TSLS-Verfahren nicht zu mehr Fällen eines signifikanten Effektes externer Schocks führt. In den ersten drei Spalten und für α=0,05 lassen sich diesbezüglich insgesamt *nur vier Fälle* (einschließlich Deutschlands, Tab. 4b) aus einer Gesamtheit von 34 Kombinationen aus Instrumenten und Ländern (Beobachtungen für Griechenland sind zweimal nicht verfügbar) identifizieren. In der letzten Spalte, die hervorgehoben werden sollte, da sie eine Interaktion aller drei potentieller Schock-'Absorber' gestattet, behalten *nur zwei* Länder (α = 0,01) einen signifikanten Koeffizienten für die Exportschocks: Belgien und Großbritannien (und nahe an der Signifikanz Westdeutschland, Tab. 4d). Für genau diese Länder konnte zuvor schon in den einfachen OLS-Regressionen (Tab. 1) der stärkste Effekt identifiziert werden. Die Überraschung unter den Ergebnissen war jedoch *Finnland*, für das die TSLS-Ergebnisse die auf der Basis der OLS-Prozedur gefundene Korrelation zwischen Exportschocks und der Arbeitslosenrate nicht bestätigen. Dieses Resultat legt nahe, daß die hier explizit berücksichtigten Politikvariablen den finnischen Arbeitsmarkt in der Vergangenheit *nicht stabilisierten.*

Die Tabelle 7 faßt die für die Beschäftigung in der verarbeitenden Industrie erzielten Ergebnisse in derselben Weise wie zuvor schon für die Arbeitslosenrate in Tabelle 6 zusammen. In jedem Tabellenfeld wird zuerst der Koeffizient der Exportschocks angeführt. Wie erwartet, kommt es zu mehr signifikanten Zugängen als in Tabelle 6. Die folgenden Ausführungen konzentrieren sich unmittelbar auf die letzte Spalte der Tab. 7, welche die TSLS-Resultate unter Verwendung *aller drei* Politikinstrumente aufführt. Zu den oben erwähnten zwei Ländern mit signifikanten Effekten auf die Arbeitslosenrate sind nun *weitere vier* hinzu zu addieren. Das TSLS-Verfahren scheint dem einfachen OLS-Verfahren überlegen zu sein, insofern als nun keine Fälle von Koeffizienten mit nicht theoriekonformen Koeffizienten mehr auftreten, während in den OLS-Regressionen von diesen noch einige vorhanden waren. Überraschenderweise fällt Finnland auch diesmal nicht unter diejenigen EU-Volkswirtschaften, in denen Exportschocks in der Vergangenheit den Arbeitsmarkt signifikant beeinflußten. Die Variabilität der Politikinstrumente selbst scheint für Finnland trotz seiner lange währenden Abhängigkeit von einem einzigen Industriezweig wichtiger als die Exportschocks zu sein.

Experimente mit anderen Instrumenten für das 'government deficit', wie zum Beispiel mit der Variablen 'government receipts excluding social security contributions', führen zwar zu ähnlichen Resultaten, aber zu einem kürzeren Stützzeitraum. Aus diesem Grund werden diese Ergebnisse hier nicht tabelliert. Auffallend ist aber auch hierbei, daß unterschiedliche Exportdefinitionen zu einem *ähnlichen Ergebnismuster* führen. Theoretisch ließe sich ein Abschnitt 'Robustheit V' anschließen. In diesem könnten die geleisteten Arbeitsstunden pro Beschäftigtem als geeignetere Bezugsgröße Verwendung finden. Derartige Tests wurden ergänzend für Deutschland durchgeführt. Die Ergebnisse werden jedoch aus Platzgründen nicht angeführt.[32]

5.5 Interpretation der Ergebnisse

Die in diesem Kapitel bisher erzielten Ergebnisse legen nahe, daß es schwierig ist, das Ausmaß des Einflusses der in der OCA-Literatur betrachteten *Standardschocks*, d.h. der Exportschocks, auf die Entwicklung der Arbeitslosigkeit in Europa quantitativ exakt zu identifizieren. Darüber hinaus deuten die Ergebnisse an, daß eine endgültige Fixierung der Wechselkurse in dieser Hinsicht ceteris paribus wahrscheinlich *keinen wesentlichen Unterschied* im Vergleich zur Situation der EU-Arbeitsmärkte vor der EWU bedeutet.[33] Aber ließe sich nicht argumentieren, daß *andere* Arten von Schocks existieren, die aus empirischer Sicht *bedeutsamer für die Arbeitslosigkeit* sind und *besser durch flexible Wechselkurse gemanagt* werden könnten? Schocks der Investitionen sind ein offensichtlicher Kandidat hierfür, betrachtet man zum einen die hohe Variabilität dieser Komponente der aggregierten Nachfrage[34] und zum anderen die weit verbreitete Ansicht, daß sie eine bedeutende Determinante des Konjunkturzyklus darstellt. Vor diesem Hintergrund wird die einfache OLS-Methodologie auch auf diese Kons-

---

32 Die Verwendung dieses neuen Arbeitsmarkt-Indikators führt zu dem Resultat, daß Exportnachfrageschocks auf die Arbeitsstunden pro Beschäftigten stärker als auf die Beschäftigung in der verarbeitenden Industrie durchschlagen (aber nur wenig auf die von der OCA-Theorie betonte Arbeitslosigkeit). Dieses Ergebnis ist mit den Modellvorstellungen des Kapitels 6 kompatibel. Vgl. hierfür vor allem die Abschnitte 6.3 und 6.7.

33 Vgl. ähnlich auch Gros, Thygesen (1998), S. 275.

34 Bedeutende asymmetrische Nachfrageschocks, die wie die deutsche Vereinigung 'once in a life-time' auftreten, könnten ebenfalls eine Wechselkursanpassung verlangen. Für eine kritische Sicht dieser Hypothese vgl. die empirische Studien zur 92/93er EWS-Krise in Kapitel 2 sowie Belke (1998). Die folgende Analyse wird auf 'normale' Schocks beschränkt, deren Verteilung auf der Basis vergangener Daten geschätzt werden kann.

tellation angewendet, um herauszufinden, ob das Ausmaß der Investitionen eine wichtige Determinante der Arbeitslosigkeit darstellt. Die Ergebnisse sind allein schon deshalb interessant, da sie sich so stark von denjenigen für die Exportschocks unterscheiden.

Die Tabelle 8 faßt die Ergebnisse einfacher nach demselben Muster wie oben durchgeführter OLS-Regressionen zusammen. Die Wachstumsrate der Investitionen ('gross fixed capital formation in constant prices') wird dabei neben den signifikanten Ausprägungen der verzögerten Änderungen der Arbeitslosenrate als erklärende Variable verwendet. Der Gegensatz zu Tabelle 1a, welche die Resultate für Exportschocks darstellt, wird deutlich. Für *alle* hier betrachteten 12 EU-Volkswirtschaften *hat die Wachstumsrate der Investitionen einen Einfluß auf die Arbeitslosigkeit*, der in den meisten Fällen sogar auf dem 1 %-Niveau signifikant ist. Analoge Ergebnisse sind auch für die Beschäftigung in der verarbeitenden Industrie zu verzeichnen. Da Investitionen notorisch schwierig vorherzusagen sind, können die tatsächlichen Wachstumsraten der Investitionen als Äquivalente zu Schocks angesehen werden. Folglich bestätigen die hier durchgeführten ergänzenden Regressionen, daß *Investitionen* eine *bedeutende* Determinante des Konjunkturzyklus darstellen.

Tab. 8 - *Zusammenfassung der Ergebnisse für Änderungen der (Unter-) Beschäftigung als einer Funktion des Investitionswachstums (OLS)*

Land	Jährliche Änderung der Arbeitslosenrate	Jährliche Änderung der Beschäftigung in der verarbeitenden Industrie
BE	(0) -0.069***	(0) 0.445***
DK	(0) -0.044***	(0) 0.191***
ES	(0) -0.116*** (-1) 0.056*	(0) 0.350***
FIN	(0) -0.10***	(0) 0.14***
FR	(0) -0.070***	(0) 0.238***
GR	n.v.	n.v.
IR	(0) -0.043***	(0) 0.153*** (-1) 0.110**
IT	(0) -0.057***	(0) 0.205***
NL	(0) -0.072***	(0) 0.176***
PO	(0) -0.020**	(0) 0.121**
UK	(0) -0.0791***	(0) 0.238**
WD	(0) -0.076***	(0) 0.278***

Anmerkungen: Datenquelle: Europäische Kommission. Die Tabelle faßt die Resultate aus Regressionen auf der Basis von Jahresdaten zusammen (1960-1996); */**/*** zeigt Signifikanz für α=0,1/0,05/0,01 an. Zusätzliche länderspezifische Dummies werden, wenn nötig, berücksichtigt. Tabelliert werden die Koeffizientenschätzer des Investitionseinflusses; Lagordnung der Änderungen der Investitionen in Klammern. n.v.: nicht verfügbar.

Bedeutet ein deutlich identifizierbarer Einfluß von Investitionsnachfrageschocks auf die Arbeitslosigkeit, daß sich der Wechselkurs in der Vergangenheit letztlich doch als nützlich erwies? Hat es der Wechselkurs den nationalen Zentralbanken in der Vergangenheit gestattet, diese Schocks durch eine angemessene Zins- und/oder Wechselkursreaktion zu stabilisieren? Mit anderen Worten: Könnte die EWU zu realwirtschaftlichen Kosten führen, da sie es den Mitgliedsländern nicht erlaubt, mit einer nationalen Geldpolitik auf idiosynkratische heimische Investitionsschocks zu reagieren? Im folgenden wird argumentiert, daß diese Schlußfolgerung gleich aus zwei Gründen -einem theoretischen und einem empirischen- nicht zulässig ist. Dabei wird mit dem letzteren begonnen. Weiter oben wurde empirisch bestätigt gefunden, daß der Wechselkurs offensichtlich kein potenter Faktor bei der Erklärung der Entwicklung der Arbeitslosigkeit ist, zumindest falls er in Zusammenhang mit Exportschocks betrachtet wird. Darüber hinaus -und dies erscheint im Rahmen der Themenstellung noch wichtiger- führte der Einschluß der Wechselkurse und der Zinssätze in die Regressionen nicht zu einer Modifikation des zuvor erzielten Ergebnisses, daß Exportnachfrageschocks keine wichtige und leicht zu schätzende Determinante der Arbeitslosigkeit darstellen. In bezug auf die Investitionsschocks kommt es -wie im folgenden gezeigt wird- zu analogen Ergebnissen.

Außer der Tatsache, daß Wechselkurse sich wiederum nicht als eine signifikante Determinante der Arbeitslosigkeit herausstellen, scheint die Berücksichtigung dieser geldpolitischen Instrumente auch das zuvor erzielte Ergebnis unberührt zu lassen, daß Investitionen eine bedeutende Determinante der Arbeitslosigkeit sind. Die Evidenz ist sogar noch *prononcierter als in bezug auf Exportschocks*. Die Tabellen 9a und 9b decken auf, daß für die überwältigende Mehrheit der Länder die Signifikanz der Investitionen auf demselben hohen Niveau bleiben wie ohne die Implementierung realer effektiver Wechselkurse. In drei Fällen steigt sie sogar an, in nur einem marginalen Fall -nämlich Dänemark- sinkt sie von einem auf fünf Prozent (wenn man den realen Wechselkurs relativ zu 21 Industrieländern definiert). Man könnte jedoch einwenden, daß wenigstens die Regressionen, welche die Änderungen der Investitionen *und* den Zins-Spread beinhalten, möglicherweise unter einem 'simultaneous equation bias' leiden. Aus diesem Grund werden diese OLS-Ergebnisse hier nicht dargestellt.[35] Der reale effektive Wechselkurs wird wiederum auf der Basis der Lohnstückkosten relativ zum Rest der 14 EU-Länder definiert. Schätzungen, welche die relativ zu 21 Industrieländern definierte Alternative verwenden, führen -gemäß ergänzenden Untersuchungen- zu denselben Ergebnissen.

[35] Die betreffenden TSLS-Regressionen sind auf Anfrage erhältlich.

Tab. 9a - *Änderung der Arbeitslosenrate als eine Funktion ihrer eigenen Vergangenheit, der Änderung der Investitionen und der Änderung des realen effektiven Wechselkurses (OLS)*

Land	Änderung der Arbeitslosenrate (Lags)	Änderung der Investitionen (Lags)	Änderung des realen effektiven Wechsel-kurses (Lags)
BE	(-1)***	(0) -0.07*** (→)	(-1) -0.02
DK	(-1)**	(0) -0.05*** (→)	(0) 0.02
ES	(-1)*** (-2)*	(0) -0.11*** (→)	(0) -0.02
FIN	(-1)** (-2)**	(0) -0.11*** (↑)	(0) -0.06***
FR	(-1)	(0) -0.07*** (→)	(0) 0.02*
GR	n.v.	n.v.	n.v.
IR	(-1)***	(0) -0.04*** (→)	(-1) 0.02
IT	(-1)**	(0) -0.05*** (→)	(0) -0.03*
NL	(-1)***	(0) -0.07*** (→)	(-1) -0.01
PO	(-1)***	(0) -0.02** (→)	(-2) 0.02**
UK	(-1)***	(0) -0.10*** (→)	(-1) 0.04***
WD	(-1)*** (-2)***	(0) -0.07*** (→)	(-2) -0.02**

Anmerkungen: Die Tabelle faßt die Ergebnisse aus Regressionen auf der Basis von Jahresdaten zusammen (1960-1996); */**/*** zeigt Signifikanz für α=0,1/0,05/0,01 an. ↑ (↓) bedeutet, daß der Koeffizient signifikanter (weniger signifikant) als in der Gleichung ohne den realen effektiven Wechselkurs wird. Zusätzliche länderspezifische Dummies werden, falls nötig, mit berücksichtigt. n.v.: nicht verfügbar.

Tab. 9b – *Änderung der Beschäftigung in der verarbeitenden Industrie als eine Funktion ihrer eigenen Vergangenheit, der Änderung der Investitionen und der Änderung des realen effektiven Wechselkurses (OLS)*

Land	Änderung der Beschäftigung in der verarbeitenden Industrie (Lags)	Änderung der Investitionen (Lags)	Änderung des realen effektiven Wechselkurses (Lags)
BE	(-1)***	(0) 0.20*** (→)	(-1) -0.08
DK	(-1)	(0) 0.20*** (→)	(-1) -0.04
ES		(0) 0.29*** (→)	(0) 0.19
FIN	(-1)***	(0) 0.18*** (↑)	(-1) -0.22***
FR	(-1)***	(0) 0.22*** (→)	(0) -0.07*
GR	n.v.	n.v.	n.v.
IR	(-1)	(0) 0.13*** (-1) 0.12*** (↑)	(-1) -0.12
IT	(-1)***	(0) 0.20*** (→)	(-1) -0.11*
NL	(-1)***	(0) 0.19*** (→)	(0) -0.08
PO	(-1)**	(0) 0.14*** (↑)	(-1) -0.14***
UK	(-1)***	(0) 0.24** (→)	(-1) -0.13
WD	(-1)*** (-2)***	(0) 0.26*** (→)	(-1) -0.09**

Anmerkungen: Die Tabelle faßt die Ergebnisse aus Regressionen auf der Basis von Jahresdaten zusammen (1960-1996); */**/*** zeigt Signifikanz für α=0,1/0,05/0,01 an. ↑ (↓) bedeutet, daß der Koeffizient signifikanter (weniger signifikant) als in der Gleichung ohne den realen effektiven Wechselkurs wird. Zusätzliche länderspezifische Dummies werden, falls nötig, mit berücksichtigt. n.v.: nicht verfügbar.

Neben diesen empirischen Fakten läßt sich jedoch ein theoretisches noch fundamentaleres Argument gegen eine Nutzbarkeit des Wechselkurses zu Zwecken eines 'Demand Management' anführen (vgl. auch Kapitel 2). Zieht man die Verwendung des Wechselkurses für diese Zwecke in Betracht, muß berücksichtigt werden, daß eine Wechselkursänderung die Nachfrage von einem Land zu einem anderen umlenkt und somit in der Regel, zumindest teilweise, einen 'beggar-thy-neighbour'-Effekt aufweist.[36] Um entscheiden zu können, ob es im Interesse 'Europas' liegt, (intra-europäische) Wechselkurse zu verwenden, um heimische Nachfrageschocks zu stabilisieren, muß man diesem Aspekt Rechnung tragen. Das tatsächliche Problem ist somit die optimale Wechselkurspolitik aus der Perspektive der Wohlfahrt *des Systems*. Dieses Problem kann jedoch nicht mit den üblichen Ein-Land-Modellen analysiert werden. Diese beschreiben eine Wechselkursanpassung als Reaktion auf interne Schocks (Nachfrage-, Angebots-, oder andere Schocks). Man muß statt dessen ein *Zwei-Länder-Modell* verwenden (Belke, Gros (1999b)).

Diese Überlegungen lassen sich gut an einem Beispiel verdeutlichen (Belke, Gros (1999b)). Gros, Lane (1994) verwenden ein standardmäßiges Zwei-Länder-Modell mit kurzfristiger Lohnrigidität, um eine optimale Wechselkurspolitik in der Gegenwart von Angebots- und Nachfrageschocks zu analysieren. Sie finden heraus, daß das Pareto-Optimum (das mit dem Nash-Gleichgewicht zusammenfällt) darin besteht, den Wechselkurs als Reaktion auf beide Arten an Schocks flexibel zu lassen. Dies gilt jedoch nur, wenn es sich um *ausländische* Schocks handelt. Dieses Resultat impliziert, daß asymmetrische Schocks der heimischen Nachfrage oder des heimischen Angebots, falls zwei Länder dieselbe ökonomische Struktur aufweisen (so daß Schocks des relativen Preises der von ihnen produzierten Güter unwahrscheinlich sind), keinen Grund darstellen, Wechselkurse flexibel zu gestalten. Verschiedene Modelle mögen zu leicht unterschiedlichen Resultaten führen; die grundlegende Einsicht erweist sich jedoch als robust gegenüber Änderungen des jeweils verwendeten spezifischen Modells. Aus der Perspektive des gesamten Systems besteht keine Notwendigkeit zur Verwendung von Wechselkursen, um den Einfluß lokaler Nachfrageschocks umzuverteilen, falls Länder ähnliche und/oder leicht substitutierbare Güter produzieren und konsumieren.[37]

Dieses Argument, daß sich die Effekte von Wechselkursänderungen auf die Nachfrage auf globaler Ebene wechselseitig aufheben, läßt sich jedoch *nicht* auf Schocks anwenden, die den *Außenhandel direkt* betreffen. Falls eine

---

36 Vgl. auch Gros (1996), S. 17, ders. (1996a), S. 12, und Abschnitt 2.6. Eine ähnliche Aussage läßt sich nach Gros, Thygesen (1998), S. 277, in bezug auf den Einfluß des Wechselkurses auf den Inflationsdruck treffen. Eine Aufwertung der DM nach der deutschen Wiedervereinigung (vgl. Kapitel 2) könnte mutatis mutandis einen Teil des deutschen vereinigungsbedingten Inflationsproblems mittel- bis langfristig in das europäische Ausland exportiert haben.

37 Vgl. ähnlich auch Belke, Gros (1999b).

Verlagerung der Nachfrage von einem Land auf das andere stattfindet, wird eine Wechselkursanpassung aus der Sicht der *beiden* beteiligten Volkswirtschaften nötig. Folglich sind -wie in diesem Kapitel durchgehend betont- Fluktuationen der Exporte die Hauptquelle von Schocks, die berücksichtigt werden müssen, um die Bedeutung der Wechselkursflexibilität aus globaler Perspektive einschätzen zu können. Andere in dieser Hinsicht legitime Quellen von Schocks sind *externe Schocks* wie eine plötzliche Ölpreisänderung, die aufgrund von Unterschieden in der relativen Bedeutung der Energie länderspezifische Effekte erzeugen können.[38]

Man könnte sich andererseits eine Volkswirtschaft vorstellen, die von einer plötzlichen Verringerung der *Binnen*nachfrage betroffen wird, da sich die 'animal spirits', welche die Investitionen treiben, zurückhaltend geben oder private Haushalte plötzlich mehr sparen. Eine Abwertung der heimischen Währung würde die Nachfrage zugunsten heimischer Güter verschieben und die Exporte erhöhen. Hierdurch würde die Arbeitslosigkeit verringert, die andernfalls die Folge des Rückgangs der Binnennachfrage gewesen wäre. Der 'Ertrag' des vom Schock getroffenen Landes an zusätzlicher Nachfrage würde jedoch auf Kosten der 'übrigen Welt' erzielt. Die abwertende Volkswirtschaft würde ihr Arbeitslosigkeitsproblem lediglich exportieren. Aus globaler Perspektive bzw. aus der Sicht der Länder des EWU-Raums wäre aber nicht viel durch flexible Wechselkurse gewonnen (Belke, Gros (1999b), Belke, Gros (1998)).

Aber woher stammen die makrökonomischen Schocks in der Realität? Es ist wahrscheinlich, daß *die Wirtschaftspolitik selbst* eine wichtige Quelle hierfür darstellt (Belke (1999b), Belke, Gros (1998), S. 277, Bergman (1995) und Gros (1996a), S. 23). Politikschocks, d.h. Änderungen der Fiskal-, Lohn- oder anderer Politiken, beeinflussen die gesamtwirtschaftliche Nachfrage und somit auch den Wechselkurs. Dies konnte am Beispiel des US-Dollars in den achtziger Jahren beobachtet werden. Trotzdem sind Politikschocks nicht unvermeidbar und, wie oben bereits argumentiert wurde, ist nicht immer evident, daß in diesem Fall eine Wechselkursanpassung aus globaler Perspektive eine wünschbare Konsequenz darstellt.[39]

Es fällt hingegen schwer, sich gesamtwirtschaftliche Schocks vorzustellen, die durch plötzliche *Änderungen der Technologie oder der Präferenzen*

---

[38] Vgl. Belke, Gros (1998), Giavazzi, Giovannini (1987), Gros (1996), S. 16, und Gros, Thygesen (1998), S. 276 f.

[39] Vgl. auch Kapitel 4.2.2. der vorliegenden Arbeit, Belke, Gros (1999b) und Belke, Gros (1998), S. 278.

(Beispielsweise der Übergang von Mikro- zu Personal-Computern) ausgelöst werden. Während es derartige plötzliche Änderungen auf sektoraler Ebene geben mag, zeigt die Erfahrung, daß sich diese fundamentalen Bestimmungsgrößen der Volkswirtschaft auf aggregiertem Niveau tendenziell nur *langsam* ändern. Dies sollte Löhnen und Preisen genug Zeit geben, sich anzupassen, um ein Gleichgewicht zu erreichen. Zum Beispiel nahmen der Anstieg der Bedeutung der Automobilindustrie oder der Bedeutungsrückgang der Eisenbahnen Jahrzehnte in Anspruch. Diese säkularen Änderungen verursachten sicherlich große Anpassungsprobleme. Jedoch verliert das Argument, daß Anpassungen des realen Wechselkurses schneller durch Änderungen des nominalen Wechselkurses erreicht werden können, seine Aussagekraft in bezug auf Trends, die sich erst über ein Jahrzehnt oder mehr auswirken (Belke, Gros (1999b) und Gros (1996), S. 19).

5.6 Schlußfolgerungen und Implikationen für die EWU-Debatte

Das Hauptmotiv für die in diesem Kapitel dargestellten umfangreichen und bisher in dieser Weise nicht durchgeführten empirischen Untersuchungen bestand darin, die Größe des Einflusses externer Schocks auf die Arbeitslosigkeit in der EU zu identifizieren. Dieses hätte ein erster Schritt in die Richtung einer Schätzung der realwirtschaftlichen Kosten der EWU für EU-Arbeitsmärkte sein können. Eine entsprechende Identifikation gelang jedoch *nicht*.

Das Hauptresultat dieses Kapitels ist folglich ein *negatives* Ergebnis, nämlich daß keine robuste und statistisch signifikante Verbindung zwischen der Höhe der gesamtwirtschaftlichen Arbeitslosigkeit und externen Schocks aufgedeckt werden konnte. Für verschiedene Länder werden unterschiedliche Resultate ermittelt, die hin und wieder durch geringere Änderungen der Definition externer Schocks (z.B. das Wachstum realer Exporte statt dem Beitrag der Exporte zum Wachstum der gesamtwirtschaftlichen Nachfrage) beeinflußt wurden. Die Berücksichtigung möglicher Schock-'Absorber' wie Wechselkursbewegungen, die Fiskalpolitik und die Geldpolitik beeinflußten dieses Resultat nicht. Ein etwas *anderes* Bild ergab sich in bezug auf die *Beschäftigung in der verarbeitenden Industrie*. Hier kam sich eine viel *ausgeprägtere* Verbindung zwischen der Arbeitsmarkt-Variablen und den Exportschocks zum Vorschein, sowohl was die Größe der Koeffizienten als auch was das Signifikanzniveau anging. Aus den TSLS-Schätzungen ergab sich, daß externe Schocks nur für zwei der 12 betrachteten EU-Länder einen statistisch signifikanten Einfluß auf die Arbeitslosigkeit haben, während sie für 6 Länder einen signifikanten Einfluß auf die Beschäftigung in der verarbeitenden Industrie aufweisen.

Berücksichtigt man, daß ein Großteil des Außenhandels auf Gütern der verarbeitenden Industrie basiert, ist es nicht überraschend, daß eine relativ ausgeprägtere Beziehung zwischen den Exporten und der Beschäftigung im verarbeitenden Gewerbe aufgedeckt wurde.[40] Angesichts des beschränkten Gewichts der verarbeitenden Industrie im Rahmen der gesamtwirtschaftlichen Beschäftigung (üblicherweise in der EU etwa 25%) ist es ebenfalls nicht allzu überraschend, daß sich die teilweise identifizierte Beziehung zwischen Exportschocks und der Beschäftigung in der verarbeitenden Industrie nicht in einer signifikanten Beziehung zwischen Exporten und der gesamtwirtschaftlichen Arbeitslosenrate niederschlug. Die Tatsache, daß sich für Westdeutschland im Rahmen der verschiedenen empirischen Tests oft ein statistisch signifikantes Ergebnis für die Arbeitslosigkeit ergibt, ist konsistent mit dem außergewöhnlich hohen Anteil der westdeutschen Beschäftigung in der verarbeitenden Industrie an der gesamten Beschäftigung.

Der *Schlüssel* zur Interpretation dieses negativen Resultates für die EU-Arbeitslosenraten liegt in dem *Kontrast zu den empirischen Ergebnissen* in bezug auf die Verbindung zwischen der (Unter-) Beschäftigung und *Investitionsschocks*. Diesbezüglich konnte sowohl für die Arbeitslosenrate als auch für die Beschäftigung eine statistisch signifikante Beziehung nicht abgelehnt werden, die robust und über verschiedene EU-Länder hinweg konsistent ist. Dieser signifikante Unterschied zischen den Ergebnissen legt sofort nahe, daß Hysteresis-Effekte (Belke, Göcke (1998a), Carlin, Soskice (1990)) nicht der alleinige Grund für die Abwesenheit einer Korrelation zwischen Exportschocks und der (Unter-) Beschäftigung sein können. Falls Rigiditäten Anpassungen auf Arbeitsmärkten verhindern bis Schocks sehr groß werden, und falls alle stattfindenden Anpassungen irreversibel sind, sollte dies auch denselben Effekt auf diejenigen Schätzungen haben, welche die Investitionen betreffen. Aber dies ist offensichtlich nicht der Fall.

Die negativen Ergebnisse dieses Kapitels in bezug auf Exportschocks sind angesichts der Art und Weise, in welcher der OCA-Ansatz in der Literatur und in der öffentlichen Debatte um die EWU verwendet wurde, *von beson-*

---

40 Sogar in diesem Fall sind die Ergebnisse jedoch im allgemeinen *nicht hinreichend*, selbst um eine vorsichtige Schätzung der Kosten der EWU für diesen Sektor anzustellen, da das Vorzeichen der Korrelationskoeffizienten oft genau das Gegenteil des aus theoretischen Gründen erwarteten ist.

derer Bedeutung. Das Hauptargument gegen die EWU ist schon immer gewesen, daß sie es den beteiligten Volkswirtschaften nicht erlaube, sich durch Wechselkursänderungen an *externe* Schocks anzupassen. Dies setzt voraus, daß es im Euroraum tatsächliche externe Schocks gibt, auf welche die Wechselkurse systematisch reagieren müßten, um Arbeitslosigkeit zu vermeiden. In diesem Kapitel wurde aber gezeigt, daß die Daten der vergangenen dreißig Jahre in Europa *nicht* auf eine starke Verbindung zwischen *externen* Schocks und der Arbeitslosigkeit hindeuten. Daher kann argumentiert werden, daß die EWU aus dieser Sicht nur sehr *unwahrscheinlich* zu den ernsthaften *zusätzlichen* Arbeitslosigkeitsproblemen führen wird, die im Vorfeld der EWU so häufig mit dem Argument asymmetrischer Schocks vorhergesagt wurden. Zumal auch nur geringe empirische Evidenz dafür besteht, daß Wechselkurse kurzfristig systematisch auf externe Schocks reagieren. Dies impliziert, daß Wechselkursbewegungen die realwirtschaftlichen Auswirkungen asymmetrischer Nachfrageschocks möglicherweise noch verstärken, statt sie im Sinne des OCA-Ansatzes zu stabilisieren.[41]

Die *OCA-Kriterien* sollten im Zusammenhang mit der EWU *nicht überbetont* werden. Denn die zentrale These dieses Ansatzes, daß Schocks des Außenhandels zu gravierenden Beschäftigungsproblemen führen, konnte im Rahmen dieses Kapitels empirisch nicht bestätigt werden. Darüber hinaus zeigen gemäß Kapitel 2 auch die Erfahrungen mit den 1992/93 stattfindenden massiven Wechselkursbewegungen, daß der Wechselkurs kein potentes Instrument darstellt, makroökonomische Ungleichgewichte systematisch zu korrigieren (vgl. auch Gros (1996a), S. 28). Bezüglich dieser überraschenderweise recht eindeutigen Schlußfolgerungen verbleiben jedoch noch vier mögliche Einwände.

Erstens können Exportschocks möglicherweise nur deshalb auf der Basis von Regressionen unter Verwendung von Jahresdaten als weniger bedeutsam oder sogar als insignifikant geschätzt werden, da sie *sofort* (d.h. innerhalb eines kürzeren Zeitraums als einem Jahr) durch Anpassungen auf Arbeitsmärkten neutralisiert werden. Jedoch führen Schätzungen von Gros (1996) auf der Basis von Quartalsdaten zu einem noch eindeutigeren Ergebnis; in nahezu keinem Fall läßt sich ein Einfluß externer Schocks auf die Arbeitslosigkeit aufdecken.

Zweitens führt die geringe Frequenz der in diesem Kapitel verwendeten Daten zu einer relativ kleinen Zahl an Freiheitsgraden in den Schätzungen.

---

[41] Vgl. hierzu ausführlich das Folgekapitel.

Dies bedeutet, daß eine Richtung zukünftiger Forschung, außer ergänzenden Schätzungen mit Quartalsdaten, auf gepoolten Daten verschiedener EU-Länder basieren könnte. Eine weitere mögliche Verbesserung könnte in der Verwendung von SUR-Regressionen liegen. Die 'Seemingly Unrelated Regression'-Methode wird ursprünglich auf ein System angewendet, in dem jede Gleichung eine endogene Variable auf der Linkhandseite und ausschließlich exogene Variablen auf der Rechthandseite aufweist. Wie im Fall der Standardregression wird angenommen, daß die Störvariablen mit den exogenen Variablen unkorreliert sind. Jede Gleichung eines derartigen Systems könnte prinzipiell, Gleichung für Gleichung, durch eine OLS-Regression wie in den Tabellen 1a, 1b, 2a und 2b geschätzt werden. Die Störvariable in der Regressionsgleichung für *ein* bestimmtes Land könnte jedoch mit dem Residuum einer Gleichung für ein *anderes* Land *korreliert* sein, wie beispielsweise im Fall asymmetrischer Schocks realwirtschaftlicher Variablen. In diesem Fall könnte der SURE-Schätzer vergleichsweise effizienter sein, da er die gesamte Matrix von Korrelationen zwischen sämtlichen Gleichungen explizit berücksichtigt. Darüber hinaus schafft die Gegenwart verzögerter abhängiger Variablen kein Problem (obwohl die SUR-Methode nicht stochastische Regressoren annimmt), falls die Residuen in jeder Gleichung die klassischen Annahmen erfüllen (Abschnitt 6.6.3.). Die Resultate in bezug auf Investitionsschocks zeigen deutlich (selbst wenn man einmal von den von Gros (1996) auf der Basis von Quartalsdaten erzielten 'negativen' Resultate absieht), daß die relativ geringe Zahl an Beobachtungen kein Problem darstellen sollte, falls externe Schocks wirklich so wichtig wären wie interne Schocks.

Ein drittes Gegenargument gegen die in diesem Kapitel erzielten Ergebnisse könnte sein, daß bedeutende Schocks in dem hier verwendeten Stützzeitraum und Ländersample *seltene Ereignisse* gewesen sind. Die *Variabilität* in der historischen Zeitreihe der Exportschocks ist möglicherweise zu gering, um einen statistisch signifikanten Einfluß auf die (Unter-) Beschäftigung identifizieren zu können, obwohl letzterer tatsächlich existiert. Träfe dies zu, benötigten EU-Länder *von Zeit zu Zeit* Bewegungen der Wechselkurse, um große und seltene Schocks stabilisieren zu können. Hierdurch würden in der EWU zusätzliche Kosten höherer Arbeitslosigkeit impliziert. Es ist jedoch von Natur aus unmöglich, dieses Argument auf der Basis der verfügbaren Daten empirisch zu falsifizieren oder zu bestätigen. Es wird deshalb im folgenden nicht weiter verfolgt.

Viertens sollte man möglicherweise gemäß der Lucas-Kritik die empirischen Resultate in bezug auf die Exportschocks nicht auf die EWU extrapolieren

(Belke (1999b), Belke, Gros (1998), S. 278, Belke, Vollmer (1995), Lucas (1976) und Viñals, Jimeno (1997)). Es läßt sich jedoch argumentieren, daß die EWU die industrielle Struktur Europas in der kurzen Frist zunächst unverändert läßt. Es gibt nur wenig Grund zu der Vermutung, daß sich die Variabilität idiosynkratischer Schocks auf Exporte auch in den nächsten fünf bis zehn Jahren substantiell ändern wird. Aus diesem Grund sind die hier erzielten Resultate einer Abwesenheit einer deutlichen Verbindung zwischen Exportschocks und der Arbeitslosigkeit für eine Evaluierung der wahrscheinlichen realwirtschaftlichen Kosten der EWU relevant (Belke, Gros (1999b)).

6 Der Einfluß der Wechselkursunsicherheit auf EU-Arbeitsmärkte

Ein wichtiges Zwischenergebnis der empirischen Studien aus Kapitel 2 und 5 war, daß die *Aufgabe des nominalen Wechselkurses* im Rahmen der EWU als ein Anpassungsinstrument an externe Schocks *nicht zu gravierenden Implikationen für EU-Arbeitsmärkte* führen sollte. *In dieser (partiellen) Hinsicht* sind die makroökonomischen Kosten einer unwiderruflichen Fixierung der Wechselkurse -unabhängig von der Relevanz anderer beispielsweise in Kapitel 4 ausführlich kommentierter Gefahren der EWU für die Beschäftigung in der EU- eher gering.[1] Angeregt durch die relativ robusten und konsistenten Zwischenergebnisse wird in diesem Kapitel über die bisherige (defensive) Problemstellung hinausgegangen und eher offensiv gefragt, ob die Fixierung innereuropäischer Wechselkurse in der EWU durch die Eliminierung kurzfristiger Wechselkursvolatilität sogar einen *realwirtschaftlichen Nutzen* auf EU-Arbeitsmärkten stiftet.[2] Dabei wird die bisher implizite Annahme aufgegeben, die Alternative zur EWU sei eine *ideale* Welt, in der Wechselkurse auf asymmetrische Schocks rechtzeitig und in der gewünschten Weise reagieren. Statt dessen wird die *Realität* als Alternative zur EWU berücksichtigt, in welcher der tatsächliche Grad an kurzfristiger Wechselkursvariabilität -zumindest für Volkswirtschaften, die in der Vergangenheit

---

1 Für Gefahrenpotentiale der EWU in bezug auf die Beschäftigung in Kontinentaleuropa vgl. *ausführlich* und mit *verschiedenen* Stoßrichtungen die eigenen Arbeiten des Verfassers und die dort verwendete Literatur: Belke (1992, 1992a), Belke, Kösters, Kruth (1992), Belke (1996a, 1996c, 1996d, 1996g), Belke (1997b, 1997c, 1997d, 1997e), Belke (1998, 1998a, 1998b, 1998c) und Belke, Kösters (1998, 1998a, 1998b, 1998c).

2 Hefeker (1999) und Viñals (1996) liefern eine weitere Motivation für dieses Kapitel. Insofern als im folgenden potentielle *Nutzen* der EWU analysiert werden, füllt dieses Kapitel eine weitere *Lücke* in der Literatur. Denn die Literatur zur EWU, insbesondere diejenige auf der Grundlage des gefeierten Ansatzes der 'Theorie optimaler Währungsräume', legte ihren Fokus fast ausschließlich auf die *Kosten* der EWU.

dem EWS-Kern angehörten- nicht auf beobachtbare Schocks zurückgeführt werden kann.[3]

Die in diesem Kapitel durchgeführten Untersuchungen zum Zusammenhang zwischen dem *zweiten* statistischen Moment der intra-europäischen Wechselkurszeitreihen und den EU-Arbeitsmärkten knüpfen inhaltlich an den im Vorfeld der EWU zu beobachtenden *Widerspruch* zwischen den permanenten Statements seitens der Finanzpresse sowie vieler Unternehmer und Banker zu den beschäftigungsschädlichen Effekten nicht prognostizierbarer Wechselkursschwankungen und der bisherigen weitreichenden Ignoranz dieses Effektes durch die Wissenschaft an. Das Ziel (und das Resultat) dieses zentralen Kapitels wird insbesondere durch die wachsende Zahl an Beiträgen motiviert, welche die Lücke zwischen gängigen Alltagsbeobachtungen und wissenschaftlichen Untersuchungen zu schließen begonnen haben. Es scheint, als ob ein *Konsens* in bezug auf die Relevanz von Änderungen realer effektiver Wechselkurse (des *ersten* statistischen Momentes der Wechselkurszeitreihe) für die Höhe der binnenländischen Investitionstätigkeit (Goldberg (1993), Campa, Goldberg (1995)) als auch für die Höhe der Beschäftigung (Burgess, Knetter (1996), Goldberg, Tracy (1999) und Gourinchas (1998)) in der Entstehung begriffen ist.[4] Leider beschränken sich diese Untersuchungen hauptsächlich auf die U.S.A. Es wird wenig auf andere Länder eingegangen und mit der Ausnahme von Burgess, Knetter (1996) kaum auf einer ländervergleichenden Basis argumentiert. Auch dieser Aspekt läßt theoretische und empirische Untersuchungen, wie sie in diesem Kapitel vorgenommen werden, als um so dringlicher erscheinen.

Die Erwartung mikroökonomischer Effizienzgewinne durch die Reduktion der Wechselkursvariabilität gründet sich im allgemeinen auf die Idee, daß eine geringere Variabilität *den Außenhandel* weniger riskant macht. Aus

---

[3] Dem CentER for Economic Research, Tilburg, Niederlande, sei für die Gastfreundschaft während der Erstellung wesentlicher Teile dieses Kapitels gedankt. Diese entstanden, als der Verfasser von März bis Mai 1997 Gastwissenschaftler am CentER war. Für wertvolle Hinweise sei insbesondere den Teilnehmern an dem 'International Seminar on Macroeconomics' (National Bureau of Economic Research und European Association) 1997 in Gerzensee/Schweiz, am IMF Staff Seminar im August 1998, Washington/DC, am offenen Teil der 'Jahrestagung des Vereins für Socialpolitik', September 1998, in Rostock, und an verschiedenen Forschungsseminaren in Antwerpen, Birmingham, Bonn, Dresden, Essen, Frankfurt, Hagen, Hamburg, Leipzig, Mannheim und München gedankt.

[4] Vgl. Hefeker (1999). Der angeführte Konsens gilt jedoch sicherlich *nicht* in bezug auf das dynamische *Zeitprofil* der realwirtschaftlichen Effekte (J-Kurveneffekte u.ä.). Vgl. Müller, Heinemann (1999).

dieser Sicht sollte eine Stabilisierung der Wechselkurse das Niveau des Außenhandels standardmäßig erhöhen. Diese Idee wird seit einiger Zeit in einer umfangreichen theoretischen und empirischen Literatur verfolgt. Diese analysiert die Effekte der Wechselkursunsicherheit auf den Außenhandel und (hierzu existieren weitaus weniger empirische Studien!) auf die Investitionen. Die Hauptströmungen der auf den Außenhandel bezogenen Literatur werden im Folgeabschnitt skizziert und ihre wichtigsten empirischen Resultate zusammengefaßt. Dies geschieht ausschließlich zur inhaltlichen Vorbereitung einer bisher in der Literatur mit der Ausnahme von Belke, Gros (1997) und Gros (1996, 1996b) bisher *noch nicht durchgeführten* Analyse zu den Auswirkungen der Wechselkursvariabilität (also des *zweiten* statistischen Momentes der Zeitreihe der Wechselkurse) *auf Arbeitsmärkte* und ergänzend -wegen des engen Zusammenhangs mit der Arbeitsmarktentwicklung- auch auf das Ausmaß der binnenländischen Investitionstätigkeit. Denn aus einer Wohlfahrtsperspektive ist das Ausmaß des in den nachfolgend ausgewerteten Studien analysierten Handelsvolumens *per se* irrelevant.

Was für die Wohlfahrtsanalyse auf der Makroebene zählt, ist das Niveau der (unfreiwilligen) Arbeitslosigkeit.[5] Diesbezüglich findet sich bisher in der Literatur jedoch häufig nur die undifferenzierte Annahme, daß eine Fixierung von Wechselkursen im Durchschnitt die Arbeitslosigkeit erhöhe und die Beschäftigung senke, da die Anpassung an Schocks schwieriger werde. Darüber hinaus wird in der Literatur aus den uneinheitlichen Ergebnissen der im folgenden dargestellten Außenhandelsstudien zum Teil ebenso undifferenziert geschlossen, daß eine 'überschüssige' Volatilität intraeuropäischer Wechselkurse *die EU-Arbeitsmärkte erst recht* unbeeinflußt lasse. Beide Annahmen werden im folgenden ausführlich theoretisch und empirisch für EU-Volkswirtschaften analysiert und letztlich *verworfen*. Die in diesem Kapitel erzielten empirischen Ergebnisse, die einen negativen Einfluß der Intra-ERM-Wechselkursvolatilität auf EU-Arbeitsmärkte andeuten, scheinen den Ausgangspunkt für umfangreiche Studien darzustellen.[6] Beispielsweise können erste Untersuchungen der in Abschnitt 6.6. erzielten Ergebnisse durch das Zentrum für Europäische Wirtschaftsforschung (ZEW Mannheim, Müller, Buscher (1999)) diese trotz verschiedener Robustheitstests und Erweiterungen nicht ablehnen. Nach Ansicht von Hefeker (1999) dürfte diese recht eindeutige Evidenz für volkswirtschaftlich orientierte Ökonomen mög-

---

5 Vgl. Gros, Thygesen (1998), S. 281, und Abschnitt 5.5.

6 Der Begriff 'ERM' bezieht sich auf den Europäischen Wechselkursmechanismus ('European exchange-rate mechanism').

licherweise wegen der bisher fehlenden Modellierungstechnik für eine Aggregation der Effekte auf der Makroebene (Kapitel 8) eher neu sein, betriebswirtschaftliche Ökonomen hingegen tendenziell weniger überraschen.[7]

6.1 Entwurf der Untersuchung: Welche Anhaltspunkte bietet die Literatur zum Einfluß der Wechselkursunsicherheit auf den Außenhandel?

Da bisher kaum theoretische und empirische Literatur zu den Auswirkungen der Wechselkursunsicherheit auf Arbeitsmärkte existiert, muß sich die in diesem Kapitel durchgeführte Studie zwangsläufig an den verfügbaren Studien zu den Effekten der *Wechselkursunsicherheit* auf den *Außenhandel*, die *Investitionen* und den *Output* orientieren.[8] Diese sollen im folgenden kurz dargestellt werden, da Teilelemente dieser drei Bereiche im weiteren Verlauf dieses Kapitels immer wieder benötigt werden und eine zentrale Rolle spielen.

Zur Erklärung empirisch identifizierbarer realwirtschaftlicher Effekte von häufig nur allgemein definierter Unsicherheit existiert bereits eine reichhaltige Literatur. Hinsichtlich der Transmission lassen sich dabei ein Output-, ein Investitions- und ein Exportkanal unterscheiden und potentiell für eine Erklärung der Transmission der Effekte von Wechselkursunsicherheit nutzen (Aizenman, Marion (1996), Baldwin (1991), Belke, Gros (1997), S. 12 f., Kulatilaka, Kogut (1996), Mascaro, Meltzer (1983), Ramey, Ramey (1995)). Daß allgemein definierte Unsicherheit Investitionen und Exporte reduziert, wurde bereits in zahlreichen Modellen theoretisch gezeigt. Den einfachsten Varianten zufolge erhöht die Einführung von Unsicherheit, die nicht durch geeignete Kurssicherungsgeschäfte abgesichert werden kann, die Variabilität der Gewinne und läßt Exporteure und vor allem Investoren eine höhere Diskontrate anwenden. Jedoch wird überwiegend angenommen, daß heute der größte Teil des Wechselkursrisikos durch Kurssicherungsgeschäfte abgesichert werden kann. Allerdings ist es aus der Sicht der in diesem Kapitel und der Kapitel 7 und 8 verwendeten Realoptionsmodelle interessant, bereits an dieser Stelle anzumerken, daß für die meisten Währungen der im Rahmen der empirischen Studien dieses Kapitels betrachteten intra-europäischen Wechselkurse bis vor einigen Jahren zwar Terminmärkte, nicht aber Options-

---

7 Vgl. hierfür beispielsweise das Korreferat von Hefeker (1999) zu dem Beitrag von Belke, Gros (1999).

8 Für einen frühen Überblick über letztere vgl. IMF (1984), S. 6 und 23 ff.

märkte existierten (Edison, Melvin (1990), S. 20, IMF (1984), S. 8, Mann (1989), S. 602, Shapiro (1989), Stokman (1995), S. 43).[9]

Dixit (1989) führt ein anderes, vom Kurssicherungsaspekt unabhängiges Motiv an, warum Unsicherheit die Höhe von Investitionen beeinträchtigen kann. Falls Investitionen einen 'sunk-cost'-Charakter tragen, besteht ein starker Anreiz zu warten, bis die Unsicherheit aufgelöst ist. In dem Ausmaß, wie Produktionsstrukturen nicht flexibel genug sind und hohe Entlassungskosten für Arbeitnehmer existieren, lassen sich dieselben Argumente auch *auf die Produktionstätigkeit* anwenden (Belke, Gros (1997), Bernanke (1983), Kutalitaka, Kogut (1996), Pindyck (1991)). Da Intra-EU-Exporteure bereits über ausgebaute Distributionsnetze in EU-Ländern verfügen und kurzfristig tendenziell keine 'sunk costs' bei der Exportentscheidung berücksichtigen, schlägt sich die höhere Diskontrate kurzfristig vor allem in einer Verringerung der Investitionen und nicht in einer Rückführung der Exporte nieder. Die längerfristigen Einflüsse der Wechselkursvariabilität auf die Exportentwicklung werden jedoch von anderen Faktoren (technischer Fortschritt u.a.) überlagert. Sie sind, wie die wenig signifikanten Ergebnisse für den Zusammenhang zwischen Wechselkursvariabilität und Außenhandel in Abschnitt 6.1.2.2. deutlich zeigen werden, entsprechend schwer empirisch zu identifizieren. Die später in diesem Kapitel erzielten Resultate legen nahe, daß vor allem der *Investitionskanal* und -allerdings nur mit Abstrichen- der *Outputkanal* für die Transmission der Wechselkursvariabilität potentiell relevant sind. Die identifizierten Effekte der Wechselkursvariabilität auf die Investitionen, aber auch auf die Änderung des Wachstums der industriellen Produktion, entsprechen dem Vorzeichen nach den Prognosen der vorstehend skizzierten Modelle.

Im Rahmen dieses Kapitels wird durchgehend argumentiert, daß sich diese Überlegungen prinzipiell auch auf den Zusammenhang zwischen der Wechselkursunsicherheit und Arbeitsmärkten übertragen lassen. In bezug auf die Arbeitslosenrate und die Beschäftigung im verarbeitenden Gewerbe liegt die einfache Erklärung nahe, daß angesichts der in der EU durchweg hohen Entlassungskosten von Arbeitnehmern (und anderer institutioneller Merkmale europäischer Arbeitsmärkte) die Entscheidung, eine Erwerbsperson einzustellen, für die Unternehmen einer Investitionsentscheidung mit 'sunk costs' gleichkommt. Müssen die Unternehmen zusätzlich das Auftreten von Wechselkursunsicherheit berücksichtigen, so können sie kein deterministisches

---

9 Diesen Hinweis verdankt der Verfasser Daniel Gros. Für Einwände vgl. Stokman (1995), S. 45.

Barwertkalkül über die Rentabilität einer zusätzlichen Einstellung mehr durchführen. Darüber hinaus bietet 'Okun's law' -der Zusammenhang zwischen Outputwachstum und Arbeitslosigkeit- einen Ansatzpunkt für eine indirekte Beziehung zwischen der Wechselkursvariabilität und der Beschäftigung. Denn Investitionen haben einen direkten Einfluß auf das Outputwachstum.[10] Außerdem finden Ramey, Ramey (1995) empirisch, daß Unsicherheit -in Gestalt höherer Outputvariabilität- das Outputwachstum abschwächt.[11] Schließlich weisen Andersen, Sørensen (1988) auf einen zusätzlichen Transmissionskanal hin, der den Lohnbildungsprozeß ins Zentrum rückt ('wage formation channel'). Sie zeigen, daß ein Anstieg der Wechselkursvariabilität in offenen Volkswirtschaften mit starken Gewerkschaften zu einer Erhöhung realer Produktlöhne und niedriger Beschäftigung führt. Auch über diesen Transmissionskanal läßt sich theoretisch eine Beziehung zwischen der Wechselkursvariabilität und der Beschäftigung etablieren.

Zwar tendieren auch Unternehmen bedeutender Wirtschaftssektoren im EU-Raum zu einem 'Pricing-to-Market', wodurch sich eine gewisse *Anpassungsträgheit* der Beschäftigung und der Arbeitslosigkeit in bezug auf Änderungen der Wechselkurse einstellt. In dieselbe Richtung weisen neuere empirische Ergebnisse, daß die Variabilität, die im monetären Sektor unterdrückt wird, nicht unbedingt auf den realwirtschaftlichen Sektor 'umgeleitet' wird (Brunello (1990), Burgess, Knetter (1996), Clark, Faruqee (1997), Rose (1995), Flood, Rose (1995)). Dieses Argument einer unterschiedlichen statistischen Variation der realwirtschaftlichen Reihen und der stark schwankenden Reihe der Wechselkursvariabilität spricht jedoch nur vordergründig gegen die in diesem Kapitel verfolgte Argumentation. Erhöht sich nämlich durch Wechselkursvariabilität die Unsicherheit der Erträge, investieren Unternehmen weniger. Der Wachstumspfad und in der Folge auch die Arbeitsmärkte werden dauerhaft beeinträchtigt. Die Argumentation läßt sich daher umkehren: gerade *weil 'sluggishness' existiert* (u.a. 'Pricing-to-Market' und Arbeitsmarktrigiditäten), hat die Wechselkursvariabilität selbst bei nur temporären Schwankungen wegen der Relevanz von 'turnover costs' mögli-

---

[10] Die im Rahmen dieses Kapitels vorgelegten signifikanten Resultate für den Einfluß der intra-europäischen Wechselkursvariabilität auf die industrielle Produktion in EU-Volkswirtschaften könnte somit auf zweifache Weise erklärt werden. In dem Ausmaß, wie auch die Fertigung ('production lines') nicht flexibel ist, mag einfach zusätzlich auch ein Produktionskanal existieren. Vgl. auch Bernanke (1983), Kutalitaka, Kogut (1996) und Pindyck (1991). Eine andere Interpretation wäre, daß die industrielle Produktion genau den Einfluß der Wechselkursvariabilität auf die Investitionsnachfrage reflektiert.

[11] Diesen Hinweis verdanke ich Rolf Dumke, Ifo-Institut München.

cherweise permanente negative Beschäftigungseffekte. Daß die unterdrückte Variabilität der Wechselkurse nach Rose (1995) und Flood, Rose (1995) *nicht* im realwirtschaftlichen Sektor *zusätzlich* auftritt, ist somit im Gegenteil ein partielles, zusätzliches Argument für die EWU. Darüber hinaus verweist derartige Evidenz darauf, daß die *Exogenitäts*hypothese in bezug auf den realwirtschaftlichen Sektor für einen bedeutenden Teil der Wechselkursvariabilität *realistisch* ist (Belke (1997c)).

Ökonomen scheinen jedoch trotz der erläuterten Zusammenhänge überwiegend davon überzeugt zu sein, daß der *Außenhandel* der *offensichtlichste Transmissionskanal* sei, über den Wechselkursschwankungen den realwirtschaftlichen Sektor, einschließlich des Arbeitsmarktes, beeinflussen (Belke (1997c), S. 395). Umgekehrt wirken Produktions-, Beschäftigungs- und Investitionsentscheidungen auf die Handelsströme ein. Um diese vorab einleuchtend erscheinende Hypothese detailliert zu überprüfen, wird im folgenden so vorgegangen, daß zunächst die empirische Literatur zum Zusammenhang zwischen der Wechselkursunsicherheit und dem *Außenhandel* ausgewertet wird. Ein weiterer Grund hierfür ist praktischer Natur; in der Literatur finden sich deutlich weniger empirische Studien zu den Effekten der Wechselkursunsicherheit auf die binnenländischen Investitionen und die industrielle Produktion (Darby u.a. (1998), Li, Seabra (1994), S. 2 f.).[12]

Es soll in diesem Abschnitt unter anderem zu folgenden Punkten, die für die folgenden eigenen empirischen Untersuchungen zum Einfluß der Wechsel-

---

12 Bailey, Tavlas (1988), S. 432, bemerken ganz analog: " ... we have found very little systematic published or unpublished discussion of this effect". Auf S. 440 schlußfolgern sie: "The issue is empirical and must eventually be resolved by testing the various claims against the data". Goldberg (1993) untersucht den Einfluß der Wechselkursvolatilität, nicht aber des 'Misalignment' auf Investitionsentscheidungen. Weitere empirische Studien auf diesem Gebiet sind Aizenman, Marion (1996), Bell, Campa (1997) Huizinga (1994) Li, Seabra (1994) und Welfens, Jungmittag (1997). Schwierigkeiten bestehen darin, in Schätzgleichungen die Signifikanz selbst der offensichtlichsten Größen in Investitionsgleichungen zu erreichen. Vgl. Bailey, Tavlas (1988), S. 440, und Baldwin (1991), S. 27.
Im Rahmen der vorliegenden Arbeit wird von der Möglichkeit und dem Anreiz von Unternehmen *abstrahiert*, in Zeiten hoher nominaler Wechselkursvariabilität ihren Kapitalstock *durch Direktinvestitionen* in ausländische Volkswirtschaften international zu diversifizieren. Diese Diversifikation entspricht kurzfristig möglicherweise einem Arbeitsplatzexport. Langfristig sind die Beschäftigungseffekte weniger eindeutig. Es kann per saldo sogar zu einem Anstieg der Investitionen in einer Volkswirtschaft kommen. Vgl. Bailey, Tavlas (1988), S. 432, Bell, Campa (1997), S. 81, Huizinga (1994), S. 212, und Welfens, Jungmittag (1997), S. 350 ff. Müller, Heinemann (1999) finden einen negativen Einfluß der kurzfristigen, wie in den Abschnitten 6.5 und 6.6 operationalisierten, Wechselkursvolatilität auf die internationale Mobilität von Kapital.

kursunsicherheit auf EU-Arbeitsmärkte relevant sind, mehr Klarheit gewonnen werden: a) Für welche Volkswirtschaften besteht Evidenz für einen außenhandelsbetonten Transmissionskanal der Wechselkursunsicherheit auf Arbeitsmärkte, d.h. für einen signifikanten Einfluß dieser Unsicherheit auf den Außenhandel?, b) Durch welches Maß wird die Wechselkursunsicherheit geeigneterweise approximiert?, c) Welche statistischen bzw. ökonometrischen Verfahren erweisen sich hierbei als adäquat? und d) Welche Spezifikation der Schätzgleichung stellt sich als empirisch haltbar heraus: eine Gleichung, die auf einen *direkten* Einfluß der Unsicherheits-Proxy auf den Außenhandel abstellt, oder eine Formulierung, die den Einfluß der Proxy auf die *Beziehung* zwischen dem Außenhandel und seiner Erklärenden erfaßt? Die jeweiligen Ergebnisse werden dann, nach Maßgabe ihrer Übertragbarkeit, in den folgenden Abschnitten für die empirische Untersuchung des Zusammenhangs zwischen der Wechselkursunsicherheit und den EU-Arbeitsmärkten verwendet.

Empirische Studien über das Verhalten von Wechselkurszeitreihen haben in der Vergangenheit immer mehr Ökonomen davon überzeugt, daß Wechselkursänderungen von Unternehmen, die in Außenhandelsaktivitäten involviert sind, größtenteils nicht prognostiziert werden können. Je höher die Variabilität von Wechselkursen ausfällt, desto größeren nicht antizipierten Wertänderungen der Fremdwährungen sehen sich diese Akteure ausgesetzt. Dieser Anstieg der Unsicherheit verursacht annahmegemäß *geringere* Außenhandelsvolumina. Falls dem Außenhandel von risikoaversen Unternehmen ein größeres Wechselkursrisiko zugeordnet wird, wird auf der Basis der Mehrzahl der einschlägigen Modelle unter von de Grauwe (1988) konkretisierten Bedingungen erwartet, daß die Preise international gehandelter Güter tendenziell steigen und die Menge der gehandelten Güter tendenziell fällt. Unternehmen reduzieren ihre Import/Export-Aktivität und realloziieren ihre Produktion in heimische Märkte (Akhtar, Hilton (1984), S. 16 f., de Grauwe (1997), S. 54 ff., de Grauwe, Skudelny (1997), S. 1 ff., dell'Ariccia (1998), S. 4 und 7 f., Edison, Melvin (1990), S. 20 f., Sekkat (1998), S. 7).

Empirische Evidenz für den handelsbeschränkenden Effekt eines höheren Wechselkursrisikos -in der Gestalt von 'überschüssiger' Volatilität' und von längerfristig von ihrem Gleichgewichtsniveau abweichenden Wechselkursen- wird in der Literatur oft als Evidenz *gegen die Vorteilhaftigkeit eines Systems flexibler Wechselkurse* interpretiert. Die Befürworter flexibler Wechselkurse hingegen argumentieren gemäß Kapitel 2, daß Wechselkurse mittel- bis langfristig hauptsächlich durch Fundamentaldaten determiniert seien und Veränderungen der Fundamentaldaten ähnliche, aber abruptere Änderungen fixierte Paritäten verlangten. Ein System fixierter Wechselkurse reduziere somit die nicht antizipierte Wechselkursvariabilität nicht. Eine höhere Flexibilität der Wechselkurse erleichtere einen schnellen Zahlungsbilanzausgleich als Reaktion auf asymmetrische Schocks und reduziere die Notwendigkeit von Maßnahmen zur Außenhandelsprotektion und von Kapitalverkehrskontrollen. Die Existenz eines negativen Außenhandelseffekts variabler Wechselkurse hat eine wichtige Rolle in der Debatte um das Europäische Währungssystem (EWS) und die Europäische Währungsunion (EWU) gespielt. Das EWS wurde mit der Maßgabe installiert, die Wechselkursvariabilität zu reduzieren und schwerwiegende 'Misalignments' zwischen europäischen Währungen auszuschließen. Die hiermit verfolgte Absicht war es, den Intra-EU-Außenhandel und die Intra-EU-Investitionen durch eine Verringerung der Wechselkursunsicherheit zu fördern.[13] Bereits in Abschnitt 4.7. der vorliegenden Arbeit wurde jedoch bereits betont, daß sich aus *Partial*aspekten, wie hier z.B. den Implikationen der Wechselkursunsicherheit für den Außenhandel, allein noch *keine hinreichenden* Schlußfolgerungen bezüglich der Überlegenheit eines Wechselkurssystems gegenüber anderen ziehen lassen. Hierzu ist ein *breiterer Analyserahmen* erforderlich, der die Auswirkungen verschiedener Wechselkursregimes auf die gesamtwirtschaftliche Wohlfahrt mit einbezieht. Eine derartige Analyse von Wechselkursregimes aus wohlfahrtstheoretischer Perspektive ist jedoch nicht Gegenstand dieses Abschnittes.[14]

Im folgenden wird in Abschnitt 6.1.1 zunächst kurz auf die stilisierten Fakten der in der Literatur üblichen theoretischen Modellierung des Einflusses der Wechselkursunsicherheit auf den Außenhandel eingegangen. Anschließend werden in Abschnitt 6.1.2 die zahlreichen empirischen Studien hierzu präzise systematisiert und ausgewertet. Dies geschieht streng nach Gesichtspunkten, die für die anschließenden eigenständigen Studien zum Einfluß der Wechselkursunsicherheit auf EU-Arbeitsmärkte von großer Bedeutung sind.

---

[13] Vgl. Akhtar, Hilton (1984), Clark, Faruqee (1997), S. 4 f., Coté (1994), S. 1, Cushman (1983, 1986), dell'Ariccia (1998), S. 4, und Kenen, Rodrik (1986). Auch die Diskussion über einen geeigneten Übergang zur EWU (insbesondere die Idee eines 'two-speed Europe') betraf einen ähnlichen Aspekt. Eine diesbezügliche Befürchtung ist, daß eine EWU, die nicht alle EU-Volkswirtschaften umfaßt, negative Effekte auf die Handelsströme der 'EWU-Outs' haben wird. Ähnlich wie im Falle einer Zollunion könnte die EWU den Außenhandel von den 'EWU-Outs' ablenken.

[14] Vgl. Coté (1994), S. 1, und Fischer (1997), S. 2.

Der weitere Verlauf dieses Kapitels gliedert sich wie folgt. In Abschnitt 6.2 wird die Motivation für eine erstmals durchzuführende gesonderte Analyse der Bedeutung der Wechselkursunsicherheit für EU-Arbeitsmärkte erläutert. Der Abschnitt 6.3 präsentiert ein einfaches Modell von Investitionen (u.a. in die Beschäftigung) unter Unsicherheit. Letzteres beinhaltet einen möglichen Transmissionskanal, welcher einer negativen (positiven) Beziehung zwischen der Unsicherheit und der Beschäftigung (Arbeitslosigkeit) Rechnung tragen könnte. Der Abschnitt 6.4 stellt dem 'Optionswert des Wartens' den 'Wert der Optionsschaffung' gegenüber. Dabei werden Bedingungen abgeleitet, unter denen das in Abschnitt 6.3 formal hergeleitete negative Vorzeichen der betrachteten Beziehungen weiter gültig ist. Der Abschnitt 6.5 befaßt sich mit der empirischen Evidenz der zuvor abgeleiteten Modelle für Westdeutschland. Zu diesem Zweck werden ausführliche empirische Untersuchungen unternommen. In Abschnitt 6.5.1 werden einfache zeitreihenanalytische Kausalitätstests (VARs) in Differenzen der betrachteten Variablen durchgeführt. In Abschnitt 6.5.2 wird die Beziehung zwischen der Intra-ERM-Wechselkursvolatilität und dem deutschen Arbeitsmarkt unter der Berücksichtigung von 'Common Long-Term Trends' und Strukturbrüchen und unter der Verwendung neuerer Kointegrationstechniken empirisch evaluiert.

In dem Abschnitt 6.6 werden umfangreiche empirische Tests des in Abschnitt 6.3 entwickelten Modells für alle 12 EU-Mitglieder (Stand 1994, ohne Luxemburg) vorbereitet, durchgeführt und ausgewertet. Der Abschnitt 6.6.1 erläutert und begründet das im folgenden verwendete Maß der Wechselkursvariabilität vor dem Hintergrund der in Abschnitt 6.1 bereits systematisierten Probleme bei der Auswahl eines geeigneten Indikators der Wechselkursunsicherheit. Der Abschnitt 6.6.2 erörtert die Resultate einfacher zeitreihenanalytischer Kausalitätstests. In Abschnitt 6.6.3 wird kontrolliert, ob diese Resultate robust gegenüber einigen alternativen Erklärungen und gegenüber einer alternativen Schätzprozedur sind. Es wird empirisch getestet, ob die Ergebnisse unter der expliziten Berücksichtigung von Politikinstrumenten (z.B. des Zinssatzes) und von zyklischen Variablen (z.B. des BIP-Wachstums), die ebenfalls einen Einfluß auf die Variabilität von Wechselkursen haben können, bestehen bleiben. Der Abschnitt 6.7 beinhaltet einige Schlußfolgerungen aus den zuvor in Kapitel 6 erzielten Ergebnissen. Er befaßt sich auch mit den Implikationen der Resultate für die Debatte um die Funktionsfähigkeit der EWU.

6.1.1 Theorie

Das Hauptargument, warum die Wechselkursvariabilität den Außenhandel direkt beeinflussen sollte, lautet gemäß der Grundmodelle zum Einfluß der Wechselkursunsicherheit auf den Außenhandel: risikoaverse Akteure reduzieren ihre Aktivität in Bereichen wie dem Außenhandel und außenhandelsorientierten Investitionen, falls das Risiko in der Gestalt der Variabilität des Ertrags aus dieser Aktivität ansteigt. Beispielsweise führt Clark (1973) ein Modell des Verhaltens unter Unsicherheit eines nicht diversifizierten exportierenden Unternehmens bei vollständigem Wettbewerb ein. Baron (1976) erweitert diese Analyse auf den Fall einer oligopolistischen Marktstruktur. Hooper, Kohlhagen (1978) schließlich betrachten beide Seiten des Marktes, die Importnachfrage und das für eine monopolistische Marktstruktur modellierte Exportangebot. In ihrem Modell sind exportierende und importierende Unternehmen in bezug auf Schwankungen nominaler Gewinne risikoavers und ordnen der Absicherung gegen das Währungsrisiko Kosten zu. Diese *frühe* theoretische Literatur bezieht sich implizit meistens auf flexible Wechselkurse und unterscheidet nicht immer deutlich zwischen realer und nominaler Wechselkursvariabilität. Denn für frei schwankende Wechselkurse sind nominale und reale Wechselkursbewegungen in der kurzen Frist äquivalent.

Der offensichtlichste Kanal, durch den die nominale Wechselkursvariabilität (unter der in den frühen Studien meistens die kurzfristige Volatilität verstanden wird) den internationalen Handel beeinflussen kann, besteht darin, daß viele internationale Handelskontrakte eine *Zeitverzögerung* zwischen dem Zeitpunkt des Kontraktabschlusses und dem Zeitpunkt, in dem der Exporteur seine Bezahlung erhält, implizieren. Jede Exportaktivität beinhaltet somit aus der Sicht des exportierenden Unternehmens, das seine Rechnungslegung und den überwiegenden Teil der Kosten in heimischer Währung trägt, ein *Wechselkursrisiko*. Der Exporteur kann diesem Risiko prinzipiell entgehen, indem er ausschließlich Kontrakten in heimischer Währung zustimmt. Hierdurch wird jedoch das Risiko lediglich vom Exporteur zum Importeur verschoben.[15] Falls das Risiko vom Importeur (Exporteur) getragen wird, verschiebt sich die Import (Export-) Nachfrage- (Angebots-) Kur-

---

[15] Feenstra, Kendall (1991), S. 5 ff., verweisen jedoch darauf, daß Unternehmen sich nicht auf dem Devisenmarkt absichern können, wenn die Preissetzung in heimischer Währung erfolgt, da die Importnachfrage unsicher sei ('random fluctuations'). Auch dies spricht für den Tenor dieses Kapitels (Abschnitt 6.5.1.2.).

ve nach unten (oben) und der gleichgewichtige Außenhandelspreis wird verringert (erhöht). Die reduzierte Form des Modells zeigt eine deutliche *negative Beziehung zwischen der Wechselkursvariabilität und dem Außenhandelsvolumen.* Der einzige Weg, das Wechselkursrisiko für beide Parteien zu eliminieren, besteht in der Nutzung von Termin- oder 'future'-Märkten. Die Absicherung gegen zukünftige Wechselkursschwankungen ist dabei allerdings mit Kosten für das betrachtete Unternehmen verbunden. Die Risikoabsicherung verursacht um so mehr Kosten und erweist sich um so schwieriger, je länger der Zeitraum zwischen dem Kontraktabschluß und dem Zeitpunkt, in dem der Exporteur seine Bezahlung erhält, ausfällt. Dieser Aspekt ist in diesem Kapitel von besonderer Bedeutung, da Investitionen in die Beschäftigung unter den gegenwärtigen Arbeitsmarktinstitutionen in der EU einen längeren Zeithorizont aufweisen (Feenstra, Kendall (1991), Coté (1994), S. 12, Edison, Melvin (1990), S. 20, Europäische Kommission (1990), S. 72 f., Frenkel, Goldstein (1989), Sekkat (1998), S. 6, Stokman (1995), S. 42, Viaene, de Vries (1992)).[16]

Die Verfügbarkeit von Termin- und/oder 'Future'-Märkten hat sich im Gefolge der Einführung flexibler Wechselkurse nach Bretton Woods sicherlich stark erhöht. Es ist mittlerweile prinzipiell *möglich*, das zwischen den bedeutenderen Währungen bestehende kurzfristige *Wechselkursrisiko abzusichern.* Die Kosten für die einfachsten Geschäfte, z.B. für einen einfachen Terminkontrakt, belaufen sich auf Beträge in der Höhe von Kursspannen im Verhältnis zu Kassatransaktionen. Sie sind somit relativ preiswert.[17] In den meisten Fällen jedoch ist ein einfacher *Terminkontrakt* oft *nicht ausreichend*, das gesamte Wechselkursrisiko abzudecken. Zum Beispiel besteht für ein Unternehmen, welches sich an einer internationalen Ausschreibung für ein bedeutendes Investitionsprojekt beteiligt hat, Unsicherheit darüber, ob es den Auftrag tatsächlich erhält. Um ein Angebot in fremder Währung machen zu können, muß es eine Fremdwährungs*option* kaufen, die im Ver-

---

[16] Für einen ausführlichen Überblick über die oben skizzierten Grundmodelle vgl. Coté (1994), S. 3 ff., und Fischer (1997), S. 3 ff. Für eine ausführliche Würdigung des 'Hedging'-Argumentes vgl. Abschnitt 6.5.1.2. Akhtar, Hilton (1984) bemerken hierzu: "To the extent that it is possible to hedge that uncertainty ... , hedging costs will be added to other costs of production and distribution. This will lead to higher prices for traded goods for either buyers and sellers and, consequently, to a reduced volume of trade".

[17] Vgl. bereits Akhtar, Hilton (1984), S. 10 ff. Trotzdem stellen dell'Ariccia (1998), S. 8, und die Europäische Kommission (1990) fest, daß nur ein kleiner, jedoch ansteigender Teil des internationalen Handels durch 'Hedging'-Aktivitäten abgedeckt wird.

gleich zu einem einfachen Termingeschäft wesentlich höhere Transaktionskosten verursacht.[18]

Falls also stark variable Wechselkurse das Risiko des Außenhandels erhöhen, kann eine höhere Wechselkursvariabilität das Außenhandelsvolumen gemäß den vorstehenden Ausführungen *direkt* beeinträchtigen. Eine Betonung dieser direkten Effekte kann jedoch zu schwerwiegenden Fehlspezifikationen der zu testenden Hypothesen führen, falls *indirekte* Effekte der Variabilität auf den Außenhandel wie beispielsweise über außenhandelsgerichtete Investitionen (vgl. ausführlich Abschnitt 6.2.) oder längerfristige 'Misalignment'-Effekte auf die Beziehung zwischen dem Außenhandel und den erklärenden Variablen eine bedeutendere Rolle spielen. Darüber hinaus ist zu beachten, daß die vorstehend skizzierten einfachen Modelle den Einfluß der Wechselkursunsicherheit unter *sehr restriktiven* Annahmen untersuchen. Die kritische Würdigung dieser Modelle in der Literatur führte zur Ableitung komplexerer Modelle mit realitätsnäheren Annahmen, die auch portfolio- und optionstheoretische Aspekte beinhalten.

Dabei werden einige Annahmen der einfachen Grundmodelle als *kritisch* für das Ergebnis eines *negativen* Einflusses der Wechselkursunsicherheit auf den Außenhandel angesehen. Es sind dies a) die Annahme der Unmöglichkeit und/oder Kostenträchtigkeit einer perfekten Strategie zur Absicherung des Wechselkursrisikos, b) die Annahme der Risikoaversion des betrachteten Unternehmens, c) die Nichtberücksichtigung der sich aus Wechselkursschwankungen ergebenden Gewinnchancen und d) die Annahme, daß die Wechselkursvariabilität die einzige Quelle der Unsicherheit für das Unternehmen darstellt. Andere möglicherweise kompensierend wirkende Risiken werden nicht berücksichtigt. Hieraus abgeleitete neuere Ansätze verdeutlichen die Existenz von Konstellationen, unter denen die Wechselkursunsicherheit *keine* oder sogar *positive* Einflüsse auf den Außenhandel aufweist (Coté (1994), S. 5 ff., Fischer (1997), S. 11 ff.).[19]

Während sich eine leichte Mehrheit der Ökonomen über das theoretisch *negative Vorzeichen* des Effektes der (wie auch immer gemessenen) Wechsel-

---

[18] Eine Option ist in der Regel vergleichsweise teurer, da sich die Bank über den Ausübungszeitpunkt der Option unsicher ist. Vgl. Europäische Kommission (1990), S. 72, Shapiro (1989) und Stokman (1995), S. 42. Vgl. auch Gros, Thygesen (1998), S. 280.

[19] Zu Punkt a) vgl. Fischer (1997), S. 18 ff., Viaene, de Vries (1992) und Abschnitt 6.5.1.2., zu Punkt b) vgl. de Grauwe (1988), zu Punkt c) vgl. de Grauwe (1997), S. 54 ff., Franke (1991), Gros (1987), Sercu, Vanhulle (1992) und zu Punkt d) vgl. Cushman (1983, 1986), Makin (1978) und Willett (1986).

kursunsicherheit auf Handelsströme einig zu sein scheint (spiegelbildlich findet die Mehrzahl der Studien einen negativen oder gar keinen Effekt), hängt dessen *Größe* generell stark von den jeweils getroffenen *Annahmen* über die Risikoneigung der beteiligten Akteure sowie über das Ausmaß der Deckung des Risikos durch 'Future'-Märkte ab. Falls das Wechselkursrisiko abgesichert oder zumindest in effiziente Finanzmärkte 'eingepreist' werden könnte, wäre ein Anstieg der Wechselkursvariabilität neutral in bezug auf realwirtschaftliche Größen. In einigen Modellvarianten entfaltet eine höhere Volatilität dann sogar -insbesondere bei Konvexität der Gewinnfunktion- positive realwirtschaftliche Effekte.[20] Eine grobe Schlußfolgerung bereits an dieser Stelle bestünde darin, daß die wachsende Ausdifferenzierung internationaler Finanzmärkte den Einfluß der Wechselkursvariabilität auf realwirtschaftliche Größen schrittweise verringern und letztlich eliminieren wird (Baron (1976), de Grauwe (1988), de Grauwe, Skudelny (1997), S. 2, Feenstra, Kendall (1991), Frenkel, Goldstein (1989), Gros (1987), Sekkat (1998), S. 7).

Die vorliegende Arbeit zeigt jedoch zum einen Einflußkanäle für Wirkungen der Wechselkursvariabilität auf, die vollständig *unabhängig vom Grad der 'sophistication' der Absicherungsmöglichkeiten* für Währungsrisiken sind (Edison, Melvin (1990), S. 27, Mann (1989), S. 612, Pozo (1992), S. 328, Viaene, de Vries (1992)). Zum anderen wird hier argumentiert, daß eine Absicherung des Wechselkursrisikos für einen Zeithorizont, der für Investitionen in die Beschäftigung relevant ist, prinzipiell nicht vollständig erfolgen kann. Eine genauere Analyse der theoretischen Modelle verdeutlicht, daß die abgeleiteten Modellergebnisse *stark* von der jeweils sehr unterschiedlich erfolgenden *Wahl und genaueren Spezifikation der Annahmen* abhängig sind. Angesichts der uneindeutigen theoretischen Ergebnisse wird die angemessene Evaluierung der mit der Wechselkursvariabilität assoziierten Kosten für den Güterhandel bzw. die Verifizierung oder Falsifizierung der theoretischen Ansätze eindeutig zu einer *empirischen Frage*. Eine Lösung dieser Frage ist wegen des weitgehenden 'Ausfalls' der Theorie zur Generierung wertvoller Informationen sowohl für das 'asset-management' und Investitionsstrategien in Unternehmen als auch für die Ableitung von

---

[20] Beispielsweise lockert de Grauwe (1988) die von Hooper, Kohlhagen (1978) getroffene Annahme einer konstanten absoluten Risikoaversion. Er zeigt, daß für diesen Fall die Effekte eines Anstiegs der Wechselkursunsicherheit weniger eindeutig ausfallen. Vgl. auch Caballero, Corbo (1989) und de Grauwe, Skudelny (1997). Für einen detaillierten Überblick über die relevanten Modellstrukturen vgl. Fischer (1997), S. 12 ff.

Politikoptionen zur Reduktion der Volatilität im Unternehmensumfeld bedeutsam.[21]

6.1.2 Empirische Studien

Vor dem gerade skizzierten Hintergrund der inkonklusiven und inkompatiblen Resultate der theoretischen Modelle erscheint es nicht allzu überraschend, daß zahlreiche Studien versuchen, die Effekte der Wechselkursvariabilität auf den Außenhandel empirisch zu quantifizieren. In diesem Abschnitt werden die Schlußfolgerungen der frühen Übersichtsartikel und der 'Klassiker' auf diesem Gebiet zusammengefaßt. Gleichzeitig wird die ab 1988 erschienene Literatur im notwendigen Detail ausgewertet. Eine derartige Auswertung stellt den Ausgangspunkt für die weitere theoretische Modellierung der Effekte der Wechselkursvolatilität auf Arbeitsmärkte dar (läßt sich der Außenhandel als ein möglicher Transmissionskanal bestätigen?). Sie erweist sich auch als Referenzpunkt für die Modellierung des Maßes der Wechselkursunsicherheit in den empirischen Teilen der vorliegenden Arbeit als sinnvoll. In einem ersten Schritt werden nun wichtige Aspekte in bezug auf die Definition und Messung des Wechselkursrisikos diskutiert.

6.1.2.1 Messung des Risikos

Wenn man versucht, den Effekt der Wechselkursvariabilität auf den Außenhandel zu quantifizieren, lautet eine der wichtigsten methodologischen Fragen: Was ist die geeignetste Proxyvariable für die Unsicherheit und die Anpassungskosten, mit denen außenhandelsorientierte Unternehmen aufgrund von Wechselkursänderungen konfrontiert werden? Es existiert offensichtlich *keine allgemeingültige Antwort* hierauf, da verschiedene Typen der Unsicherheit für verschiedene Arten von Unternehmen (-sentscheidungen) oder für die gesamte Volkswirtschaft relevant sind (Bini-Smaghi (1991), Coté (1994), S. 13, IMF (1984), Li, Seabra (1994), S. 3). Wichtige Offenheitsgrade bestehen hinsichtlich der Messung des Wechselkurses selbst: bilateral oder effektiv, real oder nominal, und hinsichtlich der Messung des Risikos: kurzfristig versus langfristig, ex ante versus ex post, anhaltende Abweichungen von einem Trend versus Periode-zu-Periode-Bewegungen, Größe und Lage des zeitlichen Fensters. Weitere Offenheitsgrade bestehen bezüg-

[21] Vgl. Asseery, Peel (1991), S. 173 f., Bailey, Tavlas (1988), S. 432, Bélanger u.a. (1992), S. 62, Bell, Campa (1997), S. 79, Caballero, Corbo (1989), S. 263 ff., Coté (1994), S. 13, de Grauwe (1988), de Grauwe, Skudelny (1997), Savvides (1992), S. 446, Edison, Melvin (1990), S. 21, Europäische Kommission (1990), S. 71 ff., Fischer (1997), Frankel, Wei (1993), S. 16 f., und Pozo (1992), S. 325.

lich a) der Frequenz des 'sampling', b) des gewählten (erwarteten) Referenzpfads und c) der Gewichtung der Abweichungen von ihrem Referenzpfad (üblicherweise im Verhältnis zu ihrem Quadrat).[22] Deshalb wird der Approximation des Wechselkursrisikos im Rahmen dieses Kapitels (beachte auch Kapitel 6.6.1.) aus methodologischer Perspektive eine hohe Aufmerksamkeit geschenkt.

Die Wahl zwischen bilateralen und effektiven Wechselkursen hängt zum einen davon ab, ob man die für die gesamte Volkswirtschaft bedeutsame Unsicherheit oder nur die Unsicherheit für individuelle Außenhändler bzw. (wie in diesem Kapitel) für länderspezifische Außenhandelstransaktionen messen will. Zum anderen ist zu berücksichtigen, welchen Diversifikationsgrad die am Außenhandel beteiligten Unternehmen aufweisen. Extrem kurzfristige Fluktuationen nominaler Wechselkurse sind außer für Finanzmarktakteure für Unternehmen relevant, die individuelle Transaktionen tätigen, in denen Kauf- und Verkaufspreise im voraus bekannt sind. Derartige Gütertransaktionen sind jedoch eher die Ausnahme und können möglicherweise zu geringen Kosten 'gehegt' werden. Wenn der Planungshorizont jedoch wie in diesem Kapitel als logische Folge der Betrachtung von Investitionsentscheidungen (im Falle von Investitionen in die Beschäftigung wegen der Existenz von z.B. gesetzlichen Kündigungsfristen) schrittweise erweitert wird, wird der relevante Wechselkurs derjenige zwischen den heimischen Kosten der Produktion und den Auslandspreisen gemessen in heimischer Währung. Es wird deshalb allgemein argumentiert, die *reale* Wechselkursvariabilität sei in diesem Fall die zu präferierende Variable. Setzt sich die Spezifikation dieser Variabilität jedoch aus inhaltlichen Gründen aus Monatsänderungen des Wechselkurses zusammen, so kann wegen der kurzfristig rigiden Löhne und Preise gleichwertig auch die nominale Variabilität Verwendung finden (dell'Ariccia (1998), S. 8, Coté (1994), S. 14).[23]

Falls sich das Engagement des Unternehmens über eine noch längere Zeitperiode erstreckt und eine Folge von Transaktionen nach sich zieht, kompensieren sich kurzfristige Wechselkursfluktuationen möglicherweise selbst und längerfristige Fluktuationen werden für Entscheidungen bedeutsamer. Ähnliches gilt, wenn z.B. die fixen Kosten für Distributionsnetze von innereuro-

---

22 Für ausführliche Diskussionen verschiedener Wechselkursvolatilitätsmaße vgl. Akhtar, Hilton (1984), S. 20 ff., Brodsky (1984), dell'Ariccia (1998), S. 9 ff., Honohan (1983), S. 583 f., IMF (1984), S. 10 f., Kenen, Rodrik (1986), und Lanyi, Suss (1982).

23 Wenn der reale Wechselkurs verwendet wird, muß die Wahl des Preisindex besonders begründet werden. Vgl. Kapitel 9.

päischen Automobilexporteuren in der Vergangenheit bereits geleistet wurden ('sunk costs'). In diesem Fall ist eher die Abweichung des Wechselkurses vom zugrunde liegenden Trend oder vom Gleichgewichtswert die signifikanteste Quelle der Unsicherheit als die Bewegung von einer Periode zur nächsten. Bleaney drückt dies wie folgt aus: "'Misalignment' does not necessarily entail volatility, and although volatility does entail some degree of 'Misalignment', it may not be of sufficient magnitude or duration to be of real concern" (Bleaney (1992), S. 558).[24] Er propagiert daher eher längerfristige Maße der Wechselkursvariabilität, um der Persistenz oder der 'mean-reversion' des Wechselkurses besser Rechnung tragen zu können. Die hier angedeutete Möglichkeit einer funktionalen Abhängigkeit der Volatilität vom 'Misalignment' stellt im Rahmen der vorliegenden Arbeit die Motivation für Robustheitstests des empirisch ermittelten Einflusses der Wechselkursvolatilität auf die EU-Arbeitsmärkte in Abschnitt 6.6.3.1. mittels einer zusätzlichen Berücksichtigung des Niveaus des realen effektiven Wechselkurses dar.

Bereits in diesem Zitat wird deutlich, daß die Debatte um mögliche realwirtschaftliche Kosten flexibler Wechselkurse (die Flexibilität wird im folgenden als Variabilität bezeichnet), besonders im Hinblick auf den Außenhandel, in der Regel entweder die *Volatilität* oder das *'Misalignment'* von Wechselkursen als *zwei Formen der Instabilität* betrifft.[25] Die Volatilität (meistens ist hiermit implizit die 'überschüssige Volatilität' gemeint) bezieht sich traditionell auf kurzfristige Fluktuationen nominaler oder realer Wechselkurse um ihr Gleichgewichtsniveau. Dieses hochfrequenzige Konzept setzt somit *mittelwertstationäre Zeitreihen* voraus (Pagan, Ullah (1988), S. 97).[26] Demgegenüber werden unter 'Misalignment' bedeutende und andauernde Abweichungen des aktuellen realen Wechselkurses von seinem (als existent angenommenen) Gleichgewichtsniveau verstanden (Edison, Melvin (1990), S. 10 f., Marston (1989), S. 157 ff., Sapir, Sekkat (1990), Sekkat

---

24 Für die Möglichkeit einer vollständigen Unabhängigkeit von 'Volatilität' und 'misalignment' vgl. hingegen Li, Seabra (1994), S. 4.

25 Die definitorische Trennung von Volatilität und 'Misalignment' erfolgt in der Tradition vom Williamson (1985). Vgl. auch Bailey, Tavlas (1988), S. 422 f., Bleaney (1992), de Grauwe (1997), S. 58, Gros, Thygesen (1998), S. 119, Li, Seabra (1994), S. 3 f., Marston (1989), S. 152 ff., Sekkat (1995), S. 19 ff., Sapir, Sekkat, Weber (1994), S. 5, und Stokman (1995), S. 45.

26 Nach Marston (1989), S. 152, wird hierdurch die 'day-to-day'- oder die 'month-to-month'-Volatilität erfaßt.

(1998), S. 5 f., Stokman (1995), S. 45).[27] Beispielsweise demonstrieren die Entwicklungen seit 1992 gemäß dem Kapitel 2, daß wenigstens Teile des Trends des realen italienischen Lirakurses ein 'Misalignment' darstellten. Die starken kontinuierlichen Änderungen nach dem Austritt Italiens aus dem EWS 1992 legen dabei nahe, daß sich das 'Misalignment' außerhalb des EWS genau in die andere Richtung entwickelte (dell'Ariccia (1998), S. 7 ff., Gros, Thygesen (1998), S. 122).

In der Literatur ist es *überwiegend die 'Misalignment'-Problematik* (statt der Volatilitäts-Problematik) in der Gestalt von Abweichungen der nominalen Wechselkurse von ihrer Kaufkraftparität, die der Kritik einiger Ökonomen an flexiblen Wechselkursen zugrunde liegt. In einem Umfeld, in dem die Entscheidungen der ökonomischen Akteure über die Zeit korreliert seien (Hysteresis etc.) führe ein 'Misalignment' von Wechselkursen zu einer Unsicherheit, die nicht abgesichert werden könne und die Fähigkeit der Importeure behindere, Wechselkursänderungen in Dollar-Importpreise weiterzugeben. Diese Debatte wurde vor dem Hintergrund starker Schwünge in der trendmäßigen Entwicklung des Dollarkurses in den achtziger Jahren, insbesondere einer ausbleibenden Korrektur des U.S.-Handelsbilanzdefizits trotz der massiven Dollarabwertung in der zweiten Hälfte der achtziger Jahre geführt. Die trendmäßigen Schwankungen des Dollarkurses hätten zunächst zu einer Kontraktion und anschließend zu einer Ausdehnung der U.S.-amerikanischen Exportindustrie geführt. Zur Verdeutlichung der mit dem 'Misalignment' verbundenen negativen realwirtschaftlichen Effekte wurden sowohl statische Modelle (Konzept des "Pricing-to-Market') als auch dynamische Modelle unvollständiger Konkurrenz ('Hysteresis'-Konzept) herangezogen. Die aus den Trendveränderungen der Entwicklung des Dollarkurses resultierenden Aktivitäts-'Shifts' seien in Gestalt verzögerter oder nicht stattfindender realwirtschaftlicher Anpassungsprozesse kostenintensiv gewesen, da Unternehmen (-steile) stillgelegt und anschließend Arbeitnehmer wieder neu ausgebildet werden mußten. Darüber hinaus führten Hysteresiseffekte nur zu einer verzögerten Anpassung der Beschäftigtenzahlen an die Auslandsnachfrage. Schließlich wurde argumentiert, daß der preissenkende Effekt einer Überbewertung tendenziell schwächer ausfalle als der preistreibende Effekt einer Unterbewertung (vgl. Kapitel 2, Belke (1997c), Clark, Faruqee (1997), Gros, Thygesen (1998), S. 119 ff., Sapir, Sekkat (1989), S. 2 f., Sekkat (1998), S. 6 ff.).

---

[27] Nach Marston (1989), S. 152, handelt es sich dabei um typischerweise 3-5 Jahre dauernde Wechselkursbewegungen.

In dieser Arbeit wird der Fokus jedoch auf die *Auswirkungen der Volatilität* statt des 'Misalignment' gerichtet, da ein 'Misalignment' als subjektiveres Konzept und nicht beobachtbare Größe *schwieriger zu messen* und *im Zweifel von Fundamentaldaten abhängig* ist. Ein stabiles Niveau des Wechselkurses ist unter diesen Voraussetzungen nicht immer ein Zeichen für einen Gleichgewichtszustand. Denn im Rahmen von Änderungen der Fundamentaldaten (gemäß Belke (1999) und Belke, Gros (1998) insbesondere der nationalen Wirtschaftspolitiken) können Änderungen des realen Wechselkurses erforderlich werden.[28] Beurteilt man beispielsweise den Stabilisierungserfolg des EWS, die Reduktion der mittelfristigen Änderungen realer Wechselkurse der Kernwährungen, aus dieser Perspektive, würde man den Erfolg gemäß den in Abschnitten 6.1.2 und 6.1.3 ausgewerteten Studien von Zivkov-Perl (1989) und anderen vor allem dem disziplinierenden Effekt des EWS auf die nationalen Wirtschaftspolitiken (relative Geldpolitiken, relatives Einkommenswachstum und Inflationsdifferentiale) zuschreiben. Naheliegender erscheint es aber, daß das EWS alternativ die sogenannte *'überschüssige Volatilität'* -das Ausmaß, um das die Volatilität der Wechselkurse vor der Gründung des EWS größer war als durch die Fundamentaldaten gerechtfertigt- auf das kleinstmögliche Maß eliminiert hat. Im Rahmen des vorliegenden Kapitels wird somit nicht untersucht, ob die langfristige Flexibilität von Wechselkursen zu Zwecken der Stabilisierung von Politikschocks auf der makroökonomischen Ebene nützlich ist. Es wird statt dessen aufgrund der wesentlich sichereren Argumentationsgrundlage gefragt, ob die kurzfristigeWechselkursvariabilität negative Effekte auf EU-Arbeitsmärkten entfaltet (ähnlich auch Müller, Buscher (1999)).

Diese Sichtweise wird beispielsweise durch empirische Untersuchungen von Gros (1989) auf der Basis des 'monetary approach' (Rose (1994)) für zwölf wichtige Wechselkurse gegenüber der DM für die Periode 1973-1984 gestützt. Die Variabilität der DM-Wechselkurse gegenüber Währungen, die nicht am ERM teilnahmen, ist um ein Mehrfaches höher als man aufgrund der Variabilität der relativen Fundamentaldaten erwarten konnte. Hingegen fällt die Variabilität der DM-Wechselkurse gegenüber ERM-Teilnehmern wie Belgien, Frankreich und die Niederlande, (z.B. wegen des nur temporären Charakters der Schocks der Fundamentaldaten) sogar geringer aus als die Variabilität der relativen Fundamentaldaten. Folgt man der Analyse von

---

[28] Wechselkurse sind aus dieser Sicht mittelfristig variabel, weil insbesondere monetäre Fundamentals mittelfristig variabel sind. Vgl. de Grauwe, Verfaille (1988), S. 80, Gros, Thygesen (1998), S. 119 und 122, und Sekkat (1998), S. 6.

Rose (1994) und unterstellt, daß formale Wechselkursarrangements die Wechselkursvariabilität selbst nach einer Kontrolle um die Variabilität der Fundamentaldaten beeinflussen, besteht die Alternative zur EWU wahrscheinlich in einer 'überschüssigen Volatilität' von Wechselkursen (Glick, Wihlborg (1996), S. 125, Gros, Thygesen (1998), S. 122 ff. und 310, Rose (1994)). Die aus der unwiderruflichen Fixierung der Intra-ERM-Wechselkurse resultierenden Benefits für die EU-Arbeitsmärkte werden in diesem Kapitel thematisiert. Eine derartige Untersuchung findet sich in der Literatur bisher nicht. Beide Unterarten der Wechselkursvariabilität schaffen Unsicherheit für ökonomische Akteure, die auf internationalen Märkten agieren. Der jeweilige Typus der Variabilität induziert jedoch eine jeweils unterschiedliche Ausprägung der Unsicherheit und hat einen unterschiedlichen Einfluß auf den Außenhandel (Sekkat (1998), S. 6 f.).

Welche Risikomaße werden nun tatsächlich in der Außenhandels-Literatur verwendet? Die Auswertung der Literatur im Folgeabschnitt wird zeigen, daß die Entscheidung für ein bestimmtes Unsicherheitsmaß zu großen Teilen -im Gegensatz zur hier gewählten Vorgehensweise- *beliebig* getroffen wurde und daß sie "... not influence the results since most measures lead to the same conclusion" (Europäische Kommission (1990), S. 70). Das häufig diskutierte Problem der Auswahl einer geeigneten Proxyvariable für die Wechselkursunsicherheit (vgl. Abschnitt 6.6.1.) wird durch die Schwierigkeit der Spezifikation eines Zeitreihenmaßes des Risikos noch verschärft, da Erwartungen inhärent schwierig zu messen sind. Es wurde in der Literatur bisher auf *zahlreiche Maße* zur Approximation des (nominalen und realen) Wechselkursrisikos zurückgegriffen. Die beiden dabei am häufigsten in der empirischen Literatur auftretenden Risikomaße basieren entweder auf der *Standardabweichung der Niveaus oder der prozentualen Änderungen* des Wechselkurses oder auf der *Differenz zwischen dem aktuellen und dem* (auf der Basis vorhergehender 'forward quotations' ermittelten) *Termin-Wechselkurs*. Erstere werden am häufigsten als 'Moving Sample'-Standardabweichungen vergangener Wechselkurs*änderungen* operationalisiert. Sie haben die Eigenschaft, daß sie im Falle eines Wechselkurses, der einen konstanten Trend aufweist, den Wert Null annehmen. Darüber hinaus verleihen sie extremeren Realisationen der Wechselkursbewegungen ein größeres Gewicht. Dies ist vor allem mit den Modellen konsistent, die risikoaverse Unternehmen unterstellen.[29] Letztere reflektieren die Ansicht, daß Fluktuationen der Wechselkurse solange nicht notwendigerweise mit Risiko synonym sind, wie sie durch Marktteilnehmer und auch in dem Terminkurs antizipiert werden. Diese Operationalisierung hat den Vorteil, daß sie unter Zielzonen oder festen, aber anpassungsfähigen Wechselkursregimes die Gegenwart eines 'Peso-Problems' oder einer mangelnden Glaubwürdigkeit der offiziellen Paritäten erfassen würde (Akhtar, Hilton (1984), S. 20 ff., Cushman (1988), S. 320 f., dell'Ariccia (1998), S. 9, Feenstra, Kendall (1991), S. 14 ff., Glick, Wihlborg (1996), S. 152, Hooper, Kohlhagen (1978), Maskus (1986), IMF (1984), S. 8). Gegen beide Approximationen werden verschiedentlich Einwände erhoben.

Der Terminkurs ist möglicherweise kein unverzerrter Prognosewert für zukünftige Wechselkursbewegungen (Caporale, Doroodian (1994), S. 50, Pozo (1992), S. 326, dies. (1992a), S. 1214). Andere Autoren argumentieren, es existiere eine hohe Korrelation zwischen dem Terminkursaufschlag ('forward spread') und der tatsächlichen Änderung des Wechselkurses. Daher reflektiere dieses Maß eher Änderungen der internationalen Wettbewerbsfähigkeit als ein Währungsrisiko (Akhtar, Hilton (1984), S. 12, Coté (1994), S. 14). Die Verwendung der Standardabweichung (oder Varianz) zur Messung der Wechselkursvolatilität wird ebenfalls kritisiert, da sie annehme, daß die Varianz innerhalb derjenigen Zeitperiode konstant sei, die zur Berechnung der Standardabweichung der Kassakurse verwendet wird, oder da der Wechselkurs eine 'skewed distribution (heavy tails)' aufweise. Letzteres führe zu einer Überbetonung extremer Beobachtungen im Volatilitätsmaß.[30] Ebenfalls scheinen Wechselkurse durch Volatilitätscluster gekennzeichnet zu sein. Aufeinander folgende Änderungen seien nicht unabhängig voneinander.[31] Aus diesen Gründen wurden in der Literatur auch *andere Maße der Wechselkursvolatilität* vorgeschlagen, obwohl die vorstehend genannten Argumente bereits von Brodsky (1984) zu Teilen entkräftet wurden: "... gi-

---

29 Die zugrunde liegende Annahme ist, daß ein konstanter Trend perfekt antizipiert und die Unsicherheit nicht beeinflussen würde. Für Beispiele dieser Modellierung vgl. Akhtar, Hilton (1984), Bailey, Tavlas, Ulan (1987), Brodsky (1984), Chowdhury (1993), Cushman (1983, 1986, 1988), Frankel, Wei (1993), Gotur (1985), Kenen, Rodrik (1986), Klein (1990), Koray, Lastrapes (1989), und Lastrapes, Koray (1990).

30 Dies bedeutet, daß der Wechselkurs einen größeren Anteil stärkerer Änderungen aufweist als ein normalverteiltes Datenset. Vgl. Akhtar, Hilton (1984), S. 33, Brodsky (1984), S. 295 ff., IMF (1984), S. 11, und Pozo (1992), S. 326.

31 Große Änderungen tendieren dabei dazu, großen Änderungen zu folgen, während geringe Änderungen mit geringen nachfolgenden Änderungen korrespondieren. Vgl. beispielsweise Pozo (1992).

ven the assumption of risk aversion, the standard deviation is an entirely consistent measure".

Eine erste Möglichkeit, auf die Nichtnormalität der Verteilung der Zeitreihe der Wechselkursniveaus zu reagieren, besteht darin, wie im vorliegenden Kapitel die Standardabweichung der Veränderungsrate des Wechselkurses anstatt dessen Niveau zu verwenden (Li, Seabra (1994), S. 5). Darüber hinaus verwendet beispielsweise Pozo (1992a) ein GARCH-Modell, um die reale Wechselkursvolatilität über fünf verschiedene Wechselkursregimes während der Periode von 1900 bis 1940 zu vergleichen. Sie schlußfolgert, daß die für Regimes flexibler Wechselkurse ausgewiesene durchschnittlich höhere Volatilität das Resultat einer 'Explosion' der Volatilität zu Beginn der Periode sei. Nach einer anfänglichen 'Explosion' erweise sich das Niveau der Unsicherheit unter beiden Regimes als ähnlich. Die (gängige) Verwendung der Standardabweichung der prozentualen monatlichen Änderungen für die jeweiligen Subperioden gewichte die Ausreißer zu Beginn einer -im Gegensatz zur vorliegenden Arbeit über mehrere Jahre definierten- Periode zu stark. Somit komme es zu einer Überschätzung der Volatilität (Pozo (1992a), S. 1217).[32] Wie die Tabelle 1 zeigt, wurden in einigen wenigen jüngeren Untersuchungen Risikomaße, die aus ARCH- oder GARCH-Modellen abgeleitet wurden, verwendet, um den Einfluß der Wechselkursvariabilität auf den Außenhandel zu testen (Arize (1995), Caporale, Doroodian (1994), Kroner, Lastrapes (1993)).[33] Aus empirischer Sicht sind die verschiedenen angeführten Maße der kurzfristigen Volatilität, von der historischen Standardabweichung bis hin zu den 'more sophisticated' Maßen, jedoch hoch korreliert. Dies wird im Verlauf dieses Kapitels noch eine bedeutende Rolle spielen.

Weitere in der Literatur anzutreffende Maße der mittel -bis langfristigen Wechselkursunsicherheit sind der *Absolutwert der kontemporären oder verzögerten Änderungen des Wechselkurses* (Intuition: große Änderungen in der Vergangenheit generieren erwartete Variabilität), die Differenz zwischen dem Maximum und dem Minimum der nominalen Kassakurse über die t

---

32 Vgl. auch Andersen, Grier (1992). Letztere verwenden ein nicht-parametrisches Maß für einen Vergleich der Volatilität während der siebziger und der achtziger Jahre für sieben Währungen. Im Gegensatz zu Resultaten auf der Basis klassischer Maße lassen ihre Resultate nicht den Schluß zu, daß die Variabilität im Zeitablauf zugenommen hat. Anstiege der Volatilität finden nur in spezifischen Perzentilen der Daten statt.

33 Für ein nicht tabelliertes Beispiel vgl. Parsley, Wei (1993), S. 612, Fußnote 11. Für weitere Anmerkungen vgl. Abschnitt 6.6.1, Caporale, Doroodian (1994), S. 50, und Glick, Wihlborg (1996), S. 152.

Jahre vor der aktuellen Beobachtung sowie die Abweichungen der Wechselkursänderungen von einem Trend oder anderen geschätzten Prozessen.[34] Insgesamt gesehen, sind die in der Literatur verwendeten Proxyvariablen für die Wechselkursunsicherheit notwendigerweise *rückwärtsschauender* Natur.

Greift man auf die Ergebnisse der neueren Zeitreihenanalyse zurück, ist zusätzlich zu berücksichtigen, daß sich nominale Wechselkurse oft am besten näherungsweise als ein *Random Walk* modellieren lassen. Dessen Varianz steigt im Zeitablauf stetig an und weist keine Tendenzen zu einer 'mean-reversion' auf (Akhtar, Hilton (1984), S. 8, Bleaney (1992), S. 557 ff., Feenstra, Kendall (1991), S. 19, Kumar, Whitt (1992), S. 27, Sekkat (1998), S. 6). Persistenz (d.h. positive serielle Korrelation) und gering ausgeprägte 'mean-reversion' (d.h. kein negativer Einfluß der aktuellen Ausprägung) sind somit wichtige Faktoren in der mittel- bis langfristigen Variabilität von Wechselkursen. Diese werden durch *die oben dargestellten gängigen*, auf Wechselkurs*änderungen* basierenden *Kurzfristmaße* für die Volatilität theoretisch *nicht erfaßt*. (Bleaney (1992), S. 558 f.).[35] Denn letztere fokussieren die Betrachtungen auf *trendbereinigte* Änderungen des Wechselkurses, indem sie die Dispersion der Wechselkurs*änderungen* über einen Zeitraum messen.[36] Dies bedeutet auch, daß im Rahmen der vorliegenden Arbeit nur deshalb ein konventionelles Maß der kurzfristigen Wechselkursvolatilität verwendet wird, da die Variabilität von Wechselkursen hier *nicht* primär als mögliche Quelle ernsthafter *'Misalignment'-Probleme* thematisiert wird.

Vorstehend wurden Unterschiede der außenhandelsbezogenen Studien zum Einfluß der Wechselkursvariabilität im Hinblick auf die jeweils verwendeten Proxyvariablen für die Wechselkursvariabilität abgeleitet. Andere, hier nicht weiter zu thematisierende Unterschiede dieser Untersuchungen liegen in der *Art und Zahl der geschätzten Gleichungen*. Während in bestimmten Studien (als frühe Studien z.B. Hooper, Goldhagen (1978), Akhtar, Hilton

---

34 Für erstere vgl. Bailey, Tavlas, Ulan (1986), für die zweite Möglichkeit vgl. dell'Ariccia (1998) und für die dritte Option vgl. Cushman (1988), Perée, Steinherr (1989) und Asseery, Peel (1991).

35 Wird trotzdem wie von Akhtar, Hilton (1984), Bailey, Tavlas, Ulan (1986) und Hooper, Kohlhagen (1978) die Standardabweichung des Niveaus der Wechselkurse verwendet, so resultiert eine Überschätzung der Unsicherheit. Richtet man die Einstufung der Kurzfristmaße im Hinblick auf deren Integrationsgrad an den Daten aus, kann trotzdem empirisch eine Einstufung als ein I(1)-Prozeß resultieren. Vgl. Arize (1995), Chowdhury (1993), Scheide, Solveen (1998) und Darby u.a. (1998).

36 Die Bildung erster Differenzen der Wechselkurszeitreihe führt auch zu einer Bereinigung um einen stochastischen Trend. Vgl. ausführlich Belke (1996), S. 224 ff., und die dort angegebene Literatur.

(1984), Gotur (1985), und Cushman (1983, 1986)) separate *Preis- und Außenhandelsquantitätsgleichungen* geschätzt werden, präferieren andere Autoren (als frühe Studien z.B. Chan, Wong (1985), de Grauwe (1988), Kenen, Rodrik (1986) und Pozo (1992)) *einfachere Einzelgleichungsspezifikationen*, in denen das Außenhandelsvolumen vor allem durch Einkommen, relative Preise und das Wechselkursrisiko erklärt wird. Eine genauere Aufschlüsselung der dabei erzielten Ergebnisse nach denjenigen Kriterien, die für die Methodologie der in diesem Kapitel durchgeführten eigenständigen Analyse der Effekte der Wechselkursvariabilität auf Arbeitsmärkte besonders relevant sind, findet sich im folgenden Abschnitt.

6.1.2.2 Resultate

Die Analysen des Einflusses der Wechselkursvariabilität auf den Außenhandel lassen sich in *zwei Kategorien* einteilen. Die erste häufiger anzutreffende Kategorie betrifft die *direkten* Auswirkungen auf Mengen und Preise. Die zweite seltenere Variante befaßt sich mit den Effekten *auf die Intensität der Reaktion* von Preisen und Mengen auf Änderungen des relevanten Wechselkurses (Sekkat (1998), S. 7 ff.). Im folgenden wird so vorgegangen, daß zunächst die Schlußfolgerungen der frühen Surveys und der 'Klassiker' auf diesem Gebiet zusammengefaßt werden. Anschließend wird die ab 1988 erschienene Literatur ausgewertet.

Farrel, De Rosa, McCown (1983), Willett (1986) und der IMF (1984) legen detaillierte Surveys der frühen empirischen Arbeiten wie beispielsweise von Hooper, Kohlhagen (1978) und Justice (1984) vor. Sie schlußfolgern, daß die Mehrheit der Studien *nicht* dazu in der Lage ist, eine systematische signifikante Verbindung zwischen der gemessenen Wechselkursvariabilität und dem Niveau des Außenhandels empirisch zu belegen, sei es auf einer aggregierten oder einer bilateralen Basis.[37] Resultate für bilaterale Handelsströme scheinen dabei noch eher die Sicht zu unterstützen, daß Variabilität einen negativen Einfluß auf den Außenhandel hat. Kurz nach der oben genannten IMF-Studie erschien ein ebenfalls einflußreicher Beitrag von Akhtar, Hilton (1984), der die wesentlichen Schlußfolgerungen dieser Studie prinzipiell unterstützt. Die Nutzung neuerer Daten jedoch läßt sie einen signifikanten negativen Effekt der Wechselkursvariabilität auf die multilateralen Exporte der U.S.A. und Westdeutschlands und auf die multilateralen Importe Westdeutschlands finden. Sie messen die Variabiliät durch die Standardabwei-

---

[37] Vgl. auch Müller, Buscher (1999), S. 14 f. Vgl. anders aber Caballero, Corbo (1989), S. 264, für eine Reihe von frühen empirischen Studien für Entwicklungsländer.

chung nominaler Wechselkurse. Gotur (1985) kritisiert die von Akhtar, Hilton (1984) vorgelegte Studie aufgrund ihrer Beschränkung auf nur zwei Länder und aufgrund des verwendeten ökonometrischen Verfahrens. Sie erweitert die Studie auf mehrere Länder und verwendet aktuellere Daten. In der Folge können signifikante negative Effekte der Wechselkursvariabilität nur noch für deutsche Importe nachgewiesen werden. Signifikante positive Effekte treten für die multilateralen U.S.-Exporte und multilaterale japanische Importe auf. Schließlich analysieren Kenen, Rodrik (1986) die Abhängigkeit aggregierter, d.h. multilateraler, Importe (verarbeitende Industrie) von verschiedenen Maßen der Wechselkursvariabilität. Sie kommen zu dem Schluß, daß eine höhere Variabilität des realen Wechselkurses Importvolumina reduziert. Allerdings erscheint diese Schlußfolgerung -relativ gesehen- nicht gerechtfertigt, denn von den elf Industrieländern des Samples finden sich nur für Deutschland, Großbritannien, Kanada und die U.S.A. signifikante negative Effekte (dell'Ariccia (1998), S. 4, Edison, Melvin (1990), S. 24, Glick, Wihlborg (1986), S. 127).

Weitere Studien, die sich mit dem Einfluß der Wechselkursvariabilität auf den *aggregierten* Außenhandel befassen, sind Bailey, Tavlas, Ulan (1986, 1987). Die erste Studie befaßt sich mit dem Volumen realer Exporte als einer Funktion u.a. des Absolutwertes der Quartalsänderung nominaler effektiver Wechselkurse und bezieht sich auf die sieben größten OECD-Länder. In keinem Fall (selbst wenn mit den Verzögerungen experimentiert wird) erweist sich der Koeffizientenschätzer für die Variabilität als signifikant. In der zweiten (Folge-) Studie fügen die Autoren weitere Länder hinzu und experimentieren mit alternativen Unsicherheitsmaßen. Sie schätzen die entsprechenden Gleichungen für die Perioden fester und flexibler Wechselkurse separat. Von den geschätzten vierzig Gleichungen weisen nur drei einen negativen signifikanten Effekt der Wechselkursunsicherheit aus. Alles in allem legen beide Arbeiten auf der Basis multilateraler Handelsströme nahe, daß die Wechselkursvariabilität keinen Einfluß auf das Handelsvolumen hat.

Die bisher zusammengefaßten Studien basieren auf *aggregierten*, d.h. multilateralen, Außenhandelsdaten. Andere frühe Studien, von denen einige im folgenden exemplarisch abgehandelt werden, verwenden *bilaterale* Außenhandelsdaten, obwohl hieraus wegen der Nichtberücksichtigung der relativen Preise bezüglich drittländischer Im- und Exporteure möglicherweise Fehlspezifikationsprobleme resultieren. Abrams (1980) findet im Rahmen einer Panelanalyse für bilaterale Exporte in bezug auf 19 Industrieländer (1973-1976) negative signifikante Effekte der Wechselkursunsicherheit.

Letztere werden durch Varianzen der Niveaus und alternativ der Änderungen von nominalen Kassakursen approximiert. Thursby, Thursby (1987) beispielsweise schätzen bilaterale Exportgleichungen für zwanzig Länder als Funktionen unterschiedlicher Maße der Wechselkursunsicherheit. Die Evidenz ist erneut nicht eindeutig: in 41 Fällen werden Exporte signifikant durch die Wechselkursunsicherheit erhöht, in 85 Fällen hingegen verringert. Eine weitere Studie, die bilaterale Außenhandelsströme betrachtet, ist Maskus (1986). Er testet den Einfluß unerwarteter realer Wechselkursänderungen auf den bilateralen Handels der U.S.A. mit Großbritannien, Japan, Westdeutschland und Kanada (1974-1984). Dieser Beitrag unterscheidet sich dadurch von den bisher angeführten Quellen, daß er den bilateralen Außenhandel auf dem relativ *disaggregierten* Industrieniveau analysiert. Das Ziel dabei ist, dem auf unterschiedlichen 'exposures to risk' der Sektoren beruhenden Aggregationsproblem zu entgehen. Von 64 Schätzgleichungen weisen immerhin 26 signifikant negative Effekte des Wechselkursrisikos auf ($\alpha = 0{,}1$). Der agrarische Sektor erwies sich dabei als am empfänglichsten für die negativen Effekte der Wechselkursunsicherheit. Der Autor führt dies auf den *hohen Offenheitsgrad* und den Mangel an Konzentration dieses Sektors zurück.[38] Insgesamt erscheinen nach Maskus die mit einem geringeren Wechselkursrisiko verbundenen Handelsgewinne (zumindest in bezug auf die U.S.A.) moderat auszufallen.

Klein (1990) untersucht die Effekte der realen Wechselkursvariabilität auf die U.S.-amerikanischen bilateralen Exporte in sieben Handelspartnerländer, jeweils disaggregiert in neun Güterkategorien. Im Gegensatz zu Maskus (1986) findet er in fünf von neun Kategorien einen signifikant positiven, und in nur einem Fall einen signifikant negativen Einfluß der Wechselkursvariabilität auf die Exporte.

De Grauwe, Bellefroid (1987) analysieren den Effekt der Wechselkursvariabilität auf die Wachstumsrate des bilateralen Außenhandel für zehn große Industrieländer und die Zeiträume 1960-1963 und 1973-1984. Im Rahmen eines 'cross-section'-Ansatzes regressieren sie die durchschnittliche Wachstumsrate des Außenhandels über die jeweilige Periode auf das Einkom-

---

[38] Der Offenheitsgrad der betrachteten EU-Volkswirtschaften könnte wegen der hier impliziten positiven Korrelation mit den negativen Effekten des Wechselkursrisikos ein möglicher Referenzpunkt zur Beurteilung der Validität der eigenen Schätzergebnisse in Kapitel 6.6. sein. *Disaggregierte* Analysen werden nur in relativ *wenigen* Beiträgen durchgeführt. Vgl. dell'Ariccia (1998), S. 8, Glick, Wihlborg (1996), S. 149, und Sekkat (1998), S. 10.

menswachstum, eine Dummy für Zollunionen und ein Maß für die Wechselkursvariabilität, entweder die Standardabweichung (als Maß für die kurzfristige Volatilität) oder die mittlere absolute Änderung jährlicher Wechselkurse (als Maß für die mittelfristige Variabilität). Ihre Schlußfolgerung eines signifikanten negativen Effektes der mittelfristigen Wechselkursvariabilität, nicht aber der kurzfristigen Volatilität auf den Außenhandel ist jedoch zu relativieren, falls die Länder mit dem höchsten Niveau des Außenhandels niedrige Wachstumsraten des Außenhandels aufweisen. Darüber hinaus bleibt eine Dummy für Japan ökonomisch unerklärt. Sieht man von jedoch diesem Einwand ab, zeigt sich, daß die mittelfristige Variabilität der Wechselkurse *neben anderen wichtigen Faktoren* nach Bretton Woods signifikant (zu etwa 20%) zum Rückgang der Wachstumsrate des Außenhandels zwischen den zehn der bedeutendsten Industrieländern beigetragen hat. Darüber hinaus wird eine disaggregiertere Analyse durchgeführt, die zwischen dem Intra- und Extra-'EG-Außenhandel unterscheidet. In bezug auf den Rückgang des Intra-EG-Handels erklärt die Variabilität nur 5%, in bezug auf die Verringerung des Extra-EG-Handels jedoch etwa ein Drittel (Edison, Melvin (1990), S. 26, Müller, Buscher (1999), S. 14 f., Sekkat (1998), S. 15 ff.).[39]

Cushman (1986) führt den Begriff des '*Drittlandsrisikos*' in die Literatur ein. Hierdurch erfolgt eine *Relativierung* des Einflusses des bilateralen Wechselkursrisikos. Er argumentiert, daß empirische Studien auf der Basis bilateraler Handelsströme oft den Einfluß von Wechselkursrisiken gegenüber Drittwährungen, das 'Drittlandsrisiko', ignorierten. Zum Beispiel könne ein Anstieg der Unsicherheit über den Pfund-Dollar-Wechselkurs das Niveau des Außenhandels zwischen den U.S.A. und Großbritannien beeinträchtigen. Gleichzeitig könne aber ein Anstieg der Wechselkursunsicherheit im Verhältnis der DM zum Dollar dem Außenhandel zwischen den U.S.A. und Großbritannien förderlich sein. Folglich führten Veränderungen der bilateralen Volatilität nicht nur zur bilateralen Handelsschaffung, sondern auch zu handelsumlenkenden Effekten. Halte man derartige Drittmarkt-Effekte nicht konstant, vermische man in empirischen Schätzungen die beiden genannten Effekte und es könne zu Verzerrungen des empirisch gemessenen Einflusses kommen.

---

[39] Ähnliche Ergebnisse werden von de Grauwe (1987) auf einer ähnlichen Modellbasis erzielt. Er zeigt, daß sich das Wachstum des Außenhandels zwischen den EWS-Ländern um zusätzlich 1,2 Prozentpunkte verringert hätte, wenn sich die beteiligten Länder einer ähnlichen mittelfristigen Wechselkursvariabilität ausgesetzt gesehen hätten wie die übrigen Industrieländer.

Cushman selbst schätzt deshalb die bilateralen realen Exporte der U.S.A. in sechs seiner Haupthandelspartnerländer als eine Funktion von Proxyvariablen für die Unsicherheit über jede bilaterale Wechselkursentwicklung und Proxies für das Risiko in bezug auf Währungen von dritten Parteien. Eine ähnliche Argumentation wird im Rahmen der vorliegenden Arbeit bei den Überprüfungen der Robustheit gegen die Einbeziehung des ERM-Dollar-Risikos von Schätzergebnissen für den Einfluß der Intra-ERM-Wechselkursunsicherheit auf die Beschäftigung in ERM-Ländern bedeutsam. Cushman folgert aus seinen empirischen Ergebnissen, daß das Wechselkursrisiko einen signifikanten Erklärungsbeitrag zum Rückgang des internationalen Handels unter flexiblen Wechselkursen leiste. Diese Schlußfolgerung erscheint jedoch angesichts der gemischten Resultate, die aus seinen Ergebnistabellen hervorgehen, eher zu optimistisch. Denn in keinem der betrachteten Fälle weisen die relevanten Koeffizientenschätzer das theoretisch erwartete negative und signifikante Vorzeichen auf (dell'Ariccia (1998), S. 20, Edison, Melvin (1990), S. 25, Fischer (1997), S. 27 f., Glick, Wihlborg (1996), S. 127).

Die Mehrheit der gerade aufgeführten Studien schließt jedoch nur relativ wenige Beobachtungen für die Periode flexibler Wechselkurse nach Bretton Woods ein. Aus diesem Grund sollen im folgenden neuere empirische Studien mit einem größeren Anteil der Periode nach Bretton Woods am Stützzeitraum ausgewertet werden. Es soll dabei geprüft werden, ob ein neuer Konsens in bezug auf den Einfluß der Wechselkursvariabilität auf den Außenhandel identifizierbar ist. Bélanger, Gutiérrez (1990) geben einen Überblick über empirische Arbeiten, die in der Periode *von 1978 bis 1988* publiziert wurden. Alles in allem erweist sich die Evidenz als inkonklusiv.[40] Die Studien auf *aggregiertem* Niveau produzieren tendenziell widersprüchliche Resultate, während die weitaus seltener anzutreffenden *sektoral* orientierten Studien mehr Hinweise zur Stützung der Hypothese liefern, daß die Wechselkursvariabilität das Außenhandelsvolumen reduziert. Die Größe dieser Effekte erscheint jedoch durchweg gering.

Im folgenden werden die wichtigsten *ab 1988* publizierten empirischen Studien ausgewertet und einigen wenigen älteren 'seminal contributions' gegenüber gestellt, die auf die aktuellen Studien einen großen Einfluß haben. Sie werden in Tabelle 1 unter Berücksichtigung von Kriterien vollständig aufgelistet und systematisiert, die für die eigenen Arbeitsmarktstudien von Belang

---

40 Weitere prägnante Übersichten der empirischen Literatur finden sich bei Edison, Melvin (1990) und Kumar, Whitt (1992).

sind. Im Rahmen der jüngeren Beiträge wurde insbesondere der angemessenen Approximation des Wechselkursrisikos und Schätztechnik besondere Bedeutung beigemessen. Im anschließenden Text werden *wahlweise einige* dieser Studien, die besondere Implikationen für die im hinteren Teil dieses Kapitels vorgenommenen eigenständigen empirischen Untersuchungen zum Einfluß der Wechselkursunsicherheit auf den Arbeitsmarkt haben, ausführlicher beschrieben. Dabei werden diese Studien der Übersichtlichkeit halber innerhalb von durchnumerierten Themenkomplexen vorgestellt.

Tab. 1 - *Neuere empirische Studien zum Einfluß der Wechselkursvariabilität auf den Außenhandel: Ein systematischer Überblick*

Studie	***Stützzeitraum, Länder und ggfs. Untersuchungsobjekt***	***Risikomaß***	***Spezifikation und Schätzverfahren***	***Wichtigste Ergebnisse***
Arize (1995)	Quartalsdaten, 1973.2 - 1992.4, Dänemark, Niederlande, Schweden, Schweiz	'Moving Sample' (8 Quartale)-Standardabweichung der Änderungen logarithmierter realer effektiver, d.h. importgewichteter Wechselkurse	Exportvolumina, Kointegration (Fehlerkorrekturmodell), Schätzungen nach Engle, Granger (1987)	Für jedes Land: signifikanter negativer Einfluß der Wechselkursvolatilität in der kurzen und in der langen Frist
Arize (1998)	Quartalsdaten, 1973.2 - 1993.4, U.S.A.	'Moving Sample' (8 Quartale)-Standardabweichung der Änderungen logarithmierter realer effektiver, d.h. importgewichteter Wechselkurse	Gewichtetes U.S.-Importvolumen, Kointegration (Fehlerkorrekturmodell), Schätzungen nach Johansen (1995), Stock, Watson (1993) und Phillips, Loretan (1991)	Signifikanter negativer Einfluß der Wechselkursvolatilität in der kurzen und in der langen Frist
Asseery, Peel (1991)	Quartalsdaten: 1972.1-1987.4, Australien, Japan, Großbritannien, U.S.A., Deutschland	'Squared residual' eines für den realen Wechselkurs geschätzten ARIMA Prozesses	Aggregierte Exportvolumina, Fehlerkorrektur-Modellierung nach Engle, Granger (1987)	Für Großbritannien signifikant und negativ, sonst signifikant und positiv (nur kurzfristiger Einfluß getestet)
Bailey, Tavlas (1988)	Quartalsdaten: 1975.1-1986.1 ('managed floating rate period'), U.S.A.	2 Maße: Kurzfristvolatilität (absoluter Wert der prozentualen Quartalsänderung des realen effektiven Wechselkurses) und 'Misalignment' (Abweichung zwischen realem effektivem Wechselkurs und "fundamental equilibrium'-Wechselkurs)	Aggregiertes U.S.-amerikanisches Exportvolumen, Einzelgleichungs-OLS	Nicht signifikant

Studie	***Stützzeitraum, Länder und ggfs. Untersuchungsobjekt***	***Risikomaß***	***Spezifikation und Schätzverfahren***	***Wichtigste Ergebnisse***
Bélanger u.a. (1988)	Quartalsdaten: 1976 - 1987, Kanada-U.S.A.	Quadrate des Prognosefehlers definiert als 90-Tages-'forward spread'	U.S.-amerikanisches Exportvolumen nach Kanada: 5 Sektoren, Schätzung: IVE, GIVE	Signifikant und negativ in zwei Sektoren
Bélanger u.a. (1992)	Quartalsdaten: 1974.1-1987.3, Kanada-U.S.A.	2 Maße: 'squared of forecast error' definiert als 90-Tages-'forward spread'; nicht-parametrische Instrument-Methode zur Isolierung der Risikoprämie im Prognosefehler, Ziel: Vermeidung des 'error-in-variables'-Problems	U.S.-amerikanische Importe aus Kanada: 5 Sektoren, Einzelgleichungs- (IVE) und Mehrgleichungs-Instrumentalvariablen-verfahren (GIVE, 'joint estimation')	Risikomaße für keinen Sektor signifikant
Bini-Smaghi (1991)	Quartalsdaten: 1976.1-1984.4, Westdeutschland, Frankreich, Italien, Intra-EWS-Außenhandel	Standardabweichung der wöchentlichen Änderungsraten des nominalen effektiven Intra-EWS-Wechselkurses innerhalb eines Quartals (erwartete und unerwartete Komponente)	Exportvolumina ('exports of manufactured goods to EMS countries'), OLS in ersten Differenzen (Frankreich, Italien) oder in Niveaus (Deutschland)	Signifikante und negative Effekte auf das Exportvolumen
Brada, Méndez (1988)	Separat für jedes der 5 Jahre (1973 - 1977), bilateraler Außen-handel zwischen 30 Ländern	Verzicht auf Ex post-Maß, statt dessen Dummy für Wechselkursregime ('fixed' versus 'floating')	'Cross-section'-Regressionsanalyse, 'gravity model of bilateral trade flows'	Bilaterale Außenhandelsströme signifikant höher unter Flexkurs-Regime

Studie	*Stützzeitraum, Länder und ggfs. Untersuchungsobjekt*	*Risikomaß*	*Spezifikation und Schätzverfahren*	*Wichtigste Ergebnisse*
Caballero, Corbo (1989)	Quartals- und Jahresdaten (im Beitrag nicht explizit genannt) für Entwicklungsländer: Chile, Kolumbien, Peru, Philippinen, Thailand, Türkei	Reale Wechselkursunsicherheit: Standardabweichung je Quartal aus kontemporärem und den drei vorherigen Quartalen, Jahresunsicherheit = Durchschnitt der Quartals-unsicherheits-Proxies über ein Jahr	Exportvolumina, Einzelgleichungsschätzungen (OLS und IV)	Trotz theoretischer Mehrdeutigkeit: signifikanter und starker negativer Effekt
Caporale, Doroodian (1994)	Monatsdaten: 1974.1 - 1992.10, U.S.A.	Prognose der konditionalen Varianz aus einem GARCH-Modell für den bilateralen realen Wechselkurs U.S.A.-Kanada	U.S.-Importe aus Kanada, bivariates GARCH-M-Modell	Signifikanter negativer Effekt
Chowdhury (1993)	Quartalsdaten, 1973.1 - 1990.4, G7-Länder	'Moving sample'-Standardabweichung des Wachstums des realen (und des nominalen) effektiven Wechselkurses	Exportvolumen, Kointegrationstests und Schätzung der Langfristkoeffizienten nach Johansen (1991), und Johansen, Juselius (1990), multivariates Fehlerkorrektur-modell (Engle, Granger (1987))	(überwiegend hoch) signifikanter negativer Einfluß der Wechselkursvariabilität für jedes G7-Land (kurz- und langfristig)

Studie	*Stützzeitraum, Länder und ggfs. Untersuchungsobjekt*	*Risikomaß*	*Spezifikation und Schätzverfahren*	*Wichtigste Ergebnisse*
Cushman (1988)	Quartalsdaten: 1974.1 - 1983.4: 12 bilaterale Handelsströme, U.S.-amerikanische Exporte und Importe nach/aus Deutschland, Kanada, Großbritannien, Japan, Niederlande	5 Risikomaße: a) 4-Quartals-'Moving Sample'-Standardabweichung vergangener Änderungen des realen Wechselkurses (wie Cushman (1983), IMF (1984)), b) 12-Monats-'Moving Sample' Standardabweichung vergangener Ände-rungen des realen Wechselkurses (wie Kenen, Rodrik (1986), c) drei Maße auf Basis der 'forward exchange rate'	Reale Export- und Importvolumina, OLS-Einzelgleichungsschätzung	Signifikanter negativer Effekt des Wechselkursrisikos für 5 U.S.-amerikanische Importströme (außer Franreich) und für 2 Exportströme (Großbritannien und Kanada)
De Grauwe, Bellefroid (1987)	Jahresdaten sowie alternativ Quartalsdaten: 1960 - 1969 und 1973 - 1984, 10 Industrieländer	Standardabweichungder Jahresänderungen des realen (nominalen) bilateralen (effektiven) Wechselkurses ('Misalignment'-Indikator), alternativ: Volatilitätsindikator basierend auf Quartalsänderungen	Durchschnittliches bilaterales Exportvolumen (90 bilaterale Außenhandelsströme), 'cross-section'-Analyse	Mittelfristige Wechselkursunsicherheit signifikant negativ, Koeffizientenschätzer und Signifikanzniveaus für reale Variabilität höher als für nominale, für Extra-EC höher als für Intra-EC-Handel, kurzfristiger Volatilitätsindikator insignifikant

Studie	*Stützzeitraum, Länder und ggfs. Untersuchungsobjekt*	*Risikomaß*	*Spezifikation und Schätzverfahren*	*Wichtigste Ergebnisse*
De Grauwe, Skudelny (1997)	Stützzeiträume: 1962 - 1995 und Subperioden 1962 - 1970 sowie 1972 - 1995, 15 EU-Länder	2 Proxies: a) Jahres-Varianz des Niveaus des nominalen Wechselkurses, b) 'mean squared nominal exchange rate return', für a) und b) gilt: Basis = 12 Monatswachtumsraten), jeweils kontemporär und verzögert im Ansatz	'Gravity'-Modell für Intra-EU-Außenhandelsströme, 'Generalized Least-Squares'-Schätzung'	Nur signifikant negativ mit einer Verzögerung, Eliminierung der nominalen Wechselkursvariabilität in der EWU erhöht Intra-EWU-Außenhandel um so mehr, je größer die EWU (Benchmark: Variabilität = 0 für Stützzeitraum), Effekte ungleich verteilt
De Grauwe, Verfaille (1988)	Jahresdaten: 1979-85, bilateraler Handel zwischen 15 Industrieländern	Varianz der Jahresänderungen des realen Wechselkurses, zusätzlich: Indikator protektionistischen Drucks = Überbewertung (beides eher 'Misalignment'-Indikatoren)	Durchschnittliches bilaterales Exportvolumen, 'cross-section'-Analyse	Niveau des Außenhandels signifikant höher innerhalb als außerhalb des EWS
Dell' Ariccia (1998)	Monatsdaten: 1975-1994, Paneldaten EU	Verschiedene Variabilitätsmaße: a) Standardabweichung der ersten Differenzen des log. monatlichen durchschnittlichen realen und des nominalen Kassakurses (Volatilität), b) 'sum of squares of forward errors' (Dreimonatfehler) (Volatilität), c) prozentuale Differenz zwischen Maximum und Minimum des nominalen Kassakurses ('Misalignment'), jeweils 1-, 2-Jahresfenster	Bilaterale Handelsströme, 'Gravity'-Modell, FGLS- und IV-Schätzverfahren, Hausman-Fehlspezifikationstest ('simultaneity-bias' in bezug auf Wechselkursvariabilität und Außenhandel)	Signifikant negativer Einfluß der Variabilität (unabhängig vom gewählten Maß), absolute Größe jedoch gering, kein positiver Effekt des EWS, Größe eines handelsumlenkenden Effekts der EWU nicht quantifizierbar ('Drittlandsrisiko')

Studie	*Stützzeitraum, Länder und ggfs. Untersuchungsobjekt*	*Risikomaß*	*Spezifikation und Schätzverfahren*	*Wichtigste Ergebnisse*
Feenstra, Kendall (1991)	Quartalsdaten: 1975.1 - 1988.1, U.S.-amerikanische bilaterale Importe	Geschätzte Risikoprämie (um einen Monat verzögerter 'log one-month forward' - 'log expected' Wechselkurs) als Funktion der konditionalen Varianz der Prognosefehler, GARCH kombiniert mit ARCH-M-Modell	U.S.-amerikanische Importpreise, IVE, 3SLS	Signifikant negativ für Großbritannien und Westdeutschland, insignifikant für Japan
Frankel, Wei (1993)	Jahresdaten: drei separate Gleichungen für 1980, 1985 und 1990, 63 Länder	Volatilität: Standardabweichung der ersten Differenzen des log. nominalen und realen monatlichen Wechselkurses	bilateraler Außenhandel, 'Gravity'-Modell, 'Cross-Section'-Analyse, OLS und IV (mit der Standardabweichung des relativen Geldangebots als IV für die Wechselkurs-volatilität)	geringer signifikanter Effekt: a) nominale Volatilität: negativ 1980, positiv 1990, b) reale Volatilität: negativ 1980, negativ 1990; generell niedriger mit IV als mit OLS
Gagnon (1993)	Quartalsdaten: 1972 - 1987, U.S.A.	Basierend auf Regressionen für den realen Wechselkurs zwischen den U.S.A. und 5 Industrieländern	Kalibriert auf der Basis des U.S.-Außenhandels mit 5 Ländern, Simulationsanalyse	Ökonomisch, aber nicht statistisch signifikant bzw. zu klein, um in verfügbaren Stützzeiträumen aufgedeckt zu werden

Studie	*Stützzeitraum, Länder und ggfs. Untersuchungsobjekt*	*Risikomaß*	*Spezifikation und Schätzverfahren*	*Wichtigste Ergebnisse*
Glick, Wihlborg (1996)	Quartalsdaten: 1980.1 - 1993.4, 'pooled cross-section time series with fixed effects', U.S.-amerikanische bilaterale Export- und Importvolumina gegenüber den dreißig wichtigsten Handelspartnern	2 Maße: a) Wechselkursunsicherheit: Varianz der Residuen aus Regressionen monatlicher bilateraler log. Wechselkursänderungen auf die letzten 12 Monatsänderungen, b) bilaterale Wechselkursflexibilität	U.S.-amerikanische bilaterale Export- und Importvolumina (verarbeitende Industrie) gegenüber den dreißig wichtigsten Handelspartnern	a) Wechselkurvariabilität insignifikant, b) U.S.-Exportelastizität in bezug auf den realen Wechselkurs und das ausl. BIP wächst mit dem Grad bilateraler Wechselkursflexibilität der importierenden Volkswirtschaft, U.S.-amerikan. Importelastizität in bezug auf das U.S.-BIP fällt mit dem Grad bilateraler Wechselkursflexibilität der exportierenden Volkswirtschaft
Kenen, Rodrik (1986)	Quartalsdaten, 1975.1 - 1984.2, verschiedene Industrieländer	a) Standardabweichung der monatlichen prozentualen Änderung des realen effektiven Wechselkurses b) Standardabweichung (Fehler) des realen effektiven Wechselkurses auf der Basis einer log-linearen Trendgleichung c) Standardabweichung (Fehler) des realen effektiven Wechselkurses auf der Basis einer autoregressiven Gleichung erster Ordnung jeweils rollender rückwärts berechneter Durchschnitt (12 und 24 Monate, jeweils Durchschnitt 3 solcher Maße pro Quartal)	Index des Volumens der 'manufactured imports', OLS	11 der 12 Volatilitätsmaße mit theoretisch erwartetem negativen Vorzeichen; hiervon 4 statistisch signifikant (USA, Kanada, Deutschland, Großbritannien); kein positiver Volatilitätsterm signifikant

Studie	*Stützzeitraum, Länder und ggfs. Untersuchungsobjekt*	*Risikomaß*	*Spezifikation und Schätzverfahren*	*Wichtigste Ergebnisse*
Klein (1990)	U.S.-amerikanische bilaterale Exporte in 7 Handelspartnerländer, disaggregiert in 9 Güterkategorien	Reale Wechselkursvariabilität: 'Moving Average'-Standardabweichung vergangener Wechselkursänderungen	U.S.-amerikanische bilaterale Exporte	Signifikant positiv in 5 von 9 Fällen, signifikant negativ in einem von 9 Fällen
Koray, Lastrapes (1989)	Monatsdaten: 1961.2-1971.7 ('fixed rate - subsample'), 1975.4-1985.12 ('flexible rate - subsample'), U.S.-amerikanischer bilateraler Außenhandel mit Deutschland, Frankreich, Großbritannien, Japan und Kanada	'Moving Sample' (12 Monate)-Standardabweichung der Wachstumsrate realer effektiver, d.h. multilateraler Wechselkurse	U.S.-amerikanische bilaterale Importe aus 5 Ländern, VAR-Methodologie	In einigen Fällen schwache negative Beziehung (außer für Frankreich)
Kroner, Lastrapes (1993)	Monatsdaten: 1973.1-1990.12, U.S.A., Großbritannien, Westdeutschland, Japan, Frankreich	Konditionale Varianz nominaler effektiver Wechselkurse, abgeleitet aus multivariatem GARCH-in-mean-Modell	Aggregierte Exportvolumina und Preise, 'joint estimation'	Signifikant, unterschiedliche Vorzeichen und Größenordnungen (negativ nur für die U.S.A. und Großbritannien)
Kumar (1992)	Jahresdaten: 1962-1987(88) U.S.A., Westdeutschland, Japan	Standardabweichung monatlicher prozentualer Änderungen des realen Wechselkurses über eine 12-Monat-Periode	Intraindustrieller Handel, 'net trade' und Verhältnis des intraindustriellen Handels zum 'net trade'	Gemischte Ergebnisse
Lastrapes, Koray (1990)	Monatsdaten: 1975.3-1987.12, U.S.-amerikanischer multilateraler Außenhandel	'Moving Sample' (12 Monate)-Standardabweichung der Wachstumsrate realer und nominaler effektiver, d.h. multilateraler Wechselkurse	U.S.-amerikanische multilaterale Export- und Importvolumina, VAR-Analyse	In einigen Fällen schwache negative Beziehung für Exporte

Studie	*Stützzeitraum, Länder und ggfs. Untersuchungsobjekt*	*Risikomaß*	*Spezifikation und Schätzverfahren*	*Wichtigste Ergebnisse*
Liargovas (1993)	Jahresdaten (Panel): 1979-1989, 9 griechische Export- und Import-Sektoren, Frankreich, Niederlande, Deutschland, Italien, Großbritannien, U.S.A., Kanada und Japan	Arithmetisches Jahresmittel der 12-Monats 'Moving'-Standardabweichung der monatlichen absoluten prozentualen Änderungen der realen bilateralen Wechselkurse	'Pooled time series cross-section'-Ansatz, OLS-Regression	Volatilität zwischen der Drachme und frei floatenden Währungen beeinflußt Exporte und Importe negativ, dies gilt nicht in bezug auf EWS-Währungen
Mann (1989)	Quartalsdaten: 1977.1 - 1987.1, U.S.A., Japan, Westdeutschland	2 Maße: a) Volatilität/ Risiko: 3 oder 6-Monate 'backward moving average of monthly percentage change in nominal effective rate' b) 'Trend': 8 oder 12-Quartale 'backward moving average of the nominal exchange rate'	Exportpreise für 5 Industrien, OLS	Wenig signifikante Ergebnisse
Parsley, Wei (1993)	Monatsdaten: a) 1980.1 - 1988.12, U.S.-amerikanische bilaterale Importe aus Kanada, b) 1975.1 - 1987.12, U.S.-amerikanische bilaterale Importe aus Japan	σ_{t+k} = Standardabweichung der k-ten Differenz des logarithmierten realen Wechselkurses, 2 Maße: a) naiv ('past history'): Vergangenheitswerte der Variabilität, b) rational ('perfect foresight'): ex post realisierte Variabilität	Disaggregierte bilaterale Importe, Änderung der per Kalman-Filter geschätzten zeitvariablen Konstanten der Importgleichung als Funktion der Wechselkursvolatilität	Insignifikant

Studie	*Stützzeitraum, Länder und ggfs. Untersuchungsobjekt*	*Risikomaß*	*Spezifikation und Schätzverfahren*	*Wichtigste Ergebnisse*
Perée, Steinherr (1989)	Jahresdaten: 1960-1985, U.S.A., Japan, Großbritannien (als Länder mit flexiblen Wechselkursen), Westdeutschland, Belgien (als ein großes und ein kleines Mitglied des EWS)	2 Maße mittelfristiger Wechselkursunsicherheit ('Misalignment'): a) gewichtete Funktion vergangener Änderungen nominaler Wechselkurse und der aktuellen Abweichung vom Gleichgewicht b) Funktion der Dauer und Amplitude des 'Misalignment'	Aggregiertes Exportvolumen und bilaterale Exporte in die U.S.A., OLS-Schätzung	Insignifikant für U.S.-amerikanische Exportgleichung, oft signifikant (negativ) in anderen Gleichungen
Zivkov-Perl (1989)	1975 - 1986, U.S.A.	'Pure foreign exchange risk': Teil der Wechselkursvariabilität, der nicht durch die nicht antizipierte Komponente der Geldpolitik erklärt werden kann	Realer bilateraler Außenhandel der U.S.A. mit vier wichtigen Handelspartnern	Mehrdeutige Effekte
Pozo (1992)	Jahresdaten: 1900 - 1940, U.S.A.-Großbritannien	2 Versionen: a) rollende Standardabweichung der Prozentänderungen des Wechselkurses, b) GARCH-Maß realer Wechselkursunsicherheit (als zeitabhängiges konditionales Maß)	Außenhandelsströme zwischen den U.S.A. und Großbritannien	Inverser Zusammenhang

Studie	*Stützzeitraum, Länder und ggfs. Untersuchungsobjekt*	*Risikomaß*	*Spezifikation und Schätzverfahren*	*Wichtigste Ergebnisse*
Sapir, Sekkat, Weber (1994)	Quartalsdaten: 1973.1 - 1992.4, 12 Industrie (darunter 10 EU-) Länder (Stand 1994)	2 Maße für Variabilität: a) 'Misalignment': Berechnung von Korrelationskoeffizienten für Residuen /Schätzung spektraler Dichtefunktionen zur Frequenz Null (bivariate VARs), b) Volatilität: Absolutwert erster Differenzen des logarithmierten nominalen Wechselkurses	Reale bilaterale Importe, Berechnung von Korrelationskoeffizienten für Residuen /Schätzung spektraler Dichtefunktionen zur Frequenz Null (bivariate VARs), Robustheitstests durch Sample Splits	Negative Korrelationen für Variabilitätsmaße a) 'Misalignment', weniger aber für die Maße b) 'Volatilität'
Savvides (1992)	Jahresdaten: 1973-1986, 'Cross-section' für 62 Länder	Standardabweichung der prozentualen Jahresänderung des realen (nominalen) effektiven Wechselkurses als nicht antizipierte Variabilität effektiver realer Wechselkurse	Zweistufige Schätzung von Gleichungen für das reale Exportvolumen und für die reale Wechselkursvariabilität, 'cross-section'	Nur nicht antizipierte reale Wechselkursvariabilität signifikant und negativ
Scheide, Solveen (1998)	Quartalsdaten: 1980.1 - 1996.4, Deutschland, Frankreich, Großbritannien, Italien, Spanien	Standardabweichung der monatlichen Änderungen nominaler Wechselkurse zum $ (letzte 12 Monate, jeweils mittlerer Monatswert dem jeweiligen Quartal zugeordnet)	Reale Exporte in die U.S.A., Kointegration (Fehlerkorrekturmodell), Schätzungen nach Engle, Granger (1987)	Gemischte Resultate: signifikanter negativer Einfluß der Wechselkursvolatilität in der kurzen Frist für Frankreich und Italien, in der langen Frist nur für Spanien

Studie	*Stützzeitraum, Län-der und ggfs. Untersuchungsobjekt*	*Risikomaß*	*Spezifikation und Schätzverfahren*	*Wichtigste Ergebnisse*
Sekkat (1998)	Jahresdaten: 1975 - 1994, Belgien, Deutschland, Frankreich, Großbritannien, Italien	Volatilität = Standardabweichung der monatlichen Änderungsraten des nominalen effektiven Wechselkurses (ggü. 17 Industrieländern) innerhalb eines Jahres; 'Misalignment' = gemessen als Konsequenz des 'Misalignment', Logarithmus des erwarteten nominalen Wechselkurses (basierend auf monatlichen Zinssätzen)	Außenhandelsvariablen (reale Importe u. reale Exporte), Koitegrationsanalyse, Fehlerkorrekturmodelle, Schätzungen mit 3SLS	Wechselkursvolatilität langfristig nicht und kurzfristig nur für Frankreich und Großbritannien relevant; 'Misalignment' nur für Frankreich nicht relevant
Stokman (1995)	Quartalsdaten: 1980 - 1990, Belgien, Deutschland, Frankreich, Italien, Niederlande	Standardabweichung der prozentualen wöchentlichen Änderungen der handelsgewichteten nominalen Wechselkurse innerhalb eines Quartals	Exporte von 5 EU-Ländern in EU-Volkswirtschaften; 'Seemingly Unrelated Regressions', aggregierte und disaggregierte Analyse (5 Gütergruppen)	In 23 von 25 Fällen (5 Länder mal 5 Gütergruppen) signifikanter negativer Einfluß

1) Auch unter den neueren Studien läßt sich eine Einteilung nach multilateralem und bilateralem Fokus treffen. Einige Studien präsentieren Resultate für *multilaterale* Außenhandelsvolumina der U.S.A. und anderer bedeutender Industrieländer. Bailey, Tavlas (1988) führen Standardtests zum Effekt der Wechselkursvariabilität auf aggregierte U.S.-amerikanische Exportvolumina für die Periode von 1975 bis 1986 durch. Sie untersuchen sowohl den Einfluß der kurzfristigen Volatilität als auch des 'Misalignment' (basierend auf der Abweichung zwischen dem aktuellen Wechselkurs und dem

Gleichgewichtskurs berechnet nach Williamson (1985)).[41] Beide Maße erweisen sich als insignifikant. Perée, Steinherr (1989) verwenden Techniken der Zeitreihenanalyse und fokussieren ihre Betrachtungen auf das Problem der Festlegung auf aussagefähige Proxies für die *langfristige* Wechselkursunsicherheit. Sie konstruieren zwei Maße: das erste Maß kombiniert eine Proxy für Unsicherheit (basierend auf der bedeutendsten Wechselkursbewegung über einen 10-Jahres-Horizont) mit 'Misalignment', das zweite Maß greift auf das Integral des 'Misalignment' über die vergangene Periode (10 Jahre) zurück. Letzteres reflektiert die Annahme, daß die relevante Unsicherheit wächst, wenn sowohl der Grad und die Dauer des 'Misalignment' ansteigen. Somit erfaßt ein Maß nur das gegenwärtige 'Misalignment'. Das andere Maß kombiniert das gegenwärtige mit erwarteten 'Misalignments'. Sie schätzen Gleichungen für Exportvolumina für fünf Industrieländer und den Zeitraum von 1960 bis 1985. Für die U.S.A. erweisen sich die Unsicherheitsvariablen durchweg als insignifikant, während ihr Effekt für die anderen Länder negativ und oft signifikant ausfällt. Die Autoren führen die Asymmetrie der Resultate darauf zurück, daß U.S.-amerikanische Exporte oft in Dollar fakturiert sind. Darüber hinaus seien U.S.-Unternehmen diversifizierter. Ein großer heimischer Markt mache für sie eine Kompensation der Wechselkursrisiken einfacher. Dies bedeutet einen gewissen Hinweis darauf, daß in den eigenen Untersuchungen zum Einfluß der Wechselkursvariabilität auf Arbeitsmärkte der Offenheitsgrad von Volkswirtschaften eine Rolle spielen sollte. Die Autoren liefern ebenfalls Regressionsergebnisse für *bilaterale* Exporte in die U.S.A. Außer für Japan, scheint eine erhöhte Unsicherheit Handelsvolumina zu reduzieren. Ähnlich wie de Grauwe (1987) beschränken Perée, Steinherr (1989) ihre Betrachtungen hauptsächlich auf die größeren 'floating currencies'. Es erweist sich deshalb als schwierig nachzuweisen, daß sich ein ähnlicher Effekt in der EWU auf der wesentlich niedrigeren Ebene der Intra-ERM-Variabilität entfalten wird (Europäische Kommission (1990), S. 73).

Cushman (1988) ignoriert den von ihm selbst entwickelten Begriff des 'Drittlandsrisiko' in einer Studie über dieselben realen Exportströme von 1974 - 1983, wie sie von ihm in seiner vorherigen Studie verwendet wurden. Er schließt jedoch nun die U.S.-Importe mit ein. Die Innovation dieses Beitrags liegt in der Verwendung fünf alternativer Definitionen der Wechsel-

[41] Williamsons Maß basiert auf der Annahme, daß die 'fundamental equilibrium exchange rate' demjenigen realen Wechselkurs entspricht, der unter der Voraussetzung der langfristigen Kapitalbewegungen zu einer nachhaltigen 'current account balance' führt.

kursvariabilität. In seinen bilateralen Exportgleichungen mit der besten Anpassungsgüte ist der Koeffizientenschätzer für das Wechselkursrisiko zweimal signifikant negativ, einmal signifikant positiv und sonst insignifikant. Seine besten Importgleichungen ergeben fünf signifikante negative Koeffizientenschätzer. Cushman schließt hieraus, daß die Evidenz in bezug auf U.S.-Exporte, nicht aber in bezug auf U.S.-Importe inkonklusiv sei.

2) Andere Studien wenden ein, daß die empirisch identifizierten Außenhandelseffekte des Wechselkursrisikos sensitiv in bezug auf das jeweils verwendete *statistische Verfahren* seien. Sie schlagen deshalb alternative Methoden vor, ohne daß die Resultate jedoch wesentlich robuster würden (Glick, Wihlborg (1996), S. 128). Asseery, Peel (1991) untersuchen ebenfalls den Einfluß der Wechselkursvolatilität auf *multilaterale* Exportvolumina von fünf Industrieländern. Die Innovation ihres Beitrags besteht darin, daß ein *Fehlerkorrekturmodell*, das auf einer Kointegrationsbeziehung zwischen dem Außenhandel, Output und relativen Preisen basiert, Verwendung findet. Es wird argumentiert, daß die nicht robusten Ergebnisse früherer empirischer Arbeiten möglicherweise darauf zurückzuführen seien, daß die Exportvariable und einige ihrer Determinanten möglicherweise nicht stationäre integrierte Variablen darstellen. Das Volatilitätsmaß basiert auf den Residuen eines ARIMA-Prozesses für den realen Wechselkurs. Für alle Länder außer Großbritannien kommen sie zu dem Ergebnis, daß die Volatilität im Zeitraum von 1973 bis 1987 einen signifikanten *positiven* Effekt auf die Exporte hat. Arize (1995) findet auf der Basis eines ähnlichen Modellrahmens einen signifikanten negativen Effekt.[42]

Die Studie von Kroner, Lastrapes (1993) untersucht den Einfluß der Volatilität auf multilaterale Exportvolumina und -preise. Dabei wird eine Technik der 'joint estimation' im Kontext eines parameterisierten Modells konditionaler Varianz (multivariates 'GARCH-in-mean'-Modell) verwendet. Im Gegensatz zu den in Tab. 1 zusammengefaßten konventionellen zweistufigen Schätzprozeduren legt das Modell den Varianzprognosen der Marktteilnehmer die Eigenschaft der Rationalität auf: "The model restricts the variance that affects trade to be the same as generated by the data" (Coté (1994), S. 19). Die konditionale Varianz weist (basierend auf Likelihood-Verhältnis-Tests) einen statistisch signifikanten Einfluß auf die Gleichungen in reduzierter Form für alle betrachteten Länder auf. Was die individuellen Koeffizienten angeht, wird der Effekt der Volatilität auf Volumina mit höherer

[42] Vgl. ähnlich Scheide, Solveen (1998).

Präzision für die U.S.A. geschätzt. Das Vorzeichen und die Größe der Effekte variieren jedoch für die untersuchten Länder stark. Die Bedeutung des Effekts scheint für Preise relativ größer zu sein. Für die U.S.A., Frankreich und Japan, ergibt sich lediglich ein temporärer Effekt der Volatilität. Die Volatilität hat nur für die U.S.A. und Großbritannien einen negativen Effekt auf Außenhandelsvolumina. Für die anderen betrachteten Volkswirtschaften ist der Koeffizient positiv. In bezug auf Exportpreise hat die Volatilität einen negativen Effekt in Schätzgleichungen für die U.S.A. und Deutschland. Ein positiver Einfluß findet sich für die anderen Gleichungen. Kroner, Lastrapes (1993) zeigen, daß die Resultate nicht robust gegenüber einer Verwendung der konventionellen Teststrategie sind (separate Schätzung der Exportgleichung und Substituieren des GARCH-Maßes durch eine über sechs Monate rollende Sample-Varianz). Der Wert dieser Untersuchungen für die vorliegende Arbeit besteht besonders darin, daß die von den Autoren verwendete Nomenklatur bei der Differenzierung in kurz- und langfristige Effekte der Wechselkursvolatilität den weiteren Ausführungen dieses Kapitels, insbesondere Abschnitt 6.6.1., zugrunde gelegt wird.

Koray, Lastrapes (1989) und Lastrapes, Koray (1990) verwenden vektorautoregressive (VAR) Modelle, um den Effekt der Wechselkursvolatilität auf den Außenhandel zu untersuchen. Der Hauptvorteil dieses Ansatzes liegt darin, daß er den Variablen des Systems ex ante keine Exogenität auferlegt. Diesem Aspekt wird auch in Kapitel 9 der vorliegenden Arbeit in bezug auf den Zusammenhang von Wechselkursvolatilität und Beschäftigung besondere Beachtung gewidmet. Die Wechselkursvolatilität kann potentiell auch andere Variablen außer dem Außenhandel beeinflussen und kann potentiell gleichzeitig selbst durch andere Makrovariablen beeinflußt werden. In ihrem ersten Beitrag untersuchen sie die Verbindung zwischen der realen Wechselkursvolatilität und den U.S.-amerikanischen bilateralen Importen aus fünf Industrieländern. Schätzungen werden separat für eine Periode fester Wechselkurse (1961-1971) und eine Periode flexibler Wechselkurse (1975-1985) durchgeführt. Zusätzlich zur realen Wechselkursvolatilität enthält jedes Modell das U.S.-amerikanische und das jeweilige ausländische Geldangebot, Output, Preise, Zinssätze und den nominalen Wechselkurs (für die Periode fester Wechselkurse). Sie schlußfolgern, daß die Beziehung zwischen der Wechselkursvolatilität und dem Außenhandel *schwach* ist, obwohl sie unter dem Regime flexibler Wechselkurse vergleichsweise ausgeprägter zu sein scheint. Diese Einstufung basiert auf der Beobachtung, daß lediglich ein kleiner Anteil der Varianz der U.S.-amerikanischen Importe durch Innovationen in der Volatilität erklärt wird.[43] Obwohl diese Erklärungsbeiträge gering erscheinen, sind sie oft gleich oder sogar größer als diejenigen der anderen Variablen des Systems. Außer für Frankreich tendieren permanente Schocks der Volatilität dazu, eine Verringerung der Importe zu bewirken. Die Autoren interpretieren ihre Resultate in der Weise, daß die Wechselkursvolatilität *nicht notwendigerweise eine rein exogene* Quelle der Instabilität darstelle. In allen betrachteten Fällen erklärt wenigstens eine Makrovariable einen signifikanten Teil der Fehlervarianz der Volatilität.

In ihrem zweiten Beitrag verwenden Lastrapes und Koray einen ähnlichen Ansatz, aber fokussieren ihre Betrachtungen auf U.S.-amerikanische multilaterale Exporte und Importe während der Periode flexibler Wechselkurse. Sie kommen hier zu denselben allgemeinen Schlußfolgerungen. Im Vergleich zu den anderen im System enthaltenen Variablen spielt die Wechselkursvolatilität eine relativ untergeordnete Rolle bei der Erklärung der Importe, Exporte und des realen Outputs. Die 'responses' auf Volatilitätsschocks sind gering und statistisch insignifikant. Auch beeinflußt die konjunkturelle Lage die Höhe der Volatilität. Innovationen im relativen Geldangebot, Zinssätzen und Preisen leisten diesbezüglich einen besonders ausgeprägten Einfluß. Die erzielten Resultate stützen aus der Perspektive von Lastrapes, Koray (1990) die Sichtweise, daß die Wechselkursvolatilität eher ein *Symptom makroökonomischer Instabilität* als eine unabhängige Erklärende hierfür sei. Die Bedeutung der Studien von Koray, Lastrapes (1989) und Lastrapes, Koray (1990) für die vorliegende Arbeit liegt darin, daß die *Frage der Exogenität der Wechselkursvolatilität* so deutlich wie selten in der Literatur in den Vordergrund gestellt und als *zu testende Hypothese* behandelt wird.

3) Wie bedeutsam ist der Einfluß der Wechselkursunsicherheit im Vergleich zu anderen Determinanten des Außenhandels? Die Schlußfolgerung, daß die Wechselkursvariabilität keine bedeutende Rolle bei der Erklärung des Umfangs von Außenhandelsströmen spielt, wird auch theoretisch durch eine Simulationsanalyse von Gagnon (1993) bestätigt. Er leitet ein dynamisches Optimierungsmodell ab, das durch rationale Erwartungen und Anpassungskosten gekennzeichnet ist. Das Modell, das sich auf risikoaverse Händler stützt, kommt zu dem Ergebnis, daß die Wechselkursvariabilität das Handelsniveau reduziert. Im Gegensatz zu vorhergehenden Untersuchungen wird das Ausmaß des Effektes durch verschiedene Parameterisierungen des Modells eingeschätzt. Es wird gezeigt, daß ein Anstieg der realen Wechsel-

---

[43] In bezug auf die U.S.-Importe aus Kanada, beträgt der geschätzte Beitrag ungefähr 4 Prozent. Den bedeutendsten Effekt erhalten sie für Japan (ungefähr 11 Prozent).

kursvolatilität in demselben Umfang wie nach dem Übergang vom Bretton Woods-System zu einem System flexibler Wechselkurse in den siebziger Jahren das Außenhandelsvolumen um 1 bis 3 % verringert hätte. Diese Effekte seien jedoch angesichts des Niveaus des Welthandels zu gering, um sie statistisch aufzudecken, obwohl sie ökonomisch signifikant seien (dell'Ariccia (1998), S. 4, Europäische Kommission (1990), S. 73 f., Fischer (1997), S. 24 f., und Glick, Wihlborg (1996), S. 128).[44] Dasselbe Modell prognostiziert aber auch, daß der 'Switch' zu flexiblen Wechselkursen und der damit verbundene Anstieg der Wechselkursvariabilität einen signifikanten negativen Einfluß auf die Wohlfahrt der Außenhändler gehabt haben sollte. Dieses Resultat ist gemäß Abschnitt 6.2. kompatibel mit relativ *unbedeutenden* Effekten dieser Variabilität auf den Außenhandel, falls keine ertragbringende alternative Nutzung für die außenhandelsgebundenen Ressourcen vorliegt. Dieses Ergebnis könnte auch die in diesem Abschnitt näher beleuchteten uneindeutigen empirischen Ergebnisse der wissenschaftlichen Literatur mit den wesentlich eindeutigeren Ergebnissen von Meinungsumfragen unter Führungskräften in der Wirtschaft versöhnen. Letztere kommen sehr häufig zu dem Ergebnis, daß die Mehrheit der Befragten der Ansicht zustimmen, daß Wechselkursstabilität für ihre Entscheidungen wichtig sei (dell'Ariccia (1998), S. 4, Europäische Kommission (1990), S. 74, und die dort genannten Quellen).

Im Gegensatz zu diesen Beiträgen findet Bini-Smaghi (1991) auf der Basis seiner empirischen Resultate für die *konventionelle* Annahme in bezug auf Volatilitätseffekte auf den Außenhandel starke Unterstützung. Bini-Smaghi fokussiert seine Betrachtungen auf den Außenhandel mit Gütern des verarbeitenden Gewerbes innerhalb des EWS. Die Gleichungen werden auf der Basis der Periode von 1976 bis 1984 für Exportvolumina und Preise für Deutschland, Frankreich und Italien geschätzt. Er findet, daß die Wechselkursvolatilität, gemessen durch die Standardabweichungen wöchentlicher Änderungsraten des effektiven Intra-EWS-Wechselkurses für das jeweilige Quartal, in bezug auf alle drei Länder einen negativen und signifikanten Effekt auf Exportvolumina hat. Die Volatilität hat ebenfalls einen signifikanten Effekt auf Preise. Das Vorzeichen der letzteren ist negativ für Deutschland und positiv für die übrigen beiden Länder. Diese Ergebnisse

---

[44] Gagnon merkt jedoch an, daß diese Schätzer möglicherweise zu hoch seien. Denn das Modell ignoriere verschiedene Mechanismen (Läger, Terminmärkte), die zur Minimierung der Effekte des Risikos dienten. Zudem sei der angenommene Grad der Risikoaversion zu hoch.

legen nahe, daß im Falle Frankreichs und Italien ein vergleichsweise größerer Anteil des Risikos durch die Exporteure getragen wird. Dies erweist sich als konsistent mit dem Resultat, daß ein geringerer Anteil der Exporte dieser Länder in heimischer Währung abgerechnet wird. Bini-Smaghi schlußfolgert, daß die vergebene Suche vorheriger Studien nach einem signifikanten Effekt auf die Nichtberücksichtigung geeigneter disaggregierter Daten, eine Fehlspezifikation der verwendeten Gleichungen (insbesondere eine unzureichende Erfassung der Dynamik) und eine unbefriedigende Methode der Risikomessung zurückzuführen sei. Um diesen Punkt darzulegen, stellt er Regressionsergebnisse unter Verwendung anderer Daten (als sie in früheren Studien bereits verwendet wurden) und Spezifikationen vor. In diesen alternativen Regressionen wird der geschätzte Koeffizient für die Volatilität weniger signifikant. Er schätzt ebenfalls Gleichungen, die sowohl die erwartete (basierend auf autoregressiven Schätzungen) als auch die nicht erwartete Volatilität beinhalten. Nur die letztere erweist sich in den Gleichungen für Frankreich und Italien als signifikant. Im Fall Deutschlands haben beide Variablen einen signifikanten Effekt (Gros, Thygesen (1998), S. 281).

4) Drei ausgewählte Studien verwenden *'cross-section'-Regressionen.* De Grauwe, Verfaille (1988) versuchen zu erklären warum der Intra-EWS-Außenhandel in der Vergangenheit mit substantiell geringerer Geschwindigkeit als der Handel zwischen den anderen Industrieländern bzw. zwischen den EWS-Teilnehmern und dem Rest der industrialisierten Welt wuchs, trotz des vermeintlichen Erfolgs des EWS bei der Stabilisierung der Wechselkurse in der Periode von 1979 bis 1985 und der Evidenz, daß 'Misalignments' unter den EWS-Währungen kleiner als diejenigen zwischen den 'frei floatenden' Währungen ausfielen.[45] Bilaterale Exportvolumina von 15 Industrieländern werden verwendet. Exporte sind eine Funktion von Nachfrage und Angebot (des ausländischen und inländischen Einkommens), relativen Preisen, einer Dummy für Zollunionen, einem Maß der langfristigen realen Wechselkursvolatilität (die Varianz der jährlichen Wechselkursänderungen) und dem 'Misalignment' als einem Indikator für protektionistischen Druck. Sowohl die Wechselkursvariabilität als auch das 'Misalignment' haben einen negativen und signifikanten Einfluß auf das Exportwachstum. Hinsichtlich der Größenordnung finden de Grauwe und Verfaille, daß das Einkommen und die Wechselkursvariabilität die wichtigsten Faktoren bei der Erklärung des Exportwachstums sind. Die Schätzungen implizieren, daß

---

45 Die Messung des 'Misalignment' basiert auf Abweichungen von den Werten, die den Kaufkraftparitäten entsprechen.

die Variabilität während der Periode von 1979 bis 1985 die Wachstumsrate der Exporte außerhalb des EWS um 8 bis 10 Prozentpunkte, den Intra-EWS-Handel hingegen nur um 0,7 Prozentpunkte reduzierte. Es werden zwei Gründe für das langsamere Wachstum des Außenhandels innerhalb des EWS herausgestellt: ein schwächeres Einkommenswachstum und eine geringere Einkommenselastizität der Exportnachfrage, als der Prozeß der Handelsintegration weitgehend vollzogen war. Die Autoren verweisen auf die offene Frage, ob das EWS *gleichzeitig* eine geringe Wechselkursvariabilität und ein geringes Outputwachstum verursacht hat. Eine Bejahung dieser Frage schmälere die positive Einschätzung des EWS. In einem Kommentar stellt Mélitz (1988) einige schwerwiegende Mängel dieses Ansatzes heraus. Insbesondere sei das von de Grauwe, Verfaille (1988) verwendete Maß der Variabilität (basierend auf aufeinander folgenden monatlichen Beobachtungen von Jahresänderungen insignifikant, da es überlappende Beobachtungen verwende und deshalb die jährliche Variabilität nicht angemessen approximiere (Mélitz (1988), S. 101, und Abschnitt 6.6.1.).

5) Die Studie von Brada, Méndez (1988) unterscheidet sich von den vorhergehenden, insofern als sie den Effekt des *Wechselkursregimes*, anstelle der Variabilität selbst, auf das Volumen des Außenhandels analysiert. Ihre Ergebnisse widersprechen denjenigen von de Grauwe, Verfaille (1988). Die Studie verwendet ein 'Gravity'-Modell bilateraler Handelsströme, das inländische und ausländische Einkommen, die Bevölkerung, die Entfernung zwischen Ländern, und Dummyvariablen für das Wechselkurssystem und institutionelle Handelsarrangements beinhaltet. Das Modell wird auf der Basis von Daten für 30 entwickelte Länder und Entwicklungsländer für jedes der Jahre von 1973 bis 1977 geschätzt. Mit einer Ausnahme erweisen sich die Koeffizienten des Wechselkursregimes als signifikant ($\alpha = 0{,}05$). In allen Fällen sind die Handelsströme zwischen Ländern mit 'floating rates' größer als zwischen Volkswirtschaften mit festen Wechselkursen. Die Verringerung des Außenhandels unter einem Regime fester Wechselkurse beläuft sich auf Werte zwischen 27 und 61 Prozent. Die Autoren schlußfolgern, daß -obwohl die Wechselkursvariabilität den Handel zwischen Ländern reduziert- die Effekte der Variabilität geringer ausfallen als diejenigen restriktiver unter Regimes fester Wechselkurse oft implementierter 'commercial policies'. Anstatt sich auf Wechselkursbewegungen zu verlassen, um ein Gleichgewicht der Zahlungsbilanz zu erlangen, müssen Länder unter Regimes fester Wechselkurse auf entsprechende Änderungen heimischer Einkommen und Preise vertrauen oder errichten erfahrungsgemäß Handelsbarrieren. Da letztere politisch akzeptabler sind, wird die Nachfrage nach Im-

porten in Ländern mit überbewerteten Währungen oft durch tarifäre und nichttarifäre Handelshemmnisse kontrolliert (dell'Ariccia (1998), S. 18, Edison, Melvin (1990), S. 27, Glick, Wihlborg (1996), S. 127).[46]

Eine dritte Studie, die sich auf eine 'cross-section'-Analyse stützt, wird von Frankel, Wei (1993) geliefert. Sie verwendet ebenfalls ein 'Gravity'-Modell zur Erklärung bilateraler Außenhandelsströme, um die Auswirkungen nominaler und realer Wechselkursvolatilität zu testen. Sie schätzen drei separate Regressionen für die Jahre 1980, 1985 und 1990. Dabei verwenden sie ein Datenset, das 63 Länder umfaßt.[47] Da ein 'simultaneity bias' in den Regressionen nicht ausgeschlossen erscheint (Regierungen könnten innerhalb des Stützzeitraums versucht haben, die bilateralen Wechselkurse zu ihren wichtigsten Handelspartnern zu stabilisieren) liefern die Autoren zusätzlich zu den OLS-Schätzungen Instrumentvariablen-Schätzungen (IV). Die Vermutung eines 'Bias' scheint durch die Daten bestätigt zu werden, da sich die Größe des geschätzten Einflusses der Wechselkursvolatilität auf der Basis des IV-Verfahrens deutlich reduziert. Die Standardabweichung relativer Geldpolitiken wird dabei als Instrument für die Geldpolitik verwendet (Frankel, Wei (1993), S. 16 ff.).[48] Sie finden, daß sowohl die nominale als auch die reale Volatilität 1980 einen negativen und signifikanten Einfluß auf Handelsströme hatte. Der Effekt ist für beide Maße positiv, jedoch insignifikant für das Jahr 1985. Unter Verwendung der realen Volatilität ergibt sich für 1990 ein negatives Vorzeichen. Für die nominale Volatilität hingegen bleibt es 1990 positiv und wird sogar statistisch signifikant. Die Änderung des Vorzeichens könnte ein Indiz dafür sein, daß die Entwicklung von Wechselkurssicherungsinstrumenten den negativen Effekt der Volatilität im Zeitablauf verringert hat (Frankel, Wei (1993), S. 19 f., Pozo (1992), S. 328, Abschnitt 6.1.1.). In allen Fällen erweist sich das geschätzte Ausmaß des Einflusses jedoch als relativ gering. Dies gilt besonders für die Schätzgleichungen, in denen Korrekturen zur Vermeidung eines 'simultaneity bias' vorgenommen werden. Die von ihnen bevorzugten Schätzungen legen nahe, daß eine vollständige Eliminierung der Wechselkursvolatilität zwischen EG-Mitgliedern das Handelsvolumen innerhalb der EG-Region um 0,77 Prozentpunkte vergrößert hätte. Wäre die 1990 vorherrschende reale Volatilität der Wechselkurse eliminiert worden, hätte sich der Intra-EG-Außenhandel

46 Für die Erläuterung eines 'gravity'-Modells vgl. dell'Ariccia (1998), S. 5 ff.

47 Dummyvariablen erfassen die Effekte von Handelsblöcken.

48 Eine derartige Vorgehensweise führt jedoch zu dem neuen Problem, daß die Geldpolitik in vielen EU-Volkswirtschaften durch die Wechselkursstabilität determiniert wurde. Vgl. dell' Ariccia (1998), S. 10.

nur um 0,15 Prozentpunkte erhöht. Frankel, Wei (1993) verwenden ihre Schätzergebnisse auch zur Kalkulation der Außenhandelseffekte der 1992 stattgefundenen -und in Kapitel 2 der vorliegenden Arbeit beschriebenen- Verdopplung der Volatilität im EWS. Demnach prognostizieren sie einen negativen Effekt auf den Außenhandel im Ausmaß von 0,25 Prozentpunkten (falls also die Variabilität 1990 auf ihr Niveau 1980 zurückkehren würde). Unter Berücksichtigung der fehlenden Robustheit ihrer Ergebnisse (im Verhältnis zum während einer Dekade ebenfalls angestiegenen 'trade bias' zugunsten des intra-regionalen Handels) schlußfolgern sie, daß der realwirtschaftliche Effekt der Volatilität, wie von Gagnon (1993) theoretisch hergeleitet, *eher quantitativ gering* ausfallen sollte.[49]

Auch ein jüngerer Beitrag von Stokman (1995) betrachtet die Auswirkungen der Wechselkursvolatilität auf den Außenhandel vor dem Hintergrund der Erfahrungen mit dem EWS. Er argumentiert, das Fehlen systematischer und signifikanter Ergebnisse sei auf das zu hohe Aggregationsniveau der jeweils verwendeten Daten zurückzuführen. Um die Rolle des EWS bei der Förderung des Intra-EG-Handels zu evaluieren, verwendet er deshalb eine *sektorale* Betrachtung. Er konstruiert einen Sample aus fünf Intra-EG-Exporteuren und fünf Sektoren (vgl. Tab. 1) und schätzt je eine Exportgleichung für ein gegebenes Land und einen gegebenen Sektor. Intra-EG-Exporte werden dabei auf das EG-BIP, relative Preise und die nominale Wechselkursvolatilität bezogen. Für jedes Land schätzt er die jeweils fünf Sektor-Gleichungen auf der Basis von Quartalsdaten (1980-1990) und dem 'Seemingly-Unrelated-Regression'-Verfahren simultan (vgl. Abschnitt 6.6.3.3.). Im Hinblick auf die dabei erzielten Resultate unterscheidet sich diese Studie stark von den anderen in Tab. 1 dargestellten Ergebnisse: in 90 % der Fälle weisen die Koeffizientenschätzer für die Wechselkursvolatilität das erwartete negative Vorzeichen auf und sind signifikant. Eine mögliche Erklärung hierfür ist, daß die in den Regressionen verwendeten Variablen trotz zu vermutender Nichtstationarität in Niveaus formuliert werden. Um 'spurious results' zu vermeiden, hätte der Verfasser besser vorher auf Kointegration zwischen diesen Variablen testen sollen.[50] Unter Verwendung seiner Schätzergebnisse ist Stokman (natürlich) in der Lage zu zeigen, daß der Europäische Wechselkursmechanismus den Intra-EG-Handel signifikant stimuliert hat. Falls das Niveau der Volatilität vor Einführung des EWS

---

49 Für diese Interpretation der Studie vgl. auch dell'Ariccia (1998), S. 4.

50 Vgl. Belke (1996), S. 246 ff., Sekkat (1998), S. 14, und die Kapitel 6.5.2. und 9 der vorliegenden Arbeit.

während der Periode 1987-1990 beibehalten worden wäre, wären die Exporte aus Deutschland, Belgien und Italien um 4,4%, 3,9% bzw. 3,8% geringer ausgefallen. Die geschätzten negativen Einflüsse für Frankreich und die Niederlande betragen 2,5% bzw. 0,5%.

6) Eine weitere Frage, die in einigen der tabellierten Studien aufgeworfen wird und für die weiteren Abschnitte dieser Arbeit von Belang ist, lautet: ist es die antizipierte oder die nicht antizipierte Variabilität der Wechselkurse, die den Außenhandel beeinflußt? Savvides (1992) verwendet eine zweistufige Schätzmethode, um die Annahme zu testen, daß *nur die nicht antizipierte Komponente* der Wechselkursvariabilität den Außenhandel beeinflußt. Es werden Jahresdaten für 62 Industrie- und Entwicklungsländer verwendet, um Regressionen für die Periode von 1973 bis 1986 zu schätzen. Die Offenheitsgrade und die Terms-of-Trade-Schocks weisen einen signifikanten Einfluß auf die reale Wechselkursvariabilität auf. Der Effekt antizipierter und nicht antizipierter Variabilität, die basierend auf den Resultaten dieser Schätzgleichungen operationalisiert werden, auf das Exportvolumen wird getestet. Nur der Koeffizient für die nicht antizipierte Komponente erweist sich als negativ und signifikant. Die nominale Wechselkursvariabilität hat ebenfalls keinen signifikanten Effekt. Der Autor stellt die Ergebnisse für Industrieländer und für weniger entwickelte Länder separat dar, obwohl für beide Ländergruppen dieselben Schlußfolgerungen in bezug auf den Einfluß der Wechselkursvariabilität gelten. Obwohl dies im Text nicht erwähnt wird, sind die Ergebnisse für die Industrieländer nicht allzu überzeugend, da die Einkommens- und die Relativpreisvariable insignifikant sind. Der Einkommensterm weist sogar ein nicht theoriekonformes Vorzeichen auf (Coté (1994), S. 23).

Zivkov-Perl (1989) verwendet den Teil der Wechselkursvariabilität, der nicht durch die nicht antizipierte Komponente des 'U.S. and foreign money' erklärt werden kann, als ein Maß der Wechselkursvariabilität. Nachdem sie die Variabilität in ihre Ursachen (wie die Geldpolitik) und ein Residuum zerlegt, kann sie einen gemischten Einfluß des Wechselkursrisikos auf das Handelsvolumen nicht ablehnen (1975-1988). Sie schlußfolgert hieraus, daß ein größerer Teil der sonst identifizierten Unsicherheitseffekte des Wechselkurses auf den Außenhandel *eher einer allgemeiner definierten Unsicherheit* (wie z.B. in bezug auf das Geldangebot) als flexiblen Wechselkursen per se zuzurechnen sind.[51]

7) Die einzigen Studien, die sich auf Kanada konzentrieren, sind Bélanger u.a. (1988, 1992). In beiden Studien untersuchen die Autoren den Einfluß der nominalen Wechselkursvariabilität auf die Handelsströme zwischen den U.S.A. und Kanada in fünf Sektoren. Ihr Risikomaß basiert auf den 'three-month forecast errors' auf dem Markt für 'forwards'.[52] In ihrem ersten Beitrag werden Gleichungen für U.S.-amerikanische Exporte nach Kanada modelliert. Zusätzlich zu dem Risikomaß werden Terme für die Kapazitäten, den Output und die relativen Preise berücksichtigt. Einzelgleichungs- und Mehrgleichungs-Instrumentvariablenverfahren werden verwendet. Der Stützzeitraum umfaßt die Periode von 1976 bis 1987. Die Variabilität hat einen negativen und signifikanten Einfluß in zwei Sektoren: im Bereich der 'industrial supplies' und der Automobilbranche. Das letzte Resultat ist angesichts der integrierten Natur der Automobilindustrie überraschend.[53] Trotz der Aufmerksamkeit, die sie dem Schätzverfahren widmen, sind die Ergebnisse von Bélanger u.a. (1988, 1992) nicht allzu überzeugend, denn einige der erklärenden Variablen weisen nicht die erwarteten Vorzeichen auf. In ihrem zweiten Beitrag konzentrieren sie sich auf dieselben Sektoren wie vorher, aber entscheiden sich diesmal für die Schätzung von U.S.-amerikanischen Importnachfragefunktionen. Sie experimentieren dabei mit verschiedenen Verzögerungen der Risikovariablen. Von den vierzig angeführten Schätzern für die Risikovariablen sind nur zwei statistisch signifikant. Der Effekt des Wechselkursrisikos verändert sein Vorzeichen, sobald das Timing der implementierten Variablen verändert wird. Die Autoren schlußfolgern, daß sie keinen stabilen, ökonomisch und statistisch signifikanten negativen Einfluß des Wechselkursrisikos auf U.S.-Importe aus Kanada identifizieren können.

Die letzte hier exemplarisch angeführte Studie zum Einfluß der Wechselkursunsicherheit auf den Außenhandel ist Kumar (1992), der seine Annahme in bezug auf den unterschiedlichen Effekt der Wechselkursvolatilität auf den

---

[51] Vgl. ähnlich auch Baldwin (1991), S. 27. Für schwächere Ergebnisse auf Basis des relativen Geldmengenwachstums als Instrumentvariable für die Wechselkursvolatilität vgl. Frankel, Wei (1993), S. 18 ff.

[52] In ihrem zweiten Beitrag konstruieren sie auch ein Maß, welches die Risikoprämie aus dem Prognosefehler isoliert. Sie verwenden dabei eine von Pagan, Ullah (1988) entwickelte Methode.

[53] Dieses Argument spielt auch in Abschnitt 6.2. in bezug auf die europäische Automobilindustrie eine Rolle.

intraindustriellen Handel und den 'net trade' testet. Gleichungen werden für die U.S.A., Japan und Deutschland geschätzt. Die Ergebnisse stützen Kumars Annahmen nur partiell. Das Wechselkursrisiko erhöht den intraindustriellen Handel und reduziert den 'net trade' in den Vereinigten Staaten, wie von dem Modell vorhergesagt. Für Japan hingegen reduziert das Wechselkursrisiko zwar den 'net trade', aber beeinflußt den intraindustriellen Handel nicht. Im Falle Deutschlands erhöht das Risiko den intraindustriellen Handel, aber läßt den 'net trade' unberührt.

Wie in der Einleitung zu diesem Abschnitt schon angemerkt, betreffen die meisten der hier referierten und systematisierten Studien die *direkten* Auswirkungen der Wechselkursvariabilität (Volatilität oder 'Misalignment') auf Mengen und Preise. Eine zweite seltenere Variante von Studien befaßt sich mit den Effekten der Variabilität *auf die Intensität der Reaktion* von Preisen und Mengen auf Änderungen des relevanten Wechselkurses. Vier ausgewählte Studien fokussieren ihre Betrachtungen dabei in Anlehnung an die Debatte um den 'Pass-Through' (Sapir, Sekkat (1990)) auf den Effekt der Wechselkursvolatilität auf Außenhandelspreise. Diese Ergebnisse sind für die Fragestellung dieses Abschnittes potentiell bedeutsam, da gemäß Abschnitt 6.1.1 induzierte Veränderungen der Außenhandelspreise auch auf Veränderungen der Handelsvolumina hindeuten. Mann (1989) testet den Effekt des Wechselkurstrends und der Wechselkursvolatilität auf U.S.-amerikanische, japanische und deutsche Exportpreise für fünf Industriekategorien. Zu diesem Zweck werden je nach spezifischer Bestimmung gewichtete Wechselkurse für diese Industrien konstruiert. Das Wechselkursrisiko weist im Fall der U.S.A. durchgehend einen negativen Effekt auf Exportpreise auf. Dies legt gemäß Abschnitt 6.1.1 nahe, daß die Käufer von U.S.-amerikanischen Produkten das Wechselkursrisiko absorbieren. Der empirisch identifizierte Effekt ist auf dem 10 Prozent-Niveau in bezug auf drei Industrien signifikant. Für Japan und Deutschland erweist sich ein derartiger (in bezug auf diese Länder oft positiver) Effekt jedoch durchgehend als insignifikant.

Feenstra, Kendall (1991) erweitern die Analyse von Mann (1989) um die Berücksichtigung eines optimalen 'forward covering'. Sie testen die folgenden Annahmen über die Verbindung zwischen einer geschätzten Risikoprämie und dem Einfluß der Wechselkursvolatilität auf Exportpreise: Wenn die Preissetzung in heimischer Währung erfolgt, können Unternehmen sich nicht auf dem Devisenmarkt absichern, da die Importnachfrage unsicher ist ('random fluctuations'). Daher gilt selbst bei vorhandenen Terminmärkten das in Abschnitt 6.1.1 dargestellte Resultat, daß ein Anstieg des Wechselkursrisikos *Exportpreise tendenziell reduziert*. Wenn die Preissetzung jedoch in fremder Währung erfolgt, können die Unternehmen nach Feenstra, Kendall (1991) potentiell alle Einkommensrisiken abdecken. Die Wechselkursunsicherheit beeinflußt das Gewinnmaximierungskalkül in diesem Fall nicht. Falls jedoch der Terminkurs unterhalb des erwarteten zukünftigen Kassakurses liegt (negative Risikoprämie), sieht sich das Unternehmen einem Trade-off zwischen erwartetem Gewinn und der Varianz des Gewinns gegenüber. Es entscheidet sich dafür, nur einen Teil der Währungsrisiken abzudecken. In diesem Fall *steigen Exportpreise* wie im Standardfall aus Abschnitt 6.1.1 tendenziell an. Aggregiert man nun die Exportpreisgleichungen über die unterschiedlich fakturierenden Unternehmen so lassen sich zwei zentrale Hypothesen ableiten: a) Falls die Risikoprämie signifikant negativ ist, überlagern sich negative und positive Preiseffekte. Der Gesamteffekt höherer Wechselkursunsicherheit ist dann mehrdeutig und deshalb insignifikant. b) Falls die Risikoprämie nicht signifikant ist, überlagern sich der negative Preiseffekt durch Unternehmen, die in heimischer Währung fakturieren, und die Nichtreaktion von Unternehmen, die in Fremdwährung fakturieren. Der Gesamteffekt höherer Wechselkursunsicherheit auf Außenhandelspreise ist deshalb signifikant negativ.

Die Autoren präsentieren Regressionen für Preise von U.S.-amerikanische Importen aus Deutschland, Großbritannien und Japan. Die Wechselkursvarianz wird im Rahmen eines GARCH-Modells geschätzt. Eine signifikante negative zeitvariable Risikoprämie wird für den Yen, nicht aber für das Britische Pfund und die Deutsche Mark gefunden. Die 'pass-through'-Gleichung, welche die Varianz einschließt, wird als eine Kaufkraftparitätengleichung in Fehlerkorrekturmodellspezifikation reformuliert, wobei der Wechselkurs die abhängige Variable darstellt. Die Varianz erweist sich dabei für die japanische Exportpreisgleichung als insignifikant. Hingegen erweist sie sich in den Schätzgleichungen für Großbritannien und Deutschland als negativ signifikant. Diese Ergebnisse bestätigen die Annahmen von Feenstra, Kendall (1991). Denn die Unternehmen, die in die U.S.A. exportieren und in Dollar fakturieren, erreichen den erzielten Resultaten zufolge eine Abdeckung des Wechselkursrisikos in britischen Pfund und in Deutschen Mark, nicht aber in Yen (für den zuvor eine signifikante Risikoprämie gefunden wurde) (Feenstra, Kendall (1991), S. 16 ff.).

Zwei weitere Studien studieren den Einfluß der nominalen Wechselkursvolatilität (Sapir, Sekkat (1989)) bzw. des 'Misalignment' (Sapir, Sekkat

(1995)) auf die Reaktion der Außenhandelspreise auf Wechselkursänderungen auf empirische Weise. Es erweist sich auf der Basis von gepoolten Zeitreihendaten für ERM- und Nicht-ERM-Ländersamples (1980-1987, OLS) vor allem das Maß für 'Misalignment' der Wechselkurse zwischen ERM-Mitgliedern und den U.S.A., nicht aber das Maß für die Intra-ERM-Variabilität als signifikant. Die Autoren folgern hieraus, daß eine Verringerung von 'Misalignments' innerhalb des Europäischen Wechselkursmechanismus zu einem höheren 'pass-through' geführt hat. Da zusätzliche Untersuchungen die Abhängigkeit dieser Ergebnisse vom Grad des 'Misalignment', nicht aber vom eigentlichen Wechselkursregime, anzeigten, sei das EWS hinreichend aber nicht notwendig für einen höheren 'pass-through'.[54] Verwandt mit diesen Studien ist schließlich auch die Arbeit von Glick, Wihlborg (1996). Sie untersuchen für den Zeitraum von 1980 bis 1993 und U.S.-amerikanische Export- und Importvolumina gegenüber den dreißig wichtigsten Handelspartnern, wie *Elastizitäten der Handelsströme* von der Flexibilität des Wechselkursregimes beeinflußt werden. Als zweite Innovation verwenden sie neben einem Maß der Wechselkursvariabilität zusätzlich ein kontinuierliches, für jedes Land über einen langen Zeitraum ermitteltes, Maß der bilateralen Wechselkurs*flexibilität*. Sie kommen zu dem Ergebnis, daß die U.S.-amerikanische Exportelastizität mit dem Grad bilateraler Wechselkursflexibilität der importierenden Volkswirtschaft wächst. Die U.S.-amerikanische Importelastizität in bezug auf das U.S.-BIP fällt mit dem Grad bilateraler Wechselkursflexibilität der exportierenden Volkswirtschaft. Ihre Erklärung für das letztgenannte Ergebnismuster ist die *Endogenität des (gewählten) Wechselkursregimes* in bezug auf die -gemäß der Theorie optimaler Währungsräume von dem Grad der nominalen Arbeitsmarktrigiditäten abhängenden (vgl. Kapitel 2)- Angebotselastizität der exportierenden Volkswirtschaft. Unter diesen Voraussetzungen fällt die U.S.-amerikanische Importelastizität systematisch, wenn die gemessene Wechselkursflexibilität ansteigt. Dies entspricht einem scheinbar negativen Einfluß der Wechselkursvariabilität auf die U.S.-Importe. Die Wechselkurvariabilität erweist sich durchweg als insignifikant. Dies kann jedoch auf die geringe Variation dieses Maßes über die Länder hinweg zurückzuführen sein (Glick, Wihlborg (1996), S. 143). Es zeigt sich bei einer Auswertung der vorstehend behandelten vier Studien, daß die Preiseffekte erhöhter Wechselkursunsicherheit *mehrdeutig* sind. Sie hängen von der Marktstruktur, der gewählten Währungsdenominierung von Kontrakten und der Verfügbarkeit

---

[54] Für einen Überblick vgl. ausführlich Sekkat (1998), S. 19 ff.

eines 'forward cover' ab. Um über den Preiskanal das Ergebnis eines negativen Einflusses der Wechselkursunsicherheit auf den Außenhandel zu erhalten, bedarf es eines sehr *stringenten Satzes an Annahmen.*

In den vorstehenden Ausführungen wurden *lediglich einige Beispiele* der ausgewerteten empirischen Studien genauer beschrieben, da der Themenschwerpunkt dieses Kapitels auf den *Arbeitsmarkt*effekten der Wechselkursunsicherheit liegt. Da der Außenhandelskanal von vielen Ökonomen jedoch als am relevantesten für die Transmission auf Arbeitsmärkte angesehen wird, wurden die aus einer *vollständigen* Auswertung der vorhandenen Studien resultierenden *stilisierten Fakten* in der Tab. 1 dargestellt. Welche Anhaltspunkte liefert diese Auswertung nun für die im folgenden erstmals in der Literatur durchzuführende empirische Analyse der Effekte der Wechselkursunsicherheit auf EU-Arbeitsmärkte?

6.1.2.3 Schlußfolgerungen

Die oben vorgenommene Auswertung jüngerer empirischer Studien führt fast zwangsläufig zu der (aus Surveys der älteren Literatur bereits vertrauten) Schlußfolgerung, daß die Evidenz für realwirtschaftliche Wirkungen der Wechselkursvariabilität überaus *gemischt* und *mehrdeutig* ausfällt (Caporale, Doroodian (1994), Clark, Faruqee (1997), S. 6, dell'Ariccia (1998), S. 4, Europäische Kommission (1990), S. 68, de Grauwe, Skudelny (1997), Fischer (1997), S. 46, Glick, Wihlborg (1996), S. 125 ff., IMF (1984), S. 36, Pozo (1992), S. 325, Sekkat (1998), S. 24). Einerseits finden Autoren, welche die Hypothese stützen, daß Wechselkursunsicherheit das Handelsvolumen reduziert, nur in weniger als der Hälfte der Fälle signifikante Effekte (Kenen, Rodrik (1986), Cushman (1983, 1986)). Andererseits verweisen Autoren, die diese Hypothese ablehnen, durchaus auch auf Koeffizienten, die das Gegenteil suggerieren (Gotur (1985), Hooper, Kohlhagen (1978)). Zusätzlich sind die Resultate der verschiedenen Studien *schwierig zu vergleichen,* da der Stützzeitraum, die betrachteten Länder und -am wichtigsten- das verwendete *Risikomaß* in den einzelnen Untersuchungen stark variieren. In einigen Fällen werden längerfristige Maße verwendet, die eine bessere Proxyvariable für Trendänderungen des Wechselkurses abgeben als für die Wechselkursvariabilität. Insgesamt scheint jedoch eine größere Anzahl von Studien die konventionelle Annahme zu stützen, daß die Wechselkursvariabilität das Volumen des Außenhandels reduziert.[55] Die Größe dieses Effektes wird dabei jedoch mehrheitlich als *eher gering* veranschlagt. Dieses stilisierte Faktum steht in auffälligem *Gegensatz* zu den in der allerdings wenig umfassenden Literatur vorgenommenen empirischen Einschätzungen der Wechselkursunsicherheit als einem *bedeutenden* negativen Einflußfaktor der *Investitionstätigkeit*. Die Schwäche des theoretischen Argumentes für eine Beziehung zwischen der Wechselkursvariabilität und der realwirtschaftlichen Variablen führt in bezug auf Investitionen eben *nicht* zu einer Schwäche der empirischen Evidenz. Eine Kontraktion der Investitionstätigkeit als Reaktion auf eine erhöhte Wechselkursvariabilität wird dabei als theoretisch vereinbar mit den Annahmen risikoaverser Investoren, Irreversibilitäten der Investitionsenscheidungen und Gewinnkonvexität bei unvollständiger Konkurrenz angesehen (stellvertretend de Grauwe, Skudelny (1997), S. 2, Fischer (1997), S. 24 f.).[56] Eine Reihe von empirischen Studien kann die Hypothese eines *negativen* Einflusses auf den Außenhandel jedoch *nicht* bestätigen (Bahmani-Oskooee, Payesteh (1993), Bailey, Tavlas, Ulan (1986), Gotur (1985), Hooper, Kohlhagen (1978), IMF (1984), und weitere Studien aus Tab. 1). Asseery, Peel (1991) und Kroner, Lastrapes (1993) finden -wie theoretisch von Dellas, Zillerfarb (1993) und anderen modelliert- sogar Evidenz für einen *positiven* Effekt der Volatilität auf Exportvolumina einiger Industrieländer (jedoch finden beide Studien konfligierende Vorzeichen für Großbritannien).

Die vorstehende Literaturauswertung deckt jedoch einige Faktoren auf, die einen *negativen* Einfluß zu begünstigen scheinen:

1) Es gibt gewisse Anzeichen dafür, daß die *nicht antizipierte Variabilität* von Wechselkursen einen signifikanteren Einfluß auf den Außenhandel aufweist. Diese Erkenntnis wird im weiteren Verlauf dieses Kapitels durch die Spezifikation eines geeigneten Wechselkursrisiko-Maßes berücksichtigt.[57]

---

55 Vgl. Caporale, Doroodian (1994), Chowdhury (1993), Cushman (1983, 1986), de Grauwe (1988), de Grauwe, Verfaille (1988), dell'Ariccia (1998), Kenen, Rodrik (1986), Kim, Lee (1996), Koray, Lastrapes (1989), Kumar, Dhawan (1991), Perée, Steinherr (1989), Pozo (1992), Stokman (1995), Thursby, Thursby (1987), Bini-Smaghi (1991), Savvides (1992) und weitere Quellen aus Tab. 1. Ähnlich verhält es sich mit den empirischen Studien zum Zusammenhang von Wechselkursregimes und Währungsrisiken. Vgl. Glick, Wihlborg (1996), S. 125.

56 Eine Ausnahme sind beispielsweise de Grauwe, Verfaille (1988). Für die bedeutende Rolle der Wechselkursunsicherheit für Investitionen vgl. Bell, Campa (1997), Goldberg (1993) und Huizinga (1994), S. 186 ff.

57 Für eine ähnliche Schlußfolgerung vgl. auch Coté (1994), S. 23.

2) Es wird tendenziell immer dann eher ein *negativer* Einfluß der Wechselkursunsicherheit auf den Außenhandel festgestellt, wenn die Analyse den *bilateralen* Handel und das bilaterale Wechselkursrisiko umfaßt. Dies kann möglicherweise mit bedeutenderen Substitutionseffekten bei engerer Definition des Handelsstroms begründet werden. Hingegen finden sich weniger deutliche Effekte in den Fällen, in denen der Zusammenhang zwischen der Variabilität der handelsgewichteten Außenwertes gegenüber mehreren Währungen und aggregierten Handelsströmen betrachtet wird (Fischer (1997), S. 31, Willett (1986)). Obwohl ein sektoraler Ansatz -auch in bezug auf den in dieser Arbeit thematisierten Einfluß der Wechselkursunsicherheit auf Arbeitsmärkte- angemessener wäre, hat die Schwierigkeit des Erwerbs qualitativ hochwertiger Daten wahrscheinlich entsprechende Forschungsbemühungen beschränkt. Trotzdem liefern die wenigen Studien wie beispielsweise Bélanger u.a. (1992) zu sektoralen Außenhandelsvolumina ebenfalls insignifikante Ergebnisse.

3) Im Gegensatz zum Dissens bezüglich der Verbindung zwischen der Wechselkursvariabilität und dem Außenhandel scheint es in der Literatur eher einen Konsens in bezug auf den negativen Einfluß des *Wechselkurs-'Misalignment'* auf Handelsvolumina zu geben (Clark, Faruqee (1997), S. 6, Müller, Buscher (1999), S. 17, Obstfeld (1995), S. 144). Gleichzeitig wird in diesen Untersuchungen dem Europäischen Wechselkursmechanismus (ERM) das Verdienst zugeschrieben, das 'Misalignment' gerade in der Phase von 1987-1992 tendenziell reduziert zu haben. Daher wird bisweilen die Schlußfolgerung gezogen, daß das ERM -sei es als ein notwendiges oder als ein nur hinreichendes Kriterium- ebenfalls einen positiven Einfluß auf den Intra-ERM-Außenhandel gehabt habe. Entsprechend wurde der in Kap. 2 diskutierten EWS-Krise von 1992/93 wegen der (vorläufig) verringerten Wechselkursstabilität eine negative Auswirkung auf zukünftige Intra-EU-Handelsströme zugerechnet.[58]

4) Nach Bailey, Tavlas (1988) finden die meisten Studien, die einen signifikanten Effekt der kurzfristigen Volatilität auf den Außenhandel aufdecken, Evidenz für die *reale* Wechselkursvolatilität. Allerdings sei auch in bezug auf diesen Indikator die Evidenz nicht überwältigend. *Negative* Effekte lie-

---

[58] Vgl. de Grauwe, Verfaille (1987), Sapir, Sekkat, Weber (1994), und Sekkat (1998), S. 25 f. Vgl. anders aber dell' Ariccia (1998), S. 16 ff. Er begründet seine Nichtevidenz für positive Außenhandelseffekte des EWS im Sinne von Caballero, Corbo (1989), S. 264, mit der mangelnden Glaubwürdigkeit der Paritäten und hieraus resultierenden 'Misalignment'-Erwartungen.

ßen sich vor allem bei der Verwendung *bilateraler* Außenhandels-Zeitreihen identifizieren (Punkt 2) (Bailey, Tavlas (1988), S. 434).[59]

5) Auch die Studien, die sich auf *europäische Währungen* und dabei explizit auf Intra-EU-Außenhandelsströme konzentrieren, kommen mehrheitlich zu dem Ergebnis, daß die Wechselkursvariabilität bilaterale Handelsströme *signifikant negativ* beeinflußt (Bini-Smaghi (1991), de Grauwe (1987), de Grauwe, Verfaille (1988), dell' Ariccia (1998), Frankel, Wei (1993), Sapir, Sekkat, Weber (1994), Stokman (1995)). Sapir, Sekkat, Weber (1994) beispielsweise finden auf der Basis von Quartalsdaten, daß Extra-EU-Exporte aus größeren EU-Ländern am sensitivsten auf Wechselkursänderungen reagieren. Eine ähnlich hohe negative Korrelation von Exporten und der Wechselkursänderungen wird auch in bezug auf den Intra-EU-Handel Großbritanniens aufgedeckt, das im größten Teil des Stützzeitraums unter flexiblen Wechselkursen operierte. "This is clear evidence in favour of the trade promotion aspects of systems of limited exchange rate flexibility, such as the EMS" (Sapir, Sekkat, Weber (1994), S. 31).[60] De Grauwe, Skudelny (1997) kommen zu dem Ergebnis, daß die Eliminierung der nominalen Wechselkursvariabilität in der EWU mit einer Verzögerung zu einem Anstieg des Intra-EWU-Handels um acht Prozentpunkte führe, wenn die EWU alle fünfzehn EU-Mitgliedsländer umfassen würde. In einer reduzierten EWU fallen diese Handelsgewinne -je nach unterstelltem Szenario- auf minimal nur noch zwei Prozentpunkte. Die Autoren führen dieses darauf zurück, daß die Länder mit der höchsten Wechselkursvariabilität in den letzten zwanzig Jahren außerhalb einer enger definierten EWU bleiben. Das Szenario, in dem die fiktive Zusammensetzung der EWU der tatsächlichen entspricht (11 Länder), führt hingegen zu einem langfristig prognostizierten Intra-EWU-Handelszuwachs um etwa sieben Prozentpunkte. Die Hauptimplikation dieser empirischen Studie besteht somit darin, daß die EWU -wenn sie nur groß genug ausfällt- zu substantiellen zusätzlichen Handelsströmen innerhalb der EWU führen wird.

Die jüngere Literatur legt nahe, daß die Variabilität von Wechselkursen, eher als einen direkten Effekt auf die Handelsvolumina zu haben, einen bedeutenderen Einfluß durch Investitionsentscheidungen (örtlich und/oder zeitlich) ausüben könnte. Sie könnte deshalb den Außenhandel durch ihren Effekt auf Kapazitäten beeinflussen. Die dabei auftretenden *Wirkungsverzö-*

---

[59] Für frühe Beispiele *negativer* Effekte bei *bilateralen* Außenhandels-Zeitreihen vgl. Akhtar, Hilton (1984), Cushman (1983), Maskus (1986) und Thursby, Thursby (1987).

[60] Vgl. auch Sekkat (1998), S. 21 ff.

gerungen könnten jedoch *recht lang* sein.[61] Die hier referierten empirischen Untersuchungen können vielleicht auch aus diesem -im Verlauf dieses Kapitels noch mehrfach betonten- Grund keine durchweg robuste Beziehung zwischen der Wechselkursvariabilität, den Wechselkursregimes und dem Außenhandel aufdecken. Hieraus lassen sich mehrere für den weiteren Verlauf der Arbeit wichtige *Schlußfolgerungen* ziehen.

Erstens bedeuten diese (Nicht-) Ergebnisse *keinesfalls*, daß *keine* derartige Verbindung existiert. Die Ausführungen zu Beginn dieses Abschnittes hoben heraus, daß die Wechselkursvariabilität nur dann keinen realwirtschaftlichen Einfluß haben sollte, wenn das Wechselkursrisiko entweder abgesichert oder für ein diversifizierendes Unternehmen irrelevant wird. Im weiteren Verlauf dieses Kapitels wird jedoch argumentiert, daß keine dieser beiden Bedingungen in der Realität vollständig erfüllt ist, denn nur ein Teil des Außenhandels wird über 'forward operations' abgesichert. Gleichzeitig zeigen verfügbare Daten über die internationale Portfoliodiversifikation durchweg auf, daß das Wechselkursrisiko durch die Anteilseigner nicht diversifiziert wird.[62] Auch wird für die hier verwendeten Modelle gezeigt, daß selbst bei perfekten Möglichkeiten zur Kurssicherung die Entscheidungsstrukturen der Akteure und somit die realwirtschaftlichen Effekte der Wechselkursvariabilität bestehen bleiben.

Zweitens implizieren diese Ergebnisse nicht, daß ebenfalls ein Einfluß der Wechselkursvariabilität auf die Höhe der Investitionen und die Arbeitsmärkte ausgeschlossen ist (vgl. ausführlich Abschnitt 6.2). Drittens ist die *Messung der Wechselkursunsicherheit* und die Wahl der *ökonometrischen Schätztechnik* möglicherweise *sorgfältiger* als in den bisherigen Studien *zu begründen*. Im Hinblick auf den erstgenannten Aspekt erweist sich die Erfassung der zeitlichen Variation der subjektiven Evaluierung des Risikos

---

61 Vgl. zum Beispiel Coté (1994), S. 23 f.

62 Vgl. Baldwin (1991), S. 22 und 30, Edison, Melvin (1990), S. 20, Europäische Kommission (1990), S. 73, Sapir, Sekkat, Weber (1994), S. 29 ff., und Sekkat (1998), S. 24 ff. "The fact is that most stockholders are not diversified against foreign exchange risk. The volume of outstanding futures, forward and option sales is quite small in Europe. Moreover, since national portfolios have a national bias and intra-EC trade is only about 15% of EC GDP, one cannot claim that stockholders are diversified against exchange rate risk via foreign equity ownership. Consequently, it seems reasonable to assume that *reducing real intra-EC exchange rate fluctuations* will *reduce the riskiness of investing* in Europe" (Baldwin (1991), S. 30, Hervorh.d.Verf.).

durch empirische Proxyvariablen erfahrungsgemäß als schwierig.[63] In bezug auf den zweitgenannten Aspekt wurde in Tab. 1 der Mangel an empirischen Untersuchungen auf Fehlerkorrekturmodellbasis, welche zwischen einer kurzen und einer langen Frist der realwirtschaftlichen Auswirkungen von Wechselkursvariabilität unterscheiden, überaus deutlich. Der VAR-Ansatz ist dabei interessant, da er in seiner gewöhnlichen Form den Variablen des Systems keine Exogenität auferlegt oder einen expliziten Test der Exogenität erst ermöglicht (Coté (1994), S. 23). Er findet deshalb in Abschnitt 6.5.2 und Kapitel 9 der vorliegenden Arbeit Anwendung.

Viertens ist *in der mittleren bis langen Frist* die Hypothese einer systematischen Beziehung zwischen der Wechselkursvariabilität und der 'risk exposure' zweifelhaft. Falls Wechselkursfluktuationen in der mittleren Frist zu einer Outputstabilisierung in einem Land führen, das von einem asymmetrischen geldpolitischen Nachfrageschock getroffen wurde, wird die Unsicherheit eines repräsentativen Unternehmens in bezug auf diese Schocks mit steigender Wechselkursvariabilität eher abnehmen. Darüber hinaus wächst in der Literatur die Evidenz dafür, daß nominale und reale Wechselkurse in längerfristiger Sicht eine systematische Beziehung zu fundamentalen ökonomischen Variablen offenbaren. Abweichungen des realen Wechselkurses von seinem zeitvariablen Gleichgewicht sind nicht permanent, jedoch persistent, und weisen eine geschätzte Halbwertszeit von 2,5 bis 5 Jahren auf. Die Anpassungsgeschwindigkeit läßt sich folglich tendenziell im Fehlerkorrekturrahmen schätzen und die langfristige Bewegung der Wechselkurse somit durch Fundamentaldaten prognostizieren. Der geringen Rate, mit der Wechselkursabweichungen wieder zurückgehen, steht eine extreme 'noisiness' der Wechselkursbewegungen in der kurzen Frist gegenüber. Insbesondere sind monetäre, fiskalpolitische oder Produktivitätsschocks nur sehr unwahrscheinlich die Ursache dieser Kurzfristfluktuationen. Insgesamt deuten diese stilisierten Fakten an, daß kurzfristig zusätzliche Quellen der Fluktuation Fundamentaldeterminanten dominieren. Diese Überlegungen bilden den Ansatzpunkt für dieses Kapitel. Wechselkursbewegungen beinhalten eine empirisch bedeutsame Quelle von Fluktuationen, die unabhängig von Fundamentaldaten sind. Mit anderen Worten: im folgenden werden autono-

---

[63] Diese Schwierigkeit tritt insbesondere bei festen Wechselkursen auf, d.h. wenn Wechselkursänderungen zwar selten auftreten, jedoch Unsicherheit über die Beibehaltung des 'pegs' (d.h. über zukünftige Inflationsraten, Zinssätze und die aggregierte Nachfrage) vorherrscht. Vgl. Glick, Wihlborg (1996), S. 125 und 128 ff. Dieses Kapitels wirft diese Schwierigkeit nicht auf, da durch die EWU innereuropäische Wechselkurse 'unwiderruflich' fixiert wurden.

me Fluktuationen nominaler Wechselkurse verwendet, um die Arbeits- und Investitionsnachfrage in EU-Volkswirtschaften zu identifizieren.[64] Aus diesen Gründen fokussieren sich die Untersuchungen dieses Kapitels auf die *kurzfristige* Variabilität, d.h. die Volatilität der Wechselkurse. Darüber hinaus wird deren Exogenität innerhalb dieses Kapitels unter besonderer Berücksichtigung *der Fristigkeit* der vermeintlichen erklärenden Änderungen von Fundamentaldaten diskutiert. Auch ein hiermit verwandter Problemkomplex soll kurz angeführt werden. Kaum eine Studie berücksichtigt gleichzeitig mit der Wechselkursvariabilität *andere Ursachen der Unsicherheit*, mit denen sich Unternehmen bei ihrer Exportentscheidung konfrontiert sehen. Im Rahmen der vorliegenden Arbeit wird jedoch beispielsweise der gemeinsame Einfluß der Volatilität der Intra-EWS- und der Dollar-Wechselkurse auf EU-Arbeitsmärkte untersucht (Coté (1994), S. 23, Fischer (1997), S. 32, Willett (1986)).

Fünftens geht aus dem vorstehenden Überblick über die traditionellen ökonometrischen Untersuchungen nicht hervor, daß die mangelnde Eindeutigkeit der Ergebnisse oft auf eine gravierende *Fehlspezifikation der zugrunde liegenden Hypothesen* zurückgeführt werden kann: die Vernachlässigung der von Krugman (1989) propagierten Hypothese einer Abkoppelung des realwirtschaftlichen Sektors von flexiblen Wechselkursen, die durch die Wechselkursunsicherheit induziert wird: "... exchange rate fluctuations are excessive not because they matter so much but rather because they matter so little" (Goldstein (1990), S. 50).[65] Dieser Hypothese folgend müßte statt dem direkten Einfluß der Wechselkursvariabilität auf den Außenhandel ihre nicht-lineare Auswirkung *auf die Beziehung zwischen* den Wechselkursänderungen *und dem Außenhandel* untersucht werden. Hierfür fehlt bisher aber eindeutig die empirische Evidenz, da dieser Effekt bisher nur in einer einzigen, allerdings regional stark beschränkten Studie (Parsley, Wei (1993), vgl. Tab. 1) untersucht wurde. Wie die bisherigen Ausführungen zeigen, existieren empirische Untersuchungen bisher unverständlicherweise nur für die Effekte der Wechselkursunsicherheit auf die Beziehung zwischen den

---

[64] Diese Evidenz bezieht sich sowohl auf die langfristige Version der Kaufkraftparitätentheorie (vgl. MacDonald (1995) und Rogoff (1996)), als auch auf Änderungen des realen Wechselkurses (vgl. Mark (1995) und die bei Clark, Faruqee (1997), S. 4, angegebenen Quellen). Vgl. Clark, Faruqee (1997), S. 4, Glick, Wihlborg (1996), S. 125 und 128 ff., und Gourinchas (1998), S. 3 f. Vgl. auch Kapitel 2. De Grauwe (1997), S. 66 f., diskutiert die Bedingungen, unter denen eine Fixierung der Wechselkurse nicht zu einer Erhöhung der Variabilität im realen Sektor führt.

[65] Vgl. auch Clark, Faruqee (1997) und Liargovas (1993), S. 59.

Wechselkursänderungen und den Außenhandels*preisen.*[66] Auch theoretisch fehlt es bisher an geeigneten Makro-Modellen, um diesen auf der mikroökonomischen Ebene modellierten Effekt mit Makrodaten empirisch testen zu können.

Es ist das innovative Anliegen der folgenden Kapitel der vorliegenden Arbeit, die Schlußfolgerungen aus der in diesem Abschnitt vorgenommenen detaillierten Ergebnisübersicht aufzugreifen und die theoretischen und empirischen Mängel in bezug auf den bisher noch nicht untersuchten Einfluß der Wechselkursunsicherheit auf Arbeitsmärkte zu eliminieren. Im folgenden Abschnitt werden zunächst die folgenden empirischen Untersuchungen motiviert. Zu diesem Zweck wird nun gefragt, warum die Bedeutung der Wechselkursunsicherheit *für Arbeitsmärkte gesondert* analysiert werden sollte.

6.2 Motivation der Untersuchung: Warum sollte die Bedeutung der Wechselkursunsicherheit für Arbeitsmärkte gesondert analysiert werden?

Die Eliminierung der intraeuropäischen Wechselkursvariabilität wird oft als ein gewichtiger Vorteil einer EWU bezeichnet. Ihre Verringerung war bereits ein wesentliches Ziel der Errichtung des EWS 1979.[67] Warum sollten sich Politiker und Ökonomen aber über die realwirtschaftlichen Konsequenzen der Variabilität von Wechselkursen Gedanken machen? Bisher lautete eine Antwort hierauf, daß die Variabilität von Wechselkursen möglicherweise *den Außenhandel* beeinträchtigen könnte. Empirische Untersuchungen hierzu konnten gemäß Abschnitt 6.1 die Hypothese eines ausgeprägten Zusammenhangs jedoch nicht uneingeschränkt stützen, obwohl jüngere Studien eher dazu tendieren, einen derartigen Zusammenhang identifizieren zu können (vgl. etwa de Grauwe, Skudelny (1997)). Deshalb wurde auch selten oder gar nicht weiter gefragt, ob die Wechselkursvariabilität etwa einen Einfluß auf andere realwirtschaftliche Variablen, wie etwa die Produktion,

---

[66] Vgl. Goldstein (1990), S. 50. Für eine ähnliche Argumentation vgl. Sapir, Sekkat, Weber (1994), S. 30. Letztere argumentieren, daß in Systemen von Wechselkurszielzonen wie dem EWS die intrinsische Dynamik der Wechselkurse innerhalb der Bänder eine nicht-lineare Beziehung zwischen der Wechselkursvariabilität und dem Außenhandel entstehen läßt. Weitere hier nicht weiter thematisierte indirekte Auswirkungen der Wechselkursvariabilität auf den Außenhandel werden durch Effekte auf die Struktur des Outputs und der Investitionen sowie die Regierungspolitik relevant. Vgl. Coté (1994), S. 1.

[67] Vgl. Baldwin (1991), Belke, Gros (1997), Europäische Kommission (1990) und Viñals (1996), S. 1105 f.

die Beschäftigung und die Investitionen, hat (Belke (1997c), Frankel, Rose (1996a), S. 10 f., Gros (1996), S. 19, ders. (1996b), S. 236 f., Jung (1996), S. 281, Ochel (1997), S. 15, Viaene, de Vries (1992), Viñals (1994), S. 6 ff.). Denn viele Ökonomen würden wegen des schwachen empirischen Zusammenhangs zwischen der Wechselkursvolatilität und dem Außenhandel a priori mutmaßen, daß eine negative Korrelation von Wechselkursvariabilität und Beschäftigung erst recht unwahrscheinlich ist. Denn der Außenhandel sei der offensichtlichste Transmissionskanal, über den Wechselkursschwankungen den realwirtschaftlichen Sektor beeinflussen (stellvertretend Müller, Buscher (1999)). Umgekehrt wirkten Produktions-, Beschäftigungs- und Investitionsentscheidungen auch auf die Handelsströme ein. Die Resultate, welche im Rahmen dieses Kapitels präsentiert werden, sind jedoch mit diesem 'Prä' nicht konsistent. Sie zeigen vielmehr, daß es selbst für Skeptiker schwierig sein dürfte, die Hypothese beizubehalten, daß die intraeuropäische Wechselkursvariabilität keinen Einfluß auf die Arbeitslosigkeit, die Beschäftigung und die Investitionen in Westdeutschland und in anderen EU-Volkswirtschaften hat.

Der *Mangel* an empirisch orientierter Literatur zum Einfluß der Wechselkursvariabilität auf die Beschäftigung und andere realwirtschaftliche Variablen ist angesichts der *hohen Politikrelevanz* dieser Frage (Dornbusch (1987a)) *überaus erstaunlich.* Auch wurde in der Einleitung zu diesem Kapitel bereits der Widerspruch zwischen den permanenten Statements seitens der Finanzpresse und der Führungskräfte im Unternehmens- und im Bankensektor zu den beschäftigungsschädlichen Effekten nicht prognostizierbarer Wechselkursschwankungen und der Ignoranz dieses Effektes durch die Wissenschaft betont.[68] Darüber hinaus kann spätestens seit den EWS-Krisen in der ersten Hälfte der neunziger Jahre kein Zweifel mehr daran bestehen, daß eine ausgeprägte polit-ökonomisch begründete Verbindung zwischen *protektionistischem Druck* und der Wechselkursvariabilität besteht. Es wurde aus diesem Grund bisweilen argumentiert, daß ein einheitlicher europäischer Binnenmarkt aus politischen Gründen einer Fundierung durch eine Währungsunion bedürfe (Eichengreen (1996), Hefeker (1999)). Gleichzeitig ist in gewissem Umfang Literatur zur Verbindung zwischen Investitionen

[68] Entsprechende empirische Untersuchungen fehlen auch in Europäische Kommission (1990). Die theoretische Literatur betont den potentiell negativen Effekt allgemeiner Unsicherheit auf die Kapitalausgaben, die zeitlich verschoben werden können und einen substantiellen Fixkostenanteil beinhalten. Dieser von Bell, Campa (1997), S. 79 f., und Pindyck (1991) zusammengefaßte Literaturstrang betont die Relevanz der Optionspreistheorie für Investitionen.

und Unsicherheit verfügbar (vgl. z.B. die jüngeren Studien von Calcagnini, Saltari (1998), Darby u.a. (1998), Guiso, Parigi (1997)). Unter Berücksichtigung der hohen Einstellungs- und Entlassungskosten, die viele europäische Arbeitsmärkte seit langem charakterisieren (Bentolila, Bertola (1990)), würde man annehmen, daß dieselben Argumente, die dem angenommenen negativen Effekt allgemeiner Volatilität auf die Investitionen zugrunde gelegt werden, auch auf den Zusammenhang von Wechselkursvolatilität und Arbeitsmarkt-Performance Anwendung finden sollten. Schließlich überschreitet die beobachtbare Volatilität von Wechselkursen bei weitem die Volatilität der Preise auf Güter- und Arbeitsmärkten, so daß eine hohe Korrelation zwischen der nominalen Wechselkursunsicherheit und der Unsicherheit über wichtige realwirtschaftliche Determinanten des 'net present value' des Faktoreinsatzes und damit der Faktornachfrage (z.B. reale Güterabsatzpreise, reale Kosten alternativ einsetzbarer Produktionsfaktoren wie der Reallöhne) sehr wahrscheinlich ist (Huizinga (1994), S. 185).[69]

Dieses Kapitel nimmt deshalb die uneindeutige Evidenz für den Außenhandel als Ausgangspunkt und erweitert den Fokus auf zusätzliche und allgemeinere Konjunkturindikatoren. Es stellt neue empirische Ergebnisse zum Einfluß der Wechselkursvariabilität auf realwirtschaftliche Variablen wie inter alia die Beschäftigung und die Arbeitslosigkeit für Deutschland als ein 'Kernland' sowie für andere potentielle Mitgliedsländer der EWU vor (Abschnitte 6.5 und 6.6). Zuvor ist jedoch noch eine logische und empirische Lücke im Transmissionsmechanismus zu schließen. Denn, während es relativ einfach einzusehen sein dürfte, daß 'uncertainty is bad for investment', fällt es schon schwerer zu erklären, auf welche Weise die Wechselkursunsicherheit direkt und sofort auf die gesamte heimische Ökonomie einwirken sollte.

In diesem Kapitel wird jedoch argumentiert, daß die fehlende Identifizierbarkeit eines starken und eindeutigen Einflusses der Wechselkursvariabilität auf das Außenhandelsvolumen keinesfalls die Abwesenheit einer inhaltlichen Verbindung zwischen der Wechselkursvariabilität und der Arbeitslosigkeit bzw. der Beschäftigung sowie der Investitionen impliziert. Dies wird deutlich, sobald man fragt: warum sollte ein Anstieg der Wechselkursvolatilität schnell zu einem geringeren Außenhandelsvolumen (-strom) führen? Die in diesem Kontext verwendeten theoretischen Modelle gehen typischerweise von der Idee aus, daß erst versunkene Kosten getragen werden

[69] Für eine empirische Bestätigung für die U.S.-amerikanische verarbeitende Industrie vgl. Huizinga (1994), S. 192 ff.

müssen, um anschließend exportieren zu können.[70] Der Charakter dieser Kosten resultiert dabei zum einen aus der Notwendigkeit, ein Distributionssystem auf Auslandsmärkten installieren zu müssen, und zum anderen darauf, daß es sich wie in dem im folgenden zu entwickelnden Basismodell wirklich um 'versunkene', d.h. nicht revidierbare, Kosten handelt. Innerhalb der EU jedoch verfügen die meisten Unternehmen bereits über ein elaboriertes Vertriebsnetzwerk in allen Mitgliedsstaaten. Ein deutscher Automobilproduzent wird typischerweise kein neues Distributionsnetzwerk errichten müssen, um Verkäufe in andere EU-Volkswirtschaften zu steigern.[71] Daher stellen Marktzugangskosten im Hinblick auf den Intra-EU-Handel (dem Fokus der empirischen Untersuchungen im Rahmen dieser Arbeit) sicherlich nicht den Hauptgrund dafür dar, daß sich die Volatilität von Wechselkursen (negativ) auf den Außenhandel auswirkt.

Natürlich wird ein Anstieg der Volatilität der Wechselkurse die Unternehmen veranlassen, zukünftige Gewinne aus Exporten stärker zu diskontieren (wie oft in der Literatur z.B. von Arize (1998), S. 33, Sapir, Sekkat (1990), und auch in dem in diesem Kapitel verwendeten Modell unterstellt, siehe weiter unten). Aber dies impliziert lediglich, daß Unternehmen weniger in export- (oder allgemein in außenhandels-) orientierte Aktivitäten investieren werden. Dies mag zwar *zukünftige* Export (bzw. Außenhandels-) Volumina reduzieren. Jedoch werden Unternehmen nicht notwendigerweise in der kurzen Frist weniger exportieren, nur weil die Wechselkursvariabilität angestiegen ist.[72] Eine mögliche Reaktion in der *langen* Frist (vgl. auch Abschnitt 6.1.2.3) jedoch läßt sich sehr *viel schwieriger* durch empirische Untersuchungen *isolieren*, da auf die relevanten Größen gleichzeitig andere langfristige Trends (wie z.B. eine Verringerung von Transportkosten oder Änderungen von Präferenzen) einwirken und da sich die Variabilität über die Zeit so stark ändert. Heutige Außenhandelsvolumina mögen zwar in der Tat eine Funktion eines Durchschnitts der über eine Zahl an Jahren erfahrenen Wechselkursvariabilität sein. Dies dürfte jedoch selbst mit den in der

---

70 Die Standardquellen hierzu sind Baldwin, Krugman (1989), Krugman (1989) und Dixit (1989, 1989a). Für einen Überblick vgl. z.B. Arize (1995), S. 39, Baldwin (1991), S. 24 f., oder Kroner, Lastrapes (1993), S. 301.

71 Für ein analoges Argument in bezug auf Exporte von Automobilen aus den Vereinigten Staaten nach Kanada vgl. Coté (1994), S. 15.

72 Für negative Effekte der Wechselkursvolatilität auf Investitionen in verarbeitenden, also exportnahen Industrien vgl. Huizinga (1994), S. 190 ff. Für die Unterscheidung von Exportaktivität und exportvorbereitender Investitionsaktivität vgl. auch Sercu, Vanhulle (1992).

Literatur häufig benutzten Volatilitätsdaten auf Jahresbasis empirisch sehr schwierig zu zeigen sein.

Erfahrungen mit großen Wechselkursschwankungen in Europa während der neunziger Jahre haben gemäß Kapitel 2 dieser Arbeit wiederholt aufgedeckt, daß sich Unternehmen auf dem europäischen Markt in einem hohen Umfang kurzfristig eines 'Pricing-to-Market' bedienen.[73] Ein 'Pricing-to-Market'-Verhalten impliziert, daß Unternehmen lokale Preise in den Bestimmungsländern selbst bei einer Konfrontation mit erheblichen Wechselkursänderungen fixieren, um Marktanteile zu behalten ' ... and to benefit from consumers' loyalty in the future"[74]. Dieser unvollständige 'pass-through' hat regelmäßig zur Folge, daß Quantitäten bzw. Marktanteile wenig auf nicht antizipierte Wechselkursänderungen reagieren, Gewinne aber um so mehr. Die als vorübergehend eingestuften Kursschwankungen werden somit eher in den nun tendenziell variableren Ertragsspannen abgefangen. Da auf diese Weise das Niveau internationaler Gütertransaktionen von der Variabilität einer ihrer potentiell wichtigsten Determinanten isoliert wird, produzieren und exportieren Unternehmen weiterhin mehr oder weniger dieselbe Menge. Jedoch werden ihre Erträge in heimischer Währung gerechnet variabel, während ihre inländischen Kosten stabil bleiben. Auf diese Weise kann die Variabilität von Wechselkursen sicherlich die Variabilität von Gewinnen beeinflussen. Zwar ist das 'Pricing-to-Market'-Verhalten im außereuropäischen Handel vergleichsweise ausgeprägter. Jedoch auch innerhalb der EU geben Exporteure nur 45% der Wechselkursveränderungen kurzfristig im Rahmen ihrer Geschäftsbeziehungen in ihren Absatzpreisen weiter (Coté (1994), S. 11, Huizinga (1994), S. 190 ff., Mann (1989)).[75] " ... 'pricing-to-market' is

---

[73] Vgl. auch Abschnitt 2.4.3 dieser Arbeit. Vgl. auch Clark, Faruqee (1997), Dornbusch (1987), Gros, Thygesen (1998), S. 223 ff., Hallwood, MacDonald (1994), S. 388 f., und unter Verweis auf 'excess capacities of firms in different locations' Krugman (1989). Die Europäische Kommission (1995) dokumentiert die aktuelleren europäischen Daten. Clark, Faruqee (1997) schätzen die Bedeutung des 'Pricing-to-Market'-Verhaltens für die G7-Länder empirisch. Für eine Diskussion der Evidenz für deutsche Exporteure vgl. Falk, Falk (1998). Vgl. ausführlich auch Betts, Devereux (1996), Deutsche Bundesbank (1997), S. 43 ff., Sapir, Sekkat (1990) und Sekkat (1998), S. 8.

[74] Sekkat (1998), S. 50. Vgl. auch Baldwin (1991), S. 26, und Goldstein (1990), S. 50.

[75] Der 'pass-through' von vorhersehbaren Wechselkursänderungen hängt dabei insbesondere von dem Grad der Inhomogenität der international gehandelten Güter, der Kostenkonvexität und dem Offenheitsgrad der exportierenden Volkswirtschaft ab. Für eine detailliertere theoretische Begründung und Modellierung des engen Zusammenhangs des 'Pricing-to-Market'-Verhaltens und der Wechselkursvolatilität vgl. ausführlich Clark, Faruqee (1997), S. 17 ff., und Deutsche Bundesbank (1997), S. 50 ff.

the norm rather than the exception even in the post-1992 European market" (Gros, Thygesen (1998), S. 224).

Falls Unternehmen auf einen Anstieg der Wechselkurs- (und damit auch der Gewinn-) Variabilität in einem ersten Schritt durch reduzierte Investitionen in außenhandelsgerichtete Aktivitäten reagieren, ist in der kurzen Frist in Übereinstimmung mit Krugman (1989) lediglich ein geringer Einfluß auf Außenhandelsströme zu erwarten. Vielmehr sollte sich ein signifikanter kurzfristiger negativer Einfluß auf Investitionen einstellen. Denn bereits in Abschnitt 6.1.2.3. wurde verdeutlicht, daß die Wechselkursunsicherheit als Determinante der *Investitionstätigkeit* selbst (oder als Bestimmungsgröße der übrigen Investitionsdeterminanten) für *bedeutsamer* gehalten wird als in bezug auf den Außenhandel.[76] In der Folge sollte auch ein gleichgerichteter Einfluß auf die Arbeitslosigkeit bzw. die Beschäftigung festzustellen sein, da Investitionen eine wichtige Komponente gesamtwirtschaftlicher Nachfrage sowie der Produktionskapazität darstellen. Darüber hinaus stellt die *Einstellung neuer Arbeitskräfte* in den meisten kontinentalen EU-Volkswirtschaften (und sogar in Großbritannien bis zu den achtziger Jahren) *ebenfalls eine Investition* dar, da typischerweise hohe (Desinvestitions-) Kosten eingegangen werden müssen, um diese Entscheidung zu revidieren. Dies ist ein zusätzlicher Grund (unabhängig von dem vorstehend genannten Nachfrageeffekt), warum die Variabilität von Wechselkursen die Arbeitslosigkeit bzw. die Beschäftigung beeinflussen sollte. Falls die Arbeit darüber hinaus *de facto* einen semi-fixen Produktionsfaktor darstellt, fallen die kurzfristigen marginalen Kosten einer Änderung des Produktionsvolumens notwendigerweise sehr hoch aus. Dies korrespondiert ausgezeichnet mit der beobachteten Reaktionsträgheit der Außenhandelsvolumina in bezug auf Wechselkursänderungen, die bereits weiter oben erwähnt wurde.[77] Eine geeignete Argumentation bestünde daher darin zu konstatieren, daß die Variabilität von Wechselkursen in der kurzen Frist nur einen geringen Einfluß auf

---

[76] Dieser Sachverhalt wird bereits von Bell, Campa (1997) für die EU und von Huizinga (1994) für die U.S.A. sowie auch in den folgenden Untersuchungen dieses Kapitels wiederum für die EU empirisch bestätigt.

[77] Falls Konsumenten Anpassungskosten tragen müssen, wenn sie zwischen Produkten wechseln, könnte man ebenfalls erklären, warum Arbitrage über verschiedene Märkte nicht sofort stattfindet und daher, warum 'local currency'-Preise so wenig auf Wechselkursänderungen reagieren. Vgl. Sekkat (1998), S. 50.

die Höhe der Produktion und der Exporte ('export sales') hat.[78] Unternehmen werden typischerweise damit zögern, neue Arbeitskräfte einzustellen (da letzteres in den meisten europäischen Ländern zu schwerwiegenden 'sunk costs' führt), falls die Variabilität des Wechselkurses hoch ist, so daß auch die Wahrscheinlichkeit, daß diese zusätzlichen Arbeitskräfte letztendlich doch nicht benötigt werden, ebenfalls signifikant ist. Statt dessen bevorzugen sie eine Variation des Auslastungsgrades der aktuellen Belegschaft, z.B. durch Überstunden oder Kurzarbeit (Abraham, Houseman (1993), Belke, Gros (1999)). Das Modell im nächsten Unterkapitel formalisiert die vorstehend entwickelten Zusammenhänge.

Eine Beurteilung der realwirtschaftlichen Kosten und Nutzen der EWU erfolgt häufig -wenn auch teils nur implizit- auf Basis der *Theorie optimaler Währungsräume* begründet von Kenen (1969), McKinnon (1963) und Mundell (1961). Dies wurde bereits in Kapitel 5 deutlich herausgestellt. Daher soll einleitend betrachtet werden, wie diese Autoren etwa drei Jahrzehnte später die Relevanz ihrer Überlegungen für die Diskussion um die EWU beurteilen. In der Lesart Kenens (1997) läßt sich der Zeitraum bis zum Status-quo ante der EWU -eine Periode, an der wohl die Kosten und Nutzen einer EWU zu messen sind- überwiegend als Phase von sogenannten 'currency areas' bezeichnen: "... a group of countries that undertake to contain the bilateral rates within narrow bands, defined in respect of agreed central rates which they cannot change unilaterally" (Kenen (1997), S. 211). Unter diese Definition von 'narrowly pegged rates' fallen nach Kenen sowohl das Bretton-Woods-System, das EWS bis zur Bandbreitenerweiterung '93 und auch die Phase nach '93, in der die EWS-Mitglieder kaum Gebrauch von der erweiterten Bandbreite machten.

Kenen (1997) betont auch, daß die Theorie optimaler Währungsräume *nicht* herangezogen werden kann, um diese bis zum Status-quo ante existierenden 'currency areas' mit einer Währungs*union* zu vergleichen. Denn die Theorie optimaler Währungsräume bezieht sich auf die (in bezug auf die EWU wahrscheinlich nicht der Realität entsprechende) Wahl zwischen vollständig frei schwankenden und fixierten Wechselkursen, nicht aber auf die hier eher relevanten Alternativen 'narrowly pegged rates' und einer Währungsunion. 'Narrowly pegged rates' sind, wie oben schon erwähnt, *historisch relevantere*

---

[78] In ergänzenden Untersuchungen zu dieser Arbeit wurde auch der Einfluß der Wechselkursvariabilität auf die industrielle Produktion empirisch getestet. Im weiteren Verlauf der Arbeit wird diese reale Variable im Lichte der gerade diskutierten Argumente jedoch nur peripher behandelt.

Währungsregimes als vollkommen flexible Wechselkurse. Flexible Wechselkurse stellen aber in zahlreichen Publikationen den Bezugspunkt für beschäftigungspolitische Nachteile einer EWU dar, da ihnen eine vorteilhafte Wirkung bei der Pufferung von Schocks, die einzelne Länder in unterschiedlicher Weise (also asymmetrisch bzw. idiosynkratisch) treffen, zugeschrieben wird. Es wird argumentiert, in Ermangelung von Alternativen wie mobiler Arbeitskräfte und flexibler Löhne und Preise verzichte man in einer EWU unnötigerweise auf ein 'Ersatzventil' in Gestalt flexibler Wechselkurse zur Korrektur aufgelaufenen Anpassungsdrucks (Belke (1997c), S. 396, ders. (1998a, 1998b)). Diese Vermutung kontrastiert aber stark mit empirischen Untersuchungen wie der jüngst von Kamin, Klau (1997) vorgelegten Mehrländer-Studie der BIZ, nach denen Währungsabwertungen in industrialisierten Volkswirtschaften kurz- und erst recht längerfristig *kontraktive* statt -wie oft unterstellt- expansive *realwirtschaftliche Effekte* erzeugen (vgl. auch Müller, Heinemann (1999)). Kenen (1997) kommentiert diese Literatur demnach wie folgt: "Rarely have so many good papers been written *on the wrong question* (Hervorh. d. Verf.) - although they do say useful things about the problems facing Europe in the years ahead"[79].

Denn die Alternative zu einer EWU besteht, wie schon von Kenen angedeutet, nach Mundell (1997) aus polit-ökonomischen Gründen in '*pseudo currency areas*' -wie auch im Großteil des Status-quo ante. Diese 'pseudo-currency areas' zeichneten sich in der Vergangenheit aber zum größeren Teil dadurch aus, daß die teilnehmenden Länder den Wechselkursen *eben nicht* gestatteten, die Rolle eines automatischen Anpassungsmechanismus wahrzunehmen. Auch konnten Paritäten von Zeit zu Zeit *durch einfache Ministerbeschlüsse* geändert werden. Die Wechselkursfestlegung und folglich auch ein Teil der Varianz von Wechselkursen geriet somit deutlich in den Einflußbereich *polit-ökonomischer* Zusammenhänge. Das Ausmaß, in dem Wechselkurse ein *Politikinstrument* darstellten, ist somit im Vergleich zu dem Ausmaß, in dem sie einen marktlichen Korrekturmechanismus repräsentierten, bedeutend.[80] Im Rahmen von 'pseudo currency areas' divergieren

79 Vgl. Kenen (1997), S. 211, und Horn, Persson (1988), S. 1622. Für die Unangemessenheit einer derartigen Fragestellung vgl. aus anderer Perspektive Calmfors (1997). Eine weitere zentrale Schwäche der traditionellen Analyse ist es, die Effektivität von Abwertungen bei *exogener* Nominallohnrigidität zu betonen. Realistischer ist es für einen Großteil der Referenzperiode, Wechselkurs- und Lohnpolitik als wiederholtes Spiel zwischen Regierungen und Gewerkschaften zu modellieren und Löhne zu *endogenisieren*. Vgl. hierfür ausführlich Kapitel 3 und 4 der vorliegenden Arbeit.

80 Vgl. neben anderen Belke (1997c), S. 397, Horn, Persson (1988), S. 1621 f., und Mundell (1997), S. 214.

länderspezifische Zinssätze im Ausmaß erwarteter Wechselkursänderung. Spekulation, die unter diesen Umständen auf eine Einweg-Option bauen kann, wirkt dann destabilisierend. Die Folge ist neben einer Abwertungs-Lohnspirale oft eine im weiteren Verlauf nicht prognostizierbare *Variabilität von Wechselkursen.* Diese korrespondiert in einem 'fixed-but adjustable rate system' wie dem EWS (und der 'Währungsschlange') mit Realignment- und Spekulationsphasen (Belke (1997c)).

Die Auswirkung der Variabilität auf die Beschäftigung kann im Rahmen international ausgerichteter Makromodelle durchaus konsistent formuliert werden. Selbst wenn Wechselkurse auf der einen Seite durch die Geldpolitik erfolgreich strategisch genutzt werden, um den Output eines durch einen asymmetrischen bzw. idiosynkratischen Schock betroffenenen Landes zu stabilisieren, ist auf der anderen Seite die *durch eine volatilere Geldpolitik* verursachte Variabilität der Wechselkurse eine wesentliche Quelle für zusätzliche Outputvariabilität (Belke (1997c), S. 397). Dieser Kerngedanke einer *Austauschbeziehung* hat mittlerweile auch in spieltheoretische Makromodelle optimaler Geldpolitiken in offenen Volkswirtschaften Eingang gefunden. In einer Spielart dieser Modelle nimmt die (optimale) Variabilität der Wechselkurse mit zunehmender relativer Größe einer Volkswirtschaft ab. Denn der Nachteil einer mit steigender Wechselkursvarianz höheren Outputvariabilität überwiegt mit zunehmender Größe des Landes den Vorteil einer Stabilisierung externer Schocks durch Wechselkursbewegungen. Der Vorteil einer Elimination des Wechselkursrisikos ist demnach um so höher, je weniger die betrachtete Volkswirtschaft (ab einer bestimmten optimalen Größe) 'klein und offen' ist. Der Wechselkurs spielt eine " ... double role ... both as a potential stabilizer ... and a potential destabilizer of output" (Martin (1997), S. 6).[81] Man argumentiert demnach *zu einseitig*, wenn man an der entfallenden Wechselkursvariabilität *ausschließlich negative* Beschäftigungswirkungen einer EWU festmacht. Eine hierauf aufbauende beschäftigungspolitische Kosten-Nutzen-Analyse der EWU wäre *unvollständig* (Belke (1997c), S. 397).[82] Es dürfte daher von großem Interesse sein, der bisher empirisch kaum behandelten Frage nachzugehen, inwieweit die Wechselkursvariabilität Arbeitsmärkte beeinträchtigt.

---

81 Vgl. Belke (1997c) und sinngemäß auch Kroner, Lastrapes (1993), S. 298 f.

82 Negative Beschäftigungswirkungen der EWU lassen sich eher durch in der EWU geringere Anreize zu Strukturreformen begründen. Vgl. Belke (1996, 1996a), Calmfors (1997), und van Poeck (1997).

Um die Perspektive, die das vorliegende Kapitel einnimmt, nochmals zu verdeutlichen: nominale Rigiditäten mögen zwar bei flexiblen Wechselkursen eine Flexibilität der Reallöhne herbeiführen, die bei fixen Wechselkursen nicht erreichbar ist. Dies kann jedoch nur dann als beschäftigungspolitischer Vorteil interpretiert werden, wenn die Wechselkursänderung im Rahmen *vollständig flexibler* Wechselkurse die *Folge einer Störung* am Arbeitsmarkt ist und diese als 'corrective device' *abfedert*. Falls nun aber Wechselkursänderungen wie in einem erheblichen Teil der historischen Referenzperiode *unabhängig* vom Arbeitsmarkt eintreten oder sogar erst auf politischem Wege veranlaßt werden, *verursachen* sie erfahrungsgemäß durch Abwertungs-Lohn-Spiralen und erhöhte Unsicherheit realwirtschaftliche Probleme erst und tragen selten zu einer Lösung des Beschäftigungsproblems bei (Belke (1997c, 1998b), Horn, Persson (1988), Viñals (1994), S. 12 f.). Die hierin implizite Hypothese einer (partiellen) *negativen Beschäftigungswirkung* variabler Wechselkurse wird im folgenden zunächst für Westdeutschland (Abschnitt 6.5.1) und dann auch für andere EU-Volkswirt-schaften (Abschnitt 6.6) empirisch getestet.

Im folgenden Abschnitt 6.3 wird nun ein einfaches Modell von Investitionen (u.a. in die Beschäftigung) unter Unsicherheit abgeleitet. Dieses beinhaltet einen möglichen Transmissionskanal, welcher einer negativen (positiven) Beziehung zwischen der Unsicherheit und der Beschäftigung (Arbeitslosigkeit) Rechnung tragen könnte.

6.3 Investitionen in die Beschäftigung und Unsicherheit: Der 'Optionswert des Wartens'

6.3.1 Das Basismodell: Keine Risikoaversion

Das folgende Modell wird entwickelt, um zunächst den Grundgedanken, der dem 'Optionswert des Wartens' à la Dixit (1989) zugrunde liegt, zu illustrieren.[83] Das Modell beansprucht nicht, sehr nahe an der Realität zu sein. Es

---

[83] Vgl. Belke, Gros (1997, 1998a, 1998c, 1999, 1999a) auch Lektion 2 in Krugman (1989), sowie Dixit (1989a) und Baldwin, Krugman (1989). Für einen Überblick vgl. Arize (1995), S. 39 f., und Parsley, Wei (1993), S. 606 f. Es ist an dieser Stelle der Arbeit noch nicht das primäre Ziel, der umfangreichen theoretischen Literatur über die realwirtschaftlichen Effekte der Unsicherheit *Substantielles* hinzuzufügen. Dies geschieht erst -und zwar *grundlegender* Natur- in den Kapiteln 7 und 8. Die Literatur über die Bedeutung der Unsicherheit unterscheidet zwischen einem Output- und einem Investitionskanal: Aizenman, Marion (1996), Bernanke (1983), Kulatilaka, Kogut (1996), Pindyck (1991) und Ramey, Ramey (1995).

wird vielmehr entworfen, um die Grundidee auf einfache Weise zu vermitteln. Darüber hinaus wird hiermit beabsichtigt, ein Modell zu präsentieren, das es erlaubt zu fragen, ob sogar *ein temporärer, kurzfristiger* Anstieg der Unsicherheit einen starken Einfluß auf Investitionen haben kann.

Es sei ein Set-up mit drei Perioden betrachtet: 0 oder 'heute', 1 oder 'morgen' und 2 oder 'die Zukunft'. Innerhalb der ersten beiden Perioden (diese seien mit 0 und 1 bezeichnet) kann ein einzelnes Investitionsprojekt unternommen werden, daß in den Folgeperioden Erträge abwirft. Falls dieses Projekt in Periode 0 realisiert wird, fällt in den Perioden 1 und 2 jeweils ein Ertrag an. Falls es jedoch erst in Periode 1 durchgeführt wird, wirft es erst und einzig in Periode 2 einen Ertrag ab.

Das Investitionsprojekt startet mit Einheitskosten, die versunken sind. Sein Ertrag ist unsicher, da er von der Realisation des Wechselkurses abhängt z.B. weil die Kosten in heimischer Währung anfallen, der Preis jedoch durch den Wechselkurs (mit-) bestimmt wird. Der 'return on investment' in der Periode 1 (d.h. falls die 'set-up'-Kosten in der Periode 0 angefallen sind) umfaßt eine sichere Komponente, bezeichnet durch r_1, und ein stochastisches Element, e, das zwischen $+\sigma_1$ und $-\sigma_1$ gleichverteilt ist. Ein Anstieg von σ bedeutet eine erhöhte Unsicherheit, oder einen Anstieg des 'mean preserving spread' (σ ist proportional zur Standardabweichung). Der Ertrag in Periode 2 weist ebenfalls einen nicht-stochastischen Teil auf, der mit r_2 bezeichnet sei. Er hängt ebenfalls vom Wechselkurs ab. Der Wechselkurs folgt annahmegemäß einem Random Walk. Der erwartete Wechselkurs für Periode zwei entspricht deshalb dem in Periode 1 realisierten Wechselkurs, bezeichnet mit e_1. Die Unsicherheit kann jedoch länger anhalten (persistieren). Daher wird angenommen, daß der Wechselkurs in Periode Zwei zwischen $e_1 + \sigma_2$ und $e_1 - \sigma_2$ gleichverteilt ist. Wie später deutlich werden wird, hat die Variabilität des Wechselkurses in der zweiten Periode keinen Einfluß auf das Resultat. Die nicht-stochastischen Bestandteile der Erträge können aus vielen Gründen differieren, die aber nicht essentiell für das Modell sind. Dasselbe gilt für die Varianzen.[84]

Der (nicht bedingte) Erwartungswert des Gewinns aus dem Investitionsprojekt, falls es in Periode 0 durchgeführt wird, ergibt sich deshalb als:

(1) $$E_0(I_0) = -1 + r_1 + r_2 > 0 \qquad r_1, r_2 > 0.$$

Aus Vereinfachungsgründen werden in diesem Abschnitt Aspekte der Diskontierung und der Risikoaversion noch nicht berücksichtigt, so daß alle Entscheidungen alleine auf Erwartungswerte basiert werden können (dieselbe Annahme wird von Dixit (1989) getroffen). Um das hier behandelte Problem nicht-trivial zu gestalten, muß der erwartete Ertrag aus der Investition nicht-negativ sein.

Falls das Unternehmen hingegen mit der Investition bis Periode 1 wartet, behält es die Option zu investieren oder nicht. Es wird nur investieren, falls der in Periode 1 realisierte (und daher für Periode 2 erwartete) Wechselkurs oberhalb eines bestimmten Schwellenwertes liegt. Diese Wechselkurs-Barriere wird mit b bezeichnet. Vor dem Hintergrund, daß eine Investition in Periode 1 nur in Periode 2 einen Ertrag abwirft, wird dieser Schwellenwert, der die Investition gerade lohnend macht, durch die Bedingung determiniert, daß der erwartete Ertrag in Periode 2 wenigstens die 'set-up'-Kosten ausgleicht:

(2) $$-1 + r_2 + b = 0 \quad \text{oder} \quad b = 1 - r_2.$$

[84] Ein sehr interessanter Aspekt dieses einfachen Modells ist, daß es eine oft getroffene Annahme (Huizinga (1994), S. 212) nicht enthält, nämlich, daß die Unsicherheit am Ende der ersten Periode aufgelöst wird. In der Realität löst sich die Unsicherheit üblicherweise nicht auf, sondern persistiert. In einem Modell mit einem unendlichen Horizont könnte dies implizieren, daß dieselbe Entscheidung bzw. das Entscheidungsproblem jede Periode in derselben Weise präsentiert. Die EWU konstituiert eine Ausnahme von der Regel, daß Unsicherheit in diesem Sinne fortbesteht. Denn der Start der EWU sollte Unsicherheiten über die ökonomischen Rahmendaten definitiv eliminieren. Auch in diesem Sinne könnte der Start der EWU die Investitionen im Euro-Raum beschleunigen. Vgl. Belke, Gros (1998).

Die Entscheidung, mit der Investition zu warten, wird auf der Basis des Erwartungswertes dieser Strategie gefällt. Dieser Erwartungswert ergibt sich als:

(3) $$E_0(I_1) = [(\sigma_1+b)/2\sigma_1]\ 0 + [(\sigma_1-b)/2\sigma_1]\ [-1 + r_2 + (\sigma_1+b)/2],$$

wobei das erste Element die Wahrscheinlichkeit dafür angibt, daß es nicht lohnend sein wird zu investieren. In diesem Fall ist der Ertrag gleich null. Der zweite Term repräsentiert das Produkt aus der Wahrscheinlichkeit, daß eine Investition lohnend sein wird (da sich der Wechselkurs oberhalb des entsprechenden Schwellenwertes befindet), und aus dem durchschnittlichen Erwartungswert des Gewinns in dieser Situation. Unter Berücksichtigung von Bedingung (2) kann der Erwartungswert des Wartens wie folgt umgeschrieben werden:

(4) $$E_0(I_1) = (\sigma_1-b)\ [-b + (\sigma_1+b)/2]\ /\ 2\sigma_1.$$

Nach einigen Vereinfachungen ergibt sich hieraus:

(5) $$E_0(I_1) = (\sigma_1-b)^2\ /\ 4\sigma_1.$$

Dieses kann als das Schlüsselergebnis bezeichnet werden, da es impliziert, daß ein *Anstieg der Unsicherheit* den *Wert der Strategie des Wartens erhöht*. Formal resultiert dies aus der Bildung der Ableitung nach σ_1, nämlich $4\ (\sigma_1^2 - b^2)\ /\ (4\sigma_1)^2$, und aus der Tatsache, daß in diesem Modell der Wert des Parameters σ_1 die Ausprägung b übersteigen muß (andernfalls könnte der Wechselkurs nie den Schwellenwert erreichen). Gleichung (5) ist unter diesen Voraussetzungen eine wachsende Funktion in σ_1. Falls σ_1 ansteigt, wird es wahrscheinlicher, daß es sich lohnt zu warten, bis mehr Information über den erwarteten Ertrag in Periode 2 verfügbar ist. An diesem Punkt kann das Unternehmen die Verluste durch Nicht-Investition vermeiden, die sonst entstehen würden, falls der Wechselkurs sich als unvorteilhaft erweist. Diese Option, nicht investieren zu müssen, wird mit *zunehmender Unsicherheit* immer *wertvoller*. Die intuitive Erklärung hierfür ist, daß Warten zwar impliziert, daß das Unternehmen den erwarteten Ertrag in Periode 1 verpaßt, aber die Option behält nicht zu investieren. Diese Option ist wertvoll, falls der Wechselkurs sich als unvorteilhaft herausstellen sollte. Je höher die Varianz des Wechselkurses ausfällt, desto höher sind die potentiellen Verluste, die das Unternehmen vermeiden kann, und desto höher ist aber auch das

Potential für eine sehr vorteilhafte Realisation des Wechselkurses mit folglich sehr hohen Gewinnen.

Die Differenz zwischen diesen beiden erwarteten Gewinnen ergibt sich wie folgt:

(6) $$E_0(I_1) - E_0(I_0) = (\sigma_1 - b)^2 / 4\sigma_1 - (r_1 - b).$$

Ein Anstieg des erwarteten Ertrags in Periode 1 (r_1) macht es offensichtlich weniger wahrscheinlich, daß es sich für das Unternehmen auszahlt, mit der Investition zu warten.

Ein interessanter Spezialfall ist $b = 0$. Die nicht-stochastische Komponente des Ertrages der zweiten Periode ist gleich den 'set-up'-Kosten; in diesem Fall entspricht die nicht bedingte Erwartung des Gesamtgewinns des Projektes (falls es sofort realisiert wird) dem Wert r_1. Unter dieser Annahme vereinfacht sich der Ausdruck (6) zu:

(7) $$E_0(I_1) - E_0(I_0) = \sigma_1/4 - r_1.$$

Die Standardabweichung des Wechselkurses (oder vielmehr des Einflusses des Wechselkurses auf den Gewinn) müßte viermal so groß ausfallen wie der nicht-stochastische Teil des Ertrags in Periode 1, um das Warten zur besseren Alternative zu machen.

Eine wichtige Implikation des Modells ist, daß *nur die kontemporäre* kurzfristige Unsicherheit σ_1 einen Einfluß auf die Entscheidung zu warten hat. Zukünftige Unsicherheit, hier repräsentiert durch σ_2, geht nicht in die Investitionsentscheidung bei Risikoneutralität ein. Legt man eine fixierte Periode (z.B. ein Jahr) zugrunde, hängt die Wahrscheinlichkeit, daß die Investition bis an das Ende dieser Periode verschoben wird, nur von der in dieser Periode vorherrschenden, nicht aber von der zukünftigen Unsicherheit ab. Dies impliziert, daß sogar *'short spikes'* der Wechselkursunsicherheit einen *ausgeprägten Einfluß* auf Investitionen haben können.

Das hier vorgestellte Basismodell abstrahierte bisher von einer Risikoaversion des Investors. Die grundlegende Schlußfolgerung, daß sogar ein temporärer Anstieg der Unsicherheit ein Aufschieben der Investition optimal machen kann, ändert sich jedoch auch unter Berücksichtigung von Risikoaversion nicht. Denn eine länger andauernde Periode hoher Unsicherheit bedeutet, daß erwartete Erträge jenseits der nächsten Periode stärker diskontiert werden. Der nächste Abschnitt weist diesen Punkt formal nach.

6.3.2 Das Modell bei Risikoaversion

In diesem Abschnitt wird eine Variante des oben entwickelten Modells vorgestellt, in der zukünftige Erträge diskontiert werden und in dem die *Diskontierungsfaktoren von der Variabilität abhängen*. Hiermit soll die Idee aufgegriffen werden, daß im Falle von Risikoaversion zukünftige Erträge stärker diskontiert werden, wenn diese Erträge variabler sind.[85] Der auf die in Periode 1 anfallenden Erträge anzuwendende Diskontierungsfaktor entspricht A_1; der Faktor, mit dem die in Periode 2 anfallenden Erträge auf Periode 1 diskontiert werden, wird mit A_2 bezeichnet. Die Gleichungen des Modells müssen somit in der folgenden Weise modifiziert werden:

$$(1)' \quad E_0(I_0) = -1 + A_1 r_1 + A_2 r_2 > 0 \qquad r_1, r_2 > 0 \text{ und } A_1, A_2 < 1,$$

$$(2)' \quad -1 + A_2 (r_2 + b) = 0 \text{ oder } b = A_2^{-1} - r_2,$$

$$(3)' \quad E_0(I_1) = A_1 A_2 [(\sigma_1 + b)/2\sigma_1]\, 0 + [(\sigma_1 - b)/2\sigma_1]\, A_1[-1 + A_2(r_2 + (\sigma_1 + b)/2)],$$

$$(4)' \quad = (\sigma_1 - b)\, A_1 A_2[-b + (\sigma_1 + b)/2] \,/\, 2\sigma_1,$$

$$(5)' \quad E_0(I_1) = A_1 A_2 (\sigma_1 - b)^2 / 4\sigma_1, \text{ und}$$

$$(6)' \quad \text{Diff} \equiv E_0(I_1) - E_0(I_0) = A_1 A_2 (\sigma_1 - b)^2 / 4\sigma_1 - (-1 + A_1 r_1 + A_1 A_2 r_2).$$

Risikoaversion wird nun in einer einfachen Weise eingeführt. Es wird angenommen, daß die zwei Diskontierungsfaktoren *von der Wechselkursunsicherheit* in den beiden betreffenden Perioden *abhängen*, d.h. $A_1 = A_1(\sigma_1)$ und $A_2 = A_2(\sigma_2)$, wobei sowohl A_1' und A_2' *negativ* sind (die Diskontrate steigt mit zunehmender Unsicherheit). Der Partialeffekt einer Änderung von σ_1 ergibt sich dann als:

---

[85] Der Aspekt, daß die Diskontrate in der Realität von der Kovarianz des Risikos mit dem Marktrisiko abhängen sollte, wird ignoriert. Dies ist angemessen, falls der Markt für Risiko nicht effizient ist. Vgl. auch Dixit (1989), S. 636 f., und Belke, Gros (1997, 1998c, 1999).

(8)

$$\frac{\partial \text{Diff}}{\partial \sigma_1} = A_1^{'}\left[\frac{A_2(\sigma_1 - b)^2}{4\sigma_1} - (r_1 + A_2 r_2)\right] + \frac{A_1 A_2\left[\sigma_1 2(\sigma_1 - b) - (\sigma_1 - b)^2\right]}{4\sigma_1^2},$$

oder nach Vereinfachung des zweiten Terms auf der rechten Seite der Gleichung:

(8)'
$$\frac{\partial \text{Diff}}{\partial \sigma_1} = A_1^{'}\left[\frac{A_2(\sigma_1 - b)^2}{4\sigma_1} - (r_1 + A_2 r_2)\right] + \frac{A_1 A_2(\sigma_1^2 - b^2)}{4\sigma_1^2}.$$

In der direkten Nachbarschaft des Punktes, in dem Diff = 0 gilt, d.h. in dem das Unternehmen zwischen Warten und heute Investieren gerade indifferent ist, entspricht der Term in eckigen Klammern dem Wert $-A_1^{-1}$. Dies geht direkt aus Gleichung (6') hervor. Dies impliziert, daß ein Anstieg der Unsicherheit in Periode 1 ein zuvor indifferentes Unternehmen veranlassen wird, das Warten nunmehr vorzuziehen.

Der partielle Effekt eines Anstiegs der Unsicherheit in Periode 2 ergibt sich unter Berücksichtigung von Gleichung (2)' und $A_2 = A_2(\sigma_2)$ nach der Anwendung von Quotienten-, Produkt- und Kettenregel als:

(9)
$$\frac{\partial \text{Diff}}{\partial \sigma_2} = A_1 A_2^{'}\left[\frac{(\sigma_1 - b)^2 + 2(\sigma_1 - b)/A_2}{4\sigma_1} - r_2\right].$$

Unter Bezugnahme auf die weiter oben gegebene Definition des Schwellenwertes b kann dies zu Gleichung (9)' vereinfacht werden:

(9)'
$$\frac{\partial \text{Diff}}{\partial \sigma_2} = A_1 A_2^{'}\left[(\sigma_1^2 - b^2) - 2(\sigma_1 + b) r_2\right] / 4\sigma_1 .$$

Dieser Ausdruck kann sowohl positiv als auch negativ werden, selbst in der Nähe des Punktes Diff = 0. Hieraus folgt, daß ein Anstieg der Unsicherheit in Periode 2 den Anreiz, mit der Investition zu warten, entweder erhöht oder verringert. Dies impliziert, daß ein *simultaner* Anstieg von σ_1 und σ_2 (d.h. eine langfristige Erhöhung der Unsicherheit) in der Tat einen *schwächeren* Einfluß auf Investitionen haben könnte als ein lediglich kurzfristiger Anstieg der Unsicherheit (d.h. eine Erhöhung, die auf σ_1 beschränkt ist). Dies ist zwar nicht zwingend der Fall. Diese Konstellation wird jedoch um so wahrscheinlicher, je höher das Anfangsniveau der kurzfristigen Unsicherheit σ_1 ausfällt.

Im Spezialfall b = 0 vereinfachen sich beide partiellen Ableitungen erheblich und die betreffenden partiellen Effekte ergeben sich wie folgt:

$$(8)'' \quad \delta(\text{Diff}) = [(A_2(A_1'\sigma_1 + A_1)/4 - A_1'(r_1 + A_2 r_2)]\ \delta\sigma_1$$

$$= [A_2 A_1'(\sigma_1/4 - r_2) + A_1 A_2/4 - A_1' r_1]\ \delta\sigma_1 \quad \text{und}$$

$$(9)'' \quad \delta(\text{Diff}) = A_1 A_2'\ [(\sigma_1 - 2r_2)/4]\ \delta\sigma_2 .$$

Was ist die Intuition hinter dem Resultat, daß der Einfluß der in der zweiten Periode vorherrschenden Unsicherheit positiv oder negativ sein kann? Eine Steigerung der Unsicherheit in Periode 2 ($\sigma_2\uparrow$) erhöht die Diskontrate, die auf alle *in Periode 2* anfallenden Erträge anzuwenden ist. Für ein Unternehmen, das zwischen den Alternativen 'heute Investieren' und 'morgen Investieren' gerade indifferent ist, muß der im Falle des Wartens erwartete Ertrag in Periode 2 ($\sigma_1/4$) größer sein als der erwartete Perioden 2-Ertrag, falls die Investition bereits heute vorgenommen wird (r_2). Der Grund hierfür ist, daß das Unternehmen im Rahmen der zweiten Strategie zusätzlich auch die Erträge der ersten Periode realisieren würde. Ein Anstieg von σ_2 (der eine Verringerung von r_2 impliziert) wird auf diese Weise den Gegenwartswert der *Gewinne des Wartens stärker reduzieren* als den Gegenwartswert der Gewinne bei sofortiger Investition. Die allgemeine Intuition diesbezüglich ist, daß die Strategie des Wartens alle Erträge in die Zukunft verschiebt. Dieses Verschieben wird unattraktiver, wenn die Diskont-rate σ_2 ansteigt.[86]

---

[86] Gleichung (9)" scheint nahezulegen, daß r_2 groß sein muß (d.h. der größte Teil des Ertrags muß in Periode 2 anfallen, was unter der Annahme gerechtfertigt werden könnte, daß die zweite Periode implizit die 'gesamte Zukunft' beinhaltet), damit eine Erhöhung der Unsicherheit in Periode 2 (d.h. ein Anstieg von σ_2) die Wahrscheinlichkeit dafür erhöht, daß ein Verschieben der Investition die bessere Wahl ist. Jedoch muß berücksichtigt werden, daß unter der Hypothese von b = 0 r_2 gleich A_2^{-1} ist, um den Schwellenwechselkurs bei Null zu halten. Daher ist der Gegenwartswert des Ertrages der zweiten Periode per Annahme fixiert. Der Ausdruck (8)' enthält zusätzliche Terme, da ein Anstieg der Unsicherheit in Periode 2 auch b (den Schwellenwechselkurs) beeinflußt. Dies ist der Grund dafür, daß das Vorzeichen des partiellen Effektes von der Differenz zwischen σ_1 und $2r_2$ (statt von der oben erwähnten Differenz zwischen $\sigma_1/4$ und r_2) abhängt. Dieses Resultat impliziert, daß eine *temporäre* Erhöhung der Unsicherheit (ein alleiniger Anstieg von σ_1) möglicherweise einen *stärkeren* Einfluß auf das Ausmaß einer Investition hat als ein *permanenter* Anstieg (d.h. ein Anstieg von σ_1 *und* σ_2).

Die *Steigung* der Funktion, die A_2 mit dem Risiko der zweiten Periode verbindet, hat *keinen Einfluß* auf das *Vorzeichen* des partiellen Effektes der in der zweiten Periode vorherrschenden Unsicherheit auf die Höhe der Investitionen. Dies impliziert, daß das Ausmaß der Risikoaversion (und/oder der Marktunvollkommenheit), welches implizit die Natur der Funktion $A_2(\sigma_2)$ determiniert, keine Bedeutung für die wichtige Frage hat, ob zukünftige Unsicherheit heutige Investitionen eher behindert oder fördert. Demgegenüber hängt die Größe des Effektes klar von A_2' ab.

Ein numerisches Beispiel kann das Potential kurzfristiger Wechselkursvariabilität zur Beeinflussung von Investitionsentscheidungen gut illustrieren. Es sei $A_2r_2 = 1$ angenommen. Dies impliziert, daß $b = 0$ gilt, so daß der einfache Ausdruck (9)" Verwendung finden kann. Für das Verhalten eines Unternehmens, das zwischen 'heute Investieren' und 'Verschieben der Investition' gerade indifferent ist (was wiederum Diff = 0 impliziert), erhält man einen recht einfachen Ausdruck. Denn in diesem Fall gilt:

$$(10) \quad A_1A_2\,\sigma_1 / 4 = A_1r_1 + A_1 - 1.$$

Dieser Ausdruck kann als eine Bedingung für σ_1 in Abhängigkeit von A_1 und r_1 interpretiert werden. Auflösen der Gleichung (9)" nach σ_1, Substituieren des resultierenden Ausdrucks für σ_1 in Gleichung (10), Verwenden von $b=0$ und weitere Vereinfachungen ergeben:

$$(11) \quad \delta(\text{Diff}) = A_1A_2' \,[\, (2A_1r_1 + A_1 - 2) / 2\, A_1A_2 \,]\, \delta\sigma_2.$$

Der Ausdruck in runden Klammern auf der rechten Seite der Gleichung kann zweifellos positiv werden. Falls zum Beispiel A_1r_1 auch gleich Eins ist (die Hälfte der Erträge stammt aus je einer der beiden Perioden), wird ein Anstieg von σ_2 immer auch den Ausdruck 'Diff' reduzieren und daher einen Anreiz dafür darstellen, jetzt zu investieren anstatt zu warten.

Was zeigt das vorstehend entwickelte einfache Modell? Zwei Schlußfolgerungen sind hervorzuheben: i) Sogar ein *temporärer* Anstieg ('spike') der Wechselkursvariabilität kann Unternehmen veranlassen, mit ihren Investitionen zu warten. ii) Die Beziehung zwischen der Wechselkursvariabilität und der Arbeitslosigkeit bzw. der Beschäftigung sollte zumindest teilweise *über die Investitionsnachfrage* ablaufen.[87] Ein *direkter* Einfluß der Wechselkursvariabilität auf die Beschäftigung kann ebenfalls vorliegen, wenn man berücksichtigt, daß das Investitionsprojekt (welches dem zuvor dargestellten einfachen Modell zugrunde liegt) ebenfalls aus der Ausbildung einer neuen Arbeiterschicht in der Handhabung eines bereits installierten Maschinenparks bestehen könnte. Selbst wenn es theoretisch möglich wäre, diese Arbeitnehmer rasch zu entlassen, wäre die Investition in die Ausbildung trotzdem aus der Sicht des Unternehmens 'verloren', falls das Unternehmen sich doch nicht dazu entscheidet zu exportieren. Der 'Versunkene Kosten'-Aspekt bei der Neueinstellung einer Gruppe an Arbeitnehmern würde sogar noch stärker ins Gewicht fallen, wenn sie anschließend nicht wieder ohne Weiteres entlassen werden könnten. In dieser Interpretation würde das vorstehend entwickelte Modell implizieren, daß eine Erhöhung der Unsicherheit, selbst wenn diese nur in der kurzen Frist stattfinden sollte, einen direkten und unmittelbaren Einfluß auf die Beschäftigung haben könnte. Dieser Einflußkanal existiert unabhängig von dem Kanal der Investitionsnachfrage.[88]

Das vorstehend entwickelte Modell ist im Gegensatz zu den später im Rahmen der vorliegenden Arbeit noch zu entwickelnden Modellen noch nicht detailliert genug, um hinreichende Implikationen hinsichtlich der Persistenz etwaiger nicht-linearer Effekte der Wechselkursunsicherheit aufzuweisen.[89] Eine vereinfachende Interpretation, nach der die 'set-up'- Kosten genau in der Errichtung einer Fabrik bestehen, würde implizieren, daß ein kurzfristiger Anstieg der Wechselkursunsicherheit zwar auch die Arbeitslosigkeit kurzfristig erhöht, jedoch nicht zu langfristigen Arbeitsmarkteffekten führt. Jedoch wird seit längerem angeführt, daß auf westeuropäischen Arbeitsmärkten Hysteresiseffekte relevant sind (Belke, Kösters (1992, 1996, 1996a, 1999a). Der Hysteresis-Hypothese folgend können sogar *temporäre* Schocks

---

[87] Alternativ stellt Huizinga (1994), S. 200, fest: "... interest in investment is often derived from an interest in the productivity of labour and the resulting real wage that labour can earn".

[88] Obwohl das vorstehende Modell hauptsächlich mikrofundiert ist, könnte es prinzipiell entlang des Belke, Göcke (1994)-Modells der 'micro- and macro-hysteresis' in der Beschäftigung auf das Makro-Niveau aggregiert werden. Vgl. ausführlich die Kapitel 7 und 8 der vorliegenden Arbeit. Aber schon an dieser Stelle der Arbeit läßt sich aussagen, daß auf der Basis dieses Modells auch ein kurzfristiger Anstieg der Wechselkursunsicherheit tendenziell zu einem Anstieg der Breite der 'micro'- und der 'macro'-Hysteresisschleife und somit zu signifikanten realen Effekten von kurzfristigen 'spikes in uncertainty' führen würde.

[89] Für die Rechtfertigung einer Beschränkung der Modellierung auf *direkte* Effekte der Wechselkursunsicherheit auf das Niveau der Investitionen vgl. Bell, Campa (1997), S. 86, und Goldberg (1993), S. 587.

permanente Effekte auf die Arbeitslosigkeit haben. Ein möglicher Kanal, durch den Hysteresiseffekte wirksam werden können, besteht darin, daß das Humankapital von entlassenen Arbeitnehmern schnell abwertet, so daß sie zum bisherigen Reallohn keine neue Beschäftigung mehr finden können, da ihre Genzproduktivität abgenommen hat (Blanchard, Diamond (1994)). Falls man den Begriff der 'set-up'-Kosten auf dieses Humankapital bezieht, könnte diese Sichtweise auch mit dem weiter oben dargestellten Modell kompatibel sein. Somit könnte in dem hier eingeführten Modellrahmen sogar in dem Sinne '*strong hysteresis*' (Belke, Göcke (1994, 1997)) vorliegen, daß bereits temporäre Schocks der Wechselkursunsicherheit (anstelle eines permanenten 'Misalignment', Gros, Thygesen (1998), S. 119) permanente Beschäftigungseffekte erzielen. Einschränkend sei jedoch angemerkt, daß einige Ökonomen dem Vorurteil unterliegen mögen, daß temporäre Schocks der Wechselkursunsicherheit prinzipiell keine permanenten realwirtschaftlichen Effekte haben können. Hierauf soll an dieser Stelle jedoch noch nicht weiter eingegangen werden, da dieser Aspekt für die weitere Analyse nicht zentral ist. Erst in den Kapiteln 7 und 8 wird auf mikroökonomisch fundierte Weise auf die makroökonomischen Persistenzeigenschaften der Wechselkursunsicherheits-Effekte eingegangen. Darüber hinaus sind die weiter unten vorzustellenden empirischen Resultate mit beiden Sichtweisen kompatibel. Der folgende Abschnitt 6.4. stellt dem 'Optionswert des Wartens' den 'Wert der Optionsschaffung' gegenüber. Dabei werden Bedingungen dafür abgeleitet, unter denen das in Abschnitt 6.3. formal hergeleitete negative Vorzeichen der betrachteten Beziehungen weiter gültig ist.

6.4 Der 'Optionswert des Wartens' und der 'Wert der Optionsschaffung'

In diesem Kapitel wurde bisher ganz in der Tradition der Literatur zum 'Optionswert des Wartens' argumentiert, die Unsicherheit über zukünftige Wechselkursentwicklungen könne es unter Umständen optimal werden lassen, ein gegebenes Investitionsprojekt wie z.B. die Neubeschäftigung von Erwerbspersonen zu verschieben. Dies führe zu einem signifikant negativen Einfluß der Wechselkursunsicherheit auf die Beschäftigung. Es wurde jedoch nicht berücksichtigt, daß die *Möglichkeit*, sich für zusätzliche Beschäftigung entscheiden zu können, *vorbereitet* werden muß. Statt dessen wurde ganz in der Tradition vieler gängiger investitionstheoretischer Modelle implizit davon ausgegangen, daß das Ausmaß der 'Investitions'-Opportunität wie 'Manna vom Himmel' falle und aus der Sicht des Unternehmens als gegeben anzusehen sei. Bekannterweise schaffen sich Unternehmen Investitionsmöglichkeiten durch strategische Investitionen in Kapital mit vielseitigen Verwendungsmöglichkeiten, also geringer Spezifität (z.B. Forschung und Entwicklung, der Erwerb von Gelände sowie allgemeine Ausbildung in Grundfertigkeiten). Einerseits eröffnet diese Art an Investitionen nicht nur zusätzliche spätere Investitionsmöglichkeiten, sondern bestimmt auch den *Umfang der Produktion und der Beschäftigung*, mit dem ein Unternehmen rechnen kann, falls sich der Eintritt in einen speziellen Markt als vorteilhaft erweisen sollte. Die Unsicherheit über zukünftige Wechselkursbewegungen und damit über zukünftige Marktbedingungen macht es für Unternehmen interessanter, vorbereitet zu sein. Ein möglicher Weg, um 'Investitions'-Möglichkeiten vorzubereiten, ist der Erwerb von Land, um hierauf später Produktionsstätten zu errichten. Da die Landnahme und die Erteilung von Produktionsgenehmigungen generell einige Zeit in Anspruch nehmen dürften, ist ein Unternehmen ohne dieses Land nicht in der Lage, kurzfristig auf rentable 'Investitions'-Gelegenheiten zu reagieren. 'Training in general skills' ist ein anderer Weg, zukünftige spezifische 'Investitionen' vorzubereiten. Erst ein Arbeitskräftepotential mit gut ausgebildeten allgemeinen Produktionsfähigkeiten erlaubt es einem Unternehmen, sich schnell durch Ankauf und Installation eines geeigneten Maschinenparks auf einen neuen Markt zu begeben. Jedoch kann das Unternehmen zum Zeitunkt des 'general training' nicht exakt prognostizieren, *welches* spezielle Produkt am profitabelsten sein wird. Gleichzeitig bestimmt aber die Höhe des verfügbaren, allgemein ausgebildeten Humankapitals den Umfang, in dem die neue Produktionsstätte genutzt werden kann, d.h. den Umfang der spezifischen Produktion bei günstiger Preisentwicklung. Unsicherheit könnte aus dieser Sicht einen *positiven Einfluß* auf unspezifische allgemeine Investitionen haben.

Andererseits kann sich ein Unternehmen, das Ressourcen für Forschung und Entwicklung ('Suche nach effizienteren Produktionsverfahren') verwendet, nicht sicher sein, ob ein effizienteres Produktionsverfahren überhaupt zum Einsatz kommen wird. Möglicherweise ist in der Zwischenzeit die Nachfrage nach dem betrachteten Gut rapide gefallen oder, gleichwertig, es hat sich der Wechselkurs so stark verändert, daß das Unternehmen selbst unter Berücksichtigung des verbesserten Verfahrens gegenüber Importen nicht konkurrenzfähig ist. Diese Aspekte deuten eher auf einen *negativen Einfluß* von Unsicherheit auf allgemeine unspezifische Investitionen.

Aus diesen Überlegungen folgt für empirische Untersuchungen, daß man in bezug auf unterschiedliche Investitionsabgrenzungen auch *unterschiedliche*

Vorzeichen von Unsicherheitsindikatoren erwarten sollte. Das zentrale Anliegen dieses Teilkapitels ist es folglich darzulegen, daß unterschiedliche Investitionstypen verschieden auf die jeweils relevante Unsicherheit reagieren sollten. Bei der Ermittlung des Vorzeichens des Unsicherheitseinflusses ist immer auch der Zeitpunkt des Auftretens der Unsicherheit zu berücksichtigen.

Die Idee, daß ein Mehr an Unsicherheit für mehr Investitionen sorgen kann, wenn letztere zur Vorbereitung zukünftiger Optionen dienen, ist verwandt mit der allgemein bekannten Tatsache, daß die Gewinnfunktion in den Preisen konvex ist, solange der Einsatz von Produktionsfaktoren variabel ist. Diese Erkenntnis veranlaßte schon Oi (1961) zu seiner Schlußfolgerung einer 'desirability of price instability'.[90] Eine derartige Gestalt der Gewinnfunktion impliziert aber direkt für jede Höhe des Kapitalstocks, daß eine Erhöhung der Wechselkursvolatilität (als 'mean preserving spread') zu höheren erwarteten Gewinnen führt. Hieraus folgt, daß erhöhte Unsicherheit Investitionen attraktiver macht, da mit einem höheren Kapitalstock die gesamte Gewinnfunktion nach oben verlagert wird (Gros (1987)). Dieser Grundgedanke fand in der bisherigen Literatur keinen überwältigenden Widerhall, möglicherweise weil sie auf der einen Seite fast offensichtlich ist oder auf der anderen Seite dem weit verbreiteten Prä eines negativen Einflusses der Unsicherheit auf Investitionen widerspricht. Dieses Kapitel stellt jedoch nicht weiter auf diesen Gewinnfunktions-Ansatz ab. Statt dessen soll ein integrativer Ansatz verfolgt und *innerhalb* eines auf Abschnitt 6.3.1 aufbauenden *erweiterten* Modells gezeigt werden, daß die Vorbereitung der Investitions- bzw. Beschäftigungs-Option positiv von der Unsicherheit abhängen kann.

Die aufgezeigte inhaltliche Spannung zwischen dem 'Optionswert des Wartens' und dem 'Wert der Optionsschaffung' wird im folgenden modelliert als *von ihrem Wesen her* unterschiedliche Entscheidungen über 'Investitionen' in unspezifisches und spezifisches 'Kapital'. *Unspezifisches* Kapital wird dabei im folgenden als *Vorbedingung* für spezifische Investitionsprojekte verstanden. Es kann sich dabei beispielsweise um Leitungssysteme, Netzwerke, Forschung und Entwicklung sowie allgemeines Humankapital handeln, das im, dem Unternehmen zur Verfügung stehenden, Arbeitskräftepotential inkorporiert ist. Die Höhe dieses verfügbaren 'allgemeinen' Kapitals bestimmt, auf welchem Niveau das betrachtete Unternehmen in einem zweiten Schritt

---

[90] Vgl. auch de Grauwe (1997), S. 56, Perée, Steinherr (1989), S. 1243 f., und Varian (1978), S. 30. Für eine Übersicht vgl. Gros (1987), S. 5.

in spezifisches Kapital zu Produktionszwecken (z.B. spezialisierte Maschinen) investieren kann. Das Unternehmen wird zwar in der zweiten Stufe nur dann tatsächlich 'investieren', wenn es die Umstände zulassen. Wenn es jedoch die notwendigen vorbereitenden Investitionen unterlassen hätte, wäre es nicht in der Lage gewesen, schnell auf sich bietende Marktchancen zu reagieren.

Der realwirtschaftliche Mechanismus hinter dem folgenden stilisierten Modell ist der folgende. Die gegenwärtige Produktion verlangt nach einer Organisation, einer Fabrik, einer Belegschaft und einem speziellen Maschinenpark. Die Schaffung dieser Vorbedingungen nimmt ähnlich wie die Installation der Maschinen und der Aufnahme der Produktion Zeit in Anspruch. Ein Unternehmer sieht sich folglich einem *zweistufigen Entscheidungsprozeß* gegenüber. In der *ersten* Stufe muß er eine strategische (graduelle) Entscheidung über die Größe des Unternehmens in Gestalt des unspezifischen Kapitals fällen. In der *zweiten* Stufe muß er eine Entweder-Oder-Entscheidung darüber treffen, ob er dieses unspezifische Kapital mit spezifischen Maschinen kombiniert und schließlich mit der Produktion für einen spezifischen Markt beginnt. Das hier verwendete Modell nimmt an, daß die Unsicherheit vom Wechselkurs herrührt. Im Prinzip ist aber auch jede andere Ursache von Marktpreisänderungen modellkompatibel.

Es soll an dieser Stelle nicht weiter erörtert werden, welche Art unspezifischer vorbereitender Investitionen die bedeutendste darstellt. Zu Darstellungszwecken ist es vollkommen ausreichend, das folgende Modell an Investitionen in 'general skills' auszurichten. Folgt man den üblichen Ansätzen zur Humankapitalakkumulation, determiniert der Umfang der für die Ausbildung der allgemeinen Fähigkeiten verwendeten Ressourcen das Ausmaß des Arbeitskräftepotentials, das dem Unternehmen zum Zeitpunkt der Entscheidung über die Produktion (d.h. über die Kombination dieses Arbeitskräftepotentials mit dem einzurichtenden spezifischen Maschinenpark) zur Verfügung steht. *Beide* Varianten des Kapitals erweisen sich somit als *produktionsnotwendig* und stellen *versunkene Kosten* dar. Jedoch ist eine Investition in unspezifisches allgemeines ('enabling') Kapital nicht mit einer Produktionsentscheidung gleichzusetzen. Sie ermöglicht es dem Unternehmen vielmehr, auf spätere 'Investitions'-Möglichkeiten schnell zu reagieren. Gleichzeitig legt sie die Größe der Produktionsstätte fest, die das Unternehmen errichten kann, falls es sich hierfür entscheidet. Im folgenden wird das in Abschnitt 6.3.1 entwickelte Modell um die vorstehenden Überlegungen modifiziert.[91] Zu diesem Zweck werden die Periodenbezeichnungen um eine Periode nach vorne verschoben, d.h. aus Periode 0 wird Periode 1, aus Periode 1 wird Periode 2, aus Periode 2 wird Periode 3. Da dem Modell aus Abschnitt 6.3.1 Investitionen in allgemeines vorbereitendes Kapital vorgeschaltet werden, wird darüber hinaus eine neue Periode 0 eingeführt. Die *zeitliche Struktur* des *mehrstufigen Entscheidungsprozesses* eines Investors im Falle der Orientierung an einem 'Wert der Optionsschaffung' wird in der folgenden Tabelle nochmals systematisch dargestellt.

Tab. 2 - *Mehrstufiger Entscheidungsprozeß eines Investors bei einem 'Wert der Optionsschaffung'*

Periode 0	Entscheidung und Durchführung *allgemeine* Investition
σ_1	Wechselkursunsicherheit zwischen Periode 0 und Periode 1
Periode 1	Entscheidung und Durchführung *spezifische* Investition
σ_2	Wechselkursunsicherheit zwischen Periode 1 und Periode 2
Periode 2	Erträge aus Produktion (r_2)
σ_3	Wechselkursunsicherheit zwischen Periode 2 und Periode 3
Periode 3	Erträge aus Produktion (r_3)

Eine wichtige vereinfachende Annahme ist, daß Investitionen in allgemeines vorbereitendes Kapital nicht abzuschreiben seien. Das Kapital kann in beiden Produktionsperioden genutzt werden. Aus formaler Sicht liegt die Innovation des Modells darin, daß das Unternehmen in Periode 0 darüber befindet, ob und in welchem Umfang es in allgemeines (möglicherweise Human-) Kapital investiert. Diese Entscheidung bestimmt die Gewinne der Folgeperioden 2 und 3, falls sich das Unternehmen in Periode 1 dazu entschließt, das allgemeine Humankapital mit den spezialisierten Maschinen zu kombinieren. Das ab Periode 1 verfügbare Humankapital sei mit c bezeichnet. Es bezeichnet die Produktionskapazität bzw. den Umfang der Investition ('scale'). Investitionen in allgemeines vorbereitendes Kapital stellen somit *keine*

---

[91] Die im folgenden entwickelte Erweiterung des Modells aus Abschnitt 6.3. basiert auf zahlreichen Diskussionen des Verfassers mit Daniel Gros, Centre for European Policy Studies, Brüssel.

Entweder-Oder-Entscheidung dar, sondern betreffen das *Ausmaß* der Investition. Da sie den Umfang der späteren Investitionsmöglichkeiten determinieren, verhalten sich alle Erträge und 'set-up'-Kosten der spezifischen Investition proportional zu c. Der während Periode 1 erwartete Return-on-Investment beträgt somit:

(12) $E_1(I_1) = c\,(-1 + r_2 + r_3) > 0 \qquad r_2, r_3 > 0.$

Dasselbe gilt für alle zukünftigen Gewinne. Hieraus folgt der in Periode 1 erwartete Gewinn des Wartens bis Periode 2 als:

(13) $E_1(I_2) = c\,(\sigma_2\text{-}b)^2 / 4\sigma_2.$

Es wird unmittelbar deutlich, daß ein Anstieg der Unsicherheit zwischen Periode 1 und 2 (σ_2) den erwarteten Gewinn aus der allgemeinen Investition (entspricht dem Erwartungswert aus (12) und (13)) erhöht. Denn die Ableitung des zweiten Erwartungswertes nach σ_2 ergibt 4c $(\sigma_2^2 - b^2) / (4\sigma_2)^2)$. Sie ist positiv, da -wie schon in Abschnitt 6.3.1. angedeutet- der Wert des Parameters σ_2 die Ausprägung b übersteigen muß (andernfalls könnte der Wechselkurs nie den 'threshold' erreichen).

Falls keine zusätzliche Unsicherheit zwischen Periode 0 und 1 (σ_1) vorliegt (dies ist der einfachste Fall, der später aufgehoben wird), lautete die optimale Entscheidungsregel nämlich einfach: Investiere in vorbereitendes Kapital, bis die marginalen Kosten dieser Investition gleich dem marginalen Ertrag der Investition ist. Letzterer wäre dabei als der größere der beiden vorstehenden Erwartungswerte anzusetzen.

Die Kosten einer Investition in vorbereitende Verwendungen seien mit g(c) bezeichnet. Die Beschaffung höherer Mengen derartigen Kapitals innerhalb einer Periode sei zunehmend kostenträchtig: ($g'(c) > 0$, $g''(c) > 0$). Das optimale Ausmaß der Investition ergibt sich unter diesen Voraussetzungen aus einer Gleichsetzung der Grenzkosten und Grenznutzen:

(14) $g'(c) = \max\,((-1 + r_2 + r_3), (\sigma_2\text{-}b)^2 / 4\sigma_2)).$

Solange wie es sich für das Unternehmen auszahlt, in Periode 1 sofort in die Produktion zu investieren statt zu warten (d.h. solange wie $(-1 + r_2 + r_3) > (\sigma_2\text{-}b)^2 / 4\sigma_2)$), hat ein Anstieg der Unsicherheit zwischen Periode 1 und 2 (σ_2) keine Auswirkungen auf die Höhe der vorbereitenden Investitionen. Falls diese Unsicherheit σ_2 jedoch groß genug ist, um eine Verschiebung der

Produktionsentscheidung auf Periode 2 zu bewirken, steigt das vom Unternehmen als optimal angesehene Ausmaß an vorbereitender allgemeiner Investition c mit zunehmender Unsicherheit σ_2.

Bisher wurde als einfachster Fall unterstellt, es trete keine zusätzliche Unsicherheit zwischen der Periode 0 und der Periode 1 auf ($\sigma_1=0$). Hierdurch wurde von einer Unsicherheit über die späteren (Produktions-) Möglichkeiten oder Optionen des Unternehmens abstrahiert. Das Zwischenfazit lautet: je größer die *zukünftige* Unsicherheit σ_2 ist, um so wertvoller wird die Option, möglicherweise in der Zukunft zu produzieren. Es lohnt sich deshalb für das Unternehmen, ein hinreichend hohes Ausmaß an Ressourcen zu verwenden, um das Potential zu haben, signifikant ('on a large scale') auf günstige Umstände reagieren zu können.

Wann findet die vorbereitende Investition (in Kapazitäten) statt? Ohne Diskontierung ist dies irrelevant. Mit Diskontierung (und/oder Risikoaversion) hingegen (oder falls c über die Zeit abzuschreiben ist) könnte die Kapazitätsinvestition auf Periode 1 verschoben werden, wenn σ_2 ansteigt. Ihr Volumen würde jedoch weiterhin mit σ_2 wachsen.

Falls jedoch Wechselkursunsicherheit zwischen der Periode 0, in der die allgemeinen vorbereitenden Investitionen getätigt werden, und Periode 1, in der erstmalig eine Produktionsentscheidung gefällt werden kann, relevant wird ($\sigma_1>0$), unterscheidet sich das Entscheidungskalkül des Unternehmens von der in Gleichung (14) gewählten Formulierung. Die Grenzkosten der allgemeinen Investition müssen nun *mit dem Erwartungswert der Option einer allgemeinen vorbereitenden Investition* verglichen werden. Der letztere setzt sich additiv aus zwei Komponenten zusammen. Die erste Komponente ist die Wahrscheinlichkeit, daß es optimal ist mit der Produktionsvorbereitung (bis Periode 2) zu warten $[(\sigma_1+b_1) / 2\sigma_1]$, multipliziert mit dem erwarteten Gewinn aus ebendieser Entscheidung ab Periode 2 $[(\sigma_2-b)^2 / 4\sigma_2]$. Die zweite Komponente ist die Wahrscheinlichkeit, daß es optimal ist, sofort mit der Produktionsvorbereitung zu beginnen $[(\sigma_1-b_1)/2\sigma_1]$, multipliziert mit dem erwarteten Gewinn aus dieser Entscheidung $[-1 + r_2 + r_3]$. Formal wird die optimale Kapazität dann wie folgt bestimmt:

$$(15) \qquad g'(c) = [(\sigma_1+b_1)/2\sigma_1]\,[(\sigma_2-b)^2/4\sigma_2] + [(\sigma_1-b_1)/2\sigma_1]\,[-1 + r_2 + r_3].$$

Ein Anstieg der Wechselkursunsicherheit zwischen Periode 1 und 2 ($\sigma_2 \uparrow$) hat somit zwei gleichgerichtete Effekte auf den Erwartungswert in (15). Erstens impliziert eine höhere zukünftige Unsicherheit ($\sigma_2 \uparrow$), wie oben schon ausgedrückt, daß es für Unternehmen lohnender wird, für eine Produktion auf hohem Niveau vorbereitet zu sein (der Wert der rechten Seite der Gleichung (14) erhöht sich mit σ_2). Zweitens bedeutet eine höhere zukünftige Unsicherheit, daß es mit höherer Wahrscheinlichkeit lohnender wird, mit der Produktion zu warten (die Gewichtung $[(\sigma_1+b_1)/2\sigma_1]$ des 'option value to wait' steigt in (15) mit σ_2). Dabei wird b_1, der 'trigger value' des in Periode 1 realisierten Wechselkurses, der es für das Unternehmen optimal macht, mit der Produktionsentscheidung bis Periode 2 zu warten, wie folgt bestimmt:

$$(16) \qquad -1 + r_2 + b_1 + r_3 = (\sigma_2 - b)^2 / 4\sigma_2,$$

und hängt somit selbst von der Unsicherheit zwischen Periode 1 und 2 (σ_2) ab. Setzt man diese Definition in Gleichung (15) ein, ergibt sich nach Vereinfachungen:

$$(17) \qquad g'(c) = -1 + r_2 + r_3 \ + b_1 \left[\frac{(\sigma_1 + b_1)}{2\sigma_1}\right].$$

Der erwartete Ertrag einer Kapazitätsinvestition entspricht der Summe der beiden nicht-stochastischen Elemente in den Perioden 2 und 3 und dem Wert der Option zu warten. Das Maximum für diesen Term wird erreicht, wenn $\sigma_1 = b_1$ ist. In diesem Fall entspricht der erwartete Gewinn dem Wert $(-1 + r_2 + r_3 + b_1)$. Falls die Variabilität des Wechselkurses in Periode 1 so gering ausfällt, daß die Schwelle nicht erreicht werden kann (d.h. falls $\sigma_1 < b_1$ ist), muß der oben diskutierte nicht-stochastische Fall angewendet werden. Die Unsicherheit zwischen Periode 1 und Periode 2 (σ_2) geht in diesen Ausdruck nur indirekt über b_1 (Gleichung (16)) ein. Wie oben argumentiert wurde, impliziert eine höhere zukünftige Unsicherheit, daß es sich auszahlt, für eine Produktion 'on a large scale' vorbereitet zu sein. Daher sollte eine höhere zukünftige Unsicherheit zu mehr vorbereitenden Kapazitätsinvestitionen führen. Die partiellen Effekte der beiden Varianzen auf den Anreiz, vorbereitende Investitionen zu treffen, können auf der Basis des totalen Differentials g''(c)dc berechnet werden:

$$(18) \qquad g''(c)dc = \left(\frac{\sigma_1 + 2b_1}{2\sigma_1}\right) \cdot \left(\frac{\sigma_2^2 - b^2}{4\sigma_2^2}\right) \cdot d\sigma_2 - \frac{b_1^2}{2\sigma_1^2} \cdot d\sigma_1 .$$

Der erste Term ist positiv, da σ_2 aus zuvor schon mehrfach genannten Gründen größer als b sein muß. Es wird somit auch formal bestätigt, was oben eher intuitiv abgeleitet wurde; ein Anstieg der Unsicherheit zwischen Periode 1 und 2 (σ_2 ↑) steigert die Anreize des Unternehmens, in unspezifisches vorbereitendes Kapital zu investieren. Ein Anstieg der Unsicherheit zwischen Periode 0 und 1 (σ_1 ↑) hingegen führt gemäß Gleichung (19) zu einer Verringerung dieses Anreizes. Dies läßt sich wie folgt begründen und veranschaulichen.

Ein Anstieg von σ_1 verändert gemäß Gleichung (15) die Wahrscheinlichkeit, daß die Produktionsentscheidung in Periode 1 positiv (sofort investieren) oder negativ (Warten) ausfällt, in Richtung 0,5. Die Änderung der Wahrscheinlichkeit, daß Investitionen in spezifisches Kapital in Periode 1 stattfinden (so daß mit der Produktion in Periode 2 begonnen werden kann), muß dabei der Wahrscheinlichkeit, daß die Alternative einer Verschiebung dieser spezifischen Investitionen ergriffen wird, genau entsprechen. Somit hängt der Einfluß eines Anstiegs von σ_1 auf c von der Differenz der erwarteten Gewinne (bei einem Wechselkurs, wie er zu Beginn erwartet wird) ab. Dies läßt sich formal unter Rückgriff auf das partielle Differential in bezug auf σ_1 zeigen:

$$(19) \qquad dc / d\sigma_1 = - \, b_1^2 / (2\sigma_1^2 \cdot g''(c))$$

Die Qualität dieses Effekts läßt sich veranschaulichen, indem man von dem Spezialfall $\sigma_1 = 0$ ausgeht. Dann wird die optimale Kapazität durch den höheren der beiden für i) Warten und ii) sofortigen Beginn der Produktion ermittelten Erwartungswerte bestimmt. Entscheidend ist, daß eine Erhöhung von σ_1 von $\sigma_1 = 0$ ausgehend die Wahrscheinlichkeit dafür erhöht, daß der *niedrigere* der beiden Erwartungswerte auch tatsächlich realisiert wird. Folglich verringert ein Anstieg der Unsicherheit bzw. der Varianz σ_1 den erwarteten Gewinn aus den Investitionen in unspezifisches vorbereitendes Kapital c. Falls b_1 gleich Null ist, entsprechen sich beide Erwartungswerte (für den gegenwärtigen Wechselkurs). In diesem Fall ist die Unsicherheit zwischen der Periode 0 und der Periode 1 (σ_1) für die Entscheidung über eine Kapazitätsinvestition bedeutungslos. Letztere wird durch $g'(c) = -1 + r_2 + r_3 = (\sigma_2 - b)^2 / 4\sigma_2$ determiniert.

In diesem Abschnitt wurde argumentiert, daß es *nicht hinreichend* ist zu fragen, ob die Wechselkursunsicherheit im allgemeinen Sinne definierte Investitionen beeinträchtigt. Es muß zwischen verschiedenen Arten an Investitionen (und Unsicherheit) unterschieden werden. Der Ansatz des 'Optionswert des Wartens' geht von der Überlegung aus, daß spezifische Investitionen (mit denen eine besondere gegebene Möglichkeit ausgenutzt werden soll) in die Zukunft verschoben werden können, die zusätzliche Informationen über den wahrscheinlichen 'Return-on-Investment' liefert. Der zentrale Gedanke dieses Abschnittes besteht darin, daß derartige Möglichkeiten *erst geschaffen* werden müssen. Allgemeine oder strategische Investitionen, die Möglichkeiten für später schaffen oder Optionen offen halten, sollten mit steigender Unsicherheit über die Zukunft wertvoller werden. Ein extremes Beispiel einer derartigen unspezifischen Investition betrifft die Entscheidung über eine Stillegung einer bestehenden Produktionsstätte, die unter gegenwärtigen Marktverhältnissen nicht wettbewerbsfähig ist. Je *größer* die Unsicherheit über zukünftige Marktbedingungen ist, desto *lohnender* ist es für das betrachtete Unternehmen, sich die Option einer Wiederaufnahme der Produktion zu erhalten.

Der in diesem Abschnitt identifizierte subtile Unsicherheits-Effekt auf 'general investment' ist jedoch deutlich zu differenzieren. Einerseits erhöht die Unsicherheit über die zukünftigen Erträge aus *sicheren* 'Investitions'-Möglichkeiten die Anreize, in die Vorbereitung dieser Optionen zu investieren. Andererseits ist es für Unternehmen bei mehr Unsicherheit über die Verfügbarkeit dieser Optionen weniger sinnvoll, Ressourcen zur Vorbereitung dieser Optionen zu verwenden. Eine deutliche Implikation dieses Abschnitts ist, daß *im Rahmen von empirischen Untersuchungen* nicht versucht werden sollte, eine Beziehung zwischen 'overall investment' und Unsicherheit zu testen. Statt dessen ist strikt zwischen *spezifischen* Investitionen nahe am Produktionsprozeß und *unspezifischen* Investitionen, die dazu dienen, Unternehmen auf zukünftige Optionen vorzubereiten, zu unterscheiden. Beispiele für die erste Kategorie sind die Neubeschäftigung von Erwerbspersonen zu Produktionszwecken (z.B. die Beschäftigung in der verarbeitenden Industrie), die Zahl effektiv geleisteter Überstunden pro Beschäftigtem oder die Errichtung eines Maschinenparks (z.B. Bruttoanlageinvestitionen). Als Beispiele für die zweite Kategorie lassen sich Investitionen in Forschung und Entwicklung, in die strategische Planung und in die Ausbildung allgemeiner (Grund-) Fertigkeiten nennen.

Wie wichtig ist nun der hier identifizierte und in der Literatur bisher so nicht formulierte Mechanismus? Erfahrungsgemäß übersteigt der Gesamtwert der meisten Unternehmen den Barwert der aus bestehenden Projekten zu erwartenden Gewinne. Dies wird auch von Pindyck (1991) in seinem Überblick erwähnt, ohne jedoch dabei zu berücksichtigen, daß Bemühungen, die Spannbreite zukünftiger Projekte zu erhöhen, eine wesentliche Determinante des Investitionsverhaltens sein können.

In den empirischen Untersuchungen der Folgeabschnitte werden i.w.S. *produktionsnahe* Investitionstypen (Kategorie 1) verwendet. Aus diesem Grunde wird erwartet, daß die in Abschnitt 6.3 beschriebene Modellumgebung relevant ist und die Wechselkursunsicherheit *negativ* auf den realwirtschaftlichen Sektor einwirkt. Der folgende Abschnitt 6.5 befaßt sich mit der empirischen Evidenz der zuvor abgeleiteten Modelle für Westdeutschland. In Abschnitt 6.5.1 werden zunächst einfache zeitreihenanalytische Kausalitätstests (VARs) in Differenzen der betrachteten Variablen durchgeführt. In Abschnitt 6.5.2 wird die Beziehung zwischen der Intra-ERM-Wechselkursvolatilität und dem deutschen Arbeitsmarkt unter der Berücksichtigung von 'Common Long-Term Trends' und Strukturbrüchen unter der Verwendung neuerer Kointegrationstechniken empirisch evaluiert.

6.5 Empirische Evidenz für Westdeutschland

6.5.1 Hat die Wechselkursvolatilität einen signifikanten Einfluß auf den deutschen Arbeitsmarkt?

Die in diesem Abschnitt vorgenommenen empirischen Tests der in Abschnitt 6.3theoretisch hergeleiteten Hypothesen für Deutschland sind als ein 'Pilotprojekt' in bezug auf ein Kernland der EWU zu verstehen. Dieses wird einer in Abschnitt 6.6 durchzuführenden breiter angelegten und hinsichtlich der verwendeten Daten harmonisierten Untersuchung für *sämtliche* EU-Volkswirtschaften *vorgeschaltet.* Hiermit wird die strategische Absicht verfolgt, die Probleme und Einwände, die bei der empirischen Überprüfung des Zusammenhangs zwischen der Wechselkursunsicherheit und EU-Arbeitsmärkten systematisch auftreten, unabhängig von dritten überlagernden Faktoren (wie z.B. unterschiedliche länderspezifische Institutionen, Spillovers zwischen einzelnen Volkswirtschaften u.ä.) bereits vorab im Detail zu verdeutlichen und zu kategorisieren.

Dieser Abschnitt wird zu dem Ergebnis kommen, daß die intra-europäische Wechselkursvariabilität der DM (gegenüber den Währungen, die mittlerweile Bestandteil der Euroregion sind) in dem Zeitraum vor der EWU einen statistisch signifikanten und ökonomisch nicht vernachlässigbaren positiven (negativen) Einfluß auf die westdeutsche Arbeitslosigkeit (Beschäftigung) ausübte. Der Einfluß der Dollar-Variabilität erweist sich als weniger stark. Robustheitstests zeigen, daß die Variabilität nicht lediglich das Niveau des realen effektiven Wechselkurses repräsentiert und daß die Resultate unter gleichzeitiger Berücksichtigung des Zinssatzes als einer Politikvariable, der ebenfalls einen Einfluß auf die Wechselkursvariabilität haben könnte, ihre Gültigkeit behalten. Eine ebenfalls für den westdeutschen Arbeitsmarkt angefertigte detailliertere Studie eines Fehlerkorrekturmodells in Abschnitt 6.5.2 bestätigt die Existenz einer kurzfristigen und einer langfristigen Beziehung zwischen der Variabilität der DM und der Beschäftigung im verarbeitenden Gewerbe für den Zeitraum vor der EWU.

6.5.1.1 Spezifikation und Schätzergebnisse

Im folgenden werden Regressionsanalysen auf der Basis von Jahresdaten herangezogen, um zunächst den Einfluß der *Variabilität* von DM-Wechselkursen auf den *Arbeitsmarkt* in Westdeutschland zu untersuchen. Dabei wird als Ausgangspunkt die Studie von Gros (1996, 1996b) als die einzige aktuelle Untersuchung hierzu verwendet. Es werden dabei *nur innereuropäische nominale* Wechselkurse berücksichtigt, da primär deren Variabilität durch die EWU beeinflußt bzw. unterdrückt wird. Die Variabilität des nominalen DM-Wechselkurses wird als Varianz vis-à-vis den Währungen der anderen Gründungsmitglieder des EWS-Wechselkursmechanismus (13.3.1979) interpretiert (Belgien-Luxemburg, Dänemark, Frankreich, Irland, Italien, Niederlande). Letzterer wurde -wie oben schon angedeutet- von Politikern mit der Maßgabe installiert, aus der Stabilität von Wechselkursen realwirtschaftliche Wachstumsgewinne zu realisieren.[92]

Die Wechselkursvariabilität der DM (EXV) wird im folgenden definiert als die gewichtete Summe der Jahres-Standardabweichungen logarithmierter *Monatsänderungen* bilateraler *nominaler* Wechselkurse (Gros, Thygesen (1992), S. 101 ff., Gros (1996), S. 19, und ders. (1996b), S. 237).[93] Für jedes Jahr des Stützzeitraums 1971-1995 werden also sechs länderspezifische Standardabweichungen ermittelt, die für jedes Jahr durch Gewichtung zu einem aggregierten Maß der DM-Wechselkursvariabilität verdichtet werden. Die dabei verwendeten Gewichte entsprechen den von der Bundesbank ermitttelten Wägungsanteilen für den gewogenen Außenwert der DM (neuer

---

92 Weitere Begründungen für diese Vorgehensweise finden sich später in Abschnitt 6.6.1.

93 Die bilateralen nominalen Kurse wurden aus den jeweiligen 'dollar rates, monthly averages' berechnet. Einflußgröße der realen Arbeitsmarktlage ist eigentlich der reale Wechselkurs (Kapitel 2). Jedoch ist entfällt in einer EWU primär die nominale Wechselkursvariabilität. Die Verwendung nominaler Variabilität ist auch kein gravierendes statistisches Problem, da nominale und reale Variabilität bei Monatsfrequenz einen annähernden Gleichlauf aufweisen.

Index) (Deutsche Bundesbank (1989), S. 46).[94] Es wird somit eine Maßgröße für die *historische*, vordergründig betrachtet nicht aber für die unerwartete Wechselkursvolatilität verwendet. Geht man jedoch davon aus, daß nur ein geringer Teil der monatlichen Variation der Wechselkurse korrekt prognostiziert werden kann, ist der Unterschied zwischen tatsächlicher und nicht antizipierter Wechselkursänderungen recht gering (Deutsche Bundesbank (1996), S. 67 ff., Gros, Thygesen (1992), S. 102, Jung (1996), S. 281, Abschnitt 6.6.1.). Außer EXV werden im folgenden die für Westdeutschland ermittelten Reihen 'Arbeitslosenrate' (UEWD), 'Wachstumsrate der beschäftigten Bevölkerung' (OCCWD), 'Realer effektiver DM-Wechselkurs (deflationiert mit relativen Lohnstückkosten)' (UCL), die 'DM/$-Wechselkursvariabilität' (EXDMDL) und 'kurzfristiger Zinssatz' (INTWD) sowie der 'Ölpreis' OIL ('spot (US $ per barrel), average crude prices') betrachtet.[95] Differenzen werden mit D, Logarithmen mit L bezeichnet. Aufgrund des lediglich einführenden Charakters der in diesem Abschnitt dargestellten Studie wird nicht weiter auf die Begründung der Wahl genau dieses Volatilitätsmaßes eingegangen. Dies geschieht in der gebotenen Ausführlichkeit zu Beginn der umfangreicheren Studien für alle EU-Volkswirtschaften in Abschnitt 6.6.1.

Im Rahmen einer vorbereitenden Datenanalyse wurden die verwendeten Zeitreihen *Integrationstests* unterzogen. Dabei konnte die Hypothese nicht abgelehnt werden, daß die Reihen EXV, UEWD, OCCWD, OIL bzw. ihre Logarithmen integriert vom Grade Eins sind. Weniger deutlich waren die Ergebnisse für INTWD und UCL. Da somit aus Gründen der Einheitlichkeit der Analyse eine Differenzierung notwendig wird, werden die folgenden

---

94 Dabei werden die Gewichte jeder Währung auf der Import- und auf der Exportseite unter Berücksichtigung von Drittmarkteffekten zu Gesamtgewichten zusammengefaßt. Die Berechnung des Durchschnitts der Standardabweichungen wurde einer Ermittlung der Standardabweichung des durchschnittlichen effektiven Wechselkurses vorgezogen. Denn deutsche Exporteure passen ihre Preise empirischen Ergebnissen zufolge den jeweiligen Märkten an, so daß die Wechselkursunsicherheit jeden Markt einzeln betrifft. Vgl. Burgess, Knetter (1996), S. 12 f., und Gros (1996b), S. 237.

95 Für eine genaue Variablenabgrenzung vgl. Europäische Kommission (1995a), Statistischer Anhang, S. 187 ff.: UEWD: Tab. 3, OCCWD: Tab. 2, UCL: u.a. Tab. 37, und INTWD: Tab. 53. Für die übrigen Reihen vgl. den Anhang zu diesem Abschnitt. Für die bilateralen Wechselkurse wurden 'dollar rates (period averages)' des IMF verwendet. Für die Schätzungen in diesem Kapitel wurde das Programm Eviews 3.0 verwendet.

*Einzel*gleichungsregressionen *in ersten Differenzen* geschätzt.[96] Obwohl hierdurch Informationen über mögliche langfristige Beziehungen verlorengehen bzw. nicht simultan bei der Schätzung berücksichtigt werden, wird im folgenden darauf verzichtet, Kointegrationsbeziehungen in vektorautoregressiver Fehlerkorrekturform für die westdeutsche Beschäftigung zu modellieren und zu schätzen. So können die hier erzielten Ergebnisse besser mit der Untersuchung von Gros (1996, 1996b) verglichen werden, da dieser ebenfalls Einzelgleichungen in Differenzen und auf Jahresbasis für einen Stützzeitraum 1971-1995 schätzt. Die von Gros (1996, 1996b) aus theoretischen Gründen (u.a. die Konzeption seines Maßes für die Wechselkursunsicherheit) gewählte geringe Zahl an Beobachtungen läßt jedoch möglicherweise *nicht genügend Freiheitsgrade* zu einer Modellierung vektorautoregressiver Kointegrationssysteme. Sie führt gleichzeitig möglicherweise zu *Inferenzproblemen*, da viele der für die Nutzung von Standardtabellen benötigten Eigenschaften integrierter Zeitreihen nur asymptotisch gelten. Jedoch wird bei Gros (1996, 1996b) die Wahl von Jahresdaten aufgrund der (theoretisch durchaus korrekten) Konstruktion des Wechselkursunsicherheitsindikators erforderlich. Die Auswahl des empirischen Modells richtet sich nach üblichen Spezifikationstests. Eine Erfüllung der Spezifikationstests ist dabei *notwendig*, die niedrigste Ausprägung des Schwarz-Informationskriteriums *hinreichend* für die Auswahl.[97] Zuerst wird der Einfluß der Wechselkursvariabilität auf die Arbeitslosigkeit getestet (Tab. 3).

---

[96] Für die Ergebnisse der Integrationstests vgl. ausführlich den Anhang zu Abschnitt 5. Die Einstufung des Maßes für die Wechselkursunsicherheit im Hinblick auf deren Integrationsgrad wird hier *an den Daten* ausgerichtet. Dabei kann die Hypothese eines I(1)-Prozesses nicht abgelehnt werden, obwohl die Variable konzeptionsbedingt eher integriert vom Grade Null sein sollte. Vgl. auch Abschnitt 6.1. Für eine analoge Vorgehensweise vgl. Arize (1995), Chowdhury (1993), Scheide, Solveen (1998) und Darby u.a. (1998).

[97] Vgl. Belke (1996), S. 428 ff., für eine ausführliche Begründung dieser Vorgehensweise.

Tab. 3 - *Intra-ERM-Wechselkursvariabilität und Arbeitslosigkeit*

3a) LS // Dependent Variable: DLUEWD; sample (adjusted): 1974 1995; observations: 22

Variable	Coefficient	Std. Error	t-Statistic	Prob.
C	-0.144512	0.069520	-2.078728	0.0522
DLUEWD(-1)	0.371801	0.178219	2.086202	0.0515
DLUEWD(-2)	-0.352269	0.172931	-2.037046	0.0566
EXV(-1)	0.270997	0.072927	3.716019	0.0016

R-squared	0.573926	Akaike info criterion	-3.320559
Adjusted R-squared	0.502914	Prob(F-statistic)	0.001280
Schwarz criterion	-3.122188	Breusch-Godfrey LM F-statistic	1.543435

3b) LS // Dependent Variable: DLUEWD; sample(adjusted): 1974 1995; observations: 22

Variable	Coefficient	Std. Error	t-Statistic	Prob.
C	0.056233	0.042873	1.311628	0.2061
DLUEWD(-1)	0.719050	0.184229	3.903030	0.0010
DLUEWD(-2)	-0.268585	0.175916	-1.526777	0.1442
DEXV(-1)	0.234895	0.068962	3.406134	0.0031

R-squared	0.542159	Akaike info criterion	-3.248650
Adjusted R-squared	0.465852	Prob(F-statistic)	0.002387
Schwarz criterion	-3.050279	Breusch-Godfrey LM F-statistic	0.422478

Der um eine Periode verzögerte Indikator für DM-Wechselkursunsicherheit erweist sich in der autoregressiven Schätzgleichung für die Änderung der westdeutschen Arbeitslosenrate als *hoch signifikant* (α=0,01). Da die Variable EXV zwar von Gros (1996, 1996b) berücksichtigt wird, jedoch unter Umständen integriert vom Grade 1 ist und somit in Tab. 3a eine gemischte Integrationsordnung der Regressoren verwendet wird, verbietet sich eigentlich ein Inferenzschluß. Daher wird im folgenden statt EXV die *Änderung* der DM-Wechselkursvariabilität DEXV als Regressor implementiert (Tab. 3b).[98] Darüber hinaus läßt sich mit der 'Ölpreisänderung' (DLOIL) eine Größe identifizieren, die bei gleichzeitiger Implementierung mit DEXV letzterer bei der AR2-Spezifikation von DLUEWD einen Großteil des Erklärungsbeitrags nimmt. Gleichzeitig steigt der Informationsgehalt des Modells bei gleichem Stützzeittraum (SCH-Kriterium). Nach graphischer Inspektion und der Schätzung zufolge scheint OIL dabei einen *ausgeprägten zeitlichen Vorlauf* vor EXV zu haben (Abb. 1).[99]

[98] In Tab. 3b wird die signifikante Verzögerung der Endogenen von 6 (!) Jahren bei sinkendem SCH-Wert nicht berücksichtigt. Die Signifikanz von DEXV nimmt dann aber leicht ab. Zudem ist DEXV nur unverzögert signifikant. Vgl. Belke (1996c), Tab. 4c.

[99] Die Schätzergebnisse finden sich bei Belke (1996c), Anhang, Tab. 4d - 4f.

Abb. 1 - *Wechselkursvariabilität, Ölpreise und Arbeitslosigkeit (normalisiert)*

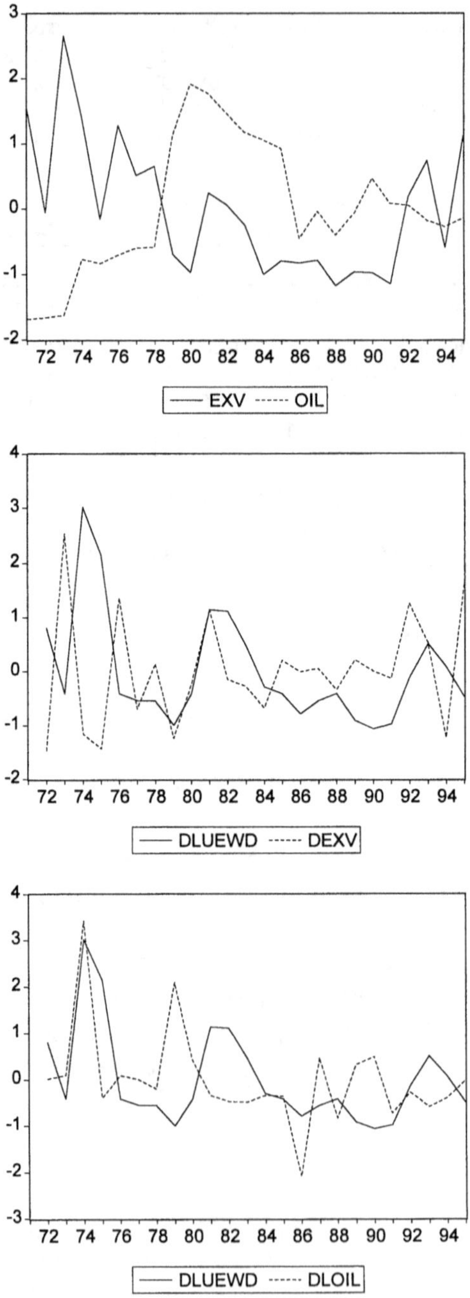

Diese Ergebnisse deuten an, daß die Wechselkursvariabilität auch *als Folge von 'Krisen'* interpretiert werden könnte. Eine *dritte* Erklärende für die negative Beziehung zwischen der Wechselkursvariabilität und der Arbeitslosigkeit könnte die *Konjunktur*, hier gemessen durch die Ölpreisentwicklung, sein. Im folgenden wird der Einfluß der Wechselkursvariabilität auf das *Beschäftigungswachstum* getestet. Der Integrationsgrad von OCCWD ist nicht eindeutig. Da wieder Inferenzprobleme wegen gemischter Integrationsgrade auftreten können (EXV!), werden die Schätzungen in ersten Differenzen durchgeführt.[100]

Tab. 4 - *Intra-ERM-Wechselkursvariabilität und Beschäftigungswachstum*

LS // Dependent Variable is DOCCWD; sample(adjusted): 1974 1995; observations: 22				
Variable	Coefficient	Std. Error	t-Statistic	Prob.
C	-0.063127	0.215956	-0.292315	0.7734
DOCCWD(-1)	0.372597	0.176772	2.107785	0.0493
DOCCWD(-2)	-0.470852	0.176969	-2.660650	0.0159
DEXV(-1)	-1.098157	0.370144	-2.966842	0.0083

R-squared	0.497683	Akaike info criterion	0.181045
Adjusted R-squared	0.413964	Prob(F-statistic)	0.005307
Schwarz criterion	0.379416	Breusch-Godfrey LM F-statistic	1.165851

Die Einbeziehung einer Ölpreisvariable erhöht die Signifikanz der EXV-Variablen und den Informationsgehalt des Modelles noch.[101] Allerdings ist wegen des I(1)-Charakters der Reihen Vorsicht bei Niveauschätzern geboten. Die Ergebnisse von Gros (1996, 1996b) werden *pointiert*. Die Signifikanz von EXV für OCCWD ist robuster in bezug auf die Zahl der gewählten Verzögerungen als für DUEWD. Es deuten sich wie für DUEWD *negative Einflüsse der Wechselkursvariabilität* auf das Beschäftigungswachstum an. Die Ergebnisse sind mit im folgenden Granger-Kausalitätstests kompatibel (Tab. 5). Die Nullhypothese 'DUEWD oder DOCCWD ist nicht Granger-kausal zu DEXVD oder EXV' läßt sich schon mit geringerer Irrtumswahrscheinlichkeit ablehnen als die Nullhypothese 'DEXVD oder EXV ist nicht Granger-kausal zu DUEWD oder DOCCWD'.[102]

---

[100] Vgl. Anhang. Da auch negative Werte von OCCWD auftreten und OCCWD bereits eine Wachstumsrate ist, unterbleibt eine Logarithmierung dieser Reihe. Für die Ergebnisse auf Basis der nicht differenzierten Reihe vgl. Belke (1996c), Tab. 5a.

[101] Dies ist bei einer Differenzenschätzung nicht der Fall. Vgl. Belke (1996c), Tab. 5b, 5c.

[102] Die Ergebnisse sind robust gegenüber der gewählten Zahl an Verzögerungen. Für entgegengesetzte Ergebnisse von Granger-Kausalitätstests auf Basis von Monatsdaten und Arbeitslosenraten vgl. Jung (1996), S. 282.

Tab. 5 - *Paarweise Granger-Kausalitätstests*
(Stützzeitraum: 1971-1995, Beobachtungen: 22, Verzögerungen: 2)

Null Hypothesis:	*F-Statistic*	*Probability*
DUEWD does not Granger Cause EXV	0.15482	0.85776
EXV does not Granger Cause DUEWD	2.82257	0.08740
DUEWD does not Granger Cause DEXV	0.69974	0.51047
DEXV does not Granger Cause DUEWD	2.42047	0.11885
DOCCWD does not Granger Cause EXV	0.56889	0.57657
EXV does not Granger Cause DOCCWD	4.16828	0.03365
DOCCWD does not Granger Cause DEXV	0.30448	0.74145
DEXV does not Granger Cause DOCCWD	4.32048	0.03040

Die Wechselkursvariabilität ist möglicherweise -wie häufig von Gewerkschaften angemerkt- nur deshalb positiv mit der Arbeitslosigkeit bzw. negativ mit der Beschäftigung korreliert, weil sie Perioden einer *real überbewerteten* DM besonders betont. Dies könnte dadurch begründet sein, daß EXV und der reale effektive DM-Wechselkurs stark korrelieren. Zur Überprüfung dieses Einflußkanals wird im folgenden der reale Wechselkurs, definiert als effektiver nominaler DM-Wechselkurs geteilt durch die relativen nominalen Lohnstückkosten Westdeutschlands (UCL=EXN/NULCWD), in die ermittelten Schätzgleichungen implementiert.

Tab. 6 - *Intra-ERM-Wechselkursvariabilität, realer Wechselkurs und Arbeitslosigkeit*

LS // Dependent Variable is DLUEWD; sample(adjusted): 1974 1995; observations: 22				
Variable	Coefficient	Std. Error	t-Statistic	Prob.
C	-0.072174	0.079509	-0.907746	0.3767
DLUEWD(-1)	0.261189	0.182879	1.428208	0.1713
DLUEWD(-2)	-0.412699	0.169151	-2.439826	0.0259
EXV(-1)	0.233869	0.073178	3.195917	0.0053
LUCL	0.684417	0.413879	1.653664	0.1165

R-squared	0.632967	Akaike info criterion	-3.378811
Adjusted R-squared	0.546606	Prob(F-statistic)	0.001273
Schwarz criterion	-3.130846	Breusch-Godfrey LM F-statistic	1.397925

Die Schätzresultate für die Arbeitslosenrate weisen aus, daß die Einbeziehung von UCL das Vorzeichen und die Signifikanz von EXV unverändert läßt. Gleichzeitig ist der Koeffizient des logarithmierten realen Wechselkurses selbst bei 'optimaler' Spezifikation knapp *nicht signifikant* und weist ein theoriewidriges positives Vorzeichen auf. Im Sinne von Gros (1996, 1996b) kann wegen der empirischen Dominanz von UCL durch EXV die Hypothese *verworfen* werden, daß EXV-Einflüsse auf die Beschäftigung lediglich Perioden einer *real überbewerteten DM* erfassen.[103] Da sich auch für LUCL ein I(1)-Prozeß nicht uneingeschränkt ablehnen läßt, wird derselbe Ansatz ergänzend in *ersten Differenzen* geschätzt (Belke (1996c), Anhang, Tab. 6b). Auch dann lassen sich die Tendenzen bestätigen. Der OLS-Schätzer für DEXV(-1) wird noch signifikanter als ohne Einbeziehung des realen Wechselkurses. Analoge Ergebnisse lassen sich auch für den Einfluß des realen Wechselkurses auf das westdeutsche Beschäftigungswachstum ermitteln.

Darüber hinaus wird häufig argumentiert, die Wechselkursvariabilität sei erfahrungsgemäß in Reaktion auf eine *Erhöhung der Kurzfristzinsen* durch die Bundesbank gestiegen. Andere Zentralbanken hätten Schwierigkeiten gehabt, dieser Politik zu folgen. Dieser Effekt könnte als ökonometrischer 'deep structural cause' den negativen Einfluß der Wechselkursvariabilität auf die Beschäftigung erklären. Falls eine restriktive Geldpolitik bei mangelnder

---

103 Streng genommen ist aber genau dies Ergebnis i.V.m. großen Standardabweichungen für die Koeffizientenschätzer ein Kennzeichen multikollinearer Beziehungen. Jedoch dominiert der Einfluß von EXV. Die Insignifikanz des realen Wechselkurses wird durch die Mehrzahl empirischer Resultate für Deutschland bestätigt und mit Arbeitsmarktrigiditäten und einem höheren Pass-Through begründet. Vgl. Burgess, Knetter (1996), S. 12 f., und Belke, Gros (1997).

Lohnzurückhaltung kurzfristig zu Beschäftigungseinbußen führte, wird dies sonst ausschließlich der Wechselkursvariabilität zugerechnet. Dieses Identifikationsproblem läßt sich aber dadurch reduzieren, daß der *kurzfristige Zinssatz* INTWD in logarithmierter Form explizit berücksichtigt wird (Tab. 7) (auch Belke (1996c), Anhang, Tab. 7b).

Tab. 7 - Intra-ERM-Wechselkursvariabilität, Geldpolitik und Arbeitslosigkeit

LS // Dependent Variable is DLUEWD; sample(adjusted): 1973 1995; observations: 23				
Variable	Coefficient	Std. Error	t-Statistic	Prob.
C	-0.843582	0.133925	-6.298920	0.0000
DLUEWD(-1)	0.127126	0.112390	1.131115	0.2721
EXV(-1)	0.195898	0.048961	4.001093	0.0008
LINTWD(-1)	0.399317	0.072012	5.545120	0.0000
R-squared	0.795042	Akaike info criterion		-4.106258
Adjusted R-squared	0.762680	Prob(F-statistic)		0.000001
Schwarz criterion	-3.908781	Breusch-Godfrey LM F-statistic		1.463599

Die Hypothese eines separaten Zinseinflusses ist somit *gleichzeitig* mit der Wechselkursunsicherheitshypothese nicht abzulehnen. Der Zinseinfluß ist hoch signifikant und weist ein der Theorie entsprechendes Vorzeichen auf. Der Informationsgehalt des Modelles erhöht sich (SCH). Auch Schätzungen für den Zusammenhang der Variablen EXV und OCC belegen, daß eine rezessionsverursachende Wirkung hoher kurzfristiger Zinssätze (und damit einer inversen Zinsstruktur als robustem Konjunkturindikator) möglicherweise *gleichzeitig* mit der Wechselkursunsicherheitshypothese zuzulassen ist. Das Vorzeichen des Koeffizientenschätzers für INTWD(-2) entspricht der Theorie und ist signifikant (α=0,05). Auch der Informationsgehalt des Modelles steigt deutlich (SCH). Gleiches gilt für eine Schätzung in Differenzen (Belke (1996c), Tab. 8a, und Anhang, Tab. 8b).

Ein dritter Einwand gegen die bisherigen Ergebnisse könnte darin bestehen, daß es nicht die Wechselkursvariabilität innerhalb des EWS-Wechselkursmechanismus, sondern die *Volatilität des DM/$-Wechselkurses* gewesen sei, die *indirekt* über Veränderungen des Intra-ERM-Wechselkursgefüges auf die deutsche Beschäftigung einwirkte. Um diese Alternativhypothese zu testen, wird in die Schätzgleichungen (Tab. 3) zusätzlich ein Variabilitätsmaß des DM/$-Wechselkurses (EXDMDL) implementiert (Tab. 8). EXDMDL wird wie EXV als Folge jährlicher Standardabweichungen von Monatswachstumsraten konstruiert (Burgess, Knetter (1996), S. 10 f., Gros, Thygesen (1992), S. 105, Malliaropulos (1995)).[104]

Die DM/$-Wechselkursvariabilität erweist sich als hoch signifikant (α=0.01), ohne allerdings die Signifikanz von EXV(-1) zu beeinträchtigen. Der Informationsgehalt des Modelles steigt deutlich. Implementiert man EXV und EXDMDL in Differenzenform, so liefert die DM/$-Variabilität ebenfalls einen zusätzlichen signifikanten Erklärungsbeitrag. Die Ergebnisse scheinen unabhängig von der Berücksichtigung der OIL-Reihe zu gelten. Die Reihe EXDMDL ist allerdings nicht signifikant für das Niveau, wohl aber *schwach signifikant* (α=0,1) für erste Differenzen des westdeutschen Beschäftigungswachstums (OCCWD). Der Koeffizient für EXV bzw. DEXV ist jedoch stets *bedeutend größer* als derjenige von EXDMDL bzw. DEXDMDL und wird überdies *noch signifikanter*. Alle zuvor getroffenen Aussagen bezüglich EXDMDL gelten unabhängig davon, ob die Ölpreisentwicklung (OIL) mitberücksichtigt wird. So läßt sich in Abweichung zu Gros (1996, 1996b) die Hypothese vorerst nicht ablehnen, daß *nicht nur Intra-ERM-Wechselkursschwankungen*, sondern *auch DM/$-Wechselkursschwankungen* in der Vergangenheit eine 'Räumung' des deutschen Arbeitsmarktes beeinträchtigten. Allerdings scheint die Multikollinearität nur gering ausgeprägt zu sein.[105] Beide Variabilitäten überlagern sich nur in geringem Umfang.

Tab. 8 - *Intra-ERM-Wechselkursvariabilität, DM/$-Wechselkursvariabilität und Arbeitslosigkeit*

LS // Dependent Variable is DLUEWD; sample(adjusted): 1974 1995; observations: 22

Variable	Coefficient	Std. Error	t-Statistic	Prob.
C	-0.622133	0.139000	-4.475760	0.0003
DLUEWD(-1)	0.427003	0.136992	3.116989	0.0063
DLUEWD(-2)	-0.150306	0.142872	-1.052032	0.3075
EXV(-1)	0.299692	0.056258	5.327065	0.0001
EXDMDL	0.164448	0.044226	3.718374	0.0017

R-squared	0.765030	Akaike info criterion	-3.824805
Adjusted R-squared	0.709743	Prob(F-statistic)	0.000034
Schwarz criterion	-3.576841	Breusch-Godfrey LM F-statistic	0.098174

104 Vgl. Belke (1996c), Tab. 10, für Schätzungen auf Basis der differenzierten Beschäftigung.

105 Vgl. demgegenüber aber Gros (1996b), S. 239: " ... only Intra-ERM exchange rates seem to matter for the German labour market".

Wegen der *hohen Frequenz* von EXV kann wahrscheinlich *ausgeschlossen* werden, daß durch die Reihe EXV lediglich *asymmetrische Schocks* für arbeitsmarktbedeutsame Fundamentalgrößen als Ursachen für Beschäftigungseinbußen modelliert werden (vgl. auch Abschnitt 6.6.3.3.). Bei der Prognose möglicher Beschäftigungswirkungen einer EWU wird man sich somit mit dem -oben für den Zeitraum vor Beginn der EWU ermittelten-überraschend *robusten Einfluß der Wechselkursunsicherheit* auf die Entwicklung der westdeutschen Arbeitslosigkeit und des westdeutschen Beschäftigungswachstums auseinandersetzen müssen. Empirische Ergebnisse von Gros (1996, 1996b), Belke, Gros (1997) sowie vor allem des Abschnitts 6.6. deuten einen möglichen *Transmissionsmechanismus der Wechselkursvariabilität auf Arbeitsmärkte* an: die DM-Wechselkursvariabilität vis-à-vis ERM beeinflußt auch das Ausmaß der westdeutschen Anlageinvestitionen, der industriellen Produktion und der Beschäftigung in der verarbeitenden Industrie signifikant. Da eine Neubeschäftigung eines bisher Arbeitslosen wegen 'sunk costs' ebenfalls den Charakter einer Investition trägt (mikroökonomische Hysteresis), ist zu vermuten, daß die Wechselkursunsicherheit das Barwertkalkül eines Unternehmens schwieriger macht und den Barwert des Wartens auch in bezug auf Neueinstellungen vergleichsweise vergrößert ('option to wait').[106] Belke, Gros (1997) sowie der Abschnitt 6.6. der vorliegenden Arbeit zeigen empirisch ausführlich, daß auch für andere Kernländer der EWU zwar Exportschocks für die Beschäftigung (wenn auch nicht immer in dem erwarteten Umfang) relevant waren, diese aber nicht durch entsprechende Variationen der Wechselkurse kompensiert, sondern durch Wechselkursvariabilität in ihrer Wirkung sogar noch verstärkt wurden. Hieran wird die *Robustheit* der zuvor erzielten Ergebnisse nochmals deutlich.

6.5.1.2 Beurteilung der Schätzergebnisse

Die hier erzielten empirischen Ergebnisse könnten insofern als *Argument für eine EWU* angeführt werden, als durch die EWU die *Wechselkursvariabilität* zwischen den Teilnehmerländern und damit eine *signifikante* Determinante der Arbeitslosigkeit *entfällt*. Allerdings deutet sich schon durch die teils signifikanten Schätzer für die Wechselkursvariation im Verhältnis zum Dollar an, daß durch die EWU -selbst wenn die entfallende Intra-ERM-

[106] Vgl. Belke, Göcke (1994), Gros (1996b), S. 239 f., und Kulatilaka, Kogut (1996). Damit diese Schlußfolgerungen auch auf die hier betrachtete makroökonomische Ebene übertragen werden können, sind jedoch noch komplexe Aggregationsprobleme zu überwinden. Diesen stellt sich das Kapitel 8 der vorliegenden Arbeit.

Variabilität keine zusätzliche Variabilität des $-Euro-Wechselkurses erzeugen sollte- *nicht alle Wechselkursrisiken* für die Beschäftigung *eliminiert* werden können. Bei der Interpretation der Ergebnisse sollte man also *nicht zu weit* gehen und mögliche *Einwände* sorgfältig prüfen (Abschnitt 6.7.).

Erstens könnte eine Schätzung vektorautoregressiver Fehlerkorrekturmodelle für die jeweiligen Zeitreihen erforderlich sein, um den gemeinsamen stochastischen Trends und der Dynamik in den betrachteten Reihen besser gerecht zu werden.[107] Bisher vorliegende VAR-Studien für den Arbeitsmarkt berücksichtigen zwar explizit (noch) keine Wechselkursvariabilität. Gleichzeitig differenzieren sie konzeptionsbedingt nicht zwischen endogener und exogener Wechselkursvariabilität. Sie deuten aber bereits mehrheitlich die *mangelnde Eignung* von Wechselkursen zur kurz- bis mittelfristigen Verarbeitung realwirtschaftlicher asymmetrischer und/oder idiosynkratischer Schocks an. Das Wechselkurs-'Ventil', was nach der Theorie außerhalb einer EWU an die Stelle der mangelnden Lohn- und Preisflexibilität treten und eine schnelle (!) Anpassung an asymmetrische Schocks gewährleisten soll, erscheint somit kurz- bis mittelfristig 'verstopft' und *wenig nützlich* zu sein (neben vielen anderen Ballabriga, Sebastian, Vallés (1995), Canzoneri, Vallées, Viñals (1996), S. 2 ff., 11 ff., Clark, Faruqee (1997), Erkel-Rousse, Mélitz (1995a), Gros (1996a), S. 14, Mélitz (1995), S. 496, Rose (1994), Welfens, Jungmittag (1997), S. 334).[108] Trotzdem greift die vorliegende Arbeit diesen berechtigt erscheinenden ersten Einwand auf und verwendet im weiteren Verlauf auch verschiedene Verfahren der Kointegrationsanalyse (vgl. z.B. Abschnitt 6.5.2. und Kapitel 9).

Zweitens steht den Investoren oder Exporteuren -wie schon in Abschnitt 6.1. angedeutet- theoretisch die Möglichkeit offen, sich durch Kurssicherungsgeschäfte auf Devisenterminmärkten, d.h. durch den Kauf oder Verkauf der in eine internationale Transaktion involvierten Währung, oder eine Verlagerung der Investitionen oder der Produktion ins Ausland gegen kurzfristige Volatilität abzusichern. Dieses Argument wurde schon von den frühen Befürwortern flexibler Wechselkurse vorgebracht. Hieraus ergibt sich möglicherweise der auf Wechselkursbewegungen bezogene methodologische Einwand, Variabilität sei nicht dasselbe wie Risiko. Da geeignete Kurssicherungsinstrumente eher in der kurzen Frist zur Verfügung stehen, wirken sich aus dieser Sicht auf den ersten Blick eher *mittel-* bis *langfristige* 'Misa-

---

107 Vgl. in bezug auf den Einfluß der Wechselkursvariabilität auf den Außenhandel Sapir, Sekkat, Weber (1994), S. 32 f., und Sekkat (1998), S. 46 ff.

108 Übersichten liefert Belke (1996d, 1998a, 1998b), und ders. (1996a), S. 343 ff.

lignments' von Wechselkursen negativ auf realwirtschaftliche Größen aus. Kurzfristig gibt es (gemessen in realwirtschaftlichen Größen) aus makroökonomischer Perspektive -oberflächlich betrachtet- Verlierer *und* Gewinner der Wechselkursvariabilität, da Anbieter und Nachfrager auf Devisenmärkten von Wechselkursänderungen in gegenläufiger Weise beeinflußt werden und sich das Wechselkursrisiko vollständig versichern ließe. Eine Risikoprämie existiert im Gleichgewicht theoretisch nicht. Makroökonomische realwirtschaftliche Effekte der Wechselkursvariabilität fielen dann eher gering aus (Baldwin (1991), S. 30, Deutsche Bundesbank (1998), S. 51, Edison, Melvin (1990), S. 20, Fischer (1997), S. 18 f., Glick, Wihlborg (1996), S. 125, und Stokman (1995), S. 45).[109] Allerdings läßt sich diese Hypothese in empirischen Untersuchungen der Risikoprämien auf Devisenterminmärkten nicht eindeutig bestätigen, was die Aussagekraft des 'Hedging'-Argumentes erheblich einschränkt (Malliaropulos (1995)). Es lassen sich auch noch weitere gewichtige Argumente gegen das 'Hedging'-Argument anführen.

a) Für diese Einschränkung spricht die mittlerweile ausgeprägte Evidenz dafür, daß " ... forward markets, where traders hedge against exchange rate uncertainty, have repeatedly failed to predict correctly even the direction of exchange rate changes" (Kumar, Whitt (1992), S. 27).[110] Hieraus folgt direkt, daß die Nutzung von Terminmärkten keine substantielle Reduktion der Wechselkursunsicherheit ohne ansteigende Kosten bewirken kann.

b) Es läßt sich theoretisch und empirisch demonstrieren, daß bei Außenhandelstransaktionen zwar in der Tat immer häufiger von Kurssicherungsgeschäften Gebrauch gemacht wird, dabei jedoch das Risiko in der Regel durch einfache Termingeschäfte *nicht vollständig* abgedeckt wird. Ein Grund liegt darin, daß Terminmärkte üblicherweise 'dünner' als Kassamärkte sind. Sie führen deshalb gerade in Phasen größerer Anspannung auf Devisenmärkten zu größeren Spannen zwischen Geld- und Briefkurs ('bid-ask-spreads') (Akhtar, Hilton (1984), S. 11, dell'Ariccia (1998), S. 8, IMF (1984), S. 8, und Stokman (1995), S. 42 f.). Zusätzlich ist zu berücksichtigen, daß die Kurssicherung über investitionsrelevante Zeiträume üblicher-

---

109 Für einen Überblick über wechselkursvariabilitätsbedingte Kurssicherungsgeschäfte in EU-Ländern und die Kosten des Intra-EU-Devisenmanagements vgl. Dumke, Juchems, Sherman (1997).

110 Vgl. auch Akhtar, Hilton (1984), S. 11 ff., und die dort zitierte Literatur. Für weitere Beschränkungen und Kosten der Nutzung von Terminmärkten zur Absicherung gegen das Wechselkursrisiko vgl. Caporale, Doroodian (1994), S. 49.

weise weniger über Optionen, sondern eher (gerade von Großunternehmen, von kleinen Unternehmen eher weniger) über Terminkontrakte vorgenommen wird. Diese beeinflussen das in Abschnitt 6.3. ausführlich abgeleitete Kalkül aber nicht (Stokman (1995), Edison, Melvin (1990), S. 20, und Punkt h) dieser Aufzählung).

c) Unternehmensumfragen zeigen deutlich, daß die Eliminierung der nominalen Wechselkursvariabilität trotz der Absicherungsmöglichkeit gerade für kleinere Unternehmen und Länder mit wenig entwickelten Finanzmärkten (ohne technisch elaborierte Kurssicherungstechniken) vorteilhaft sein kann. Denn höhere Kosten und eine geringere Verfügbarkeit des 'forward cover' lassen die Wechselkursvariabilität hier zu einem wichtigeren Faktor für Beschäftigungs- und Investitionsentscheidungen werden (Europäische Kommission (1990), S. 63, 73 f.).

d) Eine weitere Beschränkung der Effektivität von Termin- und 'future'-Märkten besteht darin, daß sie in bezug auf die 'maturity' und die 'currency' *unvollständig* sind. Für ein Jahr übersteigende Laufzeiten existieren keine entwickelten Märkte. Zwar ist es für größere Unternehmen in größeren Volkswirtschaften theoretisch möglich, sich zu diesem Zweck in ausländischer Währung zu verschulden. Diese Technik verursacht jedoch höhere Kosten und eignet sich nur für größere Unternehmen mit Zugang zu ausländischen Kapitalmärkten oder zu Märkten für ausländische Währungsswaps sowie Barter-Geschäften (Akhtar, Hilton (1984), S. 13, dell'Ariccia (1998), S. 8, Edison, Melvin (1990), S. 20, Europäische Kommission (1990), S. 72, Stokman (1995), S. 43). Hiermit inhaltlich verbunden ist auch das folgende Argument.

e) Es wird oft angeführt, daß das mittel- bis langfristige Wechselkursrisiko ('economic exposure') nicht durch einfache Terminkontrakte, sondern nur durch eine geeignete Wahl der Währungen, in denen die Aktiva ('assets') und Verbindlichkeiten ('liabilities') des Unternehmens denominiert sind, eliminiert werden kann. Dabei läßt sich theoretisch zeigen, daß eine geeignete, risikodiversifizierende Zusammenstellung des Portfolios von Wechselkursrisiken Schwankungen des Unternehmensgewinns trotz volatiler Wechselkurse unter bestimmten Voraussetzungen minimieren kann. Dieses setzt jedoch unrealistischerweise voraus, daß neben multinationalen Unternehmen auch kleinere Unternehmen über kompliziertere Techniken der Kurssicherung gegen die 'economic exposure' verfügen. Somit verbleibt *auch in der mittleren bis langen Frist* ein Wechselkursrisiko. Dieses wird allerdings in bezug auf intraeuropäische Wechselkurse *durch die EWU beseitigt*. Denn in der EWU können reale Wechselkurse ex definitione nur noch durch die langsamen und relativ gut prognostizierbaren Bewegungen der Preisniveaus verändert werden. Für die Argumentation in diesem Kapitel ist dann entscheidend, daß die EWU selbst zu einer Absicherung gegen das Risiko der 'economic exposure' wird (Europäische Kommission (1990), S. 73, Coté (1994), S. 1, Fischer (1973), S. 25 ff., Makin (1978) und Stokman (1995), S. 43).

f) Kurssicherungsgeschäfte sind natürlich für sich genommen *kostenwirksam* und können deshalb prinzipiell *wie Zölle* auf die Beschäftigung einwirken. Diese Kosten steigen im Ausmaß der Unsicherheit in bezug auf Wechselkursbewegungen. Darüber hinaus können Absicherungsgeschäfte prinzipiell *nicht das gesamte* Währungsrisiko abdecken, da Unternehmen das Ausmaß und den Zeitpunkt des Anfallens der Ein- und Auszahlungen in Fremdwährung sowohl kurz- als auch langfristig ex ante nicht mit Sicherheit kennen (Akhtar, Hilton (1984), S. 11, Coté (1994), S. 1, dell'Aricia (1998), S. 8, und Edison, Melvin (1990), S. 20).

g) Ein weiteres Argument ist empirischer Natur und recht einfach. Es nimmt zum Anlaß, daß Skeptiker dazu tendieren, das im Rahmen des Abschnitts 6.5.1.1. verwendete Unsicherheitsmaß als *unkonditional* zu beschreiben. Unter dieser Voraussetzung beinhaltet es erwartete und unerwartete bzw. antizipierte *und* nicht antizipierte Änderungen des Wechselkurses. Daß jedoch die vermeintlich unkonditionale Variabilität in den Schätzgleichungen signifikant war, " ... this may exhibit inadequacy of hedging facilities"[111]. Offensichtlich sind Kurssicherungsgeschäfte *nicht in der Lage*, die modellierten Wechselkursrisiken *vollständig zu versichern.*

h) Eine von größeren deutschen Unternehmen häufig gewählte reale Kurssicherungsstrategie zur Verminderung des Wechselkursrisikos, die *Verlagerung von Investitionen und der Produktion ins Ausland*, entspricht einem Export von Arbeitsplätzen. Dies ist ein Fall, in dem die Existenz einer sogar effizienten Kurssicherungsstrategie mit einem negativen Beschäftigungseffekt der Wechselkursvariabilität vereinbar ist (Allayannis, Ofek (1996), Belke, Gros (1997), S. 3, Dumke, Juchems, Sherman (1997), S. 16 f., Kulatilaka, Kogut (1996), Viaene, de Vries (1992)).

---

[111] Morsink, Molle (1991), S. 47, für den Einfluß der Wechselkursvariabilität auf ausländische Direktinvestitionen. In bezug auf die empirisch bestätigte Random Walk-Eigenschaft der Wechselkurse ist das hier verwendete Maß natürlich konditionaler Natur. Vgl. hierzu ausführlich Abschnitt 6.6.1.

i) Die Erfahrung zeigt, daß häufig *trotz* der gerade angeführten Argumente erstaunlicherweise weiter argumentiert wird, man könne den realwirtschaftlichen Einfluß der Wechselkursvariabilität nicht diskutieren, ohne explizit die Existenz von Kurssicherungsinstrumenten (auf Termin- und 'Options'-Märkten) zu berücksichtigen (Stokman (1995), S. 42 f.). Beispielsweise könnten zukünftige Exporterträge, die in Fremdwährung anfallen, durch einen einfachen Terminkontrakt abgesichert werden. Die Unsicherheit von Erträgen, beispielsweise wenn ein Unternehmen ein Gebot für ein großes Projekt unterbreiten müsse und es nicht sicher sein könne, daß es den Auftrag auch tatsächlich erhalte, könne prinzipiell durch die Verwendung von Optionen abgefangen werden (Baldwin (1991), S. 26 f.). Eine nähere Analyse des Problems zeigt jedoch sehr bald, daß -zumindest bei Risikoneutralität- die *Existenz von Möglichkeiten der Kurssicherung* absolut *keinen realwirtschaftlichen Unterschied* macht (vgl. hierfür auch die Abschnitte 6.6.1, 6.6.2 und 7.4.5). Das Neue an diesem Gegenargument im Vergleich zu den unter a) bis h) aufgeführten Gegenargumenten ist, daß es selbst dann gilt, wenn im Idealfall eine *vollständige* Absicherung des Wechselkursrisikos gelingen sollte.

Um diese im Rahmen der vorliegenden Arbeit *zentralen* Zusammenhänge des Unterpunktes i) *einfach* zu verdeutlichen, kann man ein Unternehmen konzeptionell in zwei Abteilungen (oder Profit-Center) aufteilen: in die Produktions- und die Finanzabteilung. Es sei angenommen, daß die Finanzabteilung in der Vergangenheit bestimmte Terminkontrakte abgeschlossen habe (annahmegemäß, um Exporterträge abzusichern; die ursprüngliche Motivation spielt hier jedoch keine Rolle). Die empirische Realisation des Wechselkurses in dieser Periode bestimmt darüber, welche Gewinne oder Verluste aus diesen Verträgen resultieren. Für die Produktions- oder Investitionsentscheidungen in der gegenwärtigen Periode macht es jedoch absolut *keinen Unterschied*, ob die Finanzabteilung basierend auf den Terminkontrakten *Verluste oder Gewinne* verursacht hat. Die Produktionsabteilung wird produzieren und/oder investieren, wenn dies auf der Basis des gegenwärtigen (und zukünftig erwarteten Wechselkurses) profitabel ist. Ob die Finanzabteilung Verluste verursacht hat, beeinflußt diese Entscheidungen *nicht*.

Natürlich können die Gewinne des Unternehmens durch die Aktivität der Finanzabteilung stabilisiert werden. Falls die Exporterträge abgesichert wurden, indem die Finanzabteilung Fremdwährung per Termin verkauft hat, führen die Terminkontrakte zu Verlusten, wenn die heimische Währung abwertet, d.h. wenn die Produktionsabteilung profitabel ist und vice-versa. Bei vollständiger Kurssicherung gleichen sich die Verluste und Gewinne unternehmensintern aus, so daß der *Unternehmensgewinn unabhängig vom Wechselkurs* ist. Solange jedoch, wie die Finanzabteilung nicht in der Lage ist 'to beat the market', kann sie den Erwartungswert der Gewinne des Unternehmens nicht erhöhen. In den Kapiteln 7 und 8 wird entlang dieser Linien ein Modell entwickelt, in der die Möglichkeit von Kurssicherungsstrategien *ohne Einfluß auf das realwirtschaftliche Ergebnis* bleiben. Die Intuition für dieses Ergebnis ist, daß die Möglichkeit, einen Terminkontrakt zu kaufen oder zu verkaufen, nichts an der Tatsache ändert, daß das Unternehmen durch die Investition in zusätzliche Beschäftigte eine Option aufgibt und für diesen Verzicht eine angemessene Entschädigung verlangt.[112]

Trotz der geringen Bedeutung, die somit dem Kurssicherungsinstrument aus Sicht der hier verwendeten theoretischen Modelle per se beigemessen wird, wurde das Variabilitätsmaß in Abschnitt 6.5.1.1 aus Vorsichtsgründen abweichend von Jung (1996) konzipiert. Es approximiert hier die *im Vergleich zu Tages- oder Wochenänderungen* der Wechselkurse etwas *mittelfristigere* und damit wahrscheinlich beschäftigungsrelevantere Wechselkursunsicherheit.

Drittens könnte als Einwand gegen die in Abschnitt 6.5.1.1 erzielten Ergebnisse geäußert werden, daß möglicherweise *andere Determinanten* realwirtschaftlicher makroökonomischer Größen, wie das BIP als Operationalisierung des Konjunktureinflusses oder der Reallohn, vernachlässigt worden seien. Beide genannten Größen wurden allerdings bereits durch die Lohnstückkosten NULCWD implizit berücksichtigt. Auch wurde oben eine Überlagerung der Beziehung zwischen der Wechselkursvariabilität und realwirtschaftlichen Größen durch Auswirkungen der Dollarvariabilität und des realen Weltzinses schon im Rahmen spezieller Robustheitstests überprüft. Es könnte allerdings zutreffen, daß in Rezessionen die Wechselkursvariabilität höher ausfällt als in Boom-Phasen. Es wäre dann *zu einfach* (obwohl in Ermangelung erschöpfender Determinanten der Wechselkursvariabilität als Arbeitshypothese weiterhin nicht unrichtig), die 'historische' *Wechselkursva-*

---

[112] Die vorstehenden Ausführungen basieren auf zahlreichen Diskussionen des Verfassers mit Daniel Gros, Centre for European Policy Studies, Brüssel. Vgl. auch Huizinga (1994), S. 186 ff. Viane, de Vries (1992) argumentieren, daß die Wechselkursvariabilität selbst bei perfekten Möglichkeiten des 'Hedgings' einen signifikanten Einfluß auf den Außenhandel hat, da es die im Terminkurs enthaltene Risikoprämie beeinflusse. Vgl. auch Fischer (1997), S. 19 ff.

riabilität in bezug auf Arbeitsmarktindikatoren als *exogen* anzusehen, soweit sie keine 'überschüssige Volatilität' darstellt. Allerdings wurde dieser Einwand durch die Implementierung einer Ölpreisvariablen oder anderer Konjunkturindikatoren (Zinsspanne) in den diskutierten Studien entkräftet (Belke, Gros (1997), Gros, Thygesen (1992), S. 108 ff.).[113] Auch in der vorliegenden Arbeit wird er in Abschnitt 6.6.3.3 im Rahmen von entsprechenden empirischen Tests für mehrere EU-Volkswirtschaften ausgiebig behandelt und letztlich ebenfalls entkräftet.

Ein viertes mögliches Argument gegen die Validität der empirischen Ergebnisse lautet: Güter- und Arbeitsmarktsklerose sowie variable Geldpolitiken, die den Staat als 'employer of last resort' alimentieren, könnten als dritte Faktoren die Höhe der Arbeitslosigkeit, aber *gleichzeitig* auch die Wechselkursvariabilität positiv determiniert haben. So deuten Granger-Kausalitätstests für Westdeutschland von Jung (1996) an, daß -sobald von Jahres- auf *Monats*daten übergegangen wird- Erhöhungen der Arbeitslosenrate die Wechselkursvariabilität signifikant positiv beeinflussen. Die von Jung (1996) erzielten Ergebnisse lassen sich jedoch vor allem dadurch erklären, daß Jung abweichend von Gros (1996, 1996b) und Belke, Gros (1997) die Wechselkursvariabilität als Varianz gewichteter Wechselkurse operationalisiert, einen weiteren Ländersample (EU-Länder) zugrunde legt und aus Gründen mangelnder Datenverfügbarkeit mit der ersten Hälfte der siebziger Jahre einen Zeitraum hoher Korrelation von DEXV und DUEWD eliminiert. Da gerade der letzte Effekt statistisch gravierend erscheint, sind die abweichenden Ergebnisse Jungs wohl nur zu einem Teil ein Ergebnis einer anderen Definition des zugrunde gelegten Volatilitätsmaßes. Aber auch dieser erste Effekt kann die abweichenden Ergebnisse prinzipiell erklären. Denn Varianzen gewichteter Wechselkurse zu bilden, ist statistisch gesehen eine andere Prozedur und überdies wegen des 'Pricing-to-Market'-Verhaltens deutscher Exporteure theoretisch weniger konsistent, als *zuerst* die Varianzen für die relevanten Teilmärkte (Länder) zu bilden und diese *anschließend* zu gewichten.[114] Hinsichtlich einer Entscheidung für eine der beiden stark kontrastierenden Studien dürfte eine jüngere Untersuchung des ZEW Mannheim ausschlaggebend sein (Müller, Buscher (1999)). Diese stellt die Studien von Gros (1996, 1996b) und Belke, Gros (1997) einerseits und von Jung (1996) andererseits direkt und explizit gegenüber und *verwirft dabei die Ergebnisse von Jung (1996)*. Ein Problem der Abschätzung realwirt-

[113] Für diesen Einwand sei Tam Bayoumi, IMF, gedankt.
[114] Vgl. hierfür ausführlich Lanyi, Suss (1982), S. 537 ff., und Abschnitt 6.6.1.

schaftlicher Effekte der Wechselkursunsicherheit deutet sich dennoch an: wie stark hängen die Ergebnisse von der Operationalisierung der Wechselkursunsicherheit ab? Dies müssen weitere Untersuchungen auf diesem relativ unbearbeiteten Feld noch zeigen (vgl. Abschnitt 6.1).

Auch läßt sich die mit obigem Einwand implizit verbundene Schlußrichtung, die Abwertungen *als Folge* einer Güter- oder Arbeitsmarktsklerose ansieht, wohl kaum auf Deutschland als typisches *Aufwertungs*land übertragen. Für die hier empirisch identifizierte Kausalitätsrichtung spricht weiterhin, daß stufenflexible Wechselkurse erfahrungsgemäß Strukturanpassungen eher verzögern und umgekehrt selbst die *Ursache weiterer realwirtschaftlicher Verzerrungen* sein können. Das Ausmaß der Versuche, den Wechselkurs als Anpassungsinstrument zu nutzen, variierte im Zeitablauf enorm und könnte mit ebenfalls alternierender Lohnflexibilität einhergehen. Die bekannten Probleme eines wirtschaftspolitischen Fine-Tunings und der Existenz von Fluktuationskosten sind dann möglicherweise dafür verantwortlich, daß sich eine durch inflexible Löhne hervorgerufene Arbeitslosigkeit bei höherer Wechselkursvariabilität *selbst verstärkt* (Belke (1996a), S. 345, Burgess, Knetter (1996), S. 5, Gros (1996a), S. 14, Viñals (1996), S. 1106).

Offensichtlich lassen sich gerade Fluktuationskosten ('turnover costs') gut mit einer Insignifikanz des realen Wechselkurses und mit einer Signifikanz der Wechselkursvariabilität in Beschäftigungsgleichungen vereinbaren (vgl. auch die Kapitel 7 und 8 der vorliegenden Arbeit). Die mit Hysteresiseffekten theoretisch begründbare unterschiedliche Variabilität der Reihen macht jedoch eine *umgekehrte Kausalität* (die wenig variable und persistierende Reihe UEWD beeinflußt EXV) *unwahrscheinlich* (vgl. Abschnitt 6.6.3.3). Zum einen zählt die Wechselkursvariabilität wegen komplexer Interaktionen der zugrunde liegenden Fundamentalfaktoren oder auch wegen Spekulationselementen zu den *am schwierigsten zu prognostizierenden* makroökonomischen Variablen überhaupt. Zum anderen erfolgt wegen meist *nicht frei schwankender* relevanter Wechselkurse *höchstens teilweise* eine Reaktion auf Veränderungen der Arbeitsmarktlage. Dann aber kann sich auch statistisch keine Signifikanz für die umgekehrte Kausalrichtung ergeben.[115] Es ist zweifelhaft, ob sich hinter der *monatlich* definierten Wechselkursvariabilität realwirtschaftliche asymmetrische Schocks als Verursachende verbergen. Es

---

[115] Für eine Begründung der Abwertungskrise des Französischen Franc 1992/93 mit der Antizipation expansiver Beschäftigungspolitiken vgl. Belke (1996c), S. 13 ff., Frankel, Rose (1996a), S. 7 ff., Gros (1996b), S. 240, ders. (1996a), S. 18, und Viñals, Jimeno (1996), S. 33 ff.

ist a priori *auszuschließen*, daß die Variante eines Schocks, die eines Wechselkurs-Realignments bedarf (z.B. ein asymmetrischer Exportnachfrageschock), mit *monatlicher* Frequenz auftritt. Denn die meisten in Frage kommenden realwirtschaftlichen Fundamentalfaktoren außer der Geldpolitik weisen eine *deutlich geringere Variabilität* als die nominalen Wechselkurse auf und können empirischer Erfahrung nach nicht viel zu einer Erklärung von Wechselkursschwankungen beitragen. In der Vergangenheit reagierten in der EU nominale Wechselkurse kurz- bis mittelfristig viel signifikanter *auf Finanzmarktschocks* als auf Änderungen von Fundamentaldaten (Belke, Gros (1997), S. 12, dies. (1998b), Canzoneri, Vallés, Viñals (1996), S. 2 ff. und 11 ff., Clark, Faruqee (1997), S. 4, Gros (1996a), S. 14, Mélitz (1995), S. 496, Rose (1994)).[116] Rose (1994) faßt die Ergebnisse neuerer Untersuchungen deshalb treffend wie folgt zusammen: "It is not easy to find economically reasonable and statistically significant determinants of exchange rate volatility". In dem oben verwendeten Indikator der Wechselkursvolatilität drückt sich unter diesen Voraussetzungen *nur teilweise* die Funktion der Wechselkurse als Shock-'Absorber' aus. Ein anderer Teil dieser Variabilität läßt sich in einer Währungsunion *zu geringeren Kosten* eliminieren (Belke (1999) und Belke, Gros (1998)).

Auch darf die folgende Überlegung nicht übersehen werden. Falls man die zukünftige Wechselkursvolatilität wirklich durch Sklerose-Indikatoren, die Beschäftigung oder ähnliche realwirtschaftliche Größen prognostizieren könnte, wäre ein bisher nicht quantifizierbares, signifikantes Element von 'Optionspreisen' -das zukünftige Wechselkursrisiko- determiniert. Auch dies erscheint eher *abwegig* (de Grauwe (1996), S. 17 ff., Frankel, Rose (1996a), S. 8, Gros (1996b), S. 238, Parsley, Wei (1993), S. 612, Wei (1991)). Wenn man zusätzlich unterstellt, daß "relative velocity shifts, misguided national monetary policy innovations, time varying risk premia and speculative currency attacks ... would go away once a monetary union is formed", kann eine geringere Wechselkursvariabilität für eine Ländergruppe, die asymmetrischen Schocks ausgesetzt ist, in beschäftigungspolitischer Hinsicht sogar einen partiellen Anreiz darstellen, in eine Währungsunion einzutreten (vgl. auch Abschnitt 6.6.3.3). Im folgenden wird die Beziehung zwischen der Intra-ERM-Wechselkursvolatilität und dem deutschen Arbeitsmarkt unter der Berücksichtigung von 'Common Long-Term Trends' und Strukturbrüchen unter der Verwendung neuerer Kointegrationstechniken empirisch evaluiert.

---

116 Eine frühe Standardreferenz hierzu ist Meese, Rogoff (1983).

6.5.2 Wechselkursvolatilität und deutscher Arbeitsmarkt: Eine Neubetrachtung unter Berücksichtigung von 'Common Long-Term Trends' und Strukturbrüchen

Im folgenden wird der in Abschnitt 6.5.1.2 geäußerte Einwand explizit aufgegriffen, daß eine Schätzung vektorautoregressiver Fehlerkorrekturmodelle für die interessierenden makroökonomischen Arbeitsmarktvariablen erforderlich sei, um den gemeinsamen stochastischen Trends und der Dynamik in den betrachteten Reihen besser gerecht zu werden. Zu beachten ist dabei jedoch ein entscheidender Zusammenhang. In der jüngeren Arbeitsmarktforschung hat sich ein Konsens herausgebildet, daß die westdeutsche Arbeitsmarktdynamik nicht adäquat analysiert werden kann, wenn der *Zeitpfadabhängigkeit* der jeweiligen Näherungsgröße für die Beschäftigungslage oder der Beziehung zwischen den Arbeitsmarktvariablen *nicht* oder *nicht hinreichend* Rechnung getragen wird.[117] Dasselbe Argument sollte im Prinzip auch für den dynamischen Einfluß der Wechselkursvariabilität auf den westdeutschen Arbeitsmarkt gelten. Die für den Arbeitsmarkt relevanten Zeitpfadabhängigkeiten werden oft endogenen Prozessen zugeschrieben. Letztere entfalten ihre Wirkung in offenen Volkswirtschaften oft in Phasen niedriger Kapazitätsauslastung, die u.a. auch durch eine relativ hohe Wechselkursvariabilität verursacht sein können. Sie können zu Hysteresis oder zumindest zu Persistenz in der Arbeitslosigkeit oder in der Beschäftigung führen (vgl. Kapitel 7 und 8). Derartige Effekte beeinflussen natürlich das Kurzfristverhalten des betrachteten Arbeitsmarktsystems. Sie können jedoch nur unter Rückgriff auf Informationen über die Langfristbeziehungen zwischen den Arbeitsmarktvariablen aufgedeckt und quantifiziert werden. Folglich sollte man den *kurz*fristigen *und* den *lang*fristigen Einfluß der Wechselkursvariabilität auf die jeweilige Beschäftigungsgröße *simultan* analysieren. Mit anderen Worten: es sollte auf die Robustheit der zuvor in Abschnitt 6.5.1 für Westdeutschland erzielten Ergebnisse gegenüber einer längerfristigen Betrachtungsweise getestet werden. Die zuvor erzielten Resultate beruhen jedoch *ausschließlich* auf der *kurzfristigen* Beziehung zwischen den

---

[117] Vgl. hierfür die Organisierte Session 'Hysteresis in Models of Economic Analysis' auf der fünften internationalen Konferenz der 'Society for Computational Economics' mit dem Oberthema 'Computing in Economics and Finance', 24. bis 26. Juni 1999, Boston College, Chestnut Hill, Massachusetts, U.S.A. Vgl. diesbezüglich auch den (eingeladenen) Beitrag im Rahmen dieser Session von Belke, Göcke (1999) mit dem Titel "Aggregation of Employment Hysteresis: Does Exchange Rate Uncertainty Matter?".

ersten Differenzen der interessierenden Variablen. Deshalb könnten sie als 'spurious regressions' angezweifelt werden.[118]

Um die verfügbaren Informationen über die *langfristige Beziehung* zwischen Arbeitsmarktvariablen auch wirklich bei der Schätzung voll auszunutzen, wird mittlerweile häufig die Verwendung der Kointegrationsanalyse angeraten.[119] Die Kointegrationsanalyse ermöglicht es, die Rückwirkungen der (Abweichungen von der) Langfristbeziehung auf die kurzfristige Arbeitsmarktdynamik gleichzeitig mit zu berücksichtigen. Ein zusätzlicher, hier nicht zu vernachlässigender Vorteil dieser Technik könnte sein, daß 'Kausalitäts'-Relationen zwischen Variablen mit einem 'common trend' (hier: zwischen der Wechselkursvariabilität und den realwirtschaftlichen Arbeitsmarkt-Variablen) in diesem Rahmen direkt via Exogenitätstests getestet werden können.

Die Anwendung der Kointegrationsanalyse kann prinzipiell einen Haupteinwand gegen die zuvor erzielten Schätzergebnisse unschädlich machen. Es kann nämlich direkt getestet werden, ob die 'negative' Beziehung zwischen der Wechselkursvariabilität und dem realwirtschaftlichen Sektor unzweideutig als das Resultat eines '*one-way impact*' der Wechselkursvolatilität identifiziert werden kann. Falls dies nicht abgelehnt werden kann, können die hier erzielten Ergebnisse als bestätigt angesehen werden. Die Endogenität der Regressoren und ein 'simultaneous equation bias' können auf diese Weise ökonometrisch ausgeschlossen werden. Darüber hinaus erlaubt es die Kointegrationsanalyse, dem zeitreihenanalytischen Modell *mehr Struktur* als in Abschnitt 6.5.1 zu verleihen. Schließlich kann auch der partielle Charakter der Analyse hinsichtlich des zeitlichen Horizontes und der Verarbeitungskapazität der Beziehungsgeflechtes zwischen mehreren Arbeitsmarktvariablen eliminiert werden. Wichtige Referenzpunkte für die folgende zeitreihenanalytische Studie sind die Untersuchungen von Arize (1995, 1998), Chowdhury (1993) und Scheide, Solveen (1998). Letztere stellen zwei der sehr seltenen Studien, die Kointegrations- und Fehlerkorrektur-Modellierungstechniken auf die Beziehung zwischen Außenhandelsströmen und der Wechselkursvariabilität anwenden, dar. Da in bezug auf den Einfluß der Wechselkursvariabilität auf EU-Arbeitsmärkte außer Belke, Gros bis zum

---

[118] Vgl. ähnlich Sekkat (1998), S. 13 f., in bezug auf den Zusammenhang von Wechselkursvariabilität und Außenhandel.

[119] Vgl. allgemein in bezug auf Arbeitsmarktvariablen Belke (1996), S. 198 ff., und speziell für den Zusammenhang von Wechselkursunsicherheit und Außenhandel Arize (1995, 1998), Chowdhury (1993) und Scheide, Solveen (1998)

jetzigen Zeitpunkt überhaupt keine Studien vorliegen, sind diese Techniken auf den hier interessierenden Zusammenhang noch nie angewendet worden. Die folgenden Ausführungen liefern einen Beitrag dazu, diesen gravierenden Mangel zu heilen.

Der auffällige Mangel an Literatur zum Effekt der Wechselkursvariabilität auf Arbeitsmärkte und das vollständige Fehlen von Kointegrations-Studien zu dieser Thematik ist in der Tat sehr überraschend und unverständlich. Denn diese Fragestellung war bereits im Vorfeld der EWU politisch hoch relevant und wird im Rahmen der Debatte um die Beschäftigungswirkungen der EWU und um die Nutzen der Einbindung der Euroregion in Wechselkurszielzonen oder feste Wechselkurssysteme die Wirtschaftspolitik noch auf Jahre hinaus beschäftigen. Darüber hinaus existiert mittlerweile ein weitgehender Konsens über die Nützlichkeit des Kointegrationskonzeptes *im allgemeinen.* Dasselbe kann wohl erst recht im Hinblick für eine Anwendung der Kointegrationstechniken auf die empirische Forschung zur *retardierenden Wirkung* der Wechselkursvariabilität auf die Beschäftigungs*dynamik* (als das Resultat von Änderungen des Optionswert des Wartens, vgl. Abschnitt 6.3) *im besonderen* unterstellt werden. Im Lichte dieser Argumente erscheint es sehr vielversprechend, im folgenden Kointegrations- und Fehlerkorrektur-Modellierungstechniken *erstmalig* auf die Schätzung des Einflusses der Intra-ERM-Wechselkursvariabilität auf den westdeutschen Arbeitsmarkt anzuwenden.

Vor dem Beginn der eigentlichen Analyse sollen jedoch noch einige *konzeptuelle Anmerkungen* vorgebracht werden. In der Regel kann die Eigenschaft der Zeitpfadabhängigkeit eines Systemgleichgewichtes auf eine bestimmte Art an Instabilität zurückgeführt werden. Eine Zeitpfadabhängigkeit kann in zwei verschiedenen Fällen auftreten (Belke, Göcke (1997, 1997a)): Erstens, im Falle der Indifferenz oder *globalen* Instabilität, falls jeglicher Anpassungsprozeß degeneriert ist und, zweitens, im Falle einer *lokalen* Instabilität, wenn infolge eines exogenen Schocks eine plötzliche Änderung des Systemzustands auftritt (Amable u.a. (1992)). Im zweiten Fall weist die Zeitpfadabhängigkeit die Form eines Strukturbruches in der gleichgewichtigen Input-Output-Beziehung auf. In zeitreihenanalytischen Modellen wird die globale Instabilität durch lineare Differenzengleichungen, die Einheitswurzeln beinhalten, modelliert. Im Gegensatz hierzu verwenden extrem einfache

Modelle, welche die lokale Instabilität abdecken wollen, mit Strukturbrüchen die üblichen Dummyvariablen.[120]

Im folgenden wird versucht, *beide Varianten gleichzeitig* zu modellieren und die Möglichkeit von Strukturbrüchen in der Kointegrationsbeziehung zu berücksichtigen. Zu diesem Zweck werden *zwei Typen von Kointegrationsmodellen* für die westdeutsche Beschäftigung geschätzt. Erstens, ein Standardmodell ohne Strukturbrüche, in dem sämtliche Persistenzeffekte betreffend die *Beziehung zwischen* den Variablen auf eine Einheitswurzel in der Systemdynamik zurückgeführt wird. In diesem Fall ist der Anpassungsprozeß an eine gleichgewichtige Arbeitsmarktbeziehung (welche in diesem Fall streng genommen auch gar nicht existiert) als degeneriert zu betrachten. Zweitens, ein Modell mit Strukturbrüchen in der Langfristbeziehung. Diese Strukturbrüche werden relevant, wenn starke ökonomische Störungen auftreten. Das Gleichgewicht selbst ist zeitpfadabhängig. Letzteres ist eine Eigenschaft, die nicht nur im Kontext dieser Arbeit zu berücksichtigen ist, sondern in jeglicher empirischen Studie der westdeutschen Arbeitsnachfrage eine Rolle spielen sollte (vgl. neben vielen anderen stellvertretend Belke (1999b), Belke, Göcke (1997, 1997a)). Bevor im folgenden eine ökonometrische Spezifikation der Schätzgleichung vorgenommen wird, sei deshalb im folgenden der theoretische Hintergrund der Vorgehensweise in diesem Abschnitt 6.5.2 noch kurz erläutert.

Im Standardmodell sollte die Persistenz in der westdeutschen Beschäftigung in der verarbeitenden Industrie zu einem *insignifikanten Fehlerkorrektur-Term* entsprechend einer Einheitswurzel führen. In dem um Strukturbrüche erweiterten Modell hingegen wird die Persistenz *den Strukturbrüchen* selbst zugeschrieben. Falls die Persistenz wie üblich im Rahmen des Standardmodells (multivariate ADF-Testgleichung) analysiert wird, ist das Auftreten einer Einheitswurzel wahrscheinlicher als in dem um Strukturbrüche erweiterten Modell (Belke (1996b)). Die Einheitswurzel in dem standardmäßigen Kointegrationsmodell ist möglicherweise nicht auf eine Degenerierung des Anpassungsprozesses zurückzuführen. Sie bezieht sich eher auf eine *Fehlspezifikation* in der Gestalt eines *Ex ante-Ausschlusses* möglicher Strukturbrüche. Letztere sind üblicherweise auf gravierende ökonomisch relevante Schocks zurückzuführen (Belke (1996b)). Die (mathematische) Integration über eine einzelne Variable korrespondiert dabei mit einer ersten Einheitswurzel. In diesem Fall hinterlassen alle vergangenen Änderungen der be-

[120] Für einen anspruchsvolleren Ansatz zur Modellierung der Strukturbruch-Hysteresis vgl. die Kapitel 7 und 8 der vorliegenden Arbeit.

trachteten Variablen (die möglicherweise durch die überschüssige Wechselkursvolatilität induziert wurden) einen permanenten Effekt. Das Niveau der betreffenden Variablen wird durch sämtliche aufsummierten vergangenen 'Störungen' determiniert. Im Rahmen dieses Abschnittes 6.5.2 interessieren im Unterschied zu Abschnitt 6.5.1 und als Reaktion auf die kritische Würdigung der in Abschnitt 6.5.1 erzielten Ergebnisse jedoch die Eigenschaften *des Gleichgewichts* zwischen makroökonomischen Arbeitsmarktvariablen. Eine Degeneration des Prozesses der Anpassung an gleichgewichtige Beziehungen wird dann durch eine *zweite* Einheitswurzel beschrieben. Deshalb wird in den folgenden Abschnitten 6.5.2.2 und 6.5.2.3 auf die Existenz einer Einheitswurzel in dem 'Fehler' der langfristigen Kointegrationsgleichung getestet. Der 'Fehler' besteht dabei aus der Abweichung von der (als existent angenommenen) Gleichgewichtsbeziehung zwischen der Beschäftigung in der verarbeitenden Industrie und der Wechselkursvariabilität (bereinigt um den Einfluß anderer makroökonomischer Variablen für eine offene Volkswirtschaft). Der entsprechende Test kann als Kointegrationstest durchgeführt werden (Belke, Göcke (1997, 1997a)).

6.5.2.1 Ökonometrische Spezifikation und Zeitreiheneigenschaften der Daten

Den Argumenten von Belke (1999b) und Belke, Göcke (1997, 1997a) folgend, wird im folgenden für Westdeutschland die Beziehung zwischen der Beschäftigung in der verarbeitenden Industrie (EMPLMANWD), Exporten in konstanten ECU (WDEXPECU), dem Wachstum der industriellen Produktion (INDPRODWD), der Intra-ERM-Variabilität des DM-Wechselkurses (DEEXV), einem linearen Trend (TREND) und einer Konstanten untersucht. Der lineare Trend dient als Proxy-Größe für technischen Fortschritt. Es existiert die folgende inhaltliche Rechtfertigung für die hier verwendete Spezifikation der Kointegrations-Regression. In dieser werden die Exporte in konstanten Ecu und die industrielle Produktion neben der Intra-ERM-Variabilität des Wechselkurses ausgewählt und dieser als gemeinsam trendende Variablen zugeordnet. Denn diese Spezifikation macht es möglich, explizit ein wichtiges 'Prä' vieler Ökonomen zu berücksichtigen. Falls die Wechselkursvariabilität die Beschäftigung wirklich beeinflussen sollte, wird sie dies durch stoßweise Effekte auf die Exporte und die industrielle Produktion tun. Unter dieser Hypothese sollten sowohl Exporte (bzw. die industrielle Produktion) als auch die Wechselkursvariabilität signifikant sein.

Ein möglicher Einwand gegen diese Spezifikation könnte sein, daß letztere nicht die 'korrekte' Repräsentation des westdeutschen Arbeitsmarktes darstelle. Denn sie schließt zwar Exporte und die industrielle Produktion ein, aber berücksichtigt die Angebotsseite über Reallöhne nicht. Bereits Belke, Göcke (1997, 1997a) stellen fest, daß es sich im Falle der westdeutschen Arbeitsnachfrage als überaus schwierig erweist, die Signifikanz der Reallöhne mit dem korrekten negativen Vorzeichen zu identifizieren. Sie werden deshalb aus der weiteren Analyse ausgeschlossen, obwohl ihr Einschluß theoretisch kohärent wäre. Analoge Argumente gelten natürlich für die Vernachlässigung des realen effektiven Wechselkurses in der vorstehend beschriebenen Spezifikation. Wie auch die Tabellen 20 und 23 in Abschnitt 6.6.3. eindrucksvoll zeigen, tragen reale effektive Wechselkurse in Westeuropa oft nicht signifikant zur Erklärung der Arbeitsmarktdynamik bei. Dieses Resultat ist jedoch nicht allzu überraschend, wenn man die konfligierenden Ergebnisse der Literatur zum realwirtschaftlichen Einfluß von Abwertungen, die in der kurzen Frist sogar deflationär wirken können (vgl. Müller, Heinemann (1999) und Kamin, Klau (1997)), berücksichtigt.

Darüber hinaus scheint es im Lichte des hier verfolgten Untersuchungsinteresses (vgl. die abhängigen Variablen in den Tabellen 16 und 17) gerechtfertigt zu sein, abweichend z.B. von Belke, Göcke (1997, 1997a) das Wachstum der industriellen Produktion statt des BIP-Wachstums zu implementieren. Schließlich ist zu beachten, daß Diskussionen über die Nutzen und Kosten der EWU oft die Theorie optimaler Währungsräume zum Ausgangspunkt nehmen. Wie zuvor in Kapitel 5 schon skizziert, geht dieser Ansatz von der Annahme aus, daß es einfacher ist, den Wechselkurs statt heimische Löhne oder Preise anzupassen, falls die Volkswirtschaft von einem externen Schock getroffen wird. Obwohl wenig Einigkeit darüber herrscht, wie wichtig diese 'externen' Schocks in der Realität wirklich sind (gemäß den in Kapitel 5 erzielten empirischen Ergebnissen sind sie für EU-Arbeitsmärkte oft weniger bedeutsam als erwartet!), wird die Entscheidung gefällt, die *realen Exporte (gemessen in konstanten ECU)* in die Funktion der Beschäftigungsnachfrage für eine vergleichsweise offene Volkswirtschaft wie Westdeutschland trotzdem aufzunehmen. Ein weiterer Grund hierfür ist, daß die Bedeutung externer Schocks für die deutsche Beschäftigung noch einmal in einem anderen Rahmen als in Kapitel 5 getestet werden soll. Darüber hinaus soll versucht werden, mögliche Transmissionskanäle, die dem zuvor aufgedeckten realwirtschaftlichen Einfluß der Wechselkursvariabilität zugrunde liegen, zu identifizieren.

Die Modelle werden im folgenden unter Rückgriff auf die von Banerjee, Dolado, Mestre (1992), Engle, Granger (1987) und Hendry (1993) vorgeschlagenen Kointegrationstechniken geschätzt. Wie die Ergebnisse der Einheitswurzeltests im Anhang zu diesem Abschnitt 6.5 zeigen, läßt sich die Hypothese nicht ablehnen, daß alle Variablen des Modells integriert von der Ordnung 1, also I(1)-Prozesse darstellen. Dies ist eine wesentliche Voraussetzung für Kointegration. Erste Differenzen D(...) erweisen sich deshalb als ausreichend, um für jede hier verwendete Zeitreihe die Nichtstationaritätshypothese ablehnen zu können.[121] Um nun auf das Vorliegen von *Kointegration* und auf die Abwesenheit von Beschäftigungs-Hysteresis auf dem westdeutschen Arbeitsmarkt testen zu können, wird die Beziehung zwischen der abhängigen Variablen Beschäftigung in der verarbeitenden Industrie (EMPLMANWD) und einer Konstanten C, den Exporten von Gütern und Dienstleistungen zu konstanten ECU-Preisen (WDEXPECU), der industriellen Produktion (INDPRODWD), der nominalen Intra-ERM-Wechselkursvariabilität der DM (DEEXV) und einem deterministischen Trend (TREND) als unabhängigen Variablen mit Hilfe des OLS-Verfahrens geschätzt.

Residuengestützte Kointegrationstests implizieren a-priori eine '*common factor-restriction*'. Aus diesem Grund wird ein einfacher Test *basierend auf dem geschätzten Fehlerkorrekturparameter* in der Fehlerkorrektur-Repräsentation, wie er von Kremers, Ericsson, Dolado (1992, S. 326 ff.) und Banerjee, Dolado, Mestre (1992, S. 231) vorgeschlagen wurde, durchgeführt. Dieser Test ist bekanntlich effizienter, da er auf unbeschränkten Fehlerkorrekturmodellen (ECMs) beruht. Dieser Test erlaubt einen direkten Test der Hypothese, daß der Anpassungsprozeß an ein Gleichgewicht degeneriert. Der Absolutwert des Fehlerkorrekturparameters mißt die Änderung der deutschen Beschäftigung pro Jahr, die auf das Ungleichgewicht zwischen den tatsächlichen und den gleichgewichtigen Werten dieser Variablen zurückgeführt werden kann.[122]

Zur Schätzung wird die robuste *zweistufige Methode* nach Engle, Granger (1987) verwendet. Das ECM wird nach der "general to the specific"-Methode spezifiziert. Eine Konstante wird berücksichtigt, da im Rahmen der Einheitswurzeltests für die Mehrheit der individuellen Variablen signifikante Drift-Terme gefunden werden. Als wichtige Voraussetzungen für die Anwendbar-

---

[121] Vgl. den (statistischen) Anhang 2. Eine derartige Spezifikation drückt aus, daß der Einfluß der Volatilität der Intra-EWS-Wechselkurse auf die Beschäftigung letztlich über den Kanal der Exporte und der industriellen Produktion abläuft.

[122] Für diese Argumentation vgl. ausführlich Belke (1996), S. 296 und 513, und Belke (1999b).

keit der Engle-Granger Prozedur, werden zwei wichtige Hypothesen getestet: 1) Es existiert *nur ein* Kointegrationsvektor, 2) dieser spielt *nur in der Beschäftigungsgleichung* eine Rolle.

Für den Test der ersten Hypothese wird die sequentielle Johansen-Prozedur (Johansen (1991)) verwendet. Da aufgrund der Konstruktion des Volatilitätsmaßes und der Vermeidung eines Spezifikations-'Bias' durch den Ausschluß der Bretton Woods-Periode fixer Wechselkurse nur eine relative kleine Zahl an Beobachtungen (1973 bis 1996) verfügbar ist, ist dem Risiko einer Über-Parameterisierung des Modells Rechnung zu tragen. Daher müssen einige *strikte Selektionskriterien* verwendet werden, um die Ordnung der Verzögerungen ('Lags') des zugrunde liegenden VAR zu bestimmen. Auf der Grundlage der 'Log-Likelihood Ratio'-Statistiken (unabhängig davon, ob sie an den hier vorliegenden kleinen Sample angepaßt werden) lassen sich die Ordnungen 0 und 1 ablehnen.[123] Gleichzeitig werden auf der Basis des Akaike (AIC)- und des Schwarz (SBC)-Kriteriums die Ordnungen 2 bzw. 1 gewählt (vgl. Tab. 9a). Vor dem Hintergrund dieser Ergebnisse wird das VAR(2)-Modell gewählt.[124] Um auf das Vorliegen von Kointegration zu testen, werden VAR(2)-Modelle 'with restricted intercepts and no trends', und Modelle 'with restricted trends and unrestricted intercepts' geschätzt. Diese beiden Fälle werden von Pesaran, Pesaran (1997) als Fälle II und IV bezeichnet.[125] Für diese Modelle werden die '*Maximum Eigenvalue*'-Statistiken für Tests der Nullhypothese der Nicht-Kointegration ($r = 0$) gegen die Alternativhypothese von $r = 1, 2, 3$ oder 4 Kointegrationsbeziehungen zwischen den betreffenden Variablen in Tabelle 9b zusammengefaßt. Die 'Maximum Eigenvalue'-Statistiken werden den weniger mächtigen 'Trace'-Statistiken vorgezogen (Pesaran, Pesaran (1994), S. 10).

---

123 In kleinen Samples wie dem hier vorliegenden führt die Likelihood Ratio-Statistik in Tab. 9a oft zu einer zu häufigen Ablehnung der Nullhypothese. Um dem Problem kleiner Stichproben Rechnung zu tragen, wurden auch die freiheitsgradbereinigten Likelihood Ratio-Statistiken berechnet. Jedoch erscheint die zugrunde liegende Zeit*spanne* (statt der Frequenz), welche bekanntlich für die Anpassungsgüte der Resultate der Integrations- und Kointegrationstests entscheidend ist, als durchaus ansehnlich.

124 Vgl. Akaike (1974) und Schwarz (1978). Wie auch von Pesaran, Pesaran (1997), S. 272, angemerkt, ist dieses Resultat nicht unüblich. Das SBC-Kriterium tendiert im Vergleich mit dem AIC dazu, ein VAR geringerer Ordnung auszuwählen. Die Residuen der individuellen Gleichungen des VAR wurden auf serielle Korrelation getestet. Letztere stellte sich jedoch in der vorliegenden Anwendung nicht als Problem heraus.

125 Vgl. Pesaran, Pesaran (1997), S. 133. Fall II ist relevant für nicht trendbehaftete Variablen. Fall IV ist relevant, falls die Zeitreihen deterministische Trends beinhalten. Dies gilt unabhängig davon, ob die Variablen trendstationäre oder differenzenstationäre Prozesse sind.

Wie aus Tabelle 9b hervorgeht, läßt sich die Hypothese, daß zwischen den betreffenden Variablen keine Kointegration vorliegt, auf der Basis der 'Maximum Eigenvalue'-Statistiken für α=0,05 deutlich ablehnen. Jedoch wird auf sogar auf dem 10%-Niveau (also bei größtmöglicher Ablehnungswahrscheinlichkeit!) die Nullhypothese nicht abgelehnt, daß höchstens eine Kointegrationsbeziehung zwischen diesen Variablen existiert. Auf der einen Seite unterstützt dieses Resultat den hier eingeschlagenen Weg der Modellierung der Beziehung zwischen der Beschäftigung und der Wechselkursvariabilität in einem Fehlerkorrekturrahmen *unter Einschluß zusätzlicher Faktoren* (hier u.a. Exporte und industrielle Produktion als zu testende Transmissionskanäle). Auf der anderen Seite enthüllt dieses Ergebnis '*common trends*' der Arbeitsmarktvariablen des westdeutschen Sektors der verarbeitenden Industrie.

Tabelle 9a - *Teststatistiken und Auswahlkriterien für die Selektion der Ordnung der Verzögerungen des VAR Modells*

Ordnung	*LL*	*AIC*	*SBC*	*LR-Test*	*Adjustierter LR-Test*
2	-136.9873	-168.9873	-186.4440	------	------
1	-157.1557	-173.1557	-181.8841	CHSQ(16)= 40.3368[.001]	25.6689[.059]
0	-328.2854	-328.2854	-328.2854	CHSQ(32)= 382.5962[.000]	243.4703[.000]

Anmerkungen: AIC = Akaike-Informationskriterium; SBC = Bayesianisches Kriterium nach Schwarz; Tests basieren auf 22 Beobachtungen von 1973 bis 1994 korrespondierend mit den in den Tab. 11, 12 bzw. 13, 14 verwendeten Stützzeiträumen; Ordnung des VAR = 2; Liste der Variablen im unbeschränkten VAR: EMPLMANWD, WDEXPECU, INDPRODWD, DEEXV.

Tabelle 9b - *Kointegrationstests: der Johansen Maximum Likelihood-Ansatz*

Likelihood Ratio-Kointegrationstest basierend auf dem maximalen Eigenwert der stochastischen Matrix: 'Restricted intercepts and no trends in the VAR' (Fall II)

Null-hypothese	*Alternativ-hypothese*	*Test-statistik*	*Kritischer Wert (95%)*	*Kritischer Wert (90%)*
r = 0	r = 1	34.0108	28.2700	25.8000
r<= 1	r = 2	15.4844	22.0400	19.8600
r<= 2	r = 3	13.3354	15.8700	13.8100
r<= 3	r = 4	9.0873	9.1600	7.5300

Anmerkungen: Liste der Eigenwerte in absteigender Reihung: 0,78689, 0,50532, 0,45456, 0,33838, 0,0000; 22 Beobachtungen von 1973 bis 1994, Ordnung des VAR = 2. Liste der in dem Kointegrationsvektor berücksichtigten Variablen: EMPLMANWD, WDEXPECU, INDPRODWD, DEEXV, Intercept.

Likelihood Ratio-Kointegrationstest basierend auf dem maximalen Eigenwert der stochastischen Matrix: 'Unrestricted intercepts and restricted trends in the VAR' (Fall IV)

Null-hypothese	*Alternativ-hypothese*	*Test-statistik*	*Kritischer Wert (95%)*	*Kritischer Wert (90%)*
r = 0	r = 1	49.9574	31.7900	29.1300
r<= 1	r = 2	16.8018	25.4200	23.1000
r<= 2	r = 3	11.8964	19.2200	17.1800
r<= 3	r = 4	6.7851	12.3900	10.5500

Anmerkungen: Liste der Eigenwerte in absteigender Reihung: 0,89677, 0,53407, 0,41769, 0,26539, 0,00000; 22 Beobachtungen von 1973 bis 1994, Ordnung des VAR = 2. Liste der in dem Kointegrationsvektor berücksichtigten Variablen: EMPLMANWD, WDEXPECU, INDPRODWD, DEEXV, Trend.

In dem hier vorliegenden Einheitswurzel-Fall hängt die statistische Inferenz in bezug auf die Parameter der Kointegrationsgleichungen entscheidend von der *schwachen Exogenität* der Regressoren Exporte von Gütern und Dienstleistungen zu konstanten ECU-Preisen (WDEXPECU), industrielle Produktion (INDPRODWD), und nominale Intra-ERM-Wechselkursvariabilität der

DM (DEEXV) ab. *Tests auf schwache Exogenität* als übliche einseitige t-Tests des Fehlerkorrekturparameters werden im Rahmen der sogenannten marginalen Modelle für die Änderung der Beschäftigung in der verarbeitenden Industrie D(EMPLMANWD), für die Änderung der industriellen Produktion D(INDPRODWD) und der Änderung der Intra-ERM-Wechselkursvariabilität der DM D(DEEXV). Der Hauptzweck dieser Tests liegt in der Vermeidung eines 'simultaneous equation bias'. Darüber hinaus sollen sie sicherstellen, daß die $t_{C(1)}$-Statistik (d.h. die t-Statisitik des Koeffizientenschätzers für den Fehlerkorrekturparameter im konditionalen Modell) als auch die geschätzten Kointegrationsparameter asymptotisch N(0,1)-verteilt sind (Hansen, Kim (1994), S. 8, Hendry (1993), S. 15 ff.). In der Tradition von Hendry (1993) kann die Nullhypothese *schwacher Exogenität* für diese Regressoren *nicht abgelehnt* werden, wenn letztere jeweils als ein *reiner Random Walk*, der unabhängig von dem stationären Kointegrationsterm (hier EC1(-1)) ist, charakterisiert werden können. Die Schätzergebnisse für die marginalen Modelle für jede erklärende Variable im ECM werden in Tab. 10 angegeben. Die Modelle wurden nach Maßgabe der üblichen Kriterien für die Residuen -besonders der geringsten Ausprägung des Schwarz-Informationskriteriums unter der Nebenbedingung eines identischen Samples für alle konkurrierenden Modellspezifikationen- ausgewählt.

Tab. 10 - *Tests schwacher Exogenität der unabhängigen Variablen des ECM*

LS // Dependent Variable is **D(WDEXPECU)**
Sample(adjusted): 1974 1994
Included observations: 21 after adjusting endpoints

Variable	Coefficient	Std. Error	t-Statistic	Prob.
C	12.07666	4.346860	2.778250	0.0141
EC1(-1)	3.405253	1.298760	**2.621926**	0.0192
D(WDEXPECU(-1))	0.372956	0.233168	1.599513	0.1306
D(INDPRODWD(-0))	2.562512	0.690087	3.713317	0.0021
D(EMPLMANWD(-1))	3.515712	1.460813	2.406681	0.0294
D(DEEXV(-2))	-8.868051	5.775457	**-1.535472**	0.1455

R-squared	0.615623	Mean dependent var	14.29524
Adjusted R-squared	0.487497	S.D. dependent var	15.06753
S.E. of regression	10.78674	Akaike info criterion	4.991592
Sum squared resid	1745.308	Schwarz criterion	5.290027
Log likelihood	-76.20943	F-statistic	4.804829
Durbin-Watson stat	2.138242	Prob(F-statistic)	0.008042

LS // Dependent Variable is **D(INDPRODWD)**
Sample(adjusted): 1974 1994
Included observations: 21 after adjusting endpoints

Variable	Coefficient	Std. Error	t-Statistic	Prob.
C	-1.487121	1.119598	-1.328263	0.2027
EC1(-1)	-0.699830	0.487274	**-1.436217**	0.1702
D(INDPRODWD(-2))	-0.701251	0.201665	-3.477309	0.0031
D(WDEXPECU(-0))	0.101716	0.056933	1.786597	0.0930
D(DEEXV(-1))	-6.816179	1.915773	**-3.557926**	0.0026

R-squared	0.619314	Mean dependent var	-0.147619
Adjusted R-squared	0.524143	S.D. dependent var	5.167167
S.E. of regression	3.564435	Akaike info criterion	2.746268
Sum squared resid	203.2832	Schwarz criterion	2.994964
Log likelihood	-53.63352	F-statistic	6.507361
Durbin-Watson stat	1.985756	Prob(F-statistic)	0.002626

LS // Dependent Variable is **D(DEEXV)**
Sample(adjusted): 1974 1994
Included observations: 21 after adjusting endpoints

Variable	Coefficient	Std. Error	t-Statistic	Prob.
C	-0.237839	0.084648	-2.809751	0.0126
EC1(-1)	0.016609	0.029488	**0.563246**	0.5811
D(WDEXPECU(-2))	0.013463	0.004491	2.997437	0.0085
D(DEEXV(-1))	-0.585832	0.155275	-3.772861	0.0017
D(DEEXV(-2))	-0.537929	0.163117	**-3.297807**	0.0045

R-squared	0.562597	Mean dependent var	-0.052695
Adjusted R-squared	0.453246	S.D. dependent var	0.339050
S.E. of regression	0.250703	Akaike info criterion	-2.562719
Sum squared resid	1.005629	Schwarz criterion	-2.314023
Log likelihood	2.110836	F-statistic	5.144889
Durbin-Watson stat	2.600287	Prob(F-statistic)	0.007370

Basierend auf der üblichen t-Verteilung und dem empirischen t-Wert für den Koeffizientenschätzer von EC1(-1) kann die Nullhypothese der *schwachen Exogenität* im Falle aller drei I(1)-Regressoren *nicht abgelehnt* werden. Da lediglich *negative* Werte des Koeffizienten für EC1(-1) mit der Stabilität des Systems konsistent sind, werden *einseitige* Tests verwendet.

Die Exogenitätstests liefern darüber hinaus für unseren Zusammenhang *weitere wichtige Details*. Hierdurch wird nämlich nicht nur ein Einzelgleichungsansatz empirisch legitimiert. Darüber hinaus deuten die Ergebnisse für das marginale Modell der Änderung der Intra-ERM-Wechselkursvariabilität der DM (D(DEEXV)) stark an, daß die Wechselkursvariabilität nicht nur schwach exogen in bezug auf die Kointegrationsparameter, welche die Beschäftigung bestimmen, ist. Sondern es wird auch offenbar, daß die Änderung der Beschäftigung in der verarbeitenden Industrie (D(EMPLMANWD)) die Änderung der Volatilität der DM (D(DEEXV)) entsprechend Tab. 10 nicht signifikant beeinflußt (keine Granger-Kausalität!). Aus dieser Sicht kann man sogar die Hypothese nicht ablehnen, daß die Intra-ERM-Wechselkursvolatilität der DM (DEEXV) in bezug auf die Kointegrationskoeffizienten, welche die Beschäftigung (EMPLMANWD) determinieren, *stark exogen* ist (Banerjee u.a. (1993), S. 18 ff., Belke (1999b)).[126] Genau diese Hypothese wird aber, aus der Sicht der vorliegenden Arbeit im allgemeinen und aus der Perspektive dieser empirischen Ergebnisse im speziellen ungerechtfertigterweise, in Frage gestellt (vgl. die Abschnitte 6.5.1 und 6.6.3). Das hiermit äquivalente Argument einer einseitigen Kausalrichtung der Wirkungen (bestimmter Komponenten) der Wechselkursvariabilität auf den Arbeitsmarkt stellt einen wesentlichen Baustein in der Argumentationskette für signifikante Beschäftigungs-Benefits aus der Fixierung von Wechselkursen via EMU dar. Schließlich fügen sich die hier erzielten empirischen Ergebnisse gut in eine Reihe von Resultaten anderer Autoren ein. Diese folgern ebenfalls, daß die Variation von Wechselkursen zu einem Großteil durch Finanzmarktschocks verursacht wurden. In unserem Kontext werden Finanzmarktschocks durch die autoregressive Komponente der Änderung der Intra-ERM-Wechselkursvolatilität der DM (D(DEEXV)) repräsentiert. Realwirtschaftliche Variablen haben deshalb nur einen geringe-

---

126 Hierdurch werden die Resultate komplementärer Granger-Kausalitätstests in den Abschnitten 6.5.1.1 und 6.6.3 in einem anderen Modellrahmen bestätigt. Zusätzliche Experimente mit Dummies, welche die oft unterschiedenen Teilzeiträume mit den unterschiedlichen Graden an Wechselkursvolatilität im EWS operationalisieren, änderten die hier getroffene Einschätzung, daß die Intra-ERM-Wechselkursvariabilität EXV als (schwach) exogen in bezug auf die Kointegrationsparameter charakterisiert werden kann, nicht signifikant.

ren Einfluß auf diese Variabilität (Canzoneri, Vallés, Viñals (1996)), was hier in einem lediglich kleinen signifikanten Einfluß der Wechselkursvariabilität zum Ausdruck kommt. Zusätzlich ist zu beachten, daß die erste Differenz der Wechselkursvariabilität in *jede* Gleichung mit dem theoretisch erwarteten Vorzeichen eingeht. Sie erscheint in bezug auf die Exporte (wie in vielen anderen empirischen Studien) *marginal signifikant* und für die anderen beiden realwirtschaftlichen Variablen *hoch signifikant*.

6.5.2.2 Ein Fehlerkorrekturmodell ohne Strukturbrüche

Die Anwendung der zweistufigen Methode nach Engle, Granger (1987) führt zu den in Tab. 12 angegebenen Schätzresultaten. Man sollte sich jedoch vor vorschnellen Schlußfolgerungen in bezug auf die Kointegrations-Hypothese auf der Basis dieser Resultate hüten. Es ist nämlich zu berücksichtigen, daß die für Westdeutschland aus guten Gründen nicht vorab zu verwerfende Hypothese der Beschäftigungs-Hysteresis zu *ex ante unbekannten* und möglicherweise sogar *nicht-existenten* Kointegrationsvektoren führt (Belke, Göcke (1997, 1997a)). Dies wirft die Frage auf, auf *welchen kritischen Werten* die Entscheidung hinsichtlich der Validität der Kointegrations-Hypothese beurteilt werden soll. Kremers, Ericsson, Dolado (1992, S. 328 ff.) zeigen, daß unter der Nullhypothese fehlender Kointegration die Verteilungsresultate der standardmäßigen asymptotischen Theorie im allgemeinen nicht ohne weitere Annahmen auf den empirischen t_{ECM}-Wert anwendbar sind. Sie demonstrieren jedoch, daß t_{ECM} unter der Alternativhypothese der Kointegration *asymptotisch normalverteilt* ist. Unter der Annahme eines *bekannten* Kointegrationsvektors kann die Verteilung des t_{ECM}-Wertes häufig durch die Standardnormalverteilung approximiert werden. Auf diese Weise kann auf die höheren kritischen Werte des ADF-Kointegrationstests verzichtet werden (Belke (1996), S. 296 f.).

Banerjee, Dolado, Mestre (1992) erweitern dieses Testkonzept auf den Fall der ex-ante *nicht bekannten* Kointegrationsvektoren. Sie leiten kritische Werte für die Verteilung des t_{ECM}-Wertes und bis zu fünf (schwach) exogenen Kointegrations-Regressoren ab. Wendet man kritischen Werte von Banerjee, Dolado, Mestre (1992) auf die Schätzergebnisse in Tab. 12 an, lautet ein wichtiges Resultat des dynamischen Beschäftigungs-ECM, daß der Fehlerkorrekturterm (EC1) im Standardmodell *ohne Strukturbrüche* statistisch insignifikant ist (-0,13; t-Wert: -1,96).[127] Interessanterweise erscheint das Wachstum der Exporte nicht im ECM. Gleichzeitig erweist sich die Änderung der Wechselkursvariabilität als hoch signifikant. Diese Resultate bestätigen die in Kapitel 5 erzielten Resultate auf anderem Wege deutlich. Dort konnte die Hypothese nicht abgelehnt werden, daß externe Schocks einen kleineren Einfluß auf die Beschäftigung in ERM-Ländern haben, als im Durchschnitt von den Vertretern der Theorie Optimaler Währungsräume erwartet.

Wie erwartet, verbleibt im Hinblick auf die Kointegrationsregression (Tab. 11) ein hoher Grad an residualer Autokorrelation. Darüber hinaus ist die asymptotische Verteilung der Langfristparameter nicht allgemein normal. Als Konsequenz hieraus wird von einer weitergehenden Interpretation der Punktschätzer der langfristigen Elastizitäten in Tab. 11 abgesehen. Es läßt sich zeigen, daß der 'finite sample bias' in Kointegrationsregressionen negativ mit der Schätzgüte der betreffenden Gleichung korreliert ist (obwohl ein hohes R^2 noch nicht hinreichend für 'small biases' ist, für die genaueren Zusammenhänge vgl. Belke (1996), S. 253). Daher kann das relativ hohe R^2 von 0,83 als ein erstes Zeichen dafür gewertet werden, daß die Normalisierung der Kointegrationsbeziehung in Tab. 11 (welche die Wechselkursvariabilität als Rechthandvariable wählt) nicht nur aus ökonomischer, sondern auch aus zeitreihenanalytischer Sicht sinnvoll erscheint.

---

[127] Der relevante kritische Wert für das 5%-Signifikanzniveau (für 3 schwach exogene Regressoren, einen Stichprobenumfang von 25 Beobachtungen und eine Konstante in der ECM-Repräsentation) ist -3,91. Vgl. Banerjee, Dolado, Mestre (1992), Appendix, Tabelle 4.

Tab. 11 - *Kointegrationsregression ohne modellierte Strukturbrüche*

LS // Dependent Variable is EMPLMANWD

Sample(adjusted): 1973 1994
Included observations: 22 after adjusting endpoints

Variable	Coefficient	Std. Error	t-Statistic	Prob.
C	93.78900	3.024358	31.01121	0.0000
WDEXPECU	0.087038	0.019852	4.384286	0.0004
INDPRODWD(-1)	0.523643	0.127559	4.105093	0.0007
DEEXV(-1)	-3.562580	1.630508	**-2.184951**	0.0432
TREND(1973)	-1.766695	0.300128	-5.886482	0.0000

R-squared	0.838254	Mean dependent var	98.68797
Adjusted R-squared	0.800197	S.D. dependent var	4.904877
S.E. of regression	2.192449	Akaike info criterion	1.766755
Sum squared resid	81.71617	Schwarz criterion	2.014719
Log likelihood	-45.65095	F-statistic	22.02583
Durbin-Watson stat	0.973779	Prob(F-statistic)	0.000002

Tab. 12 - *ECM ohne modellierte Strukturbrüche in der Kointegrationsregression*

LS // Dependent Variable is D(EMPLMANWD)
Sample(adjusted): 1974 1994
Included observations: 21 after adjusting endpoints

Variable	Coefficient	Std. Error	t-Statistic	Prob.
C	-0.029217	0.139441	-0.209531	0.8369
EC1(-1)	-0.132280	0.067614	**-1.956384**	0.0693
D(EMPLMANWD(-1))	0.939534	0.074209	12.66070	0.0000
D(INDPRODWD)	0.325977	0.039768	8.196996	0.0000
D(INDPRODWD(-1))	0.369274	0.029873	12.36147	0.0000
D(DEEXV(-1))	-1.300437	0.381797	**-3.406098**	0.0039

R-squared	0.963246	Mean dependent var	-1.057111
Adjusted R-squared	0.950995	S.D. dependent var	2.590342
S.E. of regression	0.573428	Akaike info criterion	-0.877290
Sum squared resid	4.932293	Schwarz criterion	-0.578855
Log likelihood	-14.58617	F-statistic	78.62374
Durbin-Watson stat	2.289088	Prob(F-statistic)	0.000000

6.5.2.3. Brüche in der Langfristbeziehung zwischen der Wechselkursvolatilität und der Beschäftigung

Das Ziel dieses Abschnittes ist es, Beschäftigungseffekte der Intra-ERM-Wechselkursvariabilität für Westdeutschland in einem dynamischen Rahmen zu testen und zu quantifizieren. Eine wichtige Voraussetzung hierfür ist jedoch die Differenzierung zwischen Hysteresis, verursacht durch Strukturbrüche, und der Persistenz, basierend auf Einheitswurzeln, die sich in einem insignifikanten Fehlerkorrekturparameter ausdrücken. Im zweiten Fall wird ein signifikanter Einfluß der Wechselkursvariabilität möglicherweise durch eine Inspektion des Fehlerkorrekturparameters nicht entdeckt, obwohl er deutlich aus den Daten erkennbar ist. Ein Anstieg der Signifikanz und des Absolutwertes des Fehlerkorrekturparameters ist in der Regel zu erwarten, falls Strukturbrüche in adäquater Weise berücksichtigt werden (Belke (1996b), Belke, Göcke (1997, 1997a)). Um den genauen Zeitpunkt dieser Brüche in der Kointegrationsregression zu identifizieren, wird eine eigens für diese Zwecke entwickelte Prozedur angewandt.[128] Ein Strukturbruch wird in einer sehr einfachen Weise modelliert: Eine Dummyvariable wird spezifiziert, um einen Sprung in der Ordinate zu spezifizieren. Ausgehend von einem Wert 0, wechselt diese Dummy ihren Wert zu einem gegebenen Zeitpunkt auf 1. Der Zeitpunkt der (0,1)-Änderung der Dummyvariable wird für jede mögliche Periode definiert. Gleichzeitig wird für jeden Fall die korrespondierende Kointegrationsregression geschätzt. Die *Residuen jeder* dieser langfristigen Gleichgewichts-Regressionen werden verwendet, um den 'Fehler' in der Fehlerkorrekturregression zu approximieren. Abb. 2 zeichnet die Entwicklung des Fehlerkorrekturparameters C(1) und des R^2 der Fehlerkorrekturregression gemäß dem zugrunde liegenden Zeitpunkt des Strukturbruchs nach.

---

[128] Vgl. das Batch-Programm in Anhang 4. Dort findet sich auch eine kurze Kommentierung. Dieser Algorithmus ist gleichzeitig die einfache Basis für einen Algorithmus für ein komplexeres Problem in Kapitel 8. Banerjee, Lumsdaine, Stock (1992) benutzen eine ähnliche sequentielle Prozedur, um Strukturbrüche zu determinieren. Im Gegensatz zur dem in diesem Abschnitt verwendeten Verfahren betonen sie sequentielle Mittelwert- oder Trendveränderungen in einer univariaten ADF-Testgleichung vom Perron (1989)-Typ. Vgl. auch Belke (1996, 1996b, 1999b).

Abb. 2 - *Bestimmung des Strukturbruchzeitpunktes*

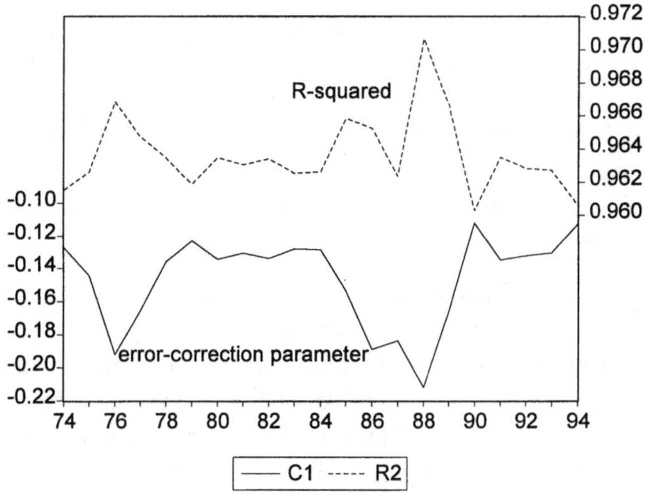

1

Abb. 3 - *Koeffizientenschätzer der Wechselkursvariabilität in Abhängigkeit vom Zeitpunkt des Strukturbruchs*

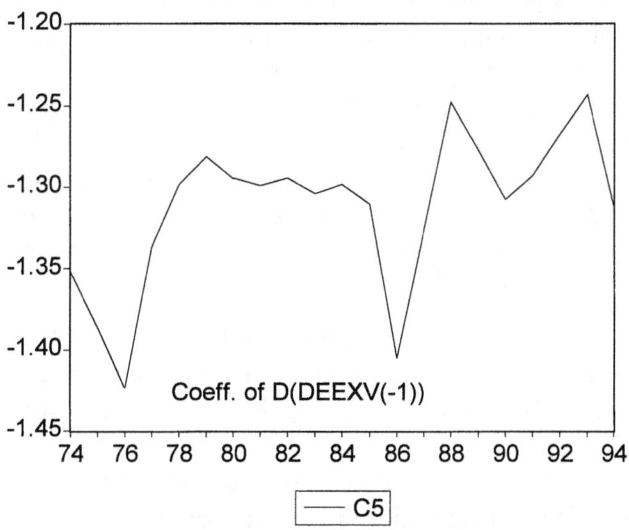

Die Verläufe der R^2- und der C(1)-Schätzer in Abb. 2 weisen interessante Eigenschaften auf. In Abhängigkeit vom Zeitpunkt des Strukturbruches in der Kointegrationsregression ist die Anpassungsgüte der Fehlerkorrekturregression (die kurz- und langfristige Einflüsse der Wechselkursvariabilität auf die Beschäftigung einschließt) um so besser, je höher die absolute Größe des Fehlerkorrekturparameters ist. Die Perioden der Strukturbrüche werden hier bestimmt als die Perioden mit den höchsten Ausprägungen des R^2 und des Absolutwertes des Fehlerkorrekturparameters. Entsprechend den beiden lokalen Maxima im R^2-Plot und der Minima im C1-Plot lassen sich zwei bedeutendere Strukturbrüche in den Perioden 1976 und 1988 aufdecken. Diesem Timing entsprechend werden zwei 'Shift'-Dummies spezifiziert, mit denen die Kointegrations- und die Fehlerkorrekturregression (Tab. 11 und 12) neu geschätzt werden.

Die Dummyvariable DUM1 mit ihrem negativen Koeffizientenschätzer könnte als eine Approximation des durch den ersten Ölpreisschock induzierten Strukturbruches und -dem 'Prä' vieler Ökonomen entsprechend aber weniger wahrscheinlich- *durch einen plötzlichen Anstieg der Wechselkursvolatilität* selbst interpretiert werden. Das positive Vorzeichen des Koeffizienten der Dummy DUM2 mag hingegen positive Beschäftigungseffekte der deutschen Vereinigung und -wiederum a Prior weniger wahrscheinlich- einen signifikanten permanent niedrigeren Grad an Wechselkursvariabilität repräsentieren. Die Begründung für die Lokalisierung der Dummy DUM2 wird noch verständlicher, wenn man einige Hintergrundinformation hinzu zieht. Es gilt nämlich als gemeinhin akzeptiert, daß die deutsche Vereinigung das Ende des westdeutschen konjunkturellen Aufschwungs um einen signifikanten Zeitraum nach hinten verschob. Als Konsequenz hieraus ist es aus ökonometrischer Sicht sehr realistisch zu erwarten, daß jeder Algorithmus den Wiedervereinigungs-Strukturbruch früher als 1990, dem Jahr der deutschen Wirtschafts- und Währungsunion, lokalisiert. Dies ist exakt das Ergebnis vieler Studien über Strukturbrüche in der deutschen Beschäftigungsnachfrage.[129] Daher korrespondiert die hier vorgenommene Dummyspezifikation mit fundierten stilisierten Fakten.

Interessanterweise enthüllt Abb. 3, daß das geschätzte Ausmaß des Impulses der Wechselkursvariabilität auf die Beschäftigung deutlich eine *Funktion der Lokalisierung der Brüche* in der Langfristbeziehung zu sein scheint. Aus diesem Grund sollte eine Zeitreihenanalyse, die sich (wie z.B. Abschnitt 6.5.1) auf die Betrachtung von Differenzen von arbeitsmarktrelevanten Variablen beschränkt und langfristige Gravitationszentren der natürlichen Rate der Beschäftigung (hier: die Kointegrationsbeziehung) ignoriert, um eine längerfristige Analyse wie z.B. in diesem Abschnitt ergänzt werden. Ein

---

129 Vgl. stellvertretend Belke (1999b), Belke, Göcke (1997) und die jeweils zitierten Studien.

wichtiges Ziel zukünftiger Forschung auf diesem Gebiet sollte die Untersuchung der 'umgekehrten Kausalität' sein. Es sollte empirisch getestet werden, ob die Lokalisierung der Brüche eine Funktion des Grades der Wechselkursvariabilität darstellt. In einem gewissen Ausmaß wurde dies bereits in den vorherigen Untersuchungen indirekt durch die Implementierung der Variabilitätszeitreihe (die selbst möglicherweise mindestens einen Bruch aufweist) in die Beschäftigungsgleichungen durchgeführt (vgl. Tab. 13 und 14). Da dies dem Verfahren nicht unähnlich ist, die Variabilitäts-Variable durch eine Dummy (=1 für z.B. 1973-1978, sonst 0) zu approximieren, kann die Aufnahme der Variabilitäts-Variablen in das ECM als ein Anstieg der Konstante in den Perioden 1973-1978, interpretiert werden.

Tab. 13 - *Kointegrationsregression mit zwei modellierten Strukturbrüchen*

LS // Dependent Variable is EMPLMANWD
Sample: 1973 1994
Included observations: 22

Variable	Coefficient	Std. Error	t-Statistic	Prob.
C	117.2553	2.547970	46.01912	0.0000
WDEXPECU	0.048454	0.018970	2.554207	0.0220
INDPRODWD(-1)	0.469827	0.100395	4.679780	0.0003
DEEXV(-1)	-3.933426	1.306173	**-3.011413**	0.0088
@TREND(1962)	-1.319326	0.274536	-4.805658	0.0002
DUM1	-3.800290	1.592074	-2.387007	0.0306
DUM2	3.230957	1.638544	1.971847	0.0674

R-squared	0.913556	Mean dependent var	98.68797
Adjusted R-squared	0.878978	S.D. dependent var	4.904877
S.E. of regression	1.706319	Akaike info criterion	1.322048
Sum squared resid	43.67285	Schwarz criterion	1.669198
Log likelihood	-38.75917	F-statistic	26.42038
Durbin-Watson stat	1.547906	Prob(F-statistic)	0.000000

Zuordnung der Strukturbruchdummies: DUM1=1 für 1976-1994, sonst 0, DUM2=1 für 1988-1994, sonst 0

Die vorstehend abgeleiteten Resultate müssen jedoch noch in mehrerlei Hinsicht qualifiziert werden. Streng genommen, können die Parameter C(1) und R^2 als *Zufallsvariablen* betrachtet werden. Sie können deshalb innerhalb eines Konfidenzintervalls variieren, ohne einen Strukturbruch anzudeuten. Zusätzlich tendieren derartige Konfidenzintervalle dazu, größer zu werden, wenn man sequentiell vorgeht. Um die Stabilität der langfristigen Beschäftigungsbeziehung zu untersuchen, wurde deshalb ein *sequentieller Sample Split-F-Test* (Belke, Göcke (1997, 1997a), Hamilton (1994), S. 610) durchgeführt. Zu diesem Zweck wurde ein *unbeschränktes* Regressionsmodell, die Kointegrationsbeziehung unter Einschluß einer zusätzlichen Strukturbruch-Dummy, mit einem beschränkten (dem Ausgangs-) Modell verglichen. Der Output bestand in der Realisation einer *F-Statistik* basierend auf der Differenz zwischen den Abweichungsquadratsummen in der beschränkten und der unbeschränkten Regression. Ein *globaler* Test als eine Sequenz von individuellen Tests wurde für jeden möglichen Zeitpunkt eines Strukturbruches durchgeführt. Die Nullhypothese keines Strukturbruches in der Kointegrationsbeziehung wurde auf dem 5%-Niveau abgelehnt (unter der Annahme individueller Tests). Darüber hinaus wurde die oben getroffene Spezifikation bzw. zeitliche Zuordnung der Strukturbrüche in überzeugender Weise bestätigt. Da diese Aspekte jedoch nicht zentral für das Anliegen der vorliegenden Arbeit sind, werden die detaillierten Berechnungen und Tests hier nicht weiter präsentiert, sondern sind auf Anfrage verfügbar.[130]

Den Teststatistiken folgend, kann die Hypothese, daß das dynamische Modell (ECM) der westdeutschen Beschäftigungsnachfrage in Tab. 14 eine adäquate Beschreibung des datengenerierenden Prozesses darstellt, nicht abgelehnt werden. Am bedeutsamsten hierfür ist, daß der Fehlerkorrekturterm (EC) statistisch hoch signifikant ist, gemessen an den von Banerjee, Dolado, Mestre (1992) für einen Stichprobenumfang von 25 Beobachtungen und für drei exogene Regressoren tabellierten relevanten kritischen Werten. Da der empirische t-Wert von -4,47 deutlich niedriger als der kritische t-Wert von -3,91 ist (α=5%), muß die Nullhypothese keiner Kointegration auf dem 5%-Niveau abgelehnt werden. Zusätzlich verbessert sich der Fit verglichen mit dem ECM ohne Strukturbrüche und erweist sich als recht eindrucksvoll. Wiederum enthält die Langfristbeziehung sowohl die Beschäftigung *als auch* die Wechselkursvariabilität. Während beide Zeitreihen sich trendmäßig in gegensätzliche Richtungen entwickeln, deuteten die zuvor durchgeführten Exogenitätstests an, daß die 'Kausalität', falls denn eine vorliegen sollte, von der Wechselkursvolatilität in die Richtung der Beschäftigung 'geht'. Im Lichte dieser Resultate ist es nicht überraschend, daß man im Rahmen komplementärer TSLS-Schätzungen große Schwierigkeiten hat, adäquate Instrumentvariablen für die Wechselkursvariabilität zu finden (Abschnitt 6.6.3). Bemerkenswerterweise ist der kurzfristige Beschäftigungseinfluß der Exporte in konstanten ECU (im Gegensatz zum kurzfristigen

130 Darüber hinaus kommen Belke (1996e) und ders. (1999b) in einem ähnlichen Modellrahmen ohne die oben empfohlene Qualifizierung der Ergebnisse aus.

Einfluß der Wechselkursvariabilität) wiederum nicht signifikant von Null verschieden.[131]

Tab. 14 - *ECM mit zwei modellierten Strukturbrüchen in der Kointegrationsregression*

LS // Dependent Variable is D(EMPLMANWD)
Sample(adjusted): 1974 1994
Included observations: 21 after adjusting endpoints

Variable	Coefficient	Std. Error	t-Statistic	Prob.
C	0.228327	0.185423	1.231387	0.2400
EC(-1)	-0.402253	0.089971	**-4.470933**	0.0006
D(EMPLMANWD(-1))	0.784186	0.086177	9.099715	0.0000
D(EMPLMANWD(-2))	0.221207	0.101644	2.176302	0.0486
D(WDEXPECU(-1))	-0.014266	0.009565	-1.491533	0.1597
D(INDPRODWD(-0))	0.262858	0.034624	7.591895	0.0000
D(INDPRODWD(-1))	0.437347	0.040273	10.85958	0.0000
D(DEEXV(-1))	-1.541364	0.291666	-5.284682	0.0001

R-squared	0.982339	Mean dependent var	-1.057111
Adjusted R-squared	0.972830	S.D. dependent var	2.590342
S.E. of regression	0.426975	Akaike info criterion	-1.419726
Sum squared resid	2.370003	Schwarz criterion	-1.021813
Log likelihood	-6.890581	F-statistic	103.3004
Durbin-Watson stat	1.850438	Prob(F-statistic)	0.000000

Diese empirischen Ergebnisse werden durch weitere komplementäre Untersuchungen bestätigt. Beispielsweise wird die Existenz genau einer Kointegrationsbeziehung von der Johansen-Prozedur auch dann angezeigt, wenn Strukturbrüche (spezifiziert wie in Tab. 13 angegeben) in die Langfristbeziehung implementiert werden(vgl. Tab. 15).

131 Die Exogenitätstests und die Signifikanztests des Kointegrationsvektors in der ECM-Repräsentation wurden auch unter Einschluß der Strukturbrüche durchgeführt. Da die betreffenden Resultate sich vergleichsweise wenig ändern, werden sie hier aus Platzgründen nicht präsentiert.

Tab. 15 - *Kointegrationstests unter Berücksichtigung von Strukturbrüchen*

Likelihood Ratio-Kointegrationstest basierend auf dem maximalen Eigenwert der stochastischen Matrix: 'Restricted intercepts and no trends in the VAR' (Fall II)

Null-hypothese	*Alternativ-hypothese*	*Test-statistik*	*Kritischer Wert (95%)*	*Kritischer Wert (90%)*
r = 0	r = 1	38.3100	28.2700	25.8000
r<= 1	r = 2	14.1069	22.0400	19.8600
r<= 2	r = 3	13.9577	15.8700	13.8100
r<= 3	r = 4	4.3170	9.1600	7.5300

Anmerkungen: Liste der Eigenwerte in absteigender Reihung: 0,82472, 0,47335, 0,46977, 0,17817, 0,00000; 22 Beobachtungen von 1973 bis 1994, Ordnung des VAR = 2. Liste der in dem Kointegrationsvektor berücksichtigten I(1)-Variablen: EMPLMANWD, WDEXPECU, INDPRODWD, DEEXV, Intercept. Liste der in dem Kointegrationsvektor berücksichtigten I(0)-Variablen: DUM1, DUM2.

Likelihood Ratio-Kointegrationstest basierend auf dem maximalen Eigenwert der stochastischen Matrix: 'Unrestricted intercepts and restricted trends in the VAR' (Fall IV)

Null-hypothese	*Alternativ-hypothese*	*Test-statistik*	*Kritischer Wert (95%)*	*Kritischer Wert (90%)*
r = 0	r = 1	51.1897	31.7900	29.1300
r<= 1	r = 2	17.0662	25.4200	23.1000
r<= 2	r = 3	13.7713	19.2200	17.1800
r<= 3	r = 4	.99829	12.3900	10.5500

Anmerkungen: Liste der Eigenwerte in absteigender Reihung: 0,90239, 0,53964, 0,46526, 0,044363, 0,0000; 22 Beobachtungen von 1973 bis 1994, Ordnung des VAR = 2. Liste der in dem Kointegrationsvektor berücksichtigten I(1)-Variablen: EMPLMANWD, WDEXPECU, INDPRODWD, DEEXV, Trend. Liste der in dem Kointegrationsvektor berücksichtigten I(0)-Variablen: DUM1, DUM2.

Die Analyse dieses Abschnitts zeigte, daß die Hypothese einer langfristigen Gleichgewichtsbeziehung für Westdeutschland zwischen der Beschäftigung in der verarbeitenden Industrie (EMPLMANWD) und der nominalen Wechselkursvariabilität der DM gegenüber sechs (vgl. Abschnitt 6.5.1.1) ERM-

Währungen (DEEXV), korrigiert um die gemeinsam 'trendenden' Zeitreihen 'Exporte von Gütern und Dienstleistungen' (WDEXPECU), Wachstum der industriellen Produktion (INDPRODWD) und einen deterministischen Trend, nicht abgelehnt werden kann. Es scheinen vor der EWU auf dem westdeutschen Arbeitsmarkt Marktkräfte existiert zu haben, die dazu tendierten, ein *langfristiges Gleichgewicht* nach der Einwirkung einer kurzfristigen Störung wie einer Änderung in der Intra-ERM-Wechselkursvariabilität *wiederherzustellen.* Darüber hinaus wurde der *langfristige Gleichgewichtswert der Beschäftigung* selbst *vom Niveau der Intra-ERM-Wechselkursvariabilität* beeinflußt.

Eine notwendige Bedingung hierfür ist jedoch, daß Strukturbrüche in der Kointegrationsregression berücksichtigt werden. Diese Brüche können ökonomisch als das Resultat von relativ seltenen 'crash kind of shocks' betrachtet werden, welche die Dynamik des Beschäftigungs-Systems signifikant änderten (Belke (1996b), Perron (1989)). Deren Offenlegung und *separate* Behandlung ist das zentrale Kennzeichen der *konservativen* Vorgehensweise dieses Unterkapitels. Hierdurch soll vermieden werden, dem hier verwendeten hochfrequenzigen Maßes der Wechselkursvolatilität ungerechtfertigt viel Einfluß zuzuschreiben. Weder soll die negative Änderung der langfristigen gleichgewichtigen Beschäftigung ab 1976 (in Tab. 13 ist der Einfluß der Dummy DUM1 negativ!) irrtümlicherweise ausschließlich der um dieses Jahr ebenfalls sehr hohen Wechselkursvariabilität zugeordnet werden (vgl. die Ausprägungen der Intra-ERM-Volatilität der DM (DEEXV) im Anhang zu Abschnitt 6.6., Anhang 1, Tab. A1). Noch sollte die positive Änderung der gleichgewichtigen Beschäftigung ab 1988 (in Tab. 13 ist der Einfluß der Dummy DUM2 positiv!) ungerechtfertigt vollständig der relativ geringen Volatilität in demselben Jahr zugeschlagen werden.

Insgesamt gesehen wird die hier vorgebrachte Hypothese eines signifikanten (negativen) Einflusses der Wechselkursvariabilität auf die Beschäftigung nicht nur in der kurzen Frist bestätigt, d.h. in ersten Differenzen der betreffenden Variablen, sondern auch in einer mittel- und langfristigen Perspektive, nämlich durch eine Formulierung der Variablen in Niveaus. Diese Hypothese hält selbst einem elaborierten Modell der Strukturbruch-Hysteresis stand. Dieser Teil der bisherigen Resultate korrespondiert hervorragend mit den empirischen Ergebnissen von Arize (1995, 1998), Chowdhury (1993) und Scheide, Solveen (1998). Diesen Untersuchungen zufolge zeigt die Evidenz auf der Basis von Fehlerkorrekturmodellen, daß die Wechselkursvolatilität neben langfristigen Effekten *auch einen kurzfristigen Einfluß* auf den

Außenhandel haben kann. Letzteres wurde bisher in der Mehrzahl von Studien zum Einfluß der Wechselkursvariabilität auf den Außenhandel schlicht ignoriert. Daher lautet eine der Hauptlektionen aus diesem Teil der Arbeit, daß die Vernachlässigung entweder der kurzfristigen und/oder der langfristigen Einflüsse der Wechselkursvariabilität auf die westdeutsche Beschäftigung in der Testspezifikation zu *verzerrten* Resultaten führen kann. Darüber hinaus kann aus den hier erzielten Ergebnissen abgeleitet werden, daß die Studien der westdeutschen Arbeitsnachfrage, die keine Variable inkorporieren, welche die Intra-ERM-Wechselkursvolatilität berücksichtigt, potentiell *fehlspezifiziert* sind.

6.5.2.4 Zwischenfazit

Die hier erzielten Ergebnisse deuten trotz aller Unsicherheiten an, daß eine EWU mit festen Wechselkursen im Vergleich zum Status-quo ante, also stufenflexiblen Kursen, keine gravierenden *zusätzlichen* negativen Beschäftigungseffekte erzeugen wird. Denn stufenflexible Kurse erwiesen sich in der Vergangenheit gerade nicht als hinreichend flexibel. Sie können sogar in Gestalt hoher Wechselkursvariabilität selbst realwirtschaftlichen Verwerfungen zugrunde liegen. Der Fortfall flexibler Wechselkurse in einer EWU, die in der Vergangenheit eben nicht zur Anpassung an asymmetrische realwirtschaftliche Schocks taugten, ist dann aus beschäftigungspolitischer Sicht aber wohl als *positiv* zu bewerten. Die Arbeitslosigkeit in der EU könnte *innerhalb und außerhalb einer EWU* aber nur dann entscheidend reduziert werden, wenn sich die Wahrscheinlichkeit für Strukturreformen stark erhöhen würde. Dies ist angesichts unvollständiger politischer Märkte und strategischer Hemmnisse für die Implementierung von Reformen augenblicklich eher unwahrscheinlich (Kapitel 4). Die EWU scheint in dieser Frage überhaupt nur bedeutsam, falls sie die Ausprägung beider Faktoren sowie die Wahrscheinlichkeit einer Sozialunion beeinflußt.[132] In dem folgenden Abschnitt werden umfangreiche empirische Tests des in Abschnitt 6.3 entwickelten Modells für 11 EU-Mitglieder (Stand 1994, ohne Luxemburg) vorbereitet, durchgeführt und anschließend ausgewertet.

---

[132] Für eine Relativierung der hier implizit identifizierten positiven Beschäftigungseffekte der EWU vgl. ausführlicher Abschnitt 6.7. Vgl. auch Belke (1996a), S. 347 f., Belke, Kösters (1998, 1998a, 1998b, 1998c) und Berthold (1995).

6.6 Empirische Evidenz für EU-Volkswirtschaften

Es konnte in Kapitel 5 empirisch für die Kernländer einer EWU überraschenderweise gezeigt werden, daß die von Mundell (1961) betonten negativen asymmetrischen bzw. idiosynkratischen Schocks der Exportnachfrage in geringerem als erwartetem Umfang für die nationale Beschäftigungslagen relevant sind. Aus dieser Sicht wurde das Standardargument, der Wechselkurs sei ausschließlich ein wichtiges Anpassungsinstrument bei externen Schocks, in bezug auf die EWU stark relativiert (Belke, Gros (1999b), Gros (1996) und Viñals, Jimeno (1997), S. 7 ff.). Die relativ dürftige empirische Evidenz ist jedoch weniger darauf zurückzuführen, daß externe Schocks durch entsprechende zielgenaue Variationen der Wechselkurse exakt kompensiert wurden. Vielmehr wurden die negativen Schocks offensichtlich durch die Wechselkursvariabilität noch verstärkt. Die Haltung, die Wirtschaftssubjekte einer EWU gegenüber einnehmen, dürfte deshalb nicht zuletzt von dem (bisher im Status-quo ante wahrgenommenen) Einfluß der Wechselkursvariabilität auf die Arbeitslosigkeit und die Beschäftigung abhängen. In der Tat wurde *seitens der Banken und der Unternehmen* gerade dem Aspekt der *Wechselkursvariabilität* bei der Evaluierung der EWU *sehr große Bedeutung* beigemessen (Hefeker (1999)). Auch die Diskussion um das Wann, Wie und Ob einer Ex ante-Festlegung der bilateralen Währungs-Konversionsraten für die Endstufe der EWU fokussierte sich stark auf die Vermeidung erhöhter Wechselkursvolatilität gegen Ende 1998 und ihrer (möglicherweise sogar für die Dauer der EWU 'eingefrorenen') realwirtschaftlichen Folgen (Belke (1998b,f)). Da die Erfolgschance einer EWU wesentlich von der Akzeptanz des Euros bei den betroffenen Wirtschaftssubjekten abhängt, ist die Frage nach den realwirtschaftlichen Wirkungen einer entfallenden Wechselkursvariabilität eine der naheliegendsten, aber empirisch bisher am stärksten vernachlässigten *Kernfragen* in der Debatte um die Beschäftigungswirkungen der EWU. Geht man von der dürftigen empirischen Evidenz für den Einfluß *externer Schocks* auf die nationale Beschäftigung aus, würde man annehmen, daß auch der Einfluß der *Wechselkursvariabilität* auf europäische Arbeitsmärkte eher *gering* ausfällt. Jedoch zeigten schon die Resultate für Deutschland, daß dies für ein Schlüsselland der EWU *nicht zutrifft*.

Der Schwerpunkt der in dieser Arbeit vorgenommenen empirischen Untersuchungen liegt, wie schon aus Abschnitt 6.5 ersichtlich wurde, auf *intraeuropäischen* Wechselkursen. Denn nur die Variabilität von Währungen, die mittlerweile Bestandteil der Euroregion geworden sind, kann direkt durch die EWU unterdrückt werden. Eine Beurteilung der potentiellen Nutzen der EWU für die EU-Arbeitsmärkte wird hierdurch erleichtert.[133] Aus diesem Grund wird hier die Variabilität der DM wieder (vgl. Abschnitt 6.5) in bezug zu den sechs Währungen der sieben anderen ursprünglichen Mitglieder des ERM, Frankreich, Irland, Italien, Niederlande, Belgien/Luxemburg und Dänemark, gemessen. Diese Proxyvariable der Unsicherheit wird im folgenden Intra-ERM-Variabilität oder gleichwertig auch (in Übereinstimmung mit Abschnitt 6.1.2.1, da im folgenden gerade nicht das 'Misalignment' thematisiert werden soll) Intra-ERM-*Volatilität* genannt. Jedes dieser Länder, mit der Ausnahme Dänemarks, ist mittlerweile Mitglied der EWU. Ein weiterer Grund dafür, daß diese Gründungsmitglieder des ERM einen sinnvollen Sample für die Zwecke dieser Arbeit darstellen, besteht darin, daß Politiker üblicherweise gerade die Erträge aus der Wechselkursstabilität betonten, als das EWS errichtet wurde (dell'Ariccia (1998), S. 5, Weber (1991), S. 188).[134] Im Prinzip hätte man auf die Wechselkurse der zehn Währungen abstellen müssen, die 1999 im Euro aufgingen. Diese Gruppe ist jedoch für die hier verfolgten Zwecke zu heterogen (Belke, Gros (1999)). Der österreichische Schilling befand sich fast zwanzig Jahre lang bereits in einer defacto Währungsunion mit der DM, wohingegen der portugiesische Escudo bis vor nicht allzu langer Zeit nicht voll konvertibel war. Zusätzlich wurde die portugiesische Volkswirtschaft durch die Folgen einer Revolution beeinträchtigt. Folglich wird hier vorgezogen, eine homogenere Gruppe von Währungen zu analysieren, nämlich die sieben Länder, die für eine lange Zeit Mitglieder des ERM waren. Diese Gruppe deckt hinsichtlich ihrer BIP-Anteile ohnehin bereits mehr als 90% der Euroregion ab. Über den innereuropäischen Bereich hinaus wird im folgenden zusätzlich getestet, ob sich auch für die Variabilität der jeweiligen nationalen Dollar-Wechselkurse ein ähnlicher Einfluß nachweisen läßt (in den folgenden Untersuchungen stellt sich hierfür im allgemeinen weniger Evidenz ein).

In diesem Kapitel wird der Einfluß dieses Maßes für die intra-europäische Wechselkursvariabilität auf zwei Schlüsselindikatoren der Arbeitsmarkt-Performance und auf einen anderen Indikator, der gängigen Erklärungen des Einflusses der Finanzmarktvolatilität auf den realwirtschaftlichen Sektor zugrunde liegt (Dixit (1989), Aizenman, Marion (1996), Ramey, Ramey

---

133 Für eine ähnliche Argumentation in bezug auf empirische Tests des Zusammenhangs zwischen der Intra-EU-Wechselkursvariabilität und dem Intra-EU-Außenhandel vgl. dell'Ariccia (1998), S. 5, und Stokman (1995), S. 41.

134 Durch die oben genannte Beschränkung des Samples werden ebenfalls Probleme länderspezifischer Faktoren tendenziell minimiert.

(1995)), betrachtet. Diese drei hier hauptsächlich benutzten Indikatoren des realwirtschaftlichen Sektors einer Volkswirtschaft sind: i) (Änderung der) Arbeitslosenrate, ii) (Wachstum der) Beschäftigung in der verarbeitenden Industrie, iii) (Wachstum der) Investitionen. Die ebenfalls vorliegenden Ergebnisse für das Outputwachstum werden thematisch bedingt nur am Rande gestreift.

Der folgende Abschnitt 6.6.1 erläutert und begründet das im folgenden verwendete Maß der Wechselkursvariabilität. Dies geschieht vor dem Hintergrund der in Abschnitt 6.1.1 bereits systematisierten Probleme bei der Auswahl eines geeigneten Indikators der Wechselkursunsicherheit.

6.6.1 Eine vorläufige Arbeitsdefinition der Wechselkursunsicherheit

Wie schon von Pagan, Ullah (1988) angemerkt, ist es *aus methodologischen Gründen* sehr wichtig, die potentiellen Verzerrungen, die durch die Verwendung eines Risikomaßes als einer *Proxyvariablen* erst in die empirische Analyse eingeführt werden, bereits vorab bei der Wahl eines geeigneten Maßes zu berücksichtigen (Bélanger u.a. (1992), S. 62). Aus diesem Grund wird die hier gewählte Definition der Wechselkursunsicherheit im folgenden vor dem Hintergrund der in Abschnitt 6.1 erzielten Ergebnisse einer systematischen Auswertung der Literatur zur Verbindung zwischen Wechselkursunsicherheit und dem Außenhandel *ausführlich erläutert und begründet.* Anstelle einer Wechselkursänderung zu einem bestimmten Zeitpunkt wird in diesem Kapitel dem in Abschnitt 6.3 beschriebenen theoretischen Modell folgend das *zweite Moment*, d.h. die *Änderungen über eine relevante Zeitperiode*, thematisiert. Die Variabilität der Währung einer jeden betrachteten EU-Volkswirtschaft wird in diesem Kapitel gemessen, indem *für jedes Jahr* die Standardabweichung der 12 monatlichen Änderungen des logarithmierten nominalen Wechselkurses (gemessen im Verhältnis zum Vormonat) gegenüber den Währungen der oben erwähnten 7 ursprünglichen ERM-Länder ermittelt wird. Die Dollar-Volatilität wird analog hierzu als die Standardabweichung der 12 Änderungen des logarithmierten nationalen

Wechselkurses gegenüber dem U.S.-Dollar definiert.[135] Prinzipiell hätte man auch Optionspreise verwenden können, um die impliziten vorwärtsschauenden Volatilitäten zu extrahieren. Optionspreise sind jedoch im allgemeinen nur für den U.S.-Dollar und manchmal gegenüber der Deutschen Mark und selbst dann nur für begrenzte Zeiträume, verfügbar. Allein schon aus diesen Gründen wäre es nicht möglich gewesen, unter Verwendung von Optionspreisen ein Maß der intraeuropäischen Wechselkursvolatilität auf einer konsistenten Basis zu konstruieren (Belke, Gros (1997), Parsley, Wei (1993), S. 612, Wei (1991)). Gemäß Abschnitt 6.1.2.1 impliziert die Festlegung auf ein Maß zur Approximation der Wechselkursunsicherheit *zahlreiche Vorab-Entscheidungen*. Diese werden im folgenden offengelegt.

1) Das Maß der Wechselkursvariabilität wird auf der Basis einer *höheren Frequenz* (hier: Monate) spezifiziert als die hier verwendeten realwirtschaftlichen Variablen als Regressanden (hier: Jahre). Wie eine Inspektion der Tabelle 1 in Abschnitt 6.1.2.2 zeigt, gibt es hierfür in der Literatur zum Einfluß der Wechselkursunsicherheit auf den Außenhandel und/oder die Außenhandelspreise viele gute Beispiele (Akhtar, Hilton (1984), Bini-Smaghi (1991), Frankel, Wei (1993), Glick, Wihlborg (1996), Kenen, Rodrik (1986), Kumar (1992), Liargovas (1993), Mann (1989), Savvides (1992), Scheide, Solveen (1998), Sekkat (1998), Stokman (1995)). Dabei wird berücksichtigt, daß eine Änderung der Frequenz des 'Sampling' in einigen Fällen (z.B. wenn das 'Sampling' dieselbe Frequenz wie ein Zyklus in der betrachteten Zeitreihe aufweist) die gemessenen Grade der Variabilität verändern kann. Dies gilt jedoch nicht für einige stochastische Prozesse wie z.B. den Wiener Prozeß. In der Abwesenheit eines a priori festgelegten Modells für den stochastischen Prozeß für die Wechselkursänderungen, kann jedoch nur auf einige allgemeine Regeln zurückgegriffen werden. Beispielsweise ist generell anerkannt, daß ein verläßliches Volatilitätsmaß zu einer bestimmten Frequenz nur auf der Basis von einem 'Sampling' mit hö-

---

[135] Idealerweise sollten im hier betrachteten Zusammenhang aus einer Optimierungsperspektive heraus Maße konditionaler Volatilität verwendet werden. Vgl. Asseery, Peel (1991), S. 174, Bini-Smaghi (1991), S. 934, de Grauwe, Rosiers (1987), S. 436 ff., Kroner, Lastrapes (1993), S. 298 ff., sowie Pagan, Ullah (1988), S. 88 und 93. Im folgenden wird jedoch ausgenutzt, daß die Standardabweichung von Monatsänderungen als die kurzfristige Variabilität des Wechselkurses interpretiert werden kann, die *konditional* von der (kurzfristigen) Eigenschaft des Wechselkurses als ein strikt exogener *Random Walk* (ohne Drift) abhängig ist. Vgl. hierfür die theoretische Modellierung des Wechselkurses in Abschnitt 6.3. Vgl. auch Morsink, Molle (1991), S. 39, de Grauwe (1996a), S. 229, Parsley, Wei (1993), S 612, Fußnote 11, Sapir, Sekkat, Weber (1994), S. 29, Fußnote 8, und Weber (1991), S. 188 f.

herer Frequenz erlangt werden kann. Dieses legt wiederum ein 'quarterly sampling', besser aber ein 'monthly sampling' als minimale Frequenz für die hier verfolgten Zwecke nahe, da hier relativ kurzfristige Fluktuationen einer Frequenz von weniger als einem Jahr untersucht werden sollen (Honohan (1983)).

2) Es wird eine Entscheidung *zugunsten eines Indikators der Volatilität* und zuungunsten eines Indikators des 'Misalignment' getroffen. Die hier adressierte *Volatilität* kann wegen der empirisch häufig nicht abzulehnenden i.i.d.-Eigenschaften von Wechselkursänderungen (wobei das Kürzel 'i.i.d.' die Eigenschaft 'unabhängig und identisch normalverteilt' bezeichnet) auch als 'überschüssige Volatilität' bezeichnet werden. Denn die i.i.d.-Eigenschaft schließt eine systematische Beeinflussung z.B. durch Fundamentalfaktoren aus. Ein Indikator der Wechselkurs*volatilität* bezieht sich traditionell auf *kurzfristige* Fluktuationen nominaler oder realer Wechselkurse. Dies ist gemäß der einleitenden Argumentation zu diesem Kapitel durchaus eine *konservative* Vorgehensweise. Denn es wurde in der Vergangenheit angesichts der uneindeutigen empirischen Ergebnisse zum Zusammenhang zwischen der Wechselkursvariabilität (und hier insbesondere der Volatilität) und dem Außenhandel aus der Sicht der zuvor in Abschnitt 6.5.1 erzielten Ergebnisse für Westdeutschland oft zu vorschnell gefolgert, daß *selbst eine 'Überschußvolatilität'* (d.h. kurzfristige Wechselkursbewegungen ohne eine arbeitslosigkeitsmindernde wechselseitige systematische Beziehung zu Fundamentaldaten) keinen negativen Einfluß auf Arbeitsmärkte haben dürfte.[136] Diese -die kurze Frist betreffende- Folgerung wurde oft aus der Beobachtung der Befürworter flexibler Wechselkurse abgeleitet, daß Wechselkurse mittel- bis langfristig hauptsächlich durch Fundamentaldaten determiniert seien und Veränderungen der Fundamentaldaten ähnliche, aber abruptere Änderungen fixierter Paritäten verlangten. Ein System fixierter Wechselkurse reduziere somit die nicht antizipierte Wechselkursvariabilität nicht.

Indem in diesem Kapitel nur auf die *Volatilität* (und nicht auf ein 'Misalignment') abgestellt wird, wird erstens versucht, *den größten Skeptikern* der in Abschnitt 6.5.1 erzielten Ergebnisse *entgegenzutreten*. Es wird zweitens nicht auf die 'Misalignment'-Debatte eingegangen, da in der EWU (als Benchmark der Analyse dieses Kapitels) die nicht antizipierte Wechselkursvariabilität aufgrund abrupter Anpassungen der Paritäten nicht mehr relevant

---

[136] In Abschnitt 6.1 wurde bereits darauf verwiesen, daß das EWS diese 'überschüssige' Volatilität für den Kern der EWS-Länder, nicht aber für die Peripherie, letztlich auf das Mindestmaß reduziert zu haben scheint.

ist. Drittens ist dieses Vorgehen *kompatibel mit der Theorie rationaler Erwartungen,* denn das gewählte Maß der Volatilität basiert auf den -zeitreihenanalytisch gesehen- stationären Änderungen (unter der Annahme der Kointegration von tatsächlichem und erwartetem Wechselkurs) und nicht auf den mittelfristig oft fundamental begründbaren Niveaus der Wechselkurse (Clark, Faruqee (1997), S. 4, Lanyi, Suss (1982), S. 538, Pagan, Ullah (1988), S. 90). Denn generell werden kurzfristige Wechselkursausschläge als eine Konsequenz der Tatsache betrachtet, daß Wechselkurse als vorwärtsschauende Asset-Marktpreise interpretiert werden. Da Devisenmärkte in der kurzen Frist hauptsächlich durch Finanztransaktionen determiniert werden, reagieren Wechselkurse nur auf 'News' z.B. bezüglich gegenwärtiger und zukünftiger Geldpolitiken. Da diese 'News' unvorhersehbar und zufällig sind, sind die kurzfristigen Schwankungen der Wechselkurse ebenfalls unvorhersehbar und zufällig. Sogar in der EWU können durchaus langfristige Veränderungen realer Wechselkurse stattfinden, indem sich Löhne und Preise verändern. Jedoch sind diese langfristigen Bewegungen in der Regel *nicht unerwartet* und sollten deshalb die EU-Arbeitsmärkte und die Investitionen in den EU-Volkswirtschaften nicht so stark negativ beeinflussen wie die größtenteils unerwarteten kurzfristigen Änderungen. Nutzen der EWU für den realwirtschaftlichen Sektor der beteiligten Volkswirtschaften können deshalb eher aus der Unterdrückung der in diesem Kapitel operationalisierten *kurzfristigen* Wechselkursvariabilität resultieren (Europäische Kommission (1990), S. 69).

3) Das hier verwendete Volatilitätsmaß greift auf *nominale* Wechselkurse zurück, obwohl oft argumentiert wird, daß reale Wechselkurse für den Einfluß des Wechselkursrisikos auf den Außenhandel und andere realwirtschaftliche Variablen wichtiger seien und deshalb die Kosten der Wechselkursvariabilität für Produzenten und Konsumenten besser wiedergäben (Caporale, Doroodian (1994), S. 50 f., Cushman (1983), dell'Ariccia (1998), S. 8, Fischer (1997), S. 24, Hefeker (1999), Marston (1989), S. 149, Savvides (1992) oder Abschnitt 6.1.). Bei monatlichem Betrachtungshorizont sind Änderungen realer und nominaler Wechselkurse jedoch bekanntlich quasi nicht unterscheidbar, denn Preisindizes bewegen sich im Vergleich zu Wechselkursen nur sehr zögerlich (Bélanger u.a. (1992), S. 69, Clark, Faruqee (1997), S. 4, Europäische Kommission (1990), S .69, Glick, Wihlborg

(1996), S. 136, Kroner, Lastrapes (1993), S. 301, Gros, Thygesen (1998), S. 113 und 119, und Marston (1989), S. 149 ff.).[137]

Darüber hinaus liegt ein weiterer Nutzen der Verwendung eines nominalen Index darin, daß er " .. the degree of risk faced during the currency-contract period, during which prices are fixed"[138] anzeigt. Denn relative Preise werden zu bedeutenden Teilen durch heimische Faktoren determiniert. In dem Maße, wie solche Faktoren unabhängig von Wechselkursänderungen sind, vermischt die Verwendung realer Wechselkursbewegungen das Wechselkursrisiko mit anderen hiermit unverbundenen Risiken. Auch läßt sich u.a. für die Intra-ERM-Wechselkursvariabilität von Monatsänderungen zeigen, daß die reale Wechselkursvariabilität sogar höher ausfällt als die nominale Variabilität. Die Größe der negativen Kovarianz von Wechselkurs- und Preisänderungen ist unzureichend. Hieraus folgt direkt, daß ein Maß der nominalen Volatilität das Ausmaß der Unsicherheit vergleichsweise sogar eher unterschätzt (Akhtar, Hilton (1984), S. 23, Gros, Thygesen (1998), S. 119 ff.). Schließlich eliminiert *die EWU* in erster Linie die *nominale* Wechselkursvariabilität zwischen den Teilnehmerländern auf Null. Eine gewisse Variabilität nationaler Preisniveaus und damit auch der realen Intra-EWU-Wechselkurse mag dann angesichts der vorstehenden Überlegungen sogar bestehen bleiben. Dies ist zur Anpassung an verbleibende asymmetrische (Exportnachfrage-) Schocks auch erwünscht, denn die Frequenz asymmetrischer Schocks entspricht gemäß Kapitel 5 eher der niedrigeren Frequenz der Lohn- und Preisänderungen als der hohen Frequenz der kurzfristigen Wechselkursvariabilität (Belke, Gros (1998), Europäische Kommission (1990), S. 63 und 69, und Stokman (1995), S. 45).[139] Folglich konzentrieren sich die folgenden Ausführungen auf die realwirtschaftlichen Effekte nominaler (kurzfristiger) Wechselkursvariabilität, obwohl diese nur zu Teilen mit Änderungen der Variabilität realer Wechselkurse einhergeht.

4) Die sieben Standardabweichungen, die auf bilateralen Wechselkursen basieren, werden im Anschluß zu einem gemeinsamen Maß der Wechsel-

---

[137] Dell'Ariccia (1998) zeigt nicht nur die Parallelität von entsprechenden Varianzmaßen an sich, sondern auch die Parallelität der hieraus resultierenden Ergebnisse für den EU-Außenhandel auf.

[138] Lanyi, Suss (1982), S. 552, und indirekt Kroner, Lastrapes (1993), S. 301.

[139] Vergleiche mit anderen Währungsunionen (z.B. Kanada) zeigen auf, daß das Niveau der realen Wechselkursvariabilität im Vorfeld der EWU für die 'original narrow band ERM members' dem in der EWU zu erwartenden Niveau nahe kommt. Jedoch wird die EWU für die anderen Mitgliedsländer mit vorher flexibleren Wechselkursen zu einem drastischen Rückgang auch der realen Wechselkursvariabilität führen.

kursvariabilität aggregiert (im folgenden mit 'EXV' bezeichnet). Dabei werden sie jeweils mit den Anteilen dieser Währungen am ECU (Stand 1994) gewichtet. Aber warum sollten die hier untersuchten EU-Länder ihre bilateralen Wechselkurse gegenüber den 7 ERM-Volkswirtschaften *gleich gewichten*? Die hier verwendeten offiziellen ECU-bezogenen Gewichte sollen die Bedeutung der betreffenden Währungen im Außenhandel und im Finanzsektor approximieren. Sie kommen deshalb vermutlich der Bedeutung nahe, die der private Sektor jeder Währung beimißt. Diese fixen Gewichte werden hier gegenüber BIP-bezogenen Gewichten, die für jedes Jahr hätten neu berechnet werden können, klar präferiert. Denn variable Gewichte hätten per Definition eine Verbindung zwischen dem Niveau der Wechselkurse und dem hier verwendeten Variabilitätsmaß eingeführt. Man hätte dann gegen die im folgenden erzielten empirischen Ergebnisse einwenden können, daß sie nicht den Einfluß der Variabilität, sondern des Niveaus des Wechselkurses repräsentierten.[140] Darüber hinaus erscheint es angemessen, alle Volkswirtschaften auf der Basis einer Standardisierung der Ländervergleiche durch die Verwendung eines identischen Ländersamples symmetrisch zu betrachten (Gotur (1985), S. 490).

5) Das hier verwendete Maß für das Wechselkursrisiko hat im Rahmen des vorliegenden Kapitels, das sich gemäß dem vorangestellten Modell insbesondere mit kurzfristigen Ausschlägen dieses Risikos befaßt, den Vorteil, Bewegungen des Wechselkurses von höherer Frequenz zu erfassen. Indem mit der Standardabweichung der *Änderungen* statt der Niveaus) der logarithmierten Wechselkurse gearbeitet wird, wird man der Tatsache eher gerecht, daß Wechselkurs-Niveaus gerade in jüngerer Zeit wie auch in dem in Abschnitt 6.3. vorgestellten Modell ein Random Walk-Verhalten zugeschrieben wird. Diese Bewegungen höherer Frequenz sind in bezug auf die Niveaus durch 'lange Wellen' gekennzeichnet, die meistens von den Märkten nicht antizipiert wurden. Die Verwendung der Standardabweichung *des Niveaus* des Wechselkurses wäre hingegen nur unter der Annahme sinnvoll gewesen, daß der nominale Wechselkurs ohne permanente Änderungen um

---

140 Darüber hinaus wird hierdurch von Anfang an ein perverser Fall für die Variabilität eines 'Asset'-Preises ausgeschlossen. Falls die Menge der Gewichte nicht für alle betrachteten Länder dieselbe wäre, könnte der gewichtete Wechselkurs der Währung X steigen und derjenige der Währung Y fallen, obwohl der Kurs von X gegenüber Y gesunken ist. Es sei jedoch zugegeben, daß eine Beibehaltung des Prinzips gleicher Gewichtung zu gewissen Unschärfen bei der Beurteilung der Beschäftigungs- und Investitionseffekte der Wechselkursvariabilität führen kann. Vgl. bereits Honohan (1983), S. 584.

ein konstantes Niveau herum schwankt. Durch diese Spezifikation wird unterstellt, daß die durchschnittliche monatliche Änderung des Wechselkurses für das betrachtete Jahr (gleich Null unter der Annahme eines Random Walks für das Wechselkursniveau) die beste Prognose der erwarteten monatlichen Änderung für jeden Monat des Jahres darstellt (Akhtar, Hilton (1984), S. 8, Bini-Smaghi (1991), S. 933, Gotur (1985), S. 481, Morsink, Molle (1991), S. 39).[141]

6) Es wird im folgenden vorgezogen, die *individuellen Standardabweichungen zu aggegieren* statt die Standardabweichung eines durchschnittlichen oder effektiven Wechselkurses zu verwenden ('effective variation in the exchange rate' versus 'variability of the effective exchange rate' nach Lanyi, Suss (1982), S. 537 ff.). Denn es liegt gemäß Abschnitt 6.2. signifikante Evidenz dafür vor, daß Exporteure in den hier betrachteten EU-Volkswirtschaften bilateralen Wechselkursen in den Märkten begegnen, Länderrisiken separat bewerten und deshalb eine 'Pricing-to-Market'-Strategie verfolgen (Burgess, Knetter (1996), Clark, Faruqee (1997), S. 23, Dornbusch (1987), Honohan (1983), S. 585, Sekkat (1998), S. 8).[142] Der hier verwendete Index der effektiven Variation ändert sich in der Folge von Änderungen der bilateralen Wechselkurse des betrachteten Landes, während die Variabilität des effektiven Wechselkurses zusätzlich von Änderungen der bilateralen Kurse zwischen Drittwährungen abhängt. Dies hat Auswirkungen auf die später vorgenommene Beurteilung der Bedeutung der Einführung des Euro für die EU-Arbeitsmärkte.[143] Die Vorteilhaftigkeit der hier gewählten Vorgehensweise läßt sich auch an einem einfachen Beispiel verdeutlichen. Der effektive Wechselkurs der italienischen Lira könnte konstant

---

[141] Die Standardabweichung des Niveaus des Wechselkurses wurde beispielsweise von Akhtar, Hilton (1984) und Gotur (1985) im Rahmen von Studien zu den Auswirkungen der Wechselkursunsicherheit auf den Außenhandel verwendet.

[142] Für ERM-Mitglieder wird der Indikator für die Wechselkursvariabilität nur im Verhältnis zu den 6 verbleibenden ERM-Partner berechnet, für Nicht-ERM Gründungsmitglieder gegen 7 Währungen. Nach Angaben des IMF (1984), S. 38, erweist sich das gemessene Niveau der Volatilität im Falle der 'effektiven Variation' als vergleichsweise höher.

[143] Vgl. formal Lanyi, Suss (1982), S. 538 f. In der Bildungsvorschrift für die 'Variabilität des effektiven Wechselkurses' tritt ein Kovarianzterm auf, der als exogener Einfluß auf den effektiven Wechselkurs des bertreffenden Landes interpretiert werden kann. Ist dieser Kovarianzterm positiv (negativ), so ist der Index größer (kleiner) als die gewichtete Summe der Varianzen der bilateralen Wechselkurse dieses Landes. Vgl. für das folgende Argument auch Honohan (1983), S. 585, IMF (1984), S. 10 f., und Kenen, Rodrik (1986), S. 313. Unter bestimmten, von Honohan (1983), S. 585 und 593 ff., skizzierten Umständen kann jedoch auch aus diesen formalen Alternativen eine ähnliche Rangordnung resultieren.

bleiben, da er gegenüber der DM abwertet, aber gleichzeitig gegenüber dem französischen Franc aufwertet. Falls der deutsche und der französische Markt für italienische Exporteure zwei separate Absatzmärkte darstellen, sind italienische Unternehmen nicht indifferent zwischen den folgenden zwei unterschiedlich begründeten Situationen eines konstanten effektiven Wechselkurses: a) der ITL/DM- und der ITL/FF-Kurs sind konstant oder b) die Änderungen der bilateralen Kurse gleichen sich gerade aus. Der Fall b) impliziert im Gegensatz zu Fall a) Gewinnrisiken aus Außenhandelstransaktionen.

7) Im folgenden werden *monatliche* Wechselkurse statt der täglichen Volatilität zur Kalkulation der Volatilität verwendet, da die benötigten Daten auf einer konsistenten Basis für den gesamten Stützzeitraum und für die Gesamtheit der hier zu untersuchenden Volkswirtschaften leichter erhältlich sind.[144] Ein anderer Grund, dieses Maß gegenüber noch kurzfristigeren Alternativen (z.B. der täglichen Variabilität) zu präferieren ist, daß letztere wohl für Finanzmarkt-Akteure relevant sind. Diese Kurzfristmaße sind aber für Entscheidungen *zu exportieren oder zu investieren*, die jeweils einen deutlich *längeren* Zeithorizont aufweisen, weniger relevant.[145] Dieser Sachverhalt kommt in dem in Abschnitt 6.3. entwickelten Modell, welches den Hintergrund für die folgenden Schätzungen abgibt, deutlich zum Ausdruck. Eine der Kernaussagen des Modells ohne Risikoaversion lautet: legt man eine fixierte Periode (z.B. ein Jahr) zugrunde, hängt die Wahrscheinlichkeit, daß die Investition *bis an das Ende dieser Periode* verschoben wird, nur von der *in diesem Jahr vorherrschenden* und nicht von der zukünftigen Unsicherheit ab. Aus Gründen der Konsistenz mit den Modellüberlegungen muß somit ein Risikomaß auf Jahresfrequenz formuliert werden. Hieraus folgt, daß auch das '*Sampling*' auf höherer Frequenz erfolgen muß. Da die Quartalsfrequenz hierbei zuwenig Beobachtungen zur Bildung der Standardab-

---

[144] Morsink, Molle (1991), S. 39, vermeiden in ihrer empirischen Untersuchung des Zusammenhangs von Direktinvestitionen und der Wechselkursunsicherheit die Verwendung von Tagesänderungen des Wechselkurses für zwei Fünfjahreszeiträume, da " ... this would require an enormous data set".

[145] Nach Ansicht einiger kann die hier modellierte Volatilität deshalb auch weniger wahrscheinlich durch 'Hedging'-Operationen abgesichert werden als z.B. die für Finanzmarktakteure relevante Tagesvolatilität. Vgl. stellvertretend IMF (1984), S. 10 f., und Perée, Steinherr (1989), S. 1261. Wie auch aus den Ausführungen in Kapitel 6.3. und 7.4.5. hervorgeht, ist dies jedoch keinesfalls das Hauptargument der vorliegenden Arbeit. Es wird vielmehr durchgehend betont, daß sich das Kalkül des beschäftigenden und/oder investierenden Unternehmens selbst bei der Möglichkeit der Kurssicherung über Terminmärkte nicht verändert.

weichung liefert, wird hier die noch höhere *Monatsfrequenz* verwendet. Darüber hinaus sind die folgenden empirischen Untersuchungen im Hinblick auf die Absicherbarkeit des Wechselkursrisikos gemäß den Ausführungen in den Abschnitten 6.1 und 6.5.1.2 unter dieser Voraussetzung noch weniger angreifbar. Aus der Wahl dieser Fristigkeit, welche die Bezugsgröße der Akteure noch nicht so weit ausdehnt, daß sie auch Preisänderungsrisiken berücksichtigen müßten, folgt gleichzeitig nochmals die Richtigkeit der Entscheidung, den Fokus dieser Arbeit auf die *nominale* Wechselkursvariabilität zu legen (Akhtar, Hilton (1984), S. 48, IMF (1984), S. 10 f.).[146]

8) Einerseits liegt ein möglicher Nachteil dieser Entscheidung darin, daß Jahresdaten verwendet werden müssen, um ein aussagekräftiges Variabilitätsmaß verwenden zu können. Dabei stehen wie z.B. bei Sekkat (1998) in der Studie zum Einfluß der Wechselkursvariabilität auf den Außenhandel mit 17 anderen Industrieländern nur ungefähr 20 - 25 Beobachtungspunkte für jedes Land zur Verfügung, obwohl diese Zeit*spanne* für die Zeitreihenanalyse generell als ausreichend angesehen werden kann. Andererseits wird durch die Konstruktion des Variabilitätsmaßes als ein nicht überlappender bzw. *nicht rollender* Durchschnitt (für jedes *Jahr* wird basierend *auf 12 Monats*änderungen ein von den Vorgängerwerten *unabhängiges* Maß ermittelt) sichergestellt, daß jedem Wert der Volatilitäts-Proxy ein Varianzmaß mit einer anderen Informationsmenge zugewiesen wird. Es werden hierdurch Probleme vermieden, die sonst bei der Verwendung von Maßen in der Tradition von Kenen, Rodrik (1986) auftreten.[147] Deren Volatilitätsmaß (beschrieben in Tab. 1) impliziert " ... that the standard deviation of the exchange rate for the current period is the average standard deviation from the previous 12 or 24 months" (Mann (1989), S. 602).

---

[146] Denn wie schon Kapitel 2 der vorliegenden Arbeit zeigte, ist die Kaufkraftparitätentheorie nicht geeignet, eine Grundlage für Antizipationen des Umfangs und des Zeitpunktes von Wechselkursänderungen über einen Zeithorizont abzugeben, der für Beschäftigungs- und Investitionsentscheidungen relevant ist.

[147] Weitere frühe empirische Studien zu den Auswirkungen der Wechselkursvariabilität auf den Außenhandel, in denen eine 'Moving Average'-Transformation gewählt wurde, um ein 'smoothing out' der Zeitreihe zu erreichen, sind Cushman (1983, 1988), Justice (1984), IMF (1984) für 4-bzw. 5-Quartals-Lags sowie Bailey, Tavlas, Ulan (1986), Hooper, Kohlhagen (1978) und Gotur (1985) für 8-Quartals-Lags. Für analoge Probleme einer Erhöhung der Frequenz des Samples bei gegebenem Kontraktintervall (hier: für Investitionen in die Beschäftigung) vgl. Feenstra, Kendall (1991), S. 14 f. Zwar läßt sich die Zahl der Beobachtungen hierdurch erhöhen. Dies ist jedoch nicht kostenlos, da das empirische Modell (bei Feenstra, Kendall durch eine Erweiterung um 'Moving Average'-Terme) neu zu spezifizieren ist.

Dieses Unsicherheitsmaß betont somit erstens als rollendes 'Fenster' statt der hier zu thematisierenden kurzfristigeren Volatilität durch seinen 'smoothing'-Effekt *längerfristige* Änderungen der Wechselkurse. Dies entspricht jedoch eher der hier nicht behandelten 'Misalignment'-Problematik. Zweitens wird hierdurch das Unsicherheitsmaß ex definitione seriell korreliert, was tendenziell zu einer Unterschätzung der tatsächlichen realwirtschaftlichen Kosten der Wechselkursvariabilität führt (Lanyi, Suss (1982), S. 537 ff., Li, Seabra (1994), S. 5, Mélitz (1988), S. 101, Pagan, Ullah (1988), Welfens, Jungmittag (1997), S. 336 f). Drittens kann es zu methodischen Problemen kommen, da durch das gewählte Varianzmaß unterstellt wird, die Varianz sei für jedes Quartal innerhalb der 'rollenden' 12 bzw. 24 Monate eindeutig und konstant. Greift man nun ein bestimmtes Quartal heraus, so werden diesem per Konstruktion verschiedene (konstante) Varianzen zu gewiesen. Dies kann zu inhaltlichen Widersprüchen führen. Viertens wurde bereits in Abschnitt 6.1 angedeutet, daß durch eine derartige Modellierung eine rückwärtsschauende Erwartungsbildung impliziert wird.

9) Besondere Aufmerksamkeit verdient im Zusammenhang mit der Wahl einer geeigneten Proxygröße für die (nicht beobachtbare) Wechselkursunsicherheit die ökonometrische *'error in variable'-Verzerrung.*[148] Werden einfache Standardabweichungen oder Prognosefehler beziehungsweise Schätzungen basierend auf Parameterisierungen aus (separat geschätzten) ARCH-Modellen als Proxy für die Risikovariable verwendet ('generated regressor'), werden die Orthogonalitätsannahmen des OLS-Verfahrens möglicherweise verletzt. Denn die gewählte Proxy ist ex definitione mit dem Störterm der betreffenden Schätzgleichung korreliert. Im Ergebnis kommt es zu *inkonsistenten* Koeffizientenschätzern. Für den Zweivariablen-Fall läßt sich zeigen, daß es sogar zu einer Unterschätzung des Effektes des Risikos auf die realwirtschaftliche Variable kommt (Akhtar, Hilton (1984), S. 26, Bélanger u.a. (1992), S. 69 ff., Bini-Smaghi (1991), S. 933 ff., Huizinga (1994), S. 204 und 211, Kennedy (1992), S. 145, Mélitz (1988), S. 101, Pagan, Ullah (1988), Savvides (1992), S. 450, Stokman (1995)).

Als Therapie gegen die resultierenden unpräzisen Schätzungen wird wie üblich empfohlen, ein Instrument zu finden, das zwar mit der Unsicherheits-

[148] Dieses Problem betrifft Proxyvariablen für die Wechselkursunsicherheit als Regressoren. Es ist den Untersuchungen zum realen Einfluß des Wechselkursrisikos inhärent, da die theoretische Literatur bezüglich des Inhalts des Wechselkursrisikos -wie in Abschnitt 6.1.1 gezeigt- selbst nicht schlüssig ist. Vgl. Aizenman, Marion (1996), S. 4, Pagan, Ullah (1988), S. 88 ff., und Stokman (1995), S. 49.

Proxyvariablen, nicht aber mit dem Störterm korreliert ist, und anschließend die Gleichung für die betreffende realwirtschaftliche Variable nicht mit dem OLS-, sondern mit dem Instrumentvariablenverfahren zu schätzen (Pagan, Ullah (1988), S. 88 ff. und 102 f.). Es ist in diesem Zusammenhang möglich, den *um eine Periode verzögerten Wert der hier verwendeten Unsicherheits-Proxy* (d.h. der gewichteten Standardabweichung der Variablen, über die Unsicherheit besteht) als ein Instrument zu verwenden. Dieser ist üblicherweise mit der kontemporären unabhängigen Variable, aber nicht mit dem kontemporären Störterm korreliert. Solange der Störterm selbst nicht korreliert ist, führt diese Vorgehensweise zu immerhin noch konsistenten Schätzwerten (Aizenman, Marion (1996), S. 4, Kennedy (1992), S. 139, Pagan, Ullah (1988), S. 92 f.). Da im weiteren Verlauf dieses Kapitels meistens nur die um eine Periode *verzögerten* Unsicherheits-Proxies in die geschätzten Arbeitsmarkt- und Investitionsgleichungen eingehen, scheint das 'error-in-variables'-Problem nicht mehr so bedeutsam für die tabellierten Schätzergebnisse zu sein.

10) Weitere wichtige Kategorien eines Maßes für die Wechselkursvariabilität sind die *erwartete* und *nicht erwartete* bzw. die *antizipierte* und die *nicht antizipierte* Variabilität. Die antizipierte Variabilität kann prinzipiell auf den 'futures markets' für Währungen abgesichert werden. Die nicht antizipierte Variabilität ist erratischer Natur und kann prinzipiell nicht durch Kurssicherungsgeschäfte neutralisiert werden. Aus theoretischer Sicht ist klar, daß *nur nicht antizipierte* Änderungen von Wechselkursen im engeren Sinne Wechselkursunsicherheit bedeuten (Brada, Méndez (1988), S. 265, Morsink, Molle (1991), S. 39, Savvides (1992), S. 447).[149] Im folgenden werden jedoch *tatsächliche* Wechselkursänderungen *an der Stelle von (den idealen) nicht antizipierten* Änderungen verwendet.

Die größere Variabilität nominaler Wechselkurse korrespondiert mit einem Anstieg der Unsicherheit. Denn erstens geht die antizipierte Änderung bei monatlichem Horizont üblicherweise gegen Null, betrachtet man die geringen Zinsdifferentiale in Europa.[150] Zweitens kommen empirische Untersuchungen überwiegend zu dem Ergebnis, daß *nur ein sehr geringer Teil* der

---

[149] Unter 'antizipiert' wird hier 'erwartet und in Dispositionen/Verträge umgesetzt' verstanden.

[150] Für Europa wäre bereits ein Zinsdifferential von 6% p.a. als groß zu bezeichnen. Vgl. Bender, Lamar (1999). Dies korrespondiert mit einer erwarteten Abwertungsrate von 0,5% pro Monat. Letztere ist niedriger als die tatsächlich beobachtete Standardabweichung. Vgl. Belke, Gros (1997). Für technische Aspekte dieses Zusammenhangs vgl. Sekkat (1998), S. 70.

monatlichen bzw. quartalsmäßigen Wechselkursänderungen mit autoregressiven Prognosegleichungen (welchen in der kurzen Frist immerhin noch eine vergleichsweise bessere Prognosequalität zugemessen wird) oder durch an Produktivitäten, Investitionsmöglichkeiten oder anderen realwirtschaftlichen Fundamentaldaten orientierten strukturellen Verfahren *vorhergesagt* werden kann. Drittens deuten Tests der Verzerrtheit des Wechselkursterminmarktes mehrheitlich an, daß Wechselkurse in der Vergangenheit nicht in einer Weise variierten, wie sie angesichts der Änderungen des Terminkurses oder aufgrund des Zinsdifferentials zu vermuten gewesen wäre (Clark, Faruqee (1997), S. 4, Frankel, Rose (1995)). Somit ist die Variabilität *tatsächlich realisierter* Wechselkurse eine geeignete Proxygröße für die Wechselkursunsicherheit, obwohl sich im Prinzip jedes Urteil über den realwirtschaftlichen Einfluß der Elimination der Wechselkursvariabilität auf die Annahme der Unabhängigkeit dieser Variabilität von ökonomischen Fundamentaldaten gründen sollte.[151] In den folgenden Ausführungen werden 'Wechselkursvariabilität' und 'Wechselkursunsicherheit' deshalb *synonym* verwendet und beziehen sich auf *kurzfristige* Änderungen *tatsächlicher* Wechselkurse.

11) Darüber hinaus ist zu beachten, daß nur die *erwartete* Variabilität *des nicht antizipierten Teils* tatsächlicher Wechselkursfluktuationen im Hinblick auf Investitions(ähnliche)-Entscheidungen ein ökonomisches Risiko darstellt (Kumar, Whitt (1992), S. 29, Sekkat (1998), S. 9). Wie aus Abschnitt 6.1 hervorgeht, wird diese *bedingte Variabilität* in der Literatur zum Zusammenhang zwischen der Wechselkursunsicherheit und dem Außenhandel häufig durch auf die Jahresrate hochgerechnete Standardabweichungen aus GARCH-Modellen oder durch die Varianz der Residuen aus einer Regression des Wechselkurses auf einen Zeittrend ermittelt. ARCH-, GARCH- und hiermit verwandte Modelle generieren ein Maß für Wechselkursunsicherheit. In diesen Modellen wächst die Unsicherheit mit dem individuellen Prognosefehler. Jedoch ist die Korrelation zwischen diesen verschiedenen Volatilitätsmaßen und dem hier gewählten Volatilitätsmaß aus empirischer Sicht erfahrungsgemäß recht hoch. Der *Unterschied* zwischen der tatsächlich beobachteten unkonditionalen (ex post-) Variabilität und der *erwarteten* Variabilität *des nicht antizipierten Teils* tatsächlicher Wechselkursfluktuationen ist dann entsprechend *recht gering* (Caballero, Corbo (1989), S. 268,

---

[151] Vgl. Akhtar, Hilton (1984), S. 3 ff., Clark, Faruqee (1997), S. 4, de Grauwe, Rosiers (1987), S. 437, Europäische Kommission (1990), S. 69, Giavazzi, Giovannini (1989), Glick, Wihlborg (1996), S. 136, Gros, Thygesen (1998), S. 183 f., Kumar, Whitt (1992), S. 27, Meese (1990) und Meese, Rogoff (1983).

Darby u.a. (1998), S. 25, de Grauwe, Rosiers (1987), S. 437, Glick, Wihlborg (1996), S. 136, Grobar (1993), Kenen, Rodrik (1986), Kroner, Lastrapes (1993), S. 302, Sekkat (1998), S. 9). Daher ist die Schwierigkeit, nicht antizipierte Wechselkursänderungen zu messen, weniger problematisch als auf den ersten Blick. Da die meisten Änderungen der Wechselkurse nicht prognostiziert werden können, sollten die historischen (ex post-) Änderungen und der erwartete Teil der nicht antizipierten Änderungen unter der Annahme *rationaler Erwartungen* im Durchschnitt *bis auf einen Zufallsfehler* dieselben Resultate ergeben. Ein Ansatz, der im Rahmen der vorliegenden Problemstellung versuchen würde, als Proxygröße für die Wechselkursunsicherheit die "... exchange rate variation not explained by exogenous variables that represent fundamentals" (Bailey, Tavlas (1988), S. 430)[152] zu verwenden, käme somit zu einer Spezifikation, die von der hier verwendeten nicht signifikant verschieden sein dürfte (Akhtar, Hilton (1984), S. 8, Bundesbank (1996), S. 67 ff., Parsley, Wei (1993), S. 611, de Grauwe, Bellefroid (1987), S. 197, Goldberg (1993), S. 579, Gros, Thygesen (1992), S. 102, Peeters (1997), S. 5 ff.). Die hier gewählte Vorgehensweise, auch aus der historischen Volatilität Rückschlüsse über die am Markt vorliegende Unsicherheit und die Volatilitätserwartung zu ziehen, läßt sich so klar rechtfertigen und kommt dem Ideal recht nahe (Gros, Thygesen (1998), S. 184).

Aus diesem Grund ist das hier verwendete Maß wohl für ähnlich gelagerte Problemstellungen das in der Literatur mit am häufigsten verwendete. Trägt man der empirisch meist bestätigten Random Walk-Eigenschaft der Wechselkurse Rechnung, läßt sich die hier verwendete Proxy für die nicht antizipierte Variabilität als ein *konditionales Maß* interpretieren (neben vielen anderen Akhtar, Hilton (1984), S. 20, Clark, Faruqee (1997), Europäische Kommission (1990), Frankel, Wei (1993), Gros, Thygesen (1998), S. 113 ff. und 194, IMF (1984), S. 42, Kumar, Whitt (1992), S. 20, Sekkat (1998), Ungerer u.a. (1986), Weber (1991), S. 188 ff.).[153] "Thus it is felt that using the average monthly percentage change provides the most appropriate way of removing the trend in changes in the exchange rate when using them to calculate the variability of exchange rates." (Lanyi, Suss (1982), S. 538).[154]

---

[152] Vgl. auch Brada, Méndez (1988), S. 266, Koray, Lastrapes (1989), S. 711 f., Perée, Steinherr (1989), S. 1255, Savvides (1992), S. 447, und Willett (1986).

[153] Die nominale Wechselkursvolatilität wird auch von Medhora (1990) und Kumar, Dhawan (1991) als Proxy für die Wechselkursunsicherheit verwendet.

[154] Darby u.a. (1998), S. 25, merken bei Schätzungen des Einflusses der Wechselkursvolatilität auf Investitionen an, daß ARCH-/GARCH-Modellierungen eher für 'high frequency financial time series' in Frage kommen.

12) Im folgenden wird auch *aus inhaltlichen Gründen* auf eine Verwendung eines auf der Basis von ARCH-, GARCH- oder hiermit verwandten Modellen konstruierten Maßes *verzichtet*, Erstens macht es für praktische Zwecke (z.B. für die Politikberatung, die Ergebnisse wurden im Europa-Parlament durch den Verfasser vertreten, vgl. Belke (1998c)) viel Sinn, bei annähernd gleicher Aussagekraft ein Volatilitätsmaß zu verwenden, das *leicht beobachtet* werden kann und auf das deshalb ökonomischen Akteure *in der Realität* stärker reagieren. Andernfalls müßte eine hierauf aufbauende Wirtschaftspolitik auf ein ökonometrisches Modell basiert werden, das stark von seiner Spezifikation abhängt. Dies gilt z.B. für den Verzicht auf eine Wechselkursorientierung der europäischen Geldpolitik, der sich aus einer (hypothetischen) Insignifikanz der Wechselkursunsicherheits-Proxy in Beschäftigungsgleichungen für die EU-Volkswirtschaften ableiten ließe (Kroner, Lastrapes (1993), Scheide, Solveen (1998), S. 39).

Argumentiert man zweitens weiter, daß die relevanten ökonomischen Akteure (hier: die einstellenden und investierenden Unternehmen) sich ebenfalls *eher an der gemessenen als an der 'wahren'* Unsicherheits-Proxy ausrichten, sollte auch die zu schätzende Arbeitsmarktgleichung unter Einschluß der gemessenen statt der 'wahren' Variablen spezifiziert werden. Dies entschärft das oben angesprochene 'error-in-variables'-Problem tendenziell auch in den Spezifikationen der im folgenden zu schätzenden Arbeitsmarkt- und Investitionsgleichungen, in denen die hier verwendete Unsicherheits-Proxy unverzögert eingeht. Aus diesem Grund ist es auch weniger wahrscheinlich, daß die hier verwendete Auswahlprozedur zwischen verschiedenen Spezifikationen mit dem 'error-in-variables'-Problem behaftet ist (Kennedy (1992), S. 145). Drittens berücksichtigt auch das in diesem Beitrag gewählte Maß für die Wechselkursvariabilität ähnlich wie die aus ARCH-, GARCH- und hiermit verwandten Modellen abgeleiteten Maße Perioden unterschiedlich hoher Volatilität. Es ist angesichts der gewählten Periodenstruktur des Modells (Investitionshorizont etc.) hinreichend *zeitvariabel.*[155]

Der Anhang 1, Tabelle A3, führt wichtige Indikatoren der beschreibenden Statistik in bezug auf das hier verwendete Maß der Wechselkursvariabilität auf. Der Durchschnitt für Deutschland beträgt 0,65 (Prozent pro Monat), mit

---

[155] Das mögliche Gegenargument einer zeitlich zu inflexiblen Struktur der traditionellen Volatilitätsmaße wurde in der Literatur vor allem gegen 'cross-country'-Studien angeführt, die als Risikomaß Standardabweichungen über mehrere Jahre verwenden. Vgl. Lastrapes, Koray (1990), S. 341 f., und Abschnitt 6.1.2.1.

einem Maximum von 1,50 und einem Minimum von 0,24. Für Großbritannien fällt die Variabilität viel höher aus (vgl. auch Müller, Buscher (1999), S. 21 ff.). Sie weist ein Maximum von 3,95 (wiederum Prozent pro Monat) und einen Durchschnitt von 2,35 auf. Es läßt sich zeigen, daß der für 8 ERM-Länder gebildete Durchschnitt des *in diesem Kapitel verwendeten* Maßes der *nominalen* Wechselkursvariabilität *unter* demjenigen der *realen* Wechselkursvariabilität (Konsumentenpreis-Index) liegt. Dies bedeutet, daß die Verwendung eines nominalen Maßes die Variabilität sogar noch unterschätzt.[156] In Abschnitt 6.6.2 werden auf der Basis einfacher zeitreihenanalytischer Kausalitätstests erste empirische Ergebnisse zum Zusammenhang zwischen der Intra-ERM-Wechselkursvolatilität und den Arbeitsmärkten sowie der Investitionstätigkeit in EU-Ländern abgeleitet.

6.6.2 Einfache Tests: erste Resultate

Die empirische Analyse beginnt wie üblich mit Tests der Stationarität der Niveaus und ersten Differenzen der Variablen: i) der Arbeitslosenrate, ii) der Beschäftigung in der verarbeitenden Industrie, iii) der Investitionen in Sachvermögen ('fixed capital') und iv) der Intra-ER-Wechselkursvariabilität. Bei den hier verwendeten Tests handelt es sich um den Augmented Dickey-Fuller-Test und den Phillips-Perron-Test (Dickey, Fuller (1979), McKinnon (1991), Phillips, Perron (1988)). Der Anhang 5 führt die Ergebnisse der Stationaritätstests für die Wechselkursvariabilität und alle anderen in diesem Abschnitt untersuchten Variablen auf. Die Variablen werden im folgenden grundsätzlich differenziert, bis für sie die Hypothese der Nichtstationarität abgelehnt werden kann. Dieses Vorgehen führt zu der durchgehenden Verwendung der ersten Differenzen der Arbeitslosenrate, der ersten Differenzen des Index der Beschäftigung in der verarbeitenden Industrie und der prozentualen Änderungen der Investitionen zu konstanten Preisen in den Schätzungen dieses Abschnitts. Die Ergebnisse der Einheitswurzeltests -sowohl vom Dickey-Fuller- als auch vom Phillips-Perron-Typ- vermitteln den Eindruck, daß die Evidenz für die Nichtstationarität der Wechselkursvariabilität manchmal nicht ganz eindeutig ausfällt. Darüber hinaus erweisen sich Schätzungen der spektralen Dichtefunktion der Variabilitätsmaße für einige EU-Volkswirtschaften bei der Frequenz Null als endlich. Deshalb erscheint es gerechtfertigt, *sowohl die Niveaus als auch die Änderungen* des Variabili-

---

[156] Gros, Thygesen (1998), S. 119, zeigen formal, daß die reale Wechselkursvariabilität gegen Null gehen sollte, falls sich Wechselkurse wirklich im Sinne der Kaufkraftparitätentheorie anpassen. Folglich besteht in der kurzen Frist kein Zusammenhang zwischen Preisen und Wechselkursen.

tätsmaßes zu verwenden.[157] Zusätzliche Tests zeigen, daß die Hypothese der Nichtstationarität für die Variabilitätsvariable abgelehnt werden kann, sobald Strukturbrüche in die Testgleichungen implementiert werden (Perron (1989), Belke (1996b)).

Obwohl dies einen formalen zeitreihenanalytischen Test wie bei Belke (1996b) nicht ersetzen kann, zeigt schon eine visuelle Inspektion der im Anhang 1, Tabelle A1, abgebildeten Variabilitätszeitreihen, daß die Wechselkursvariabilität in den siebziger Jahren generell viel höher als in der Folgeperiode ausfiel. Darüber hinaus zeigt sich, daß sich die Variabilität der EU-Währungen, die nicht am EWS teilgenommen haben, bis 1991 weniger abschwächte als diejenige der EWS-Mitglieder. Für letztere nahm die nominale Volatilität in drei Phasen graduell, aber nicht kontinuierlich ab. Die Währungsturbulenzen von 1992 bis 1995 (vgl. ausführlich Kapitel 2), ließen das Variabilitätsniveau jeweils auf Werte, wie sie Anfang der achtziger Jahre registriert werden konnten, emporschnellen. Hinsichtlich der Variabilitätsentwicklung läßt sich ab 1992 eine klare Dichotomie zwischen den Kernländern des EWS mit relativ stabileren Variabilitäten (Deutschland, Frankreich, Benelux und Dänemark) und den substantiell abwertenden Ländern (Spanien, Italien und Großbritannien) erkennen (Gros, Thygesen (1998), S. 113 ff., Müller, Buscher (1999), S. 5 ff., Weber (1991), S. 188 ff.).

Die Wahl zwischen einer Verwendung der Niveaus oder der ersten Differenzen der interessierenden Variablen kann nicht ausschließlich auf der Grundlage der statistischen Zeitreiheneigenschaften getroffen werden. Denn das Ergebnis dieser Wahlentscheidung hat auch Implikationen für das implizite dynamische Verhalten der geschätzten Gleichungen sowie für deren langfristige Eigenschaften. Da sich die empirischen Ergebnisse für die Niveaus und die ersten Differenzen als tendenziell ähnlich herausstellen werden, soll an dieser Stelle auf diesen Aspekt nicht weiter eingegangen werden. Nach der Präsentation der Ergebnisse im nächsten Abschnitt wird dieser Punkt jedoch wieder aufgegriffen.

In Zweifelsfällen wird es im Rahmen der Schätzungen vorgezogen, *erste Differenzen* der Unsicherheitsvariable zu verwenden. Denn die Nachteile

---

[157] Für eine genauere Erklärung der Verwendung geschätzter spektraler Dichtefunktionen für Stationaritätstests vgl. Belke (1996), S. 245 f., 348 und 356 f. Auch Arize (1995), Chowdhury (1993), Scheide, Solveen (1998) und Darby u.a. (1998) kommen im Hinblick auf die jeweils verwendete Proxyvariable für die Wechselkursvolatilität zu dem Ergebnis, *sowohl das Niveau als auch die Änderungen* dieser Variablen zu implementieren. Vgl. hierfür Abschnitt 6.1.

einer Differenzierung, obwohl sie unnötig ist, sind bekanntlich weniger gravierend als die Nachteile eines Verzichts auf eine Differenzierung, wenn sie angezeigt wäre. Im ersten Fall wären die Störvariablen schlechtestenfalls 'moving average', wobei die Schätzer weiterhin konsistent wären. Hingegen würden im zweiten Fall sogar die üblichen Eigenschaften der OLS-Teststatistiken verloren gehen (Belke (1996), S. 305 f., und Maddala (1992), S. 548). Ein anderer Grund für eine generelle Differenzierung liegt darin, daß sie für alle Länder der Grundgesamtheit dasselbe Vorgehen erlaubt. Die empirischen Tests werden jedoch zur Absicherung ergänzend auch für die *Niveaus* der Wechselkursvariabilität durchgeführt. Deren Verwendung wäre wegen der unterstellten 'i.i.d.'-Eigenschaft der Wechselkursänderungen und der hieraus theoretisch folgenden fehlenden Autokorrelation der Standardabweichungen sogar ebenfalls zu rechtfertigen. Sie führt in der Mehrheit der Fälle sogar zu im Vergleich zu den im Folgeabschnitt für erste Differenzen derselben Variablen erzielten Resultaten *noch ausgeprägteren* Schätzergebnissen. *Alle* in diesem Abschnitt 6.6 verwendeten Zeitreihen entstammen dem *Ameco-File* der EU-Kommission.

In einem ersten Schritt werden die Resultate einiger einfacher zeitreihenanalytischer Tests vorgestellt. In diesen werden die oben erwähnten (Differenzen der) drei realwirtschaftlichen Variablen lediglich durch ihre eigene Vergangenheit und die kontemporären oder verzögerten Werte des in diesem Kapitel gewählten Maßes für die Intra-ERM-Wechselkursvariabilität erklärt. Da verschiedene Verzögerungen der Risiko-Proxy zugelassen werden, wird ihr somit a priori keine besondere Lagstruktur auferlegt.[158] Aus Platzgründen und aus Gründen der Analogie zu Kapitel 5, in dem die Unterschiede von Exportnachfrage- und Investitionsschocks hinsichtlich ihrer Signifikanz für die EU-Arbeitsmärkte herausgearbeitet wurden, unterbleibt hier die Darstellung entsprechender Testergebnisse für das Wachstum der industriellen Produktion.[159] Die Resultate, die weiter unten in den Tabellen 16 und 17 ausführlich dokumentiert werden, basieren somit auf standardmäßigen *Kausalitätstests* auf der Basis von den in diesem Kapitel durchgehend benutzten *Jahresdaten*. Es werden deshalb VARs in ersten Differenzen der betreffenden realwirtschaftlichen Variablen verwendet.[160] Da alle realwirtschaftlichen Variablen als integriert von der Ordnung Eins klassifiziert werden, erscheint es

---

158 Für eine ähnliche Argumentation vgl. Akhtar, Hilton (1984), S. 32.

159 Eine Länderübersicht über die Ergebnisse finden sich im Anhang 2.

160 Vgl. ähnlich Bini-Smaghi (1991) im Rahmen einer empirischen Studie zum Einfluß der Intra-EWS-Wechselkursvariabilität auf den Intra-EWS-Außenhandel.

gerechtfertigt, von der üblichen Spezifikation des Augmented Dickey-Fuller-Tests (einschließlich eines Driftterms) nur im Hinblick auf die Vernachlässigung der (insignifikanten) verzögerten endogenen Niveau-Variablen abzuweichen. Die Signifikanz der Koeffizientenschätzer der Verzögerungen der Änderungen der realwirtschaftlichen Variablen und des Indikators der Wechselkursvariabilität kann unter diesen Umständen wieder anhand der üblichen Standardnormalverteilung bzw. auf der Basis der asymptotischen Werte der Student-t-Verteilung beurteilt werden (Belke (1996), S. 294 f., Haldrup (1990), S. 31 f.). Durch diese Argumentation wird gleichzeitig deutlich, daß die Aussagekraft der hier durchgeführten Tests weniger von der Frequenz als *von der Länge des Stützzeitraums* abhängt. Eine Berechnung z.B. der Einheitswurzeltestgrößen auf Jahres- statt auf Quartalsbasis führt zu keiner signifikanten Änderung der Resultate (Belke (1996), S. 243, Campbell, Perron (1991), S. 153, Davidson, McKinnon (1993), S. 714).

Die zu testende Nullhypothese lautet, wie üblich in negativer Formulierung: die Variabilität von Wechselkursen hat keinen Einfluß auf die drei zu untersuchenden realwirtschaftlichen Variablen. Tabelle 16 zeigt die Resultate unter Verwendung der *Niveaus* der Wechselkursvariabilität und Tabelle 17 diejenigen für die *ersten Differenzen* der Wechselkursvariabilität. Die Wahl zwischen der Formulierung in Niveaus und ersten Differenzen soll hier *nicht allein* auf der Basis statistischer Zeitreiheneigenschaften (v.a. der Integrationsordnung) getroffen werden, da das Ergebnis dieser Auswahl auch gravierende Implikationen für das implizite dynamische Verhalten der geschätzten Gleichungen und deren langfristigen Eigenschaften hat. Da sich die Resultate für die Niveaus und Differenzen der Wechselkursvariabilität als einander sehr ähnlich herausstellen, soll das Auswahlproblem hier nicht weiter erörtert werden. Statt dessen wird dieser Punkt nach der Präsentation der Resultate kurz wieder aufgegriffen.[161]

Für jedes betrachtete Land wird der Koeffizientenschätzer der Wechselkursvariabilität und das jeweils zugehörige Signifikanzniveau angegeben. Das

---

[161] Es wird hier also die Vorgehensweise von Sekkat (1998), S. 38 ff., *verworfen.* Er schlußfolgert *ex ante* allein auf der Basis seiner Integrationstests, die für die Wechselkursvolatilität die Nichtstationaritäts-Hypothese verwerfen, daß eine Langfristbeziehung zwischen den Niveaus der Volatilität und dem realen Außenhandel nicht vorliegen kann. Hier wird hingegen argumentiert, ein derartig gravierender Modellierungsschritt bedeute angesichts der Schwächen von Integrationstests (Belke (1996), S. 230 ff.) eine zu starke Vorabrestriktion des empirischen Modells. Deshalb wird in Kap. 9 im Gegensatz zu Sekkat (1998) ein Kointegrationstest-Verfahren verwendet, das weniger empfindlich auf die Schwächen der Integrationstests reagiert.

erwartete Vorzeichen des Koeffizientenschätzers der (Änderung der) Wechselkursvariabilität ist positiv für die (Änderung der) Arbeitslosenrate und negativ für die (Änderung der) Beschäftigung in der verarbeitenden Industrie und die (Änderung der) Investitionen. Die Spezifikation der zugrunde liegenden Gleichungen basiert auf den üblichen Diagnosekriterien in Kombination mit dem *Bayesianischen Informationskriterium nach Schwarz (SCH)*. Mit anderen Worten: diejenige Regression, welche die niedrigste Ausprägung des SCH-Wertes (unter der Voraussetzung einer gleichen Zahl an Beobachtungen für die alternativen Spezifikationen) aufweist und gleichzeitig als Nebenbedingung die üblichen, hier insbesondere die residuenbezogenen Diagnosekriterien erfüllt, wird ausgewählt (Banerjee u.a. (1993), S. 286, Mills (1990), S. 139, Schwarz (1978)). Als Schätzzeitraum wird die Periode von 1973 bis 1996 gewählt, um die Bretton Woods-Phase fixierter Wechselkurse auszuschließen. Mit dem Ausschluß der Fixkursperiode wird das Ziel verfolgt, einen Spezifikations-'Bias', der aus der Änderung des Wechselkursregimes resultieren könnte, zu vermeiden. Auch wird hierdurch die Frage vermieden, ob das gewählte Variabilitätsmaß auch vor dem Hintergrund eines Systems weltweit fixierter Wechselkurse anwendbar bleibt.[162] Denn empirische Untersuchungen zeigen, daß die Höhe der Wechselkursvariabilität systematisch durch die Wahl der Art des Wechselkursregimes beeinflußt wird.[163] Es werden ausschließlich signifikante Zugänge tabelliert. Diese Prozedur wurde für jedes untersuchte Land exakt übernommen. In keinem Fall wurde ein diskretionäres Urteil getroffen. Um möglichen Strukturbrüchen in den (Niveau-) Beziehungen Rechnung zu tragen, werden der Regressionsgleichung für jede betrachtete Volkswirtschaft Dummyvariablen hinzugefügt, wenn sie die SCH-Statistik weiter verbessern und gleichzeitig zur Erfüllung der Diagnosekriterien beitragen. Zahlreiche ergänzende Tests auf Robustheit zeigen jedoch, daß keines der tabellierten Resultate auf die Implementierung dieser Dummies zurückzuführen ist.

---

[162] Vgl. Kenen, Rodrik (1986), S. 313, und andere der in Tab. 1 aufgeführten empirischen Studien mit einem Beginn des Stützzeitraums im Jahr 1973. Vgl. auch Akhtar, Hilton (1984), S. 33, Caporale, Doroodian (1994), S. 50, und Sekkat (1998), S. 41. Es wird implizit angenommen, die Auswirkungen des Regimeübergangs nach Bretton Woods auf die Beschäftigung und die Investitionen seien transitorischer Natur und zu Beginn des hier gewählten Stützzeitraums bereits eliminiert.

[163] Vgl. bereits die Simulationen von Lanyi, Suss (1982). Dieses Argument gilt natürlich hauptsächlich für die hier untersuchte kurzfristige Volatilität. Im Hinblick auf die längerfristige Wechselkursunsicherheit würde auch ein Einschluß der Bretton Woods-Periode Sinn machen, denn feste, aber anpassungsfähige Paritäten sind in dieser Frist ebenfalls mit Unsicherheiten behaftet. Vgl. Perée, Steinherr (1989), S. 1255.

Tab. 16 - *Niveau der Wechselkursvariabilität und der realwirtschaftliche Sektor (OLS)*

Land	Änderung der Arbeitslosenrate	Änderung der Beschäftigung in der verarbeitenden Industrie	Änderung der Investitionen
BE	(0) 0.52*		
DK	(-1) 0.83**		
ES	(-1) 0.28*		
FR	(-1) 0.42**	(-1) -1.60***	(-1) -4.97***
			(-2) 5.71***
GR	(0) 0.10**	n.v.	(-1) -2.07**
	(-1) -0.10**		(-2) 1.74*
IR	(-2) 0.55***	(-1) 1.14**	(0) 2.95*
IT	(-2) 0.16*		
NL	(-1) 1.07***	(-1) -1.57**	(-1) -3.40**
PO	(-1) 0.14**	(0) -0.81**	
UK	(-2) 0.43**	(0) -1.08*	(0) -2.66*
WD	(-1) 0.67**	(-1) -3.33***	(0) -7.53***

Anmerkungen: Die Tabelle faßt Ergebnisse von bivariaten VARs auf der Basis von Jahresdaten zusammen (1973-1996). Die vier Variablen, die am Kopf der jeweiligen Spalte angegeben werden, werden durch ihre eigene Vergangenheit und Verzögerungen der Wechselkursvariabilität erklärt. */**/*** bezeichnet die Signifikanz des Koeffizienten der Wechselkursvariabilität für α=0,1/0,05/0,01 an. Zusätzliche länderspezifische Dummies werden, soweit nötig, mit berücksichtigt. Die Werte in Klammern korrespondieren mit der Lagordnung der Wechselkursvariabilität. n.v.: nicht verfügbar. BE: Belgien; DK: Dänemark; ES: Spanien; FR: Frankreich; GR: Griechenland; IR: Irland; IT: Italien; NL: Niederlande; PO: Portugal; UK: Großbritannien; WD: Westdeutschland.

Tab. 17 - *Änderung der Wechselkursvariabilität und der realwirtschaftliche Sektor (OLS)*

Land	Änderung der Arbeitslosenrate	Änderung der Beschäftigung in der verarbeitenden Industrie	Änderung der Investitionen
BE			
DK	(-1) 0.73**		
ES			
FR	(-1) 0.44***	(-1) -0.84*	(-1) -5.93***
GR	(-0) 0.10***	n.v.	(-1) -1.91**
IR	(-2) 0.37*	(-1) 1.01*	
IT		(0) -0.46*	(-2) -1.28*
NL	(-2) 0.94***	(-2) -1.56***	(-1) -2.76*
PO	(-1) 0.12**	(0) -0.82**	(-2) -1.56*
UK			(0) -1.66*
WD	(-1) 0.56**	(-1) -1.99**	(0) -6.67***
			(-1) -6.69***

Für Anmerkungen vgl. Tabelle 16.

Die erste Spalte der Tabelle 16 beinhaltet ein überraschend *eindeutiges Ergebnismuster*. Alle elf betrachteten Volkswirtschaften weisen einen statistisch signifikanten Einfluß der Wechselkursvariabilität auf die Arbeitslosenrate auf. Etwas unerwartet ergeben sich *mehr Zugänge für die Arbeitslosenrate* als für die Beschäftigung in der verarbeitenden Industrie. Dies geht aus einem Vergleich der ersten und der zweiten Spalte der Tabelle 16 hervor. Dies gilt jedoch nicht im Falle der *Änderung* der Wechselkursvariabilität, die in Tabelle 17 betrachtet wird. Dieses Ergebnis scheint der in Kapitel 5 gewonnenen empirischen Relevanz von Schocks der Exportnachfrage in Arbeitslosigkeits- und Beschäftigungsgleichungen zunächst zu widersprechen. Dort fanden sich relativ stärkere Effekte von Schocks der Exportnachfrage auf die Beschäftigung im verarbeitenden Gewerbe als auf die gesamtwirtschaftliche Arbeitslosigkeit.[164] Insofern ist es ein erklärungsbedürftiger Aspekt dieser Resultate, daß der Einfluß der Wechselkursvariabilität auf die gesamtwirtschaftliche Arbeitslosigkeit statistisch etwa so stark ist wie auf die Beschäftigung in der verarbeitenden Industrie. Da letztere üblicherweise eng mit dem Sektor handelbarer Güter in Verbindung gebracht wird, ist dieses Ergebnis doch einigermaßen überraschend (Akhtar, Hilton (1984), S. 26, Bell, Campa (1997), Huizinga (1994), S. 193).

Während die t-Statistiken der Größe nach ähnlich ausfallen, ist der quantitative Einfluß auf die Beschäftigung in der verarbeitenden Industrie jedoch deutlich größer, wie später noch in Abschnitt 6.6.2.2 gezeigt wird. Eine zusätzliche Erklärung für das beobachtete Ergebnismuster könnte sein, daß selbst Produzenten nicht-handelbarer Güter mit der Beschäftigung zusätzlicher Arbeit zögern, wenn der relative Preis handelbarer Güter variabler wird. Schließlich könnte eine Erklärung für das hier erzielte Ergebnis-'pattern' sein, daß die Transmission der Intra-ERM-Wechselkursunsicherheit in der Vergangenheit *nicht primär über den Exportkanal* ablief. Dieses Ergebnis dürfte auch der Intuition vieler Ökonomen entsprechen. Denn viele Wirtschaftswissenschaftler sind davon überzeugt, daß ein hohes Maß an genereller Unsicherheit die Investitionen negativ beeinflußt. Im Gegensatz hierzu ist wohl klar, daß ein ähnlicher Einfluß auf den *Außenhandel* viel *schwieriger* nachweisbar sein dürfte. Zur Begründung wurde in Kapitel 6.2 schon auf gängige Außenhandelsmodelle verwiesen. In diesen werde häufig betont, daß der Aufbau eines Distributionssystems für ein Exportunternehmen ‘versunkene

---

[164] Dies wurde primär damit begründet, daß Schocks der Exportnachfrage in 'sklerotisierten' EU-Volkswirtschaften (vgl. Kapitel 4) eher durch den Grad der 'labor force participation' als über Migration o.ä. abgefangen werden.

Kosten' bedeute und die Entscheidung, in den Außenhandel einzutreten, von der Wechselkursunsicherheit abhängig mache. Viele Unternehmen in der EU wie z.B. deutsche Automobilproduzenten verfügen jedoch bereits über ein elaboriertes Distributionsnetzwerk in allen EU-Ländern. Das so häufig strapazierte Argument 'versunkener Kosten' lasse sich somit wohl kaum auf den Zusammenhang zwischen der Wechselkursunsicherheit und dem Außenhandel anwenden. Da jedoch in Fällen einer erhöhten Wechselkursvolatilität die zukünftigen Profite aus Exporten stärker abdiskontiert werden, sinken die Investitionen in exportnahen und anderen Verwendungen.

Wenig überraschend stellen sich *weniger* signifikante Zugänge ein, wenn mit *Änderungen* der Wechselkursvariabilität gearbeitet wird (Tabelle 17). Es entsteht aber ein deutliches Ergebnismuster über die einzelnen betrachteten Volkswirtschaften hinweg. Die meisten Länder zeigen entweder sehr wenig oder (falls auch die Ergebnisse für den industriellen Output im Anhang mit berücksichtigt werden) mindestens drei Zugänge. Die Wechselkursvariabilität sollte Länder je nach ihrer 'exposure to foreign currency transactions' (via Außenhandel *und* Investitionen), also positiv proportional zu ihrem *Offenheitsgrad*, unterschiedlich betroffen haben (de Grauwe (1997), S. 65 ff.).[165] Durch entsprechende empirische Ergebnisse könnte die zu Beginn dieses Kapitels thematisierte logische und empirische Lücke im Transmissionsmechanismus der Wechselkursvolatilität verringert werden. Die hier erzielten empirischen Ergebnisse bestätigen *zu weiten Teilen*, daß offenere Volkswirtschaften relativ stärker von der der Intra-ERM-Wechselkursvariabilität betroffen waren. Signifikante Einflüsse konnten für relativ offene Volkswirtschaften wie Deutschland, Frankreich und die Niederlande gefunden werden. Erstaunlicherweise treten aber für Belgien, eine der offensten Volkswirtschaften im Sample, zwar viele Randfälle, aber kaum signifikante Effekte auf. Dies mag jedoch daran liegen, daß Belgiens Außenhandel einen großen Teil an Transithandel zu verzeichnen hat.[166] Welfens, Jungmittag (1997) erzielen vergleichbare Resultate in bezug auf die Änderungen der Bruttoanlageinvestitionen und die Bruttoanlageinvestitionen als Prozentsatz des BIP.

---

165 Für eine formale Begründung im Rahmen eines 'Pricing-to-Market'-Modells vgl. Clark, Faruqee (1997), S. 19. Die Volatilität des Konsumentenpreisindex als Reaktion auf die Wechselkursvolatilität steigt mit zunehmendem Offenheitsgrad. Vgl. auch Huizinga (1994), S. 211.

166 Gemäß der Klassifikation von Glick, Wihlborg (1996), S. 137, zählen die Niederlande zu den offensten Volkswirtschaften der EU. Deutschland und Frankreich liegen im gehobenen Mittelfeld.

Die erzielten Resultate weisen somit ein deutliches *Länder-Muster* auf. Die *ausgeprägtesten* Resultate treten für die *Hartwährungsländer* Deutschland und die Niederlande, aber auch Frankreich ('franc fort') auf. In dem identifizierten negativen Einfluß kommt nach Ansicht einiger Autoren zum Ausdruck, daß für diese Länder die Wechselkursvariabilität insbesondere mit realen Aufwertungen nach Realignments einherging. Genau für diese Länder wurde in Kapitel 5 auch der bedeutendste Einfluß der von Mundell (1961) betonten asymmetrischen bzw. idiosynkratischen Schocks der Exportnachfrage auf die nationale Arbeitslosigkeit und Beschäftigung gefunden. Beschäftigungspolitische Vorteile einer EWU lassen sich aus dieser Sicht am ehesten *für die 'Kernländer'* vermuten.[167] Schwächere, aber weiterhin größtenteils signifikante Resultate ergeben sich für die Weichwährungsländer Großbritannien, Irland, Italien und Spanien. Für Irland ergeben sich als Ausnahmen sogar 'falsche' Vorzeichen der geschätzten Variabilitätskoeffizienten. Der positive Koeffizient für die Intra-ERM-Volatilität des irischen Pfundes in bezug auf die Investitionsänderung (falsches Vorzeichen) in Tab. 16 wird deutlich insignifikant, wenn man berücksichtigt, daß Irland bis 1979 de facto fixierte Wechselkurse zum britischen Pfund aufwies, den Sample um diesen Effekt korrigiert und auf 1980-1996 setzt.[168]

Eine für die weitere Argumentationsfolge wichtige Beobachtung ist, daß die Intra-ERM-Wechselkursvariabilität die realwirtschaftlichen Variablen meistens nicht zeitgleich, sondern -vermutlich aufgrund der Existenz von Anpassungskosten oder anderer Rigiditäten[169]- *mit einer Verzögerung* beeinflußte. Denn erstens ist wegen dieses *zeitlichen Vorlaufs der Wechselkursvariabilität* eine 'umgekehrte Kausalität' -ein Einfluß der realwirtschaftlichen Größen auf die Wechselkursvariabilität- wenig plausibel. Zweitens kann dieses Phänomen mit der von Viaene, de Vries (1992) entwickelten Theorie gut erklärt werden. Letztere leiten ab, daß die Wechselkursvariabilität trotz perfekter Möglichkeiten der Kurssicherung den Außenhandel durch eine Änderung des Terminkurses beeinflusse. Da dieser Mechanismus jedoch *nicht* für einen *bereits abgeschlossenen* Kontrakt anwendbar sein kann, hat ein Anstieg

---

167 Diese Vermutung korrespondiert auch mit spieltheoretischen Überlegungen von Grüner, Hefeker (1996), Sie leiten her, daß die Länder, die ihre Geldpolitik glaubwürdig an der Politik der Bundesbank orientierten, 'employment winners from monetary union' sein werden. Ihre Kernannahme ist, daß die Europäische Zentralbank unter anderem auch ein Beschäftigungsziel verfolgt. Vgl. auch Calmfors (1997).

168 In bezug auf die Änderungen der Arbeitslosenrate und die Beschäftigung sinkt das Signifikanzniveau von 0,99 auf 0,95 bzw. von 0,95 auf 0,90.

169 Vgl. Bélanger u.a. (1992), S. 77, sowie die Kapitel 7 und 8 der vorliegenden Arbeit.

der Wechselkursvariabilität notwendigerweise einen *verzögerten* Effekt auf die hier betrachteten realwirtschaftlichen Größen.[170] Die Annahme der Exogenität der Wechselkurs*varianz*, also *des zweiten* (nicht des ersten) statistischen *Momentes* der Wechselkurse, ist somit für den verfolgten Zweck eine plausible Arbeitshypothese. Auch wird durch die fast durchgehende Implementierung der *verzögerten* Unsicherheits-Proxy das in Abschnitt 6.6.1 erörterte *'error-in-variables'-Problem entschärft.*

Die 'Impact'-Koeffizienten wurden nur relativ kurz kommentiert, da die längerfristigen Effekte eher davon abhängen, ob man den Blickwinkel auf die Niveaus oder die ersten Differenzen der Wechselkursvariabilität fokussiert und ob man temporäre oder permanente Änderungen der letztgenannten Größe betrachtet (Belke (1997a), de Grauwe, Skudelny (1997), S. 8, Kroner, Lastrapes (1993), S. 310). Die unterschiedlichen Implikationen der beiden dynamischen Spezifikationen, die beide wegen der Unsicherheit über die Stationarität der Intra-EWS-Wechselkursvariabilitäts-Zeitreihe prinzipiell zulässig sind, lassen sich am besten anhand dynamischer Simulationen verdeutlichen. Zu diesem Zweck wurden *drei Simulationen* mit den für Deutschland geschätzten Gleichungen durchgeführt:

I) Der D(DEEXV)-Variablen (erste Differenz der DM-Variabilität) wurde für 1975 der Wert 1 (ansonsten 0) zugewiesen. Dies entspricht einem *permanenten Schock* der Wechselkursvolatilität. Das Resultat war ein *permanenter Anstieg der Arbeitslosenrate*, dessen Ausmaß sich recht schnell stabilisierte.

---

170 Vgl. de Grauwe, Skudelny (1997), S. 7, in bezug auf ihre in Tab. 1 der vorliegenden Arbeit aufgeführte Studie. Vgl. auch Müller, Buscher (1999), S. 26.

Abb. 4a - *Reaktion der deutschen Arbeitslosenrate auf einen permanenten Schock der Wechselkursvariabilität* I

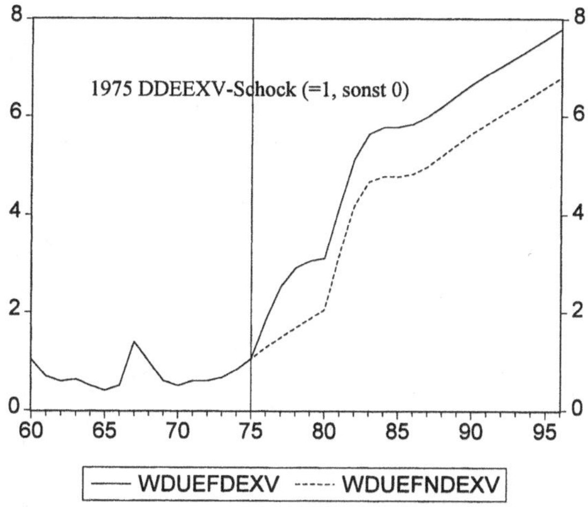

Anmerkungen: WDUEFDEXV = dynamische Prognose 1973-1996 für die westdeutsche Arbeitslosenrate mit einmaligem Schock der Änderung der DM-Wechselkursunsicherheit (1975=1, sonst 0), WDUEFNDEXV = dynamische Prognose der westdeutschen Arbeitslosenrate 1973-1996 ohne Änderung der Wechselkursunsicherheit. Die Schätzung beginnt 1973; die Simulation erfolgt nach Maßgabe der Datenverfügbarkeit (einschließlich der 60er Jahre).

II) Die Ausprägungen der DEEXV-Variablen (Niveau der DM-Wechselkurs-Variabilität) wurden für alle Jahre ab einschließlich 1975 gleich 1 gesetzt (sonst 0). Diese Spezifikation entspricht ebenfalls einem *permanenten Schock* der Wechselkursvolatilität. Wie zu erwarten war, resultiert nun ein *kontinuierlicher Anstieg* der Arbeitslosenquote derart, daß *jede Periode Zuwächse* in Höhe des Driftterms (Koeffizient*DEEXV) zu verzeichnen sind (*keine Stabilisierung* im Niveau der Arbeitslosigkeit nach Anpassung wie bei I und III). Für die Güte der Schätzung spricht dabei deutlich: dieser Driftterm zeichnet in der Schätzgleichung recht genau den tendenziellen Anstieg der westdeutschen Arbeitslosigkeit nach. Zu beachten ist bei der Interpretation darüber hinaus, daß ein derartiger Bruch in der Volatilität wohl dem tatsächlichen Volatilitätsverlauf nicht unähnlich ist und deshalb auch der Trendverlauf der Arbeitslosenrate so gut nachgezeichnet wird. Die langfristigen Implikationen dieser Spezifikation erscheinen somit aus theoretischer, nicht aber aus empirischer Sicht ungünstig. Denn ein kontinuierlicher Anstieg der Arbeitslosenrate ist in der Tat *das* stilisierte Faktum der deutschen Arbeitsmarktentwicklung in den letzten zweieinhalb Jahrzehnten (Belke, Kösters (1992, 1996a, 1999a)). Die Gleichung liefert in statistischer

Hinsicht eine gute Anpassung an die Daten, da sie eine gute Repräsentation der Stichprobe darstellt: die Wechselkursvariabilität steigt während der siebziger Jahre an und die Arbeitslosenrate erhöht sich trendmäßig in den folgenden Jahrzehnten.

Abb. 4b - *Reaktion der deutschen Arbeitslosenrate auf einen permanenten Schock der Wechselkursvariabilität II*

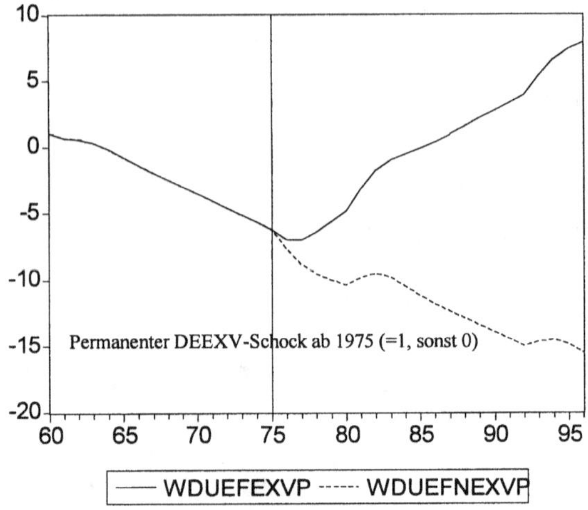

Anmerkungen: WDUEFEXV = dynamische Prognose der westdeutschen Arbeitslosenrate basierend auf einem permanenten Schock des Niveaus der Wechselkursvariabilität (=1 ab 1975, sonst 0), WDUEFNEXV = dynamische Prognose derselben Variablen ohne Wechselkursvariabilität (1973-1996).

III) Die DEEXV-Variable wurde wiederum einem 'Schock' ausgesetzt; diesmal wurde ihr jedoch nur für 1975 der Wert 1 zugewiesen. Das Resultat dieses temporären Schocks war ebenfalls ein permanenter Anstieg der Arbeitslosigkeit um einen konstanten Betrag. Dieser permanente Effekt eines temporären Schocks (anstelle von 'Misalignment') kann als 'Starke Hysteresis auf dem Arbeitsmarkt' interpretiert werden.[171]

[171] Vgl. Kapitel 7 und 8. Vgl. auch Belke (1997a) sowie Belke, Göcke (1994, 1997).

Abb. 4c - *Reaktion der deutschen Arbeitslosenrate auf einen einmaligen Schock der Wechselkursvariabilität*

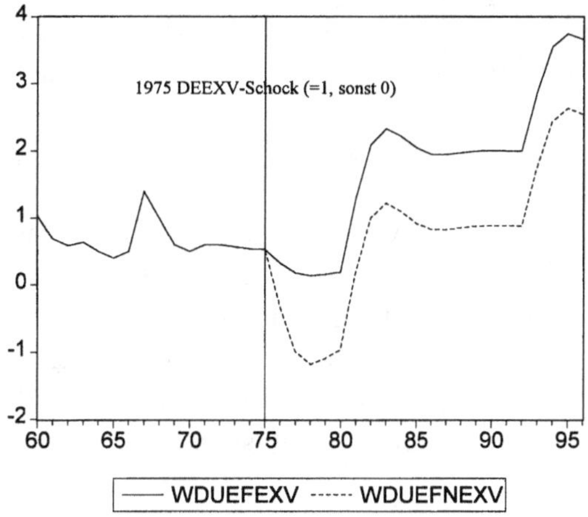

Anmerkungen: WDUEFEXV = dynamische Prognose der westdeutschen Arbeitslosenrate basierend auf einem einmaligen Schock des Niveaus der Wechselkursvariabilität (1975=1, sonst 0), WDUEFNEXV = dynamische Prognose derselben Variablen ohne Wechselkursvariabilität (1973-1996).

Die Niveauspezifikation der Wechselkursvariabilität ist somit aus der Sicht des in Abschnitt 6.3 dargestellten Modells akzeptabel für temporäre Schocks, aber etwas unhandlich für permanente Schocks (Belke, Gros (1999, 1999a)). Darüber hinaus implizieren die Schätzergebnisse für die Differenzen der Wechselkursvariabilität in Tabelle 17 im Gegensatz zu den Schätzgleichungen für die Niveaus dieser Variabilität (Tab. 16), daß eine einmalige Änderung des Niveaus der Wechselkursvariabilität in ihrer Wirkung beschränkt ist. Es kann nämlich formal gezeigt werden, *daß eine einmalige Änderung der Wechselkursunsicherheit die Niveaus der abhängigen Variablen x nicht permanent (bzw. bei unendlichem Zeithorizont nicht) beeinflußt.* Durch die Schätzgleichungen in Tabelle 17 (d.h. falls unterstellt wird, die Niveaus der Variabilitätsvariablen seien *nicht stationär*) wird die folgende reduzierte Form impliziert:

(20) $\Delta x_t = c(L) d_x DEXV_{t+1} + \ldots,$

wobei der Term c(L) dem invertierten AR-Polynom und d_x dem Koeffizienten von DEXV (bzw. in Gl. (22) von EXV) in den tabellierten Schätzgleichungen entspricht. Daher gilt:

(21) $\partial x_{t+k} / \partial EXV_{t+1} = c_k d_x$.

Dieser Ausdruck konvergiert mit k gegen Unendlich wegen der Stationarität von Δx *gegen Null*. Falls die Niveaus der Variabilität als *stationär* angenommen werden (Tab. 16), folgt:

(22) $\Delta x_t = c(L) d_x EXV_{t+1} + \ldots$ oder $x_t = (1 - L)^{-1} c(L) d_x EXV_{t+1} + \ldots$.

Das Lagpolynom auf der rechten Seite der Gleichung ist das kumulierte c(L), das wegen der Stationarität der Δx nicht auf Null beschränkt wird.[172] Eine einmalige Änderung des Niveaus der Wechselkursunsicherheit hat einen permanenten Effekt. Die in Tab. 17 unterstellte langfristige Neutralität temporärer Schocks der Unsicherheit in bezug auf realwirtschaftliche Größen entspricht jedoch eher der Ansicht skeptischerer Ökonomen (Sekkat (1998)).

Aus diesen eher strategischen Gründen werden im folgenden die für die *ersten Differenzen* der Wechselkursvariabilität erzielten Resultate *betont*. Obwohl sie insgesamt etwas schwächer ausfallen, bekräftigen auch sie deutlich den Eindruck, daß die Eliminierung der Intra-ERM-Wechselkursvariabilität signifikanten positiven realwirtschaftlichen Effekten führen könnte. Auch in den weiter unten vorgenommenen Robustheitstests stehen die Gleichungsformulierungen in ersten Differenzen der Wechselkursvariabilität im Vordergrund.[173]

Ergänzend durchgeführte Regressionen, die den *gesamten* für einige Länder *verfügbaren* Zeitraum von 1960 bis 1996 abdecken, ergeben ähnliche Resultate. Eine Rechtfertigung für einen Einschluß der Bretton Woods-Periode könnte sein, daß der hier verwendete Indikator für die Wechselkursvariabilität tatsächlich auf signifikante 'spikes of volatility' innerhalb dieser Periode verweist. Diese Wechselkursausschläge repräsentieren jedoch in der Regel diskrete Abwertungen in einer Periode, die ansonsten durch stabile Wechselkurse gekennzeichnet war. Im folgenden wird zu einer spezifischeren Interpretation der vorstehenden Ergebnisse übergegangen. Dabei wird mit einer wirtschaftspolitischen Schlüsselvariable begonnen.

---

172 Vgl. Kroner, Lastrapes (1993), S. 310, 313 und 316, für Schätzungen des Einflusses der Wechselkursvolatilität *auf den Außenhandel*.

173 Um jedoch einen genaueren Eindruck der Größenordnung der in Tab. 1 zusammengefaßten Regressionsergebnisse zu vermitteln, werden in den Tabellen 18a bis 18c beispielhaft die vollständigen Schätzergebnisse für Westdeutschland angeführt.

6.6.2.1 Arbeitslosigkeit

Da die Arbeitslosenraten aller Volkswirtschaften des Samples zuvor als nicht stationär und integriert vom Grade 1 eingestuft wurden, wird die Analyse unter Verwendung der Differenzen ('D') der Arbeitslosenrate ('UE'), bezeichnet mit 'D(UE)', durchgeführt. Die Natur der Resultate läßt sich ausreichend durch die Betrachtung eines spezifischen Resultats, nämlich des für Deutschland erzielten, verdeutlichen. Wie in der Tab. 19a verdeutlicht, führt die oben beschrieben Prozedur auf der Basis des SCH-Kriteriums zu der einfachen OLS-Regression von "D(WDUE)' auf seine eigene Vergangenheit (zwei Verzögerungen der Endogenen, D(WDUE)(-1) und D(WDUE)(-2)) sowie auf das hier verwendete Maß der Wechselkursvariabilität für das vorhergehende Jahr (D(DEEXV)(-1)) für die Periode von 1973 bis 1996.

Den Ergebnissen dieser Schätzungen folgend, hatte die Intra-EWS-Wechselkursvariabilität vor dem Beginn der EWU einen signifikanten Einfluß auf die Arbeitslosigkeit in Westdeutschland. Da sich nur eine Verzögerung der Wechselkursvariabilität als empirisch relevant herausstellt, kann man direkt auf die Realisation der t-Statistik für den Koeffizienten der (Änderung der) Wechselkursvariabilität zurückgreifen, um die Signifikanz dieses Effektes zu überprüfen. Der Wert von 2,19 ist in dem Sinne hoch signifikant, als daß die Wahrscheinlichkeit, diesen Effekt zu finden, selbst wenn er nicht existiert, kleiner als die üblichen $\alpha = 0{,}05$ ist. Das Resultat ist also statistisch signifikant. Aber ist es auch ökonomisch bedeutsam? Im folgenden wird argumentiert, es sei relevant.[174] Der betreffende Punktschätzer impliziert, daß eine Reduktion des Variabilitätsmaßes 'DEEXV' um einen Prozentpunkt, d.h. D(DEEXV) = 1, die Arbeitslosigkeit nach einem Jahr um 0,56 % reduzierte (ein deutsches Erwerbspersonenpotential von ungefähr 30 Millionen vorausgesetzt, beläuft sich dieser Effekt auf ungefähr 168 Tausend Arbeitslose weniger). Während dieser 'Impact'-Effekt den *konjunkturellen* Teil der Arbeitslosigkeit betrifft, wurden bereits in Kapitel 4 die Auswirkungen der EWU auf den verhältnismäßig bei weitem bedeutenderen (Belke, Kösters (1996, 1996a, 1999a) strukturellen Teil der Arbeitslosigkeit in Kontinentaleuropa analysiert.[175]

---

[174] Für diese Art der Argumentation in bezug auf die Quantifizierung von Außenhandelserträgen durch die Eliminierung von Wechselkursvariabilität vgl. auch Brada, Méndez (1988), S. 270, de Grauwe, Verfaille (1988), S. 92, und Frankel, Wei (1993), S. 17 ff. Umgekehrt findet Gagnon (1993) gemäß Abschnitt 6.1.2.2. einen ökonomisch, aber nicht statistisch signifikanten Einfluß der Wechselkursvariabilität auf den globalen Außenhandel.

[175] Für diese Interpretation der Ergebnisse vgl. auch Müller, Buscher (1999), S. 37.

Wenn man dieses Ergebnis in eine Schätzung des zusätzlichen Beschäftigungsertrags der EWU übersetzen möchte, muß man das 'counterfactual' korrekt spezifizieren (Bailey, Tavlas (1988), S. 431, de Grauwe, Skudelny (1997), S. 8, Gros, Thygesen (1998), S. 283).[176] Es läßt sich zwar argumentieren, daß sich Wechselkurse innerhalb des EU-Kerns (der immerhin zwei Drittel des BIP und des Außenhandels der EU repräsentiert) *ex post* bereits seit fast zehn Jahren stabil verhielten. Jedoch bedeutet dies nicht, daß die EWU keinen Regimewechsel im Hinblick auf die Wechselkursvariabilität mit sich bringt. Diese Stabilität innerhalb des Kerns wurde nämlich nicht immer antizipiert. Dies läßt sich gut daran erkennen, daß die Terminkurse für mittelfristige Fälligkeiten oft aus dem engen Wechselkursband herausfielen. Darüber hinaus läßt sich argumentieren, daß die Alternative zur EWU zum Zeitpunkt der Abschätzung ihrer Beschäftigungseffekte nicht eine Rückkehr zum stabilen EWS, sondern eine Periode substantieller Wechselkursvariabilität in Europa ist (Belke, Gros (1998), de Grauwe (1997), S. 64, Gros, Thygesen (1998), S. 381). Schließlich ist zu beachten, daß Müller, Buscher (1999) im Rahmen ihrer detaillierten empirischen Überprüfung der hier in Abschnitt 6.6 erzielten Ergebnisse gerade in denjenigen Subperioden besonders *große* Koeffizientenschätzer der Wechselkursvolatilität ermitteln, in denen die Volatilität relativ *gering* ist. Diese Argumente sollten in die Berechnung des 'counterfactual' eingehen.

In der Abwesenheit der EWU könnte die (intra-europäische) Wechselkursvariabilität leicht ihr Niveau zu Beginn des Jahres 1995 überschreiten, als die EWU bereits zu Teilen antizipiert wurde und die wichtige FF/DM-Rate nicht mehr viel variierte. Trotzdem betrug 'DEEXV' im Jahr 1995 immer noch etwa 0,8 (% pro Monat). Nimmt man als 'counterfactual' deshalb einen Sprung der Wechselkursvariabilität von einem Prozentpunkt an, läßt sich konstatieren, daß die EWU die westdeutsche Arbeitslosigkeit auf Anhieb um etwa einen halben bis einen Prozentpunkt verringern wird. Verglichen mit der 1995 erreichten westdeutschen Arbeitslosenrate von 9% ist dies ein kleiner, aber trotzdem nicht zu vernachlässigender Beitrag. Der Effekt würde in den Folgeperioden ceteris paribus angesichts des relativ großen Koeffizienten der Verzögerung der abhängigen Variablen sogar noch etwas ausgeprägter. Die weiter oben durchgeführten Simulationen mit dieser Glei-

---

[176] Darüber hinaus führt Baldwin (1991), S. 21., an: "For many economic decisions, the possibility of large exchange rate change sometime in the future is an important source of uncertainty." In diesem Lichte interpretieren Belke, Gros (1998), S. 283 f., die Vorteile der EWU in bezug auf die zentral- und osteuropäische Währungskrise 1998.

chung verdeutlichen, daß sich die ceteris paribus auftretenden *permanenten* realwirtschaftlichen Gewinne in Gestalt niedrigeren Niveaus der Arbeitslosenrate für Westdeutschland auf ungefähr einen Prozentpunkt belaufen.[177]

Die bisherigen Ausführungen beschränkten sich auf die Resultate für Westdeutschland, da im Vorfeld der EWU häufig argumentiert wurde, gerade dieses Land habe u.a. angesichts seiner Arbeitsmarktlage kein originäres Interesse an der EWU. Jedoch ergeben sich für die meisten anderen EU-Volkswirtschaften ähnliche Ergebnisse. Während die Punktschätzer für die Niederlande und Dänemark sogar noch etwas größer ausfallen, ergeben sich für Frankreich ähnliche Größenordnungen wie für Westdeutschland. Für Portugal wird ein viel niedrigerer Punktschätzer ermittelt. Trotzdem ist Portugals extrapolierter Beschäftigungsgewinn durch die EWU angesichts seiner vergleichsweise deutlich höheren Wechselkursvariabilität aus ökonomischer Sicht ebenfalls hoch. Tabelle 17 weist hingegen trotz ebenfalls hoher kurzfristiger Wechselkursvariabilität keine entsprechenden realwirtschaftlichen Vorteile der EWU für Großbritannien aus (Belke, Gros (1999a), Europäische Kommission (1990), S. 71, Müller, Buscher (1999), S. 21 ff.).[178]

Die Argumentation stützte sich bis hier allein auf die Schätzungen unter Verwendung der *Änderungen* der Wechselkursvolatilität. In bezug auf das *Niveau* der Variabilität ergeben sich jedoch ähnliche Gleichungsstrukturen. Für Westdeutschland resultiert ein t-Wert für den Koeffizientenschätzer der um eine Periode verzögerten Wechselkurvariabilität von 2,44. Der Punktschätzer impliziert hier sogar, daß eine Verringerung von "DEEXV" um einen Prozentpunkt die Arbeitslosigkeit nach einem Jahr um 0,67 % reduzierte. Dies entspricht etwa 200 Tausend Arbeitslosen weniger. Auch dieses Ergebnismuster fügt sich quantitativ überraschend gut in das Bild der Entwicklung der Intra-EWS-Wechselkursvolatilität (vgl. Tab. A1, Anhang) und des 1996 und 1997 zu beobachtenden Anstiegs der Arbeitslosigkeit in Deutschland.

---

177 Es ist zu betonen, daß es sich hier wie auch bei den im folgenden geschätzten Beschäftigungs- und Investitionseffekten *nur um partielle* realwirtschaftliche Effekte der EWU handelt. Für versuchsweise Prognosen der Beschäftigungsentwicklung in der EWU sind andere im Rahmen der vorliegenden Arbeit ebenfalls berücksichtigte Effekte zusätzlich zur Kenntnis zu nehmen und mit den hier behandelten *zu saldieren*. Vgl. ausführlich Abschnitt 6.7.

178 Letzteres veranlaßte die Mehrzahl der britischen Zuhörer im Forschungsseminar des 'Institute for German Studies', Universität Birmingham, 30. November 1998, zu einer aus der Sicht des Verfassers etwas unfreiwilligen Unterstützung seiner empirischen Ergebnisse. Es werde wieder einmal deutlich, daß die EWU zwar Frankreich und Deutschland, nicht aber Großbritannien handfeste ökonomische Vorteile verschaffe.

6.6.2.2 Beschäftigung in der verarbeitenden Industrie

Ähnliche Schlußfolgerungen ergeben sich, wenn man denselben Test wie für die (Änderung der) Arbeitslosenrate auch für das Wachstum der Beschäftigung in der verarbeitenden Industrie durchführt. Diese Größe wird für Westdeutschland als D(EMPLMANWD) bezeichnet. Sie wird definiert als die erste Differenz des Index der Beschäftigung in der verarbeitenden Industrie, d.h. grob ausgedrückt als die prozentuale Änderung der Zahl der im verarbeitenden Gewerbe beschäftigten Personen. Für Westdeutschland führt die oben ausführlich beschriebene automatische Auswahlprozedur zu der einfachen OLS-Regression dieser Variablen auf ihre eigene Vergangenheit und auf die erste Differenz der intra-europäischen Wechselkursvariabilität der DM für die vergangenen Jahre. Die Ergebnisse dieser Regression werden in Tab. 19b ausführlich dokumentiert.

Die Variabilität der innereuropäischen Wechselkurse hatte aus dieser veränderten Perspektive vor dem Start der EWU ebenfalls einen signifikanten negativen Einfluß auf den westdeutschen Arbeitsmarkt. Die Realisation der t-Statistik des Koeffizientenschätzers für D(DEEXV)(-1) beläuft sich auf -2,20. Dies impliziert wiederum, daß man dieses Resultat in weniger als 5 aus 100 Fällen per Zufall erhält. Der Punktschätzer impliziert, daß eine Elimination der in 1995 vorherrschenden intra-europäischen Wechselkursvariabilität die Rate des Beschäftigungswachstums in der verarbeitenden Industrie ceteris paribus um 1,99 Prozentpunkte erhöhen könnte (1,99*1,0). Dieses Resultat übersetzt sich in einen positiven Beschäftigungseffekt der EWU von etwa zwei Prozentpunkten, wobei als 'counterfactual' wiederum mit derselben Begründung wie schon in bezug auf die deutsche Arbeitslosigkeit ein Anstieg der Variabilität um einen Prozentpunkt unterstellt wird. Dies wäre einem Gewinn von 150 Tausend Arbeitsplätzen äquivalent (basierend auf 7,5 Millionen beschäftigten Personen im westdeutschen verarbeitenden Gewerbe im Jahre 1995). Für die Richtigkeit dieser Ergebnisse spricht insbesondere, daß dieses Ergebnis von der Größenordnung her dem Ergebnis für die westdeutsche Arbeitslosigkeit sehr nahe kommt. Dies legt nahe, daß der *Großteil* des Einflusses der intra-europäischen Wechselkursvariabilität auf den deutschen Arbeitsmarkt den Bereich der *handelbaren* Güter betrifft, wie man a priori auch annehmen sollte.[179]

Die Schätzungen für die anderen EU-Volkswirtschaften kommen zu etwas kleineren Koeffizientenschätzern ('impact multipliers') für das Variabilitätsmaß, sind jedoch ansonsten der Schätzung für Westdeutschland sehr ähnlich. Die 'Impact'-Multiplikatoren erscheinen in dem einen oder anderen Fall sehr klein zu sein. Da diese Effekte jedoch aufgrund der Verwendung erster Differenzen der realwirtschaftlichen Variablen implizit einen permanenten Charakter tragen (kein Wunder angesichts der Persistenz oder sogar Hysteresis in der westeuropäischen Arbeitslosigkeit bzw. Beschäftigung, d.h. einer Einheitswurzel in der betreffenden Beschäftigungsvariable oder Einheitswurzel(n) im System der Arbeitsmarktvariablen, vgl. Abschnitt 6.5.2), scheint der Gegenwartswert der Beschäftigungsgewinne aus einer Elimination der intra-europäischen Wechselkursvariabilität durchaus ansehnlich zu sein. Für Großbritannien ergibt sich in Tabelle 17 hingegen wie schon in bezug auf die Arbeitslosenrate wiederum kein signifikanter Arbeitsmarkteinfluß volatiler intra-europäischer Wechselkurse.

Die bisherigen Ausführungen bezogen sich wie schon in bezug auf die Arbeitslosigkeit allein auf die Schätzungen unter Verwendung der *Änderungen* der Wechselkursvolatilität. In bezug auf das *Niveau* der Variabilität resultieren ähnliche Regressionen. Im Falle Westdeutschlands beträgt die Realisation der t-Statistik für den Koeffizientenschätzer von EXV(-1) sogar -3,94. Der Einfluß der Wechselkursvariabilität ist also auf dem 1 Prozent-Niveau hoch signifikant. Der entsprechende Punktschätzer beträgt 3,3.

6.6.2.3 Investitionen

Auch in bezug auf die *Investitionen* sind die Resultate für verschiedene EU-Volkswirtschaften einander *ähnlich*. Länder, für die bereits ein Einfluß der Wechselkursvariabilität auf die Arbeitslosenrate und die Beschäftigung nicht abgelehnt werden konnte, offenbaren auch einen entsprechenden Volatilitätseinfluß auf die (Wachstumsrate der) Investitionen. Etwas überra-

[179] Zusätzliche Untersuchungen führen zu dem Ergebnis, daß der 'Impact'-Multiplikator für die Beschäftigung in der verarbeitenden Industrie zwei- bis dreimal so hoch wie derjenige für die jährliche Prozentänderung der gesamtwirtschaftlich beschäftigten Bevölkerung ausfällt. Vgl. auch Belke (1996d, 1998) und Gros (1996), S. 20, sowie Abschnitt 6.5.1.1. Unter der realistischen Voraussetzung, daß der Sektor der verarbeitenden Industrie etwa ein Drittel der gesamtwirtschaftlichen Beschäftigung ausmacht, legt dieses Ergebnis zudem nahe, daß sich der Großteil des oben identifizierten Effekts im Bereich handelbarer Güter vollzieht.

schend weisen zwei relativ große EU-Volkswirtschaften (Frankreich und Westdeutschland) die betragsmäßig höchsten Koeffizienten auf. Die Punktschätzer für die Koeffizienten der Intra-EWS-Wechselkursvariabilität in Höhe von -6,67*** (für die kontemporäre Realisation von D(DEEXV)) und von -6,87*** (für die einjährige Verzögerung derselben Variable) bedeuten, daß die Eliminierung der 1995er Wechselkursvariabilität durch die EWU (als 'counterfactual' sei wiederum ein Anstieg der Volatilität um einen Prozentpunkt angenommen) die Investitionen in Westdeutschland um 6,5 bis 7 Prozent erhöhen würde. Dies wäre einem Nachfrageschock von etwa 1,4 bis 1,6 % des BIP äquivalent. Mit einem standardmäßigen Okun-Koeffizienten in Höhe von 3, würde dieser Effekt einer Verringerung der Arbeitslosigkeit um etwa 0,53 Prozentpunkte entsprechen.[180] Dieser Schätzwert ist nur geringfügig kleiner als weiter oben berechnete direkte Einfluß auf die Höhe der Arbeitslosigkeit. Aus dieser Sicht sind die bisher erzielten Resultate sogar über verschiedenste Gleichungen hinweg konsistent. Als ein Beispiel werden die auf der Änderung der Wechselkursvolatilität basierenden Schätzergebnisse für Westdeutschland in der Tabelle 19c vorgestellt. Die bisherigen Ausführungen stützten sich wie schon in bezug auf die Arbeitslosigkeit und die Beschäftigung allein auf die Schätzungen unter Verwendung der *Änderungen* der Wechselkursvolatilität. In bezug auf das *Niveau* der Variabilität resultieren ähnliche Regressionen. Im Falle Westdeutschlands beträgt die Realisation der t-Statistik für den Koeffizientenschätzer von EXV(-1) sogar -2,97. Der Einfluß der Wechselkursvariabilität ist also auf dem 1 Prozent-Niveau hoch signifikant. Der entsprechende Punktschätzer beträgt 7,53.

Der allgemeine Eindruck aus diesen bisher in der Literatur außer von Belke, Gros (1997) und Gros (1996, 1996b) noch nie auch nur ansatzweise durchgeführten einfachen empirischen Tests ist, daß es selbst für Kritiker sehr *schwierig* sein dürfte, die Hypothese beizubehalten, daß *keine Verbindung* zwischen den Niveaus und (auch) den Änderungen der intra-europäischen Wechselkursvariabilität und den zuvor betrachteten drei realwirtschaftlichen Variablen existiert. Bei der Interpretation der Ergebnisse wurden die für die *ersten Differenzen* des Volatilitätsmaßes erzielten Ergebnisse *betont*. Obwohl sie etwas schwächer ausfielen, bestätigen sie dennoch eindrucksvoll, daß eine Elimination der intra-europäischen Wechselkursvariabilität statistisch abgesicherte positive realwirtschaftliche Effekte mit sich bringen soll-

---

[180] Für eine Rechtfertigung der Verwendung einer Okun-Beziehung in diesem Zusammenhang vgl. stellvertretend Müller, Buscher (1999), S. 21 ff. als einer aktuellen Studie des ZEW Mannheim.

te, da sie die Arbeitslosigkeit tendenziell reduziert und die Beschäftigung sowie die Investitionstätigkeit tendenziell erhöht (ähnlich auch Gros, Thygesen (1998), S. 283). Die hier erzielten Resultate lassen die Hypothese vieler Ökonomen in einem schwächeren Licht erscheinen, daß die Wechselkursvariabilität für sich genommen unwichtig sei, da die meisten der in Abschnitt 6.1. systematisch ausgewerteten empirischen Studien nur einen geringen Einfluß auf den Außenhandel aufdecken können. Die Thematik des hierbei zugrunde liegenden Transmissionskanals wird nach einigen Tests auf Robustheit der bisher erzielten Ergebnisse im weiteren Verlauf der Arbeit in den Kapiteln 7 und 8 wieder aufgegriffen. Um jedoch vorher noch einen tieferen Eindruck über die Größenordnung der Regressionsergebnisse in den Tabellen 16 und 17 zu vermitteln, werden in den Tab. 18a bis 18c sowie Tab. 19a bis 19c Beispiele für Westdeutschland angegeben.

Ergänzend sei angemerkt, daß die im Anhang 2 dokumentierten Schätzergebnisse implizieren, daß ein Teil der Variabilität des *Wachstums der industriellen Produktion* statistisch durch Änderungen der Wechselkursvariabilität erklärt werden kann. Schätzungen in empirischen wissenschaftlichen Arbeiten zu den potentiellen Kosten der EWU (z.B. Bayoumi, Eichengreen (1994)), welche die industrielle Produktion als einen Indikator verwenden, überschätzt aus dieser Sicht das Potential für Schocks. Der Grund hierfür ist, daß Änderungen der Wechselkursvariabilität unter dem Regime der EWU als eine unabhängige Quelle asymmetrischer Schocks eliminiert werden (Belke (1999), Belke, Gros (1998)). In dem Fall der im Anhang 2 dokumentierten empirischen Ergebnisse wird die abhängige Variable durch die Änderung der Wachstumsrate der industriellen Produktion repräsentiert. Die dabei erzielten Ergebnisse spiegeln -nicht allzu überraschend- die für das Wachstum der Beschäftigung in der verarbeitenden Industrie erzielten Resultate im Prinzip wieder. Die statistische Signifikanz ist im Fall Deutschlands sogar noch *viel deutlicher*, wenn man *Änderungen* der Wechselkursvolatilität betrachtet. Unterstellt man wie zuvor als 'counterfactual' einen Sprung der Wechselkursvariabilität um einen Prozentpunkt, bedeutet der für Deutschland ermittelte Koeffizientenschätzer, daß die EWU die Wachstumsrate der industriellen Produktion durch die Elimination der 1995 intraeuropäischen Wechselkursvariabilität auf Anhieb um sechseinhalb Prozent (6,44*1,0) für ein Jahr erhöht. Darüber hinaus wird dieser starke Einfluß im folgenden Jahr noch verstärkt, da der Koeffizientenschätzer für die zweite Verzögerung ebenfalls negativ ausfällt (ähnlich Belke, Gros (1997, 1998a, 1998c, 1999, 1999a)). Der Einfluß ist somit sicherlich *ökonomisch bedeutsam.*

Tab. 18a - *Niveau der Wechselkursvariabilität und die Arbeitslosenrate: Das Beispiel Deutschland*

LS // Dependent Variable is DWDUE
Sample(adjusted): 1973 1995
Included observations: 23 after adjusting endpoints

Variable	Coefficient	Std. Error	t-Statistic	Prob.
C	-0.319862	0.192228	-1.663976	0.1156
D(WDUE)(-1)	0.761554	0.164811	4.620761	0.0003
D(WDUE)(-2)	-0.356944	0.158014	-2.258937	0.0382
D76	-0.869841	0.468632	-1.856126	0.0819
D81	1.073565	0.444235	2.416659	0.0280
D93	0.882932	0.457309	1.930710	0.0714
DEEXV(-1)	0.665476	0.273084	2.436893	0.0269

R-squared	0.775977	Mean dependent var	0.269565
Adjusted R-squared	0.691968	S.D. dependent var	0.761240
S.E. of regression	0.422493	Akaike info criterion	-1.477375
Sum squared resid	2.856005	Schwarz criterion	-1.131789
Log likelihood	-8.645778	F-statistic	9.236855
Durbin-Watson stat	2.348591	Prob(F-statistic)	0.000183

Tab. 18b - *Niveau der Wechselkursvariabilität und die Beschäftigung: Das Beispiel Deutschland*

LS // Dependent Variable is D(EMPLMANWD)
Sample(adjusted): 1973 1995
Included observations: 23 after adjusting endpoints

Variable	Coefficient	Std. Error	t-Statistic	Prob.
C	1.461095	0.586011	2.493290	0.0226
D(EMPLMANWD(-1))	0.661213	0.141830	4.662009	0.0002
D(EMPLMANWD(-2))	-0.521174	0.153804	-3.388556	0.0033
D93	-3.016011	1.466073	-2.057204	0.0545
DEEXV(-1)	-3.329661	0.845206	-3.939467	0.0010

R-squared	0.757855	Mean dependent var	-1.018242
Adjusted R-squared	0.704045	S.D. dependent var	2.505285
S.E. of regression	1.362919	Akaike info criterion	0.808918
Sum squared resid	33.43587	Schwarz criterion	1.055764
Log likelihood	-36.93814	F-statistic	14.08390
Durbin-Watson stat	1.960315	Prob(F-statistic)	0.000022

Tab. 18c - *Niveau der Wechselkursvariabilität und die Investitionen: Das Beispiel Deutschland*

LS // Dependent Variable is D(INVWD)
Sample: 1973 1996
Included observations: 24

Variable	Coefficient	Std. Error	t-Statistic	Prob.
C	4.775256	1.749972	2.728762	0.0143
D(INVWD(-1))	-0.294764	0.160692	-1.834338	0.0842
D(INVWD(-2))	-0.362985	0.161967	-2.241109	0.0387
D76	11.53283	4.477342	2.575820	0.0196
D81	-6.842052	3.970563	-1.723194	0.1030
D93	-11.22209	4.023640	-2.789038	0.0126
DEEXV	-7.528570	2.536816	-2.967724	0.0086

R-squared	0.632530	Mean dependent var	-0.183333
Adjusted R-squared	0.502835	S.D. dependent var	5.359240
S.E. of regression	3.778797	Akaike info criterion	2.897304
Sum squared resid	242.7482	Schwarz criterion	3.240903
Log likelihood	-61.82217	F-statistic	4.877049
Durbin-Watson stat	1.995906	Prob(F-statistic)	0.004541

Tab. 19a - *Änderung der Wechselkursvariabilität und die Arbeitslosenrate: Das Beispiel Deutschland*

LS // Dependent Variable is DWDUE
Sample: 1973 1995
Included observations: 23

Variable	Coefficient	Std. Error	t-Statistic	Prob.
C	0.107626	0.115168	0.934516	0.3624
D(WDUE)(-1)	0.864075	0.172574	5.006993	0.0001
D(WDUE)(-2)	-0.424593	0.178311	-2.381191	0.0285
D81	0.932477	0.520080	1.792950	0.0898
DDEEXV(-1)	0.562483	0.256601	2.192052	0.0418

R-squared	0.648065	Mean dependent var	0.269565
Adjusted R-squared	0.569857	S.D. dependent var	0.761240
S.E. of regression	0.499262	Akaike info criterion	-1.199590
Sum squared resid	4.486718	Schwarz criterion	-0.952744
Log likelihood	-13.84030	F-statistic	8.286435
Durbin-Watson stat	2.528770	Prob(F-statistic)	0.000566

Tab. 19b - *Änderung der Wechselkursvariabilität und die Beschäftigung: Das Beispiel Deutschland*

LS // Dependent Variable is D(EMPLMANWD)
Sample: 1973 1995
Included observations: 23

Variable	Coefficient	Std. Error	t-Statistic	Prob.
C	-0.484109	0.387200	-1.250283	0.2272
D(EMPLMANWD(-1))	0.862354	0.180411	4.779937	0.0001
D(EMPLMANWD(-2))	-0.498135	0.186969	-2.664263	0.0158
D93	-2.483251	1.835836	-1.352654	0.1929
DDEEXV(-1)	-1.986700	0.904775	-2.195795	0.0415

R-squared	0.644346	Mean dependent var	-1.018242
Adjusted R-squared	0.565312	S.D. dependent var	2.505285
S.E. of regression	1.651756	Akaike info criterion	1.193338
Sum squared resid	49.10937	Schwarz criterion	1.440185
Log likelihood	-41.35897	F-statistic	8.152754
Durbin-Watson stat	2.144002	Prob(F-statistic)	0.000619

Tab. 19c - *Änderung der Wechselkursvariabilität und die Investitionen: Das Beispiel Deutschland*

LS // Dependent Variable is D(INVWD)
Sample: 1973 1996
Included observations: 24

Variable	Coefficient	Std. Error	t-Statistic	Prob.
C	0.040732	0.829900	0.049081	0.9614
D(INVWD(-1))	-0.144262	0.161573	-0.892856	0.3837
D(INVWD(-2))	-0.428096	0.156232	-2.740135	0.0135
D93	-8.722517	4.289793	-2.033319	0.0570
DDEEXV	-6.665624	2.336623	-2.852674	0.0106
DDEEXV(-1)	-6.867707	2.357799	-2.912762	0.0093

R-squared	0.569943	Mean dependent var	-0.183333
Adjusted R-squared	0.450482	S.D. dependent var	5.359240
S.E. of regression	3.972775	Akaike info criterion	2.971248
Sum squared resid	284.0930	Schwarz criterion	3.265761
Log likelihood	-63.70950	F-statistic	4.770978
Durbin-Watson stat	1.933101	Prob(F-statistic)	0.005965

Anmerkungen zu den Tabellen: Die Bezeichnungen der Dummies beziehen sich auf die Periode, für die sie als Eins kodiert werden. Zum Beispiel wird die Dummyvariable D93 als 1 für 1993, sonst 0, kodiert. Die Dummy D9293 wird als 1 für 1992 bis 1993, sonst 0, kodiert.

Auch die Schätzresultate basierend auf den ersten Differenzen der Intra-EWS-Wechselkursvolatilität für Deutschland werden im Anhang 2 zu diesem Kapitel dokumentiert. Die Ergebnisse für die anderen EU-Volkswirtschaften sind wiederum vergleichbar. Die 'Impact'-Multiplikatoren fallen im Durchschnitt jedoch etwas geringer aus.[181]

Im folgenden Abschnitt 6.6.3 wird empirisch kontrolliert, ob die in diesem Abschnitt 6.6.2 erzielten Resultate robust gegenüber einigen alternativen Erklärungen und gegenüber einer alternativen Schätzprozedur sind. Es wird zu diesem Zweck getestet, ob die Ergebnisse unter der expliziten Berücksichtigung von Politikinstrumenten (z.B. des Zinssatzes) und von zyklischen Variablen (z.B. des BIP-Wachstums), die ebenfalls einen Einfluß auf die Variabilität von Wechselkursen haben können, bestehen bleiben.

6.6.3 Robustheit der Testergebnisse

6.6.3.1 Robustheit I: Der Einfluß potentieller 'Shock-'Absorber' Realer Wechselkurs, Geldpolitik und $-Wechselkursvariabilität

In einem ersten Schritt im Rahmen der Robustheitstests wird im folgenden den drei plausibelsten Varianten, in denen die Wechselkursvariabilität für andere dritte Variablen stehen kann, Rechnung getragen. Für jede dieser Hypothesen wird dieselbe Auswahlprozedur, welche wie oben erläutert hauptsächlich auf dem SCH-Kriterium beruht, implementiert. Dies wird *nur für die ersten Differenzen* der Wechselkursvariabilität durchgeführt, da diese Variable zu den relativ schwächeren Ergebnissen führte. Ein zusätzlicher Grund hierfür ist, daß einige Ökonomen das mehrfach angeführte Hysteresis-Argument für weniger relevant halten. Diesem Argument folgend kann eine *temporäre* Erhöhung des Niveaus der Wechselkursvariabilität zu einem *permanent* höheren Niveau der Arbeitslosigkeit führen. Dieses langfristige Charakteristikum würde jedoch direkt aus den Regressionsgleichungen folgen, welche die Änderungen der realwirtschaftlichen Variablen und das *Niveau* der Wechselkursvariabilität umfassen. Die *drei Hypothesen*, die im folgenden getestet werden, sind ihrer Tendenz nach bereits aus dem Abschnitt 6.5.1.1 bekannt und lauten:

---

[181] Schließlich finden Belke, Gros (2000) empirisch, dass der gefundene Einfluß der Wechselkursunsicherheit auf die Arbeitslosenrate letztlich auch wie theoretisch zu erwarten auf einen Einfluß auf die *gesamtwirtschaftliche* Beschäftigung zurückzuführt werden kann.

i) Die Intra-EWS-Wechselkursvariabilität war in der Vergangenheit nicht mehr als ein Ausdruck von 'Misalignment' (d.h. eines 'falschen' Niveaus des Wechselkurses).

ii) Die Intra-EWS-Wechselkursvariabilität war nicht mehr als ein Ausdruck der Spannung im europäischen Wechselkursmechanismus ERM, die durch eine restriktive deutsche Geldpolitik verursacht wurde.

iii) Die Intra-EWS-Wechselkursvariabilität war nicht mehr als ein Ausdruck globaler Unsicherheit, d.h. eine Näherungsgröße für die Dollar-Variabilität.

Ein erster möglicher Grund für die signifikante negative (positive) Korrelation der Intra-EWS-Wechselkursvariabilität mit der Arbeitslosigkeit bzw. der Beschäftigung in EU-Volkswirtschaften könnte darin bestehen, daß diese Volatilität genau die *'Misalignments' des realen Wechselkurses* repräsentierte. Dieser Aspekt ist in der Vergangenheit besonders von den deutschen Gewerkschaften und Industrievertretern hervorgehoben worden.[182] Das zugrunde liegende Argument ist relativ einfach auf Deutschland zu beziehen. Die DM erwies sich immer dann als stark, wenn ihr Wechselkurs gleichzeitig variabel war. Während der achtziger und der frühen neunziger Jahre führten Portfolio-Umschichtungen häufig zu Kapitalabflüssen aus dem Dollar in die DM. Deren hieraus resultierende Stärke verursachte Spannungen im Europäischen Wechselkursmechanismus (Belke, Gros (1999, 1999a), Gros, Thygesen (1992), S. 137, Mann (1989), S. 609).[183] Dieses Argument läßt sich aber selbstverständlich nicht ohne Weiteres auf die übrigen ERM-Währungen anwenden. Denn für letztere sollte ein variabler Wechselkurs mit einer *schwachen* heimischen Währung einhergehen, die Exporte tendenziell begünstigt. Auch ist zu beachten, daß in Abschnitt 6.1.2 der fehlende Konsens in bezug auf negative Effekte der Wechselkursunsicherheit auf den Außen-

---

182 Welfens, Jungmittag (1997), S. 334, konstatieren: " ... there is a problem with standard measures of exchange rate variability, e.g. the variance ... . Due to theoretical reasons, one might expect that they are high in a period of exchange rate disequilibria. Hence if one tests for the impact of exchange rate variability on investment (or on employment) a negative coefficient could indeed reflect the impact of currency overvaluation". Vgl. auch Abschnitt 2.6., Belke, Gros (1999, 1999a), Hefeker (1999) und Müller, Buscher (1999), S. 4 ff.

183 Ein weiteres Beispiel findet sich bei Edison, Melvin (1990), S. 41, welches allerdings in bezug auf den Außenhandel formuliert wird: "An overvaluation of the mark relative to the dollar ... could induce the relocation of producing units from Germany to the United States and consequently lower the trade volume betwen the two countries. The reduction in trade is not a result of exchange rate variability, but if exchange rate 'misalignment' is highly correlated with exchange rate volatility, then empirical studies may find spurious significant results". Vgl. ähnlich auch Feenstra, Kendall (1991), S. 22.

handel deutlich herausgearbeitet wurde. Dieser legt nahe, daß die Gefahr von Koeffizientenschätzern für die Wechselkursvolatilität, die nur aufgrund von 'Misalignment'-Effekten scheinbar signifikant sind, möglicherweise gar nicht bedeutsam ist (Edison, Melvin (1990), S. 41).

Trotzdem soll das gerade genannte Problem hier adressiert werden, denn es repräsentiert eine durchaus populäre Erklärung der in den Tabellen 16 und 17 für Deutschland erzielten Ergebnisse. Um die oben konkretisierte Hypothese adäquat zu berücksichtigen, wird zusätzlich der reale effektive Wechselkurs (REER) in diejenigen Regressionsgleichungen implementiert, die den in Tab. 17 dargestellten Schätzresultaten für die nationalen Arbeitslosenraten und die Beschäftigung in der verarbeitenden Industrie zugrunde liegen.[184] Vor dem Hintergrund der im Anhang 5 dokumentierten Integrationstests, die für die Wechselkursvariable REER über alle Länder hinweg überwiegend einen Integrationsgrad von Eins nahelegen, werden im folgenden erste Differenzen dieser Variablen verwendet. Diese Prozedur wird für die Investitionen im folgenden nicht durchgeführt, da die Resultate für Investitionen stark mit denen für die Arbeitslosenrate und die Beschäftigung in der verarbeitenden Industrie korrespondierten (vgl. Tab. 16 und 17). Das gerade beschriebene Vorgehen führt zu den Resultaten, die in Tab. 20 (Arbeitslosenrate) und Tab. 23 (Beschäftigung in der verarbeitenden Industrie) überblicksartig dargestellt werden. Unter der Hypothese, daß die Variabilität der Wechselkurse nicht nur eine Proxy-Größe für ihr Niveau verkörpert, wird in beiden Tabellen ein unverändertes positives (negatives) Vorzeichen sowohl für die Änderung der Intra-EWS-Wechselkursvariabilität (D(EXV)) als auch für die Änderung des realen effektiven Wechselkurses (D(REER)) erwartet.[185]

Die Tabelle 20 mit den Resultaten für die *Arbeitslosenrate* legt auf den ersten Blick nahe, daß diese alternative Hypothese für Deutschland einen gewissen Wert haben könnte. Denn das Signifikanzniveau des Koeffizientenschätzers für die Änderung der Intra-EWS-Wechselkursvariabilität sinkt im Vergleich zu den vorherigen Untersuchungen ohne Robustheitsindikatoren (Tabelle 17). Es scheint jedoch eine gewisse Kollinearität vorzuliegen, da der Parameter für den realen effektiven Wechselkurs gleichzeitig nicht signifikant ist. In bezug auf die anderen EU-Volkswirtschaften beeinflußt die zusätzliche Berücksichtigung des ersten statistischen Momentes der Wech-

---

[184] Aus Gründen der Datenverfügbarkeit werden hierbei die realen effektiven Wechselkurse im Verhältnis zu 19 anderen Industrieländern verwendet. Vgl. Anhang.

[185] Ein *steigender* Index REER bedeutet eine *Auf*wertung der betrachteten Inlandswährung. Vgl. Anhang.

selkursbewegungen die Signifikanz des geschätzten Effektes der Wechselkursvariabilität auf die Arbeitslosenrate hingegen nicht in einer systematischen Weise. Die Resultate mit der (Änderung der) *Beschäftigung* als der abhängigen Variable, die in Tabelle 23 dokumentiert sind, liefern für die meisten EU-Volkswirtschaften außer Deutschland ein ähnliches Bild wie schon für die (Änderung der) Arbeitslosenrate. Im Falle Deutschlands erhöht die zusätzliche Implementierung der ersten Differenz des Niveaus des realen effektiven Wechselkurses zu der (ersten Differenz) des Indikators der Wechselkursvariabilität sogar die statistische Signifikanz der letzteren.

Tab. 20 - *Änderung der Arbeitslosenrate als eine Funktion ihrer eigenen Vergangenheit, der Änderung der Intra-EWS-Wechselkursvariabilität und der Änderung des realen effektiven Wechselkurses (OLS)*

Land	Änderung der Arbeitslosenrate	Änderung der Intra-EWS- Wechselkursvariabilität	Änderung des realen effektiven Wechselkurses
BE	(-1)***	(0) 0.29 (↓)	(-1) 0.18
DK	(-1)***	(-1) 0.92*** (↑)	(-2) 0.07***
ES	(-1)***	(-1) 0.16 (↑)	(-1) 0.09* (-2) 0.07*
FR	(-1)*** (-2)	(-1) 0.44*** (→)	(0) 0.04**
GR	(-1)*** (-3)***	(0) 0.11*** (→)	(0) -0.01
IR	(-1)***	(-2) 0.44* (↓)	(-2) -0.04
IT		(-1) -0.02 (↓)	(-1) -0.03**
NL		(-2) 1.00*** (→)	(-3) 0.05*
PO	(-1)*** (-2)**	(-1) 0.12** (→)	(-1) -0.01
UK	(-1)***	(-2) 0.24* (↑)	(-1) 0.10***
WD	(-1)*** (-2)	(-1) 0.51* (↓)	(-2) 0.00

Anmerkungen: Die Tabelle faßt die Ergebnisse aus trivariaten VARs auf der Basis von Jahresdaten zusammen (1973-1996). Die realwirtschaftliche Variable, die jeweils am Kopf der Tabellenspalte angegeben wird, wird durch ihre eigene Vergangenheit, Verzögerungen der Wechselkursvariabilität und Verzögerungen einer zusätzlichen Variablen erklärt. */**/*** zeigt Signifikanz für $\alpha = 0{,}1/0{,}05/0{,}01$ an. ↑ (↓) bedeutet, daß der Koeffizient der Wechselkursvariabilität signifikanter (weniger signifikant) als in der betreffenden Gleichung ohne den zusätzlichen Regressor (hier: den realen effektiven Wechselkurs) wird. Zusätzliche länderspezifische Dummies werden, falls nötig, implementiert. Die Zahlen in Klammern beziehen sich auf Verzögerungen der am Kopf der jeweiligen Spalte genannten Variablen. BE: Belgien; DK: Dänemark; ES: Spanien; FR: Frankreich; GR: Griechenland; IR: Irland; IT: Italien; NL: Niederlande; PO: Portugal; UK: Großbritannien; WD: Westdeutschland.

Tab. 21 - *Änderung der Arbeitslosenrate als eine Funktion ihrer eigenen Vergangenheit, der Änderung der Intra-EWS-Wechselkursvariabilität und der Geldpolitik (OLS)*

Land	Änderung der Arbeitslosenrate	Änderung der Intra-EWS-Wechselkursvariabilität	Geldpolitik (SPREAD)
BE	(-1)***	(0) 0.37* (↑)	(-1) -0.11
DK	(-1)*	(-1) 0.68** (↓)	(-2) 0.06
ES	(-1)*** (-2)***	(0) 0.48* (↑)	(-2) 0.53**
FR	(-1)*** (-2)	(-1) 0.37** (↓)	(-1) -0.06
GR	n.v.	n.v.	n.v.
IR	(-1)***	(-1) -0.33**(↑)	(-1) -0.12*
IT	(-1)*	(-1) -0.08 (↑)	(-1) -0.10*
NL	(-1)*** (-2)***	(-2) 0.49*** (↓)	(-1) -0.18***
PO	n.v.	n.v.	n.v.
UK	(-1)*** (-2)**	(-1) -0.24*(↑)	(-1) -0.07
WD	(-1)* (-2)**	(-1) 0.60** (↑)	(-2) -0.15*

Für Anmerkungen vgl. Tabelle 20.

Tab. 22 - *Änderung der Arbeitslosenrate als eine Funktion ihrer eigenen Vergangenheit, der Änderung der Intra-EWS-Wechselkursvariabilität und der Änderung der $-Wechselkursvariabilität (OLS)*

Land	Änderung der Arbeitslosenrate	Änderung der Intra-EWS-Wechselkursvariabilität	Änderung der $-Wechselkursvariabilität
BE	(-1)***	(0) 0.39* (↑)	(0) -0.05
DK	(-1)***	(-1) 0.86*** (↑)	(-3) 0.24***
ES	(-1)*** (-2)***	(-1) 0.13 (↑)	(-3) -0.35***
FR	(-1)*** (-2)*	(-1) 0.41*** (→)	(-2) 0.09*
GR	n.v.	n.v.	n.v.
IR	(-1)***	(-2) 0.35* (↓)	(0) 0.14
IT	(-1)	(-1) -0.15* (↑)	(-1) 0.11
NL	(-1)**	(-2) 0.62** (↓)	(-2) 0.16**
PO	(-1)*** (-2)*	(0) 0.02 (↓)	(-1) 0.14***
UK	(-1)*** (-2)***	(0) -0.20 (↑)	(0) 0.36**
WD	(-1)*** (-2)**	(-1) 0.74** (↑)	(0) 0.08

Für Anmerkungen vgl. Tabelle 20.

Tab. 23 - *Änderung der Beschäftigung als eine Funktion ihrer eigenen Vergangenheit, der Änderung der Intra-EWS-Wechselkursvariabilität und der Änderung des realen effektiven Wechselkurses (OLS)*

Land	Änderung der Beschäftigung	Änderung der Intra-ERM-Wechselkursvariabilität	Änderung des realen effektiven Wechselkurses
BE	(-1)***	(-2) 0.69 (↓)	(0) -0.04
DK	(-2)***	(-1) -0.89* (↑)	(0) 0.15***
ES		(0) -0.97** (↑)	(0) 0.49***
FR	(-1)***	(-1) -0.76* (↑)	(0) -0.12**
GR	n.v.	n.v.	n.v.
IR	(-1)**	(0) -1.02* (↑)	(-1) -0.22* (-2) -0.26**
IT	(-1)***	(0) -0.76** (↑)	(0) -0.21**
NL	(-1)***	(-2) -1.53*** (→)	(-1) -0.10
PO	(-1)***	(0) -0.67** (↓)	(-1) -0.12**
UK	(-1)***	(-1) 0.11 (↓)	(-1) 0.16
WD	(-1)*** (-2)***	(-1) -2.90*** (↑)	(-1) -0.05

Für Anmerkungen vgl. Tabelle 20.

Tab. 24 - *Änderung der Beschäftigung als eine Funktion ihrer eigenen Vergangenheit, der Änderung der Intra-ERM-Wechselkursvariabilität und der Geldpolitik (OLS)*

Land	Änderung der Beschäftigung	Änderung der Intra-ERM-Wechselkursvariabilität	Geldpolitik (SPREAD)
BE	(-1)***	(0) 0.43 (↓)	(-1) 0.20
DK	(-2)***	(-1) -0.63 (↓)	(-2) -0.24*
ES	(-1)**	(-1) -2.05** (↑)	(-2) 0.63
FR	(-1)*** (-2)	(-1) -1.47** (↑) (-2) -0.97*	(-1) 0.44**
GR	n.v.	n.v.	n.v.
IR	(-1)*** (-2)	(0) -1.00* (↓)	(-1) 0.24
IT	(-1)***	(0) -0.62** (↑)	(-2) -0.28
NL	(-1)***	(-2) -1.65*** (→)	(-1) 0.53***
PO	n.v.	n.v.	n.v.
UK	(-1)***	(0) -0.39 (↑)	(-1) 0.31
WD	(-1)***	(-1) -1.61* (-2) -2.61*** (↑)	(-1) 0.66***

Für Anmerkungen vgl. Tabelle 20.

Tab. 25 - *Änderung der Beschäftigung als eine Funktion ihrer eigenen Vergangenheit, der Änderung der Intra-ERM-Wechselkursvariabilität und der Änderung der $-Wechselkursvariabilität (OLS)*

Land	Änderung der Beschäftigung	Änderung der Intra-ERM-Wechselkursvariabilität	Änderung der $-Wechselkursvariabilität
BE	(-1)***	(-2) 1.01* (↑)	(-1) 0.17
DK	(-2)***	(-1) -1.31** (↑)	(-2) -0.13
ES	(-1)***	(-2) 0.63* (↑)	(0) -0.91***
FR	(-1)*** (-2)	(-1) -1.06** (↑)	(-1) 0.20
GR	n.v.	n.v.	n.v.
IR	(-1)**	(0) -0.53 (↓)	(0) -0.56
IT	(-1)*	(0) -0.57** (↑)	(-3) 0.14
NL	(-1)***	(-2) -2.99*** (→)	(0) 0.51***
PO	(-1)***	(0) -0.77*** (↑)	(-3) 0.50***
UK	(-1)***	(0) -0.36 (↑)	(-1) 0.29
WD	(-1)*** (-2)***	(-1) -3.08***(↑)	(-2) -0.24

Für Anmerkungen vgl. Tabelle 20.

Daher ist die Schlußfolgerung zulässig, daß das Argument, die bisherigen Resultate seien darauf zurückzuführen, daß die DM genau dann variabel ist, wenn sie stark ist, in keiner Weise durch die Robustheitstests gestützt wird. Dieses Argument müßte für alle ERM-Länder außer Deutschland sogar *umgekehrt* formuliert werden. Da für diese Länder ein *variabler* Wechselkurs aus derselben Logik heraus mit einer *schwachen* heimischen Währung einhergegangen sein sollte, welche die Exporte tendenziell begünstigte, wären für die Wechselkursvariabilität genau umgekehrte Vorzeichen wie für Deutschland zu erwarten gewesen. Trotzdem hat die Hinzufügung des realen effektiven Wechselkurses (mit der Ausnahme genau eines Indikators für Deutschland) *keinen* sichtbaren Einfluß auf die Bedeutung der innereuropäischen Wechselkursvariabilität. Es läßt sich somit die Hypothese weiterhin nicht ablehnen, daß variable Intra-RERM-Wechselkurse bis zu Beginn der EWU auch die Arbeitsmärkte der übrigen betrachteten EU-Volkswirtschaften negativ beeinflußten.

Ein *zweites Argument* wird ebenfalls oft in bezug auf Deutschland angeführt. Die Intra-ERM-Wechselkursvariabilität könnte in der Vergangenheit durch die Schwierigkeiten, die einige EWS-Länder (nach 1992 beispielsweise Belgien und Frankreich) hatten, einer *Erhöhung der kurzfristigen Zinssät-*

ze durch die deutsche Bundesbank zu folgen, verstärkt worden sein.[186] Auch in diesem Fall ist nicht wirklich zu erwarten, daß dieser Effekt auch für die anderen (insbesondere die Schwachwährungs-) Länder aufgetreten ist. Dies gilt sowohl, falls es diesen letztlich nicht gelang, den Zinsschritt der Bundesbank zu kopieren, als auch, falls sie der deutschen Geldpolitik tatsächlich exakt folgten. Falls die 'Follower'-Länder dem Zinsschritt der Bundesbank nicht folgen konnten, sollte dies (wegen der vergleichsweise niedrigeren Zinsen) eher expansiv gewirkt und die Beschäftigung gefördert haben. Das vorstehende Argument verkehrt sich dann ins Gegenteil. Die Wechselkursvariabilität steht für expansive Tendenzen und sollte beispielsweise in den Arbeitslosigkeitsgleichungen für die 'Follower'-Länder zu negativen (und nicht wie hier festgestellt zu positiven) Vorzeichen der Koeffizientenschätzer für die Volatilitäten führen. Falls die 'Follower'-Länder jedoch einen restriktiven Zinsschritt der Bundesbank nachvollziehen konnten (wie es beispielsweise den Niederlanden gelang), sollte auch der DM-Wechselkurs stabil geblieben sein und es gäbe letztlich kein realwirtschaftliches Problem der Wechselkursvariabilität. Falls sich dieser Effekt jedoch für die DM als faktische Leitwährung des EWS manifestiert haben sollte, könnte er prinzipiell auf dieses Land beschränkt die eigentliche Ursache für den Einfluß der Wechselkursvolatilität auf die Arbeitslosigkeit bzw. die Beschäftigung darstellen.[187]

Die im folgenden zu testende Hypothese ist, daß zum einen eine restriktive Geldpolitik kurzfristig zu Beschäftigungsverlusten führte, falls keine proportionale Beschränkung der Lohnforderungen erfolgte, und daß dies in den Tabellen 16 und 17 fälschlicherweise ausschließlich der Intra-ERM-Wechselkursvariabilität zugeschlagen wird. Zum anderen ist der Fall zu berücksichtigen, daß die Volatilität der Intra-ERM-Wechselkurse in der Vergangenheit oftmals von (nach oben) variablen Kurzfristzinsen in den Schwachwährungsländern begleitet wurde, ohne daß hierdurch letztlich eine Abwertung vermieden werden konnte. Dann lautete die Hypothese, daß die Wechselkursvariabilität z.B. in den Arbeitslosigkeitsgleichungen ein negatives Vorzeichen aufweisen müßte.

---

186 Vgl. indirekt dell'Ariccia (1998), S. 12 ff., Edison, Melvin (1990), S.26 f., Gros, Thygesen (1998), S. 233, und Zivkov-Perl (1989). Vgl. auch Abschnitt 2.6. der vorliegenden Arbeit.

187 Die Grundlage der vorstehenden Argumentation ist die Evidenz, daß die im ERM verbleibende Wechselkursvariabilität allenfalls der Ausdruck kurzfristiger Unterschiede in der Ausrichtung der länderspezifischen Geldpolitiken war. Vgl. Europäische Kommission (1990), S. 70.

Falls ein Land auf Änderungen des Kurzfristzinses zurückgreift, um die einheimische Währung zu verteidigen *und* es ihm gelingt, eine Abwertung zu vermeiden, kann dies sich empirisch als negativer Beschäftigungseffekt niederschlagen, obwohl dieser Effekt nicht auf die Wechselkursvariabilität per se zurückzuführen ist. Dieses Identifikationsproblem kann jedoch reduziert werden, indem man den Schätzgleichungen jeweils explizit eine Variable hinzufügt, welche den Grad der Restriktivität der nationalen Geldpolitik approximiert. Im folgenden wird zu diesem Zweck auf der *Zinsspanne* (langfristiger nominaler minus kurzfristiger nominaler Zinssatz, jeweils national und in der AMECO-Abgrenzung) als dem wichtigsten Indikator zurückgegriffen. Jedoch zeigen ergänzende Untersuchungen, daß auch die Addition *nur des kurzfristigen* nominalen Zinssatzes zu ähnlichen Resultaten führt. Wie oben schon ausgeführt, bezieht sich dies Argument wohl hauptsächlich auf Westdeutschland. Immer dann, wenn die Bundesbank eine restriktive Geldpolitik betrieb, gerieten die EWS-Währungen unter Druck. Dieses Argument könnte sich jedoch prinzipiell auch auf 'Followers' im EWS beziehen. Unabhängig davon, ob den übrigen Ländern ein Gleichschritt der Kurzfristzinsen nun tatsächlich gelang, sollte dieser Zusammenhang bei ihnen zu einem *entgegengerichteten Effekt* führen. Wegen der relativ niedrigeren Zinsen (Abwertungstendenzen) oder geringer Veränderung in der Zeitreihe der Wechselkursvariabilität sollte für alle Länder außer für Deutschland ein 'downward bias', d.h. ein niedrigerer und/oder weniger signifikanter Volatilitätskoeffizient zu erwarten sein. Trotzdem, oder gerade deshalb, wird das skizzierte Argument im folgenden empirisch evaluiert.

Die entsprechenden Schätzergebnisse in bezug auf die Arbeitslosenrate werden in Tabelle 21 aufgeführt. Für Deutschland ist aus den vorstehend genannten Gründen ein unverändertes positives Vorzeichen des Koeffizientenschätzers für die Änderung der Intra-ERM-Wechselkursvolatilität zu erwarten (falls die Wechselkursvariabilität nicht einfach eine Proxyvariable für die Geldpolitik als einer dritten Größe ist). Gleichzeitig implizieren theoretische Überlegungen ein negatives Vorzeichen der Zinsspanne als erfahrungsgemäß gutem und einfachen Konjunkturindikator (Borio (1995), Estrella, Mishkin (1995), Gros (1996a), S. 23, und Müller, Heinemann (1999)). Das Vorzeichen des Koeffizientenschätzers der Zinsspanne ist für die hier verfolgten Zwecke jedoch allenfalls zweitrangig. Die Ergebnisse analog revidierter Schätzungen für die Beschäftigung in der verarbeitenden Industrie finden sich in Tabelle 24. Dort werden aus theoretischer Sicht ein unverändertes negatives Vorzeichen der Änderung der Intra-ERM-

Wechselkursvolatilität und ein positives Vorzeichen der Zinsspanne (SPREAD) erwartet.

In bezug auf Deutschland findet man, daß die zusätzlich eingeführte geldpolitische Variable in der Tat in beiden Tabellen das *erwartete* Vorzeichen aufweist. Jedoch *verringert* sie die Bedeutung der Wechselkursvariabilität *keinesfalls*. Deren Signifikanz bleibt sowohl in bezug auf die Arbeitslosenrate als auch auf die Beschäftigung in der verarbeitenden Industrie weiterhin hoch. Für die meisten anderen EU-Volkswirtschaften gilt Ähnliches. Die Zinsspanne ist oft für die Arbeitslosigkeit und für die Beschäftigung bedeutsam. Es läßt sich zusammenfassen, daß die Einführung der *geldpolitischen Variablen* dennoch *keinen systematischen Einfluß* auf die *Bedeutung der Wechselkursvolatilität* aufweist. Insbesondere bleiben deren Vorzeichen über alle betrachteten EU-Arbeitsmärkte hinweg erhalten.

Schließlich wird als drittes Argument oft genannt, daß die Wechselkursvolatilität zwischen Währungen des EWS und dem U.S.-Dollar (z.B. für Westdeutschland die DM/$-Volatilität) für die Arbeitsmärkte in EWS-Ländern entweder direkt oder indirekt durch ihren Einfluß auf die Intra-ERM-Volatilität bedeutsam war.[188] Die Ausprägungen dieser dritten Robustheits-Variablen werden in Anhang 1, Tabelle A2, graphisch dargestellt. Diese alternative Hypothese ist allerdings etwas *unbestimmter* formuliert als im Fall der beiden vorstehend behandelten Hypothesen. Sie könnte deshalb aber auch in die allgemeinere Idee transformiert werden, daß die Intra-ERM-Volatilität

---

[188] Vgl. unter anderem de Grauwe, Bellefroid (1987), S. 205 f. für die Vernachlässigung der Extra-EU-Wechselkursvolatilität in bezug auf den Einfluß der mittelfristigen Intra-EU-Wechselkursvolatilität auf das durchschnittliche bilaterale Intra-EU-Exportvolumen. Alternativ ließe sich die Aufnahme der EWS-Dollar-Variabilität auch durch die Notwendigkeit der Berücksichtigung eines drittlandbezogenen Wechselkursrisikos rechtfertigen. Vgl. ausführlich dell'Ariccia (1998), S. 19 ff., Edison, Melvin (1990), S. 25, und Cushman (1986). Vgl. auch Abschnitt 6.1 der vorliegenden Arbeit.

allgemeine Unsicherheit repräsentiert (Belke, Gros (1999, 1999a)).[189] Da man eine derartig allgemein formulierte Hypothese nicht direkt empirisch testen kann, wird im folgenden ein 'Check' präferiert, ob eine *konkrete Manifestation* dieser allgemeinen Idee die vorstehenden Resultate in Tab. 16 und 17 beeinflußt haben könnte. Die in Tabelle 17 verwendeten Ausgangs-Regressionsgleichungen werden deshalb um die länderspezifischen bilateralen $-Wechselkursvariabilitäten D(EXVD) erweitert. Es werden die ersten Differenzen dieser Variablen verwendet, da die im Anhang 5 dokumentierten Einheitswurzeltests mehrheitlich auf einen Integrationsgrad dieser Zeitreihe von Eins verweisen.

Die Ergebnisse dieser Regressionen, die das letztgenannte Argument zu integrieren versuchen, werden in den Tabellen 22 (für die Änderung der Arbeitslosenrate) bzw. 25 (für die Änderung der Beschäftigung in der verarbeitenden Industrie) zusammengefaßt. In diesem Fall liegt im Rahmen der Themenstellung natürlich ein gewisses Interesse an der Signifikanz der zusätzlichen Variablen vor. Dies kontrastiert zu den Ausführungen zu den Tabellen 20, 21, 23 und 24, in denen eine Konzentration auf Änderungen der Charakteristika des Einflusses des Variabilitätsmaßes als Folge der Einführung einer Robustheitsvariable erfolgte.

Die empirischen Tests für die betrachteten EU-Volkswirtschaften ergeben, daß die *Dollarvariabilität* im allgemeinen *weniger wichtig* für die EU-Arbeitsmärkte ist als die intra-europäische Wechselkursvariabilität.[190] Überraschenderweise ist dies selbst für Deutschland mit seinem doch recht bedeutenden U.S.-Außenhandel der Fall. Der Koeffizient der Dollarvariabilität ist nicht signifikant. Die Koeffizienten der ERM-Variabilität werden nicht

---

[189] Brada, Méndez (1988), S. 266, bemerken in bezug auf empirische Untersuchungen zu den Auswirkungen der Wechselkursvariabilität auf den Außenhandel: "Thus it is unclear ... whether exchange rate variability merely serves as a proxy for other forms of volatility that served to reduce the volume of trade but were omitted from these models". Vgl. auch Akhtar, Hilton (1984), S. 24, Clark, Faruqee (1997), Edison, Melvin (1990), S. 26 f., Fischer (1997), S. 23 f. und 31 f., Gotur (1985), S. 481, Huizinga (1994), S. 196, Zivkov-Perl (1989) und Willett (1986). Viele Arten der Unsicherheit haben aufgrund der beiden Ölpreisschocks (vgl. Abschnitt 6.5.1.), der Einführung generell flexibler Wechselkurse, der rapiden Entwicklung des 'Euro-banking', den substantiellen Änderungen in den Finanzmarktstrukturen vieler Länder und der Politikreaktionen auf diese und andere Entwicklungen, seit Anfang der siebziger Jahre enorm zugenommen.

[190] Dieses Ergebnis wiegt vor dem Hintergrund der durch die relativ eindeutigen empirischen Ergebnisse von Welfens, Jungmittag (1997), S. 334 ff., geweckten Erwartungen eines hoch signifikanten Einflusses der Dollar-Variabilität um so schwerer.

beeinträchtigt. Dieses Ergebnis weist deutlich darauf hin, daß *zwischen der Dollar- und der Intra-ERM-Wechselkursvariabilität* im Gegensatz zu einer häufig vertretenen Sichtweise für einige EU-Volkswirtschaften *wenig Kollinearität* vorliegt. Daß die Dollar-Variabilität vergleichsweise geringer als die Intra-ERM-Volatilität auf die hier betrachteten realen Größen durchschlägt, liegt wohl darin begründet, daß der EU-interne Handel etwa das zweifache des außereuropäischen Außenhandels ausmacht. Darüber hinaus ist der Dollar auch nicht vollständig für den Außenhandel der EU mit dem 'Rest der Welt' relevant (Belke, Gros (1999) und Müller, Buscher (1999), S. 10).

Spanien (und in gewissem Ausmaß auch Portugal) scheinen in bezug auf die Tests der dritten Hypothese das Gegenteil von Deutschland zu repräsentieren. Die Dollarvariabilität erscheint für die Arbeitsmärkte dieser Länder bedeutsamer zu sein als die intra-europäische Wechselkursvariabilität. Dies ist möglicherweise jedoch darauf zurückzuführen, daß diese beiden Länder dem ERM erst wesentlich später beitraten. Im Falle der Niederlande verringert der starke Einfluß der Dollarvariabilität, der für dieses Land möglicherweise durch die natürlichen Gasvorkommen bedingt ist, die Bedeutung der intra-europäischen Wechselkursvariabilität nicht.

Das wichtigste Resultat aus den Robustheit-Tests der Tabellen 20 bis 25 ist, daß der Einschluß zusätzlicher Variablen die Rolle der Wechselkursvariabilität nicht wirklich beeinflußt. Es ergeben sich etwa so viele aufwärts gerichtete Pfeile (die darauf verweisen, daß der Einschluß der Kontrollvariable die Signifikanz der Wechselkursvariabilität erhöht) wie abwärts gerichtete Pfeile (die das Gegenteil anzeigen). Insgesamt gesehen stützen die Resultate hingegen den schon durch eine Inspektion der Tabelle 17 gewonnenen ersten Eindruck, daß es *in bezug auf Großbritannien* schwieriger ist, signifikante Einflüsse der Intra-ERM-Wechselkursvariabilität auf Arbeitsmarktvariablen zu enthüllen als im Falle vieler anderer Länder im hier verwendeten EU-Sample (Belke, Gros (1999a)).

Die in den Tabellen 21 und 24 zusammengefaßten Schätzresultate werden durch zusätzlich durchgeführte Regressionen unter Rückgriff auf die Änderungen der Zinsspanne (D(SPREAD)) anstelle ihres Niveaus (SPREAD) bestätigt. Diese ergänzenden Untersuchungen wurden motiviert durch den Eindruck, daß die in Anhang 5 aufgeführten Resultate der Einheitswurzeltests in einigen Fällen uneindeutig erscheinen, obwohl die Intuition und 'Präs' aus der ökonomischen Theorie nahelegen, daß der langfristige und der kurzfristige Zinssatz kointegriert sein sollten. Diese Ergebnisse sind auf Nachfrage vom Verfasser erhältlich.[191]

Die Realisation des Schwarz-Kriteriums kann in den meisten Fällen durch den Einschluß der verschiedenen Robustheits-Indikatoren nicht weiter verringert werden. Somit tragen diese Indikatoren aus statistischer Sicht nicht zu einer besseren Anpassung der Schätzgleichung bei, da die Verbesserung der statistischen Anpassungsgüte durch die erhöhte Zahl an Regressoren wieder rückgängig gemacht wird. Darüber hinaus bleibt die Intra-ERM-Wechselkursvariabilität so signifikant wie vorher oder wird teilweise sogar noch signifikanter.[192] Ein wohlbekanntes 'stilisiertes Faktum' der Theorie der Konjunkturprognose -die Signifikanz der Zinsspanne in Prognosegleichungen für die realwirtschaftliche Aktivität einer Volkswirtschaft- wird somit empirisch in eindrucksvoller Weise bestätigt. Das Vorzeichen entspricht in den meisten Fällen der ökonomischen Theorie. Aber trotz der expliziten Berücksichtigung eines wichtigen Indikators für den Kurs der Geldpolitik bleibt der Koeffizientenschätzer der Intra-ERM-Wechselkursvariabilität signifikant.

6.6.3.2 Robustheit II: Symmetrische Schocks

Bisher wurden alle Regressionen für jede betrachtete EU-Volkswirtschaft unabhängig voneinander *separat geschätzt*. Der Störterm in der Regressionsgleichung für ein Land könnte jedoch mit demjenigen einer Gleichung für ein anderes Land korreliert sein. Dies ist inbesondere wahrscheinlich, wenn symmetrische Schocks auf die realwirtschaftlichen Variablen einwirken und/oder 'common business cycles' (Belke, Gros (1998)) zwischen einigen oder allen betrachteten Volkswirtschaften vorliegen. In diesem Fall ist eine 'Seemingly Unrelated Regression' (SUR) Schätzung effizienter, da sie

---

[191] Ergänzend wurden komplementäre Schätzungen, welche die *geringstmögliche* Zahl an Dummyvariablen, die zur Erfüllung der üblichen Kriterien für die Residuen notwendig war, durchgeführt. Während in diesem Fall das SCH-Kriterium ignoriert wurde, das oben die Implementierung weiterer hoch signifikanter Dummies nahelegte, blieben die Schätzergebnisse weitgehend unverändert.

[192] Man beachte jedoch, daß einige wenige $\uparrow$-Symbole auftreten, die von einer Änderung des Vorzeichens begleitet werden. Falls sich das Vorzeichen dabei in die theoretisch 'falsche' Richtung entwickelt, kann das Symbol $\uparrow$ nicht als Evidenz für die betreffende Hypothese interpretiert werden.

die vollständige Matrix der Korrelation zwischen allen Regressionsgleichungen explizit berücksichtigt.[193]

Der SUR-Schätzer minimiert die Determinante der Kovarianz-Matrix der Störgrößen (Hall u.a. (1994), S. 251). Jede Iteration des SUR-Verfahrens schätzt die Parameter neu, nachdem die Gleichungen transformiert wurden, um die Korrelation zwischen den Residuen zu beseitigen. Im folgenden wird nur eine Iteration zugrunde gelegt, da die asymptotischen statistischen Eigenschaften dieser 'Seemingly Unrelated Regressions' identisch mit denen sind, die durch Iterationen bis zur Konvergenz erzielt werden. Obwohl das SUR-Verfahren nicht-stochastische Regressoren voraussetzt, schafft die Gegenwart verzögerter abhängiger Variablen kein Problem, solange die Residuen in jeder Gleichung die üblichen klassischen Bedingungen erfüllen. Der Grund hierfür ist, daß in diesem Fall die asymptotischen Eigenschaften des zweistufigen Aitken-Schätzers nicht berührt werden (Kmenta (1990), Pindyck, Rubinfeld (1991), Zellner (1962)). Die korrekte Spezifikation im Hinblick auf die Residuen wurde deshalb unter anderem auf der Basis des Breusch-Godfrey-LM-Tests auf residuale Autokorrelation (wegen der Gegenwart verzögerter endogener Variablen anstelle des Durbin-Watson-Tests) getestet und konnte für jede länderspezifische Regression nicht abgelehnt werden.

Wie die Tabellen 16a und 17a verdeutlichen, beeinflußt die Verwendung eines SUR-Systems statt eines Einzelgleichungs-OLS die Schätzergebnisse. Der zusätzliche Ertrag an Effizienz drückt sich darin aus, daß sich nun im Vergleich zum Einzelgleichungs-OLS sogar eine *größere Zahl* an signifikanten Beziehungen ergibt. Gleichzeitig steigt die Signifikanz des Volatilitätsindikators in bezug auf alle drei Variablen im Durchschnitt deutlich. Das in Abschnitt 6.3. entwickelte Modell impliziert, daß sogar temporäre Ausschläge ('spikes') der Wechselkursvariabilität wie (wegen der Struktur der Regressionsgleichungen) implizit in Tabelle 16a einen starken Einfluß auf die Arbeitslosenrate, die Beschäftigung und die Investitionen haben können. Dieser Einfluß kann im Fall eines temporären Anstiegs der Unsicherheit sogar stärker sein als bei einer permanenten Erhöhung der Unsicherheit (wie sie in Tab. 17a bei jeder Änderung von D(EXV) auftritt). Aber das 'Prä' vieler Ökonomen ist aller Erfahrung nach, daß *nur eine dauerhafte* statt einer temporären Änderung der Wechselkursunsicherheit die Arbeitslosenrate, die

---

193 Vgl. Welfens, Jungmittag (1997), S. 338. Für eine Anwendung auf den zu testenden Zusammenhang zwischen der Intra-EU-Wechselkursunsicherheit und dem Intra-EU-Außenhandel vgl. Stokman (1995), S. 47 ff.

Beschäftigung und die Investitionen *permanent beeinflussen* kann. Die weitere Interpretation beruht deshalb aus strategischen Gründen hauptsächlich auf Tabelle 17a.

Tab. 16a - *Niveau der Wechselkursvariabilität und der realwirtschaftliche Sektor (SUR)*

Land	Änderung der Arbeitslosenrate	Änderung der Beschäftigung in der verarbeitenden Industrie	Änderung der Investitionen
BE	(0) 0.54***	(0) 0.95**	
DK	(-1) 0.97***	(-2) 1.09*	(-1) -5.71*
ES	(-1) 0.26***		(-2) 0.91*
FR	(-1) 0.41***	(-1) -1.15***	(-1) -5.49***
			(-2) 5.16***
GR	(0) 0.11***	n.v.	(-1) -2.30***
	(-1) -0.08***		(-2) 1.99***
IR	(-2) 0.39***	(-1) 1.05***	(0) 2.48**
IT		(-1) 0.56**	
NL	(-1) 1.07***	(-1) -1.39***	(-1) -2.36**
PO	(-1) 0.12***	(0) -0.52*	
UK	(-2) 0.36***	(0) -1.28***	(0) -2.99***
WD	(-1) 0.56***	(-1) -3.21***	(0) -8.21***

Anmerkungen: Die Tabelle faßt die Ergebnisse von 'seemingly unrelated' Regressionen auf der Basis von Jahresdaten zusammen (1973-1996); */**/*** zeigt Signifikanz für α=0,1/0,05/0,01 an. Die Spezifikation der Gleichungen erfolgt wie in Tab. 16. Lagordnung der Wechselkursvariabilität in Klammern. n.v.: nicht verfügbar.

Was die Investitionen angeht, weisen alle Länder mit der Ausnahme Dänemarks und Irlands, einen signifikanten Einfluß der Wechselkursvariabilität mit dem theoretisch erwarteten Vorzeichen auf. Auch in bezug auf die Arbeitslosigkeit können in neun Fällen EU-Volkswirtschaften identifiziert werden, deren Arbeitsmarktentwicklung eng mit den Modell-Prognosen aus Abschnitt 6.3. korrespondiert. In bezug auf die Beschäftigung in der verarbeitenden Industrie treten in acht von zehn Fällen signifikante Beziehungen auf. In dieser Kategorie treten jedoch einige wenige (statt eines falschen Vorzeichens für Irland im OLS-Fall) falsche Vorzeichen für Belgien, Irland und Spanien auf. Insgesamt gesehen, bestätigen jedoch auch diese Resultate die vorab mit einfacheren Methoden erzielten Ergebnisse in den Tabellen 16 und 17.[194] Die überaus deutlichen und eindeutigen Ergebnisse in bezug auf die Investitionen (alle Koeffizienten weisen das korrekte Vorzeichen auf; die meisten sind auf dem 0,05-Niveau signifikant) verfestigen den Eindruck, daß wenigstens ein Teil des bisher identifizierten Einflusses der Wechselkursvolatilität auf die EU-Arbeitsmärkte über den Investitionskanal abläuft.

Tab. 17a - *Änderung der Wechselkursvariabilität und der realwirtschaftliche Sektor (SUR)*

Land	Änderung der Arbeitslosenrate	Änderung der Beschäftigung in der verarbeitenden Industrie	Änderung der Investitionen
BE	(0) 0.37***	(-2) 0.94***	(-1) -1.82*
DK	(-1) 0.87***		
ES		(-2) 0.67**	(-2) -0.94**
FR	(-1) 0.26***	(-1) -0.64**	(-1) -5.74***
GR	(-0) 0.11***	n.v.	(-1) -1.98***
IR	(-2) 0.24**	(-1) 0.66*	
IT	(-1) -0.16**	(0) -0.41**	(-1) -0.70* (-2) -1.30***
NL	(-2) 0.84***	(-2) -1.46***	(-1) -2.68**
PO	(-1) 0.11***	(0) -0.64***	(-2) -1.84***
UK			(0) -1.08**
WD	(-1) 0.57***	(-1) -1.80***	(0) -6.20*** (-1) -6.61***

Für Anmerkungen vgl. Tabelle 16.

194 Es finden sich signifikante Resultate sowohl für 'Weichwährungs-' als auch für 'Hartwährungs'-Länder. Ursprünglich lautete eine Interpetation der Ergebnisse, daß sie eine Scheinkorrelation darstellten. Denn Spannungen auf Devisenmärkten wurden während der ERM-Periode relevant, als anhaltende Ruheperioden (d.h. ohne Realignments) zu ausgeprägten 'Misalignments' realer Wechselkurse führten, da Inflationsraten nicht konvergierten. Dieser Interpretation wird im Rahmen dieses Abschnittes *nicht* gefolgt. Eine derartige Interpretation hätte unterschiedliche Resultate für 'Weichwährungs-' und 'Hartwährungs'-Länder zur Folge haben müssen. Darüber hinaus wird im folgenden gezeigt, daß der Einschluß des realen effektiven Wechselkurses die zuvor erzielten relativ eindeutigen Ergebnisse nicht beeinflußt.

Im folgenden werden dieselben *Robustheitstests* wie in den Tabellen 20 bis 25, aber nun *auf der Basis der SUR-Methode*, durchgeführt (vgl. die Tabellen 20a bis 25a). Ähnlich wie schon in den Tabellen 16a und 17a findet man, daß die empirischen Resultate nach Berücksichtigung eines gemeinsamen europäischen Elementes sogar *noch deutlicher* ausfallen. In fast allen Tabellen geht die Wechselkursvariabilität meist signifikant in die Schätzgleichungen ein. In bezug auf die Beschäftigung in der verarbeitenden Industrie gibt es aber nun ein Land (Belgien), das durchgehend ein falsches Vorzeichen aufweist. Unter Verwendung der SUR-Methode weisen nun mehr Länder als vorher einen signifikanten Einfluß der Dollarvolatilität auf (mit einer Ausnahme mit dem korrekten Vorzeichen). Auch die Änderungen des realen Wechselkurses werden nun signifikanter, allerdings manchmal mit einem theoretisch unerwarteten Vorzeichen (J-Kurven-Effekte).

Tab. 20a - *Änderung der Arbeitslosenrate als eine Funktion ihrer eigenen Vergangenheit, der Änderung der Intra-ERM-Wechselkursvariabilität und der Änderung des realen effektiven Wechselkurses (SUR)*

Land	Änderung der Arbeitslosenrate	Änderung der Intra-ERM-Wechselkursvariabilität	Änderung des realen effektiven Wechselkurses
BE	(-1)***	(0) 0.35*** (→)	(-1) 0.01
DK	(-1)***	(-1) 1.00*** (→)	(-2) 0.07***
ES	(-1)*** (-2)	(-1) 0.03 (→)	(-1) 0.05 (-2) 0.04
FR	(-1)***	(-1) 0.30*** (→)	(0) 0.01
GR	(-1)*** (-3)***	(0) 0.11*** (→)	(0) -0.01
IR	(-1)***	(-2) 0.36*** (↑)	(-2) -0.06
IT		(-1) -0.06 (↓)	(-1) -0.03***
NL		(-2) 1.08*** (→)	(-3) 0.05***
PO	(-1)*** (-2)***	(-1) 0.10*** (→)	(-1) -0.01
UK	(-1)***	(-2) 0.20** (↑)	(-1) 0.09***
WD	(-1)*** (-2)**	(-1) 0.57*** (→)	(-2) 0.02

Anmerkungen: Die Tabelle faßt die Ergebnisse von Regressionen auf der Basis von Jahresdaten zusammen (1973-1996); */**/*** zeigt Signifikanz für α=0,1/0,05/0,01 an. ↑ (↓) bedeutet, daß der Koeffizient signifikanter (weniger signifikant) wird als in der betreffenden Gleichung ohne den zusätzlichen Regressor (hier: den realen effektiven Wechselkurs). Zusätzliche länderspezifische Dummies werden, wenn nötig, berücksichtigt. Verzögerungen der jeweiligen Variablen in Klammern.

Tab. 21a - *Änderung der Arbeitslosenrate als eine Funktion ihrer eigenen Vergangenheit, der Änderung der Intra-ERM-Wechselkursvariabilität und der Geldpolitik (SUR)*

Land	Änderung der Arbeitslosenrate	Änderung der Intra-ERM-Wechselkursvariabilität	Geldpolitik (SPREAD)
BE	(-1)***	(0) 0.44*** (↑)	(-1) -0.15**
DK	(-1)***	(-1) 0.70*** (→)	(-2) 0.02
ES	(-1)*** (-2)***	(0) 0.43*** (↑)	(-2) 0.57***
FR	(-1)*** (-2)***	(-1) 0.26*** (→)	(-1) -0.05
GR	n.v.	n.v.	n.v.
IR	(-1)***	(-1) -0.26**(↑)	(-1) -0.15***
IT	(-1)***	(-1) -0.09** (↓)	(-1) -0.11***
NL	(-1)*** (-2)***	(-2) 0.48*** (→)	(-1) -0.17***
PO	n.v.	n.v.	n.v.
UK	(-1)*** (-2)***	(-1) -0.24***(↑)	(-1) -0.12**
WD	(-1)*** (-2)***	(-1) 0.65*** (↑)	(-2) -0.11**

Für Anmerkungen vgl. Tabelle 20.

Tab. 22a - *Änderung der Arbeitslosenrate als eine Funktion ihrer eigenen Vergangenheit, der Änderung der Intra-ERM-Wechselkursvariabilität und der Änderung der $-Wechselkursvariabilität (SUR)*

Land	*Änderung der Arbeitslosenrate*	*Änderung der Intra-ERM-Wechselkursvariabilität*	*Änderung der $-Wechselkursvariabilität*
BE	(-1)***	(0) 0.52*** (↑)	(0) -0.05
DK	(-1)***	(-1) 0.99*** (→)	(-3) 0.24***
ES	(-1)*** (-2)***	(-1) 0.11* (↑)	(-3) -0.32***
FR	(-1)*** (-2)***	(-1) 0.29*** (→)	(-2) 0.07**
GR	n.v.	n.v.	n.v.
IR	(-1)***	(-2) 0.25** (↑)	(0) 0.13
IT	(-1)***	(-1) -0.17*** (↑)	(-1) 0.09**
NL	(-1)***	(-2) 0.60*** (→)	(-2) 0.11***
PO	(-1)*** (-2)***	(0) -0.00 (↓)	(-1) 0.12***
UK	(-1)*** (-2)***	(0) -0.13 (↑)	(0) 0.30***
WD	(-1)*** (-2)***	(-1) 0.45*** (→)	(0) 0.10**

Für Anmerkungen vgl. Tabelle 20.

Tab. 23a - *Änderung der Beschäftigung als eine Funktion ihrer eigenen Vergangenheit, der Änderung der Intra-ERM-Wechselkursvariabilität und der Änderung des realen effektiven Wechselkurses (SUR)*

Land	Änderung der Beschäftigung	Änderung der Intra-ERM-Wechselkursvariabilität	Änderung des realen effektiven Wechselkurses
BE	(-1)***	(-2) 0.64** (↓)	(0) -0.08**
DK	(-2)***	(-1) -0.94** (↑)	(0) 0.15***
ES		(0) -0.69* (→)	(0) 0.47***
FR	(-1)***	(-1) -0.47* (↓)	(0) -0.11***
GR	n.v.	n.v.	n.v.
IR	(-1)***	(0) -0.70* (→)	(-1) -0.11 (-2) -0.19**
IT	(-1)***	(0) -0.70*** (↑)	(0) -0.17***
NL	(-1)***	(-2) -1.39*** (→)	(-1) -0.10**
PO	(-1)***	(0) -0.56*** (→)	(-1) -0.10***
UK	(-1)***	(-1) 0.02 (↓)	(-1) -0.15**
WD	(-1)*** (-2)***	(-1) -2.61*** (↑)	(-1) -0.08*

Für Anmerkungen vgl. Tabelle 20.

Tab. 24a - *Änderung der Beschäftigung als eine Funktion ihrer eigenen Vergangenheit, der Änderung der Intra-ERM-Wechselkursvariabilität und der Geldpolitik (SUR)*

Land	Änderung der Beschäftigung	Änderung der Intra-ERM-Wechselkursvariabilität	Geldpolitik (SPREAD)
BE	(-1)***	(0) 0.14 (↓)	(-1) 0.18
DK	(-2)***	(-1) -0.80* (↑)	(-2) -0.25***
ES	(-1)***	(-1) -0.78** (↑)	(-2) 0.67
FR	(-1)*** (-2)***	(-1) -1.51*** (↑) (-2) -0.83***	(-1) 0.29**
GR	n.v.	n.v.	n.v.
IR	(-1)*** (-2)***	(0) -0.71* (→)	(-1) 0.10
IT	(-1)***	(0) -0.77*** (↑)	(-2) -0.35**
NL	(-1)***	(-2) -1.53*** (→)	(-1) 0.52***
PO	n.v.	n.v.	n.v.
UK	(-1)***	(0) -0.46* (↑)	(-1) 0.39***
WD	(-1)***	(-1) -1.70*** (-2) -2.73*** (↑)	(-1) 0.65***

Für Anmerkungen vgl. Tabelle 20.

Tab. 25a - *Änderung der Beschäftigung als eine Funktion ihrer eigenen Vergangenheit, der Änderung der Intra-ERM-Wechselkursvariabilität und der Änderung der $-Wechselkursvariabilität (SUR)*

Land	Änderung der Beschäftigung	Änderung der Intra-ERM-Wechselkursvariabilität	Änderung der $-Wechselkursvariabilität
BE	(-1)***	(-2) 1.27*** (→)	(-1) 0.21**
DK	(-2)***	(-1) -1.35*** (↑)	(-2) -0.12
ES	(-1)***	(-2) 0.73*** (↑)	(0) -0.91***
FR	(-1)*** (-2)***	(-1) -0.90*** (↑)	(-1) 0.20*
GR	n.v.	n.v.	n.v.
IR	(-1)***	(0) -0.58 (↓)	(0) -0.46*
IT	(-1)***	(0) -0.52*** (↑)	(-3) 0.03
NL	(-1)***	(-2) -2.92*** (→)	(0) 0.03
PO	(-1)***	(0) -0.76*** (→)	(-3) 0.50***
UK	(-1)***	(0) -0.33 (→)	(-1) 0.21
WD	(-1)*** (-2)***	(-1) -3.53***(↑)	(-2) -0.24*

Für Anmerkungen vgl. Tabelle 20.

6.6.3.3 Robustheit III: Simultanität der Regressoren und das 'Missing Variable'-Problem

Man könnte gegen die Validität der oben in den Tabellen 20 bis 25 dargestellten Ergebnisse der Robustheitstests einwenden, daß potentielle *Simultanitätsprobleme* auftreten. Denn die Änderungen der Arbeitslosenrate und der Beschäftigung werden dort auf die Änderungen realer Wechselkurse, einen geldpolitischen Indikator und die Änderungen der $-Wechselkursvariabilität regressiert. Außer den bereits in Abschnitt 6.5.1.2 erläuterten üblichen Einwänden gegen dieses Vorgehen kann auf der einen Seite selbstverständlich eine Änderung der Wechselkursvariabilität die Arbeitslosenrate bzw. die Beschäftigung beeinflussen. Auf der anderen Seite könnten die Arbeitslosenrate bzw. die Beschäftigung aber umgekehrt gleichzeitig einen Einfluß auf die Wechselkursvariabilität haben. In diesem Fall wäre im Rahmen der Interpretation der bisher vorgestellten Schätzungen die *falsche Kausalrichtung* unterstellt worden. Bezeichnenderweise wurden alle im Rahmen dieses Kapitels unternommenen Versuche, das Instrumentvariablenverfahren (IV) ganz analog zu Kapitel 5 anzuwenden (unter Einschluß der in Kapitel 5 verwendeten Operationalisierungen der Exportnachfrage) durch die Unmöglichkeit behindert, ein geeignetes Instrument für die Wechselkursvolatilität zu finden. Keines der versuchsweise implementierten Instrumente (unter anderem Zahlungsbilanzsalden ('current accounts', U.S.-amerikanische kurz- und langfristige Zinssätze, die Standardabweichung relativer Geldpolitiken) führte zu signifikanten und plausiblen Resultaten.[195] Mit anderen Worten: es gibt keinen ersichtlichen Grund, die Volatilitätsvariable als endogen anzusehen und bei der Modellierung der Unsicherheits-Proxy einen antizipierten und einen nicht antizipierten Teil der Wechselkursänderungen zu modellieren (vgl. ausführlich Abschnitt 6.6.1). Darüber ist zu beachten, daß die Wechselkursvariabilität in den meisten Fällen die realwirtschaftlichen Variablen nicht kontemporär, sondern erst *mit einer Verzögerung* beeinflußt. Aus dieser Sicht ist eine 'umgekehrte Kausalität' wenig plausibel, selbst wenn man zugestehen würde, daß die Wechselkursvolatilität a priori nicht unabhängig von Änderungen der realwirtschaftlichen Variablen oder zumindest von 'common trends' ist. Diese Schlußfolgerung wird auch zumindest für Deutschland, Frankreich, die Niederlande und Griechenland durch zu-

---

[195] Gemäß Abschnitt 6.1 hätte die Verwendung der Standardabweichung relativer Geldpolitiken als Instrumente für die Wechselkursvolatilität die neue Schwierigkeit aufgeworfen, daß in vielen EU-Volkswirtschaften die Geldpolitik selbst von dem Grad der Wechselkursvolatilität abhängt. Dies spricht zusätzlich für die hier gewählte Vorgehensweise.

sätzliche im folgenden durchgeführte Granger-Kausalitätstests empirisch bestätigt.[196]

Tab. 26 - *Wechselkursvariabilität und der realwirtschaftliche Sektor: Paarweise Granger-Kausalitätstests*

a) Einfluß des Niveaus der Intra-ERM-Wechselkursvariabilität auf den realwirtschaftlichen Sektor

EXV→DUE	**EXV→D(EMPLMAN)**	**EXV→D(INDPROD)**	**EXV→D(INV)**
FR*, WD*	FR*, GR***, NL***, WD***	FR***, GR**, NL*, WD*	FR***, GR***

Anmerkungen: Die Tabelle faßt die Ergebnisse von bivariaten Granger-Kausalitätstests zusammen. Sie führt Länder auf, für welche die Hypothese H_0: D(realwirtschaftliche Variable) 'does not cause' EXV nicht abgelehnt, jedoch gleichzeitig H_0: EXV 'does not cause' D(realwirtschaftliche Variable) abgelehnt werden kann. */**/*** zeigt Signifikanz für α=0,1/0,05/0,01 an. Der Stützzeitraum ist 1973-1996, 2 Lags in den Testgleichungen. FR: Frankreich; GR: Griechenland; NL: Niederlande; WD: Westdeutschland.

b) Einfluß der Änderung der Intra-ERM-Wechselkursvariabilität auf den realwirtschaftlichen Sektor

DEXV→DUE	**DEXVD→(EMPLMAN)**	**DEXV→D(INDPROD)**	**DEXV→D(INV)**
WD*	FR*, NL*, WD***	FR***, GR***, NL**, WD**	FR***, GR***, PO**

Anmerkungen: Die Tabelle faßt die Ergebnisse von bivariaten Granger-Kausalitätstests zusammen. Sie führt Länder auf, für welche die Hypothese H_0: D(realwirtschaftliche Variable) 'does not cause' DEXV nicht abgelehnt, aber gleichzeitig H_0: DEXV 'does not cause' D(realwirtschaftliche Variable) abgelehnt werden kann. */**/*** zeigt Signifikanz für α=0,1/0,05/0,01 an. Der Stützzeitraum ist 1973-1996, 2 Lags in den Testgleichungen. FR: Frankreich; GR: Griechenland; NL: Niederlande; PO: Portugal; WD: Westdeutschland.

---

[196] Das Problem der Endogenität kann somit ignoriert werden, solange wie die erklärende Variable mit einer hinreichenden Zahl an Verzögerungen in die Gleichung implementiert wird. Die obige Schlußfolgerung erfordert noch eine subtile Konkretisierung. Im Falle des Niveaus der Variabilität ist theoretisch zu beachten, daß das Volatilitätsmaß um zwei Perioden zu verzögern ist, da die realwirtschaftlichen Variablen in ersten Differenzen in den Ansatz eingehen. Um in bezug auf die Exogenität der Volatilitätsvariable verbleibende Zweifel auszuräumen, werden im folgenden neben der Nennung weiterer Argumente auch Granger-Kausalitätstests durchgeführt. Vgl. Müller, Buscher (1999), S. 26.

c) Einfluß des Niveaus der Intra-ERM-Wechselkursvariabilität auf den realwirtschaftlichen Sektor

DUE→EXV	D(EMPLMAN)→EXV	D(INDPROD)→EXV	D(INV)→EXV
BE***, PO**, UK*	BE**	ES**, PO**	BE**, PO*

Anmerkungen: Die Tabelle faßt die Ergebnisse von bivariaten Granger-Kausalitätstests zusammen. Sie führt Länder auf, für welche die Hypothese H_0: D(realwirtschaftliche Variable) 'does not cause' EXV abgelehnt, aber gleichzeitig H_0: EXV 'does not cause' D(realwirtschaftliche Variable) nicht abgelehnt werden kann. */**/*** zeigt Signifikanz für α=0,1/0,05/0,01 an. Der Stützzeitraum ist 1973-1996, 2 Lags in den Testgleichungen. BE: Belgien; ES: Spanien; PO: Portugal; UK: Großbritannien.

d) Einfluß der Änderung der Intra-ERM-Wechselkursvariabilität auf den realwirtschaftlichen Sektor

DUE→DEXV	D(EMPLMAN)→DEXV	D(INDPROD)→DEXV	D(INV)→DEXV
BE**, IT**	BE*	ES**, PO**	BE**

Anmerkungen: Die Tabelle faßt die Ergebnisse von bivariaten Granger-Kausalitätstests zusammen. Sie führt Länder auf, für welche die Hypothese H_0: D(realwirtschaftliche Variable) 'does not cause' DEXV abgelehnt, aber gleichzeitig H_0: DEXV 'does not cause' D(realwirtschaftliche Variable) nicht abgelehnt werden kann. */**/*** zeigt Signifikanz für α=0,1/0,05/0,01 an. Der Stützzeitraum ist 1973-1996, 2 Lags in den Testgleichungen. BE: Belgien; ES: Spanien; IT: Italien; PO: Portugal.

Die vorstehenden empirischen Ergebnisse werden durch paarweise Kausalitätstests für den *gesamten* verfügbaren Zeitraum 1960 bis 1996 komplettiert und zu großen Teilen bestätigt. Die Resultate sind auf Anfrage verfügbar. Darüber hinaus erweisen sich die Resultate als robust in bezug auf eine Änderung der Zahl an Verzögerungen in den Testgleichungen, wenn z.B. nur eine statt zwei Verzögerungen verwendet wird. Folgt man diesen Resultaten, scheint die Annahme der *Exogenität* der Wechselkursvariabilität in bezug auf die realwirtschaftlichen Variablen für *Frankreich, Griechenland, die Niederlande und Deutschland* wenig problematisch zu sein. Für Belgien und Portugal hingegen erscheint diese Annahme, die für die Validität der Schätzergebnisse in den Tabellen 16 und 17 von herausragender Bedeutung ist (u.a. Vermeidung eines 'simultaneous equation bias', vgl. Belke, Göcke (1997)), zumindest auf der Basis der Granger-Kausalitätstests vorläufig eher zweifelhaft. Für die Exogenität sprechen aber andere gewichtige Gründe.

Allgemein empfiehlt sich *große Skepsis* in bezug auf die Möglichkeit, daß die Wechselkursvariabilität mit der hier modellierten hohen Frequenz durch sich nur sehr *langsam bewegende* Variablen wie Arbeitsmarktrigiditäten oder die Arbeitslosigkeit selbst verursacht wird (Abschnitt 6.5.1). In der Tat waren alle Versuche, ein TSLS-Verfahren durchzuführen, erfolglos, da keine zufriedenstellenden Instrumente für die Volatilität gefunden werden konnten. Die meisten der in Frage kommenden Fundamentaldaten, möglicherweise mit der Ausnahme der Geldpolitik, erweisen sich kurzfristig als deutlich weniger variabel. Aber selbst ähnlich variable Wirtschaftspolitiken bedeuten nicht, daß diese treibende Kräfte, d.h. exogen in bezug auf Wechselkursbewegungen sind. Denn erfahrungsgemäß hat in vielen EU-Volkswirtschaften gerade die Unsicherheit über den zukünftigen Kurs der Wirtschaftspolitik die Fähigkeit der Märkte stark beeinträchtigt, Wechselkursänderungen zu prognostizieren. Dann ist aber auch nur eingeschränkt mit Rückwirkungen der Wirtschaftspolitik auf Währungsmärkte zu rechnen. Gerade in dieser Tatsache, daß auch *Wirtschaftspolitiken* oft *nicht exogen* in bezug auf Wechselkursentwicklungen sind, liegt der Kern der Befürchtungen im Hinblick auf die Wirkungen der Wechselkursvariabilität. Denn erwartete Wechselkursänderungen würden auf rationale Weise in gegenwärtige Beschäftigungs- und Investitionsentscheidungen integriert und stellen kein realwirtschaftliches Problem dar. Ähnliches gilt nicht für unerwartete Wechselkursänderungen (Clark, Faruqee (1997), S. 4, Kumar, Whitt (1992), S. 27).

Ein weiteres Argument, das die hier eingeschlagene Vorgehensweise und die hieraus abgeleiteten Resultate validiert, wird von Canzoneri, Vallés, Viñals (1996) und anderen vorgebracht (Clark, Faruqee (1997), Europäische Kommission (1990), S. 70, Gros, Thygesen (1998), S. 279, und Savvides (1992), S. 453). Sie zeigen nachdrücklich, daß Intra-EU-Wechselkurse kurz- bis mittelfristig in der Hauptsache auf *Finanzmarktschocks* und nicht auf Änderungen realwirtschaftlicher Fundamentaldaten reagierten. Rose (1995) und Flood, Rose (1995) betonen ebenfalls, daß die Wechselkursvariabilität in großem Umfang '*noise*' darstellt (anstatt von der Variabilität von Fundamentaldaten determiniert zu sein). Eine derartige Hypothese ist *mit Theorien effizienter internationaler Kapitalmärkte konsistent* (Clark, Faruqee (1997), S. 4, und Sapir, Sekkat, Weber (1994), S. 32, und Abschnitt 6.6.1). Es macht deshalb in den vorliegenden Untersuchungen nicht viel Sinn, eine 'noise'-artige Zeitreihe als endogen zu behandeln. Vielmehr ist im Gegensatz zur traditionellen Theorie optimaler Währungsräume anzunehmen, daß sie die Wirkungen ökonomischer Schocks noch verstärkt (Gros, Thygesen (1998),

S. 279).[197] Schließlich konnte in Abschnitt 6.5.2 die Hypothese (schwacher) *Exogenität* der hier verwendeten Proxyvariablen für Intra-ERM-Wechselkursvariabilität in einem Kointegrationsrahmen nach Belke, Göcke (1997, 1997a) in bezug auf den westdeutschen Arbeitsmarkt nicht abgelehnt werden.

Auch ist die Wechselkursvariabilität ein Schlüsselelement eines Asset-Preises, d.h. des Preises von Währungsoptionen. Wenn es wider die Intuition möglich wäre, die Wechselkursvariabilität korrekt beispielsweise auf der Basis von Fundamentaldaten vorherzusagen, könnte man Optionspreise prognostizieren (vgl. auch Abschnitt 6.6.1). Könnte die kurzfristige Wechselkursvariabilität etwa durch Schocks verursacht sein? Dies ist auch sehr unwahrscheinlich, denn es war schon in der Vergangenheit immer sehr schwierig, eine kurzfristige Verbindung zwischen der Wechselkursvariabilität und Fundamentaldaten zu dokumentieren (Canzoneri, Vallés, Viñals (1996), S. 2 ff. und 11 ff., Clark, Faruqee (1997), S. 4, Gros (1996a), S. 14, Mélitz (1995), S. 496, Rose (1994)). Darüber hinaus ist es a priori unwahrscheinlich, daß die Art eines Schocks, die eine substantielle Anpassung des Wechselkurses verlangt, mit monatlicher Frequenz auftritt (z.B. ein Rückgang der Exportnachfrage, Kapitel 5). Es wird hier deshalb nochmals die bereits in Abschnitt 6.5.1 formulierte Sichtweise unterstützt, daß " ... relative velocity shifts, misguided national monetary policy innovations, time varying risk premia and speculative currency attacks ... would go away once a monetary union is formed" (Canzoneri, Vallés, Viñals (1996), S. 3). Im übrigen gelten bei der Beurteilung dieselben Argumente, wie sie schon in Abschnitt 6.5.1.2 in bezug auf die Ergebnisse für Westdeutschland vorgebracht wurden.

Man könnte jedoch immer noch einwenden, daß die Thematik einer 'umgekehrten Kausalität' (realwirtschaftliche Variablen als Verursachende der Variabilität von Wechselkursen), die in den zusätzlichen Granger-

---

[197] Vgl. anders aber Bayoumi, Eichengreen (1994). Sie beziehen ein Maß der Wechselkursvariabilität zwischen OECD-Ländern auf Indikatoren der Unterschiede in ökonomischen Strukturen und in der Intensität des bilateralen Außenhandels. Ihr Ergebnis ist, daß Länder, die weniger Außenhandel betreiben und vom Durchschnitt abweichende ökonomische Strukturen aufweisen, variablere Wechselkurse aufweisen. Gros, Thygesen (1998), S. 279 f., verweisen jedoch auf die starke Abhängigkeit der Resultate von dem Einschluß Kanadas und Australiens, Ländern mit großen natürlichen Ressourcen und agrarischen Sektoren. Da EU-Mitgliedsländer im Gegensatz hierzu viel ähnlichere Strukturen aufwiesen, sei es sehr unwahrscheinlich, daß strukturelle Differenzen die Variabilität der Intra-EU-Variabilitäten erklären könnten.

Kausalitätstests (Tab. 26) adressiert wurde, weniger ein Problem zu sein scheint als die Möglichkeit, daß die Wechselkursvariabilität selbst *durch die zusätzlichen Regressoren* in den Tabellen 20 bis 25 beeinflußt wird. In diesem Fall wären die Rechthandvariablen in den entsprechenden Regressionen nicht unabhängig voneinander.[198] Die Literatur, welche die Wechselkursvariabilität durch Finanzmarktschocks beeinflußt sieht, liefert zwar vordergründig eine gewisse Unterstützung für diese Sicht. Sie impliziert aber nicht, daß diese Finanzmarktschocks eher einen Einfluß auf den Arbeitsmarkt haben könnten als die Wechselkursvariabilität selbst. Um diesbezüglich auf Robustheit zu testen, werden paarweise Granger-Kausalitätstests nun auf die Intra-ERM-Wechselkursvolatilität und die zusätzlichen erklärenden Variablen in den Tabellen 20 bis 25 angewendet. Andernfalls hätte man riskiert, daß die zuvor präsentierten Regressionsergebnisse Scheinkorrelationen ('spurious') gewesen wären. Zu diesem Zweck wird für jede der betrachteten EU-Volkswirtschaften die potentielle Korrelation der Änderung der Intra-ERM-Wechselkursvariabilität mit der Änderung des realen effektiven Wechselkurses, der Zinsspanne und der Änderung der bilateralen Dollar-Wechselkursvolatilität getestet. Insgesamt gesehen vermitteln die im folgenden zusammengefaßten Resultate der Granger-Kausalitätstests klar den Eindruck, daß die bisher erzielten Regressionsergebnisse keine Scheinkorrelationen darstellen.

Es wird nun mit der Erweiterung der Granger-Kausalitätstests begonnen. Als ein Vorgriff auf die Analyse des im folgenden zu analysierenden 'missing variable'-Problems werden zwei neue Variablen (Änderung des realen Kurzfristzinssatzes und das Wachstum des realen BIP) gleich mit berücksichtigt.[199] Die Tabelle 27 vermittelt einen Überblick über paarweise Tests (2 Verzögerungen, Stützzeitraum 1973-1996) für die tabellarisch dargestellten Variablenpaare (da 11 Volkswirtschaften untersucht werden, ergeben sich 11 Tests für jedes Variablenpaar). Die Tabellen sind entlang der bereits für Tabelle 26 erläuterten Richtlinien zu interpretieren.

---

[198] Vgl. de Grauwe, Bellefroid (1987), S. 205, und Perée, Steinherr (1989), S. 1255, in bezug auf den Einfluß der mittelfristigen Intra-EU-Wechselkursvolatilität auf das durchschnittliche bilaterale Exportvolumen. Letztere sehen hierin jedoch keinen Anlaß für weitere empirische Untersuchungen: "This fact, which is not rejoicing but not fatal either, is bound to exist in this kind of partial equilibrium analysis". Vgl. anders aber dell'Ariccia (1998).

[199] Für beide Reihen kann gemäß Anhang 5 die Hypothese der Nichtstationarität abgelehnt werden.

Tab. 27 - *Wechselkursvariabilität und zusätzliche Regressoren: Paarweise Granger-Kausalitätstests*

Änderung der Intra-ERM-Wechselkursvariabilität und die Änderung des realen effektiven Wechselkurses

DEXV→DREER	**DREER→DEXV**
ES*, UK borderline	PO***, UK borderline

Änderung der Intra-ERM-Wechselkursvariabilität und die Zinsspanne

DEXV→SPREAD	**SPREAD→DEXV**
/	/

Änderung der Intra-ERM-Wechselkursvariabilität und die Änderung der $-Wechselkursvariabilität

DEXV→DEXVD	**DEXVD→DEXV**
IR borderline, UK***	/

Änderung der Intra-ERM-Wechselkursvariabilität und die Änderung des realen Kurzfristzinssatzes

DEXV→D(INTSR)	**D(INTSR)→DEXV**
BE**, FR**	/

Änderung der Intra-ERM-Wechselkursvariabilität und das Wachstum des realen BIP

DEXV→DGDP	**DGDP→DEXV**
FR*, GR*,IT*, WD**	BE*

Zusammenfassend interpretiert vermittelt Tabelle 27 deutlich den Eindruck, daß die Regressionsergebnisse keine Scheinkorrelationen darstellen, d.h. nicht 'spurious' sind. In nur zwei Fällen (von 55) muß die Hypothese, daß eine der fünf ausgewählten Robustheitsvariablen nicht die Intra-ERM-

eine der fünf ausgewählten Robustheitsvariablen nicht die Intra-ERM-Wechselkursvariabilität beeinflußt, abgelehnt werden. Für Belgien ist die Ablehnung nur marginal (α = 10%). Für Portugal könnte die extreme makrökonomische Instabilität im Fahrwasser der Revolution ein Grund sein. Ein anderer Mechanismus, der am Werk gewesen sein könnte, ist, daß der Wechselkurs des Escudo trotz sehr hoher Inflationsraten für einige Zeit konstant gehalten wurde. Strenge Kapitalkontrollen erlaubten es der Regierung, die notwendigen strukturellen Anpassungen zu verzögern (Belke, Gros (1997)). Daher wird die Hypothese, daß die Intra-ERM-Wechselkursvariabilität einen selbständigen Unsicherheitsfaktor repräsentiert und in einem gewissen Umfang (stark) exogen ist, durch die Daten nicht abgelehnt. Dies gilt für eine breite Mehrheit von EU-Volkswirtschaften und für fünf (!) verschiedene, die Variabilität potentiell 'treibende' Variablen. In bezug auf die Nullhypothese, daß die Intra-ERM-Wechselkursvariabilität eine bestimmte der fünf Robustheitsvariablen nicht beeinflußt, ergibt sich nur eine leicht abweichende empirische Evidenz. Sie kann in nur 4 von 55 Fällen auf dem 5%-Niveau abgelehnt werden. Darüber hinaus ist das Faktum, daß die Wechselkursvariabilität auch das reale BIP-Wachstum beeinflußt, kompatibel mit dem theoretischen Modell. Jedoch wird weiter unten empirisch gezeigt, daß es unabhängig vom BIP-Wachstum noch einen direkten Kanal zu geben scheint, durch den die Wechselkursvariabilität den Arbeitsmarkt beeinflussen kann.

Aber es gibt noch einen zusätzlichen Grund, warum die Rolle von 'missing variables' hier noch detaillierter untersucht werden sollte. Die Resultate der einleitenden Regressionen in den Tabellen 16 bzw. 16a und 17 bzw. 17a beziehen sich auf bivariate Vektorautoregressionen (VARs). Aus der VAR-Literatur ist jedoch bekannt, daß die Inferenz basierend auf derartigen VARs häufig recht heikel ist und daß die Implementierung zusätzlicher Variablen die Schätzergebnisse oftmals dramatisch ändern kann. Dies erscheint im hier behandelten Zusammenhang besonders bedeutsam, da die ausgewählten Variablen mehr oder weniger zyklischen Charakter aufweisen, und bisher noch *keine zusätzlichen* zyklischen Variablen in die VARs einbezogen wurden. In Abschnitt 6.1.2.2 wurden diesbezüglich die Studien von Koray, Lastrapes (1989), Kroner, Lastrapes (1993) und Lastrapes, Koray (1990) inhaltlich ausgewertet. Es wird deshalb im folgenden empirisch getestet, ob die bisher erzielten empirischen Ergebnisse in bezug auf eine zusätzliche Aufnahme der jeweils nationalen Variablen '*Änderung des kurzfristigen realen Zinssatzes*' (z.B. als ein potentieller Shock-'Absorber') und '*Wachstum des realen BIP'* in die VARs robust sind.[200] Zu diesem Zweck wurden die paarweisen Granger-Kausalitätstests bereits um diese beiden zusätzlichen Zeitreihen erweitert, auch hier ohne robuste Anzeichen für 'spurious' Resultate (vgl. Tabelle 27). Darüber hinaus wird sowohl auf der Basis des einfachen OLS-Verfahrens als auch unter Verwendung eines SUR-Systems ausführlich getestet, ob sich die Ergebnisse in den Tabellen 16 und 17 (bzw. 16a und 17a) als robust gegenüber der Einführung der beiden zusätzlichen zyklischen Variablen erweisen. Die Ausführungen dieses Abschnittes werden fortgeführt durch die Darstellung der Ergebnisse von bivariaten Regressionen (spezifiziert genau wie in den Tabellen 16 und 17 (OLS), bzw. 16a und 17a (SUR)), erweitert um die Änderung des *realen kurzfristigen Zinssatzes*. Diese Ergebnisse werden in Tab. 28, 29 (OLS), 28a und 29a (SUR) wie üblich zusammengefaßt.

[200] Für dieses Argument vgl. indirekt auch Edison, Melvin (1990), S. 41, für Schätzungen des Einflusses der Wechselkursvariabilität auf den Außenhandel. Es werden erste Differenzen dieser Variablen implementiert, da die im Anhang 5 dokumentierten Einheitswurzeltests auf einen Integrationsgrad von Eins verwiesen.

Tab. 28 - *Änderung der Arbeitslosenrate als eine Funktion ihrer eigenen Vergangenheit, der Änderung der Intra-ERM-Wechselkursvariabilität und der Änderung des realen Kurzfristzinses (OLS)*

Land	Änderung der Arbeitslosenrate	Änderung der Intra-ERM-Wechselkursvariabilität	Änderung des realen Kurzfristzinses (INTSR)
BE	(-1)***	(0) 0.34 (↑)	(-1) -0.03
DK	(-1)**	(-1) 0.65** (↓)	(-1) 0.07
ES	(-1)***	(0) 0.55* (↑)	(-1) 0.12
FR	(-1)***	(-1) 0.30** (↓)	(-1) -0.07*
GR	n.v.	n.v.	n.v.
IR	(-1)***	(-2) -0.32*(→)	(-2) 0.06*
IT	(-1)*	(-1) -0.10* (↑)	(-1) 0.11**
NL	(-1)*** (-2)**	(-1) 0.53** (-2) 0.60** (↓)	(-2) 0.10*
PO	n.v.	n.v.	n.v.
UK	(-1)*** (-2)**	(-1) -0.21 (↑)	(0) -0.05
WD	(-1)* (-2)**	(-1) 0.50** (↑)	(-2) 0.09*

Für Anmerkungen vgl. die Tabellen 17 und 20.

Tab. 29 - *Änderung der Beschäftigung als eine Funktion ihrer eigenen Vergangenheit, der Änderung der Intra-ERM-Wechselkursvariabilität und der Änderung des realen Kurzfristzinses (OLS)*

Land	Änderung der Beschäftigung	Änderung der Intra-ERM-Wechselkursvariabilität	Änderung des realen Kurzfristzinses (INTSR)
BE	(-1)***	(0) 0.40 (↓)	(-1) -0.14
DK	(-2)***	(-1) -0.55 (↓)	(-1) -0.25**
ES	(-1)***	(-2) 0.71 (→)	(0) 0.07
FR	(-1)*** (-2)**	(-1) -2.11*** (↑) (-2) -1.36***	(-1) -0.31**
GR	n.v.	n.v.	n.v.
IR	(-1)*** (-2)**	(0) -1.22** (↑)	(-1) -0.24**
IT	(-1)**	(0) -0.47 (→)	(-2) -0.05
NL	(-1)***	(-1) -1.04** (↓)	(0) 0.29*** (-2) -0.42***
PO	n.v.	n.v.	n.v.
UK	(-1)***	(-1) -0.44 (↑)	(-2) -0.33**
WD	(-1)***	(-1) -3.03*** (-2) -2.97*** (↑)	(-2) -0.24*

Für Anmerkungen vgl. die Tabellen 17 und 20.

Tab. 28a - *Änderung der Arbeitslosenrate als eine Funktion ihrer eigenen Vergangenheit, der Änderung der Intra-ERM-Wechselkursvariabilität und der Änderung des realen Kurzfristzinses (SUR)*

Land	Änderung der Arbeitslosenrate	Änderung der Intra-ERM-Wechselkursvariabilität	Änderung des realen Kurzfristzinses (INTSR)
BE	(-1)***	(0) 0.47*** (↑)	(-1) -0.04
DK	(-1)**	(-1) 0.74*** (→)	(-1) 0.04
ES	(-1)***	(0) 0.33* (↑)	(-1) 0.10*
FR	(-1)***	(-1) 0.27*** (→)	(-1) -0.06*
GR	n.v.	n.v.	n.v.
IR	(-1)***	(-2) 0.31***(↑)	(-2) 0.07***
IT	(-1)**	(-1) -0.13*** (↑)	(-1) 0.13***
NL	(-1)*** (-2)***	(-1) 0.55*** (-2) 0.64*** (→)	(-2) 0.10***
PO	n.v.	n.v.	n.v.
UK	(-1)*** (-2)***	(-1) -0.26*** (↑)	(0) -0.04*
WD	(-1)*** (-2)***	(-1) 0.69*** (→)	(-2) 0.08**

Für Anmerkungen vgl. Tabelle 20. Die Ergebnisse werden mit den ursprünglichen SUR-Regressionen (Tab. 17a, erste Spalte) verglichen.

Tab. 29a - *Änderung der Beschäftigung als eine Funktion ihrer eigenen Vergangenheit, der Änderung der Intra-ERM-Wechselkursvariabilität und der Änderung des realen Kurzfristzinses (SUR)*

Land	Änderung der Beschäftigung	Änderung der Intra-ERM-Wechselkursvariabilität	Änderung des realen Kurzfristzinses (INTSR)
BE	(-1)***	(0) 0.03 (↓)	(-1) -0.18**
DK	(-2)***	(-1) -0.82** (↑)	(-1) -0.28***
ES	(-1)***	(-2) 0.45 (↓)	(0) 0.10
FR	(-1)*** (-2)***	(-1) -1.65*** (↑) (-2) -0.69***	(-1) -0.31***
GR	n.v.	n.v.	n.v.
IR	(-1)*** (-2)**	(0) -0.91** (↑)	(-1) -0.15*
IT	(-1)***	(0) -0.51** (↑)	(-2) -0.05
NL	(-1)***	(-1) -1.05*** (→)	(0) 0.29*** (-2) -0.42***
PO	n.v.	n.v.	n.v.
UK	(-1)***	(-1) -0.48 (↑)	(-2) -0.30***
WD	(-1)***	(-1) -3.67*** (-2) -3.64*** (↑)	(-2) -0.20**

Für Anmerkungen vgl. Tabelle 20. Die Ergebnisse werden mit den ursprünglichen SUR-Regressionen (Tab. 17a, zweite Spalte) verglichen.

Weiter oben wurde schon angeführt, daß einige Ökonomen weniger skeptisch gegenüber der oben erstmals aufgedeckten inhaltlichen Verbindung zwischen der Intra-ERM-Wechselkursvariabilität und der Arbeitslosenrate bzw. der Beschäftigung in der verarbeitenden Industrie oder anderen realwirtschaftlichen Variablen wären, wenn die Ergebnisse sich als robust gegenüber einer gleichzeitigen Berücksichtigung und Implementierung des realen Kurfristzinses als einem potentiellen Schock-'Absorber' erwiesen. Dies ist in der Tat der Fall. Wie man aus den Tabellen 28 und 29 bzw. 28a und 29a deutlich ersehen kann, beeinträchtigt die Einführung des realen Kurzfristzinses die bisherigen Resultate nicht substantiell. Viele Pfeile weisen seitwärts, aufwärts und abwärts gerichtete Pfeile halten sich die Waage, im Falle der SUR-Schätzungen weisen die aufwärts gerichteten Pfeile sogar ein Übergewicht auf. Wie erwartet ist der Koeffizientenschätzer für den Kurzfristzins oft signifikant und weist das theoretisch erwartete Vorzeichen auf. Beides gilt sowohl für die OLS- als auch für die SUR-Schätzungen. In den meisten Fällen geht der reale Kurzfristzins mit einer Verzögerung von wenigstens einem Jahr in die Schätzgleichung ein. Bezieht man sich auf die OLS-Schätzungen, erscheinen die Koeffizientenschätzer für die Intra-ERM-Wechselkursvariabilität in den Arbeitslosigkeitsgleichungen absolut gesehen ein wenig kleiner als vorher, obwohl sie im Durchschnitt keinesfalls an Signifikanz verlieren. Die SUR-Schätzungen vermitteln jedoch den Eindruck, daß der Einschluß des realen Kurzfristzinssatzes in die Arbeitslosigkeitsgleichungen zu Koeffizientenschätzern der Wechselkursvariabilität führt, die absolut gesehen sogar *noch größer* werden. Daher dürfte es nur noch sehr schwer fallen zu argumentieren, daß die Wechselkursvariabilität keine autonome realwirtschaftliche Wirkung entfaltet, sondern lediglich für die Ausrichtung der Geldpolitik steht. Es wurde vielmehr definitiv ein *unabhängiger* Effekt der Wechselkursvariabilität auf die Beschäftigung aufgedeckt.

Die ausführlichen Robustheitstests werden nun mit einer Darstellung der Resultate von bivariaten Regressionen (wiederum spezifiziert gemäß den Tabellen 16 und 17 (OLS) bzw. 16a und 17a (SUR)) abgeschlossen, die um die zweite zyklische Variable, nämlich dem Wachstum des realen BIP, erweitert wurden.[201]

---

[201] Korrespondierende Regressionen für die Beziehung zwischen den *Niveaus* der Wechselkursvariabilität und dem Wachstum des realen BIP in Arbeitslosigkeits- und Beschäftigungsgleichungen finden sich in Anhang 3.

Tab. 30 - *Änderung der Arbeitslosenrate als eine Funktion ihrer eigenen Vergangenheit, der Änderung der Intra-ERM-Wechselkursvariabilität und des realen BIP-Wachstums (OLS)*

Land	Änderung der Arbeitslosenrate	Änderung der Intra-ERM-Wechselkursvariabilität	Reales BIP-Wachstum (DGDP)
BE	(-1)***	(0) 0.47** (↑)	(0) -0.24***
DK	(-1)***	(0) 0.39** (→)	(0) -0.57***
ES	(-1)**	(-1) 0.31** (↑)	(0) -0.48***
FR	(-1)***	(-1) 0.20* (↓)	(0) -0.19***
GR	(-1)*** (-3)**	(0) 0.09*** (→)	(0) -0.04*
IR	(-1)***	(-2) 0.40** (↑)	(0) -0.17*
IT	(-1)**	(-1) 0.07 (→)	(0) -0.09** (-1) -0.08**
NL	(-1)**	(-2) 0.63*** (→)	(0) -0.23**
PO	(-1)***	(-1) 0.12** (→)	(-1) -0.08***
UK	(-1)***	(0) 0.48*** (↑)	(0) -0.38***
WD	(-1)***	(0) 0.50*** (-1) 0.33** (↑)	(0) -0.26***

Für Anmerkungen vgl. Tabellen 17 und 20.

Tab. 31 - *Änderung der Beschäftigung als eine Funktion ihrer eigenen Vergangenheit, der Änderung der Intra-ERM-Wechselkursvariabilität und des realen BIP-Wachstums (OLS)*

Land	Änderung der Beschäftigung	Änderung der Intra-ERM-Wechselkursvariabilität	Reales BIP-Wachstum (DGDP)
BE	(-1)***	(-1) 0.29 (→)	(0) 0.55***
DK	(-1)***	(0) -1.35** (-1) -1.51** (↑)	(0) 1.07***
ES	(-1)	(0) -0.24 (→)	(0) 1.51***
FR	(-1)***	(-1) -0.04 (↓)	(0) 0.73***
GR		n.v.	
IR	(-1)***	(-1) 1.01** (→)	(0) 0.88***
IT	(-1)***	(0) -0.38** (↑)	(0) 0.68***
NL	(-1)***	(-1) -0.73* (-2) -1.16*** (→)	(0) 0.64***
PO	(-1)	(0) 0.01 (↓)	(0) 0.57***
UK	(-1)	(0) 0.22 (→)	(-1) 0.88***
WD	(-1)***	(-1) -1.78**(-2) -1.35** (→)	(0) 0.63***

Für Anmerkungen vgl. Tabellen 17 und 20.

Tab. 30a - *Änderung der Arbeitslosenrate als eine Funktion ihrer eigenen Vergangenheit, der Änderung der Intra-ERM-Wechselkursvariabilität und des realen BIP-Wachstums (SUR)*

Land	Änderung der Arbeitslosenrate	Änderung der Intra-ERM-Wechselkursvariabilität	Reales BIP-Wachstum (DGDP)
BE	(-1)***	(0) 0.31** (↓)	(0) -0.20***
DK	(-1)***	(0) 0.39*** (→)	(0) -0.56***
ES	(-1)***	(-1) 0.30*** (↑)	(0) -0.39***
FR	(-1)***	(-1) 0.24*** (→)	(0) -0.14***
GR	(-1)*** (-3)***	(0) 0.08*** (→)	(0) -0.04**
IR	(-1)***	(-2) 0.52*** (↑)	(0) -0.16**
IT	(-1)***	(-1) 0.06* (↓)	(0) -0.07*** (-1) -0.08***
NL	(-1)***	(-2) 0.55*** (→)	(0) -0.22***
PO	(-1)***	(-1) 0.13*** (→)	(-1) -0.07***
UK	(-1)***	(0) 0.40*** (↑)	(0) -0.35***
WD	(-1)***	(0) 0.44*** (-1) 0.35*** (→)	(0) -0.24***

Für Anmerkungen vgl. Tabelle 20. Die Ergebnisse werden mit den ursprünglichen SUR-Regressionen (Tab. 17a, erste Spalte) verglichen.

Tab. 31a - *Änderung der Beschäftigung als eine Funktion ihrer eigenen Vergangenheit, der Änderung der Intra-ERM-Wechselkursvariabilität und des realen BIP-Wachstums (SUR)*

Land	Änderung der Beschäftigung	Änderung der Intra-ERM-Wechselkursvariabilität	Reales BIP-Wachstum (DGDP)
BE	(-1)***	(-1) 0.19 (↓)	(0) 0.44***
DK	(-1)***	(0) -1.58*** (-1) -1.59*** (↑)	(0) 0.98***
ES	(-1)**	(0) -0.53** (→)	(0) 1.51***
FR	(-1)***	(-1) -0.09 (↓)	(0) 0.73***
GR		n.v.	
IR	(-1)***	(-1) 0.90*** (↑)	(0) 0.74***
IT	(-1)***	(0) -0.33*** (↑)	(0) 0.67***
NL	(-1)***	(-1) -0.63** (-2) -1.08*** (→)	(0) 0.61***
PO	(-1)***	(0) -0.00 (↓)	(0) 0.55***
UK	(-1)	(0) 0.26 (→)	(-1) 0.82***
WD	(-1)*** (-2)***	(-1) -2.23*** (-2) -1.60*** (→)	(0) 0.55***

Für Anmerkungen vgl. Tabelle 20. Die Ergebnisse werden mit den ursprünglichen SUR-Regressionen (Tab. 17a, zweite Spalte) verglichen.

Wie man aus den Tabellen 30, 30a und 31, 31a deutlich ersehen kann, führt auch die zusätzliche Berücksichtigung des Wachstums des realen BIP zu keinen substantiellen Änderungen der Schätzergebnisse. Viele Pfeile weisen wiederum seitwärts, die 'ups' und 'downs' sind in etwa gleichgewichtet, im Falle der Arbeitslosigkeit übersteigen die 'ups' die 'downs' sogar unabhängig von der verwendeten Schätzprozedur. Wie erwartet ist der Koeffizientenschätzer für das Wachstum des realen BIP oft hoch signifikant, weist das theoretisch korrekte Vorzeichen auf und geht durchweg als eine kontemporäre Variable in die Schätzgleichungen ein, ein bereits aus dem vorhergehenden Kapitel 5 bekanntes Phänomen. Diese Aussagen gelten für das OLS- und das SUR-Verfahren. Falls man die geschätzten Arbeitslosigkeitsgleichungen als Basis verwendet, können fünf hoch signifikante neue Tabellenzugänge mit erwarteten Vorzeichen des Koeffizientenschätzers für die Wechselkursvariabilität verzeichnet werden. In bezug auf die Beschäftigungsgleichungen werden die aus den Tabellen 17 und 17a bekannten Ergebnismuster unabhängig von der jeweils verwendeten Schätzmethode reproduziert. Deshalb erscheint der Schluß zulässig, daß die *Hinzufügung der zyklischen Variablen* 'Wachstum des realen BIP' die Ergebnisse der bivariaten VARs aus den Tabellen 16 und 17 (OLS) bzw. 16a und 17a (SUR) *in keiner Weise verändert*. Im Gegenteil, die Evidenz für einen negativen Einfluß der Intra-ERM-Wechselkursvariabilität auf realwirtschaftliche Variablen wird sogar *noch eindrucksvoller*.

In diesem Abschnitt wurde versucht herauszufinden, ob die empirischen Ergebnisse der einfachen zeitreihenanalytischen Kausalitätstests in vieler Hinsicht robust sind. Zu diesem Zweck wurden fünf Kontrollvariablen verwendet. Es stellte sich heraus, daß deren Gegenwart die zunächst überraschende Stärke der Resultate nicht beeinträchtigte. In einer hier nicht näher dokumentierten Untersuchung wurde der nominale Kurzfristzins als eine weitere potentielle Kontrollvariable verwendet, wiederum ohne Einfluß auf die empirischen Ergebnisse. Es dürfte deshalb schwierig sein zu argumentieren, daß der in diesem Kapitel erstmals aufgedeckte systematische Zusammenhang zwischen der Wechselkursvariabilität und den realwirtschaftlichen Variablen lediglich eine Scheinkorrelation ist. Der folgende Abschnitt beinhaltet einige Schlußfolgerungen aus den zuvor in diesem Kapitel erzielten Ergebnissen. Es befaßt sich auch mit den Implikationen der Resultate für die Debatte um die Funktionsfähigkeit der EWU.

6.7 Schlußfolgerungen und Implikationen für die EWU-Debatte

Die wichtigste wirtschaftspolitische Schlußfolgerung aus den in diesem Kapitel erzielten theoretischen und empirischen Ergebnissen besteht darin, daß die Europäische Währungsunion (was auch immer sie 'kosten' wird) das *Potential* dazu besitzt, partielle realwirtschaftliche *Nutzen* mit sich zu bringen, indem sie die *autonome* Wechselkursvariabilität in Europa unterdrückt. In dem Ausmaß, wie eine EWU die kurzfristige nominale Intra-EWS-Wechselkursvariabilität verringert (und letztere zu gewissen Teilen exogen, also nicht durch asymmetrische Schocks verursacht ist), ist ceteris paribus ein Anstieg der Investitionen, des Outputwachstums und schließlich auch der Beschäftigung zu erwarten (ähnlich auch Belke, Gros (1997), S. 25 f., Kenen (1997), S. 212, Müller, Buscher (1999), Welfens, Jungmittag (1997), S. 336).[202] Weitergehende Schlußfolgerungen bleiben aber zunächst *spekulativ*. Dies soll im folgenden ausführlich begründet werden.

Erstens ist es eine alte und bisher ungelöste Frage, wie groß der Anteil der Wechselkursvariabilität, der Ausdruck eines Anpassungsbedarfs an realwirtschaftliche asymmetrische Schocks ist, im Vergleich zu dem Anteil ausfällt, der sich am ehesten durch andere als realwirtschaftliche Faktoren oder als statistische Zufallsgröße erklären läßt. Zweitens ist die Frage noch nicht endgültig beantwortet, ob die erstaunlich robusten empirischen Ergebnisse der Abschnitte 6.5 und 6.6 einen *endgültigen* Verzicht auf das Abwertungsinstrument (also das erste statistische Moment flexibler Wechselkurse) bei unvollkommener Nominallohn- und Preisflexibilität rechtfertigen können. Denn in der Vergangenheit gab es *sehr unterschiedliche* stabilitätspolitische Erfolge von Währungsabwertungen. Realignments können nämlich nach herrschender Meinung in vereinzelten Fällen stabilitätspolitisch erfolgreich sein und zu einem kompetitiven realen Wechselkurs verhelfen (anders aber Kamin, Klau (1997) und Müller, Heinemann (1999)). Auch ein häufig (z.B. von Gordon (1996)) im EWU-Kontext diskutiertes Ereignis läßt sich gemäß Kapitel 2 nicht ohne weiteres als ein Beispiel für ein stabilitätspolitisch (d.h. hinsichtlich einer statistisch korrekt erfaßten Terms-of-Trade- und Arbeitslosigkeits-Performance) erfolgreiches Realignment vereinnahmen: der EWS-Austritt Großbritanniens und Italiens '92 im Gefolge der EWS-

---

[202] Für eine ähnliche Schlußfolgerung in bezug auf den innereuropäischen Außenhandel vgl. auch Sapir, Sekkat, Weber (1994), S. 31.

Turbulenzen und des asymmetrischen Schocks der deutschen Vereinigung (Belke (1996b)).

Entscheidend für den *Netto*nutzen einer Unterdrückung nominaler Wechselkursvariabilität durch eine endgültige Fixierung der Wechselkurse in der EWU werden mehrere noch *nicht prognostizierbare* Faktoren sein. Erstens ist unsicher und schwer abschätzbar, ob auch die *EU-externe* Wechselkursvariabilität nach dem Übergang zu einer EWU reduziert wird. Hierfür spricht nach Martin (1997), daß der wesentlich geringere Offenheitsgrad einer großen EWU zu geringeren Anreizen führt, mit der Geld- bzw. Wechselkurspolitik zu stabilisieren und damit für variable Wechselkurse zu sorgen. Dagegen spricht, daß die Euroregion im Vergleich zu den einzelnen Mitgliedsländern eine geschlossenere Volkswirtschaft darstellt und die EZB deshalb der Variabilität des Außenwertes des Euro weniger Bedeutung als vorher auf nationaler Ebene beimessen könnte, so daß die Volatilität des Euro möglicherweise ansteigt. Zweitens ist trotz erster dagegen sprechender empirischer Evidenz noch nicht ganz auszuschließen, daß sich die verringerte Variabilität nominaler Wechselkurse in einer *gestiegenen Variabilität realwirtschaftlicher Größen* ausdrücken wird. Drittens ist für eine EWU nicht absehbar, wie sich die Wahrscheinlichkeit asymmetrischer Schocks entwickeln wird. Sinkt diese beispielsweise bei zunehmender Handelsintegration, so steigt der Nettonutzen und umgekehrt.[203] Viertens bestimmt der *Umfang* der EWU die Intensität der beschäftigungspolitischen Kosten- und Nutzenkomponenten der EWU. Beispielsweise hängt die Höhe der Wechselkursvariabilität des Euro im Verhältnis zum U.S.-Dollar von der im Vorfeld der EWU lange Zeit nicht antizipierbaren *Größe* des Währungsraumes ab. Auch werden die beschäftigungspolitischen Nutzen und Kosten aus der Sicht eines individuellen Beitrittskandidaten davon bestimmt, *welche* anderen Länder an der EWU teilnehmen (de Grauwe (1996), S. 4 f., Flood, Rose (1995), Kenen (1997), S. 213, Martin (1997), Mussa (1997), S. 219, Ochel (1997), S. 12 f., Rose (1995), Welfens, Jungmittag (1997), S. 336).

Die erstgenannte Determinante des realwirtschaftlichen Nettonutzens der EWU bedarf noch einer ausführlicheren kritischen Würdigung. Könnten die realwirtschaftlichen Erträge einer Unterdrückung der intra-europäischen Wechselkursvariabilität, die durch die hier erzielten Ergebnisse nahegelegt werden, verloren gehen, wenn diese Volatilität statt dessen in anderen Bereichen zusätzlich auftritt, beispielsweise als der Nebeneffekt einer höheren

---

[203] Vgl. beispielsweise Belke, Gros (1998) für einen Überblick über diese Debatte.

Dollar-Variabilität des Euro oder als eine höhere Variabilität der Zinssätze (Belke, Gros (1998a, 1999)? Dieser bereits in Abschnitt 6.1.2.3 als vierte Schlußfolgerung aus dem systematischen Überblick zu den Auswirkungen der Wechselkursvariabilität auf den Außenhandel formulierte Einwand erscheint einerseits a priori durchaus relevant. Denn die Dollarvolatilität hatte in den vorstehenden Untersuchungen in einer gewissen Zahl an Fällen (besonders im Rahmen der SUR-Schätzungen) einen signifikanten Einfluß. Andererseits konnte die Hypothese der *Nichtkorreliertheit* der Intra-ERM-Variabilität und der Dollarvariabilität im Rahmen von Granger-Kausalitätstests (Abschnitt 6.6.3.3) deutlich *nicht abgelehnt* werden. Eine Ablehnung wäre jedoch die Voraussetzung für einen positiven Einfluß einer Eliminierung der Intra-ERM-Volatilität auf die Höhe der Dollar-Variabilität gewesen (Gros, Thygesen (1998), S. 117).

Gleichzeitig läßt sich jedoch auch argumentieren, daß es zum Zeitpunkt des Abschlusses der redaktionellen Arbeit an der vorliegenden Studie wegen des zu geringen verfügbaren Stützzeitraums einfach noch nicht möglich ist aufzuzeigen, ob die Dollarvariabilität im Fahrwasser der EWU steigen oder fallen wird. Dasselbe gilt für die Variabilität anderer Finanzmarktvariablen. Allgemein kann gegenwärtig noch nicht abschließend beurteilt werden, ob die Elimination der Intra-ERM-Wechselkursvariabilität zu mehr Varianz zwischen den drei verbleibenden Währungsräumen (Dollar, Yen und Euro) führen oder ob die EWU als solche ein stabileres internationales Währungsgefüge bewirken wird (Europäische Kommission (1990), S. 70 und 178 ff., Belke, Gros (1998, 1998a, 1998c, 2000a), Welfens, Jungmittag (1997), S. 336). Anders ausgedrückt: "There is no *a priori* theoretical reason why the reduction of intra-European exchange-rate variability should increase global exchange-rate volatility" (Gros, Thygesen (1998), S. 117). Aktuelle Forschungsergebnisse (vgl. z.B. Rose (1995)) zeigen jedoch deutlich auf, daß 'official action' die Wechselkursvariabilität *sogar reduzieren* kann, während die Variabilität von Fundamentaldaten wie der Zinssätze und/oder der Geldmenge weiter konstant gehalten wird. Eine geldpolitische Koordination der Fed und der EZB beispielsweise könnte somit die Dollar-Euro Volatilität unter Kontrolle halten (Belke, Gros (1999), S. 31, dies. (2000a), Gros, Thygesen (1998), S. 383 ff.).[204]

Darüber hinaus extrapolieren Masson, Turtelboom (1997) durch Simulationen auf der Basis des makroökonomischen Modells des IMF (MULTIMOD), daß Deutschland in der EWU eine tendenziell geringere Variabilität kurzfristiger Zinssätze und der Inflation aufweisen wird als unter der Alternative des EWS mit engen Wechselkursbändern des Kerns und weiten Bändern der Peripherie. Da die europäischen Aggregate (das Geldangebot, die Inflation und die reale Wachstumsrate) stabiler als die jeweiligen nationalen Komponenten seien, führe ein Geldmengenziel der Europäischen Zentralbank bei nicht perfekter Korrelation der nationalen Variablen zu stabileren Zeitreihen der Finanzmarktvariablen ('Risikoverringerung durch Diversifikation'). Die geringere Variabilität europäischer Zinssätze induziere jedoch keine geringere Variabilität des Euro im Verhältnis zum Dollar. Denn es wird gleichzeitig gezeigt, daß die U.S.-Zinsen volatiler werden. Jedoch führt die Simulation zu dem Ergebnis, daß die Euro-Dollar-Volatilität (unter der Annahme einer Geldmengenregel der EZB) *nur leicht oberhalb* der DM-Dollar-Variabilität im EWS liegt (Masson, Turtelboom (1997), Welfens, Jungmittag (1997), S. 335). Schließlich ist zu berücksichtigen, daß die EWU mittel- bis langfristig wichtige Quellen von Schocks -nationale Geldpolitiken oder Störungen auf nationalen Finanzmärkten- durch eine gemeinsame Geldpolitik und einen EU-weiten Finanzmarkt unterdrücken dürfte. Im Rahmen des größeren Finanzmarktes werden regionenspezifische Schocks nämlich eher dazu tendieren, sich größtenteils gegenseitig zu kompensieren (Belke, Gros (1998), Gros, Thygesen (1998), S. 381 f.).

Einer Einschätzung des realwirtschaftlichen Nutzens der EWU kann man sich jedoch auch noch aus einer anderen Perspektive nähern. Für den Fall des fiktiven 'counterfactual', das Nichtzustandekommens einer EWU, ist

---

[204] Insofern werden durch die in diesem Abschnitt mehrfach angeführten neueren empirischen Untersuchungen zum einen die Befürchtungen von Autoren wie Bailey, Tavlas (1988), S. 431, genau *widerlegt*: "... we have to specify the alternative to volatility. If the volatility is due to fundamental factors influencing the exchange rate, intervention by the authorities to reduce it would be unsustainable and eventually disruptive". Zum anderen sprechen sie auch *gegen* die von Willett (1986) vorgebrachte Argumentation, daß sich das Verhältnis von Auslandsrisiken (z.B. Wechselkursvolatilität) zu Inlandsrisiken (z.B. Zins- und Aktienkursvolatilität) nicht ändere und deshalb die Außenhandelsentwicklung trotz zunehmender Währungsrisiken stabil bleibe. Vgl. ähnlich auch de Grauwe (1997), S. 59 und 66 f.

nämlich zu berücksichtigen, daß der hohe Grad an Reallohnrigidität, der wachsende Integrationsgrad zwischen europäischen Volkswirtschaften und die wachsende Bedeutung von Finanzmarktturbulenzen Wechselkursbewegungen als Anpassungsinstrument in ökonomischer Hinsicht ohnehin *immer weniger effektiv* und in politischer Hinsicht *immer schwerer durchsetzbar* erscheinen lassen. Folglich besteht *-innerhalb und außerhalb* der EWU- der einzige Weg, erfolgreich auf bedeutende realwirtschaftliche symmetrische oder asymmetrische Schocks zu reagieren und unerwünschte negative Beschäftigungseffekte zu vermeiden, darin, den Grad relativer *Preis- und Lohnflexibilität* zu erhöhen. Hierzu ist eine *Reform der Institutionen* vorzunehmen, die bisher ein adäquates Funktionieren nationaler Güter- und Arbeitsmärkte verhinderten. Die EWU jedoch ist weder für den Reformstau verantwortlich, noch kann sie diesen allein beseitigen. Sie tangiert zwar mehr Aspekte als die Elimination von Wechselkursrisiken, kann aber *nicht* eindeutig als *Beschleuniger* für fundamentale *Strukturreformen* auf europäischen Arbeitsmärkten herhalten (Kapitel 4, Calmfors (1997), Frankel, Rose (1996a), S. 22 f., Viñals, Jimeno (1997), S. 42 f.).[205] Der letzte Aspekt erscheint so wichtig, daß hieran auch die weiteren Überlegungen anknüpfen.

Denn das Ergebnis eines negativen Einflusses der Intra-ERM-Wechselkursvariabilität auf die Beschäftigung ist nämlich auch aus anderer -strenger arbeitsmarktbezogener- Sicht keinesfalls gleichbedeutend mit der Aussage, daß die EWU die Beschäftigung in Europa *tatsächlich* steigern wird. Erstens ist nicht sicher, ob *Hysteresiseffekte*, welche als eine Begründung für den gefundenen Effekt angeführt wurden, *tatsächlich symmetrisch* wirken (Belke, Kösters (1990, 1992, 1996, 1996a, 1999a)). Zweitens wird in diesem Kapitel implizit angenommen, daß die EWU als neue monetäre Institution keine Auswirkungen auf die Wirkungsmechanismen (Lohnsetzungsverhalten, Regulierungsdichte) auf Arbeitsmärkten hat. Die ausführlichen Analysen in den Kapiteln 2.5, 4 und 8 der vorliegenden Arbeit belegen detailliert, daß diese Neutralitätshypothese keineswegs zwingend zutreffend ist. Drittens war ein Hauptargument für die Vorteilhaftigkeit der EWU, daß sie zu mehr realwirtschaftlicher Integration der Produkte und zu mehr Wettbewerb führe (Kapitel 4, Belke (1999) und Belke, Gros (1998)). Ob beide Effekte jedoch zu mehr Beschäftigung in der Euroregion führen werden, ist

---

[205] Auch in historischer Perspektive zeigt sich, daß Länder nicht immer die Wechselkursregimes wählten, die bestimmte Indikatoren der Wechselkursvariabilität minimieren. Andere wichtige Aspekte, wie z.B. die mittelfristig erwartete Entwicklung des realen Wechselkurses, spielten auch eine Rolle. Vgl. bereits Lanyi, Suss (1982), S. 539 ff.

jedoch -zumindest kurzfristig- nicht eindeutig. Ein verstärkter Wettbewerb und weniger Wechselkursunsicherheit könnten darüber hinaus einige Unternehmen dazu veranlassen, ihre Produktionsstätten innerhalb der Euroregion zu verlagern. Dies könnte zu innereuropäischen Verschiebungen von Investitionen führen. Ob diese Wirkungskette für ein gegebenes Land zu mehr Beschäftigung führen wird, ist nicht sicher (Belke (1999), Hefeker (1999), Belke, Gros (1998)). Viertens läßt sich auf der Basis des Insider-Outsider-Mechanismus (für Übersichten vgl. Belke, Kösters (1992, 1996, 1999a) für den Fall von unter der EWU unveränderten Arbeitsmarktinstitutionen argumentieren, daß die beschäftigten Insider Verbesserungen der Arbeitsmarktlage direkt in höhere Lohnabschlüsse ummünzen. Sie würden auf diese Weise die Beschäftigungslage eher stabilisieren, statt sie im Fahrwasser des in diesem Kapitel identifizierten positiven Beschäftigungseffekts entfallender Wechselkursunsicherheit zu verbessern.[206] Um eine Realisierung dieses positiven Effektes sicherzustellen, könnte u.a. die Gewerkschaftsmacht reduziert werden. Hierfür ist jedoch eine Abkehr der Blickrichtung von den in diesem Kapitel thematisierten Wirkungsmechanismen auf andere oben schon angeführte und auch schon seit langem von von internationalen Organisationen vorgeschlagene *klassische Deregulierungsmaßnahmen* erforderlich (OECD (1994), Siebert (1997), Dohse, Krieger-Boden (1998)). Werden in der EWU trotz des hierfür zur Verfügung stehenden Spielraums (realwirtschaftliche Renten aus dem Entfallen der Intra-ERM-Wechselkursvolatilität) die längst überfälligen Reformen durchgeführt, wird die EWU auch nicht zu entscheidenden Verbesserungen der Arbeitsmarktlage beitragen können. Vor einer Auflösung des Reformstaus ist jedoch noch -dies ein zentraler Aspekt der vorliegenden Arbeit- das in Kapitel 4 ausführlich analysierte *strategische Problem der Implementierung* geeigneter Reformen zu lösen.

---

[206] Dies konnte bereits kurz nach dem Start der EWU für Deutschland beobachtet werden. Moderate Lohnforderungen gehörten der Vergangenheit an, sobald das geldpolitische Regime von der Bundesbank (hoher Zentralisierungsgrad der Lohnpolitik) auf die EZB (mittlerer Zentralisierungsgrad der Lohnpolitik) überging. Dies entspricht exakt den Vorhersagen der in den Kapiteln 2 und 4 diskutierten 'Hump-Shape'-Hypothese und impliziert für die EWU, daß die Arbeitsmärkte in den Kernländern der EWU weiter strukturell schwach bleiben. Dies kompensiert den in diesem Kapitel identifizierten Nutzen aus der Wechselkursstabilität tendenziell. Für die 'kleineren' Mitglieder der EWU (besonders Finnland, Irland und Portugal) ändert sich der relative Zentralisierungsgrad der Lohn- im Verhältnis zur Geldpolitik nur wenig. Das Lohnwachstum in der Peripherie der EWU blieb mit der Folge relativ besserer Beschäftigungsaussichten entsprechend moderat.

Trägt man der Vielzahl der gerade genannten Einschränkungen gedanklich Rechnung, erscheint es jedoch durchaus vertretbar, aus den in diesem Kapitel erzielten Ergebnissen die Schlußfolgerung *potentieller und partieller* realwirtschaftlicher Nutzen der EWU zu ziehen. Die entfallende Intra-ERM-Wechselkursvolatilität ist hierfür, wie die vorstehenden Ausführungen zeigen- jedoch *nicht hinreichend*. Ähnlich äußern sich Müller, Buscher (1999) aufgrund ihrer bei einer exakten Nachschätzung der hier in Abschnitt 6.6. verwendeten empirischen Modelle erzielten Ergebnisse. Entscheidend für diese vorsichtige positive Einschätzung ist, daß durch den Übergang zu einer Währungsunion mit unwiderruflich fixierten Wechselkursen nicht mehr der übliche Vergleich zwischen den Systemen fester und flexibler Wechselkursen einschlägig ist. Auf dessen Basis waren früher (vor dem Beginn der EWU) Entscheidungen über die relative Vorteilhaftigkeit eines Systems natürlich schwieriger zu treffen, da zum Beispiel flexible Wechselkurse ein *hohe* Wahrscheinlichkeit *kleiner* Wechselkursänderungen und ein System fester Wechselkurse eine *geringe* Wahrscheinlichkeit *großer* Wechselkursänderungen (möglicherweise in Verbindung mit Restriktionen der Handels- und Kapitalströme) implizieren können. Falls die Investitions- bzw. Beschäftigungsentscheidungen der Unternehmen (wie in diesem Kapitel unterstellt) vom zweiten Moment der Wechselkursbewegungen abhängen, ist auf der Basis einer reinen Varianzbetrachtung die Zuordnung eines relativ niedrigeren Risikos zu Systemen fester Wechselkurse nicht mehr ohne weiteres möglich. Vielmehr müssen weitere statistische Maße höherer Ordnung wie die 'Skewness' und die 'Kurtosis' der Verteilung hinzugezogen werden (Edison, Melvin (1990), S. 16 ff.). Aber wie im Verlauf dieses Kapitels schon mehrfach ausführlich erläutert, gehen Einwände, die auf einen derartigen Vergleich aufbauen, am zentralen Punkt der hier verfolgten Argumentation tendenziell vorbei (Abschnitt 6.2.). Denn die im Rahmen dieser Einwände typischerweise eine implizite Rolle spielende Theorie optimaler Währungsräume bezieht sich auf die (in bezug auf die EWU nicht der Realität entsprechende) Wahl zwischen vollständig frei schwankenden und fixierten Wechselkursen, nicht aber auf die *heute relevanten* Alternativen 'narrowly pegged rates' und einer Währungsunion.

In diesem Kapitel wurde ein (partieller) Vorteil der Alternative 'Europäische Währungsunion' herausgearbeitet. Denn die Daten für die Vergangenheit zeigen, daß die intra-europäische Wechselkursvariabilität für eine große Zahl an EU-Volkswirtschaften in der Vergangenheit einen statistisch signifikanten (und ökonomisch geringen, jedoch nicht vernachlässigbaren) negativen Einfluß auf die Beschäftigung in der verarbeitenden Industrie und auf die Investitionen sowie einen betragsmäßig positiven Einfluß auf die Arbeitslosenrate hatte. Wie groß diese Nutzen sind, hängt -wie in den relevanten Abschnitten angedeutet- von der unterstellten *Alternative* zur EWU ab. Falls die Alternative in einem reibungslos funktionierenden EWS mit geringer Wechselkursvariabilität bestehen würde, wären die Nutzen der EWU eher gering. Bestünde die Alternative hingegen in einer Periode höherer Wechselkursvariabilität, wäre der Nutzen trotz relativ geringer kurzfristiger geschätzter Elastizitäten tendenziell größer (Gros, Thygesen (1998), S. 283). Darüber hinaus wird durch die empirischen Ergebnisse für das zweite statistische Moment der Wechselkursbewegungen impliziert, daß die *Kosten* der Abschaffung der Wechselkurse als Anpassungsinstrument (erstes statistisches Moment) in der Debatte um die Nutzen und Kosten der EWU offensichtlich *überbetont* wurden. Schließlich ergibt ein Vergleich mit den Größenordnungen der Einflüsse externer Schocks auf EU-Arbeitsmärkte (Kapitel 5), daß die hier geschätzten Nutzen aus dem Wegfall der intraeuropäischen Wechselkurse die von Vertretern der Theorie optimaler Währungsräume betonten potentiellen Kosten durchaus (mindestens) kompensieren können.

Es wurde in diesem Kapitel argumentiert, daß dieses Resultat hauptsächlich auf einen gewissen Grad an *Irreversibilität* einer jeden Beschäftigungs- und Investitionsentscheidung zurückzuführen ist. Eine derartige Entscheidung wird durch die intra-europäische Wechselkursvariabilität erschwert. Dies wurde auch im Rahmen eines einfachen Modells theoretisch fundiert. Dieses Modell eines 'Optionswerts des Wartens' verwies zusätzlich darauf, daß *kurzfristige* Erhöhungen dieser Variabilität oftmals einen *stärkeren* Einfluß auf Investitionen und investitionsähnliche Entscheidungen haben können als länger andauernde Erhöhungen der Unsicherheit. Da der Schwerpunkt dieses Kapitels zunächst auf die Anschaulichkeit und die schnelle Nachvollziehbarkeit gelegt wurde, ist das hier verwendete mikroökonomische Modell natürlich noch nicht detailliert genug im Hinblick auf seine Persistenzeigenschaften und sein Verhalten bei einer Aggregation auf die Makroebene. Daher wird es in den Folgekapiteln 7 und 8 in dieser Hinsicht substantiell fortentwickelt.

Die empirischen Ergebnisse dieses Kapitels sind als *vorläufig* anzusehen, nicht zuletzt weil die in diesem Kapitel aufgeworfenen Fragen in dieser Weise in der Literatur bisher *noch nicht gestellt* wurden. Die theoretisch kohärente Konzeption eines Indikators der Wechselkursvariabilität machte die Verwendung von Jahresdaten notwendig. Die deshalb beschränkte Zahl an verfügbaren Beobachtungen ist natürlich ein weiterer Grund vorsichtig zu sein. Ermutigend ist jedoch das Ausmaß, in dem die erzielten empirischen Resultate den zahlreichen Robustheitstests standhielten. Darüber hinaus erwiesen sich die Resultate als über verschiedene EU-Volkswirtschaften hinweg konsistent. Auch weisen die meisten Volkswirtschaften, deren realwirtschaftlicher Sektor von der intra-europäischen Wechselkursvariabilität beeinflußt wird, diese Eigenschaft gleich in bezug auf mehrere realwirtschaftliche Variablen auf. Schließlich spricht für die tendenzielle Richtigkeit der hier erzielten Ergebnisse, daß sie *durch eine Studie des ZEW Mannheim* (Müller, Buscher (1999)) aufgegriffen und letztlich *bestätigt* werden. Diese Studie befaßt sich explizit und ausführlich mit der Validität der in Abschnitt 6.6. erzielten empirischen Resultate.

Die im Rahmen dieses Kapitels erzielten Ergebnisse sollten Skeptiker, die das hier verwendete Unsicherheitsmaß als *unkonditional* beschreiben und deshalb hierin erwartete und unerwartete bzw. antizipierte *und* nicht antizipierte Änderungen des Wechselkurses beinhaltet glauben, tendenziell widerlegen. Da genau dieses Unsicherheitsmaß in den Schätzgleichungen signifikant war, " ... this may exhibit inadequacy of hedging facilities"[207]. Ganz offensichtlich sind die Unternehmen *nicht* in der Lage, die modellierten Wechselkursrisiken mit den verfügbaren Kurssicherungsgeschäften *vollständig* zu versichern. Vor diesem Hintergrund erscheint es als die größte Herausforderung für weitere Forschungen, die Details des zugrunde liegenden Transmissionskanals zu studieren. Diese werden in den Kapiteln 7 und 8 in der gebotenen Ausführlichkeit, d.h. auf der mikro- und auf der makroökonomischen Ebene, theoretisch untersucht.

Abschließend seien noch einige Anmerkungen zur Interpretation der in diesem Kapitel erzielten Ergebnisse angeführt. Das einfache Argument, daß die Variabilität von Wechselkursen lediglich ein Ausdruck *allgemeiner* Unsicherheit sei und daß es diese allgemeine Unsicherheit sei, welche die Arbeitslosigkeit, die Beschäftigung und die Investitionen 'treibe', ist nicht kompatibel mit der oben angestellten Beobachtung, daß die Variabilität des jeweiligen *Dollar*-Wechselkurses *längst nicht* denselben Einfluß wie die intra-europäische Wechselkursvariabilität auf diese realwirtschaftlichen Größen hat.[208] Allgemeine Unsicherheit, insbesondere wenn es sich um Un-

---

[207] Morsink, Molle (1991), S. 47, und Abschnitt 6.5.1.2.

[208] Für dieses Argument in bezug auf den bilateralen Außenhandel vgl. Akhtar, Hilton (1984), S. 24, Gotur (1985), S. 481, und de Grauwe, Bellefroid (1987), S. 205 f. Für Investitionen vgl. Huizinga (1994), S. 196.

sicherheit in bezug auf das betreffende Land handelt, sollte nicht nur in den intra-europäischen Wechselkursen, sondern ebenfalls in dem Dollarkurs reflektiert werden. Trifft dies zu, weisen die zuvor erzielten Ergebnisse das Potential zur Überschätzung des realwirtschaftlichen Einflusses der Wechselkursvolatilität auf. Die Tatsache, daß das Maß der intra-europäischen Wechselkursvariabilität weiterhin hoch signifikant bleibt, selbst wenn die Dollar-Variabilität zusätzlich in die Schätzgleichungen implementiert wird, spricht jedoch gegen eine derart begründete Überschätzung. Sie legt vielmehr die Existenz einer *unabhängigen Komponente* intra-europäischer Wechselkursvariabilität im Sinne von Gourinchas (1998) nahe, die für sich genommen *autonome* realwirtschaftliche Effekte hat. Dieser Aspekt der hier erzielten Resultate paßt im übrigen hervorragend zu der in Abschnitt 6.1 gewonnenen Erkenntnis, daß man im allgemeinen eher in bezug auf intra-europäische Handelsbeziehungen einen signifikanten Einfluß der Wechselkursvariabilität auf den Außenhandel findet.[209] Der von de Grauwe, Skudelny (1997) gefundene Effekt, daß in einer reduzierten EWU die zusätzlichen realen Handelsgewinne -je nach unterstelltem Szenario- von acht auf minimal nur noch zwei Prozentpunkte fallen, weil die Länder mit der höchsten Wechselkursvariabilität in den letzten zwanzig Jahren außerhalb einer enger definierten EWU bleiben, ist auf die hier erzielten Ergebnisse wegen der in der Realität bereits erfolgten Festlegung der Mitgliedsländer der EWU nicht anwendbar. Die tatsächliche Zusammensetzung der EWU (11 Länder) dürfte vor dem Hintergrund der zuvor erzielten Ergebnisse auch aus der Sicht von de Grauwe, Skudelny (1997) zu signifikanten realwirtschaftlichen Effekten führen. Denn gerade für Dänemark und Großbritannien als EWU-Outsider wurden keine signifikanten Effekte gefunden. Eine der Hauptimplikationen dieser empirischen Studie besteht somit darin, daß die EWU in ihrer *tatsächlichen* Zusammensetzung -und nicht wie von de Grauwe, Skudelny (1997) vertreten- in *möglichst umfassender* Ausprägung (15 EU-Mitglieder) zu substantiellen positiven realwirtschaftlichen Effekten führen wird.

Auf der Grundlage dieses Kapitels sollte man dennoch eher erwarten, daß die Wechselkursvariabilität einen vergleichsweise *stärkeren* Einfluß auf die

---

[209] Nur einige wenige empirische Studien, die eine Variable für die Wechselkursunsicherheit berücksichtigen, fokussieren ihre Tests auf die Intra-EWS-Wechselkursvariabilität und Intra-EU-Außenhandelsströme. Vgl. Bini-Smaghi (1991), de Grauwe (1987), de Grauwe, Skudelny (1997), de Grauwe, Verfaille (1988), Sapir, Sekkat (1990), Sapir, Sekkat, Weber (1994) und Stokman (1995). Diese Studien kommen überwiegend zu dem Ergebnis, daß die Wechselkursvariabilität bilaterale Handelsströme *negativ* beeinflußt. Vgl. auch Abschnitt 6.1.2.3.

Investitionen und die *Beschäftigungslage* als auf die gegenwärtige Produktion und die gegenwärtigen Exporte haben sollte. Dies ist eine der wesentlichen Botschaften dieses Kapitels, die in der Literatur bisher auf diese Weise nicht formuliert wurde. Denn Produktion und Exporte können tendenziell auf der Basis der bereits verfügbaren Arbeitskräfte durch Variationen der Intensität der Nutzung des Faktors Arbeit (z.B. Überstunden oder Kurzarbeit) angepaßt werden. Die Irreversibilität von 'set-up'-Kosten ist deshalb keine wichtige Überlegung bei einer Entscheidung über die Produktion von Gütern, die innerhalb von Wochen oder sogar in Tagesfrist absetzbar sind. Sie ist jedoch ein *entscheidender* Aspekt bei Entscheidungen mit *langfristigerem* Charakter, wie z.B. über Investitionen oder über die Einstellung zusätzlicher Arbeitskräfte.

Es wird jedoch bis auf weiteres *nicht* möglich sein, *über alle Zweifel hinweg* nachzuweisen, daß die Variabilität von Wechselkursen nicht für einige andere makroökonomische Variablen, wie z.B. das Niveau des Wechselkurses oder den Zinssatz, steht. In den vorherigen Abschnitten wurde jedoch versucht, den diesbezüglich naheliegenderen Möglichkeiten Rechnung zu tragen. Es stellte sich dabei heraus, daß die zusätzliche Berücksichtigung dieser makroökonomischen Variablen die Ergebnisse unbeeinflußt läßt. Diese Resultate können sicherlich aus technischen Gründen angegriffen werden, z.B. mit dem Argument, daß das Niveau und die Variabilität der Wechselkurse miteinander verbunden sind. Aber das wichtigste Gegenargument wurde in dem entsprechenden Abschnitt bereits genannt. Das Argument einer Beziehung zwischen dem ersten und zweiten Moment der Wechselkurszeitreihe differiere nämlich sowieso von Land zu Land. Für Deutschland wird oft argumentiert, die DM sei immer dann volatil gegenüber den anderen europäischen Währungen gewesen, wenn sie stark war, und die Bundesbank eine Hochzinspolitik verfolgte. Aber wie verhält es sich mit Frankreich oder Italien? Muß das Argument hier nicht genau andersherum lauten: die Lira oder der Franc waren immer dann variabel, wenn sie schwach waren? Falls diese Differenzierung des Argumentes richtig ist, müßte die Verzerrung der Ergebnisse für die Wechselkursvariabilität in *gegenläufige* Richtungen gehen. Mögliche Kritiker könnten dann aber nicht erklären, warum die hier vorgestellten empirischen Untersuchungen sowohl für Hartwährungsländer (Deutschland und die Niederlande) als auch für Schwachwährungsländer (Frankreich, Italien, Griechenland) *einheitlich* einen so ausgeprägten negativen Effekt der Wechselkursvolatilität auf Arbeitsmärkte finden.

Alles in allem besteht eine wohlbegründete Perspektive, daß sich die gefundenen empirischen Ergebnisse auch *theoretisch gut fundieren* lassen. Zumal sich die vorstehenden empirischen Ergebnisse auch mit Resultaten von Aizenman, Marion (1996) decken. Diese Autoren finden für eine Gruppe von 43 Volkswirtschaften einen signifikanten negativen Zusammenhang von privaten Investitionen ('private investment shares in GDP') und der Variabilität realer Wechselkurse (gemessen als die Standardabweichung von der durchschnittlichen Änderung des effektiven realen Wechselkurses in Jahresfrequenz). Interessant ist, daß sich ihre Ergebnisse auch dann als robust erweisen, wenn anstelle der Variabilität realer Wechselkurse Maße *nominaler* Variabilität (wie der Variabilität des Geldangebots oder der Fiskalpolitik) implementiert werden. Dies bedeutet, daß Wechselkursvariabilität selbst dann realwirtschaftliche Auswirkungen haben kann, wenn sie nicht ökonomisch unerklärtes 'Weißes Rauschen', sondern etwa durch die Volatilität des Geldangebotes determiniert wird. Denn dann sind die im vorliegenden Kapitel vorgestellten empirischen Ergebnisse, sobald gleichzeitig auch Einflüsse der Variabilität des Geldangebotes identifiziert werden können, zusätzlich auch mit *finanzmarkttheoretischen* Wechselkurserklärungen ('monetary approach') *kompatibel.* Wenn man sich von einer Senkung der Variabilität der Geldpolitik und der Preise positive Outputeffekte erhofft, sollte man aus Analogiegründen auch positive realwirtschaftliche Effekte einer Senkung der Wechselkursvariabilität erwarten. Denn der Finanzmarkttheorie des Wechselkurses folgend kann über die Zinsparität eine Entsprechung von Wechselkurs- und Preisvariabilität hergeleitet werden. *Monetaristische* Ökonomen argumentieren deshalb, daß nicht realwirtschaftlich fundierte Wechselkursbewegungen ähnlich wie eine *nicht realwirtschaftlich begründbare* hohe Preisvarianz *sehr wenig* zu einer Dämpfung der Effekte realwirtschaftlicher Schocks beitragen können. Entfällt in der EWU die kurzfristige durch monetäre Schocks induzierte Wechselkursvariabilität, sind ihr folglich bereits aus Analogiegründen partielle positive Beschäftigungswirkungen zuzurechnen (Baldwin (1991), S. 27, Belke (1996c, 1997c), de Grauwe (1996), S. 3 f., Frankel, Rose (1996), S. 5, Friedman (1977), Mascaro, Meltzer (1983), Welfens, Jungmittag (1997), S. 334 ff.).[210]

Im Rahmen des Abschnitts 6.6 wurde das konsistente Ergebnis erzielt, daß Deutschland (gefolgt von den Niederlanden und Frankreich) den *stärksten* realwirtschaftlichen Einfluß der der Wechselkursvolatilität aufweist. Bei diesen Ländern handelt es sich um *Kernländer* des Europäischen Wechsel-

---

[210] Für diesen Punkt sei Wilfried Fuhrmann gedankt. Vgl. auch Abschnitt 2.6.

kursmechanismus, für welche gemäß Abschnitt 6.1 die geringste kurzfristige 'überschüssige' Volatilität ausgewiesen wird.[211] In Abschnitt 6.5.2 wurden deshalb die langfristigen Determinanten der Beschäftigung für Deutschland als ein Kernland genauer untersucht. Die Bedeutung der Wechselkursvariabilität konnte in einem *Kointegrations*rahmen, d.h. in einem in struktureller Hinsicht vergleichsweise ausgefeilteren Modell des Arbeitsmarktes, bestätigt werden. Dieser Ansatz konnte hier jedoch nur für eine Volkswirtschaft verfolgt werden, da eine Anwendung auf die anderen im Rahmen dieses Abschnitts 6.6 analysierten EU-Volkswirtschaften einfach zuviel Platz in Anspruch genommen hätte. Diese Aufgabe sei zukünftigen Studien vorbehalten.

Schließlich sei zugegeben, daß einige Aspekte der empirischen Ergebnisse noch unbefriedigend bleiben. Beispielsweise würde man gemäß Abschnitt 6.6.2 erwarten, daß *offenere* Volkswirtschaften einen vergleichsweise ausgeprägteren Einfluß der Wechselkursvariabilität aufweisen. Dies wurde jedoch nur partiell durch die empirischen Analysen bestätigt. Ein signifikanter Einfluß konnte für relativ offene Volkswirtschaften wie Frankreich, Deutschland und die Niederlande identifiziert werden. Belgien hingegen, das die offenste Volkswirtschaft in der EU überhaupt darstellt, wies in einigen Fällen keine signifikanten Effekte auf. Darüber hinaus hätte man a priori erwartet, daß der Einfluß der Wechselkursvariabilität auf die Beschäftigung in der verarbeitenden Industrie (oder auf die industrielle Produktion, vgl. Anhang 2) viel stärker ist als derjenige auf gesamtwirtschaftliche Variablen wie die Arbeitslosenrate und/oder Investitionen. Es stellte sich heraus, daß dies zwar im Hinblick auf die absolute Größe der Koeffizienten, nicht aber in bezug auf die statistischen Signifikanzniveaus der Fall war.

Abschließend seien die Kernaussagen dieses Kapitels, die für den weiteren Verlauf der vorliegenden Arbeit bedeutsam sein werden, nochmals verdeutlicht. Die aus der einschlägigen Literatur hervorgehende Abwesenheit einer eindeutigen Beziehung zwischen der Wechselkursvariabilität und dem Außenhandel sollte *nicht* als Motiv verwendet werden, gleichzeitig zu erwarten, daß die Wechselkursvariabilität keinen Einfluß auf die Investitionen und die Arbeitsmärkte hat. Die in diesem Kapitel erzielten Ergebnisse deuten an, daß die im Rahmen einer EWU endgültig *fixierten Wechselkurse* im Vergleich zum Status-quo ante, also zumeist stufenflexiblen Kursen, aus beschäftigungspolitischer Sicht *nicht ausschließlich negativ* zu beurteilen

[211] Genau diese Ergebnisstruktur können auch Müller, Buscher (1999) bei der empirischen Überprüfung der hier in Abschnitt 6.6 erzielten Ergebnisse bestätigen.

sind. Eine ausgewogene beschäftigungspolitische Bewertung einer EWU, wenn man sie trotz ihres teils spekulativen Charakters durchführen möchte, *darf nicht einseitig bleiben.* Zwar ist theoretisch trotz des erheblichen Verifizierungsproblems (u.a. das in Abschnitt 6.1 erörterte Problem der empirischen Operationalisierung des 'Misalignment') nicht auszuschließen, daß *erhebliche* Kosten entstehen, wenn man in einer EWU auf selten auftretende, gravierende asymmetrische Schocks nicht mehr mit Wechselkurs-Realignments reagieren kann. Jedoch ist dies keinesfalls ein Argument, das eine Vernachlässigung der 'Kehrseite derselben Medaille', des Nutzens einer EWU aus entfallender Intra-ERM-Variabilität, rechtfertigen könnte. Wie die empirischen Untersuchungen zeigten, waren auch die Beschäftigungskosten des Wechselkursregimes im Status-quo ante im Sinne einer hohen statistischen Signifikanz *substantiell.* Die Existenz und Nutzung (stufen-) flexibler Wechselkurse als Anpassungsinstrumente birgt oft auch die Nachteile höherer Wechselkursvariabilität in sich. Ein derartiges abwägendes Urteil ist angezeigt, da stufenflexible Kurse sich in der Vergangenheit *zumeist nicht als hinreichend flexibel* erwiesen. Sie können sogar in Gestalt hoher Wechselkursvariabilität selbst realwirtschaftlichen Verwerfungen zugrunde liegen. Der Fortfall flexibler Wechselkurse in einer EWU, die in der Vergangenheit eben nicht hinreichend zur Anpassung an asymmetrische und/oder idiosynkratische realwirtschaftliche Schocks taugten, ist dann auch aus beschäftigungspolitischer Sicht wohl *nicht ausschließlich negativ* zu bewerten (Belke (1996c, 1996d, 1998, 1998b)).

Die Ausführungen dieses Kapitels enden (als Anknüpfungspunkt für die weiteren Kapitel) mit einigen Anmerkungen zu dem offensichtlichen Widerspruch (im weiteren Verlauf der Arbeit 'empirisches Puzzle' genannt), daß die empirische Literatur zur Beziehung zwischen der Wechselkursvariabilität und dem Außenhandel bisher nicht zu eindeutigen Ergebnissen gekommen ist. Wie de Grauwe, Skudelny (1997) und auch der Abschnitt 6.1 zeigen, kann dies an den verwendeten Analysemethoden liegen. In diesem Kapitel sollte jedoch ein anderer als der methodische Aspekt betont werden. Der durchaus wichtige Aspekt einer falschen Methodenwahl für das vorstehend genannte empirische 'Puzzle' wird hingegen in den Kapiteln 7 und 8 wieder thematisiert. Der Hauptgrund, warum Unsicherheit Investitionen oder investitionsähnliche Entscheidungen beeinflussen sollte, ist, daß die meisten Kapitalausgaben ex post *'versunkene Kosten'* darstellen (Dixit (1989)). Diese Idee wurde häufig ebenfalls auf den Außenhandel angewendet mit dem Argument, daß eine Erhöhung der Exporte nur nach der Errichtung eines Distributionsnetzwerks, das ebenfalls 'versunkene Kosten' impliziere, möglich sei. In diesem Kapitel 6 wurde jedoch argumentiert, daß Unternehmen für die intra-europäischen Absatzmärkte typischerweise keine kostenträchtigen neuen Distributionsnetzwerke mehr errichten müssen, um ihre Exporte zu erhöhen. Denn sie sind in den meisten wichtigen Märkten bereits vertreten. Die Literatur betrachtet jedoch üblicherweise Unternehmen, die erst noch entscheiden müssen, ob sie einen Auslandsmarkt neu betreten (oder vollständig verlassen) sollen. Eine der Hauptaussagen dieses Kapitels ist, daß letzteres *nicht das angemessene* Modell für den Außenhandel in Europa darstellt. Denn dort besteht die übliche Reaktion auf Wechselkursänderungen darin, auf einem *gegebenen* Markt mehr oder weniger abzusetzen, diesen aber nicht erst neu betreten oder vollständig verlassen zu müssen. Dieses Verhaltensmuster involviert aber *keine 'versunkenen Kosten'*. Demgegenüber repräsentieren beispielsweise die Einstellung neuer Arbeitskräfte oder die Errichtung einer neuen Fabrik angesichts der ausgeprägten Entlassungskosten in Kontinentaleuropa und der Spezifität der meisten Investitionsgüter 'versunkene Kosten'. Es erscheint deshalb plausibel, daß die Wechselkursvariabilität nur einen geringen Einfluß auf das Ausmaß von Handelsströmen aufweist, aber trotzdem starke Auswirkungen auf realwirtschaftliche Aktivitäten hat, die signifikante 'versunkene Kosten' verlangen.[212] Auf die mikro- und die makroökonomische Gestalt dieser Effekte auf die Arbeitsmarktdynamik wird in den folgenden Kapiteln noch ausführlich eingegangen.

---

[212] Frankel, Rose (1996) schlußfolgern deshalb, daß ökonomische Strukturen durch die Entscheidung, einer Währungsunion beizutreten, beeinflußt werden, so daß diese sogenannten Indikatoren 'optimaler Währungsräume' zu *endogenen* Größen werden. Vgl. auch Belke, Kösters (1998b, 1998c). Im Rahmen empirischer Studien sollte man gemäß Abschnitt 6.4 zwischen *spezifischen* Investitionen nahe am Produktionsprozeß (wie im Rahmen der Abschnitte 6.5 und 6.6 untersucht) und *allgemeinen* Investitionen, die dazu dienen, Unternehmen 'auf die Zukunft' vorzubereiten, unterscheiden. Da der zweite Typus Möglichkeiten schafft und Optionen offenhält, sollte er bei wachsender Unsicherheit wertvoller werden (positiver Einfluß der Wechselkursvariabilität). Beispiele des ersten Typs werden implizit durch die hier verwendeten Variablen 'Arbeitslosenrate' (UE), 'Beschäftigung in der verarbeitenden Industrie' (EMPMAN) die industrielle Produktion (INDPROD) oder die Installation von Maschinen (hier: 'Investitionen' (INV)) gegeben. Beispiele des zweiten Typs wären Investitionen in die Forschung und Entwicklung, in die strategische Planung sowie in die Ausbildung allgemeiner Fertigkeiten.

7 Ein Modell für Hysteresis in der Beschäftigung bei Wechselkursunsicherheit - eine neue Sicht

7.1 Einführung

In diesem Kapitel wird ein Modell vorgestellt, mit dem Beschäftigungs-Hysteresis auf der Grundlage 'versunkener' Einstellungs- und Entlassungskosten abgeleitet werden kann.[1] Ein Mechanismus, der auf einem Band der Inaktivität beruht und für eine 'schwächere' funktionale Beziehung zwischen der Höhe der Beschäftigung und ihrer Determinanten verantwortlich ist, wird um die Einflüsse von Wechselkursunsicherheit erweitert. Als Ergebnis von Optionspreis-Effekten vergrößert sich das Inaktivitäts-Band. Auf diese Weise werden die Hysteresis-Effekte durch Wechselkursunsicherheit deutlich verstärkt (wie numerische Simulationen in diesem Kapitel auch belegen). Darüber hinaus resultieren hieraus Nichtlinearitäten in der Beschäftigungsgleichung. Nach einer anfänglich eher schwachen Reaktion auf eine Umkehr des Wechselkurses tritt ein plötzlicher Anstieg der Neubeschäftigungen beziehungsweise der Entlassungen ein.

In Kapitel 6 wurde betont, daß die Verringerung der Wechselkursvolatilität in der Vergangenheit oft als ein wichtiger Vorteil der EWU betrachtet wurde. Die übliche Annahme dabei war, daß die *Wechselkursvolatilität den Außenhandel behindere*. In den vergangenen Jahrzehnten wurden gemäß Abschnitt 6.1 erhebliche Anstrengungen in den Bereichen theoretischer und empirischer Forschung unternommen, um das Vorzeichen und das Ausmaß des Einflusses der Wechselkursunsicherheit auf das Außenhandelsvolumen zu identifizieren. Die zahlreichen *theoretischen* Studien auf diesem Gebiet haben gemäß Abschnitt 6.1.1 bislang noch nicht zu einem Konsens geführt. Auf der einen Seite legen konventionelle Theorien nahe, daß Änderungen

---

[1] Für wertvolle Hinweise sei den Teilnehmern an dem 'Econometric Society European Meeting' (ESEM), 'Economic Theory Sessions', 1998, Berlin, und an der Jahrestagung der 'European Association of Labour Economists' (EALE), 'Labour Demand and Technological Change Sessions', 1998, Blankenberge/Belgien, gedankt. Die folgenden Ausführungen orientieren sich vor allem an Belke, Göcke (1998, 1998a). Sie entsprechen dem mikroökonomischen Teil der Vorträge, die vom Verfasser auf der fünften internationalen Konferenz 'Computational Economics and Finance' der 'Society for Computational Economics', Organized Session 'Hysteresis in Models of Economic Analysis', 24. - 26. Juni 1999, Boston College, Chestnut Hill, Massachusetts, USA, und auf dem EEA-Kongreß 1999 in Santiago de Compostela/Spanien, 'Real Options' Session, gehalten werden.

der Wechselkursvolatilität das Außenhandelsvolumen reduzieren (vgl. stellvertretend den klassischen Beitrag von Hooper, Kohlhagen (1978)). Auf der anderen Seite sagt eine gewisse Zahl an theoretischen Beiträgen genau das Gegenteil voraus (vgl. stellvertretend de Grauwe (1988)). Dieselbe konfligierende Evidenz ergibt sich gemäß Abschnitt 6.1.2 auch in bezug auf *empirische* Studien zu dieser Thematik. Obwohl eine große Zahl von Studien die Hypothese, daß die Wechselkursunsicherheit (die in vielen Fällen durch die Wechselkurs*volatilität* operationalisiert wird) Außenhandelsströme beeinträchtigt (Akthar, Hilton (1984), Arize (1995), Cushman (1983, 1986, 1988), Deutsche Bundesbank (1998), S. 49 ff., de Grauwe (1987, 1988), de Grauwe, Bellefroid (1987), Kenen, Rodrik (1986), Koray, Lastrapes (1989), Perée, Steinherr (1989), Thursby, Thursby (1987) und Sapir, Sekkat (1990)), lehnt eine ebenfalls nicht zu vernachlässigende Zahl an Studien (Asseery, Peel (1991), Bailey, Tavlas, Ulan (1987), Gotur (1985), Hooper, Kohlhagen (1978) und Makin (1976)) dieselbe Hypothese ab. Die wenig eindeutigen Resultate in bezug auf die Verbindung zwischen der Wechselkursunsicherheit und dem Außenhandel werden gemäß Abschnitt 6.1.2.3 häufig durch verschiedene Modellkomponenten, Stichprobengrößen und Schätzverfahren verursacht.

Was bisher jedoch *nicht* berücksichtigt wurde, ist die Möglichkeit, daß die Wechselkursvolatilität realwirtschaftliche Einflüsse auf andere Größen als den Außenhandel, nämlich beispielsweise auf Arbeitsmärkte haben könnte. Da eine derartige Möglichkeit aus mehreren in Abschnitt 6.2 erläuterten Gründen durchaus naheliegend ist, wurde diese Möglichkeit in Kapitel 6 ausführlich auf ihren Erklärungsgehalt untersucht. Angesichts der uneindeutigen Resultate in bezug auf die Verbindung zwischen der Wechselkursvolatilität und dem Außenhandel würden viele Ökonomen mutmaßen, daß die Wechselkursvolatilität realwirtschaftlich nicht bedeutsam sei und keine verursachende Beziehung zur Beschäftigung bestünde. Die in Kapitel 6 präsentierten Resultate sind jedoch nicht mit dieser Annahme konsistent. Es wird vielmehr gezeigt, daß es schwer fallen dürfte, die Hypothese beizubehalten, daß die intra-europäische Wechselkursvariabilität keinen signifikanten Einfluß auf die Arbeitslosigkeit, die Arbeitsplatzschaffung und Investitionen hat. Ein relativ einfach gehaltenes Modell des 'Optionswert des Wartens' legt nahe, daß sogar kurzfristige Ausschläge der Volatilität einen starken negativen Einfluß auf Investitionen und die Beschäftigung haben können. Dieses Modell wurde zu Anschauungszwecken entworfen und ist hinsichtlich seiner Aussagefähigkeit in bezug auf die makroökonomische Beschäftigung und die Persistenzeigenschaften noch unterentwickelt. An diesem wichtigen

Forschungsbedarf knüpfen die Überlegungen dieses Kapitels 7 und des Kapitels 8 an. Dort wird eine Methode zur *Aggregation* der identifizierten mikroökonomischen Effekte der Wechselkursvolatilität herausgearbeitet, um anschließend die hieraus resultierende makroökonomische Arbeitsmarktdynamik bzw. die Persistenzeigenschaften genau beschreiben zu können.

In diesem Kapitel wird argumentiert, daß die Abwesenheit von Evidenz für einen starken Einfluß der Wechselkursunsicherheit auf das Volumen des Außenhandels auf die Vernachlässigung eines auf versunkenen Kosten beruhenden 'Inaktivitäts-Bands' *der Exportaktivität* zurückzuführen ist.[2] Dessen Einfluß wird durch Unsicherheit, die durch Wechselkursvolatilität induziert wird, noch verstärkt. In der Erwartung vieler Ökonomen dürfte gemäß Abschnitt 6.2 die Arbeitsmarkt-Performance in einer offenen Volkswirtschaft letztendlich auch an das Ausmaß der Außenhandelsaktivität geknüpft sein. Sollte dies korrekt sein, so impliziert diese Überlegung auch eine Transmission der Wechselkursvolatilität über den Außenhandel auf Arbeitsmärkte. Dieser Transmissionskanal erlaubt gleichzeitig einen Transfer der Idee des oben erwähnten Inaktivitätsbandes auf Arbeitsmärkte, welche zu ausgeprägterer Persistenz der (Unter-) Beschäftigung führt. Aus dieser Sicht würde man aus den in diesem Kapitel erzielten theoretischen Ergebnissen schlußfolgern, daß ein Teil des empirischen 'Puzzle' auf die *Fehlspezifikation der* in Abschnitt 6.1.2 gründlich systematisierten *empirischen Tests* zurückzuführen ist. Denn diese Tests berücksichtigen weder 'Bänder der Inaktivität' noch die Einflüsse der Wechselkursvolatilität auf diese Inaktivitätsbänder (vgl. Abschnitt 6.1.2.3).

Eine andere komplementäre Erklärung des 'Puzzle' eines fehlenden Konsenses über die Auswirkungen der Wechselkursunsicherheit für den Außenhandel könnte ein schon in Abschnitt 6.2 vorgebrachtes und im Rahmen der vorliegenden Arbeit zentrales Argument sein. Marktzugangskosten (die beispielsweise von Krugman (1989), S. 44 ff., betont werden) stellen sicherlich nicht den Hauptgrund für Auswirkungen der Wechselkursvolatilität auf den Außenhandel dar. Denn in Europa verfügen die meisten Unternehmen schon über ein weites Distributionsnetzwerk in allen anderen Ländern. Zusätzlich wurde in Kapitel 5 gefunden, daß externe Schocks einen geringeren als a

---

2 Hiermit wird einer Vermutung von Liargovas (1993), S. 59, entsprochen, der aus der Insignifikanz der realen Wechselkursvolatilität der griechischen Drachme gegenüber den EWS-Währungen für die Erklärung der bilateralen griechischen Export- und Importniveaus gegenüber den EWS-Ländern (vgl. Tab. 1 in Abschnitt 6.1.2) schließt, daß " ... [t]his might suggest some 'threshold' effect of variability on trade".

priori erwarteten Einfluß auf EU-Arbeitsmärkte haben. Auch dieses Ergebnis deutet die untergeordnete Bedeutung des Außenhandels für die Transmission der Intra-ERM-Wechselkursunsicherheit auf EU-Arbeitsmärkte an. Im Lichte dieser Argumente sollte das in diesem Kapitel entwickelte Modell eher auf 'Investitionen in die Beschäftigung' als auf Außenhandelsentscheidungen bezogen werden.[3]

Die weitere Vorgehensweise dieses Kapitels 7 stellt sich wie folgt dar. Abschnitt 7.2 gibt eine Einführung in die Hauptmerkmale des Modells. In Abschnitt 7.3 wird dieses Modell angewendet, um Beschäftigungs-Hysteresis, die auf versunkene Einstellungs- und Entlassungskosten zurückzuführen ist, unter Sicherheit über die künftige Wechselkursentwicklung abzuleiten. Es wird ein auf einem 'Inaktivitäts-Band' basierender Mechanismus abgeleitet, der möglicherweise einen 'schwächeren' Zusammenhang zwischen der Beschäftigung und ihren Determinanten erklären kann. Dieses Modell wird in Abschnitt 7.4 um eine einmalig auftretende Wechselkursunsicherheit (d.h. eine einmalige stochastische Änderung in einer Periode) erweitert. Als Ergebnis von Optionspreiseffekten wird das Inaktivitäts-Band ausgedehnt. Somit werden die Hysteresis-Effekte durch Unsicherheit verstärkt. Als eine Modellerweiterung wird in Abschnitt 7.5 auch eine permanentere Unsicherheit, d.h. eine stochastische Änderung in zwei Perioden, betrachtet. Um das Ausmaß der Hysteresiseffekte bei Sicherheit und Unsicherheit zu illustrieren, werden in Abschnitt 7.6 einige numerische Beispiele berechnet. In Abschnitt 7.7 wird ein Zwischenfazit gezogen.

3 Vgl. Belke, Gros (1998a, 1998b) und Darby u.a. (1997).

7.2 Das Basismodell

Im folgenden wird ein Modell eines exportierenden Unternehmens entwikkelt, welches in der Vergangenheit auf dem Exportmarkt entweder aktiv oder passiv war. In Abhängigkeit von seinem vorhergehenden Aktivitätsstatus behält das Unternehmen entweder seine Aktivität bei oder tritt aus dem Markt aus ('exit') (falls es vorher aktiv war) bzw. bleibt passiv oder tritt in den Exportmarkt ein ('entry') (falls es vorher passiv war). Wenn ein vormals inaktives Unternehmen den Exportmarkt betritt, muß es Eintrittskosten tragen. Diese bestehen im vorliegenden Modell aus Kosten der Beschäftigung zusätzlicher Arbeitseinheiten. Diese Ausgaben können nicht wiedererlangt werden und sind somit ex-post als versunkene Kosten zu betrachten. Aus dieser Sicht kann der *Eintritt* in den Exportmarkt mit einem *Investitionsprojekt* verglichen werden. Analog kann der *Austritt* aus dem Exportmarkt, der zu versunkenen Entlassungskosten führt, mit einem *Desinvestitionsprozeß* gleichgesetzt werden. Aufgrund der intertemporalen Natur des Investitionsproblems werden erwartete zukünftige Erträge relevant.[4]

Folgt man diesem Set-up, sind drei verschiedene Zeiträume zu unterscheiden. Die *Vergangenheit*, welche die Anfangsbedingungen determiniert, die *Gegenwart* t, in der das Unternehmen auf der Basis von Erwartungen über die *Zukunft* entscheiden muß. Die gegenwärtige Entscheidung determiniert die aktuellen versunkenen Kosten, die aktuellen Erträge und die erwarteten zukünftigen 'returns on investment'. Letztere sind unsicher, da sie von einem stochastischen Wechselkurs abhängen. Ausgehend von einem Referenzfall, der von jeglicher Unsicherheit abstrahiert, werden die Auswirkungen eines *einmaligen stochastischen Wechselkurs-Schocks* auf die 'Investitions'- oder 'Desinvestitions'-Entscheidung, d.h. die Einstellungs- oder Kündigungsentscheidung, analysiert.[5] Dabei wird deutlich werden, daß die Wechselkursun-

---

4 Auf andere Weise modellieren Caballero, Corbo (1989), S. 264, eine Eins-zu-Eins-Beziehung zwischen den Effekten der realen Wechselkursunsicherheit auf Investitionen und den entsprechenden Effekten auf Exporte.

5 Hinsichtlich der Interpretation des Begriffs 'Unsicherheit' wird hier strikt der Auffassung von Dixit, Pindyck (1994), S. 12 und S. 27 ff, gefolgt: "When uncertainty is added, the current state of the system determines only the probability distribution of future states, not the actual value". Allerdings erfolgt eine Beschränkung auf den Fall der 'step volatility' (unterschiedliche Werte von ε) als ein einfaches Beispiel für Unsicherheit in der Dixit-Pindyck-Definition. Streng genommen bezeichnet dies möglicherweise keine Unsicherheit im Knight'schen Sinn. Zumal auch die Unternehmen als risikoneutral angenommen werden, um zu verdeutlichen, daß der 'Optionspreis des Wartens' nicht mit Risikoaversion zusammenhängt. Vgl. auch Dixit (1992).

sicherheit einen 'Optionswert des Wartens' generiert und aus diesem Grund eine Verzerrung zum Vorteil einer 'wait-and-see'-Strategie impliziert. Diese Verzerrung repräsentiert die Abweichung von der - rein am Kapitalwert orientierten - orthodoxen neoklassischen Theorie ('Marshallian criterion') der Investition (Darby u.a. (1997), S. 1, Dixit (1992), S. 110 ff., Dixit, Pindyck (1994), S. 4, Krugman (1989), S. 52 ff.).

Da die Beschäftigungsentscheidung des Unternehmens als eine irreversible Investition verstanden werden kann, wird im folgenden die Theorie der *Realoptionen* auf den Arbeitsmarkt angewendet. Letztere weist viele Gemeinsamkeiten mit der Theorie der Finanzoptionen auf.[6] Die Beschäftigungsmöglichkeit des Unternehmens korrespondiert mit einer Kaufoption ('call option)'. Diese Option verleiht dem Unternehmen das Recht zu beschäftigen ('investment'), wobei die Einstellungskosten dem Ausübungspreis der Option entsprechen, und das 'Projekt' zu erwerben. Der Wert dieses Projektes wird durch stochastische Schocks beeinflußt; die Option selbst hat einen Eigenwert. Die Durchführung der Beschäftigungsinvestition 'kills the option'. Der Verlust des Optionswerts ist als Opportunitätskosten-Komponente anzusehen, die durch zukünftige Gewinne zu decken ist. Entsprechend dieser Argumentationslinie kann die Möglichkeit einer Entlassung (Desinvestition) als eine Verkaufsoption ('put option') interpretiert werden (Baldwin (1991), S. 24 f., Krugman (1989), S. 53, Pindyck (1991), S. 1133). Es läßt sich hierfür dieselbe Logik wie oben für eine Kaufoption beschrieben anwenden. Da sich die Analyse sowohl auf eine Einstellung ('hiring') als auch auf eine Entlassung ('firing') unter Unsicherheit bezieht, werden im folgenden *zwei Optionen gleichzeitig* betrachtet.

Das betrachtete Unternehmen sei ein Preisnehmer im Exportgüter- und im Fremdwährungsmarkt. Es produziere eine Einheit[7] eines Endproduktes. Dabei benötige es a Arbeitseinheiten. Dabei bezeichnet der Lohn w den Preis des Arbeitsinputs. Hieraus folgt, daß die variablen Kosten $w \cdot a$ betragen. Durch den Verkauf auf dem Exportmarkt erhalte das Unternehmen den Preis

---

6 Für die notwendigen Details vgl. Dixit, Pindyck (1994), S. 6 f., S. 30 ff., Krugman (1989), S. 53 ff., und Pindyck (1991), S. 1111 ff.

7 Vgl. auch Abschnitt 6.6.1. Hierdurch wird ein nicht-spezifischer Ansatz verfolgt. Zerlegt man ein institutionelles Unternehmen fiktiv in einzelne Produktionseinheiten, wird jede Einheit hier individuell repräsentiert. Da die Kostenstruktur zwischen den Einheiten des institutionellen Unternehmens nicht beschränkt wird, weist dieser Ansatz eine hohe Allgemeingültigkeit auf. Darüber hinaus kann durch diese Form einer fiktiven Disaggregation eine vollständig neue Errichtung wie auch eine Ausdehnung der Beschäftigung durch ein institutionelles Unternehmen berücksichtigt werden.

p^*. Der Rohgewinn (Gewinn unter Ausschluß der Einstellungs- und Entlassungskosten) eines Unternehmens in heimischer Währung aus Verkäufen im Exportmarkt beträgt dann:[8]

$$(1) \qquad R_{a,t} = p^* \cdot e_t - w_t \cdot a \ .$$

mit:
- t : Zeitindex,
- $R_{a,t}$: Rohgewinn des exportierenden Unternehmens in Periode t (falls aktiv),
- e_t : Wechselkurs (Preis der Auslandswährung ausgedrückt in Inlandswährung),
- w_t : Lohnsatz pro Arbeitseinheit,
- a : Inputkoeffizient für Arbeit des betrachteten Unternehmens, und
- p^* : Preis des Exportgutes im Ausland (in Auslandswährung).

Da mittlerweile in der Literatur als gemeinhin akzeptiert gilt, daß die kurzfristige Volatilität von Wechselkursen die Variabilitäten von Güterpreisen, Löhnen und Produktivitäten bei weitem übertrifft,[9] erscheint es gerechtfertigt, die Volatilität des Unternehmereinkommens ausschließlich der Wechselkursvolatilität zuzuschreiben. Aus diesem Motiv und aus Vereinfachungsgründen sei $w_t = w$ und a als konstant angenommen. Gleichzeitig wird p^* auf den Wert Eins normalisiert. Als direkte Folge hieraus ist ein exportierendes Unternehmen gezwungen, Änderungen des Stückerlöses (in Inlandswährung) proportional zu den Wechselkursänderungen zu tragen.[10] Eine schwächere Ausprägung der Resultate des in diesem Kapitel vorgestellten Modells bleibt selbst dann erhalten, wenn sich das ausländische Preisniveau p^* unterproportional verglichen mit dem Wechselkurs ändert. Darüber hinaus kann dieselbe Logik auf importkonkurrierende Unternehmen angewen-

---

8 Für ein verwandtes Außenhandelsmodell vgl. Baldwin, Krugman (1989), S. 638, Göcke (1994), und Parsley, Wei (1993). Für ein verwandtes Modell der Arbeitsnachfrage vgl. Belke, Göcke (1994). Die Verwendung eines Index j für die einzelnen Unternehmen würde die Heterogenität zwischen verschiedenen Unternehmen im Hinblick auf die betreffenden Variablen der Rohgewinn-Funktion verdeutlichen.
Heterogenitätseffekte sind besonders wichtig, wenn die in diesem Kapitel erzielten Unsicherheitseffekte aggregiert werden sollen. Da in diesem Kapitel jedoch nur ein 'single unit'-Unternehmen betrachtet wird, wird eine Indizierung erst im nächsten Kapitel vorgenommen. Für empirische Evidenz für eine Heterogenität der Unternehmen der italienischen verarbeitenden Industrie vgl. Guiso, Parigi (1997).

9 Vgl. Akhtar, Hilton (1984), Darby u.a. (1997), S. 1 f., Krugman (1989), S. 64, und, unter Bezugnahme auf die EWU-Debatte, Gordon (1996), S. 10, sowie Pissarides (1996), S. 5 f.

10 Dies impliziert gemäß Abschnitt 6.2. ein 'pricing-to-market'-Verhalten. Vgl. Krugman (1986), S. 30 f., und Krugman (1989), S. 40 ff.

det werden, deren Ertragslage ebenfalls durch den Wechselkurs beeinflußt wird.

Unter Rückgriff auf diese Vereinfachungen kann der Rohgewinn des Unternehmens wie folgt geschrieben werden:

$$(2) \qquad R_{a,t} = e_t - w \cdot a \qquad \text{(falls aktiv)}, \quad \text{sonst} \quad R_{p,t} = 0 \quad \text{(falls passiv)} .$$

Es wird nun angenommen, daß die Einstellungskosten H ('hiring' und 'training') in dem Moment geleistet werden müssen, in dem die Einstellung einer zusätzlichen Arbeitseinheit ('entry') vorgenommen wird.[11] Analog muß das Unternehmen für die Entlassungskosten F ('firing') aufkommen, sobald es den Exportmarkt verläßt (Entlassungsabfindungen etc.). Wenn es sich nach dem Marktaustritt später dazu entschließen sollte, wieder in den Exportmarkt einzutreten ('re-entry'), müssen die vollständigen Einstellungskosten erneut geleistet werden.[12] Selbst wenn das Unternehmen nur für eine Periode inaktiv ist, muß die Belegschaft anschließend vollständig neu aufgebaut werden. Auch die Einstellungskosten fallen erneut in voller Höhe an. Da eine Änderung des Aktivitätsstatus zu einer vollständigen Abschreibung der Einstellungs- beziehungsweise der Entlassungskosten führt, sind die Parameter H und F ex-post als versunkene Kosten zu betrachten (Dixit, Pindyck (1994), S. 8, Bentolila, Bertola (1990), Dornbusch (1987a), S. 7 ff.).[13] Spezifische Investitionen in neue Beschäftigte nahe am Produktionsprozeß sind aufgrund von Marktregulierungen und anderen institutionellen Arrangements zu großen Teilen irreversibel.[14]

---

11 Investitionen in die Beschäftigung, für die 'time to build' benötigt wird ('implementing a lead'), vergrößern die Effekte der Unsicherheit noch. Vgl. Pindyck (1988), S. 973, und Dixit, Pindyck (1994), S. 46 ff.

12 Ein Unternehmen hat häufig die Option, mit dem bestehenden Kapital zu produzieren oder nicht ('operating option' nach Pindyck (1988), S. 970 und S. 982). Das hier betrachtete Unternehmen verfügt jedoch nicht über diese Option, da schon eine Periode der Inaktivität zu einer vollständigen Abschreibung des 'employment project' führt. Eine andere interessante Option, die hier ebenfalls nicht berücksichtigt wird, besteht in der Möglichkeit, Direktinvestitionen in ausländische Produktionskapazität zu tätigen. Dies wird explizit von Kulatilaka, Kogut (1996) modelliert.

13 An dieser Stelle wird von zusätzlicher Unsicherheit über die Realisationen von H und F abstrahiert.

14 Man muß jedoch zwischen den hier analysierten spezifischen Investitionen und allgemeinen vorbereitenden Investitionen, die es dem Unternehmen erlauben, mit unterschiedlichen Situationen in der Zukunft zurechtzukommen, unterscheiden. Es wird deshalb vermutet, daß letztere positiv mit der Wechselkursvolatilität verknüpft sind. Vgl. Gros (1987) und ausführlich Abschnitt 6.4.

Die Entscheidung, ob das Unternehmen exportiert oder nicht, wird auf der Basis eines Vergleichs der erwarteten Barwerte der Einnahmen des exportierenden Unternehmens mit und ohne Aktivität in der Entscheidungsperiode t gefällt. Zusätzlich zum Aktivitätsstand der Vorperiode müssen die gegenwärtigen Erlöse und Kosten sowie der Einfluß der gegenwärtigen Aktivitätsentscheidung auf die zukünftigen Deckungsbeiträge (Stückerlöse abzüglich variable Stückkosten) berücksichtigt werden. Der Vergleich des Barwertes beider Alternativen (Aktivität oder Inaktivität), unter Berücksichtigung der Einstellungs- und Entlassungskosten und des Gegenwartswertes der zukünftigen Exporteinnahmen, wird für beide Fälle (vorher aktiv oder passiv) durchgeführt.

7.3 Entscheidung unter Sicherheit

7.3.1 In der Vorperiode beschäftigt (aktiv)

Ein Unternehmen, das in der vorhergehenden Periode auf dem Auslandsmarkt aktiv war und seine Aktivität fortsetzt, erhält in Periode t den Rohgewinn $R_{a,t}$. Da es denselben Rohgewinn als Deckungsbeitrag *für die gesamte Zukunft* erwartet, ergibt sich der (vorschüssige) Rentenbarwert *zukünftiger* Rohgewinne bei Aktivität von Periode t+1 an als $\delta \cdot V_{a,t+1} = \delta \cdot (e - w \cdot a)/(1-\delta)$. Der Diskontfaktor wird hier als $\delta = 1/(1+i)$ mit einem risikofreien Zinssatz i definiert. Dabei entspricht $(1-\delta) = \delta \cdot i$ der Zinskostenrate.[15] Der vollständige *Barwert fortgesetzter Aktivität* lautet somit:

(3) $$R_{a,t} + \delta \cdot V_{a,t+1} = e - w \cdot a + \frac{\delta \cdot (e - w \cdot a)}{1-\delta} = \frac{e - w \cdot a}{1-\delta}$$

(mit: $i > 0 \Leftrightarrow \delta < 1$).

Falls ein vormals aktives Unternehmen in Periode t den Auslandsmarkt verläßt, muß es Entlassungskosten ('firing' bzw. 'disinvestment'-Kosten) F tragen, ohne zukünftige Gewinne zu erhalten ($R_{p,t} = 0$ und $V_{p,t+1} = 0$). Der Barwert eines sofortigen Austritts ergibt sich dann als:

(4) $$R_{p,t} + \delta \cdot V_{p,t+1} - F = -F \ .$$

15 Vgl. hierzu ausführlich Belke, Göcke (1994), S. 358.

Das Unternehmen ist indifferent zwischen diesen beiden Alternativen, falls der Barwert fortgesetzter Aktivität dem Barwert eines sofortigen Austritts entspricht:[16]

$$(5) \qquad \frac{e - w \cdot a}{1 - \delta} = -F \ .$$

Hieraus folgt der Schwellenwert ('trigger') des Wechselkurses für einen Wechsel von der einen zu der anderen Strategie als:

$$(6) \qquad e^{c}_{exit} = w \cdot a - (1 - \delta) \cdot F \ .$$

Das Unternehmen tritt aus dem Exportmarkt aus ('exit'), falls der Wechselkurs e unter e^{c}_{exit} fällt. Aus diesem Grund muß der Stückerlös e zumindest die Lohnkosten $w \cdot a$ abzüglich der Zinskosten des Austritts abdecken. Zinskosten des Austritts sind ein Opportunitätsnutzen des Nichtaustritts. Daher liegt die Preisuntergrenze wegen der versunkenen Entlassungskosten unterhalb der variablen Kosten.

7.3.2 In der Vorperiode nicht beschäftigt (passiv)

Ein zuvor passives Unternehmen erwirtschaftet weder in der Gegenwart noch in der Zukunft Gewinne, falls es weiter passiv bleibt:

$$(7) \qquad R_{p,t} + \delta \cdot V_{p,t+1} = 0 \ .$$

Falls das Unternehmen den Exportmarkt betritt und deshalb neue Beschäftigte einstellt, muß es Einstellungskosten H leisten, um in der Lage zu sein, in der Gegenwart und auch zukünftig Gewinne zu erlangen:

$$(8) \qquad -H + R_{a,t} + \delta \cdot V_{a,t+1} = -H + e - w \cdot a + \frac{\delta \cdot (e - w \cdot a)}{1 - \delta} = -H + \frac{e - w \cdot a}{1 - \delta} \ .$$

---

[16] In beiden Fällen muß das Unternehmen Verluste tragen. Der Fall des Konkurses, in dem das Unternehmen nicht mehr in der Lage ist, die Entlassungskosten zu zahlen oder den Betriebsverlust zu tragen, wird hier ausgeschlossen. Entweder muß der bzw. müssen die Eigentümer hierfür eintreten oder das 'Unternehmen' j stellt lediglich eine Einheit eines vollständigen institutionellen Unternehmens dar, welches diese Verluste abdecken kann.

Das Unternehmen ist indifferent zwischen einem Markteintritt und fortgesetzter Passivität, falls der Barwert der fortgesetzten Inaktivität dem Barwert eines sofortigen Eintritts entspricht:

$$(9) \qquad 0 = -H + \frac{e - w \cdot a}{1 - \delta} \ .$$

Hiermit kann der Schwellenwert des Wechselkurses für einen Markteintritt wie folgt ausgedrückt werden:

$$(10) \qquad e^{c}_{entry} = w \cdot a + (1 - \delta) \cdot H \ .$$

Das Unternehmen tritt in den Exportmarkt ein, falls der Wechselkurs e den Wert e^{c}_{entry} überschreitet. Die Eintritts-Entscheidung wird vorteilhaft, wenn der Stückerlös e mindestens die Lohnkosten $w \cdot a$ und die Zinskosten des Eintritts deckt. Letztere werden relevant, da sie als Opportunitätsnutzen der Strategie der kontinuierlichen Passivität zu interpretieren sind. Wegen der versunkenen Einstellungskosten ist der notwendige Stückerlös größer als die variablen Kosten. somit ist der benötigte Überschuß der Stückerlöse über die Lohnstückkosten um so größer, je höher die versunkenen Kosten ausfallen.

7.3.3 Breite des Hysteresis-Bandes

Verbindet man beide oben hergeleiteten Schwellenwerte des Wechselkurses, so resultiert ein Inaktivitäts-Band beziehungsweise ein Hysteresis-Band (Abb. 1).[17]

[17] Für Modelle mit einem ähnlichen diskontinuierlichen Anpassungsverhalten vgl. Amable u.a. (1991, 1994), Belke, Göcke (1994) und Cross (1994), S. 215. In diesen Beiträgen wird jedoch in einem zweiten Schritt keine Unsicherheit eingeführt. Auch aus dieser Sicht stellt das hier beschriebene Modell eine entscheidende Neuerung im Vergleich zur bisherigen Literatur dar, da es nicht auf der üblichen 'investment-uncertainty'-Literatur (beschrieben etwa bei Caballero (1991)) beruht.

Abb. 1 - *Inaktivitäts-Band eines 'Single-unit'-Unternehmens bei Sicherheit*

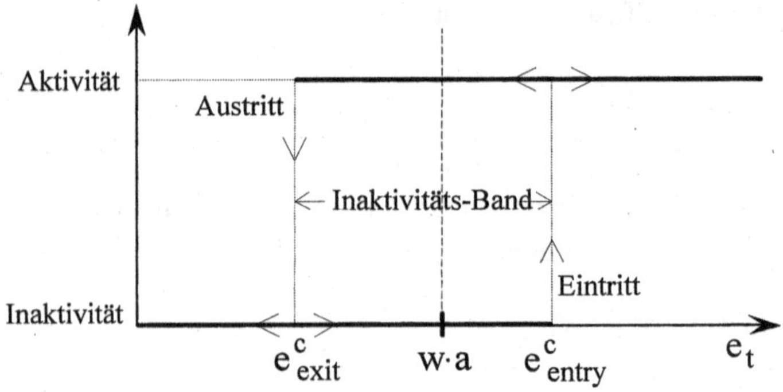

Die Breite des Hysteresis-Bandes unter Sicherheit über die Wechselkursentwicklung wird durch die Zinskosten des Einstellens und Entlassens determiniert:

$$(11) \qquad e^c_{entry} - e^c_{exit} = (1-\delta)\cdot(H+F) = \frac{i\cdot(H+F)}{1+i} \ .$$

Die Existenz eines Inaktivitäts-Bandes impliziert, daß die gegenwärtige Realisation des Wechselkurses nicht hinreichend ist, um den gegenwärtigen Aktivitätsstatus des Unternehmens genau festzulegen. Um eines der multiplen Gleichgewichte zu selektieren, muß die Historie der bisherigen Aktivität mit berücksichtigt werden (Hysteresis).

7.4 Das Modell bei einmaliger Wechselkursunsicherheit und der Möglichkeit des Wartens

7.4.1 Die Implikationen von Wechselkursunsicherheit und der Optionswert des Wartens

Die folgende Variante des zuvor hergeleiteten Models illustriert die Auswirkungen der Wechselkursunsicherheit auf das Inaktivitäts-Band gemäß der Theorie des 'option value of waiting' nach Pindyck (1988, 1991), Dixit (1989, 1992), Dixit, Pindyck (1994), und Krugman (1989), S. 52 ff. Ausgehend hiervon soll wie schon in Kapitel 6 dieser Arbeit gefragt werden, ob sogar ein *temporärer Anstieg* ('short-run spike') *der Wechselkursunsicherheit* einen signifikanten Einfluß auf die Beschäftigungsdynamik haben kann. Zu diesem Zweck werden Investitionen ('hiring') und Desinvestitionen ('firing') in Arbeitseinheiten gleichzeitig betrachtet.

Spezifischer ausgedrückt, es werden die Effekte eines erwarteten zukünftigen stochastischen einmaligen Schocks auf das Inaktivitäts-Band analysiert. Da jedoch ein risikoneutrales Unternehmen unterstellt wird, wird von einer Risikoaversion abstrahiert. Indem sich der Fokus im folgenden auf Beschäftigungseffekte von Unsicherheit richtet, wird eine ursprünglich von Dornbusch (1987a), S. 8 f., Dixit (1989), S. 624, Fußnote 3, und Pindyck (1991), S. 1111, vorgebrachte, aber nie in die Tat umgesetzte Idee wieder aufgegriffen. Darüber hinaus hat eine Analyse kurzfristiger Ausschläge der Wechselkursunsicherheit (statt permanenter Unsicherheit) den Nebeneffekt der Anwendbarkeit einfacher algebraischer Methoden anstelle der Notwendigkeit einer Anwendung dynamischer Programmierungstechniken wie sie etwa von Dixit, Pindyck (1994), S. 95 ff., beschrieben werden. In Anlehnung an Cox, Ross, Rubinstein (1979), S. 230, werden einfache Verfahren fortgeschrittenen dynamischen Programmierungs-Tools vorgezogen, um die zugrunde liegende Ökonomik nicht vollständig zu verdecken. Das Ziel dieses Kapitels ist somit die relative Einfachheit der Analyse.

Im folgenden wird eine sich nicht wiederholende einmalige stochastische Änderung des Wechselkurses angenommen. Diese kann entweder positiv ($+\varepsilon$) oder negativ ausfallen ($-\varepsilon$) (mit $\varepsilon \geq 0$, 'mean preserving spread').[18] Diese Art eines binomialen stochastischen Prozesses wurde bereits von Cox, Ross, Rubinstein (1979) in die Theorie der Optionspreise eingeführt. Aus Vereinfachungsgründen haben im Kontext dieses Kapitels beide Realisationen der Wechselkursänderung ε eine Wahrscheinlichkeit W von $\frac{1}{2}$:[19]

---

[18] Es sei hier wie bei Dixit, Pindyck (1994), S. 27, angenommen, daß das Wechselkursrisiko vollständig diversifizierbar sei. Dies impliziert, daß die Unsicherheit in bezug auf den Wechselkurs nicht in einer Beziehung zu den sonstigen Ereignissen in der Volkswirtschaft steht. Vgl. Kroner, Lastrapes (1993), S. 302.

[19] Im Fall einer asymmetrischen Wahrscheinlichkeit eines (+/–)-Schocks werden die Ergebnisse jedoch wie folgt modifiziert. Das Inaktivitätsband wird in die Richtung des höher gewichteten zukünftigen Wechselkurses verschoben. Zusätzlich wird die Breite des Bandes durch die asymmetrischen Wahrscheinlichkeiten verringert, da die Unsicherheit durch die höhere Gewichtung einer der beiden Realisationen reduziert wird. Im Grenzfall einer 1/0-Wahrscheinlichkeit degeneriert das Inaktivitäts-Band. Seine Breite wird so gering wie im Fall bei Sicherheit.

$$(12) \quad e_{t+1} = e_t \pm \varepsilon \;\Rightarrow\; E_t(e_{t+1}) = e_t \text{ bzw. } e_{t+1} = e_t + \delta \text{ mit}$$

$$W(\delta = \varepsilon) = W(\delta = -\varepsilon) = \tfrac{1}{2} \,.$$

Von Periode t+1 an entscheidet das Unternehmen wieder unter Sicherheit. Somit wird ab Periode 1 der zuvor abgeleitete Schwellenwert des Wechselkurses unter Sicherheit ('c-trigger') wieder gültig. Die stochastische Änderung des Wechselkurses zwischen Periode t und t+1 führt wegen der Möglichkeit einer 'wait-and-see'-Strategie zu einer Ausdehnung des Inaktivitäts-Bands. Unter Sicherheit waren die relevanten alternativen Strategien 'Eintritt oder kein Eintritt' für ein zuvor inaktives Unternehmen beziehungsweise 'Austritt oder kein Austritt' für ein zuvor aktives Unternehmen. Unter Unsicherheit und der Möglichkeit, eine Investition in die Beschäftigung aufzuschieben, muß jedoch noch eine dritte Möglichkeit in Betracht gezogen werden: die Option zu warten und die jeweilige Entscheidung (Eintritt oder Austritt) erst in der Zukunft zu treffen. Die Option, erst in der Zukunft zu beschäftigen, ist wertvoll, da der zukünftige Wert des durch Beschäftigung erworbenen 'asset' aus der Sicht des Unternehmens unsicher ist. Falls dessen Wert sinken wird, wird das Unternehmen nicht beschäftigen müssen. Das Unternehmen wird nur den Betrag verlieren, den es dafür ausgegeben hat, um sich die Beschäftigungsmöglichkeit noch offen zu halten. Dies begrenzt das Risiko nach unten und generiert den inhärenten Wert der Option (Dixit, Pindyck (1994), S. 9 und S. 15 ff., Krugman (1989), S. 53).

7.4.2 In der Vorperiode beschäftigt (aktiv)

7.4.2.1 Kein Wiedereintritt

Unter Unsicherheit muß ein zuvor aktives Unternehmen entscheiden, ob es entweder den Auslandsmarkt sofort verläßt ('instantaneous exit') oder aktiv bleibt, wobei letzteres die Option, den Auslandsmarkt später noch zu verlassen, mit einschließt. Es kann jedoch für das Unternehmen vorteilhaft sein, temporäre Verluste in Periode t zu tragen, wenn die Möglichkeit zukünftiger positiver Deckungsbeiträge besteht. In diesem Fall kann das Unternehmen sonst zusätzlich entstehende 'exit' und 're-entry'- Kosten vermeiden. Auf der einen Seite antizipiert das Unternehmen die Möglichkeit zukünftiger positiver Deckungsbeiträge, falls der zukünftige Wechselkurs vorteilhaft ausfallen wird (+ε). Auf der anderen Seite sieht das Unternehmen voraus, daß es durch einen späteren Austritt in Periode t+1 zukünftige Verluste vermeiden kann, falls die Wechselkursänderung negativ sein wird (–ε). Unter diesen

Voraussetzungen liegt der 'exit trigger'-Wechselkurs bei Unsicherheit e^u_{exit} ("u-trigger") unter dem Austritts-Wechselkurs bei Sicherheit:

(13) $e^u_{exit} < e^c_{exit}$ (Bedingung ①) .

Falls der gegenwärtige Wechselkurs e_t unter $e^c_{exit} - \varepsilon$ fällt, wird sogar eine (+ε)-Realisation das Unternehmen nicht dazu veranlassen, in der Zukunft im Auslandsmarkt zu verbleiben. Denn in diesem Fall gilt $e_{t+1} < e^c_{exit}$. Das Problem wird trivial, da das Unternehmen in Periode t austritt. Hieraus folgt, daß Bedingung ② für den nicht-trivialen Fall erfüllt sein muß:

(14) $e^u_{exit} > e^c_{exit} - \varepsilon$ (Bedingung ②) .

Folglich reicht es aus, den Austrittskurs bei Unsicherheit für das Intervall $]\, e^c_{exit} - \varepsilon, e^c_{exit} \,[$ zu berechnen.

Der erwartete Barwert der 'wait-and-see'-Strategie in Periode t wird definiert als der wahrscheinlichkeitsgewichtete Durchschnitt der Barwerte beider möglicher ε-Realisationen. Im Fall einer Realisation von (–ε) wird das Unternehmen seine Option nutzen, in t+1 den Auslandsmarkt zu verlassen (und dabei Entlassungskosten F zu verursachen). In diesem Fall ergibt sich der entscheidungsrelevante Barwert als:

(15) $$R_{a,t} - \delta \cdot F + \delta \cdot V_{p,t+1} = e - w \cdot a - \delta \cdot F \ .$$

Im Fall der vorteilhaften Realisation von (+ε) wird das Unternehmen jedoch im Auslandsmarkt verbleiben mit dem Barwert:

(16) $$R_{a,t} + \delta \cdot V_{a,t+1} = e - w \cdot a + \delta \cdot \frac{e + \varepsilon - w \cdot a}{1 - \delta} \ .$$

Kombiniert man (15) und (16), ergibt sich der erwartete Barwert der 'wait-and-see'-Strategie als:

(17) $$E_t(V_t^{wait}) = e - w \cdot a - \frac{1}{2} \cdot \delta \cdot F + \frac{1}{2} \cdot \delta \cdot \frac{e + \varepsilon - w \cdot a}{1 - \delta} \ .$$

Der erwartete Gegenwartswert eines sofortigen Austritts wird in einfacher Weise durch die Entlassungskosten F determiniert:

(18) $E_t(V_t^{exit}) = V_t^{exit} = -F$.

Daher ist das Unternehmen indifferent zwischen einem Austritt in Periode t und einem 'wait-and-see', falls $E_t(V_t^{exit})=E_t(V_t^{wait})$. Als eine Konsequenz hieraus ergibt sich der 'exit-trigger' bei Unsicherheit wie folgt (mit einem Austritt für $e_t<e^u_{exit}$):

(19) $$e^u_{exit} = w\cdot a-(1-\delta)\cdot F-\frac{\delta\cdot\varepsilon}{2-\delta} = e^c_{exit}-\frac{\delta\cdot\varepsilon}{2-\delta} = e^c_{exit}-\frac{\varepsilon}{1+2i} \ .$$

Eine Illustration der 'wait-and-see'-Strategie wird in Abb. 2 vermittelt. Obwohl der eingezeichnete Wechselkurs e_0 sogar unterhalb des Austrittskurses bei Sicherheit (e^c_{exit}) liegt, verläßt das Unternehmen den Auslandsmarkt in Periode t nicht, da das Unternehmen im (+ε)-Fall zukünftig innerhalb des Hysteresis-Bandes unter Sicherheit lokalisiert sein wird.

Abb. 2 - *'Wait-and-see'-Strategie in Periode t für ein vorher aktives Unternehmen*

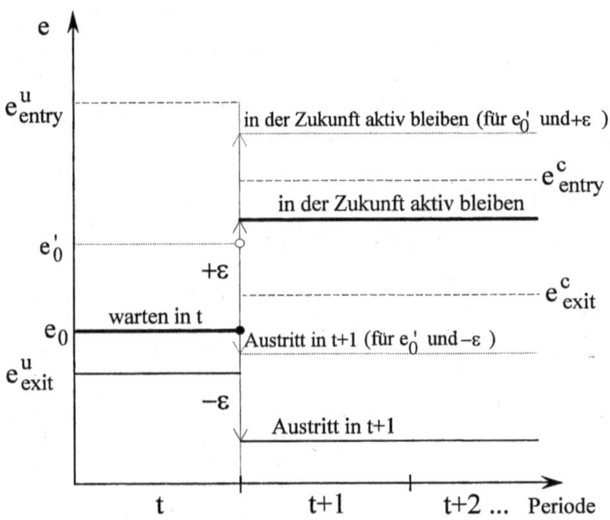

Es liegt auf dieser Stufe der Analyse der Einwand nahe, daß das in Abb. 2 illustrierte Resultat nicht allgemeingültig ist, sondern von einer speziellen Wahl von i als auch von der Position von e_0 abhängt. Zum Beispiel gilt (unter Vernachlässigung des Zeitindex) für $i \rightarrow 0$ und $e_0 - e^c_{exit} = -1/(2i+1)$:

a) $e_0 \in [e^c_{exit}, e^u_{exit}] \Leftrightarrow \varepsilon/(2i+1) > 1/(2i+1) \Leftrightarrow \varepsilon > 1$,

b) $e_0 - \varepsilon = e_0 - e^u_{exit} + e^u_{exit} - \varepsilon = e^c_{exit} - 1/(2i+1) - e^u_{exit} + e^u_{exit} - \varepsilon$

$= \varepsilon/(2i+1) - 1/(2i+1) + e^u_{exit} - \varepsilon < e^u_{exit} \Leftrightarrow \varepsilon/(2i+1) - \varepsilon < 1/(2i+1)$

$\Leftrightarrow -2i\varepsilon/(2i+1) < 1/(2i+1) \Leftrightarrow \varepsilon > 1/2i$,

was impliziert, daß für $i \to 0$ der Parameter ε sehr groß sein muß, damit ein Austritt in der Periode t+1 stattfindet. Falls die Wechselkursunsicherheit ε zwar größer als Eins, jedoch nicht im gerade dargestellten Sinn 'groß' ausfällt, findet kein Austritt statt. Die Analyse ist dann unvollständig. Es wird deshalb im folgenden noch eine kurze *ergänzende analytische Studie* zur Bestimmung desjenigen e_0 durchgeführt, welches den Austritt in Periode t+1 garantiert (nachdem in Periode t diesbezüglich gewartet wurde).[20]

Der Ausgangspunkt der Überlegungen seien die Bedingungen $e^u_{exit} < e^c_{exit}$ (Bedingung ①) und $e^u_{exit} > e^c_{exit} - \varepsilon$ (Bedingung ②). Im Ergebnis kommt es zu einem Austritt in Periode t, falls $e < e^u_{exit}$ mit $e^u_{exit} = e^c_{exit} - \varepsilon/(1+2i)$. Für die Variable e_0 als Wechselkurs zur Illustration der 'wait-and-see'-Strategie bedeutet dies, daß in Periode t für $e_0 > e^u_{exit}$ eine 'wait-and-see'-Strategie und in Periode t+1 für $e_0 - \varepsilon < e^c_{exit}$ ein Austritt erfolgt, nachdem in Periode t gewartet wurde.[21] Da in Periode t+1 wieder Sicherheit in bezug auf die Wechselkursentwicklung unterstellt wird, ist in dieser Periode wieder e^c_{exit} einschlägig.

Allgemein gilt also, daß ein Wechselkurs e_0, der bei einer ($-\varepsilon$)-Realisation eine 'wait-and-see'-Strategie in Periode t ($e_0 > e^u_{exit}$) und einen Austritt in Periode t+1 im Falle eines negativen Wechselkursschocks (in Periode t+1 ist der Sicherheits-Schwellenwert wieder gültig: $e_0 - \varepsilon < e^c_{exit}$) garantiert, in das folgende Intervall fallen muß:

(20) $$e^u_{exit} < e_0 - \varepsilon < e^c_{exit} \quad \Leftrightarrow \quad 0 < e_0 - e^u_{exit} < \frac{2\varepsilon(1+i)}{1+2i} \; .$$

---

[20] Anmerkungen zu $i \to 0$ erfolgen unter anderem in Abschnitt 7.4.4.

[21] Da in Periode t+1 wieder Sicherheit in bezug auf die Wechselkursentwicklung unterstellt wird, gilt in dieser Periode wieder e^c_{exit}.

In Abb. 2 wird an einem Beispiel verdeutlicht, daß sogar im Falle eines Wechselkurses $e_0' > e^c_{exit}$ in Periode t+1 ein Austritt erfolgen kann, da sich in der Abbildung $(e_0' - \varepsilon)$ unterhalb von e^c_{exit} befindet. Für $\varepsilon \rightarrow 0$ fällt der in Gleichung (20) angegebene Bereich in sich zusammen, da $e^u_{exit} \rightarrow e^c_{exit} \Rightarrow e_0 \rightarrow e^c_{exit}$ gilt. Der Bereich möglicher Werte für e_0 wird um so kleiner, je geringer ε ausfällt. Auch impliziert die Gleichung (20), daß eine Fixierung von e_0 den minimalen Wert von ε determiniert. Die Analyse ist somit in Bezug auf den oben konkretisierten möglichen Einwand vollständig.

Die Gesamtheit der Beziehungen zwischen den Schwellenwerten des Wechselkurses unter Sicherheit und Unsicherheit wird in Abb. 3 beschrieben. Der hierfür nötige Eintritts-Schwellenwert bei Unsicherheit e^u_{entry} wird weiter unten in Abschnitt 7.4.3.1 berechnet.

Abb. 3 - *Band der Inaktivität bei Wechselkursunsicherheit in Periode t*

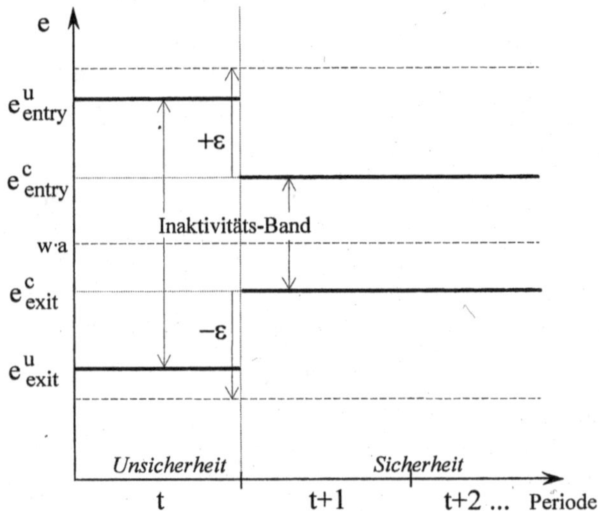

7.4.2.2 Wiedereintritt

In den bisherigen Ausführungen wurde ein nicht-triviales Problem vernachlässigt, das entsteht, wenn ε sich als 'sehr groß' herausstellen sollte. In diesem Fall könnte es sich als vorteilhaft erweisen, den Auslandsmarkt in Periode t zunächst zu verlassen und diesen in Periode t+1 erneut zu betreten, falls (+ε) realisiert wird.[22] Damit diese Konstellation eintritt, muß der Wechselkurs der nächsten Periode t+1 größer ausfallen als der Eintritts-Schwellenwert bei Sicherheit (Bedingungen ① und ② sind weiterhin gültig):

(21) $e_{t+1} = e_t + \varepsilon > e^c_{entry}$ (Bedingung ③) .

Der erwartete Barwert eines sofortigen Austritts und eines (möglichen) Wiedereintritts in Periode t+1 ergibt sich wie folgt:

(22) $E_t(V_t^{exit,\ re\text{-}entry}) = -F - \frac{1}{2} \cdot \delta \cdot H + \frac{1}{2} \cdot \delta \cdot \frac{e + \varepsilon - w \cdot a}{1 - \delta}$.

Der erwartete Barwert der 'wait-and-see'-Strategie ist oben schon berechnet worden (siehe Gleichung (17)). Falls $E_t(V_t^{exit,\ re\text{-}entry})$ größer als $E_t(V_t^{wait})$ ist, findet in Periode t ein sofortiger Austritt (mit potentiellem Wiedereintritt in t+1) statt:

(23) Austritt und Wiedereintritt für:

$$E_t(V_t^{exit,\ re\text{-}entry}) - E_t(V_t^{wait}) > 0$$

$$e_t < e_t^{exit,\ re\text{-}entry} = (\frac{1}{2} \cdot \delta - 1) \cdot F - \frac{1}{2} \cdot \delta \cdot H + w \cdot a \ .$$

Die Gleichung (23) determiniert den Austritts-Schwellenwert bei Wechselkurs-Unsicherheit, falls Bedingung ③ erfüllt ist. Falls ε so groß ist, daß Bedingung ③ gültig ist, hängt der Schwellenwert-Wechselkurs $e_t^{exit,\ re\text{-}entry}$ nicht mehr von ε ab. Verbinden von Gleichung (23) und Bedingung ③ führt zu:

(24) Bedingung ③': $e_t > w \cdot a + (1 - \delta) \cdot H - \varepsilon$

(23'): $e_t < (\frac{1}{2} \cdot \delta - 1) \cdot F - \frac{1}{2} \cdot \delta \cdot H + w \cdot a$

⇒ $w \cdot a + (1 - \delta) \cdot H - \varepsilon < (\frac{1}{2} \cdot \delta - 1) \cdot F - \frac{1}{2} \cdot \delta \cdot H + w \cdot a$.

---

22 Dieses Problem wird auch bei Krugman (1989), S. 63 ff., erwähnt.

Auflösen der letzten Ungleichheitsbeziehung (durch Gleichsetzen beider Seiten) führt zum Grenzwert $\varepsilon^{exit,\, re\text{-}entry}$. Für $\varepsilon > \varepsilon_t^{exit,\, re\text{-}entry}$ erfolgen ein Austritt in Periode t und ein Wiedereintritt in Periode t+1, falls $e_t < e_t^{exit,\, re\text{-}entry}$:

$$(25) \quad \varepsilon > \varepsilon_t^{exit,\, re\text{-}entry} = (1 - \frac{\delta}{2}) \cdot (F + H) \ .$$

Hier wird deutlich, warum der Ausdruck für $e_t^{exit,\, re\text{-}entry}$ in Gleichung (23) die Variable ε nicht mehr beinhaltet. Eine 'exit/re-entry'-Strategie findet Anwendung, wenn ε so groß ist, daß ungefähr die Hälfte der Summe der Einstellungs- und Entlassungskosten abgedeckt wird. Die ökonomische Erklärung für den Faktor $(1 - \delta/2)$ ist die angenommene Wahrscheinlichkeit eines +/– Schocks zwischen den Perioden t und t+1 von 0,5. Sobald die oben genannten Kosten (-anteile) durch einen großen positiven Schock gedeckt werden, erweist sich eine 'exit/re-entry'-Strategie aus Sicht des Unternehmens als optimal. Der Betrag, um den ε diese Kosten (-anteile) überschreitet, bestimmt zwar den 'pay-off'. Er beeinträchtigt jedoch nicht mehr die *Qualität der Optimalität* dieser Strategie.

Die Konstellation, die zu einer 'exit-re-entry'-Strategie führt, wird in Abb. 4 aufgezeigt. Wegen $e_1 < e_t^{exit,\, re\text{-}entry}$ tritt das Unternehmen in Periode t aus dem Auslandsmarkt aus. Da ε so groß ist, daß (gegeben die $(+\varepsilon)$-Realisation) der Eintritts-Schwellenwert bei Sicherheit überschritten wird, wird das Unternehmen in Periode t+1 im Falle von $(+\varepsilon)$ wieder in den Auslandsmarkt eintreten. Somit muß der Betrag von ε, der eine 'exit-re-entry'-Strategie induziert, sogar größer sein als der Wert $\varepsilon^{exit,\, re\text{-}entry}$, der oben auf der Grundlage von $e_t^{exit,\, re\text{-}entry}$ errechnet wurde.

Abb. 4 - *Austritt in Periode t und Wiedereintritt in Periode t+1 (bei Wechselkursunsicherheit)*

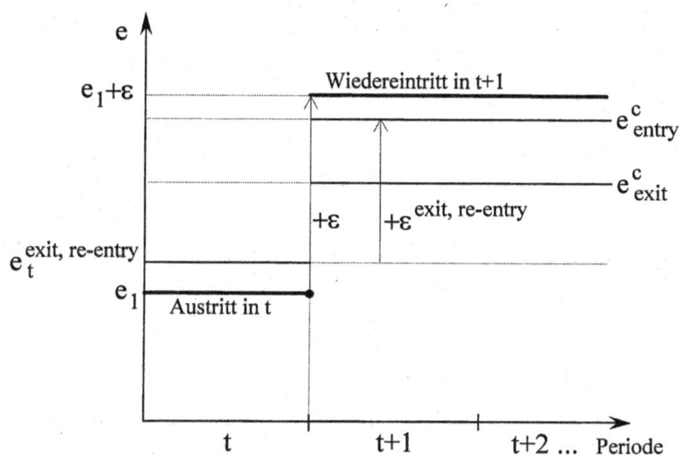

Ebenso wie oben in Abschnitt 7.4.2.1 schon in bezug auf Abb. 2 geäußert, könnte auch hier der Einwand erhoben werden, dieses in Abb. 4 illustrierte Resultat sei nicht allgemeingültig, sondern hänge wieder von einer bestimmten Wahl eines Wertes für i und von der Anfangslage von e_1 ab. Zum Beispiel gilt (unter Vernachlässigung des Zeitindex) für $e_1 - e^{exit,re-entry} = -(F+H)$:

$$e_1 + \varepsilon = e_1 - e^c_{entry} + e^c_{entry} + \varepsilon = e^{exit,re-entry} - (F+H) - e^c_{entry} + e^c_{entry} + \varepsilon$$

$$= -(1-\delta/2)(F+H) - (F+H) + e^c_{entry} + \varepsilon > e^c_{entry} \Leftrightarrow \varepsilon > (2-\delta/2)(F+H).$$

Deshalb kommt es nicht zu einem Wiedereintritt, falls $\varepsilon^{exit,\, re\text{-}entry} < \varepsilon < (2-\delta/2)(H+F)$. Die Analyse wäre dann wiederum nicht ganz vollständig. Aus diesem Grund wird auch hier wieder eine *zusätzliche Analyse* durchgeführt. Sie bezieht sich in diesem Fall auf die Bestimmung desjenigen e_1, welches den Wiedereintritt in Periode t+1 garantiert (nachdem in Periode t ein Austritt erfolgte).[23]

[23] An dieser Stelle sei nochmals darauf verwiesen, daß Anmerkungen zu $i \to 0$ unter anderem in Abschnitt 7.4.4 erfolgen.

Der Ausgangspunkt der Überlegungen seien wiederum die Bedingungen $e^u_{exit} < e^c_{exit}$ (Bedingung ①) und $e^u_{exit} > e^c_{exit} - \varepsilon$ (Bedingung ②). Falls man e^u_{exit} durch $e^{exit,re-entry}$ ersetzt, resultiert die Gleichung $e^{exit,re-entry} = (\frac{1}{2}\cdot\delta - 1)\cdot F - \frac{1}{2}\cdot\delta\cdot H + w\cdot a$; ein Austritt in Periode t erfolgt, wenn $e_1 < e^{exit,re-entry}$ erfüllt ist. Ein Wiedereintritt in Periode t+1 findet statt, wenn $e_1 + \varepsilon > e^c_{entry}$ gilt (Bedingung ③). Dabei gelten die Zusammenhänge $e^c_{entry} = w\cdot a + (1-\delta)\cdot H = e^{exit,re-entry} + (1-\delta/2)(H+F)$ und $\varepsilon > \varepsilon^{exit,\ re-entry} = (1-\delta/2)(H+F)$.

Durch Verallgemeinerung von Gleichung (25) kann unter Ausnutzung der vorstehenden formalen Zusammenhänge ein Wechselkurs e_1 hergeleitet werden, der zu einem Austritt in Periode t ($e_1 < e_t^{exit,\ re-entry}$) und einem Wiedereintritt in Periode t+1 im Fall eines positiven Schocks ($e_1 + \varepsilon > e^c_{entry}$) führt. Es läßt sich zeigen, daß dieser Wechselkurs wegen $\varepsilon_t^{exit,\ re-entry} = (1-\delta/2)(F+H)$ in dem folgenden Bereich liegen muß:

$$(26) \quad e^c_{entry} - \varepsilon < e_1 < e_t^{exit,\ re-entry}$$

$$\Leftrightarrow e_t^{exit,\ re-entry} + (1-\delta/2)\cdot(F+H) - \varepsilon < e_1 < e_t^{exit,\ re-entry}$$

$$\Leftrightarrow \varepsilon_t^{exit,\ re-entry} < e_1 - e_t^{exit,\ re-entry} + \varepsilon < \varepsilon,$$

wobei $e_1 - e_t^{exit,\ re-entry} < 0$ gilt. Durch dieses Ergebnis wird die Vollständigkeit der Analyse hergestellt.

7.4.3 In der Vorperiode nicht beschäftigt (passiv)

7.4.3.1 Kein Wiederaustritt

Ein vorher nicht aktives Unternehmen muß entscheiden, ob es den Auslandsmarkt jetzt betreten (sofortiger Eintritt) oder passiv bleiben (mit der Option, später noch einzutreten) soll. Es mag dem Unternehmen dabei vorteilhaft erscheinen, auf einen vorübergehenden positiven Rohgewinn in Periode t zu verzichten, falls die Möglichkeit zukünftiger Verluste existiert. In diesem Fall kann das Unternehmen zusätzliche Eintritts- und Wiederaustritts-Kosten durch eine 'wait-and-see'-Strategie vermeiden. Einerseits antizipiert das Unternehmen die Möglichkeit der Internalisierung zukünftiger Deckungsbeiträge durch einen Eintritt in Periode t+1, falls der zukünftige Wechselkurs vorteilhaft ist (+ε). Andererseits sieht das Unternehmen voraus, daß es durch Passivität zukünftige Verluste vermeiden kann, falls die Wechselkursänderung negativ ist (–ε). Als Folge hieraus muß der Eintritts-Schwellenwert bei Wechselkursunsicherheit (e^{u}_{entry}) den Eintritts-Wechselkurs bei Sicherheit übertreffen:

$$(27) \quad e^{u}_{entry} > e^{c}_{entry} \quad \text{(Bedingung ❶)} .$$

Falls der gegenwärtige Wechselkurs e_t den Wert $e^{c}_{entry}+\varepsilon$ übersteigt, wird selbst eine (–ε)-Realisation das Unternehmen nicht veranlassen, in der Zukunft den Auslandsmarkt zu verlassen, da in diesem Fall die Bedingung $e_{t+1} > e^{c}_{entry}$ gilt. Somit tritt das Unternehmen definitiv in Periode t ein. Um diesen trivialen Fall auszuschließen, muß Bedingung ❷ gelten:

$$(28) \quad e^{u}_{entry} < e^{c}_{entry}+\varepsilon \quad \text{(Bedingung ❷)} .$$

Die Bedingungen ❶ und ❷ wurden bereits implizit in Abb. 3 illustriert. Folglich reicht es zur Berechnung des Eintritts-Wechselkurses bei Unsicherheit aus, sich auf das Intervall $]e^{c}_{entry}, e^{c}_{entry}+\varepsilon[$ zu beschränken.

Der erwartete Barwert der 'wait-and-see'-Strategie in Periode t ist definiert als der wahrscheinlichkeitsgewichtete Durchschnitt der Barwerte für beide ε-Realisationen. Bei einer (+ε)-Realisation des Wechselkurs-Schocks, wird das Unternehmen seine Option, in Periode t+1 noch einzutreten, nutzen. Dies führt zu Einstellungskosten H. Daher ergibt sich der erwartete Barwert für (+ε) als:

$$(29) \quad R_{p,t}-\delta\cdot H+\delta\cdot V_{a,t+1} = 0-\delta\cdot H+\delta\cdot\frac{e+\varepsilon-w\cdot a}{1-\delta} .$$

Bei einer (–ε)-Realisation wird das betrachtete Unternehmen passiv bleiben: $R_{p,t}+\delta\cdot V_{p,t+1} = 0+\delta\cdot 0 = 0$. Folglich beträgt der erwartete Kapitalwert der 'wait-and-see'-Strategie für ein zuvor inaktives Unternehmen als:

$$(30) \quad E_t(V^{wait}_t) = -\frac{1}{2}\cdot\delta\cdot H+\frac{1}{2}\cdot\delta\cdot\frac{e+\varepsilon-w\cdot a}{1-\delta} .$$

Der erwartete Barwert eines sofortigen Eintritts (ohne einen Wiederaustritt) ist (siehe Gleichung (8)):

$$(31) \quad E_t(V_t^{entry}) = e - w \cdot a - H + \delta \cdot \frac{e - w \cdot a}{1-\delta} = -H + \frac{e - w \cdot a}{1-\delta} \ .$$

Der Wert der Flexibilität, die Beschäftigungsentscheidung erst in der nächsten Periode treffen zu können statt jetzt oder nie beschäftigen zu können, kann leicht als die Differenz aus den beiden erwarteten Barwerte berechnet werden:

$$(32) \quad OV(e,\varepsilon) = E_t(V_t^{wait}) - E_t(V_t^{entry})$$

$$\text{mit: } \frac{\partial OV}{\partial e} < 0 \ , \ \frac{\partial OV}{\partial \varepsilon} > 0 \ .$$

Anders ausgedrückt: das betrachtete Unternehmen sollte eine zusätzliche Zahlung in Höhe des ('call'-) Optionswertes OV für einen Entscheidungsrahmen für Neubeschäftigungen akzeptieren, die flexibler ist als ein Rahmen, der das Unternehmen darauf festlegt, jetzt oder nie in eine Neubeschäftigung zu investieren.[24] Ein Anstieg der Wechselkursunsicherheit erhöht wie schon in dem einfachen Modell in Abschnitt 6.3. den Wert der Option, auch erst später beschäftigen zu können. Der Grund hierfür ist, daß ein Anstieg der Wechselkursunsicherheit den potentiellen 'payoff' der Option erhöht. Jedoch bleibt der 'downside payoff' unverändert, den das Unternehmen wird die Option nicht ausüben, falls der Wechselkurs fällt (Dixit, Pindyck (1994), S. 39 f.).

Das Unternehmen ist indifferent zwischen einem Eintritt in den Auslandsmarkt in Periode t und einem 'wait-and-see', falls $E_t(V_t^{entry}) = E_t(V_t^{wait})$, d.h. falls $OV = 0$. Der Eintritts-Schwellenwert bei Unsicherheit folgt als (Eintritt bei $e_t > e^u_{entry}$):

$$(33) \quad e^u_{entry} = w \cdot a + (1-\delta) \cdot H + \frac{\delta \cdot \varepsilon}{2-\delta} = e^c_{entry} + \frac{\delta \cdot \varepsilon}{2-\delta} = e^c_{entry} + \frac{\varepsilon}{1+2i} \ .$$

24 Eine analoge Logik kann auf den Fall des 'disinvestment/firing' ('put option') angewendet werden.

Die benötigte Spanne $(e^{u}_{entry}-e^{c}_{entry})$ über die Lohnstückkosten und Einstellungskosten hinaus ist um so größer, je höher die Wechselkursunsicherheit ist.

Eine Illustration der 'wait-and-see'-Strategie wird in Abb. 5 vorgenommen. Obwohl der Wechselkurs e_2 den Eintrittskurs bei Sicherheit (e^{c}_{entry}) sogar überschreitet, tritt das Unternehmen in Periode t nicht in den Auslandsmarkt ein, da das betrachtete Unternehmen im (–ε)-Fall zukünftig innerhalb des Inaktivitätsbandes bei Sicherheit lokalisiert sein wird.

Abb. 5 - *'Wait-and-see'-Strategie in Periode t für ein vorher inaktives Unternehmen*

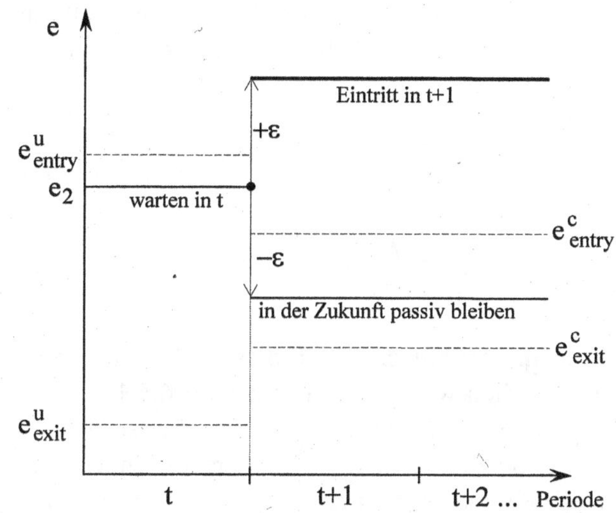

Auch in bezug auf Abb. 5 könnte wieder der Einwand erhoben werden, den abgebildeten Zusammenhängen fehle es an Allgemeingültigkeit. Das Ergebnis hänge analog wie schon für die Abb. 2 angemerkt von dem für i unterstellten Wert und von der Position von e_2 ab. Beispielsweise gilt im Fall $i \rightarrow 0$ die Beziehung $e^{u}_{entry}-e^{c}_{entry} \rightarrow 0$. Falls $e^{u}_{entry}-e_2 \rightarrow 0$, folgt hieraus:

$$e_2-\varepsilon-e^{c}_{entry} \rightarrow e^{u}_{entry}-\varepsilon-e^{c}_{entry} \rightarrow 0.$$

Folglich ist das Unternehmen in Periode t+1 faktisch indifferent in bezug auf die beiden Entscheidungsalternativen 'Eintritt' und 'Nicht-Eintritt'. Auch hier ergibt sich deshalb die Notwendigkeit, eine ergänzende Analyse durchzuführen. Sie bezieht sich hier auf die Bestimmung desjenigen e_2, welches den Eintritt in Periode t+1 garantiert (nachdem in Periode t gewartet wurde).

Der Ausgangspunkt der Überlegungen sei durch die bekannten Bedingungen

- Eintritt in Periode t, wenn $e > e^u_{entry} = e^c_{entry} + \frac{\varepsilon}{1+2i}$,
- 'wait-and-see' in Periode t, wenn $e_2 < e^u_{entry}$, sowie
- Eintritt in Periode t+1 (nach Warten in t), wenn $e_2 + \varepsilon > e^c_{entry}$

gegeben. Es kann auf dieser Grundlage folgendes gezeigt werden. Jedweder Wechselkurs e_2, der eine 'wait-and-see'-Strategie in Periode t ($e_2 < e^u_{entry}$) und einen Eintritt in den Auslandsmarkt in Periode t+1 im Fall eines positiven Schocks ($e_2 + \varepsilon > e^c_{entry}$) induziert, ist ein Element des Intervalls:

$$(34) \quad e^c_{entry} - \varepsilon < e_2 < e^u_{entry} \quad \Leftrightarrow \quad e^u_{entry} - \frac{\varepsilon}{1+2i} - \varepsilon < e_2 < e^u_{entry}$$

$$\Leftrightarrow \quad 0 < e^u_{entry} - e_2 < \frac{2\varepsilon(1+i)}{1+2i} .$$

Somit ist die Allgemeingültigkeit der in diesem Abschnitt erzielten Ergebnisse hergestellt. Ähnlich wie schon in Abschnitt 6.5.1.2 mag auch im Zusammenhang mit dem in diesem Kapitel entwickelten Modell wieder die Frage aufkommen, ob die Fähigkeit des betrachteten Unternehmens, das Risiko einer Wechselkursänderung zu hedgen, die hergeleiteten Charakteristika der Unternehmensentscheidungen ändert. Dies ist jedoch wieder zu verneinen. Der einzige Unterschied im Unternehmenskalkül, der im Fall des Hedgens auftritt, ist, daß der Erwartungsoperator zum Beispiel in den Gleichungen (30), (31), (32) weggelassen werden kann. Falls die gehedgten Werte des Wechselkurses den erwarteten Werten genau entsprechen, sieht sich das Unternehmen einem *sicheren* Kapitalwert gegenüber, der dem *erwarteten* Kapitalwert ohne Hedging genau entspricht. Daher gilt für ein risikoneutrales Unternehmen und bei Abwesenheit von Transaktionskosten des Hedging, daß ein Hedging keinen zusätzlichen Ertrag abwirft. Das Unternehmen stellt sich weiterhin besser, wenn es sich einer 'wait-and-see'-Strategie bedient (Dixit, Pindyck (1994), S. 29 f., Pindyck (1991), S. 1114).

7.4.3.2 Wiederaustritt

Bis jetzt wurde wiederum das Problem vernachlässigt, welches auftritt, wenn der Parameter ε 'sehr groß' ausfällt. In diesem Fall kann es für das Unternehmen vorteilhaft sein, den Auslandsmarkt in Periode t zu betreten und in Periode t+1 wieder zu verlassen (Wiederaustritt), falls (–ε) realisiert wird. Eine notwendige Bedingung hierfür ist, daß der Wechselkurs in der Folgeperiode niedriger sein muß als der Austritts-Schwellenwert bei Sicherheit (Bedingungen ❶ und ❷ sind weiterhin gültig):

(35) $e_{t+1} = e_t - \varepsilon < e^c_{exit}$ (Bedingung ❸) .

Der erwartete Gegenwartswert eines sofortigen Eintritts und eines möglichen Wiederaustritts ('re-exit') in Periode t+1 ist:

(36) $$E_t(V_t^{entry,\ re\text{-}exit}) = e - w \cdot a - H - \frac{1}{2} \cdot \delta \cdot F + \frac{1}{2} \cdot \delta \cdot \frac{e + \varepsilon - w \cdot a}{1 - \delta} \ .$$

Genau wie im 're-entry'-Fall wurde der erwartete Barwert der 'wait-and-see'-Strategie weiter oben schon berechnet (siehe Gleichung (30)). Falls $E_t(V_t^{entry,\ re\text{-}exit})$ größer ausfällt als $E_t(V_t^{wait})$, bevorzugt das Unternehmen einen sofortigen Eintritt (und einen potentiellen Wiederaustritt):

(37) Eintritt und Wiederaustritt für:

$$E_t(V_t^{entry,\ re\text{-}exit}) - E_t(V_t^{wait}) > 0$$

$$e_t > e_t^{entry,\ re\text{-}exit} = (1 - \frac{1}{2} \cdot \delta) \cdot H + \frac{1}{2} \cdot \delta \cdot F + w \cdot a \ .$$

Gleichung (37) repräsentiert den Eintritts-Schwellenwert bei Unsicherheit, falls die Bedingung ❸ erfüllt ist. Falls ε so groß ist, daß die Bedingung ❸ gültig ist, hängt der Schwellenwert des Wechselkurses $e_t^{entry,\ re\text{-}exit}$ (wie oben) nicht mehr von ε ab. Gleichung (37) in Verbindung mit der Bedingung ❸ führt zu dem gleichen Grenzwert wie in dem analogen Problem, das weiter oben behandelt wurde: $\varepsilon^{entry,\ re\text{-}exit} = \varepsilon^{exit,\ re\text{-}entry}$. Falls $\varepsilon > \varepsilon^{entry,\ re\text{-}exit}$ gilt, können ein Eintritt in Periode t und ein Wiederaustritt in Periode t+1 erfolgen, wenn $e_t > e_t^{entry,\ re\text{-}exit}$.

Abb. 6 - *Eintritt in Periode t und Wiederaustritt in Periode t+1 (bei Wechselkursunsicherheit)*

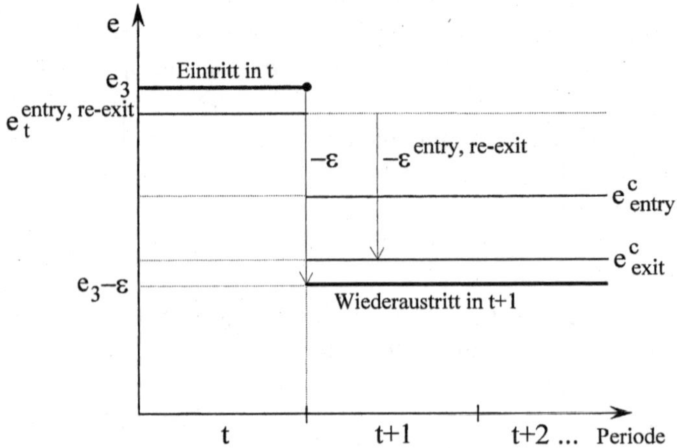

Das 'entry-re-exit'-Szenario wird in Abb. 6 dargestellt. Da $e_3 > e_t^{entry, re\text{-}exit}$ ist, tritt das betrachtete Unternehmen in Periode t in den Auslandsmarkt ein. Da ε so groß ausfällt, daß der Wechselkurs bei gegebener (–ε)-Realisation den Austritts-Schwellenwert bei Sicherheit unterschreitet, wird das Unternehmen in Periode t+1 im Falle von (–ε) wieder austreten. Der Wechselkurs e_3 ist größer als $e_t^{entry, re\text{-}exit}$. Somit muß der Absolutwert von ε, der eine 'entry-re-exit'-Strategie induziert, sogar größer sein als der Unsicherheits-Parameter $\varepsilon^{entry, re\text{-}exit}$, der auf Basis von $e_t^{entry, re\text{-}exit}$ berechnet wurde.

Bei der Interpretation von Abb. 6 muß jedoch analog zu den Anmerkungen in bezug auf Abb. 4 wieder beachtet werden, daß das abgebildete Resultat möglicherweise von den Ausprägungen der Größen i und e_3 abhängt. Beispielsweise lassen sich für den Fall $e_3 - e_t^{entry, re\text{-}exit} = (3/2)(F+H)$ (unter Auslassung des Zeitindex) die folgenden Beziehungen herleiten:

$$e_3 - \varepsilon = e_3 - e^c_{exit} + e^c_{exit} - \varepsilon = e^{entry, re-exit} + (3/2)(F+H) - e^c_{exit} + e^c_{exit} - \varepsilon$$

$$= -(1-\delta/2)(F+H) + (3/2)(F+H) + e^c_{exit} - \varepsilon$$

$$= (1+\delta/2)(F+H) + e^c_{exit} - \varepsilon < e^c_{exit}$$

$$\Leftrightarrow \varepsilon > (1+\delta/2)(F+H).$$

Falls $e^{entry,re-exit} < \varepsilon < (1+\delta/2)(F+H)$, kommt es *nicht* zu einem *Wiederaustritt*. Die in diesem Abschnitt durchgeführte Analyse wäre dann wiederum nicht ganz vollständig. Aus diesem Grund wird die vorstehende Analyse wieder um einen weiteren Schritt ergänzt. Dieser besteht in diesem Fall aus einer Bestimmung desjenigen e_3, welches den Wiederaustritt in Periode t+1 garantiert (nachdem in der Vorperiode t ein Eintritt erfolgte).

Der Ausgangspunkt der Überlegungen sei das in Gleichung (37) erzielte Resultat $e^{entry,re-exit} = (1-\frac{1}{2}\cdot\delta)\cdot H + \frac{1}{2}\cdot\delta\cdot F + w\cdot a$. Ein Eintritt in Periode t erfolgt genau dann, wenn $e_3 > e^{entry,re-exit}$. Ein Wiederaustritt in Periode t+1 findet statt, falls $e_3 - \varepsilon < e^c_{exit}$. Dabei gilt: $e^c_{exit} = w\cdot a + (1-\delta)\cdot F = e^{entry,re-exit} - (1+\delta/2)\cdot(H+F)$ sowie $\varepsilon > \varepsilon^{entry,\, re-exit} = (1-\delta/2)\cdot(H+F)$.

Unter diesen Voraussetzungen kann gezeigt gezeigt werden, daß ein Wechselkurs e_3, der zu einem Eintritt des Unternehmens in den Auslandsmarkt in Periode t ($e_3 > e_t^{entry,\, re-exit}$) und zu einem Wiederaustritt in t+1 führt ($e_3 - \varepsilon < e^c_{exit}$), in dem folgenden Intervall liegen muß:

(38) $$e_t^{entry,\, re-exit} < e_3 < e^c_{exit} + \varepsilon$$

$$\Leftrightarrow \quad 0 < e_3 - e_t^{entry,\, re-exit} < -(1+\delta/2)\cdot(H+F) + \varepsilon$$

$$(\text{mit } -\varepsilon^{entry,\, re-exit} = -\varepsilon^{exit,\, re-entry} = -(1+\delta/2)\cdot(H+F))$$

$$\Leftrightarrow \quad \varepsilon_t^{exit,\, re-entry} < e_3 - e_t^{entry,\, re-exit} + \varepsilon_t^{exit,\, re-entry} < \varepsilon\,,$$

wobei $e_3 - e_t^{entry,\, re-exit} > 0$. Die Analyse ist hiermit vollständig.

7.4.4 Breite des Hysteresis-Bandes bei Wechselkursunsicherheit

Verbindet man beide Schwellenwerte bei Wechselkursunsicherheit, ergibt sich die Breite des Inaktivitäts-Bandes bei Unsicherheit für 'kleine' ε als:

(39) $$e^u_{entry} - e^u_{exit} = (1-\delta)\cdot(H+F) + \frac{2\cdot\delta\cdot\varepsilon}{2-\delta} = \frac{i\cdot(H+F)}{1+i} + \frac{2\cdot\varepsilon}{1+2i}$$

$$= (e^c_{entry} - e^c_{exit}) + \frac{2 \cdot \delta \cdot \varepsilon}{2 - \delta} = (e^c_{entry} - e^c_{exit}) + \frac{2 \cdot \varepsilon}{1 + 2i} \ .$$

Im Fall einer 'kleinen' Standardabweichung ε wird die Breite des Hysteresis-Bandes bei Wechselkursunsicherheit durch das entsprechende Band bei Sicherheit determiniert. Sie wird somit in linearer Weise durch die Zinskosten der Einstellung und der Kündigung und zusätzlich durch die Unsicherheit ε bestimmt. Im Fall eines Wiedereintritts beziehungsweise eines Wiederaustritts, d.h. für 'große' ε, beschränkt sich die Breite des Inaktivitäts-Bands bei Unsicherheit auf:

$$(40) \quad e_t^{\text{entry, re-exit}} - e_t^{\text{exit, re-entry}} = H + F \ .$$

Die Beziehung zwischen dieser maximalen Breite bei gravierender Wechselkursunsicherheit (d.h. für 'große' ε) und der Breite im Fall von Sicherheit über zukünftige Wechselkursentwicklungen wird lediglich durch den Zinssatz und nicht durch die Einstellungs- und Entlassungskosten determiniert:

$$(41) \quad \frac{e_t^{\text{entry, re-exit}} - e_t^{\text{exit, re-entry}}}{e^c_{entry} - e^c_{exit}} = \frac{1+i}{i} \ .$$

Im Vergleich zum Sicherheits-Fall wird das Inaktivitäts-Band, das durch das Intervall zwischen beiden Schwellenwerten aufgespannt wird, durch Unsicherheit gedehnt, unabhängig davon, ob ε 'klein' oder 'groß' ist. Anders ausgedrückt: das Auftreten von Wechselkursunsicherheit erhöht die Wahrscheinlichkeit dafür, daß ein Unternehmen aktiv (passiv) bleibt, falls sich das gegenwärtige Niveau des Umsatzerlöses e -ausgehend von einem vorher hohen (niedrigen) Niveau, das einen zunächst Markteintritt (exit) induzierte- verringert (erhöht) hat.

In den bisherigen Ausführungen wurde ein positiver Zinssatz ($i > 0$) angenommen. Für $i \to 0$ resultieren jedoch noch einige *interessante Implikationen.* Die bisherigen Resultate basieren auf einem Vergleich der Barwerte eines unendlichen Stroms an Deckungsbeiträgen/Nettoerlösen.[25] Jedoch können Schwellenwerte des Wechselkurses weiterhin berechnet werden. Für $i \to 0$ konvergieren beide 'trigger'-Wechselkurse bei Wechselkurssicherheit gegen die Lohnstückkosten $w \cdot a$ (siehe Gleichungen (6) und (10)). Die Breite des Inaktivitäts-Bands bei Sicherheit wird gemäß Gleichung (11) jedoch

---

[25] Siehe beispielsweise die ausführlichen Anmerkungen zu Gleichung (3).

durch die Zinskosten des 'hiring' und 'firing' determiniert. Aus diesem Grund degeneriert das Hysteresis-Band bei Wechselkurssicherheit für $i \rightarrow 0$ auf eine Breite von Null. Bei Wechselkurs*un*sicherheit hingegen fällt das Inaktivitäts-Band *nicht* in sich zusammen (siehe Gleichung (39)), sondern konvergiert zu $\lim_{i \rightarrow 0} (e^u_{entry} - e^u_{exit}) = 2\varepsilon$. Folglich nähert sich der Ausdruck auf der rechten Seite von Gleichung (41) mit $i \rightarrow 0$ dem Wert Unendlich. Allgemein ist die Bedeutung der Wechselkursunsicherheit für das Ausmaß des Inaktivitäts-Bands um so ausgeprägter, je niedriger der Zinssatz ist.

Abstrahiert man zunächst von Problemen der Aggregation,[26] lassen sich an dieser Stelle bereits einige wichtige Implikationen der Wechselkursunsicherheit für Arbeitsmärkte auf der makroökonomischen Ebene ableiten. Bei einer Abwertung der heimischen Währung oder anders begründeten Verbesserung der Gewinnaussichten (z.B. Erholung von einer Rezession) tendieren Unternehmen bei Wechselkursunsicherheit kurzfristig dazu, vorsichtiger zu reagieren und eine höhere Absicherung der Permanenz verbesserter Gewinne abzuwarten, bevor sie reguläre Vollzeitarbeitskräfte neu einstellen. Zwischenzeitlich werden sie eher dazu neigen, bereits zur Verfügung stehende Möglichkeiten zur Gewinnabschöpfung zu nutzen. Dabei werden weniger irreversible aber vielleicht gegenwärtig kostenintensivere Produktionsmöglichkeiten wie z.B. Überstunden oder Zeitarbeit gefahren. Analog werden Unternehmen bei einer Aufwertung oder aus anderen Gründen für eine Verschlechterung der Gewinnaussichten (z.B. Abgleiten in eine Rezession) zunächst an ihren regulären Vollzeit-Arbeitskräften festhalten und dabei extensiv von Mechanismen wie Kurzarbeit Gebrauch machen. Schließlich werden *Nicht-Linearitäten* in der *Beziehung* zwischen der Beschäftigung und ihrer Determinanten betont. Aus makroökonomischer Perspektive wird sich im Fahrwasser einer (plötzlichen) Umkehrung des Wechselkurstrends (oder von Trends anderer Determinanten der Beschäftigung) die zunächst schwache Reaktion der Beschäftigung im Laufe der Zeit in eine sehr starke Reaktion umwandeln, sobald die Schwellen-Wechselkurse der Unternehmen mehrheitlich passiert wurden. Dies läßt sich treffend durch ein *'spurt'-Verhalten*

[26] Für eine adäquate Aggregationsmethode im Fall der Mikro-Hysteresis (d.h. der 'relay'-Hysteresis mit Schwellenwerten) vgl. Göcke (1994) oder Belke, Göcke (1994). Vgl. auch Kapitel 8 dieser Arbeit.

von Investitionen in die Beschäftigung (Einstellungen) oder Desinvestionen in die Beschäftigung (Entlassungen) beschreiben.[27]

7.5 Das Modell bei zwei aufeinanderfolgenden stochastischen Wechselkursänderungen

Für die folgenden Ausführungen sei angenommen, daß die binomiale stochastische Änderung des Wechselkurses $\pm\varepsilon$ zweimal auftritt: einmal zwischen den Perioden t und t+1 und noch einmal (mit gleicher absoluter Größe ε und denselben 0,5-Wahrscheinlichkeiten) zwischen den Perioden t+1 und t+2. Durch die Berücksichtigung einer zusätzlichen Periode der Wechselkursunsicherheit, wird die Beschäftigungs- beziehungsweise Kündigungsentscheidung des betrachteten Unternehmens komplizierter, denn die Anzahl möglicher Strategien hat sich erhöht. Aus Gründen der Vereinfachung seien nur 'kleine' ε angenommen, so daß von 're-entry'- und 're-exit'-Strategien abgesehen werden kann.[28]

7.5.1 In der Vorperiode beschäftigt (aktiv)

Bei zweimaliger Wechselkursunsicherheit wird sich das Inaktivitäts-Band selbst verglichen mit dem vorstehenden Fall mit einmaliger Unsicherheit noch erweitern. Deshalb erfolgt eine Konzentration auf den Bereich $(e^u_{exit}-\varepsilon)<e_t<e^u_{exit}$, wenn Austritts-'trigger'-Wechselkurse berechnet werden. In Periode t muß das betrachtete Unternehmen eine Entscheidung zwischen den Alternativen 'exit now' und 'wait-and-see' (bis Periode t+1) treffen. Dabei antizipiert das Unternehmen, daß in der folgenden Periode t+1 eine zweite Änderung des Wechselkurses eintreten wird. Daher entspricht das Entscheidungsproblem des Unternehmens in Periode t+1 demjenigen bei einmaliger Wechselkursunsicherheit in Periode t. Unter Verwendung der oben hergeleiteten Resultate kann das dynamische Entscheidungsproblem

---

27 Für 'Spurts' in Investitionen vgl. Pindyck (1988), S. 980 f. Dixit, Pindyck (1994), S. 15 f., beschreiben die nichtlineare Reaktion der U.S.-amerikanischen Beschäftigung nach der Konjunkturerholung Mitte 1993. Darüber hinaus werden viele kontinentaleuropäische Arbeitsmärkte durch eine permanent hohe Arbeitslosigkeit charakterisiert (Kapitel 3 und 4). Da dies mit dem hier dargestellten 'vorher passiv'-Fall korrespondiert, impliziert jeder Anstieg der Ertragsunsicherheit bei einer Extrapolation des hier entwickelten Modells auf die Makroebene (Kapitel 8) eine höhere Arbeitslosigkeitspersistenz für diese Volkswirtschaften.

28 Für Optionspreismodelle mit zwei stochastischen Änderungen vgl. Cox, Ross, Rubinstein (1979), S. 236 ff., und Dixit, Pindyck (1994), S. 41 ff.

des Unternehmens mit dem Verfahren der rückwärtigen Induktion einer Lösung zugeführt werden.

Der erwartete Barwert der 'wait-and-see'-Strategie in Periode t läßt sich wieder definieren als wahrscheinlichkeitsgewichteter Durchschnitt der Barwerte beider ε-Realisationen zwischen den Perioden t und t+1. Dabei entfällt der Zeitindex aus Vereinfachungsgründen. Bei der nachteiligen (–ε)-Realisation der Wechselkursänderung wird das Unternehmen in Periode t+1 den Auslandsmarkt verlassen. Für diesen Fall lautet der Barwert:

(42) $R_{a,t} - \delta \cdot F + \delta \cdot V_{p,t+1} = e - w \cdot a - \delta \cdot F$.

Bei einer vorteilhaften Realisation (+ε) wird das Unternehmen hingegen aktiv bleiben. Das betrachtete Unternehmen wird nun mit einer zusätzlichen zweiten stochastischen Änderung zwischen Periode t+1 und t+2 konfrontiert. In diesem ($+\varepsilon_{(t)}$)-Fall muß das Unternehmen -via rückwärtige Induktion- analog zu Gleichung (16) wiederum einen 'wait (once)-and-see'-Wert einberechnen. Dabei ist e durch ($e + \varepsilon_{(t+1)}$) zu substituieren, da eine zusätzliche Wechselkursänderung stattfindet:

(43) $R_{a,t} + \delta \cdot E_t(V_{t+1}^{wait}(e_t + \varepsilon)) =$

$$e - w \cdot a + \delta \cdot [\, e + \varepsilon - w \cdot a - \frac{1}{2} \cdot \delta \cdot F + \frac{1}{2} \cdot \delta \cdot \frac{e + 2 \cdot \varepsilon - w \cdot a}{1 - \delta} \,] \, .$$

Unter Rückgriff auf die Gleichungen (42) und (43) läßt sich der erwartete Barwert der Strategie, in Periode t zu warten, errechnen als:

(44) $E_t(V_t^{2,wait}) =$

$$e - w \cdot a - \frac{\delta}{2} \cdot F + \frac{\delta}{2} \cdot [\, e + \varepsilon - w \cdot a - \frac{1}{2} \cdot \delta \cdot F + \frac{1}{2} \cdot \delta \cdot \frac{e + 2 \cdot \varepsilon - w \cdot a}{1 - \delta} \,] \, .$$

Indifferenz zwischen dem Warten bis Periode t+1 und einem sofortigen Austritt in Periode t (mit einem Gegenwartswert (–F)) wird ermittelt über $E_t(V_t^{2,wait}) = -F$. Der Austritts-Schwellenwert für zweimalige Wechselkursunsicherheit folgt hiermit als:

$$(45)\quad e^{u2}_{exit} = e^{c}_{exit} - \frac{2\cdot\delta\cdot\varepsilon}{-4+\delta^2+2\cdot\delta} = e^{c}_{exit} - \frac{2\cdot(1+i)\cdot\varepsilon}{1+6\cdot i+4\cdot i^2} =$$

$$e^{u}_{exit} - \frac{\delta^3\cdot\varepsilon}{(\delta-2)\cdot(-4+\delta^2+2\cdot\delta)}\ .$$

7.5.2 In der Vorperiode nicht beschäftigt (passiv)

Die Ausführungen dieses Abschnitts fokussieren sich auf den Bereich $e^{u}_{entry} < e_t < (e^{u}_{entry} + \varepsilon)$, wenn Eintritts-'trigger'-Wechselkurse berechnet werden. In Periode t muß das Unternehmen entscheiden, ob es jetzt in den Auslandsmarkt eintreten soll ('enter now') oder eine Strategie des 'wait-and-see' bis Periode t+1 betreiben soll. Im Falle einer Wechselkursänderung um $(+\varepsilon)$ wird ein zunächst abwartendes Unternehmen in Periode t+1 eintreten (und zusätzlich einstellen). Dies führt zu dem bedingten erwarteten Barwert:

$$(46)\quad \delta\cdot(-H+\frac{e+\varepsilon-w\cdot a}{1-\delta})\ .$$

Bei einer $(-\varepsilon_{(t)})$-Realisation wartet das Unternehmen weiter. Unter Berücksichtigung der Resultate in Gleichung (30), bei Anwendung rückwärtiger Induktion und unter Substitution des Wechselkurses e durch $(e-\varepsilon)$, ergibt sich der erwartete Barwert für $(-\varepsilon)$:

$$(47)\quad \frac{\delta^2}{2}\cdot(-H+\frac{e-w\cdot a}{1-\delta})\ .$$

Der erwartete Barwert der gesamten 'wait-and-see'-Strategie $E_t(V_t^{2,wait})$ kann berechnet werden, indem auf die Gleichungen (46) und (47) zurückgegriffen wird. Dieser muß mit dem erwarteten Gegenwartswert eines sofortigen Eintritts verglichen werden, der sich wie folgt schreiben läßt:

$$(48)\quad E_t(V_t^{entry}) = -H+\frac{e-w\cdot a}{1-\delta}\ .$$

Indifferenz $[\,E_t(V_t^{entry})=E_t(V_t^{2,wait})\,]$ führt zur Identifikation des Eintritts-'trigger'-Wechselkurses:

$$(49)\qquad e^{u2}_{entry} = e^{c}_{entry} + \frac{2\cdot\delta\cdot\varepsilon}{-4+\delta^2+2\cdot\delta}$$

$$= e^{c}_{entry} + \frac{2\cdot(1+i)\cdot\varepsilon}{1+6\cdot i+4\cdot i^2} = e^{u}_{entry} + \frac{\delta^3\cdot\varepsilon}{(\delta-2)\cdot(-4+\delta^2+2\cdot\delta)}\ .$$

Abb. 7 - *Sequenz der Inaktivitäts-Bänder bei zwei aufeinander folgenden stochastischen Wechselkursänderungen*

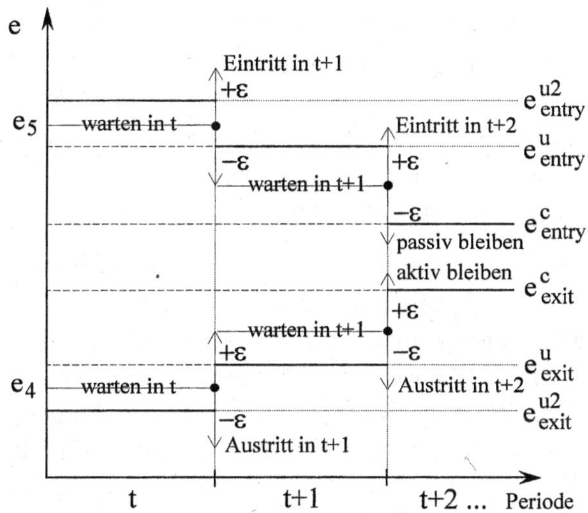

Eine Illustration der Unternehmensstrategien für den Fall einer zweimaligen Wechselkurs-unsicherheit wird in Abb. 7 vermittelt. Falls ein vorher aktives Unternehmen sich einem Wechselkurs $e_t = e_4$ gegenüber sieht, wird es warten (d.h. aktiv bleiben), obwohl e_4 unterhalb von e^{u}_{exit} liegt. Da eine doppelte (+ε)-Realisation zu einer Situation oberhalb des Schwellenwerts des Wechselkurses bei Sicherheit (e^{c}_{exit}) führt, erweist es sich für das Unternehmen als vorteilhaft, im Auslandsmarkt zu verbleiben. Die analoge Situation eines vorher inaktiven Unternehmens wird durch e_5 repräsentiert. Ein bereits vorher nicht beschäftigendes Unternehmen wird warten (d.h. passiv bleiben), obwohl der Wechselkurs den Wert e^{u}_{entry} übersteigt. Als Konsequenz hieraus vergrößert sich das Band der Inaktivität im Falle zweier (anstelle einer) aufeinander folgender stochastischen Wechselkursänderungen wiederum. 'Große' Änderungen ε, die ein Überschreiten des Bandes der Inaktivität in der Periode t+1 und hiermit einen Wiedereintritt beziehungsweise einen Wiederaustritt in Periode t+1 implizieren, werden weniger wahrscheinlich. Der Grund hierfür ist, daß in Periode t+1 im Falle zweimaliger sukzessiver Wechselkursunsicherheit die Schwellenwerte des Wechselkurses bei (einmaliger) Unsicherheit anstelle der Sicherheits-Schwellenwerte gelten.

In dem vorstehend beschriebenen einfachen Beispiel wurde angenommen, beide Schocks in den Perioden t und t+1 seien von *derselben Größe* ε. Natürlich würde ein von der Größe des ersten abweichendes Ausmaß des zweiten Schocks zu quantitativ anderen Resultaten führen. Falls der zweite Schock $\varepsilon_{(t+1)}$ zwischen den Perioden t+1 und t+2 kleiner [größer] ist als der erste Schock $\varepsilon_{(t)}$ zwischen den Perioden t und t+1, wird der auf den zweiten Schock zurückzuführende Ausweitungs-Effekt auf das Inaktivitäts-Band kleiner [größer] sein als die Resultate in Gleichung (49) implizieren. Jedoch bleibt die Richtung (Vorzeichen) der Ausweitungs-Effekte dieselbe. Im Grenzfall $\varepsilon_{t+1} \rightarrow 0$, konvergieren die Resultate für zwei Wechselkurs-Schocks zu den einfachen Resultaten für einen einmaligen Schock.

Die vorstehende Analyse könnte erweitert werden, indem weitere Perioden der Wechselkursunsicherheit hinzu addiert würden. Dies würde zu einer weiteren Ausdehnung des Inaktivitätsbandes führen. Analytisch verlangte dies eine wiederholte rückwärtige Induktion entlang der oben bereits beschriebenen Linien. Eine andere Möglichkeit ist der Übergang zu zeitkontinuierlichen Modellen mit permanenter Unsicherheit. Auf deren Anwendung soll hier jedoch verzichtet werden, da dies die Anwendung fortgeschrittener mathematischer Tools (beispielsweise Ito's Lemma) verlangt, ohne im Hinblick auf das hier verfolgte Untersuchungsinteresse zu signifikanten zusätzlichen Erkenntnissen zu gelangen.[29]

---

[29] Für eine Anwendung von Modellen in kontinuierlicher Zeit in einem ähnlichen Kontext vgl. Darby u.a. (1997), Calcagnini, Saltari (1998), Dixit (1989), S. 624 ff., Dixit, Pindyck (1994), S. 59 ff., und Pindyck (1991), S. 1118. Addiert man weitere Perioden der Unsicherheit hinzu, kommt es zu einer weiteren Ausdehnung des Inaktivitäts-Bands. Der zusätzliche Ausdehnungseffekt wird jedoch um so geringer ausfallen, je weiter in der Zukunft die unsicheren Schocks stattfinden werden. Denn die Effekte der Schocks werden mehr und mehr diskontiert. Folglich ist die Breite des Inaktivitäts-Bandes selbst im Fall permanenter Unsicherheit nicht unendlich, sondern konvergiert vielmehr zu einer oberen Grenze. Vgl. beispielsweise Dixit (1989) für ein Modell mit permanenter Unsicherheit und einer begrenzten Breite des Inaktivitäts-Bandes.

7.6 Numerische Beispiele

Um dem Leser eine Idee der Charakteristika des zugrunde liegenden Modells zu vermitteln und die theoretischen Resultate zu illustrieren, werden im folgenden *zwei einfache numerische Beispiele* durchgerechnet. In dem ersten Beispiel repräsentieren die 'hiring'- und 'firing'-Kosten nur einen kleinen Prozentsatz der variablen Kosten (10%). Der Zinssatz i liege bei 10% p.a. Die Resultate des ersten Beispiels werden mit einem Extremfall verglichen, in dem die 'hiring'- und 'firing'-Kosten 100% der variablen Kosten ausmachen (zweites Beispiel).[30] Die variablen Kosten werden jeweils zu Anschauungszwecken auf Eins normalisiert ($w \cdot a = 1$)

Erstes Beispiel: $w \cdot a = 1$; $F = 0{,}1$; $H = 0{,}1$; $i = 0{,}1 \Rightarrow \delta = {}^{10}/_{11}$

$$e^{c}_{exit} = 0{,}99091 \; ; \; e^{c}_{entry} = 1{,}009091$$
$$e^{u}_{exit} = 0{,}99091 - 0{,}83333 \cdot \varepsilon \; ; \; e^{u}_{entry} = 1{,}009091 + 0{,}83333 \cdot \varepsilon$$
$$e^{u2}_{exit} = 0{,}99091 - 1{,}34146 \cdot \varepsilon \; ; \; e^{u2}_{entry} = 1{,}009091 + 1{,}34146 \cdot \varepsilon$$
$$\varepsilon_t^{exit,\, re\text{-}entry} = \varepsilon^{entry,\, re\text{-}exit} = 0{,}109091 \; ; \; e_t^{exit,\, re\text{-}entry} = 0{,}9 \; ; \; e_t^{entry,\, re\text{-}exit} = 1{,}1$$

Zweites Beispiel: $w \cdot a = 1$; $F = 1$; $H = 1$; $i = 0{,}1 \Rightarrow \delta = {}^{10}/_{11}$

$$e^{c}_{exit} = 0{,}9091 \; ; \; e^{c}_{entry} = 1{,}09091$$
$$e^{u}_{exit} = 0{,}9091 - 0{,}83333 \cdot \varepsilon \; ; \; e^{u}_{entry} = 1{,}09091 + 0{,}83333 \cdot \varepsilon$$
$$e^{u2}_{exit} = 0{,}9091 - 1{,}34146 \cdot \varepsilon \; ; \; e^{u2}_{entry} = 1{,}09091 + 1{,}34146 \cdot \varepsilon$$
$$\varepsilon_t^{exit,\, re\text{-}entry} = \varepsilon^{entry,\, re\text{-}exit} = 1{,}09091 \; ; \; e_t^{exit,\, re\text{-}entry} = 0 \; ; \; e_t^{entry,\, re\text{-}exit} = 2$$

---

[30] Krugman (1989), S. 57, betrachtet versunkene Kosten in der Größenordnung von 0 bis zu der Hälfte der variablen Kosten als für die U.S.A. plausibel. In der EU hingegen könnten institutionelle Rigiditäten sogar zu einem noch höheren Anteil führen.

Abb. 8a - *Inaktivitäts-Band bei (einmaliger) Wechselkursunsicherheit in Abhängigkeit von ε (Erstes Beispiel)*

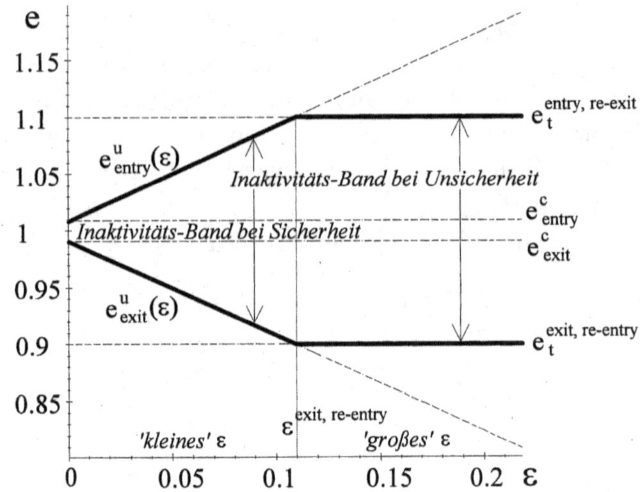

Abb. 8b - *Inaktivitäts-Band bei (einmaliger) Wechselkursunsicherheit in Abhängigkeit von ε (Zweites Beispiel)*

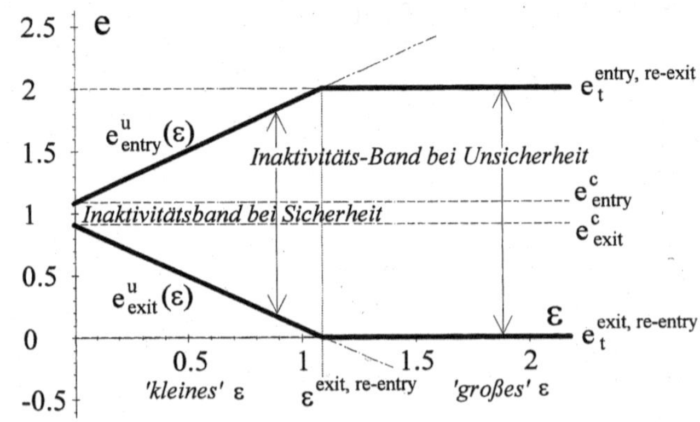

Die Illustration beider Beispiele (Abb. 8.1 und Abb. 8.2) führt auf den ersten Blick zu sehr ähnlichen Ergebnissen. Tatsächlich aber differieren sie im Hinblick auf die absoluten Werte, die auf Abszisse und Ordinate abgetragen sind. Denn beim Übergang vom ersten auf das zweite Beispiel steigen die Einstellungs- und Entlassungskosten um den Faktor 10. Die Breite des Inaktivitäts-Bands sowie die Werte für $\varepsilon^{\text{exit, re-entry}} = \varepsilon^{\text{entry, re-exit}}$ wachsen dabei um denselben Faktor. In beiden Beispielen wird die Beziehung zwischen der maximalen Breite bei Wechselkursunsicherheit und der Breite bei Sicherheit gemäß Gleichung (41) ausschließlich und unabhängig von dem Ausmaß der 'hiring'- und 'firing'-Kosten *durch den Zinssatz* bestimmt:

$$\frac{e_t^{\text{entry, re-exit}} - e_t^{\text{exit, re-entry}}}{e_{\text{entry}}^c - e_{\text{exit}}^c} = \frac{1+i}{i} = \frac{1+0.1}{0.1} = 11 \ .$$

Eine Berücksichtigung von Optionswerten, die durch Wechselkursunsicherheit induziert werden, impliziert in den vorstehenden Beispielen jeweils eine Verstärkung von Hysteresis-Effekten um einen maximalen Faktor von 11. Da zukünftige Deckungsbeiträge bei einem niedrigeren Zinssatz ceteris paribus weniger stark diskontiert werden, fällt der Optionswert um so größer aus, je niedriger der Zinssatz ist (vgl. die Ähnlichkeit zur Argumentation in Abschnitt 6.3.2). Deshalb schwächt sich der verstärkende Effekt der Wechselkursunsicherheit auf das Inaktivitäts-Band mit steigendem Zinssatz ab.

Der Einfluß zweimaliger Wechselkursunsicherheit auf das Inaktivitäts-Band wird in Abb. 9 graphisch für das erste numerische Beispiel beschrieben. Die Begrenzung des Bandes der Inaktivität durch 'große' ε erweist sich als weniger bindend als im Fall einmaliger Unsicherheit. Da jedoch die exakte Realisation des Grenzwertes für ε nicht berechnet wurde, konzentrieren sich die Betrachtungen auf das Intervall $]0, \varepsilon^{\text{exit, re-entry}}[$.

Abb. 9 - *Inaktivitäts-Band bei zweimaliger Wechselkursunsicherheit in Abhängigkeit von ε (Erstes Beispiel)*

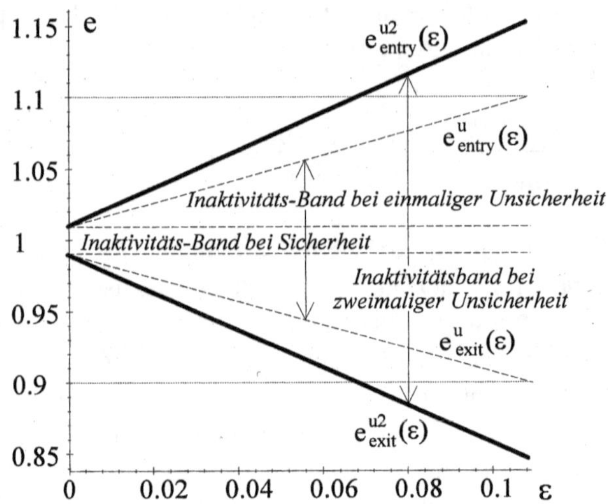

Ermutigend ist, daß die in diesem Kapitel 7 erzielten theoretischen Resultate mit jüngeren empirischen Studien kompatibel sind. Letzteren gelingt es zu zeigen, daß Optionswerte recht groß sein können und daß Investitions-Vorteilhaftigkeitsregeln, die nicht auf Optionswerten basieren, sehr irreführend sein können.[31]

7.7 Zusammenfassung und Schlußfolgerungen

In diesem Kapitel wurde ein Modell entwickelt, das aufgrund von Einstellungs- und Entlassungskosten zu Hysteresis in der Beschäftigung führt. Ein potentieller Mechanismus, in dem ein Inaktivitäts-Band eine 'schwächere' Beziehung zwischen der Beschäftigung und ihrer Determinanten erklären kann, wird um Wechselkursunsicherheit erweitert. Als ein Resultat von Optionspreiseffekten weitet sich das Inaktivitäts-Band. Die Hysteresis-Effekte

[31] Vgl. beispielsweise die von Dixit, Pindyck (1994), S. 7, zitierten Studien.

werden durch Wechselkursunsicherheit deutlich verstärkt (wie auch numerische Beispiele belegen).[32]

Das hier verwendete Modell basiert auf einer '*single-unit*'-Neubeschäftigungs- beziehungsweise Entlassungsentscheidung bei *Risikoneutralität* und Erlösunsicherheit, die durch Wechselkursvolatilität ('step volatility') und fixen *versunkenen (d.h. irreversiblen)* Einstellungs- und Entlassungskosten beeinflußt wird. Es kann prinzipiell mit Modellen verglichen werden, in denen eine irreversible Investitionsentscheidung analysiert wird. Im Gegensatz zu einigen inhaltlich verwandten Arbeiten auf dem letztgenannten Gebiet, beruht der Mechanismus des hier vorgestellten Modells *nicht* auf der *Asymmetrie von Anpassungskosten* (Caballero (1991)) oder auf der Existenz eines Verschrottungswertes ('scrapping value') (Darby u.a. (1997)), da 'Investitionen' in die Beschäftigung statt in Realkapital analysiert werden. Darüber hinaus spielen der Grad des Wettbewerbs auf dem Produktmarkt und 'economies of scale' (Caballero (1991)) keine besondere Rolle, da 'single-unit'-Entscheidungen untersucht werden.

Im Rahmen dieses Kapitels wurde gerechtfertigt, die kurzfristige Volatilität der Einkünfte alleine der Wechselkursvolatilität zuzuschreiben. Zu diesem Zweck und auch aus Vereinfachungsgründen wurden die Auslandspreise p^*, die Lohnsätze pro Arbeitseinheit w und die Produktivität $1/a$ als konstant angenommen. Da jedoch die Unsicherheit ε additiv in die 'revenue'-Funktion eingeht, erscheint es unmittelbar einsichtig, ε als einen allumfassenden Ausdruck unsicherer Wechselkurse, Auslandspreise, Lohnsätze und Produktivitäten zu interpretieren. Darüber hinaus wird die Beziehung (einschließlich der qualitativen Eigenschaften des Inaktivitätsbandes) zwischen der Beschäftigung und *allen* ihren Determinanten (z.B. auch der Löhne) durch die Unsicherheit beeinflußt. Deshalb sind die Auswirkungen, die durch 'versunkene' Kosten und Unsicherheit impliziert werden, noch viel *vielschichtiger* als in diesem Kapitel dargestellt werden konnte. In diesem Kapitel wurden lediglich Schwellenwerte *für Wechselkurse* berechnet, wobei andere Determinanten der Beschäftigung konstant gehalten wurden. Gerade in Zeiten, in denen über vollbeschäftigungskonforme Lohnabschlüsse diskutiert wird,

---

32 Insofern wurde ein Modell entwickelt, das sich gemäß Kapitel 6.1. als Spielart derjenigen Modelle einordnen läßt, welche nicht die Einflüsse der Wechselkursvariabilität auf das Niveau des Außenhandels, sondern auf die *Beziehung* zwischen dem Wechselkurs und den Außenhandelsvariablen thematisieren. Abweichend hiervon wurde die Diskussion jedoch in bezug auf kurzfristige Wechselkursschwankungen (statt des sonst betonten 'Misalignment') und Arbeitsmärkte geführt. Vgl. auch Sekkat (1998), S. 5 ff.

liegt es nahe, ähnlich vorzugehen und Schwellenwerte für die Löhne u.ä. zu berechnen. Als ein Resultat ergibt sich ein Hysteresis-Band in bezug auf Löhne (Belke, Göcke (1994)), das durch Unsicherheit ausgeweitet wird. Die Unsicherheit führt somit zu einer Abschwächung der Beziehung zwischen der Beschäftigung und den Löhnen. Da hierdurch die beschäftigten 'Insider' zunehmend von dem Wettbewerb mit den unbeschäftigten 'Outsidern' abgeschottet werden, wird das Problem dualer Arbeitsmärkte bei steigender Unsicherheit noch verstärkt. Eine weitere Anwendung ist in bezug auf die Debatte um die Höhe der Beschäftigungsschwelle des BIP-Wachstums (Berechnung von Schwellenwerten für das BIP als wichtiger Determinante der Arbeitsnachfrage) denkbar und aktuell.

Zusammengefaßt lautet die zentrale Botschaft dieses Kapitels, daß sich die Beschäftigung in der realen Welt *weniger sensitiv* gegenüber Änderungen des Wechselkurses, der Auslandspreise, der Löhne und der Produktivität verhält, als in vielen Modellen der Arbeitsnachfrage bisher angenommen wurde. Dies kann auf den Einfluß von Unsicherheit zurückgeführt werden. Das folgende Kapitel untersucht, ob eine Extrapolation der in diesem Kapitel erzielten mikroökonomischen Modellergebnisse auf die makroökonomische Ebene gerechtfertigt ist.

Um jedoch makroökonomische Implikationen abzuleiten, die empirisch testbar sind, behandelt das nächste Kapitel 8 die Aggregation des hier entwickelten mikroökonomischen Ansatzes auf der Makro-Ebene. Dabei wird angenommen, daß die Unternehmen verschiedene Eintritts- und Austritts-Schwellenwerte des Wechselkurses aufweisen. Besondere Aufmerksamkeit wird dem Problem der Aggregation bei Unsicherheit gewidmet. Es wird gezeigt, daß bei Unsicherheit die in diesem Kapitel mikroökonomisch abgeleiteten Bänder der Beschäftigungs-Inaktivität sogar auf der Makro-Ebene beachtet werden müssen. Wegen der *Ähnlichkeit* der Makro-Relationen bei Unsicherheit mit dem entsprechenden Mikro-Verhalten, das in diesem Kapitel abgeleitet wurde, kann der mikroökonomische Ansatz sogar als eine erste Basis für empirische Tests dienen.

8 Ein neuer theoretischer Ansatz zur Aggregation: Mikro- und Makro-Hysteresis in der Beschäftigung bei Wechselkursunsicherheit

8.1 Einführung

Im vorhergehenden Kapitel 7 wurde ein mikroökonomisch fundiertes Basismodell vorgestellt, in dem Hysteresis in der Beschäftigung auf der Basis 'versunkener' Einstellungs- und Entlassungskosten abgeleitet wurde.[1] Ein Band der Inaktivität, das für eine 'schwächere' funktionale Beziehung zwischen der Höhe der Beschäftigung und ihrer Determinanten verantwortlich ist, wurde um die Einflüsse von Wechselkursunsicherheit infolge von Optionspreis-Effekten erweitert. Auf dieser Mikrofundierung basierend wird im folgenden zunächst ein Aggregationsansatz unter Sicherheit abgeleitet. Während auf der Mikroebene zur Erzielung permanenter Beschäftigungseffekte erst bestimmte Schwellenwerte des Wechselkurses passiert werden müssen, genügen auf der Makroebene hierfür bereits kleine Änderungen. Durch die Einführung von Wechselkursunsicherheit in das Makromodell werden Bereiche schwacher Reaktionen auf eine Umkehr des Wechselkurses impliziert: nach einer anfänglich eher schwachen Reaktion tritt ein plötzlicher Anstieg der Neubeschäftigungen bzw. der Entlassungen ein.

Die in Abschnitt 6.1.2. vorgenommene systematische Auswertung der einschlägigen empirischen Studien zeigte gleichzeitig, daß das empirische 'Puzzle' in bezug auf die Auswirkungen der Wechselkursunsicherheit auf den Außenhandel möglicherweise auf die bisher verwendeten theoretischen *Methoden* zurückzuführen ist. Vor dem Hintergrund dieser Überlegungen (aber basierend auf einem eigenständigen theoretischen Ansatz) wird in diesem Kapitel argumentiert, daß *auf der mikroökonomischen Ebene* die Abwesenheit eindeutiger Evidenz für einen Einfluß der Wechselkursvariabilität auf den Außenhandel auf die theoretische Vernachlässigung eines Bandes der Exportinaktivität, das auf versunkenen Kosten basiert, zurückzuführen ist. Die dynamischen Auswirkungen werden durch die volatilitätsinduzierte Unsi-

---

[1] Teile des Kapitels basieren auf Vorträgen, die vom Verfasser auf der fünften internationalen Konferenz 'Computational Economics and Finance' der 'Society for Computational Economics', Organized Session 'Hysteresis in Models of Economic Analysis', June 24. - 26. Juni 1999, Boston College, Chestnut Hill, Massachusetts, USA, und auf dem 1999 EEA Kongreß in Santiago de Compostela/Spanien, 'Real Options' Session, gehalten wurden.

cherheit verstärkt. Dieses Band der Exportinaktivität überträgt sich auch auf Arbeitsmärkte und führt dabei zu einer ausgeprägteren Persistenz der (Unter-) Beschäftigung.[2] Um das in Kapitel 6.1. aufgedeckte empirische 'Puzzle' aufzulösen, wird dieser mikroökonomische Ansatz in diesem Kapitel auf die *makroökonomische* Ebene transformiert.

Es ist davon auszugehen, daß die Aggregation der Mikro-Hysteresis und der Wirkungen der Unsicherheit auf 'Investitions'-Entscheidungen nicht auf eine einfache, in der Literatur schon allgemein akzeptierte Methode erfolgen kann. Denn ein wesentliches Problem besteht darin, daß verschiedene Unternehmen unterschiedliche 'Investitions'-Schwellen aufweisen. Aus diesem Grund widmet dieses Kapitel dem *Problem der Aggregation* besondere Aufmerksamkeit.[3] Die Untersuchung persistenter Effekte lediglich temporärer Wechselkursschocks auf das Beschäftigungsverhalten einzelner Unternehmen und auf die gesamtwirtschaftliche Beschäftigung wird im folgenden auf der Grundlage eines Aggregationsansatzes vollzogen, der von Krasnosel'skii, Pokrovskii (1989) und Mayergoyz (1986) entwickelt und von Amable u.a. (1991) in die Wirtschaftswissenschaften eingeführt wurde. Der Ausgangspunkt dabei ist ein elementarer Mikro-Operator, der eine Besonderheit in der Beziehung zwischen dem Systeminput und dem Systemoutput aufweist, die 'Multibranch'-Nichtlinearität. In Abhängigkeit von den vergangenen Werten des Input-Pfades bezieht sich ein gegenwärtiger Input auf verschiedene Outputwerte, d.h. bei Output-Werten auf verschiedenen 'branches'.[4] Dieser Ansatz betont die Unterschiede zwischen Hysteresis-Effekten auf der Mikro- und auf der Makroebene und die Konsequenzen der Aggregation (*bei Sicherheit*): während auf der Mikroebene bestimmte Schwellenwerte der Inputvariable überschritten werden müssen, um 'branch-to-branch'-Übergänge zu produzieren (d.h. Änderungen in der Input-Output-Beziehung), können auf der Makroebene schon sehr geringe Änderungen der

---

2 Für eine theoretische Behandlung vgl. Belke, Göcke (1998).

3 Für Aggregationsprobleme in der Gegenwart von nichtlinearen mikroökonomischen Relationen vgl. van Garderen, Lee, Pesaran (1997). In diesem Fall wird die Aggregation im allgemeinen als besonders schwierig und komplex angesehen. Da der Gestalt der Nichtlinearität im folgenden sehr strenge Restriktionen auferlegt werden, kann in diesem Kapitel ein eindeutiges Makroverhalten abgeleitet werden.

4 Vgl. Krasnosel'skii, Pokrovskii (1989), S. 1 ff., und Mayergoyz (1986), S. 603. In diesem Kontext werden die Terme 'Input' und 'Output' in mathematischem oder physikalischem Sinn verwendet.

Inputvariable lange andauernde Effekte erzeugen.[5] *Wie* die Einführung von *Unsicherheit* den Übergang vom Mikro- zum Makroverhalten beeinflußt, ist in der bisherigen Literatur hingegen wenig bekannt.

In diesem Kapitel wird gezeigt, daß bei Unsicherheit bestimmte Bereiche der Nichtreaktion -im Rahmen der Theorie des mechanischen 'Spiels' korrespondieren diese mit den sogenannten 'Play'-Bereichen- sogar *auch auf der makroökonomischen Ebene* beachtet werden müssen. Somit werden Ähnlichkeiten der Makrorelationen ('Play') zum Mikroverhalten ('Band of Inaction') durch Unsicherheit verstärkt. Das wichtigste Resultat dieses Kapitels wird sein, daß sich aus kleinen Änderungen der erklärenden Arbeitsmarktvariablen ('forcing variables', vgl. Kapitel 9) *nicht* notwendigerweise persistierende aggregierte Beschäftigungseffekte ergeben, soweit die Änderungen innerhalb des 'Play'-Bereichs stattfinden. Sobald jedoch Änderungen über den 'Play'-Bereich hinaus auftreten, finden *plötzlich starke Reaktionen* (und Persistenzeffekte) statt. Durch diesen Aggregationsansatz für heterogene Unternehmen ist man nun explizit in der Lage, die 'Spurts' formal zu erfassen, die häufig in bezug auf aggregierte Beschäftigungs-, Entlassungsentscheidungen bzw. Investitions- oder Desinvestitionsentscheidungen beobachtet werden können.[6]

Das Kapitel gliedert sich wie folgt. Der Abschnitt 8.2. befaßt sich, anknüpfend an das in den Abschnitten 7.2. und 7.3. hergeleitete Basismodell der Beschäftigungs-Hysteresis unter Sicherheit, mit der Herleitung eines Aggregationsansatzes unter Sicherheit. Eine Lösung für das Aggregationsproblem in bezug auf die gesamtwirtschaftliche Arbeitslosigkeit unter Unsicherheit wird in Abschnitt 8.3. entwickelt. Der Abschnitt 8.4. faßt die wichtigsten theoretischen Implikationen der Aggregation noch einmal zusammen. In Abschnitt 8.5. wird diese makroökonomische nichtlineare Dynamik nach einigen einleitenden Bemerkungen (Abschnitt 8.5.1.) in linearer Weise ver-

---

5 Diese *makroökonomische* Spielart wird '*starke*' Hysteresis genannt. Für Anwendungen dieses Konzeptes vgl. Amable, Henry, Lordon, Topol (1991, 1992, 1993, 1994), Cross (1994), Göcke (1994) und Belke, Göcke (1994). Eine andere jüngere Klasse an Veröffentlichungen behandelt Modelle, die in bezug auf die Nichtlinearitäten auf der Mikroebene *allgemeiner* sind als die Modelle in den gerade angegebenen Quellen. Vgl. zum Beispiel Caballero, Engel, Haltiwanger (1997). Diese Modelle erklären ebenfalls die aggregierte Beschäftigungsdynamik. Sie verzichten jedoch auf die explizite Ableitung eines Aggregationsmechanismus über heterogene Unternehmen.

6 Für eine (empirische) *makroökonomische* Analyse und Interpretation von 'Spurts' in der Investitionstätigkeit, die (aus der Sicht dieses Kapitels auf inkonsistente Weise) lediglich auf *mikroökonomischen* ('threshold'-) Modellen beruht, vgl. Darby u.a. (1998).

einfacht erfaßt. Der Abschnitt 8.5.2. nimmt dann zunächst eine lineare Approximation der makroökonomischen Unsicherheitseinflüsse auf die Beschäftigung vor. Hieran anknüpfend wird in Abschnitt 8.5.3. ein neuer Algorithmus entwickelt, welcher die lineare 'Play'-Hysteresis beschreibt. Anschließend wird dieser Algorithmus in Abschnitt 8.5.4. zu Schätz- und Testzwecken in einen Regressionsrahmen eingebettet. Auch werden die Eigenschaften dieses Regressionsmodells erläutert. In Abschnitt 8.5.5. findet sich ein Beispiel einer empirischen Anwendung. Der Abschnitt 8.6. beschließt die Ausführungen des Kapitels 8 mit einigen Anmerkungen zur Relevanz der hier erzielten neuartigen Modellergebnisse.

8.2 Das Makro-Modell bei Wechselkurssicherheit

Im folgenden wird das in Kapitel 7 eingeführte Modell eines exportierenden und deshalb beschäftigenden Unternehmens mit den bereits erläuterten Notationen zugrunde gelegt. Die Gleichungen in Kapitel 7 werden lediglich um einen Index j für ein einzelnes Unternehmen j erweitert; dies sei hier an einigen Beispielen erläutert. Für das Unternehmen j wird wieder die Eigenschaft eines Preisnehmers auf dem Auslandsmarkt angenommen. Es produziere eine Einheit eines Endproduktes unter Verwendung von (konstanten) a_j Einheiten des Faktors Arbeit. Die unternehmensspezifischen Einstellungs- und Entlassungskosten werden mit H_j und F_j bezeichnet. Ein Unternehmen j, das in der vorhergehenden Periode auf dem Auslandsmarkt aktiv war und seine Aktivität fortsetzt, erhält in Periode t den Rohgewinn $R_{j,a,t}$. Da es denselben Rohgewinn als Deckungsbeitrag *für die gesamte Zukunft* erwartet, ergibt sich der (vorschüssige) Rentenbarwert zukünftiger Rohgewinne bei Aktivität von Periode t+1 an als $\delta \cdot V_{j,a,t+1}$ (Belke, Göcke (1994) und Abschnitt 7.3.1.). Die sich für ein bestimmtes Unternehmen j ergebenden Eintritts- und Austrittsschwellen des Wechselkurses werden hier statt mit e_{entry} und e_{exit} mit α_j und β_j bezeichnet. Die einzelnen Modellgleichungen bleiben durch die Hinzufügung des Index j ebenso wie die Graphiken aus Kapitel 7 unverändert.

In diesem Abschnitt wird nun ein Verfahren entwickelt, das eine Aggregation der in Kapitel 7 erzielten Modellergebnisse über einzelne heterogene Unternehmen j erlaubt. Deren Beschäftigungsverhalten sei durch eine mikroökonomische Hysteresisschleife charakterisiert. Dies führt zu einer kontinuierlichen Makro-Schleife in bezug auf die gesamtwirtschaftliche Beschäftigung.[7] Jedes potentiell aktive Unternehmen sei durch eine bestimmte Kombination α_j/β_j gekennzeichnet. Wegen $\alpha_j > \beta_j$ (Abschnitte 7.2. bis 7.4.) sind sämtliche α_j / β_j-Punkte in der Dreiecksregion T oberhalb der 45°-Linie lokalisiert. Die Aggregation wird ohne eine starke Einschränkung der Heterogenität der Kostenstruktur (betreffend H_j, F_j und a_j) zwischen den Unternehmen durchgeführt. Punkte auf der 45°-Linie beschreiben nicht-hysteretische Arbeitgeber/Unternehmen ($H_j, F_j = 0 \Rightarrow \alpha_j = \beta_j$), wobei die Entfernung zum Koordinatenursprung durch $w \cdot a_j$ determiniert wird. Punkte oberhalb dieser Linie zeichnen sich durch mikroökonomische Hysteresis in der Beschäftigung aus. Deren Entfernung von dem ($\alpha_j = \beta_j$)-Linienzug, gemessen in nordwestlicher Richtung, kann ebenfalls quantifiziert werden und wird durch H_j und F_j determiniert.

Um extensive Annahmen in bezug auf die vergangene Wechselkursentwicklung zu vermeiden, wird als Ausgangsniveau ein Wechselkurs $e = 0$ angenommen. Aus diesem Grund ist anfänglich kein Unternehmen aktiv. Ausgehend von $e = 0$ steige nun der Wechselkurs. Dies führt zu zusätzlichen Einstellungen bei den Unternehmen mit der günstigsten Kostenstruktur/den niedrigsten Kosten (und dem niedrigsten Eintrittswechselkurs α_j).[8] Aus diesem Grund steigt die gesamtwirtschaftliche Beschäftigung, wie dies in Abb. 1 (a) auch zum Ausdruck kommt.[9] Das Dreieck T oberhalb der 45^0-Linie wird in zwei Bereiche aufgeteilt: in den Teil S_t^+ (der alle aktiven Unternehmen umfaßt) und den Teil S_t^- (der alle passiven Unternehmen beinhaltet). Bei steigenden Wechselkursen wächst der Anteil S_t^+, während sich der Bereich S_t^- flächenmäßig verringert. Die Unternehmen mit einem sich ändernden Status der Aktivität werden durch α/β-Punkte in dem schraffierten Bereich beschrieben. Für steigende Wechselkurse wird die S_t^+-Ausweitung durch eine aufwärts gerichtete Verschiebung der horizontalen Grenze angezeigt.

In Abb. 1 (b) werden die Auswirkungen einer folgenden Verringerung des Wechselkurses verfolgt: e_t fällt von seinem höchsten Wert, dem (lokalen)

---

7 Dieser Ansatz zur Aggregation wurde von Göcke (1994) in technisch analoger Weise auf Hysteresis im Außenhandel übertragen.

8 Die Wechselkursvorgabe $e = 0$ ist hier nicht in strikter Weise zu verstehen. Die Wechselkurse könnten auch in standardisierter Form formuliert werden, wobei $e = 0$ den Kurs angibt, bei dem alle Unternehmen den 'Exit' wählen. Vgl. hierfür ähnlich Amable u.a. (1991), S. 10.

9 Der Anstieg der gesamtwirtschaftlichen Beschäftigung findet entlang dem niedrigsten Linienzug ('branch') statt (Pfad OAB in Abb. 3). Diese Linie wird 'limiting ascending branch' genannt. Vgl. Amable u.a. (1991), S. 11, und Mayergoyz (1986), S. 605.

Maximum e_1^M. Aus diesem Grund verringert sich auch der Flächeninhalt S_t^+. Denn Unternehmen, welche zuvor neue Beschäftigte eingestellt haben, verlassen nun den Markt, wenn der Wechselkurs unter ihren Austrittskurs β_j fällt. Für fallende Wechselkurse werden die Aktivitätsänderungen (schraffierter Bereich) durch eine linksgerichtete vertikale Verschiebung der Grenze zwischen den Bereichen S_t^- und S_t^+ beschrieben. Die hiermit korrespondierende makroökonomische Reaktion wird im weiteren Verlauf dieses Kapitels durch den Pfad BC in Abb. 3 gekennzeichnet.

Falls der Wechselkurs nach dem Erreichen des lokalen Minimums e_1^m (dem geringsten Input-Niveau außer dem Ausgangskurs e_0^m=0) wieder ansteigt, dehnt sich der Bereich S_t^+ wieder aus, während sich die Region S_t^- als Folge hieraus wieder verkleinert. Diese Reaktionen werden in der Abb. 1 (c) verdeutlicht. Die entsprechende graphische Repräsentation besteht wiederum aus einer aufwärts gerichteten Verschiebung des rechten horizontalen Teils der Begrenzung.[10] Das Ergebnis der aufeinander folgenden Verschiebungen ist eine 'treppenstufenartige' Gestalt der Grenzlinie zwischen den beiden Teilen von T. Falls das gerade erreichte (lokale) Maximum niedriger als das höchste Maximum e_1^M ausfällt, verbleibt eine 'Treppenstufe' in der Grenzlinie mit den Koordinaten ($\alpha=e_1^M$/ $\beta=e_1^m$) (Abb. 1 (c)). Falls der Wechselkurs weiter angestiegen wäre und das ursprüngliche Maximum passiert hätte, wäre die 'e_1^M-Stufe' in ihrer α-Koordinate 'ausradiert' und durch die 'neue' Stufe e_1^M ersetzt worden.[11] Falls jedoch (wie dies auch in in Abb. 1 (c) dargestellt wird) das neue lokale Maximum niedriger als das 'alte' e_1^M ist, verbleibt e_1^M als Maximum. Das neue lokale Maximum wird nur das zweithöchste und folglich mit e_2^M bezeichnet.

---

[10] Die resultierende makroökonomische Reaktion wird in Abb. 3 als Pfad CD beschrieben.

[11] Für die 'erasing'-Eigenschaft vgl. Mayergoyz (1986), S. 605.

Abb. 1 - *Aktive Unternehmen bei einem volatilen Wechselkurs*

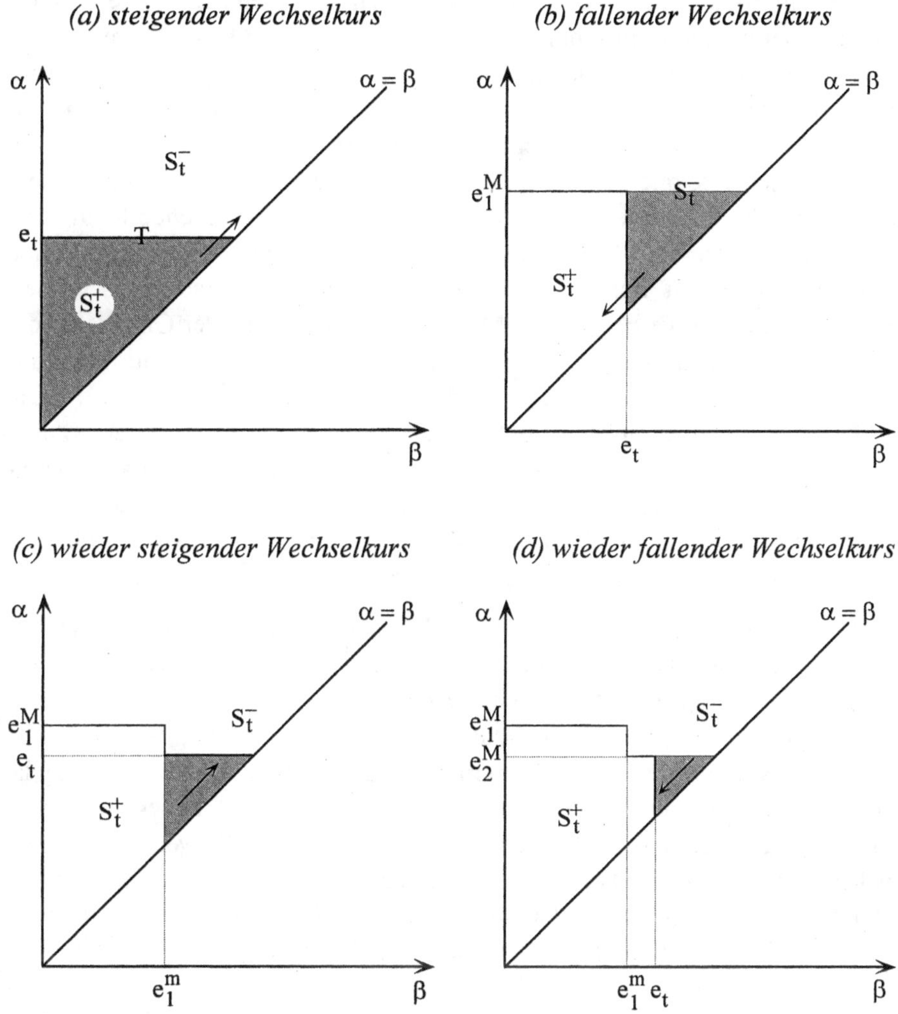

Quelle: in Anlehnung an Amable u.a. (1991), Abbildungen 3 und 4.

Abb. 1 (d) illustriert die realwirtschaftlichen Folgen eines später fallenden Wechselkurses. Die Grenze wird durch eine Verschiebung des unteren vertikalen Teils nach links verändert. Dies korrespondiert in der Abb. 3 mit dem Linienzug DE. Falls der Wechselkurs e_t nicht unter den Kurs e_1^m fällt, stellt das neue lokale Minimum (unter Vernachlässigung des Ausgangsniveaus) das zweitniedrigste Minimum dar, das folgerichtig e_2^m genannt werden könnte. Falls der Input hingegen unter den 'alten' Kurs e_1^m fallen würde, würde die β-Koordinate der korrespondierenden 'Treppenstufe' eliminiert und das neue lokale Minimum wäre durch (den 'neuen') Kurs e_1^m gegeben.[12] Einerseits wird immer dann, wenn die aufeinander folgenden lokalen Maxima und Minima nicht so 'extrem' wie die vorhergehenden Extrema ausfallen, eine neue Ecke in der treppenstufenartigen Grenze geschaffen. Andererseits löschen lokale Maxima, die höher als vergangene Maxima ausfallen, die α-Koordinate der betreffenden 'Ecken'. Aufeinander folgende lokale Minima eliminieren die β-Koordinate der mit höheren vorausgehenden Minima korrespondierenden 'Ecken'.[13] Für einen gegebenen Zeitpfad des Wechselkurses werden die verbleibenden Maxima nach abnehmender Größe und die verbleibenden Minima nach zunehmender Größe geordnet. Hieraus resultiert eine Sequenz lokaler Maxima e_i^M und lokaler Minima e_i^m (i=1,..., p).[14] Die α/β-Koordinaten der äußeren 'Ecken' der 'Treppengrenze' zwischen S_t^+ und S_t^- werden durch die Paare $\alpha=e_i^M$ und $\beta=e_i^m$ gegeben.[15] Deshalb korrespondieren die 'Ecken' der Grenze mit den Extrema mit demselben Index. Eine Illustration der treppenstufenartigen Grenze wird in Abb. 2 (a) für steigende und in Abb. 2 (b) für fallende Wechselkurse geliefert.

Für steigende Wechselkurse kann der Bereich S_t^+ (der alle aktiven Unternehmen einschließt) in zwei Teilbereiche ($\sum_i^p S_i^+$ und σ_t^+) aufgeteilt werden. Lediglich σ_t^+ hängt direkt von dem gegenwärtigen Wechselkurs (der sich in der Position der oberen horizontalen Grenze befindet) ab, während $\sum_i^p S_i^+$ durch die vergangenen Input-Extrema (ein Element S_i^+ der Summe $\sum_i^p S_i^+$ ist schraffiert) determiniert wird. Die korrespondierende 'Treppenstufe' wird nur dann 'ausradiert' (die Ordnung p wird um 1 reduziert), wenn der gegenwärtige Wechselkurs über das bisher niedrigste Maximum e_p^M hinweg ansteigt und dabei $\sum_i^p S_i^+$ durch den gegenwärtigen Wechselkurs verändert wird. Die Zeitpfadabhängigkeit des Systems wird durch den Einfluß der vergangenen Input-Extrema auf den Bereich der aktiven, beschäftigenden Unternehmen erfaßt. Wenn der Wechselkurs fällt, wird der Bereich S_t^+ durch Verschiebungen des niedrigeren rechten vertikalen Teils der Grenze nach links

12 Folglich eliminiert ein Beginn der Analyse für e = 0 alle Stufen und hierdurch den gesamten Einfluß der Vergangenheit.

13 Vgl. Amable u.a. (1991), S. 11 ff.

14 Daher wird das höchste Maximum mit e_1^M, das zweithöchste mit e_2^M bezeichnet usw. Das niedrigste lokale Maximum, das zuvor nicht 'ausradiert' wurde, wird e_p^M genannt. In bezug auf die lokalen Minima verhält es sich genau umgekehrt. Das kleinste Minimum wird mit e_1^m, das zweitkleinste mit e_2^m beschrieben usw.

15 Vgl. Amable u.a. (1991), S. 13 f.

verändert. Nur $\sigma_{p,t}^{+}$ wird direkt durch e_t beeinflußt, während $\sum_{i}^{p-1} S_i^{+}$ von den vergangenen Extrema abhängt. $\sigma_{p,t}^{+}$ verringert sich mit fallendem e_t, solange bis die Stufe, die mit dem höchsten bisher nicht 'ausradierten' Minimum e_{p-1}^{m} korrespondiert, eliminiert und die Ordnung (p-1) von $\sum_{i}^{p-1} S_i^{+}$ um Eins reduziert wird. Diese Argumentation betrifft in analoger Weise auch S_t^{-}, da sich die Grenze auf beide Bereiche bezieht.

Abb. 2 - *Aktive Unternehmen bei*

(a) steigendem Wechselkurs *(b) fallendem Wechselkurs*

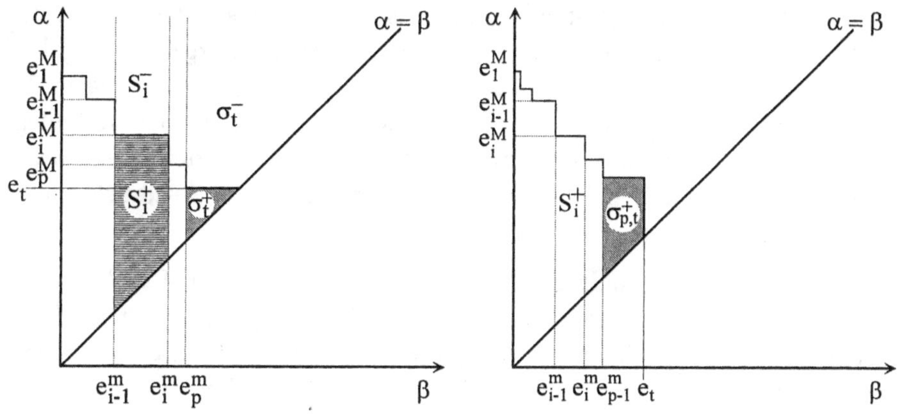

Quelle: in Anlehnung an Amable u.a. (1991), Abbildungen 5 und 8.

Die Aggregation von Mikro-/schwacher zu Makro-/starker Hysteresis, die in diesem Kapitel bisher nur graphisch verfolgt wurde, kann auch mathematisch beschrieben werden. Um die Mikro- formal zur Makro-Hysteresis zu aggregieren, kann man auf die folgende Formel zurückgreifen (Mayergoyz (1986), S. 604), wobei L^D die gesamtwirtschaftliche Beschäftigung repräsentiert:

$$(1) \qquad L^D(t) = \hat{\Gamma} e(t) = \iint_{\alpha \geq \beta} \mu(\alpha,\beta)\, \hat{\gamma}_{\alpha\beta}\, e(t)\, d\alpha d\beta = \iint_{S_t^+} \mu(\alpha,\beta)\, e(t)\, d\alpha d\beta$$

$\hat{\Gamma}$ bezeichnet den sogenannten 'Makro-Operator', welcher die Durchführung der Aggregation für alle Elementar-Elemente ausdrückt. $\mu(\alpha,\beta)$ charakterisiert eine Funktion für den Gewichtungsprozeß. $\hat{\gamma}_{\alpha\beta}$ ist die formale Darstellung eines sogenannten 'Hysteresis-Operators', der den gegenwärtig gültigen Zweig ('branch') der 'Multibranch'-Nichtlinearität eines *einzelnen* Hysteresis-Elements (d.h. die Beschäftigungsaktivität eines einzelnen Unternehmens) beschreibt. Die Variable e(t) repräsentiert die Erklärende bzw. den System-Input. Die Anwendung des Hysteresis-Operators auf den gegenwärtigen Input führt dabei zu dem gegenwärtigen Output für das Elementar-Element.

Die genaue Definition der Gewichtungsfunktion $\mu(\alpha,\beta)$ ist für das formale Ergebnis der Analyse von herausragender Bedeutung. Für die qualititativen Eigenschaften des Ergebnisses spielt sie jedoch eine geringere Rolle. Die Gewichtung wird sowohl durch die räumliche Verteilung der die Unternehmen beschreibenden α_j,β_j-Punkte und das Ausmaß des Arbeitsinputs pro Unternehmen a_j determiniert. Um zu einem analytischen Ergebnis zu gelangen, muß die a_j-gewichtete räumliche Verteilung der α_j/β_j-Koordinaten der Unternehmen durch eine zweidimensionale Verteilungsfunktion festgelegt werden. Die Bestimmung einer möglichst realistischen Verteilungsfunktion würde an dieser Stelle jedoch zu umfangreichen formalen Ausdrücken führen, ohne die Ergebnisse wesentlich zu verändern.[16]

Die grundlegende formale Struktur der Ergebnisse für die Beschäftigung bleibt in den Fällen steigender und fallender Wechselkurse erhalten: einem wichtigen konstanten Term, der durch vergangene Input-Extrema determiniert wird, steht ein Term beiseite, der durch den aktuellen Wechselkurs e_t beeinflußt wird. Die Größe der 'Konstanten' ist nur dann ein Ergebnis der vergangenen lokalen Extrema des Inputs, wenn letztere 'extremer' (d.h. in dem Fall eines fallenden Wechselkurses e niedriger als e_t und in dem Fall eines steigenden Wechselkurses e höher als e_t) lokalisiert sind als der gegenwärtige Wechselkurs e_t. Falls diese Bedingung jedoch nicht erfüllt wäre, würden die vergangenen lokalen Extrema aus der Erinnerung des Systems 'ausradiert' werden. Daher drückt dieser Term die Zeitpfadabhängigkeit der gegenwärtigen Beziehung zwischen dem Wechselkurs e_t und der Beschäftigung aus. Diese Relationen fallen für Phasen mit (ausgehend von dem jüngsten lokalen Minimum) steigenden oder (ausgehend von dem jüngsten lokalen Maximum) fallenden Wechselkursinputs verschieden aus. Mit anderen Worten: die Relationen, die für den gegenwärtigen Wechselkurs gelten, sind

---

16 Göcke (1994) und Belke, Göcke (1994) treffen die vereinfachende Verteilungsannahme $\mu(\alpha,\beta) = 1$, um relative einfache geschlossene analytische Lösungen zu erlangen. Diese Annahme ist gleichbedeutend damit, daß die Punkte, welche die Unternehmen determinieren (mit $a_j = 1$), in dem dreieckigen Raum T *gleichverteilt* sind. Amable u.a. (1991) hingegen treffen abweichend von diesem Kapitel keine vereinfachenden 'single unit'- und Verteilungsannahmen.

durch die vergangenen Input-Extrema verschoben worden. Folglich führt jede Umkehr der *Richtung* des Wechselkurs-Inputpfades zu einem Strukturbruch in der Wechselkurs-Beschäftigungs(d.h. 'Input-Output'-)-Beziehung.[17]

Das Auftreten derartiger Strukturbrüche stellen eine Konsequenz der 'starken' makro-hysteretischen 'Multibranch'-Nichtlinearität dar. Während im Rahmen der Mikro-Relationen bestimmte Schwellenwerte ('trigger') des Wechselkursinputs überwunden werden müssen, um einen 'Branch-to-Branch'-Übergang zu bewerkstelligen, findet im Rahmen der Makrorelationen mit jedem Wechselkursinput-Extremum eine neue Verschiebung der Beziehung zwischen dem Wechselkurs und der Beschäftigung (d.h. zwischen 'Input' und 'Output') statt.[18] Im Fall der elementaren Mikro-Hysteresis (diese entspricht dem physikalischen Begriff des 'nicht-idealen Relais') sind nur zwei 'branches' möglich. Ein Sprung zwischen diesen beiden (nicht kontinuierlich miteinander verbundenen) 'branches' findet nur dann statt, wenn bestimmte Schwellenwerte überschritten werden. Die in Abb. 3 dargestellte kontinuierliche Makro-Schleife resultiert aus einer Aggregation über eine Menge heterogener Mikro-Elemente. Aufgrund des Mangels an Schwellenwerten und der Tatsache, daß die Pfadabhängigkeit durch die lokalen Input-Extrema erfaßt wird, können selbst geringe Änderungen des Wechselkurses dauerhafte Effekte auf die Beschäftigung haben. Hierzu sind 'große' Wechselkursschocks nicht notwendig. Da die hysteretische Eigenschaft durch die Aggregation noch verstärkt wird, bezeichnet man die Makro-Form der Hysteresis auch als 'starke' Hysteresis und die Mikro-Form als 'schwache' Hysteresis.[19]

---

[17] Vgl. Belke (1996b) und Belke, Göcke (1997) für eine theoretische und empirische Behandlung von Strukturbrüchen in der langfristigen Beziehung zwischen der westdeutschen Beschäftigung und ihrer Determinanten entlang der oben aufgezeigten Argumentationslinien.

[18] Dieser Qualitätsunterschied wird von Amable u.a. (1991) betont.

[19] Vgl. Belke, Göcke (1994), Mayergoyz (1986) und Amable u.a. (1991), S. 2, S. 9 und S. 15. Für eine detaillierte mathematische Analyse verschiedener Formen der Hysteresis vgl. Krasnosel'skii, Pokrovskii (1989).

Abb. 3 - *Die makroökonomische Hysteresisschleife für die Beziehung zwischen Wechselkurs und Beschäftigung*

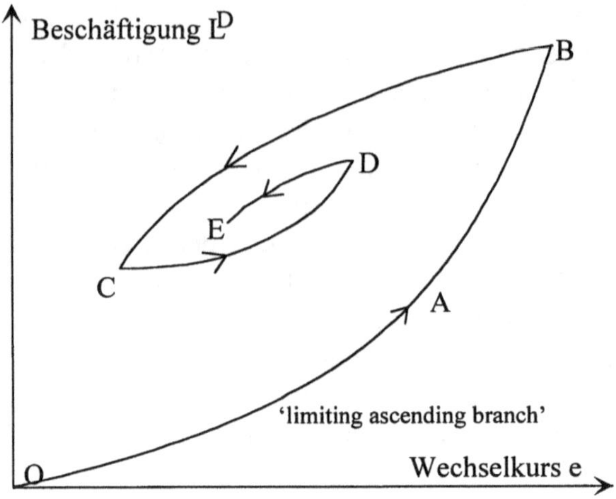

8.3 Das Makro-Modell bei Wechselkursunsicherheit

In Abschnitt 8.2. wurde ein Aggregationsansatz unter Sicherheit über die Wechselkursentwicklung abgeleitet. In den Abschnitten 7.4. und 7.5. wurden die Einflüsse der Wechselkursunsicherheit auf der Mikroebene analysiert. Die Qualität der Mikro-Hysteresis (ein Eintrittswechselkurs, der größer als der Austrittswechselkurs ist ('nicht-ideales Relais')), änderte sich durch den Übergang zu Unsicherheit nicht. Die Entfernung zwischen den jeweiligen Schwellenwerten erhöhte sich jedoch systematisch. Berücksichtigt man diesen Sachverhalt, kann der *Aggregations*ansatz aus Abschnitt 8.2. prinzipiell auch auf den Fall der Wechselkurs*un*sicherheit angewendet werden. Die folgenden Ausführungen befassen sich mit den Implikationen eines Wechsels von einer Situation mit Wechselkurssicherheit zu einer Konstellation mit Unsicherheit für die *Gestalt* und die räumliche *Lage* der *makro*ökonomischen Hysteresisschleife.

Aus der formalen Analyse in Abschnitt 7.4. (einmalige Wechelkursunsicherheit und Möglichkeit des Wartens mit der Beschäftigungsentscheidung) geht hervor, daß die Wechselkursunsicherheit zu einer Verschiebung der unternehmensspezifischen Eintritts- und der Austrittswechselkurse ('trigger') um $\varepsilon/(1+2i)$ nach außen führt. Geht man als Ausgangspunkt von der in

Abb. 2 beschriebenen Situation unter Sicherheit aus, bewegt sich α_j nun nach Norden. Der Punkt β_j gleitet in demselben Ausmaß westwärts. Somit wird jede (α_j,β_j)-Kombination, die ein Unternehmen j charakterisiert, in nordwestliche Richtung projiziert. Folglich wird die orthogonale Entfernung jedes unternehmensspezifischen Punktes zur $(\alpha=\beta)$-45°-Linie um $\sqrt{2(\varepsilon/(1+2i))^2}$ vergrößert. Die nicht-hysteretischen Unternehmen, die wegen $H_j, F_j = 0$ auf der $\alpha=\beta$-Linie angesiedelt sind, behalten jedoch selbst nach der Einführung von Wechselkursunsicherheit ihre Ausgangsposition. Graphisch ausgedrückt: der gesamte S_t^+-Block, der die aktiven Unternehmen umfaßt (und analog auch der S_t^--Block, welcher die inaktiven Unternehmen beschreibt), wird verschoben. Hierdurch entsteht oberhalb von und parallel zu der $\alpha=\beta$-Linie ein Bereich von der Breite $\sqrt{2(\varepsilon/(1+2i))^2}$, der frei von Unternehmen ist.[20] In Abb. 4 werden die Auswirkungen der Einführung von Unsicherheit auf eine durch die Abb. 2 (a) und (b) beschriebene Situation illustriert. Offensichtlich können einige Unternehmen mit ursprünglich positiven Austrittswechselkursen in den negativen Bereich verschoben werden. Diese Unternehmen würden sogar negative Stückerlöse tragen, um die 'versunkenen' Kosten und den Optionswert des Wartens nicht zu verlieren. Da der Stückerlös in dem in den Kapiteln 7 und 8 verwendeten Modell durch den als positiv angenommenen Wechselkurs ausgedrückt wird, wird der linke Bereich der Ordinate im Rahmen der weiteren Analyse vernachlässigt.

---

[20] Aus Vereinfachungsgründen werden in diesem Kapitel die nicht-trivialen Probleme vernachlässigt, die sich bei der Berücksichtigung der Möglichkeit eines Wiedereintritts nach einem Austritt in Periode t (bzw. eines Wiederaustritts nach einem Eintritt in t) ergeben. Ein Verhalten, das in einen Wiedereintritt oder in einen Wiederaustritt mündet, könnte sich als optimal erweisen, falls die versunkenen Kosten H_j und F_j im Vergleich zu den auf ε zurückzuführenden Rohgewinnänderungen 'klein' sind. Als eine Konsequenz hieraus würden diese Unternehmen nicht um den vollen Betrag verschoben. Dies würde einen Bereich parallel zu der $\alpha=\beta$-Linie entstehen lassen, der nicht wie im oben abgeleiteten Fall vollständig frei von Unternehmen ist.

Abb. 4 - *Aktive Unternehmen nach der Einführung von Wechselkursunsicherheit, wenn*

(a) der Wechselkurs vorher gestiegen ist *(b) der Wechselkurs vorher gefallen ist*

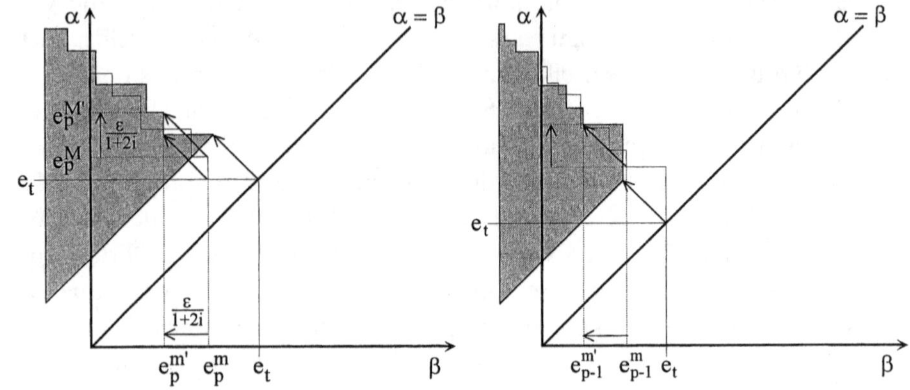

Aus Gründen der Vereinfachung wird in bezug auf die Situation unter Sicherheit ein vorhergehender Zeitpfad des Wechselkurses angenommen, der zu einer treppenstufenähnlichen Grenze geführt habe. Diese 'Treppe' umfasse infinitesimal kleine Schritte, was zu einer (−45°)-Grenzlinie mit negativer Steigung Eins führe. Diese Vorgehensweise hat den Vorteil, daß man von der Unterscheidung bezüglich der tatsächlichen Richtung des Wechselkurses e in den Teilen (a) und (b) der Abb. 4 abstrahieren kann. Alle anfänglich aktiven Unternehmen sind in dem Dreiecksbereich S^+, der in der Abb. 5 (a) beschrieben wird, eingeschlossen. Der Ausgangswechselkurs sei mit e_0 gegeben. Die Einführung von Unsicherheit führt, wie in Abb. 5 (b) illustriert wird, zu einer nordwestlichen Verschiebung von S^+ auf das Dreieck $S^{+'}$.

Abb. 5 - *Aktive Unternehmen in Abhängigkeit von dem Wechselkurs*

(a) Ausgangssituation ohne Unsicherheit *(b) Situation nach Einführung von Unsicherheit*

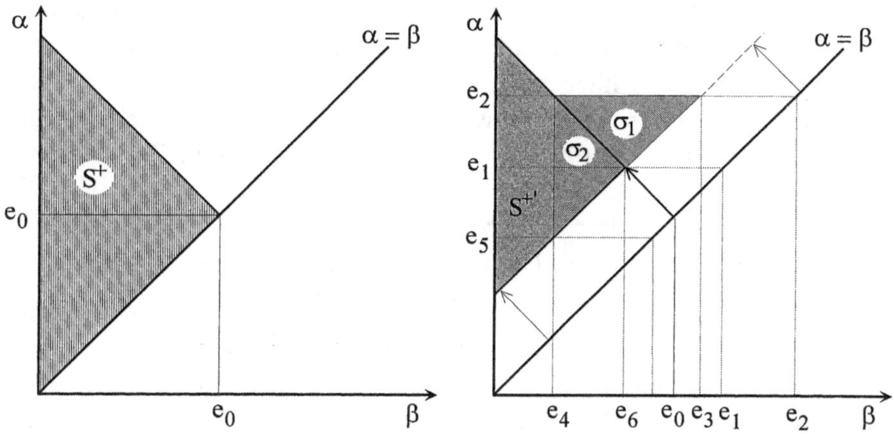

Bezeichnet man e_0 als den Ausgangszustand, beeinflußt ein Anstieg des Wechselkurses auf e_1 kein 'hysteretisches' Unternehmen (mit $H_j, F_j > 0$) in dem verschobenen Dreieck $S^{+'}$. Lediglich 'nicht-hysteretische' Unternehmen (mit $H_j, F_j = 0$) auf der $\alpha = \beta$-Linie wechseln ihren Status von Inaktivität auf Aktivität. Folglich führt ein Anstieg des Wechselkurses *in diesem 'Play'-Intervall nur zu einer schwachen Reaktion* der Beschäftigung. Dies wird in Abb. 6 durch die Bewegung von Punkt A nach Punkt B beschrieben.[21] Ein weiterer Anstieg zum Beispiel bis auf das lokale Maximum e_2 induziert zusätzliche Beschäftigung entsprechend der Region σ_1 in Abb. 5 (b) (von Punkt B nach Punkt C in Abb. 6). Während die anfänglich schwache Reaktion AB Ähnlichkeiten mit dem mechanischen 'Spiel' aufweist,[22] führt der folgende zusätzliche Anstieg BC zu einer starken Reaktion, der im Sinne eines ruckartigen Anziehens der Aktivität 'spurt' in der Beschäftigung genannt werden kann. Konkreter ausgedrückt: nach einer Umkehr des Wechselkurses entwickelt sich die anfänglich schwache Reaktion der Be-

---

21 Aus Vereinfachungsgründen wird diese Reaktion auf lineare Weise dargestellt. Dies bedeutet, daß nicht-hysteretische Unternehmen annahmegemäß entlang der $\alpha = \beta$-Linie gleichverteilt sind.

22 Für eine Beschreibung der ursprünglichen 'Play'-Hysteresis vgl. Krasnosel'skii, Pokrovskii (1989), S. 6 ff. Ein mikrökonomisches Modell mit 'Play'-Hysteresis wird bei Göcke (1996), S. 26 ff., dargestellt.

schäftigung in eine ausgeprägte, sehr starke Reaktion, soweit die Schwellenwerte vieler Unternehmen passiert werden.[23] Eine erneute Umkehr des Wechselkurses auf e_3 verursacht wiederum zunächst eine schwache ('Play') Reaktion (CD). Eine weitere Verringerung des Wechselkurses auf e_4 führt zu einem 'Ausradieren' der ursprünglich gewonnenen Beschäftigung σ_1 und zusätzlich zu neuer Unterbeschäftigung in Höhe der durch σ_2 beschriebenen Fläche. Auf einen anschließenden Anstieg des Wechselkurses auf e_5 (EF) folgt wiederum eine schwache 'Play'-Reaktion. Eine Wechselkursbewegung $e_0 \rightarrow e_1 \rightarrow e_2 \rightarrow e_3 \rightarrow e_4 \rightarrow e_5$ führt somit zu einer Hysteresisschleife, die durch die Punktfolge ABCDEF determiniert wird. Im Gegensatz hierzu wird die entsprechende Hysteresisschleife bei Sicherheit (wie schon in Abb. 3 beschrieben) durch den gestrichelten Pfad AHKM in Abb. 6 gekennzeichnet.

Beginnend in der Ausgangssituation (Punkt A) sei nun eine Verringerung des Wechselkurses ausgehend von e_0 auf e_6 angenommen. Wie zuvor ergibt sich eine 'Play'-Reaktion (AG). Ein weiterer Rückgang auf e_4 führt analog zu dem obigen Beispiel zu einem 'spurt' in der Unterbeschäftigung, der durch die Fläche σ_2 und den Linienzug GE beschrieben wird.

---

23 Für eine nicht formale Beschreibung von 'spurts' in Investitionen bzw. in der Beschäftigung basierend auf einem mikroökonomischen 'versunkene Kosten'-Mechanismus bei Unsicherheit vgl. Pindyck (1988), S. 980 f., Belke, Göcke (1998) und Kapitel 7. Dixit, Pindyck (1994), S. 15 f., illustrieren die nichtlineare Reaktion der US-amerikanischen Beschäftigung nach der Konjunkturerholung Mitte 1993. In *keinem* dieser Beiträgen wird jedoch ein expliziter *Aggregationsansatz* zur Ableitung der entsprechenden *makroökonomischen*
Dynamik entwickelt oder zumindest angewendet.

Abb. 6 - *Makroökonomische Hysteresisschleife bei Wechselkursunsicherheit (unter Einschluß von 'Play')*

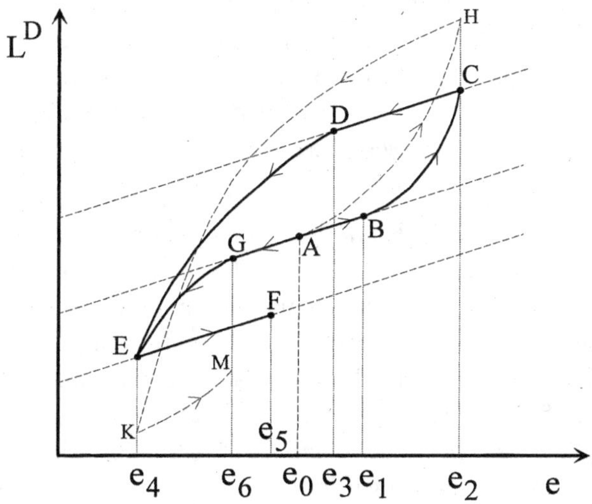

Die Einführung von Unsicherheit impliziert für jede Umkehr der Input-Richtung zusätzliche 'Play'-Intervalle in der Makroschleife. Die Weite des 'Play'-Intervalls, d.h. $(e_2 - e_3)$, $(e_5 - e_4)$ oder $(e_1 - e_6)$ wird immer durch denselben Betrag gegeben: $(2\varepsilon)/(1+2i))$. Dieser Ausdruck gleicht exakt der Weite des in Abschnitt 7.4. beschriebenen 'Inaktivitäts-Bandes' für das einzelne Unternehmen $(e^u_{j,entry} - e^u_{j,exit})$. Es ist auf die spezielle Ausgangssituation -die Ausprägung e_0 ist kein Extremwert- zurückzuführen, daß die anfänglichen 'Play'-Intervalle (AB oder AG) sich nur auf die Hälfte ihres üblichen Werts belaufen: (d.h.: $\varepsilon/(1+2i))$.

Die gerade abgeleitete *spezifische Form der Nichtlinearität* des Zusammenhangs zwischen Wechselkursen und der gesamtwirtschaftlichen Beschäftigung bedeutet eine nicht zu unterschätzende theoretische Schwierigkeit für eine empirische Überprüfung. Bei der Ableitung eines adäquaten Algorithmus in Abschnitt 8.5. muß beispielsweise die Bedeutung der Zeitpfadabhängigkeiten und der hieraus resultierenden Vielzahl an möglichen historischen Konstellationen (zuvor im Spurt?, zuvor im Play?, zuvor genau im Verbindungspunkt zwischen 'Play' und 'spurt'? etc.) für die aktuelle dynamische Entwicklung genau berücksichtigt werden. Die Relevanz von 'Play'-Intervallen, die eine schwächere Reaktion mit jeder Umkehr des Inputs (Wechselkurs) implizieren, resultiert dabei in einer *schwächeren Reaktion der abhängigen Variablen* (Beschäftigung) verglichen mit der Situation ohne Wechselkursunsicherheit. Diese schwächere Reaktion korrespondiert mit den Tatsachen, daß (a) das 'Play'-Intervall überschritten werden muß, um zu permanenten Beschäftigungseinflüssen zu führen, und (b) eine geringe Zahl an Unternehmen von Wechselkursänderungen betroffen wird, da alle 'hysteretischen' Unternehmen durch die Unsicherheit in den Nordwesten verschoben werden. Diese Mechanismen führen letztendlich zu einem 'flacheren' Gestalt der Hysteresisschleife unter Wechselkursunsicherheit.

Streng genommen können die hier erzielten Ergebnisse in einem ersten Schritt *nur auf den Bereich handelbarer Güter* in einer offenen Volkswirtschaft angewendet werden, wobei L^D der Beschäftigung in dem Sektor handelbarer Güter entspricht. In dem Ausmaß, in dem die Beschäftigung in dem Sektor nicht-handelbarer Güter nicht direkt durch Wechselkursbewegungen betroffen wird, werden die in Abb. 6 beschriebenen makroökonomischen Hysteresisschleifen proportional zur Beschäftigung im Bereich nicht-handelbarer Güter *vertikal verschoben.* Erst hieraus resultieren Schleifen für die gesamtwirtschaftliche Beschäftigung.

Die in diesem Kapitel bisher erzielten Resultate müssen möglicherweise jedoch noch modifiziert werden, wenn der hier eigenständig entwickelte *partielle Gleichgewichtsansatz* verallgemeinert werden soll. Es wäre dann zu berücksichtigen, daß Exporte und die in Abschnitt 6.2. thematisierten Investitionen im Sektor handelbarer Güter auch durch eine *Umlenkung von Ressourcen* (einschließlich des Faktors Arbeit) aus dem Sektor nicht-handelbarer in den Bereich handelbarer Güter erhöht werden können. Die Bedeutung dieses Effekts hängt von der *Substituierbarkeit* des Faktors Arbeit zwischen den beiden Sektoren und von dem Verhältnis der Arbeitsintensitäten der jeweiligen Güterproduktion in beiden Sektoren ab.[24] Im Fall perfekter Substituierbarkeit würden die Hysteresisschleifen aus Abb. 6 hauptsächlich die *Verteilung des Faktors Arbeit zwischen beiden Sektoren* beschreiben. Falls die Substituierbarkeit hingegen *unvollkommen* ist, bleibt die Qualität der aufgedeckten Beziehungen ceteris paribus *erhalten.* Dabei werden die Schleifen jedoch in vertikaler Richtung komprimiert. Beschränkte Arbeitsmobilität (gerade in der EU, Belke, Gros (1998b)) und

---

[24] Hefeker (1999) betont ohne eine Unterscheidung zwischen der Mikro- und der Makroebene in allgemeinem Zusammenhang, daß eine Ausweitung des Außenhandels bei einer höheren Arbeitsintensität im Bereich nicht handelbarer Güter und gleichzeitigem Vorliegen von Lohnrigidität nicht notwendigerweise zu einer Verbesserung der Arbeitsmarktlage führen.

Faktorspezifitäten implizieren, daß die Substituierbarkeit der Arbeit zwischen industrialisierten Ländern in der Regel nicht als vollständig erwartet werden sollte. Erst eine Analyse dieser Problematik im Kontext eines *allgemeinen Gleichgewichtsmodells* würde es erlauben, diese Problematik genauer zu untersuchen. Dies würde jedoch wegen technischer Schwierigkeiten bei der Modellierung von Feedbacks des gesamten Modells auf das hysteretische Subsystem deutlich über den Rahmen der vorliegenden Arbeit hinausgehen.

8.4 Zwischenfazit und Implikationen für die EWU-Debatte

In diesem Kapitel wurden bisher Nichtlinearitäten in der Beziehung zwischen der *gesamtwirtschaftlichen* Beschäftigung und dem Wechselkurs betont. Kapitel 7 beleuchtete das mikroökonomische Basismodell der Hysteresis unter Sicherheit und erweiterte es um Effekte der Unsicherheit. Hierfür wurde ein Modell, welches aufgrund von 'versunkenen' Einstellungs- und Entlassungskosten zu Hysteresis in der Beschäftigung führt, vorgeschlagen. Ein Mechanismus, der auf einem 'Inaktivitäts-Band' basiert und für eine 'schwächere' Beziehung zwischen der Beschäftigung und ihrer Determinanten wurde um die Einflüsse der Wechselkursunsicherheit erweitert. Als ein Resultat von Optionswerteffekten weitet sich das 'Inaktivitäts-Band'. Somit werden auch die Hysteresiseffekte auf der mikroökonomischen Ebene durch die Unsicherheit noch verstärkt. Die in diesem Kapitel 8 schrittweise zu lösende *neue* und für empirische Tests auf der Basis von üblicherweise aggregierten Daten *überaus wichtige* Fragestellung lautete nun, ob sich die mikroökonomischen Effekte auch auf die makroökonomische Ebene übertragen lassen. Zu diesem Zweck behandelte der Abschnitt 8.2. zunächst den Aggregationsansatz bei Wechselkurssicherheit. Es konnten diesbezüglich formal eindeutige Aussagen abgeleitet werden. Während auf der Mikro-Ebene bestimmte Schwellenwerte überschritten werden müssen, um persistente Effekte hervorzurufen, können auf der Makroebene bereits geringe Änderungen des Wechselkurses lange andauernde realwirtschaftliche Effekte auf Arbeitsmärkten bewirken. Besondere Aufmerksamkeit wurde dem Problem der Aggregation unter Unsicherheit in Abschnitt 8.3. gewidmet. Es wurde gezeigt, daß bei Unsicherheit 'Play'-Bereiche auf der makroökonomischen Ebene berücksichtigt werden müssen. Somit werden Ähnlichkeiten der Makro-Relationen ('Play') mit dem Mikroverhalten ('Band of Inaction') durch Unsicherheit verstärkt.[25]

Im Lichte der Ergebnisse dieses Kapitels wird die in Kapitel 6 vorgenommene Analyse und Interpretation möglicher Arbeitsmarkteffekte der EWU in einer sehr subtilen Weise bestätigt. Unter der Annahme einer Nettoreduktion der Wechselkursvolatilität in der EWU sind die Beschäftigungseffekte der EWU im Prinzip genauer zu differenzieren. Eine Verringerung der Unsicherheit wird zu einer Kontraktion des Inaktivitätsbands führen. Sie verringert auf diese Weise die Schwellenwechselkurse für die Einstellung von Arbeitskräften, erhöht jedoch gleichzeitig die Schwellenwechselkurse für die Entlassung. Beschäftigungszuwächse, die aus der EWU resultieren, beschränken sich aus dieser Sicht möglicherweise auf Unternehmen (Branchen, Länder), die durch eine Ausgangslage mit zusätzlichen Beschäftigungspotentialen nahe dem 'entry trigger' charakterisiert werden. In diesem Fall führt eine Verringerung des 'entry trigger' tendenziell zu zusätzlichen Einstellungen. Im Gegensatz hierzu werden Unternehmen (Branchen, Länder), die bereits vorher zu Entlassungen tendierten, tatsächlich einen Teil ihrer Belegschaft entlassen, da der 'exit trigger' angestiegen ist. Als eine Konsequenz hieraus wird der Strukturwandel in der Euroregion durch den in diesem Kapitel aufgedeckten Mechanismus eher forciert. Extrapoliert man die in Kapitel 7 erzielten mikroökonomischen Modellergebnisse gemäß den Ergebnissen dieses Kapitels 8 auf die Makroebene, dürften Länder mit gegenwärtiger Tendenz zu weiteren Rückgängen der Beschäftigung in der EWU ceteris paribus mit einem Anstieg der Beschäftigungsreduktion konfrontiert werden. Auf der anderen Seite dürften Volkswirtschaften mit sich bereits erholenden Arbeitsmärkten in der EWU ceteris paribus weitere Beschäftigungszuwächse erwarten.

8.5 Neue Algorithmen für Tests der Arbeitsmarkteffekte der Wechselkursvariabilität auf der Basis eines nichtlinearen theoretischen Aggregationsansatzes

In den folgenden Abschnitten wird die in den Abschnitten 8.2 und 8.3 beschriebene *makroökonomische nichtlineare* Dynamik in *linearer* Weise vereinfachend erfaßt. Die Ausführungen befassen sich dabei exemplarisch mit

---

[25] Deshalb wären zusätzliche empirische Studien in der Tradition von Parsley, Wei (1993) wünschenswert, die Bereiche der Inaktivität als Funktion der Unsicherheit gerade *auch auf der Makroebene* einführen.

den Einflüssen der Wechselkursunsicherheit auf die Beziehung zwischen makroökonomischen Arbeitsmarktvariablen. Es wird zunächst ein neuer Algorithmus entwickelt, welcher die lineare 'Play'-Hysteresis beschreibt. Anschließend wird dieser Algorithmus zu Schätz- und Testzwecken in einen Regressionsrahmen eingebettet. Im Rahmen einer empirischen Anwendung dieses Algorithmus werden Wechselkurseinflüsse auf die westdeutsche Beschäftigung unter der Berücksichtigung von 'Play'-Effekten analysiert.

8.5.1. Einleitende Bemerkungen

In Kapitel 7 wurde formal ausführlich abgeleitet, daß Hysteresiseffekte auf der mikroökonomischen Ebene zu 'Bändern der Inaktivität' führen. Dies bedeutet, daß die Einstellungs- und Entlassungs-Schwellenwerte der erklärenden Variablen (z.B. des Wechselkurses) voneinander abweichen. Die Entfernung zwischen diesen Schwellenwerten, d.h. das Band der Inaktivität, wird aufgrund von Optionspreiseffekten durch Unsicherheit noch vergrößert. Der Abschnitt 8.3. richtete seinen Fokus auf die Implikationen der Einführung von Unsicherheit auf die Gestalt und die Lage der *makroökonomischen* Hysteresisschleife (Aggregation). Es wurde formal gezeigt, daß bei Unsicherheit bestimmte Bereiche 'schwacher Reaktion', die im Rahmen dieses Kapitels entsprechend dem aus der Physik bekannten mechanischen Spiel 'Play'-Bereiche genannt werden, auch auf der makroökonomischen Ebene beachtet werden müssen.[26] Darüber hinaus ist die *Breite* des 'Play'-Bereichs eine *positive Funktion der Unsicherheit.* Somit resultieren aus geringen Änderungen der unabhängigen Variablen (z.B. des Wechselkurses) *nicht* notwendigerweise persistierende Arbeitsmarkteffekte, soweit die Änderungen lediglich *innerhalb des 'Play'-Bereichs* stattfinden. Sobald jedoch die Änderungen über den 'Play'-Bereich hinausgehen, finden plötzlich starke Reaktionen ('Spurts') und Persistenzeffekte statt.

Die weitere Vorgehensweise dieses Kapitels ergibt sich wie folgt. In Abschnitt 8.5.2. wird versucht, die in den Abschnitten 8.2. und 8.3. formal abgeleitete makroökonomische nichtlineare Dynamik in einer stark vereinfachten linearen Weise zu erfassen. Anschließend wird in Abschnitt 8.5.3. ein Algorithmus, der die lineare 'Play'-Hysteresis beschreibt, entwickelt. Dieser Algorithmus wird in Abschnitt 8.5.4. in einen Regressionsrahmen eingebettet. Als ein Beispiel einer empirischen Anwendung des Algorithmus

---

[26] Für eine Beschreibung der ursprünglichen 'Play'-Hysteresis vgl. Krasnosel'skii, Pokrovskii (1989), S. 6 ff. Ein mikroökonomisches Modell mit 'Play'-Hysteresis wird von Göcke (1996), S. 39 ff., beschrieben.

werden in Abschnitt 8.5.5. die Wechselkurseinflüsse auf die westdeutsche Beschäftigung unter Berücksichtigung von 'Play'-Effekten analysiert. Der Abschnitt 8.6. beschließt die Ausführungen dieses Kapitels. Die folgenden Ausführungen beginnen nun mit einer lineare Approximation der Unsicherheitseinflüsse auf die Beschäftigung.

8.5.2 Eine lineare Approximation der Unsicherheitseinflüsse auf die Beschäftigung: Die Modellierung von 'Play'-Hysteresis

Um einen Eindruck von der vereinfachten linearisierten 'Play'-Dynamik zu vermitteln, werden zunächst die Implikationen anhand der folgenden Abbildungen, die einige repräsentative Standardsituationen beinhalten, illustriert. Die Ausführungen beginnen mit einer Inspektion der Abb. 7, in der, als eine Vereinfachung zu Darstellungszwecken, eine *konstante Breite* p des 'Play'-Bereichs angenommen wird. Der Ausgangspunkt sei die Situation x_0 beziehungsweise Punkt A, der auf der aufwärts gerichteten rechten 'Spurt'-Geraden lokalisiert ist. Eine Verringerung der unabhängigen Variablen x führt dann zu einem Eintreten in den 'Play'-Bereich, bis der gesamte 'Play'-Bereich p durchschritten ist und die abwärts gerichtete 'Spurt'-Gerade für x_5 im Punkt G (mit: $p=x_0-x_5$) erreicht wird. In dem 'Play'-Bereich wird durch die Änderungen von x nur eine schwache Reaktion der abhängigen Variablen y induziert.[27] Eine weitere Verringerung von x würde zu einer starken Reaktion von y entlang der linken nach unten gerichteten 'Spurt'-Geraden führen. Geht man von der Situation x_0 (A) aus, ist jedoch ein Anstieg von x ebenfalls möglich. Es sei nun beispielsweise ein Anstieg der Inputvariablen auf x_1 (Punkt B) und eine folgende Verringerung auf x_2 (C) betrachtet. Die entsprechende Reaktion von y entwickelt sich entlang der rechten 'Spurt'-Geraden. Durch den Anstieg entlang der 'Spurt'-Geraden von A nach B wird der relevante 'Play'-Bereich vertikal von der Linie GA auf die Linie DB (Play $p=x_1-x_3$, in Abb. 7 dargestellt) nach oben verschoben. Die Verringerung der Inputvariable von x_2 (C) auf x_3 (D) findet wiederum im 'Play'-Bereich statt. Das Ausmaß a, in dem der 'Play'-Bereich durchdrungen wird, ist explizit dargestellt. Es werde als Nächstes eine Verringerung der Inputvariable $x_2 \rightarrow x_3 \rightarrow x_4$ ($C \rightarrow D \rightarrow E$) analysiert. Nachdem der verbleibende Teil (Entfernung $p-a$) des gesamten 'Play' p in Punkt D (x_3) passiert wird, findet eine Bewegung entlang der abwärts gerichteten linken 'Spurt'-Geraden bis

---

27 Im Fall des realen 'Play', wie es etwa im Rahmen der Theorie der Mechanik angewendet wird, findet im 'Play'-Bereich sogar keinerlei Reaktion von y statt. Vgl. Krasnosel'skii, Pokrovskii (1989), S. 8, für eine verwandte Abbildung.

Punkt E statt. Die relevante 'Play'-Linie wird vertikal in die entgegengesetzte Richtung wie vorher verschoben, so daß die Reaktion auf einen folgenden Anstieg der Inputvariable wiederum auf x_3 (F) durch den Linienzug EF beschrieben werden kann.

Abb. 7 - *Lineare 'Spurt'-Bereiche und konstantes 'Play'*

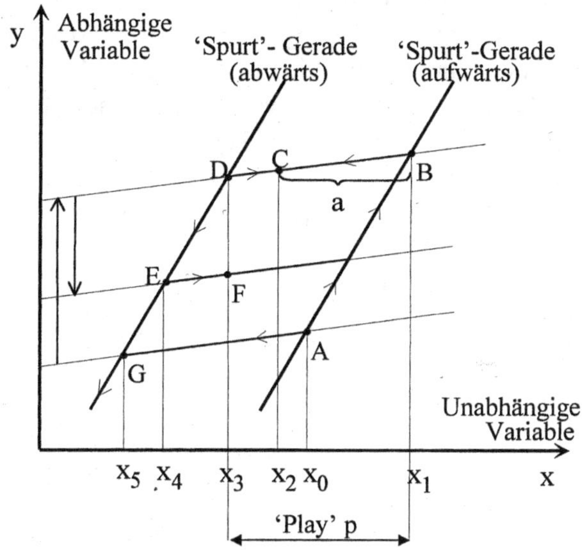

Bis hier bezogen sich die Ausführungen vereinfachend lediglich auf einen konstanten 'Play'-Bereich. Da jedoch, wie in Kapitel 8.3. ausführlich gezeigt wurde, die Breite dieses Bereichs positiv von dem Grad der kontemporären Unsicherheit abhängt, sind Variationen der Breite des 'Play'-Bereichs ebenfalls zu berücksichtigen. Die Konsequenzen von Variationen des 'Play' für die Modelldynamik werden in Abb. 8 illustriert. Nach einer Bewegung auf der aufwärts gerichteten rechten 'Spurt'-Geraden werde von Punkt H (x_6) aus gestartet. In Abhängigkeit von der aktuellen Breite des 'Play'-Bereichs wird die gegenüber liegende linke 'Spurt'-Gerade horizontal verschoben, während die räumliche Position der rechten 'Spurt'-Geraden fixiert ist. Im allgemeinen dient die 'Spurt'-Gerade, auf welcher die jüngste Bewegung stattgefunden hat als Anker (in Abb. 8 die abwärtsgerichtete (('spurt down') 'Spurt'-Gerade), während die gegenüber liegende 'Spurt'-Gerade (hier: die linke 'Spurt'-Gerade) im Verhältnis Eins-zu-Eins durch 'Play'-Variationen verschoben wird. Ein in der Ausgangssituation hohes Ausmaß an Unsicherheit führt zu einer großen 'Play'-Breite p_0. Dies bedeutet, daß der linke 'Spurt'

durch die abwärtsgerichtete 'spurt down'$_0$-Linie charakterisiert wird. Eine Verringerung des Systeminputs von x_6 auf x_7 in der p_0-Situation führt zu einer schwachen 'Play'-Reaktion entsprechend dem Linienzug HJ. Ausgehend vom Punkt J induziert eine Reduktion der 'Play'-Breite von p_0 auf p_1 (die möglicherweise durch eine verringerte Unsicherheit induziert wurde) eine horizontale Verschiebung der linken 'Spurt'-Geraden gemäß ('spurt down'$_0$)$\rightarrow$('spurt down'$_1$). Als Folge hiervon befindet sich das System in Punkt K. Dies führt zu einer vertikalen Verschiebung der 'Play'-Linie nach unten. Zusammengefaßt gilt: Bewegungen auf der 'Spurt'-Geraden, die durch Änderungen des Systeminputs x und durch Variationen der Breite des 'Play'-Bereichs verursacht werden, führen zu vertikalen Verschiebungen der relevanten 'Play'-Linie, d.h. zu persistierenden Hysteresiseffekten.

Abb. 8 - *Lineare 'Spurt'-Bereiche und variables 'Play'*

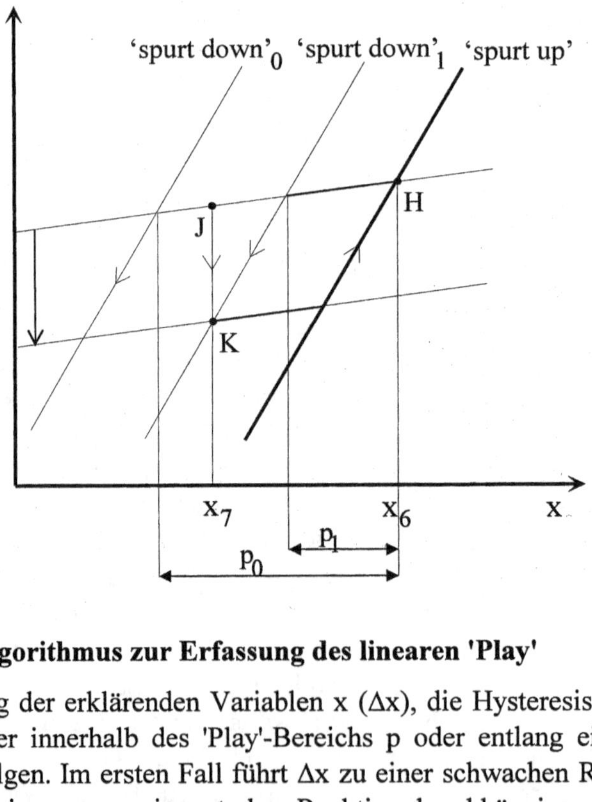

8.5.3 Ein Algorithmus zur Erfassung des linearen 'Play'

Die Änderung der erklärenden Variablen x (Δx), die Hysteresis verursacht, kann entweder innerhalb des 'Play'-Bereichs p oder entlang einer 'Spurt'-Geraden erfolgen. Im ersten Fall führt Δx zu einer schwachen Reaktion, im zweiten Fall hingegen zu einer starken Reaktion der abhängigen Variablen y (Δy). Die Bewegung von x innerhalb des 'Play'-Bereichs werde als Δa (und kumuliert als a) und die Bewegung von x im 'Spurt'-Bereich analog als Δs bezeichnet. Aus Darstellungsgründen beginnen die Ausführungen mit einem Spezialfall, in dem die Änderung von x *in einem Punkt eines 'Spurt'-Bereichs* beginnt und entlang des 'Play'-Bereichs erfolgt. In Abb. 7 entspricht dies der Bewegung entlang der Punkte $B \rightarrow C \rightarrow E$. In der Systemvergangenheit hat es j Änderungen von x gegeben. Eine derartige Änderung sei mit Δx_j^s bezeichnet. Die Änderung Δx_j^s kann den 'Play'-Bereich im Ausmaß von Δa_j durchlaufen oder möglicherweise sogar den gesamten 'Play'-Bereich p passieren und auf die gegenüberliegende 'Spurt'-Gerade gemäß einem Anteil Δs_j übergehen. Da der Start der Dynamik von einer 'Spurt'-Geraden erfolgte, entspricht die *kumulierte* Bewegung innerhalb des 'Play'-Bereichs a_j der Änderung Δa_j. Für eine Illustration des Parameters a betrachte man die Bewegung gemäß $B \rightarrow C$ in Abb. 7. Diese Überlegungen lassen sich wie folgt formalisieren:

$$(2) \qquad \Delta x_j^s = a_j + \Delta s_j$$

$$\text{mit: } \Delta s_j = \begin{cases} \text{sign}(\Delta x_j^s) \cdot (|\Delta x_j^s| - p) & \text{falls } (|\Delta x_j^s| - p) > 0 \\ 0 & \text{sonst} \end{cases}$$

Die Änderung der unabhängigen Variablen y (Δy), die durch Δx_j^s induziert wurde, setzt sich aus der schwachen Reaktion im 'Play'-Bereich ($B \rightarrow C$) und fallweise zusätzlich aus einer starken Reaktion, beschrieben durch die 'Spurt'-Gerade ($D \rightarrow E$), zusammen. Der Parameter α beschreibe dabei die schwache Reaktion im 'Play'-Bereich, der Parameter $(\alpha + \beta)$ die starke Reaktion entlang der 'Spurt'-Geraden:

$$(3) \qquad \Delta y_j^s = \alpha \cdot a_j + (\alpha + \beta) \cdot \Delta s_j$$

$$\text{mit: } |\alpha| < |\alpha + \beta|$$

Die räumliche Lage des 'Play'-Bereichs wird durch Bewegungen auf den 'Spurt'-Geraden vertikal (in y-Richtung) verschoben. Entsprechend kann die kumulierte vertikale Verschiebung V_{j-1} der relevanten 'Play'-Linie, die durch *alle* vorherigen Bewegungen auf beiden 'Spurt'-Geraden induziert wird, wie folgt beschrieben werden:

$$(4)\qquad V_{j-1} = \beta \cdot \left[\sum_{i=0}^{j-1} \Delta s_i \right] = \beta \cdot s_{j-1}$$

$$\text{mit: } s_{j-1} \equiv \sum_{i=0}^{j-1} \Delta s_i$$

Die Realisation der abhängigen Variablen kann basierend auf der Verschiebung V, die durch vergangene 'Spurts' induziert wurde, und die kontemporäre Reaktion Δy_j^s ausgedrückt werden. Formuliert man diese Zusammenhänge neu, ergibt sich:

$$(5)\qquad y_j = C^* + V_{j-1} + \Delta y_j^s = C^* + \beta \cdot \sum_{i=0}^{j-1} \Delta s_i + \alpha \cdot a_j + (\alpha + \beta) \cdot \Delta s_j$$

$$\Rightarrow \quad y_j = C^* + \beta \cdot \sum_{i=0}^{j} \Delta s_i + \alpha \cdot \Delta x_j^s$$

$$\Rightarrow \quad y_j = C^* - \alpha \cdot \sum_{i=0}^{j-1} \Delta x_i + \beta \cdot \sum_{i=0}^{j} \Delta s_i + \alpha \cdot (\sum_{i=0}^{j-1} \Delta x_i + \Delta x_j^s)$$

$$\text{mit: } C \equiv C^* - \alpha \cdot \sum_{i=0}^{j-1} \Delta x_i$$

$$\Rightarrow \quad y_j = C + \alpha \cdot x_j + \beta \cdot s_j$$

Das Ergebnis zeigt, daß der nichtlineare 'Play'-Hysteresiseffekt durch einen relativ *einfachen* Ausdruck zu erfassen ist. Dies geschieht durch eine auf einer *künstlichen Variablen* s_j basierende lineare Gleichung. Die 'Spurt'-Variable s_j faßt alle vorhergehenden Bewegungen und die kontemporäre Bewegung auf den 'Spurt'-Geraden, die zu einer Verschiebung der aktuellen Beziehung zwischen x und y führen, zusammen.

Die Formulierung des bisher erläuterten Ansatzes (Gleichungen (2) bis (5)) ist im Prinzip noch abhängig von dem Start der Analyse in einem bestimmten Punkt des 'Spurt'-Bereichs.[28] Eine *hinreichende Allgemeingültigkeit*, d.h. die Möglichkeit eines Beginns in einem beliebigen Punkt einer 'Play'-

---

28 Aus diesem Grund ist auch bei der Initialisierung des im Anhang beschriebenen Algorithmus die Wahl eines geeigneten Daten-Startpunktes bedeutsam. In dem hier betrachteten Fall muß der Startwechselkurs in einem 'Spurt'-Bereich liegen.

Geraden, wird erst durch die folgenden Betrachtungen gewährleistet. Die Ausgangspunkte der folgenden hierfür notwendigen Überlegungen sind zweckmäßigerweise:

- eine 'Play'-Gerade: $y = c_0 + \alpha \cdot x$,
- eine 'spurt up'-Linie: $y = D + (\alpha + \beta) \cdot x$ und
- eine 'spurt down'-Linie: $y = D_1 + (\alpha + \beta) \cdot x$ mit: $|\alpha| < |\alpha + \beta|$.

Der Startpunkt (x_0, y_0) liegt nun im Rahmen des verallgemeinerten Ansatzes auf der 'Play'-Geraden zwischen (einschließlich) den Schnittpunkten mit den 'Spurt'-Geraden. Dies wird in Abb. 9 graphisch verdeutlicht.

Abb. 9 - *Beliebiger Startpunkt der Wechselkursentwicklung auf der 'Play'-Geraden*

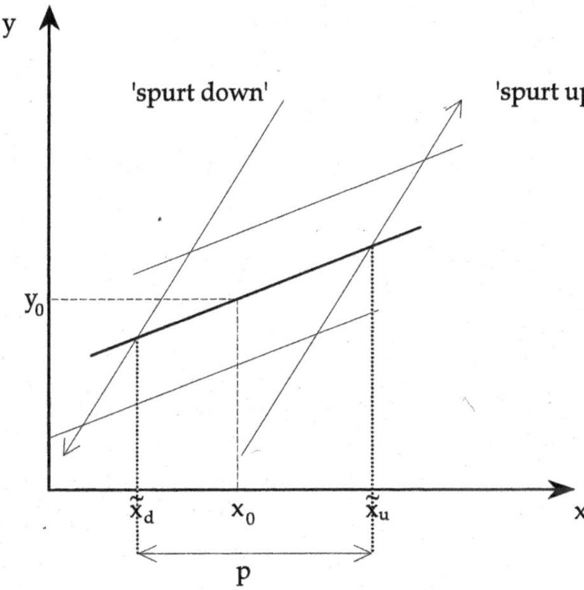

Es bezeichnen $(\tilde{x}_u, \tilde{y}_u)$ und $(\tilde{x}_d, \tilde{y}_d)$ die Koordinaten der beiden Schnittpunkte mit der 'spurt up'-Geraden bzw. mit der 'spurt down'-Geraden. Gemäß Annahme gilt:

(6) $p = \tilde{x}_u - \tilde{x}_D > 0$.

Dann gilt:

$$\left.\begin{array}{l}\left.\begin{array}{l}\tilde{y}_u = D + (\alpha+\beta)\cdot\tilde{x}_u \\ \tilde{y}_u = c_0 + \alpha\cdot\tilde{x}_u\end{array}\right\} D = c_0 - \beta\cdot\tilde{x}_u \\ \left.\begin{array}{l}\tilde{y}_d = D_1 + (\alpha+\beta)\cdot\tilde{x}_d \\ \tilde{y}_d = c_0 + \alpha\cdot\tilde{x}_d\end{array}\right\} D_1 = c_0 - \beta\cdot\tilde{x}_d\end{array}\right\} D - D_1 = \beta\cdot(\tilde{x}_d - \tilde{x}_u)$$

(7)

$$\Rightarrow D_1 = D + \beta\cdot(\tilde{x}_u - \tilde{x}_d) = D + \beta\cdot p$$

Also hat man:

- eine 'Play'-Gerade: $y = c_0 + \alpha\cdot x$, mit $c_0 = y_0 - \alpha\cdot x_0$
- eine 'spurt up'-Linie: $y = D + (\alpha + \beta)\cdot x$ und
- eine 'spurt down'-Linie: $y = D + \beta\cdot p + (\alpha + \beta)\cdot x$.

Ferner gilt:

(8)
$$\tilde{x}_{d,0} := \tilde{x}_d = \frac{c_0 - D}{\beta} - p,$$
$$\tilde{x}_{u,0} := \tilde{x}_u = \frac{c_0 - D}{\beta} - p \text{ und}$$
$$\tilde{x}_{u,0} \leq x_0 \leq \tilde{x}_{d,0}.$$

Liegt ein neuer Wert x_1 vor, so wird wie folgt die zugehörige 'Play'-Gerade y = $c_1 + \alpha\cdot x$ bestimmt. Es wird

(9)
$$\Delta s_1 := \begin{cases} x_1 - \tilde{x}_{d,0}, \text{ falls } x_1 < \tilde{x}_{d,0}, \text{ 1. Fall} \\ x_1 - \tilde{x}_{u,0}, \text{ falls } x_1 > \tilde{x}_{u,0}, \text{ 2. Fall} \\ 0, \text{ sonst}, \text{ 3. Fall} \end{cases}$$

berechnet.

Die folgende Abb. 10 beschreibt zunächst Fall 1 (d.h. $x_1 < \tilde{x}_{d,0}$).

Abb. 10 - *Fallender Wechselkurs und Bewegung auf der 'spurt down'-Geraden (Fall 1)*

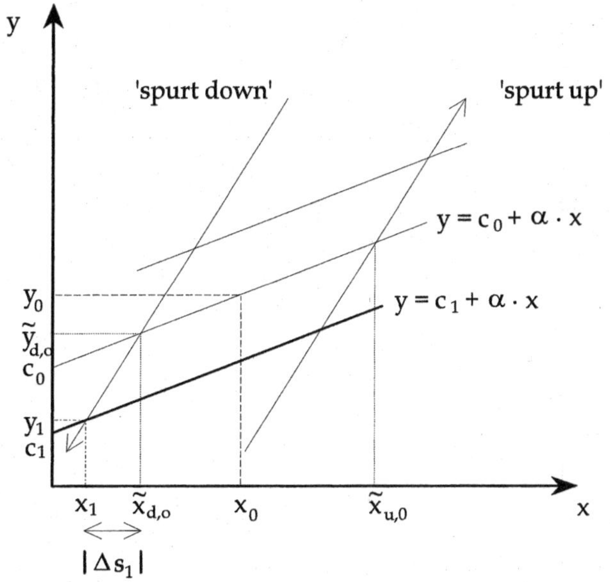

Für den ersten Fall berechnet sich y_1 demnach wie folgt:

$$(10)\quad y_1 = \left(y_1 - \tilde{y}_{d,0}\right) + \left(\tilde{y}_{d,0} - y_0\right) + y_0$$

$$= (\alpha + \beta)\cdot\left(x_1 - \tilde{x}_{d,0}\right) + \alpha\cdot\left(\tilde{x}_{d,0} - x_0\right) + c_0 + \alpha\cdot x_0$$

$$= \alpha\cdot x_1 + \beta\cdot\left(x_1 - \tilde{x}_{d,0}\right) + c_0$$

$$= \alpha\cdot x_1 + \beta\cdot\Delta s_1 + c_0$$

$$= c_0 + \alpha\cdot x_1 + \beta\cdot\Delta s_1 .$$

Der Achsenabschnitt c_1 der zugehörigen 'Play'-1-Geraden $y = c_1 + \alpha\cdot x$ lautet damit:

$$(11)\quad c_1 = y_1 - \alpha\cdot x_1 = c_0 + \beta\cdot\Delta s_1.$$

Die folgende Abb. 11 beschreibt den Fall 2 (d.h. $x_1 > \tilde{x}_{u,0}$).

Abb. 11 - *Steigender Wechselkurs und Bewegung auf der 'spurt up'-Geraden (Fall 2)*

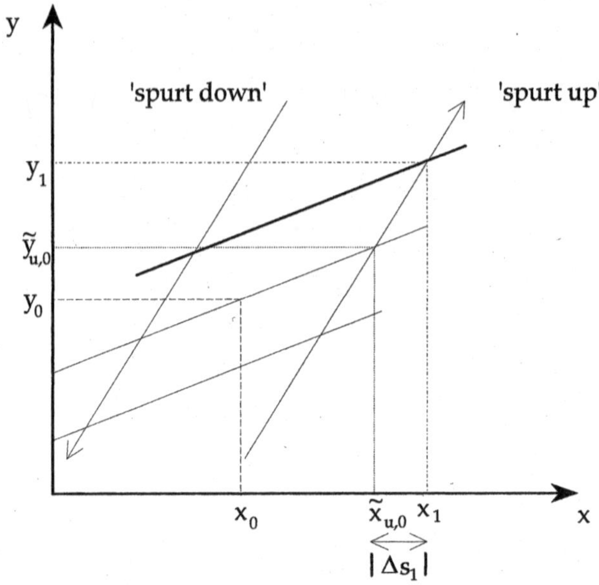

Für den zweiten Fall ergibt sich nach graphischer Inspektion:

$$
\begin{aligned}
(12)\quad y_1 &= \left(y_1 - \tilde{y}_{u,0}\right) + \left(\tilde{y}_{u,0} - y_0\right) + y_0 \\
&= (\alpha + \beta)\cdot\left(x_1 - \tilde{x}_{u,0}\right) + \alpha\cdot\left(\tilde{x}_{u,0} - x_0\right) + c_0 + \alpha\cdot x_0 \\
&= \alpha\cdot x_1 + \beta\cdot\left(x_1 - \tilde{x}_{u,0}\right) + c_0 \\
&= \alpha\cdot x_1 + \beta\cdot\Delta s_1 + c_0 \\
&= c_0 + \alpha\cdot x_1 + \beta\cdot\Delta s_1 .
\end{aligned}
$$

Analog erhält man für den Achsenabschnitt c_1 der zugehörigen 'Play'-1-Geraden $y = c_1 + \alpha\cdot x$:

(13) $c_1 = y_1 - \alpha\cdot x_1 = c_0 + \beta\cdot\Delta s_1$.

Für den dritten Fall (d.h. weder $x_1 < \widetilde{x}_{d,0}$ noch $x_1 > \widetilde{x}_{u,0}$) liegt (x_1,y_1) auf der alten 'Play'-0-Geraden, die dann mit der neuen 'Play'-1-Geraden $y = c_1 + \alpha \cdot x$ übereinstimmt. Daher gilt:

(14) $y_1 = c_0 + \alpha \cdot x_1$ und

$c_1 = y_1 - \alpha \cdot x_1 = c_0 = c_0 + \beta \cdot \Delta s_1$, da $\Delta s_1 = 0$.

Also gilt *für alle drei* gerade betrachteten Fälle:

(15) $y_1 = c_0 + \alpha \cdot x_1 + \beta \cdot \Delta s_1$ und

$c_1 = c_0 + \beta \cdot \Delta s_1$.

Liegt nach j Schritten der Punkt (x_j,y_j) vor, so bestimmt er die 'Play'-j-Gerade:

(16) $y = c_j + \alpha \cdot x$

und x_j genügt der Bedingung

(17) $\widetilde{x}_{d,j} \le x_j \le \widetilde{x}_{u,j}$

mit den Abszissen

(18) $\widetilde{x}_{d,j} = \dfrac{c_j - D}{\beta} - p$ und

$$\widetilde{x}_{u,j} = \widetilde{x}_{d,j} + p = \frac{c_j - D}{\beta}$$

der Schnittpunkte der 'Play'-j-Geraden mit den 'spurt down'- bzw. den 'spurt up'-Linien.

Für einen neuen Wert x_{j+1} sei:

$$(19) \quad \Delta s_{j+1} := \begin{cases} x_{j+1} - \widetilde{x}_{d,j}\,, \text{ falls } x < \widetilde{x}_{d,j}\,, \text{ 1. Fall} \\ x_{j+1} - \widetilde{x}_{u,j}\,, \text{ falls } x > \widetilde{x}_{u,j}\,, \text{ 2. Fall} \\ 0\,, \text{ sonst} \end{cases}$$

Dann gilt für j = 0, 1, 2, ... :

$$(20) \quad y_{j+1} = c_j + \alpha \cdot x_{j+1} + \beta \cdot \Delta s_{j+1}$$

$$(21) \quad c_{j+1} = c_j + \beta \cdot \Delta s_{j+1}$$

$$(22) \quad c_{j+1} = c_0 + \beta \cdot \Delta s_{j+1} \qquad \text{mit } s_{j+1} := \sum_{i=1}^{j+1} \Delta s_i$$

$$(23) \quad y_{j+1} = c_0 + \alpha \cdot x_{j+1} + \beta \cdot s_{j+1}.$$

Die Gleichung (23) entspricht der vierten Zeile in Gleichung (5). Der Parameter C aus Gleichung (5) konnte somit als c_0 identifiziert werden. Als Beweise für die Gültigkeit von (20) bis (23) lassen sich anführen:

zu den Gleichungen (20) und (21):

1. Fall:

$$\begin{aligned} y_{j+1} &= \left(y_{j+1} - \tilde{y}_{d,j}\right) + \left(\tilde{y}_{d,j} - y_j\right) + y_j \\ &= (\alpha + \beta) \cdot \left(x_{j+1} - \tilde{x}_{d,j}\right) + \alpha \cdot \left(\tilde{x}_{d,j} - x_j\right) + c_j + \alpha \cdot x_j \\ &= \alpha \cdot x_{j+1} + \alpha \cdot \left(x_{j+1} - \tilde{x}_{d,j}\right) + c_1 \ \text{ mit } \left(x_{j+1} - \tilde{x}_{d,j}\right) = \Delta s_{j+1} \\ &= c_j + \alpha \cdot x_{j+1} + \beta \cdot \Delta s_{j+1}. \end{aligned}$$

Daraus folgt:

$$c_{j+1} = y_{j+1} - \alpha \cdot x_{j+1} = c_j + \beta \cdot \Delta s_{j+1}.$$

Die Fälle 2 und 3 lassen sich in bezug auf die Beweisführung analog behandeln.[29]

zu Gleichung (22):

Folgt sofort aus der Gleichung (21) durch vollständige Induktion.

zu Gleichung (23):

Folgt sofort aus den Gleichungen (20) und (22).

---

[29] Vgl. hierfür die Berechnung von y_1 und c_1.

Obwohl durch die vorstehenden Überlegungen (Gleichungen (6) bis (23)) eine *hinreichende Allgemeingültigkeit*, d.h. die Möglichkeit eines Beginns in einem beliebigen Punkt einer 'Play'-Geraden, gewährleistet wurde, blieben die in den Gleichungen (2) bis (5) ausgedrückten Zusammenhänge unberührt. Denn die Gleichung (iv) korrespondiert -wie oben schon betont- mit der vierten Zeile in Gleichung (5).

Für praktische Zwecke wird im Rahmen dieses Kapitels eine *explizite zeitliche Struktur* des zuvor abgeleiteten Ansatzes präferiert. Die Akkumulierung über einen Index j, der die vergangenen Änderungen zwischen den 'Spurt'-Geraden beschreibt, kann jedoch durch eine Addition über einen Zeitindex t ohne Verlust an Information (allerdings bei der Möglichkeit unbesetzter Indexpunkte) substituiert werden. Als eine zusätzliche Verallgemeinerung sollten im Rahmen empirischer Tests auch *zusätzliche nicht-hysteretische Regressoren* (z_t) in das linearisierte Modell mit aufgenommen werden. Das *verallgemeinerte Modell* lautet dann schließlich wie folgt:

$$(24) \quad y_t = C^* + \beta \cdot \sum_{k=0}^{t} \Delta s_t + \alpha \cdot \Delta x_t + \lambda \cdot z_t$$

$$\Rightarrow \quad y_t = C + \alpha \cdot x_t + \beta \cdot s_t + \lambda \cdot z_t$$

Um nun hinsichtlich der Erfassung der nichtlinearen Dynamik noch präziser zu werden, wird im folgenden ein detaillierter Algorithmus hergeleitet. Dieser dient zur Beschreibung der Berechnung des Ausmaßes der gegenwärtigen Durchdringung des 'Play'-Bereichs a_t und der kumulierten 'Spurts' s_t. In einem ersten Schritt werden vier Dummy-Variablen definiert, die den Status des Systems beschreiben.[30] Die Dummy-Variable $M_t^{\downarrow}$ zeigt an, daß die Bewegung auf einer linken (abwärts gerichteten) 'Spurt'-Geraden beginnt. In analoger Weise bezeichnet $M_t^{\uparrow}$ einen Start auf einer rechten (aufwärts gerichteten) 'Spurt'-Linie:

30 Aus Gründen der Vereinfachung werden einige Spezialfälle im folgenden nicht weiter betrachtet. Diese Fälle werden jedoch in der Computerversion des Algorithmus berücksichtigt, wie dies im Anhang auch dokumentiert wird. Diese Fälle werden relevant, wenn die Änderung der Input-Variablen x *exakt* die Grenze zwischen 'Play' und 'Spurt' berührt (z.B. in Punkt D).

$$(25)\quad M_t^{\downarrow}=\begin{cases}1 & \text{falls}\ \ \Delta s_{t-1}<0\\ 1 & \text{falls}\ \ (\Delta s_{t-1}=0)\wedge(\Delta x_{t-1}=0)\wedge(\Delta a_{t-1}=0)\\ 0 & \text{sonst}\end{cases}$$

$$M_t^{\uparrow}=\begin{cases}1 & \text{falls}\ \ \Delta s_{t-1}>0\\ 1 & \text{falls}\ \ (\Delta s_{t-1}=0)\wedge(\Delta x_{t-1}=0)\wedge(\Delta a_{t-1}=0)\\ 0 & \text{sonst}\end{cases}$$

Entsprechend der Abb. 7 gilt beispielsweise für Punkt E die Dummy-Ausprägung $M_t^{\downarrow}=1$. Für Punkt B ist $M_t^{\uparrow}=1$ gültig.

Vor dem Hintergrund der in Abschnitt 8.3. identifizierten Pfadabhängigkeiten erweist es sich im Rahmen des Algorithmus als erforderlich, Informationen über die gegenwärtige Referenz-'Spurt'-Gerade auf die Nachfolgeperioden zu übertragen. Zu diesem Zweck zeigen die Dummies $B_t^{\downarrow}$ und $B_t^{\uparrow}$ die letzte (und möglicherweise die aktuelle) 'Spurt'-Gerade an, die durch das System erreicht wurde:

$$(26)\quad B_t^{\downarrow}=\begin{cases}1 & \text{falls}\ \ \Delta s_{t-1}<0\\ 1 & \text{falls}\ \ (\Delta s_{t-1}=0)\wedge(B_{t-1}^{\downarrow}=1)\\ 0 & \text{sonst}\end{cases}$$

$$B_t^{\uparrow}=\begin{cases}1 & \text{falls}\ \ \Delta s_{t-1}>0\\ 1 & \text{falls}\ \ (\Delta s_{t-1}=0)\wedge(B_{t-1}^{\uparrow}=1)\\ 0 & \text{sonst}\end{cases}$$

$$\text{mit:}\ \ B_t^{\uparrow}=1-B_t^{\downarrow}$$

In Abb. 7 gilt beispielsweise $B_t^{\downarrow}=1$ für Punkt F. $B_t^{\uparrow}=1$hingegen ist in bezug auf den Punkt C relevant.

In einem nächsten Schritt muß das Ausmaß a_t, in dem der 'Play'-Bereich p_t durchschritten ist, berechnet werden. Zu diesem Zweck wird zunächst eine Hilfsvariable b_t definiert. Die Durchdringung des 'Play' a_t wird basierend auf dem Vergleich von b_t mit der 'Play'-Weite p_t berechnet. Dies stellt sich in Gleichungsform wie folgt dar:

$$(27)\qquad b_t = B_t^{\downarrow} \cdot (1 - M_t^{\downarrow}) \cdot (a_{t-1} + \Delta x_t) + B_t^{\uparrow} \cdot (1 - M_t^{\uparrow}) \cdot (a_{t-1} - \Delta x_t)$$

$$(28)\qquad a_t = \begin{cases} b_t & \text{falls} \quad 0 < b_t \leq p_t \\ \Delta x_t & \text{falls} \quad (M_t^{\downarrow} = 1) \wedge (\Delta x_t > 0) \wedge (\Delta x_t < p_t) \\ -\Delta x_t & \text{falls} \quad (M_t^{\uparrow} = 1) \wedge (\Delta x_t < 0) \wedge (-\Delta x_t < p_t) \end{cases}$$

In einem letzten Schritt sind die Änderungen der 'Spurt'-Variablen (Δs_t), die durch entsprechende Änderungen der Inputvariable (Δx_t) induziert werden, zu definieren:

$$(29)\qquad \Delta s_t =$$

$$\begin{cases} b_t \cdot [B_t^{\downarrow} \cdot (1 - M_t^{\downarrow}) - B_t^{\uparrow} \cdot (1 - M_t^{\uparrow})] & \text{falls} \quad b_t < 0 \\ (b_t - p_t) \cdot [B_t^{\downarrow} \cdot (1 - M_t^{\downarrow}) - B_t^{\uparrow} \cdot (1 - M_t^{\uparrow})] & \text{falls} \quad b_t > p_t \\ \Delta x_t & \text{falls} \quad [(M_t^{\downarrow} = 1) \wedge (\Delta x_t < 0)] \vee [(M_t^{\uparrow} = 1) \wedge (\Delta x_t > 0)] \\ \Delta x_t - p_t & \text{falls} \quad (M_t^{\downarrow} = 1) \wedge (\Delta x_t > p_t) \\ \Delta x_t + p_t & \text{falls} \quad (M_t^{\uparrow} = 1) \wedge ((-\Delta x_t) > p_t) \end{cases} .$$

Bis jetzt wurde noch nicht spezifiziert, wie die Schlüsselvariable, nämlich die Variable 'Play' p_t, determiniert wird. Um die in Abschnitt 8.3. identifizierten positiven Einflüsse der Unsicherheit auf den 'Play'-Bereich zu erfassen, wird der 'Play' p in einer einfachen linearen Weise als eine Funktion der zur Approximation der Wechselkursunsicherheit verwendeten Variablen u_t modelliert:

$$(30)\qquad p_t = \gamma + \delta \cdot u_t$$

$$\text{mit: } \gamma, \delta \geq 0 \ \text{ und } \ u_t \geq 0 \ \Rightarrow \ p_t \geq 0.$$

Der im Rahmen dieses Abschnittes hergeleitete Algorithmus wird in ein Eviews-Batch-Programm übersetzt und implementiert (Quantitative Micro Software (1997)). Dieses Programm wird im Anhang zu diesem Kapitel ausführlich angeführt. Im folgenden werden zu Schätzzwecken zunächst die Eigenschaften des relevanten Regressionsmodells genauer erläutert.

8.5.4 Die Eigenschaften des Regressionsmodells

Das 'Play'-Regressionsmodell weist die folgenden Charakteristika auf. Das Modell basiert auf einer Beziehung *mit linearen Teilstücken*. Die benachbarten Abschnitte sind durch sogenannte 'Knoten' miteinander *verbunden*.[31]. Die Position der linearen partiellen Funktion hängt von dem vergangenen Pfad der Inputvariable x ab. Der Übergang zwischen den Abschnitten wird durch die hysteretische Inputvariable x 'kontrolliert'. Da die benachbarten Abschnitte miteinander verbunden sind ('joined points'), bezeichnet das hier vorliegende Modell einen *Spezialfall einer 'Switching Regression'* und ähnelt in gewisser Hinsicht einer linearen Splinefunktion.[32] Die Positionen der 'Knoten' sind a priori unbekannt; sie hängen von der Größe des 'Play'-Bereichs p ab, welcher selbst von den Parametern γ und δ determiniert wird. Diese Parameter müssen geschätzt werden, um die genauen Lagen der 'Knoten' identifizieren zu können. Die Position der 'Knoten' teilt die Beziehung zwischen x und y in Bereiche mit zwei verschiedenen Steigungen auf. Falls die Zahl der Beobachtungen die Zahl der zu schätzenden Parameter übersteigt, sind die Abschnitte identifiziert. Für $\beta \neq 0$ weisen benachbarte Teilstücke verschiedene Steigungen auf und können hierdurch unterschieden werden.[33] Die Zahl der Parameter, welche die *komplexe* Dynamik beschreiben, ist erstaunlich *gering*. Lediglich die Basissteigung α, die Steigungsdifferenz β und die 'Play'-Parameter γ und δ sind zu bestimmen. Hierin kommt einer der großen praktischen Vorzüge des im Rahmen dieses Kapitels eigenständig entwickelten Modellierung zum Ausdruck.

Die stochastischen Charakteristika des Regressionsmodells können an dieser Stelle jedoch nur unter den sehr einfachen *Standard*regressionsannahmen identifiziert werden: der Fehlerterm des 'Play'-Modells wird als unabhängig und identisch normalverteilt ('i.i.d.') mit konstanter endlicher Varianz über alle Teilbereiche angenommen. Die Regressoren werden annahmegemäß ohne Fehler gemessen und sind mit dem Fehlerterm nicht korreliert.

Die Eigenschaften der Schätzer können unter diesen Umständen wie folgt charakterisiert werden. Das Modell ist *nichtlinear in den Parametern*. Da die Position der Knoten a priori nicht bekannt ist, müssen die 'Play'-

---

31 In Abb. 7 werden diese 'Knoten' zum Beispiel im Fall des Input-Pfades $x_1 \rightarrow x_3 \rightarrow x_4$ durch die Punkte B, D und E repräsentiert.

32 Vgl. Poirier (1976), S. 9 und S. 117, oder Johnston (1984), S. 392 ff., für lineare Splinefunktionen und lineare 'switching regressions'.

33 Für eine Identifikation von Teilbereichen einer Funktion, die aus mehreren verbundenen Abschnitten besteht, vgl. Poirier (1976), S. 121 ff., und Feder (1975).

Parameter γ und δ geschätzt werden, um die 'Spurt'-Variable s (Gleichungen (29) und (30)) zu determinieren. Die 'Spurt'-Variable s (die eine Funktion $s(\gamma,\delta)$ darstellt) selbst wird multipliziert mit dem Koeffizienten β (Gleichung (24)). Die Annahmen bezüglich der stochastischen Struktur der Fehlerterms und der Regressoren garantieren im Standard-Regressionsmodell, daß die OLS-Schätzer beste lineare unverzerrte Schätzer (BLUE) sind. Die Annahme der Normalverteilung erlaubt es, den OLS-Schätzer als einen Maximum-Likelihood-(ML-)-Schätzer zu interpretieren.[34] Falls die Positionen sämtlicher Verbindungspunkte a priori bekannt wäre, und falls die anderen Annahmen für das hysteretische Regressionsmodell ebenfalls zuträfen, könnte die OLS-Schätzung des Modells ebenfalls als BLUE eingestuft werden.[35] Falls die Knoten hingegen a priori unbekannt sind, ergeben sich im Rahmen von 'Switching Regression'-Modellen im allgemeinen *Diskontinuitäten* und *lokale Maxima in der Likelihood-Funktion.* Letztere führen wiederum zu Problemen bei der Berechnung der ML-Schätzer.[36] Falls jedoch, wie in dem hier betrachteten Spezialfall, die benachbarten Abschnitte *verbunden* sind, weist die Likelihood-Funktion *vorteilhaftere asymptotische Eigenschaften* auf. Die OLS- / ML-Schätzer sind konsistent und asymptotisch normalverteilt. Die statistischen Eigenschaften des 'Play'-Regressionsmodells in *begrenzten* Stichproben bleiben jedoch *problematisch.*[37] Auf der einen Seite sind die Parameterschätzer bei kleinen Stichproben nicht einmal annähernd normalverteilt.[38] Auf der anderen Seite können lokale Maxima in der Likelihood-Funktion auftreten, welche die Berechnung exakter Schätzer verhindern.[39]

Die Annahmen des Standard-Regressionsmodells sind in bezug auf das hier analysierte 'Play'-Regressionsmodell möglicherweise *nicht vollständig er-*

---

[34] Vgl. z.B. Judge u.a. (1988), S. 202 ff. und S. 223 f., oder Johnston (1984), S. 25 ff. und S. 274 ff.

[35] Vgl. z.B. Judge u.a. (1985), S. 799 und S. 802 f.

[36] Vgl. Hujer (1986), S. 231 ff., und Poirier (1976), S. 108 ff.

[37] Vgl. Poirier (1976), S. 117 ff., Hudson (1966) und Hinkley (1969) für einen Überblick über die Eigenschaften von ML- beziehungsweise OLS-Schätzern in einer Situation mit unbekannten, aber kontinuierlichen Wechseln ('switches') zwischen benachbarten Abschnitten.

[38] Vgl. Poirier (1976), S. 129, Hinkley (1969) und Hinkley (1971) für die Kleine Stichproben-Eigenschaften der Schätzer in einem Modell mit unbekannten, aber kontinuierlichen Wechseln ('switches').

[39] Für Probleme der Ableitung und Anwendung von Algorithmen, mit denen systematisch nach der maximierten 'Likelihood' gesucht werden kann, vgl. Poirier (1976), S. 118, und Hudson (1966).

füllt. Zum Beispiel implizieren nicht-stationäre Variablen keine endlichen Varianzen. Darüber hinaus repräsentiert die in diesem Kapitel hergeleitete 'Play'-Dynamik eine *Mischung aus kurzfristiger* (üblicherweise dem Fehlerkorrekturmodell zugeordnet) *und langfristiger Dynamik* (entspricht der Kointegrationsregression), was die Anwendbarkeit der standardmäßigen Kointegrationsanalyse stark einschränken dürfte. In dem Fall von 'Play' könnte jedoch die Anwendung von nichtlinearen Kointegrationstechniken in der Tradition von Escribano, Pfann (1998) adäquat sein. Da jedoch in der Literatur bisher keine Technik zur Verfügung gestellt wird, welche direkt auf das hier entwickelte spezifische Modell anwendbar wäre und die betreffenden Verteilungen sowie kritischen Werte der einschlägigen Schätzer bereitstellen, befindet sich jede mögliche Lösung dieses Problems (wie zum Beispiel eine eigene Monte Carlo-Simulation) deutlich jenseits des Bereichs dieser Arbeit.

Im folgenden Abschnitt wird trotz der aufgezeigten Unwägbarkeiten in bezug auf die Inferenz ein *Beispiel* einer empirischen Anwendung des zuvor entwickelten Algorithmus gegeben. Der Themenstellung entsprechend wird der Algorithmus auf die Beziehung zwischen der gesamtwirtschaftlichen Beschäftigung und Wechselkursen bei Wechselkurs*un*sicherheit angewendet.

8.5.5. Ein Beispiel einer empirischen Anwendung

In diesem Abschnitt wird der vorstehend abgeleitete Algorithmus auf eine Schätzung des 'play'-hysteretischen Modells durch die Minimierung der Abweichungsquadratsumme der Residuen, d.h. durch das OLS-Verfahren, angewendet. Zu diesem Zweck wird eine Prozedur des 'Grid Search' über die 'Play'-Parameter γ und δ verwendet. Die Aufgabe des Algorithmus besteht darin, die Daten in einer Weise zu transformieren, daß das 'play'-hysteretische Modell resultiert. Für jeden gegebenen Punkt des (γ,δ)-'Grid' muß der Algorithmus die Wechsel ('switches') 'erkennen' und muß die 'Spurt'-Variable s aus den konkreten Input-Reihen errechnet werden. Für jeden individuellen 'Grid'-Punkt sind γ und δ prädeterminiert. Somit ist die betreffende OLS-Schätzung von α und β für jeden Punkt unproblematisch, da die Variable s auf lineare Weise die Regressionsgleichung (24) eingeht. Die 'Grid'-Suche nach dem Minimum der Abweichungsquadratsumme der Residuen (d.h. nach dem Maximum des R^2) basierend auf OLS-Schätzungen für jeden 'Grid'-Punkt ist in die Eviews-Version des Algorithmus integriert. Dies wird im Anhang dokumentiert.

Im Rahmen der empirischen Anwendung auf westdeutsche Daten w die gesamtwirtschaftliche Beschäftigung als die abhängige Variable y der Wechselkurs als die hysteretische Inputvariable x verwendet. Als sätzliche nicht-hysteretische erklärende Variablen z werden das reale Bl Ölpreise, Reallöhne, ein linearer Trend und Saisondummies implementiert. Als eine Proxyvariable für die Wechselkursunsicherheit wird mit den Argumenten aus Abschnitt 6.6.1. die *Variabilität* (Standardabweichung) *des effektiven (realen) Wechselkurses* (gegenüber Industrieländern) in Ansatz gebracht. Die Berücksichtigung von Wechselkursunsicherheit als solche stellt einen bedeutenden Unterschied zu bestehenden Studien des deutschen Arbeitsmarktes dar.[40] Die Berücksichtigung der Variabilität des *effektiven realen* Wechselkurses *gegenüber Industrieländern* an der Stelle eines gewichteten Durchschnitts bilateraler nominaler Variabilitäten wie in Kapitel 6 oder bei Belke, Gros (1998a, 1998b) bedeutet einen weiteren wichtigen Unterschied. Diese Spezifikation kann mit der Herstellung größerer *Vergleichbarkeit* mit empirischen Studien zur westdeutschen Arbeitsnachfrage und den empirischen Studien zum Einfluß der Wechselkursunsicherheit auf den Außenhandel (siehe Abschnitt 6.1.) gerechtfertigt werden.

Die exakten Definitionen der verwendeten Zeitreihen bzw. der Variablen lauten wie folgt (die Schätzungen basieren wegen der prinzipiell direkteren Interpretierbarkeit der Schwellenwerte auf den Niveaus der betreffenden Reihen[41]). BAI: Index der gesamtwirtschaftlichen Beschäftigung (Periodendurchschnitt), ausschließlich für Westdeutschland; BIP91: reales BIP in Preisen von 1991, ausschließlich für Westdeutschland; PIOE: Rohölpreise, Rotterdam; WNDM: geometrisch gewichteter nominaler effektiver Wechselkurs gegenüber allen Industrieländern, Quelle: Bundesbank; WRDM: geometrisch gewichteter realer effektiver Wechselkurs gegenüber allen Industrieländern (Konsumentenpreisindex), Quelle: Bundesbank; UWRDM: Standardabweichung der monatlichen Änderungen (Monat zu Monat) von WRDM (monatsweise über die letzen zwölf Monate berechnet, nicht mit Einhundert multipliziert). Quartalsweise Beobachtungen der Volatilitätsvariable werden als der arithmetische Durchschnitt der monatlichen

---

40 Ähnliche Proxyvariablen für die Wechselkursvariabilität können auch bei Ungerer u.a. (1986), Emerson u.a. (1991) und Weber (1991) gefunden werden. Vgl. ausführlich Abschnitt 6.6.1.

41 Die Schätzungen basieren im Gegensatz zu Kapitel 9 wegen des anderen Untersuchungsinteresses (hier: Schätzung von Schwellenwerten, dort: Schätzung von Elastizitäten) auf Niveaus und nicht auf natürlichen Logarithmen der betreffenden Reihen)

Beobachtungen ermittelt. Die Volatilitätsvariable UWRDM bezeichnet die Wechselkursunsicherheit.[42]

Ursprünglich wurden den unabhängigen Variablen auch die Reallöhne zugerechnet, da diese eine andere wichtige Determinante der Arbeitsnachfrage darstellen sollten (vgl. Kapitel 9). Diese wurden definiert als STLOR: STLO/CPI mit STLO: 'hourly union wages' für die gesamte Volkswirtschaft und CPI: Konsumentenpreisindex, jeweils für Westdeutschland ausgewiesen. In der endgültigen Spezifikation jedoch stellen sich die Reallöhne als insignifikant heraus. Ihre Koeffizientenschätzer weisen dabei sogar theorieinkonforme positive Vorzeichen auf. Dies deutet potentielle Simultanitätsprobleme an. Als eine Konsequenz hieraus werden Reallöhne als eine unabhängige Variable aus der weiteren Analyse ausgeschlossen.

Entsprechend den theoretischen Betrachtungen in Abschnitt 8.3. und der Beschreibung der 'Play'-Dynamik in Abschnitt 8.5.3. beziehen sich die zu testenden Hypothesen auf die Gleichungen:

(24') $y_t = C + \alpha \cdot x_t + \beta \cdot s_t(\gamma,\delta) + \lambda \cdot z_t$

mit: $|\alpha| < |\alpha + \beta|$

(30') $p_t = \gamma + \delta \cdot u_t$

mit: $\gamma, \delta \geq 0 \;\; (p_t \geq 0)$

Falls überprüft werden soll, ob 'Play' überhaupt relevant ist, sollte erstens die Hypothese (H1a) $\beta \neq 0$ gegen die Alternative $\beta = 0$ getestet werden. Entsprechend der Theorie des Abschnitts 8.3. ist die zu testende Hypothese aber eigentlich noch restriktiver, da eine schwächere 'Play'-Reaktion und eine stärkere 'Spurt'-Reaktion impliziert werden. Dies bedeutet, daß die Hypothese (H1b) $|\alpha| < |\alpha + \beta|$ gegen die Alternative $|\alpha| = |\alpha + \beta|$ getestet werden sollte. Falls α und β dasselbe Vorzeichen aufweisen, sind die Hypothesen (H1a) und (H1b) einander äquivalent. Zweitens werden die 'Play'-Bereiche gemäß Abschnitt 8.3. durch das Auftreten von Wechselkursunsicherheit geweitet,

---

[42] Für eine detaillierte Rechtfertigung einer Operationalisierung durch historische Volatilitäten vgl. Kapitel 6.6.1. sowie Belke, Gros (1998a, 1998b)). Der Kern dieses Arguments beruht auf den allgemein akzeptierten Schwierigkeiten bei der Vorhersage von Wechselkursbewegungen. Vgl. Meese, Rogoff (1983) und Giavazzi, Giovannini (1989). Diese Schwierigkeiten machen die Konstruktion des idealen Maßes der Unsicherheit, der Variabilität der *nicht antizipierten* Wechselkursänderungen, faktisch unmöglich.

falls Optionspreiseffekte relevant sind. Folglich sollte auch ein Test der Hypothese (H2) $\delta > 0$ gegen die Alternativhypothese $\delta = 0$ durchgeführt werden. Ein entsprechender Test kann prinzipiell auf der Basis eines *Vergleichs der unbeschränkten mit der beschränkten Version* des empirischen Modells *durch einen F-Test* erfolgen.

Falls man für einen Augenblick von möglichen Beschränkungen der Inferenz beispielsweise aufgrund von nicht endlichen Varianzen der Variablen absieht, können die OLS-Schätzer der betreffenden Gleichungen gemäß Abschnitt 8.5.4. als asymptotisch unverzerrt, d.h. als konsistent, und asymptotisch normalverteilt angesehen werden. Da jedoch die Eigenschaften der Schätzer für kleine Stichproben weiter problematisch bleiben, enthalten sich die weiteren Ausführungen von weitreichenden Schlußfolgerungen in bezug auf die Inferenz. Es wird lediglich ein *erster Eindruck* von der möglichen Struktur der empirischen Ergebnisse vermittelt. Vor diesem Hintergrund dienen die folgenden Regressionsergebnisse eher als eine erste *Illustration der Funktionsweise des Algorithmus* denn als Basis für eine exakte Inferenz.

Als ein Referenzpunkt beginnen die empirischen Untersuchungen mit einer standardmäßigen Regression unter Ausschluß von 'Play'- und/oder 'Spurt'-Effekten. In der Begrifflichkeit des 'Play'-Modells ausgedrückt, wird dem Modell hierdurch die Restriktion $\beta = 0$ auferlegt. Die entsprechenden Resultate werden in Tab. 1 angegeben.

Tab. 1 - *Standardregression ohne 'Play' / 'Spurt' (Restriktion $\beta = 0$)*

LS // Dependent Variable is BAI
Sample: 1973:3 1996:1 Included observations: 91

Variable	Coefficient	Std. Error	t-Statistic	Prob.
C	16663.27	926.8334	17.97871	0.0000
WRDM	-45.49663	7.772264	-5.853716	0.0000
BIP91(-2)	29.04983	1.978393	14.68355	0.0000
PIOE(-4)	-6.248350	1.912103	-3.267789	0.0016
TREND	-54.02643	6.663959	-8.107256	0.0000
D1	-542.9219	80.07660	-6.780032	0.0000
D2	-859.5049	91.79730	-9.363074	0.0000
D3	281.7454	82.97544	3.395528	0.0011

R-squared	0.955843	Mean dependent var	24051.68
Adjusted R-squared	0.952119	S.D. dependent var	1229.889
S.E. of regression	269.1217	Akaike info criterion	11.27413
Sum squared resid	6011400.	Schwarz criterion	11.49487
Log likelihood	-634.0965	F-statistic	256.6641
Durbin-Watson stat	0.716898	Prob(F-statistic)	0.000000

Die Regressionsergebnisse vermitteln den Eindruck, daß die Schätzer sämtlicher Variablen (gemessen an der t-Statistik) hoch signifikant sind und das theoretisch korrekte Vorzeichen aufweisen. Das reale BIP wird mit einer Verzögerung von zwei Quartalen, der Ölpreis hingegen mit einer Verzögerung von vier Quartalen in die Spezifikation aufgenommen. Der reale effektive Wechselkurs hingegen geht kontemporär in den empirischen Ansatz ein.

Im nächsten Schritt wird ein eindimensionaler 'Grid Search' durchgeführt, um den Parameter γ in dem einfachen Fall mit konstantem 'Play', d.h. unter der Restriktion $\delta=0$ (vgl. Abb. 12), zu schätzen. Die Sequenz der R^2 in Abhängigkeit von unterschiedlichen Realisationen des Parameters γ weist bei $\gamma=12{,}2$ ein absolutes Maximum mit einem R^2 von 0,967187 auf. Die entsprechenden Schätzer für die konstante 'Play'-Breite $p=\gamma=12{,}2$ (und $\delta=0$) werden in Tab. 2 dokumentiert. Das Minimum des R^2-Plots für die Realisation $\gamma=0$ ($R^2=0{,}955843$) korrespondiert mit den Schätzergebnissen für das Standardmodell (Tab. 1).

Abb. 12 - *R^2 als das Resultat eines eindimensionalen 'Grid Search' über γ (mit $\delta=0$) ('Grid'-Auflösung: 0,2)*

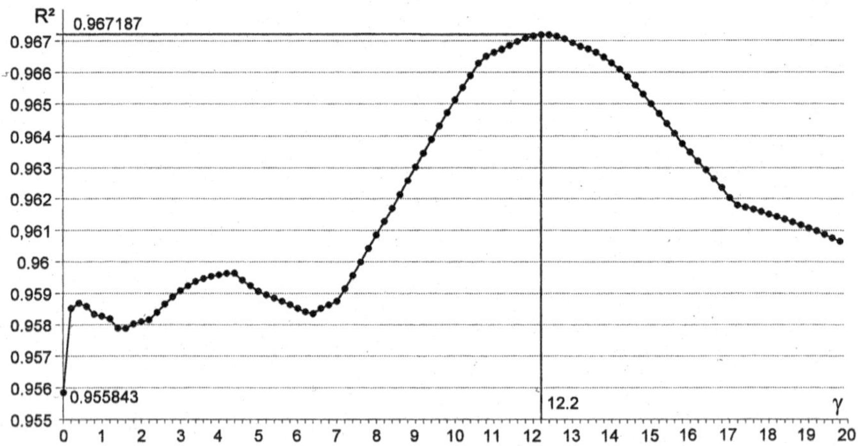

Die Tab. 2 geht von Abb. 12 aus und stellt die OLS-Schätzung auf der Grundlage desjenigen *konstanten* 'Play' $p=\gamma=12{,}2$ (und $\delta=0$) dar, welches das R^2 maximiert. Eine 'Spurt'-Variable wird der Spezifikation hinzugefügt. Die Schätzer der Koeffizienten sämtlicher Variablen offenbaren das theoretisch erwartete Vorzeichen. Wie bereits in Abschnitt 8.5.4. erläutert, sind die Schätzer unter oben definierten Annahmen konsistent und asymptotisch normalverteilt. Man beachte, daß der Einfluß der 'Spurt'-Variablen den *Effekt des realen effektiven Wechselkurses* nunmehr zu *substituieren* scheint. In bezug auf einen Test der Hypothese (H1a) $\beta \neq 0$ gegen die Alternative $\beta = 0$ liefert diese Regression einen Schätzer für den Koeffizienten der 'Spurt'-Variablen $\beta = -85{,}61$ mit einer empirschen Realisation des t-Wertes in Höhe von -5,32. Da die Eigenschaften des hier verwendeten Regressionsmodells für kleine Stichproben unbekannt sind und da dieses Modell nichtlinear in den Parametern ist, sind die t-Werte jedoch nicht Student-t-verteilt. Trotzdem erscheint es angemessen zu konstatieren, daß diese überaus hohe empirische Realisation des t-Werts (die etwa *dreimal so hoch* wie der kritische Wert (5%) im Falle der standardmäßigen Student-t-Verteilung ausfällt) einen deutlichen Hinweis auf die Relevanz des 'Play' darstellt. Weiter oben wurde betont, daß die zu testende Hypothese prinzipiell sogar noch restriktiver als (H1a) sei. Die Hypothese (H1b) $|\alpha| < |\alpha+\beta|$ müsse gegen die Alternative $|\alpha| = |\alpha+\beta|$ getestet werden. Da jedoch die Parameter α und β dasselbe *negative* Vorzeichen aufweisen, können beide Hypothesen (H1a) und (H1b) als einander äquivalent angesehen werden. Die Anmerkungen in bezug auf die Validität von (H1a) lassen sich somit auch auf (H1b) beziehen.

Tab. 2 - *Regression mit konstantem 'Play'* $p = \gamma = 12{,}2$
(Restriktion $\delta = 0$; $K = 10$*)*

LS // Dependent Variable is BAI
Sample: 1973:3 1996:1   Included observations: 91

Variable	Coefficient	Std. Error	t-Statistic	Prob.
SPURT	-85.61061	16.07901	-5.324371	0.0000
C	10971.96	1337.424	8.203796	0.0000
WRDM	-3.698944	10.34713	-0.357485	0.7216
BIP91(-2)	32.99418	1.868898	17.65435	0.0000
PIOE(-4)	-6.106956	1.658525	-3.682161	0.0004
TREND	-79.64991	7.520786	-10.59064	0.0000
D1	-568.9099	69.61945	-8.171710	0.0000
D2	-924.3590	80.53958	-11.47708	0.0000
D3	363.6172	73.58673	4.941342	0.0000

R-squared	0.967187	Mean dependent var	24051.68
Adjusted R-squared	0.963986	S.D. dependent var	1229.889
S.E. of regression	233.4016	Akaike info criterion	10.99918
Sum squared resid	4467056.	Schwarz criterion	11.24751
Log likelihood	-620.5862	F-statistic	302.1253
Durbin-Watson stat	1.000645	Prob(F-statistic)	0.000000

Im Fall des unbeschränkten Modells schließlich führt der simultane 'Grid Search' für γ und δ zu einer R^2-*Ebene*. Diese wird in der Gestalt einer topographischen Karte ('Vogelperspektive') in Abb. 13 a illustriert.[43] Hierbei wird ein *Trade-off zwischen den Parametern γ und δ* in bezug auf die Anpassungsgüte offensichtlich, da die 'Bergketten' gleichen R^2s *diagonal* ausgerichtet sind. Um die Präzision der 'Grid'-Prozedur zu erhöhen, wird der Bereich mit hohen Niveaus des R^2 mit einer höheren Auflösung separat analysiert. Die resultierende 'Karte' der R^2-Ebene wird in Abb. 13 b beschrieben. Das absolute Maximum der empirischen R^2-Realisationen resultiert jedoch für die Parameterwerte $\gamma=1{,}90$ und $\delta=11{,}74$ (mit $R^2=0{,}975437$; vgl. Tab. 3 für die entsprechenden Schätzer). Diese γ/δ-Kombination wird charakterisiert durch einen relativ kleinen Schätzer des Parameters γ zum Vorteil der Effekte der Wechselkursunsicherheit auf den 'Play'-Bereich, die durch $\delta > 0$ erfaßt werden. Natürlich ist das resultierende R^2-Maximum größer als das Maximum bei konstantem 'Play' (Abb. 12).

Abb. 13 a - *R^2-Ebene als das Resultat eines zweidimensionalen 'Grid Search' über γ und δ*

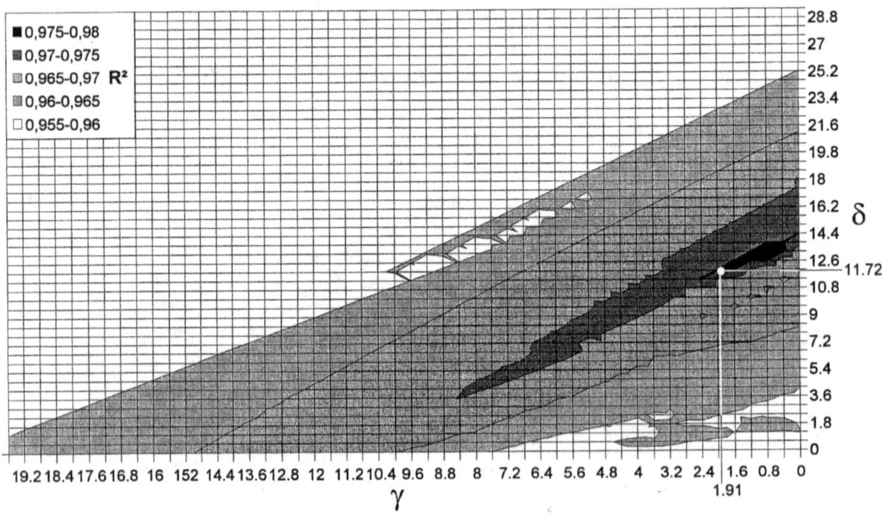

[43] Für diese Art der graphischen Vorgehensweise vgl. in anderem Zusammenhang auch Belke, Göcke (1997a).

Abb. 13 b - *Erhöhung der Auflösung des 'Grid Search' in dem Bereich um das R^2-Maximum*

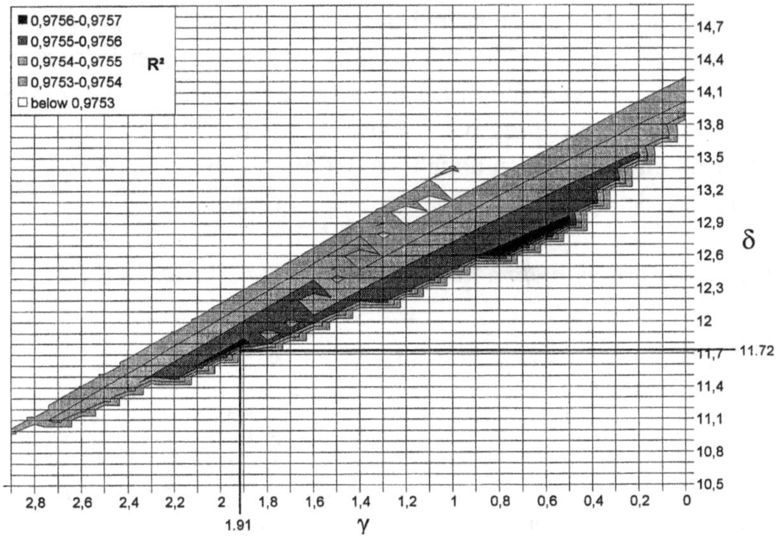

Eine visuelle Inspektion der Abb. 13b enthüllt *multiple lokale Maxima* auf der R^2-Ebene. Dieses Ergebnis korrespondiert mit den multiplen lokalen Maxima, die bereits auf der Grundlage des eindimensionalen 'Grid Search' über den Parameter γ entdeckt wurden, sowie mit der allgemeinen Eigenschaft der Likelihood-Funktion im Fall der 'Switching Regression' für beschränkte Stichprobenumfänge (Abschnitt 8.5.4.). Obwohl das absolute Maximum mathematisch genau wie oben erläutert berechnet werden kann (und wird), vermittelt eine bloße visuelle Inspektion der Abb. 13b den Eindruck von *zwei Bereichen* mit (γ,δ)-Kombinationen ähnlicher Anpassungsgüte. Der erste Bereich befindet sich in der Umgebung des geschätzten absoluten R^2-Maximums ($\gamma = 1{,}90$, $\delta = 11{,}74$). Die zweite Region eines lokalen Maximums (welche erst durch eine höhere graphische Auflösung in Abb. 13b enthüllt werden konnte) befindet sich in dem Bereich um $\gamma \approx 0{,}6$ und $\delta \approx 12{,}8$. Man beachte, daß das zweite Maximum sogar eine *noch stärkere Substitution* des Parameters γ *durch den Unsicherheitseffekt* δ impliziert.

Die Tab. 3 stellt die Schätzer einer Regression dar, die auf einem *variablen* 'Play' ($\gamma = 1{,}91$ und $\delta = 11{,}72$) basiert. Diese (γ,δ)-Kombination maximiert im Falle des zweidimensionalen 'Grid Search' das R^2. Folglich wird wiederum eine 'Spurt'-Variable in der Spezifikation berücksichtigt. Die Schätzergebnisse sind hinsichtlich der Größenordnung und der Signifikanz weitgehend mit den in der Tab. 2 dargestellten Resultaten kompatibel. Außer dem Schätzer für den Einfluß des realen effektiven Wechselkurses weisen alle Koeffizientenschätzer wieder das theoretisch erwartete Vorzeichen auf. Der t-Wert der 'Spurt'-Variablen und das R^2 steigen sogar noch weiter an. Das durchgehend (Tab. 2 und Tab. 3) *negative* Vorzeichen der Variablen SPURT liegt in der hier vorgenommenen Operationalisierung des Wechselkurses begründet. Der reale effektive Wechselkurs WRDM wurde hier -wie in empirischen Untersuchungen üblich- so definiert, daß ein *steigender* Index eine *Aufwertung* der heimischen Währung (DM) signalisiert.[44]

Tab. 3 - *Regression ohne Restriktionen für* $\gamma = 1{,}91$ *und* $\delta = 11{,}72$ *(K=11)*

LS // Dependent Variable is BAI
Sample: 1973:3 1996:1 Included observations: 91

Variable	Coefficient	Std. Error	t-Statistic	Prob.
SPURT	-81.63117	9.986232	-8.174372	0.0000
C	10828.12	994.3095	10.89009	0.0000
WRDM	3.278828	8.324324	0.393885	0.6947
BIP91(-2)	31.89214	1.517839	21.01153	0.0000
PIOE(-4)	-9.210327	1.473227	-6.251806	0.0000
TREND	-74.98966	5.598580	-13.39441	0.0000
D1	-558.0620	59.83037	-9.327404	0.0000
D2	-895.1231	68.69312	-13.03075	0.0000
D3	344.6547	62.44263	5.519542	0.0000

R-squared	0.975669	Mean dependent var	24051.68
Adjusted R-squared	0.973296	S.D. dependent var	1229.889
S.E. of regression	200.9818	Akaike info criterion	10.70009
Sum squared resid	3312281.	Schwarz criterion	10.94842
Log likelihood	-606.9775	F-statistic	411.0301
Durbin-Watson stat	1.228382	Prob(F-statistic)	0.000000

Um erste Evidenz zur Validität der Hypothese (H2) $\delta > 0$ gegen $\delta = 0$ zu gewinnen, wird im folgenden die partielle F-Statistik (für $k = 11$ Parameter und $q = 1$ Beschränkungen) für einen Vergleich der Regression ohne Beschränkungen mit der einfach beschränkten Regression ($\delta = 0$) berechnet:

---

[44] Da in den theoretischen Ausführungen der Kapitel 7 und 8 ein *Anstieg* des Wechselkurses e hingegen mit einer *Abwertung* gleichgesetzt wurde, lassen sich die hier erzielten empirischen Ergebnisse nicht Eins-zu-Eins anhand von Abb. 7 bis Abb. 11 veranschaulichen. Vielmehr ist davon auszugehen, daß die Steigung der 'Play'- sowie der 'Spurt'-Geraden negativ wird. Darüber hinaus wird die rechte 'Spurt'-Gerade zu 'spurt down' und die linke 'Spurt'-Gerade zu 'spurt up'. Eine einfache Umdefinition des Wechselkurses (z.B. seine Multiplikation mit -1) würde diese scheinbaren Interpretationsprobleme sofort beseitigen.

$$(31)\quad F_{(\delta=0)}=\frac{(R^2_{unrestricted}-R^2_{restricted})\cdot(n-k)}{(1-R^2_{unrestricted})\cdot q}=$$

$$\frac{0{,}975669-0{,}967187}{1-0{,}975669}=27{,}89$$

Da das in diesem Abschnitt 8.5. verwendete Modell nichtlinear in seinen Parametern ist, ist der F-Test streng genommen nicht anwendbar. Der hohe Wert des hier erzielten empirischen F-Wertes kann jedoch trotzdem als ein erstes Indiz dafür gewertet werden, daß das unbeschränkte Modell ($\delta \geq 0$) eine adäquatere Beschreibung der Beschäftigungsdynamik darstellt. Als ein zweiter Hinweis für die statistische Überlegenheit von $\delta > 0$ kann angeführt werden, daß die geschätzte (γ,δ)-Kombination durch einen relativ kleinen Schätzer für γ zugunsten eines relativ großen Unsicherheitsparameters $\delta > 0$ charakterisiert wird.

Die Abb. 14 vermittelt einen graphischen Eindruck der zeitlichen Sequenz der im Rahmen des Algorithmus erzeugten künstlichen Variablen PLAY (linke Graphik) und SPURT (basierend auf dem realen effektiven Wechselkurs, rechte Graphik). Die Variable SPURT wird dabei mit den historischen Ausprägungen des realen effektiven Wechselkurses WRDM verglichen. Die Berechnung der beiden künstlichen Variablen basiert auf den 'optimalen' Werten $\gamma = 1{,}91$ und $\delta = 11{,}72$. Es wird unmittelbar offenbar, daß der geschätzte Wert des 'Play', als eine Linearkombination der Unsicherheit (d.h. der Wechselkursvarianz) *nicht konstant* ist. Der Zeitpfad des 'Spurt' hingegen weist Ähnlichkeiten mit dem ursprünglichen Pfad des Wechselkurses WRDM auf. Dabei werden jedoch Perioden der Inaktivität, die auf 'Play'-Effekte zurückgehen, offensichtlich. Die kurzfristige Variabilität des Wechselkurses wird durch den 'Play/Spurt'-Algorithmus herausgefiltert. Lediglich *starke* Änderungen des Wechselkurses WRDM werden durch die 'Spurt'-Zeitreihe reflektiert. Hierdurch werden ausgeprägte Bezüge zu den in Kapitel 6 erörterten Konzepten der kurzfristigen Volatilität und dem 'Misalignment' von Wechselkursen sowie *weitere Anwendungsmöglichkeiten* des hier neu entwickelten Konzeptes deutlich.

Abb. 14 - *Variabler 'Play' und die 'Spurt'-Variable für das unbeschränkte Modell*
($\gamma = 1{,}91$ und $\delta = 11{,}72$)

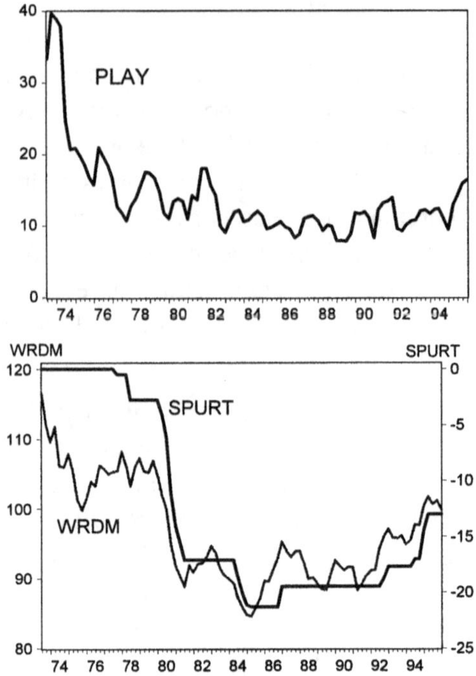

8.6 Schlußfolgerungen

In diesem Kapitel wurden die Einflüsse der Wechselkursunsicherheit auf die Beziehung zwischen *makroökonomischen* Arbeitsmarktvariablen untersucht. Entsprechend den theoretischen Ergebnissen in den Abschnitten 8.2 bis 8.4 müssen bei Unsicherheit ebenso wie auf der Mikroebene (Kapitel 7) auch auf der makroökonomischen Ebene Bereiche 'schwacher Reaktion' -sogenannte 'Play'-Bereiche- berücksichtigt werden. Die Breite des 'Play'-Bereichs ist eine positive Funktion des Grades der Unsicherheit. Wenn Änderungen der erklärenden Variablen (wie beispielsweise des Wechselkurses) über den 'Play'-Bereich hinausgehen, finden plötzlich starke Reaktionen ('Spurts') der Beschäftigung statt. Diese nichtlineare Dynamik der Beschäftigung wurde in Abschnitt 8.5.2 in vereinfachender linearer Weise erfaßt. In Abschnitt 8.5.3 wurde ein Algorithmus zur Beschreibung der linearen 'Play'-

Hysteresis entwickelt und in einen Regressionsrahmen implementiert. Als eine empirische Anwendung des Algorithmus wurden die Einflüsse des Wechselkurses auf die westdeutsche Beschäftigung unter Berücksichtigung von 'Play'-Effekten analysiert. Es stellte sich in bezug auf die westdeutsche Arbeitsnachfrage heraus, daß das nichtlineare Modell einschließlich 'Play' zu einer besseren Anpassungsgüte an die Daten führte als das standardmäßige lineare Modell. Darüber hinaus gelang es, die Schätzgüte des Modells durch die zusätzliche Berücksichtigung von Unsicherheitseffekten auf die 'Play'-Bereiche schwacher Reaktion noch weiter zu erhöhen. Somit konnten die Implikationen des in Abschnitt 8.3 entwickelten makroökonomischen Modells in bezug auf die Dynamik der aggregierten Beschäftigungsnachfrage bei Wechselkursunsicherheit empirisch bestätigt werden. Im folgenden Kapitel 9 werden die in Kapitel 6 bis 8 in bezug auf den Einfluß der Wechselkursunsicherheit auf Arbeitsmärkte erzielten Ergebnisse empirisch weiter verdichtet. Dabei werden, erwachsend aus der bereits angedeuteten möglichen Kritik an den in den Abschnitten 6.5, 6.6 und 8.5.5 verwendeten Schätzverfahren *neuere Techniken der Zeitreihenanalyse* genutzt und stellvertretend wiederum auf den westdeutschen Arbeitsmarkt angewendet.

9 Wechselkursunsicherheit und der deutsche Arbeitsmarkt: Eine Kointegrationsanwendung des Autoregressiven Distributed-Lag-Ansatzes

9.1 Einführung

In diesem Kapitel werden die in Kapitel 6 bis 8 in bezug auf den Einfluß der Wechselkursunsicherheit auf Arbeitsmärkte erzielten Ergebnisse empirisch weiter verdichtet. Dabei werden neuere Techniken der Zeitreihenanalyse genutzt und stellvertretend auf den westdeutschen Arbeitsmarkt angewendet.[1] Der erste Hauptteil dieses Kapitels verbindet die von Pesaran, Shin, Smith (1996) vorgeschlagene Grenztestprozedur ('bounds testing procedure') mit der Schätzung der Auswirkungen der Wechselkursunsicherheit auf Arbeitsmärkte. Die Existenz einer Langfristbeziehung zwischen der westdeutschen Beschäftigung und den relevanten erklärenden Variablen, die ursprünglich bereits von Belke, Göcke (1997, 1997a) analysiert wurden, wird hier aus veränderter Perspektive erneut untersucht. Der Satz der verwendeten Variablen wird jedoch dem Fall einer *offenen* Volkswirtschaft angeglichen. Besondere Aufmerksamkeit wird dabei der Rolle der Wechselkursvolatilität geschenkt. Dem Einfluß dieser Variablen werden zu diesem Zweck verschiedene zu testende *kurzfristige oder langfristige Restriktionen* auferlegt. In dem zweiten Hauptteil dieses Kapitels werden die betreffende Langfristbeziehung und die einschlägige Kurzfristdynamik für den westdeutschen Arbeitsmarkt geschätzt. Dabei werden einige neue zeitreihenanalytische Techniken, die von Pesaran, Shin (1998) entwickelt wurden, verwendet, um im Hinblick auf einige der bereits zuvor angedeuteten *kritischen Punkte* der in Kapitel 6 vorgenommenen empirischen Analysen zum Einfluß der Wechselkursunsicherheit auf Arbeitsmärkte mögliche *Verbesserungen* zu entwickeln.

---

[1] Der Verfasser dankt den Teilnehmern des Forschungsseminars des Zentrums für Europäische Wirtschaftsforschung (ZEW), Mannheim, des Forschungsseminars des Zentrums für Europäische Integrationsforschung (ZEI), Bonn, des Workshops 'Globalization and Unemployment', Hagen, und des 'Staff Seminar' des International Monetary Fund' (IMF), Washington/DC, für wertvolle Anmerkungen sowie dem Department of Applied Economics (DAE), Cambridge/GB, für seine stimulierende Forschungsumgebung während des Seminars 'Working with Microfit 4.0 - Modern Developments in Time Series Analysis'. Für die folgenden Ausführungen vgl. auch Belke (1998e).

Der gemäß Kapitel 6 in der einschlägigen Literatur mit am häufigsten genutzte Indikator der Wechselkursunsicherheit, die jährliche Standardabweichung der monatlichen Änderungen (jeweils zum Vormonat) des Wechselkurses, führt allein schon durch seine Konstruktion im allgemeinen zu *geringen Umfängen der zugrunde liegenden Stichproben*. Denn es wird die Verwendung von Jahresdaten der abhängigen realwirtschaftlichen Variablen erforderlich.[2] Ein möglicher Standardeinwand gegen eine derartige Vorgehensweise manifestiert sich darin, daß aufgrund dieser Operationalisierung der Wechselkursunsicherheit bei Schätzungen nur eine *beschränkte* Zahl an Freiheitsgraden zur Verfügung stehe. Die Verteilung der einschlägigen Teststatistiken sei jedoch eher für den Fall großer Stichproben bekannt.[3] Als eine Konsequenz hieraus liege möglicherweise *keine hinreichende Information über die Integrations- und Kointegrationseigenschaften der Zeitreihen* vor. Aus der Sicht dieses potentiellen Einwands bleibt es im Prinzip fraglich, ob die betreffenden Variablen in Differenzenform oder unverändert als Niveauwerte in die Analyse eingeführt werden sollen (Belke, Gros (1998a, 1998b)).

Eine neuartige empirische Prozedur, welche diese Schwierigkeiten vermeidet und hervorragend für das vorliegende Problem geeignet zu sein scheint, basiert auf der von Pesaran, Shin, Smith (1996) und Pesaran, Shin (1998) vorgeschlagenen Vorgehensweise. Sie ist im Fall *kleiner Stichproben* gemäß einiger Monte Carlo-Studien *so effizient wie möglich*. Darüber hinaus bietet sie eine geeignete Grundlage dafür, mit dem oft kontrovers diskutierten Thema der *(fehlenden) Exogenität* der Volatilitätsvariable umzugehen (vgl. Kapitel 6). Dieses Verfahren wird in diesem Kapitel auch deshalb gewählt, da es den zusätzlichen Vorteil aufweist, *konsistente* Schätzer der Langfristkoeffizienten zu generieren, die asymptotisch *normalverteilt* sind. Dies gilt *unabhängig davon, ob die zugrunde liegenden Regressoren von der Ord-*

---

[2] In Kapitel 6 wurden monatliche statt täglicher Änderungen der Wechselkurse zur Berechnung der Volatilität verwendet, da Investitions- und Beschäftigungsentscheidungen einen längeren Zeithorizont aufweisen. Ein weiterer Grund für diese Entscheidung lag darin, daß die benötigten Daten auf -für den gesamten Stützzeitraum und alle betrachteten Volkswirtschaften- konsistenter Basis vergleichsweise leichter erhältlich sind. Vgl. ausführlich Abschnitt 6.6.1. Ein bewußt eingegangener möglicher Nachteil dieser theoretisch sicherlich berechtigten Entscheidung bestand jedoch in der Notwendigkeit, Jahresdaten zu verwenden. Vgl. auch Belke, Gros (1998a, 1998b) und Gros, Thygesen (1998), S. 183 f.

[3] Für einen Überblick vgl. Belke (1996), S. 224 ff.

nung 0 (I(0)) oder von der Ordnung 1 (I(1)) integriert sind.[4] Dies stellt eine Schlüsseleigenschaft dar, denn ein zweiter in der Literatur häufig geäußerter Einwand besteht darin, daß es nicht eindeutig sei, ob die Wechselkursunsicherheit als ein I(0)- oder als ein I(1)-Prozeß zu klassifizieren sei. Wie beispielsweise von Belke, Gros (1998b) ausgeführt, hängt es faktisch im wesentlichen von der Voreinstellung (dem 'Prä') des jeweiligen Analysten ab, ob das in diesem Kapitel verwendete Volatilitätsmaß letztlich als stationär einzustufen ist oder nicht. Ein dritter Einwand gegen die in den Abschnitten 6.5.1 und 6.6 verwendete Vorgehensweise besteht darin, daß es die dort verwendete Prozedur (eine Schätzung von Vektorautoregressionen (VARs) in ersten Differenzen) nicht erlaube, klar zwischen langfristigen und kurzfristigen Beziehungen zu unterscheiden. Das in diesem Kapitel verwendete Analyseverfahren gestattet es jedoch prinzipiell, die *korrekte dynamische Struktur* des empirischen Modells zu identifizieren.

In diesem Kapitel wird die von Pesaran, Shin, Smith (1996) entwickelte Prozedur auf *Quartalsdaten* für Deutschland (lediglich westdeutsche Daten, um einen konsistenten Stützzeitraum zu erhalten) angewendet. Der hier verwendete Ansatz involviert *zwei Schritte*. In einem *ersten Schritt* wird auf der Basis der Grenztestprozedur ('bounds testing procedure') von Pesaran, Shin, Smith (1996) die Nullhypothese getestet, daß keine Langfristbeziehung zwischen den Niveaus der untersuchten Variablen existiert. Dabei wird ihrer Empfehlung strikt gefolgt, nur dann die nächste Stufe der empirischen Untersuchung zu beschreiten, falls die Nullhypothese keiner Langfristbeziehung abgelehnt werden kann. Der zu diesem Zweck einschlägige Test basiert auf der standardmäßigen Wald-Statistik oder der F-Statistik für Tests der Signifikanz der verzögerten *Niveaus* der Variablen in einer in ersten Differenzen formulierten 'Autoregressive Distributed Lag'-Regression (ARDL-Regression). Diese Statistiken weisen jedoch unter der Nullhypothese eine nicht standardmäßige Verteilung auf. Falls aus einem Vergleich der empirischen Realisationen dieser Statistiken mit ihren kritischen Werten eine Signifikanz der verzögerten Niveauterme resultieren sollte, wird der *zweite Schritt* der Analyse eingeleitet. Dieser besteht in einer Schätzung der *Langfristkoeffizienten* und der korrespondierenden *Fehlerkorrekturmodelle* ('error-correction models', ECMs) unter Verwendung der bei Pesaran, Shin (1998) beschriebenen Prozedur. Die Verwendung von Fehlerkorrekturmo-

---

4 Die Aussage gilt ebenfalls unabhängig vom 'Ausmaß' der Kointegration zwischen den betrachteten Variablen. Dieser Zusammenhang wird im folgenden jedoch nicht weiter thematisiert.

dellen ist gemäß Abschnitt 6.1 erst in allerjüngster Zeit im Rahmen der Analyse des Einflusses der Wechselkursunsicherheit *auf den Außenhandel* vereinzelt eingeführt worden.[5] Bislang wurden Fehlerkorrekturmodelle jedoch *in keinem Fall* auf die Beziehung zwischen der Wechselkursunsicherheit und dem *Arbeitsmarkt* angewendet. Dies geschieht *erstmalig* in diesem Kapitel, das sich somit auch aus dieser Sicht als eine Innovation versteht.

Im folgenden wird so vorgegangen, daß nach einer kurzen Einführung (Abschnitt 9.1) in Abschnitt 9.2 die in den vorhergehenden Kapiteln abgeleiteten konkurrierenden Modelle zum Einfluß der Wechselkursbewegungen (erstes und zweites statistisches Moment) kurz vergleichend systematisiert. Diese konkurrierenden Modelle werden in zu testende Hypothesen transformiert, indem sie als spezifische Restriktionen des empirischen Arbeitsnachfragemodells formuliert werden. Im verbleibenden Teil des Kapitels 9 folgen empirische Tests dieser Hypothesen am Beispiel des westdeutschen Arbeitsmarktes. In Abschnitt 9.3 wird zunächst die Existenz von langfristigen Beziehungen in Abhängigkeit von den verschiedenen Restriktionen empirisch getestet. Dabei kommen sowohl der Pesaran, Shin, Smith (1996)-Ansatz (Abschnitt 9.3.1) als auch der Johansen-Systemansatz einschließlich der hiermit notwendigerweise verbundenen Einheitswurzeltests (Abschnitte 9.3.2 und 9.3.3) zur Anwendung. In Abschnitt 9.4 erfolgt schließlich eine empirische Anwendung des ARDL-Ansatzes auf die Kointegrationsanalyse. Zu diesem Zweck werden *Schätzungen der Langfristkoeffizienten* und des assoziierten *Fehlerkorrekturmodells* für den westdeutschen Arbeitsmarkt durchgeführt. Dieser Teil der Analyse kann als eine wichtige Ergänzung der in Kapitel 6 durchgeführten Analyse interpretiert werden. Dort wird der Einfluß der Wechselkursunsicherheit auf Arbeitsmärkte durch Schätzungen von Vektorautoregressionen in ersten Differenzen basierend auf Jahresdaten analysiert. In Abschnitt 9.4 hingegen werden die Existenz einer *langfristigen* Arbeitsmarktbeziehung für eine offene Volkswirtschaft und die Relevanz *kurzfristiger Abweichungen hiervon* als treibender Kräfte von kurzfristigen Bewegungen der Beschäftigungszeitreihe explizit berücksichtigt. Durch diese Verfahrensweise werden a priori kurz- und langfristige (und hierdurch wiederum zusätzliche kurzfristige) Einflüsse der Wechselkursunsicherheit auf die Beschäftigung zugelassen. Eine weitere Verbesserung liegt in der

---

[5] Kapitel 6.1. führte einige der immer noch seltenen Beispiele an. In bezug auf den Außenhandel seien Arize (1995), Chowdhury (1993), Scheide, Solveen (1998) und Sekkat (1998) genannt. In bezug auf Investitionen läßt sich die Studie von Darby u.a. (1998) anführen.

Verwendung von Quartalsdaten und einer als ein gleitender Durchschnitt (*'moving average'*) formulierten *Proxyvariable* für die *Wechselkursunsicherheit*. In Abschnitt 9.5 wird die dynamische Prognosegüte der geschätzten ARDL-Modelle für die Wachstumsrate der westdeutschen Beschäftigung überprüft. Der Abschnitt 9.6 beinhaltet Schlußfolgerungen und Implikationen für die Debatte um die Arbeitsmarktwirkungen der Wechselkursunsicherheit.

9.2 Das Modell: Wie beeinflußt die Wechselkursunsicherheit die Arbeitsmärkte?

In den vorherigen Kapiteln wurde bereits erwähnt, daß die Eliminierung der intra-europäischen Wechselkursvariabilität schon oft als bedeutender realwirtschaftlicher Vorteil der EWU hervorgehoben wurde. Lange Zeit beruhte dieses Argument darauf, daß die Wechselkursvariabilität den Außenhandel beeinträchtigt. Leider führte die in Abschnitt 6.1 vorgenommene Auswertung der umfangreichen einschlägigen empirischen Literatur jedoch *nicht* zur Identifikation einer *eindeutigen* ausgeprägten negativen Beziehung zwischen der Wechselkursvariabilität und dem Außenhandelsvolumen.[6] Die Möglichkeit, daß die Wechselkursvariabilität trotzdem einen Einfluß auf *andere* realwirtschaftliche Variablen, wie zum Beispiel auf die Beschäftigung ausüben kann, wurde in der bisherigen Literatur jedoch unverständlicherweise nicht berücksichtigt. Der Tenor der Kapitel 6 bis 8 bestand darin, das Fehlen empirischer Literatur zum Zusammenhang zwischen der Wechselkursunsicherheit und anderen realwirtschaftlichen Variablen angesichts der Politikrelevanz dieser Frage und der zur Verfügung stehenden Literatur zur Verbindung zwischen Unsicherheit und Investitionen zumindest als überraschend zu bezeichnen. Lege man die hohen Einstellungs- und Entlassungskosten zugrunde, welche die Arbeitsmärkte in Kontinentaleuropa seit langem auszeichnen, so die Kapitel 6 bis 8, sei eine Extrapolation derselben theoretischen Argumente, mit denen seit einiger Zeit der 'negative' Effekt der Unsicherheit auf Investitionen begründet wird, auch auf den Zusammenhang zwischen der Wechselkursunsicherheit und der Arbeitsmarktlage sinnvoll.

Angesichts der eher uneindeutigen empirischen Ergebnisse in bezug auf die Verbindung zwischen der Wechselkursunsicherheit und dem Außenhandel

---

6 Vgl. stellvertretend de Grauwe, Skudelny (1997) und ausführlich Kapitel 6.1. der vorliegenden Arbeit.

dürfte eine vorab getroffene Annahme vieler Ökonomen darin bestehen, daß die Wechselkursvarabilität (als Proxy für die Wechselkursunsicherheit) kein signifikanter Faktor für die Arbeitsmarkt-Performance ist und daß deshalb empirisch auch keine Verbindung zwischen der Wechselkursvariabilität und dem Arbeitsmarkt identifiziert werden kann. Die vor dem Hintergrund dieser Argumente sorgfältig vor- und aufbereiteten Ergebnisse aus Kapitel 6 stützen dieses präjudizierende Urteil aber *keinesfalls*. Die dort erzielten Resultate zeigen vielmehr, daß es *schwierig* sein dürfte, die Hypothese beizubehalten, daß die intra-europäische Wechselkursvariabilität *keinen* signifikanten Einfluß auf die Unterbeschäftigung, die Schaffung von Arbeitsplätzen und das Ausmaß der Investitionstätigkeit hat.

Dieses Kapitel geht -vor dem Hintergrund der in den vorhergehenden Kapiteln abgeleiteten Ergebnisse- davon aus, daß hauptsächlich *vier Fragen* in bezug auf die Auswirkungen der Wechselkursunsicherheit auf Arbeitsmärkte *auf der gegenwärtigen Agenda* stehen: 1) Bezieht sich dieser Einfluß auf kurzfristige oder längerfristige Änderungen der Volatilität? Sind die Auswirkungen kurz- oder längerfristiger Natur? 2) Ist das Vorzeichen der Beziehung zwischen der Unsicherheit und der Beschäftigung negativ oder positiv? 3) Welcher Transmissionskanal kann dieses Vorzeichen erklären? 4) Handelt es sich um einen direkten (sofortige Veränderung (hier: Reduktion) der Beschäftigung) oder einen indirekten Einfluß (Veränderung der Breite (hier: Erweiterung) des Inaktivitätsbandes der beschäftigenden Unternehmen)? Alle vier Fragestellungen werden im folgenden konkretisiert

In bezug auf die Fragen 1 und 2) wurde in Kapitel 6 mehrfach betont, daß die Erwartung der Ökonomen wohl mehrheitlich dahin tendiert, daß eher eine *permanente* als eine temporären Änderung der Wechselkursvariabilität den Arbeitsmarkt signifikant beeinflussen dürfte. Erste umfangreiche Evidenz zum Zeithorizont der Reaktion des Arbeitsmarktes auf Änderungen der Wechselkursunsicherheit wurde bereits in Kapitel 6 geliefert. Dort wurde festgestellt, daß die intra-europäische Wechselkursvariabilität für eine große Zahl an EU-Volkswirtschaften einen statistisch signifikanten (und ökonomisch geringfügigen, jedoch nicht vernachlässigbaren) *negativen kurzfristigen Einfluß* auf die Beschäftigung und die Investitionstätigkeit sowie einen *positiven kurzfristigen Einfluß* auf die Arbeitslosigkeit aufweist. Weiter wurde argumentiert, daß dieses Resultat darauf zurückzuführen sei, daß alle Beschäftigungs- und Investitionsentscheidungen einen gewissen Grad an *Irreversibilität* aufweisen. Diese Entscheidungen würden durch die Wechselkursvariabilität beeinträchtigt, wie am Beispiel eines einfachen Modells in Abschnitt 6.3 dargelegt wurde. Dieses Modell des 'Optionswertes des Wartens' legt nahe, daß eine *temporäre* Erhöhung der Variabilität einen *stärkeren* Einfluß auf 'Investitions'-Entscheidungen haben kann als ein permanenter Anstieg. In Abschnitt 6.4 wurde in einem ähnlichen Modellrahmen formal hergeleitet, daß sogar *positive* Effekte möglich sind, wenn Investitionen in Humankapital in dem Sinne von *allgemeinem* Charakter sind, daß sie die Möglichkeit vorbereiten bzw. sogar erst schaffen, in der Zukunft über eine aus realwirtschaftlicher Sicht wertvolle 'Option zu warten' verfügen zu können.

Bezüglich der Frage 3) wurde in Kapitel 6 noch ein anderer für die Zwecke dieses Kapitels ähnlich wichtiger Aspekt betont, nämlich die Frage nach dem *Transmissionskanal* des Effektes der Wechselkursunsicherheit auf den Arbeitsmarkt. Als der Hauptgrund, warum die Wechselkursunsicherheit die Investitionsaktivität beeinflussen sollte, wurde genannt, daß die meisten Kapitalausgaben versunkene Kosten darstellen (Dixit (1989)). Diese Grundidee wurde häufig ebenfalls auf den Außenhandel mit dem Argument angewendet, daß eine Erhöhung der Exporte nur nach der Errichtung eines neuen Verteilungennetzes möglich sei. Letzteres führe ebenfalls zu versunkenen Kosten. In Abschnitt 6.2 wurde jedoch argumentiert, daß Unternehmen in bezug auf intra-europäische Verkäufe typischerweise keine kostenträchtigen neue Distributionsnetze mehr errichten müßten, um ihre Exporte als Reaktion auf günstige Wechselkursentwicklungen zu erhöhen; denn sie seien bereits in den bedeutendsten europäischen Märkten vertreten.

Es wurde darüber hinaus argumentiert, daß die Außenhandels-Literatur üblicherweise Unternehmen betrachte, die entscheiden müssen, ob sie einen Auslandsmarkt betreten (oder diesen vollständig verlassen) sollen. Dieses sei jedoch nicht das *angemessene* Modell für den Außenhandel *in Europa*. Dort bestehe die übliche Reaktion der Unternehmen auf Wechselkursbewegungen darin, auf einem gegebenen Markt mehr oder weniger abzusetzen (beispielsweise durch Variationen von Überstunden), aber diesen Markt nicht vollständig zu verlassen. Diese Strategie involviere das Unternehmen jedoch nicht in bedeutende versunkene Kosten. Im Gegensatz hierzu repräsentiere die Neueinstellung zusätzlichen Personals und/oder die Errichtung eines neuen Fabrikgebäudes angesichts ausgeprägter Entlassungskosten und der hohen Spezifität des überwiegenden Teils der Kapitalausstattung durchaus 'versunkene' Kosten. Es wurde folglich als vollständig plausibel angesehen, daß die Wechselkursvariabilität einen nur geringen Einfluß auf das Ausmaß der Außenhandelsströme, jedoch gleichzeitig einen starken Einfluß auf Aktivitäten aufweist, die in hohem Ausmaß versunkene Kosten verlangen. Der Transmissionsprozeß auf den Arbeitsmarkt verlaufe dabei wohl entweder über die unsicherheitsinduzierte Investitionsvolatilität ('Investitionen als Hauptdeterminante der Beschäftigung') oder direkt über die Wechselkursvariabilität ('Einstellung als Investition').

Die weiter oben gestellte Frage 4), ob der Einfluß der Wechselkursunsicherheit auf den Arbeitsmarkt *direkter* oder *indirekter* Natur ist (im zweiten Fall durch eine Ausweitung des Inaktivitätsbereichs einstellender bzw. entlassender Unternehmen), wurde in den Kapiteln 7 und 8 behandelt. Es wurde ein neuer theoretischer Ansatz entwickelt, indem Persistenz-Mechanismen (anders als noch in Abschnitt 6.3, in dem ein anderes Untersuchungsinteresse verfolgt wurde) im notwendigen Detail modelliert wurden. In den Kapiteln 7 und 8 wurden *Nichtlinearitäten* in der Beziehung zwischen der Beschäftigung im Bereich handelbarer Güter und dem Wechselkurs betont. In Kapitel 7 wurde ein mikroökonomisches Basismodell für Hysteresis unter Sicherheit abgeleitet und im Hinblick auf Effekte der Wechselkursunsicherheit modifiziert. Hysteresis-Effekte werden dabei durch das Auftreten von Einstellungs- und Kündigungskosten impliziert. Ein potentieller Mechanismus, der basierend auf einem Inaktivitätsband eine 'schwächere' Beziehung zwischen der Beschäftigung und ihrer Determinanten zuläßt, wird um Effekte der Wechselkursunsicherheit erweitert. Als eine Folge von Optionspreiseffekten dehnt sich das theoretisch abgeleitete Inaktivitätsband aus. Auf diese Weise werden die Hysteresis-Effekte auf der Mikroebene durch die Wechselkursunsicherheit noch deutlich verstärkt.

In Kapitel 8 wurde ein Aggregationsansatz bei Wechselkursunsicherheit hergeleitet. Während auf der Mikroebene bestimmte Schwellenwerte des Wechselkurses überschritten werden müssen, um persistierende Effekte zu bewirken, können auf der Makroebene bei Sicherheit bereits geringe Wechselkursänderungen zu länger andauernden realwirtschaftlichen Effekten führen. Da die Aggregation des Mikroverhaltens gemeinhin als eines der schwierigsten Probleme in der Literatur zu realwirtschaftlichen Effekten der Unsicherheit betrachtet wird, wurden die im Sicherheitsfall für die Mikroebene erzielten Ergebnisse um die Effekte von Unsicherheit modifiziert. Dabei wurde den bei der Aggregation unter Unsicherheit auftretenden Problemen besondere Bedeutung beigemessen. Es wurde gezeigt, daß bei Unsicherheit sogenannte 'Play'-Bereiche auf der Makroebene berücksichtigt werden müssen. Hierdurch werden die Ähnlichkeiten der makroökonomischer Beziehungen ('play') mit dem Mikroverhalten ('Inaktivitätsband') durch die

Einführung von (Wechselkurs-) Unsicherheit noch verstärkt. Möchte man dieser Konstellation auf angemessene Weise Rechnung tragen, müssen empirische Modelle des Arbeitsmarkts in ihrem dynamischen Teil die Wechselkursunsicherheit zwangsläufig als Komponente berücksichtigen, die nach dem Auftreten von Schocks zu einer *langsameren Anpassung* an das Modellgleichgewicht führt.

Wie aus den vorstehenden Ausführungen deutlich hervorgeht, haben alle diese in den vorhergehenden Kapiteln enthaltenen empirischen Studien mehr oder weniger *restriktive Annahmen* in bezug auf die *Exogenität* des Einflusses der Wechselkursunsicherheit gemeinsam. Die Implikation eines einseitigen Einflusses der Wechselkursunsicherheit auf Arbeitsmärkte kann zwar im Prinzip auf theoretischer Basis bestritten werden. Die betreffenden Restriktionen sind jedoch empirisch *direkt testbar*. Aus diesem Grund fokussieren sich die Untersuchungen in diesem Kapitel direkt auf die empirische Validität des Exogenitätsarguments. Im folgenden werden *vier verschiedene Modelle* betrachtet, die jeweils durch eine unterschiedliche Kombination von kurzfristigen und/oder langfristigen Restriktionen in bezug auf den Einfluß der Wechselkursvolatilität gekennzeichnet sind.

9.3 Tests der Existenz von Langfristbeziehungen

Der im Kontext dieses Kapitels verwendete Satz an Variablen *unterscheidet sich geringfügig* von der bisher in den vorhergehenden Kapiteln 6 und 8 zugrunde gelegten Variablenkombination. Die hier verfolgte Intention ist es ähnlich wie zuvor schon in Abschnitt 8.5, die Ergebnisse dieses Kapitels mit den vielen empirischen Studien zur westdeutschen Arbeitsnachfrage, den empirischen Studien zum Einfluß der Wechselkursunsicherheit auf den Außenhandel (siehe Abschnitt 6.1) und auch mit der empirischen Untersuchung in Kapitel 8 *vergleichbar* zu machen. Aus diesem Grund wird im folgenden die gesamtwirtschaftliche Beschäftigung (statt wie in Kapitel 6 und bei Belke, Gros (1998a, 1998b) die Beschäftigung in der verarbeitenden Industrie) verwendet. Reallöhne werden der Menge der unabhängigen Variablen ebenfalls hinzugefügt, da sie eine andere wichtige angebotsseitige Determinante der Arbeitsnachfrage darstellen dürften.[7] Ein weiterer wichtiger Unterschied besteht darin, daß in diesem Kapitel wie schon in Abschnitt 8.5.5 die *Varia-*

7 Die Unabhängigkeit der Variablen wird an dieser Stelle streng genommen als 'stilisiertes Faktum' nur vermutet. Diese Unabhängigkeit wird im folgenden jedoch noch explizit getestet.

bilität (Standardabweichung) *des effektiven realen* Wechselkurses (gegenüber Industrieländern) an der Stelle eines gewichteten Durchschnitts *bilateraler nominaler* Variabilitäten wie in Kapitel 6 oder bei Belke, Gros (1998a, 1998b) verwendet wird. Darüber hinaus bezieht sich dieser effektive Wechselkurs auf eine Reihe außereuropäischer Handelspartnerländer. Das hier verwendete Unsicherheitsmaß bildet folglich nicht nur die intra-europäische Wechselkursvariabilität ab.

In diesem Kapitel kommt mithin ein ähnlicher, wenngleich nicht identischer, empirischer Satz an Variablen *wie in Abschnitt 8.5.5* zur Anwendung. Die Schätzungen basieren im Gegensatz zu Abschnitt 8.5.5 auf natürlichen Logarithmen L der betreffenden Reihen. Die exakten Definitionen der verwendeten Zeitreihen bzw. der Variablen lauten wie folgt. BAI: Index der gesamtwirtschaftlichen Beschäftigung (Periodendurchschnitt), ausschließlich für Westdeutschland; BIP91: reales BIP in Preisen von 1991, ausschließlich für Westdeutschland; STLO: 'hourly union wages' für die gesamte Volkswirtschaft, ausschließlich für Westdeutschland; CPI: westdeutscher Konsumentenpreisindex; STLOR: STLO/CPI; PIOE: Rohölpreise, Rotterdam; WRDM: geometrisch gewichteter realer effektiver Wechselkurs gegenüber allen Industrieländern (Konsumentenpreisindex), Quelle: Bundesbank; WNDM: geometrisch gewichteter nominaler effektiver Wechselkurs gegenüber allen Industrieländern, Quelle: Bundesbank; UWRDM: Standardabweichung der monatlichen Änderungen (Monat zu Monat) der Logarithmen von WRDM[8] (monatsweise über die letzen zwölf Monate berechnet, nicht mit Einhundert multipliziert). Quartalsweise Beobachtungen der Volatilitätsvariable werden als der arithmetische Durchschnitt der monatlichen Beobachtungen ermittelt. Die Volatilitätsvariable UWRDM bezeichnet die Wechselkursunsicherheit; ihre ersten Differenzen vierter Ordnung werden als W4UWRDM operationalisiert.[9] Der zeitliche Verlauf der vorstehend genannten Variablen wird in der folgenden Abb. 1 graphisch dargestellt.

---

[8] In Abschnitt 8.5.5 wurden zur Errechnung des Volatilitätsmaßes statt der Logarithmen die Niveaus von WNDM verwendet.

[9] Für eine detaillierte Rechtfertigung dieser Operationalisierung vgl. Kapitel 6.6.1, Kapitel 8.5.5 und Belke, Gros (1998a, 1998b)).

Abb. 1 - *Arbeitsmarktvariablen für Deutschland als eine offene Volkswirtschaft: Graphische Darstellung des zeitlichen Verlaufs*

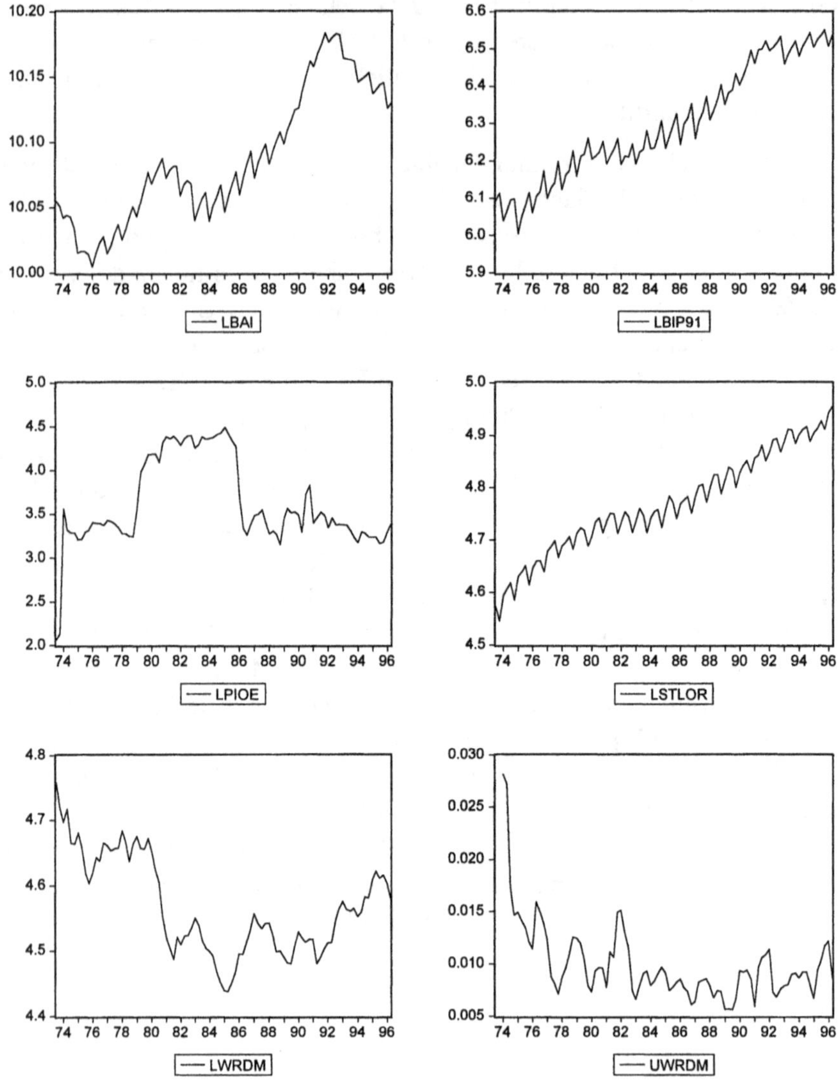

In diesem Kapitel wird die Existenz einer langfristigen Kointegrations-Beziehung zwischen der westdeutschen Beschäftigung und ihrer vorstehend angeführten Determinanten empirisch getestet. Dabei werden Quartalsdaten für eine maximal verfügbare Periode, beginnend mit dem vierten Quartal

1973 bis zum zweiten Quartal 1996, verwendet.[10] Die Zeitreihenplots der Logarithmen der relevanten Zeitreihen werden in Abb. 1 dargestellt. Wie man aus dieser Abbildung ersehen kann, weisen einige Zeitreihen (LBAI, LPIOE, LWRDM und UWRDM) recht *komplizierte Trends* mit geringer Evidenz für jeglichen Trend in einigen Perioden und einem recht ausgeprägten, jedoch variablen Trend in einigen anderen Perioden auf. Es erscheint unwahrscheinlich, daß die Trends in diesen Variablen adäquat durch lineare oder log-lineare Spezifikationen erfaßt werden können (Belke (1996b), Belke, Göcke (1997, 1997a)). Dies führt jedoch erfahrungsgemäß wiederum zu Schwierigkeiten bei der Standardanwendung der Testprozeduren auf diese Zeitreihen und somit zu *beträchtlicher Unsicherheit über die Integrationsordnung* der zu untersuchenden Variablen.

Da die Zeitreihen jedoch *ähnliche Trends*, d.h. Änderungen des datengenerierenden Prozesses (DGP) zu ungefähr gleichen Zeitpunkten[11], aufweisen, könnte eine *einfache lineare Trendspezifikation* in der Langfristbeziehung zwischen ihnen (unter der Annahme, daß eine derartige Beziehung überhaupt existiert) durchaus genügen, um möglichen Divergenzen zwischen ihren jeweiligen deterministischen Trendkomponenten Rechnung zu tragen (Belke, Göcke (1997, 1997a)). Aus diesem Grund werden im folgenden unbeschränkte ECM-Spezifikationen sowohl mit als auch ohne lineare deterministische Trends betrachtet. Dabei wird die Möglichkeit einer *Vielzahl einfacher nicht-linearer Langfristbeziehungen* zwischen der Beschäftigung (LBAI) und den anderen erwähnten erklärenden Variablen berücksichtigt. Zu diesem Zweck werden im folgenden unbeschränkte und in Logarithmen formulierte ECM-Modelle für LBAI und LBIP91, LPIOE, LSTLOR, LWRDM sowie in einigen Fällen (in Abhängigkeit von dem jeweils getesteten Modell) UWRDM untersucht.

9.3.1 Kointegrationstests: Der Pesaran, Shin, Smith-ARDL-Ansatz

9.3.1.1 Theoretische Fundierung

Wie zuvor bereits erwähnt, liegt ein bedeutendes Problem der residuenbasierten und sogar einiger systembasierter Kointegrationstests in der Erfül-

---

10 Für eine ausführliche inhaltliche Begründung der Wahl dieses Stützzeitraums vgl. Abschnitt 6.6.2. Im Rahmen dieses Kapitels lassen sich Verkürzungen dieses Zeitraums ausschließlich durch die jeweilige Modellspezifikation erklären.

11 Diese Zeitpunkte betreffen vor allem den ersten und den zweiten Ölpreisschock sowie die deutsche Vereinigung. Vgl. beispielsweise Belke (1996b) und Belke, Göcke (1997).

lung einer entscheidenden Vorbedingung.[12] Im Rahmen dieser Tests muß nämlich *mit Sicherheit* bekannt sein, daß die zugrunde liegenden Regressoren in dem Modell integriert von der Ordnung Eins sind (I(1)). Angesichts der geringen Macht von Einheitswurzel-Tests verbleibt jedoch bekanntlich in praxi immer ein *gewisser Grad an Unsicherheit in bezug auf die Integrationsordnung* der interessierenden Variablen (Belke (1996), S. 243 ff.). Aus diesem Grund wird im folgenden ein *neuer* Ansatz verwendet, der von Pesaran, Shin, Smith (1996) für Tests der Existenz einer linearen langfristigen Beziehung vorgeschlagen wurde, wenn die Integrationsordnungen der zugrunde liegenden Regressoren *nicht* mit Sicherheit *bekannt* sind. Der Test bezieht sich auf die *standardmäßige Wald oder F-Statistik* für Tests der Signifikanz der verzögerten Niveaus der Variablen in einer Erste-Differenzen-Regression. Die involvierte Regression ist eine Fehlerkorrekturform eines autoregressiven Distributed Lag (ARDL)-Modells der interessierenden (hier: Arbeitsmarkt-) Variablen.

Spezifischer ausgedrückt bedeutet dies: im Fall eines unbeschränkten Fehlerkorrekturmodells implizieren die Regressionen von y auf einen Vektor x, die als erster Schritt der von Pesaran, Shin, Smith (1996) entwickelten Prozedur durchgeführt werden, die Schätzung des folgenden Modells (Pesaran, Shin, Smith (1996), S. 2 ff.):

$$(1)\quad \Delta y_t = a_{0y} + a_{1y}\cdot t + \phi y_{t-1} + \delta_1 x_{1,t-1} + \delta_2 x_{2,t-1} + \ldots + \delta_k x_{k,t-1}$$

$$+ \sum_{i=1}^{p-1} \psi_i \Delta y_{1,t-i} + \sum_{i=0}^{q_1-1} \varphi_{1i} \Delta x_{1,t-i} + \sum_{i=0}^{q_2-1} \varphi_{i2} \Delta x_{2,t-i} + \ldots$$

$$+ \sum_{i=0}^{q_k-1} \varphi_{ik} \Delta x_{k,t-i} + \xi_{ty} \quad ,$$

mit ϕ und den δ's als Langfristmultiplikatoren, den Ψ's und den φ's als Koeffizienten der Kurzfristdynamik, (p,q) als Ordnung des zugrunde liegenden ARDL-Modells (p bezieht sich auf y, q auf x), t als einem deterministischen Zeittrend, k als der Zahl der 'forcing variables', und ξ_{ty} als mit den Δx_t und den verzögerten Werten von x_t und y_t unkorrelierte Störgröße.

---

[12] Für einen Überblick über Kointegrationstestvarianten vgl. Belke (1996), S. 246 ff. und 497 ff.

In einem zweiten Schritt muß die übliche F-Statistik für einen Test der gemeinsamen Signifikanz von $\phi = \delta_1 = \delta_2 = ... = \delta_k = 0$ berechnet werden. Jedoch fallen die asymptotischen Verteilungen der *standardmäßigen Wald-* oder auch der *F-Statistik* für Tests der Signifikanz der verzögerten Niveaus der Variablen unter der Nullhypothese, daß keine Langfristbeziehung zwischen den Niveaus der berücksichtigten Variablen existiert, *nicht standardmäßig* aus. Pesaran, Shin, Smith (1996), S. T1 f., stellen deshalb *zwei Sätze von asymptotischen kritischen Werten* bereit. Für die Gültigkeit des ersten Satzes ist erforderlich, daß alle Regressoren I(1) sind. Der zweite Satz setzt voraus, daß alle Regressoren als I(0) klassifiziert werden können. Diese beiden Sätze kritischer Werte bilden ein *Band*, das alle möglichen (Kombinationen von) Klassifikationen der Regressoren als I(0)- oder I(1)-Variablen (oder sogar als wechselseitig kointegrierte Variablen) umfaßt.

Im Lichte dieser Ergebnisse wird im folgenden in einem dritten Schritt die angemessene Grenztestprozedur ('bounds testing procedure') angewendet. Der von Pesaran, Shin, Smith (1996) vorgeschlagene Test ist *konsistent.* Für eine Sequenz lokaler Alternativen weist er asymptotisch eine nicht-zentrale χ^2-Verteilung auf. Dies ist unabhängig davon gültig, ob die zugrunde liegenden Regressoren I(0), I(1) oder wechselseitig kointegriert sind. Die empfohlene Vorgehensweise basierend auf der F-Statistik lautet wie folgt. Man vergleiche die im Rahmen des zweiten Schrittes berechnete Realisation der F-Statistik mit den oberen und den unteren 90, 95, 97,5 oder 99 Prozent-Grenzen der kritischen Werte (F_U und F_L).[13] Als ein Resultat dieses Abgleichs können sich drei Fälle ergeben. Falls $F > F_U$ ist, muß die Hypothese $\phi = \delta_1 = \delta_2 = ... = \delta_k = 0$ abgelehnt und daher geschlossen werden, daß zwischen y und dem Vektor der x eine Langfristbeziehung existiert. Falls hingegen $F < F_L$ ist, läßt sich die Hypothese $\phi = \delta_1 = \delta_2 = ... = \delta_k = 0$ nicht ablehnen. In diesem Fall scheint eine Langfristbeziehung *nicht* zu existieren. Falls schließlich $F_L < F < F_U$ sein sollte, ist die Inferenz als nicht schlüssig zu betrachten. Die Integrationsordnung der zugrunde liegenden Variablen muß dann noch näher untersucht werden. Dieser dritte Schritt kann ebenfalls vollständig und analog unter Anwendung der W-Statistik durchlaufen werden.

Die erläuterte Prozedur sollte für ARDL-Regressionen eines *jeden* Elementes des Vektors der x auf die verbleibenden Variablen *wiederholt* werden. Zum Beispiel sollte diese Wiederholung im Falle von k = 2 die ARDL-

---

13 Die Kürzel 'U' steht für 'upper bound', die Kürzel 'L' für 'lower bound'.

Regressionen von x_{1t} auf (y_t, x_{2t}) und x_{2t} auf (y_t, x_{1t}) einschließen. Falls auf der Basis der Gesamtheit der Ergebnisse die Hypothese nicht mehr abgelehnt werden kann, daß die zunächst identifizierte lineare Beziehung zwischen den relevanten Variablen 'spurious' ist (im Fall der modifizierten Testgleichungen läßt sich die Hypothese der Nicht-Kointegration nicht ablehnen), kann man die Koeffizienten der Langfristbeziehung mit Hilfe der ARDL-Prozedur schätzen.[14] Diese Schätzprozedur wird in Abschnitt 9.4 diskutiert.

9.3.1.2 Anwendung auf westdeutsche Arbeitsmarktdaten

Da die Wahl der Lagordnungen der in den Ansatz (unbeschränkte ECM-Spezifikation) aufgenommenen verzögerten differenzierten Variablen einen signifikanten Effekt auf die Testresultate haben können, werden Modelle für LBAI und die Logarithmen der anderen zuvor eingeführten Arbeitsmarktvariablen für eine offene Volkswirtschaft auf der Grundlage der Ordnungen $p = q = 2$, 3, und 4 geschätzt. Aufgrund der Abwesenheit von A priori-Information über die Ausrichtung der Langfristbeziehung zwischen LBAI und den anderen Arbeitsmarktvariablen werden sowohl unbeschränkte ECM-Regressionen von LBAI (y) auf den Vektor der Arbeitsmarktvariablen (x) *als auch die umgekehrten Regressionen* von x auf y geschätzt. Spezifischer ausgedrückt: im Fall der unbeschränkten ECM-Regressionen von y auf x wird das Modell (1) nach einem 'Austausch' der Variablen y und x unter Verwendung von Quartalsdaten über einen maximalen Stützzeitraum von 1973(4) bis 1996(2) neu geschätzt. Angesichts der Verwendung von Quartalsdaten werden die maximalen Ordnungen der Verzögerungen auf Vier gesetzt. Dies bedeutet, daß die Gleichung (1) jeweils für die Lagordnungen $p = q_1 = q_2 = 2$, 3 und 4 für eine jeweils gleiche Stützperiode von 1973(4) bis 1996(2) geschätzt wird. Es erscheint wichtig, bereits auf dieser frühen Stufe der Untersuchung zu beachten, daß die Ordnungen p und q *recht großzügig* zu wählen sind, um den Logarithmus der Beschäftigung LBAI wirklich zu endogenisieren.[15] Darüber hinaus werden wegen der *Saisonfigur* in den Zeitreihen erste Differenzen der Variablen *zum Lag Vier* statt zum Lag Eins

---

14 Für diese Vorgehensweise vgl. Pesaran, Pesaran (1997), S. 305 f., und Pesaran, Shin, Smith (1996), S. 11 ff. Für das 'spurious regression'-Problem vgl. Belke (1996), S. 228 ff. und 247 ff.

15 Die detaillierten Beweise hierzu finden sich bei Pesaran, Shin (1998) und Pesaran, Shin, Smith (1996).

verwendet.[16] Darüber hinaus ist es angesichts des hohen Niveaus der 'cross-sectional' (Makrodaten) und der temporalen (Quartalsdaten) Aggregation nicht möglich a priori zu wissen, ob LBIP91, LPIOE, LSTLOR, LWRDM und UWRDM in der Terminologie von Pesaran, Shin (1998) und Pesaran, Shin, Smith (1996) *'long-run forcing' Variablen* für LBAI sind. Aus diesem Grund werden *alle möglichen* Regressionen betrachtet: (LBAI; ...; ...) = (LBIP91; ... ; ...), (LPIOE; ... ; ...), (LSTLOR; ... ; ...), (LWRDM; ... ; ...) und (UWRDM; ..., ...). Die F-Statistiken für Tests der Nullhypothese $\phi = \delta_1 = \delta_2 = ... = \delta_k = 0$ in Gleichung (1) werden im Rahmen dieses Kapitels mit F(...) beziehungsweise W(...) bezeichnet.

Die Tabellen 1a bis 1d fassen die entsprechenden Testergebnisse zusammen. Wie im Detail in vielen empirischen Studien gezeigt wird, hat die deutsche Vereinigung allem Anschein nach die deutsche Arbeitsmarktdynamik deutlich beeinflußt (Belke (1996, 1996b) und Belke, Göcke (1997, 1997a)). Aus diesem Grund sollte man Schätzungen ein größeres Vertrauen entgegenbringen, welche die deutsche Vereinigung explizit berücksichtigen, zum Beispiel durch die Implementierung einer Punktdummy für das erste Quartal 1990 (D901). Diese Dummyvariable in Gleichung (1) impliziert eine *permanente* Änderung in der Beziehung zwischen LBAI und den anderen Arbeitsmarktvariablen für eine offene Volkswirtschaft. Da sich das Untersuchungsinteresse auf eine Quantifizierung des Einflusses der Wechselkursvariabilität und des Niveaus des Wechselkurses richtet, es aber gleichzeitig als selbstverständlich angesehen wird, daß das BIP-Wachstum und das Niveau des Reallohns die Arbeitsnachfrage beeinflussen und auch eine Rolle der Ölpreise sowie die Notwendigkeit einer Implementierung eines Strukturbruchs um 1990 akzeptiert wird, werden im folgenden in Anlehnung an die in Abschnitt 9.2 beschriebenen Theorien *vier Fälle* unterschieden:

- *Fall A*: (LBAI, LBIP91, LPIOE, LSTLOR, LWRDM), bedeutet: Volatilität aus der kurzen und aus der langen Frist ausgeschlossen,
- *Fall B*: (LBAI, LBIP91, LPIOE, LSTLOR, LWRDM & W4UWRDM(0-3)), bedeutet: Volatilität als Einflußfaktor (W4 als Jahresänderung) in der kurzen Frist berücksichtigt,

---

[16] Diese Option ist für die ARDL-Schätzung im zweiten Hauptteil dieses Kapitels in Microfit 4.0 nicht verfügbar. Daher müssen Saisoneffekte durch die Implementierung einer hinreichenden Zahl an Verzögerungen der endogenen Variablen auf der rechten Seite der ARDL-Gleichung erfaßt werden. Der Begriff 'Lag' bezeichnet die 'Verzögerung'.

- *Fall C*: (LBAI, LBIP91, LPIOE, LSTLOR, LWRDM, UWRDM), bedeutet: Volatilität (*gleichzeitig* mit dem Niveau des Wechselkurses) in der kurzen und in der langen Frist berücksichtigt, und
- *Fall D*: (LBAI, LBIP91, LPIOE, LSTLOR, UWRDM), bedeutet: Volatilität (*und nicht* das Niveau des Wechselkurses) in der kurzen und in der langen Frist (Ölpreise werden später ausgeschlossen, da sie sich als insignifikant erweisen) berücksichtigt.

Insgesamt werden also *vier verschiedene Modellvarianten* betrachtet. Dabei wird jede von ihnen theoriegemäß durch ein *andere Kombination von Kurzfrist- und/oder Langfristrestriktionen* in bezug auf den Einfluß der Wechselkursvolatilität gekennzeichnet. Der *Fall A* korrespondiert mit der Erwartung derjenigen Analysten, welche die Wechselkursvolatilität als die Folge einer hochfrequenzigen Volatilität der Wechselkursdeterminanten (z.B. der Zinsvolatilität) ansehen. Der *Fall B* verdeutlicht eine wichtige Implikation des in Abschnitt 6.3. dargestellten theoretischen Modells, insofern als negative kurzfristige Einflüsse der Wechselkursvolatilität auf die Beschäftigung sogar stärker ausfallen können als langfristige. Dieser Fall ist ebenfalls eng mit der Hauptidee des in den Kapiteln 7 und 8 entwickelten theoretischen Modells verbunden, da es die unter diesen Fall subsumierte Modellvariante der Wechselkursvolatilität prinzipiell erlaubt, die Anpassung an ein neues Arbeitsmarktgleichgewicht im Fahrwasser eines Schocks zu verzögern.[17]

Der *Fall C* kombiniert die traditionelle Sichtweise, daß das Niveau des Wechselkurses einen gleichgewichtsfördernden Einfluß auf die kurz- und die langfristige Entwicklung der Beschäftigung hat, mit der in den Kapiteln 6 bis 8 vertretenen These, daß die Volatilität unabhängig von dem unterstellten Zeithorizont einen gleichgewichtsverzögernden Einfluß auf diese hat. Schließlich stellt *Fall D* in dem Sinne die Kernimplikation des Modells von Belke, Gros (1998b) dar, daß die Volatilität des Wechselkurses *statt des Wechselkurs-Niveaus* die Beschäftigung in der kurzen und in der langen Frist negativ beeinflußt. Insgesamt gesehen wird die hier verfolgte Modellierungsstrategie strikt *durch die theoretischen Vorgaben geleitet* und nicht wie

---

[17] Im Prinzip hätte eine *subtilere* Spezifikation der in den Kapiteln 7 und 8 entwickelten Hypothese der funktionalen Abhängigkeit des Bereiches schwacher Reaktion von der Wechselkursunsicherheit den Einfluß der Änderung der Wechselkursvolatilität *von dem Vorzeichen des Fehlerkorrekturterms* (negativ, falls letzteres positive ist und vice versa) beispielsweise durch die Signumfunktion *abhängig* machen können. Diese Modellierungsstrategie liegt jedoch deutlich jenseits des inhaltlichen Einzugsbereichs dieses Kapitels.

beispielsweise bei Sekkat (1998) von möglicherweise zweifelhaften Resultaten vorab durchgeführter empirischer Tests der Integrationsgrade der relevanten Variablen.[18]

Alle Berechnungen und Schätzungen in diesem Kapitel wurden mit dem Programm Microfit 4.0 (Pesaran, Pesaran (1997)) durchgeführt. Im folgenden wird anhand der vorliegenden Daten untersucht, welcher Fall (A, B, C oder D) zu der besten Modellanpassung führt. Die Tabellen 1a bis 1d liefern entsprechende Testergebnisse auf der Basis der Gleichung (1) in Abschnitt 9.3.1.1. In allen Fällen erfüllen die zugrunde liegenden Gleichungen die üblichen diagnostischen Tests auf Autokorrelation der Residuen, auf funktionale Fehlspezifikation und auf nicht normalverteilte und/oder heteroskedastische Störterme. Die hier vorgenommene Spezifikation zusätzlicher Punktdummies entspricht dem üblichen ökonomisch begründbaren Vorgehen in bezug auf die Schätzung der westdeutschen Arbeitsnachfrage (Belke (1996, 1996b), Belke, Göcke (1997, 1997a)).

---

[18] Vgl. auch Kapitel 6.1 und Sekkat (1989), S. 39. Letzterer verzichtet auf eine Implementierung der Wechselkursvolatilitäts-Proxy in die Langfristbeziehung, da er diese Variable zuvor als integriert vom Grade Null (I(0)) eingestuft hat.

Tab. 1a - *F-Statistiken für Tests der Existenz einer Langfristbeziehung zwischen der Beschäftigung und Arbeitsmarktvariablen für eine offene Volkswirtschaft (einschließlich Wechselkurs (-Unsicherheit))*

	Basierend auf Regressionen ohne Trends				Basierend auf Regressionen mit Trends			
p,q	*Fall A*	*Fall B*	*Fall C*	*Fall D*	*Fall A*	*Fall B*	*Fall C*	*Fall D*
2,2	**4.6115**	**7.5342**	**6.2608**	**6.7409**	2.6808	3.8492	3.2149	3.8472
3,3	2.2238	**4.0261**	3.3085	3.5405	1.8116	2.2997	1.8917	2.2124
4,4	3.0432	**4.3744**	**3.8449**	**3.6790**	2.6760	3.1745	2.8433	3.0687
$F^C(0.1)$	3.574	3.574	3.367	3.574	4.084	4.084	3.827	4.084

Tab. 1b - *W-Statistiken für Tests der Existenz einer Langfristbeziehung zwischen der Beschäftigung und Arbeitsmarktvariablen für eine offene Volkswirtschaft (einschließlich Wechselkurs (-Unsicherheit))*

	Basierend auf Regressionen ohne Trends				Basierend auf Regressionen mit Trends			
p,q	*Fall A*	*Fall B*	*Fall C*	*Fall D*	*Fall A*	*Fall B*	*Fall C*	*Fall D*
2,2	**23.0573**	**37.6708**	**37.5650**	**33.7043**	13.4039	19.2458	19.2894	19.3112
3,3	11.1191	**20.1303**	19.8511	17.7026	9.0578	11.4984	11.3500	11.0618
4,4	15.2158	**21.8722**	**23.0695**	**18.3951**	13.3799	15.8723	17.0601	15.3437
$W^C(0.1)$	17.868	17.868	20.205	17.868	20.420	20.420	22.963	20.420

Anmerkungen zu Tab. 1a und 1b: Maximaler Stützzeitraum: 1974.1 bis 1996.2. Punktdummies werden für 1977Q1 und 1982Q1 implementiert

Tab. 1c - *F-Statistiken für Tests der Existenz einer Langfristbeziehung zwischen der Beschäftigung und Arbeitsmarktvariablen für eine offene Volkswirtschaft (einschließlich Wechselkurs (-Unsicherheit)) unter Berücksichtigung der deutschen Vereinigung*

	Basierend auf Regressionen ohne Trends				Basierend auf Regressionen mit Trends			
p,q	*Fall A*	*Fall B*	*Fall C*	*Fall D*	*Fall A*	*Fall B*	*Fall C*	*Fall D*
2,2	**5.2970**	**8.4028**	**6.9659**	**8.3354**	2.6714	3.7450	3.1291	4.0436
3,3	3.2155	**4.5518**	**3.8144**	**4.6277**	1.5623	2.2222	1.8931	2.2377
4,4	**3.9984**	**5.1020**	**4.2462**	**4.7311**	2.5454	3.3521	2.8091	3.2577
$F^C(0.1)$	3.574	3.574	3.367	3.574	4.084	4.084	3.827	4.084
$F^C(0.05)$	4.049	4.049	3.805	4.049	4.667	4.667	4.329	4.667
$F^C(0.01)$	5.122	5.122	4.781	5.122	5.786	5.786	5.331	5.786

Tab. 1d - *W-Statistiken für Tests der Existenz einer Langfristbeziehung zwischen der Beschäftigung und Arbeitsmarktvariablen für eine offene Volkswirtschaft (einschließlich Wechselkurs (-Unsicherheit)) unter Berücksichtigung der deutschen Vereinigung*

	Basierend auf Regressionen ohne Trends				Basierend auf Regressionen mit Trends			
p,q	*Fall A*	*Fall B*	*Fall C*	*Fall D*	*Fall A*	*Fall B*	*Fall C*	*Fall D*
2,2	**26.4849**	**42.0139**	**41.7951**	**41.6769**	13.3570	18.7249	18.7746	20.2182
3,3	16.0777	**22.7592**	**22.862**	**23.1387**	7.8115	11.1111	11.3584	11.1885
4,4	**19.9918**	**25.5100**	**25.4771**	**23.6554**	12.7272	16.7605	16.8546	16.2885
$W^C(0.1)$	17.868	17.868	20.205	17.868	20.420	20.420	22.963	20.420
$W^C(0.05)$	20.247	20.247	22.831	20.247	23.335	23.335	25.971	23.335
$W^C(0.01)$	25.612	25.612	28.689	25.612	28.932	28.932	31.984	28.932

Anmerkungen zu Tab. 1c und 1d: Maximaler Stützzeitraum: 1974.1 bis 1996.2. Punktdummies werden für 1977Q1, 1982Q1 und 1990Q1 implementiert.

Die oberen und unteren Grenzen kritischer Werte der F-Teststatistik (90, 95 und 99 Prozent) werden bei Pesaran, Shin, Smith (1996), Tabelle B, in Abhängigkeit von der Zahl an Regressoren und abhängig davon, ob ein *linearer Trend* eingeschlossen ist oder nicht, angegeben. Die betreffenden Grenzen kritischer Werte der Wald-Statistik werden von Pesaran, Shin, Smith (1996), Tabelle A, angeführt. Aus den in den Tabellen 1a und 1b angeführten empirischen F-Werten und basierend auf den kritischen F-Werten ergibt sich, daß die Nullhypothese keiner Langfristbeziehung in dem Fall unbeschränkter ECM-Regressionen der logarithmierten Beschäftigung auf die anderen Arbeitsmarktvariablen für eine offene Volkswirtschaft

- in Fall B (α = 0,1 für p,q =3,3, α = 0,05 für p,q = 4,4 und α = 0,01 für p,q = 2,2) *deutlich abgelehnt* und
- in den Fällen C (α = 0,05 für p,q = 4,4 und α = 0,01 für p,q = 2,2) und
- D (α = 0,1 für p,q = 4,4, und α = 0,01 für p,q = 2,2) *hauptsächlich abgelehnt*

werden kann, wobei α die Irrtumswahrscheinlichkeit angibt. Für diese Aussagen ist Voraussetzung, daß ein deterministischer Trend ausgeschlossen wird. Die Nullhypothese *keiner Kointegration* wird jedoch *nicht abgelehnt* im Fall von Regressionen, die als deterministische Komponente neben einer Konstante auch noch *einen Trend* beinhalten. In bezug auf die Regressionen ohne einen deterministischen Trend tendiert die Inferenz für Fall A zu inkonklusiven Ergebnissen (nur p,q = 2,2 signifikant (α = 0,05). Ähnliche Ergebnisse ergeben sich auf der Basis der empirischen W-Werte. Falls die *deutsche Vereinigung* berücksichtigt wird, prägt sich die gerade beschriebene Ergebnisstruktur *noch deutlicher* aus. Die Signifikanz steigt deutlich. Die Fälle B, C und D, d.h. alle Fälle, in denen der Einfluß der Wechselkursunsicherheit explizit berücksichtigt wird, ergeben sich wiederum als die relevanten Spezifikationen.

Diese Ergebnisse legen nahe, daß *starke Evidenz für die Existenz einer Langfristbeziehung* zwischen der Beschäftigung und dem BIP, den Ölpreisen, dem Reallohn, dem realen effektiven Wechselkurs sowie der *Wechselkursunsicherheit* vorliegt. Es stellt sich heraus, daß die *Richtung* dieser Beziehung durch eine Beziehung *von allen übrigen Variablen in Richtung der Beschäftigung* gekennzeichnet werden kann. Um zu testen, ob diese Beziehung in dem Sinne '*spurious' ist*, daß nicht die 'korrekte Verursachungsrichtung' erfaßt wird (zum Beispiel: kann man sicher sein, daß die Beschäftigung sich nicht unter den 'forcing variables' befindet?), wird die vorstehende

Prozedur für ARDL-Regressionen von LBIP91, LPIOE, LSTLOR, LWRDM, UWRDM auf den betreffenden Rest der potentiellen 'forcing variables' (einschließlich LBAI) durchgeführt. Die umfangreichen Ergebnisse, welche die Korrektheit der oben identifizierten Beziehung nochmals bestätigen, werden hier aus Platzgründen nicht dargestellt.

Die Testresultate, die auf Regressionen ohne eine Einbeziehung der Wechselkursunsicherheit beruhen (Fall A), fallen oft *weniger eindeutig* aus und lassen häufig eine Ablehnung der Nullhypothese fehlender Kointegration nicht zu. Aus diesem Grund besteht eine erste Reaktion darin, den *Fall A* von den weiteren Untersuchungen *auszuschließen*. Darüber hinaus ist die Evidenz jedoch allgemein eher gemischt, wenn die deutsche Vereinigung nicht explizit berücksichtigt wird. Auf der einen Seite mag dies durch eine hiermit korrespondierende Fehlspezifikation des Modells selbst verursacht worden sein. Auf der anderen Seite mag dies auch in gewissem Umfang mit der Unsicherheit zu tun haben, welche die Integrationsordnung einiger dieser Variablen (wie z.B. der von Belke, Gros (1998b) und in Kapitel 6 thematisierten Wechselkursunsicherheit) umgibt. Schließlich bleibt anzumerken, daß der deterministische Trendterm in den unbeschränkten ECM-Regressionen nicht statistisch signifikant ist. Dies ist aus theoretischer Sicht a priori immer dann zu erwarten, falls außer dem stochastischen Trend kein zusätzlicher Trend in den Arbeitsmarktvariablen in den Variablen vorliegt. Am wichtigsten erscheint aber, daß die vorstehenden Schlußfolgerungen *unabhängig von den Integrationsordnungen* der zugrunde liegenden Variablen gelten.

Zusammengefaßt legen die vorstehenden Testergebnisse nahe, daß eine *Langfristbeziehung* zwischen der westdeutschen Beschäftigung und dem BIP, den Ölpreisen, den realen Tariflöhnen und dem realen effektiven Wechselkurs vorliegt, sobald man die *Wechselkursunsicherheit* wenigstens im dynamischen Teil des ARDL-Modells oder, zusätzlich, in der Langfristbeziehung berücksichtigt. Die Variablen LBIP91, LPIOE, LSTLOR, LWRDM und in zwei Versionen des Modells (Fälle C und D) auch UWRDM (im Fall D wird *LWRDM ausgeschlossen*!) können als die *'long-run forcing' Variablen* für die Erklärung von LBAI bezeichnet werden. Somit wird bestätigt, daß die linearen Beziehungen zwischen den Logarithmen der Variablen, wie sie in den Fällen B, C und D zum Ausdruck kommen, nicht 'spurious' sind. Vor diesem Hintergrund können die Parameter der Langfristbeziehung nun unter Rückgriff auf die bei Pesaran, Shin (1998) diskutierte ARDL-Prozedur geschätzt werden. Bevor diese Schätzung in

Abschnitt 9.4. durchgeführt wird, wenden sich die Ausführungen zunächst noch einigen *komplementären traditionellen Tests* auf Kointegration auf Basis der Modelle B, C und D zu.

9.3.2 Einheitswurzeltests der einzelnen Zeitreihen

Wenn eine *standardmäßige* Kointegrationsanalyse im Johansen-Modellrahmen durchgeführt wird, ist zunächst sicherzustellen, daß eine *Integrationsordnung von Eins* für alle verwendeten Variablen nicht abgelehnt werden kann. Solche 'pre-testing'-Ergebnisse können jedoch die auf derartigen Kointegrationstest-Techniken basierenden Testergebnisse beeinträchtigen (Cavanaugh u.a. (1995), Pesaran (1997)). Diese Einsicht motivierte in Abschnitt 9.3.1 bereits die Verwendung des innovativen Pesaran, Shin, Smith (1996)-Ansatzes. Die Tabellen 2a bis 3b zeigen die Einheitswurzel-Testergebnisse auf der Basis der 'Augmented Dickey-Fuller (ADF)-t-Statistiken. Da einige der individuellen Zeitreihen gemäß Abb. 1 trendbehaftet sind, werden auch ADF-Testregressionen mit linearen Trends betrachtet. Vor dem Hintergrund der Quartalsnatur der Beobachtungswerte werden für die Niveaus der Variablen auto-regressive Prozesse der Ordnung Vier zugelassen. Deshalb wird die maximale Ordnung der verzögerten ersten Differenzen der Variablen auf ein Maximum von drei gesetzt (für diese Argumentation vgl. Pesaran, Shin, Smith (1996), S. 16 f.). Als Länge des Stützzeitraums wird spezifikationsbedingt die Periode 1975Q1 bis 1992Q2 gewählt. Dies korrespondiert mit dem Durchschnittssample der in diesem Kapitel geschätzten Modelle. Die folgenden Tabellen führen die Ergebnisse von ADF-Tests der *Niveaus* der Variablen auf.[19]

Tab. 2a - *Unit Root-Testergebnisse (ADF-Testregressionen mit Konstante)*

ADF-Ordnung	LBAI	LBIP91	LPIOE	LSTLOR	LWRDM	UWRDM
0	-1.0931	-1.2566	-1.4714	-1.3700	-1.7091	-3.6980
1	-.97794	-.73959	-1.8350	-1.0578	-2.0288	-4.2045
2	-.81808	-.53156	-1.5425	-.77465	-1.9548	-4.1460
3	-.62744	-.13946	-1.9073	-.86005	-2.2236	-4.0944

Anmerkungen: 86 Beobachtungen für die Schätzung sämtlicher ADF-Testregressionen. Stützzeitraum von 1975Q1 bis 1996Q2 außer für UWRDM: 1975Q2 bis 1996Q2. Kritischer Wert für die ADF-t-Teststatistik (α = 0,05) = -2,8951. Die Tabellenfelder enthalten die empirischen Realisationen der ADF-t-Statistiken.

---

19 Die Ergebnisse für die ersten Differenzen sind auf Anfrage verfügbar.

Tab. 3a - *Unit Root-Testergebnisse (ADF-Testregressionen mit Trend)*

ADF-Ordnung	LBAI	LBIP91	LPIOE	LSTLOR	LWRDM	UWRDM
0	-2.0634	-6.2630	-1.7981	-6.7774	-1.2526	-3.8528
1	-1.7827	-4.0679	-2.1021	-6.2572	-1.8063	-4.6438
2	-1.4965	-3.2629	-1.8289	-3.8170	-1.6198	-4.7268
3	-1.1695	-1.0820	-2.1615	-1.7485	-2.1200	-4.4745

Anmerkungen: 86 Beobachtungen für die Schätzung sämtlicher ADF-Testregressionen. Stützzeitraum von 1975Q1 bis 1996Q2 außer für UWRDM: 1975Q2 bis 1996Q2. Kritischer Wert für die ADF-t-Teststatistik (α = 0,05) = -3,4626. Die Tabellenfelder enthalten die empirischen Realisationen der ADF-t-Statistiken.

Aus den Tabellen 2a und 3a und vor dem Hintergrund, daß die relevanten kritischen Werte des ADF-Tests -2,8951 (α=0,05, ADF-Testgleichung mit Konstante) beziehungsweise -3,4626 (α = 0,05, ADF-Testgleichung mit Trend) betragen, wird deutlich, daß die Nullhypothese einer Einheitswurzel in den betreffenden Zeitreihen nicht abgelehnt werden kann. Die Evidenz, ob das hier verwendete Maß für die Wechselkursvolatilität I(1) oder I(0) ist, fällt jedoch uneindeutig aus. Zusätzliche Tests zeigen, daß die Ergebnisse nicht robust gegenüber Änderungen der Länge des Stützzeitraums sind. Die *Unsicherheit*, welche die *Integrationseigenschaften* des Volatilitätsmaßes umgibt, läßt den Pesaran, Shin, Smith (1996)-Ansatz, der in dem vorhergehenden Abschnitt für Kointegrationstests verwendet wurde, im Kontext dieses Kapitels noch wertvoller erscheinen. Da die ADF-Tests der ersten Differenzen der Variablen alle auf eine Ablehnung der Nullhypothese der Nichtstationarität hinweisen, können die Variablen (außer vielleicht die Wechselkursvolatilität) als integriert von der Ordnung Eins angesehen werden. Falls für die Variablen, für die Saisoneinflüsse vermutet werden, Saisondummies implementiert werden, ändern sich die Ergebnisse nicht substantiell (vgl. Tabellen 2b und 3b).[20] Zusätzlich berechnete empirische Modellselektionskriterien (wie in Abschnitt 9.4.1.1 beschrieben) selektieren in den Tabellen 2a bis 3b in keinem Fall eine Lagordnung der ADF-Testregression, die zu einer von einer Einstufung als I(1)-Prozesse abweichenden Schlußfolgerung führt.

[20] Der Einschluß deterministischer Saisondummies beeinträchtigt die Inferenz in bezug auf die ADF-Teststatistik jedoch nicht. Vgl. Davidson, McKinnon (1993), S. 705.

Tab. 2b - *Unit Root-Testergebnisse*
(ADF-Testregressionen mit Konstante und Saisondummies)

ADF-Ordnung	LBAI	LBIP91	LSTLOR
0	-.89076	-.62203	-.53425
1	-1.2345	-.49801	-.46203
2	-1.4905	-.47392	-.46294
3	-1.7078	-.43048	-.52303

Anmerkungen: 86 Beobachtungen für die Schätzung sämtlicher ADF-Testregressionen. Stützzeitraum von 1975Q1 bis 1996Q2. Kritischer Wert für die ADF-t-Teststatistik (α=0,05) = -2,8951. Die Tabellenfelder enthalten die empirischen Realisationen der ADF-t-Statistiken.

Tab. 3b - *Unit Root-Testergebnisse*
(ADF-Testregressionen mit Trend und Saisondummies)

ADF - Ordnung	LBAI	LBIP91	LSTLOR
0	-.48032	-2.2898	-2.6737
1	-1.2280	-1.8980	-2.2801
2	-1.6135	-1.7728	-2.1621
3	-1.9461	-1.6369	-2.0109

Anmerkungen: 86 Beobachtungen für die Schätzung sämtlicher ADF-Testregressionen. Stützzeitraum von 1975Q1 bis 1996Q2. Kritischer Wert für die ADF-t-Teststatistik (α=0,05) = -3,4626. Die Tabellenfelder enthalten die empirischen Realisationen der ADF-t-Statistiken.

9.3.3 Kointegrationstests: Der Johansen-Systemansatz

Unter der Annahme, daß alle sechs interessierenden Variablen I(1)-Prozesse darstellen, wurde zunächst der residuenbasierte Einzelgleichungstest der Nullhypothese fehlender Kointegration (vgl. Engle, Granger (1987) und Phillips, Ouliaris (1990)) angewendet. Es ist jedoch bekannt, daß residuenbasierte Kointegrationstests ineffizient sind und zu widersprüchlichen Schlußfolgerungen führen können, insbesondere wenn -wie in diesem Kapitel- mehr als zwei I(1)-Variablen untersucht werden. Darüber hinaus sollte die geringe Macht des residuenbasierten Tests in finiten Stützzeitraums berücksichtigt werden (Belke, Göcke (1997, 1997a)). Vor dem Hintergrund dieser Argumente werden diese Testergebnisse hier nicht dargestellt.

Ergänzend wird ebenfalls der aus theoretischer Sicht befriedigendere Systemansatz von Johansen (1991) für einen *Test auf Kointegration* zwischen den Variablen LBAI, LBIP91, LPIOE, LSTLOR, LWRDM und gegebenenfalls UWRDM angewendet. Im folgenden findet Johansens vereinheitlichter ML-Rahmen für Schätzungen und Tests von Kointegrationsbeziehungen im Kontext vektorautoregressiver (VAR) Fehlerkorrekturmodelle Verwendung. Zu diesem Zweck werden VAR(4)-Modelle mit beschränkten Konstanten und ohne Trends, sowie Modelle mit beschränkten Trends und unbeschränkten Konstanten geschätzt. Diese beiden Fälle werden von Pesaran, Pesaran (1997) als Fall II und Fall IV bezeichnet.[21] Der Fall II ist für Variablen relevant, die *keinen deutlichen Trend* aufweisen. Fall IV ist relevant, wenn eine Variable *deterministische Trends* beinhaltet, unabhängig davon, ob diese Variable trend-stationär ist oder einen erste-Differenzen-stationären Prozeß darstellt. Aus der Abb. 1 in Abschnitt 9.3. ging bereits hervor, daß beide Fälle für die (Untergruppen der) betrachteten Zeitreihen potentiell relevant sind.

Für diese Modelle werden die *'trace-' und die 'maximum eigenvalue'-Statistiken* für Tests der Nullhypothese fehlender Kointegration (r = 0) gegen die Alternativhypothese, daß r = 1 oder 2 Kointegrationsbeziehungen zwischen den Variablen LBAI, LBIP91, LPIOE, LSTLOR, LWRDM und gegebenenfalls UWRDM existieren, in den Tabellen 4a bis 6b zusammengefaßt. Vor dem Hintergrund der zuvor in Abschnitt 9.3.1.2 erzielten Testergebnisse beinhaltet die folgende Analyse lediglich die Modellspezifikationen/Fälle B, C und D. Fall A wird hingegen ausgeschlossen. Um Ergebnisse zu erzielen, die mit denjenigen der Pesaran, Shin, Smith (1996)-Tests der Existenz einer Langfristbeziehung vergleichbar sind, werden die Ergebnisse alternativ mit oder ohne die in diesen Tests (Tabellen 1a bis 1d) verwendeten Dummies dargestellt. Die einschlägigen kritischen Werte in bezug auf die Tabellen 4a bis 6b hängen von der Zahl der endogenen und der Zahl der exogenen Regressoren ab und sind bei Pesaran, Shin, Smith (1997) tabelliert.

---

[21] Vgl. Pesaran, Pesaran (1997), S. 133 ff.

Das ökonometrische Modell, das die Grundlage für die folgende Kointegrationsanalyse darstellt, wird durch das folgende *allgemeine Vektor-Fehlerkorrekturmodell* gegeben:

$$(2) \quad \Delta y_t = a_{0y} + a_{1y} t - \Pi_y z_{t-1} + \sum_{i=1}^{p-1} \Gamma_{iy} \Delta z_{t-i} + \Psi_y w_t + u_{ty},$$

mit

$$z_t = \begin{pmatrix} y_t \\ x_t \end{pmatrix},$$

wobei a_{0y} und a_{1y} m_y x 1 Vektoren sind, Π_y von der Ordnung m_y x m (mit m = m_x + m_y) ist und die Langfristmultiplikatormatrix repräsentiert, Γ_{iy} (von der Dimension m_y x m) die Kurzfristdynamik mißt und Ψ_y (von der Dimension m_y x q) die Koeffizienten der exogenen I(0)-Variablen quantifiziert. Dabei wird zwischen den folgenden Typen von Variablen differenziert:

- y_t als ein m_y x 1-Vektor 'gemeinsam' determinierter (endogener) I(1)-Variablen,
- x_t als ein m_x x 1-Vektor exogener I(1)-Variablen,
- w_t als ein q x 1-Vektor exogener I(0)-Variablen, und
- Konstanten und linearen deterministischen Trends.

Es wird das folgende implizite VAR für die eingeschlossenen exogene(n) I(1)-Variable(n) verwendet:

$$(3) \quad \Delta x_t = a_{0x} + \sum_{i=1}^{p-1} \Gamma_{ix} \Delta z_{t-i} + \Psi_x w_t + v_{ty},$$

Dabei wird angenommen, daß die Variablen x nicht untereinander kointegriert sind. Es ist an dieser Stelle wichtig anzumerken, daß mit Gleichung (3) ein *Subsystem-Ansatz* verfolgt wird, insofern als der m_x Vektor x_t als strukturell exogen betrachtet wird. Zusätzlich sind die Fehlerterme in diesem Subsystem mit denen im Rest des Systems unkorreliert. Dem Ansatz wird auferlegt, daß keine *Fehlerkorrektur-Feedbackmechanismen* in den Gleichungen auftreten, die Δx_t erklären. Jedoch werden kontemporäre und kurzfristige (im Gegensatz zu langfristigen) Feedbacks von y_t auf x_t zugelassen. Deshalb können die im Vektor x_t enthaltenen Variablen auch als die *'long-run forcing' Variablen* oder als die *'common stochastic' Trends* bezeichnet werden (Pesaran, Pesaran (1997), S. 429 f., Pesaran, Shin, Smith (1997), S. 5 ff.).

9.3.3.1 Kointegrationstests in Modellen mit der Wechselkursvolatilität als exogenem I(0)-Regressor

Die folgenden Tabellen beziehen sich auf die geschätzten VAR(4)-Modelle mit beschränkten Konstanten und ohne Trends sowie auf die Modelle mit beschränkten Trends und unbeschränkten konstanten Gliedern (Fälle II und IV). Um den Fall B zu modellieren, wird auf die Möglichkeit zurückgegriffen, die Wechselkursvolatilität als eine Variable w_t in dem VAR zu spezifizieren, so daß sie in einen 1 x 1-Vektor exogener I(0)-Variablen übergeht. Wie zuvor gezeigt, kann dies im Rahmen des Programmpaketes Microfit 4.0 problemlos durchgeführt werden. Die Modelle C und D werden als Standardfälle modelliert, da die Einflüsse sämtlicher Variablen sowohl kurz- als auch langfristig modelliert werden. Darüber hinaus werden die *'trace'* und die *'maximum eigenvalue'-Statistiken* für Tests der Nullhypothese keiner Kointegration (r = 0) gegen die Alternativhypothese von r = 1 oder 2 Kointegrationsbeziehungen zwischen den Variablen LBAI, LBIP91, LPIOE, LSTLOR und LWRDM aufgeführt. Für jeden Fall werden die Ergebnisse ohne zusätzlich spezifizierte Dummies zuerst präsentiert. Die Darstellungen beginnen mit dem Fall B.

Tab. 4a - *Kointegrationsrang-Statistiken für die Beschäftigung, reales BIP, Ölpreise, Reallöhne, und reale Wechselkurse mit der Änderung der Wechselkursvolatilität als zusätzlichem I(0)-Regressor (Fall B)*

	Fall II				Fall IV			
	Trace		Max		Trace		Max	
H_0	Statistik	95% CV	Statistik	95% CV	Statistik	95% CV	Statistik	95% CV
r = 0	81.3490	75.9800	39.7406	34.4000	103.6775	87.1700	42.4505	37.8600
r = 1	41.6084	53.4800	24.7787	28.2700	61.2270	63.0000	36.0893	31.7900
r = 2	16.8297	34.8700	9.8141	22.0400	25.1377	42.3400	15.6702	25.4200

Stützzeitraum: 1975.4 bis 1996.2, CV = kritischer Wert.

Tab. 4b - *Kointegrationsrang-Statistiken für die Beschäftigung, reales BIP, Ölpreise, Reallöhne, und reale Wechselkurse mit der Änderung der Wechselkursvolatilität als zusätzlichem I(0)-Regressor (Fall B)*

	Fall II				Fall IV			
	Trace		Max		Trace		Max	
H_0	Statistik	95% CV	Statistik	95% CV	Statistik	95% CV	Statistik	95% CV
r = 0	81.3422	75.9800	37.3193	34.4000	109.6991	87.1700	48.6083	37.8600
r = 1	44.0229	53.4800	25.9595	28.2700	61.0908	63.0000	35.9866	31.7900
r = 2	18.0633	34.8700	9.4482	22.0400	25.1043	42.3400	15.1863	25.4200

Stützzeitraum: 1975.4 bis 1996.2. Dummies D771, D821, D901 berücksichtigt, CV = kritischer Wert.

Tab. 5a - *Kointegrationsrang-Statistiken für die Beschäftigung, reales BIP, Ölpreise, Reallöhne, reale Wechselkurse und die Wechselkursvolatilität (Fall C)*

	Fall II				Fall IV			
	Trace		Max		Trace		Max	
H_0	Statistik	95% CV	Statistik	95% CV	Statistik	95% CV	Statistik	95% CV
r = 0	135.9747	102.5600	57.7670	40.5300	155.6781	115.8500	58.0405	43.6100
r = 1	78.2077	75.9800	33.9203	34.4000	97.6376	87.1700	38.0661	37.8600
r = 2	44.2874	53.4800	25.8007	28.2700	59.5715	63.0000	32.3397	31.7900

Stützzeitraum: 1975.4 bis 1996.2, CV = kritischer Wert.

Tab. 5b - *Kointegrationsrang-Statistiken für die Beschäftigung, reales BIP, Ölpreise, Reallöhne, reale Wechselkurse und die Wechselkursvolatilität (Fall C)*

	Fall II				Fall IV			
	Trace		Max		Trace		Max	
H_0	Statistik	95% CV	Statistik	95% CV	Statistik	95% CV	Statistik	95% CV
r = 0	132.8591	102.5600	58.1910	40.5300	157.2043	115.8500	62.9007	43.6100
r = 1	74.6681	75.9800	30.5950	34.4000	94.3036	87.1700	38.6941	37.8600
r = 2	44.0731	53.4800	24.7159	28.2700	55.6096	63.0000	28.6102	31.7900

Stützzeitraum: 1975.4 - 1996.2. Dummies D771, D821, D901 berücksichtigt, CV = kritischer Wert.

Tab. 6a - *Kointegrationsrang-Statistiken für die Beschäftigung, reales BIP, Ölpreise, Reallöhne und die Wechselkursvolatilität (Fall D)*

	Fall II				Fall IV			
	Trace		Max		Trace		Max	
H_0	Statistik	95% CV	Statistik	95% CV	Statistik	95% CV	Statistik	95% CV
r = 0	95.2875	75.9800	41.6648	34.4000	95.3192	87.1700	42.3356	37.8600
r = 1	53.6227	53.4800	32.9932	28.2700	52.9836	63.0000	28.9433	31.7900
r = 2	20.6295	34.8700	12.0670	22.0400	24.0403	42.3400	15.2896	25.4200

Stützzeitraum: 1975.4 bis 1996.2, CV = kritischer Wert.

Tab. 6b - *Kointegrationsrang-Statistiken für die Beschäftigung, reales BIP, Ölpreise, Reallöhne, und die Wechselkursvolatilität (Fall D)*

	Fall II				Fall IV			
	Trace		Max		Trace		Max	
H_0	Statistik	95% CV	Statistik	95% CV	Statistik	95% CV	Statistik	95% CV
r = 0	91.3316	75.9800	40.1143	34.4000	91.6337	87.1700	43.5279	37.8600
r = 1	51.2174	53.4800	28.4089	28.2700	48.1058	63.0000	24.1326	31.7900
r = 2	22.8084	34.8700	12.8571	22.0400	23.9732	42.3400	13.6942	25.4200

Stützzeitraum: 1975.4 bis 1996.2. Dummies D771, D821, D901 berücksichtigt, CV = kritischer Wert.

Unter beiden Fällen (II und IV) und für die Modelle B, C und D, wird die Nullhypothese r = 0 deutlich abgelehnt. Dies stimmt exakt mit den in Abschnitt 9.3.1.2. erzielten Ergebnissen unter Verwendung der Grenztestprozedur überein. Jedoch legen einige Testergebnisse die Existenz von zwei Kointegrationsbeziehungen auf dem 0,05 Prozentniveau nahe. Eine mögliche Erklärung liegt sofort auf der Hand, wenn man eine gewisse Unsicherheit in bezug auf die Integrationsordnung der zugrunde liegenden Variablen zugesteht, die oftmals auf die geringe Macht der Einheitswurzel-Tests in endlichen Stützzeiträumen zurückgeführt werden kann.[22] Darüber hinaus sollte man den deutlich unterschiedlichen Hintergrund des Johansen-ML-Tests und des Pesaran, Shin, Smith (1996)-Ansatzes, der 'long-run forcing' Variablen in der langfristigen Arbeitsmarktbeziehung annimmt, Rechnung tragen.[23] Aus dieser Sicht besteht die Intuition darin, daß der vorstehend durchgeführte Johansen Kointegrationstests nur als ein Vergleich ('benchmark') Sinn macht (Pesaran, Shin, Smith (1996), S. 18), um die Nullhypothese *fehlender* Kointegration fundierter *ablehnen* zu können. Es scheint

---

[22] Wie von Pesaran, Shin, Smith (1996), S. 18, selbst wahrgenommen, besteht die Notwendigkeit eines systematischen Vergleichs der Kleine-Stichproben-Eigenschaften der in diesem Kapitel verwendeten Grenztestprozedur ('bounds testing procedure') sowie dem residuenbasierten und dem systembasierten Ansatz für Kointegrationstests.

[23] Die von Pesaran, Shin, Smith (1997) für 0 exogene Regressoren (k=0) tabellierten kritischen Werte entsprechen denen von Johansen (1995), Kapitel 15. Vgl. Pesaran, Shin, Smith (1997), S. D.1.

jedoch angemessener, die Analyse auf bestimmte testbare Exogenitätseigenschaften der Variablen zu stützen, welche die westdeutsche Beschäftigung erklären. Hierbei sollte besonders die oft bestrittene *Exogenität der Wechselkursunsicherheit* betont werden.

9.3.3.2 Kointegrationstests in Modellen mit der Wechselkursvolatilität als exogener I(1)-Variable

Es sei nun angenommen (wie durch die vorstehenden Ergebnisse deutlich nahegelegt), daß *eine oder mehrere* der I(1) Variablen in dem Kointegrations-VAR-Modell *'long-run forcing' Variablen* sind. Sie seien somit in der langen Frist nicht durch die anderen Variablen des Systems kausal beeinflußt. Zu diesem Zweck wird die Möglichkeit genutzt, x_t als einen m_x mal 1 Vektor exogener I(1)-Variablen in das Vektor-Fehlerkorrekturmodell (VECM) zu implementieren. In diesem Kapitel wird folglich auf eine *Verallgemeinerung der Analyse kointegrierter Systeme* im Kontext eines VECM (Johansen (1991, 1995)) zurückgegriffen. Wie oben in der Einleitung zu Abschnitt 9.3.3 bereits erläutert, wird hier ein Subsystem-Ansatz verfolgt, in dessen Rahmen eine *Teilmenge* von Zufallsvariablen als *strukturall exogen* betrachtet werden kann. Dies bedeutet, daß sämtliche vorliegenden Kointegrationsvektoren nicht in dem Subsystems-VECM für diese exogenen Variablen auftreten und daß die Fehlerterme in diesem Subsystem unkorreliert mit denjenigen im verbleibenden Teil des Systems sind.

Diese Verallgemeinerung ist besonders im Rahmen der makroökonometrischen Analyse kleiner offener Volkswirtschaften relevant, wo es plausibel erscheint anzunehmen, daß einige der 'forcing variables' des Modells, die von der Ordnung 1 integriert sind (wie z.B. ausländisches Einkommen und ausländische Preise) exogen sind. Wie bereits in Abschnitt 9.2. erläutert wurde, erwachsen ähnliche Betrachtungen auch aus einer empirischen Analyse des gesamtwirtschaftlichen Einflusses der Wechselkursvolatilität -dem Hauptfokus dieses Kapitels- und im Hinblick auf die Ölpreise. Die letztgenannte Variable ist im folgenden jedoch nur von indirekter Relevanz. Sowohl die Wechselkursvolatilität als auch die Ölpreise können aus theoretischer Sicht als *exogen* in bezug auf die verbleibenden Variablen angesehen werden (vgl. Kapitel 6 und Belke, Gros (1998b)).

Diese Erweiterung macht den Weg frei für eine effizientere multivariate Analyse ökonomischer Zeitreihen, für die einzelne Beobachtungen typischerweise *nur über relativ kurze Zeiträume* verfügbar sind. Hierdurch wird das Problem einer effizienten konditionalen Schätzung eines VECM, welches exogene I(1)-Variablen umfaßt, verringert. Folgt man Pesaran, Shin, Smith (1997), muß man prinzipiell wieder zwischen fünf verschiedenen Fällen differenzieren, welche durch das angenommene deterministische Trendverhalten der Variablenniveaus klassifiziert werden, d.h. zwischen Fall I: keine Konstanten und keine linearen Trendkoeffizienten, Fall II: beschränkte Konstante und keine linearen Trendkoeffizienten, Fall III: unbeschränkte Konstanten und keine linearen Trendkoeffizienten, Fall IV: unbeschränkte Konstanten und beschränkte lineare Trendkoeffizienten, und Fall V: unbeschränkte Konstanten und unbeschränkte lineare Trendkoeffizienten.

Diese Fälle wurden auch von Johansen (1995) betrachtet, wobei (abweichend von der in diesem Kapitel betrachteten Konstellation) *alle* I(1)-Variablen in dem VAR-Modell als *endogen* behandelt werden. Die relevanten kritischen Werte für Kointegrationstests in allen fünf Fällen werden unter der Voraussetzung, daß sich wenigstens eine exogene I(1)-Variable in dem System befindet, bei Pesaran, Shin, Smith (1997), Tabellen D1-D5 in Appendix D, angegeben. Die folgenden Ausführungen konzentrieren sich nach einer visuellen Inspektion der relevanten Zeitreihen (vgl. Abb. 1) wiederum mit derselben Begründung wie in Abschnitt 9.3.3 auf die Fälle II und IV.

In jedem Fall werden drei Saisondummies D1, D2 und D3 als zusätzliche I(0)-Variablen mit berücksichtigt. In den Fällen, in denen ein zusätzlicher I(0)-Regressor implementiert wird, werden der kontemporäre und die verzögerten drei Werte der Änderungen der betreffenden I(1)-Niveauvariable (Wechselkursunsicherheit) verwendet. In Analogie zu Pesaran, Pesaran (1997), S. 299, wird die Änderung der Ölpreise kontemporär und mit einer Einquartals-Verzögerung implementiert. Die Dummy D901P nimmt ab dem ersten Quartal 1990 permanent die Ausprägung 1 an (sonst 0).[24]

[24] Für die Notwendigkeit der Kodierung permanenter Dummies zur Erfassung dauerhafter Brüche in langfristigen Arbeitsnachfragegleichungen vgl. Belke (1996, 1996b).

Tab. 7a - *Kointegrationsrang-Statistiken für die Beschäftigung, die exogenen I(1)-Variablen reales BIP, Ölpreise, Reallöhne, reale Wechselkurse sowie die exogene I(0)-Variable Änderung der Wechselkursvolatilität (Fall B)*

	Fall II				Fall IV			
	Trace		Max		Trace		Max	
H_0	Statistik	90% CV	Statistik	90% CV	Statistik	90% CV	Statistik	90% CV
r = 0	10.5108	18.2400	10.5108	18.2400	9.3259	20.7300	9.3259	20.7300
r = 0 (D901P)	11.3970	18.2400	11.3970	18.2400	10.1133	20.7300	10.1133	20.7300

Stützzeitraum: 1975.4 to 1996.2, CV = kritischer Wert.

Tab. 7b - *Kointegrationsrang-Statistiken für die Beschäftigung, reales BIP, Reallöhne, reale Wechselkurse, und die I(0)-Variablen Änderung der Wechselkursvolatilität sowie Änderung der Ölpreise (Fall B modifiziert)*

	Fall II				Fall IV			
	Trace		Max		Trace		Max	
H_0	Statistik	95% CV	Statistik	95% CV	Statistik	95% CV	Statistik	95% CV
r = 0	44.0587	53.4800	30.5795	28.2700	62.5053	63.0000	40.2558	31.7900
r = 1	13.4792	34.8700	8.8063	22.0400	22.2494	42.3400	16.0912	25.4200
r = 2	4.6729	20.1800	4.5765	15.8700	6.1582	25.7700	5.8420	19.2200

Stützzeitraum: 1975.4 - 1996.2, CV = kritischer Wert.

Tab. 8a - *Kointegrationsrang-Statistiken für die Beschäftigung, und die exogenen I(1)-Variablen reales BIP, Ölpreise, Reallöhne, reale Wechselkurse und Wechselkursvolatilität (Fall C)*

	Fall II				Fall IV			
	Trace		Max		Trace		Max	
H_0	Statistik	90% CV	Statistik	90% CV	Statistik	90% CV	Statistik	90% CV
r = 0	21.9825	20.5700	21.9825	20.5700	22.0593	23.1100	22.0593	23.1100
r = 0 (D901P)	24.9074	20.5700	24.9074	20.5700	24.6904	23.1100	24.6904	23.1100

Stützzeitraum: 1975.2 to 1996.2, CV = kritischer Wert.

Tab. 8b - *Kointegrationsrang-Statistiken für die Beschäftigung, reales BIP, Reallöhne, reale Wechselkurse, die exogene I(1)-Variable Wechselkursvolatilität und die I(0)-Variable Änderung der Ölpreise (Fall C modifiziert)*

	Fall II				Fall IV			
	Trace		Max		Trace		Max	
H_0	Statistik	95% CV	Statistik	95% CV	Statistik	95% CV	Statistik	95% CV
r = 0	71.0181	62.7500	39.5621	31.4800	90.4534	72.1000	49.4378	72.1000
r = 1	31.4560	42.4000	25.1093	25.5400	41.0156	49.3600	23.1086	28.7200
r = 2	6.3467	25.2300	4.4147	18.8800	17.9070	30.7700	15.7491	22.1600

Stützzeitraum: 1975.2 - 1996.2, CV = kritischer Wert.

Tab. 8c - *Kointegrationsrang-Statistiken für die Beschäftigung, reales BIP, Ölpreise, Reallöhne, reale Wechselkurse und die exogene I(1)-Variable Wechselkursvolatilität (Fall C modifiziert)*

	Fall II				Fall IV			
	Trace		Max		Trace		Max	
H_0	Statistik	95% CV	Statistik	95% CV	Statistik	95% CV	Statistik	95% CV
r = 0	110.9130	86.5800	48.5702	37.4800	159.7140	97.8300	59.5991	40.8900
r = 1	62.3428	62.7500	26.8605	31.4800	100.1149	72.1000	46.6423	34.7000
r = 2	35.4823	42.4000	26.8605	31.4800	53.4726	49.3600	31.0617	28.7200

Stützzeitraum: 1975.1 - 1996.2, CV = kritischer Wert.

Tab. 9a - *Kointegrationsrang-Statistiken für die Beschäftigung, und die exogenen I(1)-Variablen reales BIP, Ölpreise, Reallöhne und Wechselkursvolatilität (Fall D)*

	Fall II				Fall IV			
	Trace		Max		Trace		Max	
H_0	Statistik	90% CV	Statistik	90% CV	Statistik	90% CV	Statistik	90% CV
r = 0	17.7498	18.2400	17.7498	18.2400	15.9725	20.7300	15.9725	20.7300
r = 0 (D901P)	17.9744	18.2400	17.9744	18.2400	16.2189	20.7300	16.2189	20.7300

Stützzeitraum: 1975.1 to 1996.2, CV = kritischer Wert.

Tab. 9b - *Kointegrationsrang-Statistiken für die Beschäftigung, reales BIP, Reallöhne und die exogene I(1)-Variable Wechselkursvolatilität und die I(0)-Variable Änderung der Ölpreise (Fall D modifiziert)*

	Fall II				Fall IV			
	Trace		Max		Trace		Max	
H_0	Statistik	95% CV	Statistik	95% CV	Statistik	95% CV	Statistik	95% CV
r = 0	64.2687	42.4000	44.4690	25.5400	51.9751	49.3600	32.5380	28.7200
r = 1	19.7997	25.2300	18.1956	18.8800	19.4370	30.7700	14.2586	22.1600
r = 2	1.6040	12.4500	1.6040	12.4500	5.1784	15.4400	5.1784	15.4400

Stützzeitraum: 1975.1 - 1996.2, CV = kritischer Wert.

Tab. 9c - *Kointegrationsrang-Statistiken für die Beschäftigung, reales BIP, Ölpreise, Reallöhne und die exogene I(1)-Variable Wechselkursvolatilität (Fall D modifiziert)*

	Fall II				Fall IV			
	Trace		Max		Trace		Max	
H_0	Statistik	95% CV	Statistik	95% CV	Statistik	95% CV	Statistik	95% CV
r = 0	81.2160	62.7500	46.9955	31.4800	76.2332	72.1000	38.5976	34.7000
r = 1	34.2205	42.4000	19.4403	25.5400	37.6356	49.3600	19.7521	28.7200
r = 2	14.7802	25.2300	12.3710	18.8800	17.8835	30.7700	12.8051	22.1600

Stützzeitraum: 1975.1 - 1996.2, CV = kritischer Wert.

Die folgenden Ausführungen befassen sich mit einer detaillierten Interpretation der vorstehenden Ergebnisse (Tabellen 7a bis 9c). Diese Ergebnisse scheinen für eine Lösung der in diesem Kapitel gestellten zentralen Frage nach einer geeigneten Modellierung des Einflusses der Wechselkursunsicherheit auf den Arbeitsmarkt hilfreich zu sein.

Ein erstes Ergebnis in Abschnitt 9.3.1.2 war, daß der Fall A ausgeschlossen wurde, da die Hypothese keiner Langfristbeziehung nicht abgelehnt werden konnte. Vor dem Hintergrund der Ergebnisse in Kapitel 6 (kurzfristiger negativer Einfluß der Wechselkursunsicherheit) und der Kapitel 7 und 8 (Einfluß der Wechselkursunsicherheit auf die kurzfristige Anpassungsdynamik) bestand a priori die Erwartung, daß unter den verbleibenden Fällen der Fall B (die Wechselkursvariabilität spielt nur kurzfristig eine Rolle) den Daten am besten entsprechen sollte. Überraschenderweise findet man jedoch, daß die Fälle C und manchmal auch der Fall D zu einer besseren Schätzgüte führen. Die empirische Bestätigung von Fall D impliziert, daß das erste statistische Moment (d.h. das Niveau) des Wechselkurses einen geringeren Einfluß als das zweite Moment (d.h. seine Variabilität) ausübt. Ein komplizierender Faktor resultiert aus dem Einschluß der Ölpreise, die ebenfalls betrachtet wurden, da sie auch in vielen anderen empirischen Studien Determinanten der deutschen Arbeitsnachfrage darstellen. In Fall B wird die Abwesenheit von Kointegration ausgewiesen, wenn den beschäftigungserklärenden Variablen Exogenität auferlegt wird. Wenn jedoch die Ölpreise aus der Langfristbeziehung ausgeschlossen werden, wird gemäß den 'maximum eigenvalue'-Statistiken (α=0,05) ein Kointegrationsvektor angezeigt.

Die *Modellspezifikation C* wird *in allen drei* hier untersuchten Fällen empirisch *bestätigt*: Exogenität aller Variablen mit Ausnahme der Beschäftigung, Exogenität nur der Wechselkursvolatilität und Ausschluß der Ölpreise aus der Langfristgleichung, Exogenität nur der Wechselkursvolatilität und Einschluß der Ölpreise in die Langfristgleichung. Darüber hinaus wird die *Modellspezifikation D* in zwei Fällen *bestätigt*: Exogenität nur der Wechselkursvolatilität und Ausschluß der Ölpreise aus der Langfristgleichung, Exogenität nur der Wechselkursvolatilität und Einschluß der Ölpreise in die Langfristgleichung. Falls jedoch allen Variablen außer der Beschäftigung Exogenität auferlegt wird, kann die Hypothese der fehlenden Existenz eines Kointegrationsvektors (obwohl nur knapp) nicht abgelehnt werden.

Im allgemeinen werden eher Kointegrationseigenschaften ausgewiesen, wenn der Ölpreis aus der Kointegrationsbeziehung ausgeschlossen werden und somit diese Langfristbeziehung nur temporär beeinflussen. Aber noch wichtiger in bezug auf die im Rahmen der vorliegenden Arbeit geführte Debatte über die Quellen der Wechselkursunsicherheit ist das folgende Ergebnis: *Kointegration* wird angezeigt, *wenn (einzig) der Wechselkursunsicherheit Exogenität* als Modellrestriktion *auferlegt wird.*

Die folgenden Ausführungen wenden sich den *Schätzungen der Langfristkoeffizienten* und des assoziierten *Fehlerkorrekturmodells* für den westdeutschen Arbeitsmarkt zu. Dieser Teil der Analyse kann als eine wichtige Ergänzung der in Kapitel 6 durchgeführten Analyse interpretiert werden. Dort wurde der Einfluß der Wechselkursunsicherheit auf Arbeitsmärkte durch Schätzungen von VARs in ersten Differenzen basierend auf Jahresdaten analysiert. Im folgenden werden die Existenz einer *langfristigen* Arbeitsmarktbeziehung für eine offene Volkswirtschaft und die Relevanz *kurzfristiger Abweichungen hiervon* als treibender Kräfte von kurzfristigen Bewegungen der Beschäftigungszeitreihe explizit berücksichtigt. Durch diese Verfahrensweise werden a priori kurz- und langfristige (und hierdurch wiederum zusätzliche kurzfristige) Einflüsse der Wechselkursunsicherheit auf die Beschäftigung zugelassen. Eine weitere Verbesserung liegt in der Verwendung von Quartalsdaten und einer als ein gleitender Durchschnitt (*'moving average') formulierten Proxyvariable* für die *Wechselkursunsicherheit.*

9.4 Eine Anwendung des ARDL-Ansatzes auf die Kointegrationsanalyse

9.4.1 Theoretische Fundierung

9.4.1.1 Schätzung von Langfristkoeffizienten

Die Ausführungen beginnen mit dem Problem von Schätzungen und Hypothesentests im Kontext des folgenden ARDL(p,q)-Modells:

$$(4) \qquad y_t = \alpha_0 + \alpha_1 t + \sum_{i=1}^{p} \phi_i y_{t-i} + \sum_{i=0}^{q} \beta_i x_{t-i} + u_t ,$$

mit seriell unkorrelierten Residuen u_t. Dabei wird von der Möglichkeit Gebrauch gemacht, einen zusätzlichen Vektor deterministischer Variablen wie z.B. Saisondummies oder exogene Variablen mit festen Verzögerungen (hier: Änderungen der Wechselkursvolatilität) modellieren zu können.[25] Darüber hinaus sei nun vor dem Hintergrund der vorstehenden Testprozedur die Existenz einer Langfristbeziehung zwischen den Niveaus von y_t und x_t angenommen. Um das vorstehend beschriebene Modell empirisch korrekt handhaben zu können, muß zwischen *zwei Fällen* unterschieden werden:

1) x_t und u_t sind unkorreliert,

[25] Dieser Vektor wird in der Darstellung gemäß Gleichung (4) aus Vereinfachungsgründen vernachlässigt.

2) x_t (hier: endogene Regressoren) und u_t sind korreliert und x_t ist durch den folgenden autoregressiven AR(s)-Prozeß endlicher Ordnung charakterisiert:

$$(5) \quad x_t = \sum_{i=1}^{s} \rho_i x_{t-i} + v_t .$$

Dieser AR-Prozess könnte ebenfalls verzögerte Werte von Δy_t, aber nicht die Niveaus oder die verzögerten Werte von y_t beinhalten (Pesaran, Shin (1998), S. 14).

Unter der Voraussetzung von Fall 1 erhält man die Langfristbeziehung zwischen y und x, indem man zunächst die Parameter des ARDL-Modells per OLS und dann die Parameter der Kointegrationsbeziehung $y_t = \alpha + \delta t + \theta x_t + v_t$ wie folgt schätzt:

$$(6) \quad \hat{\alpha} = \frac{\hat{\alpha}_0}{1-\hat{\phi}_1 \ldots - \hat{\phi}_p}, \; \hat{\delta} = \frac{\hat{\alpha}_1}{1-\hat{\phi}_1 \ldots - \hat{\phi}_p}, \; \hat{\theta} = \frac{\hat{\beta}_0 + \hat{\beta}_1 + \ldots + \hat{\beta}_q}{1-\hat{\phi}_1 - \hat{\phi}_2 \ldots - \hat{\phi}_p}.$$

Die Standardfehler dieser Schätzer können im Prinzip durch die sogenannte 'Delta-Methode' in der üblichen Weise ermittelt werden (Pesaran, Pesaran (1997), S. 404, Pesaran, Shin (1998), S. 16 f., Serfling (1980)).[26] Aus Gründen der einfacheren Berechenbarkeit wird es im folgenden vorgezogen, ihre asymptotischen Standardfehler auf der Basis der sogenannten 'Bewley Regression' (Bewley (1979)) zu berechnen. Beide Prozeduren führen zu numerisch identischen Schätzwerten der Standardfehler der in (6) angegebenen Schätzer (Bårdsen (1989)). Es wird zunächst die folgende Regressionsgleichung:

$$(7) \quad y_t = \alpha + \delta t + \theta x_t + \sum_{i=0}^{p-1} d_i \Delta y_{t-i} + \sum_{i=0}^{q-1} c_i \Delta x_{t-i} + \text{Fehlerterm}$$

durch das Instrumentvariablenverfahren geschätzt. Dieses Verfahren bezieht sich auf 1, t, x_t, Δx_t, ..., Δx_{t-q+1}, y_{t-1}, y_{t-2}, ..., und y_{t-p} als die relevanten Instrumente. Berücksichtigt man diese Wahl der Instrumente, wird wiederum deutlich, wie wichtig es ist, *die Werte für p und q freizügig zu wählen.* Das Resultat besteht in Instrumentvariablen-Schätzern von α, δ und θ.

Unter der Voraussetzung von Fall 2 (x_t und u_t in Gleichung (4) sind korreliert), sind sowohl die ARDL-Prozedur als auch die Verwendung des OLS-

---

26 Die relevante Option im Rahmen von Microfit 4.0 ist Option 5 im 'Post Regression Menu'. Diese erlaubt eine Schätzung nicht-linearer Funktionen der Parameter in einem Regressionsmodell.

Verfahrens letztendlich weiter zulässig. Dies gilt jedoch nur unter der Bedingung, daß eine Schätzung einer *erweiterten* Version des ursprünglichen Modells vorgenommen wird, wenn s (die Ordnung des x_t-Prozesses in Gleichung (5)) größer als q ist. Es sei angenommen, daß m äquivalent zu max (s,q) ist. In diesem Fall weicht das für eine Schätzung der Kointegrationsregression *angemessene* ARDL-Modell von Gleichung (4) ab und ergibt sich wie folgt:

$$(8) \quad y_t = \alpha_0 + \alpha_1 \cdot t + \sum_{i=1}^{p} \phi_i y_{t-i} + \sum_{i=0}^{m} \beta_i x_{t-i} + u_t .$$

Mit anderen Worten: der ARDL-Ansatz erfordert es, *genügend Verzögerungen* der 'forcing variables' zur Endogenisierung von y_t (hier: Beschäftigung LBAI) zu implementieren, bevor Schätzung und Inferenz durchgeführt werden. Hierdurch kann man gleichzeitig das Problem endogener Regressoren (Fall 2) und das Problem residualer Autokorrelation (Pesaran, Shin (1998), S. 16) korrigieren. Man kann nun mit der Schätzung der *(langfristigen)* Kointegrationsparameter in derselben Weise wie in Fall 1 fortschreiten. Denn die Gegenwart zusätzlicher verzögerter Änderungen von y_t und verzögerter Änderungen von x_t (die zur Eliminierung des Problems residualer Autokorrelation eingeführt wurden) als zusätzliche I(0)-Variablen beeinflußt die asymptotischen Eigenschaften der OLS-Schätzer der Langfristkoeffizienten nicht (Pesaran, Shin (1998), S. 14 ff.).[27] Es existieren jedoch zwei entscheidende Unterschiede zwischen den ARDL-Modellen (4) und (8). Diese Unterschiede beziehen sich erstens auf die Ordnung der verzögerten Δx_t's und, zweitens, auf die Interpretation ihrer Koeffizienten.

Zusammengefaßt werden *zwei wichtige Konsequenzen* einer angemessenen Erweiterung der Ordnung des ARDL-Modells ausgenutzt. Erstens sind die OLS-Schätzer der *Kurzfrist*parameter $\sqrt{T}$-konsistent mit einer asymptotisch singulären Kovarianzmatrix. Zweitens sind die ARDL-basierten Schätzer der *Langfrist*koeffizienten superkonsistent. Ferner besteht (asymptotisch) die Möglichkeit zu korrekter Inferenz auf der Basis der Standardnormalverteilung (Pesaran, Shin (1998)). Dieser Ansatz wird hier präferiert, da er den zusätzlichen Vorteil aufweist, konsistente Schätzer der Langfristkoeffizienten zu erzeugen, die unabhängig davon, ob die zugrunde liegenden Regressoren I(0) oder I(1) sind, asymptotisch eine Normalverteilung aufweisen (Pesaran, Shin (1998), S. 17). Am wichtigsten im Kontext dieses Kapitels ist

---

27 Die Schätzung der kurzfristigen Effekte verlangt jedoch eine explizite Modellierung der kontemporären Abhängigkeit zwischen u_t und v_t. Vgl. Pesaran, Shin (1998), S. 2, 15.

aber, daß die ARDL Prozedur selbst dann gültig ist, wenn Zweifel an den Unit Root-Eigenschaften einiger der Variablen y und x (wie z.B. der Wechselkursvolatilität) bestehen. Falls x_t und u_t unkorreliert sind- funktioniert die ARDL-Prozedur nach Pesaran, Shin (1998) (im Gegensatz zu anderen Prozeduren, die in der Literatur häufig für die Schätzung von Kointegrationsbeziehungen vorgeschlagen werden) unabhängig davon, ob x und y I(1) oder nur annähernd I(1) Prozesse darstellen.

Schätzt man die Langfristbeziehung, besteht eine der wichtigsten Aspekte in der *Wahl der Ordnung der 'distributed lag'-Funktion* im Rahmen des unbeschränkten ECM-Modells für y_t und die 'forcing variables' x_t. Eine Möglichkeit hierzu bietet die von Pesaran, Shin (1998) propagierte *zweistufige* ARDL-Schätzung. Im Rahmen dieses Ansatzes werden zunächst die Lagordnungen p und q durch das *Akaike* oder das *Schwarz Informationskriterium* (oder alternativ durch das *Hannan-Quinn-Kriterium* (HQC, Hannan, Quinn (1979)) oder durch Theils (1971) *'R-Bar Squared'Kriterium*) ausgewählt.[28] Die von Pesaran, Shin (1998) gewonnenen exzellenten Monte Carlo-Ergebnisse *für kleine Stichproben* im Vergleich zur 'Fully-Modified' OLS-Schätzprozedur von Phillips, Hansen (1990) sprechen deutlich für diese zweistufige Schätzverfahren.[29]

Nachdem die maximale Ordnung von p und q auf 4 gesetzt wurde (Quartalsdaten), werden die maximierten Werte der Log-Likelihood-Funktionen der $(m+1)^{k+1}$ (mit m: maximale Verzögerung und k: Zahl der 'forcing variables') verschiedenen ARDL-Modelle bestimmt. Wichtig dabei ist gemäß der Kapitel 5 und 6 wieder, daß alle diese Modelle auf der Basis desselben Stützzeitraums geschätzt werden, nämlich (m+1, m+2, ... , n) (Belke (1999b)). Das Modell der Wahl wird durch die Werte von p und q determiniert, welche die oben angeführten Selektionskriterien maximieren.[30] Anschließend wird das ausgewählte Modell durch die OLS-Prozedur, wie oben

---

28 Ein Nachteil im Rahmen der praktischen Umsetzung besteht jedoch darin, daß man die maximalen Ordnungen der Verzögerungen p und q *a priori* setzen muß, obwohl die 'wahren' Ordnungen des ARDL(p,m)-Modells *a priori* nicht bekannt sind. Vgl. Pesaran, Shin (1998), S. 3 und 16.

29 Kleine Stichproben, die durch die Formulierung des theoretisch notwendigen jährlichen Volatilitätsmaßes notwendig wurden, stellten in Kapitel 6 eines der bedeutendsten potentiellen Inferenzprobleme dar.

30 In den Kapiteln 5 und 6 wurden entsprechend der verwendeten ökonometrischen Software (EViews 3.0) spezifizierte Informationskriterien minimiert. Vgl. hierzu Belke (1996), S. 434 f.

beschrieben, geschätzt. Die entsprechenden Schätzer werden im Rahmen dieses Kapitels mit ARDL-AIC und ARDL-SC bezeichnet.

Bevor die zweistufige Prozedur auf auf westdeutsche Arbeitsmarktdaten angewendet wird, werden die Kriterien zur Modellselektion kurz erläutert. Wenn man die maximierten Werte der Log-Likelihood-Funktionen der verschiedenen ARDL(p,q)-Modelle mit LL(p,q) bezeichnet, dann gilt:

(9) $\text{AIC}(p,q) = \text{LL}(p,q) - (p+q+1+k)$, und

(10) $\text{SBC}(p,q) = \text{LL}(p,q) - 1/2*(p+q+1+k)*\log N$,

mit N = Umfang des Stützzeitraums und k = Zahl der exogenen/deterministischen Regressoren in dem ARDL Modell.[31] Die ARDL-AIC- und die ARDL-SC-Schätzer verhalten sich in kleinen Stichproben sehr ähnlich, wie von Pesaran, Shin (1998) gezeigt wird. Das Bayesianische Schwarz-Kriterium enthüllt sogar in den meisten Experimenten etwas bessere Eigenschaften. Dies könnte eine Reflektion der Tatsache darstellen, daß das SBC wie das HQC konsistent in dem Sinne sind, daß sie für hinreichend große Stichproben das wahre Modell selektieren (für eine Übersicht vgl. Belke (1999b)). Die Annahme dabei ist jedoch, daß sich das wahre Modell unter den betrachteten Modellen befindet. Die Eigenschaft der Konsistenz trifft hingegen nicht auf das AIC oder das 'R-Bar Squared'-Kriterium zu. Dies bedeutet jedoch für die hier verfolgten Zwecke nicht notwendigerweise Nachteile, denn man kann sich im Grunde nie sicher sein, daß das wahre Modell tatsächlich zu den gerade untersuchten Modellen gehört. Darüber hinaus tendiert das SBC dazu, eine sparsamere Spezifikation als zum Beispiel das AIC zu wählen, obwohl aus oben erläuterten Gründen eine recht großzügige Spezifikation indiziert sein könnte.[32]

9.4.1.2 Schätzung der Koeffizienten des Fehlerkorrekturmodells

Die Ableitung eines Fehlerkorrekturmodells aus einer ARDL-Gleichung kann am besten durch ein Umschreiben in Vektor-Repräsentation verdeutlicht werden:

---

[31] Im Fall des in Gleichung (4) aufgeführten ARDL-Modells mit einer Konstanten und einem deterministischen Trend, beläuft sich k auf den Wert 2.

[32] Für eine genauere Beschreibung und Diskussion der Kriterien zur Modellselektion vgl. Lütkepohl (1991), Abschnitt 4.3., und Pesaran, Pesaran (1997), S. 352 ff.

$$(11) \quad \phi(L,p)y_t = \sum_{i=1}^{k} \beta_i(L,q_i)x_{it} + \delta' w_t + u_t,$$

mit

$$\phi(L,p) = 1 - \phi_1 L - \phi_2 L^2 - \ldots - \phi_p L^p$$

$$\beta_i(L,q_i) = 1 - \beta_{i1} L - \beta_{i2} L^2 - \ldots - \beta_{iq_i} L^{q_i}, \text{ für } i = 1, 2, .., k.$$

L repräsentiert den üblichen Lagoperator ($Ly_t = y_{t-1}$). Die Variable w_t steht für einen s x 1 Vektor deterministischer Variablen wie einer Konstante, Saisondummies, Zeittrends oder exogenen Variablen mit festen Verzögerungen. In Abschnitt 9.4.1.1 wurde in etwas allgemeinerer Weise (vgl. Gleichung (6)) gezeigt, daß die langfristige Reaktion von y_t auf eine Einheitsänderung von x_{it} wie folgt geschätzt werden kann:

$$(12) \quad \hat{\theta}_i = \frac{\hat{\beta}_{i0} + \hat{\beta}_{i1} + \ldots + \hat{\beta}_{i\hat{q}_i}}{1 - \hat{\phi}_1 - \hat{\phi}_2 \ldots - \hat{\phi}_{\hat{p}}}.$$

Auf ähnliche Weise wird die langfristige Reaktion von y_t auf eine Einheitsänderung der deterministischen exogenen Variablen w_t mit festen Verzögerungen durch eine Transformation des OLS-Schätzers von δ in Gleichung (11) für das ausgewählte ARDL Modell gegeben durch:

$$(13) \quad \hat{\psi} = \frac{\hat{\delta}(\hat{p}, \hat{q}_1, \hat{q}_2, \ldots, \hat{q}_k)}{1 - \hat{\phi}_1 - \hat{\phi}_2 \ldots - \hat{\phi}_{\hat{p}}}.$$

Falls man

$$y_{t-s} = y_{t-1} - \sum_{j=1}^{s-1} \Delta y_{t-j} \quad (s = 1, 2, \ldots, p) \text{ und}$$

$$x_{i,t-s} = x_{i,t-1} - \sum_{j=1}^{s-1} \Delta x_{i,t-j} \quad (s = 1, 2, \ldots, q_i)$$

in Gleichung (11) substituiert und anschließend die verschiedenen Terme in angemessener Weise neu arrangiert, erhält man das mit der vorstehenden ARDL-Gleichung korrespondierende Fehlerkorrekturmodell:

(14)

$$\Delta y_t = -\phi(1,\hat{p})EC_{t-1} + \sum_{i=1}^{k}\beta_{i0}\Delta x_{it} + \delta'\Delta w_t - \sum_{j=1}^{\hat{p}-1}\phi_j^*\Delta y_{t-j} - \sum_{i=1}^{k}\sum_{j=1}^{\hat{q}_i-1}\beta_{ij}^*\Delta x_{i,t-j} + u_t ,$$

mit dem Fehlerkorrekturterm:

(15) $$EC_t = y_t - \sum_{i=1}^{k}\hat{\theta}_i x_{it} - \hat{\psi}' w_t .$$

Der Fehlerkorrekturparameter, der die quantitative Bedeutung des Fehlerkorrekturterm mißt, wird dabei gegeben durch den Ausdruck:

(16) $$-\phi(1,\hat{p}) = -(1 - \hat{\phi}_1 - \hat{\phi}_2 - \ldots - \hat{\phi}_{\hat{p}}) .$$

Die anderen Koeffizienten ϕ_j^* und β_{ij}^* beziehen sich auf die kurzfristige Dynamik des betrachteten Modells. Diese werden in bezug auf die verzögerten Differenzen der abhängigen Variablen durch:

(17)
$$\begin{aligned} \hat{\phi}_1^* &= \phi_{\hat{p}} + \phi_{\hat{p}-1} + \ldots + \phi_3 + \phi_2 \\ \hat{\phi}_2^* &= \phi_{\hat{p}} + \phi_{\hat{p}-1} + \ldots + \phi_3 \\ \\ \hat{\phi}_{\hat{p}-1}^* &= \phi_{\hat{p}} \end{aligned}$$

und in bezug auf die Änderungen der 'long-run forcing' Variablen durch

(18)
$$\begin{aligned} \beta_{i1}^* &= \beta_{i,\hat{q}_i} + \beta_{i,\hat{q}_i-1} + \ldots + \beta_{i,3} + \beta_{i,2} \\ \beta_{i2}^* &= \beta_{i,\hat{q}_i} + \beta_{i,\hat{q}_i-1} + \ldots + \beta_{i,3} \\ \\ \beta_{i,\hat{q}_i-1}^* &= \beta_{i,\hat{q}_i} \end{aligned}$$

bestimmt. Die verbleibenden Parameter $\hat{\theta}_i$ und $\hat{\psi}$ werden auf der Basis der Gleichungen (12) und (13) geschätzt.[33]

Basierend auf den vorstehenden Beziehungen können am Ende die geschätzten Parameter des ECM (14) aus den geschätzten Koeffizienten des zugrunde liegenden ARDL-Modells abgeleitet werden. Wie oben gezeigt, berücksichtigen diese mögliche parametrische Restriktionen, welche in bezug auf

---

[33] Für eine formale Herleitung und Begründung der Gleichungen (17) und (18) vgl. ausführlich Belke (1996), S. 256 f.

die kurze und die lange Frist relevant sein können. Die geschätzten Standardfehler dieser Schätzer tragen derartigen parametrischen Beschränkungen, Kovarianzen zwischen den Schätzern der Kurzfrist- und Langfristkoeffizienten mit Werten ungleich Null, ebenfalls Rechnung.

9.4.2 Anwendung auf westdeutsche Arbeitsmarktdaten

Die Schätzung der Langfristparameter und des assoziierten Fehlerkorrekturmodells für die unbeschränkte ECM-Regression von LBAI auf LBIP91, LPIOE, LSTLOR, LWRDM und UWRDM wird nun unter Verwendung des *zweistufigen ARDL-Schätzansatzes* nach Pesaran, Shin (1998) durchgeführt.

9.4.2.1 Schätzung der Ordnung der Distributed-Lag-Funktion

Wie schon im vorhergehenden Abschnitt betont, besteht einer der wichtigsten Aspekte bei der Schätzung der Langfristbeziehung in der Wahl der *Ordnung der 'distributed lag'-Funktion* für y_t und die 'forcing variables' x_t für das unbeschränkte ECM-Modell. Diesbezüglich wird vorgezogen, den zweistufigen ARDL Schätzansatz von Pesaran, Shin (1998) zu verwenden. Dabei werden zunächst die Lagordnungen p und q durch das *Akaike-* oder das *Schwarz-Informationskriterium*, das *Hannan-Quinn* oder das *'R-Bar Squared'-Kriterium* ausgewählt. Dann wird das ausgewählte Modell mittels der OLS-Prozedur geschätzt. Setzt man die maximale Ordnung für p und q auf 4 (da Quartalsdaten verwendet werden), werden die maximierten Werte der Log-Likelihoodfunktionen der $(m+1)^{k+1}$ verschiedenen ARDL-Modelle miteinander verglichen. In den folgenden Ausführungen korrespondiert die Sequenz der Lag-Ordnungen (p, q_1, q_2 ...) durchgehend mit der Sequenz der Variablen, die im Rahmen des Überblicks über die betrachteten Modelle der Wahl A, B, C und D in Abschnitt 9.3.1.2 gewählt wurde.

9.4.2.2 Schätzung der Langfristbeziehungen

Die Schätzergebnisse für die Langfristbeziehung zwischen der westdeutschen Beschäftigung und verschiedenen Arbeitsmarktvariablen für eine offene Volkswirtschaft (entsprechend den Spezifikationen B, C, und D basierend auf der oben beschriebenen Auswahlprozedur) werden in den Tabellen 10a bis 12b dargestellt. In derselben Weise wie in den Tabellen 1a bis 1d, wird zwischen ARDL-Ansätzen ohne und mit deterministischen Trends differenziert. Die Werte in Klammern stellen die jeweiligen Standardfehler der Koeffizientenschätzer dar. Weiter hinten werden die jeweils assoziierten geschätzten Fehlerkorrektur-Regressionen in der Tabelle 13 aufgeführt. Dort entsprechen die Werte in Klammern den t-Werten der Schätzern der Fehlerkorrekturparameter.

Die Langfristkoeffizienten werden auf der Basis eines maximalen Stützzeitraums von 1974Q1 bis 1996Q2 geschätzt. Die Ergebnisse in den Tabellen 10a bis 12b zeigen, daß die *langfristigen Elastizitäten* der Beschäftigung in bezug auf das *reale BIP* bzw. den *Reallohn* wie theoretisch erwartet *positiv* bzw. *negativ* sind.[34] Darüber hinaus scheinen die langfristigen Elastizitäten des *Ölpreises*, des Niveaus des *realen effektiven Wechselkurses* und auch der *deterministische Trend*, falls letzterer implementiert wird, durchweg *recht gering* zu sein. In allen Fällen B, C und D, führen die vier Spezifikationen gemäß den SC-, AIC- HQ- und R-BAR-SQ- Modellselektionskriterien zu *sehr ähnlichen Punktschätzern*. Die Lagordnungen der Spezifikationen differieren jedoch häufig. Darüber hinaus variieren die geschätzten Standardfehler in Abhängigkeit von dem Kriterium zur Modellauswahl und von der Ordnung des selektierten ARDL-Modells. Es erfolgen separate Anmerkungen zur Schätzgüte der einzelnen Modelle.

Fall B: Der Einschluß eines deterministischen Zeittrends erhöht die langfristige Elastizität der Beschäftigung in bezug auf das Niveau des Wechselkurses und reduziert gleichzeitig diejenige in bezug auf den Reallohn.

Fall C: Die Berücksichtigung eines deterministischen Trends erhöht wiederum die langfristige Elastizität der Beschäftigung in bezug auf das Niveau des Wechselkurses und reduziert gleichzeitig wie für Fall B diejenige in bezug auf den Reallohn. Am wichtigsten im Rahmen der Themenstellung ist aber, daß die Wechselkursvariabilität mit relativ hohem Koeffizienten und dem theoretisch erwarteten negativen Vorzeichen in die Schätzgleichungen eingeht.

Fall D: Die Ergebnisse werden -gemessen an der Größe der langfristigen Elastizitäten- sogar *noch prononcierter*, wenn die Ölpreise und die *Niveaus des realen effektiven Wechselkurses* aus der Langfristbeziehung *eliminiert* werden. Dies legte schon die vorhergehende Analyse nahe.

---

34 Wie aus der Kointegrationstheorie bekannt ist, sollte eine Inferenz auf der Basis der t-Werte der Koeffizientenschätzer unterbleiben. Die hier gewählte *vorsichtige und knappe* Interpretation der Langfristkoeffizienten erfolgt deshalb strikt entlang der bei Belke (1996), S. 501 f., verfolgten Leitlinien. Streng genommen repräsentieren die Langfristkoeffizienten im Gegensatz zu den Kurzfristkoeffizienten in den betreffenden Fehlerkorrekturmodellen keine Elastizitäten im engeren Sinne, da nicht alle Variablen als Indizes formuliert werden. Vgl. die Datenbeschreibung im Anhang.

Tab. 10a - *Geschätzte Langfristkoeffizienten bei Verwendung des ARDL-Ansatzes (Fall B ohne Trend)*

	SC - ARDL (1,0,0,3,0)	*AIC - ARDL (1,0,0,4,0)*	*HQ - ARDL (1,0,0,4,0)*	*R-BAR-SQ-ARDL (1,0,0,4,0)*
Konstante	11.6200 (1.4700)	11.8897 (.49725)	11.8897 (.49725)	11.8897 (.49725)
LBIP91	1.6870 (.45462)	1.7800 (.49725)	1.7800 (.49725)	1.7800 (.49725)
LPIOE	.8569E-4 (.015673)	-.0023066 (.016333)	-.0023066 (.016333)	-.0023066 (.016333)
LSTLOR	-2.4643 (.82933)	-2.6320 (.90776)	-2.6320 (.90776)	-2.6320 (.90776)
LWRDM	-0.094411 (.10167)	-0.098333 (.10478)	-0.098333 (.10478)	-0.098333 (.10478)
W4UWRDM	.41669 (2.1569)	-0.41406 (2.2746)	-0.41406 (2.2746)	-0.41406 (2.2746)
W4UWRDM(-1)	-0.045492 (2.5742)	0.81664 (2.7102)	0.81664 (2.7102)	0.81664 (2.7102)
W4UWRDM(-2)	2.0864 (2.6407)	1.7036 (2.6839)	1.7036 (2.6839)	1.7036 (2.6839)
W4UWRDM(-3)	-.60462 (2.0691)	-.72115 (2.1270)	-.72115 (2.1270)	-.72115 (2.1270)

Stützzeitraum: 1975.4 bis 1996.2. Eine Dummy für das erste Quartal 1990 und Saisondummies sind implementiert. Die Werte in Klammern entsprechen den Standardfehlern der Parameterschätzer.

Tab. 10b - *Geschätzte Langfristkoeffizienten bei Verwendung des ARDL-Ansatzes (Fall B mit Trend)*

	SC - ARDL (1,0,0,0,0)	*AIC - ARDL (1,0,4,0,0)*	*HQ - ARDL (1,0,4,0,0)*	*R-BAR-SQ-ARDL (2,0,4,0,0)*
Trend	-.0037693	-.0029721	-.0029721	-.0032357
	(.0010599)	(.0013892)	(.0013892)	(.0013563)
Konstante	6.1397	7.5869	7.5869	6.9457
	(1.1845)	(1.8430)	(1.8430)	(1.7710)
LBIP91	1.1345	1.3834	1.3834	1.2505
	(.19917)	(.29891)	(.29891)	(.28255)
LPIOE	-.014653	-.0093817	-.0093817	-.0093523
	(.010391)	(.011602)	(.011602)	(.011316)
LSTLOR	-.40117	-1.0640	-1.0640	-.74757
	(.40859)	(.71562)	(.71562)	(.68101)
LWRDM	-.21841	-.19710	-.19710	-.19938
	(.079975)	(.089916)	(.089916)	(.087797)
W4UWRDM	-.049450	-.72170	-.72170	-.98564
	(1.3232)	(1.5027)	(1.5027)	(1.4885)
W4UWRDM(-1)	-.16538	.45244	.45244	.41301
	(1.5765)	(1.7736)	(1.7736)	(1.7290)
W4UWRDM(-2)	1.5275	1.1340	1.1340	1.1101
	(1.5982)	(1.7493)	(1.7493)	(1.7050)
W4UWRDM(-3)	-.44235	-.60849	-.60849	-.85619
	(1.2598)	(1.3908)	(1.3908)	(1.3836)

Stützzeitraum: 1975.4 bis 1996.2. Eine Dummy für das erste Quartal 1990 und Saisondummies sind implementiert. Die Werte in Klammern entsprechen den Standardfehlern der Parameterschätzern.

Tab. 11a - *Geschätzte Langfristkoeffizienten bei Verwendung des ARDL-Ansatzes (Fall C ohne Trend)*

	SC - ARDL (1,0,0,3,0,0)	*AIC - ARDL (1,4,0,3,0,4)*	*HQ - ARDL (1,4,0,3,0,3)*	*R-BAR-SQ-ARDL (1,4,0,3,0,4)*
Konstante	10.5834	12.0819	11.8119	12.0819
	(.96333)	(2.2852)	(2.2826)	(2.2852)
LBIP91	1.5647	1.9109	1.8784	1.9109
	(.35715)	(.74741)	(.78111)	(.74741)
LPIOE	0.014049	.013583	.020749	.013583
	(0.012296)	(.020969)	(.023940)	(.020969)
LSTLOR	-2.1584	-2.9782	-2.8789	-2.9782
	(.62696)	(1.4471)	(1.4883)	(1.4471)
LWRDM	-.022870	.057248	.047113	.057248
	(.083391)	(.13756)	(.14510)	(.13756)
UWRDM	-3.0356	-12.9823	-12.0085	-12.9823
	(2.2722)	(9.5325)	(9.5812)	(9.5325)

Stützzeitraum: 1975.1 bis 1996.2. Eine Dummy für das erste Quartal 1990 und Saisondummies sind implementiert. Die Werte in Klammern entsprechen den Standardfehlern der Parameterschätzern.

Tab. 11b - *Geschätzte Langfristkoeffizienten bei Verwendung des ARDL-Ansatzes (Fall C mit Trend)*

	SC - ARDL (1,0,0,4,0,0)	*AIC - ARDL (1,4,0,4,0,0)*	*HQ - ARDL (1,0,0,4,0,0)*	*R-BAR-SQ-ARDL (1,4,0,4,0,3)*
Trend	-.0036350 (0.0011689)	-.0037461 (.0012132)	-.0036350 (0.0011689)	-.0033882 (.0014083)
Konstante	6.5347 (1.2297)	6.3157 (1.2115)	6.5347 (1.2297)	7.0703 (1.5561)
LBIP91	1.3372 (.23094)	1.2443 (.22040)	1.3372 (.23094)	1.3892 (.31644)
LPIOE	-0.0062697 (.010031)	-.0074716 (.0099285)	-0.0062697 (.010031)	-.0042751 (.012016)
LSTLOR	-.78425 (.46764)	-.59917 (.44080)	-.78425 (.46764)	-.99757 (.65305)
LWRDM	-.18125 (.079947)	-.19438 (.081564)	-.18125 (.079947)	-.14466 (.096118)
UWRDM	-2.6616 (1.5725)	-2.4803 (1.7356)	-2.6616 (1.5725)	-5.5256 (3.5893)

Stützzeitraum: 1975.1 bis 1996.2. Eine Dummy für das erste Quartal 1990 und Saisondummies sind implementiert. Die Werte in Klammern entsprechen den Standardfehlern der Parameterschätzern.

Tab. 12a - *Geschätzte Langfristkoeffizienten bei Verwendung des ARDL-Ansatzes (Fall D ohne Trend)*

	SC - ARDL (1,0,4,0)	*AIC - ARDL (1,4,3,4)*	*HQ - ARDL (1,0,4,3)*	*R-BAR-SQ-ARDL (1,4,4,4)*
Konstante	10.9954	12.6195	12.2246	13.1388
	(.98403)	(2.4610)	(1.6809)	(3.2310)
LBIP91	1.6797	1.9045	1.9609	2.0669
	(.42297)	(.74063)	(.61372)	(.96966)
LSTLOR	-2.3983	-3.0158	-3.0153	-3.3318
	(.75320)	(1.4600)	(1.1431)	(1.9148)
UWRDM	-4.1573	-13.1324	-10.1223	-14.5554
	(2.5937)	(9.3210)	(5.4272)	(11.7642)

Stützzeitraum: 1975.1 bis 1996.2. Eine Dummy für das erste Quartal 1990 und Saisondummies sind implementiert. Die Werte in Klammern entsprechen den Standardfehlern der Parameterschätzern.

Tab. 12b - *Geschätzte Langfristkoeffizienten bei Verwendung des ARDL-Ansatzes (Fall D mit Trend)*

	SC - ARDL (1,0,4,0)	*AIC - ARDL (1,4,4,3)*	*HQ - ARDL (1,0,4,3)*	*R-BAR-SQ-ARDL (1,4,4,4)*
Trend	-.0020029	-.0023781	-.0022083	9.1630
	(.0010857)	(.0016773)	(.0012771)	(2.3160)
Konstante	8.0013	8.6485	8.6234	-.0020620
	(1.4915)	(2.2898)	(1.8599)	(.0015425)
LBIP91	1.5141	1.6948	1.7063	1.7077
	(.32104)	(.57606)	(.43572)	(.54713)
LSTLOR	-1.5237	-1.8766	-1.8959	-2.0052
	(.60734)	(1.0547)	(.82547)	(1.0510)
UWRDM	-4.0811	-10.4082	-8.7390	-10.6279
	(2.1107)	(6.9156)	(4.0090)	(6.6083)

Stützzeitraum: 1975.1 bis 1996.2. Eine Dummy für das erste Quartal 1990 und Saisondummies sind implementiert. Die Werte in Klammern entsprechen den Standardfehlern der Parameterschätzern.

Vor dem Hintergrund der zuvor in diesem Kapitel erzielten Ergebnisse, schließen alle Spezifikationen eine Dummyvariable für das erste Quartal 1990 als eine Proxyvariable für die deutsche Vereinigung ein (für eine inhaltliche Rechtfertigung vgl. ausführlich Belke (1996b) und Belke, Göcke (1997)). Die folgenden Ausführungen wenden sich nun den geschätzten Fehlerkorrekturmodellen zu, welche via Konstruktion mit diesen langfristigen Schätzern verbunden sind (vgl. die Abschnitte 9.4.1.1 und 9.4.1.2).

9.4.2.3 Schätzung der resultierenden Fehlerkorrekturmodelle

Die geschätzten Fehlerkorrekturmodelle, die auf den ausgewählten Spezifikationen beruhen, ergeben sich je nach Modell (B, C oder D) wie folgt (Tab. 13).

Modell B

Modell B ohne Trend: der Schätzer des Fehlerkorrekturparameters weist das theoretisch erwartete negative Vorzeichen auf. Er liegt zwischen -0,083 und -0,080 mit einem empirischen t-Wert zwischen -3,034 und -2,9535. Es ergibt sich kein kurzfristiger Einfluß (also keine Granger-Kausalität) der Ölpreise und des Niveaus des realen effektiven Wechselkurses auf die Beschäftigung. *Modell B mit Trend:* der Schätzer des Fehlerkorrekturparameters hat das korrekte negative Vorzeichen. Er nimmt Werte zwischen -0,14 und -0,09 mit einer empirischen Realisation des t-Wertes zwischen -3,8608 und -3,2807 an. Es läßt sich kein kurzfristiger Einfluß (keine Granger-Kausalität) der Ölpreise und des Niveaus des Reallohns auf die Beschäftigung feststellen. Wie zuvor schon im Hinblick auf die Langfristschätzer ersetzt der reale effektive Wechselkurs den Reallohn in kurzfristiger Hinsicht. *Modell B mit und ohne Trend*: eine nähere Interpretation des Koeffizienten für die Variable DW4UWRDM macht an dieser Stelle wenig Sinn. Der kurzfristige Einfluß des realen BIP ist gemessen an seinem t-Wert eindrucksvoll. Dies ist gleichzeitig wiederum eine deutliche Bestätigung der empirischen Ergebnisse aus Kapitel 6.[35]

Modell C

Model C ohne Trend: der Schätzer des Fehlerkorrekturparameters weist das theoretisch korrekte negative Vorzeichen auf und bewegt sich zwischen

[35] Experimente mit höheren Verzögerungen W4UWRDM (4 bis 7), die durch die empirischen Ergebnisse aus Kapitel 6 motiviert wurden (durchschnittliche Verzögerungen der Proxy der Wechselkursvariabilität von 1 Jahr), führten nicht zu besseren Ergebnissen.

Werten von -0,080 und -0,067707 bei einem empirischen t-Wert zwischen -2,9614 und -2,6243. Ein kurzfristiger Einfluß des Ölpreises, des Niveaus des realen effektiven Wechselkurses und (im Fall des AIC-Kriteriums) der Wechselkursvolatilität auf die Beschäftigung läßt sich nicht belegen (keine Granger-Kausalität). Der kurzfristige Einfluß der Wechselkursvolatilität stellt sich in einigen Fällen sogar als positiv heraus (SC-, HQ-, und R-BAR-SQ-Kriterium) oder negativ (R-BAR-SQ-criterion). *Modell C mit Trend*: der geschätzte Fehlerkorrekturparameter hat das korrekte negative Vorzeichen und liegt zwischen -0,1298 und -0,1086 mit einem empirischen t-Wert zwischen einem eindrucksvollen Wert von -4,5398 und einem recht geringen Wert von -2,1582. Es läßt sich wiederum kein kurzfristiger Einfluß der Ölpreise auf die Beschäftigung feststellen (keine Granger-Kausalität). Alle anderen Variablen weisen einen signifikanten kurzfristigen Einfluß auf, in den Fällen des Wechselkurses und der Wechselkursvariabilität sogar mit dem aus theoretischer Sicht erwarteten negativen Vorzeichen (Ausnahme: R-BAR-SQ-Kriterium). Dies bedeutet, daß das Hauptresultat aus Kapitel 6, daß die gleichzeitige Berücksichtigung des *Niveaus* des realen effektiven Wechselkurses die Signifikanz des negativen Einflusses der Wechselkursvariabilität auf die Beschäftigung nicht reduziert, aus einer anderen Perspektive erneut bestätigt wird. Der kurzfristige Einfluß des realen BIP fällt wiederum eindrucksvoll aus.

Modell D

Modell D ohne Trend: der Schätzer des Fehlerkorrekturparameters hat das korrekte negative Vorzeichen. Seine Größenordnung liegt zwischen -0,087 und -0,0506 bei einem empirischen t-Wert zwischen -3,3576 und -1,3597. Wiederum läßt sich kein kurzfristiger Einfluß der Ölpreise auf die Beschäftigung nachweisen (keine Granger-Kausalität). Der kurzfristige Einfluß der Wechselkursvolatilität stellt sich im Fall des durch das AIC-Kriterium selektierten Modells als deutlich negativ heraus. Die ARDL-Modelle, die auf der Basis der übrigen Kriterien ausgewählt werden, schließen Verzögerungen höherer Ordnung der Änderungen der Volatilität ein, die manchmal sogar zu positiven Kurzfristkoeffizienten der Volatilität führen. *Modell D mit Trend*: der geschätzte Fehlerkorrekturparameter hat das theoretisch erwartete negative Vorzeichen und bewegt sich zwischen -0,1050 und -0,0693 mit einem empirischen t-Wert zwischen -3,7969 und -1,6756. Auch hier kann die Nullhypothese eines fehlenden Einflusses der Ölpreise auf die Beschäftigung nicht abgelehnt werden (keine Granger-Kausalität). Alle übrigen Variablen weisen einen signifikanten kurzfristigen Einfluß auf. Dieser hat im

Fall der Wechselkursvariabilität entweder das theoretisch erwartete negative Vorzeichen (AIC-Kriterium) oder folgt einem komplizierteren 'distributed lag' von positiven und negativen Vorzeichen. Auch hier wird das in Kapitel 6 gefundene Resultat, daß der Einschluß des Niveaus des Wechselkurses die Signifikanz des negativen Einflusses der Wechselkursvariabilität auf die Beschäftigung nicht reduziert, aus einer neuen Perspektive bestätigt. Wie über alle Untersuchungen hinweg beobachtet werden kann, bleibt der kontemporäre Einfluß des BIP eindrucksvoll.

Tab. 13 - *Schätzungen der Fehlerkorrekturparameter*

ECM	*SC - ARDL*	*AIC - ARDL*	*HQ - ARDL*	*R-BAR-SQ-ARDL*	$\overline{R}^2$	F_{SC} *(4)*	F_H *(1)*
Model B ohne Trend	-0.082947 (-3.0342)	-0.079908 (-2.9535)	-0.079908 (-2.9535)	-0.079908 (-2.9535)	.89036	.07843 [.780]	4.8180 [.031]
Model B mit Trend	-0.14253 (-3.8608)	-0.12052 (-3.2807)	-0.12052 (-3.2807)	-0.12329 (-3.3558)	.87863	.20599 [.651]	2.2314 [.139]
Model C ohne Trend	-.097104 (-3.6293)	-.058800 (-1.5900)	-.055223 (-1.4894)	-.058800 (-1.5900)	.88558	1.7935 [.185]	4.8241 [.031]
Model C mit Trend	**-0.12986** **(-4.5398)**	-0.12854 (-2.5868)	-0.12986 (-4.5398)	-0.10860 (-2.1582)	.89926	.47534 [.493]	3.0207 [.086]
Model D ohne Trend	-0.087038 (-3.3576)	-0.058050 (-1.5933)	-0.069728 (-2.7057)	-0.050566 (-1.3597)	.89026	2.5497 [.115]	3.6637 [.059]
Model D mit Trend	**-0.10500** **(-3.7969)**	-0.069340 (-1.6756)	-0.087410 (-3.1454)	-0.073656 (-1.7767)	.89309	1.8548 [.178]	2.0247 [.158]

Stützzeitraum: Model B: 1975Q4 to 1996Q2; Models C und D: 1975Q1 to 1996Q2. Modellspezifikationen ARDL(p,q) wie in Tab. 14a angegeben. Zweite bis fünfte Spalte: t-Werte in Klammern. Sechste bis achte Spalte: $F_{SC}(4)$ ist die 'Lagrange multiplier'-F-Statistik für Tests der Nullhypothese fehlender Autokorrelation der Residuen. $F_H(1)$ ist die Statistik für Tests der Nullhypothese der Homoskedastizität, wobei die in Klammern angegebene Zahl in beiden Fällen die jeweiligen Freiheitsgrade des Tests angeben. Da diese Optionen für die ARDL-ECM's im Rahmen von Microfit 4.0 nicht verfügbar sind, beziehen sich beide Statistiken auf die zugrunde liegenden geschätzten SC-ARDL-Regressionen. Das 'R-Bar-Squared' bezieht sich hingegen auf des jeweilige SC-ARDL-Fehlerkorrekturmodell.

Das wichtigste Ergebnis der vorstehenden Schätzungen besteht darin, daß die Schätzer des Fehlerkorrekturparameters gemessen an der üblichen t-Verteilung häufig hoch signifikant sind.[36] Ihre Größe, die auf etwas weniger als -0,10 geschätzt wird, legt eine moderate Geschwindigkeit der Konvergenz an ein Gleichgewicht nahe. Die konservativsten kritischen t-Werte (die zu der geringsten Ablehnungswahrscheinlichkeit der Nicht-Kointegrationshypothese führen) zur Beurteilung der Signifikanz der Schätzer der ECM-Parameter können Banerjee, Dolado, Mestre (1992), Appendix Tabelle 4, entnommen werden.[37] Für eine Beurteilung des Modells C mit Trend könnten beispielsweise der kritische Wert für 5 exogene Regressoren, ein ECM mit Konstante und Trend und 100 Beobachtungen als Referenzgröße ausgewählt werden. Der kritische Wert beträgt in diesem Fall -4,55 (α=0,05).

Die Modelle weisen im Durchschnitt eine *hohe Anpassungsgüte* auf. Sie erklären ungefähr 90 Prozent der Variationen der Beschäftigung (DLBAI). Dies gilt selbst dann, wenn die Anpassungsgüte durch das bereinigte R^2 gemessen wird. In allen Fällen erfüllen die zugrunde liegenden ARDL-Gleichungen die diagnostischen Tests auf Autokorrelation der Residuen, auf eine Fehlspezifikation der funktionalen Form und auf nicht normalverteilte Störterme. Ergänzend durchgeführte Schätzungen zeigten, daß der Einschluß zusätzlicher Dummies beispielsweise für die Ölpreisschocks leicht zu einer Nichtablehnung der Homoskedastizität der Residuen führen, ohne die zentralen Schätzergebnisse substantiell zu beeinflussen.[38] Darüber hinaus kann gezeigt werden, daß eine Ablehnung einer oder mehrerer der klassischen Annahmen für die geschätzten Residuen der vorstehend ausgewerteten Modelle oft auf die im Rahmen des verwendeten Programmpaketes Microfit 4.0 bestehende Unmöglichkeit, einige Verzögerungen der Δ's auf Null zu restringieren, zurückzuführen ist.

Aus Gründen der Einheitlichkeit der Untersuchung wird hier auf solche 'Verbesserungen' einiger Modellvarianten verzichtet. Statt dessen werden

---

[36] Unter der Annahme, daß der Vektor der Kointegrationsparameter gegeben ist, kann die Verteilung der t-Statistiken in vielen Fällen durch die Standardnormalverteilung approximiert werden. Dies würde ebenfalls die Verwendung der Student-t-Verteilung zur Beurteilung der Signifikanz des Fehlerkorrekturparameters rechtfertigen. Vgl. Banerjee u.a. (1993), S. 230 ff., und Kremers., Ericsson, Dolado (1992), S. 328 ff.

[37] Für diese Argumentation vgl. ausführlich Belke (1996), S. 295 ff., und Belke (1999b).

[38] Für diese Modellierungsstrategie, welche die Verletzung der Homoskedastizitätsannahme als durch Ausreißer in den betreffenden differenzierten Zeitreihen verursacht sieht, vgl. durchgehend Belke (1996), S. 332 ff.

Modelle, welche alle diagnostischen Tests (Modell D mit Trend) oder die meisten von ihnen erfüllen (Modell C mit Trend), betont.[39] Die meisten der geschätzten Koeffizienten sind *signifikant* (die dargestellten Standardfehler tragen den 'sampling variations' der geschätzten Langfristkoeffizienten Rechnung) und sind über die je nach Selektionskriterium *unterschiedlichen Spezifikationen hinweg von ähnlicher Größenordnung*.

Zwei weitere Aspekte müssen noch behandelt werden, bevor die 'beste' Spezifikation ausgewählt werden kann: a) sollte ein deterministischer *Trend eingeschlossen* werden und b) anhand *welchen Kriteriums* sollte die Endauswahl getroffen werden? Da keine besondere Prämisse bezüglich a) in eine Richtung besteht, sollte im allgemeinen ein Trend berücksichtigt und ruhig auch betont werden. Denn ein deterministischer Trend kann im Rahmen einer Arbeitsnachfrage-Regression als eine Operationalisierung des technischen Fortschritts angesehen werden (Belke (1996), S. 497 ff., und Belke, Göcke (1997), S. 136 f.). Letzterer erweist sich über alle Schätzungen hinweg als negativ. Der implementierte deterministische Trend repräsentiert den Trendbestandteil, der den gemeinsamen Trend aller in der Langfristbeziehung berücksichtigten Variablen noch übersteigt. Aber die Ergebnisse ohne einen Trend bestätigen ebenfalls die realwirtschaftliche Bedeutung der Wechselkursvariabilität. Bezüglich b) wird mit allen vier eingangs in Abschnitt 9.4.1.1. erläuterten Kriterien begonnen. Die endgültigen Entscheidungen werden jedoch auf der Basis zweier von ihnen getroffen, nämlich auf der Grundlage des AIC- (Akaike-ARDL) und/oder des SBC- (Bayesianischen Schwarz-ARDL) Kriteriums.

Um das ARDL-Modell mit der 'besten' Performance auszuwählen, müssen die *Signifikanz* der resultierenden *ECM-Parameter* (wie bei Belke (1996), S. 493 ff., und Belke, Göcke (1997)) oder, als eine Alternative in Fällen identischer Stützzeiträume, die *empirischen Werte der beiden Informationskriterien* verglichen werden. Der Vorteil des AIC-Kriteriums liegt in seiner Eigenschaft, im allgemeinen eine höhere Ordnung des ARDL-Modells zu bewirken als das SCH-Kriterium. Diese Tendenz führt natürlich umgekehrt zu kleineren geschätzten Standardfehlern und einer höheren Wahrscheinlichkeit der 'Weißes Rauschen'-Eigenschaft der Residuen.[40] Das SCH-Kriterium wird wiederum als die Alternative zum AIC gewählt, da es unter bestimmten Bedingungen asymptotisch das 'wahre' Modell selektiert (Ab-

---

[39] Model C mit Trend erfüllt das Homoskedastizitätskriterium lediglich für α=0,1 nicht.

[40] In diesem Kapitel wurde bereits mehrfach betont, daß eine weniger sparsame ARDL-Spezifikation aus theoretischen Gründen vorzuziehen ist.

schnitt 9.4.1.1). Die Tabelle 14a zeigt die empirischen Realisationen beider Informationskriterien. Diese Werte sind schon in dem Sinne maximiert, daß sie sich auf ARDL-Modelle beziehen, deren Ordnungen schon durch das jeweilige Informationskriterium vorab selektiert wurden. Die jeweiligen Stützzeiträume korrespondieren jedoch noch exakt mit denjenigen der zuvor geschätzten Langfristbeziehungen und sind somit einander noch nicht angeglichen worden.

Tab. 14a - *Empirische Realisationen der Modellselektionskriterien*

ECM	*SC-Wert des SC - ARDL*	*AIC-Wert des AIC - ARDL*
Modell B	324.2708	345.5182
ohne Trend	ARDL (1,0,3,0,0)	ARDL (1,0,4,0,0)
Modell B	323.2353	346.1689
mit Trend	ARDL (1,0,0,0,0)	ARDL (1,0,4,0,0)
Modell C	339.3172	356.4976
ohne Trend	ARDL (1,0,0,3,0,0)	ARDL (1,4,0,3,0,4)
Modell C	341.5488	362.1070
mit Trend	ARDL (1,0,0,4,0,0)	ARDL (1,4,0,4,0,0)
Modell D	342.7485	362.4936
ohne Trend	ARDL (1,0,4,0)	ARDL (1,4,3,4)
Modell D	342.2366	362.3040
mit Trend	ARDL (1,0,4,0)	ARDL (1,4,4,3)

Stützzeitraum: Modell B: 1975Q4 bis 1996Q2; Modelle C und D: 1975Q1 bis 1996Q2; t-Werte in Klammern.

Aus einer genaueren Inspektion der Tabellen 13 und 14a ergeben sich die folgenden stilisierten Fakten. Erstens führt das Schwarz-Kriterium im allgemeinen zu dem höchsten (in Absolutwerten) Fehlerkorrekturparameter-Schätzern. Diese Aussage gilt unabhängig von dem ausgewählten Modell. Zweitens steigt der Informationsgehalt der Modelle mit dem 'Rang' des Modells. Dies gilt unabhängig von dem jeweils gewählten Selektionskriterium, d.h. SC(Modell B) < SC(Modell C) < SC(Modell D) respektive AIC(Modell B) < AIC(Modell C) < AIC(Modell D). Drittens wird nicht deutlich, ob der Einschluß eines deterministischen Trends den Informationsgehalt innerhalb eines bestimmten Modellranges (B, C oder D) erhöht. In drei Fällen trifft dies zu, in weiteren drei Fällen gilt dies jedoch nicht (vgl. Tabelle 14a).

Viertens ergeben sich die größten Schätzer der Fehlerkorrekturparameter für das Modell C mit Trend und das Modell D mit Trend. Diese Modelle werden im folgenden betont, da beide einen befriedigenden Informationsgehalt aufweisen, wie durch das AIC- und das SCH-Kriterium angezeigt wird. Folglich ergibt sich als endgültige Schlußfolgerung, daß das *Modell C mit Trend* oder das *Modell D mit Trend* (beide werden durch das SCH-Kriterium selektiert und vollständig im Anhang aufgeführt) gewählt werden sollten. In jedem Fall aber sollte auf Modell B verzichtet werden. Fünftens haben die Modelle der Wahl die folgenden Eigenschaften gemeinsam: einen negativen kurzfristigen und langfristigen Einfluß der Wechselkursvariabilität und ebenso des Niveaus des Wechselkurses (Modell C mit Trend). Sechstens ist das BIP in der kurzen Frist (kontemporär) und in der langen Frist hoch signifikant. Siebtens sind Ölpreise nicht Granger-kausal im Hinblick auf Änderungen der Beschäftigung. Der kurzfristige Einfluß des Reallohns scheint einem komplizierteren 'distributed lag' zu folgen. Schließlich weisen die geschätzten Langfristkoeffizienten alle das theoretisch erwartete Vorzeichen auf.

Die Tabelle 13 beinhaltet die Ergebnisse für das Fehlerkorrekturmodell. Sie vermittelt einen ersten Eindruck über die Größenordnung des in diesem Kapitel identifizierten Einflusses der Wechselkursunsicherheit. Die Wechselkursvariabilität ist in beiden ausgewählten Fällen (Modell C mit Trend und Modell D mit Trend) signifikant und weist das theoretisch korrekte negative Vorzeichen auf. Die Punktschätzer zwischen 0,34 und 0,41 (vgl. Anhang) implizieren, daß die Eliminierung der Wechselkursunsicherheit in der kurzen Frist ceteris paribus zu einem *Anstieg der Beschäftigung um etwa 0,5 %* führen sollte (unter Berücksichtigung einer Realisation der Variablen UWRDM von ungefähr 0,012 1995/96). Dies kommt der *Größenordnung der in Kapitel 6* auf der Basis einfacher VARs in ersten Differenzen *erzielten Ergebnisse recht nahe.* Die in das Fehlerkorrekturmodell eingebettete langfristige Beziehung ist schwieriger zu quantifizieren, da in Niveaus der Variablen zu arbeiten ist. In bezug auf das Modell C impliziert der Langfristkoeffizient für UWRDM, daß das Niveau der Beschäftigung nach einer Eliminierung der Wechselkursunsicherheit *ceteris paribus* um fast 2,7 % höher liegt, wenn man die langfristigen Gleichgewichte bei zwei verschiedenen Zuständen (einen mit einem Durchschnitt der Wechselkursvariabilität von annähernd 0,01 für die gesamte Zeitperiode und einen ohne Wechselkursvariabilität) miteinander vergleicht. In der langen Frist erscheint die ceteris paribus-Annahme jedoch nicht haltbar. Es ist vielmehr wahrscheinlich, daß Gewerkschaften auf die verbesserte Beschäftigungslage mit höheren Lohnforderungen reagieren würden (vgl. Abschnitt 6.7. und Belke, Kösters (1996)), so daß der Nettoeffekt der Eliminierung der Wechselkursvariabilität viel geringer ausfallen könnte.

Angesichts der dominierenden t-Statistik der BIP-Variablen wurde versuchsweise die Schätzung eines ARDL (4,4) unter Verwendung lediglich der Beschäftigung und des BIP durchgeführt, um zu quantifizieren, wie wichtig die BIP-Variable für sich genommen bereits ist. Man findet, daß sich ebenfalls fast 90 Prozent der Varianz der Beschäftigung mit dieser Variablen alleine erklären lassen. Die diagnostischen Tests zeigen jedoch an, daß bezüglich der Langfristbeziehung ein Problem besteht, insofern als eine oder mehrere Variablen unzulässigerweise ausgelassen wurden. Alles in allem bestätigt die in diesem Kapitel gewählte Prozedur die Vermutung, daß die Wechselkursvariabilität einen Einfluß auf den deutschen Arbeitsmarkt besitzt, der statistisch deutlich identifiziert werden kann und ökonomisch, was seine Größe angeht, signifikant ist. Weiterer Forschungsbedarf auf diesem Gebiet wird jedoch dadurch angedeutet, daß die Wechselkursvariabilität *sogar in der langen Frist* einen Einfluß auf die Beschäftigung hat und daß das gefundene *Ausmaß* des Langfristeffekts *so groß* ist. Eine nähere Inspektion der von Darby u.a. (1998) bezüglich des langfristigen Einflusses der Wechselkursvolatilität auf gesamtwirtschaftliche Investitionen erzielten Ergebnisse, namentlich einer langfristigen Elastizität von -0,19, deckt jedoch auf, daß selbst die in diesem Kapitel gefundene Größenordnung a priori durchaus realistisch erscheint.

Im folgenden werden diese Ergebnisse zusätzlich auf ihre Robustheit gegenüber einer Harmonisierung der Stützzeiträume getestet. Um jedoch die Modellselektionskriterien ohne Einschränkungen ihrer Aussagekraft anwenden zu können, müssen die empirischen Realisationen dieser Kriterien eigentlich noch *um divergierende Stützzeiträume korrigiert* werden. Die Ergebnisse einer derartigen Korrektur auf die Modellauswahl werden in Tab. 14b angegeben. In einigen Fällen ändert sich die optimale Kombination der Verzögerungen in dem ARDL-Modell. Dies geht aus einer Inspektion der Tab. 14b hervor. Die Rangfolge der Modelle bleibt hiervon jedoch unberührt. Es wird lediglich deutlicher, daß der Einschluß eines deterministischen Trends den Informationsgehalt innerhalb eines Modellrangs (B, C oder D) erhöht. In vier Fällen gilt dies; in zwei Fällen jedoch weiterhin nicht (Tab. 14b).

Tab. 14b - *Empirische Realisationen der Modellselektionskriterien - nach einer Korrektur um divergierende Stützzeiträume*

ECM	*SC-Wert des SC - ARDL*	*AIC-Wert des AIC - ARDL*
Model B	324.2708	345.5182
ohne Trend	ARDL (1,0,3,0,0)	ARDL (1,0,4,0,0)
Model B	323.2353	346.1689
mit Trend	ARDL (1,0,0,0,0)	ARDL (1,0,4,0,0)
Model C	330.6722	350.5957
ohne Trend	ARDL (1,0,0,3,0,0)	ARDL (1,0,4,0,0,3)
Model C	330.8523	351.9794
mit Trend	ARDL (1,0,0,4,0,0)	ARDL (1,0,0,4,2,3)
Model D	334.3551	352.4126
ohne Trend	ARDL(1,0,3,0)	ARDL(1,0,4,3)
Model D	332.4287	352.6856
mit Trend	ARDL(1,0,4,0)	ARDL(1,0,4,0)

Stützzeitraum: durchgehend 1975Q4 bis 1996Q2; t-Werte in Klammern.

Im Rahmen der vorliegenden Arbeit wird erstmalig in der Literatur versucht, den Einfluß kurzfristiger Wechselkursvolatilität auf Arbeitsmärkte zu quantifizieren. Die erzielten Ergebnisse erweisen sich aus dieser Sicht als erstaunlich robust. Denn, insgesamt gesehen, scheinen die in den vorhergehenden Kapiteln 6, 7 und 8 erzielten theoretischen und empirischen Ergebnisse durch die Resultate dieses Kapitels 9 auf der Grundlage eines neuen zeitreihenanalytischen Instrumentariums bestätigt zu werden. Denn es können kurz- und langfristige Einflüsse der Wechselkursvolatilität auf die deutsche Beschäftigung identifiziert werden. Dies geschieht im Gegensatz zu Kapitel 6 auf der Basis eines *vollständig spezifizierten* Arbeitsmarktmodells, auf der Basis von *Quartals-* statt auf Jahresdaten (was immer dann vorzugswürdig erscheint, wenn man die kurzfristige Dynamik genauer erfassen möchte) und auf der Basis einer neuen ökonometrischen Methode, deren Verläßlichkeit *nicht von der geschätzten Integrationsordnung* der interessierenden Variablen abhängig ist und die zusätzlich *Abweichungen von einer gleichgewichtigen Langfristbeziehung* zwischen Arbeitsmarktvariablen als 'treibende Kräfte' der kurzfristigen Dynamik der deutschen Beschäftigung berücksichtigt. Im folgenden wird als zusätzlicher Robustheitstest der hier erzielten recht eindeutigen Ergebnisse noch die Prognosegüte der Modelle untersucht.

9.5 Dynamische Prognosen der Wachstumsrate der westdeutschen Beschäftigung auf der Basis von Variablen für eine offene Volkswirtschaft

Die systematischen ausgewählten Fehlerkorrekturmodelle können auch für eine Prognose der Wachstumsrate der Beschäftigung in Abhängigkeit von einem modellspezifischen Set modellspezifischer Variablen für eine offene Volkswirtschaft einschließlich (optional) der Wechselkursvolatilität, genutzt werden. Im folgenden wird die Wachstumsrate der westdeutschen Beschäftigung über die Periode 1995Q3 bis 1996Q2 dynamisch prognostiziert (hier 'in sample-forecast').[41] Folglich muß man bei den Schätzungen auf die eigentlich verfügbaren letzten vier Quartale des Stützzeitraums verzichten. Die Ausführungen beginnen mit einer Prognose basierend auf dem Modell C mit Trend und schließen mit einer Prognose auf der Grundlage des Modells D mit Trend.

Die 'root mean sum squares' der *Prognose*fehler von ungefähr 0,3 Prozent pro Quartal zeigen eine große Übereinstimmung mit der Ausprägung desselben für die *Schätz*periode berechneten Kriteriums. Darüber hinaus ist das Modell in der Lage, das Vorzeichen des Beschäftigungswachtums und das Wachstum der Beschäftigung für jedes betrachtete Prognosequartal zu prognostizieren. Der Plot der dynamischen Prognose für das Wachstum der Beschäftigung in Abb. 2 verdeutlicht, daß die Prognosen den tatsächlichen Quartalswerten innerhalb der Schätzperiode und, noch prononcierter, innerhalb der Prognoseperiode, recht nahe kommen. Alles in allem bestätigen die Ergebnisse der Prognose die Wahl des Modells C mit Trend.

---

[41] Für einen Überblick über den Begriff der dynamischen Prognose vgl. Belke (1996), S. 394 ff. und 402 ff.

Tab. 15 - *Dynamische Prognosen der Änderung von LBAI basierend auf Modell C mit Trend*

Dynamic forecasts for the change in LBAI
Based on 82 observations from 1975Q1 to 1995Q2.
ARDL(1,0,0,4,0,0) selected using Schwarz Bayesian Criterion.
Dependent Variable in the ARDL Modell ist LBAI included with a lag of 1.

List of other regressors in the ARDL model:

LBIP91	LPIOE	LSTLOR	LSTLOR(-1)	LSTLOR(-2)
LSTLOR(-3)	LSTLOR(-4)	LWRDM	UWRDM C	TREND
D1	D2	D3	D901	

Observation	Actual	Prediction	Error
1995Q3	0.0038983	0.0034177	0.4806E-3
1995Q4	0.0011783	0.0025029	-0.0013246
1996Q1	-0.019422	-0.013932	-0.0054901
1996Q2	0.0039944	0.0061085	-0.0021140

Summary Statistics for Residuals und Forecast Errors

	Estimation Period 1975Q1 to 1995Q2	Forecast Period 1995Q3 to 1996Q2
Mean	-0.1474E-8	-0.0021120
Mean Absolute	0.0023785	0.0023523
Mean Sum Squares	0.9282E-5	0.9149E-5
Root Mean Sum Squares	0.0030467	0.0030247

Abb. 2 - *Dynamische Prognosen der Wachstumsrate der deutschen Beschäftigung basierend auf Arbeitsmarktvariablen für eine offene Volkswirtschaft (Modell C mit Trend)*

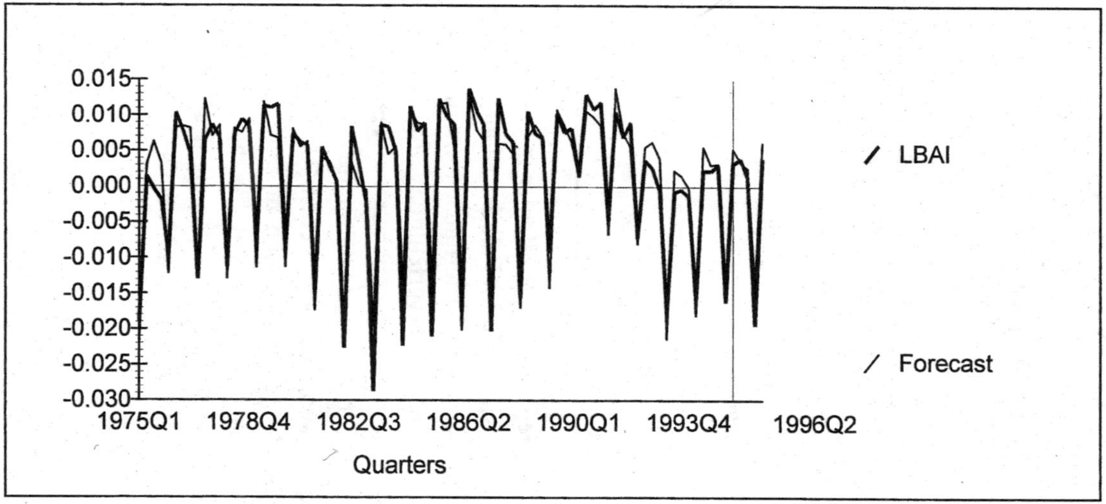

Tab. 16 - *Dynamische Prognosen der Änderung von LBAI basierend auf Modell D mit Trend*

Based on 82 observations from 1975Q1 to 1995Q2.
ARDL(1,0,4,0) selected using Schwarz Bayesian Criterion.
Dependent Variable in the ARDL Modell ist LBAI included mit a lag of 1.

List of other regressors in the ARDL model:

LBIP91	LSTLOR	LSTLOR(-1)		LSTLOR(-2)		LSTLOR(-3)	
LSTLOR(-4)	UWRDM	C	TREND	D1	D2	D3	D901

Observation	*Actual*	*Prediction*	*Error*
1995Q3	0.0038983	0.0052713	-.0013729
1995Q4	0.0011783	0.0036423	-.0024640
1996Q1	-0.019422	-0.013954	-.0054675
1996Q2	0.0039944	0.0061937	-.0021993

	Summary Statistics for Residuals und Forecast Errors	
	Estimation Period	*Forecast Period*
	1975Q1 to 1995Q2	1995Q3 to 1996Q2
Mean	0.9651E-9	-0.0028759
Mean Absolute	0.0025356	0.0028759
Mean Sum Squares	0.1012E-4	0.1067E-4
Root Mean Sum Squares	0.0031812	0.0032667

Die 'root mean sum squares' der Prognosefehler in Höhe von ungefähr 0,33 Prozent pro Quartal sind -wie schon im Fall des Modells C mit Trend- kompatibel mit den Werten desselben Kriteriums, wenn dies über den Schätzzeitraum kalkuliert wird. Zusätzlich verfehlt das Modell in jedem prognostizierten Quartal nicht das korrekte Vorzeichen und das tatsächliche Beschäftigungswachstum. Dieser Eindruck wird durch die graphische Abbildung der dynamischen Prognose (Abb. 3) unterstrichen. Diese vermittelt wiederum den Eindruck, daß die Prognosewerte den tatsächlich realisierten historischen Realisationen entsprechen. Dies gilt für die Schätzperiode und die Prognoseperiode. Zusammengefaßt bestätigen die Ergebnisse dieser Prognose auch die Wahl des zweiten präferierten Modells D mit Trend.

Abb. 3 - *Dynamische Prognosen des Wachstums der deutschen Beschäftigung basierend auf Arbeitsmarktvariablen für eine offene Volkswirtschaft (Modell D mit Trend)*

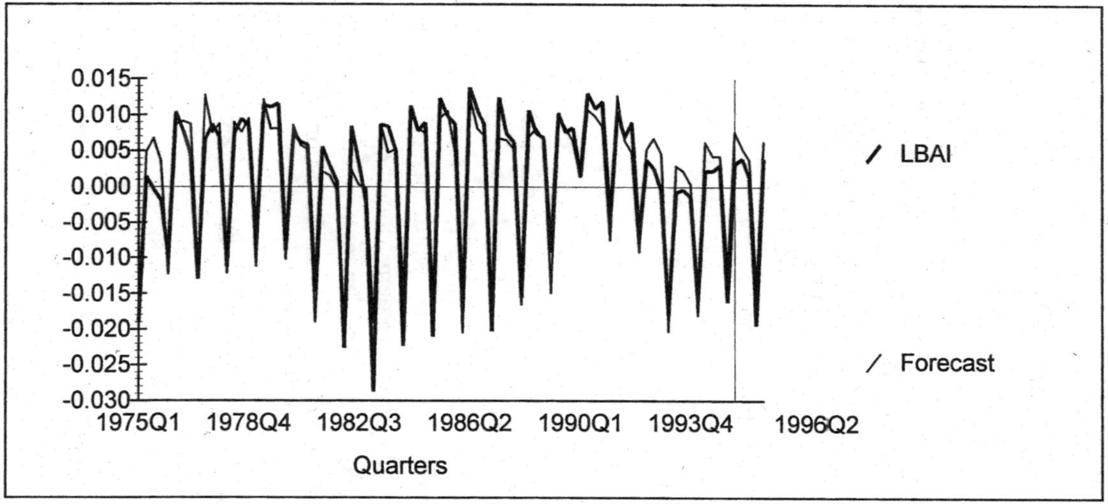

9.6 Schlußfolgerungen und Implikationen für die Debatte um die Arbeitsmarktwirkungen der Wechselkursunsicherheit

Eine der wichtigsten Politikimplikationen aus den empirischen Ergebnissen dieses Kapitels ist wiederum, daß die Unterdrückung der kurzfristigen Wechselkursvolatilität (was auch immer sie 'kosten' mag) einen substantiellen partiellen realwirtschaftlichen Nutzen für den westdeutschen Arbeitsmarkt mit sich bringen dürfte. Die Intra-OECD-Wechselkursvariabilität hat einen statistisch signifikanten und ökonomisch nicht vernachlässigbaren negativen Einfluß auf die westdeutsche Beschäftigung. Dieses Resultat ist möglicherweise die Folge eines wohlbekannten 'stilisierten Faktums' der westeuropäischen (kontinentalen) Arbeitsmarktentwicklung. Da eine *Beschäftigungsentscheidung* wie eine Investitionsentscheidung einen gewissen Grad an *Irreversibilität* aufweist, wird sie durch die kurzfristige Wechselkursvariabilität -wie in den Kapiteln 6, 7 und 8 theoretisch ausführlich gezeigt, *in ihrem Ausmaß und hinsichtlich ihres Timings* beeinträchtigt. Wie durch den identifizierten signifikanten negativen Einfluß der Wechselkursvolatilität im I(0)-Teil und dem I(1)-Teil des Fehlerkorrekturmodells deutlich wird, können *kurzfristige* Änderungen der Wechselkursvolatilität -zusätzlich zu *permanenten* Auswirkungen- auch einen *temporären* Einfluß auf die Beschäftigung haben. Dies wurde beispielsweise in den Kapiteln 7 und 8 auf theoretische Weise in dem Modell des 'Optionswert des Wartens' nahegelegt. Natürlich gelten bei der Interpretation der Ergebnisse auch hier die potentiellen Einwände, die im letzten Abschnitt des Kapitels 6 diskutiert wurden.

Ähnlich wie schon in bezug auf die umfangreichen empirischen Untersuchungen in Kapitel 6 muß die *Vorläufigkeit* der hier in Kapitel 9 erzielten Ergebnisse berücksichtigt werden. Dies gilt nicht zuletzt deshalb, *weil die hier näher untersuchten Fragen auf diese Weise in der bisherigen Literatur überhaupt nicht gestellt wurden.* Die beschränkte Zahl der Beobachtungen, die sich in Kapitel 6 noch aus dem strikt modelltheoretisch begründeten Zwang zur Verwendung von Jahresdaten ergaben, böten nun jedoch keinen Anlaß mehr, in bezug auf die im Rahmen der vorliegenden Arbeit erzielten empirischen Ergebnisse übermäßig zurückhaltend zu sein. Der Grund hierfür ist, daß die in diesem Kapitel verwendete Prozedur die Verwendung von Quartalsdaten zuläßt, d.h. eine *Zahl an Beobachtungen*, die ungefähr *viermal so groß* ist wie in den empirischen Studien in Kapitel 6. Darüber hinaus ist die Prozedur nachweislich *robust gegenüber der Verwendung kleiner Stichproben* und der in ähnlichen Studien üblicherweise vorherrschenden Unsicherheit über die Integrationsordnung der in der Spezifikation verwendeten Variablen. Das Ausmaß, in dem die zuvor in Kapitel 6 erzielten Ergebnisse in diesem Kapitel 9 der Verwendung anspruchsvollerer Schätztechniken und der Verwendung von Quartalsdaten standhalten, ermutigt dazu, Forschungen zum Zusammenhang zwischen der Wechselkursvolatilität und der Arbeitsmarkt-Performance auf dem in dieser Arbeit neu eingeschlagenen Weg weiter zu beschreiten. Denn die in Kapitel 6 erzielten Ergebnisse werden hier für Deutschland in eindrucksvoller Weise bestätigt.[42] Der in diesem Kapitel verwendete Ansatz konnte aus Platzgründen nur für Deutschland verfolgt werden. Eine Anwendung dieses Ansatzes auf weitere Industrieländer erscheint jedoch vielversprechend.

Es scheint die größte Herausforderung für zukünftige Forschungen zu sein, die *Details des Transmissionskanals des Wechselkursunsicherheitseffektes auf Arbeitsmärkte* theoretisch genauer zu identifizieren. Weitere empirische Arbeiten wären anzuschließen, die einen entsprechenden Fortschritt in der ökonomischen Theoriebildung nutzen könnten, indem sie ihn den empirischen Modellen als Beschränkung auferlegt, um die Langfristbeziehungen exakt zu identifizieren (Pesaran (1997)). Erste Schritte in diese Richtung wurden bereits in den Kapiteln 6 bis 9 unternommen. Aufgrund der Beschränktheit der Zahl an Untersuchungen auf diesem Gebiet wird es jedoch voraussichtlich noch einige Zeit dauern, bis allgemein akzeptierte Aussagen vorliegen.

Das in Kapitel 6 mehrfach ins Spiel gebrachte Argument, daß die Wechselkursvariabilität nichts anderes als einen Ausdruck von Bewegungen des Niveaus des Wechselkurses darstelle und daß diese *Änderungen des Niveaus des Wechselkurses* die (Unter-) Beschäftigung determinierten, ist wie zuvor schon in den Kapiteln 6 und 8 auch in Kapitel 9 *nicht mit den empirischen Fakten kompatibel.* Das Niveau des Wechselkurses weist im Rahmen der ausführlichen zeitreihenanalytischen Untersuchungen dieses Kapitels nämlich nicht immer denselben signifikanten Einfluß wie die Wechselkursunsicherheit auf. Da das Maß der Intra-OECD-Wechselkursvariabilität in der Mehrheit der Fälle selbst dann signifikant bleibt, wenn das Niveau des

---

[42] In Abschnitt 6.5.2. werden langfristige Determinanten der Beschäftigung (einschließlich der Exporte) für Westdeutschland im Detail untersucht. Die Bedeutung der Wechselkursvariabilität wird in einem Kointegrationsrahmen, d.h. in einem 'strukturellen' Modell des Arbeitsmarktes, empirisch bestätigt.

Wechselkurses als zusätzliche Variable in den Ansatz aufgenommen wird (oder sogar signifikanter als letztere ist, falls sie das Niveau des Wechselkurses ersetzt), legt wie schon die in den Kapiteln 6 und 8 erzielte Evidenz nahe, daß eine *unabhängige Komponente* der Intra-OECD Wechselkursvariabilität identifiziert werden kann, die einen separaten realwirtschaftlichen Einfluß aufweist. Dieser Aspekt der erzielten Resultate deckt sich gut mit den signifikanten Ergebnissen im Rahmen dieses Kapitels, die auf Kointegrationstests basieren und in denen die Exogenität der Wechselkursvariabilität explizit als Restriktion auferlegt wird. Kointegration wird dabei angezeigt, sobald die Eigenschaft der Exogenität (einzig) der Wechselkursvolatilität zugewiesen wird.

Die in diesem Kapitel erzielten *signifikanten* Ergebnisse in bezug auf den Einfluß der Wechselkursunsicherheit auf die Beschäftigung sind wiederum *nicht allzu überraschend.* Es konnte durchaus erwartet werden, daß die Wechselkursvariabilität einen stärkeren Einfluß auf die Beschäftigung als auf die gegenwärtige Produktion und/oder gegenwärtige Exporte hat. In Abschnitt 6.7. wurde betont, daß letztere unter anderem durch Änderungen der Intensität der Nutzung des Produktionsfaktors Arbeit angepaßt werden können. Irreversibilitäten der 'Errichtungskosten' sind somit keine bedeutsame Determinante für die Produktion, die innerhalb von Wochen oder Tagen abgesetzt werden kann. Sie stellen jedoch einen zentralen Aspekt bei Entscheidungen mit längerfristigerem Charakter, wie z.B. in Sachkapital zu investieren oder zusätzliche Arbeitnehmer einzustellen, dar. Aus dieser Sicht bestätigen die Untersuchungen in den Kapiteln 7 bis 9 die in Kapitel 6 in der gebotenen Ausführlichkeit begründete Aussage, daß die *Abwesenheit einer Beziehung zwischen der Wechselkursvariabilität und dem Außenhandel* (Abschnitt 6.1.2) im allgemeinen *nicht* als Motiv verwendet werden sollte, a priori abzulehnen, daß die Wechselkursvariabilität *trotzdem einen signifikanten Einfluß auf die Investitionen und die Arbeitsmarkt-Performance* aufweisen kann. Die Schätzergebnisse dieses Kapitels verdichten den bereits in den Kapiteln 6 bis 8 zunehmend gewonnenen Eindruck, daß dieser Einfluß in den meisten Fällen *negativ* ist. Insofern ergeben die empirischen Untersuchungen in den Kapiteln 6 bis 9 ein überraschend einheitliches Bild.

Abschließend sollen einige Anmerkungen zu der eingangs aufgeworfenen Frage angeführt werden, *wie* denn die Wechselkursunsicherheit Auswirkungen auf Arbeitsmärkte entfalte. Die empirischen Resultate dieses Kapitels stützen hauptsächlich *zwei Modelle.* Das erste Modell ist *Modell C*, das die traditionelle Perspektive, das Niveau des Wechselkurses habe einen gleichgewichtsfördernden Einfluß auf die kurz- und langfristige Entwicklung der Beschäftigung, mit der Sichtweise der Kapitel 7 und 8 kombiniert, daß die Volatilität unabhängig vom Zeithorizont einen die gleichgewichtige Anpassung verzögernden Einfluß auf Arbeitsmärkte aufweise. Das zweite Modell der Wahl ist das *Modell D*, das den Kern des in Kapitel 6 entwickelten Modells inkorporiert: die Volatilität des Wechselkurses (*statt des Niveaus* des Wechselkurses) determiniert die Beschäftigung in der kurzen und in der langen Frist negativ.

In Kapitel 6 wurde schon ausgedrückt, daß es nicht möglich sein dürfte, ohne jeden verbleibenden Zweifel zu konstatieren, daß die Wechselkursvariabilität nicht den Einfluß einer anderen Makro-Variablen (wie z.B. das Niveau des Wechselkurses, das BIP-Wachstum, das Niveau des Reallohns und das Niveau des Ölpreises) darstellt. Dieser mögliche Einwand wurde in diesem Kapitel explizit entkräftet. Das Hauptresultat des ersten Hauptteils dieses Kapitels war nämlich, daß die Relation zwischen der Wechselkursvolatilität und der Beschäftigung in bezug auf Westdeutschland wohl eine Einweg-Beziehung von ersterer zu letzterer darstellte. Die Wechselkursvolatilität und die anderen Variablen wurden deshalb als 'forcing variables' der Beschäftigung bezeichnet.

10 Zusammenfassung und Ausblick

Die vorliegende Arbeit befaßte sich mit dem bisher nur wenig untersuchten Zusammenhang zwischen Wechselkursschwankungen, dem Außenhandel und Arbeitsmärkten. Es wurden neue theoretische und empirische Analysen zu dieser Thematik *im Lichte der Europäischen Währungsunion* durchgeführt. Hinsichtlich einer dringend gebotenen Rückführung der hohen Arbeitslosigkeit in der EU wurde von zwei zentralen Fragenkomplexen ausgegangen: 1) Führt die EWU, möglicherweise wegen eines tendenziell zunehmenden Wettbewerbsdrucks auf die nationalen Arbeitsmarktsysteme, zu den entsprechenden Anreizen für die nationale Lohn- bzw. Reformpolitik? 2) Stiftet die EWU überhaupt einen beschäftigungspolitischen Nutzen, falls nominale Wechelkursänderungen ohne die EWU bei negativen asymmetrischen Schocks und nominalen Rigiditäten einen weniger kostenträchtigen Anpassungsmechanismus darstellen als die Verringerung nominaler Löhne und Preise innerhalb der EWU? Verursachen demgegenüber eine systematische Nutzung des Wechselkursinstrumentes sowie eine signifikante Abhängigkeit der Wechselkursbewegungen von Finanzmarktdaten eine höhere kurzfristige Wechselkursvariabilität, welche das Beschäftigungswachstum ohne die EWU sogar negativ beeinflußt? Über welchen Transmissionskanal wirkt die Wechselkursvariabilität auf die Arbeitsmärkte ein: wie zumeist a priori vermutet über den Außenhandel oder etwa, dies wäre eine neue Erkenntnis, über die Investitionstätigkeit?

Die Literatur zu dem ersten Aspekt wurde durch eine public-choice-theoretische Erklärung der bestehenden Rigiditäten auf EU-Arbeitsmärkten (Kapitel 3) und einen Vorschlag zur theoretischen Modellierung der Reformanreize zur Beseitigung dieser Rigiditäten innerhalb und außerhalb der EWU (Kapitel 4) ergänzt. Der zweite Fragenkomplex wurde im Rahmen dieser Arbeit besonders betont. Ihm wurde in den Kapiteln 2, 5 und 6 nachgegangen. Die Kapitel 7 bis 9 knüpften an die wegen der Neuartigkeit dieser Analysen noch verbleibenden Verbesserungsmöglichkeiten an. In diesen Kapiteln wurden neue Modelle und neue empirische Verfahren entwickelt, die sich zur Erzielung eines aus theoretischer und zeitreihenanalytischer Sicht kohärenteren Untersuchungsrahmens als notwendig erwiesen.

Der Hauptteil der Arbeit begann mit Kapitel 2. In Abschnitt 2.1 wurde das zu analysierende Problem des Beitrags flexibler Wechselkurse zu Arbeitsmarktanpassungen in offenen Volkswirtschaften zunächst motiviert. In diesem Zusammenhang wurde die häufig vorgebrachte Hypothese geprüft, daß nominale Abwertungen außerhalb der EWU bei nominalen Rigiditäten einen realwirtschaftlich weniger kostenintensiven Anpassungsmechanismus an negative asymmetrische Schocks darstellen als die Verringerung nominaler Löhne und Preise innerhalb einer EWU. Es wurde weiter gefragt, ob die EWU unter diesen Umständen überhaupt Vorteile für EU-Arbeitsmärkte bringt. In Abschnitt 2.2 wurde zur Beantwortung dieser Fragen die Bedeutung nominaler und realer Rigiditäten für Arbeitsmarktanpassungen in offenen Volkswirtschaften auf einer modelltheoretischen Basis hergeleitet. Dieses Modell wurde zu Anschauungszwecken kalibriert. In dem verwendeten Modell repräsentierten *Änderungen nominaler Wechselkurse* als Reaktion auf negative asymmetrische Schocks einen realwirtschaftlich *weniger kostenintensiven* Anpassungsmechanismus als die Reduktion nominaler Löhne und Preise. Des weiteren wurde argumentiert, die hier für eine Beurteilung der EWU-Beschäftigungswirkungen einschlägigen *Rigiditäten* seien *nominaler* Art, da die *Beschränkungen* durch die EWU ebenfalls einen *nominalen* Charakter aufwiesen. Das Schlüsselproblem liege somit in der Einschätzung der *Flexibilität von Nominallöhnen und Preisen.* Allerdings zeigte bereits das zur Illustration verwendete Modell neokeynesianischer Prägung, daß auch die *Reallohn*flexibilität und die Flexibilität von Arbeitsnachfrage und -angebot bei jeweils gegebener Preis- und Nominallohnflexibilität bedeutsam sind. Denn wenn die marktliche Anpassungskapazität wie bei hoher Reallohnrigidität nur gering ist, würden die arbeitslosigkeitsverfestigenden Wirkungen *nominaler* Rigiditäten noch deutlich *verstärkt.* Um bei nominalen Rigiditäten in der EWU dieselbe Anpassungsgeschwindigkeit wie außerhalb zu gewährleisten, müßten also in der EWU Preise und Nominallöhne *flexibler* sein als außerhalb. Ein Argument gegen die EWU läßt sich demnach widerlegen, wenn empirisch unbestätigt bleibt, daß notwendige Anpassungen der internationalen Wettbewerbsfähigkeit durch flexible Wechselkurse beschleunigt werden können. Hieran anknüpfend wurde analysiert, ob die EWU im Vergleich zu Perioden nicht fixierter Wechselkurse in der Gegenwart von Lohn- und/oder Preisrigiditäten die realwirtschaftlichen (Arbeitsmarkt-) Effekte negativer Schocks vergrößert. Denn nur unter dieser Voraussetzung wäre das Argument entfallender Wechselkurse zur Evaluierung von Beschäftigungseffekten einer EWU überhaupt einschlägig.

In Abschnitt 2.3 wurden zu diesem Zweck die makroökonomischen Daten Frankreichs im Gefolge der EWS-Krise 1992 sowie diejenigen Großbritanniens und Italiens, die beide das EWS 1992 verließen, exemplarisch herangezogen und im Rahmen eines vermeintlichen 'kontrollierten Experimentes' miteinander verglichen. Eine visuelle Inspektion der relevanten Zeitreihen vermittelte zunächst den Eindruck, daß sich die realen Kosten in Form eines Anstiegs bzw. einer *versäumten Reduktion der Arbeitslosigkeit* der wegen der deutschen Wiedervereinigung notwendigen realen Abwertungen *in Frankreich gravierender* als in Italien oder besonders Großbritannien gestalteten. Nach Ansicht einiger Ökonomen wurde dies an unterschiedlich hohen '*unemployment gaps*', d.h. Abweichungen der tatsächlichen von der hypothetisch erreichbaren natürlichen Arbeitslosigkeit, erkennbar. Daß sich gleichzeitig in den letzten beiden Ländern wegen Überschußkapazitäten die Inflationsperformance besser darstellte, spreche dort für ein *Fallen der natürlichen Arbeitslosigkeit* und somit für *persistente* Effekte einer *temporären* Abwertung. Es werde an diesen Länderbeispielen offensichtlich, daß durch (stufenweise) flexible Wechselkurse und -speziell für Großbritannien- durch den stimulierenden Einfluß einer gelockerten Geldpolitik nach dem Austritt aus dem EWS eine notwendige permanente reale Abwertung *zu relativ geringen realen Kosten* gewährleistet werden könne. Die abwertenden Länder hätten sich im Rahmen eines kontrollierten Experimentes eines *'macroeconomic free lunch'*, d.h. einer Erhöhung internationaler Wettbewerbsfähigkeit bei inflationsfreier makroökonomischer Expansion, bedient.

In Abschnitt 2.4 wurde die zuvor implizit abgeleitete Hypothese, Italien und Großbritannien hätten den auf die Wiedervereinigung zurückzuführenden realen Abwertungsbedarf schneller und signifikanter als Frankreich erfüllt, auf zeitreihenanalytische Weise explizit getestet. Es ergab sich *keine Evidenz* für die in bezug auf das 'kontrollierte Experiment' formulierte Hypothese, daß die realen DM/Lira- und DM/Pfund-Wechselkurse sich dem neuen niedrigeren Gleichgewichtsniveau durch eine nominale Abwertung *schnell anpassen* konnten, während der reale DM/FF-Kurs begleitet von realen Anpassungshärten nicht schnell genug gesunken sei. Vielmehr ist der *Charakter* der hohen Arbeitslosigkeit in Frankreich offensichtlich ein *anderer* als in Italien und Großbritannien. Die Ergebnisse stützten gerade *nicht* die Hypothese, daß die französische Arbeitslosigkeit höhere Abweichungen der konjunkturellen Komponente vom NAIRU-Niveau aufweise. Die raschere signifikantere Anpassung an den neuen gleichgewichtigen realen Wechselkurs bei hoher verbleibender Sockelarbeitslosigkeit deutete auf einen *höheren Grad struktureller* bzw. sogar *Hysteresis-Arbeitslosigkeit* in Frankreich hin. Hysteresis-Effekte spiegelten sich wieder, indem sich die französische Arbeitslosigkeit *trotz einer Umkehrung* des realen Aufwertungsschocks gegenüber Italien und Großbritannien *nicht* wieder dem Gleichgewichtsverhältnis gegenüber diesen Ländern *angepaßt* hat. Das 'kontrollierte Experiment' konnte statistisch *nicht* exakt *kontrolliert* werden, da *Unterschiede* im *Cha-*

rakter der Arbeitslosigkeit der verglichenen Länder nicht ausgeschlossen werden konnten.

In Abschnitt 2.5 wurde kritisch gewürdigt, wie robust das durch die in Abschnitt 2.4 erzielten Ergebnisse angedeutete Resultat, daß die fehlende intraeuropäische Wechselkursflexibilität in der EWU kein Argument für negative Arbeitsmarkteffekte der EWU darstellt, tatsächlich ist. Um die Verallgemeinerbarkeit dieses auf einem Fallbeispiel basierenden Resultates zu überprüfen, wurden in Abschnitt 2.5.1 einleitend einige zentrale Überlegungen zur Sinnhaftigkeit eines Einsatzes der Wechselkurs- und damit implizit auch der Geldpolitik zur Kompensation länderspezifischer Schocks angestellt. In Abschnitt 2.5.2 wurde das häufig für negative Arbeitsmarkteffekte der EWU vorgebrachte Argument, daß die Währungsunion besonders diejenigen realwirtschaftlichen Effekte von länderspezifischen Schocks, die durch nominale Rigiditäten bedingt werden, noch verstärke, einzeln herausgegriffen und separat geprüft. In Abschnitt 2.5.3 wurde die Endogenität der für die realwirtschaftliche Vorteilhaftigkeit von Wechselkursanpassungen (und damit der Wechselkursvariabilität) als entscheidend angesehenen nominalen Rigiditäten auf europäischen Arbeitsmärkten zugelassen. Es wurde geprüft, ob die Einführung der EWU als einer neuen Institution selbst eine wichtige Determinante für das Ausmaß dieser Rigiditäten darstellt. Schließlich wurde in Abschnitt 2.6 zusammenfassend analysiert, wie restriktiv die Bedingungen dafür ausfallen, daß außerhalb der EWU überhaupt ein beschäftigungspolitischer Spielraum der Geld- und Währungspolitik besteht. Darüber hinaus wurde gefragt, wie groß dieser potentielle Spielraum ist, falls dessen Existenz prinzipiell bejaht wird.

Ein wesentliches Fazit dieser Abschnitte bestand darin, daß nominale Rigiditäten zwar bei flexiblen Wechselkursen eine Flexibilität der Reallöhne herbeiführen mögen, die bei fixen Wechselkursen nicht erreichbar ist. Dies könne jedoch nur dann potentiell als beschäftigungspolitischer Vorteil interpretiert werden, *wenn* die Wechselkursänderung im Rahmen *vollständig flexibler* Wechselkurse die *Folge einer Störung* am Arbeitsmarkt sei und diese als 'corrective device' *abfedere*. Genau dies konnte zuvor in Abschnitt 2.4 nicht gezeigt werden. Falls nun aber Wechselkursänderungen (dies sei die logische Alternative) *unabhängig* vom Arbeitsmarkt eintreten oder sogar erst auf politischem Wege veranlaßt würden, *verursachten* sie erfahrungsgemäß reale Probleme erst und trügen nur selten zu einer Lösung des Beschäftigungsproblems bei. Da die Ergebnisse dieses Kapitels insgesamt gesehen die Ansicht nicht uneingeschränkt stützten, daß nominale Abwertungen außerhalb der EWU im Falle nominaler Rigiditäten einen weniger kostenintensiven Anpassungsmechanismus an negative asymmetrische Schocks als die Verringerung nominaler Löhne und Preise innerhalb der EWU darstellen, veränderte die vorliegende Arbeit im weiteren Verlauf ihre Stoßrichtung deutlich. Die Kapitel 6 bis 9 richteten ihre Überlegungen schließlich sogar auf die theoretische und empirische Beantwortung der *umgekehrten* Fragestellung: zieht eine regelmäßige und systematische Nutzung des Wechselkursinstrumentes eine höhere Wechselkursvariabilität nach sich, die im Falle der Nichtrealisierung einer EWU das Beschäftigungswachstum beeinträchtigt?

Das Ergebnis, daß Wechselkurse keinen eindeutigen und bedeutenden makroökonomischen Einfluß auf die Beschäftigung und den Außenhandel haben, wurde nicht als *Widerspruch* zu den Warnungen vieler Industrievertreter vor kompetitiven Abwertungen interpretiert. Denn Unternehmen in den aufwertenden Ländern hätten den größten Teil der Wechselkursänderungen in ihren Gewinnspannen abgefangen, um ihre Exportmarktanteile konstant zu halten ('pricing-to-market', vgl. Abschnitt 6.2). Hieran wurde verdeutlicht, warum selbst die Unternehmen, die ihre Marktposition behaupten konnten, ein starkes Interesse am Wechselkurs behielten. Es sei folglich möglich, daß flexible Wechselkurse nur einen *geringen* sichtbaren Einfluß auf die gesellschaftliche Wohlfahrt (d.h. besonders die Beschäftigung und die 'trade balances') hätten, aber gleichzeitig die Spezialinteressen wirtschaftlicher Akteure zu *substantiellem politischem Druck* führen könnten.

Das Kapitel 3 sorgte für eine inhaltliche Verbindung der Kapitel 2 und 4. Zu diesem Zweck wurde in Kapitel 3 das *vor* der Durchführung von Arbeitsmarktreformen vorhandene Ausmaß der für die Arbeitsmarktwirkungen von Wechselkursänderungen relevanten Rigiditäten im Rahmen einer *positiven Analyse* erklärt. Dabei wurden Implementierungshemmnisse für Arbeitsmarktreformen, welche die jeweiligen (vor allem realen) Rigiditäten verringern, erläutert. Um die Ausgangslage auf den EU-Arbeitsmärkten zum Start der EWU aus der Sicht der Politischen Ökonomie näher zu analysieren, wurde in Kapitel 3 sowohl auf Mancur Olsons 'Logik kollektiven Handelns' als auch auf die arbeitsmarktbezogene Insider-Outsider-Theorie (IOT) Rekurs genommen. Im Rahmen eines Erklärungsversuchs anhaltend hoher Arbeitslosigkeit basieren beide Ansätze ihre Argumentation auf ähnliche Anreizstrukturen von Interessengruppen. Das Kapitel 3 kam zu dem Ergebnis, daß beide Ansätze miteinander kompatibel sind und eine breitere und weiter akzeptierte Basis zur Implementierung lange benötigter Arbeitsmarktreformen darstellen. Darüber hinaus wurde aus einer Synthese der beiden Ansätze eine *Politische Ökonomie der Arbeitsmarktreformen* abgeleitet. Gleichzeitig wurde jedoch aufgedeckt, daß beide Modellvarianten ebenfalls *wichtige Schwächen* teilen. Sie berücksichtigten beide *weder* diejenigen Interessen, die den Insidern und den Outsidern *gemeinsam* seien, noch die Existenz *selbstkorrigierender Mechanismen* im Fahrwasser ständig steigender Kosten anhaltend hoher Arbeitslosigkeit. Beide Aspekte wurden später in Kapitel 4 relevant.

In Abschnitt 3.1 wurde zunächst die Problemstellung umrissen. Anschließend wurden sowohl der Ansatz *Mancur Olsons* und derjenige der *Insider-Outsider-Theorie* der Arbeitslosigkeit (IOT) in Abschnitt 3.2 skizziert (Abschnitte 3.2.1 und 3.2.2). In Abschnitt 3.2.3 wurde schließlich analysiert, inwieweit beide Ansätze eine hohe Arbeitslosigkeit jeweils *als eine Folge polit-ökonomischer Anreize* ansehen. Die große Schnittmenge der spezifischen Problemstellungen beider Ansätze wurde in diesem Kapitel zum Anlaß genommen zu prüfen, *ob und inwieweit* der IO-Ansatz Gemeinsamkeiten mit dem Olsonschen Ansatz zur Erklärung unfreiwilliger Arbeitslosigkeit aufweist und als Formalisierung eines Teilbereichs der weiter gefaßten Olsonschen Theorie interpretiert werden kann (Abschnitt 3.3). Der Fokus lag dabei auf bisher nicht oder nur am Rande behandelten Gemeinsamkeiten (Abschnitt 3.3.1) und Unterschieden (Abschnitt 3.3.2) beider Ansätze bezüglich *ihrer theoretischen und empirischen Implikationen.* In Abschnitt 3.3.3 wurde Evidenz zur empirischen Validität beider Ansätze geliefert.

Diese Kompatibilitätsüberprüfung beider Ansätze diente als Grundlage für eine anschließende *Synthese* beider Ansätze zur Ableitung wirtschaftspolitischer Schlußfolgerungen (Abschnitt 3.4). Es wurden Komponenten einer *Politischen Ökonomie der Beschäftigungspolitik* identifiziert, welche zu gleichen Teilen auf Elementen der Olsonschen Theorie und der IOT basieren (Abschnitt 3.5). Dabei wurde die These vertreten, daß eine *Kombination* des polit-ökonomischen Theoriegerüstes Olsons und des IOT-Ansatzes einen wichtigen Erklärungsbeitrag zur Klärung der zu Beginn der EWU *dringendsten arbeitsmarktrelevanten Fragestellungen* liefern könne. Hierunter falle die in Abschnitt 3.5.1 beantwortete Frage, warum die Implementierung geeigneter und mittlerweile wohldefinierter Beschäftigungspolitiken bisher so lange ausblieb und welche strategische Anreize die Implementierung den Arbeitsmarkt flexibilisierender Politiken überhaupt voraussetzt. Darüber hinaus seien diesbezüglich aber auch die in den Abschnitten 3.5.2 und 3.5.3 beantworteten Fragen einschlägig, ob das polit-ökonomische Regulierungsgleichgewicht auf Arbeitsmärkten zeitpfadabhängig sei und welche strategischen Optionen sich aus den vorhergehenden Abschnitten für die Beschäftigungspolitik ergäben. Bei der Beantwortung der letzten Frage spielten Timing-Aspekte, Aspekte des Reform-Designs sowie Aspekte der Regierungsideologie eine nicht zu unterschätzende Rolle. Insbesondere wurde in Abschnitt 3.5.3 als Argumentationsbasis für Kapitel 4 einführend untersucht, ob die EWU möglicherweise einen entscheidenden Auslöser für Arbeitsmarktreformen darstelle und ob bei der Beantwortung dieser Fragen möglicherweise der in diesem Kapitel entwickelte *integrative* Ansatz hilfreich sei. Die Ausführungen in Abschnitt 3.6 beendeten das Kapitel 3.

Die Analyse in Kapitel 3 deutete an, daß die eher interdisziplinär gefärbten Olson-Hypothesen und die IOT mit ihrem ökonomischen Fokus in *komplementärem* Verhältnis zueinander stehen. Zwar war die empirische Evidenz für den Olson-Ansatz schwächer ausgeprägt und erschien weniger fundiert. Auch war weder eine Theorie auf eine andere angewiesen, noch konnte eine Theorie als Vorläufer der anderen angesehen werden. Jedoch *überwogen* die theoretischen *Gemeinsamkeiten* bei weitem die Unterschiede. Eine aus *beiden* Ansätzen hergeleitete Politische Ökonomie der Beschäftigungspolitik zeichnete sich somit durch interne Konsistenz aus und erschien zur Erklärung der Situation auf EU-Arbeitsmärkten zum Start der EWU plausibel. Sie lieferte zum einen ein wesentlich *breiteres* Fundament demokratischer Aufklärung zur Überwindung strategischer Hemmnisse ('kritische Masse') einer dringend notwendigen Implementierung geeigneter Beschäftigungspolitiken in Kontinentaleuropa. Es wurde weiter argumentiert, daß es zwar noch eingehenderer empirischer Tests bedürfe, um die Olson-Argumente noch stärker zu validieren. Jedoch lasse sich durch letztere bzw. durch eine Kombination beider Ansätze, eher als durch die IOT alleine, eine 'interdisziplinäre demokratische Aufklärung durch theoretische Integration' leisten. Wenn es richtig sei, daß gesellschaftliche Lernprozesse durch theoretische Lernprozesse befördert würden, stelle eine unter diesen Voraussetzungen entwikkelte Politische Ökonomie der Beschäftigungspolitik möglicherweise einen 'angemessenen Auslöser' für geeignete Beschäftigungspolitiken dar. Zum anderen bilde eine aus beiden Ansätzen hergeleitete Politische Ökonomie der Beschäftigungspolitik eine wesentlich sicherere Basis für eine in Kapitel 4 vorzunehmende Beurteilung der Rolle, welche die Einführung der EWU bei der Überwindung strategischer Hemmnisse einer dringend notwendigen Implementierung geeigneter Reformen und bei der Rückführung der hohen strukturellen Arbeitslosigkeit in den kontinentaleuropäischen EWU-Mitgliedstaaten letztlich spielen kann.

Für die Beschäftigungsaussichten beispielsweise in *osteuropäischen* Volkswirtschaften wurden aus der Sicht der hier diskutierten Ansätze nach der politischen Wende zwar positive Prognosen abgeleitet. Dies gelte aber nur, *falls* diese Länder ohne marktwirtschaftliche Erfahrung in der Zwischenkriegszeit nicht durch eine 'institutionelle Hysteresis', sondern vielmehr durch ein substantielles 'cleaning the slate', ähnlich wie in Nachkriegsdeutschland gekennzeichnet seien. Fraglich sei jedoch angesichts unvollkommener politischer Märkte, ob auch die EWU nach Maastrichter Muster die Bedingungen eines substantiellen 'cleaning the slate' (Kapitel 3) in den *kontinentaleuropäischen* EWU-Mitgliedsländern erfülle. Darüber hinaus bleibe zu fragen, ob der Wegfall autonomer Geld- und Wechselkurspolitiken in der EWU aufgrund von durchschlagenden Arbeitsmarktreformen und reduzierten Rigiditäten zu lohndisziplinierenden und beschäftigungsfördernden Effekten führe. Da dieser Aspekt zukünftig noch lange im Zentrum von Diskussionen um die Beschäftigungseffekte der EWU stehen werde, erscheine es lohnenswert, dieser zentralen Frage im folgenden Kapitel 4 auf eine neuartige analytische Weise nachzugehen. Eine *hinreichende Basis* für eine derartige Analyse könne jedoch nur durch eine explizite Modellierung der Interaktion auf Arbeitsmärkten bzw. der Interaktion von Arbeitsmärkten mit anderen hiermit verbundenen Märkten (Geldmarkt, Gütermarkt) geschaffen werden. Diese sollte auch *die langfristig anfallenden Kosten* eines Insider-Outsider-Dualismus für die scheinbar Begünstigten intentionaler Handlungen auf Arbeitsmärkten, die Insider, adäquat in das Anreizsystem einbetten. Eine derartige Modellierung zu entwickeln und empirisch zu validieren, sei eine der zukünftigen Hauptanforderungen an eine Theorie der Wirtschaftspolitik. Im folgenden Kapitel 4 wurde deshalb versucht, in bezug auf die Interaktion von währungspolitischem Regime und Arbeitsmarktreformen einen Beitrag entlang der gerade skizzierten Linien zu liefern. Dabei wurden die langfristig anfallenden Kosten eines Insider-Outsider-Dualismus in innovativer Weise als *hohe inflationäre Verzerrung* aufgrund hoher struktureller Arbeitslosigkeit modelliert.

Die Überlegungen in Kapitel 4 knüpften an die vorbereitende Analyse in den Kapiteln 3 und 4 an, indem sie in den Vordergrund rückten, daß die Implementierung einer geldpolitischen Regel die Anreize zu Strukturreformen und somit auch die Intensität realer und nominaler *Rigiditäten* verändere. Letztere wurden in Kapitel 2 aufgrund ihrer Bedeutung für realwirtschaftliche Effekte von Wechselkursänderungen betont und in Kapitel 3 zudem auch polit-ökonomisch erklärt. Die Ausführungen nahmen dabei die Literatur zur Problematik der dynamischen Inkonsistenz (optimaler Geldpolitiken) zum

Ausgangspunkt. Letztere sehe die Hauptursache für eine hohe Inflationsrate mehrheitlich in einer hohen natürlichen *strukturellen* Arbeitslosenrate. Die Rückführung der gleichgewichtigen Arbeitslosigkeit und der hiermit verbundenen inflationären Verzerrung (‚inflation bias') erfordere aber fundamentale Reformen auf dem Arbeitsmarkt und den hiermit verbundenen Märkten. Obwohl sich die Neue Politische Ökonomie in letzter Zeit verstärkt mit den Hemmnisfaktoren bei der Implementierung solcher Reformen beschäftigt habe, sei den Anreizwirkungen verschiedener geldpolitischer Regimes auf die Neigung zur Durchsetzung von Reformen bisher zu wenig Aufmerksamkeit geschenkt worden. Deshalb wurde in diesem Kapitel ein erweitertes Modell entwickelt, in dem die Geldpolitik und der Grad der Reformen *simultan* bestimmt wurden.

Bei der Untersuchung der Zusammenhänge zwischen der EWU, der Geldpolitik und der Reform der EU-Arbeitsmärkte wurde in Kapitel 4 so vorgegangen, daß nach einer Einführung in Abschnitt 4.1 in Abschnitt 4.2 zunächst eine fehlende analytische Basis zur Beantwortung der politisch zentralen Frage, ob die EWU als neue 'geldpolitische Regel' im Sinne eines Olson-Schocks die Wahrscheinlichkeit einer Durchführung von Strukturreformen auf Arbeitsmärkten erhöhe, identifiziert wurde. Es wurde ausgehend von theoretischen und empirischen Eckpunkten für eine Synthese weiter argumentiert, daß eine inhaltliche Zusammenführung von Teilaspekten sehr wohl zu einer geeigneten analytischen Grundlage führe. Zu diesem Zweck könne nämlich auf die positive Ökonomik der dynamischen Inkonsistenz und die positive Ökonomik der Arbeitsmarktrigiditäten zurückgegriffen und eine Synthese versucht werden. In Abschnitt 4.3 wurde als Ansatzpunkt für eine Lösung des aufgezeigten Problems einer separierenden Analyse der EWU und der Arbeitslosigkeit in der EWU ein Referenzmodell in der Tradition von Barro, Gordon (1983) und Kydland, Prescott (1977) entwickelt. In diesem Modell konnten die Geldpolitik und das Ausmaß von Arbeitsmarktreformen gleichzeitig endogen bestimmt werden. In Abschnitt 4.4 wurden die für die Fragestellung dieses Kapitels relevanten analytischen Ergebnisse im Hinblick auf die Fragestellung hergeleitet und aus Gründen der Anschaulichkeit zusätzlich graphisch dargestellt. Anschließend wurde in Abschnitt 4.5 die Differenz der Gesamtwohlfahrt bei unterschiedlichen geldpolitischen Strategien bzw. innerhalb und außerhalb der EWU ermittelt. Zur Verdeutlichung der Gründe für den zutage tretenden Gesamtvorteil der geldpolitischen Regel bzw. der EWU wurden einige Simulationen der relevanten Modellparameter durchgeführt. Der Abschnitt 4.6 faßte die Resultate aus Kapitel 4 zusammen. Verschiedene Modellerweiterungen, welche die relative Vorteilhaftigkeit der jeweiligen geldpolitischen Strategie beeinflussen können, wurden ebenfalls berücksichtigt. Dabei wurde analysiert, ob beispielsweise die Implikationen einer Nominallohnrigidität im Bereich niedriger Inflationsraten und die Auswirkungen der Berücksichtigung der Persistenz der Arbeitslosigkeit die Modellaussagen verändern. Auch wurde diskutiert, ob der Koordinierungsbedarf bei der Implementierung von Reformen vom jeweiligen geldpolitischen Regime abhängt. Der Abschnitt 4.7 schloß mit einem kurzen Fazit.

Auf der Grundlage der formal abgeleiteten Ergebnisse wurde argumentiert, daß der Einfluß verschiedener geldpolitischer Regimes -wie zum Beispiel der EWU als geldpolitischer Regel im Vergleich zu diskretionärer Geldpolitik außerhalb der EWU- auf den Arbeitsmarkt entscheidend von der inflationären Verzerrung und vom Ausmaß seiner Internalisierung durch die Regierung abhänge. Arbeitsmarktreformen fielen bei diskretionärer Geldpolitik tendenziell höher aus als bei einer Regelbindung. Denn von Arbeitsmarktreformen gehe nicht nur eine positive Wirkung auf die Beschäftigung, sondern auch eine Reduktion der inflationären Verzerrung aus. Gegen eine geldpolitische Regelbindung ließe sich daher einwenden, eine geldpolitische Regel stelle ein Substitut für Arbeitsmarktreformen dar. Eine geldpolitische Regel führe daher neben einer höheren Arbeitslosigkeit auch zu einer geringeren Gesamtwohlfahrt.

Diese -für negative Beschäftigungswirkungen der EWU sprechende- Argumentation konnte jedoch von dem verwendeten Modell nicht uneingeschränkt gestützt werden. Sobald nämlich die als optimal errechneten Arbeitsmarktreformen in die Verlustfunktion der Regierung eingefügt wurden, führte eine geldpolitische Regelbindung durchgehend zu einer höheren Gesamtwohlfahrt als eine diskretionäre Geldpolitik. Dieser Zusammenhang wurde als ein *neues*, wenn auch wenig überraschendes, *Forschungsergebnis* interpretiert. Es läßt das Vorgehen, von einer doppelten *Dividende* struktureller Arbeitsmarktreformen unter einer diskretionären Geldpolitik (und damit hier gleichbedeutend auch: außerhalb der Europäischen Währungsunion) zu sprechen und die diskretionäre Geldpolitik (bzw. die Alternative zur EWU) deshalb als generell überlegen zu bezeichnen, als problematisch erscheinen. Es stellte sich vielmehr heraus, daß Arbeitsmarktreformen bei diskretionärer Geldpolitik nur eine doppelte *Funktion* -die Senkung der strukturellen Arbeitslosigkeit und die Dämpfung der effektiven *inflationären Verzerrung*- haben. Eine geldpolitische Regel macht die zweite Funktion jedoch von vornherein überflüssig. Die Ergebnisse des Abschnitts 4.4 ließen demnach auch eine alternative Lesart zu. Bei diskretionärer Geldpolitik fallen die Arbeitsmarktreformen stärker aus und sind, gemessen an der Senkung der strukturell bedingten Arbeitslosenquote, aus diesem Grund auch erfolgreicher, einfach weil sie dringender benötigt werden. Insoweit als für die parallel dazu bewirkte Rückführung der gleichgewichtigen Inflationsrate jedoch ein überlegenes (im Idealfall sogar perfektes) Instrument zur Verfügung steht, nämlich eine strikte geldpolitische Regelbindung, signalisiert der höhere Grad der Arbeitsmarktreformen ein *Overshooting*, wie am Vergleich der Gesamtwohlfahrt unter beiden geldpolitischen Regimes in Abschnitt 4.5 gezeigt werden konnte.

Das Kapitel 5 befaßte sich mit einer Schlüsselfrage bei der beschäftigungspolitischen Bewertung der EWU aus ökonomischer Sicht: Haben externe Schocks (d.h. Schocks der Exporte und/oder der Wechselkurse) einen starken Einfluß auf die (Unter-) Beschäftigung in den Mitgliedsländern? Dies wurde als eine wichtige empirische Problemstellung identifiziert, die in der Literatur bisher nicht behandelt wurde. Da die Theorie optimaler Währungsräume (OCA-Ansatz) häufig implizit zur Einschätzung der Arbeitsmarkteffekte der EWU herangezogen wird, wurde in diesem Kapitel erstmalig versucht, die Bedeutung externer Schocks für die Arbeitsmarkt-Performance (Arbeitslosigkeit und Beschäftigung in der verarbeitenden Industrie) in der EU genauer und explizit zu quantifizieren. Nach der Motivation der Untersuchung in Abschnitt 5.1 vermittelte der Abschnitt 5.2 einen kurzen Überblick über die empirisch orientierte Literatur zum OCA-Ansatz. In Abschnitt 5.3 wurden einfache zeitreihenanalytische 'Kausalitätstests' verwendet, um den Einfluß externer Schocks auf die Beschäftigung und die Unterbeschäftigung in den EU-Mitgliedsländern in einem ersten Schritt empirisch abzuschätzen. In Abschnitt 5.4 wurde dieser Testansatz erweitert, indem ausführliche *Robustheitstests* der zuvor erzielten Ergebnisse durchgeführt wurden. Es wurde empirisch getestet, ob die fehlende Identifizierbarkeit einer eindeutigen Beziehung zwischen Exportschocks und EU-Arbeitsmärkten auf eine konsistente Politik zurückzuführen ist, die im Durchschnitt die potentiellen Arbeitsmarktwirkungen der Exportschocks durch eine optimale Variation eines Politikinstrumentes (z.B. des Wechselkurses, der Fiskalpolitik und der Geldpolitik) kompensierte. In Abschnitt 5.5 wurden einige Implikationen dieser neuen Resultate erörtert. Letztere wurden zudem mit Ergebnissen, die aus einer Anwendung derselben Methode auf Investitionsschocks statt auf Exportschocks resultieren, verglichen. Der Abschnitt 5.6 lieferte einige Schlußfolgerungen und befaßte sich mit den Implikationen des Kapitels 5 für die Debatte um die Arbeitsmarktwirkungen der EWU.

Das Hauptmotiv für die in Kapitel 5 durchgeführten umfangreichen und zuvor nicht durchgeführten empirischen Untersuchungen bestand darin, die Größe des Einflusses externer Schocks auf die Arbeitslosigkeit in der EU zu identifizieren. Dies hätte ein erster Schritt in die Richtung einer Schätzung der Kosten der EWU für EU-Arbeitsmärkte sein können. Eine entsprechende Identifikation gelang jedoch *nicht*. Das Hauptresultat dieses Kapitels war ein *negatives* Ergebnis, nämlich daß keine robuste und statistisch signifikante Verbindung zwischen der (Unter-) Beschäftigung und externen Schocks aufgedeckt werden konnte. Für verschiedene Länder werden unterschiedliche Resultate ermittelt, die hin und wieder durch geringere Änderungen der Definition externer Schocks (z.B. das Wachstum realer Exporte statt dem Beitrag der Exporte zum Wachstum der gesamtwirtschaftlichen Nachfrage) beeinflußt wurden. Die Berücksichtigung möglicher Schock-'Absorber' wie Wechselkursbewegungen, die Fiskalpolitik und die Geldpolitik beeinflußten dieses Resultat nicht. Ein etwas *anderes* Bild entstand in bezug auf die *Beschäftigung in der verarbeitenden Industrie*. Hier konnte eine viel *ausgeprägtere* Verbindung zwischen der Arbeitsmarkt-Variablen und den Exportschocks identifiziert werden, sowohl was die Größe der Koeffizienten als auch was das Signifikanzniveau angeht. Aus den TSLS-Schätzungen ergab sich, daß externe Schocks nur für zwei der zwölf betrachteten EU-Länder einen statistisch signifikanten Einfluß auf die Arbeitslosigkeit hatten, während sie für 6 Länder einen signifikanten Einfluß auf die Beschäftigung in der verarbeitenden Industrie aufwiesen.

Der Schlüssel zur Interpretation dieses negativen Resultates für die EU-Arbeitslosenraten lag in dem *Kontrast mit den empirischen Ergebnissen* zur Verbindung zwischen der (Unter-) Beschäftigung und *Investitionsschocks*. Diesbezüglich konnte sowohl für die Arbeitslosenrate als auch für die Beschäftigung eine statistisch signifikante Beziehung nicht abgelehnt werden, die robust und über verschiedene EU-Länder hinweg konsistent war. Dieser Unterschied zwischen den Ergebnissen legte sofort nahe, daß Hysteresis-Effekte nicht der alleinige Grund für die Abwesenheit einer Korrelation zwischen Exportschocks und der (Unter-) Beschäftigung sein können. Falls Rigiditäten Anpassungen auf Arbeitsmärkten verhindern bis Schocks sehr groß werden, und falls alle stattfindenden Anpassungen irreversibel sind, sollte dies auch denselben Effekt auf diejenigen Schätzungen haben, welche die Investitionen betreffen. Aber dies war offensichtlich nicht der Fall.

Die negativen Ergebnisse dieses Kapitels in bezug auf Exportschocks sind angesichts der Art und Weise, in welcher der OCA-Ansatz in der Literatur und in der öffentlichen Debatte um die EWU verwendet wurde, von besonderer Bedeutung. Das Hauptargument gegen die EWU ist schon immer gewesen, daß sie es den beteiligten Volkswirtschaften nicht erlaube, sich durch Wechselkursänderungen an *externe* Schocks anzupassen. Dies setzt voraus, daß es im Euroraum tatsächliche externe Schocks gibt, auf welche die Wechselkurse systematisch reagieren müßten, um Arbeitslosigkeit zu vermeiden. In diesem Kapitel wurde aber gezeigt, daß die Daten der vergangenen dreißig Jahre in Europa *nicht* auf eine starke Verbindung zwischen *externen* Schocks und der Arbeitslosigkeit hindeuten. Daher kann argumentiert werden, daß die EWU aus dieser Sicht nur sehr *unwahrscheinlich* zu den ernsthaften *zusätzlichen* Arbeitslosigkeitsproblemen führen wird, die im Vorfeld der EWU so häufig vorhergesagt wurden. Zumal auch nur geringe empirische Evidenz dafür besteht, daß Wechselkurse kurzfristig systematisch auf externe Schocks reagieren. Auch zeigen gemäß Kapitel 2 die Erfahrungen mit den massiven Wechselkursbewegungen 1992/93, daß der Wechselkurs wohl kein potentes Instrument darstellt, makroökonomische Ungleichgewichte zu korrigieren. Beides impliziert, daß kurzfristige Wechselkursbewegungen (der Fokus des Kapitels 6) die realwirtschaftlichen Auswirkungen asymmetrischer Nachfrageschocks möglicherweise noch verstärken, statt sie im Sinne des OCA-Ansatzes zu stabilisieren. Dieser Vermutung wurde in den Kapiteln 6 bis 8 ausführlich nachgegangen. Die OCA-Kriterien sollten im Zusammenhang mit der Abschätzung von Arbeitsmarktwirkungen der EWU nicht überbetont werden, da die zentrale These dieses Ansatzes, daß Außenhandelsschocks zu gravierenden Beschäftigungsproblemen führen, im Rahmen dieses Kapitels empirisch nicht bestätigt werden konnte.

Das Kapitel 6 knüpfte an die Tatsache an, daß die Eliminierung der intraeuropäischen Wechselkursvariabilität oft als ein gewichtiger Vorteil einer EWU bezeichnet wurde. Ihre Verringerung war bereits ein wesentliches Ziel der Errichtung des EWS 1979. Warum sollten sich Politiker und Ökonomen aber über die realwirtschaftlichen Konsequenzen der Variabilität von Wechselkursen Gedanken machen? Bisher lautete eine Antwort hierauf, daß die Variabilität von Wechselkursen möglicherweise *den Außenhandel* beeinträchtigen könnte. Empirische Untersuchungen hierzu konnten gemäß Abschnitt 6.1. die Hypothese eines ausgeprägten Zusammenhangs jedoch nicht uneingeschränkt stützen, obwohl jüngere Studien eher dazu tendieren, einen derartigen Zusammenhang identifizieren zu können. Deshalb wurde auch selten oder gar nicht weiter gefragt, ob die Wechselkursvariabilität etwa einen Einfluß auf andere realwirtschaftliche Variablen, wie etwa die Produktion, die Beschäftigung und die Investitionen, hat. Denn viele Ökonomen würden wegen des schwachen empirischen Zusammenhangs zwischen der Wechselkursvolatilität und dem Außenhandel a priori mutmaßen, daß eine negative Korrelation von Wechselkursvariabilität und Beschäftigung erst recht unwahrscheinlich sei. Der Außenhandel sei nämlich der offensichtlichste Transmissionskanal, über den Wechselkursschwankungen den realwirtschaftlichen Sektor beeinflussen. Umgekehrt wirkten Produktions-, Beschäftigungs- und Investitionsentscheidungen auch auf die Handelsströme ein. Die ausführlichen empirischen Resultate, welche im Rahmen dieses Kapitels präsentiert wurden, waren jedoch mit diesem 'Prä' in keiner Weise konsistent. Sie zeigten vielmehr, daß es selbst für Skeptiker *schwierig* sein dürfte, die Hypothese beizubehalten, daß die intra-europäische Wechselkursvariabilität in der Vergangenheit *keinen* Einfluß auf die Arbeitslosigkeit, die Beschäftigung und die Investitionen in Westdeutschland und in anderen EU-Volkswirtschaften hatte.

In Abschnitt 6.1 wurde herausgearbeitet, welche Argumente die Literatur zum Einfluß der Wechselkursunsicherheit auf den Außenhandel für den hier zu analysierenden und bisher in der Literatur vernachlässigten Zusammenhang zwischen der Wechselkursunsicherheit und Arbeitsmärkten bietet. Zu diesem Zweck wurden in Abschnitt 6.1.1 zunächst die 'stilisierten Fakten' der theoretischen Modellierung des Einflusses der Wechselkursunsicherheit auf den Außenhandel in der gebotenen Kürze beschrieben. Anschließend wurden in Abschnitt 6.1.2 die zahlreichen empirischen Studien hierzu präzise systematisiert und nach Kriterien ausgewertet, die für die anschließenden eigenständigen Studien zum Einfluß der Wechselkursunsicherheit auf EU-Arbeitsmärkte bedeutsam erschienen (Abschnitt 6.1.2.3). In Abschnitt 6.2 wurde angesichts der nicht eindeutigen empirischen Evidenz in bezug auf den Einfluß der Wechselkursunsicherheit auf den Außenhandel die Notwendigkeit gesehen, den Anlaß für eine als Innovation durchzuführende separate Analyse der Bedeutung der Wechselkursunsicherheit für EU-Arbeitsmärkte ausführlich zu erläutern. In Abschnitt 6.3 wurde ein einfaches theoretisches Modell der Investitionstätigkeit (mit dem u.a. Investitionen in die Beschäftigung beschrieben werden konnten) unter Unsicherheit entwickelt. Dieses Modell verdeutlichte einen potentiellen Transmissionskanal, der eine negative (positive) Beziehung zwischen der Unsicherheit und der Beschäftigung (Arbeitslosigkeit) begründen könnte. Mit der Hilfe dieses einfachen Modells des 'Optionswertes des Wartens' konnte gezeigt werden, daß sogar kurzfristige Ausschläge der Wechselkursvolatilität einen bedeutenden signifikanten Einfluß auf die inländische Investitionstätigkeit und die Beschäftigung haben können. In Abschnitt 6.4 wurde dem 'Optionswert des Wartens' der 'Wert der Optionsschaffung' gegenübergestellt. Dabei wurden Bedingungen dafür abgeleitet, daß das in Abschnitt 6.3 formal hergeleitete negative Vorzeichen des Einflusses der Wechselkursunsicherheit auf investitionsähnliche Entscheidungen weiterhin gültig ist.

Bevor mit der empirischen Überprüfung dieses Modells für EU-Volkswirtschaften begonnen werden konnte, war jedoch noch eine logische und empirische Lücke im Transmissionsmechanismus zu schließen. Denn während es relativ einfach einzusehen sein dürfte, daß 'uncertainty is bad for investment', fällt es schon schwerer zu erklären, auf welche Weise die Wechselkursunsicherheit direkt und sofort auf die gesamte heimische Ökonomie einwirken sollte. In Abschnitt 6.2 wurde diesbezüglich als entscheidende Innovation des in Kapitel 6 vertretenden theoretischen Ansatzes argumentiert, daß die fehlende Identifizierbarkeit eines starken und eindeutigen Einflusses der Wechselkursvariabilität auf das Außenhandelsvolumen keinesfalls die Abwesenheit einer inhaltlichen Verbindung zwischen der Wechselkursvariabilität und der Arbeitslosigkeit (bzw. der Beschäftigung sowie der Investitionen) impliziere. Dies wurde unmittelbar deutlich, sobald gefragt wurde: warum sollte ein Anstieg der Wechselkursvolatilität schnell zu einem geringeren Außenhandelsvolumen (-strom) führen? Es wurde darauf verwiesen, daß die in diesem Kontext verwendeten theoretischen Modelle nämlich typischerweise von der Idee ausgehen, daß erst versunkene Kosten getragen werden müssen, um anschließend exportieren zu können. Der Charakter dieser Kosten resultiere dabei zum einen aus der Notwendigkeit, ein Distributionssystem auf Auslandsmärkten installieren zu müssen, und zum anderen darauf, daß es sich wie in dem im folgenden zu entwikkelnden Basismodell wirklich um 'versunkene', d.h. nicht revidierbare, Kosten handele. Innerhalb der EU jedoch verfügten die meisten Unternehmen bereits über ein elaboriertes Vertriebsnetzwerk in allen Mitgliedsstaaten. Daher stellten *Marktzugangskosten* im Hinblick auf den Intra-EU-Handel (dem Fokus der empirischen Untersuchungen im Rahmen dieser Arbeit) sicherlich *nicht* den Hauptgrund dafür dar, daß sich die Volatilität von Wechselkursen (negativ) auf den Außenhandel auswirke.

In Abschnitt 6.2 wurde weiter argumentiert, daß ein Anstieg der Volatilität der Wechselkurse die Unternehmen natürlich veranlasse, zukünftige Gewinne aus Exporten stärker zu diskontieren. Aber dies impliziere lediglich, daß Unternehmen weniger in export- (oder allgemein in außenhandels-) orientierte Aktivitäten investierten. Dies möge zwar *zukünftige* Export(bzw. Außenhandels)-Volumina reduzieren. Jedoch exportierten Unternehmen in der kurzen Frist nicht notwendigerweise weniger, nur weil die Wechselkursvariabilität angestiegen sei. Eine mögliche Reaktion in der *langen* Frist (vgl. auch Abschnitt 6.1.2.3) lasse sich jedoch sehr *viel schwieriger* durch empirische Untersuchungen *isolieren*, da auf die relevanten Größen gleichzeitig andere langfristige Trends einwirkten und da sich die Variabilität über die Zeit so stark ändere. Jüngere Erfahrungen mit großen Wechselkursschwankungen in Europa hätten wiederholt aufgedeckt, daß sich Unternehmen auf dem europäischen Markt in einem hohen Umfang kurzfristig eines 'pricing-to-market' bedienten. Dies habe regelmäßig zur Folge, daß Quantitäten bzw. Marktanteile wenig auf nicht antizipierte Wechselkursänderungen reagierten, Gewinne aber um so mehr. Auf diese Weise werde das Niveau internationaler Gütertransaktionen von der Variabilität einer ihrer potentiell wichtigsten Determinanten isoliert. Obwohl Unternehmen weiterhin mehr oder weniger dieselbe Menge produzieren und exportieren, werden ihre Erträge in heimischer Währung gerechnet variabel, während ihre inländischen Kosten stabil bleiben. Auf diese Weise beeinflusse die Variabilität von Wechselkursen die Variabilität von Gewinnen.

Falls Unternehmen auf einen Anstieg der Wechselkurs- (und damit auch der Gewinn-) Variabilität in einem ersten Schritt durch *reduzierte Investitionen* in außenhandelsgerichtete Aktivitäten reagierten, sei in der kurzen Frist zwar nur ein geringer Einfluß auf Außenhandelsströme zu erwarten. Jedoch sollte sich ein signifikanterer kurzfristiger negativer Einfluß auf Investitionen einstellen. Auch sei ein gleichgerichteter Einfluß auf die Arbeitslosigkeit bzw. die Beschäftigung zu vermuten, da Investitionen eine wichtige Komponente gesamtwirtschaftlicher Nachfrage und der Produktionskapazität sind. Darüber hinaus entspreche die *Einstellung neuer Arbeitskräfte* in den meisten kontinentalen EU-Volkswirtschaften *ebenfalls einer Investition*, da typischerweise hohe (Desinvestitions-) Kosten eingegangen werden müßten, um diese Entscheidung zu revidieren. Dies sei ein zusätzlicher Grund (unabhängig von dem Nachfrageeffekt), warum die Variabilität von Wechselkursen die Arbeitslosigkeit bzw. die Beschäftigung beeinflussen sollte.

In Abschnitt 6.5 wurde die empirische Relevanz der zuvor abgeleiteten Modelle zunächst nur für Westdeutschland als Pilotstudie für die im weiteren Verlauf durchzuführenden Tests für die Gesamtheit der EU-Volkswirtschaften getestet. Diese Untersuchung wurde nicht zuletzt deshalb vorgeschaltet, um systematische Probleme dieses erstmalig durchgeführten Testansatzes zu verdeutlichen und frühzeitig einer Lösung zuzuführen. Zu diesem Zweck wurden ausführliche empirische Untersuchungen angestellt. In Abschnitt 6.5.1 wurden einfache zeitreihenanalytische Kausalitätstests (VARs) durchgeführt, wobei die betreffenden Variablen ausschließlich in ersten Differenzen formuliert wurden. In Abschnitt 6.5.2 wurde die Signifikanz der Relation zwischen der Intra-ERM-Wechselkursvolatilität und dem westdeutschen Arbeitsmarkt unter der Berücksichtigung von 'Common Long-Term Trends' und Strukturbrüchen empirisch evaluiert. Hierbei wurden neuere Kointegrationstechniken verwendet. In dem Abschnitt 6.6 wurden umfangreiche empirische Tests des in Abschnitt 6.3 entwickelten Modells *für alle 12 EU-Mitglieder* (Stand 1994, ohne Luxemburg) vorbereitet, durchgeführt und ausgewertet. Der Abschnitt 6.6.1 erklärte und rechtfertigte das verwendete Maß der Wechselkursvariabilität vor dem Hintergrund der in Abschnitt 6.1 bereits hervorgehobenen Probleme bei der Auswahl eines adäquaten Indikators der Wechselkursunsicherheit. Der Abschnitt 6.6.2 wertete die Resultate einfacher zeitreihenanalytischer Kausalitätstests aus. In Abschnitt 6.6.3 wurde systematisch geprüft, ob sich die zuvor erzielten Ergebnisse als robust gegenüber einigen alternativen Erklärungen und gegenüber einer alternativen Schätzprozedur erweisen. Es wurde empirisch getestet, ob die Resultate unter der expliziten Berücksichtigung von wirtschaftspolitischen Instrumenten (z.B. des Zinssatzes) und von zyklischen Variablen (z.B. des BIP-Wachstums), die ebenfalls die Variabilität von Wechselkursen potentiell beeinflussen können, erhalten blieben. Der Abschnitt 6.7 kam zu einigen Schlußfolgerungen aus den hier erzielten Ergebnissen. Er befaßte sich auch mit der inhaltlichen Bedeutung der in Kapitel 6 erzielten und im Rahmen dieser Arbeit zentralen Resultate für die Debatte um die Funktionsfähigkeit der Arbeitsmärkte innerhalb der EWU.

In Abschnitt 6.5.1 wurde als Ergebnis gewonnen, daß die intra-europäische Wechselkursvariabilität der DM in dem Zeitraum vor der EWU einen *statistisch signifikanten* und *ökonomisch nicht vernachlässigbaren* positiven (negativen) Einfluß auf die westdeutsche Arbeitslosigkeit (Beschäftigung) ausübte. Der Einfluß der Dollar-Variabilität erwies sich als weniger stark. Robustheitstests zeigten, daß die Variabilität nicht lediglich das Niveau des realen effektiven Wechselkurses repräsentierte und daß die Resultate unter gleichzeitiger Berücksichtigung des Zinssatzes als einer Politikvariable, der ebenfalls einen Einfluß auf die Wechselkursvariabilität haben könnte, ihre Gültigkeit behielten. Eine ebenfalls für den westdeutschen Arbeitsmarkt angefertigte detailliertere Studie eines Fehlerkorrekturmodells in Abschnitt 6.5.2 *bestätigte* die Existenz einer kurzfristigen und einer langfristigen Beziehung zwischen der Variabilität der DM und der Beschäftigung im verarbeitenden Gewerbe für den Zeitraum vor der EWU.

Die in Abschnitt 6.6 erzielten Ergebnisse deuteten an, daß die *Intra-ERM-Wechselkursvolatilität* in den meisten EU-Mitgliedsländern (einschließlich Deutschlands und Frankreichs) einen *statistisch bedeutsamen* positiven Einfluß auf die Arbeitslosigkeit und einen negativen Effekt auf die Beschäftigung und die heimische Investitionsaktivität aufwies. Dies galt sowohl für kurz- als auch für langfristige Effekte der kurzfristigen Volatilität. *Investitionen* wurde im Rahmen des Transmissionsprozesses von der Wechselkursvolatilität auf die Arbeitsmärkten aufgrund dieser doch recht eindeutigen Ergebnisse die dominierende Rolle zugerechnet. Dies konnte mit der Bedeutung des 'pricing-to-market'-Verhaltens europäischer Exporteure auch theoretisch begründet werden. Die Evidenz war etwas weniger konsistent in bezug auf die bilaterale Dollarvariabilität der EU-Währungen. Robustheitstests zeigten, daß dieses Resultat in der Gegenwart von Politikinstrumenten (z.B. des Niveaus des effektiven realen Wechselkurses und der 'Zinsstrukturkurve') und zyklischen Variablen (z.B. BIP-Wachstum), die ebenfalls einen Einfluß auf die Wechselkursvariabilität haben können, Bestand hat. Eine *umgekehrte Kausalität*, d.h. eine empirische Beeinflussung der Wechselkursvolatilität durch die oben genannten Fundamentalvariablen, konnte auf den üblichen Signifikanzniveaus klar abgelehnt werden. Abschließend wurde betont, daß das zuvor in Abschnitt 6.3 abgeleitete einfache Modell des 'Optionswerts des Wartens' das zentrale empirische Ergebnis dieses Kapitels erklären kann, nämlich daß selbst kurzfristige Ausschläge der Wechselkursvolatilität einen bedeutsamen signifikanten Einfluß auf die inländische Investitionstätigkeit und die Beschäftigung haben.

Das aus Gründen einer besseren Anschaulichkeit zunächst relativ einfach gehaltene Modell des 'Optionswerts des Wartens' in Abschnitt 6.3 wurde hinsichtlich seiner Aussagefähigkeit in bezug auf die *makro*ökonomische Beschäftigung und die *Persistenz*eigenschaften in den Kapiteln 7 und 8 weiter ausgebaut. In diesen Kapiteln wurde eine explizitere Mikrofundierung sowie eine Methode zur Aggregation der identifizierten mikroökonomischen Effekte der Wechselkursvolatilität herausgearbeitet. In Kapitel 7 wurde wie folgt vorgegangen. Nach einer kurzen Positionierung des siebten Kapitels in den Aufbau der Arbeit (Abschnitt 7.1.) wurde in Abschnitt 7.2 ein mikroökonomisch fundiertes Basismodell hergeleitet. In Abschnitt 7.3 wurde dieses Modell angewendet, um Hysteresis in der Beschäftigung, die auf versunkenen Einstellungs- und Entlassungskosten beruht, unter Sicherheit über die zukünftige Entwicklung der Wechselkurse zu beschreiben. Es wurde ein Mechanismus abgeleitet, der ein 'Inaktivitäts-Band' involviert. Es wurde argumentiert, daß dieses Band möglicherweise einen 'schwächeren' Zusammenhang zwischen der Beschäftigung und ihren Determinanten begründen könne. Dieses Modell wurde in Abschnitt 7.4 um eine einmalig auftretende Wechselkursunsicherheit (d.h. eine einmalige stochastische Änderung des Wechselkurses in einer Periode) modifiziert. In der Folge von Optionspreiseffekten wurde das Inaktivitäts-Band, das eine 'schwächere' funktionale Beziehung zwischen der Höhe der Beschäftigung und ihrer Determinanten bewirkte, ausgeweitet. Folglich wurden die Hysteresis-Effekte durch die Wechselkursunsicherheit verstärkt. Als eine Erweiterung des Modells wurde in Abschnitt 7.5 auch eine permanentere Unsicherheit, d.h. eine stochastische Änderung in *zwei* Perioden, analysiert.

Um die quantitative Bedeutung der Hysteresis-Effekte bei Sicherheit und Unsicherheit zu verdeutlichen, wurden in Abschnitt 7.6. einige numerische Beispiele berechnet. In Abschnitt 7.7 erfolgte ein Zwischenfazit. Hierin wurde betont, daß die Beziehung (einschließlich der qualitativen Eigenschaften des Inaktivitätsbandes) zwischen der Beschäftigung und *allen* ihren Determinanten (z.B. der Löhne) durch die Unsicherheit beeinflußt wird. Deshalb sind die realwirtschaftlichen Effekte, die durch 'versunkene' Kosten und Unsicherheit induziert werden, noch viel *facettenreicher* als in diesem Kapitel 7 dargestellt. Hier sind lediglich Schwellenwerte *für Wechselkurse* berechnet worden, während die übrigen Bestimmungsfaktoren der Beschäftigung konstant gehalten wurden. Das zuvor hergeleitete Modell weist jedoch im Rahmen der Themenstellung eine breitere Anwendbarkeit auf. Beispielsweise können ähnliche Verfahren wie in diesem Kapitel angewendet und volatilitätsabhängige Schwellenwerte für die Löhne berechnet werden, um einen Beitrag zur Diskussion um die Höhe vollbeschäftigungskonformer Lohnabschlüsse innerhalb und außerhalb der EWU zu leisten. Darüber hinaus ist eine zusätzliche Anwendung auf die Berechnung von volatilitätsabhängigen Schwellenwerten für das BIP als wichtiger Determinante der Arbeitsnachfrage denkbar. Dies würde einen aktuellen Beitrag zur Debatte um die Höhe der Beschäftigungsschwelle des BIP-Wachstums innerhalb und außerhalb der EWU darstellen.

Zusammengefaßt lautete die zentrale Botschaft dieses Kapitels, daß sich die Beschäftigung in der realen Welt *weniger sensitiv* gegenüber Änderungen des Wechselkurses, der Auslandspreise, der Löhne und der Produktivität verhält, als in vielen Modellen der Arbeitsnachfrage bisher angenommen wurde. Dies kann auf den Einfluß von Unsicherheit über die Wechselkursentwicklung zurückgeführt werden.

In Kapitel 8 wurde untersucht, ob eine Extrapolation der in diesem Kapitel erzielten mikroökonomischen Modellergebnisse auf die makroökonomische Ebene gerechtfertigt ist. In diesem Kapitel wurde erstmals theoretisch beschrieben, daß bei Unsicherheit die in Kapitel 7 identifizierten Bereiche der Nichtreaktion *auch auf der Makro-Ebene* zu berücksichtigen sind. Folglich werden *Ähnlichkeiten* der Makrorelationen ('Play') zum Mikroverhalten ('Inaktivitäts-Band') durch Wechselkurs-Unsicherheit noch stärker ausgeprägt. Ein wichtiges Resultat dieses Kapitels 8 bestand darin, daß sich aus kleinen Änderungen der erklärenden Arbeitsmarktvariablen ('forcing variables', vgl. Kapitel 9) *nicht* notwendigerweise persistierende aggregierte Beschäftigungseffekte ergeben, soweit die Änderungen innerhalb des durch die Volatilität in seiner Breite bestimmten 'Play'-Bereichs stattfinden. Sobald jedoch Änderungen über den 'Play'-Bereich hinaus auftreten, finden *plötzlich starke Reaktionen* (und Persistenzeffekte) statt. Durch diesen Aggregationsansatz für heterogene Unternehmen ist man in der Lage, die 'Spurts', die häufig in bezug auf aggregierte Beschäftigungs-, Entlassungsentscheidungen bzw. Investitions- oder Desinvestitionsentscheidungen beobachtet werden können, formal zu erfassen und durch das Ausmaß der Wechselkursvolatilität zu erklären.

Das Kapitel 8 wurde inhaltlich in zwei Hauptteile aufgeteilt. Der erste stark modelltheoretisch orientierte Hauptteil beinhaltete die Abschnitte 8.1 bis 8.4 In Abschnitt 8.1 erfolgten zunächst einleitende Ausführungen. In Abschnitt 8.2 wurde anschließend, ausgehend von dem in den Abschnitten 7.2 und 7.3 hergeleiteten Basismodell der Beschäftigungs-Hysteresis unter Sicherheit, ein Aggregationsansatz unter Sicherheit abgeleitet. Die in diesem Abschnitt zu lösende Fragestellung lautete, ob die in den Abschnitten 7.2 und 7.3 identifizierten mikroökonomischen Effekte *auch auf der makroökonomischen Ebene* ihre Entsprechung finden. Es wurden diesbezüglich eindeutige formale Aussagen abgeleitet. Im Gegensatz zur Mikro-Ebene, auf der erst bestimmte Schwellenwerte passiert werden müssen, um persistente Effekte zu bewirken (Kap. 7), können auf der Makroebene bereits geringe Änderungen des Wechselkurses zu andauernden realwirtschaftlichen Effekten auf Arbeitsmärkten führen. Das Aggregationsproblem für die gesamtwirtschaftliche Arbeitslosigkeit *unter Unsicherheit* wurde anschließend in Abschnitt 8.3 gelöst. Dabei wurden schwerpunktmäßig die Einflüsse der Wechselkursunsicherheit auf die Beziehung zwischen *makroökonomischen* Arbeitsmarktvariablen untersucht. Es konnte gezeigt werden, daß bei Unsicherheit auch auf der makroökonomischen Ebene Bereiche 'schwacher Reaktion' -sogenannte 'Play'-Bereiche- auftreten. Darüber hinaus ist die Breite des 'Play'-Bereichs eine positive Funktion des Grades der Unsicherheit. Falls Änderungen der erklärenden Variablen (wie beispielsweise des Wechselkurses) über den 'Play'-Bereich hinausgehen, ereignen sich plötzlich starke Reaktionen ('spurts') der Beschäftigung. Folglich werden Ähnlichkeiten der Makro-Relationen ('play') mit dem Mikroverhalten ('band of inaction') durch Unsicherheit noch pointiert. Der Abschnitt 8.4 gab einen Überblick über die wichtigsten theoretischen Implikationen der Aggregationsmethode sowie die hieraus ableitbaren möglichen makroökonomischen Arbeitsmarkteffekte der EWU. Insbesondere wurde betont, daß die Ergebnisse der Kapitel 7 und 8 die in Kapitel 6 vorgenommene Analyse und Interpretation möglicher Arbeitsmarkteffekte der EWU in einer sehr subtilen und im folgenden kurz beschriebenen Weise bestätigten.

Unter der Annahme einer Netto-Reduktion der Wechselkursvolatilität in der EWU (diese Annahme wurde in Abschnittt 6.7 genauer analysiert) wurde nämlich die Notwendigkeit aufgezeigt, die Beschäftigungseffekte der EWU genauer zu differenzieren. Die Verringerung der Wechselkurs-Unsicherheit werde zu einer Kontraktion des Inaktivitätsbands führen. Sie verringere auf diese Weise die Schwellenwechselkurse für die Einstellung von Arbeitskräften, erhöhe jedoch gleichzeitig die Schwellenwechselkurse für die Entlassung. Beschäftigungszuwächse, die aus der EWU resultierten, beschränkten sich aus dieser Sicht möglicherweise auf Unternehmen (Branchen, Länder), die durch eine Ausgangslage mit zusätzlichen Beschäftigungspotentialen nahe dem 'entry trigger' charakterisiert seien. In diesem Fall führe eine Verringerung des 'entry trigger' tendenziell zu zusätzlichen Einstellungen. Im Gegensatz hierzu würden Unternehmen (Branchen, Länder), die bereits vorher zu Entlassungen tendierten, tatsächlich einen Teil ihrer Belegschaft entlassen, da der 'exit trigger' angestiegen ist. Als eine Konsequenz hieraus werde der *Strukturwandel in der Euroregion* durch den in diesem Kapitel aufgedeckten Arbeitsmarkt-Mechanismus tendenziell *forciert*. Extrapoliere man die in Kapitel 7 erzielten mikroökonomischen Modellergebnisse gemäß den Ergebnissen dieses Kapitels 8 auf die Makroebene, dürften Länder mit gegenwärtiger Tendenz zu weiteren Rückgängen der Beschäftigung in der EWU ceteris paribus mit einem Anstieg der Beschäftigungsreduktion konfrontiert werden. Auf der anderen Seite dürften Volkswirtschaften mit sich bereits erholenden Arbeitsmärkten in der EWU ceteris paribus weitere Beschäftigungszuwächse erwarten.

Der zweite Hauptteil des Kapitels 8 war sowohl modelltheoretisch als auch ökonometrisch ausgerichtet. In Abschnitt 8.5 wurde die zuvor detailliert abgeleitete makroökonomische *nichtlineare* Dynamik nach einigen einleitenden Bemerkungen (Abschnitt 8.5.1) in *linearer* Weise vereinfacht erfaßt. Es wurde dann zunächst in Abschnitt 8.5.2 eine lineare Approximation der makroökonomischen Unsicherheitseinflüsse auf die Beschäftigung vorgenommen. Hieran anknüpfend wurde in Abschnitt 8.5.3 ein *neuer Algorithmus* entwickelt, welcher die lineare 'Play'-Hysteresis beschreibt. Anschließend wurde dieser Algorithmus in Abschnitt 8.5.4 zu Schätz- und Testzwecken in einen Regressionsansatz implementiert. Auch wurden die Eigenschaften dieses Regressionsmodells erläutert. In Abschnitt 8.5.5 findet sich ein *Beispiel* einer *empirischen Anwendung* des Algorithmus. Es wurden zu diesem Zweck die Einflüsse des Wechselkurses auf die westdeutsche Beschäftigung unter Berücksichtigung von 'Play'-Effekten analysiert. Es stellte sich in bezug auf die westdeutsche Arbeitsnachfrage heraus, daß das nichtlineare Modell einschließlich 'play' zu einer besseren Anpassungsgüte an die Daten führte als das standardmäßige lineare Modell. Darüber hinaus gelang es, die Schätzgüte des Modells durch die zusätzliche Berücksichtigung von Unsicherheitseffekten auf die 'Play'-Bereiche schwacher Reaktion noch weiter zu erhöhen. Somit konnten die Implikationen des in Abschnitt 8.3. entwickelten makroökonomischen Modells in bezug auf die Dynamik der aggregierten Beschäftigungsnachfrage bei Wechselkursunsicherheit empirisch bestätigt werden. Der Abschnitt 8.6 beschloß die Ausführungen des Kapitels 8 mit einigen Anmerkungen zur Relevanz der hier erzielten neuartigen Modellergebnisse.

In Kapitel 9 wurden die in Kapitel 6 bis 8 in bezug auf den Einfluß der Wechselkursunsicherheit auf Arbeitsmärkte erzielten Ergebnisse empirisch genauer hinterfragt. Dabei wurden, erwachsend aus der bereits angedeuteten möglichen Kritik an den in den Abschnitten 6.5, 6.6 und 8.5.5 verwendeten Schätzverfahren *neuere Techniken der Zeitreihenanalyse* genutzt und stellvertretend wiederum auf den westdeutschen Arbeitsmarkt angewendet. Dabei wurde so vorgegangen, daß nach einer kurzen Einführung (Abschnitt 9.1) die in den vorhergehenden Kapiteln abgeleiteten konkurrierenden Modelle zum Einfluß der Wechselkursbewegungen (erstes und zweites statistisches Moment) in Abschnitt 9.2 kurz vergleichend systematisiert wurden. Diese konkurrierenden Modelle wurden in zu testende Hypothesen transformiert, indem sie als spezifische Restriktionen des empirischen Arbeitsnachfragemodells formuliert wurden. Im verbleibenden Teil des Kapitels 9 folgten empirische Tests dieser Hypothesen am Beispiel des westdeutschen

Arbeitsmarktes. In Abschnitt 9.3 wurde zu diesem Zweck zunächst die Existenz von langfristigen Beziehungen in Abhängigkeit von den verschiedenen Restriktionen empirisch getestet. Dabei kamen sowohl der Ansatz von Pesaran, Shin, Smith (1996) (Abschnitt 9.3.1) als auch der Johansen-Systemansatz (Abschnitte 9.3.2 und 9.3.3) zur Anwendung.

In Abschnitt 9.4 erfolgte schließlich eine empirische Anwendung des ARDL-Ansatzes auf die Kointegrationsanalyse. Zu diesem Zweck wurden *Schätzungen der Langfristkoeffizienten* und des assoziierten *Fehlerkorrekturmodells* für den westdeutschen Arbeitsmarkt durchgeführt. Es wurden hiermit die Existenz einer *langfristigen* Arbeitsmarktbeziehung für eine offene Volkswirtschaft und die Relevanz *kurzfristiger Abweichungen hiervon* als treibender Kräfte von kurzfristigen Bewegungen der Beschäftigungszeitreihe explizit berücksichtigt. In Abschnitt 9.5 wurde die dynamische Prognosegüte der geschätzten ARDL-Modelle für die Wachstumsrate der westdeutschen Beschäftigung überprüft. Der Abschnitt 9.6 beinhaltete Schlußfolgerungen und Implikationen für die Debatte um die Arbeitsmarktwirkungen der Wechselkursunsicherheit.

Eine der wichtigsten Politikimplikationen der empirischen Ergebnisse dieses Kapitels 9 ähnelte einer wichtigen Schlußfolgerung aus den in Kapitel 6 erzielten Resultaten. Sie bestand darin, daß die *Unterdrückung der kurzfristigen Wechselkursvolatilität* (was auch immer sie 'kosten' mag) einen *substantiellen partiellen realwirtschaftlichen Nutzen* für den westdeutschen Arbeitsmarkt mit sich bringen dürfte. Denn die Intra-OECD-Wechselkursvariabilität hatte einen statistisch signifikanten und ökonomisch nicht vernachlässigbaren negativen Einfluß auf die westdeutsche Beschäftigung. Dieses deutliche Resultat wurde als die logische Folge eines wohlbekannten 'stilisierten Faktums' der westeuropäischen (kontinentalen) Arbeitsmarktentwicklung interpretiert. Da eine *Beschäftigungsentscheidung* wie eine Investitionsentscheidung einen gewissen Grad an *Irreversibilität* aufweist, wird sie durch die kurzfristige Wechselkursvariabilität -wie in den Kapiteln 6, 7 und 8 theoretisch ausführlich gezeigt- in ihrem *Ausmaß* und auch hinsichtlich ihres *Timings* beeinträchtigt. Wie durch den signifikanten negativen Einfluß der Wechselkursvolatilität im I(0)-Teil und dem I(1)-Teil des Fehlerkorrekturmodells deutlich wurde, können *kurzfristige* Änderungen der Wechselkursvolatilität -zusätzlich zu *permanenten* Auswirkungen- auch einen *temporären* Einfluß auf die Beschäftigung haben. Dies wurde beispielsweise in den Kapiteln 7 und 8 auf theoretische Weise in dem Modell des 'Optionswert des Wartens' nahegelegt. Bei der Interpretation der Ergebnisse wurden aus Gründen der Ausgewogenheit auch die potentiellen Einwände, die bereits im letzten Abschnitt des Kapitels 6 diskutiert wurden, angeführt.

Erstens müsse die *Vorläufigkeit* der hier in Kapitel 9 erzielten Ergebnisse anerkannt werden. Dies gelte nicht zuletzt deshalb, *weil die hier näher untersuchten Fragen auf diese Weise in der bisherigen Literatur überhaupt nicht gestellt wurden.* Die beschränkte Zahl der Beobachtungen, die sich in Kapitel 6 noch aus dem strikt modelltheoretisch begründeten Zwang zur Verwendung von Jahresdaten ergaben, böten nun jedoch keinen Anlaß mehr, in bezug auf die im Rahmen der vorliegenden Arbeit erzielten empirischen Ergebnisse übermäßig zurückhaltend zu sein. Der Grund hierfür sei, daß die in diesem Kapitel verwendete Prozedur im Gegensatz zu Kapitel 6 die Verwendung von Quartalsdaten zulasse. Darüber hinaus sei die Prozedur nachweislich *robust gegenüber der Verwendung kleiner Stichproben* und der Unsicherheit über die Integrationsordnung der in der Spezifikation verwendeten Variablen.

Das in Kapitel 6 mehrfach ins Spiel gebrachte Argument, daß die Wechselkursvariabilität lediglich einen Ausdruck von Bewegungen des Niveaus des Wechselkurses darstelle und daß diese *Änderungen des Niveaus des Wechselkurses* die (Unter-) Beschäftigung determinierten, war wie zuvor schon in den Kapiteln 6 und 8 auch in Kapitel 9 *nicht mit den empirischen Fakten kompatibel.* Das Niveau des Wechselkurses wies im Rahmen der ausführlichen zeitreihenanalytischen Untersuchungen dieses Kapitels nämlich nicht immer denselben signifikanten Einfluß wie die Wechselkursunsicherheit auf. Da das Maß der Intra-OECD-Wechselkursvariabilität in der Mehrheit der Fälle selbst dann signifikant blieb, wenn das Niveau des Wechselkurses als zusätzliche Variable in den Ansatz aufgenommen wurde (oder sogar signifikanter als letztere war, falls sie das Niveau des Wechselkurses ersetzte), legte wie schon die in den Kapiteln 6 und 8 erzielte Evidenz nahe, daß eine *unabhängige Komponente* der Intra-OECD-Wechselkursvariabilität identifiziert werden konnte, die einen separaten realwirtschaftlichen Einfluß aufweist. Dieser Aspekt der erzielten Resultate deckte sich gut mit den signifikanten Ergebnissen im Rahmen dieses Kapitels, die auf Kointegrationstests basierten und in denen die Exogenität der Wechselkursvariabilität explizit als Restriktion uferlegt wurde. Kointegration wurde dabei angezeigt, sobald die Eigenschaft der Exogenität (einzig) der Wechselkursvolatilität zugewiesen wurde.

Die in diesem Kapitel erzielten *signifikanten* Ergebnisse in bezug auf den Einfluß der Wechselkursunsicherheit auf die Beschäftigung kamen wiederum *nicht allzu überraschend.* Es konnte durchaus erwartet werden, daß die Wechselkursvariabilität einen stärkeren Einfluß auf die Beschäftigung als auf die gegenwärtige Produktion und/oder gegenwärtige Exporte hat. In Kapitel 6 wurde betont, daß letztere bereits *durch Änderungen der Intensität der Nutzung* des Produktionsfaktors Arbeit angepaßt werden können. Irreversibilitäten der 'Errichtungskosten' seien somit keine bedeutsame Determinante für die Produktion, die innerhalb von Wochen oder Tagen abgesetzt werden kann. Sie stellen jedoch einen zentralen Aspekt bei Entscheidungen mit längerfristigerem Charakter, wie z.B. in Sachkapital zu investieren oder zusätzliche Arbeitnehmer einzustellen, dar. Aus dieser Sicht bestätigten die Untersuchungen in den Kapiteln 7 bis 9 die in Kapitel 6 begründete zentrale Aussage der vorliegenden Arbeit, daß die *Abwesenheit einer Beziehung zwischen der Wechselkursvariabilität und dem Außenhandel* (Abschnitt 6.1.2) im allgemeinen *nicht* als Motiv verwendet werden sollte, a priori abzulehnen, daß die Wechselkursvariabilität *trotzdem einen signifikanten Einfluß auf die Investitionen und die Arbeitsmarkt-Performance* aufweisen kann. Die Schätzergebnisse dieses Kapitels verdichteten den bereits in den Kapiteln 6 bis 8 zunehmend gewonnenen Eindruck, daß dieser Einfluß in den meisten Fällen *negativ* ist. Insofern ergaben die empirischen Untersuchungen in den Kapiteln 6 bis 9 ein überraschend *einheitliches* Bild.

Die empirischen Resultate dieses Kapitels stützten hauptsächlich *zwei* der in Abschnitt 9.2 unterschiedenen *Modelle*. Das erste Modell war *Modell C*, das die traditionelle Sicht, daß das Niveau des Wechselkurses einen gleichgewichtsfördernden Einfluß auf die kurz- und langfristige Entwicklung der Beschäftigung hat, mit der Sichtweise der Kapitel 7 und 8 kombinierte, daß die Volatilität unabhängig vom Zeithorizont einen die Gleichgewichtsanpassung verzögernden Einfluß auf Arbeitsmärkte aufweist. Als das zweite Modell der Wahl stellte sich das *Modell D* heraus, das den Kern des in Kapitel 6 entwickelten Modells beinhaltete: die Volatilität des Wechselkurses *statt des Niveaus* des Wechselkurses determiniert die Beschäftigung in der kurzen und in der langen Frist negativ.

In Kapitel 6 wurde schon ausgedrückt, daß es nicht möglich sein dürfte, ohne jeden verbleibenden Zweifel zu konstatieren, daß die Wechselkursvariabilität nicht den Einfluß einer anderen Makro-Variablen (wie z.B. das Niveau des Wechselkurses, das BIP-Wachstum, das Niveau des Reallohns und das Niveau des Ölpreises) darstellt. Dieser mögliche Einwand wurde in Kapitel 9 explizit entkräftet. Das Hauptresultat des ersten Hauptteils dieses Kapitels war nämlich, daß die Relation zwischen der Wechselkursvolatilität und der Beschäftigung in bezug auf Westdeutschland wohl eine *Einweg-Beziehung* von ersterer zu letzterer darstellt. Die Wechselkursvolatilität und die anderen Variablen wurden deshalb als 'forcing variables' der Beschäftigung bezeichnet.

Das Ausmaß, in dem die zuvor in Kapitel 6 erzielten Ergebnisse in diesem Kapitel 9 der Verwendung anspruchsvollerer Schätztechniken und der Verwendung von Quartalsdaten standhielten, ermutigt natürlich dazu, Forschungen zum Zusammenhang zwischen der Wechselkursvolatilität und der Arbeitsmarkt-Performance auf dem in der vorliegenden Arbeit neu eingeschlagenen Weg weiter zu beschreiten. Denn die in Kapitel 6 erzielten Ergebnisse wurden nicht nur explizit in der Literatur (vgl. genauer Kapitel 6), sondern auch in Kapitel 9 für Deutschland in eindrucksvoller Weise bestätigt. Der in diesem Kapitel verwendete Ansatz konnte im Rahmen dieser Arbeit aus Platzgründen jedoch zunächst nur für Deutschland verfolgt werden. Eine Anwendung dieses Ansatzes auf weitere Industrieländer erscheint jedoch vielversprechend.

Insgesamt gesehen scheint die größte Herausforderung für zukünftige Forschungen darin zu liegen, die *Details des Transmissionskanals des Einflusses der Wechselkursunsicherheit auf Arbeitsmärkte* theoretisch genauer zu identifizieren. Weitere empirische Arbeiten wären anzuschließen, die einen entsprechenden Fortschritt in der ökonomischen Theoriebildung nutzen könnten, indem sie ihn den empirischen Modellen als Beschränkung auferlegt, um die Langfristbeziehungen exakt zu identifizieren. Erste Schritte in diese Richtung wurden bereits in den Kapiteln 6 bis 9 unternommen. Aufgrund der Beschränktheit der Zahl an Untersuchungen auf diesem Gebiet könnte es jedoch voraussichtlich noch einige Zeit dauern, bis allgemein akzeptierte Aussagen zur Thematik dieser Arbeit vorliegen.

Die im Rahmen der vorliegenden Arbeit erzielten theoretischen und empirischen Ergebnisse führen erstens zu neuen und erheblichen Implikationen für die theoretische Modellierung der makroökonomischen Arbeitsmarktdynamik unter Unsicherheit (Belke, Göcke (1999)). Zweitens bieten sie Anlaß für weitere empirische Überprüfungen der überraschend robusten Testergebnisse zum Einfluß der kurzfristigen Wechselkursunsicherheit und externer Schocks auf EU-Arbeitsmärkte (als eine erste Folgestudie vgl. Müller, Buscher (1999)). Derartige Tests wurden bisher in der Literatur nicht durchgeführt. Drittens bergen sie durchaus auch signifikante und teilweise sogar brisante *wirtschaftspolitische Implikationen*. Dies soll im folgenden an einem praktischen Anwendungsbeispiel verdeutlicht werden.[1]

Die Schaffung eines einheitlichen Währungsraumes durch die Elimination der nationalen Währungen bedeutet den Verzicht auf die Veränderung des nominalen Wechselkurses und dessen Anpassungs- und Informationsfunktion. Einige Kommentatoren und Politiker (insbesondere aus Großbritannien und den USA) sagen vor diesem Hintergrund voraus, daß die Europäische Währungsunion (EWU) nicht dauerhaft tragfähig sein werde. Sie sei konzeptuell nicht darauf vorbereitet, ökonomische Schocks zu verarbeiten, die nur wenige oder einzelne der Teilnehmerländer treffen. Da die EWU seit dem 1. Januar 1999 mit elf Teilnehmerländern bereits gestartet sei, müßten die diese Prognosen eines 'doom and gloom' (Belke (1999), Belke, Gros (1998)) nun gründlich geprüft werden. Aus diesem Grund befaßt sich insbesondere auch ein von Metten (1998) vorgelegter neuerer Bericht für das Europäischen Parlament (EP) mit den folgenden drängenden Fragen: Steigt oder fällt die Wahrscheinlichkeit asymmetrischer Schocks im Fahrwasser der EWU? Wie groß ist die Wahrscheinlichkeit asymmetrischer Schocks? Was kann getan werden, um asymmetrischen Schocks vorzubeugen? Stehen genügend Mittel und Mechanismen zur Verfügung, um mögliche asymmetrische Schocks zu absorbieren? Falls nicht, welche neuen Mechanismen sind notwendig? Alle diese Fragen sind für die Ermittlung des Bedarfs an finanzpolitischen Anpassungsmechanismen in der EWU von großer Bedeutung, da sie im Kern die *Durchhaltbarkeit* und die *Lebensdauer des EWU-Projektes* betreffen (Belke (1999)).

Folgt man der Logik des Berichts, lautet die zentrale Frage nunmehr: Können einzelne Volkswirtschaften Schocks absorbieren, wenn Budgetdefizite signifikant oberhalb ihres Gleichgewichtsniveaus liegen (besonders in der kurzen Frist und in größeren Mitgliedsländern)? Der Bericht antwortet hierauf implizit mit einem deutlichen *Nein*, da das EWU-Vertragswerk aus seiner Sicht den potentiellen Konflikt zwischen der Effektivität der automatischen Stabilisatoren und dem Stabilitätspakt bereits antizipiert habe. Art. 103a des EU-Vertrags ermögliche aber prinzipiell die Einrichtung eines *Sta-*

---

[1] Die Implikationen für die Kosten-Nutzen-Analyse der EWU sind relativ eindeutig und wurden im Rahmen dieser Arbeit detailliert herausgearbeitet. Sollten die hier erzielten Ergebnisse auch für weitere Länder empirisch bestätigt werden, würden sich auch Implikationen für die " ... desirability of floating exchange rates in general and the role of the Fund in the global monetary system ..." (Belke, Gros (1998)) ergeben. Vgl. auch dies. (2000a).

bilisierungsfonds zur Bekämpfung länderspezifischer Schocks. Sei ein Mitgliedstaat aufgrund außergewöhnlicher Ereignisse, die sich seiner Kontrolle entziehen, von Schwierigkeiten betroffen oder von gravierenden Schwierigkeiten ernstlich bedroht, so könne der Rat einstimmig auf Vorschlag der Kommission beschließen, dem betreffenden Mitgliedstaat unter bestimmten Bedingungen einen finanziellen Beistand der Gemeinschaft zu gewähren. Seien die gravierenden Schwierigkeiten auf Naturkatastrophen zurückzuführen, so beschließe der Rat sogar nur mit qualifizierter Mehrheit.

Der Bericht betont, daß ein *Stabilisierungsfonds* zur Bekämpfung länderspezifischer Schocks auf Vorschlag der Kommission eingerichtet werden könne. Er verlangt daher mit hoher Dringlichkeit, daß die Kommission schnell einen Ausgestaltungsvorschlag für einen derartigen Fonds ausarbeiten und vorlegen müsse, da die Bereitstellung der notwendigen Rechtsgrundlage durch den Beginn der EWU (zum Zeitpunkt der Abfassung des Berichts) unmittelbar bevorstehe. Der Bericht reklamiert dabei, daß ein Stabilisierungsfonds um so eher wie ein '*safety net of last resort*' in Situationen absoluter Notwendigkeit funktioniere, je mehr die Haushalte der Mitgliedsländer ihre Gleichgewichtswerte erreichten. Angesichts der Tatsache, daß in den ersten Jahren der EWU die meisten Budgets immer noch weit von ihrem Gleichgewichtsniveau entfernt sein werden, erweise sich die 'safety net'-Funktion eines Stabilisierungsfonds in der nahen Zukunft sogar noch unverzichtbarer. Darüber hinaus wird es als unwahrscheinlich bezeichnet, daß die Existenz eines Stabilisierungsfonds die Mitgliedsländer von einem Budgetausgleich abhalte. Das Hauptargument des Berichts besteht darin, daß der Verzicht auf einen Budgetausgleich sich gegen alle Vereinbarungen richte und auch keinesfalls im Interesse der potentiellen Empfängerländer selbst liege. Denn der Rat könne die Beistandskonditionen bezüglich der Makropolitiken beliebig eng definieren. Darüber hinaus bestimme das 'härteste' Mitglied des Rates die Spielregeln, da Einstimmigkeit für die Gewährung von Darlehen (Anleihen) vonnöten sei. Da Empfängerländer bei stringenten Bedingungen Anreizen zu einem schnellstmöglichen Verzicht auf den Beistand unterlägen, könne man den Stabilisierungsfonds als ein *Komplement des Stabilitätspaktes* bezeichnen.

Basierend auf den vorstehenden Überlegungen solle die EU-Kommission nun ohne Verzögerung der Aufforderung des Europäischen Parlaments (niedergelegt in einer früheren Resolution vom 9. April 1997) nachkommen und gemäß Artikel 103a dem Rat und dem Parlament einen Vorschlag für einen Stabilisierungsfonds unterbreiten. Die zentrale Frage, der vom Verfasser im Rahmen einer öffentlichen Stellungnahme im Rahmen des öffentlichen Expertenhearings des 'Subcommittee on Monetary Affairs' des Europäischen Parlaments nachgegangen wurde (Belke (1998c)), lautete: Basieren die Schlußfolgerungen in bezug auf die Notwendigkeit eines Stabilisierungsfonds auf einem soliden theoretischen und empirischen Fundament?

Bei der öffentlichen Beantwortung dieser Frage wurde unter anderem auch auf Ergebnisse der vorliegenden Arbeit zurückgegriffen. Der Bericht wurde evaluiert und um einige wichtige Gesichtspunkte qualifiziert. Es wurde *Skepsis* gegenüber einem *institutionalisierten und groß angelegten Schock-Absorptionsmechanismus* ausgedrückt, der auf nationaler Ebene operiert. Ein Grund außer Public Choice-Argumenten hierfür bestand darin, daß die für Arbeitsmärkte relevanten Schocks in der EWU bis auf weiteres eher auf dem Industrieniveau und auf der *regionalen* Ebene auftreten werden. Darüber hinaus impliziert die endgültige Fixierung der Wechselkurse keinen signifikant höheren Bedarf an Vorbereitungen auf asymmetrische Schocks als vor Beginn der EWU. Der Verfasser bezog sich dabei auf die begründete Prognose der langfristigen Abwesenheit nach Mitgliedsländern differierender Effekte der gemeinsamen Geldpolitik, auf die regionale Dimension asymmetrischer Schocks und auf die eher geringere Bedeutung nach EWU-Mitgliedsländern differierender Effekte der EU-Integration der mittel- und osteuropäischen Volkswirtschaften. Insbesondere wurde aber auf die im Rahmen der vorliegenden Arbeit gefundene eher geringe Relevanz asymmetrischer externer Schocks für die EU-Arbeitslosenraten (Kapitel 5) sowie auf den Wegfall der Intra-ERM-Wechselkurs-volatilität als eine autonome Quelle asymmetrischer Schocks (Kapitel 6) Bezug genommen.

Aus den in Kapitel 5 erzielten konsistenten empirischen Ergebnissen zu den Einflüssen externer Schocks auf EU-Arbeitsmärkte erwachsen nämlich deutliche Implikationen für den oben skizzierten Vorschlag eines EU-Schock-'Absorbers'. Die makroökonomische Wohlfahrt der Mitgliedsländer dürfte durch eine wachsende unfreiwillige Arbeitslosigkeit in der EWU weniger reduziert werden als gemeinhin erwartet, *selbst wenn* diese Länder von asymmetrischen Exportnachfrageschocks getroffen werden sollten. Darüber hinaus werden in der EWU über 60% des Außenhandels der Mitgliedsländer zu 'einheimischen' Transaktionen. Der Außenhandel wird dann nur noch 10 bis 15 % des BIP abdecken (abhängig davon, ob letztlich alle 15 Volkswirtschaften teilnehmen werden). Als eine Konsequenz hieraus wird die '*exposure to external shocks*' der EU-Arbeitsmärkte im Vergleich zu der Empfänglichkeit für externe Schocks in der Vergangenheit *sehr niedrig* ausfallen und Größenordnungen annehmen, die sogar mit der autarkeren U.S.-amerikanischen Volkswirtschaft vergleichbar werden (Tavlas (1997)).

Darüber hinaus wird mit der exzessiven kurzfristigen nominalen Intra-ERM-Wechselkursvolatilität eine weitere Quelle asymmetrischer Schocks durch die EWU eliminiert. Die wichtigste Implikation der in Kapitel 6 durchgeführten umfangreichen Studien für den Vorschlag bezüglich der EU-Schock-'Absorber' lautet: die makroökonomische Wohlfahrt der Mitgliedsländer wird innerhalb der EWU wegen der geringfügig, jedoch signifikant fallenden unfreiwilligen Arbeitslosigkeit ceteris paribus ansteigen, da diese Länder in voraussichtlich geringerem Umfang durch asymmetrische nominale Schocks der Wechselkursvariabilität getroffen werden sollten. Die relativ geringe Bedeutung des Außenhandels für EU-Arbeitsmärkte spricht für eine Geldpolitik des 'benign neglect' im Hinblick auf die Variabilität des Euro im Verhältnis zum US-Dollar. Dies gilt selbst dann, wenn letztere (gegen die Überzeugung vieler Ökonomen) ansteigen sollte, da die Intra-ERM-Variabilität in der EWU unterdrückt wird.

Beide Argumente, die auf Ergebnissen der vorliegenden Arbeit basieren, sprechen tendenziell *gegen die Notwendigkeit eines länderbezogenen Stabilisierungsfonds* und wurden vom Verfasser auch gegen ihn angeführt. Es macht nicht viel Sinn, der Möglichkeit vollständig *politikunabhängiger* und nationenspezifischer Schocks für Arbeitsmärkte in der EWU als einer -wenn auch fernen- Möglichkeit Rechnung zu tragen. *Wirtschaftspolitische* Schocks sind auf der Länderebene hingegen a priori weitaus *relevanter*, da die Politik neben großen Teilen der (z.B. Arbeitsmarkt-) Gesetzgebung bis auf weiteres zunächst national bleibt (Belke (1999b), Bergman (1995)). Aber auch sie rechtfertigen die Schaffung eines Stabilisierungsfonds nicht. Denn nationale Politikschocks sind nicht unvermeidbar und werden durch die EWU eher noch abgeschwächt (Belke, Gros (1998), Fatás (1998), S. 253, Christodoulakis, Dimelis, Kollintzas (1995)). Darüber hinaus liegt mittlerweile hinreichende theoretische und empirische Evidenz dafür vor, daß eine Anpassung der Wechselkurse aus globaler Perspektive nicht zwingend die wünschenswerteste Reaktion auf heimische Politikschocks darstellt (Kapitel 5, Ricci (1997)).

Insgesamt gesehen läßt sich aus der Sicht der vorliegenden Arbeit *keine Notwendigkeit* herleiten, einen elaborierten Mechanismus zu dem Zweck einer Anpassung an in der EWU verstärkt auftretende länderspezifische asymmetrische Schocks neu einzuführen. Die Existenz eines formalen Mechanismus mit Regeln für die Finanzierung würde zudem nahelegen, daß er erfahrungsgemäß *regelmäßig genutzt* und deshalb '*moral hazard*' herbeiführen würde, insofern als Länder mehr Risiken eingehen würden. An diesem Beispiel wurde gezeigt, daß die Ergebnisse der vorliegenden Arbeit in bezug auf den Zusammenhang von Wechselkursschwankungen, dem Außenhandel und der Performance von Arbeitsmärkten gerade im Rahmen der aufkommenden Debatte um die Funktionsfähigkeit der EWU zu neuen und interessanten wirtschaftspolitischen Implikationen führen.

Literatur

Abraham, K.G., Houseman, S.N. (1993): Job Security in America - Lessons from Germany, Brookings Institution, Washington D.C.

Abrams, R.K. (1980): International Trade Flows under Flexible Exchange Rates, Federal Reserve Bank of Kansas City Economic Review, S. 3 - 10.

Aghion, Ph., Blanchard, O.J. (1994): On the Speed of Transition in Central Europe, in: *Fischer, St., Rotemberg, J. (Hrsg.)*, NBER Macroeconomics Annual, Vol. 9, National Bureau of Economic Research.

Aizenman, J., Marion, N.P. (1996): Volatility and the Investment Response, NBER Working Paper No. 5841, November.

Akaike, H. (1974): A New Look at the Statistical Model Identification, in: IEEE Transactions on Automatic Control, Vol. 19, S. 716 - 723.

Akerlof, G., Dickens, W., Perry, G. (1996): The Macroeconomics of Low Inflation, Brookings Papers on Economic Activity, S. 1 - 59.

Akhtar, N.A., Hilton, R.S. (1984): Exchange Rate Uncertainty and International Trade - Some Conceptual Issues and New Estimates for Germany and the United States, Federal Reserve Bank of New York, Research Paper No. 8403, May.

Alesina, A. (1989): Politics and Business Cycles in Industrial Democracies, in: Economic Policy, Vol. 4, S. 55 - 87.

Alesina, A., Rosenthal, H. (1989): Partisan Cycles in Congressional Elections and the Macroeconomy, in: American Political Science Review, Vol. 83, S. 373 - 398.

Allayannis, G., Ofek, E. (1997): Exchange Rate Exposure, Hedging, and the Use of Foreign Currency Derivatives, Paper Presented at the Business Administration Seminar, CentER Tilburg/NL, 12.03.1997.

Alogoskoufis, G.S. u.a. (1995): Unemployment: Choices for Europe, Monitoring European Integration 5, CEPR, London.

Alogoskoufis, G.S., Manning, A. (1988): On the Persistence of Unemployment, in: Economic Policy, Vol. 7, S. 427 - 469.

Alogoskoufis, G.S. (1994): On Inflation, Unemployment, and the Optimal Exchange Rate Regime, in: *van der Ploeg, F.* (Hrsg.), The Handbook of International Macroeconomics, Cambridge, Oxford, S. 192 - 223.

Alogoskoufis, G.S., Smith, R. (1991): The Phillips Curve, the Persistence of Inflation and the Lucas Critique - Evidence from Exchange Rate Regimes, in: American Economic Review, Vol. 81, S. 1254 - 1275.

Amable, B., Henry, J., Lordon, F., Topol, R. (1991): Strong Hysteresis: An Application to Foreign Trade, in: OFCE Working Paper / Document de Travail No. 9103, Observatoire Français des Conjonctures Economiques, Paris.

Amable, B., Henry, J., Lordon, F., Topol, R. (1992): Hysteresis: What It Is and What It Is Not, in: OFCE Working Paper / Document de Travail No. 9216, Observatoire Français des Conjonctures Economiques, Paris.

Amable, B., Henry, J., Lordon, F., Topol, R. (1993): Unit-Root-Hysteresis in the Wage-Price Spiral Is Not Hysteresis in Unemployment, in: Journal of Economic Studies, Vol. 20 1/2, S. 123 - 135.

Amable, B., Henry, J., Lordon, F., Topol, R. (1994): Strong Hysteresis Versus Zero-Root Dynamics, in: Economics Letters, Vol. 44, S. 43 - 47.

Andersen, M., Grier, D.A. (1992): Robust, Non-Parametric Measures of Exchange Rate Variability, in: Applied Economics, Vol. 24, S. 951 - 958.

Andersen, T., Sørensen, J. (1988): Exchange Rate Variability and Wage Formation in Open Economies, in: Economics Letters, Vol. 28, S. 263 - 268.

Andersson, K., Annenkov, A. (1995): EMU and Employment, in: The Quarterly Review, Sveriges Riksbank, Nr. 4, S. 23 - 29.

Anderton, R., Barrell, R. (1993): The ERM and Structural Change in European Labour Markets - A Study of 10 Countries, National Institute of Economic and Social Research (NIESR), Discussion Paper, No. 40, London.

Arize, A.C. (1995): Trade Flows and Real Exchange-Rate Volatility: An Application of Cointegration and Error-Correction Modelling, in: North American Journal of Economics & Finance, Vol. 6, 37-51.

Arize, A.C. (1998): The Effects of Exchange Rate Volatility on U.S. Imports, in: International Economic Journal, Vol. 12, S. 31 - 40.

Artis, M.J., Ormerod, P. (1991): Is There an 'EMS' Effect in European Labour Markets?, CEPR Discussion Paper No. 598, December, London.

Asseery, A., Peel, D.A. (1991): The Effects of Exchange Rate Volatility on Exports - Some New Estimates, in: Economics Letters, Vol. 37, S. 173 - 177.

Bahmani-Oskooee, M., Payesteh, S. (1993): Does Exchange Rate Volatility Deter Trade Volumes of LDCs?, in: Journal of Economic Development, Vol. 18, S. 189 - 205.

Bailey, M.J., Tavlas, G.S. (1988): Trade and Investment Under Floating Rates: The U.S. Experience, in: Cato Journal, Vol. 8, S. 421 - 449.

Bailey, M.J., Tavlas, G.S., Ulan, M. (1986): Exchange Rate Variability and Trade Performance: Evidence for the Big Seven Industrial Countries, in: Weltwirtschaftliches Archiv, Vol. 122, S. 466 - 477.

Bailey, M.J., Tavlas, G.S., Ulan, M. (1987): The Impact of Exchange Rate Volatility on Export Growth: Some Theoretical Considerations and Empirical Results, in: Journal of Policy Modelling, Vol. 9, S. 225 - 243.

Baldwin, R.E. (1991): On the Microeconomics of the European Monetary Union, The Economics of EMU, in: Background Studies for European Economy No. 44, One Market, One Money, S. 21 - 35.

Baldwin, R.E., Krugman, P. (1989): Persistent Trade Effects of Large Exchange Rate Shocks, in: Quarterly Journal of Economics, Vol. 104, S. 635 - 654.

Ball, L. (1996): Disinflation and the NAIRU, NBER Working Paper No. 5520, Cambridge/MA.

Ballabriga, C., Sebastián, M., Vallés, J. (1995): European Asymmetries, Banco de España, mimeo.

Banerjee, A., Dolado, J.J., Mestre, R. (1992): On Some Simple Tests for Cointegration: The Cost of Simplicity, Working Paper, Institute of Economics, Aarhus University, mimeo.

Banerjee, A., Dolado, J.J., Galbraith, J.W., Hendry, D.F. (1993): Co-Integration, Error Correction, and the Econometric Analysis of Non-Stationary Data, Oxford University Press, Oxford.

Banerjee, A., Lumsdaine, R.L., Stock, J.H. (1992): Recursive and Sequential Tests of the Unit-Root and Trend-Break Hypotheses: Theory and International Evidence, in: Journal of Business & Economic Statistics, Vol. 10, S. 271 - 287.

Bank of England (1996): Inflation Report, London, August.

Bårdsen, G. (1989): The Estimation of Long-Run Coefficients from Error Correction Models, in: Oxford Bulletin of Economics and Stastistics, Vol. 51, S. 345 - 350.

Baron, D.P. (1976): Fluctuating Exchange Rates and the Pricing of Exports, in: Economic Inquiry, Vol. 14, S. 425 - 438.

Barro, R.J., Gordon, D.B. (1983): Rules, Discretion and Reputation in a Model of Monetary Policy, in: Journal of Monetary Economics, Vol. 12, S. 101 - 121.

Barro, R.J., Gordon, D.B. (1983a): A Positive Theory of Monetary Policy in a Natural Rate Model, in: Journal of Political Economy, Vol. 91, S. 589 - 610.

Baxter, M. (1995): International Trade and Business Cycles, in: *Grossman, G., Rogoff, K. (Hrsg.)*, Handbook of International Economics, Vol. 3, Amsterdam, Elsevier, S. 1801 - 1864.

Baxter, M., Stockman, A.C. (1989): Business Cycles and the Exchange Rate Regime, in: Journal of Monetary Economics, Vol. 23, S. 377 - 401.

Bayoumi, T. (1994): A Formal Model of Optimum Currency Areas, in: IMF Staff Papers, Vol. 41, S. 537 - 554.

Bayoumi, T., Eichengreen, B. (1994): Shocking Aspects of European Monetary Integration, in: *Giavazzi, F., Torres, F. (Hrsg.)*, Adjustment and Growth in the European Monetary Union, Centre for Economic Policy Research (CEPR), Cambridge University Press, S. 193 - 229.

Bean, C. (1992): Economic and Monetary Union in Europe, in: Journal of Economic Perspectives, Vol. 6, S. 31 - 52.

Bean, C. (1994): The Role of Demand Management Policies in Reducing Unemployment, mimeo, London School of Economics, London.

Bean, C. (1998): The Interaction of Aggregate-Demand Policies and Labour-Market Reform, erscheint in: Swedish Economic Policy Review.

Bélanger, D., Gutiérrez, S. (1990): Impact de la variabilité des taux de change sur le commerce international: un survol critique de la littérature, in: L'Actualité Économique, Vol. 66, S. 65 - 83.

Bélanger, D., Gutiérrez, S., Racette, D., Raynauld, J. (1992): The Impact of Exchange Rate Variability on Trade Flows: Further Results on Sectoral U.S. Imports from Canada, in: North American Journal of Economics and Finance, Vol. 3, S. 61 - 82.

Bélanger, D., Gutiérrez, S., Raynauld, J. (1988): Exchange Rate Variability and Trade Flows: Sectoral Estimates for the US-Canada Case, Cahiers de Recherche IEA-89-01, Institut d'économie appliquée, École des Hautes Études Commerciales.

Belke, A. (1992): Die Maastrichter Beschlüsse, in: wisu - Das Wirtschaftsstudium, Nr. 8-9/92, 21. Jg., S. 626 - 628.

Belke, A. (1992a): Probleme und Risiken der Europäischen Wirtschafts- und Währungsunion, in: wisu - Das Wirtschaftsstudium, Nr. 11/92, 21. Jg., S. 864 - 866.

Belke, A. (1996): Politische Konjunkturzyklen in Theorie und Empirie - Eine kritische Analyse der Zeitreihendynamik in Partisan-Ansätzen, Schriften zur angewandten Wirtschaftsforschung, Band 73, J.C.B. Mohr (Paul Siebeck), Tübingen.

Belke, A. (1996a): Europäische Währungsunion und Beschäftigung in Westeuropa, in: List Forum für Wirtschafts- und Finanzpolitik, Bd. 22, S. 331 - 353.

Belke, A. (1996b): Testing for Unit Roots in West German and U.S. Unemployment Rates: Do 'Great Crashes' Cause Trend Breaks?, in: Konjunkturpolitik - Applied Economics Quarterly, Vol. 42, S. 327 - 360.

Belke, A. (1996c): Maastricht - Implikationen einer zentralisierten Geld- und Währungspolitik für die Beschäftigung in Europa, IEW - Institut für Europäische Wirtschaft, Diskussionsbeiträge, Nr. 8, Ruhr-Universität, Bochum.

Belke, A. (1996d): Wechselkursfixierung in einer EWU - Chance oder Risiko für die Beschäftigung in Westeuropa?, IEW - Institut für Europäische Wirtschaft, Diskussionsbeiträge, Nr. 9, Ruhr-Universität, Bochum.

Belke, A. (1996e): Interessengruppen und säkularer Anstieg der Arbeitslosigkeit: Mancur Olson versus Insider-Outsider-Theorie, Papier vorbereitet für die Konferenz: Mancur Olsons Logik Kollektiven Handelns, Gummersbach, 02.-04.09.1996, später veröffentlicht in: *Pies, I., Leschke, M. (Hrsg., 1997)*, Mancur Olsons Logik kollektiven Handelns, Tübingen, Konzepte der Gesellschaftstheorie, Nr. 3, S. 135 - 143.

Belke, A. (1996f): Maastricht - Implications of a Centralized Monetary and Currency Policy for Employment in Europe, Paper Presented at the International Conference 'European Labor Markets and Social Security', 04.04.1996, Potsdam.

Belke, A. (1996g): Europäische Geldpolitik und Beschäftigung: Implikationen des Maastrichter Vertrages, in: *Hilterhaus, F., Bruncken, W. (Hrsg.)*, Europäische Integration - Schon eine Union des Rechts?, Hanns Martin Schleyer-Stiftung, Köln, S. 28 f.

Belke, A. (1997): Zur Politischen Ökonomie der Arbeitslosigkeit - Mancur Olson versus Insider-Outsider-Theorie, in: Zeitschrift für Wirtschaftspolitik, Vol. 46, S. 243 - 274.

Belke, A. (1997a): Politischer Konjunkturzyklus - Anmerkungen zum Erklärungswert des Parteigänger-Ansatzes, in: ifo Studien, 43. Jg., S. 311 - 346.

Belke, A. (1997b): Wechselkursfixierung und Beschäftigung in einer EWU, Volkswirtschaftliche Beiträge, Fakultät für Wirtschaftswissenschaft, Ruhr-Universität Bochum, Discussion Paper, No. 03-97, Bochum.

Belke, A. (1997c): Variabilität der Intra-EWS-Wechselkurse: Realwirtschaftliche Effekte der EWU?, in: List Forum für Wirtschafts- und Finanzpolitik, Bd. 23, Nr. 4, S. 395 - 416.

Belke, A. (1997d): Europäische Währungsunion: Mehr Beschäftigung durch Anpassungszwänge?, in: wisu - Das Wirtschaftsstudium, Nr. 7/97, 26. Jg., S. 641 - 642.

Belke, A. (1997e): Beschäftigungseffekte einer EWU: Wechselkursfixierung, Sozial- und Politische Union, in: wisu - Das Wirtschaftsstudium, Nr. 10/97, 26. Jg., S. 878 - 886.

Belke, A. (1997f): Variabilität der Intra-EWS-Wechselkurse: Realwirtschaftliche Effekte der EWU, in: List Forum für Wirtschafts- und Finanzpolitik, Bd. 23, S. 395 - 416.

Belke, A. (1997g): EWU, Geldpolitik und Arbeitsmarktreformen, Institut für Europäische Wirtschaft (IEW), Diskussionsbeiträge, Nr. 18, Ruhr-Universität Bochum.

Belke, A. (1998): Wechselkursfixierung und Beschäftigung - Die Kosten und Nutzen einer EWU, in: *Hasse, R.H., Schäfer, W. (Hrsg.)*, Die ökonomischen Außenbeziehungen der EWU - Währungs- und handelspolitische Aspekte, Vandenhoeck & Ruprecht, Göttingen, S. 259 - 295.

Belke, A. (1998a): Maastricht - Implications of a Centralized Monetary and Currency Policy for Employment in Europe, in: *Addison, J.T., Welfens, P.J.J. (Hrsg.)*, Labor Markets and Social Security - Wage Costs, Social Security Financing and Labor Market Reforms in Europe, Springer, Berlin u.a., S. 195 - 245.

Belke, A. (1998b): EWU und reformbedürftige Arbeitsmärkte: Externe Schocks, Wechselkursvariabilität und Geldpolitik, in: *Welfens, P.J.J., Eichhorn, B., Palinkas, P. (Hrsg.)*, Euro - Neues Geld für Europa - Argumente und Fakten zur Europäischen Währungsunion von A - Z, Frankfurt/Main, S. 95 - 116.

Belke, A. (1998c): Expert-Statement in the Public Hearing on 'Asymmetric Shock or Shock Specific to One Country: On the Need of a Stability Fund Under EMU', European Parliament, Committee on Economic and Monetary Affairs and Industrial Policy, 2 September 1998, Brussels.

Belke, A. (1998d): EWU, Geldpolitik und Arbeitsmarktreformen, in: Jahrbuch für Wirtschaftswissenschaften - Review of Economics, Vol. 49, S. 26 - 50.

Belke, A. (1998e): Exchange Rate Uncertainty and the German Labour Market: A Cointegration Application of the Autoregressive Distributed Lag Approach, Volkswirtschaftliche Beiträge, Discussion Papers No. 06/98, September, Ruhr-Universität Bochum, Papier vorgetragen auf der '4th Conference on Macroeconomic Analysis', Session 'Open Economy Macroeconomics', University of Crete, Rethymnon, 25.-28.05.2000.

Belke, A. (1998f): Comment on de Grauwe - The Indeterminacy of the Euro Conversion Rates: Why It Matters and How It Can Be Solved, in: *Wagner, H. (1998, Hrsg.)*, Current Issues in Monetary Economics, Contributions to Economics, Physica, Heidelberg - New York, S. 273 - 284.

Belke, A. (1999): Asymmetrische Schocks in der EWU: Zum Bedarf an finanzpolitischen Anpassungsmechanismen, in: Hamburger Jahrbuch für Wirtschafts- und Gesellschaftspolitik, 44. Jg., S. 201 - 234.

Belke, A. (1999a): Integrationswirkungen der Europäischen Währungsunion: Zur Komplementarität von Geldpolitik und Arbeitsmarktreformen, in: *Hartwig, K.H., Thieme, H.J. (Hrsg.)*, Finanzmärkte: Funktionsweise, Integrationseffekte und ordnungspolitische Konsequenzen, Schriften zu Ordnungsfragen der Wirtschaft, Band 58, Lucius & Lucius, Stuttgart, S. 247 - 282.

Belke, A. (1999b): Partisan Political Business Cycles in the German Labour Market? Empirical Tests in the Light of the Lucas-Critique, Paper Presented at the Annual Conference of the European Public Choice Society (EPCS), 29 April to 3 May 1998, Gothenborg/Sweden, and at the Econometric Society European Meeting (ESEM), 29 August to 2 September 1998, Berlin/Germany, später erschienen in: Public Choice, Vol. 104, S. 225 - 283.

Belke, A., Göcke, M. (1994): Starke Hysteresis auf dem Arbeitsmarkt, in: ZWS - Zeitschrift für Wirtschafts- und Sozialwissenschaften, 114. Jg., S. 345 - 377.

Belke, A., Göcke, M. (1997): Cointegration and Structural Breaks in German Employment - An Error Correction Interpretation, in: Jahrbücher für Nationalökonomie und Statistik, Bd. 216, S. 129 - 152.

Belke, A., Göcke, M. (1997a): Multiple Equilibria in German Employment - Simultaneous Determination of Structural Breaks, Paper Presented at the Annual Conference of the European Association of Labour Economists (EALE), Aarhus/Denmark, 25 - 28 September, auch erschienen als: CentER for Economic Reseach Working Paper 97107, Tilburg/Netherlands.

Belke, A., Göcke, M. (1998): A Simple Model of Hysteresis in Employment Under Exchange Rate Uncertainty, Institut für Europäische Wirtschaft (IEW) Diskussionsbeiträge, Nr. 22, Ruhr-Universität Bochum, erschienen in: Scottish Journal of Political Economy, Vol. 46, No. 3, S. 260 - 286.

Belke, A., Göcke, M. (1998a): Micro- and Macro-Hysteresis in Employment under Exchange Rate Uncertainty, Institut für Europäische Wirtschaft (IEW), Diskussionsbeiträge, Nr. 23, Ruhr-Universität Bochum.

Belke, A., Göcke, M. (1999): Aggregation of Employment Hysteresis: Does Exchange Rate Uncertainty Matter?, Paper Presented at the EEA Conference, 'Real Options' Session, Santiago de Compostela/Spain, September 2 - 4 1999, at the 'Jahrestagung des Vereins für Socialpolitik', Mainz, September 28 to October 1 1999, and Invited Paper Prepared for the Fifth International Conference of the Society for Computational Economics 'Computing in Economics and Finance', Organized Session 'Hysteresis in Models of Economic Analysis', June 24 - 26 1999, Boston College, Chestnut Hill, Massachusetts, U.S.A.

Belke, A., Göcke, M. (2000): Exchange Rate Uncertainty and Employment: An Algorithm Describing Play, erscheint in: Applied Stochastic Models in Business and Industry.

Belke, A., Göcke, M. (2001): Exchange Rate Uncertainty and 'Play' Non-Linearity in Aggregate Employment, in: IAER - International Advances in Economic Research, Vol. 7, No. 1, February.

Belke, A., Gros, D. (1997): Evidence on the Costs of Intra-European Exchange Rate Variability, Paper Presented at the 20th International Seminar on Macroeconomics (National Bureau of Economic Research and European Economic Association), Gerzensee/Switzerland, 15 - 17 June, one original and one revised version, auch erschienen als: CentER for Economic Research Discussion Paper No. 9814, Tilburg/Netherlands.

Belke, A., Gros, D. (1998): Asymmetric Shocks and EMU: Is A Stability Fund Needed?, in: Intereconomics, Vol. 33, S. 274 - 288.

Belke, A., Gros, D. (1998a): How Costly Is Intra-European Exchange Rate Variability?, Paper Presented at the IMF Staff Seminar, August, 28th, Washington, DC.

Belke, A., Gros, D. (1998b): Evidence on the Costs of Intra-European Exchange Rate Variability, completely revised draft of a paper presented at the 1997 International Seminar on Macroeconomics (NBER and EEA), Gerzensee (Switzerland), auch erschienen als: CentER for Economic Research Discussion Paper No. 9814, Tilburg/Netherlands.

Belke, A., Gros, D. (1998c): Modelling the 'Option Value of Waiting': More Evidence on the Costs of Intra-European Exchange Rate Variability, Institut für Europäische Wirtschaft (IEW) Diskussionsbeiträge, Nr. 19, Ruhr-Universität Bochum.

Belke, A., Gros, D. (1999): Effects of European Monetary Integration on Unemployment: How Costly Was (Intra-European) Exchange Rate Variability? Paper Presented at the International Conference 'Globalization and Unemployment', March 23 - 24, 1999, Hagen, to be published at Springer.

Belke, A., Gros, D. (1999a): EMU and EU Labour Markets: How Costly Is Intra-European Exchange Rate Variability?, Center for German Studies Discussion Paper No. IGS99/1, University of Birmingham.

Belke, A., Gros, D. (1999b): Estimating the Costs and Benefits of EMU: The Impact of External Shocks on Labour Markets, in: Weltwirtschaftliches Archiv, Vol. 135, S. 1 - 48, auch erschienen als: CentER for Economic Research Working Paper, No. 9795, Tilburg/Netherlands.

Belke, A., Gros, D. (2000): Real Impacts of Intra-European Exchange Rate Variability: A Case for EMU?, erscheint in: Open Economies Review.

Belke, A., Gros, D. (2000a): Designing EU-US Monetary Relations: The Impact of Exchange Rate Variability on Labour Markets on Both Sides of the Atlantic, Papier präsentiert auf dem Workshop 'Designing EU-US Monetary Relations' veranstaltet vom 'Institute for International Economics' (IIE)) in Washington/DC (Koreferent John Williamson).

Belke, A., Kamp, M. (1998): Wann erzielen Arbeitsmarktreformen eine doppelte Dividende? Regelbindung versus diskretionäre Geldpolitik, Volkswirtschaftliche Beiträge, Fakultät für Wirtschaftswissenschaft, Discussion Papers No. 05-98, Ruhr-Universität Bochum.

Belke, A., Kamp, M. (1999): Do Labour-Market Reforms Achieve a Double Dividend under EMU? Discretionary versus Rule-Based Monetary Policy Revisited, Paper presented at the 'Annual Meeting of the European Public Choice Society (EPCS)', Lisboa/Portugal, 06 to 10 April, 'Labour Markets' Session, and at the 11th 'Annual Conference of the European Association of Labour Economists (EALE)', Regensburg/Germany, 23 to 26 September 1999, erschienen in: Journal of Economic Integration, Vol. 14, S. 571 - 605.

Belke, A., Kamp, M. (1999a): Doppelte 'Dividende' oder nur doppelte 'Funktion' von Arbeitsmarktreformen bei diskretionärer Geldpolitik? Anmerkungen zum Calmfors-Modell, in: Jahrbücher für Nationalökonomie und Statistik, Bd. 218, S. 543 - 555.

Belke, A., Kösters, W. (1990): Arbeitslosigkeit als Hysteresis-Phänomen, in: wisu - Das Wirtschaftsstudium, 5/90, 19. Jg., S. 277 - 279.

Belke, A., Kösters, W. (1992): Arbeitslosigkeit in Westeuropa - ein Hysteresis-Phänomen?, in: *Kantzenbach, E., Mayer, O.G. (Hrsg.)*, Beschäftigungsentwicklung und Arbeitsmarktpolitik, Schriften des Vereins für Socialpolitik, N.F. Bd. 219, Berlin, S. 9 - 50.

Belke, A., Kösters, W. (1996): Slow Adjustment to Shocks or True Hysteresis? - Lessons from the Different Labor Market Performances in Western Europe and the USA, in: Intereconomics, Vol. 31, S. 107 - 121.

Belke, A., Kösters, W. (1996a): Le Chômage Europeen Est Structurel, in: *Kösters, W., Maillet, P. (Hrsg.)*, Une Europe Plus Favorable à l'Emploi - Prospective Européenne, Vol. 3, Paris, S. 71 - 94.

Belke, A., Kösters, W. (1998): Zu einigen Beschäftigungsimplikationen der Europäischen Währungsunion, in: *Brunn, G. (Hrsg.)*, Neoliberalismus, die Entstehung des Maastrichter Vertrags und die Auswirkungen der Währungsunion auf Nordrhein-Westfalen, Schriftenreihe des Instituts für Europäische Regionalforschung (IFER) Siegen, Nomos, S. 93 - 104.

Belke, A., Kösters, W. (1998a): On the Employment Impacts of European Monetary Union, in: *Urban, S. (Hrsg.)*, From Alliance Practices to Alliance Capitalism - New Strategies for Management and Partnership, Gabler, Wiesbaden, S. 275 - 300.

Belke, A., Kösters, W. (1998b): Folgen der Einführung des Euro für den Arbeitsmarkt - Expertise für die Zentralstelle Weltkirche der Deutschen Bischofskonferenz, Bochum.

Belke, A., Kösters, W. (1998c): Beschäftigungseffekte der EWU: Eine ökonomische Betrachtung, Vortrag am HWWA Hamburg 04. bis 06. Juni 1998, erschienen in: *Caesar, R., Scharrer, H.E. (1999, Hrsg.)*, Ökonomische und politische Dimensionen der Europäischen Wirtschafts- und Währungsunion, Veröffentlichungen des HWWA-Instituts für Wirtschaftsforschung, Nr. 52, Nomos, Baden-Baden, S. 65 - 94.

Belke, A., Kösters, W. (1999): Asymmetrische Schocks und europäische Arbeitsmärkte: Zur Relevanz der Europäischen Währungsunion, Vortrag im Rahmen der Jahrestagung des Wirtschaftspolitischen Ausschusses im Verein für Socialpolitik 'Arbeitsmarkt und Beschäftigung', 24. - 25. März 1999 in Bayreuth, erschienen als: Asymmetrische Schocks, Arbeitsmärkte und finanzpolitische Anpassung in der EWU, in: *Berg, H. (2000, Hrsg.)*, Arbeitsmarkt und Beschäftigung: Deutschland im internationalen Vergleich, Schriften des Vereins für Socialpolitik, Bd. 272, Duncker und Humblodt, Berlin, S. 39 - 75.

Belke, A., Kösters, W. (1999a): Can Hysteresis Explain the Difference between Labour Market Performance in Western Europe and the USA?, Paper Prepared for the CEEA-Symposium 'Policies to Fight Unemployment in Europe - Successes and Failures', Keynote Speech, Oct 26. - 28 1995, at Schloß Hernstein, Lower Austria, in:

Landesmann, M.A., Pichelmann, K. (2000, Hrsg.), Unemployment in Europe, Confederation of European Economic Associations Conference Volumes, General Editor: A.P. Thirlwall, Macmillan, Houndmills u.a., S. 148 - 187.

Belke, A., Kösters, W., Kruth, B. (1992): Monetäre Integration in Europa - Grundlagen, Entwicklungen und Perspektiven nach den Maastrichter Beschlüssen, in: Wirtschaftliche Grundbildung, Heft 2/92, S. 17 - 25.

Belke, A., Vollmer, U. (1995): Die Lucas-Kritik ökonometrischer Politikbeurteilung, in: WiSt - Wirtschaftswissenschaftliches Studium, 24. Jg., S. 83 - 85.

Bell, G.K., Campa, J.M. (1997): Irreversible Investments and Volatile Markets: A Study of the Chemical Processing Industry, in: Review of Economics and Statistics, Vol. 79, S. 79 - 87.

Bender, D., Lamar, N. (1999): Kapitalverkehrsliberalisierung und Finanzmarktintegration, in: in: *Hartwig, K.H., Thieme, H.J. (Hrsg.)*, Finanzmärkte: Funktionsweise, Integrationseffekte und ordnungspolitische Konsequenzen, Schriften zu Ordnungsfragen der Wirtschaft, Band 58, Lucius & Lucius, Stuttgart, S. 195 - 216.

Bentolila, S., Bertola, G. (1990): Firing Costs and Labour Demand: How Bad is Eurosclerosis?, in: Review of Economic Studies, Vol. 57, S. 381 - 402.

Bergman, M. (1995): International Evidence on the Sources of Macroeconomic Fluctuations, in: European Economic Review, Vol. 40, S. 1237 - 1258.

Bernanke, B.S. (1983): Irreversibility, Uncertainty, and Cyclical Investment, in: Quarterly Journal of Economics, Vol. 98, S. 85 - 106.

Bernholz, P. (1986): Growth of Government, Economic Growth and Individual Freedom, in: Journal of Institutional and Theoretical Economics, Vol. 142, S. 661 - 683.

Berthold, N. (1993): 'Fiscal Federalism' in Europa: Voraussetzung für eine erfolgreiche Wirtschafts- und Währungsunion?, in: *Gröner, H., Schüller, A. (Hrsg.)*, Die Europäische Integration als ordnungspolitische Aufgabe, Schriften zum Vergleich von Wirtschaftsordnungen, Band 43, Stuttgart - Jena - New York, S. 147 - 171.

Berthold, N. (1995): Währungsunion, Sozialunion und Politische Union - Anmerkungen zur Interdependenz von Ordnungen, in: Deutsche Bundesbank, Auszüge aus Presseartikeln, Nr. 76, 10. November, S. 21 - 23.

Berthold, N., Fehn, R. (1996): The Positive Economics of Unemployment and Labor Market Inflexibility, in: Kyklos, Vol. 49, S. 583 - 613.

Berthold, N., Fehn, R. (1998): Tarifpolitik und Arbeitslosigkeit: Löst die Europäische Währungsunion das Beschäftigungsproblem?, in: *Cassel, D. (Hrsg.)*, 50 Jahre Soziale Marktwirtschaft - Ordnungstheoretische Grundlagen, Realisierungsprobleme und Zukunftsperspektiven einer wirtschaftspolitischen Konzeption, Stuttgart, S. 457 - 490.

Bertola, G., Ichino, A. (1995): Crossing the River: A Comparative Perspective on Italian Employment Dynamics, in: Economic Policy, Vol. 21, S. 361 - 415.

Betts, C., Devereux, M. (1996): The Exchange Rate in a Model of Pricing-to-Market, in: European Economic Review, Vol. 40, S. 1007 - 1021.

Bewley, R. (1979): The Direct Estimation of the Equilibrium Response in a Linear Economic Model, in: Economics Letters, Vol. 55, S. 251 - 276.

Bini-Smaghi, L. (1991): Exchange Rate Variability and Trade: Why Is It So Difficult to Find any Empirical Relationship?, in: Applied Economics, Vol. 23, S. 927 - 935.

Bini-Smaghi, L., Vori, S. (1993): Rating the EC as an Optimal Currency Area, Bank of Italy Discussion Paper No. 187, Rome.

Blanchard, O.J., Muet, P.-A. (1993): Competitiveness Through Disinflation: An Assessment of the French Macroeconomic Strategy, in: Economic Policy, No. 16, S. 11 - 56.

Blanchard, O.J., u.a. (1986): Employment and Growth in Europe, A Two-Handed Approach, in: *Blanchard, O. u.a. (Hrsg.)*, Restoring Europe's Prosperity, Cambridge/MA, S. 95 - 124.

Blanchard, O.J., Diamond, S.A. (1994): Ranking, Unemployment Duration and Wages, in: Review of Economic Studies, Vol. 61, S. 417 - 434.

Blanchard, O.J., Summers, L.H. (1986): Hysteresis and the European Unemployment Problem, in: *Cross, R. (Hrsg.)*: Unemployment, Hysteresis and the Natural Rate Hypothesis, Oxford, New York, S. 306 - 364.

Blanchflower, D.G., Millward, N., Oswald, A.J. (1991): Unionism and Employment Behaviour, in: Economic Journal, Vol. 101, S. 815 - 834.

Bleaney, M. (1992): Comparison of Real Exchange Rate Volatility Across Exchange Rate Systems, in: Oxford Bulletin of Economics and Statistics, Vol. 54, S. 557 - 565.

Bleaney, M. (1996): Central Bank Independence, Wage-Bargaining Structure, and Macroeconomic Performance in OECD Countries, in: Oxford Economic Papers, Vol. 48, S. 20 - 38.

Borio, C.E. (1995): The Structure of Credit to the Non-Government Sector and the Transmission Mechanism of Monetary Policy: A Cross- Country Comparison, Bank for International Settlements (BIS) Working Paper No. 24, Basle.

Brada, J.C., Méndez, J.A. (1988): Exchange Rate Risk, Exchange Rate Regime and the Volume of International Trade, in: Kyklos, Vol. 41, S. 263 - 80.

Branson, W., Rotemberg, J. (1980): International Adjustment with Wage Rigidity, in: European Economic Review, Vol. 13, S. 309 - 332.

Brodsky, D. (1984): Fixed versus Flexible Exchange Rates, and the Measurement of Exchange Rate Instability, in: Journal of International Economics, Vol. 16, S. 295 - 306.

Brunello, G. (1990): Real Exchange Rate Variability and Japanese Industrial Employment, in: Journal of the Japanese and International Economies, Vol. 4, S. 121 - 138.

Buiter, W., Sibert, A.C. (1997): Transition Issues for the European Monetary Union, CEPR Discussion Paper, No. 1728, London.

Burda, M. (1993): Unemployment, Labour Markets, and Structural Change in Eastern Europe, in: Economic Policy, Vol. 16, S. 102 - 137.

Burgess, S., Knetter, M. (1996): An International Comparison of Employment Adjustment to Exchange Rate Fluctuations. NBER Working Paper, No. 5861, National Bureau of Economic Research, Cambridge/MA.

Busch, K. (1994): Europäische Integration und Tarifpolitik - Lohnpolitische Konsequenzen der Wirtschafts- und Währungsunion, Hans-Böckler-Stiftung, HBS Forschung, Band 21, Köln.

Caballero, R.J. (1991): On the Sign of the Investment-Uncertainty Relationship, in: American Economic Review, Vol. 81, S. 279 - 287.

Caballero, R.J., Corbo, V. (1989): The Effect of Real Exchange Rate Uncertainty on Exports: Empirical Evidence, in: The World Bank Economic Review, Vol. 3, S. 263 - 278.

Caballero, R.J., Engel, E.M., Haltiwanger, J. (1997): Aggregate Employment Dynamics: Building from Macro Evidence, in: American Economic Review, Vol. 87, S. 115 - 137.

Calcagnini, G., Saltari, E. (1998): Real and Financial Uncertainty and Investment Decisions, University of Urbino, Faculty of Economics, Urbino, Italy, mimeo.

Calmfors, L. (1997): Unemployment, Labour-Market Reform and EMU, Keynote Speech at the Ninth Annual Conference of the Association of European Labour Economists (EALE), Aarhus/Denmark.

Calmfors, L. (1998): Macroeconomic Policy, Wage Setting and Employment - What Difference Does the EMU Make? Paper presented at the IIES Seminar, September 24, Institute for International Economic Studies, Stockholm, erscheint in: Oxford Economic Policy Review, August.

Calmfors, L. (1998a): Unemployment, Labour Market Reform and Monetary Union, Institute for International Economic Studies, Seminar Paper, No. 639, Stockholm.

Calmfors, L. u.a. (1997): EMU - A Swedish Perspective, Dordrecht.

Calmfors, L., Driffill, J. (1988): Centralisation of Wage Bargaining and Macroeconomic Performance, in: Economic Policy, Vol. 6, S. 13 - 61.

Campa, J., Goldberg, L. (1995): Investment, Pass-Through and Exchange Rates: A Cross-Country Comparison, NBER Working Paper No. 5139, Cambridge/MA.

Campbell, J.Y., Mankiw, N.G. (1987): Are Output Fluctuations Transitory? in: Quarterly Journal of Economics, Vol. 102, S. 875 - 880.

Campbell, J.Y.; Perron, S. (1991): Pitfalls and Opportunities: What Macroeconomists Should Know about Unit Roots, in: NBER Macroeconomics Annual, S. 141 - 201.

Canzoneri, M., Diba, B., Eudey, G. (1996): Trends in European Productivity and Real Exchange Rates: Implications for the Maastricht Convergence Criteria and for Inflation Targets after EMU, CEPR Discussion Paper, No. 1417, June, London.

Canzoneri, M., Vallés, J., Viñals, J. (1996): Do Exchange Rates Move to Address National Imbalances? mimeo, Banco de España.

Canzoneri, M., Vallés, J., Viñals, J. (1996): Do Exchange Rates Move to Address National Imbalances? CEPR Discussion Paper, No. 1498, October, London.

Caporale, T., Doroodian, K. (1994): Exchange Rate Variability and the Flow of Trade, in: Economics Letters, Vol. 46, S. 49 - 54.

Carey, K. (1997): High Unemployment in the OECD - Does the Diagnosis of the 1980s Apply to the 1990s?, American University, Washington, mimeo.

Carlin, W., Soskice, D. (1990): Macroeconomics and the Wage Bargain, Oxford.

Cavanaugh, C.L., Elliott, G., Stock, J.H. (1995): Inference in Models with Nearly Integrated Regressors, in: Econometric Theory, Vol. 11, S. 1131 - 1147.

CEPR (1996): European Economic Perspectives, No. 11, London.

Chan, S.K.L., Wong, J.H.J. (1985): The Effect of Exchange Rate Variability on Hong Kong's Exports, in Hong Kong Economic Papers, Vol. 16, S. 27 - 39.

Choi, K. (1983): A Statistical Test of Olson's Model, in: *Mueller, D.C. (Hrsg.)*, S. 57 - 78.

Chowdhury, A.R. (1993): Does Exchange Rate Volatility Depress Trade Flows? Evidence from Error Correction Models, in: Review of Economics and Statistics, Vol. 75, S. 700 - 706.

Christodoulakis, N., Dimelis, S.P., Kollintzas, T. (1995): Comparisons of Business Cycles in the EC: Idiosyncracies and and Regularities, in: Economica, Vol. 245, S. 1 - 27.

Clark, S.B. (1973): Uncertainty, Exchange Risk, and the Level of International Trade, in: Western Economic Journal, Vol. 11, S. 302 - 313.

Clark, S.B., Faruqee, H. (1997): Exchange Rate Volatility, Pricing to Market and Trade Smoothing, IMF Working Paper, 97/126, Washington/DC.

Coe, D.T., Snower, D. (1997): Policy Complementarities - The Case for Fundamental Labour Market Reform, CEPR Discussion Paper, No. 1585, London.

Coen, M. (1992): Europäische Gemeinschaft und Tarifautonomie, in: Betriebs-Berater (BB), Heft 29, S. 2068 - 2070.

Commission of the European Communities (1995): The Impact of Currency Fluctuations on the Internal Market, Brussels.

Cooper, R.N. (1996): Foreign Trade, Wages, and Unemployment, in: *Giersch, H. (Hrsg.)*, Fighting Europe's Unemployment in the 1990s, Berlin u.a., Springer, S. 93 - 117.

Corden, W.M. (1972): Monetary Integration, Princeton Studies in International Finance, No. 93, International Finance Section, Princeton University, April.

Côté, A. (1994): Exchange Rate Volatility and Trade – A Survey, Working Paper 94-5, Bank of Canada, Ottawa.

Cox, J.C., Ross, S.A., Rubinstein, M. (1979): Option Pricing: A Simplified Approach, in: Journal of Financial Economics, Vol. 7, S. 229 - 263.

Cross, R. (1994): The Macroeconomic Consequences of Discontinous Adjustment: Selective Memory of Non-Dominated Extrema, in: Scottish Journal of Political Economy, Vol. 41, S. 212 - 221.

Cukierman, A., Lippi, F. (1997): Central Bank Independence, Centralisation of Wage Bargaining, Inflation and Unemployment, mimeo, first and preliminary version, Tel-Aviv University, CentER Tilburg/Netherlands, and Banca d'Italia, Rome.

Cukierman, A., Lippi, F. (1998): Central Bank Independence, Centralisation of Wage Bargaining, Inflation and Unemployment - Theory and Evidence, CEPR Discussion Paper, No. 1847, London.

Cushman, D.O. (1983): The Effects of Real Exchange Rate Risk on International Trade, in: Journal of International Economics, Vol. 15, S. 45 - 63.

Cushman, D.O. (1986): Has Exchange Risk Depressed International Trade? The Impact of Third-Country Exchange Risk, in: Journal of International Economics, Vol. 5, S. 361 -379.

Cushman, D.O. (1988): U.S. Bilateral Trade Flows and Exchange Risk During the Floating Period, in: Journal of International Economics, Vol. 24, S. 317 - 330.

Darby, J. u.a. (1998): The Impact of Exchange Rate Uncertainty on the Level of Investment, CEPR Discussion Paper, No. 1896, London.

Darby, J., Hughes Hallet, A., Ireland, J., Piscitelli, L. (1997): The Impact of Exchange Rate Uncertainty on the Level of Investment, Strathclyde and Glasgow, mimeo, first and preliminary version, September 1997.

Darby, J., Hughes Hallet, A., Ireland, J., Piscitelli, L. (1998): The Impact of Exchange Rate Uncertainty on the Level of Investment, CEPR Discussion Paper, No. 1896, London.

Davidson, R., Mc Kinnon, J.G. (1993): Estimation and Inference in Econometrics, Oxford.

De Bruyne, K. (1997): Is de Europese Unie een optimale muntzone? Een overzicht van recente empirische bevindingen, Verhandeling voorgedragen tot het bekomen van de graad van Licentiaat in de Fakulteit Economische en Toegepaste Economische Wetenschappen, Departement Economie, Katholieke Universiteit Leuven/Belgium.

De Grauwe, P. (1987): International Trade and Economic Growth in the European Monetary System, in: European Economic Review, Vol. 31, S. 389 - 398.

De Grauwe, P. (1988): Exchange Rate Variability and the Slowdown in Growth of International Trade, in: International Monetary Fund Staff Papers, Vol. 35, S. 63 - 84.

De Grauwe, P. (1992): The Economics of Monetary Integration, Oxford u.a.

De Grauwe, P. (1995): The Economics of Convergence Towards Monetary Union in Europe, CEPR Discussion Paper, No. 1213, London.

De Grauwe, P. (1996): The Prospects of a Mini Currency Union in 1999, International Economics Research Paper, No. 122, Katholieke Universiteit Leuven, Centrum voor Economische Studien.

De Grauwe, P. (1996a): International Money - Postwar Trends and Theory, 2nd ed., Oxford.

De Grauwe, P. (1997): The Economics of Monetary Integration, 3rd ed., Oxford.

De Grauwe, P., Bellefroid, B. (1987): Long-Run Exchange Rate Variability and International Trade, in: *Arndt, S., Richardson, D. (Hrsg.)*, Real and Financial Linkages Among Open Economies, Cambridge MIT Press.

De Grauwe, P., Heens, H. (1993): Exchange Rate Variability in Monetary Unions, in: Recherches Economiques de Louvain, Vol. 59, S. 105 - 117.

De Grauwe, P., Rosiers, M. (1987): Real Exchange Rate Variability and Monetary Disturbances, in: Weltwirtschaftliches Archiv, Vol. 123, S. 430 - 448.

De Grauwe, P., Skudelny, F. (1997): The Impact of EMU on Trade Flows, Katholieke Universiteit Leuven, Department of Economics Discussion Paper No. 133, Leuven.

De Grauwe, P., Vanhaverbeke, W. (1993): Is Europe an Optimum Currency Area? Evidence from Regional Data, in: *Masson, P.R. Taylor, M.P. (Hrsg.)*, Policy Issues in the Operation of Currency Unions, Chapter 5, Cambridge, Cambridge University Press.

De Grauwe, P., Verfaille, G. (1988): Exchange Rate Variability, Misalignment, and the European Monetary System, in: *Marston, R.C. (Hrsg.)*, Misalignment of Exchange Rates: Effects on Trade and Industry, Chicago, University of Chicago Press, S. 77 - 100.

Decressin, J., Fatàs, A. (1994): Regional Labour Market Dynamics in Europe, CEPR Discussion Paper 1085. Centre for Economic Policy Research, London.

Dell' Ariccia, G. (1998): Exchange Rate Fluctuations and Trade Flows - Evidence from the European Union, IMF Working Paper, No. 107, Washington/DC.

Demertzis, M., Hughes Hallett, A. (1996): Regional Inequalities and the Business Cycle: An Explanation of the Rise in European Unemployment, in: Regional Studies, Vol. 30, S. 15 - 29.

Deutsche Bundesbank (1989): Aktualisierung der Außenwertberechnungen für die D-Mark und fremde Währungen, in: Monatsberichte der Deutschen Bundesbank, April, S. 44 - 49.

Deutsche Bundesbank (1996): Finanzmarktvolatilität und ihre Auswirkungen auf die Geldpolitik, in: Monatsberichte der Deutschen Bundesbank, April, S. 53 - 70.

Deutsche Bundesbank (1997): Wechselkurs und Außenhandel, in: Monatsberichte der Deutschen Bundesbank, Januar, S. 43 - 62.

Deutsche Bundesbank (1998): Wechselkursabhängigkeit des deutschen Außenhandels - Perspektiven unter den Bedingungen der Europäischen Währungsunion, in: Monatsberichte der Deutschen Bundesbank, Januar, S. 49 - 59.

Devereux, M.B., Purvis, D.D. (1990): Fiscal Policy and the Real Exchange Rate, in: European Economic Review, Vol. 34, S. 1201 - 1211.

Dickey, D.A., Fuller, W.A. (1979): Distribution of the Estimators for Autoregressive Time Series with a Unit Root, in: Journal of the American Statistical Association, Vol. 74, S. 427 - 431.

Dixit, A. (1989): Entry and Exit Decisions under Uncertainty, in: Journal of Political Economy, Vol. 97, S. 620 - 638.

Dixit, A. (1989a): Hysteresis, Import Penetration and Exchange Rate Pass-Through, in: Quarterly Journal of Economics, Vol. 104, S. 205 - 227.

Dixit, A. (1992): Investment and Hysteresis, in: Journal of Economic Perspectives, Vol. 6, S. 107 - 132.

Dixit, A., Pindyck, R S. (1994): Investment under Uncertainty, Princeton, New York, Princeton University Press..

Dixit, A.K. (1989): Entry and Exit Decisions under Uncertainty, in: Journal of Political Economy, Vol. 97, S. 620 - 638.

Dohse, D., Krieger-Boden, C. (1998): Währungsunion und Arbeitsmarkt - Auftakt zu unabdingbaren Reformen, Kieler Studien Nr. 290, J.C.B. Mohr (Paul Siebeck), Tübingen.

Dornbusch, R. (1976): Expectations and Exchange Rate Dynamics, in: Journal of Political Economy, Vol. 84, S. 1161 - 1176.

Dornbusch, R. (1987): Exchange Rates and Prices, in: American Economic Review, Vol. 77, S. 93 - 107.

Dornbusch, R. (1987a): Open Economy Macroeconomics: New Directions, NBER Working Paper, No. 2372, Cambridge/MA.

Dornbusch, R. (1996): The Effectiveness of Exchange-Rate Changes, in: Oxford Review of Economic Policy, Vol. 12, S. 26 - 38.

Dornbusch, R., Favero, C.A. (1998): A Red Letter Day? CEPR Discussion Paper, No. 1804, London.

Dumke, R.H., Juchems, A., Sherman, H.C. (1997): Währungsvielfalt behindert Vollendung des Europäischen Binnenmarktes, in: ifo Schnelldienst 9, S. 3 - 18.

Edison, H.J., Melvin, M. (1990): The Determinants and Implications of the Choice of an Exchange Rate System, in: *Haraf, W.S., Willett, Th.D. (Hrsg.)*, Monetary Policy for a Volatile Global Economy, Washington/DC, AEI Press, S. 1 - 44.

Egebo, T., Englander, A. S. (1992): Institutional Commitments and Policy Credibility: A Critical Survey and Empirical Evidence from the ERM, in: OECD Economic Studies, No. 18, S. 46 - 84.

Eichbauer, C. (1995): Europäische Wirtschafts- und Währungsunion und ihre Auswirkungen auf Löhne und Beschäftigung, in: WISO, 18. Jg., Nr. 4, S. 104 - 116.

Eichengreen, B. (1990): One Money for Europe? Lessons from the US Currency Union, in: Economic Policy, Vol. 10, S. 117 - 187.

Eichengreen, B. (1991): Is Europe an Optimum Currency Area?, NBER Working Paper No. 3579, Cambridge/MA.

Eichengreen, B. (1993): Epilogue - Three Perspectives on the Bretton Woods System, in: *Bordo, M. D, Eichengreen, B. (Hrsg.)*, A Retrospective on the Bretton Woods System, Chicago, S. 621 - 658.

Eichengreen, B. (1996): A More Perfect Union? The Logic of Economic Integration, Princeton Essays in International Finance, No. 198, Princeton University.

Emerson, M., u.a. (1990): Ein Markt, eine Währung - Potentielle Nutzen und Kosten der Errichtung einer Wirtschafts- und Währungsunion - Eine Bewertung, Europäische Wirtschaft, Nr. 44.

Emerson, M., u.a. (1990a): One Market, One Money - An Evaluation of the Potential Benefits and Costs of Forming an Economic and Monetary Union, in: European Economy, No. 44, Brussels.

Emerson, M., u.a. (1991): One Market, One Money, Oxford University Press, Oxford.

Engle, R.F., Granger, C.W.J. (1987): Co-Integration and Error Correction: Representation, Estimation, and Testing, in: Econometrica, Vol. 55, S. 251 - 276.

Erkel-Rousse, H., Mélitz, J. (1995): New Empirical Evidence on the Costs of European Monetary Union, Série des Documents de Travail du CREST, No. 9516, Paris.

Erkel-Rousse, H., Mélitz, J. (1995a): New Empirical Evidence on the Costs of European Monetary Union, Paper presented at the CentER for Economic Research Conference on Positive Political Economy, January, Tilburg/Netherlands, in: *Eijffinger, S., Huizinga, H. (Hrsg.)*, Positive Political Economy: Theory and Evidence, Cambridge, S. 162 - 180.

Erlei, M. (1996): Rent-Seeking auf dem Arbeitsmarkt: Mancur Olson und die Insider-Outsider-Theorie, Papier vorbereitet für die Konferenz: Mancur Olsons Logik Kollektiven Handelns, Gummersbach, 02.-04.1996, später veröffentlicht in: *Pies, I., Leschke, M. (Hrsg., 1997)*, Mancur Olsons Logik kollektiven Handelns, Tübingen, Konzepte der Gesellschaftstheorie, Nr. 3, S. 105 - 134.

Escribano, A., Pfann, G.A. (1998): Non-Linear Error Correction, Asymmetric Adjustment and Cointegration, in: Economic Modelling, Vol. 15, S. 197 - 216.

Estrella, A., Mishkin, S.F. (1995): The Term Structure of Interest Rates and Its Role in Monetary Policy for the European Central bank, NBER Working Paper No. 5279, Cambridge/MA.

Europäische Kommission (1990): One Market, One Money - An Evaluation of the Potential Benefits and Costs of Forming an Economic and Monetary Union, European Economy 44, October.

Europäische Kommission (1995): The Impact of Currency Fluctuations on the Internal Market, Brussels.

Europäische Kommission (1995a): European Economy, Annual Economic Report for 1995, Brussels.

Falk, M., Falk, R. (1998): Pricing to Market of German Exporters: Evidence from Panel Data, Zentrum für Europäische Wirtschaftsforschung (ZEW) Discussion Paper No. 98-28, Mannheim.

Farrell, V.S., DeRosa, D.A., McCown, T.A. (1983): Effects of Exchange Rate Variability on International Trade and Other Economic Variables: A Review of the Literature, Staff Studies, No. 130, U.S. Board of Governors of the Federal Reserve System.

Fatás, A. (1997): EMU. Countries or Regions? Lessons from the EMS Experience, CEPR Discussion Paper, No. 1558, London.

Fatás, A. (1998): Discussion of Blanchard, Peri, in: *Begg, D., von Hagen, J., Wyplosz, C., Zimmermann, K.L. (1998, Hrsg.)*, EMU: Prospects and Challenges for the Euro, Blackwell, S. 251 - 254.

Feder, P.I. (1975): On Asymptotic Distribution Theory in Segmented Regression Problems - The Identified Case, in: The Annals of Statistics, Vol. 3, S. 49 - 83.

Feenstra, R.C., Kendall, J.D. (1991): Exchange Rate Volatility and International Prices, NBER Working Paper No. 3644, Cambridge/MA.

Feldstein, M. (1992): Europe's Monetary Union: The Case Against EMU, in: The Economist, June 13th, S. 19 - 22.

Feldstein, M. (1992a): Ziemlicher Verfall - Eine gemeinsame Währung erhöht die Arbeitslosigkeit in Europa und verstärkt Konjunkturschwankungen, in: Wirtschaftswoche, Nr. 27, 26.06.1992, S. 56 - 58.

Fels, J. (1997): Mit dem Euro gegen die Euro-Sklerose, in: Frankfurter Allgemeine Zeitung vom 05.09.1997, 206, S. 18.

Fidrmuc, J. (1996): Political Sustainability of Economic Reforms: Dynamics and Analysis of Regional Economic Factors, CentER for Economic Research Working Paper, No. 9674, Tilburg/Netherlands.

Fischer, M. (1997): Wechselkursunsicherheit und Außenhandel - Eine Analyse der theoretischen Literatur, Kieler Arbeitspapier No. 830, Institut für Weltwirtschaft, Kiel.

Flood, R., Rose, A.K. (1995): Fixing Exchange Rates: A Virtual Quest for Fundamentals, in: Journal of Monetary Economics, Vol. 36, S. 3 - 37.

Flood, R., Rose, A.K. (1998): Understanding Exchange Rate Volatility without the Contrivance of Macroeconomics, CEPR Discussion Paper 1944, August, London.

Franke, G. (1991): Exchange Rate Volatility and International Trading Strategy, in: Journal of International Money and Finance, Vol. 10, S. 292 - 307.

Frankel, J.A., Rose, A.K. (1996): The Endogeneity of the Optimum Currency Area Criteria, NBER Working Paper 5700, Cambridge/MA.

Frankel, J.A., Rose, A.K. (1996a): Economic Structure and the Decision to Adopt a Common Currency, Institute for International Economic Studies, Seminar Paper No. 611, Stockholm.

Frankel, J.A., Rose, A.K. (1996b): A Panel Project On Purchasing Power Parity: Mean Reversion Within and Between Countries, in: Journal of International Economics, Vol. 40, S. 209 - 224.

Frankel, J.A., Wei, S.-J. (1993): Trade Blocs and Currency Blocs, NBER Working Paper No. 4335, Cambridge/MA.

Freeman, R., Gibbons, R. (1993): Getting Together and Breaking Apart: The Decline of Centralised Collective Bargaining, NBER Working Paper, No. 4464.

Frenkel, J.A., Goldstein, M. (1989): Exchange Rate Volatility and Misalignment: Evaluating Some Proposals for Reform, NBER Working Paper, No. 2894, Cambridge/MA.

Friedman, M. (1977): Nobel Lecture: Inflation and Unemployment, in: Journal of Political Economy, Vol. 85, S. 451 - 472.

Fröhlich, H.-P., u.a. (1994): Lohnpolitik in der Europäischen Währungsunion, Beiträge zur Wirtschafts- und Sozialpolitik, Nr. 215, Institut der deutschen Wirtschaft, Köln.

Funk, L. (1996): Abbau der Massenarbeitslosigkeit durch strategische Implementation: Notwendigkeit, Möglichkeit und langfristige Absicherung, Beitrag zum "Arbeitskreis zur gegenwärtigen Wirtschaftslage: Analyse und Politik" des Vereins für Socialpolitik am 27.09.1996, Jahrestagung, Kassel.

Gagnon, J.E. (1993): Exchange Rate Variability and the Level of International Trade, in: Journal of International Economics, Vol. 34, S. 269 - 287.

Giavazzi, F., Giovannini, A. (1989): Limiting Exchange Rate Flexibility: The European Monetary System, MIT Press, Cambridge/MA.

Giersch, H., Paqué, K.-H., Schmieding, H. (1992): The Fading Miracle: Four Decades of Market Economy in Germany, Cambridge.

Glick, R., Wihlborg, C. (1996): Exchange Rate Regimes and International Trade, Gothenborg University Working Paper 1996/2, Gothenborg/Sweden.

Göcke, M. (1993): Starke Hysteresis im Außenhandel, Wirtschaftswissenschaftliche Beiträge Nr. 84, Physica, Heidelberg.

Göcke, M. (1994): Micro- and Macro-Hysteresis in Foreign Trade, in: Aussenwirtschaft - Schweizerische Zeitschrift für internationale Wirtschaftsbeziehungen, Vol. 49, S. 555 - 578.

Göcke, M. (1996): Formen ökonomischer Hysteresis, in: ZWS - Zeitschrift für Wirtschafts- und Sozialwissenschaften, Vol. 116, S. 31 - 57.

Goldberg, L. (1993): Exchange Rates and Investment in United States Industry, in: Review of Economics and Statistics, Vol. 75, S. 575 - 588.

Goldberg, L., Tracy, J. (1999): Exchange Rates and Local Labour Markets, NBER Working Paper No. 6985, Cambridge/MA.

Goldstein, M. (1990): Effects of an Exchange Rate System - A Commentary, in: *Haraf, W.S., Willett, Th.D. (Hrsg.)*, Monetary Policy for a Volatile Global Economy, Washington/DC, AEI Press, AEI Press, S. 45 - 50.

Gordon, R. (1996): Macroeconomic Policy in the Presence of Structural Maladjustments, Paper Presented at the OECD Conference 'Interactions between Structural Reform, Macroeconomic Policies and Economic Performance', Paris, Januar.

Gotur, P. (1985): Effects of Exchange Rate Volatility on Trade, in: IMF Staff Papers, Vol. 32, S. 475 - 512.

Gourinchas, P.O. (1998): Exchange Rates and Jobs: What Do We Learn from Job Flows?, Paper Prepared for the 1998 NBER Macro Annual Conference, Cambridge/MA, erscheint in: NBER Macroeconomics Annual 1999.

Gressani, D., Guiso, L., Visco, I. (1998): Disinflation in Italy - An Analysis with the Econometric Model of the Banca d'Italia, in: Journal of Policy Modeling, Vol. 8, S. 163 - 203.

Grobar, L.M. (1993): The Effect of Real Exchange Rate Uncertainty on LDC Manufactured Exports, in: Journal of Development Economics, Vol. 41, S. 367 - 376.

Gros, D. (1987): Exchange Rate Variability and Foreign Trade in the Presence of Adjustment Costs, Working Paper No. 8704, Département des sciences économiques, Université Catholique de Louvain.

Gros, D. (1989): On the Volatility of Exchange Rates - Tests of Monetary and Portfolio Balance Models of Exchange Rate Determination, in: Weltwirtschaftliches Archiv, Vol. 125, S. 273 - 294.

Gros, D. (1996): A Reconsideration of the Optimum Currency Area Approach: The Role of External Shocks and Labour Mobility, CEPS Working Document No. 101, Centre for European Policy Studies, Brussels, später auch erschienen in: National Institute Economic Review, No. 158, S. 108 - 117.

Gros, D. (1996a): Towards Economic and Monetary Union: Problems and Prospects, Centre for European Policy Studies (CEPS) Paper No. 65, January, Brussels.

Gros, D. (1996b): Germany's Stake in Exchange Rate Stability, in: Intereconomics, Vol. 31, S. 236 - 240.

Gros, D., Jones, E. (1995): External Shocks and Employment: Revisiting the 'Mundellian' Story, Manuscript, Centre for European Policy Studies, Brussels.

Gros, D., Lane, T. (1994): Symmetry versus Asymmetry in a Fixed Exchange Rate System, in: Kredit und Kapital, 27. Jg., S. 43 - 66.

Gros, D., Thygesen, N. (1992): European Monetary Integration, Longman, Harlow, New York.

Gros, D., Thygesen, N. (1998): European Monetary Integration, 2nd ed., Harlow, New York.

Gros, D., Vandille, G. (1995): European Trade Structures, Manuscript, Centre for European Policy Studies (CEPS), Brussels.

Grossman, G., Helpman, E. (1994): Electoral Competition and Special Interest Policies, NBER Working Paper No. 4877, Cambridge/MA.

Grüner, H.S., Hefeker, C. (1996): Militant Labor and Inflation Aversion - The Impact of EMU on Labor Union Interaction. Universität Bonn, SFB 303 Discussion Paper A-539.

Guiso, L., Parigi, G. (1997): Investment and Demand Uncertainty, Ente Luigi Einaudi and Reasearch Department Banca d'Italia, Rome, mimeo, September 1997.

Gujarati, D. (1992): Essentials of Econometrics, New York u.a., McGraw-Hill.

Haldrup, N. (1990): Testing for Unit Roots with a Maintained Trend When the True Data Generating Process Is a Random Walk with Drift, Institute of Economics, Memo 1990-22, University of Aarhus.

Hall, R.E., Lilien, D.M., Sueyoshi, G., Engle, R., Johnston, J., Ellsworth, S. (1994): Eviews - User's Guide, Quantitative Micro Software, Irvine, California.

Hallwood, C.P., MacDonald, R. (1994): International Money and Finance, 2nd ed., Oxford/UK, Cambridge/US.

Hamilton, J.D. (1994): Time Series Analysis, Princeton.

Hannan, E.J., Quinn, B.G. (1979): The Determination of the Order of an Autoregression, in: Journal of the Royal Statistical Society, Vol. 41, S. 190 - 195.

Hansen, G., Kim, J.-R. (1994): The Stability of German Money Demand - Tests of the Cointegration Relation, Kiel Institute for Statistics and Econometrics Working Paper No. 73, University of Kiel, 1995 erschienen als: The Stability of German Money Demand - Tests of the Cointegrating Relation, Weltwirtschaftliches Archiv, Vol. 131, S. 286 - 301.

Hefeker, C. (1999): Effects of European Monetary Integration on Unemployment: Comment on Belke and Gros, Paper Presented at the International Conference 'Globalization and Unemployment', March 23 - 24, 1999, Hagen, to be published at Springer.

Hendry, D. F. (1993): The Roles of Economic Theory and Econometrics in Time Series Economics, Paper prepared for the 1993 Meeting of the European Econometric Society, mimeo.

Hendry, D.F., Pagan, A.R., Sargan, J.D. (1984): Dynamic Specification, in: *Griliches, Z., Intrilligator, M.D. (Hrsg.)*, Handbook of Econometrics, Vol. II, Elsevier, Amsterdam.

Herrendorf, B., Neumann, M.J.M. (1998): The Political Economy of Inflation, Labour Market Distortions and Central Bank Independence, CEPR Discussion Paper, No. 1969, London.

Heylen, F. (1993): Labour Market Structures, Labour Market Policy and the Characteristics of Wage Formation in the OECD, in: Labour, Vol. 7, S. 25 - 52.

Hinkley, D.V. (1969): Inference About the Intersection in Two-Phase Regression, in: Biometrica, Vol. 56, S. 495 - 504.

Hinkley, D.V. (1971): Inference in Two-Phase Regression, in: Journal of the American Statistical Association, Vol. 66, S. 736 - 743.

Hochreiter, E., Winckler, G. (1995): The Advantages of Tying Austria's Hands: The Success of the Hard Currency Strategy, in: European Journal of Political Economy, Vol. 11, S. 83 - 111.

Honohan, P. (1983): Measures of Exchange Rate Variability for One Hundred Countries, in: Applied Economics, Vol. 15, S. 583 - 602.

Hooper, P., Kohlhagen, S.W. (1978): The Effect of Exchange Rate Uncertainty on the Prices and Volume of International Trade, in: Journal of International Economics, Vol. 8, S. 483 - 511.

Horn, H., Persson, T. (1988): Exchange Rate Policy, Wage Formation, and Credibility, in: European Economic Review, Vol. 32, S. 1621 - 1636.

Hudson, D.J. (1966): Fitting Segmented Curves Whose Join Points Have to Be Estimated, in: Journal of the American Statistical Association, Vol. 61, S. 1097 - 1125.

Huizinga, J. (1994): Exchange Rate Volatility, Uncertainty, and Investment: An Empirical Investigation, in: *Leidermann, L. (Hrsg.)*, Capital Mobility, Cambridge, S. 185 - 213.

Hujer, R. (1986): Ökonometrische 'Switch'-Modelle: Methodische Ansätze und empirische Analysen, in: Jahrbücher für Nationalökonomie und Statistik, Vol. 201/3, S. 229 - 256.

International Monetary Fund - Research Department (1984): Exchange Rate Volatility and World Trade, Occasional Paper No. 28, July, Washington D.C.

Jackman, R. (1996): EU Labor Markets Inside and Outside the Monetary Union, Paper Presented at the International Conference 'European Monetary Union - Transition, International Impacts and Policy Options', 25.-26.04.1996, Potsdam, später veröffentlicht in: *Welfens, P.J.J. (Hrsg., 1997)*, European Monetary Union - Transition, International Impact and Policy Options, Springer, Berlin u.a., S. 297 - 323.

Jarque, C.M. and Bera, A.K. (1987): A Test for Normality of Observations and Regression Residuals, International Statistical Review, Vol. 55, S. 163 - 172.

Jensen, H. (1997): Credibility of Optimal Monetary Delegation, in: American Economic Review, Vol. 87, S. 911 - 920.

Johansen, S. (1991): Estimation and Hypothesis Testing of Cointegration Vectors in Gaussian Vector Autoregressive Models, in: Econometrica, Vol. 59, S. 1551 - 1580.

Johansen, S. (1995): Likelihood Based Inference in Cointegrated Vector Autoregressive Models, Oxford University Press, Oxford.

Johansen, S., Juselius, K. (1990): Maximum Likelihood Estimation and Inference on Cointegration - with Applications to the Demand for Money, in: Oxford Bulletin of Economics and Statistics, Vol. 52, S. 169 - 210.

Johansson, A. (1998): The Interaction between Labor Market Policy and Monetary Policy - An Analysis of Time Inconsistency, Paper presented at the IIES Seminar, April 28, Institute for International Economic Studies, Stockholm.

Johnston, J. (1984): Econometric Methods, 3. ed., New York.

Jonsson, G. (1997): Monetary Politics and Unemployment Persistence, in: Journal of Monetary Economics, Vol. 39, 303 - 325.

Joyeux, R., Lombard, M. (1995): Growth and External Constraint: A Simulation Study for France Using Error-Correction Models, Macquarie University, Department of Economics, Research Papers, Nr. 1/95.

Judge, G.G., Griffiths, W.E., Hill, R.C., Lütkepohl, H., Lee, T.C. (1985): The Theory and Practice of Econometrics, 2. ed., New York.

Jung, A. (1996): Is There a Causal Relationship between Exchange Rate Volatility and Unemployment? in: Intereconomics, Vol. 31, S. 281 f.

Justice, G. (1984): The Impact of Exchange Rate Variability on International Trade Flows, Discussion Paper, No. 4, Bank of England.

Kamin, S., Klau, M. (1997): Some Multi-Country Evidence on the Effects of Real Exchange Rates on Output, BIS Working Paper, No. 48, Bank for International Settlements, Basle.

Kenen, P.B. (1969): The Theory of Optimum Currency Areas: An Eclectic View, in: *Mundell, R., Swoboda, A. (Hrsg.)*, Monetary Problems of the International Economy, University of Chicago Press, Chicago, S. 41 - 60.

Kenen, P.B. (1997): Preferences, Domains, and Sustainability, in: American Economic Review, Papers and Proceedings, Vol. 87, S. 211 - 213.

Kenen, P.B., Rodrik, D. (1986): Measuring and Analyzing the Effects of Short-Term Volatility in Real Exchange Rates, in: Review of Economics and Statistics, Vol. 68, S. 311 - 319.

Kennedy, P. (1992): A Guide to Econometrics, 3rd ed., Oxford/UK, Cambridge/USA.

Kenyon, P. (1992): Insiders, Outsiders and Corporatism: Some Australian Evidence, Murdoch University, Working Paper No. 60, Murdoch, Western Australia.

Kim, K., Lee, W. (1996): The Impact of Korea's Exchange Rate Volatility on Korean Trade, in: Asian Economic Journal, Vol. 10, S. 45 - 60.

Kirchgässner, G. (1995): Bewusst erzeugte und duldend hingenommene Arbeitslosigkeit - Zum Problem der Arbeitslosigkeit aus der Sicht der Neuen Politischen Ökonomie, Volkswirtschaftliche Abteilung, Universität St. Gallen, Diskussionspapier, Nr. 9511.

Klein, M. (1990): Sectoral Effects of Exchange Rate Volatility on United States Exports, in: Journal of International Money and Finance, Vol. 9, S. 299 - 308.

Kmenta, J. (1990): Elements of Econometrics, 2nd ed., New York, S. 635 - 648.

Koray, F., Lastrapes, W.D. (1989): Real Exchange Rate Volatility and U.S. Bilateral Trade: A VAR Approach, in: Review of Economics and Statistics, Vol. 71, S. 708 - 712.

Krasnosel'skii, M.A., Pokrovskii, A.V. (1989): Systems with Hysteresis, Berlin.

Kremers, J. (1990): Gaining Policy Credibility for a Disinflation, in: IMF Staff Papers, Vol. 37, S. 116 - 145.

Kremers, J.J., Ericsson, N.R., Dolado L.J.J. (1992): The Power of Cointegration Tests, in: Oxford Bulletin of Economics and Statistics, Vol. 54, S. 325 - 348.

Kroner, K.F., Lastrapes, W.D. (1993): The Impact of Exchange Rate Volatility on International Trade: Reduced Form Estimates Using the GARCH-in-Mean Model, in: Journal of International Money and Finance, Vol. 12, S. 298 - 318.

Krugman, P. (1986): Pricing to Market When the Exchange Rate Changes. NBER Working Paper No. 1926, National Bureau of Economic Research, Cambridge/MA.

Krugman, P. (1993): Lessons from Massachusetts for EMU, in: *Giavazzi, F., Torres, F. (Hrsg.)*, The Transition to Economic and Monetary Union in Europe, Cambridge, S. 241 - 261.

Kulatilaka, N., Kogut, B. (1996): Direct Investment, Hysteresis, and Real Exchange Rate Volatility, in: Journal of the Japanese and International Economies, Vol. 10, S. 12 - 36.

Kumar, V. (1992): Real Effects of Exchange Risk on International Trade, Working Paper, No. 92-5, Federal Reserve Bank of Atlanta.

Kumar, V., Dhawan, R. (1991): Exchange Rate Volatility and Pakistan's Exports to the Developed World, in: World Development, Vol. 19, S. 1225 - 1240.

Kumar, V., Whitt, J.A. (1992): Exchange Rate Variability and International Trade, in: Federal Reserve Bank of Atlanta Economic Review, Vol. 37, S. 17 - 32.

Kydland, F.E., Prescott, E.C. (1977): Rules Rather than Discretion - The Inconsistency of Optimal Plans, in: Journal of Political Economy, Vol. 85, S. 473 - 491.

Lanyi, A., Suss, E.C. (1982): Exchange Rate Variability: Alternative Measures and Interpretation, in: IMF Staff Papers, Vol. 29, S. 527 - 560.

Lastrapes, W.D., Koray, F. (1990): Exchange Rate Volatility and U.S. Multilateral Trade Flows, in: Journal of Macroeconomics, Vol. 12, S. 341 - 362.

Layard, R., Nickell, S., Jackman, R. (1991): Unemployment: Macroeconomic Performance and the Labour Market, Oxford.

Layard, R., Nickell, S., Jackman, R. (1994): The Unemployment Crisis, Oxford.

Lesch, H. (1994): Europa auf dem Weg zur Währungsunion: Ursachen und Lehren der EWS-Krise, Institut "Finanzen und Steuern" e.V., Grüner Brief, Nr. 326, Bonn.

Li, C.A., Seabra, F. (1994): Exchange Rate Uncertainty and Investment in Latin America: An Empirical Investigation, Discussion Paper Series, Department of Economics, University of Essex, No. 430, Colchester.

Liargovas, P.G. (1993): Sectoral Effects of Exchange Rate Uncertainty on Trade : The Greek Experience: 1979-1989, in: Greek Economic Review, Vol. 15, S. 45 - 64.

Lindbeck, A. (1992): Macroeconomic Theory and the Labour Market, in: European Economic Review, Vol. 36, S. 209 - 235.

Lindbeck, A. (1993): Unemployment and Macroeconomics, Cambridge, London.

Lindbeck, A. (1996): The West European Unemployment Problem, in: Weltwirtschaftliches Archiv, Vol. 132, S. 609 - 637.

Lindbeck, A., Snower, D. (1990): Demand- and Supply-Side Policies and Unemployment: Policy Implications of the Insider-Outsider Approach, in: Scandinavian Journal of Economics, Vol. 92, S. 279 - 305.

Lindbeck, A., Snower, D. (1994): Patterns of Unemployment: An Insider-Outsider Analysis, CEPR Discussion Paper No. 960, London.

Locarno, A., Rossi, S. (1995): Inflazione econti l'estero nell'economia Italiana postsvalutazione: due luoghi comuni da sfatare, Temi di Discussione della Banca d'Italia No. 254, Roma.

Lohmann, S. (1992): The Optimal Degree of Commitment - Credibility and Flexibility, in: American Economic Review, Vol. 82, S. 273 -286.

Lothian, J.R., Taylor, M.P. (1996): Real Exchange Rate Behavior: The Recent Float from the Perspective of the Past Two Centuries, in: Journal of Political Economy, Vol. 104, S. 488 - 509.

Lucas, R.E. (1976): Econometric Policy Evaluation: A Critique, in: *Brunner, K., Meltzer, A. (Hrsg.)*, The Phillips Curve and Labour Markets, in: Journal of Monetary Economics, Supplement, S. 19 - 46.

Lütkepohl, H. (1991): Introduction to Multiple Time Series Analysis, Springer, New York u.a.

MacDonald, R. (1995): Long-Run Exchange Rate Modeling: A Survey of the Recent Evidence, in: IMF Staff Papers, Vol. 42, S. 437 - 489.

Maddala, G.S. (1992): Introduction to Econometrics, 2nd ed., New York u.a.

Maddison, A. (1988): Ultimate and Proximate Growth Causality: A Critique of Mancur Olson on the Rise and Decline of Nations, in: Scandinavian Economic History Review, Vol. 36, S. 25 - 29.

Makin, J.H. (1976): Eurocurrencies and the Evolution of the International Monetary System, in: *Stern, C.H., Makin, J.H., Logue, D.E. (Hrsg.)*, Eurocurrencies and the International Monetary System, Washington/DC, American Enterprise Institute, S. 17 - 53.

Makin, J.H. (1978): Portfolio Theory and the Problem of Foreign Exchange Risk, in: Journal of Finance, Vol. 33, S. 517 - 534.

Malliaropulos, D. (1995): Conditional Volatility of Exchange Rates and the Risk Premia in the EMS, in: Applied Economics, Vol. 27, S. 117 - 123.

Mann, C.L. (1989): The Effects of Exchange Rate Trends and Volatility on Export Prices: Industry Examples from Japan, Germany, and the United States, in: Weltwirtschaftliches Archiv, Vol. 125, S. 588 - 618.

Mark, N.C. (1995): Exchange Rates and Fundamentals: Evidence on Long-Horizon Predictability, in: American Economic Review, Vol. 85, S. 201 - 218.

Marston, R.C. (1989): Real and Nominal Exchange Rate Variability, in: Empirica - Austrian Economic Papers, Vol. 16, S. 147 - 160.

Martin, P. (1997): The Exchange Rate Policy of the Euro - A Matter of Size?, CEPR Discussion Paper, No. 1646, London.

Mascaro, A., Meltzer, A.H. (1983): Long- and Short-Term Interest Rates in a Risky World, in: Journal of Monetary Economics, Vol. 12, S. 485 - 518.

Maskus, K.E. (1986): Exchange Rate Risk and U.S. Trade: A Sectoral Analysis, Federal Reserve Bank of Kansas City Economic Review, March.

Masson, P., Turtelboom, B. (1997): Characteristics of the Euro, the Demand for Reserves and Policy Coordination under EMU, in: *Masson, P. u.a. (Hrsg.)*, EMU and the International Monetary Fund, IMF, Washington/DC, Chapter 8.

Mayergoyz, I.D. (1986): Mathematical Models of Hysteresis, in: IEEE Transactions on Magnetics, Vol. 22, S. 603 - 608.

McCallum, B.T. (1995): Two Fallacies Concerning Central-Bank Independence, in: American Economic Review, Papers and Proceedings, Vol. 85, S. 207 - 211.

McDonald, R., Taylor, M.P. (1992): Exchange Rate Economics: A Survey, in IMF Staff Papers, Vol. 39, S. 1 - 57.

McKinnon, J.G. (1991): Critical Values for Cointegration Tests, in: *Engle, R.F., Granger, C.W.J. (Hrsg.)*, Long-Run Economic Relationships - Readings in Cointegration, Oxford u.a., S. 267 - 276.

McKinnon, R. (1963): Optimum Currency Areas, in: American Economic Review, Vol. 53, S. 717 - 725.

Medhora, R. (1990): The Effect of Exchange Rate Variability on Trade: The Case of West African Monetary Union's Imports, in: World Development, Vol. 18, S. 313 - 324.

Meese, R. (1990): Currency Fluctuations in the Post-Bretton Woods Era, in: Journal of Economic Perspectives, Vol. 4, S. 117 - 134.

Meese, R., Rogoff, K. (1983): Empirical Exchange Rate Models of the Seventies: Do They Fit Out of Sample?, in: Journal of International Economics, Vol. 14, S. 3 - 24.

Mélitz, J. (1988): Comment on de Grauwe, P., Verfaille, G.: Exchange Rate Variability, Misalignment and the European Monetary System, in: *Marston, R.C. (Hrsg.)*, Misalignment of Exchange Rates: Effects on Trade and Industry, Chicago, University of Chicago Press, S. 100 - 103.

Mélitz, J. (1995): The Current Impasse in Research on Optimum Currency Areas, in: European Economic Review, Vol. 39, S. 492 - 500.

Mélitz, J. (1997): The Evidence about the Costs and Benefits of EMU, in: Swedish Economic Policy Review, Vol. 4, S. 191 - 234.

Metten, A. (1998): Draft Report on 'Asymmetric Shock or Shock Specific to One Country' (INI0972), European Parliament, Part B: Explanatory Statement, Committee on Economic and Monetary Affairs and Industrial Policy, 16 July, Brussels.

Mills, T. (1990): Time Series Techniques for Economists, Cambridge, Cambridge University Press.

Minford, P., Rastogi, A., Hughes Hallett, A. (1993): The Price of EMU Revisited, in: *Courakis, A., Tavlas, G. (Hrsg.)*, Financial and Monetary Integration, Cambridge University Press, Cambridge.

Molle, W.T.M., Morsink, R.L.A. (1991): Direct Investments and Monetary Integration, in: Background Studies for European Economy, No. 44, One Market, One Money, S. 36 - 55.

Morsink, R.L.A., Molle, W.T.M. (1991): Direct Investments and Monetary Integration, in: Background Studies for European Economy No. 44, One Market, One Money, S. 36 - 55.

Mueller, D.C. (1983): The Political Economy of Growth, New Haven, London.

Muet, P.-A. (1996): Labour Market Adjustments and EMU: The Case of France, Observatoire Français des Conjonctures Économiques, Discussion Paper, No. 02, February.

Müller, C., Buscher, H.S. (1999): Exchange Rate Volatility Effects on the German Labour Market: A Survey of Recent Results and Extensions, Zentrum für Europäische Wirtschaftsforschung (ZEW), Mannheim, Papier vorbereitet für den Workshop 'Arbeitsmarkteffekte der Europäischen Währungsunion', 24. März, IZA - Forschungsinstitut zur Zukunft der Arbeit, Bonn.

Müller, C., Heinemann, F. (1999): Capital Mobility within EMU, Zentrum für Europäische Wirtschaftsforschung (ZEW), Mannheim, mimeo.

Mundell, R. (1961): A Theory of Optimum Currency Areas, in: American Economic Review, Vol. 51, S. 657 - 664.

Mundell, R.A. (1997): Currency Areas, Common Currencies, and EMU, in: American Economic Review, Papers and Proceedings, Vol. 87, S. 214 - 216.

Mussa, M. (1997): Political and Institutional Commitment to a Common Currency, in: American Economic Review, Papers and Proceedings, Vol. 87, S. 217 - 220.

Nardinelli, C., Wallace, M.S., Warner, J.T. (1987): Explaining Differences in State Growth: Catching Up versus Olson, in: Public Choice, Vol. 52, S. 201 - 213.

Nickell, S. (1997): Unemployment and Labour Market Rigidities - Europe versus North America, in: Journal of Economic Perspectives, Vol. 11, S. 55 - 74.

Obstfeld, M. (1995): International Currency Experience: New Lessons and Lessons Relearned, in: Brookings Papers on Economic Activity, Vol. 25, S. 119 - 196.

Ochel, W. (1997): Europäische Wirtschafts- und Währungsunion und Beschäftigung - Ein Überblick über die theoretischen und empirischen Zusammenhänge, in: ifo Schnelldienst No. 15, S. 9 - 23.

OECD (1994): The OECD Jobs Study - Evidence and Explanations, Paris.

OECD (1995): OECD Economic Outlook, Paris.

OECD (1997): Implementing the OECD Jobs Strategy - Lessons from Member Countries' Experience, Paris.

Oi, W.Y. (1961): The Desirability of Price Instability Under Perfect Competition, in: Econometrica, Vol. 29, S. 58 - 64.

Olson, M. (1965, 1971): The Logic of Collective Action - Public Goods and the Theory of Groups, Cambridge/MA, London.

Olson, M. (1982): The Rise and Decline of Nations - Economic Growth, Stagflation, and Social Rigidities, New Haven, London.

Olson, M. (1983): The Political Economy of Comparative Growth Rates, in: *Mueller, D.C. (Hrsg.)*, S. 7 - 52.

Olson, M. (1988): The Productivity Slowdown, The Oil Shocks, and the Real Cycle, in: Journal of Economic Perspectives, Vol. 2, S. 43 - 69.

Olson, M. (1989): A Microeconomic Approach to Macroeconomic Policy, in: American Economic Review, Papers and Proceedings, Vol. 79, S. 377 - 381.

Olson, M. (1991): Umfassende Ökonomie, Tübingen.

Olson, M. (1993): A Collective-Choice and Microeconomic Approach to Macroeconomics: From Sticky Prices and Lags to Incentives, in: *El-Agraa, A.M. (Hrsg.)*, Public and International Economics, Houndmills - London, S. 201 - 224.

Olson, M. (1995): The Secular Increase in European Unemployment Rates, in: European Economic Review, Vol. 39, S. 593 - 599.

Olson, M. (1995a): The Devolution of the Nordic and Teutonic Economies, in: American Economic Review, Papers and Proceedings, Vol. 85, S. 22 - 27.

Olson, M. (1996): Big Bills Left on the Sidewalk: Why Some Nations Are Rich, and Others Poor, in: Journal of Economic Perspectives, Vol. 10, S. 3 - 24.

Ozkan, F.G., Sibert, A.C., Sutherland, A. (1997): Monetary Union, Entry Conditions and Economic Reform, CEPR Discussion Paper, No. 1720, London.

Pagan, A., Ullah, A. (1988): The Econometric Analysis of Models with Risk Terms, in: Journal of Applied Economics, Vol. 3, S. 87 - 105.

Paqué, K.-H. (1993): How Clean Was the Slate? Some Notes on the Olsonian View of the Postwar German Economic Miracle, Institut für Weltwirtschaft, Kiel Working Paper, No. 588.

Paqué, K.-H. (1994): Unemployment and the Crisis of the German Model - A Long-Term Interpretation, Institut für Weltwirtschaft, Kiel Working Paper, No. 655.

Paqué, K.-H. (1996): Why the 1950s And Not the 1920s? Olsonian and Non-Olsonian Interpretations of Two Decades of German Economic History, in: *Crafts, N., Toniolo, G. (Hrsg.)*, Economic Growth in Europe Since 1945, CEPR, Cambridge.

Parsley, D.C., Wei S.-J. (1993): Insignificant and Inconsequential Hysteresis: The Case of U.S. Bilateral Trade, in: Review of Economics and Statistics, Vol. 75, S. 606 - 613.

Pauer, F. (1996): Will Asymmetric Shocks Pose a Serious Problem in EMU? Working Paper Nr. 23, Österreichische Nationalbank, Wien.

Peeters, M. (1997): Does Demand and Price Uncertainty Affect Belgian and Spanish Corporate Investment?, Dutch National Bank-Staff Reports No. 13, Amsterdam.

Perée, E., Steinherr, A. (1989): Exchange Rate Uncertainty and Foreign Trade, in: European Economic Review, Vol. 33, S. 1241 - 1264.

Perron, P. (1989): The Great Crash, the Oil Price Shock, and the Unit Root Hypothesis, in: Econometrica, Vol. 57, S. 1361 - 1401.

Perron, P., Vogelsang, T.J. (1992): Nonstationarity and Level Shifts With an Application to Purchasing Power Parity, in: Journal of Business and Economic Statistics, Vol. 10, S. 301 - 320.

Persson, T., Tabellini, G. (1993): Designing Institutions for Monetary Stability, Carnegie-Rochester Conference Series on Public Policy, Vol. 29, S. 53 - 84.

Pesaran, M.H., Pesaran, B. (1994): Handout Cointegration Analysis for the Seminar Working with Microfit 3.0 - Modern Developments in Forecasting Techniques, Fitzwilliam College, Cambridge.

Pesaran, M.H. and B. Pesaran (1997): Working with Microfit 4.0 - Interactive Econometric Analysis, Oxford University Press.

Pesaran, M.H. (1997): The Role of Economic Theory in Modelling the Long-Run, in: Economic Journal, Vol. 107, S. 178 - 191.

Pesaran, M.H., Pesaran, B. (1997): Working with Microfit 4.0 - Interactive Econometric Analysis, Oxford University Press.

Pesaran, M.H., Shin, Y. (1998): An Autoregressive Distributed Lag Modelling Approach to Cointegration Analysis, in: *Strom, S., Diamond, P. (Hrsg.)*, Centennial Volume of Ragnar Frisch, Cambridge University Press, Cambridge/U.K.

Pesaran, M.H., Shin, Y. (1998): An Autoregressive Distributed Lag Modelling Approach to Cointegration Analysis, in: *Strom, S., Diamond, P. (Hrsg.)*, Centennial Volume of Ragnar Frisch, Cambridge University Press, Cambridge/U.K.

Pesaran, M.H., Shin, Y., Smith, R.J. (1996): Testing for the Existence of a Long-Run Relationship, DAE Working Paper No. 9622, Department of Applied Economics, University of Cambridge.

Pesaran, M.H., Shin, Y., Smith, R.J. (1997): Structural Analysis of Vector Error Correction Models with Exogenous I(1)-Variables, DAE Working Paper No. 9706, Department of Applied Economics, University of Cambridge.

Phelps, E.S. (1972): Inflation Policy and Unemployment Theory - The Cost Benefit Approach to Monetary Planning, London, Basingstoke.

Phillips, P.C.B., Hansen, B. (1990): Statistical Inference in Instrumental Variables Regression with I(1) Processes, in: Review of Economic Studies, Vol. 53, S. 473 - 496.

Phillips, P.C.B., Loretan, M. (1991): Estimating Long-Run Economic Equilibria, in: Review of Economic Studies, Vol. 58, S. 407 - 436.

Phillips, P.C.B., Ouliaris, S. (1990): Asymptotic Properties of Residual Based Tests for Cointegration, in: Econometrica, Vol. 58, S. 165 - 193.

Phillips, P.C.B., Perron, P. (1988): Testing for a Unit Root in Time Series Regression, in: Biometrika, Vol. 75, S. 335 - 346.

Pies, I. (1996): Theoretische Grundlagen demokratischer Wirtschafts- und Gesellschaftspolitik - Der Beitrag Mancur Olsons, Papier vorbereitet für die Konferenz: Mancur Olsons Logik Kollektiven Handelns, Gummersbach, 02.-04.09.1996, später veröffentlicht in: *Pies, I., Leschke, M. (Hrsg., 1997)*, Mancur Olsons Logik kollektiven Handelns, Tübingen, Konzepte der Gesellschaftstheorie, Nr. 3, S. 1 - 26.

Pindyck, R.S. (1988): Irreversible Investment, Capacity Choice and Uncertainty, in: American Economic Review, Vol. 78, S. 969 - 985.

Pindyck, R.S. (1991): Irreversibility, Uncertainty, and Investment, in: Journal of Economic Literature, Vol. 29, S. 1110 - 1148.

Pindyck, R.S., Rubinfeld, D.L. (1991): Econometric Models and Economic Forecasts, 3rd ed., New York u.a.

Pissarides, C. A. (1996): The Need for Labour Market Flexibility in European Economic and Monetary Union, Centre for Economic Performance, London School of Economics, mimeo, May.

Poeck, A. van (1997): EMU and Employment, Vakgroep Macro-Economie, Studiecentrum voor Economisch en Sociaal Onderzoek, UFSIA Universiteit Antwerpen, Report 97/346.

Pohl, R. (1992): Tarifpolitik bei fortschreitender europäischer Integration, in: WSI-Mitteilungen, Nr. 12, S. 255 - 257.

Poirier, D.J. (1976): The Econometrics of Structural Change - With Special Emphasis on Spline Functions, Amsterdam.

Portes, R. (1993): EMS and EMU After the Fall, in: World Economy, Vol. 16, S. 1 - 15.

Pozo, S. (1992): Conditional Exchange Rate Volatility and the Volume of International Trade, in: Review of Economics and Statistics, Vol. 74, S. 325 - 329.

Pozo, S. (1992a): Are Flexible Exchange Rates Really More Volatile? Evidence from the Early 1900s, in: Applied Economics, Vol. 24, S. 1213 - 1218.

Pryor, F.L. (1983): A Quasi-Test of Olson's Hypotheses, in: *Mueller, D.C. (Hrsg.)*, S. 90 - 105.

Pryor, F.L. (1987): Testing Olson: Some Statistical Problems, in: Public Choice, Vol. 52, S. 223 - 226.

Quantitative Micro Software (1997): Econometric Views, Version 3, Irvine, California.

Quiggin, J. (1992): Testing the Implications of the Olson Hypothesis, in: Economica, Vol. 59, S. 261 - 277.

Ramey, G., Ramey, V.A. (1995): Cross-Country Evidence on the Link Between Volatility and Growth, in: American Economic Review, Vol. 85, S. 1138 - 1151.

Rappoport, P., Reichlin, L. (1989): Segmented Trends and Non-Stationary Time Series, in: Economic Journal, Vol. 99, S. 168 - 177.

Ricci, L. (1997): A Model of an Optimum Currency Area, IMF Working Paper WP/97/76, Washington, D.C.

Rodrik, D. (1995): The Dynamics of Political Support for Reforms in Economies in Transition, in: Journal of the Japanese and International Economies, Vol. 9, S. 403 - 425.

Rogoff, K. (1985): The Optimal Degree of Commitment to an Intermediate Monetary Target, in: Quarterly Journal of Economics, Vol. 100, S. 1169 - 1189.

Rogoff, K. (1996): The Purchasing Power Puzzle, in: Journal of Economic Literature, Vol. 34, S. 647 - 668.

Rose, A.K. (1994): Exchange Rate Volatility, Monetary Policy and Capital Mobility: Empirical Evidence on the Holy Trinity, NBER Working Paper No. 4630.

Rose, A.K. (1995): After the Deluge: Do Fixed Exchange Rates Allow Inter-Temporal Volatility Trade-Offs?, CEPR Discussion Paper No. 1240, September.

Saint-Paul, G. (1993): On the Political Economy of Labour Market Flexibility, CEPR Discussion Paper, No. 803, London.

Saint-Paul, G. (1993): On the Political Economy of Labour Market Flexibility, in: NBER Macroeconomics Annual, S. 151 - 187.

Saint-Paul, G. (1995): A Framework for Analysing the Political Support for Active Labour Market Policy, CEPR Discussion Paper, No. 1205, London.

Saint-Paul, G. (1995a): Labour Market Institutions and the Cohesion of the Middle Class, CEPR Discussion Paper Series No. 1298, London.

Saint-Paul, G. (1995b): Reforming Europe's Labour Market: Political Issues, CEPR Discussion Paper Series No. 1223, London.

Saint-Paul, G. (1996): Exploring the Political Economy of Labour Market Institutions, in: Economic Policy, Vol. 23, S. 265 - 315.

Sapir, A., Sekkat, K. (1990): Exchange Rate Volatility and International Trade: The Effect of the European Monetary System, in: *de Grauwe, P., Papademos, L. (Hrsg.)*, The European Monetary System in the 1990s, London, Longman, S. 182 - 198, hier: vorläufige Version 1989.

Sapir, A., Sekkat, K. (1995): Exchange Rate Regimes and Trade Prices: Does the EMS Matter?, in: Journal of International Economics, Vol. 38, S. 75 - 95.

Sapir, A., Sekkat, K., Weber, A.A. (1994): The Impact of Exchange Rate Fluctuations on European Union Trade, CEPR Discussion Paper, No. 1041.

Savvides, A. (1992): Unanticipated Exchange Rate Variability and the Growth of International Trade, in: Weltwirtschaftliches Archiv, Vol. 128, S. 446 - 463.

Scheide, J., Solveen, R. (1998): Should the European Central Bank Worry about Exchange Rates?, Konjunkturpolitik - Applied Economics Quarterly, Vol. 44, S. 32 - 51.

Schelkle, W. (1996): Die Europäische Währungsunion - Monetäre Integration bei einkommenspolitischer Divergenz?, Beitrag zum 'Arbeitskreis zur gegenwärtigen Wirtschaftslage: Analyse und Politik' des Vereins für Socialpolitik am 27.09.1996, Jahrestagung,Kassel.

Schmitter, P., Streeck, W. (1992): From National Corporatism to Transnational Pluralism: Organised Interests in the Single European Market, in: Politics and Society, Vol. 19, Nr. 1.

Schumpeter, J. (1961): The Theory of Economic Development, London.

Schwarz, G. (1978): Estimating the Dimension of a Model, in: Annals of Statistics, Vol. 6, S. 461 - 464.

Sekkat, K. (1998): Exchange Rate Variability and EU Trade, European Commission Economic Papers, No. 127, Brussels.

Sercu, P., Vanhulle, C. (1992): Exchange Rate Volatility, International Trade, and the Value of Exporting Firms, in: Journal of Banking and Finance, Vol. 16, S. 155 - 182.

Serfling, R.J. (1980): Approximation Theorems of Mathematical Statistics, Wiley, New York.

Shapiro, A.C. (1989): Multinational Financial Management, Boston, S. 125 - 147.

Sibert, A.C. (1997): Monetary Integration and Economic Convergence, CEPR Discussion Paper, No. 1561, London.

Sibert, A.C., Sutherland, A. (1997): Monetary Regimes and Labour Market Reform, CEPR Discussion Paper, No. 1731, London.

Siebert, H. (1997): Labour Market Rigidities: At the Root of Unemployment in Europe, in: Journal of Economic Perspectives, Vol. 11, S. 37 - 54.

Sievert, O. (1993): Geld, das man nicht selbst herstellen kann - Ein ordnungspolitisches Plädoyer für die Europäische Währungsunion, in: *Bofinger, P., Collignon, St., Lipp, E.-M. (Hrsg.)*, Währungsunion oder Währungschaos: Was kommt nach der D-Mark?, Wiesbaden, S. 13 - 24.

Sievert, O. (1995): Was wird aus der D-Mark?, Ansprache an die Société Générale, Leipzig, 19. September, wiederabgedruckt in: Deutsche Bundesbank - Auszüge aus Presseartikeln, 4. Oktober.

Sievert, O. (1997): Währungsunion und Beschäftigung. Vortrag in der Universität Leipzig, Veranstaltung der Leipziger Wirtschaftspolitischen Gesellschaft am 28. Januar.

Stock, J., Watson, M. (1993): A Simple Estimator of Cointegrating Vectors in Higher Order Integrated Systems, in: Econometrica, Vol. 61, S. 783 - 820.

Stokman, A.-C.-J. (1995): Effect of Exchange Rate Risk on Intra-EC Trade, in: De Economist, Vol. 143, S. 41 - 54.

Svensson, L. (1997): Optimal Inflation Targets, "Conservative" Central Banks, and Linear Inflation Contracts, in: American Economic Review, Vol. 87, S. 98 - 114.

Tavlas, G.S. (1997): The International Use of the US Dollar: An Optimum Currency Area Perspective, Blackwell.

Teague, P. (1995): Maastricht and the Governance of Labour Markets: The Case of Ireland, Dublin, mimeo

Theil, H. (1971): Principles of Econometrics, Wiley, New York.

Thursby, J.G., Thursby, M.C. (1987): Bilateral Trade Flows, the Linder Hypothesis, and Exchange Risk, in: Review of Economics and Statistics, Vol. 69, S. 488 - 495.

Tichy, G. (1993): The Credibility of Monetary Integration - The Experience of European Countries and Some Inferences for a Greater Europe, Research Memorandum, No. 9305, Institut für Volkswirtschaftslehre und Volkswirtschaftspolitik, Karl Franzens-Universität Graz.

Ungerer, H. u.a. (1986): The European Monetary System: Recent Developments, IMF Occasional Paper No. 48, Washington/DC.

van Garderen, K.J., Lee, K., Pesaran, M.H. (1997): Cross-Sectional Aggregation of Non-Linear Models, DAE Working Paper No. 9803, University of Cambridge, Department of Applied Economics, Cambridge.

Varian, H.R. (1978): Microeconomic Analysis, Norton, New York.

Vaubel, R. (1993): Eine Public-Choice-Analyse der Deutschen Bundesbank und ihre Implikationen für die Europäische Währungsunion, in: *Duwendag, D., Siebke, J. (Hrsg.)*, Europa vor dem Eintritt in die Wirtschafts- und Währungsunion, Schriften des Vereins für Socialpolitik, N.F. Bd. 220, S. 23 - 79.

Viaene, J.M., de Vries, C.G. (1992): International Trade and Exchange Rate Volatility, in: European Economic Review, Vol. 36, S. 1311 - 1321.

Viñals, J. (1994): Building a Monetary Union in Europe: Is It Worthwhile, Where Do We Stand, And Where Are We Going? CEPR Occasional Paper No. 15.

Viñals, J. (1996): European Monetary Integration: A Narrow or a Wide EMU?, in: European Economic Review, Vol. 40, S. 1103 - 1109.

Viñals, J., Jimeno, J. (1998): The Impact of EMU on European Unemployment, Austrian National Bank, Working Paper No. 34.

Viñals, J., Jimeno, J.F. (1996): Monetary Union and European Unemployment, CEPR Discussion Paper No. 1485, October, London.

Viñals, J., Jimeno, J.F. (1997): Monetary Union and European Unemployment, CEPS Paper No. 68, Centre for European Policy Studies, Brussels.

Walsh, C. (1995): Optimal Contracts for Independent Central Bankers, in: American Economic Review, Vol. 85, S. 150 - 167.

Weber, A.A. (1991): European Economic and Monetary Union and Asymmetry and Adjustment Problems in the European Monetary System: Some Empirical Evidence, in: Economic Policy, Special Issue, S. 187 - 207.

Weber, A.A. (1991): EMU and Asymmetries and Adjustment Problems in the EMS - Some Empirical Evidence, in: The Economics of EMU, Background Studies for European Economy No. 44, One Market, One Money, S. 187 - 207.

Weede, E. (1986): Verteilungskoalitionen, Staatstätigkeit und Stagnation, in: Politische Vierteljahresschrift, 27. Jg., S. 222 - 236.

Weede, E. (1986a): Verteilungskonflikte und Arbeitslosigkeit in demokratischen Wohlfahrtsstaaten, in: Jahrbuch für Neue Politische Ökonomie, 5. Bd., S. 140 - 151.

Wei, S.J. (1991): Anticipations of Foreign Exchange Rate Volatility and Bid-Ask Spreads, International Finance Discussion Papers No. 409, Board of Governors of the Federal Reserve System.

Welfens, P.J.J., Jungmittag, A. (1997): Political Economy of EMU and Stabilization Policy, in: *Welfens, P.J.J. (Hrsg.)*, European Monetary Union: Transition, International Impact and Policy Options, New York, Heidelberg, S. 331 - 392.

Werner, H. (1995): EMS Faces Threat of Collapse, in: Financial Times, April 27.

Willett, T.D. (1986): Exchange-Rate Volatility, International Trade, and Resource Allocation: A Perspective on Recent Research, in: Journal of International Money and Finance, Vol. 5, S. 101 - 115.

Williamson, J. (1985): The Exchange Rate System, Institute for International Economics, Washington/DC.

Wyplosz, C. (1994): Demand and Structural Views of Europe's High Unemployment Trap, INSEAD Working Paper Series, No. 57, Fontainebleau, Frankreich.

Zellner, A. (1962): An Efficient Method of Estimating Seemingly Unrelated Regressions and Tests for Aggregation Bias, in: Journal of the American Statistical Association, Vol. 57, S. 348 - 368.

Zivkov-Perl, T. (1989): The Effects of Exchange Rate Variability on U.S. Trade: A Sectoral Analysis, Claremont Graduate School, Ph.D., hier auch unter Perl (1989) zitiert.

Anhang

Seite

Anhang

Anhang zu Kapitel 2

Anhang 1

Batch-Programm zur Lokalisierung von Strukturbrüchen in realen Wechselkursen (Kapitel 2.4)

Beispiel Frankreich
(ähnlich auch für Italien (Sample bis 1996.06) und Großbritannien)

```
 SMPL 1971.03 1996.08
PARAM c(1) 0 c(2) 0 c(3) 0 c(4) 0 c(5) 0 c(6) 0 c(7) 0 c(8) 0 c(9) 0 c(10) 0 c(11) 0 c(12) 0
          c(13) 0 c(14) 0 c(15) 0
 GENR ORD2 = 1
FOR !1=0 TO 308
 SMPL 1971.03 1971.03+!1
 GENR ORD2 = 0
 SMPL 71.03 96.08
  LS DWKRF=c(1)+c(2)*ORD2+C(3)*WKRF(-1)+c(4)*DWKRF(-1)
  +c(5)*DWKRF(-2)+c(6)*DWKRF(-3)+c(7)*DWKRF(-4)+c(8)*DWKRF(-5)
  +c(9)*DWKRF(-6)+c(10)*DWKRF(-7)+c(11)*DWKRF(-8)+c(12)*DWKRF(-9)
  +c(13)*DWKRF(-10)+c(14)*DWKRF(-11)+c(15)*DWKRF(-12)
 SMPL 71.03+!1 71.03+!1
  GENR SCH=6*log(90)/90+log((1/90)*@SSR)
  GENR PERSIST = C(3)
NEXT
```

Anhang 2

Operationalisierung der Reihen

- BWKI für I = F, IT, UK = bilaterale nominale Wechselkurse WD/I bzw. DM/Auslandswährung
- CPII = 'Consumer Price Index (All Items)' für I = F, IT, UK, WD
- F: Frankreich; IT: Italien; UK: Großbritannien; WD: Westdeutschland
- WKRI = log(WRI)
- WRI = bilateraler realer Wechselkurs: BWKI*CPII/CPIWD
  für I = F, IT, UK

Daten

- *Monatsdaten*: RWI - Rheinisch-Westfälisches Institut für
  Wirtschaftsforschung, IMF -
  International Financial Statistics
- *Jahresdaten*: EU-Kommission (1995)
- Eigene Berechnungen

Anhang zu Kapitel 5

Variablenliste

D(EXPECU)	jährliche Änderung (Wachstumsrate) der Exporte in konstanten 1990 Ecus (EXPECU)
D(EXPECUAV)	Änderung des europ. Durchschnitts der Exporte in konstanten Ecus (EU15=Ameco E5 (1960-74), E8 (1975-90), E9 (1991-95))
D(EXPECUDIFF)	jährliche Änderung der Abweichungen der Exporte in konstanten Ecus von ihrem europäischen Durchschnitt (DEXPECU - DEXPECUAV)
EMPLMAN	Beschäftigung in der verarbeitenden Industrie (Index)
D(IMPEU)	Änderung der Intra-EU Importe von Gütern zu laufenden Preisen
D(USINTS)	Änderung des U.S.-amerikanischen nominalen kurzfristigen Zinssatzes
D(WDGOVDEFC)	Änderung der 'general government structural balance'
EMPLMANEU	EU-durchschnittliche Beschäftigung in der verarbeitenden Industrie (Index), EU=BE+DK+FR+IR+IT+NL+UK+WD (Beschränkungen der Datenverfügbarkeitfür andere EU-Länder)
EU15UE	EU-durchschnittliche Arbeitslosenrate (EU15=Ameco E5 (1960-74), E8 (1975-90), E9 (1991-95))
EWS	EWS-Dummy
EXPECU	Exporte von Gütern und Dienstleistungen in Preisen von 1990 (Milliarden Ecu)
EXPGDP	gesamte Exporte von Gütern in Prozent des BIP
EXPGDPDIFF	gesamte Exporte von Gütern in Prozent des BIP, Abweichungen vom europäischen Durchschnitt (E5EXPGDP)
EXPGDPEU	intra-europäische (EU15) Exporte von Gütern in Prozent des BIP
EXPCONTR	Beitrag der Exporte von Gütern und Dienstleistungen zum BIP-Wachstum zu konstanten Marktpreisen (in % des BIP des vorhergehenden Jahres)
EXPCONTRDIFF	Beitrag der Exporte von Gütern und Dienstleistungen zum BIP-Wachstum zu konstanten Marktpreisen (in % des BIP des vorhergehenden Jahres), Abweichung vom europäischen Durchschnitt (E8EXPCONTR)
E5EXPGDP	gesamte Exporte von Gütern in Prozent des BIP, EU-Durchschnitt (AMECO E5)
E8EXPCONTR	Beitrag der Exporte von Gütern und Dienstleistungen zum BIP-Wachstum zu konstanten Marktpreisen (in % des BIP des vorhergehenden Jahres), EU-Durchschnitt (AMECO E8)

GOVDEF	Nettoausleihungen (+) oder Nettokreditaufnahme (-) des 'general government' (in % des BIP zu Marktpreisen)
GOVDEFC	'general government structural balance' (Überschuß (+), Defizit (-))
INTL	nominaler langfristiger Zinssatz nach AMECO-Definition
INTS	nominaler kurzfristiger Zinssatz nach AMECO-Definition
INV	Bruttoanlageinvestitionen (gesamtwirtschaftlich, in Preisen von 1990)
REER	realer effektiver Wechselkurs relativ zu dem Rest von 14 EU-Ländern (1991=100, doppelte Exportgewichte, Lohnstückkosten), steigender Index bedeutet Aufwertung der betreffenden Währung
RESEXPECUF	Schockkomponente von EXPECU
RESEXPGDPEUF	Schockkomponente von EXPGDPEU
SPREAD	nationale Zinsspanne INTL-INTS
UE	Arbeitslosenrate

Daten

- AMECO (EU-Kommission)
- International Financial Statistics (Internationaler Währungsfonds)
- Eigene Berechnungen

Anhang 1a

Geschätzte Exportnachfragegleichungen (DEXPECU)

LS // Dependent Variable is DBEEXPECU
Sample(adjusted): 1963 1996
Included observations: 34 after adjusting endpoints

Variable	Coefficient	Std. Error	t-Statistic	Prob.
C	3.462347	0.796349	4.347775	0.0002
DBEEXPECU(-2)	0.491160	0.119305	4.116831	0.0003
D83	-5.358391	2.296791	-2.332990	0.0271
D85	-5.267907	2.286050	-2.304371	0.0288
DGDPEU15	2.320083	0.255866	9.067571	0.0000
DGDPEU15(-1)	1.917525	0.305927	6.267914	0.0000

R-squared	0.777652	Mean dependent var	5.666973
Adjusted R-squared	0.737947	S.D. dependent var	4.355876
S.E. of regression	2.229822	Akaike info criterion	1.762629
Sum squared resid	139.2190	Schwarz criterion	2.031987
Log likelihood	-72.20860	F-statistic	19.58572
Durbin-Watson stat	1.835570	Prob(F-statistic)	0.000000

LS // Dependent Variable is DDKEXPECU
Sample(adjusted): 1962 1996
Included observations: 35 after adjusting endpoints

Variable	Coefficient	Std. Error	t-Statistic	Prob.
C	5.287208	0.399794	13.22482	0.0000
D75	-6.800426	2.387389	-2.848478	0.0079
D86	-5.386862	2.298731	-2.343406	0.0259
D93	-6.423151	2.328801	-2.758137	0.0098
DGDPEU15	0.249134	0.242050	1.029268	0.3116

R-squared	0.448424	Mean dependent var	4.726297
Adjusted R-squared	0.374881	S.D. dependent var	2.860403
S.E. of regression	2.261562	Akaike info criterion	1.763675
Sum squared resid	153.4399	Schwarz criterion	1.985868
Log likelihood	-75.52716	F-statistic	6.097412
Durbin-Watson stat	1.954357	Prob(F-statistic)	0.001028

LS // Dependent Variable is DESEXPECU
Sample(adjusted): 1963 1996
Included observations: 34 after adjusting endpoints

Variable	Coefficient	Std. Error	t-Statistic	Prob.
C	6.150268	1.480656	4.153746	0.0002
D67	-12.22870	5.031096	-2.430625	0.0213
DESEXPECU(-2)	0.269483	0.151071	1.783824	0.0846
DGDPEU15	1.292830	0.514233	2.514095	0.0175

R-squared	0.332596	Mean dependent var	7.823238
Adjusted R-squared	0.265856	S.D. dependent var	5.773077
S.E. of regression	4.946500	Akaike info criterion	3.307491
Sum squared resid	734.0357	Schwarz criterion	3.487063
Log likelihood	-100.4713	F-statistic	4.983438
Durbin-Watson stat	1.335085	Prob(F-statistic)	0.006353

LS // Dependent Variable is DFINEXPECU
Sample(adjusted): 1962 1996
Included observations: 35 after adjusting endpoints

Variable	Coefficient	Std. Error	t-Statistic	Prob.
C	3.906312	1.020844	3.826551	0.0006
D75	-14.79774	4.357212	-3.396149	0.0020
D91	-9.203771	4.110201	-2.239251	0.0330
D9293	9.586711	3.009274	3.185722	0.0034
DFINEXPECU(-1)	0.315199	0.123244	2.557516	0.0160
DGDPEU15	1.410728	0.460329	3.064610	0.0047

R-squared	0.653398	Mean dependent var	5.276338
Adjusted R-squared	0.593639	S.D. dependent var	6.154357
S.E. of regression	3.923186	Akaike info criterion	2.888613
Sum squared resid	446.3503	Schwarz criterion	3.155244
Log likelihood	-94.21358	F-statistic	10.93387
Durbin-Watson stat	1.710370	Prob(F-statistic)	0.000006

LS // Dependent Variable is DFREXPECU
Sample(adjusted): 1963 1996
Included observations: 34 after adjusting endpoints

Variable	Coefficient	Std. Error	t-Statistic	Prob.
C	2.375688	0.894646	2.655450	0.0131
D82	-5.763211	2.464723	-2.338280	0.0270
D8586	-6.576324	1.721604	-3.819882	0.0007
DFREXPECU(-1)	0.406581	0.133354	3.048891	0.0051
DFREXPECU(-2)	0.333685	0.142255	2.345672	0.0266
DGDPEU15	1.346086	0.272728	4.935646	0.0000
DGDPEU15(-1)	1.279472	0.316658	4.040546	0.0004

R-squared	0.737207	Mean dependent var	6.013484
Adjusted R-squared	0.678809	S.D. dependent var	4.115118
S.E. of regression	2.332190	Akaike info criterion	1.874857
Sum squared resid	146.8560	Schwarz criterion	2.189107
Log likelihood	-73.11647	F-statistic	12.62377
Durbin-Watson stat	1.953002	Prob(F-statistic)	0.000001

LS // Dependent Variable is DGREXPECU
Sample(adjusted): 1964 1996
Included observations: 33 after adjusting endpoints

Variable	Coefficient	Std. Error	t-Statistic	Prob.
C	9.718244	1.204805	8.066237	0.0000
D68	-12.10948	6.697531	-1.808052	0.0818
D8182	-15.31405	4.749746	-3.224184	0.0033
D90	-14.07035	6.627065	-2.123165	0.0431
DGDPEU15	1.628918	0.737064	2.210009	0.0358
DGDPEU15(-2)	1.352038	0.732939	1.844681	0.0761

R-squared	0.459742	Mean dependent var	7.729893
Adjusted R-squared	0.359694	S.D. dependent var	8.063044
S.E. of regression	6.451975	Akaike info criterion	3.891738
Sum squared resid	1123.955	Schwarz criterion	4.163830
Log likelihood	-105.0387	F-statistic	4.595227
Durbin-Watson stat	1.453019	Prob(F-statistic)	0.003671

LS // Dependent Variable is DIREXPECU
Sample(adjusted): 1962 1996
Included observations: 35 after adjusting endpoints

Variable	Coefficient	Std. Error	t-Statistic	Prob.
C	9.440148	1.405129	6.718348	0.0000
D70	8.763078	4.141057	2.116145	0.0427
D84	8.038856	4.090496	1.965252	0.0587
DIREXPECU(-1)	-0.194656	0.142307	-1.367855	0.1815
DGDPEU15	0.515777	0.415275	1.242013	0.2239

R-squared	0.291581	Mean dependent var	8.199894
Adjusted R-squared	0.197125	S.D. dependent var	4.482366
S.E. of regression	4.016348	Akaike info criterion	2.912310
Sum squared resid	483.9315	Schwarz criterion	3.134502
Log likelihood	-95.62826	F-statistic	3.086953
Durbin-Watson stat	1.429497	Prob(F-statistic)	0.030523

LS // Dependent Variable is DITEXPECU
Sample(adjusted): 1962 1996
Included observations: 35 after adjusting endpoints

Variable	Coefficient	Std. Error	t-Statistic	Prob.
C	5.543889	0.889407	6.233241	0.0000
D65	11.36985	3.087951	3.682004	0.0009
D80	-15.16455	3.101066	-4.890109	0.0000
D82	-8.629248	3.040619	-2.837990	0.0082
DITEXPECU(-1)	0.222148	0.105261	2.110447	0.0436
DGDPEU15	0.565049	0.315032	1.793621	0.0833

R-squared	0.665318	Mean dependent var	6.662281
Adjusted R-squared	0.607614	S.D. dependent var	4.760733
S.E. of regression	2.982157	Akaike info criterion	2.340099
Sum squared resid	257.9046	Schwarz criterion	2.606730
Log likelihood	-84.61458	F-statistic	11.52988
Durbin-Watson stat	2.083981	Prob(F-statistic)	0.000003

LS // Dependent Variable is DNLEXPECU
Sample(adjusted): 1962 1996
Included observations: 35 after adjusting endpoints

Variable	Coefficient	Std. Error	t-Statistic	Prob.
C	2.494931	0.552152	4.518562	0.0001
D77	-7.817812	1.817200	-4.302120	0.0002
D82	-6.081719	1.805984	-3.367537	0.0022
D86	-4.807276	1.785048	-2.693079	0.0116
DNLEXPECU(-1)	0.689155	0.083765	8.227266	0.0000
DGDPEU15	1.778227	0.197374	9.009423	0.0000

R-squared	0.834740	Mean dependent var	5.569090
Adjusted R-squared	0.806247	S.D. dependent var	3.987884
S.E. of regression	1.755362	Akaike info criterion	1.280155
Sum squared resid	89.35753	Schwarz criterion	1.546786
Log likelihood	-66.06555	F-statistic	29.29626
Durbin-Watson stat	1.880263	Prob(F-statistic)	0.000000

LS // Dependent Variable is DPOEXPECU
Sample(adjusted): 1962 1996
Included observations: 35 after adjusting endpoints

Variable	Coefficient	Std. Error	t-Statistic	Prob.
C	3.823557	1.497370	2.553516	0.0160
D64	25.53377	7.123509	3.584437	0.0012
D79	19.47339	7.065944	2.755951	0.0099
DPOEXPECU(-1)	0.364967	0.127034	2.872985	0.0074
DGDPEU15	2.313802	0.756261	3.059529	0.0046

R-squared	0.561368	Mean dependent var	7.479500
Adjusted R-squared	0.502884	S.D. dependent var	9.826530
S.E. of regression	6.928340	Akaike info criterion	4.002804
Sum squared resid	1440.057	Schwarz criterion	4.224997
Log likelihood	-114.7119	F-statistic	9.598612
Durbin-Watson stat	1.522523	Prob(F-statistic)	0.000040

LS // Dependent Variable is DUKEXPECU
Sample(adjusted): 1963 1996
Included observations: 34 after adjusting endpoints

Variable	Coefficient	Std. Error	t-Statistic	Prob.
C	3.330405	0.648661	5.134278	0.0000
D68	5.962196	2.328347	2.560700	0.0164
D74	6.156590	2.509867	2.452955	0.0209
D88	-5.316704	2.304817	-2.306779	0.0290
DUKEXPECU(-2)	0.215841	0.128918	1.674254	0.1056
DGDPEU15	1.204986	0.261241	4.612540	0.0001
DGDPEU15(-1)	1.126061	0.263318	4.276436	0.0002

R-squared	0.649649	Mean dependent var	4.185796
Adjusted R-squared	0.571793	S.D. dependent var	3.420419
S.E. of regression	2.238237	Akaike info criterion	1.792618
Sum squared resid	135.2621	Schwarz criterion	2.106869
Log likelihood	-71.71842	F-statistic	8.344255
Durbin-Watson stat	2.393383	Prob(F-statistic)	0.000036

LS // Dependent Variable is DWDEXPECU
Sample(adjusted): 1962 1994
Included observations: 33 after adjusting endpoints

Variable	Coefficient	Std. Error	t-Statistic	Prob.
C	5.230151	0.993318	5.265332	0.0000
D75	-13.61327	2.966248	-4.589392	0.0001
D83	-7.736257	2.851115	-2.713415	0.0117
D86	-8.335845	2.863211	-2.911362	0.0073
D93	-7.798685	2.924823	-2.666378	0.0130
DWDEXPECU(-1)	0.308234	0.151359	2.036444	0.0520
DGDPEU15	0.625419	0.378513	1.652305	0.1105

R-squared	0.648540	Mean dependent var	5.806537
Adjusted R-squared	0.567434	S.D. dependent var	4.245197
S.E. of regression	2.792057	Akaike info criterion	2.239388
Sum squared resid	202.6851	Schwarz criterion	2.556829
Log likelihood	-76.77488	F-statistic	7.996178
Durbin-Watson stat	1.835706	Prob(F-statistic)	0.000060

Anhang 1b

Geschätzte Exportnachfrageschocks

(Definitionen siehe Text)

a) RESEXPECUF

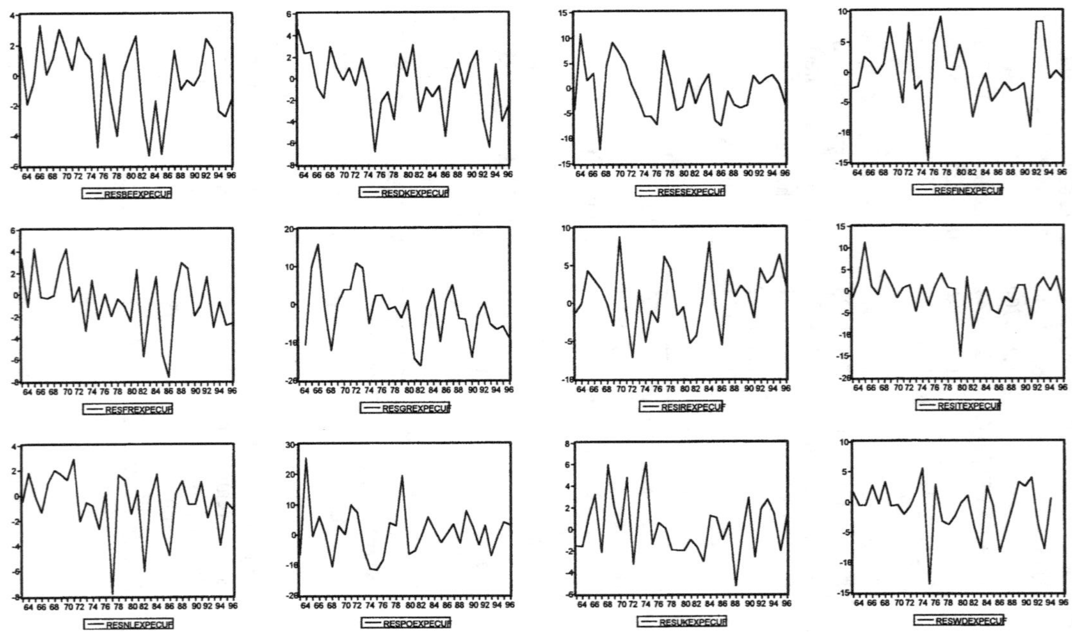

b) RESEXPGDPEUF

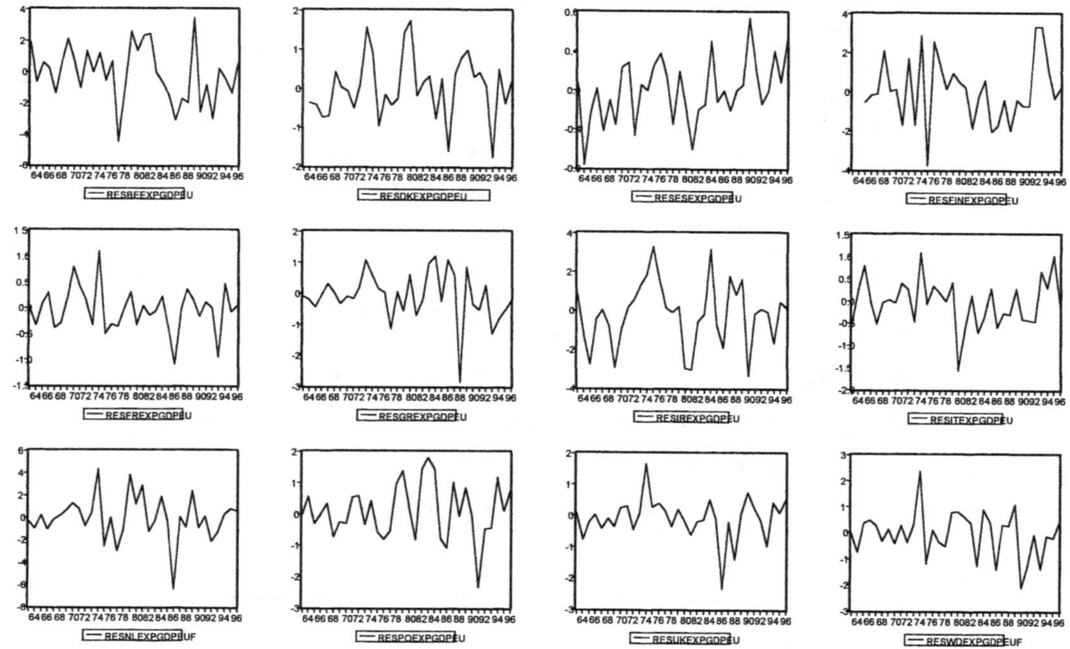

Die Länderdaten erscheinen in der Reihenfolge: BE: Belgien; DE: Deutschland; DK: Dänemark; ES: Spanien; FR: Frankreich; GR: Griechenland; IR: Irland; IT: Italien; NL: Niederlande; PO: Portugal; UK: Großbritannien.

Anhang 2: Beschreibende Statistik für Zeitreihen

Beschreibende Statistik für die Jahresänderungen der Exporte in konstanten Ecu (D(EXPECU))

	BE	DK	ES	FIN	FR	GR	IR	IT	NL	PO	UK	WD
Mean	5.87	4.70	7.94	5.24	5.87	7.97	8.53	6.87	5.48	7.27	4.09	5.78
Median	5.59	4.69	7.55	5.11	5.99	7.95	8.53	7.11	5.40	8.01	4.37	6.66
Maximum	14.21	9.84	22.07	15.58	14.96	26.83	20.07	18.28	14.06	34.29	11.99	11.95
Minimum	-8.58	-2.19	-4.92	-14.93	-1.75	-8.13	-4.65	-8.94	-3.19	-19.19	-3.33	-6.56
Std. Dev.	4.32	2.82	5.65	6.24	4.06	8.20	4.84	4.85	3.97	9.77	3.35	4.18
Skewness	-0.60	-0.50	0.19	-0.82	0.08	0.22	-0.22	-0.71	0.05	0.04	0.19	-0.89
Kurtosis	4.79	2.83	2.91	4.58	2.85	2.44	3.54	4.85	2.60	4.69	2.90	3.64
Jarque-Bera	7.00	1.52	0.22	7.39	0.07	0.75	0.71	8.16	0.26	4.28	0.24	5.08
Probability	0.03	0.47	0.89	0.02	0.96	0.69	0.70	0.02	0.88	0.12	0.89	0.08
Observations	36	36	36	34	36	36	36	36	36	36	36	34
Sample:	1960-1996											

BE: Belgien; DE: Deutschland; DK: Dänemark; ES: Spanien; FR: Frankreich; GR: Griechenland; IR: Irland; IT: Italien; NL: Niederlande; PO: Portugal; UK: Großbritannien.

Beschreibende Statistik für die Jahresänderungen der Arbeitslosenrate (D(UE))

	BE	DK	ES	FIN	FR	GR	IR	IT	NL	PO	UK	WD
Mean	0.19	0.12	0.56	0.41	0.28	0.08	0.21	0.17	0.18	0.16	0.20	0.16
Median	0.05	0.05	0.40	0.15	0.20	0.10	-0.10	0.25	0.01	0.04	0.05	0.00
Maximum	2.10	3.10	4.30	5.20	1.60	1.80	2.80	1.30	3.00	2.70	3.30	1.70
Minimum	-1.40	-1.90	-2.30	-1.80	-0.80	-1.10	-1.40	-0.90	-2.20	-1.50	-1.90	-0.80
Std. Dev.	0.83	1.04	1.37	1.59	0.53	0.64	1.02	0.55	0.97	0.80	0.98	0.66
Skewness	0.53	0.24	0.56	1.47	0.36	0.49	0.64	-0.16	1.05	0.84	0.70	0.91
Kurtosis	2.86	3.81	3.15	4.97	3.10	3.54	2.72	2.45	5.35	4.88	4.40	2.83
Jarque-Bera	1.72	1.35	1.90	17.72	0.78	1.89	2.57	0.62	14.91	9.56	5.91	4.87
Probability	0.42	0.51	0.39	0.00	0.68	0.39	0.28	0.74	0.00	0.01	0.05	0.09
Observations	36	36	36	34	36	36	36	36	36	36	36	35
Sample:	1960-1996											

BE: Belgien; DE: Deutschland; DK: Dänemark; ES: Spanien; FR: Frankreich; GR: Griechenland; IR: Irland; IT: Italien; NL: Niederlande; PO: Portugal; UK: Großbritannien.

Beschreibende Statistik für die Jahresänderungen der Abweichungen der nationalen Arbeitslosenraten vom EU-Durchschnitt (D(UEDIFF))

	BE	DK	ES	FIN	FR	GR	IR	IT	NL	PO	UK	WD
Mean	-0.04	-0.12	0.33	0.16	0.05	-0.15	-0.02	-0.06	-0.05	-0.07	-0.03	-0.07
Median	-2.22E-16	-0.08	0.20	0.02	0.10	-0.10	-0.05	-0.05	4.44E-16	0.05	0.05	-0.05
Maximum	0.80	2.00	2.80	4.10	1.00	0.80	1.30	1.00	1.80	1.60	1.70	0.90
Minimum	-1.00	-2.30	-1.60	-1.71	-0.50	-1.40	-1.40	-1.30	-2.70	-1.90	-1.30	-1.10
Std. Dev.	0.44	0.97	0.95	1.32	0.29	0.54	0.74	0.63	0.77	0.72	0.64	0.45
Skewness	-0.01	0.03	0.69	1.33	0.61	-0.38	0.08	-0.08	-0.75	-0.26	0.31	0.06
Kurtosis	2.23	3.27	3.19	4.59	4.59	2.58	2.17	1.86	6.05	3.20	3.56	2.67
Jarque-Bera	0.89	0.12	2.92	13.67	5.96	1.15	1.06	2.00	17.34	0.47	1.05	0.18
Probability	0.64	0.94	0.23	0.00	0.05	0.56	0.59	0.37	0.00	0.79	0.59	0.91
Observations	36	36	36	34	36	36	36	36	36	36	36	35
Sample:	1960 1996											

BE: Belgien; DE: Deutschland; DK: Dänemark; ES: Spanien; FR: Frankreich; GR: Griechenland; IR: Irland; IT: Italien; NL: Niederlande; PO: Portugal; UK: Großbritannien.

Anhang 3

Integrationstests für ausgewählte Variablen

Anmerkungen: ADF: empirischer Wert der ADF-Teststatistik (McKinnon (1991)); PP: empirischer Wert der Phillips-Perron-Testgröße (Phillips, Perron (1988)); */**/***: Stationarität angezeigt für α=0,10/0,05/0,01; N/C/C,T: weder Konstante noch Trend/Konstante/Konstante und Trend in der Testgleichung; Stützzeitraum: maximal 1960-1996. Zwei verzögerte Differenzen (ADF) bzw. zwei 'truncation lags' (PP) hinreichend für wünschenswerte Eigenschaften der Residuen. /: kann nicht berechnet werden. n.v.: nicht verfügbar.

Die folgenden Ergebnistableaus sind als *ausgewählte Beispiele* zu verstehen. Die Ergebnisse der Integrationstests der übrigen in Kapitel 5 verwendeten Variablen sind auf Anfrage erhältlich.

Tab. A1 - *Integrationstests für GDPEU15*

Variable	ADF(N)	ADF(C)	ADF(C,T)	PP(N)	PP(C)	PP(C,T)
GDPEU15	-1.28	-1.88	-2.74	-1.69	-3.20**	-4.13**
DGDPEU15	-4.61***	-4.65***	-4.58***	-18.79***	-31.14***	-31.59***

Tab. A2 - *Integrationstests für EXPECU*

Variable	ADF(N)	ADF(C)	ADF(C,T)	PP(N)	PP(C)	PP(C,T)
BEEXPECU	4.07	2.46	0.09	8.80	3.37	-0.03
DKEXPECU	3.99	2.16	-0.71	8.05	2.42	-1.27
ESEXPECU	3.47	2.66	1.15	9.02	4.82	2.21
FINEXPECU	2.88	1.27	-1.74	3.93	1.34	-1.36
FREXPECU	3.09	1.37	-1.74	6.44	2.24	-1.84
GREXPECU	2.69	1.13	-2.02	4.62	1.69	-1.92
IREXPECU	4.14	4.41	4.29	18.16	16.39	13.46
ITEXPECU	2.89	1.97	0.51	6.69	3.10	1.78
NLEXPECU	3.20	1.61	-0.70	6.62	2.12	-1.12
POEXPECU	3.24	1.98	-0.11	8.33	4.27	0.90
UKEXPECU	3.51	1.92	-0.44	7.09	2.42	-0.82
WDEXPECU	4.28	2.58	0.50	11.75	4.56	-0.12

Tab. A3 - *Integrationstests für DEXPECU*

Variable	ADF(N)	ADF(C)	ADF(C,T)	PP(N)	PP(C)	PP(C,T)
DBEEXPECU	-1.92*	-4.13***	-4.80***	-2.57**	-5.23***	-5.71***
DDKEXPECU	-1.45	-3.97***	-4.85***	-2.04**	-5.40***	-6.02***
DESEXPECU	-1.33	-3.61**	-4.37***	-2.11**	-5.38***	-5.85***
DFINEXPECU	-1.74*	-3.49**	-3.49*	-2.79***	-4.21***	-4.13**
DFREXPECU	-1.30	-2.85*	-3.78**	-1.36	-3.43**	-3.79**
DGREXPECU	-1.64*	-3.07**	-3.82**	-3.77***	-5.40***	-5.82***
DIREXPECU	-0.46	-3.68***	-3.80**	-3.02***	-8.35***	-9.23***
DITEXPECU	-1.63	-3.22**	-3.42*	-2.42**	-4.81***	-5.00***
DNLEXPECU	-1.42	-2.91*	-3.46*	-1.85*	-4.27***	-4.57***
DPOEXPECU	-2.37**	-3.92***	-4.01**	-3.31***	-4.50***	-4.55***
DUKEXPECU	-1.65*	-4.12***	-4.11**	-3.25***	-5.72***	-5.64***
DWDEXPECU	-1.15	-3.23**	-3.49**	-2.32**	-5.38***	-5.61***

Tab. A4 - *Integrationstests für UE*

Variable	ADF(N)	ADF(C)	ADF(C,T)	PP(N)	PP(C)	PP(C,T)
BEUE	0.41	-0.98	-2.02	0.27	-0.88	-2.21
DKEUE	-0.16	-1.27	-2.21	-0.23	-1.25	-1.96
ESUE	0.96	-0.47	-1.99	0.92	-0.40	-2.20
FINUE	1.11	0.04	-1.69	0.32	-0.84	-2.13
FRUE	1.42	-0.20	-2.52	2.03	-2.02	-2.36
GRUE	0.42	-0.91	-1.54	0.05	-0.97	-1.69
IRUE	0.45	-1.10	-1.82	0.57	-0.92	-1.87
ITUE	2.24	0.41	-3.05	3.35	1.73	-3.20*
NLUE	0.08	-1.35	-1.45	0.17	-1.19	-1.47
POUE	-0.06	-1.63	-2.23	0.01	-1.57	-2.02
UKUE	0.35	-0.96	-1.69	0.25	-1.09	-1.56
WDUE	0.39	-0.86	-2.39	0.48	-0.67	-2.33

Tab. A5 - *Integrationstests für DUE*

Variable	ADF(N)	ADF(C)	ADF(C,T)	PP(N)	PP(C)	PP(C,T)
DBEUE	-3.27***	-3.45**	-3.38*	-2.76***	-2.82*	-2.72
DDKEUE	-3.96***	-3.98***	-3.92**	-3.76***	-3.69***	-3.64**
DESUE	-3.15***	-3.69***	-3.59***	-2.58**	-2.71*	-2.62
DFINUE	-3.38***	-3.70***	-3.97**	-2.95***	-3.00**	-2.96
DFRUE	-2.71***	-3.53**	-3.48*	-3.75***	-4.28***	-4.19**
DGRUE	-3.26**	-3.33**	-3.31*	-2.21**	-2.18	-2.27
DIRUE	-3.62***	-3.75***	-3.70**	-3.18***	-3.17**	-3.10
DITUE	-4.39***	-5.14***	-5.24***	-3.699***	-20.54***	/
DNLUE	-3.89***	-4.01***	-4.02**	-4.41***	-4.48***	-4.46***
DPOUE	-3.17***	-3.21**	-3.16	-3.28***	-3.29**	-3.23*
DUKUE	-4.48***	-4.61***	-4.55***	-2.84***	-3.20**	-3.61**
DWDUE	-3.97***	-4.15***	-4.08**	-2.72***	-2.77*	-2.66

Tab. A6 - *Integrationstests für EMPLMAN*

Variable	ADF(N)	ADF(C)	ADF(C,T)	PP(N)	PP(C)	PP(C,T)
EMPLMANBE	-1.80*	-0.39	-2.23	-1.58	-0.04	-2.64
EMPLMANDK	-1.05	-1.72	-1.84	-1.25	-1.91	-1.91
EMPLMANES	-0.54	-1.78	-2.23	-1.81	-2.22	-2.28
EMPLMANFIN	-0.32	-0.92	-0.44	-0.30	-1.20	-1.12
EMPLMANFR	-1.09	0.10	-1.74	-0.98	0.27	-1.54
EMPLMANGR			n.v.			
EMPLMANIR	1.26	-1.24	-1.91	1.57	-1.66	-2.11
EMPLMANIT	-0.50	-1.04	-1.25	-0.36	-1.20	-1.24
EMPLMANNL	-2.09**	-1.36	-1.67	-1.78	-0.55	-2.22
EMPLMANPO	-1.01	-2.00	-4.26**	-0.58	-1.21	-2.22
EMPLMANUK	-2.76***	-1.31	-1.55	-3.32***	-1.01	-1.75
EMPLMANWD	-1.42	-0.32	-2.42	-1.35	-0.03	-2.31

Tab. A7 - *Integrationstests für DEMPLMAN*

Variable	ADF(N)	ADF(C)	ADF(C,T)	PP(N)	PP(C)	PP(C,T)
DEMPLMANBE	-2.52**	-3.13**	-3.01	-2.95***	-3.50**	-3.40*
DEMPLMANDK	-4.09***	-4.19***	-4.15**	-4.13***	-4.06***	-3.94**
DEMPLMANES	-2.26**	-2.20	-2.11	-2.34**	-2.24	-2.02
DEMPLMANFIN	-3.66***	-3.61**	-4.69***	-2.76***	-2.72*	-2.79
DEMPLMANFR	-2.49**	-2.73*	-3.54**	-2.43**	-2.62*	-3.34*
DEMPLMANGR			n.v.			
DEMPLMANIR	-2.96***	-3.30**	-3.16	-3.13***	-3.43**	-3.29*
DEMPLMANIT	-3.00***	-2.99**	-3.39*	-3.29***	-3.26**	-3.56**
DEMPLMANNL	-2.30**	-3.00**	-2.94	-3.58***	-4.17***	-4.05**
DEMPLMANPO	-1.89*	-2.04	-1.90	-2.46**	-2.45	-2.61
DEMPLMANUK	-2.14**	-3.38**	-3.46*	-2.42**	-3.00**	-2.94
DEMPLMANWD	-4.96***	-5.22***	-5.23***	-3.26***	-3.43**	-3.35*

Tab. A8 - *Integrationstests für REER*

Variable	ADF(N)	ADF(C)	ADF(C,T)	PP(N)	PP(C)	PP(C,T)
BEREER	-0.25	-2.68*	-2.86	-0.26	-2.34	-2.31
DEREER	-1.86	0.28	-1.83	0.47	-2.30	-2.27
DKREER	0.42	-2.35	-2.19	0.55	-2.34	-2.15
ESREER	0.24	-3.06**	-3.53*	0.30	-2.34	-2.44
FINREER	-0.67	-1.93	-1.93	-0.48	-2.48	-2.51
FRREER	-1.09	-1.41	-2.40	-1.21	-1.30	-2.66
GRREER	-1.08	-2.24	-1.39	-1.79*	-2.86*	-1.62
IRREER	-0.71	-1.42	-2.31	-0.79	-1.44	-2.08
ITREER	-0.24	-2.53	-2.48	-0.34	-2.04	-1.99
NLREER	0.29	-2.10	-2.00	0.41	-2.20	-1.87
POREER	-0.09	-1.54	-1.40	-0.25	-1.79	-1.59
UKREER	-0.71	-2.55	-2.48	-2.06	-2.04	-0.76

Tab. A9 - *Integrationstests für D(INV)*

Variable	ADF(N)	ADF(C)	ADF(C,T)	PP(N)	PP(C)	PP(C,T)
DINVBE	-4.21***	-4.17***	-4.11**	-11.35***	-11.20***	-11.07***
DINVDK	-4.60***	-4.53***	-4.56***	-14.87***	-14.59***	-14.96***
DINVES	-4.34***	-4.32***	-4.29***	-6.45***	-6.33***	-6.20***
DINVFIN	-3.53***	-3.46**	-3.38*	-5.23***	-5.16***	-5.14***
DINVFR	-3.35***	-3.33**	-3.32*	-7.45***	-7.38***	-7.30***
DINVGR	-6.36***	-6.28***	-6.25***	/	/	/
DINVIR	-5.00***	-4.91***	-4.95***	-15.70***	-15.47***	-18.15***
DINVIT	-5.21***	-5.05***	-4.95***	-8.76***	-8.48***	--8.29***
DINVNL	-4.79***	-4.74***	-4.73***	-13.87***	-13.63***	-13.49***
DINVPO	-4.90***	-4.81***	-4.72***	-8.80***	-8.56***	-8.32***
DINVUK	-4.93***	-4.87***	-4.84***	-13.29***	-12.91***	-12.62***
DINVWD	-5.03***	-5.00***	-4.89***	-6.98***	-6.85***	-6.67***

Anhang zu Kapitel 6

Anhang zu Abschnitt 6.5.

Variablenliste

EXV	Wechselkursvariabilität der DM (gewichtete Summe der Jahres-Standardabweichungen log. *Monatsänderungen* bilateraler *nominaler* Intra-ERM-Wechselkurse der DM
UEWD	Arbeitslosenrate
OCCWD	Wachstumsrate der beschäftigten Bevölkerung
UCL	Realer effektiver DM-Wechselkurs (deflationiert mit relativen Lohnstückkosten)
EXDMDL	DM/$-Wechselkursvariabilität
INTWD	kurzfristiger Zinssatz nach AMECO-Definition
OIL	Ölpreis (Kassakurs in U.S.-Dollar pro Barrel, 'average crude prices')

Jeweils für Westdeutschland ermittelt. Differenzen werden mit D, Logarithmen mit L bezeichnet.

Operationalisierung der Zeitreihen

- BWKI für I = B, D, F, IR, IT, NL = bilaterale nominale Wechselkurse WD/I bzw. DM/Auslandswährung
- EX=(0.16317*BWKB+0.03963*BWKD+0.32634*BWKF+ 0.01865*BWKIR+0.27506*BWKIT+0.17483*BWKNL)*100
- EXDMDL=σ_t(LWKGER$_{j,t}$-LWKGER$_{j-1}$) für j = 01, ... , 12 und t = 1971, ..., 1995
- EXN=EX*100/0.393354
- EXV=(0.16317*VWKB+0.03963*VWKD+0.32634*VWKF+ 0.01865*VWKIR+0.27506*VWKIT+0.17483*VWKNL)*100

- UCL=EXN/NULCWD
- VWKI=σ_t(LBWKI$_{j,t}$-LBWKI$_{j-1}$) für I = B, D, F, IR, IT, NL j=01, ... , 12 und t = 1971, ... , 1995
- B: Belgien und Luxemburg; D: Dänemark; F: Frankreich; IR: Irland; IT: Italien; NL: Niederlande; UK: Großbritannien; WD: Westdeutschland

Ergebnisse der Integrationstests für die verwendeten Zeitreihen

Reihe	ADF(N)	ADF(C)	ADF(C,T)	PP(N)	PP(C)	PP(C,T)
EXV	-1.477821	-2.125274	-0.174851	-1.162886	-3.087210**	-3.273890*
UEWD	0.260672	-2.376921	-1.831485	0.150534	-1.752747	-1.857979
LUEWD	-0.077195	-4.932595***	-4.342179**	-0.084431	-3.154860**	-2.139192
OCCWD	-2.665094**	-2.821101*	-3.956720**	-2.454059**	-2.497728	-2.504305
INTWD	-1.434064	-3.899605***	-3.748745**	-0.851365	-2.577015	-2.533750
LINTWD	-1.010094	-3.906076***	-3.833273**	-0.570585	-2.531483	-2.478829
OIL	-0.445699	-2.410779	-2.039960	-0.482550	-2.005695	-1.607495
LOIL	0.214511	-4.232133***	-3.476349*	0.300887	-3.078365**	-1.958447
UCL	-2.678964***	-1.979494	-2.440546	-5.041898***	/	/
LUCL	-0.990898	-1.458636	-2.355620	-2.507722**	-5.746673***	-5.192182***
EXDMDL	-0.943544	-3.553123**	-3.742917**	-0.219352	-4.643719***	-4.502122***

ADF: empirischer Wert der ADF-Testgröße (u.a. Dickey, Fuller (1979)); PP: empirischer Wert der Phillips-Perron-Testgröße (Phillips, Perron (1988)); */**/***: Stationarität für α=0,10/0,05/0,01 angezeigt; N/C/C,T: weder Konstante noch Trend/Konstante/Konstante und Trend in der Schätzgleichung; Sample: maximal 1971-1995. Zwei verzögerte Differenzen (ADF) bzw. zwei 'truncation lags' (PP) erweisen sich als ausreichend, um wünschenswerte Eigenschaften der Testgleichungsresiduen zu erlangen. Für die ersten Differenzen der Reihen kann die Hypothese der Nichtstationarität generell verworfen werden.

Daten

- *Monatsdaten*: RWI - Rheinisch-Westfälisches Institut für Wirtschaftsforschung, 'International Financial Statistics' (Internationaler Währungsfonds)
- *Jahresdaten*: EU-Kommission (1995a)
- Eigene Berechnungen

Anhang zu Abschnitt 6.6.

Variablenliste

DEXPECU	Jährliche prozentuale Änderung von EXPECU (vgl. Kapitel 5)
DGDP	Wachstum des realen BIP (in Preisen von 1990)
EMPLMAN	Beschäftigung in der verarbeitenden Industrie (Index)
EXV	Nominale multilaterale Wechselkursvariabilität gegenüber 7 ERM-Währungen
EXVD	Nominale bilaterale Wechselkursvariabilität gegenüber dem Dollar
INDPROD	industrielle Produktion, 'construction' ausgeschlossen (jährliche prozentuale Änderung)
INTL	Nominaler langfristiger Zinssatz nach AMECO-Definition
INTS	Nominaler kurzfristiger Zinssatz nach AMECO-Definition
INTSR	Realer kurzfristiger Zinssatz nach AMECO-Definition (BIP-Deflator)
INV	Bruttoanlageinvestitionen (gesamtwirtschaftlich, in Preisen von 1990)
REER	Realer effektiver Wechselkurs ggü. 19 Industrieländern (1991=100, doppelte Exportgewichte, Basis = Lohnstückkosten)), steigender Index bedeutet Aufwertung der betreffenden Währung
SPREAD	Nationale Zinsspanne (INTL-INTS)
UE	Arbeitslosenrate

Daten

- 'AMECO file' (EU-Kommission)
- 'International Financial Statistics' (Internationaler Währungsfonds)
- Eigene Berechnungen

Anhang 1

Tab. A1a - *Nominale Wechselkursvariabilität gegenüber 8 ERM-Währungen: Beispiele*

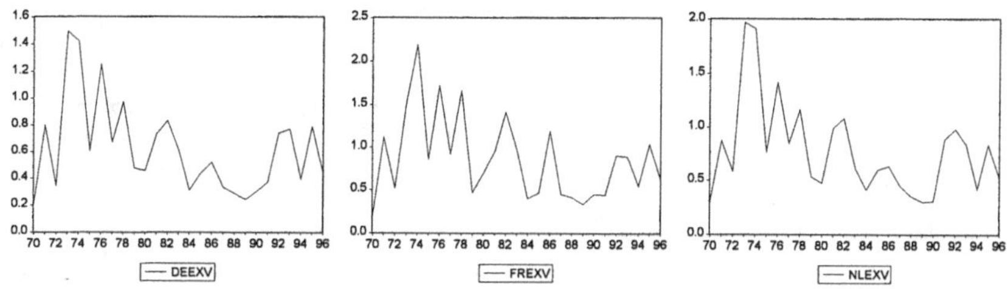

Anmerkungen: ERM-8 = Belgien, Dänemark, Frankreich, Deutschland, Irland, Italien, Niederlande. Die Variabilität wird definiert als die gewichtete Summe der Standardabweichung der Änderungen des Logarithmus der monatlichen nominalen bilateralen Wechselkurse (mal 100). Die Gewichte entsprechen den aus durchschnittlichen Wechselkursen 1991 abgeleiteten impliziten ECU-Gewichten. Quelle: 'International Financial Statistics', Zeile ae (Monatsendwerte), Zeitreihen nicht normalisiert.

Tab. A2a - *Nominale Wechselkursvariabilität gegenüber dem U.S. Dollar: Beispiele*

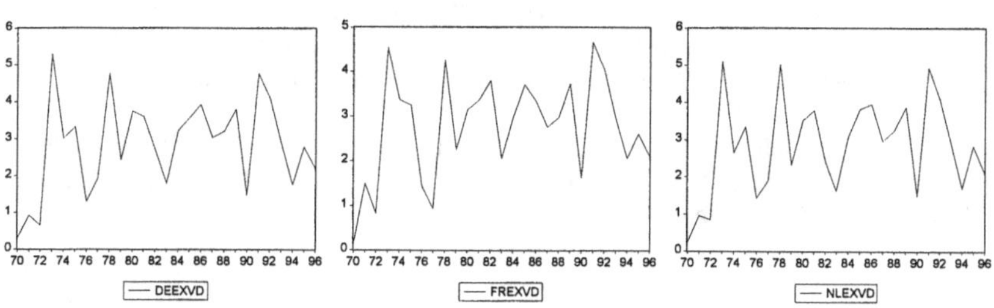

Anmerkungen: Die Variabilität wird definiert als die gewichtete Summe der Standardabweichung der Änderungen des Logarithmus der monatlichen nominalen bilateralen Wechselkurse (mal 100). Quelle: 'International Financial Statistics', Zeile ae (Monatsendwerte), Zeitreihen nicht normalisiert.

Tab. A1b - *Nominale Wechselkursvariabilität gegenüber 8 ERM-Währungen*

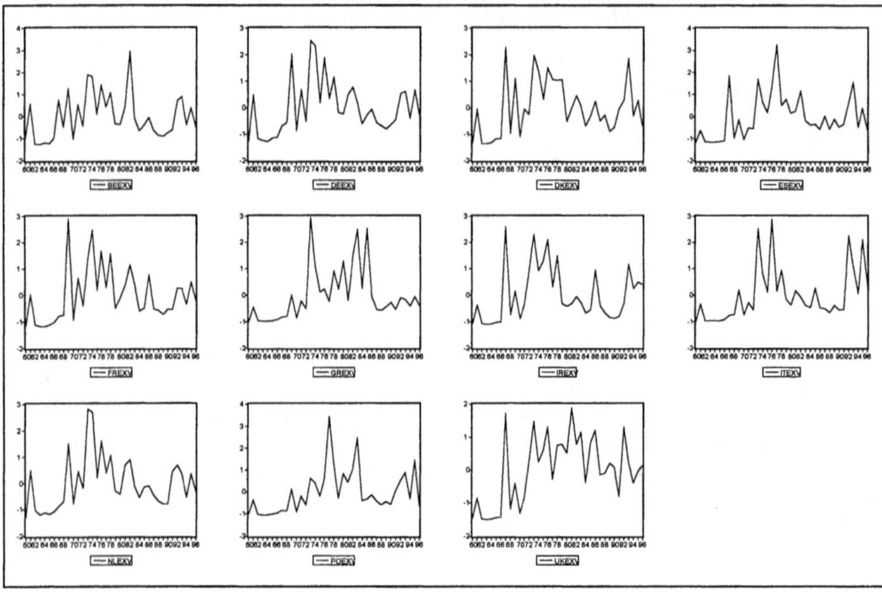

Anmerkungen: ERM-8 = Belgien, Dänemark, Frankreich, Deutschland, Irland, Italien, Niederlande. Die Variabilität wird definiert als die gewichtete Summe der Standardabweichung der Änderungen des Logarithmus der monatlichen nominalen bilateralen Wechselkurse (mal 100). Die Gewichte entsprechen den aus durchschnittlichen Wechselkursen 1991 abgeleiteten impliziten ECU-Gewichten. Quelle: 'International Financial Statistics', Zeile ae (Monatsendwerte), Zeitreihen normalisiert.

Die Länderdaten erscheinen in der Reihenfolge: BE: Belgien; DE: Deutschland; DK: Dänemark; ES: Spanien; FR: Frankreich; GR: Griechenland; IR: Irland; IT: Italien; NL: Niederlande; PO: Portugal; UK: Großbritannien.

Tab. A2b - *Nominale Wechselkursvariabilität gegenüber dem U.S. Dollar*

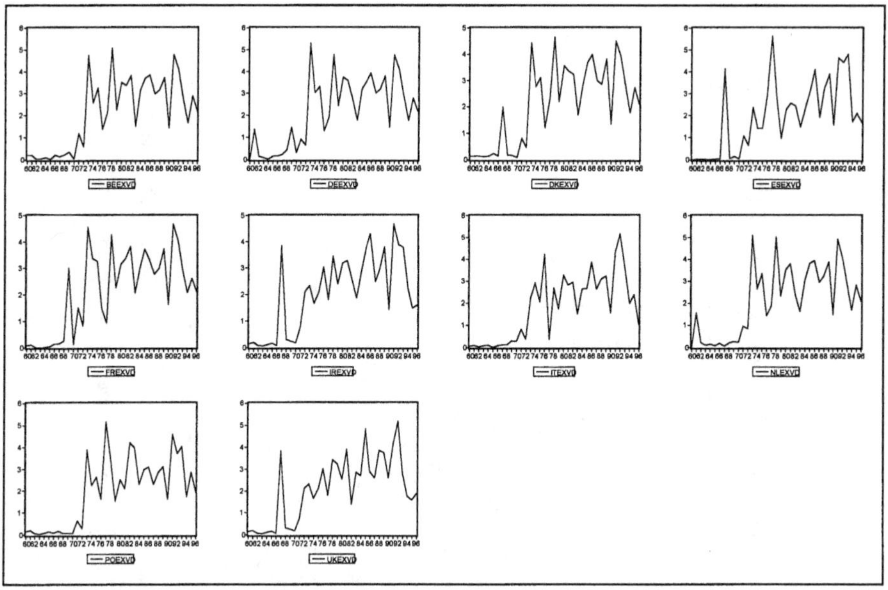

Anmerkungen: Die Variabilität wird definiert als die gewichtete Summe der Standardabweichung der Änderungen des Logarithmus der monatlichen nominalen bilateralen Wechselkurse (mal 100). Quelle: 'International Financial Statistics', Zeile ae (Monatsendwerte), Zeitreihen normalisiert.

Die Länderdaten erscheinen in der Reihenfolge: BE: Belgien; DE: Deutschland; DK: Dänemark; ES: Spanien; FR: Frankreich; GR: Griechenland; IR: Irland; IT: Italien; NL: Niederlande; PO: Portugal; UK: Großbritannien.

Tab. A3 - *Beschreibende Statistik für die Intra-ERM-Wechselkursvariabilität*

	BE	DE	DK	ES	FR	GR	IR	IT	NL	PO	UK
Mean	0.79	0.65	0.96	2.09	0.90	1.90	1.41	1.51	0.80	1.72	2.35
Median	0.65	0.56	0.89	1.84	0.87	1.30	1.03	1.20	0.70	1.52	2.26
Maximum	2.02	1.50	1.82	5.95	2.20	5.28	3.48	4.13	1.97	5.07	3.95
Minimum	0.27	0.24	0.37	0.82	0.33	0.62	0.33	0.43	0.30	0.57	0.89
Std. Dev.	0.46	0.35	0.43	1.23	0.50	1.39	0.93	1.11	0.46	1.13	0.78
Skewness	1.04	1.09	0.55	1.37	0.94	1.23	0.76	1.16	1.22	1.35	0.16
Kurtosis	3.28	3.28	2.10	4.77	3.01	3.23	2.42	3.02	3.84	4.47	2.12
Jarque-Bera	4.37	3.28	2.00	10.60	3.54	6.11	2.66	5.37	6.70	9.47	0.88
Probability	0.11	0.09	0.37	0.00	0.17	0.05	0.26	0.07	0.04	0.01	0.64
Observations	24 (1973-1996)										

BE: Belgien; DE: Deutschland; DK: Dänemark; ES: Spanien; FR: Frankreich; GR: Griechenland; IR: Irland; IT: Italien; NL: Niederlande; PO: Portugal; UK: Großbritannien; EXV: nominale Wechselkursvariabilität der jeweiligen Währung gegenüber 7 ERM-Währungen.

Anhang 2

Tab. A4 - *Das Niveau der Wechselkursvariabilität und die Änderung des Wachstums der industriellen Produktion (OLS)*

Land	Änderung des Wachstums der industriellen Produktion
BE	(-2) 4.32***
DK	
ES	(0) -0.75*
FR	(-1) -3.36**
GR	(-1) -1.54***
IR	(-2) 2.84**
IT	(-1) -1.26*
NL	(-1) -3.83**
PO	
UK	(0) 2.24***
WD	(-1) -4.67**

Anmerkungen: Die Tabelle faßt Ergebnisse von bivariaten VARs auf der Basis von Jahresdaten zusammen (1973-1996). Die Änderung des Wachstums der industriellen Produktion wird durch ihre eigene Vergangenheit und Verzögerungen der Wechselkursvariabilität erklärt. */**/*** bezeichnet die Signifikanz des Koeffizienten der Wechselkursvariabilität für α=0,1/0,05/0,01 an. Zusätzliche länderspezifische Dummies werden, soweit nötig, mit berücksichtigt. Die Werte in Klammern korrespondieren mit der Lagordnung der Wechselkursvariabilität. n.v.: nicht verfügbar. BE: Belgien; DK: Dänemark; ES: Spanien; FR: Frankreich; GR: Griechenland; IR: Irland; IT: Italien; NL: Niederlande; PO: Portugal; UK: Großbritannien; WD: Westdeutschland.

Tab. A5 - *Die Änderung der Wechselkursvariabilität und die Änderung des Wachstums der industriellen Produktion (OLS)*

Land	Änderung des Wachstums der industriellen Produktion
BE	
DK	
ES	
FR	(-1) -2.85***
GR	(-1) -1.17**
IR	(-2) 2.10*
IT	
NL	(-2) -3.74**
PO	
UK	(0) 1.08*
WD	(-1) -6.44***
	(-2) -5.21***

Für Anmerkungen vgl. Tab. A4 und Tab. 16.

Tab. A6 - *Änderung der Wechselkursvariabilität und industrielle Produktion: Das Beispiel Deutschlands*

LS // Dependent Variable is D(INDPRODWD)
Sample: 1973 1996
Included observations: 24

Variable	Coefficient	Std. Error	t-Statistic	Prob.
C	1.250935	0.600068	2.084656	0.0525
D(INDPRODWD(-1))	-0.658705	0.133482	-4.934800	0.0001
D(INDPRODWD(-2))	-0.482519	0.115584	-4.174619	0.0006
D8082	-6.192710	1.657659	-3.735817	0.0016
D9293	-7.454082	2.043093	-3.648430	0.0020
DDEEXV(-1)	-6.435793	1.568732	-4.102546	0.0007
DDEEXV(-2)	-5.209199	1.663479	-3.131508	0.0061

R-squared	0.793391	Mean dependent var	-0.112500
Adjusted R-squared	0.720470	S.D. dependent var	4.896078
S.E. of regression	2.588587	Akaike info criterion	2.140717
Sum squared resid	113.9133	Schwarz criterion	2.484316
Log likelihood	-52.74313	F-statistic	10.88015
Durbin-Watson stat	2.004894	Prob(F-statistic)	0.000050

Anmerkungen: Der Aufbau dieser Tabelle folgt exakt den Tabellen 19a bis 19c.

Anhang 3

Tab. A7 - *Änderung der Arbeitslosenrate als eine Funktion ihrer eigenen Vergangenheit, dem Niveau der Intra-ERM-Wechselkursvariabilität und dem Wachstum des realen BIP (OLS)*

Land	Änderung der Arbeitslosenrate	Änderung der Intra-ERM-Wechselkursvariabilität	Wachstum des realen BIP
BE	(-1)***	(0) 0.47* (→)	(0) -0.26***
DK	(-1)***	(0) 0.43** (→)	(0) -0.55***
ES	(-1)**	(0) 0.48** (↑)	(0) -0.45***
FR	(-1)***	(-1) 0.32*** (↑)	(0) -0.21***
GR	(-1)*** (-3)**	(0) 0.08* (↓)	(0) -0.03
IR	(-1)***	(-2) 0.46** (↓)	(0) -0.18**
IT	(-1)	(-1) 0.15** (↑)	(0) -0.07** (-1) -0.09***
NL		(-1) 0.64*** (-2) 0.74*** (→)	(0) -0.18**
PO	(-1)***	(0) 0.19** (→)	(-1) -0.10***
UK	(-1)***	(0) 0.54*** (↑)	(0) -0.24*** (-1) -0.12**
WD	(-1)*** (-2)**	(0) 0.38** (→)	(0) -0.23***

Für Anmerkungen vgl. die Tabellen 16 und 20.

Tab. A8 - *Änderung der Beschäftigung als eine Funktion ihrer eigenen Vergangenheit, dem Niveau der Intra-ERM-Wechselkursvariabilität und dem Wachstum des realen BIP (OLS)*

Land	Änderung der Beschäftigung	Änderung der Intra-ERM-Wechselkursvariabilität	Wachstum des realen BIP
BE	(-1)***	(-2) -0.12 (→)	(0) 0.52***
DK	(-1)***	(0) -1.54** (↑)	(0) 1.13***
ES	(-1)	(0) -0.71 (→)	(0) 1.35***
FR	(-1)***	(-1) -0.70** (↓)	(0) 0.68***
GR		n.v.	
IR	(-1)***	(-1) 1.03** (→)	(0) 0.78***
IT	(-1)***	(0) -0.38* (↑)	(0) 0.67***
NL	(-1)***	(-1) -0.83* (↓)	(0) 0.66***
PO	(-1)	(0) 0.40 (↓)	(0) 0.66***
UK	(-1)	(-1) -0.95* (→)	(-1) 0.95***
WD	(-1)*** (-2)***	(-1) -3.13*** (→)	(0) 0.39***

Für Anmerkungen vgl. die Tabellen 16 und 20.

Anhang 4

Tab. A9 - *Batch-Programm zur Lokalisierung von Strukturbrüchen in der Kointegrationsregression für die deutsche Beschäftigung (Abschnitt 6.5.2.)*

```
SMPL 73 94
GENR ORD1 = 0
GENR ORD2 = 1

FOR !1=0 TO 21

SMPL 73 73+!1
GENR ORD1 = 1
GENR ORD2 = 0

OLS EMPLMANWD=C(31)*ORD1+C(32)*ORD2+C(33)*WDEXPECU+
C(34)*INDPRODWD(-1)+C(35)*DEEXV(-1)+C(36)*TREND
GENR EC = RESID

SMPL 74 94
OLS D(EMPLMANWD)=C(10)+C(1)*EC(-1)+C(2)*D(EMPLMANWD(-1))+
C(3)*D(INDPRODWD)+C(4)*D(INDPRODWD(-1))+C(5)*D(DEEXV(-1))

SMPL 74+!1 74+!1
GENR R2 = @R2
GENR C1 = C(1)
GENR C5 = C(5)

NEXT
```

Anmerkungen: Das vorstehende Batch-Programm dient dazu, Strukturbrüche in der Kointegrationsbeziehung zu modellieren: Eine Dummyvariable ORD2 wird spezifiziert, um einen 'Sprung' in der Ordinate abzubilden. Beginnend bei einem Initialisierungswert von Null ändert diese Dummy ab einem bestimmten Zeitpunkt ihre Ausprägung auf Eins. Für jede mögliche Periode wird der Zeitpunkt der (0,1)-Änderung der Dummy definiert (SMPL 73 73+!1, d.h. 1973 bis 1994), und die korrespondierende Kointegrationsregression (d.h. diejenige Gleichung nach der ersten 'OLS'-Kürzel) geschätzt. Die Residuen (RESID) jeder dieser langfristigen Gleichgewichtsregressionen dienen jeweils als 'Fehler' (als 'EC' bezeichnet) in der Fehlerkorrektur-Regression (d.h. derjenigen Gleichung nach der zweiten 'OLS'-Kürzel). Diese Fehlerkorrektur-Regression wird für jede mögliche Periode des (0,1)-Switch der Dummy ORD2 erneut durchlaufen. 21 Iterationen der Fehlerkorrektur-Regression werden durch die FOR-NEXT-Schleife veranlaßt. Der letzte Teil des Programms dient dazu, die empirischen Realisationen des R^2 und auch die für jede mögliche Periode (SMPL 74 74+!1, d.h. 1974 bis 1994) ermittelten Koeffizientenschätzer des Fehlerkorrekturparameters (C1) und der Änderung der Wechselkursvolatilität (C5) zu speichern.

Anhang 5

Integrationstests (in der Reihenfolge wie in der Variablenliste)

Anmerkungen: ADF: empirischer Wert der ADF-Teststatistik (McKinnon (1991)); PP: empirischer Wert der Phillips-Perron-Testgröße (Phillips, Perron (1988)); */**/***: Stationarität angezeigt für α=0,10/0,05/0,01; N/C/C,T: weder Konstante noch Trend/Konstante/Konstante und Trend in der Testgleichung; Stützzeitraum: maximal 1973-1996. Zwei verzögerte Differenzen (ADF) bzw. zwei 'truncation lags' (PP) hinreichend für wünschenswerte Eigenschaften der Residuen. /: kann nicht berechnet werden. n.v.: nicht verfügbar.

Tab. A10 - *Integrationstests für EXPECU*

Variable	ADF(N)	ADF(C)	ADF(C,T)	PP(N)	PP(C)	PP(C,T)
WDEXPECU	3.05	1.12	-1.00	6.83	2.02	-0.63

Tab. A11 - *Integrationstests für DEXPECU*

Variable	ADF(N)	ADF(C)	ADF(C,T)	PP(N)	PP(C)	PP(C,T)
DWDEXPECU	-1.56	-3.20**	-4.03**	-1.62*	-3.47**	-3.98**

Tab. A12 - *Integrationstests für DGDP*

Variable	ADF(N)	ADF(C)	ADF(C,T)	PP(N)	PP(C)	PP(C,T)
DGDPBE	-1.74*	-2.95*	-2.89	-2.88***	-5.27***	-5.23***
DGDPDK	-2.29**	-4.59***	-4.43***	-2.62**	-4.68***	4.58***
DGDPES	-2.23**	-3.11**	-2.77	-2.29**	-2.92*	-2.54
DGDPFR	-1.57	-3.07**	-3.13	-1.72*	-3.64**	-3.67**
DGDPGR	-2.74***	-3.93***	-4.67***	-3.46***	-5.01***	-6.02***
DGDPIR	-0.91	-3.03**	-2.96	-1.16	-4.14***	-4.07**
DGDPIT	-1.55	-3.58**	-4.37***	-1.92*	-4.34***	-4.95***
DGDPNL	-1.37	-2.78*	-2.68	-1.54	-3.48**	-3.39*
DGDPPO	-2.47**	-3.97***	-4.04**	-2.49**	-3.98***	-3.61**
DGDPUK	-2.31**	-3.72***	-3.63**	-2.21**	-3.16**	-3.06
DGDPWD	-1.99**	-3.90***	-3.83**	-2.04**	-3.50***	-3.38*

Tab. A13 - *Integrationstests für EMPLMAN*

Variable	ADF(N)	ADF(C)	ADF(C,T)	PP(N)	PP(C)	PP(C,T)
EMPLMANBE	-2.17**	-1.69	-1.07	-3.68***	-1.97	-0.80
EMPLMANDK	-1.10	-2.68*	-2.44	-0.80	-2.25	-2.07
EMPLMANES	-0.54	-1.78	-2.23	-1.18	-2.22	-2.28
EMPLMANFR	-2.20**	0.10	-3.79**	-3.33***	0.44	-3.55*
EMPLMANGR			n.v.			
EMPLMANIR	0.80	-1.58	-1.58	0.78	-1.59	-1.55
EMPLMANIT	-0.68	-0.67	-3.50*	-0.89	-0.39	-2.68
EMPLMANNL	-1.73*	-1.68	-1.26	-2.28**	-1.97	-1.58
EMPLMANPO	-1.01	-2.00	-4.26**	-0.58	-1.21	-2.22
EMPLMANUK	-2.76***	-1.31	-1.55	-2.97***	-0.86	-1.82
EMPLMANWD	-1.56	-1.43	-2.14	-1.49	-1.48	-2.13

Tab. A14 - *Integrationstests für DEMPLMAN*

Variable	ADF(N)	ADF(C)	ADF(C,T)	PP(N)	PP(C)	PP(C,T)
DEMPLMANBE	-1.77*	-2.57	-2.94	-2.15**	-3.07**	-3.30*
DEMPLMANDK	-3.52***	-3.65**	-3.72**	-3.08***	-3.07**	-3.06
DEMPLMANES	-2.26**	-2.20	-2.11	-2.34**	-2.24	-2.02
DEMPLMANFR	-1.94*	-3.06**	-2.96	-1.77*	-2.82*	-2.40
DEMPLMANGR			n.v.			
DEMPLMANIR	-2.55**	-2.66*	-2.65	-2.65**	-2.77*	-2.70
DEMPLMANIT	-2.30**	-2.35	-2.69	-2.92***	-2.95*	-3.32*
DEMPLMANNL	-2.51**	-2.94*	-3.17	-2.22**	-2.43	-2.54
DEMPLMANPO	-1.89*	-2.03	-1.90	-2.46**	-2.45	-2.61
DEMPLMANUK	-2.14**	-3.38**	-3.46*	-2.42**	-3.00**	-2.94
DEMPLMANWD	-3.42***	-3.81***	-3.72**	-2.26**	-2.42	-2.33

Tab. A15 - *Integrationstests für EXV*

Variable	ADF(N)	ADF(C)	ADF(C,T)	PP(N)	PP(C)	PP(C,T)
BEEXV	-0.79	-2.49	-3.63**	-1.07	-3.74***	-4.52***
DKEXV	-0.68	-2.28	-3.22*	-0.80	-3.47**	-4.36**
ESEXV	-0.75	-2.41	-3.23*	-1.13	-3.86***	-4.60***
FREXV	-0.65	-2.04	-3.62**	-1.23	-4.18***	-5.38***
GREXV	-0.90	-2.34	-3.40*	-1.77	-4.38***	-5.26***
IREXV	-0.82	-1.81	-2.07	-1.15	-2.74*	-3.23*
ITEXV	-0.24	-1.79	-1.82	-1.64	-4.63***	-4.62***
NLEXV	-0.76	-2.11	-3.58*	-0.84	-3.24**	-4.45***
POEXV	-0.72	-2.42	-2.71	-1.30	-3.93***	-4.23**
UKEXV	-0.32	-2.91*	-4.14**	/	-5.03***	-6.97***
DEEXV	-0.58	-1.84	-3.11	-0.89	-3.75***	-4.92***

Tab. A16 - *Integrationstests für DEXV*

Variable	ADF(N)	ADF(C)	ADF(C,T)	PP(N)	PP(C)	PP(C,T)
DBEEXV	-5.04***	-4.93***	-4.86***	-15.93***	-15.52***	-13.60***
DDKEXV	-4.40***	-4.29***	-4.30**	-9.07***	-8.86***	-8.39***
DESEXV	-5.11***	-5.00***	-5.07***	-14.28***	-13.73***	-13.68***
DFREXV	-5.06***	-4.94***	-4.85***	-15.15***	-14.68***	-13.64***
DGREXV	-4.95***	-4.84***	-4.87***	-10.98***	-10.67***	-10.35***
DIREXV	-4.68***	-4.56***	-4.42***	-9.27***	-9.03***	-9.21***
DITEXV	-6.79***	-6.71***	-6.55***	-24.97***	-23.75***	-21.68***
DNLEXV	-4.80***	-4.69***	-4.62***	-10.79***	-10.54***	-9.52***
DPOEXV	-5.82***	-5.69***	-5.68***	/	/	/
DUKEXV	-6.33***	-6.19***	-6.33***	/	/	/
DDEEXV	-5.07***	-4.96***	-4.88***	-11.41***	-11.05***	-10.28***

Tab. A17 - *Integrationstests für EXVD*

Variable	ADF(N)	ADF(C)	ADF(C,T)	PP(N)	PP(C)	PP(C,T)
BEEXVD	-0.37	-5.50***	-5.02***	-0.80	-8.78***	-8.34***
DKEXVD	-0.39	-5.64***	-5.13***	-0.71	-7.99***	-7.58***
ESEXVD	-0.75	-2.40	-3.23	-1.13	-3.86***	-4.60***
FREXVD	-0.42	-5.33***	-5.06***	-0.62	-6.39***	-6.09***
GREXVD	n.v.	n.v.	n.v.	n.v.	n.v.	n.v.
IREXVD	-0.48	-2.53	-1.98	-0.74	-4.03***	-3.92**
ITEXVD	-0.65	-3.40**	-3.00	-1.13	-4.96***	-4.81***
NLEXVD	-0.43	-5.41***	-4.97***	-0.77	-7.24***	-6.92***
POEXVD	-0.44	-5.12***	-4.74***	-0.86	-7.75***	-7.32***
UKEXVD	-0.42	-2.36	-1.69	-0.53	-3.75***	-3.65**
DEEXVD	-0.45	-6.15***	-5.69***	-0.77	-7.16***	-6.89***

Tab. A18 - *Integrationstests für DEXVD*

Variable	ADF(N)	ADF(C)	ADF(C,T)	PP(N)	PP(C)	PP(C,T)
DBEEXVD	-5.30***	-5.22***	-5.49***	/	/	/
DDKEXVD	-5.08***	-5.00***	5.31***	-18.60***	-17.71***	-50.62***
DESEXVD	-5.11***	-5.00***	-5.07***	-14.28***	-13.73***	-13.68***
DFREXVD	-4.92***	-4.83***	-5.02***	-16.07***	-15.27***	-18.71***
DGREXVD	n.v.	n.v.	n.v.	n.v.	n.v.	n.v.
DIREXVD	-5.00***	-4.87***	-5.19***	-10.79***	-10.50***	-13.71***
DITEXVD	-4.30***	-4.21***	-4.53***	-9.49***	-9.29***	-10.44***
DNLEXVD	-5.32***	-5.22***	-5.46***	-22.00***	-20.42***	-41.15***
DPOEXVD	-4.90***	-4.83***	-5.12***	-14.94***	-14.72***	-24.70***
DUKEXVD	-5.55***	-5.42***	-5.76***	-21.37***	-20.69***	/
DDEEXVD	-5.00***	-4.92***	-5.15***	-14.15***	-13.46***	-15.68***

Tab. A19 - *Integrationstests für INDPROD*

Variable	ADF(N)	ADF(C)	ADF(C,T)	PP(N)	PP(C)	PP(C,T)
INDPRODBE	-2.75**	-3.43**	-3.47*	-5.01***	-5.92***	-5.77***
INDPRODDK	-1.71*	-3.19**	-3.15	-4.48***	-6.05***	-6.02***
INDPRODES	-3.18***	-3.46**	-3.29*	-5.62***	-8.58***	-6.24***
INDPRODFR	-2.43**	-2.94*	-2.84	-4.36***	-5.51***	-5.45***
INDPRODGR	-2.79***	-2.48	-2.13	-4.95***	-4.81***	-8.97***
INDPRODIR	-0.23	-2.12	-3.41*	-1.23	-3.45**	-4.57***
INDPRODIT	-1.84*	-2.93*	-2.86	-4.09***	-5.33***	-5.17***
INDPRODNL	-2.30**	-2.85*	-2.69	-3.97***	-5.14***	-5.01***
INDPRODPO	-2.10**	-3.04**	-3.94**	-2.71***	-3.54**	-3.60*
INDPRODUK	-2.51**	-3.61**	-3.54*	-3.36***	-3.99***	-3.88**
INDPRODWD	-2.50**	-3.08**	-3.02	-3.72***	-4.19***	-4.06**

Tab. A20 - *Integrationstests für DINDPROD*

Variable	ADF(N)	ADF(C)	ADF(C,T)	PP(N)	PP(C)	PP(C,T)
DINDPRODBE	-5.35***	-5.24***	-5.15***	-18.48***	-18.98***	-22.23***
DINDPRODDK	-5.81***	-5.66***	-5.54***	-29.68***	-28.20***	-28.75***
DINDPRODES	-5.13***	-5.09***	-5.31***	-8.04***	-8.35***	-13.09***
DINDPRODFR	-5.90***	-5.79***	-5.80***	-21.65***	-23.33***	-114.14***
DINDPRODGR	-7.42***	-7.56***	-7.95***	/	/	/
DINDPRODIR	-5.79***	-5.74***	-5.66***	-43.30***	/	/
DINDPRODIT	-6.50***	-6.36***	-6.26***	/	/	/
DINDPRODNL	-5.82***	-5.72***	-5.70***	-19.69***	-20.83***	-37.71***
DINDPRODPO	-5.69***	-5.64***	-5.52***	-7.30***	-7.52***	-7.70***
DINDPRODUK	-5.72***	-5.59***	-5.46***	/	/	/
DINDPRODWD	-6.04***	-5.91***	-5.79***	/	/	/

Tab. A21 - *Integrationstests für INTSR*

Variable	ADF(N)	ADF(C)	ADF(C,T)	PP(N)	PP(C)	PP(C,T)
INTSRBE	-1.34	-1.91	-2.04	-1.65*	2.30	-2.66
INTSRDK	-1.07	-1.59	-1.84	-1.37	-1.83	-2.67
INTSRES	-0.78	-3.23**	-1.92	-1.74*	-3.64**	-3.21
INTSRFR	-1.18	-1.76	-2.12	-0.93	-1.50	-2.29
INTSRGR			n.v.			
INTSRIR	-1.56	-2.18	-3.12	-1.71*	-2.24	-3.58*
INTSRIT	-1.21	-1.34	-2.03	-1.39	-1.44	-2.70
INTSRNL	-1.40	-1.68	-2.38	-1.40	-1.66	-2.69
INTSRPO	-1.06	-0.96	-1.89	-1.50	-1.40	-2.14
INTSRUK	-1.81*	-2.13	-2.36	-1.96**	2.31	-2.67
INTSRWD	-1.60	-3.42**	-4.16**	-1.26	-3.03**	-3.32*

Tab. A22 - *Integrationstests für DINTSR*

Variable	ADF(N)	ADF(C)	ADF(C,T)	PP(N)	PP(C)	PP(C,T)
DINTSRBE	-3.72***	-3.66**	-3.83**	-5.84***	-5.75***	-6.08***
DINTSRDK	-3.09***	-3.04**	-3.25*	-5.28***	-5.20***	-5.46***
DINTSRES	-3.24***	-3.17**	-4.00**	-7.35***	-7.54***	-16.66***
DINTSRFR	-5.76***	-5.73***	-5.63***	-7.54***	-7.71***	-7.92***
DINTSRGR			n.v.			
DINTSRIR	-5.32***	-5.29***	-5.26***	-11.56***	-12.65***	-13.51***
DINTSRIT	-3.85***	-3.84***	-3.73**	-6.10***	-6.10***	-5.96***
DINTSRNL	-5.06***	-5.12***	-5.92***	-6.35***	-6.39***	-7.91***
DINTSRPO	-4.39***	-4.37***	-4.39***	-7.58***	-7.88***	-7.84***
DINTSRUK	-5.33***	-5.25***	-5.14***	-8.61***	-8.50***	-8.21***
DINTSRWD	-5.06***	-4.96***	-4.93***	-5.87***	-5.66***	-5.48***

Tab. A23 - *Integrationstests für INV*

Variable	ADF(N)	ADF(C)	ADF(C,T)	PP(N)	PP(C)	PP(C,T)
INVBE	-2.37**	-2.63	-2.57	-3.55***	-3.74***	-3.67**
INVDK	-3.09***	-3.02**	-2.94	-3.90***	-3.81***	-3.77**
INVES	-2.79***	-2.92*	-2.87	-2.54**	-2.59	-2.47
INVFR	-2.72***	-2.93*	-2.81	-2.86***	-2.94*	-2.83
INVGR	-4.27***	-4.33***	-4.16**	-4.60***	-4.52***	-4.60***
INVIR	-2.33**	-2.66*	-2.52	-3.40***	-3.62**	-3.49*
INVIT	-2.64**	-3.00**	-2.96	-3.10***	-3.30**	-3.18
INVNL	-2.49**	-2.78*	-2.86	-3.17***	-3.31**	-3.32*
INVPO	-3.30***	-3.88***	-3.75**	-3.00***	-3.07**	-3.00
INVUK	-2.53**	-2.87*	-2.82	-2.82***	-2.96*	-2.89
INVWD	-3.04***	-3.07**	-3.03	-2.94***	-2.87*	-2.84

Tab. A24 - *Integrationstests für DINV*

Variable	ADF(N)	ADF(C)	ADF(C,T)	PP(N)	PP(C)	PP(C,T)
DINVBE	-3.51***	-3.43**	-3.35*	-8.20***	-8.02***	-7.85***
DINVDK	-5.01***	-4.89***	-4.84***	-8.59***	-8.33***	-8.36***
DINVES	-4.46***	-4.35***	-4.30**	-5.27***	-5.13***	-5.16***
DINVFR	-3.96***	-3.89***	-3.84**	-5.84***	-5.72***	-5.64***
DINVGR	-5.38***	-5.26***	-5.28***	-8.53***	-8.22***	-8.25***
DINVIR	-5.28***	-5.16***	-5.11***	-10.58***	-10.27***	-11.01***
DINVIT	-5.90***	-5.76***	-5.64***	-76.59***	-43.99***	/
DINVNL	-5.01***	-4.90***	-4.74***	-7.44***	-7.28***	-7.03***
DINVPO	-4.79***	-4.70***	-4.68***	-4.36***	-4.23***	-4.17**
DINVUK	-4.71***	-4.61***	-4.50***	-6.43***	-6.22***	-6.00***
DINVWD	-4.89***	-4.79***	-4.66***	-7.60***	-7.16***	-6.87***

Tab. A25 - *Integrationstests für REER*

Variable	ADF(N)	ADF(C)	ADF(C,T)	PP(N)	PP(C)	PP(C,T)
BEREER	-0.37	-2.24	-2.57	-0.12	-1.82	-1.96
DEREER	-0.17	-1.56	-1.70	-0.19	-1.56	-1.61
DKREER	0.07	-2.09	-2.50	0.07	-2.01	-2.33
ESREER	0.01	-2.97*	-2.91	0.02	-2.48	-2.38
FRREER	-0.33	-1.16	-2.02	-0.33	-1.51	-2.37
GRREER	-0.03	-2.51	-2.29	0.12	-2.53	-2.33
IRREER	-1.10	-1.36	-1.64	-1.22	-1.44	-1.76
ITREER	-0.38	-2.18	-3.04	-0.43	-1.96	-2.27
NLREER	-0.43	-1.14	-2.35	-0.39	-1.17	-2.27
POREER	-0.08	-1.15	-0.92	-0.17	-1.74	-1.64
UKREER	-0.24	-2.33	-2.78	-0.31	-2.19	-2.35

Tab. A26 - *Integrationstests für DREER*

Variable	ADF(N)	ADF(C)	ADF(C,T)	PP(N)	PP(C)	PP(C,T)
DBEREER	-2.59**	-2.51	-2.45	-2.51**	-2.44	-2.39
DDEREER	-4.27***	-4.17***	-4.10**	-4.57***	-4.42***	-4.55***
DDKREER	-3.11***	-3.05**	-2.99	-3.74***	-3.67**	-3.60**
DESREER	-3.03***	-2.97**	-2.92	-3.76***	-3.69**	-3.62**
DFRREER	-4.26***	-4.18***	-4.08**	-5.94***	-5.82***	-5.66***
DGRREER	-3.90***	-3.75***	-3.85**	-5.26***	-5.11***	-5.16***
DIRREER	-3.49***	-3.65**	-3.58*	-4.43***	-4.55***	-4.44***
DITREER	-2.82***	-2.77*	-2.67	-4.03***	-3.96***	-3.86**
DNLREER	-3.30***	-3.25**	-3.19	-3.38***	-3.29**	-3.20
DPOREER	-5.37***	-5.24***	-5.22***	-2.53**	-2.47	-2.41
DUKREER	-3.95***	-3.86***	-3.77**	-3.32***	-3.23**	-3.13

Tab. A27 - *Integrationstests für SPREAD*

Variable	ADF(N)	ADF(C)	ADF(C,T)	PP(N)	PP(C)	PP(C,T)
SPREADBE	-2.77***	-2.93*	-2.76	-3.40***	-3.46**	-3.58*
SPREADDK	-1.04	-1.64	-2.90	-1.21	-2.23	-3.16
SPREADES	-2.03**	-2.22	-2.41	-3.55***	-3.45**	-3.67*
SPREADFR	-2.64**	-3.19**	-3.05	-3.12***	-3.57**	-3.41*
SPREADGR	n.v.	n.v.	n.v.	n.v.	n.v.	n.v.
SPREADIR	-3.27***	-3.38**	-3.51*	-2.62**	-2.65*	-2.49
SPREADIT	-3.50***	-3.45**	-3.60**	4.86***	-4.79***	-5.08***
SPREADNL	-2.20**	-3.29**	-2.94	-2.67***	-3.58**	-3.36*
SPREADPO	/	/	/	/	/	/
SPREADUK	-2.66***	-2.65*	-2.61	-2.27**	-2.25	-2.11
SPREADWD	-1.80*	-2.51	-2.34	-2.59**	-2.95*	-2.87

Tab. A28 - *Integrationstests für UE*

Variable	ADF(N)	ADF(C)	ADF(C,T)	PP(N)	PP(C)	PP(C,T)
BEUE	0.34	-1.81	-1.74	0.32	-1.90	-1.70
DKUE	-0.10	-2.53	-2.01	-0.22	-2.49	-1.75
ESUE	0.79	-1.29	-1.70	0.73	-1.22	-1.68
FRUE	1.12	-1.11	-1.92	1.54	-1.17	-1.66
GRUE	1.10	-0.69	-2.16	0.96	-0.70	-2.33
IRUE	0.32	-1.43	-1.09	0.32	-1.56	-1.24
ITUE	1.89	0.23	-4.19**	1.92	-0.10	-2.80
NLUE	0.03	-2.13	-1.71	0.03	-2.20	-1.76
POUE	-0.06	-2.50	-2.35	-0.05	-2.11	-1.95
UKUE	0.29	-1.50	-1.15	-0.06	-1.64	-1.46
WDUE	0.37	-1.95	-1.89	0.24	-1.84	-2.05

Tab. A29 - *Integrationstests für DUE*

Variable	ADF(N)	ADF(C)	ADF(C,T)	PP(N)	PP(C)	PP(C,T)
DBEUE	-2.64**	-2.83*	-2.89	-2.30**	-2.40	-2.43
DDKUE	-3.30***	-3.37**	-3.78**	-3.11***	-3.09**	-3.38*
DESUE	-2.56**	-3.21**	-3.17	-2.06**	-2.33	-2.29
DFRUE	-2.19**	-3.01**	-2.99	-2.81***	-3.45**	-3.42*
DGRUE	-3.17***	-3.64**	-3.40*	-2.60**	-2.92**	-2.70
DIRUE	-3.14***	-3.20**	-3.35*	-2.71***	-2.67*	-2.70
DITUE	-3.37***	-4.03***	-4.11**	-3.47***	-3.70**	-3.70**
DNLUE	-3.25***	-3.28**	-3.49*	-3.76***	-3.75***	-3.84**
DPOUE	-2.62**	-2.67*	-2.96	-2.78***	-2.79*	-2.77
DUKUE	-3.78***	-3.88***	-3.99**	-2.60**	-2.57	-2.55
DWDUE	-3.39***	-3.67**	-3.80**	-2.40**	-2.51	-2.54

Anhang zu Kapitel 8

Die Darstellung des Algorithmus beginnt auf der folgenden Seite.

Tab. A1 - *Implementierung des Algorithmus in ein Eviews-Batchprogramm*

Transkriptionen:

a_t = pa ; $B_t^{\downarrow}$ = bs_do ; $B_t^{\uparrow}$ = bs_up ; b_t = pb ; $M_t^{\downarrow}$ = s_do ; $M_t^{\uparrow}$ = s_up ; p_t = play ; s_t = spurt ; Δs_t = d_spurt ; u_t = u ; x_t = w ; Δx_t = dw ; y_t = BAI ; γ = c_und_d(1) ; δ = c_und_d(2) .

```
SMPL 69.1 98.4

'INPUT AREA
GENR s_up=1        'set 1 for a maximum as an initial extremum (else 0)
!an = 73.3         'first estimation quarter (time of the first extremum in a spurt area)
!en = 96.1         'last estimation quarter
!n = 24*4+1        'number of sample points (calculated from !an to !en)
!g = 10            'precision of the Grid Search for the constant play component
!m = 0             'minimum of the Grid Search for the constant play component
!b = 20            'maximum of the Grid Search for the constant play component
!h = 10            'precision of the Grid Search for the variable play component
!y = 0             'minimum of the Grid Search for the variable play component
!v =30             'maximum of the Grid Search for the variable play component
GENR w =  WRDM     'hysteretic input variable
GENR u =  UWRDM    'determination of the uncertainty realisation
%ST11= "BAI"                                   'dependent variable
%ST12= "C WRDM BIP91(-2) PIOE(-4) TREND D1 D2 D3"  'independent variables of the regression
'END OF INPUT AREA

'INITIALISATION
SMPL 69.1 98.4
GENR dw=na
GENR d_spurt=na
GENR play=na
```

```
GENR spurt=na
GENR bs_do=na
GENR s_do=na
GENR bs_up=na
GENR pb=na
GENR pc=na
GENR pa=na
GENR point_do=na
GENR point_up=na
GENR dw=w-w(-1)
C=0
matrix(!g,!h) R_2m =0
matrix(!g,!h)  C_11m = 0
matrix(!g,!h)  C_12m = 0
matrix(!g,1) P_CONSTA =0
matrix(1,!h) P_VARIA =0
SMPL !an !an
GENR bs_up=s_up
GENR s_do=1-s_up
GENR bs_do=1-s_up
SMPL !an-1 !an
GENR pa=0
GENR pb=0
GENR pc=0
GENR d_spurt=0
GENR spurt=0
'END OF INITIALISATION

'START OF GRID SEARCH
FOR !0=1 TO !g    'LOOP FOR P_CONSTA
FOR !1=1 TO !h    'LOOP FOR P_VARIA
SMPL !an !en
GENR spurt=0
GENR play = !m+((!0-1)/(!g))*(!b-!m) + (!y+((!1-1)/(!h))*(!v-!y))*u
```

```
P_CONSTA(!0,1) = !m+((!0-1)/(!g))*(!b-!m)
P_VARIA(1,!1) = !y+((!1-1)/(!h))*(!v-!y)

IF @MIN(play)>0 THEN

 FOR !2=1 TO !n  'LOOP FOR THE DETERMINATION OF THE SPURT VARIABLE

  SMPL !an+!2 !an+!2

  GENR point_do=(pa(-1)=play(-1))*(pa(-1)<>0)*s_up(-1)+(pb(-1)=play(-1))*(pb(-1)<>0)*bs_up(-1)
  GENR point_up=(pa(-1)=play(-1))*(pa(-1)<>0)*s_do(-1)+(pb(-1)=play(-1))*(pb(-1)<>0)*bs_do(-1)
  GENR s_do=(pa(-1)<>play(-1))*(pb(-1)<>play(-1))*((d_spurt(-1)<0)+
  (s_do(-1)=1)*(d_spurt(-1)=0)*((dw(-1)=0)
  *(pa(-1)=0))) + point_do
  GENR s_up=(pa(-1)<>play(-1))*(pb(-1)<>play(-1))*((d_spurt(-1)>0)+
  (s_up(-1)=1)*(d_spurt(-1)=0)*((dw(-1)=0)
  *(pa(-1)=0))) + point_up
  GENR bs_do=(pa(-1)<>play(-1))*(pb(-1)<>play(-1))*((d_spurt(-1)<0)+(d_spurt(-1)=0)*(bs_do(-1))) +
  point_do
  GENR bs_up=(pa(-1)<>play(-1))*(pb(-1)<>play(-1))*((d_spurt(-1)>0)+(d_spurt(-1)=0)*(bs_up(-1))) +
  point_up
  GENR pb=bs_do*(1-s_do)*(pa(-1)+dw) + bs_up*(1-s_up)*(pa(-1)-dw)
  GENR pc=s_do*(dw>0)*dw + s_up*(dw<0)*(-dw)
  GENR pa=pc*(pc<=play) + bs_do*(1-s_do)*(pb>0)*(pb<=play)*pb +
  bs_up*(1-s_up)*(pb>0)*(pb<=play)*pb
  GENR d_spurt=s_do*((dw<0)*dw+(dw>play)*(dw-play)) + s_up*((dw>0)*dw+
  ((-dw)>play)*(dw+play)) + bs_do
  *(1-s_do)*((pb<0)*pb+(pb>play)*(pb-play)) + bs_up*(1-s_up)*((pb<0)*(-pb)+(pb>play)*(play-pb))
  GENR spurt=spurt(-1)+d_spurt

 NEXT

ENDIF
 c=0
```

```
  SMPL !an !en
  IF @MEAN(spurt)=0 THEN
  EQUATION eq1.LS %ST11 %ST12
  ELSE
  EQUATION eq1.LS %ST11 spurt  %ST12        'OLS ESTIMATION
  ENDIF

  GENR EC = RESID
  R_2m(!0,!1) = @R2
  C_11m(!0,!1) = c(1)
  C_12m(!0,!1) = c(2)

  c=0
  GENR RESID=na
  GENR EC=na

 NEXT
 NEXT   'END OF GRID SEARCH


 'SEARCH FOR HIGHEST R²

  coef(2) c_und_d
  scalar r2_max=0

  FOR !i=1 TO !g
   FOR !j=1 TO !h
     IF  ( R_2m(!i,!j) > r2_max ) THEN
     r2_max=R_2m(!i,!j)
     c_und_d(1)=p_consta(!i,1)
     c_und_d(2)=p_varia(1,!j)
    ENDIF
   NEXT
  NEXT
```

Kommentare:

Um das Batchprogramm anwenden zu können, muß in dem dafür vorgesehenen Eingabebereich ('INPUT AREA') einige Information bereitgestellt werden. Denn der Ausgangspunkt muß wegen der Zeitpfadabhängigkeit des Systems zuerst charakterisiert werden. Zudem ist es notwendig, in einem 'Spurt'-Bereich zu starten (wobei entweder $M_t^{\uparrow}$=s_up=1 oder $M_t^{\downarrow}$=s_do=1 gilt). Aus diesem Grund muß der Stützzeitraum von Fall zu Fall entsprechend angepaßt werden. Darüber hinaus muß im Eingabebereich ('INPUT AREA') die Variable s_up auf 0 oder 1 gesetzt werden.

Anhang zu Kapitel 9

Tab. A1 - *Fehlerkorrektur-Repräsentation des Modells C (ECM mit Trend): ARDL (1,0,4,0,0,0)-Modell ausgewählt durch 'Schwarz Bayesian Criterion'*

Dependent variable is dLBAI
86 observations used for estimation from 1975Q1 to 1996Q2

Regressor	Coefficient	Standard Error	T-Ratio[Prob]
dLBIP91	.17364	.021742	7.9864[.000]
dLSTLOR	-.0074502	.059406	-.12541[.901]
dLSTLOR1	.12300	.060162	2.0444[.045]
dLSTLOR2	.072253	.057580	1.2548[.214]
dLSTLOR3	-.15017	.057271	-2.6220[.011]
dLPIOE	.8142E-3	.0013119	-.62059[.537]
dLWRDM	-.023536	.010774	-2.1845[.032]
dUWRDM	-.34562	.17858	-1.9355[.057]
dC	.84858	.21535	3.9404[.000]
dTREND	-.4720E-3	.1701E-3	-2.7752[.007]
dD1	-.0081465	.0036667	-2.2218[.029]
dD2	.0043879	.0040689	1.0784[.285]
dD3	-.0049067	.0037751	-1.2997[.198]
dD901	.013884	.0035734	3.8855[.000]
ecm(-1)	-.12986	.028604	-4.5398[.000]

List of additional temporary variables created:
dLBAI = LBAI-LBAI(-1)
dLBIP91 = LBIP91-LBIP91(-1)
dLSTLOR = LSTLOR-LSTLOR(-1)
dLSTLOR1 = LSTLOR(-1)-LSTLOR(-2)
dLSTLOR2 = LSTLOR(-2)-LSTLOR(-3)
dLSTLOR3 = LSTLOR(-3)-LSTLOR(-4)
dLPIOE = LPIOE-LPIOE(-1)
dLWRDM = LWRDM-LWRDM(-1)
dUWRDM = UWRDM-UWRDM(-1)
dC = C-C(-1)
dTREND = TREND-TREND(-1)
dD1 = D1-D1(-1)
dD2 = D2-D2(-1)
dD3 = D3-D3(-1)
dD901 = D901-D901(-1)
ecm = LBAI - 1.3372*LBIP91 + .78425*LSTLOR + .0062697*LPIOE
+.18125*LWRDM + 2.6616*UWRDM - 6.5347*C
+.0036350*TREND + .062734*D1 - .033790*D2 + .037785*D3
- .10692*D901

R-Squared	.91704	R-Bar-Squared	0.89926
S.E. of Regression	.0033397	F-stat. F(14,71)	55.2666[.000]
Mean of Dependent Variable	.0011136	S.D. of Dependent Variable	0.010522
Residual Sum of Squares	.7808E-3	Equation Log-likelihood	377.1835
Akaike Info. Criterion	361.1835	Schwarz Bayesian Criterion	341.5488
DW-statistic	1.8286		

Tab. A2 - *Fehlerkorrektur-Repräsentation des Modells D (ECM mit Trend): ARDL (1,0,4,0)-Modell ausgewählt durch das 'Schwarz Bayesian Criterion'*

Dependent variable is dLBAI
86 observations used for estimation from 1975Q1 to 1996Q2

Regressor	Coefficient	Standard Error	T-Ratio[Prob]
dLBIP91	.15898	.021357	7.4440[.000]
dLSTLOR	-.057361	.057714	-.99387[.324]
dLSTLOR1	.13490	.057804	2.3338[.022]
dLSTLOR2	.083426	.056431	1.4784[.144]
dLSTLOR3	-.14122	.057285	-2.4652[.016]
dUWRDM	-.42853	.18033	-2.3763[.020]
dC	.84016	.21935	3.8302[.000]
dD1	-.0079244	.0037382	-2.1198[.037]
dD2	.0061934	.0040962	1.5120[.135]
dD3	-.0031446	.0037979	-.82798[.410]
dD901	.014223	.0036775	3.8676[.000]
dTREND	-.2103E-3	.1229E-3	-1.7118[.091]
ecm(-1)	-.10500	.027655	-3.7969[.000]

List of additional temporary variables created:
dLBAI = LBAI-LBAI(-1)
dLBIP91 = LBIP91-LBIP91(-1)
dLSTLOR = LSTLOR-LSTLOR(-1)
dLSTLOR1 = LSTLOR(-1)-LSTLOR(-2)
dLSTLOR2 = LSTLOR(-2)-LSTLOR(-3)
dLSTLOR3 = LSTLOR(-3)-LSTLOR(-4)
dUWRDM = UWRDM-UWRDM(-1)
dC = C-C(-1)
dD1 = D1-D1(-1)
dD2 = D2-D2(-1)
dD3 = D3-D3(-1)
dD901 = D901-D901(-1)
dTREND = TREND-TREND(-1)
ecm = LBAI -1.5141*LBIP91 + 1.5237*LSTLOR + 4.0811*UWRDM - 8.0013*C + .075468*D1 - .058983*D2 + .029948*D3 - .13546*D901 + .0020029*TREND

R-Squared	.90944	R-Bar-Squared	0.89309
S.E. of Regression	.0034404	F-stat. F(12,73)	60.2547[.000]
Mean of Dependent Variable	.0011136	S.D. of Dependent Variable	0.010522
Residual Sum of Squares	.8522E-3	Equation Log-likelihood	373.4171
Akaike Info. Criterion	359.4171	Schwarz Bayesian Criterion	342.2366
DW-statistic	1.7015		

Tabellen- und Abbildungsverzeichnis

Tabellen

Seite

Kapitel 2

Kapitel 4

Kapitel 5

Kapitel 6

Kapitel 8

Kapitel 9

Es wird darauf hingewiesen, daß sich die Numerierung der Tabellen im Text nicht streng an der Reihenfolge ihres Erscheinens im Text orientiert, sondern zum Teil nach inhaltlichen Gesichtspunkten erfolgt.

Abbildungen

Kapitel 6

Kapitel 7

Kapitel 8

Kapitel 9

Wirtschaftswissenschaftliche Beiträge

Band 146: E. Lübke, Ersparnis und wirtschaftliche Entwicklung bei alternder Bevölkerung, 1997. ISBN 3-7908-1022-3

Band 147: F. Deser, Chaos und Ordnung im Unternehmen, 1997. ISBN 3-7908-1023-1

Band 148: J. Henkel, Standorte, Nachfrageexternalitäten und Preisankündigungen, 1997. ISBN 3-7908-1029-0

Band 149: R. Fenge, Effizienz der Alterssicherung, 1997. ISBN 3-7908-1036-3

Band 150: C. Graack, Telekommunikationswirtschaft in der Europäischen Union, 1997. ISBN 3-7908-1037-1

Band 151: C. Muth, Währungsdesintegration – Das Ende von Währungsunionen, 1997. ISBN 3-7908-1039-8

Band 152: H. Schmidt, Konvergenz wachsender Volkswirtschaften, 1997. ISBN 3-7908-1055-X

Band 153: R. Meyer, Hierarchische Produktionsplanung für die marktorientierte Serienfertigung, 1997. ISBN 3-7908-1058-4

Band 154: K. Wesche, Die Geldnachfrage in Europa, 1998. ISBN 3-7908-1059-2

Band 155: V. Meier, Theorie der Pflegeversicherung, 1998. ISBN 3-7908-1065-7

Band 156: J. Volkert, Existenzsicherung in der marktwirtschaftlichen Demokratie, 1998. ISBN 3-7908-1060-6

Band 157: Ch. Rieck, Märkte, Preise und Koordinationsspiele, 1998. ISBN 3-7908-1066-5

Band 158: Th. Bauer, Arbeitsmarkteffekte der Migration und Einwanderungspolitik, 1998. ISBN 3-7908-1071-1

Band 159: D. Klapper, Die Analyse von Wettbewerbsbeziehungen mit Scannerdaten, 1998. ISBN 3-7908-1072-X

Band 160: M. Bräuninger, Rentenversicherung und Kapitalbildung, 1998. ISBN 3-7908-1077-0

Band 161: S. Monissen, Monetäre Transmissionsmechanismen in realen Konjunkturmodellen, 1998. ISBN 3-7908-1082-7

Band 162: Th. Kötter, Entwicklung statistischer Software, 1998. ISBN 3-7908-1095-9

Band 163: C. Mazzoni, Die Integration der Schweizer Finanzmärkte, 1998. ISBN 3-7908-1099-1

Band 164: J. Schmude (Hrsg.) Neue Unternehmen in Ostdeutschland, 1998. ISBN 3-7908-1109-2

Band 165: A. Rudolph, Prognoseverfahren in der Praxis, 1998. ISBN 3-7908-1117-3

Band 166: J. Weidmann, Geldpolitik und europäische Währungsintegration, 1998. ISBN 3-7908-1126-2

Band 167: A. Drost, Politökonomische Theorie der Alterssicherung, 1998. ISBN 3-7908-1139-4

Band 168: J. Peters, Technologische Spillovers zwischen Zulieferer und Abnehmer, 1999. ISBN 3-7908-1151-3

Band 169: P.J.J. Welfens, K. Gloede, H.G. Strohe, D. Wagner (Hrsg.) Systemtransformation in Deutschland und Rußland, 1999. ISBN 3-7908-1157-2

Band 170: Th. Langer, Alternative Entscheidungskonzepte in der Banktheorie, 1999. ISBN 3-7908-1186-6

Band 171: H. Singer, Finanzmarktökonomie, 1999. ISBN 3-7908-1204-8

Band 172: P.J.J. Welfens, C. Graack (Hrsg.) Technologieorientierte Unternehmensgründungen und Mittelstandspolitik in Europa, 1999. ISBN 3-7908-1211-0

Band 173: T. Pitz, Recycling aus produktionstheoretischer Sicht, 2000. ISBN 3-7908-1267-6

Band 174: G. Bol, G. Nakhaeizadeh, K.-H. Vollmer (Hrsg.) Datamining und Computational Finance, 2000. ISBN 3-7908-1284-6

Band 175: D. Nautz, Die Geldmarktsteuerung der Europäischen Zentralbank und das Geldangebot der Banken, 2000. ISBN 3-7908-1296-X

Band 176: G. Buttler, H. Herrmann, W. Scheffler, K.-I. Voigt (Hrsg.) Existenzgründung, 2000. ISBN 3-7908-1312-5

Band 177: B. Hempelmann, Optimales Franchising, 2000. ISBN-3-7908-1316-8

Band 178: R.F. Pelzel, Deregulierte Telekommunikationsmärkte, 2001. ISBN 3-7908-1331-1

Band 179: N. Ott, Unsicherheit, Unschärfe und rationales Entscheiden, 2001. ISBN 3-7908-1337-0

Band 180: M. Göcke, Learning-by-doing und endogenes Wachstum, 2001. ISBN 3-7908-1343-5

Band 181: W. Schelkle, Monetäre Integration, 2001. ISBN 3-7908-1359-1

Band 182: U. Blien, Arbeitslosigkeit und Entlohnung auf regionalen Arbeitsmärkten, 2001. ISBN 3-7908-1377-X

www.ingramcontent.com/pod-product-compliance
Lightning Source LLC
LaVergne TN
LVHW050050061026
849532LV00001BA/6
9783790813869